p.7 [illegible]

p.105-106 p.48 p.17 p.18 北京创建"枢纽型"模式

p.10 资金投入 [illegible]

p.57 [illegible]

p.65 社会组织孵化中心

p.68 [illegible]、直接主管、建立联系、[illegible]备案、[illegible]
党建、支持措施

p.106 [illegible]"[illegible]"发挥枢纽作用(!)

中共北京市委社会工作委员会
北京市社会建设工作办公室 编

北京社会建设年鉴 2011

北京出版集团公司
北 京 出 版 社

图书在版编目（CIP）数据

北京社会建设年鉴. 2011 / 中共北京市委社会工作委员会，北京市社会建设工作办公室编. — 北京 : 北京出版社，2011.9

ISBN 978 - 7 - 200 - 08909 - 7

Ⅰ. ①北… Ⅱ. ①中… ②北… Ⅲ. ①社会发展—北京市—2011—年鉴 Ⅳ. ①D671 - 54

中国版本图书馆 CIP 数据核字(2011)第 182613 号

北京社会建设年鉴 2011

BEIJING SHEHUI JIANSHE NIANJIAN 2011

中共北京市委社会工作委员会
北京市社会建设工作办公室 编

*

北京出版集团公司
北京出版社 出版

（北京北三环中路 6 号）

邮政编码:100120

网　址：www.bph.com.cn

北京出版集团公司总发行

北京华联印刷有限公司印刷

*

787×1092　16 开本　35.625 印张　58 页彩插　888 千字

2011 年 9 月第 1 版　2011 年 9 月第 1 次印刷

ISBN 978 - 7 - 200 - 08909 - 7

定价:120.00 元

质量监督电话:010 - 58572393

加快推进社会服务管理创新　不断推动首都更好更快发展

北京市
社会建设工作巡礼

BEI JING SHI
SHE HUI JIAN SHE GONG ZUO XUN LI

加快推进社会服务管理创新
不断推动首都更好更快发展

★ 2010年7月21日，北京市社会服务管理创新推进大会召开

加快推进社会服务管理创新 不断推动首都更好更快发展

★ 2010年7月3日，市委书记刘淇到大兴区调研村庄社区化管理工作

★ 2010年2月21日，市长郭金龙看望社区居民

★ 2010年5月5日，市委副书记王安顺慰问治安巡逻志愿者

★ 2010年11月25日，市委常委梁伟到朝阳区调研“一刻钟社区服务圈”建设工作

★ 2010年9月2日，副市长丁向阳到海淀区调研社区卫生服务站建设工作

加快推进社会服务管理创新 不断推动首都更好更快发展

★ 2010年9月19日至20日，北京市委社会工委与上海市社会工作党委共同举办社会建设与社会领域党建论坛

★ 市委社会工委与北京城市学院共建“北京社会建设研究院”揭牌仪式

★ 国际友好城市社区建设研讨活动

★ 中国人民大学和德国杜伊斯堡大学联合学术工作坊到延庆考察

★ 丰台区委社会工委与北京师范大学签订共建协议

加快推进社会服务管理创新
不断推动首都更好更快发展

★ 2010年9月27日，举办“世界城市·社会建设”论坛

★ 2010年12月11日，国家行政学院社会和文化教研部与北京市委社会工委加强社会和文化研究合作协议签字仪式

★ 西城区举办第一届社会组织发展论坛

★ 东城区举办“两新”组织党建工作论坛

加快推进社会服务管理创新
不断推动首都更好更快发展

★ 2010年12月5日，爱心传递热线走进丰台271家社区

★ 2010年11月15日，百姓爱心故事评选揭晓新闻发布会

★ 东城区南锣鼓巷社区工艺坊

★ 2010年12月6日，海淀区召开利用人防工程为公益服务经验交流会

★ 社区开展“服务进社区、名人大讲堂”活动

社区建设
SHE QU JIAN SHE

加快推进社会服务管理创新
不断推动首都更好更快发展

★ 提升社区服务智能化水平

★ 密云县网格化管理员在社区巡查

★ 街道成立社会服务协会并启动公共服务项目

★ 国际友好城市代表参观社区服务中心

★ 通州区楼门文化作品

★ 2010年5月22日，“‘爱北京·青年汇’2010北京青少年社团文化节暨春光·青春嘉年华”活动举办

★ 2010年4月23日，10家市级“枢纽型”社会组织开展咨询展示活动

★ 北京社会心理工作者联合会成立筹备会召开

★ 北京志愿者联合会禁毒志愿者总队开展踏查活动

★ 社会组织开展绿色交换环保活动

社会组织建设

SHE HUI ZU ZHI JIAN SHE

加快推进社会服务管理创新
不断推动首都更好更快发展

★ 2010年4月17日，首届北京社会公益活动周开幕

★ 2010年12月30日，北京市社会组织孵化中心正式揭牌

★ 广大市民参加社会组织“一耽学堂”晨读活动

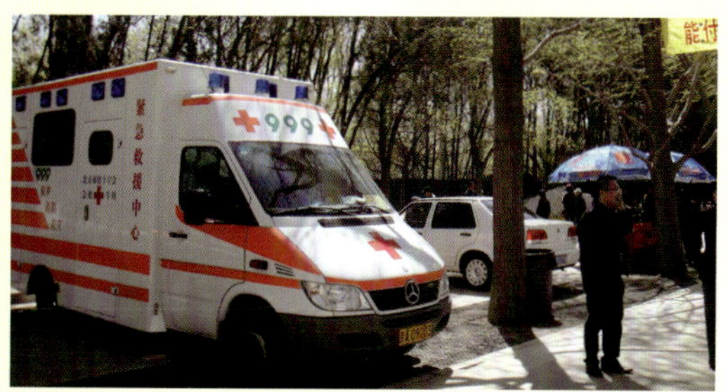

★ 市红十字会展示999急救车

加快推进社会服务管理创新
不断推动首都更好更快发展

★ 2010国际社工日活动会场

★ 朝阳区青年社工协会成立

★ 房山区召开法官与社工社会实践"双基地"建设座谈会

★ 东城区东花市街道广外南里社区志愿者之家

加快推进社会服务管理创新
不断推动首都更好更快发展

★ 北京市高级社会工作人才境外专题研讨班赴美学习

★ 西城区率先成立北京市首家区级社会工作者联合会

★ 北京专业志愿者队伍授旗仪式

★ 石景山区为十佳义工颁发荣誉证书

★ 海淀区对社区工作者进行岗前初任培训

加快推进社会服务管理创新
不断推动首都更好更快发展

★ 2010年8月24日，北京市社会领域统战工作会议召开

★ 朝阳区开展社会领域党员党日活动

★ 2010年1月18日，召开“两新”组织党组织负责人创先争优座谈会

★ 商务楼宇党员开展志愿活动

★ 通州区社区党员先锋岗

加快推进社会服务管理创新 不断推动首都更好更快发展

★ 商务楼宇党建工作站开展主题党日活动

★ 2010年9月9日，北京市社会领域开展创先争优活动领导小组第一次会议召开

★ 东城区召开社会领域统战工作会议

★ 建外SOHO商务楼宇服务站

加快推进社会服务管理创新 不断推动首都更好更快发展

★ 与区县座谈研究社会建设领域信息化工作

★ 调研指导区县社会建设领域信息化工作

★ 2010年5月28日，到市经信委信息资源中心调研

★ 2010年7月8日，到市志愿者联合会就信息化建设工作进行调研

★ 2010年9月3日，召开四网六库工作布置会

加快推进社会服务管理创新 不断推动首都更好更快发展

★ 2010年1月25日，市委社会工委、市社会办’2010工作务虚会召开

★ 2010年11月12日，市委社会工委、市社会办中心组学习（扩大）会召开

★ 2010年12月20日，市委社会工委、市社会办领导班子和领导干部任期综合考核民主测评会召开

★ 机关干部参加北京市直属机关运动会

《北京社会建设年鉴2011》编纂委员会

《北京社会建设年鉴 2011》编辑部

编辑说明

一、《北京社会建设年鉴》（以下简称《年鉴》），是一部反映北京社会建设领域工作的大型资料工具书和史料文献。在《年鉴》编纂委员会领导下，由《年鉴》编辑部组织编辑。

二、本《年鉴》以邓小平理论和“三个代表”重要思想为指导，深入贯彻落实科学发展观，按照“人文北京、科技北京、绿色北京”的战略要求，坚持实事求是的原则，在编纂中力求科学性、客观性。

三、本《年鉴》从2008年开始逐年编纂出版。当年出版的年鉴，力求全面记载上一年度北京社会建设发展的基本情况，真实记录北京在社会建设领域改革创新的历史进程，系统反映北京市社会各界参与社会建设事业的新情况、新特点、新进展、新成就，以服务社会、存史资政。

四、本《年鉴》采用文章和条目两种体裁。设有特载、文件、专文、综述、大事记、理论文章与调研考察报告6个基本栏目及附录。

五、本《年鉴》收录的文章和条目，均通过相关各单位确定专人负责撰写或提供，并经单位主要负责人审核。

六、本《年鉴》收录的材料，以材料文体分别归属一级目录。

七、2010年7月，原东城区与原崇文区合并为新的东城区，原西城区与原宣武区合并为新的西城区。《年鉴》中2010年7月之前出现的东城区、西城区、崇文区、宣武区为合并前的四个区，2010年7月之后出现的东城区、西城区为合并后新的东城区和西城区。

八、本《年鉴》反映2010年1月1日至12月31日期间情况（部分内容依据实际情况时限略有前后延伸），凡2010年事项，均直书月、日，不再写年份。

本《年鉴》在资料收集、整理过程中，得到了相关单位、部门的大力支持和配合，在此一并表示衷心感谢！

《北京社会建设年鉴》编辑部

2011年8月

目 录

·专　　文·

·综　　述·

·大事记·

·理论文章与调研考察报告·

·附 录·

·特　　载·

在中央经济工作会议上的讲话（摘录）

胡锦涛

（2010 年 12 月 10 日）

完善基本公共服务，创新社会管理机制

“十二五”开局之年，在改善民生上要扎扎实实办几件实事。要加强教育重点领域建设，重视发展学前教育，完善高中和职业教育，扩大涉农中等职业教育免费范围，全面提高高等教育质量。要加快构建覆盖城乡的公共文化服务体系，深化文化体制改革，推动文化产业成为国民经济支柱性产业。要坚持更加积极的就业政策，把促进充分就业作为经济社会发展的优先目标，多渠道开发就业岗位，完善城乡公共就业服务体系，重点做好高校毕业生、农村转移劳动力、城镇就业困难人员、退役军人就业工作，保障劳动者权益，构建和谐劳动关系。要加快建设覆盖城乡居民的社会保障体系，在扩大养老保险覆盖面、提高统筹层次、完善转移接续办法等方面取得新进展，扩大新型农村社会养老保险试点范围，建立健全企业退休人员基本养老金、城乡居民低保标准正常调整机制。要扎实推进医药卫生体制五项重点改革，突出抓好健全基本药物制度和加快公立医院改革试点工作，保障群众用药安全有效、价格合理、方便可及，坚持公共医疗卫生的公益性质，为群众提供满意的基本医疗卫生服务。要加快推进住房保障体系建设，强化政府责任，调动社会各方面力量，加大保障性安居工程建设力度，加快棚户区和农村危房改造，大力发展公共租赁住房，缓解群众在居住方面遇到的困难，逐步形成符合国情的保障性住房体系和商品房体系。要维护社会和谐稳定，加强和改进新形势下群众工作，深入推进社会矛盾化解、社会管理创新、公正廉洁执法，正确处理人民内部矛盾，健全信访工作责任制，健全社会舆情汇集和分析机制，健全重大工程项目建设和重大政策制定的社会稳定风险评估机制，着力从源头上预防和减少矛盾；做好灾后恢复重建工作，加大扶贫开发工作力度；加强安全生产，加强社会治安综合治理，保障人民生命财产安全。

（原载《人民日报》2010 年 12 月 12 日）

政府工作报告（摘录）

——在第十一届全国人民代表大会第四次会议上

温家宝

（2011年3月5日）

加快发展社会事业，切实保障和改善民生

始终坚持经济发展与社会发展相协调，围绕改善民生谋发展。把就业放在经济社会发展的优先位置。加强职业培训和就业服务，促进高校毕业生、农村转移劳动力、城镇就业困难人员就业，做好退役军人就业安置工作。实施劳动合同法和就业促进法，普遍提高最低工资标准，推动建立和谐劳动关系。覆盖城乡的社会保障体系建设取得突破性进展，城镇职工基本养老保险实现省级统筹，实施养老保险关系跨省转移接续办法，连续7年提高企业退休人员基本养老金水平，年均增长10%，新型农村社会养老保险试点覆盖24%的县。积极稳妥推进医药卫生体制改革，全面建立城镇居民基本医疗保险制度、新型农村合作医疗制度，惠及12.67亿城乡居民。最低生活保障制度实现全覆盖，城乡社会救助体系基本建立，社会福利、优抚安置、慈善和残疾人事业取得新进展。全国社会保障基金积累7810亿元，比五年前增加5800多亿元。大力实施保障性住房建设和棚户区改造，使1100万户困难家庭住上了新房。我们要持之以恒，努力让全体人民老有所养、病有所医、住有所居。

制定和实施国家中长期教育改革和发展规划纲要。五年全国财政教育支出累计4.45万亿元，年均增长22.4%。全面实现城乡免费义务教育，所有适龄儿童都能“不花钱、有学上”。义务教育阶段教师绩效工资制度全面实施。中等职业教育对农村经济困难家庭、城市低收入家庭和涉农专业的学生实行免费。加快实施国家助学制度，财政投入从2006年的18亿元增加到2010年的306亿元，覆盖面从高等学校扩大到中等职业学校和普通高中，共资助学生2130万名，还为1200多万名义务教育寄宿生提供生活补助。加快农村中小学危房改造和职业教育基础设施建设。全面提高高等教育质量和水平，增强高校创新能力。制定并实施国家中长期科学和技术发展规划纲要，中央财政科技投入6197亿元，年均增长22.7%，取得了一系列重大成果。大力加强基层医疗卫生服务能力建设。国家财政安排专项资金，改造和新建2.3万所乡镇卫生院、1500所县医院、500所县中医院和1000所县妇幼保健院，建立了2400所社区卫生服务中心。制定并实施国家中长期人才发展规划纲要。人口规划目标顺利实现。文化体制改革取得重要进展。公共文化服务体系建设明显加快，文化产业蓬勃发展。哲学社会科学和新闻出版、广播影视、文学艺术繁荣进步。城乡公共体育设施建设加快，全民健身活动蔚然成风。法制建设全面推进，“五五”普法顺利完成。创新和加强社会管理，社会保持和谐稳定。

（原载《人民日报》2011年3月6日）

按照"建首善、创一流"工作标准 加快推进社会服务管理创新

刘　淇

中共中央政治局委员、北京市委书记刘淇7月21日出席北京市社会服务管理创新推进大会并作重要讲话。他强调，要认真学习贯彻中央关于加强社会建设的重要指示精神，进一步增强推进社会服务管理创新的责任感和紧迫感，按照"建首善、创一流"的工作标准，加快推进社会服务管理创新，努力使首都的社会建设与服务管理走在全国前列。

刘淇在讲话中指出，要认真学习贯彻中央关于加强社会建设的重要指示精神，进一步增强推进社会服务管理创新的责任感和紧迫感。要充分认识加强社会建设、创新社会管理的重要性。只有顺应经济社会发展的新要求和人民群众的新期待，切实加大社会建设和管理创新的力度，才能从源头上维护社会的和谐稳定，不断巩固党领导和执政的思想基础、工作基础、群众基础和社会基础。要充分认识加强社会建设、创新社会管理的紧迫性，切实增强加强社会建设、创新社会管理的能力。全市各级干部要站在推动首都科学发展、维护首都长治久安的高度，不断深化对首都现阶段社会建设与管理特点和规律的认识，切实加大推进社会建设、创新社会管理的工作力度，大胆创造具有北京特色的工作经验和工作模式，努力使首都的社会建设与管理走在全国前列。

刘淇强调，要认真贯彻落实《北京市社会服务管理创新行动方案》，按照"建首善、创一流"的工作标准，加快推进社会服务管理创新。一是要加快建设城乡一体的社会保障体系。当前，要着力解决好城乡社会保障制度的整合与衔接，特别是在社会救助、社会福利、优抚安置等方面积极推进城乡一体化，建立起普惠的社会福利和社会保障制度。同时，要加快推进社会管理与服务领域的城乡衔接，通过统筹城乡社会事业发展和社会管理体制改革，加大郊区农村的投入和建设力度，推动城乡公共资源均衡配置，加快推进城乡公共服务均等化，让城乡居民共享改革发展的成果。二是要着力创新社会服务管理的体制机制。要进一步完善网格化服务管理模式，借鉴推广大兴区村庄社区化管理的成功经验，实现城乡统筹的社区化管理模式，努力扩大社会服务管理的覆盖面，增强人民群众的安全感和满意度。要紧紧围绕保障和改善民生，加强社会服务和管理，形成互相衔接、有机结合的政策体系。要着力扩大社会领域党组织和党的工作覆盖面，用社会领域党建创新推动社会服务管理创新。三是要把化解社会矛盾作为当前推动社会建设与管理的重要任务。坚持重大决策风险评估制度，建立健全人民调解、行政调解、司法调解和社会力量调解相互衔接的"大调解"工作格局，高度重视劳动争议调解工作，总结推广社会服务与管理中行之有效的先进经验，努力做到把矛盾化解在基层、解决在萌芽状态。四是要进一步创新社会服务管理的方式方法。注重运用信息化手段加强和改进社会服务管理，高度重视网络阵地建设，充分利用和发挥物联网、云计算等高新技术的优越性，推进社会信息化和电子政务建设，构建覆盖全市的社会管理信息网络，实现信息资源共享，

提高社会管理和公共服务整体效能。

刘淇要求，要进一步加强领导，为加快推进社会服务管理创新提供坚强领导保障。全市各级党委政府都要把加快推进社会服务管理创新列入重要工作日程，切实加强组织领导，严格落实责任；加强统筹协调，增强工作合力；周密制订方案，认真抓好试点。要以创先争优活动为动力，在加强社会服务管理中切实解决事关群众切身利益的难点问题，提高工作实效，努力开创首都社会建设新局面。

（原载《北京日报》2010年7月22日）

政府工作报告（摘录）

——在北京市第十三届人民代表大会第四次会议上

郭金龙

（2011年1月16日）

加强以改善民生为重点的社会建设，维护首都和谐稳定

全力做好就业和社会保障工作。强化高校毕业生就业综合服务，完善“零就业家庭”、纯农就业家庭长效帮扶机制，实现城镇新增就业44.6万人、农村劳动力转移就业9.6万人。整合“一老一小”、无业居民大病医疗保险制度，制定统一的城镇居民基本医疗保险办法，区县公费医疗与职工基本医疗保险并轨，实施提高门诊报销比例等8项医保惠民政策，减轻群众负担25亿元。完成社保卡整体工程建设，1779家定点医疗机构实现就医即时结算。出台养老保险补缴政策，实现了养老保险关系转移接续。全面落实“九养政策”和老年优待办法，发放养老助残服务券4.3亿元，为2.1万户家庭实施了无障碍设施改造。

不断提升基本公共服务水平。制定中长期教育改革和发展规划纲要。全面实现免费义务教育。加快推进中小学校舍安全工程，累计开工346万平方米。改扩建30所公办幼儿园，增加入园名额1.2万个。延长城区社区卫生服务中心门诊时间，26家三级医院开展双休日全天门诊，启动预约转诊试点。继续实施周末演出场计划等文化惠民工程，基本完成街道、行政村文化中心建设任务，率先实现“村村有书屋”。加强历史文化名城保护，完成29项文物修缮工程。成功举办首届世界武搏会等重大赛事，北京运动员在国内外赛场上取得优异成绩，全民健身运动蓬勃发展。

加大住房保障力度。政策性住房实际供地1332公顷，同比增长1倍，占全市住宅用地供应量的52.8%。新建和收购政策性住房22.5万套，占全市住宅新开工套数的61.5%。竣工各类政策性住房5万套，完成年度计划的108.7%。公共租赁住房落实房源2.6万套，廉租住房基本实现了实物配租应保尽保。三区三片棚户区改造累计搬迁居民1.6万户，首都功能核心区居民对接安置房开工218万平方米。严格执行中央房地产调控政策，加强房地产市场监管，5月份以来房屋销售价格同比涨幅逐月回落。

高度重视做好安全稳定工作。建立重大

事项社会稳定风险评估机制，推广信访代理等成功经验，着力化解历史积案，切实从源头上预防和化解矛盾纠纷。完善安全生产监管体制机制，认真开展重点领域专项整治，安全生产形势总体平稳。加强食品、药品安全监管，进一步规范和维护市场秩序。深化应急管理“一案三制”建设，突发公共事件应急处置能力不断提高。创建首都政治中心区防控机制，大力净化治安环境，社会秩序保持良好。

（原载《北京日报》2011 年 1 月 17 日）

关于社会管理创新的思考

梁　伟

创新社会管理是全面贯彻科学发展观的战略任务，也是我们在新的历史条件下面临的重大课题。认真做好这项工作，必须要认真研究社会管理的内在规律，积极探索实现路径，以新的理念、新的思路、新的举措推动社会管理创新工作深入发展。

下面，结合北京工作实际，就创新社会管理谈六点认识和体会，与大家共同研讨。

第一，关于社会管理的定位。推进社会管理创新，首先要搞清楚社会管理与社会建设的关系。我认为应当把社会管理放到社会建设总体概念和工作格局中来考虑。党的十六大以来，中央提出中国特色社会主义事业总体布局由“三位一体”发展为“四位一体”。党的十七大报告提出“加快推进以改善民生为重点的社会建设”，将社会建设的主要内容分为改善民生和加强社会管理，前者主要是教育、就业等，后者则是从维护社会稳定的角度提出。党的十七届五中全会对社会建设的内容进行了深化和扩展，要求我们在提升社会服务、创新社会管理、加强社会动员的同时，关注社会政策体系建设和社会和谐机制建设等内容，不断增强社会建设持续发展的活力，提升维护社会和谐稳定的能力，创造和谐相处、有序运行的社会环境。作为“四位一体”中的社会建设，也应当如同经济建设、政治建设、文化建设一样，有一个基本的内涵和框架。尽管现在学者和专家的意见还不一致，但根据党的十七大报告和北京的实际看，社会建设的内容至少应当包括社会公共服务、社会管理、社会动员、社会环境、社会关系等几个部分。社会建设既包括“基本建设”，也应包括“运行管理”，社会建设不宜理解窄了，应当包括社会管理在内。如果把社会管理的内涵理解为“维系社会秩序”，那么从属性上看，也应当是社会建设的子系统。

按照这样的定位，社会管理不等同民生问题，民生问题属于社会建设中的公共服务范畴；不等同政府职能中的“社会管理”，政府职能中的“社会管理”只是我们所说的社会管理一部分；也不等同社会治安综合治理中的“维稳”，社会管理的目的是保证社会有序运行，这其中包括“维稳”的要求。北京市在推进社会管理创新中就没有局限在维护稳定上，而是着眼于社会建设，从加强社会保障体系建设入手，以建立与市场经济体制相适应的社会服务管理体系为目标，全面推进各项工作。在这里，社会管理体制要与市场经济体制带来的社会变化相适应特别重要，要通过创造一个和谐相处、有序运行的社会环境，进一步减少社会矛盾，维护社会稳定。总之，只有把社会管理创新置于社会建设框架下才能找准定位，取得好的效果。

第二，要树立“公共治理”理念。做好社会管理创新工作，要以理念创新为引领。当前我们正处在经济转轨、社会转型的关键时期。人均 GDP 达到 1 万美元，整个社会生活发生了巨大变化，是社会最活跃的阶段。北京作为国际大都市变化更加深刻。目前，全市有近 800 万流动人口、100 多万个非公经济组织、近 3 万个新社会组织、1100 多万网民、1800 多万手机用户、17 万多长期在京工作生活的境外人员，社会的公共服务需求多样化、个性化的特征越来越明显，多元利益、文化冲突引发的矛盾和问题越来越多。在这种情况下，以政府为单一主体、主要靠行政手段、目的是把人管住的传统管理模式已经不能适应多元化的社会生活，构建管理新模式势在必行。新的社会条件下社会管理新模式的突出特点，就是要实现社会管理向社会公共治理的转变。通过制度创新，把政府行政管理与社会自我调节、居民自治管理有机衔接起来，把行政手段、法律手段同思想道德、文化习俗、社会舆论等手段统一起来，形成社会的多元治理、共建共享的新格局。也就是说，在党的领导和政府主导下，传统意义上的被管理者应当在更大强度上、采用更多方式参与社会管理，承接或直接提供公共服务，在更多领域实现自治和自律，形成既有统一规则，又有个性化表达，人人参与社会建设和管理，人人享有社会和谐环境的生动局面。市场经济条件下只有这样的社会管理才是有效的。当前，有的学者提出了“公民社会”的概念。对于这个概念，还需要进一步研究，但动员全社会力量共同治理社会的方向是符合客观发展规律的。在这方面，我们党和政府有着群众工作的丰富经验。我们要在新的历史条件下进一步创新党的群众工作，把组织动员广大群众参与社会事务的传统和优势进一步发扬光大。

第三，要研究现代社会管理的有效模式。创新社会管理，必须要在打造工作载体上下工夫。我十分赞同“完善社会管理格局，改进社会管理”的观点。近年来，全国各地都把加强社会管理摆在更加突出的位置，做了大量工作，形成了很多成功经验。从北京的情况看，创新社会管理体制，一是要抓好社区这个基础环节。社区是社会管理的基本单元，是社会成员获取公共服务的重要场所，也是我们组织动员社会的主阵地。只有把这个基础打好打固，发挥好居民自治的作用，社会管理才能取得好效果。这两年，我们在全市 2600 个社区按照“一分、三定、两目标”的思路，从社区党委、社区居委会、社区服务站工作职能、人员、经费、设施等方面进行规范化综合配套改革，先后投入了 11 亿元，社区承担社会服务管理的水平明显提升。二是要培育发展各类社会组织。在市场经济条件下，社会组织的出现和其作用的不断强化是不可逆转的趋势，政府对社会的管理不可能直接面对社会的所有个体，很多要通过各类社会组织来实现，社会组织也日益成为不同社会群体表达意愿的重要渠道。北京市创立了社会组织“枢纽型”管理模式，就是要进一步培育在一些领域社会组织发展的龙头和平台，推动社会组织的健康发展，把社会成员更广泛地组织起来，这样既可以提高社会的组织化程度，为社会公共治理创造条件，也有效地扩大了社会建设载体，进一步扩大公共服务。三是要建立职业化、专业化的社工队伍，在社会管理中引进“社会工作”理念。职业化、专业化的社工队伍是现代社会的重要标志，也是实施社会管理的基本力量。近年来，我们先后招聘了 5000 名“大学生社工”，全市有 5612 人获得全国社会工作者职业资格证书，培育了 17 家社会工作事务所，全市 2.8 万社区工作者具有大专以上学历人员由原来的 26% 上升到 70% 以上，平均年龄 40 岁。我们做这些工作，目的就是尽快打造一支职业队伍，为现代社会管理提供人才保证。四是要健全社会志愿服务长效机制。社会志愿服务是社会文明进步的重要产物，也是多元社会条件下进行社会动员的重要方法。我们在举办北京奥运会和国庆 60 周年庆祝活动中，先后动员了 170 万和 90 万志愿者，取得了很好的效果。我们又先后出台了《加强和改进志愿者工作意见》和《北京市志愿者管理办法》，当前，志愿活动已经常态化，在国庆、春节、“五一”等重大节日以及活动中，在首都街头都可以看到志愿者的身影。五是要构建社会矛盾“大调解”格局。我们制定了《关于构建社会矛盾多元调解体系的工作意见》和《北京市建立重大事项社会稳定风险评估机制的意见》，积极探索人民调解、行政调解、司法调解相互衔接的工作模式和建立健全安全稳定工作领导责任体系，完善考核评价、督促检查、责任追究、风险评估、诉求表达、矛盾纠纷滚动排查和预警机制，加大矛盾源头治理力度。推进工会、人力社保、司法、法院、信访“五方联动”机制建设，加大劳动争议调解力度。总结推广了西城区“民事调解进派出所”、崇文区“信访代理制”、中关村北京民营科技实业家协会商事和知识产权纠纷调解经验，不断探索完善社会矛盾调解新模式。实践证明，上述做法实用有效，已经成为新形势下社会管理的成功运作模式。

第四，要创新社会管理体制机制。加强社会管理，必须要有相应的体制机制作保障。改革开放30多年来，经济体制进行了持续不断的重大调整和改革，社会建设和社会管理体制改革也需要像经济体制改革那样，不断加大力度，不断向纵深发展。近年来，我们在加强社会服务管理上，一是坚持统筹协调，形成整体合力。社会管理范围广、头绪多，涉及各个部门，需要一个部门来牵头抓总。市委、市政府落实党的十七大精神，率先成立了社会建设工作领导小组及其办公室，成立了市委社会工委、市社会办，对社会工作进行统筹规划、综合协调。同时，建立和完善了市社会建设工作领导小组办公室协调机制，区县社会工委、社会办工作协调机制，“枢纽型”社会组织工作协调机制，社会建设信息协调机制，社会建设决策咨询工作协调机制，取得很好效果。二是要建立健全工作网络。随着多种所有制的发展和城市化进程的加快，大多数企事业单位已经没有直接的“上级”，党和政府的工作体系在很多方面出现了“空白点”和薄弱环节，做不到全覆盖。社会管理只有工作网络健全，管理触角才能延伸到社会各方面。目前，北京已经在社会管理上建立了“市—区—街—社区”的“纵向”工作体系和覆盖新经济组织、社会组织的“横向”工作体系，各项管理可以通过这些网络，基本有效覆盖整个社会。三是要加强社会领域党建，以党建带动群团组织建设。当前社会管理的难点，在于一些服务和管理难以覆盖新的群体、新的组织、新的领域。加强党的建设和工会、共青团、妇联组织建设，可以有效解决跨所有制、跨领域、跨地区开展工作的问题。目前，北京市在街道层面建立社会工作党委，在“枢纽型”社会组织中成立“联合党委”，在商务楼宇中组织了“五站合一”的工作站，通过扩大党的工作覆盖面，实现社会管理的全覆盖。实践证明，只有解决好体制机制问题，社会管理创新才能抓住龙头，继续推进。

第五，要坚持“服务为先”。社会管理的对象是人。做好人的工作，从党和政府来说，首先是要提供好服务。服务到位，寓管理于服务之中，管理才有基础。这里所说的服务，涉及基本公共服务和社会公共服务，也就是不同社会群体多样化、个性化服务两个方面。从世界城市发展规律来看，北京作为人均GDP超过1万美元的城市，已经到了以社会建设为重要动力，促进经济转型，推动城市全面发展，提升现代化、国际化水平的新阶段。建设中国特色世界城市要以科学发展为主题、以加快转变经济方式为主线、以改善民生为导向、以构建社会和谐为目标来确定“坐标系”。几年来，北京社会建设都在朝这个方向努力。目前，北京的基本公共服务已经走上了制度化轨道，随着经济的发展，党和政府不断提高保障水平和扩大覆盖面。但随着经济的发展和人们生活水平的提高，社会各类群体多样化、个性化的公共服务还需要不断加以满足，否则也会不断产生各种社会问题。具体来说就是要加快政府向社会购买公共服务的步伐，以多元化的方式动员社会力量满足广大群众日益增长的多样化、个性化的需求。我们在这方面也开始尝试，拿出了一部分资金，以社会需求为导向，采取项目运作方式，以“枢纽型”社会组织为龙头，组织各类社会组织参与特定人群心理问题干预、空巢老人心理关怀、社会助老助残服务、劳动纠纷调解、家庭和睦典型示范创建、绿色文明驾驶行动等公益服务项目；参与社区大讲堂、社区物业管理、虚拟社区网民自组织发展、高校大学生社团管理、在京国际组织和国家行业组织互动等管理类项目；参与购买社工岗位、社会组织孵化、社会舆情分析等建设类项目，通过努力，进一步扩大公共服务供给，为社会问题的解决和社会管理提供良好条件。

第六，要充分运用信息化手段。信息化不仅是一种技术手段，更是一种管理理念，是现代管理方式的革命。创新社会管理，必须充分运用信息化手段，这样就能够延伸我们的工作手臂，扩展我们的工作视野，提高工作的效率和降低管理成本。在这方面，北京有一定的基础，东城区在全国率先实施的网格化城市管理新模式，就是运用信息化手段加强管理的成功实践，提升了城市管理的整体水平，同时也为新形势下加强社会管理积累了经验。我们总结了东城区的经验，深化延伸这个做法，把对城市物件的管理扩展到对人、地、物、事、组织、社会舆情的管理。充分利用物联网、云计算等手段实施管理，是北京作为国际大都市发展的方向，也是我们提升社会管理效能的必由之路。社会管理，只有在继承发扬党的群众工作优良传统的同时，充分运用现代信息技术手段，尽快建立起全面覆盖、动态跟踪、联通共享、功能齐全的综合信息系统，才能建立起与社会主义市场经济相适应的科学高效的社会管理体制。

总的来看，在社会管理创新上，党的十七大以来，在市委、市政府领导下，全市社会建设服务体系、管理体制、工作机制、政策体系框架和基本工作模式已初步形成。但从总体上看，北京市的社会建设和管理仅仅是起步阶段，很多重点难点问题需要攻克，例如，公共服务缺位、滞后或不配套的现象还比较严重；社会服务管理主体单一、责任不清、层次不明等问题还比较突出；社区发育不够完善，社会组织还未能担当起应有的社会责任；一些地方和部门应对社会矛盾和公共事件的素质和能力还不强；一些领导干部面对网络舆情不敏感，引导舆论、争取主动的意识还不够，等等。这些都要求我们加大改革创新力度，切实提高新形势下社会建设和管理的能力及水平，切实增强党和政府在新形势下的执政能力和服务水平。

（此文为中共北京市委常委梁伟2010年8月17日在“努力加强和创新社会管理”座谈会上的发言）

北京市统筹城乡养老保障体系建设

丁向阳

党的十七大提出了学习实践科学发展观和构建社会主义和谐社会的重大战略部署，北京市委、市政府认真贯彻落实党的十七大精神，从国家战略高度充分认识加快建立覆盖城乡居民社会保障制度的重大意义，适应社会主义和谐社会的新要求，适应人民群众的新期望，积极进取，开拓创新，扎实工作。近年来，加快构建覆盖城乡居民的社会保障体系，相继实施了“新农保”制度、“老年保障”制度和城乡居民养老保险制度，在制度建设上取得了突破性进展，目前已经形成了企业职工基本养老保险制度、行政事业单位退休金制度、城乡居民养老保险制度、城乡老年居民养老保障制度“四位一体”的养老保障体系新格局，在全国率先实现了养老保障制度全覆盖，率先实现了城乡人人享有养老保障的目标。

一、坚持创新，建立“新农保”和“老年保障”制度

2007年年底前，由于各种原因，北京市城乡一部分老年人未能纳入养老保险制度覆盖范围；老农保制度由于个人缴费标准较高，财政补贴有限，养老金完全靠个人积累，制度的吸引力不大。累计参保只有49万人，参保率仅为37%；其中享受待遇的有3.5万人，平均养老金每月100元左右，养老待遇水平很低。上述问题是新农村建设和统筹城乡发展的难点，也成为社会关注的热点，更是北京市委、市政府着力解决民生问题的重点任务。

按照党的十七大提出的建立覆盖城乡居民的社会保障制度的总体目标和十七届三中全会提出的加快形成城乡经济社会发展一体化新格局的要求，北京市委、市政府坚持以人为本，深入贯彻落实科学发展观，提出了首都率先建立覆盖城乡居民的社会保障体系的目标。北京市的经济实力也具备了建立覆盖城乡居民的社会保障制度条件。一是人均GDP达到7000美元；二是GDP增长几年来一直在10%左右；三是农业就业人口只占全市就业人口的15%左右。为此，结合实际提出了改革老农保制度，并在人力资源和社会保障部的指导下，建立了“新农保”和“老年保障”制度。

2007年年底，北京市政府相继出台了“新农保”和“老年保障”办法，从2008年1月1日起将在劳动年龄内的农民纳入“新农保”制度，将本市60岁以上的城乡无社会保障老年人纳入“老年保障”制度。建立“新农保”和“老年保障”制度，坚持“低水平、广覆盖、先保险、再救助，保障水平逐年逐步提高”的原则，既考虑了当前老年居民基本生活支出，同时也考虑了财政的承受能力。

“新农保”制度确立了个人账户与基础养老金相结合的制度模式。在养老保险待遇上，在老农保个人账户养老金的基础上增加了基础养老金，基础养老金由市、区两级财政进行补贴，每人每月280元。基础养老金增长机制随着社会经济发展逐步调整，使农民未来养老确实能够得到基本保障。在缴费方式上，实行弹性缴费标准，最低缴费标准为本区县上年农民人均纯收入的10%。最低缴费标准以上部分由农民根据承受能力自愿选择。在衔接机制上，农民转为城镇居民参加企业职工基本养老保险时，农保缴费可按相应年度企业职工养老保险缴费折算缴费年限。参加企业职工养老保险的农民工到达领取年龄时不符合按月领取条件的，可按一次性待遇的政策将资金转入农保经办机构，建立农保个人账户，按农保规定享受待遇。已参加了老农保的人员全部纳入到了“新农保”制度，还在缴费年龄内的参保人员按照“新农保”的规定继续缴费，已领取待遇的人员在领取原养老金的基础上每月增加280元的基础养老金，实现了新老制度的平稳衔接。

“老年保障”制度实现了城乡统一、标准一致。城乡60岁以上无社会保障的老年人不用缴纳保费，每人每月直接享受200元福利养老金，资金全部由政府负担。福利养老金的标准对城市来说不高，但对农村来说，达到了保基本生活的水平，彻底解决了农村老年人祖祖辈辈靠土地、靠儿女养老的问题。

“新农保”制度从2008年1月1日实施以来，得到了广大农民群众的欢迎，农民参

保积极性空前提高，参保率大幅提升。到2008年年底，全市累计参保人数达到127.5万，其中当年新增78.5万人；参保率由2007年年底的37%，跃升为85%。领取养老金人数7.5万，养老保险待遇水平由2007年年底的平均100元提高到平均400余元，实现了农村养老保险制度的跨越式发展。到2008年年底，有56.3万人（其中农民42万人）享受了福利养老金。

“新农保”和“老年保障”这两项制度的建立，具有深远的意义。它体现了我市统筹城乡发展的战略，也体现了市委、市政府关注“三农”，解决“三农”问题的决心。加强养老保障制度建设离不开钱，认识上去了，钱就有了。给全市老年人发放基础养老金和福利养老金，政府每年要花十几亿元，这十几亿元可能只够建几座立交桥，但用于解决数百万人的养老，政府就和老百姓建立了千万座连心桥，就改善了民生，赢得了民心，巩固了党的执政基础。为此，公共财政调整支出结构，加大对社会保障的投入力度。2008年这两项改革，市、区（县）两级财政投入15.69亿元（其中福利养老金13.71亿元，新农保的基础养老金1.98亿元），直接发到农民手中的就有12亿多元。2008年，全市农民人均纯收入10747元，比上年增加1188元，增长12.4%。其中由于福利养老金和基础养老金的发放人均多得收入156元，对总体增收的贡献率达到13.1%，拉动增收1.6个百分点。

二、统筹城乡，建立城乡居民养老保险制度

2008年实施的“新农保”制度，解决了劳动年龄内农民参加养老保险的问题，但是由于城乡养老保险制度是逐步建立起来的，在有些政策的衔接方面还不够完善，仍然有一部分人群没有被制度覆盖，主要是劳动年龄内无固定收入的大龄城镇居民，没有参加企业职工基本养老保险。另外由于基本养老保险女性的退休年龄为50周岁、“新农保”女性领取待遇年龄为55周岁，造成城镇居民中部分51～59岁的女性、农村居民中56～59岁的女性，既不能参加保险，也不能享受福利养老金。

为使养老保障制度实现全覆盖和无缝衔接，市政府按照统筹城乡的原则，打破户籍界限，在“新农保”制度的基础上，建立了城乡一体化的居民养老保险制度，覆盖范围由农村居民扩大到城镇居民，从而形成了“职工”和“居民”两大养老保险体系，实现了制度的全覆盖。同时将城镇居民中51～55岁的女性纳入了城乡居民养老保险制度；将城乡居民中56～59岁的女性一次性纳入老年保障制度，今后老年保障制度不再扩大享受人群，实现了制度无缝衔接。

城乡居民养老保险制度延续了“新农保”的制度模式，主要在以下三个方面进行了完善。一是在适用范围上，只要是本市户籍的城乡居民，不在企业职工基本养老保险、国家行政事业退休制度覆盖范围内都可以参加城乡居民养老保险。二是对缴费标准进行了调整，增加了最低、最高缴费标准的限制，最低标准为全市上年农民人均纯收入的9%，最高为上年城镇居民可支配收入的30%，2009年为960元至7420元。考虑农民收入的不稳定性，今年没有调整最低和最高缴费标准。三是对残疾人实行了参保缴费的补贴政策。对重度残疾人按最低缴费标准的百分之百给予缴费补贴，对一般残疾人按最低缴费标准的百分之五十给予缴费补贴，补贴资金来源为残疾人保障金。

城乡居民养老保险制度从2009年1月1日起正式实施。2009年国务院“新农保”指导意见出台后，我市对城乡居民养老保险制度的筹资机制进行了完善，增加了对参保人员每人每年30元的缴费补贴，已于今年3月底全部落实到位。

2009年年底，参加城乡养老保险的居民达162万人，其中参保农民为153万人，农民参保率已达到90%；城镇居民为9万人。全市有64万人（其中农民47万人）享受了

福利养老金。市、区两级财政投入20.86亿元，比2008年增加了5.17亿元，增长了33%。

三、加强管理，确保基金安全

从制度实施伊始，北京市就建立了各项配套政策，同时细化了保险费收缴、养老金支付、基金管理等工作流程，明确了市、区（县）、乡（镇）等各级经办机构的工作职责，建立集中的信息系统，确保了制度的落实。

一是加强对经办工作的管理，完善相关配套政策。从“新农保”制度实施伊始，市政府相关职能部门就制定了实施细则、基金财务管理、工作流程、会计核算等办法，城乡居民养老保险制度实施后又进行了完善。明确市、区（县）、乡（镇）三级的经办职责。在经办过程中，市级经办机构主要是监测区（县）的业务、财务数据，负责各项数据汇总、统计、上报，掌握经办工作进展情况，提供决策依据。区（县）经办机构负责收缴保险费、修改个人基本信息、账户管理、财务、给付等业务。乡（镇）社保所负责参保人员基本信息和预缴费信息的录入、申请领取养老待遇和丧葬继承金的上报等工作。

二是建立信息管理系统，构建三级管理服务网络。为了能给参保人员“记录一生、跟踪一生、服务一生、保障一生”，全市统一开发了“新农保”信息系统，采取集中式数据库，由市级职能部门统一管理和日常维护。建立了市、区（县）、乡（镇）三级管理服务网络，同时开发了系统管理的应用软件。为了新老制度的平稳衔接，将老农保49万参保人员的信息和数据整理规范，平稳迁入信息管理系统，确保了参保人信息的完整和与新制度的衔接。去年又根据城乡居民养老保险制度的新需求对信息系统进行了完善，将“新农保”信息系统升级为城乡居民养老保险信息管理系统。

三是采取多种措施，强化基金管理。将基金纳入区（县）财政专户管理。养老保险基金纳入区（县）财政专户，以区（县）为单位核算和管理。区（县）财政部门、人力社保部门均设立了专门账户，确保专款专用。从“新农保”制度实施起，参保人员养老保险费收缴由商业银行代扣代缴，养老金通过商业银行进行发放。商业银行为参保人提供专用存折、代扣代缴协议。专用存折在参保人缴费期，用于缴纳保险费；在领取期，用于发放养老金。利用信息系统数据比对进行生存认证。建立数据比对平台，每月将领取待遇人员信息与医保系统和民政局提供的死亡人员及领取丧葬费人员信息进行比对，在村或街道社保所进行公示，对领取待遇人员进行生存认证。

虽然北京市已经实现了城乡养老保障制度的全覆盖，但从人群覆盖上看，还有近10%的人群没有参加保险。下一步，北京市将在国家政策的指导下，继续完善政策，提高城乡居民养老保险的统筹层次，进一步加大扩面工作力度，不断提高基础养老金和福利养老金的水平，努力实现工作重心从制度覆盖向人群覆盖转移，为推进北京市经济又好又快发展和首都社会的和谐稳定发挥积极的作用。

（此文作者为北京市副市长，原载《行政管理改革》第7期）

·文　　件·

北京市社会服务管理创新行动方案（摘录）

主要目标和任务

一、加快建设城乡一体的社会保障体系。当前，要着力解决好城乡社会保障制度的整合与衔接，特别是在社会救助、社会福利、优抚安置等方面积极推进城乡一体化，建立起普惠的社会福利和社会保障制度。同时，要加快推进社会管理与服务领域的城乡衔接，通过统筹城乡社会事业发展和社会管理体制改革，加大郊区农村的投入和建设力度，推动城乡公共资源均衡配置，加快推进城乡公共服务均等化，让城乡居民共享改革发展的成果。

二、着力创新社会服务管理的体制机制。要进一步完善网格化服务管理模式，借鉴推广大兴区村庄社区化管理的成功经验，实现城乡统筹的社区化管理模式，努力扩大社会服务管理的覆盖面，增强人民群众的安全感和满意度。要紧紧围绕保障和改善民生，加强社会服务和管理，形成互相衔接、有机结合的政策体系。要着力扩大社会领域党组织和党的工作覆盖面，用社会领域党建创新推动社会服务管理创新。

三、把化解社会矛盾作为当前推动社会建设与管理的重要任务。坚持重大决策风险评估制度，建立健全人民调解、行政调解、司法调节和社会力量调节相互衔接的“大调解”工作格局，高度重视劳动争议调解工作，总结推广社会服务与管理中行之有效的先进经验，努力做到把矛盾化解在基层、解决在萌芽状态。

四、进一步创新社会服务管理的方式方法。注重运用信息化手段加强和改进社会服务管理，高度重视网络阵地建设，充分利用和发挥物联网、云计算等高新技术的优越性，推进社会信息化和电子政务建设，构建覆盖北京市的社会管理信息网络，实现信息资源共享，提高社会管理和公共服务整体效能。

（原载《北京日报》2010 年 7 月 22 日）

关于认定第二批市级“枢纽型”社会组织的通知

北京市社会建设工作领导小组各成员单位，各区、县社会建设工作领导小组，各市级“枢纽型”社会组织：

2009 年 3 月，北京市社会建设工作领导小组认定了工、青、妇等 10 家人民团体为第一批市级“枢纽型”社会组织。一年多来，这 10 家单位积极开展工作、不断探索创新，在联系、服务、管理本领域社会组织方面发挥了积极作用，在带领社会组织参与社会建设方面取得了明显成效。为进一步健全市级“枢纽型”社会组织工作体系，按照我市社会服务管理创新推进大会精神和《北京市社会服务管理创新行动方案》要求，经深入调研论证并报经市社会建设工作领导小组主要领导批准，决定认定第二批市级“枢纽型”社会组织。现将有关事宜通知如下：

一、第二批市级“枢纽型”社会组织名单（12家）

北京市工商业联合会、中国国际贸易促进委员会北京市分会、北京市志愿者联合会、北京市私营个体经济协会、北京市体育总会、首都慈善公益组织联合会、北京注册会计师协会、北京市律师协会、北京工业经济联合会、北京市商业联合会、北京市建筑业联合会、北京民办教育协会。

二、第二批市级“枢纽型”社会组织主要工作领域

按照“枢纽型”社会组织认定办法要求，各“枢纽型”社会组织要承担对相关工作领域内的社会组织进行日常联系、服务和管理，具体为：

市工商联主要负责本系统行业协会、商会，外埠驻京商会，以及相关工商经济领域社会团体的联系、服务和管理；市贸促会主要负责对外经贸领域社会组织的联系、服务和管理，同时，联系、服务相关国际组织及其在京机构；市志愿者联合会主要负责志愿者组织和相关公益组织的联系、服务和管理；市私营个体经济协会主要负责私营个体经济领域相关社会组织和经济组织的联系、服务和管理；市体育总会主要负责体育运动、健身类社会组织的联系、服务和管理；首都慈善公益组织联合会主要负责慈善、公益领域相关社会组织的联系、服务和管理；市律师协会负责律师执业机构及执业律师的联系、服务和管理；北京注册会计师协会负责注册会计师、资产评估师执业机构及本领域执业人员的联系、服务和管理；北京工业经济联合会主要负责工业经济领域相关社会组织的联系、服务和管理；市商业联合会主要负责商业、商务、服务业及相关领域有关社会组织的联系、服务和管理；市建筑业联合会主要负责建筑业领域相关社会组织的联系、服务和管理；北京民办教育协会主要负责民办教育机构的联系、服务和管理。

三、各市级“枢纽型”社会组织要紧密结合实际充分发挥作用

第二批市级“枢纽型”社会组织认定后，前后两批共22家单位将构建起市级“枢纽型”社会组织工作体系的基本框架。在今后工作中，各“枢纽型”社会组织应紧密结合本单位具体情况和本领域社会组织的实际特点，按照《北京市社会服务管理创新行动方案》中提出的“六有”要求（有领导责任制、有职能部门、有工作制度、有管理和服务体系的广覆盖、有党组织和党的工作广覆盖、有业务和服务品牌项目）以及关于进一步发挥“枢纽型”社会组织作用的《通知》要求，着力健全机制、发挥作用，有效推进工作开展。

四、各有关单位要积极支持“枢纽型”社会组织开展工作

构建“枢纽型”社会组织工作体系，是我市加强社会建设、创新社会服务管理工作的一项重要举措，是对中国特色社会组织管理途径的有益探索。市社会建设工作领导小组各成员单位及相关部门要充分认识这项工作的重要意义，积极采取措施特别是在转移职能、委托事项、购买服务等方面要结合本单位具体情况不断推出新举措。市社会建设工作领导小组办公室也要进一步整合资源，不断完善各项配套政策措施，为“枢纽型”社会组织更好地履行职责提供服务和支持。

（此文件2010年12月30日由市社会建设工作领导小组办公室印发）

关于进一步推进社区规范化建设试点工作的实施方案

2009年，全市按照市委、市政府关于社区建设“一分、三定、两目标”的总体思路和《北京市加强社会建设实施纲要》、《北京市社区管理办法（试行）》、《北京市社区工作者管理办法（试行）》等文件精神，启动了社区规范化建设试点工作，取得了明显成效。为贯彻落实市委十届七次全会精神，进一步完善社区治理模式，2010年将在2009年试点工作基础上，在全市进一步深入推进社区规范化建设试点工作。现制订实施方案如下：

一、指导思想

以邓小平理论和“三个代表”重要思想为指导，深入贯彻落实科学发展观，以建设管理有序、服务完善、文明祥和的社会生活共同体为基本目标，以提高社区公共服务水平、满足群众公共服务需求为出发点和落脚点，以规范社区服务站建设为重点，以推动社区居委会和社区服务站职能分开为切入点，在健全运行机制、加强队伍建设、完善服务设施、整合社区资源、加大经费投入等方面积极探索，不断扩大社区规范化建设试点工作的覆盖面和影响力，不断提升社区服务的质量和水平，不断提高居民群众的满意度和幸福感。通过试点工作，努力建设一批服务功能完善、居住环境舒适、治安秩序良好、文化生活丰富、管理手段科学、人际关系和谐、公众参与广泛的社会主义新型社区，为首都推动世界城市建设和构建和谐社会首善之区奠定更加坚实的基础。

二、任务目标

按照规范社区管理、完善社区服务、加强社区自治的基本目标和分类指导、梯次推进、典型带动、全面提升的基本原则，在2009年试点工作基础上，2010在全市选择1000个社区开展社区规范化建设试点工作。试点的主要任务目标如下：

（一）规范社区服务站建设

1. 政府在社区层面设立的综合性服务平台，统一命名为“社区服务站”。除法律、法规明确规定需在社区独立设置的工作平台外，将社区其他各类工作站、活动站、服务站等尽快纳入社区服务站，统筹承担相关工作任务，实行综合管理、一站多能服务，并逐步达到统一形象标识、统一项目设置、统一运行流程、统一服务规范、统一资源调配的标准化要求。

2. 规范社区服务站的工作关系，按照《北京市社区管理办法（试行）》的新要求，社区服务站在街道办事处的领导和政府职能部门的业务指导下开展工作，同时接受社区党组织的领导、社区居委会的监督和居民群众的评议。

3. 社区服务站与街道各科室、职能站所、“一站式”办公大厅和社区服务中心实现工作的有机衔接，明确社区服务站各个岗位与街道相关部门的对应关系和各自职责，将“96156”社区公共服务平台、社区服务信息网络系统及街道其他相关信息化办公系统延伸到社区服务站，发挥街道社区服务中心网站的优势，整合社区信息化资源，建立和完善服务、诉求、信息发布等信息衔接机制，将与居民群众切身利益密切相关的各类公共服务落实到社区。

4. 结合社区实际，以满足社区居民需求为导向，整合社区各类服务资源，利用“96156”社区公共服务平台，健全社区服务网络，通过购买服务等形式，创新社区服务方式。拓展社区服务领域，不断开发社区服务项目，特别是那些社区居民需要，市场主体又不愿或无条件不能承担的公益服务项目。不断完善社区公共服务、公益服务、便利服务体系，实现社区服务站服务规范化、人性化、便利化。

5. 建立健全社区服务站一口受理制度、事项公开制度、首问责任制度、分办落实制度、项目管理制度、组织协调制度、投诉处理制度等规范的业务管理制度，制定规范的服务流程示意图和工作台账，对受理事项、办理过程、办理时间、办复结果进行动态跟踪、全程监控，保证受理事项及时办理和反馈。

（二）规范社区工作职能

6. 按照“职责明确、分工合理、优势互补、协调联动”的原则，对社区目前承担的各项工作进行全面梳理，合理划分社区党组织、社区居委会和社区服务站的职责任务，进一步细化各自的具体工作或服务项目。

7. 社区党组织作为党在社区的基层组织，要充分发挥推动发展、服务群众、凝聚人心、促进和谐的作用，以服务群众为重点，加强政治、思想和组织领导，统筹协调各方利益关系，组织动员社区内各方面力量共同推进社区建设，不断提高党组织在基层的执政能力。（其主要职责见附件1）

8. 社区居委会作为基层群众性自治组织，侧重于组织居民开展民主自治，以维护居民合法权益和社区共同利益为核心，增强社区自治功能，实现政府行政管理与基层群众自治有效衔接和良性互动，不断提高社区居民依法直接行使民主权利、管理社区公共事务和公益事业的能力。（其主要职责见附件2）

9. 社区服务站作为政府在社区设立的综合服务平台，侧重于发挥专业化、职业化优势，推动促进就业服务、社会保障服务、劳动维权服务、文化教育体育服务等公共服务覆盖到社区，组织开展多种形式的公益服务和便民利民服务，不断满足社区居民的服务需求。（其主要职责见附件3）

（三）规范社区运行机制

10. 明确和理顺社区党组织、社区居委会和社区服务站之间的关系。社区党组织是包括社区居委会和社区服务站在内的社区各类组织和各项工作的领导核心，支持、保证社区居委会和社区服务站依照各自职责开展工作；社区居委会在社区党组织领导下，依据《中华人民共和国城市居民委员会组织法》履行职能；社区服务站定期向街道办事处、社区党组织汇报工作，向社区居委会通报工作。

11. 建立在社区党组织领导下，社区居委会和社区服务站紧密对接、协调联动的工作机制，完善社区党组织牵头、社区居委会和社区服务站参加的联席会或例会制度，社区党组织定期组织并主持召开联席会或例会，研究讨论社区建设、管理、服务中的重要问题和重大事项，协调沟通有关工作。

12. 充分发挥社区居民会议的作用，涉及社区居民利益的重大事项、社区建设发展规划、经费筹集、财务收支、公益事业专项补助资金的使用、重大活动方案等都需经过社区居民会议讨论决定。

13. 规范完善社区党组织工作制度、社区居委会工作制度、社区服务站工作制度、社区社会组织培育和参与制度、社区事务听证会制度、楼门院管理制度、业主委员会工作制度等各项规章制度，实现社区管理规范化、制度化、科学化。

（四）规范社区志愿服务

14. 按照“社区所需、志愿者所能”的原则，以社区老年人、未成年人、来京务工人员、下岗失业人员、优抚对象、残疾人和低收入家庭为重点服务对象，开发就业援助、慈善公益、优抚助残、敬老扶幼、治安巡逻、环境保护、民间调解、社区教育等项目，每个试点社区要形成1个以上特色鲜明、效果明显、影响广泛的志愿服务品牌。

15. 整合社区志愿服务资源。鼓励和动员社区党员、身体健康的离退休人员、有一技之长的居民，积极参加社区志愿服务活动；

根据在职党员、国家公务员的职业特点和个人专长，适宜、适时、适度地组织他们参加社区志愿活动；协调社区内各种组织和志愿者有序开展活动，并力所能及地给予支持和帮助；为社会上的各种组织和人士到社区从事志愿服务搭建平台。

16. 完善社区志愿者招募管理制度。志愿者人数较少的，可依托社区服务站组织管理；人数较多的，指导成立社区志愿者组织，推广社区志愿者登记注册制度，推进社区志愿服务信息化。健全培训制度，对已招募的社区志愿者，要进行服务态度、权利义务、服务技能等方面的培训，推动社区志愿者不断改进服务态度，增强服务技能，提高服务质量，促进社区志愿服务队伍向专业化方向发展。

（五）规范社区工作者管理

17. 充实试点社区的工作力量。社区党组织至少配备专职党建工作者1名，社区党组织书记、社区居委会主任“一肩挑”的社区，设1名专职副书记或专职党建工作者；党员人数100名以上（含100名）的社区，根据需要可适当增设专职党建工作者。社区居委会由主任1人、副主任1～2人、委员若干人共5～9人组成，1000户以下的设置5人，1000～2000户的设置7人，2000户以上的设置9人。社区服务站按照社区实有户数配备工作人员，原则上按每500户配备1人（1500户以下的配备3人）。社区服务站一般设站长、副站长各1名，原则上专设，也可由社区党组织或社区居委会负责人兼任；社区党组织、社区居委会相关人员与社区服务站工作人员可视情况适度交叉任职。政府购买的社区社工岗位纳入社区服务站。

18. 社区服务站工作人员实行公开招录，招录对象年龄一般在40岁以下，学历大专以上。社区工作者实行全员培训，平均每年培训时间不少于40学时。鼓励和引导各类社区工作者参加国家社会工作者职业水平考试，取得社会工作师、助理社会工作师等职业水平证书。

19. 通过政府购买服务的方式，为每个试点社区至少配备1名取得国家社会工作者职业水平资格证书的人员或具有本科以上社会工作专业（或相关专业）学历的大学生，开展社会工作专业服务。

20. 按照规范化、专业化、职业化要求，通过在岗培训、转岗安排等方式，逐步将符合条件的各类社区协管员、社区事务助理纳入社区工作者规范化管理。

（六）规范社区基础设施配置

21. 采取新建、改扩建、购买以及落实配建指标、资源整合利用等多种方式，使试点社区的办公和服务用房达到350平方米左右。其中，社区服务站工作和服务用房相对独立使用，“一门式”服务用房面积不低于50平方米，其所在地应交通便利，居民居住相对集中，服务半径合理，便于服务开展和居民办事。

22. 社区办公和服务用房外部环境整洁、形象良好，逐步实现统一标识，内部区域清晰、安全方便、舒适美观，具备水、电、暖、卫、通信、信息网络等正常使用功能，配备能够满足工作需要的电脑、打印机、电话、传真机、复印机等办公设备。

23. 完善社区公共服务设施，建设具有医疗保健、体育健身、教育培训、为老服务等功能的其他公共服务设施和室内外文化活动场所，打造商业、生活、文体娱乐等方面的“一刻钟社区服务圈”，使社区居民多层次、多样化、个性化需求基本得到满足。

（七）规范社区经费投入

24. 将社区服务设施配套纳入城市基础设施建设规划，区县政府承担社区办公和服务用房项目建设主体责任。按照市、区两级共同负担的原则，投入必要的资金，对符合市政府固定资产投资支持范围项目，原则上给予一定的市级资金补助，以促进实现试点社区办公和服务用房面积达标。社区办公和服务用房建设达标后，由区县政府按照全市社区服务设施设备配置统一要求，根据本区县资金资产管理实际情况及相关经费标准，结合实际需要购置或调配相关必要设备。

25. 适当提高试点社区公益事业专项补助资金拨付标准，加大对试点社区举办公益事业的支持力度。补助资金应主要用于试点社区按照试点工作要求，通过项目购买、项目补贴、项目奖励等形式，大力开展社区困难群体帮扶、助老、助托、助残等居民急需的服务项目；积极培育发展社区社会组织，以及全面开展社区公益事业活动所需要的活动场地、活动器械、活动宣传、活动奖品、活动劳务等费用。

规范和完善社区公益事业专项补助资金的使用管理。各区县可根据本区县社区公益事业开展实际情况，在遵守有关财务会计管理制度的情况下，设计符合本地区经济社会特点的资金管理流程。

26. 试点社区的办公经费按照不少于每户50元的标准核定，各区县应结合本地区实际，研究制定合理的办公经费使用办法，明确经费使用主体，确保社区党组织、社区居委会、社区服务站的会议费、办公用品购置费、学习培训费、水电气暖费、电话费、报刊订阅费等日常经费支出有可靠的资金保障。

27. 社区工作者的工资、福利待遇，社区信息网络建设及管理、运营、维护等经费全部纳入区县政府年度财政预算管理，并足额拨付。社区协助完成上级行政部门有关工作事项所需经费，按照“费随事转”原则，由相关部门转移拨付。

三、实施步骤

2010年北京市社区规范化建设试点工作分三个阶段进行：

（一）宣传启动阶段（2010年2—3月）

通过召开工作部署会、举办培训班等形式，广泛宣传社区规范化建设试点工作的重要意义、目标任务和工作要求。在3月15日前将2009年由市发展改革委批复的社区用房试点建设项目的进展情况上报市发展改革委员会和市社会办备案，包括区县审批项目立项（代可研）等具体手续办理及项目实施最新进展情况、区县自筹资金落实到位情况、2010年资金需求计划等。各区县按照本方案有关要求，在充分总结吸收2009年试点工作经验的基础上，结合实际情况研究制订本地区社区规范化建设试点实施方案，并将方案上报市社会建设工作领导小组办公室。申请市政府固定资产投资补助支持的试点项目，应按照建设项目管理程序和要求，并取得规划、土地、环保等相关部门手续，于4月20日前上报申请和项目试点实施方案。

（二）组织实施阶段（4—10月）

各试点单位按计划有序推进试点工作，认真梳理社区建设的难点、热点问题，在加强硬件设施建设、理顺社区各方主体关系、创新社区管理体制和运行机制、解决社区建设中的突出问题等方面取得突破，创造出一些成功经验，形成相关的政策措施。

（三）总结验收阶段（11—12月）

由市社会建设工作领导小组办公室组织对社区规范化建设试点工作情况进行集中检查，对社区办公和服务用房建设情况进行验收，组织召开试点工作现场会，总结推广经验，不断深化完善，确保试点工作取得阶段性成果。

四、工作要求

（一）高度重视，加强领导

各区县要把社区规范化建设试点工作作为贯彻落实市社会建设大会精神、推进社区综合配套改革、夯实社会建设基础的一件大事，摆上重要议事日程，抓好抓细抓实。要落实专门工作力量，健全工作责任制，组织协调相关部门和单位，及时解决试点过程中的困难和问题，在人员、经费、设施建设等方面给予有力支持。

（二）部门协作，形成合力

社区规范化建设试点工作由市、区县社会建设工作领导小组办公室负责统筹协调，办公室成员单位（组织部、社会工委、社会办、发改、民政、财政、人力社保、共青团）

及规划、住房城乡建设等相关部门按照自身职责，积极参与、配合试点工作，提供机制、政策和财力等方面的配套措施，形成工作合力，有效推动工作开展。

（三）细化方案，分步实施

各区县要按照本方案确定的任务目标和方法步骤，在调查研究、充分论证的基础上，制定阶段性工作目标，细化试点操作方案。要区分轻重缓急，先易后难，以点带面，有计划、有步骤地推进。既要抓工作基础好的社区，又要抓基础薄弱的社区；既要对照任务，严格要求，又要区别情况，加强指导。对于试点工作进展情况以及工作中出现的新情况和新问题，要及时向市社会建设工作领导小组办公室报送、沟通和反馈。

（四）关注热点，解决难题

各区县要以深入学习实践科学发展观活动为契机，坚持以居民需求为导向、居民参与为动力、居民满意为准则，把保障和改善民生贯穿于推进社区规范化建设试点工作全过程，从广大居民群众最关心、反映最强烈、最迫切需要解决的热点、难点问题入手，完善社区服务体系，健全利益诉求机制，改善社区人居环境，努力为社区居民提供方便快捷优质的服务，切实解决群众生活中的实际困难，让广大居民共享社区规范化建设的成果，促进社区建设的科学发展。

（五）突出特色，鼓励创新

各区县要从本地区的实际和不同类型社区的特点出发，因地制宜、分类指导，抓住重点、突出特点、打造亮点。要在认真做好“规定动作”的同时，积极创新“自选动作”，做到“规定动作”高标准、不走样，“自选动作”有特色、创精品，不断总结新经验、研究新情况、采取新措施，努力在社区规范化建设的领导体制、运行机制和推进方式等方面求突破、求发展、见实效，创造性地推进试点工作。

附件：1. 北京市社区党组织主要职责（试行）
2. 北京市社区居委会主要职责（试行）
3. 北京市社区服务站主要职责（试行）

（此文件2010年3月4日由市社会建设工作领导小组办公室转发）

附件1：

北京市社区党组织主要职责（试行）

一、加强宣传引导工作

1. 宣传和执行党的路线方针政策，宣传和执行党中央、上级党组织和本组织的决议。

2. 围绕本社区的中心工作，开展多种形式的宣传活动。

3. 维护与管理社区党建工作阵地。

4. 采取多种方式，团结、组织干部群众努力完成社区各项任务。

二、领导社区各类组织

5. 负责组织召开社区党组织、社区居委会、社区服务站等参加的社区联席会议，讨论本社区建设、管理和服务中的重要问题、重大事项，研究提出初步方案，提交社区居民会议讨论决定，并协调落实。

6. 领导社区居民自治组织，支持和保证其依法充分行使职权，完善公开办事制度，推进社区居民自治。

7. 领导社区服务站和各类社区服务组织开展社区服务工作，创新社区服务机制，提高社区服务水平。

8. 领导社区群众组织和业主大会，支持和保证其依照各自的章程开展工作。

三、凝聚群众力量

9. 深入群众，开展调查研究，了解居民群众的需求和期望，做好经常性的思想政治工作，发现问题及时解决。

10. 畅通民意诉求渠道，反映群众的意见和要求。

11. 定期走访慰问社区内老弱病残和困难群众，帮助他们排忧解难。

12. 开展社区精神文明建设，坚持对居民群众进行爱国主义、社会主义和集体主义教育，凝聚群众力量参与和谐社区建设、共同创造幸福生活。

13. 开展社区老干部工作、社区统战和侨联工作。

14. 负责联系人大代表与选民、政协委员进社区工作。

15. 建立社会预警机制，及时掌握社会动态，做好社区内社会治安综合治理工作，化解社会矛盾，维护社会稳定。

四、加强社区党建协调工作

16. 负责社区党建协调委员会日常工作。

17. 指导社区社会组织党组织、新经济组织党组织开展党建工作。

18. 组织、协调驻社区单位党组织开展区域性党建工作，广泛发动驻社区单位党组织参与社区建设的积极性，充分挖掘社区资源，促进资源共享。

五、加强党员教育、管理和服务

19. 严格按照“三会一课”制度要求，定期组织好党组织会议（支部党员大会、支部委员会、党小组会）、民主生活会和党课。

20. 组织社区党员开展各类主题活动。

21. 走访、慰问、帮扶社区内困难党员。

22. 做好社区自管党员的教育管理、党员发展、出具接转党组织关系证明、收取自管党员党费等工作，充分发挥党员的先锋模范作用。

23. 与有关部门搞好社区流动党员的教育、管理和服务工作。

六、加强民主监督工作

24. 社区党务公开工作。

25. 廉政文化进社区工作。

26. 社区党组织党内监督工作。

27. 协助街道党工委查处社区内违纪行为。

28. 对社区居委会、社区服务站工作人员进行监督评议。

七、其他工作

29. 积极完成上级党组织交办的其他工作任务。

附件2：

北京市社区居委会主要职责（试行）

一、做好宣传动员教育引导工作，开展精神文明建设活动

1. 宣传宪法、法律、法规和国家的政策，教育引导居民履行依法应尽的义务。

2. 教育引导居民遵守《居民自治章程》和《居民公约》，执行社区居民会议的有关决定。

3. 负责开办社区市民学校，组织开展科学普及、国防、环保、健康和未成年人思想道德教育等方面的教育培训活动。

4. 负责组织开展社区文化、科普、环保和体育等多种形式的社会主义精神文明建设活动，动员社区成员广泛参与爱国卫生运动，引导居民争做文明市民，提高居民对社区的认同感和归属感。

二、依法实行民主选举、民主决策、民主管理和民主监督

5. 根据《中华人民共和国城市居民委员会组织法》规定，开展民主选举、民主决策、民主管理和民主监督为主要内容的居民自治。

6. 加强社区居委会班子建设，完善居委会各项工作制度和工作程序。明确社区居委会下属委员会的职责任务和工作机制，领导下属委员会开展工作，积极发挥各委员会作用。

7. 依法组织补选社区居委会成员、居民代表和居民小组长工作。

8. 召集和主持社区居民会议，讨论决定本社区重要事项和涉及本社区居民重大利益的事项。

9. 定期向社区居民会议报告工作，执行社区居民会议的决定，完成社区居民会议提出的各项任务。

10. 建立完善社区事务听证会、议事协商会等会议制度，召集社区各方代表参与研究社区内共同关注的问题，协调处理涉及社区成员利益的重大事项。

11. 负责管理和维护本社区居委会财产，管理社区居委会办公用房。参与管理社区各类文化活动场所和服务设施。

12. 实行居务公开，通过居务公开栏、公示牌以及召开会议等多种形式，让社区居民及时了解社区各项事务，并接受社区居民质询和监督。

13. 经居民会议讨论决定兴办本居住地区的公益事业，可根据自愿原则向居民和本居住地区的受益单位筹集本社区公益事业资金，定期公开收支账目，并完善资金使用和监督机制。

14. 在社区党组织领导下，组织居民有序开展民主监督和民主评议活动，参与对本市各级政府、街道办事处、社区服务站相关工作的民主监督和民主评议。

15. 指导、监督业主大会、业主委员会和物业管理工作，依法参加业主大会筹备工作，参与业主大会和业主委员会会议并提出意见和建议。

16. 对社区社会组织进行备案、管理和监督。

三、维护社区居民的合法权益，创造和谐稳定的良好环境

17. 依法维护社区居民合法权益，按照法律、法规和政策的有关规定，为社区居民办理涉及切身利益的有关事项和需要盖章的有关手续。

18. 根据本社区的实际情况，创新居民

工作方法，广泛收集社区居民的意见建议和利益诉求。

19. 了解掌握和关心困难群体和弱势群体，及时为居民群众排忧解难。

20. 组织动员楼（门、院）长、居民组长、居民代表、社区志愿者充分发挥骨干作用，引导居民群众以理性、合法的形式表达个人意愿。

21. 负责协调民间纠纷，及时化解社会矛盾。

22. 制定社区突发公共事件应急反应工作制度，协调社区各方力量，加强社区综合应急队伍建设。

23. 及时向政府或其派出机构反映居民的意见、要求和提出建议。

四、扶持和发展社区各方力量，积极推动社区的共驻共建

24. 组织动员驻社区单位参与社区建设，同时为驻社区单位创造良好的社区环境，促进驻社区单位事业的发展。

25. 组织动员社区居民开展救灾、救济、募捐等公益性活动和社区志愿活动，及时向社区居民公开有关款物管理情况和去向，培育发展社区志愿者队伍。

26. 在广泛征求社区居民意见的基础上，经居民会议决定，与驻社区单位签订有关协议，积极引导社区内或周边机关、团体、企事业单位将内部设施向社区居民开放，开展共驻共建。

27. 动员社区成员广泛参与爱国卫生运动，督促本居住区的社会单位做好“门前三包”，督促保洁单位搞好环境卫生。

28. 支持妇联、团组织、工会、老年人协会、残疾人协会、红十字会等社会组织在社区开展活动。

29. 培育扶持具有自治性质的社区社会组织，引导其发挥扩大参与、提供服务、反映诉求和规范行为等方面的积极作用。

五、协助政府做好有关工作，提高社区服务水平

30. 协助做好与居民利益有关的公共卫生、计划生育、优抚救济、青少年教育等项工作。

31. 协助办理本社区居民的公共事务和公益事业，为社区居民提供便利的服务。

32. 协助政府或其派出机构维护社会治安，协助做好社区帮教工作，发动社区居民参与社区群防群治。

六、其他工作

33. 结合本社区实际，完成其他工作任务。

附件3：

北京市社区服务站主要职责（试行）

一、开展社区劳动就业、社会保障和社会事务管理工作

1. 开展失业人员动态管理和就业服务工作，协助做好就业困难人员、“零就业家庭”劳动力就业再就业援助工作，开展创建充分就业社区工作。

2. 协助有关部门为社区低保对象、残疾人、离退休人员、失业人员、老年人、优抚

对象、困难群众等群体提供政策咨询、社会救助和相关服务。

3. 开展企业离退休人员社会化管理服务工作，加强对退休人员自管组织的管理。

4. 开展社会保险政策咨询及相关服务。

5. 协助处理劳动保障信访、监察、维权、统计等工作，维护劳动者合法权益。

6. 协助做好征兵工作。

二、参与社区治安维护工作

7. 落实各类安全防范措施，参与群防群治，维护社区治安。

8. 支持和配合社区居委会开展维护社区和谐稳定工作。

9. 协助有关部门做好社区流动人口和出租房屋管理工作。

10. 协助开展刑满释放、解除劳教人员、监外执行人员和有不良行为青少年的帮助、教育和转化工作，消除不稳定因素。

三、提供社区法律服务

11. 组织开展法律咨询。

12. 为有经济困难、无力支付法律服务费用的居民以及残疾人、老年人等特殊人群联系法律援助。

13. 协助开展维护消费者权益工作。

14. 协助开展老年人、妇女、儿童及残疾人等弱势群体的法律维权工作。

四、协助开展社区健康管理与服务工作

15. 宣传卫生保健知识，开展社区健康知识普及工作。

16. 协助有关部门开展健康调查，建立社区家庭健康档案。

五、做好社区计划生育服务

17. 准确了解社区育龄人群的情况，做好社区居民计划生育管理与服务工作。

18. 指导落实避孕节育措施，发放避孕药具。

19. 协助做好独生子女父母各类奖励和服务工作。

六、配合开展社区教育和文化体育活动

20. 配合有关部门开展科学普及、国防、环保和未成年人思想道德教育等方面的教育培训活动。

21. 配合有关部门组织开展形式多样的文化体育活动，加强社区精神文明建设；

七、组织开展社区公益服务

22. 配合社区居委会，组织社区居民开展救灾、救济、募捐等公益性活动，代收爱心捐赠款、物。

23. 进行社区志愿者培训和志愿服务登记，配合社区居委会组织安排志愿者开展面向社区居民的各种公益性服务。

八、组织开展社区便民服务

24. 充分利用社区资源，动员社会力量，开展家政服务、为老助残服务、废旧物品回收处理、便民菜店、便利缴费等形式多样的便民利民服务；搭载运行市区街三级社区服务中心具有规模效应的便利缴费、配送服务等项目，推动便利服务连锁化；依托96156社区服务平台及其社会服务资源，不断满足社区居民的生活需求，方便居民生活。

九、培育和壮大社区社会组织

25. 培育和壮大具有公益性质、服务居民的社区志愿服务类、慈善公益类、生活服务类、社区事务类、文体活动类社会组织。

26. 支持和引导社区社会组织在法律允许范围内，按照各自章程，自主开展活动，发挥积极作用。

十、畅通民意诉求渠道

27. 通过各种渠道，及时了解和反映社区居民的意见和建议，并协助有关部门解决相关问题。

28. 为社区居民向政府部门咨询政策、办事手续。

十一、协助开展社区基础管理工作

29. 协助做好社区人口、单位、设施等各类信息的采集、管理和维护。

30. 协助开展社区统计工作。

31. 参与建设和管理社区基础设施。

32. 组织开展相关社区创建评比活动。

十二、其他工作

33. 积极支持和配合社区居委会依法开展社区民主自治工作。

34. 承办街道办事处交办的、与其工作手段相适应的其他工作任务。

35. 定期向街道办事处、社区党组织汇报工作，向社区居委会通报工作，接受社区居委会的监督和居民群众的评议。

关于进一步规范社区工作者待遇的通知

各区县社会办、财政局、人力社保局：

为贯彻市委、市政府要求，深入落实《北京市加强社会建设实施纲要》和《北京市社区工作者管理办法（试行）》（京办发〔2008〕20号）等文件精神，加快推进社区工作者队伍职业化、专业化进程，按照社区工作者总体待遇水平与所在区县执行事业单位工资制度的全额拨款事业单位（不含教师）相衔接的原则，现就进一步规范社区工作者待遇的相关事项通知如下：

一、适当提高待遇水平

随着经济社会的快速发展和改革的不断深化，社区已由过去单纯的居民居住点，转变为各种社会群体的集聚点、各种利益的交汇点和人民社会生活的支撑点。社区工作者是社区和社会建设的重要组织者、实践者、推动者，也是推动首都世界城市建设的一支重要力量。近年来，我市社区工作者队伍知识化、年轻化进程明显加快，待遇也得到一定程度提高，但待遇总体仍处于偏低水平，较大程度影响了队伍的稳定和发展。

结合《北京市社区工作者管理办法（试行）》的有关规定，在社区工作者待遇结构以及基本工资、职务年限补贴相关规定保持不变的基础上，对社区工作者待遇水平进行规范、调整，使其原则上不低于所在区县执行事业单位工资制度的全额拨款事业单位(不含教师)、按照国家和本市有关规定执行的待遇水平。

二、建立激励机制

各区县应该在社区工作者总体待遇水平内，建立有效的激励机制，提升社区工作者队伍的整体素质。

1. 鼓励高学历、高素质人才加入社区工作者队伍。应届毕业生参加社区工作试用期满，或具有一年以上实践经历的高校毕业生到社区工作，获得博士学位的研究生享受社区正职待遇，获得硕士学位的研究生享受社区副职待遇，本、专科毕业生社区工作者待遇合理确定。在职人员取得国家承认的研究生学历，可参照上述标准执行。

2. 鼓励社区工作者提高专业化水平。社区工作者通过国家社会工作者职业水平考试，获得社会工作师职业水平证书的，自获得证书当月（以批准日期为准）起，职业水平补贴增加至每人每月 300 元；获得助理社会工作师职业水平证书的，自获得证书当月（以批准日期为准）起，职业水平补贴增加至每人每月 200 元。各区县可根据实际，在此基础上适当提高职业水平补贴标准。

三、实施范围

按照《北京市社区工作者管理办法（试行)》有关规定，实施范围为：在社区党组织、社区居委会和社区服务站中专职从事社区管理和服务、并与街道（乡镇）签订服务协议的工作人员。在社区党组织、社区居委会中全职工作的离退休人员待遇调整方案，由各区县结合实际研究确定。

四、工作要求

1. 各区县要高度重视，将进一步规范社区工作者待遇纳入本区县社会建设整体工作部署，并作为保民生、保稳定和为民办实事的重要举措抓好抓细抓实。

2. 提高社区工作者待遇要与提高社区管理和服务水平、整合社区队伍同步进行。社区工作者人数应严格按照《中华人民共和国城市居民委员会组织法》、《北京市城市社区党组织工作若干规定（试行)》（京组发〔2001〕18 号)、《北京市社区管理办法（试行)》（京办发〔2008〕19 号）等文件要求核定，社区党组织、社区居委会与社区服务站中的社区工作者可视情况交叉任职。

3. 根据本通知精神，由各区县社会办牵头，结合区县实际，会同区县财政、人力社保等部门共同制定实施细则，并于 2010 年 8 月 1 日前报市社会建设工作领导小组办公室，经审批通过后组织实施。

4. 本《通知》自 2010 年 7 月 1 日起执行。

（此文件 2010 年 7 月 9 日由市社会建设工作领导小组办公室转发）

关于调整北京市社会建设工作领导小组办公室组成的通知

市社会建设工作领导小组各成员单位、各位成员：

根据政府机构改革和市社会建设工作领导小组办公室部分成员职务变动的实际情况，

经研究，决定对市社会建设工作领导小组办公室组成人员进行适当调整。现将调整后的领导小组办公室组成人员名单通知如下：

主　任：宋贵伦　市委社会工委书记、市社会办主任

副主任：吕和顺　市委组织部副部长

赵小卫　市委社会工委副书记、市社会办副主任

卢映川　市发展改革委党组副书记、副主任

孟　钧　市民政局党委副书记、副局长

杨慕彦　市财政局副巡视员

张祖德　市人力社保局党组成员、副局长

刘　震　团市委副书记

（此文件2010年8月31日由市社会建设工作领导小组办公室印发）

关于实施《北京市社区基本公共服务指导目录（试行）》的意见

为深入贯彻落实市委、市政府关于加强社会建设的工作部署，进一步完善社区建设体制机制，大力推进社区公共服务体系建设，让广大居民更多更好地享受社区建设带来的实惠和便利，根据有关法律、法规和政策，市社会建设工作领导小组办公室会同市委、市政府30个部、委、办、局和各区县有关部门，在充分调查研究、多次征求意见的基础上，结合我市实际，研究制定了《北京市社区基本公共服务指导目录（试行）》（以下简称《指导目录》，见附件1），共梳理出10大类60项社区基本公共服务项目。以此为主要依据，在全市大力推进并逐步实现社区基本公共服务的全覆盖。为确保该项工作顺利实施，现提出如下意见。

一、充分认识推进社区基本公共服务工作的重要意义

社区是社会的基本单元，是社会成员获取基本公共服务的重要场所，也是政府行使社会管理职能和组织提供公共服务的基础平台。社区基本公共服务，是指满足社区成员基本需求的政府公共服务，主要包括政府直接提供的或引导社会力量提供的社区服务项目或服务设施。《指导目录》是社区居民群众享受政府基本公共服务的“基本菜单”，是衡量评价社区基本公共服务水平的“重要标杆”，是社区基本公共服务的“准入尺度”，是政府实现社区基本公共服务全覆盖的“行动计划”。通过落实《指导目录》推进社区基本公共服务全覆盖，是满足居民群众服务需求、提高居民生活质量的重要举措，是强化政府公共服务职能、改善社会管理的重要内容，是加快实施“人文北京、科技北京、绿色北京”发展战略，推动世界城市建设的重要基础。各区县、各有关部门要从贯彻落实科学发展观的高度，从首都经济社会发展的新要求和人民群众过上美好生活的新期待的高度，切实增强责任感和紧迫感，把推进社区基本公共服务全覆盖摆在突出位置，切实抓紧抓好，抓出明显成效。

二、进一步明确推进社区基本公共服务工作的指导思想和基本原则

（一）指导思想

坚持以邓小平理论和“三个代表”重要

思想为指导，深入贯彻落实科学发展观，按照“保基本、广覆盖、多层次、可持续”的工作要求，以满足社区居民群众的服务需求为导向，创新体制机制，完善配套措施，整合社会资源，加大经费投入，加快建成设施完备、功能完善、服务高效、管理精细的社区服务体系，不断提高居民群众的满意度和幸福感，力争用3~5年的时间，在全市基本实现社区基本公共服务的全覆盖。

（二）基本原则

坚持以人为本、服务至上。在推进社区基本公共服务工作中，市、区县政府有关部门要强化服务意识，在改进服务的过程中加强管理，变单纯向社区下派任务、下达指标为注重为社区提供更多支持、提供更好服务，不断满足广大社区居民日益增长的公共服务需求和对幸福生活的新期待。

坚持广泛参与、共建共享。发挥各级党委、政府及相关部门、街道（乡镇）、社区等各个方面的积极性，进一步集成政策、集中资金、集聚资源、集合力量，形成推进社区基本公共服务的整体合力。要不断改进社区公共服务提供方式，制定鼓励政策，创造环境条件，动员社会组织、企业和公众，积极为社区提供多种公共服务，承接政府购买社会公共服务项目，形成全社会动员起来共建美好幸福家园、共享公共服务成果的良好氛围。

坚持统筹规划、分步推进。《指导目录》是对社区基本公共服务类型、服务项目和服务内容的整体规范，落实《指导目录》是社区规范化建设的进一步延伸和深化。要将落实《指导目录》工作纳入社区规范化建设工作统筹安排部署，把首批完成社区规范化建设试点任务的645个社区（名单见附件2）作为今年推进社区基本公共服务的重点，然后根据每年规范化建设试点工作的完成情况有计划、有步骤、分批次地滚动推进，逐步实现社区规范化建设和社区基本公共服务全覆盖。

坚持创新实践、分类指导。要从各区县实际和社区特点出发，因地制宜，分类指导，鼓励探索，倡导创新。在加快推进社区基本公共服务的同时，大力倡导开展以邻里互助、慈善捐赠等为主要内容的自助互助服务，鼓励开展以社会救助、优抚、助残、老年服务、青年服务、就业服务等为重点的志愿服务，积极开发本社区居民急需的“品牌项目”和“特色项目”。

三、切实加强推进社区基本公共服务工作的组织领导

（一）明确职责任务，形成工作合力

各区县、各有关部门要高度重视，把推进社区基本公共服务全覆盖工作列入重要议事日程，切实加强领导，精心组织实施。市、区县社会建设工作领导小组办公室要充分发挥统筹协调作用，搭建工作平台，加强沟通联络和督促检查，协调研究解决推进过程中的困难和问题。市、区县政府主责部门是社区基本公共服务的提供者、规划者和管理者，要根据各自职能，强化在基本公共服务中的主体地位和主导作用，制定推进计划，完善政策措施，保障资金投入，加强行业监管，促进社区服务各项工作的落实。街道办事处作为区县政府的派出机关和整合专业部门力量的重要平台，要加强对社区公共服务的组织协调，牵头组织辖区社区代表、驻区单位代表、市区人大代表和政协委员等对政府部门提供的社区公共服务进行民主监督和评议。社区党组织、社区居委会、社区服务站要发挥了解居民需求、提供便民服务方面的独特优势和重要作用，定期听取和反映居民对社区公共服务的意见，积极配合、协助政府和街道做好工作，共同完成相关任务。

（二）对照目录梳理，突出工作重点

各区县要采取自下而上的方式，指导街道（乡镇）、社区在前一阶段开展社区公共服务体系建设调查统计的基础上，对照《指导目录》，

再次逐项进行梳理，进一步掌握各项服务的开展情况，特别是对于已完成社区规范化建设试点任务的社区，要进一步细化并列出尚未达标的服务设施、尚未开展的服务项目清单，为政府部门开展社区基本公共服务提供参考。与此同时，各区县、街道（乡镇）、社区还要广泛听取社区居民的意见建议，全面了解目前尚未纳入《指导目录》、本地区居民最急需建设的服务设施和服务内容，作为本地区特色服务项目列入计划抓好落实。各区县社会建设工作领导小组办公室要对这些情况进行收集整理，并将其作为下一步加强社区公共服务体系建设的重点工作加以推进。对于社区卫生服务中心（站）等那些不以社区为单位配套建设的公共服务设施，可重点考察其服务功能是否已经覆盖到社区。

（三）加强统筹协调，推动全面覆盖

市社会建设工作领导小组办公室将对全市社区基本公共服务的覆盖和需求情况进行汇总分析，详细列出各项服务或设施未覆盖社区的名单，按照“缺什么、补什么”的原则，积极协调相关主责部门，有针对性、有计划地为这些社区配齐服务设施、搭载服务项目、完善功能、细化管理。各项服务的主责部门以及发改、财政、规划等综合部门，应结合实际，对服务项目未覆盖社区给予优先支持、帮扶和指导，做到服务设施优先建设，服务项目优先开展，服务人员优先配备，建设资金和工作经费优先投入，尽早实现社区公共服务的全覆盖。

（四）加强政策指导，改进服务方式

凡依法应由社区协助的事项，政府部门应当为社区提供必要的经费和工作条件；对社区组织能够实施且有优势的公共服务，政府部门应按照“权随责走、费随事转”的原则，委托社区组织承担，并落实相应的工作经费和人员保障。积极探索通过购买服务、补贴奖励、项目管理、资源共享等方式，培育和发展社会组织，调动其参与社区服务的积极性，促进公共服务社会化。对社区组织开展的互助性服务、志愿服务和社会力量兴办的微利性商业服务，各区县和有关部门要给予政策和资金扶持。

（五）广泛宣传发动，引导各方参与

各区县、各有关部门要通过广泛的宣传发动，充分调动社会组织、驻社区单位、志愿者组织、企业及居民个人等各类社会力量的积极性和创造性，组织、引导和支持他们参与到完善社区公共服务体系、共建共享和谐社区的各项活动中来，努力营造全社会关心、支持和参与推进社区基本公共服务工作的浓厚氛围。对于工作中的成功经验和先进典型，要及时总结推广，加大宣传力度；对工作进展快、成效显著的相关部门、单位和社会组织应当予以奖励和表彰。对于推进社区基本公共服务工作进展情况以及出现的新问题，市有关部门、各区县要及时向市社会建设工作领导小组办公室报送、沟通和反馈，并加强调研指导。

各区县、各相关部门要按照本意见精神，结合实际，制定贯彻落实的具体措施，进一步明确阶段性工作目标和推进重点，不断完善服务设施，拓宽服务领域，创新服务方式，健全服务网络，提高社区服务水平。市社会建设工作领导小组办公室将适时对本意见贯彻执行情况进行监督检查和情况通报。

附件：1. 北京市社区基本公共服务指导目录（试行）

2. 北京市第一批推进社区基本公共服务工作的重点社区名单（共645个）

（此文件2010年8月30日由市社会建设工作领导小组办公室印发）

附件 1：

北京市社区基本公共服务指导目录（试行）

序号	服务类型	服务项目	服务内容	市、区县主责部门
1	一、社区就业服务	社区劳动就业咨询服务	在社区开展有关劳动就业、社会保障、劳动维权和劳动监察方面的法律、法规和相关政策的宣传、咨询服务	人力社保局
2		社区职业介绍服务	为社区失业人员建立动态管理服务台账，掌握就业需求，提供求职登记、职业介绍等服务，采集空岗信息，开发就业岗位；协助做好辖区内用工单位基本信息和劳动用工信息的采集、更新	人力社保局
3		社区就业困难人员再就业服务	为社区就业困难人员建立再就业援助台账，提供就业服务信息和就业“托底”安置人员认定服务	人力社保局
4		社区“零就业家庭”就业帮扶服务	及时了解社区“零就业家庭”就业服务需求，建立就业服务台账，对“零就业家庭”劳动力开展一对一帮扶服务	人力社保局
5		社区自主创业就业服务	开展社区自谋职业（自主创业）、灵活就业人员就业服务，为信用社区小额担保贷款申请人提供信用调查和开展贷后跟踪服务	人力社保局
6	二、社区社会保障服务	社区老年人（残疾人）居家养老服务	为社区 80 周岁以上老年人、16 ~ 59 周岁无工作的重度残疾人和 60 ~ 79 周岁的重度残疾人每人每月发放 100 元养老（助残）券，用于购买生活照料、家政服务、康复护理等方面的基本生活服务	民政局、残联
7		社区老年人（残疾人）就餐送餐服务	通过餐饮企业，为社区老年人（残疾人）提供安全的配餐、就餐和送餐服务	民政局、残联、卫生局、商务委
8		社区老年人（残疾人）出行服务	为街道、乡镇配发养老（助残）无障碍服务车，方便社区老年人（残疾人）参加社会活动	民政局、残联
9		社区老年人（残疾人）精神关怀服务	依托“96156”社区服务热线，通过多种方式，为社区老年人（残疾人）提供相关电话咨询、上门服务以及居家精神关怀服务	民政局、残联
10		社区老年人（残疾人）电子辅助服务	逐步为有使用需求并具备使用能力的社区 65 周岁以上的老年人和 16 ~ 64 岁的重度残疾人配备便携式“小帮手”电子服务器，提供相关电子信息服务	民政局、残联

续表

序号	服务类型	服务项目	服务内容	市、区县主责部门
11	二、社区社会保障服务	社区老年人（残疾人）优待服务	为社区60~64周岁老年人办理优待证，为65周岁以上老年人办理优待卡，为90周岁以上老年人发放高龄津贴，为100周岁以上老年人办理医疗补助；为社区残疾人办理残疾人证	民政局、残联
12		社区残疾人温馨家园服务	推进残疾人温馨家园建设，为社区残疾人提供职业康复、日间照料等满足其特殊需求的专项服务	残联
13		社区残疾人无障碍设施建设服务	为社区有需求的残疾人家庭实施无障碍设施改造，给居家生活的残疾人提供洗澡、如厕、做饭、户内活动等方面的便利；协调产权人（部门）对社区居委会、服务站、卫生服务机构等居住区内公共服务设施和居民楼入口进行无障碍改造	残联、民政局、规委、住建委
14		社区老年人信息档案服务	为社区全部老年人建立信息档案，为80周岁以上的老年人和60~79岁重度残疾人以及其他有服务需求的老年人建立居家养老服务信息档案	民政局、残联
15		社区企业退休人员服务	为社区内企业退休人员提供社会化医疗费报销服务，在社区开展享受社会保险待遇居民的资格认证工作，开展城乡无保障老年居民福利性养老金、城乡居民养老保险、医疗保险的申请登记、公示核实、受理报销等工作	人力社保局
16		社区托老（残）服务	利用养老院或社区托老（残）所，为老年人（残疾人）提供日间照料和康复护理服务	民政局、残联
17	三、社区社会救助服务	社区低保人员救助服务	为社区低保对象提供登记公示和相关信息报送服务，核实家庭基本情况，切实做到“应保尽保”	人力社保局、民政局
18		社区特殊群体帮扶服务	对社区困难家庭、优抚对象、未成年人、残疾人、流动人口等特殊群体提供帮扶救助服务	民政局、残联、流管办、团委
19		社区临时救助服务	为社区居民提供登记和相关信息报送服务，缓解其因病因灾导致的临时性、突发性困难	民政局
20	四、社区卫生和计划生育服务	社区公共卫生和基本医疗服务	依托社区卫生服务机构，开展以疾病预防、医疗、保健、康复、健康教育和计划生育技术服务和一般常见病、多发病的诊疗服务为主要内容的社区卫生服务	卫生局
21		社区居民健康档案服务	为社区居民提供健康档案服务，依据健康档案，在居民自愿的基础上实行居民健康管理	卫生局
22		社区居民转诊服务	社区卫生服务机构与有关医院按照卫生行政部门规定建立双向转诊关系，指导社区居民合理转诊，提供相应的便利服务	卫生局
23		社区计划生育服务	开展社区生殖健康科普宣传教育服务，对育龄人群开展婚前健康教育和优生指导，对已婚育龄妇女开展计划生育随访服务；开展社区全员人口个案信息采集服务，为居民办理《生育服务证》和《独生子女父母光荣证》开具证明；免费发放避孕药具	人口计生委

续表

序号	服务类型	服务项目	服务内容	市、区县主责部门
24	四、社区卫生和计划生育服务	社区独生子女家庭服务	为社区独生子女家庭提供相关奖励扶助等服务	人口计生委
25		社区急救保健服务	在社区开展急救、保健、健康教育、博爱超市等服务	红十字会
26	五、社区文化教育体育服务	社区群众文化服务	加强社区文体场所设施建设，组织开展各具特色的群众性文化活动，开展露天演出，放映公益电影等，丰富居民群众精神文化生活；依托社区及辖区单位，面向社区青少年、青年组织，开展交友、娱乐、读书、课外学习等活动和服务	文化局、体育局、民政局、团委
27		社区教育培训服务	利用市民学校、人口文化学校等和相关宣传栏，开展多种形式的教育培训活动，不断满足各类居民的学习需求	宣传部、文明办、教委、人口计生委
28		社区早教服务	整合各类教育服务资源，逐步开展0~3岁婴幼儿的早期教育服务	教委、人口计生委
29		社区中小学生社会实践服务	为社区中小学校开展爱国主义教育、素质教育和社会实践活动提供便利条件，方便在校学生按照要求参加研究性学习、社区服务与社会实践活动	教委、宣传部、社会办
30		社区科普服务	依托社区科普画廊，开展科普宣传服务。在具备条件的社区建立科普活动室和户外科普设施，不断提高民生科技的社区应用和服务水平	科委、科协、宣传部
31		社区居民阅览服务	加强社区图书馆、社区益民书屋等场所建设，配备图书、报纸杂志以及部分音像制品，方便居民读书阅报	文化局、新闻出版局
32		社区体育设施建设服务	加强社区全民健身居家工程建设与管理，定期对健身器材进行维护与更新。在具备条件的社区，根据居民需求，建设集健身组织、健身场地、健身活动于一体的社区体育健身俱乐部	体育局
33		社区群众性体育组织建设服务	建立社区全民健身体育协会和各类社区群众体育组织，按照要求设立社区晨、晚练辅导站，配备社会体育指导员，为社区居民提供健身指导服务	体育局
34		社区群众体育健身服务	组织开展经常性、日常性、传统性、品牌性的社区体育比赛和各级各类健身活动，增强活动特色和吸引力，提高体育生活化水平	体育局
35		社区居民体质测试服务	开展社区成年人体质测定服务，为居民建立体质健康档案	体育局
36		社区健身宣传培训服务	在社区举办全民健身大课堂讲座，订阅体育报纸、杂志、宣传材料，经常举办体育骨干技能培训	体育局
37	六、社区流动人口和出租房屋服务	社区流动人口服务	为居住、工作、生活在社区内的流动人口提供信息采集登记、有关法规政策宣传、开具在本社区居住的有关证明等服务，并结合实际为其提供就业和维权服务信息、计划生育和服务流程告知等服务	综治办、流管办、人力社保局、人口计生委
38		社区出租房屋相关服务	对社区内出租房屋进行信息采集登记，宣传房屋租赁有关法规政策，告知房屋出租人依法履行纳税义务，并可受房屋出租人委托代办出租房屋税收缴纳	综治办、流管办

续表

序号	服务类型	服务项目	服务内容	市、区县主责部门
39	七、社区安全服务	社区治安状况告知服务	建立治安警情通报制度，定期向社区群众公示社区治安情况，增强群众安全防范意识	公安局、综治办
40		社区治安服务	加强专职巡防队伍建设，维护本地区治安和城市秩序，为社区居民提供巡逻和防控服务；发展壮大社区治安志愿者队伍，协助专门机关做好巡逻防范、矛盾调解、隐患排查等工作	综治办、公安局
41		社区矫正服务	为社区矫正对象提供教育矫正，帮助其解决就业、生活、法律方面遇到的困难和问题等服务	司法局
42		社区帮教安置服务	为社区刑释解教帮教安置对象提供帮扶、教育等服务	司法局
43		社区禁毒宣传服务	推进社区禁毒组织网络建设，组织开展禁毒宣传教育服务	公安局
44		社区青少年自护和不良青少年帮教服务	针对影响社区青少年健康成长的普遍性问题，开设青少年成长课堂，开展青少年安全自护教育服务。建立青少年法制教育组织体系，为不良行为青少年提供帮扶、教育和转化服务	团委、教委、司法局
45		社区法律服务	为社区居民提供法律宣传、法律咨询等服务	司法局
46		社区消防安全服务	推进社区消防设施建设，组织开展消防宣传教育培训、家庭消防灭火和逃生演习	公安局
47		社区安全稳定服务	加强社区安全稳定信息员和人民调解员队伍建设，及时掌握安全稳定信息，积极开展人民调解工作，为居民调解矛盾纠纷，妥善处置社区各类安全隐患	综治办、司法局、信访办、公安局
48		社区应急服务	结合实际，为社区居民提供应急知识宣传教育、应急演练服务	应急办
49		社区警务设施和警力配备服务	依托社区警务工作站，按照要求配备社区民警，开展社区安全服务	公安局
50		社区物技防设施建设服务	指导建设单位和物业服务企业加强新建小区的物技防设施建设和管理；督促各地区落实属地责任，加强老旧小区的物技防设施建设。在具备条件的社区实行封闭式管理	综治办、公安局、住建委
51	八、社区环境美化服务	社区环境综合治理服务	开展社区垃圾分类处理、噪声污染治理等服务；为社区开展排水和水资源循环利用工作提供政策咨询服务	市政市容委、文明办、水务局、环保局
52		社区绿化美化服务	开展社区绿化美化和义务植树活动，提高居民植绿、护绿、爱绿意识；倡导低碳生活方式，推行绿色消费理念，推进身边建绿、身边护绿工作	园林绿化局、城管执法局
53		社区环境保护服务（绿色社区创建）	开展形式多样的社区环境宣传教育活动，倡导绿色生活方式，引导居民参与环保活动，树立良好的保护环境、文明养犬等环境道德和行为规范，对违规养犬行为视情节依法进行查处	宣传部、文明办、环保局、公安局、城管执法局

续表

序号	服务类型	服务项目	服务内容	市、区县主责部门
54	八、社区环境美化服务	社区节能服务	大力宣传普及节能知识和生活节能常识，倡导居民使用节能型生活器具，开展节能活动	发改委、宣传部
55		社区市政公共设施建设服务	为社区提供天然气、煤气、宽带、有线电视、电话等市政公共设施，对出现问题的市政设施及时修补或更换	市政市容委、经信委
56	九、社区便利服务	社区便民商业服务	积极开发、设置社区菜市场（或便民菜店）、便利店、早餐、洗衣、美容理发、再生资源回收、邮政等服务网点，合理布局，提高居民生活便利度	商务委、民政局、社会办
57		社区家政服务	依托“96156”社区公共服务平台和北京家政服务网，为社区居民开展小时工、家政服务员、月嫂等家政服务	民政局、人力社保局、妇联
58		社区代收代缴服务	鼓励社区具有支付服务功能的商业网点、社区服务站增设“代收代缴服务点”内容，为居民提供代收水费、电费、煤气费、电话费等服务	商务委、民政局、社会办
59	十、其他服务	社区心理咨询服务	开展社区心理健康咨询服务，加强对居民的人文关怀和心理疏导	卫生局、社会办、民政局
60		社区网络信息服务	依托计算机、电话、网络、呼叫器等设施，建立社区现代信息化网络阵地，方便居民通过社区综合信息平台参与管理、反映诉求、获得服务	民政局、社会办、经信委

附件2：

北京市第一批推进社区基本公共服务工作的重点社区名单（共645个）

东城区110个

东四街道七条社区
东四街道南门仓社区
东四街道总院社区
和平里街道兴化社区
和平里街道新建路社区
和平里街道小黄庄社区
和平里街道安德里社区
和平里街道二区社区
和平里街道上龙社区
和平里街道七区社区
和平里街道六铺炕社区
和平里街道五区社区
和平里街道民旺社区
北新桥街道二条社区
北新桥街道民安社区
北新桥街道海运仓社区
北新桥街道前永康社区
北新桥街道门楼社区
北新桥街道小菊社区
交道口街道交东社区
交道口街道府学社区
交道口街道菊儿社区
交道口街道南锣鼓巷社区

交道口街道鼓楼苑社区
交道口街道大兴社区
交道口街道福祥社区
安定门街道五道营社区
安定门街道钟楼湾社区
安定门街道分司厅社区
东华门街道黄化门社区
东华门街道汪芝麻社区
东华门街道隆福寺社区
东华门街道魏家社区
东华门街道韶九社区
东华门街道正义路社区
东华门街道台基厂社区
东华门街道多福巷社区
东华门街道南池子社区
东华门街道黄图岗社区
东华门街道智德社区
东直门街道东环社区
东直门街道清水苑社区
东直门街道胡家园社区
东直门街道新中街社区
东直门街道香河园北里社区
建国门街道苏州社区
建国门街道大雅宝社区
建国门街道东总布社区
建国门街道西总布社区
建国门街道赵家楼社区
建国门街道崇内社区
朝阳门街道史家社区
朝阳门街道礼士社区
朝阳门街道内务社区
朝阳门街道演乐社区
朝阳门街道朝西社区
朝阳门街道朝内头条社区
朝阳门街道新鲜社区
北新桥街道青龙社区
北新桥街道草园社区
北新桥街道九道湾社区
北新桥街道炮局社区
北新桥街道北新仓社区
北新桥街道板桥社区
北新桥街道北官厅社区
北新桥街道十三条社区
北新桥街道十二条社区
北新桥街道藏经馆社区
景山街道皇城根北街社区
东直门街道工人体育馆社区
东直门街道东外大街北社区
东直门街道东外大街社区
东直门街道十字坡社区
建国门街道干面社区
建国门街道外交部街社区
建国门街道禄米仓社区
前门街道前东社区
龙潭街道光明北社区
龙潭街道华城社区
龙潭街道浦园社区
龙潭街道漪园社区
龙潭街道龙北东社区
龙潭街道安化楼社区
永外街道安乐林社区
永外街道管村社区
永外街道西革新里社区
永外街道景泰社区
永外街道革新西里社区
永外街道定安里社区
永外街道富莱茵社区
东花市街道东花市南里社区
东花市街道广渠门外南里社区
东花市街道东花市南里东区社区
东花市街道花市枣苑社区
东花市街道忠实里社区
东花市街道北里西区社区
东花市街道北里东区社区
东花市街道广渠门北里社区
天坛街道永内东街西里社区
天坛街道东里南区社区
天坛街道东里北区社区
天坛街道金鱼池西区社区
天坛街道金鱼池中区社区
体育馆路街道国家体育总局社区
体育馆路街道长青园社区

体育馆路街道法华南里社区
崇外街道兴隆都市馨园社区
崇外街道崇西大街社区
崇外街道新怡家园社区
崇外街道新世界家园社区

西城区 82 个

西长安街街道西交民巷社区
西长安街街道义达里社区
什刹海街道柳荫街社区
什刹海街道鼓西社区
新街口街道西里三社区
新街口街道西四北六条社区
新街口街道北草厂社区
新街口街道中直社区
新街口街道富国里社区
新街口街道西四北三条社区
新街口街道宫门口社区
金融街街道丰汇园社区
金融街街道文昌社区
金融街街道砖塔社区
金融街街道温家街社区
金融街街道丰融园社区
金融街街道新文化街社区
金融街街道大院社区
金融街街道东太平街社区
金融街街道宏汇园社区
金融街街道受水河社区
金融街街道丰盛社区
金融街街道西太平街社区
月坛街道三里河一区社区
月坛街道三里河二区社区
展览路街道朝阳庵社区
展览路街道新华里社区
展览路街道百万庄西社区
展览路街道车公庄社区
展览路街道洪茂沟社区
展览路街道榆树馆社区
展览路街道三塔社区
展览路街道阜外西社区
展览路街道新华南社区
展览路街道北营房西里社区
展览路街道文兴街社区
展览路街道新华东社区
展览路街道百万庄东社区
德胜街道六铺炕石油社区
德胜街道德外大街东社区
德胜街道新明家园社区
德胜街道黄寺大街西社区
德胜街道裕中东里社区
德胜街道北广社区
德胜街道双旗杆社区
德胜街道水电社区
大栅栏街道百顺社区
大栅栏街道铁树斜街社区
广外街道莲花河社区
广外街道 15 号院社区
广外街道红莲中里社区
广外街道三义东里社区
广外街道椿树馆社区
广外街道车站东街社区
广外街道朗琴园社区
广外街道小马厂社区
广外街道天北社区
广外街道荣丰社区
广外街道车站西街社区
广内街道西便门西里社区
广内街道西便门东里社区
广内街道校场社区
广内街道长椿里社区
广内街道长西社区
牛街街道菜园北里社区
牛街街道春风社区
牛街街道牛街西里二区社区
牛街街道牛街西里一区社区
牛街街道右北大街社区
椿树街道椿树园社区
椿树街道琉璃厂西街社区
椿树街道红线社区
白纸坊街道崇效寺社区
白纸坊街道里仁街社区

白纸坊街道双槐里社区
白纸坊街道新安南里社区
天桥街道永安路社区
天桥街道太平街社区
天桥街道天桥小区社区
天桥街道虎坊路社区
陶然亭街道红土店社区
陶然亭街道龙泉社区

朝阳区 175 个

朝外街道芳草地社区
朝外街道雅宝里社区
朝外街道吉祥里社区
朝外街道三丰里社区
朝外街道体东社区
劲松街道劲松中社区
劲松街道八棵杨社区
劲松街道劲松北社区
劲松街道农光里社区
劲松街道大郊亭社区
亚运村街道安慧里社区
亚运村街道安慧里南社区
亚运村街道安翔里社区
亚运村街道安苑里社区
亚运村街道京民社区
亚运村街道北辰东路社区
亚运村街道祁家豁子社区
亚运村街道华严北里社区
望京街道大西洋城社区
望京街道望花路东里社区
望京街道望京西园三区社区
望京街道南湖西园社区
望京街道南湖西里社区
望京街道南湖西园社区
望京街道望京西园四区社区
望京街道望花路西里社区
望京街道花家地社区
望京街道爽秋路社区
望京街道望花路西里社区
望京街道圣星社区
团结湖街道中路北社区
团结湖街道一二条社区
团结湖街道团结湖水碓子社区
团结湖街道团结湖中路南社区
团结湖街道三四条社区
呼家楼街道东大桥社区
呼家楼街道金台里社区
呼家楼街道小庄社区
呼家楼街道关北街社区
呼家楼街道呼北社区
呼家楼街道新街社区
三里屯街道中纺里社区
三里屯街道北三里社区
三里屯街道中三里社区
三里屯街道东三里社区
香河园街道柳芳北里社区
香河园街道西坝河东里社区
香河园街道柳芳南里社区
香河园街道西坝河南里社区
香河园街道西坝河西里社区
香河园街道西坝河中里社区
香河园街道光熙门北里北社区
双井街道富力社区
双井街道九龙南社区
双井街道九龙社区
双井街道广泉社区
双井街道大望社区
双井街道双花园社区
双井街道百子园社区
双井街道广和里社区
建外街道南郎社区
建外街道永安里东社区
建外街道光华里社区
建外街道秀水社区
建外街道北郎东社区
和平街街道十四区社区
和平街街道小黄庄社区
和平街街道胜古北社区
和平街街道胜古庄社区
和平街街道和平家园社区
和平街街道樱花园社区

垡头街道一区社区
垡头街道二区社区
垡头街道西里社区
垡头街道东里社区
酒仙桥街道高家园社区
酒仙桥街道驼房营西里社区
酒仙桥街道南路社区
酒仙桥街道大山子社区
酒仙桥街道中北路社区
六里屯街道晨光社区
六里屯街道道家园社区
六里屯街道炫特社区
六里屯街道十里堡北里社区
六里屯街道碧水园社区
六里屯街道甜水园社区
麦子店街道枣营北里社区
麦子店街道农展南里社区
麦子店街道朝阳公园社区
潘家园街道松榆西里社区
潘家园街道松榆东里社区
潘家园街道潘家园南里社区
潘家园街道华威西里社区
潘家园街道武圣农光社区
潘家园街道松榆里社区
潘家园街道松榆里社区
潘家园街道潘家园社区
小关街道惠新苑社区
小关街道惠新北里社区
小关街道小关社区
安贞街道安华里社区
安贞街道安华西里社区
安贞街道安贞里社区
安贞街道安贞西里社区
八里庄街道华贸中心社区
八里庄街道远洋天地家园社区
八里庄街道十里堡社区
八里庄街道城市华庭社区
八里庄街道罗马嘉园社区
八里庄街道八里庄东里社区
八里庄街道八里庄西里社区
左家庄街道三源里社区
左家庄街道左北里社区
左家庄街道新源西里社区
左家庄街道曙光里社区
左家庄街道顺源里社区
左家庄街道静安里社区
左家庄街道新源里社区
机场街道南路东里社区
机场街道南平里社区
大屯街道慧中里第一社区
大屯街道慧中里第二社区
大屯街道新新家园社区
大屯街道安慧东里社区
大屯街道慧中北里第一社区
大屯街道大屯里社区
大屯街道育慧西里社区
大屯街道世纪村社区
大屯街道欧陆经典社区
东湖街道南湖中园北社区
东湖街道利泽西园一区社区
东湖街道南湖东园北社区
东湖街道望京西园社区
东湖街道望京花园社区
东湖街道望湖社区
南磨房乡百子湾东社区
南磨房乡紫南家园社区
南磨房乡平乐园社区
南磨房乡南新园社区
南磨房乡百子湾西社区
南磨房乡东郊社区
南磨房乡欢乐谷社区
三间房乡美然动力社区
豆各庄乡文化传播社区
太阳宫乡夏家园社区
太阳宫乡太阳宫社区
奥运村南沙滩社区
奥运村林萃社区
东风乡东润枫景社区
东风乡观湖国际社区
管庄乡建东苑社区
管庄乡惠河东里社区
来广营乡朝来绿色家园社区

来广营乡绣菊园社区
来广营乡黄金苑社区
来广营乡立清路第一社区
来广营乡莲葩园社区
来广营乡紫绶园社区
来广营乡清友园社区
来广营乡茉黎园社区
来广营乡时代庄园社区
来广营乡北京青年城社区
来广营乡新街坊社区
来广营乡立城苑社区
黑庄户乡双桥第一社区
黑庄户乡双桥第二社区
黑庄户乡康城社区
将台乡梵谷水郡社区
将台乡将府家园社区
平房乡姚家园西社区
平房乡星河湾社区
常营乡民族家园社区
常营乡连心园社区
常营乡鑫兆佳园社区
崔各庄乡马南里社区

海淀区 40 个

中关村街道华清园社区
中关村街道小泥湾社区
中关村街道太阳园社区
中关村街道东里南社区
八里庄街道北京印象社区
八里庄街道定慧西里二社区
八里庄街道颐慧佳园社区
八里庄街道八宝庄社区
北下关街道南二社区
北下关街道皂君庙东社区
北下关街道净土寺社区
北下关街道气象局社区
学院路街道二里庄社区
学院路街道农大东校区社区
学院路街道西王庄社区
学院路街道东王庄社区
西三旗街道 9511 联合社区
西三旗街道沁春家园社区
西三旗街道建材西里社区
西三旗街道冶金社区
万寿路街道永定路西里社区
羊坊店街道有色设计院社区
羊坊店街道普惠寺社区
紫竹院街道车南里社区
紫竹院街道厂洼社区
北太平庄街道志强北园社区
北太平庄街道蓟门里社区
海淀街道碧水云天社区
海淀街道稻北社区
青龙桥街道军科社区
田村路街道泽丰苑社区
清河街道领秀硅谷社区
四季青镇闵行南里社区
曙光街道曙光花园社区
上地街道上地东里第一社区
马连洼街道天秀社区
东升地区前屯社区
甘家口街道四道口社区
香山街道四王府社区
清华园街道荷清苑社区

丰台区 65 个

新村街道三环新城社区
新村街道万年花城社区
新村街道怡海花园社区
新村街道富锦嘉园社区
新村街道桥二社区
新村街道万柳园社区
新村街道韩二社区
右安门街道玉林西里社区
右安门街道玉林里社区
右安门街道翠林一里社区
右安门街道东庄社区
右安门街道永乐社区
大红门街道彩虹城社区
西罗园街道洋桥东里社区

西罗园街道海户西里北社区
西罗园街道洋桥西里社区
西罗园街道西罗园三区社区
马家堡街道嘉园一里社区
马家堡街道双晨社区
马家堡街道嘉园二里社区
马家堡街道星河苑社区
卢沟桥街道长安新城社区
卢沟桥街道青塔东里社区
卢沟桥街道六里桥社区
卢沟桥街道京铁家园社区
卢沟桥街道丰体时代花园社区
卢沟桥街道大井社区
卢沟桥街道民岳社区
丰台街道北大地西区社区
丰台街道丰益花园社区
丰台街道63号院社区
丰台街道正阳北里社区
丰台街道南开西里社区
丰台街道北大街社区
云岗街道南区第一社区
云岗街道大灰厂社区
太平桥街道三路居社区
南苑街道机场社区
南苑街道槐房社区
方庄地区芳群园第二社区
方庄地区芳群园第三社区
方庄地区芳城东里社区
宛平地区晓月苑社区
宛平地区宛平城社区
东铁匠营街道蒲黄榆第二社区
东铁匠营街道横七条第二社区
东铁匠营街道蒲安一里社区
东高地街道三角地第二社区
东铁匠营街道刘家窑第一社区
东铁匠营街道南方庄社区
长辛店街道西峰寺社区
长辛店街道北岗洼社区
长辛店街道车辆厂社区
长辛店街道芦井社区
长辛店街道朱南社区
大红门街道大红门东街社区
大红门街道石南一社区
大红门街道西马场北里社区
大红门街道建欣苑社区
大红门街道西马小区社区
太平桥街道太西里社区
太平桥街道精图社区
和义街道和义东里第三社区
和义街道南苑北里第二社区
东高地街道东高地社区

石景山区38个

五里坨街道联勤部大院社区
五里坨街道石府社区
五里坨街道红卫路社区
五里坨街道西山机械厂社区
鲁谷重聚园社区
鲁谷衙门口东社区
鲁谷衙门口西社区
鲁谷五芳园社区
八角街道杨庄北区
八角街道黄南苑社区
八角街道八角北里社区
八角街道杨庄南区社区
八角街道八角南路社区
八角街道八角北路社区
八角街道八角路社区
八角街道特钢社区
八角街道古城南里社区
八宝山街道三山园社区
八宝山街道玉泉西里中社区
八宝山街道玉泉西里北
八宝山街道四季园社区
八宝山街道永乐东小区北社区
广宁街道高井路社区
古城街道十万平社区
古城街道八千平社区
古城街道南路东社区
金顶街街道金五区社区
金顶街街道金四区社区

金顶街街道模式口西里中社区
金顶街街道模式口东里社区
苹果园街道装司社区
苹果园街道西黄新村西里社区
苹果园街道西井社区
苹果园街道琅山社区
老山街道东里北社区
老山街道京源路社区
老山街道东里南社区
老山街道何家坟社区

门头沟区 6 个

东新房街道北涧沟社区
城子办事处新老宿舍社区
大台办事处桃园社区
大峪街道新桥西区社区
大峪街道永新社区
大峪街道向阳东里社区

房山区 14 个

拱辰街道电力设备总厂社区
拱辰街道文化路社区
拱辰街道渔儿沟社区
拱辰街道长虹社区
拱辰街道北大街社区
迎风街道杰辉苑社区
长阳镇长阳社区
长阳镇长龙苑社区
城关街道农林路社区
城关街道南里社区
东风街道羊耳峪里第二社区
向阳街道迎风一里社区
西潞街道苏庄一里社区
西潞街道月华社区

通州区 21 个

北苑街道玉带路社区
北苑街道新北苑社区
北苑街道复兴南里社区
北苑街道京贸国际社区
北苑街道长桥园社区
玉桥街道玉桥北里社区
玉桥街道玉桥南里社区
玉桥街道玉桥东里社区
玉桥街道梨花园社区
玉桥街道葛布店南里社区
中仓街道莲花寺社区
中仓街道东里社区
中仓街道西营社区
中仓街道运河园社区
中仓街道上营社区
新华街道天桥湾社区
新华街道司空社区
新华街道如意社区
永顺镇西马庄社区
永顺镇盛业家园社区
梨园镇格瑞雅居社区

顺义区 13 个

光明街道幸福东社区
光明街道滨河社区
胜利街道建南第二社区
胜利街道义宾北社区
胜利街道义宾南社区
胜利街道怡馨家第二社区
石园街道五里仓第二社区
石园街道石园南社区
石园街道石园东苑社
旺泉街道西辛北社区
旺泉街道前进花园社区
旺泉街道宏城花园社区
旺泉街道西辛社区

昌平区 35 个

回龙观地区万润家园社区
回龙观地区龙锦苑六区社区
回龙观地区北店嘉园社区

回龙观地区东村嘉园社区
回龙观地区金榜园社区
回龙观地区良庄社区
回龙观地区龙兴园社区
回龙观地区龙泽苑东区
回龙观地区龙禧苑二区
回龙观地区吉晟社区
东小口地区都市芳园社区
东小口地区华龙苑北里社区
北七家镇蓬莱公寓社区
北七家镇王府花园社区
北七家镇燕城苑社区
北七家镇王府公寓社区
北七家镇西湖新村社区
城北街道三街社区
城北街道东关南里社区
城北街道二街社区
城北街道西关社区
城北街道城角社区
城北街道宁馨苑社区
城北街道史家坑社区
城北街道北城根社区
城北街道东关北里社区
城北街道玉虚观社区
城北街道国通家园社区
城北街道永安社区
城北街道南环里社区
城北街道安福苑社区
城南街道世涛天朗社区
城南街道水屯家园社区
城南街道秋实家园社区
城南街道拓然家园社区

大兴区 19 个

清源街道金惠园二区社区
清源街道兴华园社区
清源街道香留园社区
清源街道滨河北里社区
清源街道金惠园三区社区
清源街道清源西里社区
清源街道郁花园社区
清源街道兴盛园社区
观音寺街道盛春坊社区
观音寺街道金华里社区
观音寺街道团河社区
观音寺街道观音寺社区
兴丰街道黄村西里社区
兴丰街道兴华东里社区
兴丰街道黄村中里社区
林校路街道建兴家园社区
林校路街道兴政东里社区
林校路街道车站中里社区
亦庄地区贵园南里社区

平谷区 6 个

滨河街道滨河社区
滨河街道林荫家园社区
滨河街道北小区社区
滨河街道金海社区
渔阳地区迎宾花园社区
兴谷街道光明社区

怀柔区 8 个

泉河街道富乐北里社区
泉河街道于家园二区社区
泉河街道北园社区
泉河街道富乐社区
龙山街道望怀社区
龙山街道南华四区社区
龙山街道龙湖新村社区
龙山街道商业街社区

密云县 8 个

鼓楼街道花园社区
鼓楼街道沿湖社区
鼓楼街道宾阳北里社区
鼓楼街道行宫社区
鼓楼街道长安社区

果园街道果园西里社区
果园街道果园新里北区社区
果园街道密西花园社区

城镇办事处康庄社区
城镇办事处温泉东社区
城镇办事处川北东社区
城镇办事处湖南社区

延庆县5个

城镇办事处振兴南社区

北京市社会服务管理创新试点工作指导意见

按照全国社会治安综合治理工作会议关于抓好社会管理创新综合试点工作的部署，市委常委会研究决定，东城、朝阳、顺义三区作为本市综合试点区。在日前市委、市政府召开的全市社会服务管理创新推进大会上和印发的《北京市社会服务管理创新行动方案》（以下简称《行动方案》）中又进一步提出了明确要求。为贯彻落实中央和市委、市政府要求，扎实推进三个区综合试点及各区县专项试点工作，经研究现提出如下指导意见。

一、指导思想

坚持以邓小平理论和“三个代表”重要思想为指导，深入贯彻落实科学发展观，按照中央和市委、市政府要求，紧密结合各区县具体工作实际，突出特色，发挥优势，探索创新，创造经验，扎实开展综合试点及专项试点工作，全面推进全市社会服务管理创新，为建设“人文北京、科技北京、绿色北京”和中国特色世界城市，为把北京建设成为繁荣、文明、和谐、宜居的首善之区作出新的更大贡献。

二、主要任务目标

按照《行动方案》确定的主要任务，综合试点区重点围绕以下十方面开展试点工作。

1. 基本实现社会保障制度城乡一体化；

2. 初步构建网格化社会服务管理体系；

3. 初步构建社会矛盾多元调解工作体系；

4. 初步建立劳动争议调解联动机制；

5. 探索流动人口服务管理方式；

6. 全面实现社区规范化建设目标；

7. 基本形成“枢纽型”社会组织管理体系；

8. 初步建立志愿服务长效机制；

9. 基本健全街道、乡镇社会工作党委工作机制；

10. 实现商务楼宇“五站合一”全覆盖。

三个综合试点区可根据《行动方案》，结合实际情况，增加内容。各区县也可参照上述内容，选择2～4个街道、乡镇作为本区县综合试点。综合试点区工作方案和各区县综合试点单位名单请于2010年9月25日前报市社会建设工作领导小组办公室。

为充分发挥各区县工作的积极性、主动性、创造性，除在东城、朝阳、顺义三区开展综合试点外，其他区县在全面落实《行动方案》的基础上，也要确定一些特色项目，开展专项试点工作，以点带面，推动工作。各区县也可以确定一些街道、乡镇作为本区县专项试点单位。各区县专项试点项目和专项试点单位请于2010年9月25日前报市社会建设工作领导小组办公室。

三、工作步骤

试点工作要有计划、有步骤地向前推进，不断取得阶段性成果。今后两年可分为五个阶段：

（一）研究部署阶段（2010年7月下旬至9月中旬）

对试点工作进行研究部署，各区县研究制订试点工作实施方案，并于2010年9月25日前报市社会建设工作领导小组办公室。

（二）工作展开阶段（2010年9月中旬至2010年12月底）

各区县按照工作方案，开展各项试点工作。

（三）年度检查阶段（2010年12月底至2011年1月底）

各区县总结试点工作情况，撰写本年度试点工作总结报告，提出明年工作计划安排，以区县社会建设工作领导小组名义报市社会建设工作领导小组。市社会建设工作领导小组办公室会同市委、市政府相关部门组成检查组，对2010年试点工作进行督促检查，并写出督查报告向市委、市政府汇报；市委社会工委会同市委政法委、首都综治办向中央政法委、中央综治委书面报告2010年试点工作情况。

（四）深化提高阶段（2011年2月至年底）

各试点区深入开展试点工作。市社会建设工作领导小组办公室与有关部门组织召开一系列座谈会、现场会、经验交流会、阶段性总结表彰会，边深化提高，边总结推广试点经验。

（五）全面推广阶段（2012年1月后）

在总结两年试点工作基础上，在全市全面总结推广综合试点和专项试点经验，并积极树立一批示范点，转化成长效工作机制。

四、基本要求

（一）加强组织领导

各区县、各单位要高度重视，切实加强对试点工作的组织领导，列入重要议事日程，当做大事来抓。各区县要成立由区委、区政府主要领导挂帅的试点工作领导机构。要完善工作制度，明确工作责任，确保各项试点工作有人抓、有人管。要根据需要加大人力、物力、财力的投入，确保试点工作顺利开展。

（二）把握基本原则

在推进试点工作中，要坚持以人为本、服务为先，在服务的过程中加强管理；坚持固本强基、扩大覆盖，以党建工作全覆盖引领社会服务管理全覆盖；坚持科学管理、规范服务，把构建网格化社会服务管理体系当做重要载体；坚持改革创新、重在实效，通过体制机制创新，推动社会服务管理创新；坚持发挥优势、体现特色，创造性地开展工作；坚持点面结合、整体推进，努力推动社会服务管理上水平、上台阶，确保各项试点工作出成效、见成果。

（三）加强统筹协调

按照市委、市政府要求，要充分发挥市、区社会建设工作领导小组及其办公室协调机制优势，充分发挥市、区委社会工委统筹协调职能，与政法、综治等部门加强合作，努力形成工作合力，积极推动试点工作开展。市社会建设领导小组办公室要协调有关部门加强督促检查，及时发现和解决试点过程中出现的问题，扎实推进试点工作开展。

（四）及时总结经验

试点工作要坚持高标准、高质量，及时总结好经验、推广好做法、宣传好典型。要努力把试点经验转化成制度成果，把工作试点建成示范点，要通过深入开展综合试点和专项试点工作，把全市社会服务管理创新提高到一个新水平，把全市社会建设推向新阶段，为推动首都科学发展、促进社会和谐作出新的更大贡献。

（此文件2010年9月10日由市社会建设工作领导小组办公室印发）

2010年北京市社会建设工作要点

2010年，全市社会建设工作的总体思路是：深入贯彻落实科学发展观，从建设世界城市的高度，紧紧围绕建设“人文北京、科技北京、绿色北京”的战略任务，以完善工作体系为基础，以扩大工作覆盖为着力点，以创新管理体制为动力，以提升综合服务能力为重点，认真落实市委十届七次全会提出的“加强社会管理、提高社会动员能力、强化社会公共服务”三大任务，努力为推进首都科学发展创造良好的社会环境和条件，为建设繁荣、文明、和谐、宜居的首善之区作出新的更大贡献。

2010年，全市社会建设重点做好八个方面工作。

（一）加快推进社会管理体制创新

适应首都社会生活的新变化，进一步加快推进社会管理创新，着力研究解决首都社会管理存在的突出问题。

（1）形成社会管理创新的工作机制。以制订并实施《北京市社会服务管理创新行动方案》为契机，建立健全工作机制，加强推进社会管理创新工作的统筹协调和整体协作。市委社会工委要会同市委、市政府18家牵头部门，细化工作方案，明确工作任务，把行动方案的实施与具体工作实际结合起来，与实施“人文北京、科技北京、绿色北京”三个行动计划结合起来，与深入推进社会矛盾化解、社会管理创新、公正廉洁执法三项重点工作结合起来，与开展“创先争优”活动结合起来，重点围绕社会保障体系创新、各类社会群体服务管理创新、社区服务管理创新、社会组织服务管理创新、互联网等新媒体管理创新、社会领域党建工作创新等方面探索新做法，实现新突破。

（2）加快社会管理网络建设。针对社会管理中的空白点和薄弱环节，加快覆盖全社会的工作网络建设。结合城乡结合部改造，及时推进“城中村”的社区党组织、社区居委会、社区服务站建设，积极探索城乡结合部社区管理模式，实现社会服务和管理的全覆盖。创新流动人口自我服务管理新模式，搞好流动人口的管理和服务，加强流动人口中的党建和群团建设工作。新建600个商务楼宇服务站，推进社会工作、党建工作、工青妇群团工作“五站合一”试点工作，实现全市1249座商务楼宇社会工作全覆盖。积极探索新形势下大学生社团组织的管理方式，实现高校大学生社团管理的全覆盖。按照“先挂钩后脱钩”原则，将分散在行政、事业单位的社会组织，按照业务类别和工作性质，分别与相关“枢纽型”社会组织挂起钩来，努力使全市80%以上社会组织纳入“枢纽型”社会组织日常管理和服务体系，基本实现社会组织管理和服务的全覆盖。

（3）努力搭建社会管理信息化综合平台。努力运用最新信息化科技成果，整合基层资源和力量，不断加大社会管理资源共享综合平台建设力度，力争尽快实现市社会建设工作领导小组成员单位、各“枢纽型”社会组织以及各区县社会建设信息的互联互通。积极推动社会组织网上服务、社会领域移动电子政务、社会公共服务信息平台等专网建设，建立社区工作、社会工作者、志愿服务活动、社会组织工作、社会领域党建、信息中心多媒体资料等工作信息管理数据库，进一步利用信息化手段提升社会建设水平。

（二）加大政府购买社会组织服务力度

坚持以社会需求为导向，选择群众关注、政府关心的社会热点、难点问题，作为政府向社会组织购买社会服务项目的内容，进一步实现政府、市场、社会资源有机整合，努力化解社会难题，进一步激发社会活力。

（4）实施政府购买社会组织服务重点项目。通过项目购买、项目补贴等方式，在认真落实市委、市政府一系列惠民政策的同时，发挥社会建设专项资金引导作用，支持社会组织参与社会建设。适应建设世界城市的目标要求，通过举办周末社区大讲堂、开展绿色生活方式引导、科技知识普及、应急健康知识普及等活动，调动各方面力量，积极参与“三个北京”行动计划的实施，使“人文北京、科技北京、绿色北京”理念深入人心、付诸实践。围绕加快推进社会管理创新、解决各类社会群体的实际困难等任务，通过大力加强居家养老助残服务、积极推进社会心理服务等工作，加快培育一批具有一定社会影响力的服务品牌，不断提升社会服务质量和水平。

（5）健全政府购买社会组织服务机制。充分利用市社会建设工作领导小组办公室工作平台，建立政府购买社会组织服务统筹协调机制，建立项目信息公开和项目储备库制度，加强项目管理和运作的统筹规划、综合协调和指导监督。注重充分发挥政府投入的引导作用，引入竞争机制，积极引导和支持社会组织和各类市场主体参与公共服务体系建设。制定并试行《政府购买社会组织服务项目管理办法》，强化预算和合同管理，确保财政资金规范、高效、安全、廉洁使用。

（三）加强社区综合服务平台建设

联合各部门管理服务力量，依托社区服务站作为服务平台，搭载更多服务项目，不断提升基层综合管理服务水平，满足社区居民日益多样化的服务需求。

（6）努力扩大社区基本公共服务覆盖面。制定并试行《北京市社区基本公共服务指导目录（试行）》，充分发挥社区公共服务平台作用，围绕社区治安、社区文化、社区就业、社区卫生、社区环境美化、社区便民利民服务等方面，努力扩大社区公共服务覆盖面。在已建成的600多个规范化试点社区中，按照集成政策、集中资金、集聚资源、集合力量和“缺什么补什么”的原则，在市社会建设工作领导小组及办公室统筹协调下，整体推进人力社保、民政、教育、卫生、文化、体育、科技、综治、工商、市政市容、绿化等部门为社区提供的服务项目，努力让广大居民得到更多更好的实惠和便利。

（7）进一步扩大社区规范化建设试点范围。围绕社区服务站建设、社区工作职能、社区运行机制、社区志愿服务、社区工作者管理、社区基础设施建设和社区经费投入等方面，再选择1000个社区进行规范化试点建设，使全市60%社区基本达到规范化标准。通过新建、改造等各种方式，改善1000个社区办公和服务用房条件，使全市70%社区办公和服务用房达到350平方米以上标准。

（8）打造“一刻钟社区服务圈”。在全市选择50个社区开展“一刻钟社区服务圈”建设试点。充分运用政府、市场和社会的资源，以便民利民为原则，合理规划和设立社区服务设施，使社区居民在步行15分钟行程内，基本满足日常生活的需求。继续发挥好“96156”社区便民热线的作用。

（四）进一步发挥社会组织的作用

以完善“枢纽型”社会组织管理模式为抓手，加大对社会组织的培育力度，推动社会组织的发展，积极发挥社会组织的作用。

（9）基本形成“枢纽型”社会组织工作体系框架。在2009年认定10个市级人民团体为首批“枢纽型”社会组织的基础上，认定、新建、提升市志愿者联合会等一批“枢纽型”社会组织，进一步完善“枢纽型”社会组织框架体系。制定并实施《“枢纽型”社会组织工作规范》，按照有领导责任制、有职能部门、有工作制度、有党组织和党的工作广泛覆盖、有管理和服务体系广泛覆盖、有业务和活动品牌项目的“六有”要求，逐步健全“枢纽型”社会组织工作机制，并加强区县“枢纽型”社会组织工作体系构建的指导工作。

（10）充分发挥“枢纽型”社会组织作

用。支持“枢纽型”社会组织发挥“桥梁”、“龙头”和“平台”作用，确定300个左右社会服务项目，组织各类社会组织积极开展活动。在社会综合管理、公益服务、社区建设、环保节能、志愿服务等领域打造10个公益性社会组织服务品牌，并通过举办社会公益服务成果展示会，予以扶持和推介。建立社会组织孵化基地，培育扶持社会组织创新发展。研究制定全市社会组织考核评价体系。积极推进中关村国家自主创新示范区社会组织改革创新试点以及社区社会组织、高校社团组织管理创新试点工作。

(11) 不断创新社会组织管理和服务方式。制定并试行《北京市社会组织管理和服务实施办法》，进一步完善“一站服务、协调联审、限时回复”的工作机制。对于新设立的社会组织，按照“一口审批、分类规范、政府监督、扶持发展”原则，直接纳入相关“枢纽型”社会组织服务管理。进一步建立健全与在京国际社会组织和全国性行业组织联系机制，通过多种方式，把更多国际社会组织请进来，建立广泛联系。加强与全国性社会组织特别是各种行业协会的沟通联系，不断提升北京社会组织的竞争力和国际影响力。

(五) 加快推进社工队伍专业化、职业化建设

牢固树立人才第一的理念，加快推进社会工作者队伍制度建设。

(12) 继续提高社工队伍的专业化、职业化水平。今年，继续选聘3000名首都高校应届毕业生和服务期满的北京大学生“村官”到社区工作，进一步加快推进社区工作者专业化、职业化步伐。按照市委、市政府要求，进一步提高社区工作者待遇。有计划分层次开展各类社会工作人才教育培训。开展购买社工岗位试点工作，尝试购买200个左右社工岗位，逐步在社会组织、街道、社区和医院、学校、养老院等服务机构设置专业社工岗位。通过专业社工，开展专业的心理辅导、成长规划、权益保护、行为矫正、矛盾调解等服务，把全市社会工作提升到一个新水平。

(13) 加快培育社工专业组织。制定出台北京市社会工作师培养、评价、使用、激励系列文件。成立市社会工作者联合会，在城八区及顺义、昌平培育发展10个社会工作事务所，大力培育发展社会工作者行业管理和专业服务组织。依托北京社会建设网站等，建立全市统一的分层次、分类型的社会工作人才信息库，并形成全市工作网络。继续做好2010年社会工作者职业水平考试工作。

(六) 进一步完善社会动员机制

把推进志愿服务长效机制建设作为增强社会动员能力的着力点，推动形成参与广泛、形式多样、活动经常、机制健全、城乡互补的志愿服务体系。

(14) 构建“枢纽型”志愿者组织工作体系。成立北京市志愿者联合会，进一步加强首都志愿服务的工作规划、组织管理、日常协调和联系服务。将全市各级各类志愿者组织纳入市志愿者联合会服务和管理工作体系，形成分类管理、统筹协调的志愿服务长效工作机制。制定并试行《北京市志愿者管理办法》，推进志愿服务的制度化、规范化。加强与国际志愿服务机构的交流和协作，整合各类志愿者组织和志愿者工作资源，在城市管理、民防救助、知识产权保护等领域，建设10支专业志愿者队伍。依托专业社会组织，加强专业培训，构建通用志愿者与专业志愿者相结合的志愿者队伍体系，进一步提高志愿服务水平。

(15) 推进志愿服务常态化。按照“群众所需、志愿者能为”的原则，积极拓展和创新志愿服务项目，研究制定《北京市志愿服务项目指导目录》，建立健全志愿服务项目体系，定期向社会公布，形成志愿服务人人可为、时时可为、处处可为的格局。依托“蓝立方”建设100个城市志愿服务示范点，推行“蓝立方”持续行动计划，每年五一、五四、国庆、春节等重要节庆期间，组织志愿者开展信息咨询、语言翻译、应急服务、

维护秩序和协助城市管理等活动。依托社区服务站建立社区志愿服务网络，启动社区志愿服务结对帮扶行动，大力开展社区志愿服务，推动志愿服务常态化。

（七）健全社会领域党建工作网络

认真巩固学习实践科学发展观活动成果，坚持以扩大覆盖面为重点，大力提高基层党组织的凝聚力，实现党的组织和党的工作全覆盖。按照党中央要求和市委部署，在社会领域深入开展“创先争优”暨党员作风建设年活动，把社会领域党建工作引向深入。

（16）加强社会领域党组织建设。巩固发展学习实践科学发展观活动成果，加强对社会领域党组织工作人员的培训。办好全市街道社会工作党委书记培训班、“枢纽型”社会组织党组织负责人培训班、“两新”组织党组织及商务楼宇党组织负责人示范培训班、社区党建骨干培训班，不断创新工作方式和活动方式。建立社会领域流动党员信息库，完善流动党员“双向共管”工作机制，利用电化教育和网络平台创新党员教育形式和活动载体。贯彻落实街道社区党的建设工作经验交流会精神，制定并试行《关于以构建区域化党建格局为目标加强社区党的建设工作意见》，以“三有一化”和“三级联创”为重点推进街道社会党建工作。推进城乡结合部基层党组织建设。制定并试行《街道社会工作党委工作办法》，进一步完善街道社会工作党委工作机制。

（17）切实推进“枢纽型”社会组织党建试点工作。在搞好市科协、市社科联工作试点基础上，年底完成首批10个市级“枢纽型”社会组织党组织组建任务，并及时搞好新确认“枢纽型”社会组织的党建工作。制定并试行《“枢纽型”社会组织联合党委工作办法》，促进“枢纽型”社会组织党组织规范化运行。建立社会组织党建工作例会制度，做好与各类社会组织党组织的联系、服务和区县社会组织党建指导工作，基本实现全市社会组织党建工作全覆盖。

（18）切实推进新经济组织党建工作。广泛开展非公有制经济组织“领导班子好、党员队伍好、工作机制好、工作业绩好、群众反映好”“五个好”示范点创建活动，创建100个示范点。在规模以上新经济组织基本实现党组织和党的工作全覆盖。扎实推进商务楼宇党建试点工作，年内实现全市1249座商务楼宇党建工作站全覆盖。

（八）努力提升社会建设的整体合力

按照“合作共赢、共建共享”要求，在市、区（县）、街道（乡镇）社会工作党组织和社区党组织四个层面搭建社会建设工作统筹协调平台，建立多部门联手开展工作的机制，不断提升工作的整体合力。

（19）进一步建立健全社会建设工作协调机制。健全社会建设工作领导小组及其办公室的工作制度，强化政策集成，加强部门间的协调沟通和资源整合，形成工作合力；认真落实市级“枢纽型”社会组织联席会议制度，加强分类指导，促进作用发挥；认真落实区县社会工委、社会办工作例会制度，加强指导检查，推动工作落实；充分发挥社会建设研究基地人才和智力优势，加强规律探索和理论创新，为首都社会建设提供服务。加强新闻宣传、舆情分析、信息交流机制建设，增强做好工作的主动性、针对性、有效性。

（20）进一步落实工作责任制。加强社会建设指标体系研究，实施“社会服务管理创新折子工程”，明确职责分工和工作进度，组织成员单位参与年度工作督查和专项工作检查，充分发挥社会建设工作领导小组成员单位的作用，及时跟进掌握工作进展情况，切实加强工作的督促检查。强化信息交流，加强横向、纵向沟通联系，建立重大情况及时报告制度，在形成全市整体合力上发挥职能作用。

（21）进一步提高干部队伍能力素质。加强调查研究，及时总结实践经验，学习借鉴国内外先进做法，推动工作不断创新。针对工作中的热点、难点问题，组织专家学者和社会力量进行课题攻关，不断探索社会建设的内在规律。加大干部队伍培训力度，进一步改进思想方法和工作方法，提升社会建设工作队伍的统筹协调能力、合作共赢能力和业务实际操作能力，以更加良好的精神状态和工作状态，推进我市社会建设工作不断上水平、上台阶，为建设“人文北京、科技北京、绿色北京”作出新的更大贡献。

（此文件2010年6月7日由市委社会工委、市社会办印发）

2010年北京市社会领域信息化工作要点

2010年加强我市社会领域信息化工作的指导思想和基本思路是：认真贯彻落实科学发展观，瞄准建设“世界城市”的目标，在北京市信息化工作领导小组的领导下，紧紧围绕全市社会建设发展的需求和中心任务，按照“高站位思考、高起点规划、高标准建设、高质量管理、高效率应用、高水平服务”的发展战略，以需求为导向、以服务为宗旨、以网络为基础、以技术为保障、以应用促建设，软件与硬件同步，建设与管理并重，充分发挥后发优势，实现全市社会领域信息化工作的跨越式发展，努力为推进全市社会建设工作提供信息化支持和服务。

一、积极推进市、区两级社会建设信息中心建设，构建全市社会领域信息化工作网络

一是加快推进市社会建设信息中心的全面建设工作。力争上半年将人员配备到位，同时，迅速展开全面工作，充分发挥市社会建设信息中心在全市社会领域信息化建设工作中的统筹协调和基础作用。二是各区县要结合实际，积极推进本区县社会领域信息化网络建设工作，为推进全市社会领域信息化建设工作提供组织保障。

二、研究编制社会领域信息化工作“十二五”规划，有计划、有步骤地推进全市社会领域信息化工作

紧紧围绕今后5年首都经济社会发展整体目标、建设“世界城市”和建设“人文北京、科技北京、绿色北京”的总体要求，特别是根据我市社会建设工作发展需要，总结分析首都社会领域信息化建设现状、问题，研究编制《北京市社会领域信息化工作“十二五”规划》和《北京市数字社区建设三年行动计划》，对全市社会领域信息化建设未来5年发展总体框架、发展目标、基本任务和数字社区建设三年行动计划等作出全面规划和安排。同时积极推动将社会领域信息化建设规划纳入“十二五”时期首都经济社会发展规划或全市信息化建设“十二五”规划。

三、积极推动社会领域四网六库建设，进一步提升社会领域信息化建设水平

一是建设社会领域OA、社会组织网上服务、社会领域移动电子政务、社会公共服务信息平台四个专网，通过四个专网建设积极推进社会领域电子政务建设。二是建立社区、社会工作者、志愿服务工作、社会组织、社会领域党建、信息中心多媒体资料六项业务工作信息管理数据库。三是进一步拓展社会

建设网站功能。开发功能服务栏目，扩大上网信息量和覆盖面，提高交互能力。通过社会领域信息化工作的稳步推进，逐步建立“统一规划、统一系统、统一标准、统一网络”，“功能完备、适应性强、结构完善、布局合理”，“横到边、纵到底”，具有时代特征、首都特色、社会领域特点的社会领域信息系统。

四、积极开展与相关部门信息系统互联互通服务，探索建立与相关部门的信息共享机制

一是分别与市社会建设工作领导小组成员单位、各“枢纽型”社会组织、各区县社会工委、社会办、各基层信息直报点、各社会建设研究基地和“96156”社区公共服务热线等单位共同研究协商，力争在年底前与上述部门实现部分公共信息、公共数据和信息资源的互联互通。二是建立北京社会建设网站群，链接社会建设各相关部门网站和区县社会建设网站，丰富北京社会建设网功能，发挥北京社会建设网站群的整体作用。

五、建立健全工作机制，为有序推动全市社会领域信息化建设工作提供制度保障

一是建立社会领域信息化联络员队伍。初期拟建立由市社会建设信息中心、市委社会工委、市社会办各处室，各区县社会工委、社会办、市社会建设工作领导小组成员单位、“枢纽型”社会组织和信息直报点6个方面组成全市社会领域信息化工作联络员队伍，各单位明确一位兼职工作人员，今后可根据工作需要逐步扩大联络员队伍规模。二是建立与相关部门的信息联系沟通机制。探索建立全市社会领域信息化工作联席会议制度。加强与各部门间的信息交流互动，实现资源共享，增强工作合力。三是建立数字社区建设的统筹协调机制。建立各有关部门共同参与的统筹协调机制，负责数字社区建设的管理、规划、协调和服务工作，建立健全相关单位之间的沟通、协调机制。四是建立健全各项制度。研究制定并建立一套行之有效的规章制度，从信息化项目立项，信息采集、审批、发布，网络应用、管理、评估、安全、保密、应急等配套制度，形成综合配套、环环相扣、严谨规范的制度保障体系。

六、积极开展对外交流与合作，借鉴先进理念推进社会领域信息化建设工作

探索建立全市社会领域信息化发展国内外交流与合作机制。学习借鉴国内外信息化建设工作的先进理念、前沿技术、成功经验和优秀成果，加快推进全市社会领域信息化建设工作又好又快发展。

七、建立信息安全长效管理机制，加强信息安全保障体系建设

建立完善的信息安全管理体系，落实信息安全责任制。社会领域信息安全保障体系建设要与信息化建设同步推进。建立信息安全责任机制和协调联动机制，全面实行信息安全风险评估与等级保护制度，努力做到信息安全零事故。

（此文件2010年3月5日由市委社会工委、市社会办印发）

关于贯彻落实《中共北京市委关于在全市基层党组织和党员中深入开展创先争优活动的实施意见》的工作方案

为贯彻落实《中共北京市委关于在全市基层党组织和党员中深入开展创先争优活动的实施意见》（京发〔2010〕6号）精神，特制订如下工作方案。

一、目标任务

开展创先争优活动，以创建先进基层党组织、争当优秀共产党员为主要内容，在党员作风建设年活动中，通过开展"推动发展建首善，促进和谐创一流"深化主题实践活动，在转化学习实践科学发展观成果、促进社会和谐、服务人民群众、实现党组织和党的工作全覆盖等方面，推动社会领域党组织创建先进基层党组织，激励党员争当优秀共产党员。

广大社会领域基层党组织和党员通过创先争优活动，大力弘扬以为国争光的爱国精神、艰苦奋斗的奉献精神、精益求精的敬业精神、勇攀高峰的创新精神、团结协作的团队精神为内容的北京奥运精神，从建设世界城市的高度，从实际出发，立足岗位，充分发挥先锋模范作用，以饱满的政治热情和百折不挠的改革创新精神，服务群众，促进科学发展和社会和谐，为实现"人文北京、科技北京、绿色北京"战略部署，建设"繁荣、文明、和谐、宜居"的首善之区作出积极贡献。

二、活动内容

全市社会领域党组织和广大党员要紧紧围绕"推动发展建首善，促进和谐创一流"这一主题，以人为本，结合各自实际，选取多种形式载体，推动社会领域党组织创建先进基层党组织，努力做到"五个好"，即领导班子好、党员队伍好、工作机制好、工作业绩好、群众反映好。激励党员争当优秀共产党员，努力做到"五个带头"，即带头学习提高、带头争创佳绩、带头服务群众、带头遵纪守法、带头弘扬正气。

重点围绕"七个一"，扎实开展创先争优活动。"七个一"即选定一个主题，制订一个创先争优计划，组织基层党组织开展一批促进和谐主题实践活动，开展一系列服务群众、服务发展、服务社会活动，举办一批党员立足岗位作贡献竞赛，接受一次群众对党组织和党员评议，表彰一批创先争优典型。

通过公开承诺、领导点评、群众评议和评比表彰等方式，紧紧围绕主题，在服务人民群众、服务经济发展、服务社会进步等方面扎实推进，努力实现社会和谐，带头探索创新，做表率创一流。

三、组织领导

按照市委深入开展创先争优活动领导小组关于北京市深入开展创先争优活动工作安排，市委社会工委负责对社区、非公有制经济组织和新社会组织党组织开展创先争优活动的统筹协调、宏观指导；市委社会工委和市委统战部共同负责非公有制经济组织党组织开展创先争优活动的日常指导工作；市民政局具体负责新社会组织党组织开展创先争优活动的日常指导工作；市司法局具体负责律师事务所党组织开展创先争优活动的日常指导工作；市财政局具体负责会计师事务所党组织开展创先争优活动的日常指导工作。

四、时间安排

全市社会领域开展“推动发展建首善，促进和谐创一流”主题实践活动，从2010年5月开始，到党的十八大召开前，拟在每年的七一前后，对全市社会领域先进基层党组织、优秀党务工作者、优秀党员和党建之友实施评比表彰。具体分三个时段进行。

第一时段：从2010年5月开始至年底，创先争优活动将以党员作风建设年活动为专题来推进。全市社会领域各级党组织，紧密结合党员作风建设年活动，大力推动创先争优活动，表彰和宣传在推动科学发展、促进社会和谐中做出突出成绩的基层党组织和优秀个人。

第二时段：从2011年1月开始至7月，创先争优活动将以迎接建党90周年为专题来推进。2011年七一前夕，将举办“北京市社会领域纪念建党90周年图片展览”；召开“北京市社会领域纪念建党90周年座谈会”；召开全市社会领域纪念建党90周年表彰大会，评比表彰全市社会领域先进基层党组织100个（社区党组织50个、非公有制经济组织党组织30个、新社会组织党组织20个）、优秀党务工作者100名（社区党务工作者50名、非公有制经济组织党务工作者30名、新社会组织党务工作者20名）、优秀党员（“群众心目中的好党员”）100名（社区优秀党员50名、非公有制经济组织优秀党员30名、新社会组织优秀党员20名）和“党建之友”50名。

第三时段：从2011年7月开始至党的十八大召开前，创先争优活动将以迎接党的十八大胜利召开为专题来推进。2012年七一前后，拟推出全市社会领域10大先进基层党组织、10大优秀共产党员、10大优秀党务工作者和10名杰出“党建之友”并召开总结表彰会，专项表彰“北京市社会领域2010—2012年创先争优活动”先进基层党组织、优秀个人，推荐北京市表彰“创先争优活动”先进典型。

五、分类推进

全市社会领域各级党组织要结合各自工作领域的实际情况和党员的岗位特点，推进中心工作，突出实践特色。

（一）社区党组织和党员

在区县、街道、社区开展基层党建工作三级联创活动，不断完善社会领域党建工作管理体制机制，在认真落实“三有一化”工作中，通过党员示范楼门院、党员志愿服务等不同形式的活动载体，引导广大党员，自觉践行党的宗旨，积极发挥党员的先锋模范作用。

围绕城乡结合部地区基层党建问题，以50个村为重点，对流动人口聚居地、城乡结合部和新建小区党组织建设，通过党员责任区、党员攻关项目、建立学习型党组织等活动，接受党性锻炼，推进城乡一体化建设工作。

加强社区党组织对社区各类组织和各项事务的组织领导，以“共驻共建”为主要载体，发挥地区社会领域党建工作联席会的作用，整合资源，形成区域和谐共同体。通过结对帮扶、走访慰问等帮困活动，指导非公有制经济组织和新社会组织中党组织和党员以优秀共产党员的标准参与和谐社区建设，并通过派遣党建指导员、送党建知识等活动，帮助他们成长进步；通过开展读书会、论坛、讲坛等活动，加强党建带群团建设；通过开展楼宇大讲堂、企业主沙龙等活动，加强全市商务楼宇工作站建设，不断加大在非公有制经济组织和新社会组织中发展党组织的力度，实现党组织和党的工作全覆盖。

深入做好党员联系和服务群众工作，通过扎实开展好察民情、听民意、集民智、解民困、暖民心、促民生的实践惠民活动，发挥党员的先锋模范作用，逐步健全完善服务群众的工作网络。实现宣传群众、教育群众、服务群众、组织群众，促进社区文明和谐，取得创先争优活动的实效。

（二）非公有制经济组织党组织和党员

搭建形式多样的党员学习交流平台，突出以“教育”为主要内容的专题“党日”活动，争做创业发展先锋、爱岗敬业先锋、诚信经营先锋、促进和谐先锋、奉献爱心先锋“五先锋”党员，坚定理想信念，加强党性修养，增强党性和组织观念；以建言献策为主要活动载体，开展立足岗位作贡献活动，影响、带动其他从业人员，在服务中凝聚力量，扩大党组织在非公有制经济组织中的渗透力和影响力；通过引导企业走向社会，走进社区开展帮扶活动，不断加强企业的社会责任感，促进党组织与经济组织、党员与职工群众、企业法人与企业员工、企业与社会之间的和谐共融关系；开展以国家政策、法律法规为主题的宣传教育活动，紧扣党和国家发展大局，引导企业诚信、守法经营，保证企业自身的健康发展方向。实现服务企业发展，促进经济与社会共同进步的目标，取得创先争优活动的实效。

（三）新社会组织党组织和党员

通过设立党建示范点，开展党员承诺创佳绩等活动，进一步创新党组织设置形式，积极推动“枢纽型”社会组织党组织建设。广泛开展“社会组织服务社会进社区”实践活动，以就业再就业、义务教育、社会保障、医疗、帮扶救助等人民群众最关心、最直接、最现实的利益问题和群众反映的热点、难点问题为服务的载体，引导、带动社会领域党员参与志愿服务创先争优活动。市律师协会各级党组织要组织党员律师开展法律服务进社区、进学校、进企业、进机关、进工地的“五进”活动；市注册会计师协会各级党组织要着眼“促进行业科学发展，构筑诚信道德防线”，开展以“独立、客观、公正”执业为主题的活动，在不断化解矛盾问题、维护社会稳定过程中，锤炼党性，创造服务社会一流业绩，取得创先争优活动实效。

（四）流动党员

以分层管理和分类管理相结合，积极探索流动党员教育管理的有效途径；创新活动方式，因地制宜、灵活多样地组织流动党员开展形式多样的学习教育活动，积极为流动党员搭建在创先争优活动中发挥先锋模范作用的平台；提供有效服务，促进作用发挥，以现有党员服务中心（流动党员联系站、流动党员之家和流动党员活动室）为基础，为流动党员发放流动党员活动电子信息卡，及时提供真诚关怀和热情服务，增强党组织的凝聚力，激发流动党员发挥先锋模范作用的内在动力。

六、工作要求

（一）提高认识，精心组织

深入开展学习实践科学发展观活动是主题教育活动，深入开展创先争优活动是推动基层党组织和党员立足本职发挥先进模范作用的经常性工作，社会领域各级党组织要将“推动发展建首善，促进和谐创一流”主题实践活动作为创先争优活动的有机组成部分，作为社会领域开展活动的有效载体，作为落实全市党员作风建设年活动的一个具体抓手，切实高度重视，成立活动领导机构，落实领导责任，细化工作责任，确保扎实有序地向前推进，取得实效。

（二）注重创新，取得实效

各级党组织要从社会领域党建工作实际出发，坚持党建工作与业务工作一起抓，紧紧围绕推动发展、服务群众、促进和谐、党组织自身建设和党员素质提高五个方面创新党组织活动方式，不断增强党建工作的生机与活力，对社会领域党的建设中存在的突出问题和群众反映的热点、难点问题，高度重视，认真抓紧解决，以全神贯注、锲而不舍、毫不放松的精神状态和工作劲头，推动我市社会领域党的建设创新发展，逐步实现党组织和党的工作在社会领域全覆盖。

（三）注重宣传，营造氛围

注重发现、培育、总结、宣传和推广先进典型，充分发挥报刊、广播、电视、互联网、信息简报等载体的作用，大力宣传先进基层党组织和优秀共产党员的典型事迹，大力宣传开展创先争优活动的经验做法和实际效果，营造浓厚氛围，不断将活动引向深入。

（此文件2010年6月28日由市委社会工委、市社会办印发）

关于在市级“枢纽型”社会组织开展建立社会组织联合党委试点工作的通知

各市级“枢纽型”社会组织：

为进一步贯彻党的十七大、十七届四中全会精神，落实《中共北京市委关于进一步加强和改进社会领域党建工作的意见》精神，加快推进全市社会组织党的组织和党的工作全覆盖，市委组织部、市委社会工委研究决定，在市级“枢纽型”社会组织开展建立社会组织联合党委试点工作。现将有关事项通知如下：

一、社会组织联合党委是党的基层工作组织。社会组织联合党委可通过选举产生，也可由各“枢纽型”社会组织党组（党委）任命。在市委组织部、市委社会工委指导下和“枢纽型”社会组织党组（党委）领导下，具体负责协调所属社会组织的党建工作。

二、社会组织联合党委一般可设委员5～9人，设书记1名，专职副书记1名。书记由本“枢纽型”社会组织党组（党委）领导兼任，副书记、委员由本“枢纽型”社会组织有关部门负责人和所属社会组织党组织负责人担任。社会组织联合党委下设办公室，可以专设，也可以与社会组织管理服务部门合署办公。

三、社会组织联合党委要加强对所属社会组织党组织的指导和日常管理服务。可根据需要，批准所属社会组织成立党组织，也可以根据社会组织成员兼职多的实际，批准成立临时党组织，努力实现党组织和党的工作全覆盖。

四、市委组织部、市委社会工委先期选择北京市科协、北京市社科联作为首批试点单位，分别成立中共北京市科协社会组织联合党委、中共北京市社科联社会组织联合党委。其他市级“枢纽型”社会组织也要加强调查研究，抓紧制订成立方案，及时向市委社会工委并市委组织部报批，以加快推进试点工作。按照市委要求，力争今年年底前在全市首批10个“枢纽型”社会组织中全部建立社会组织联合党委。今后，认定市级“枢纽型”社会组织时，将与筹建社会组织联合党委同步进行。

（此文件2010年6月29日由市委社会工委、市社会办印发）

2010年上半年北京市社会建设工作总结和下半年重点工作

2010年上半年工作总结

2010年上半年，按照市委、市政府要求，一边扎实推进重点工作任务落实，一边筹备全市社会服务管理创新推进大会、起草《北京市社会服务管理创新行动方案》等系列文件，全市社会建设工作取得了明显成效。

一、社会管理创新加快推进

按照中央有关领导和市主要领导指示精神，会同市委、市政府18家部门，共同研究制订了《北京市社会服务管理创新行动方案》，已经以市委、市政府名义正式印发。组织召开了全市社会服务管理创新推进大会，市委、市政府对加快推进全市社会服务管理创新作出了全面部署，首都社会服务管理创新工作站在了新的起点上。

社会管理覆盖面进一步扩大。推进城乡结合部社会建设工作，结合全市推进城乡结合部50个“城中村”改造工作，超前谋划，深入调研，制订了专项工作计划，建立了工作对接机制和工作台账。

二、社会公共服务不断扩大

制定了《政府购买社会组织服务项目办法（试行）》。从去年年底开始，先后向22个单位征集220个项目。按照以社会需求为导向，重点解决社会突出问题的原则，引导社会组织积极参与周末社区大讲堂、绿色生活方式引导、文明驾驶行动、科技知识和应急救助常识普及的活动，推动“三个北京”行动计划实施；积极参与社会心理问题干预、家庭和睦典型示范、社会纠纷调解、虚拟社区管理等社会公益活动；积极参与养老助残、困难帮扶等社会公益活动，推动“枢纽型”社会组织发挥更大作用。

研究制定《关于实施〈北京市社区基本公共服务指导目录（试行）〉的意见》，共梳理出10大类60项社区基本公共服务项目，努力扩大社区公共服务覆盖面。在全市选择确定了50个社区作为“一刻钟社区服务圈”建设试点。

三、社区规范化建设进一步加强

社区规范化建设试点范围进一步扩大。按照“一手抓扩大试点范围、一手抓已有试点深化提高”的原则，在全市新确定了1000个社区作为规范化建设试点，在社区服务站建设、社区工作职能、社区运行机制、社区志愿服务、社区工作者管理、社区基础设施配置和社区经费投入方面扎实推进规范化建设。

社区办公和服务用房达标建设加快推进。组织开展了3次全市性专项调查摸底，全市14个区县共有近700个社区用房申请市政府固定资产投资补助支持建设项目，目前已进入评估阶段。

四、“枢纽型”社会组织工作体系逐步健全

市级“枢纽型”社会组织工作体系进一步完善。在已认定第一批10家市级“枢纽型”社会组织的基础上，积极开展第二批市级“枢纽型”社会组织认定前的调研工作。同时，积极指导区县、街道开展“枢纽型”社会组织体系建设工作，研究制定了《“枢

纽型”社会组织工作规范》。

社会组织管理和服务方式创新进一步推进。研究制定《北京市社会组织管理和服务实施办法》，按照“一口审批、分类规范、政府监督、扶持发展”的原则，进一步加强对本市社会组织的管理和服务工作。

成功举办“首届首都青少年公益节暨北京社会公益活动周”，10个市级“枢纽型”社会组织和103个社会组织参与活动。举办论坛36场、公益表演活动32场、免费咨询服务近500场，参与、参观人数总计26万余人次。

五、社会工作队伍建设加快推进

社区工作者队伍建设进一步加强。会同市财政局、市人力社保局研究制定了《关于进一步规范社区工作者待遇的通知》，适当提高社区工作者待遇水平。“大学生社工计划”顺利实施。在2010年的选聘工作中，共有13714人报名，7081人参考，录取2958人，其中应届毕业生2534人，服务期满“村官”424人。2010年社会工作者职业水平考试和注册登记工作顺利推进。本次考试我市共有9722人报考，其中，报考社会工作师2778人，报考助理社会工作师6944人。

社会工作事务所建设取得阶段性成效。西城、崇文、宣武、朝阳、海淀、顺义、昌平7个区共建立了9个社会工作事务所。200个专业社工岗位设置试点工作正式启动。社会工作队伍教育培训工作成效明显。全市127名街道工委书记和120名街道办事处主任分别参加了为期一周的专题培训。各区县积极开展社会工作者职业水平考前培训、大学生社工及社区工作者骨干等培训，共培训约1.5万人次。成功举办国际社工日主题活动。来自全市18个区县10家“枢纽型”社会组织、9所高校、4所社会工作事务所以及英、美等国家共1800余名社工参加活动。

六、社会动员机制进一步完善

研究制定《北京市志愿者管理办法（试行）》，在总结经验的基础上，从招募与注册、权利与义务、管理与服务等方面，提出了一系列规范化措施。北京市志愿者联合会组建工作积极推进。专业志愿者队伍建设工作取得明显成效。截至目前，全市已有专业志愿者队伍16支。研究制定《北京市志愿服务项目指导目录》。100个城市志愿服务示范点建设工作正式启动。与团市委、市志愿者联合会共同研究制订100个“蓝立方”改造提升的工作方案。

各项社会活动取得良好效果。会同市体育局组织开展了“和谐杯”乒乓球比赛活动，全市2633个社区和3219个行政村参与，62万人报名参赛，参与活动总人数突破135万人。会同市委宣传部、市社科联开展了周末社区大讲堂活动，举办各类讲座116场，直接受众1万余人次。会同市科协、市地震局、市红十字会等部门组织开展了社区防灾减灾宣传教育活动。

七、社会领域党建工作扎实推进

深入开展社会领域“创先争优”暨党员作风建设年活动，取得重要成果。在《关于进一步加强和改进社会领域党建工作的意见》统领下，先后制定了《北京市商务楼宇社会工作站（党建工作站）管理办法》、《街道社会工作党委工作试点办法》、《“枢纽型”社会组织党建工作试点办法》等文件，全市社会领域党建工作政策框架正在形成。

全面完成全市街道社会工作党委的组建工作。在33个乡镇成立了社会工作党委。建立商务楼宇党建工作站（社会工作站）400个，完成全年目标的2/3，覆盖率达81%，朝阳、东城、西城、大兴4个区率先实现了全覆盖。非公经济党建“五个好”示范点发展到326个。市社科联社会组织联合党委成立各项前期准备工作已基本就绪，拟于近期挂牌成立。

八、社会建设综合研究工作稳步推进

“十二五”社会建设规划制定工作正在抓紧推进。集中力量，对近几年全市社会建设工作进行了系统总结，组织开展了大量的前期调研，对今后5年全市社会建设工作指导思想、整体思路、工作目标、措施任务进行了深入研究。目前已形成了规划初稿。把北京社会心理研究所纳入社会建设序列，研究制定心理所工作规划，深入开展心理课题研究。

社会建设共建基地作用明显。北京工业大学北京社会建设研究院正式成立，目前，我委已与7所大学共建研究基地。各基地结合学校科研优势，对我市社会建设各领域进行了深入调研，形成了一批阶段性成果，对推动我市社会建设理论创新、工作创新起到了积极作用。各区县也与高校开展共建工作，研究理论、探索实践、培养人才，取得了良好效果。

九、社会领域信息化建设顺利开展

全市社会领域信息化工作网络建设顺利推进。市社会建设信息中心组建基本完成，区县社会建设信息中心建设相继跟进。市社会建设网站和西城、崇文、朝阳、丰台、石景山、门头沟、大兴、怀柔8个区的社会建设网站建设完成。全市社会领域信息化联络员队伍基本组建完成。

社会领域信息化长效机制建设取得明显进展。编制了社会领域信息化“十二五”规划和社区信息化三年行动计划。积极推动社会领域四网六库项目立项，全市街道信息化建设进入了深化应用阶段。建立社会领域信息化建设日常工作机制和信息安全管理机制，确保网络信息安全。

总之，上半年来，在市委、市政府的正确领导下，在各有关部门的大力支持和配合下，在全市社会工作系统全体同志的共同努力下，我们的工作在各个方面都取得了很好的成绩。这既为我们下半年工作打下了一个良好的基础，也为我们要取得更大的工作成绩提出了挑战。

2010年下半年重点工作

以全市社会服务管理创新推进大会的召开和《北京市社会服务管理创新行动方案》的出台为标志，全市社会建设工作进入了新的阶段。下半年工作的总体思路是：全面贯彻落实全市社会服务管理创新推进大会和《北京市社会服务管理创新行动方案》精神，以完善工作体系为基础，以扩大工作覆盖面为着力点，以创新管理体制为动力，全力以赴抓好各项工作任务的落实，努力开创社会建设工作新局面。

一、关于社会管理创新

这方面的重点工作，一是制定落实《北京市社会服务管理创新行动方案》的“折子工程”，明确工作职责和时间进度，加强检查督促，确保任务的落实。工作中要把行动方案的实施与具体工作实际结合起来，与实施“人文北京、科技北京、绿色北京”三个行动计划结合起来，与深入推进社会矛盾化解、社会管理创新、公正廉洁执法三项重点工作结合起来，与开展“创先争优”活动结合起来，确保各项工作落在实处。

二是加快社会管理网络建设。结合城乡结合部改造，及时推进“城中村”的社区党组织、社区居委会、社区服务站建设，实现社会服务和管理的全覆盖。搞好流动人口的管理和服务，加强流动人口中的党建和群团建设工作。完成600个商务楼宇服务站建设工作，推进社会工作、党建工作、工青妇群团工作“五站合一”试点工作，实现全市1249座商务楼宇社会工作全覆盖。积极探索新形势下大学生社团组织的管理方式，实现高校大学生社团管理的全覆盖。按照“先挂钩、后脱钩”原则，将分散在各部门的社会组织，按照业务类别和工作性质，分别与相关“枢纽型”社会组织挂起钩来，努力使全市80%以上社会组织纳入“枢纽型”社会组织日常管理和服务体系。

三是努力搭建社会管理信息化综合平台。不断加大社会管理资源共享综合平台建设力度，力争尽快实现市社会建设工作领导小组成员单位、各“枢纽型”社会组织以及各区县社会建设信息的互联互通。积极推动社会组织网上服务、社会领域移动电子政务、社会公共服务信息平台等专网建设，推进社区工作、社会工作者、志愿服务活动、社会组织工作、社会领域党建、信息中心多媒体资料等工作信息管理数据库的建设。

二、关于购买社会组织公共服务

进一步加大政府购买社会组织服务力度。这方面的重点工作，一是落实购买项目。要尽快与各“枢纽型”社会组织做好工作对接，拿出项目实施细则，细化项目内容，明确工作指标；要尽快研究制定购买服务的考核评估机制，可以探索聘请社会组织作为第三方评估机构；要加强政府购买服务的研究，及时总结经验，不断完善各项制度。

二是健全政府购买社会组织服务的工作机制。充分利用市社会建设工作领导小组办公室工作平台，建立政府购买社会组织服务统筹协调机制，建立项目信息公开和项目储备库制度，加强项目管理和资金运作的统筹规划、综合协调和指导监督。注重充分发挥政府投入的引导作用，引入竞争机制，积极引导和支持社会组织及各类市场主体参与公共服务体系建设。同时，强化预算和合同管理，确保财政资金规范、高效、安全、廉洁使用。

三、关于社区建设

下半年，要加大社区规范化建设试点的工作力度，逐步推进社区基本公共服务全覆盖。一是完成1000个社区规范化试点建设任务，使全市60%的社区基本达到规范化标准。通过新建、改造等各种方式，完成1000个社区办公和服务用房条件改善工作，使全市70%的社区办公和服务用房达到350平方米以上标准。

二是组织实施《北京市社区基本公共服务指导目录（试行）》，在已建成的600多个规范化社区中，按照“缺什么补什么”的原则，在市社会建设工作领导小组及办公室统筹协调下，整体推进人力社保、民政、教育、卫生、文化、体育、综治、公安、市政市容、绿化等部门提供的社区基本公共服务项目，努力让广大居民得到更多更好的实惠和便利。

三是推广“一刻钟社区服务圈”建设。完成50个社区开展“一刻钟社区服务圈”建设试点工作。充分运用政府、市场和社会的资源，以便民利民为原则，合理规划和设立社区服务设施，使社区居民在步行15分钟行程内，基本满足日常生活的需求。

四、关于社会组织建设

社会组织建设重点抓好以下三个方面工作。

一是完成第二批“枢纽型”社会组织的新建、提升、认定工作，进一步完善“枢纽型”社会组织框架体系。组织实施《“枢纽型”社会组织工作规范》，逐步健全“枢纽型”社会组织工作机制，并加强区县“枢纽型”社会组织工作体系构建的指导工作。

二是支持“枢纽型”社会组织充分发挥作用，确定一批社会服务购买项目，组织各类社会组织积极开展活动。在社会综合管理、公益服务、社区建设、环保节能、志愿服务等领域打造10个公益性社会组织服务品牌。

建立社会组织孵化基地，培育扶持社会组织创新发展。积极推进中关村国家自主创新示范区社会组织改革创新试点以及社区社会组织、高校社团组织管理创新试点工作。

三是不断创新社会组织管理和服务方式。组织实施《北京市社会组织管理和服务实施办法》，进一步完善“一站服务、协调联审、限时回复”的工作机制。对于新设立的社会组织，按照“一口审批、分类规范、政府监督、扶持发展”原则，直接纳入相关“枢纽型”社会组织服务管理。进一步建立健全与在京国际社会组织和全国性行业组织联系机制，加强与全国性社会组织特别是各种行业协会的沟通联系，不断提升北京社会组织的竞争力和国际影响力。

五、关于社会工作队伍建设

下半年的工作重点，是深入贯彻市委人才工作会议精神，抓好以下两方面工作。

一是继续提高社工队伍的专业化、职业化水平。完成好今年选聘首都高校应届毕业生和服务期满的北京大学生“村官”到社区工作的各项后续工作，做好这批同志的培训工作。加快落实提高社区工作者待遇政策。开展购买200个社工岗位试点工作，逐步在社会组织、街道、社区和医院、学校、养老院等服务机构设置专业社工岗位。

二是加快培育社工专业组织。制定出台北京市社会工作师培养、评价、使用、激励系列文件。成立市社会工作者联合会，完成10个社会工作事务所建设，大力培育发展社会工作者行业管理和专业服务组织。做好2010年全国社会工作者职业水平考试后续工作。

六、关于志愿者工作

这方面工作，一是抓紧成立北京市志愿者联合会，将全市各级各类志愿者组织纳入市志愿者联合会服务和管理工作体系，形成分类管理、统筹协调的志愿服务长效工作机制。制定并试行《北京市志愿者管理办法》，推进志愿服务的制度化、规范化。加强与国际志愿服务机构的交流和协作，整合各类志愿者组织和志愿者工作资源，完成10支专业志愿者队伍建设任务。

二是要按照“群众所需、志愿者能为”的原则，积极拓展和创新志愿服务项目，研究制定《北京市志愿服务项目指导目录》。依托“蓝立方”建设100个城市志愿服务示范点，推行“蓝立方”持续行动计划。依托社区服务站建立社区志愿服务网络，启动社区志愿服务结对帮扶行动，大力开展社区志愿服务，推动志愿服务常态化。

七、关于社会领域党建工作

下半年，社会领域党建工作要紧紧围绕“创先争优”暨党员作风建设年活动，努力扩大党的建设和党的工作覆盖面。

一是加强对社会领域党组织工作人员的培训。办好“两新”组织党组织及商务楼宇党组织负责人示范培训班、社区党建骨干培训班。建立社会领域流动党员信息库，完善流动党员“双向共管”工作机制。制定并试行《关于以构建区域化党建格局为目标加强城市基层党的建设工作的意见》，以“三有一化”和“三级联创”为重点推进街道社区党建工作。组织实施《街道社会工作党委工作办法》，进一步完善街道社会工作党委工作机制。

二是切实推进“枢纽型”社会组织党建试点工作。在做好市科协、市社科联工作试点基础上，年底完成首批10个市级“枢纽型”社会组织党组织组建任务。建立社会组织党建工作例会制度，做好与各类社会组织党组织的联系、服务和区县社会组织党建指导工作，基本实现全市社会组织党建工作全覆盖。

三是切实推进新经济组织党建工作。广泛开展非公有制经济组织“领导班子好、党员队伍好、工作机制好、工作业绩好、群众反映好”“五个好”示范点创建活动，创建500个示范点。在规模以上新经济组织基本实现党组织和党的工作全覆盖。扎实推进商务楼宇党建试点工作。

附：2010年上半年全市社会建设工作有关数据

附：

2010年上半年全市社会建设工作有关数据

今年上半年，按照市委、市政府要求，一边扎实推进重点工作任务落实，一边筹备全市社会服务管理创新推进大会、起草《北京市社会服务管理创新行动方案》等系列文件，全市社会建设工作取得明显成效。有关工作数据如下：

1. 新建400个商务楼宇党建工作站（社会工作站），完成全年目标的2/3。目前，全市1249座商务楼宇中已建立978个商务楼宇社会工作站，覆盖1018座商务楼宇，覆盖率达81%，朝阳、东城、西城、大兴4个区率先实现了全覆盖。

2. 推进社区规范化建设试点工作。在去年建成600个试点基础上，今年，各区县已上报1100多个规范化建设试点，将从中研究确定1000个试点。

3. 加快推进社区办公服务用房建设。全市14个区县共有近700个社区用房进行了立项，目前已进入评估阶段。

4. 推进“一刻钟社区服务圈”建设。今年，各区县已上报120多个社区作为“一刻钟社区服务圈”试点，将从中研究确定50个试点。

5. 推进“大学生社工计划”。共有13714人报名，7081人参考，录取2958人，其中应届毕业生2534人，届满“村官”424人。

6. 组织2010年社会工作者职业水平考试。共有9722人报考，其中，报考社会工作师2778人，报考助理社会工作师6944人。

7. 推进社会工作事务所建设。西城、崇文、宣武、朝阳、海淀、顺义、昌平7个区共建立了9个社会工作事务所。

8. 启动10支专业志愿者队伍建设工作。社区保护知识产权志愿者服务队和北京市志愿者联合会综合应急志愿服务队2支队伍已正式成立。截至目前，全市已有专业志愿者队伍16支。

9. 举办“北京2010年‘国际社工日’大型主题活动”。来自全市18个区县10家“枢纽型”社会组织、9所高校、4所社会工作事务所以及英、美等国家共1800余名社工参加。

10. 举办“首届首都青少年公益节暨北京社会公益活动周”。10个市级“枢纽型”社会组织和103个社会组织参与活动。举办论坛36场、公益表演活动32场、免费咨询服务近500场，参与、参观人数总计26万余人次。

11. 会同市体育局组织开展了“和谐杯”乒乓球比赛活动，全市2633个社区和3219个行政村参与，62万人报名参赛，参与活动总人数突破135万人。会同市委宣传部、市社科联开展了周末社区大讲堂活动，举办各类讲座116场，直接受众1万余人次。

12. 北京社会建设网和西城、崇文、朝阳、丰台、石景山、门头沟、大兴、怀柔8个区社会工委、社会办门户网站建设完成并开通运行。

13. 加强社会领域干部教育培训工作。全市127名街道工委书记和120名街道办事处主任分别参加了为期一周的专题培训。全市各区县积极开展社会工作者职业水平考前培训、大学生社工及社区工作者骨干等培训，共培训约15000人次。机关干部参加各类学习培训共72人次。

（此文件2010年8月9日由市委社会工委、市社会办印发）

2010年北京市社会建设工作情况及下一步工作建议

2010年，市委、市政府认真贯彻落实中央关于加强社会建设的要求及中央有关领导同志的指示精神，以科学发展观为指导，全面推进首都社会建设工作，全市社会建设取得了新成绩。2011年是“十二五”规划的开局之年，结合落实中央要求和市委十届八次全会的有关部署，市委社会工委等部门认真研究提出了下一步推进我市社会建设的工作建议。具体情况如下：

一、2010年主要工作成效

1. 社会服务管理创新加快推进。市委、市政府召开了全市社会服务管理创新推进大会，印发了《北京市社会服务管理创新行动方案》及“折子工程”，确立了综合试点单位。各区县、各部门高度重视，全面推进落实，社会服务管理创新工作取得了实实在在的进展。东城、朝阳、顺义3个综合试点区及西城、石景山、房山、大兴4个区先后组织召开了推进大会，其他区县也都及时制定印发了实施意见和相关文件，确定了专项试点项目。房山区还率先把社会服务管理创新工作纳入年度绩效考核。市公安局积极总结推广“民事调解进派出所”工作经验，在全市346个户籍派出所全部建立了民调室，共受理11844件，调解矛盾纠纷10423件，成功率达88%。市信访办在全市推广“信访代理制”、“一单式”工作法、“连民心恳谈室”经验，信访形势呈现信访总量、重复信访和到市集体上访“三下降”态势。市总工会建立五方联动劳动争议协调联动机制，调解9200多件劳动争议案件，涉及金额9170万元。市流管办、市社会办、市计生委在流动人口相对集中的社区推广“新居民互助服务站”工作模式，投入6200万元，加强流动人口和出租房屋综合管理信息平台建设。首都综治办积极推广大兴区村庄社区化管理经验，全市13个区县668个村庄实现社区化管理。市委统战部、市民委认真总结牛街民族工作典型经验，推动民族团结进步创建活动深入开展。市司法局在8个区县推广朝阳区“阳光中途之家”经验，确保全市6400余名在册社区服刑人员和2.8万余名在册安置帮教对象未发生任何影响社会安全稳定的事件。市委宣传部、市网管办在全国首创“妈妈评审团”社会监督机制，成立市互联网违法和不良信息举报中心，完善了文明上网工程工作体系。

2. 公共服务水平进一步提升。市发改、财政、教育、民政、交通、卫生、人力社保、农委、住建委等部门紧紧围绕就业、就医、就学、住房、社保、出行等问题，不断健全完善城乡一体的社会保障体系，着力推进城乡基本公共服务全覆盖和均等化。统筹安排财政资金237亿元，全面落实58项为民办实事工程。统筹安排资金95亿元，全面实现了住房保障“两个50%”的目标。健全与经济发展和物价水平相适应的救助标准动态调整机制，筹集资金2230万元，为全市城乡低保对象每人发放100元的一次性临时生活补贴。全面推动“九养”政策的落实，为33.5万老年人、残疾人发放了总金额4.3亿元的养老（助残）券，建立了4584个城乡社区（村）养老（助残）餐桌。整合“一老一小”、“新农合”、无业居民大病医疗保险，提高了职工和居民医保待遇，调整增补了109项医保诊疗项目，推进区县公费医疗与职工基本医疗保险制度并轨，实现了医疗保险制度的城乡一体化。完善基本养老参保政策，实现了基本养老保险制度的城乡一体化，并加快养老保障从“制度全覆盖”向“人群全覆盖”转变。帮助16万名城乡就业困难人员实现就业，实现了城乡“无零就业家庭”目标。社保卡工程加快推进，全市发卡825万张，实现了1779家定点医疗机构持卡就医即时结算，减轻个人垫付款负担92亿元。基础教育投入42.5亿元，全面落实教育减免政策。集中财力支持扩建30所幼儿园，实现新增1万名幼儿入园能力。投入8.77亿元，支持建设1020个农家书屋和博物馆纪念馆免费开放。投入67亿元，实现了农村村庄“五项基础设施”建设的全覆盖。推进41个街道（地区）社区服务中心建设，完成1294个农村社区服务站建设，促进公共服务逐步向农村地区延伸。投入资金135.3亿元，用于地面交通和轨道交通补贴，改善百姓出行条件。同时，不断创新公共服务提供方式，探索建立政府购买公共服务机制。购买扶贫、济困、助残、养老、慈善、便民利民、社区服务等20类300多个公益性服务项目，作为项目承接主体的各“枢纽型”社会组织联合各级、各类社会组织共举办各种服务活动4378场次，72万余人次参与，为社会提供服务累计120万小时，更多群众享受到了专业便利的服务。

3. 基层基础工作进一步加强。市发改、财政、规划、社会建设等部门密切配合，完成了全市前两批1600多个试点社区规范化建设任务，总投资达到34.56亿元。市社会建设工作领导小组办公室印发了《北京市社区基本公共服务指导目录（试行）》，开展了50个社区“一刻钟社区服务圈”试点。市住建委认真组织实施《北京市物业管理办法》，制定并完善36个配套政策和示范文本，基本形成了较完善的物业管理政策体系。市外办积极推动在外籍高端人士集中居住区试点建立外国人服务中心，提高社区涉外服务管理水平。积极筹建市社会工作者联合会，在全市试点建立了17家社会工作事务所，按照“一街一社工”、“一所一督导”的要求，购买了200个专业社工岗位。继续实施“大学生社工计划”，共选聘2958名高校毕业生和“大学生村官”到社区工作，社区工作者具备大专以上学历的达70%以上。市财政局、市人力社保局、市社会办制定了《关于进一步规范社区工作者待遇的通知》，在2010年12月底前全部完成了社区工作者待遇规范调整工作，全市2.8万名社区工作者月平均工资待遇达到了各区县全额拨款事业单位（不含教师）水平，新入职的大学生社工月平均收入达到2000元左右。认真组织社工职业水平考试，全市已有5612人取得了全国社会工作者职业水平资格证书。

4. 社会参与范围进一步扩大。一是着眼建设中国特色世界城市大局，积极动员社会力量为“人文北京、科技北京、绿色北京”建设作贡献。首都文明办、市民政局、市社会办、市市政市容委、市科协、市社科联、市文联等单位广泛动员各类社会组织和广大群众参与首都各项建设。组织开展了“道德模范基层巡讲”活动，举办报告会1218场，听众达30万人次；组织了万名“孝星”评选活动，对当选孝星进行了表彰；组织了“垃圾减量垃圾分类从我做起”主题实践宣传活动，全市再生资源回收量同比增长11%，生活垃圾产生量同比下降4.99%；持续开展“排队推动日”活动，推动了文明社会风气的形成。二是“枢纽型”社会组织作用发挥明显。成立市社会组织孵化中心，新认定市工商联、市贸促会、市志愿者联合会等12家单位为第二批市级“枢纽型”社会组织。团市委发挥青联、学联等社会组织作用，举办“爱北京·青年汇”青少年社团文化节、重阳节登高、领导力训练营等活动，联系、服

阳节登高、领导力训练营等活动，联系、服务青少年社会组织5000余家；依托社区和乡村活动阵地，在全市范围内建立社区青年汇、乡村青年社110家，直接联系服务本市及外来青少年14万人，影响带动青少年31万人，培育凝聚志愿、公益、创业、人才、兴趣等各类青少年社会组织693个；市妇联在全市16个区县的2600多个社区和3944个村全部建立“妇女之家”，在全国率先实现全覆盖；市贸促会、市友协举办了首届“在京国际组织新年联谊会”活动，与50多家在京国际组织及国家行业组织建立了沟通协调机制；市文联开展“送欢乐、下基层”活动，深入社区、军营、学校、厂矿等为基层市民和一线职工演出30多场次；市科协组织联系41家涉农团体，开展了“科技套餐配送工程”，培训乡土专家1600余名；市社科联以项目为依托，积极打造面向社科类社会组织的“服务链”，全年举办各种与世界城市相关的主题论坛39个。三是不断完善志愿服务长效工作机制。制定出台《北京市志愿者管理办法》。市志愿者联合会团体会员总数已增至401家，市级公益实践项目增至1300余个，组织开展了96万余人次志愿服务活动，累计为群众提供服务2000万小时。动员组织5500名志愿者参与上海世博会、世界武搏运动会、广州亚运会等大型赛会志愿服务活动。命名10个“2010年度北京市社区志愿服务组织之星”和100名“2010年度北京市社区志愿者之星”，社区志愿者注册人数突破50万。

5. 社会领域党建工作基本实现全覆盖。坚持以党的建设的全覆盖带动社会服务管理的全覆盖，不断加强非公有制经济、社会组织党建工作，加强商务楼宇、开发区等重点区域党建工作。建立1162个商务楼宇工作站，覆盖全市1249座楼宇、6.9万家商户、82.2万余名就业人员、4.3万余名党员。近两年来，楼宇新建党组织958个，接转流动党员组织关系1.25万名，发展党员379名，有800多人递交了入党申请书，培养入党积极分子1250余人。积极探索街道社区区域化党建工作体制机制，以“有人管事、有钱办事、有人议事”为保障，在全市141个街道全部成立了街道社会工作党委，102个乡镇开展了社会工作党委试点。“枢纽型”社会组织党建试点工作全面启动，对街道工委书记、社区党组织负责人、“两新”组织党组织负责人进行了系统培训。市委统战部、市委社会工委密切合作，印发了《关于加强和改进社会领域统一战线工作的意见（试行)》，探索了社会领域党建工作和统战工作互联互动、共建共享新途径。同时，广泛开展社会领域创先争优活动。建立了领导干部联系点、信息直报点、区县工作联络机制，选派党建指导员加强分类指导，500家非公有制企业参与了党建工作“五个好”示范点创建活动。参加全市100名“群众心目中的好党员”评选，21名社区、非公企业和新社会组织基层党员当选。组织社会领域近2万名党员观看了电影《第一书记》，增强了党组织的影响力。

二、工作体会及存在问题

一年来的实践证明，首都社会建设在创新体制、打牢基础、健全制度等方面取得了明显效果，已经进入了系统设计、整体推进、加快发展的新阶段。在新的形势下推进首都社会建设，必须努力搭建社会建设基本格局，建立与社会主义市场经济体制相适应的社会建设工作体系，在实施“人文北京、科技北京、绿色北京”战略和建设中国特色世界城市上充分发挥作用；必须坚持以人为本、服务为先，寓管理于服务，在切实解决事关群众切身利益的突出问题中不断提升管理水平；必须坚持改革创新，不断用新的体制机制解决新的情况和新问题，不断开创新局面；必须坚持以社会领域党建工作全覆盖引领社会服务管理创新全覆盖；必须加强统筹，充分调动各方面积极性，形成工作整体合力；必须坚持重点突破，不断破解重点难点问题，推进社会建设深入发展。

工作中存在的主要问题和不足：一是在加强工作统筹协调，推动各区县、各部门工作平衡发展上需进一步努力；二是在提高创新能力，解决难点热点问题上需多下工夫；三是在加强政府、市场、社会资源整合，创新公共服务方式上需不断完善；四是在总结典型经验，加强分类指导上需进一步加强。

三、下一步工作思路

2011年我市社会建设工作的总体思路是：深入贯彻落实科学发展观，按照《北京市“十二五”时期社会建设规划》的整体部署，以完善社会服务为重点，以创新社会管理为动力，以激发社会活力为着力点，以动员社会参与为基础，以构建社会和谐为目标，不断创新社会服务管理，基本形成北京社会建设新格局的基本框架，不断努力开创首都社会建设新局面，以优异成绩迎接建党90周年。重点在以下五个方面取得新突破：

1. 以城乡一体和全民覆盖为目标，在扩大社会服务上取得新突破。加强社会服务管理创新“折子工程”的督促检查，加紧落实五大民生建设任务，在关系群众切身利益的就学、就医和社会保障、住房等方面办一批实事；加强社会保障体系建设，着力解决好城乡社保制度的整合衔接；加大郊区农村的投入和建设力度，推动城乡公共资源均衡配置。落实《北京市社区基本公共服务指导目录（试行）》，扩大社区“一刻钟社区服务圈”试点，提升社会服务便利化水平。继续实施政府购买社会组织服务，推动公共服务方式创新。

2. 坚持重心下移，在加强社会管理上取得新突破。支持东城、西城、朝阳3个社会服务管理创新综合试点区开展网格化管理试点，充分运用现代信息技术加强社会管理。按照“以业控人”、“以房管人”、“以证管人”的思路，建立流动人口和出租房管理责任制和人口流动区域合作新机制，支持“新居民互助服务站”建设。基本实现城市社区规范化建设全覆盖，进一步完善社区治理结构，推进社区民主自治，解决好社区办公和服务用房问题。推进“村庄社区化”管理模式，加快城乡结合部50个“城中村”的社区组织建设。成立社会工作者联合会，制定并实施社会工作者培养、评价、使用、激励管理办法，支持社工事务所发展。加强互联网等新媒体管理。

3. 动员社会力量，在激发社会活力上取得新突破。进一步健全“枢纽型”社会组织管理体系，在已认定的22家“枢纽型”社会组织的基础上，再认定一批，基本实现社会组织服务管理全覆盖。积极稳妥推进社会组织的政社分开和管办分离，完善社会组织培育发展机制。探索加强与在京国际社会组织和全国性行业协会合作交流的机制。在社区、社会组织、新经济组织中广泛开展社会文明创建活动，大力推进社会公德和社会主义核心价值观教育，进一步普及法律知识，提升广大市民整体素质。筹备召开市志愿者联合会代表大会，推进城市志愿服务站建设，推动“社工＋义工”联动机制建设，扶持专业志愿队伍发展。开展企业履行社会责任的调查研究，探索动员各类机关、部队、学校、科研院所参与社会建设的工作机制。

4. 健全工作机制，在促进社会和谐上取得新突破。落实《北京市社会服务管理创新行动方案》，健全社会矛盾多元调节机制，形成区县、街乡、社区（村）、楼门院（组）四级纵向调解网络，完善行政调解、司法调解、人民调解机制。充分发挥行业协会在商事纠纷、知识产权纠纷中的调节作用。继续健全“五方联动”的劳动争议协调联动机制，支持工会在建立和谐劳动关系、调节劳资矛盾中发挥重要作用。积极参与以群众工作统揽信访工作的试点，发挥信访部门、人大代表、政协委员、社会组织和包括互联网在内的新闻媒体在群众诉求反映方面的作用，健全各类群体利益表达机制。配合相关部门落实重大决策社会稳定风险评估机制，从源头上减少社会矛盾。

5. 加强分类指导，在社会领域党建工作全覆盖上取得新突破。加大街道（乡镇）社会工作党委建设力度，以构建区域化党建格局为目标，研究制定社区党建工作意见，从构建党建工作体系、组织体系、活动体系和考核评价体系等方面着力加强社区党建工作。探索社会组织党建工作新途径，推进“枢纽型”社会组织党建试点工作实现全覆盖。启动全市“非公有制企业党建推进工程”，从扩大组织覆盖、壮大党员队伍、夯实工作基础、打造党建品牌、加强组织领导等方面扎实推进全市非公有制企业党建工作。巩固发展商务楼宇工作站建设成果，基本实现商务楼宇“五站合一”全覆盖。总结推广先进经验，实施党建项目品牌工程，组织好纪念建党90周年活动，推动社会领域创先争优活动深入开展。

[此件原载2011年2月16日《北京督查》（普刊）第1期]

关于落实《北京市社会服务管理创新行动方案》进一步发挥“枢纽型”社会组织作用的通知

各市级“枢纽型”社会组织：

第一批10家市级“枢纽型”社会组织自2009年4月正式认定以来，按照市委、市政府的要求和部署积极开展工作、不断探索创新，在联系、服务、管理本领域社会组织方面取得了明显成效。第二批市级“枢纽型”社会组织近期也已正式认定。为进一步完善“枢纽型”社会组织工作机制，充分发挥“枢纽型”社会组织作用，按照市委、市政府关于社会建设有关文件精神和《北京市社会服务管理创新行动方案》中确定的“六有”要求（有领导责任制、有职能部门、有工作制度、有管理和服务体系的广覆盖、有党组织和党的工作的广覆盖、有业务和服务品牌项目），现将市级“枢纽型”社会组织应着力加强的几项工作通知如下：

一、加强对本领域社会组织的广泛联系、服务和管理

（一）积极做好新申办社会组织的业务审查工作

对本领域新申请成立的社会组织，要认真了解、分析其成立的必要性和可行性，对其中符合成立条件的，要积极承担业务主管单位职责（或受市社会建设等部门委托承担相应管理职责）并依法履行业务审查程序；对不具备成立条件的，要妥善说明理由并及时告知申办方，同时做好相关协调工作。

（二）进一步搞好直接主管的社会组织的管理和服务

一是要完善基本信息数据库，并动态掌握其相关变动情况；二是结合国家规定的业务主管单位职责，查找本单位在履行这些职责方面的不足和漏洞，提出整改措施和意见；三是要结合近年来的整体工作开展情况，对所属社会组织进行必要的考核评价，有针对性地提出指导意见，对其中自身建设不符合要求的社会组织，应有计划地促其改造提升。

（三）与目前仍由行政部门管理的相关社会组织建立联系机制

在市社会建设、民政及相关行政部门的支持、配合下，探索工作渠道，掌握这些社会组织的人员构成、会员分布、党组织和党员基本情况、工作开展等基本信息，建立数据库，并通过召开联席会议、举办活动、开展业务指导、提供支持等方式建

立日常工作联系，具备条件的应积极吸收为团体会员。

（四）对本领域“草根”组织加强联系、服务和引导

在市社会建设、民政等有关部门统筹协调下，一是结合“草根”组织的特点和本领域的具体情况，采取有效方式逐步摸清底数、掌握基本情况，建立数据库；二是加强引导和服务，促进符合条件的“草根”组织正式登记；三是有条件的“枢纽型”社会组织可以尝试采取“备案制”等形式，与相关“草根”组织建立固定联系和长效机制。

（五）加强在京相关国际社会组织和全国性行业组织联系与服务

各“枢纽型”社会组织要发挥自身优势，通过调查摸底、提供服务、工作联谊、举办活动等形式，与在京国际社会组织和全国性行业组织建立工作联系，加强合作交流，实现互利共赢，共同为首都经济社会发展和建设世界城市服务。

二、进一步建立健全相关管理体制

（六）健全工作责任制

一是主要领导亲自抓、负总责，切实把本领域社会组织工作列入重要议事日程抓实抓好；二是要结合本单位实际进一步明确主管领导、工作部门和工作人员，细化工作职责和岗位要求；三是要常态化推进工作，一般应至少每季度召开一次专题会，及时研究、解决社会组织工作中的问题。

（七）建立组织机构

各“枢纽型”社会组织可根据本单位具体情况和实际工作需求，采取多种形式落实职能部门及其工作人员。一是积极利用本单位原有机构和编制，进行内部调剂、整合，设立社会组织管理机构并配备工作人员；内部调整困难且工作量较大、确有成立新部门必要的，可以协商编制部门适当增加机构和编制数。二是目前管理社会组织数量较少、内部增设新部门难度较大的“枢纽型”社会组织，可以确定相关职能部门承担社会组织工作，但应进一步明确该部门职责并设1～2名工作人员从事该项工作。

三、进一步建立健全相关工作机制

（八）制定本领域社会组织发展规划或指导性意见

对本领域社会组织的发展目标、方向、标准、数量、重点领域、支持办法等提出针对性意见，引导其健康有序发展。同时，按照国家有关法律法规和政策规定，结合本领域社会组织的实际特点，研究、细化相关准入标准，并制定明确的业务审查办法，为社会组织申办方提供服务。

（九）建立秘书长工作例会制度

“枢纽型”社会组织原则上每个季度应召开一次由各社会组织秘书长或相关负责人参加的工作例会，主要内容是围绕本领域社会组织业务和党建工作，通报情况、部署工作、交流经验、研究问题。要把秘书长工作例会作为日常工作中维持“纽带”关系、发挥引领作用的基本工作运行机制，不断创新工作方式、完善工作内容、提高工作实效。

（十）建立日常指导考核评价制度

按照国家和市有关部门制定的社会组织指导考核评价标准和办法，结合本领域社会组织的实际特点加以细化并落实。同时，要按照“事前服务指导、事中参与管理、事后跟踪考评”的要求，对本领域社会组织相关工作进行日常指导监督。

（十一）建立健全信息工作体系

建立信息联络员制度，及时了解和掌握本领域社会组织发展动态，并加强与社会建设、民政等部门的信息传递和联络工作；充分利用门户网站等信息化资源，完善对社会组织的信息服务。

四、努力实现党组织和党的工作全覆盖

（十二）建立健全社会组织党组织

按照“党的建设与业务建设一起抓”的要求，在“枢纽型”社会组织建立社会组织工作党委，负责所属社会组织党建工作。通过社会组织党建工作全覆盖，引领社会组织服务管理全覆盖。

（十三）创新社会组织党建工作模式

“枢纽型”社会组织工作党委要认真研究本领域、本行业社会组织特点规律，优化组织设置，建立健全党组织，逐步构建分类管理、分级负责的社会组织党建工作管理体制和工作机制。所负责的社会组织，有3名以上正式党员、具备建立党组织条件的，要指导单独建立党组织；对暂不具备建立党组织条件的，可指导建立临时党组织，也可根据行业相近、地域相邻和便于开展工作的原则，建立联合党组织，有效开展党的工作；对暂没有党员的社会组织，可通过选派党建指导员等形式，宣传党的路线、方针和政策，做好党员发展工作。积极探索流动党员在党组织或临时党组织过“双重”组织生活等方式，加强流动党员教育服务管理，逐步实现社会组织党组织和党的工作全覆盖。

五、对“枢纽型”社会组织工作的支持措施

（十四）通过购买社会组织公共服务项目的方式，支持“枢纽型”社会组织发挥龙头带动作用

以社会需求为导向，充分发挥社会建设专项资金的引导作用，从今年起，通过项目购买、项目补贴、项目奖励等方式，支持“枢纽型”社会组织带领相关社会组织开展基本公共服务、便民服务和社会公益服务。社会建设专项资金用于购买相关领域社会组织的服务项目，原则上由相关“枢纽型”社会组织进行汇总、申报，并负责对项目落实和资金使用情况进行监督管理，切实发挥引领和带动作用。

（十五）通过购买“管理服务”的方式，支持“枢纽型”社会组织开展日常管理服务工作

“购买管理服务”是一项综合性的支持措施，主要用于支持“枢纽型”社会组织为达到“六有”要求开展的相关工作。从2010年度起，重点支持“枢纽型”社会组织开展以下工作：一是创新工作方式，建立社会组织工作党委，积极在所管理和联系的社会组织中开展党建工作；二是扩大工作覆盖面，其中着重按照“先挂钩、后脱钩”的原则与原由行政部门管理的本领域社会组织建立稳定的工作联系；三是建立健全相关工作机制，加强制度体系建设；四是充分发挥引领和聚合作用，不断带动本领域各类社会组织共同开展工作。购买管理服务的具体形式和标准，由市社会建设工作领导小组办公室根据工作重点和有关要求确定。

（十六）通过重点扶持、项目引导等方式，支持“枢纽型”社会组织培育发展公益活动品牌项目

以项目化方式，引导、支持“枢纽型”社会组织进一步树立品牌意识，积极培育示范效应好、影响力大、带动作用强的品牌项目，带动相关社会组织共同参与首都经济社会建设。每个“枢纽型”社会组织每年应联合本领域社会组织共同开展1～2次有一定规模的社会公益活动，市社会建设工作领导小组办公室通过社会建设专项资金给予重点支持。

（十七）通过建立市级社会组织孵化基地，为“枢纽型”社会组织开展工作搭建公共服务平台

建立市社会组织孵化基地，为“枢纽型”社会组织所联系和管理的公益类社会组织提供初期孵化、政策咨询、能力建设、人员培训、项目指导等集约化服务；同时，支持有条件的“枢纽型”社会组织积极整合资源，通过建立“社会组织之家”、“社会组织

孵化器”等形式，为相关社会组织搭建公共服务平台。

（十八）创新实践，务求实效

构建“枢纽型”社会组织工作体系，是我市社会组织服务管理创新的核心内容，也是加强社会建设的重要举措。各市级“枢纽型”社会组织要紧密联系工作实际，加强自身建设，不断创新实践，不断完善工作规范，不断取得新的工作成效。

（此文件2010年12月2日由市委社会工委、市社会办印发）

关于表彰2009年度北京市商务楼宇社会（党建）工作站示范点、优秀站的决定

近年来，市委、市政府高度重视商务楼宇服务管理，全面推动商务楼宇党建工作站、社会工作站建设试点工作，探索将党组织建在商务楼宇，把政府的公共服务延伸到商务楼宇的有效途径。各区县按照市委、市政府有关部署和要求，积极探索，勇于创新，大胆实践，商务楼宇党建工作站、社会工作站建设试点工作取得明显成效，涌现出一批先进工作站。

在有关区推荐、市专项检查组实地检查验收的基础上，经市委社会工委、市社会办研究决定，对东城区鸿安国际商务大厦等10个工作站授予北京市商务楼宇社会（党建）工作站示范点、东城区歌华大厦等50个工作站授予北京市商务楼宇优秀社会（党建）工作站。

希望受到表彰的工作站珍惜荣誉，再接再厉，创造出更多更好经验。全市商务楼宇工作站要以这些示范站、优秀站为榜样，进一步加强商务楼宇工作站建设，扩大党组织和服务管理工作覆盖面，拓展工作领域，规范服务项目，并在此基础上，全面推进社会工作站、党建工作站、工会工作站、团建工作站、妇联工作站建设，逐步实现全市商务楼宇“五站合一”全覆盖，为推动首都经济科学发展、促进社会和谐稳定作出应有贡献。

附：2009年度北京市商务楼宇社会（党建）工作站示范点、优秀站名单

附：

2009年度北京市商务楼宇社会（党建）工作站示范点、优秀站名单

一、商务楼宇社会（党建）工作站示范点（10个）

东城区鸿安国际商务大厦工作站
东城区东方银座工作站
西城区康华伟业孵化器工作站
西城区乐凯大厦工作站
朝阳区叶青大厦工作站
朝阳区SOHO尚都工作站

朝阳区京港大厦工作站
海淀区金隅嘉华大厦工作站
丰台区国润商务大厦工作站
石景山区领秀大厦工作站

二、商务楼宇优秀社会（党建）工作站（50个）

东城区歌华大厦工作站
东城区蓝宝商务大厦工作站
东城区环球贸易大厦工作站
东城区京宝花园工作站
东城区金宝街工作站
东城区恒基中心工作站
东城区中粮广场工作站
东城区尼奥大厦工作站
东城区新成文化大厦工作站
西城区中商大厦工作站
西城区高登大厦工作站
西城区物华大厦工作站
西城区国侨宾馆工作站
西城区金泰华云五根檀写字楼工作站
西城区汽车进出口公司工作站
西城区金丰和孵化器工作站
西城区海格酒店工作站
西城区国际茶城工作站
西城区一商大厦工作站
西城区枫桦豪景工作站
西城区富卓大厦工作站
西城区气象宾馆工作站
朝阳区华贸大厦工作站
朝阳区光明公寓工作站
朝阳区远洋新干线工作站
朝阳区佳境天城大厦工作站
朝阳区五矿大厦工作站
朝阳区华亭嘉园工作站
朝阳区华腾大厦工作站
朝阳区怡和阳光大厦工作站
朝阳区中宇大厦工作站
朝阳区静安中心工作站
朝阳区现代城工作站
朝阳区晶都兴业国际酒店工作站
海淀区泰鹏大厦工作站
海淀区郦城公寓工作站
海淀区国兴大厦工作站
海淀区嘉德公寓工作站
海淀区艺海大厦工作站
丰台区 IBI 大厦工作站
丰台区时代风帆大厦工作站
丰台区科技创业大厦工作站
石景山区留学生创业园工作站
石景山区泽洋大厦工作站
石景山区科普中心工作站
石景山区玉泉大厦工作站
石景山区中础大厦工作站
石景山区星宇大厦工作站
大兴区奥宇大厦工作站
大兴区科技大厦工作站

（此文件 2010 年 12 月 10 日由市委社会工委、市社会办印发）

·专　　文·

加快推进北京社会服务管理创新

梁　伟

当前，首都站在新一轮科学发展的起点上，加强社会建设、创新服务管理是摆在我们面前的重要而紧迫的任务。特别是在建设世界城市的大背景下，首都社会建设的目标、路径、动力和保障都需要进行更加深入、周密的探讨和谋划。搞好社会建设既需要实践上的探索和突破，也需要理论上的深化和创新，更需要围绕建设世界城市的战略目标，集思广益、群策群力，把首都社会建设进一步推向前进。

充分认识、准确把握建设世界城市战略目标对首都社会建设提出的新要求。作为国际城市的高端形态，世界城市对全球政治、经济和文化等方面发挥着重要的影响力和巨大的辐射力。在当今全球化的大背景下，世界各大城市之间的竞争除了经济发展水平、基础设施完善程度等“硬实力”之外，城市人文精神、科技实力、文化特色、宜居指数等“软实力”的较量也日益凸显。当前北京城市发展现状决定了我们的世界城市建设，必须走出一条经济高端、社会和谐、文化多元、生活宜居的科学发展之路。这就要求我们不仅要重视机场、地铁、高楼大厦等城市“硬环境”的构建，更要高度关注社会管理、公共服务、城市文明、市民素质等城市“软环境”的建设。只有大力推进社会建设与管理，全面提高城市管理和公共服务水平，努力培养城市的开放包容品格，注重提高城市的多元文化品位，充分激发市民的创造生机活力，加快提升民众的工作生活品质，建设世界城市才能真正得到广大群众的衷心拥护和全力支持，社会建设才能走出一条具有时代特征、中国特色、首都特点的创新发展之路。

积极探索、全面推进新形势下首都社会服务管理创新。深化社会领域改革、创新服务管理，是时代赋予我们的历史使命，也是做好社会建设工作的根本途径。回顾近年来首都社会建设历程，我们所取得的每一个成绩，都是改革创新的结果。展望今后世界城市的社会建设，更需要我们继往开来不断深化改革、勇于创新。创新无止境，尤其是随着首都国际化、现代化、信息化、城市化进程的不断加快，社会各阶层成员个性化、层次化、多样化需求明显增强，人流、物流、信息流日益集中，对全面加强社会建设、创新服务管理提出了新的更高的要求。前不久，市委、市政府召开全市社会服务管理创新推进大会，明确了新形势下加强社会建设、创新社会服务管理工作的总体思路和重点任务。大会后，全市各区县、各部门迅速行动，深入贯彻落实推进大会精神，加快推进社会服务管理创新工作，首都社会建设呈现新一轮蓬勃发展的良好态势。因此，我们一定要把握大局、紧抓机遇、乘势而上，进一步解放思想，以新的视角、新的思维、新的方法、新的举措，切实加大社会建设和管理的创新力度，尽快建立起与社会主义市场经济体制相适应的社会服务管理新体系，努力开创与新的形势、任务相适应的社会建设新局面，实现社会服务管理的全覆盖，不断满足首都广大人民群众对美好生活的新期待。

充分发挥、善于运用首都各界专家学者和各战线社会建设工作者的聪明才智。首都具有得天独厚的智力资源和人才优势。这几年来，我们通过设立专家顾问团和共建研究基地等举措，充分调动科研院所和专家学者为首都社会建设出谋划策，合作举办了一系列论坛，开展了一系列研究，推出了一系列研究成果，为推动首都社会建设科学决策和理论创新作出了积极贡献。全市上下各战线社会建设工作者齐心协力，以极大的热情和饱满的精神，创作了很多的新经验、新方法，尤其是基层在实际工作中总结摸索出很多鲜活的经验和模式，值得认真总结、完善和提升。今后，我们要进一步加强在理论和实践的结合中碰撞出的新思路和对策，更好地推动首都社会建设和管理工作科学发展。

我们一定要紧紧围绕首都经济社会发展的大局，不断探索、大胆实践、勇于变革、永不停滞，在社会服务管理上创作更多更好的新方法、新机制、新模式，努力开创首都社会建设新局面，为“人文北京、科技北京、绿色北京”和中国特色世界城市建设作出新的更大贡献！

（此文为市委常委梁伟2010年9月27日在“世界城市社会建设”论坛上的讲话，原载《前线》2010年北京社会建设专辑）

发挥街道党建工作引领带动作用 进一步提高社会管理和公共服务水平

梁 伟

市委决定，每年对全市街道党工委书记轮训一次，这是市委、市政府高度重视街道工作，加强全市街道党工委书记队伍建设的重要举措。市委十届七次全会提出建设世界城市的战略发展目标，对新阶段加强街道党工委建设提出了新要求。面对新的形势和任务，举办第二期街道党工委书记轮训，非常及时、十分必要。刚才几位同志的发言，都讲得很好，很有特点。可以看出，这次培训尽管时间很短，但成效明显。主要有以下三点收获。

一是认清了形势，理清了思路。这次培训班以深入贯彻落实党的十七届四中全会和市委十届七次全会精神为主线，紧紧围绕市委提出的建设世界城市的发展目标和加强社会管理创新的要求和部署，进行了专题辅导和政策宣讲。通过培训，大家对市委提出的推进世界城市建设的战略目标的认识更加深刻，对做好街道党建工作和管理服务工作的目标和任务更加明确，对推动区域经济发展、服务居民群众、维护社会稳定和谐的思路更加清晰，进一步增强了做好街道党建工作的积极性和主动性。

二是丰富了知识，提高了能力。去年的培训，我们重点是学习领会市委、市政府关于社会建设的政策文件，为此侧重安排了市委、市政府有关部门负责人解读文件内容。今年我们侧重领导能力的提升，重点安排了专家学者授课，主要开展了社会政策与社会发展、推动科技创新与社会管理、提高执政党建设科学化水平、领导能力建设等内容的学习。通过培训，力求使各位党工委书记进一步更新观念、拓宽思路、丰富知识、提升能力。

三是交流了经验，增强了信心。这次培训班除理论辅导外，还进行了分组讨论。各位书记面对面地交流体会，切磋经验，相互启发和借鉴。大家带着求学的强烈愿望，克服工学矛盾，全身心地投入到学习中来，集中授课，专心听讲，分组讨论踊跃发言，课下交流广泛深入，表现出了积极向上的精神风貌。通过培训，交流了经验，扩大了视野，进一步增强了工作信心和决心。

希望大家回去后，要进一步消化所学知识，尽快把学习培训成果转化为谋划工作的思路、推动工作的动力、指导工作的方法，把各项工作落实好。借这个机会，我再讲几点意见。

一、深刻认识新形势下街道党建工作面临的新挑战，进一步增强做好街道党工委建设的紧迫感和责任感

当前，我市人均CDP已突破1万美元大关，首都各项工作进入新一轮科学发展阶段。面对新的阶段和国内外发展新变化，我们必须从全局和战略的高度，深刻认识我市街道社区党建工作面临的新形势、新任务，进一步增强做好各项工作的责任感和使命感。

一是城市化快速推进给城市党建工作带来了新挑战。随着改革开放的不断深入和城市化建设的快速发展，城市管理服务相对滞后、基层基础工作相对薄弱的问题更加突出，街道社区党组织促进城市改革发展、维护社会和谐稳定的任务日益繁重；随着城市管理体制改革不断深化，管理重心逐步下移，就业、社会保障、社会救助等公共服务逐步延伸到社区，社区公共服务和管理的作用日益凸显；随着非公有制经济组织和新社会组织迅速发展，大量的“单位人”变成为“社会人”，加强社区共建共享和流动党员教育管理已成为街道社区党建工作的重要内容，党建工作任务日渐繁重。只有加强街道社区党组织建设，才能更好地解决城市基层党建面临的新情况、新问题。

二是建设世界城市战略目标对街道党建工作赋予了新任务。市委十届七次全会明确提出，要从建设世界城市的高度，加快实施“人文北京、科技北京、绿色北京”发展战略，以更高标准推动首都经济社会又好又快发展。建设世界城市是首都发展的新的战略目标，也是在新起点上谋划更高层次发展的战略选择。世界城市不仅仅是经济发达，更需要城市宜居、社会和谐，如果城市不宜居，社会不稳定，社会组织不活跃，社会管理服务与国际不能接轨，就不可能称其为世界城市。因此，街道党工委要围绕建设世界城市的长远发展目标，高起点、高标准地谋划区域发展，不断深化社会管理改革和公共服务创新，建立健全与世界城市发展相适应的社会管理和公共服务体系，努力营造安全、稳定、和谐、宜居的社会环境。

三是人民群众不断增长的物质文化需求对街道社区党建工作提出了新要求。坚持以人为本，服务居民群众，是街道社区党建工作的根本出发点和落脚点。随着科技进步、经济社会发展和人民群众生活水平的不断提高，随着人们就业方式、工作方式和生活方式的不断变化，广大群众对街道社区的归属感越来越强，对生活质量和社区服务的要求越来越高。街道社区党建工作要适应新情况、新变化，着眼于满足居民群众的多层次、多样化需求，不断拓宽服务领域、提升服务水平，在做好便民利民、扶危帮困、社会保障等工作的同时，突出帮助群众就业创业、维护群众合法利益、丰富群众文化生活、提升居民素质等工作，切实办好顺民意、解民忧、惠民生的实事，让居民群众共享改革发展成果。

二、加强社会管理体制机制创新，不断提高社会管理和公共服务水平，为首都科学发展创造文明和谐的社会环境

今年3月中旬，中央领导和市领导在我市《2009年社会建设工作情况》简报上作出批示，充分肯定我市社会建设工作，明确要求在创新流动人口等重点人群管理、新经济社会组织管理以及互联网等新兴媒体管理等方面取得新突破。因此，市委社会工委牵头组织制订了《北京市社会服务管理创新行动方案》，已经市委常委会讨论通过。希望在街

道层面认真组织贯彻实施。当前，围绕社会建设与管理，重点做好以下三个方面工作。

一是加快推进社会管理创新。由于社会领域改革发展相对滞后于其他领域，当前新的管理体制机制尚未形成。因此，一方面要针对社会管理中的空白点和薄弱环节，加快覆盖全社会的工作网络建设，推进城乡结合部、流动人口等重点人群、商务楼宇、“两新”组织管理服务的全覆盖，不断探索社会管理体制机制创新。同时，要以推动社会管理创新为牵引，结合城乡结合部50个重点村的整治改造，把街道管理职能更多地转变到社会管理和公共服务方面，以加强统筹协调、动员广泛参与、运用信息化手段为着力点，强化基层基础工作，加强社会管理创新，在率先建立城乡一体化社会保障体系、加强各类重点人群管理服务、完善规范化社区治理模式、构建“枢纽型”社会组织管理体系、引导互联网等新媒体健康发展、实现社会领域党建工作全覆盖等方面不断向纵深推进，力争用2~3年时间，形成首都社会管理新格局框架，为首都经济社会又好又快发展提供有力保障。

二是进一步提高社会服务水平。社区是社会的基本单元，是社会服务的立足点和落脚点。加强社区服务，提高服务水平，一个重要方面就是街道应切实发挥好“枢纽”和统筹协调作用，深入推进社区规范化建设，按照《北京市社区基本公共服务指导目录(试行)》，依托社区服务中心和服务站，把各部门、各区县为居民服务项目统一搭载到社区这一平台，通过社区服务站这个载体，集成政策、集中资金、整合力量、规范服务、扩大覆盖，搭载更多服务项目，形成服务整体合力，提高服务质量和效益，满足社区居民日益多样化的服务需求，让居民生活得更方便、更舒心，让社区生活更和谐、更美好。商务楼宇作为“竖立起来的社区”，也离不开规范的管理和服务。要把推进商务楼宇社会服务站建设作为街道工作重点，加大“多站合一”的力度，整合资源，规范管理，强化服务，真正使党、工、团、妇建设统筹兼顾和相互促进，把党群组织建立起来，把政府公共服务延伸进去，为“两新”组织、从业人员和流动党员提供更多更好、更便捷的服务。同时，城乡结合部和农村地区也要按照城乡一体化发展要求，积极探索城乡结合部和农村社区管理服务模式创新。

三是不断完善社会动员机制。志愿者和志愿服务是社会文明的重要标志，也是社会动员的重要抓手，对于推进“人文北京”建设和首都经济社会和谐发展意义重大。要把推进社区志愿服务长效机制建设作为增强街道社会动员能力的着力点，健全完善参与广泛、形式多样、活动经常、机制健全、城乡互补的志愿服务体系。一方面，市里要加快成立志愿者联合会，进一步加强首都志愿服务的工作规划、组织管理、日常协调和联系。另一方面，要加快推进专业志愿队伍建设，积极拓展和创新志愿服务项目，研究制定志愿服务指导目录，建立健全志愿服务项目体系，形成志愿服务人人可为、时时可为、处处可为的良好局面，推动志愿服务常态化和长效化。同时，积极探索创新和完善社会动员机制，把社会组织作为社会动员的重要载体，以“枢纽型”社会组织为骨干，以志愿服务组织为核心，以公益、慈善类社会组织为主体，以社区社会组织为基础，建立健全社会组织动员网络体系，形成传统动员体制机制与新兴社会动员体制机制的优势互补，不断创新和发展新型社会动员体系，不断提高社会组织化动员能力和水平。

三、以深入开展创先争优活动为契机，进一步加强基层党组织创新，充分发挥街道党工委在区域党建格局中的核心领导作用

街道党工委作为党在城市基层的领导机关，是街道各种组织和各项工作的领导核心，地位突出、作用重要。要认真贯彻落实党的十七届四中全会精神，以深入开展创先争优

活动为契机，不断加强和改善党对街道工作的领导，为深化社会管理和公共服务创新，推进世界城市建设提供坚强的政治保证。

一是要着力构建区域化党建格局，充分发挥街道党工委的核心领导作用。街道党工委要发挥核心领导作用，要完善党工委议事决策和工作运行机制，完善街道机关工作制度、城市管理和社区建设制度，提高街道工作科学化、制度化、规范化水平。去年以来，在区县、街道的共同努力下，在全市138个街道基本建立了社会工作党委；在全市1249座商务楼宇中已经建立了888个商务楼宇工作站，覆盖980座商务楼宇，覆盖率达78.5%。组织机构建立后，要真正发挥作用。要尽快完善街道社会工作党委工作机制，发挥街道社会工作党委统筹协调辖区社会领域党建和社会建设工作的作用。要按照条块结合、资源共享、优势互补、共驻共建的原则，建立健全街道党建工作联系会制度。要主动协调相关职能部门，把政府的公共服务引进商务楼宇，为非公有制经济组织和社会组织创造发展环境，有力促进楼宇经济和区域和谐稳定。

二是要加强街道领导班子队伍建设，努力提升领导能力水平。街道党工委书记处于城市工作的第一线，是党的各项方针、政策的宣传者和实施者，是统筹辖区发展、监督专业管理、组织公共服务和指导社区建设的具体组织者。要拓宽选人视野，改进选拔方式，选优配强街道党工委书记。要加强对街道领导班子创新思维培养，提升领导科学发展能力。要以世界眼光、开放视角找准本街道的发展定位，认真研究制定本地区“十二五”规划，全面推进区域经济社会科学发展。要努力提高统筹协调能力、做群众工作能力，增强新形势下应急管理、舆论引导和新兴媒体运用等方面能力。要不断改进思想方法、工作方法和工作作风，多深入基层，多接触群众，多掌握基层实情，多为居民群众办实事。

三是要以深入开展创先争优活动为契机，不断焕发基层党组织和党员队伍的生机活力。当前，在党的基层组织和党员队伍中深入开展创先争优活动，是党的十七大和十七届四中全会提出的重要任务。要充分认识开展创先争优活动的重要性和必要性，以高度的政治责任感，扎实抓好创先争优活动，确保取得实效。开展好创先争优活动，重在推动基层党组织和党员在日常工作中学习实践科学发展观，发挥先锋模范作用。因此，我们要紧紧围绕全市“深入学习实践科学发展观，推进‘人文北京、科技北京、绿色北京’建设”这一活动主题，紧密结合本地区实际，找准创先争优活动与推进区域经济社会发展的最佳结合点，科学谋划和统筹推动创先争优活动。要把党员作风建设年活动作为今年开展创先争优活动重要抓手，按照“五个好”和“五个带头”的要求，动员组织辖区基层党组织和党员弘扬北京奥运精神，切实转变工作作风，充分发挥基层党组织战斗堡垒作用和党员先锋模范作用。

（此文为市委常委梁伟2010年6月25日在全市街道党工委书记轮训班结业式上的讲话，标题为编者所加）

深化认识　提升能力
努力推动首都社会建设取得新进展

梁　伟

不久前召开的党的十七届五中全会对加强“十二五”时期社会建设的任务作出了全面部署，刚刚闭幕的市委十届八次全会对我市“十二五”时期社会建设工作提出了明确要求，我们要深入学习领会，认真贯彻落实。借此机会，我谈三个方面的问题，与大家共同探讨。

一、进一步深化对社会建设的理解和认识

国外讲社会建设，出发点是解决穷人的问题，主要涉及的是救助、救济和福利，后来逐步扩展到社会矛盾、社会危机等问题。我们讲的社会建设，比国外要宽泛。我国自20世纪80年代初的“六五”计划开始，明确提出了社会发展的概念；党的十六届三中全会提出要统筹经济与社会发展，社会建设问题开始得到注意和重视；党的十七大报告把“社会建设”独立成章进行重要阐述，内涵包括发展社会事业、扩大公共服务、协调利益关系、完善社会管理、调处社会矛盾、促进社会公平正义等方面，成为与经济建设、政治建设、文化建设并列的社会建设，是整个社会的建设和管理。这些年也加上了生态文明建设，有时也将党的建设加进去，与其并列。现在学者们对社会建设还没有一个统一的概念，我去浦东参加社会建设研讨班，也没有形成一致的认识。但对于社会建设的概念，至少需要把握以下几个要点。

第一，社会建设的目标就是构建社会主义和谐社会。

社会和谐是中国特色社会主义的本质属性，也是全体社会成员的共同理想。实现社会和谐，是一个历史过程。现代社会矛盾比较突出，因此要加大社会建设。现阶段，就是要以解决人民群众最关心、最直接、最现实的利益问题为重点，着力发展社会事业，让全体社会成员享受发展和改革的成果；就是要扩大公共服务，逐步实现基本公共服务均等化；就是要理顺分配关系，增加城乡居民收入，处理好公平和效率的关系；就是要完善社会管理，增强社会创造活力，维护社会的安定团结，不断促进社会的和谐和进步。因此，构建和谐社会必须要加强社会建设，社会建设必须要以构建和谐社会为目标。如果偏离了这个目标，把手段当成目的，我们的工作就会偏离方向。

第二，适应阶段性发展要求，更新社会建设的观念。

社会建设具有阶段性，不同地区的发展阶段不同，对社会建设的要求也有所不同，内涵与要求不同，我们的观念也需要随之更新。党的十七大报告提出的“加快推进以改善民生为重点的社会建设”，将社会建设的主要内容分为改善民生和加强社会管理，前者主要是教育、就业等，后者则是从维护社会稳定的角度提出。前不久召开的党的十七届五中全会提出要加强社会建设、建立健全基本公共服务体系，促进就业和构建和谐劳动关系，合理调整收入分配关系，健全覆盖城乡居民的社会保障体系，加快医疗卫生事业改革发展，全面做好人口工作，加强和创新

社会管理，正确处理人民内部矛盾，切实维护社会和谐稳定。这是对社会建设内容的又一次深化和扩展，要求我们在提升社会服务、创新社会管理、加强社会动员的同时，关注社会政策体系建设和社会和谐机制建设等内容，不断增强社会建设持续发展的活力，提升维护首都社会和谐稳定的能力，创造和谐相处、有序运行的社会环境。

北京作为首都，有条件、有能力，要求应该更高。我们提出了更高的标准，加了许多新的内容。我们在贯彻中，一定要深入把握现在的社会建设与计划体制下的社会建设有什么不同。我们既不能照搬国外的模式，又不能把计划体制下的社会管理与服务这种旧的模式用在今天的模式里。我们要适应新的变化与格局，要更新观念。市委社会工委、市社会办成立以后，首先是把全覆盖做好，形成覆盖全社会的工作网络。工作网络的要求很高，不是僵化的而是有活力的网络。我们要用各种方式，综合实现全覆盖。有的区在继续推行网格化管理，网格化过去管死物，如果皮箱、路灯、井盖等静物，现在开始把人、组织、变化的事态纳入网格管理。再如商务楼宇，以前除了工商登记、收税或检查卫生，没有一个组织系统，现在商务楼宇建设已经成为了一个专用名词，但我们是否已经做到全覆盖了呢？这两年，粗线条的网格管理取得了显著的成果，但也没有覆盖到位，还有很多工作要做。现在的社会建设不同于过去的社会建设，北京的社会建设要有更高的标准，我们的观念要随着变化了的形势而变化。

第三，必须探索社会建设新模式，即适应新形势的新模式。

加强社会建设，没有新的思路不行，没有新的模式不行。每一项社会建设工作都需要探索、需要创新。当前，我们正处在经济转轨、社会转型的关键时期。人均 GDP 达到 1 万美元，是社会最活跃的阶段。目前，全市有近 800 万流动人口、100 多万个非公经济组织、近 3 万个新社会组织、1100 多万网民、1800 多万手机用户、17 万多长期在京工作生活的境外人员，社会的公共服务需求多样化、个性化的特征越来越明显，多元利益、文化冲突引发的矛盾和问题越来越多。在这种情况下，以政府为单一主体、主要靠行政手段、单位制、目标是把人管住的传统管理模式，已经不能适应多元化的社会生活，构建政府主导的公共治理新模式势在必行。新模式的重要特征就是由单一管理向共同治理转变。即：要充分发挥政府的主导作用，同时充分发挥多元主体在社会建设中的协同、自治、自律、互律作用，使各种社会力量形成推动社会和谐发展、保障社会安定有序的合力。

建立这样的治理模式，一是要推进政府职能的转变。政府不可能包揽一切社会事务，进一步加大政府在社会建设问题上的调控力度，加大对社会管理和服务的投入，建立健全以人为本、面向全社会、融管理与服务于一体的管理架构。二是创新管理模式，把社会建设作为党的群众工作的延伸，建立政府、社会、公民共同治理格局。发挥社会多方参与优势，以社区民主自治组织为基础，充分发挥社会组织作用，形成社会管理和服务的整体合力，最大限度地把广大群众动员起来，积极参与社会事务，形成“共建共享”工作格局。在这些方面，我们党和政府有着群众工作的丰富经验，在新的历史条件下要创新党的群众工作。三是要转变管理方式，改变以行政手段为主的直接管理，不断提高管理效率和降低管理成本。通过制度创新，把政府行政管理与社会自我调节、居民自治管理有机衔接起来，把行政手段、法律手段同思想道德、文化习俗、社会舆论等手段统一起来，畅通利益诉求渠道，积极化解社会矛盾，形成社会的多元治理、共建共享的新格局。

这几年工作的体会很深，就主要跟大家讲这几个认识：第一是目标，第二是要更新观念，第三要探索新的模式。社会建设很复杂，边界也很难划分。我们都是实际工作者，既要注重理论的研究，更要注重实际的推进。在考虑问题的时候，可以大一点，一定要把整个社会纳入自己的视野来研究；在实际工作中，可以从能够认识清楚、实际能够解决的问题入手。从大处着眼，从可以做的层面入手，即从具体的社会管理体制、社会政策、社会问题着手，先解决人民群众最关心、最现实、最直接的问题。在实践中丰富理论，不断探索。因为这项工作还是一个全新的事业，做好社会建设是一个全新的过程，具有复杂性、艰巨性，必须有重点、分步骤地持续推进，不能急于求成，但要有所作为。我认为，社会建设关键要把它项目化和具体化，一项一项地落实和实现。经过这几年的实践，这是完全可以实现的。

二、充分认识新形势下推进社会建设的重要性和可行性

学习贯彻党的十七届五中全会精神和这几年的实践探索，使我们对加强社会建设的重要性、可行性有了更加清醒的认识。

第一，社会建设正处于大有可为的“重大战略机遇期”，我们必须抓住机遇、乘势而上。

在刚刚闭幕的市委全会上，刘淇书记代表市委常委会向全委会报告工作，里面用了一个专题讲社会建设和社会管理的创新问题。建议里面对“十二五”社会建设也进行了专题论述。在会议结束的时候，刘淇书记作了一个会议的总结讲话，里面有六个大有作为，其中一个是关于社会管理和创新方面。大家知道，我们说重大的战略机遇期有以下几个理由：

一是全市经济连续多年保持两位数的增长速度，人均GDP已超过1万美元。首都经济的良好发展为社会建设提供了很好的物质条件。社会建设必须有经济基础，如果还解决不了温饱问题，社会建设必须有限度地进行。全国社会建设走在前面的基本上都是发达地区。北京市地区发展也有差异，在经济发展较快和较成熟的区县，对社会建设的需求就更加迫切。如果连温饱都解决不了，那就集中精力建学校和医院等，只有到了一定的发展水平，才能深层次研究整个社会的动员机制、管理机制和服务机制。我们现在具备这样的条件。

二是这些年全市上下在社会建设工作上努力探索，以体制机制创新作为突破口，着力保障和改善民生，加快社会事业发展，公共服务体系建设取得新进展、社会建设基础工作取得新成效、社会动员能力有了新提高、社会管理体制改革取得新成果、社会领域党的建设取得新发展，形成了加快推进社会建设的浓厚氛围和良好基础。这几年，市委、市政府非常重视社会建设工作，社会建设有了很大的跨越，有了很多新的突破，很多的东西由不熟悉到熟悉，由没有形成氛围到形成氛围。比如，昨天常务会讨论了社会组织、人民团体的工作，听了工会、妇联、共青团等的工作介绍，大家对群团工作的认识都非常深刻，很多领导都认为，人民团体、社会组织应该承担更多的任务，很多不必由政府非要做的工作，可以通过购买服务的方式由社会组织、人民团体进行。实际上，我们已经走过了很多的路，但是还需要进一步加强。比如，在国外，作为一个城市，其宏观经济调控在中央政府，地方市长的主要任务是到社区了解民意。我们在这方面的比重，今后会逐渐加重，也有了一定的基础。

三是市委、市政府在新阶段提出建设“首善之区”的要求、提出“三个北京”建设战略，同时也提出建设中国特色世界城市的目标，为我们加快社会建设提供了难得的机遇。最近，市委常委会讨论问题的时候多次提出，建设首善之区，建设世界城市，既要注意硬件的建设，还要重视软件的建设。这次刘淇书记在全会上的总结讲话中也特别提到了这一点。一个国际化大都市，社会建设上不去是不可想象的，这提供了要求和动力。我认为，我们经过几年的努力，全市推进社会建设的方向已经明确，整体思路是完全正确的，只要我们坚定不移地贯彻落实中央和市委、市政府关于加强社会建设的指示精神，脚踏实地地做好工作，首都社会建设一定会取得更大成绩。所以，一定不要把经

济建设当成硬任务，把社会建设当成软工作，这个认识是不正确的。经济建设和社会建设一条腿长一条腿短的状况是不符合科学发展观的，只有把加强社会建设当成重要而紧迫的战略任务，在经济发展的基础上，更加重视社会建设，着力保障和改善民生，扩大公共服务，促进社会公平正义，经济社会才能又好又快地发展。在新的战略机遇期，社会建设很重要也大有可为。

第二，社会进入矛盾凸显期，要求进一步创新社会服务管理。

随着国际化、现代化、城市化的不断加快，首都社会多样多变的特点明显加强，人员、物资、信息、技术、资本流量日益加大，社会服务管理日益繁重复杂。特别是提出建设世界城市的目标要求，涉及国内与国外、京内与京外、城市与农村、高端与低端等多元群体对象，需要有效配置和整合各种资源，满足各类各阶层社会成员的多样化需求，推进社会认同，促进社会融入，实现社会和谐。对全面加强社会建设、创新社会服务管理提出了新的更高的要求。

随着经济体制不断深入，社会结构深刻变化，新经济组织、新社会组织快速发展，越来越多的“单位人”变成“社会人”，社会管理和服务面临着诸多难题。如急剧增加的流动人口引发的流动人口服务管理问题，人口老龄化催生的养老服务压力，北京作为国家政治、文化中心，对重点人群和外籍人士的服务管理等，都对提升社会服务管理水平提出了新要求。北京现在户籍人口 1200 万，常住人口 1800 万，加上流动人口超过 2000 万。这样复杂的一个大城市，这样复杂的大型社会，如何把服务和管理搞好，把社会建设搞好，是非常复杂的。

随着现代化建设和改革的逐步推进，首都正处于经济转轨和社会转型的关键时期，土地权益、就业安置、城市改造、企业改革、劳资纠纷等矛盾和问题越来越多。阶层分化、利益博弈、群体冲突等矛盾加剧，各种社会问题和不同利益群体间矛盾凸显，各类社会矛盾的关联性、敏感性、对抗性明显增强，需要我们高度重视、审慎对待、积极主动应对、稳妥处理解决。城市化加快，非公企业增加，都带来很多问题。

随着信息化的迅猛发展，互联网等新媒体快速兴起，加剧了虚拟社会与现实社会的相互影响和彼此融合。虚拟社会发展很快，尤其是在公共事件发生时，人们通过网络实现信息共享、观点交流，促进了公民社会的成长和对政府管理能力和水平的监督。但另一方面，也给社会稳定和社会管理带来了巨大挑战，信息化手段构成的虚拟社会同样也要纳入社会建设的内容，过去我们没有这方面的经验，也没有这方面的管理手段，这需要探索。

在这样的新形势下，我市社会建设的现有体制还存在很多不适应的地方，很多重点、难点问题需要攻克，公共服务缺位、滞后或不配套的现象还比较严重；社会服务管理主体单一、责任不清、层次不明等问题还比较突出；社区发育不够完善，社会组织还未能担当起应有的社会责任；一些地方和部门应对社会矛盾和公共事件的素质和能力还不强；一些领导干部面对网络舆情不敏感，引导舆论、争取主动的意识还不够，等等。这些都要求我们加大改革创新力度，切实提高新形势下社会建设和管理的能力和水平，切实增强党和政府在新形势下的执政能力和服务水平。所以是战略机遇期，有条件，但是又是社会矛盾凸显期，带来的挑战也迫切需要做好工作。

第三，加快推进适应建设世界城市要求的社会建设，需要我们不断进行新的探索。

加快推进社会建设，特别在“十二五”期间，需要我们进行艰苦的探索。市委、市政府历来非常重视社会建设。党的十七大之后，市委、市政府又采取了一系列新的步骤。我认为，有三个阶段。

第一个阶段，市委、市政府决定在原有工作的基础上成立负责推进社会建设的工作部门，即市委成立了社会工作委员会，市政府成立了社会建设办公室，合署办公，出台了“1 +4”文件，召开了社会建设大会。同时，在市委常委分工、政府领导分工里，明确了负责社会建设的分工。这一阶段的社会建设，在已有基础上又推进了一步，既总结了原来社会建设的成绩，又研究了进一步推进社会建设的办法。实践证明，通过召开社会建设大会和出台这些文件，对全市的社会建设工作起到了很大的推动作用。三年前提出的这些工作目标都取得了良好的进展，取得了很大的成绩。

第二个阶段，是今年制订了《北京市社会服务管理创新行动方案》，召开了全市推进大会。今年年初，周永康同志对北京社会建设2009年的督查报告作了重要批示，既充分肯定了北京社会建设取得的成绩，又提出北京要在推进社会管理创新上率先创造经验、更进一步，对流动人口管理、对重点人群管理、对社会组织管理、对虚拟社会管理等都提出了明确的要求。市委、市政府根据这个批示，也结合北京实际，从整个社会建设的角度，研究制订了《北京市社会服务管理创新行动方案》。这个行动方案与“1+4”文件规定的任务相比有了很大的发展。不仅从更宽的角度对社会建设、社会管理、社会服务诸多方面的问题都进行了研究，提出了进一步推进的措施，而且对各部门的工作进行了统筹协调、资源整合，更强调形成合力、共同推进，更强调要用信息化推进社会建设、社会管理、社会服务，特别提出要把网格化管理从城市管理向社会管理延伸。所以，我觉得这个行动方案也是对我们社会建设的进一步提升。这个行动方案各区县很重视，得到了中央的肯定，在全国范围内也是走在前面的。这也是一个阶段。这次市委全会对社会服务管理创新的要求都是从行动方案里面概括提出的，希望大家很好地研究和贯彻。

第三个阶段，是要以“十二五”规划的编制为契机，进一步加快推进社会建设。我们有“1+4”文件，有行动方案，现在正在抓紧编制“十二五”时期社会建设规划。我觉得，“十二五”期间的社会建设需要我们在更高的层次上、从更广阔的角度上以及在这两年实践的基础上，对社会建设观念、社会建设的着力点和社会建设的工作部署，进行更深层次的研究。我很希望通过“十二五”社会建设规划的研究制定能够再一次提高我们社会建设的推进速度和水平。我觉得研究规划的过程，就是一个统一思想、提高认识的过程。我很希望“十二五”社会建设规划不只是作为一个规划，还应该作为对前一阶段工作经验的总结和对今后工作的设想。这次研究，市委社会工委、市社会办下了很大的工夫，力求能够从整个社会建设的角度研究设计，力求能够在我们现在认识的水平上，对“十二五”社会建设怎么推、怎么抓、抓什么，社会建设的框架是什么，“四梁八柱”是什么，如何描述，如何理解，如何概括，作出一个回答。但是难度也挺大，因为太复杂。我们不可能包揽全部内容，但是要通过对“十二五”社会建设规划的研究，对加快推进首都社会建设要关注的方面、重点、体系，争取有一个完整的认识，争取能进入一个新的认识水平和操作阶段。

三、准确把握推进社会建设的特点和规律

社会建设是一项全新的事业，但是也有它的特点和规律。这几年的实践表明，深入把握这一特点和规律很重要，希望大家不断地总结和提高。

第一，要加强统筹兼顾。

社会建设是一项系统工程，涉及众多的单位和部门，不是单靠一个部门就能做得好的，必须加强统筹协调，整合力量和各种资源。

市委、市政府决定成立社会建设部门，首先就成立了市社会建设工作领导小组，由刘淇书记任组长，郭金龙市长任第一副组长，有三十多个部门参加，随后各区县也成立了相应的领导小组，这就是一种整合资源。领导小组有一个办公室，设在市委社会工委、市社会办，区县也基本是这个构架。成立社会工委、社会办，一是承担办公室的职能，

二是做一些统筹的工作。它不是代替各部门的工作，社会建设一家做不成，但是多家需要统筹才能形成合力。所以，作为区县领导和部门领导，我们一定要充分利用这样一个架构，把关系处理好。一方面，要做统筹的工作，比如原来是“2+4”功能，前“2”项功能是替市委、市政府研究政策，提供决策，即综合研究；另一方面，就是研究之后，如果该项任务不是一家能办的，分到各家之后，要组织大家形成合力。一个是综合研究，另一个是组织大家形成合力。希望区县的领导也用好这个体制。要有人综合研究，有人组织大家一起干，另外再补充点没有人做的或者漏了或者新出来的。我觉得主要是这个任务。具体地说，要从以下几个方面着手。

一是要建立“党委领导、政府负责、社会协同、公众参与”的社会建设新格局。统筹协调，除了部门间的协调，还要面向社会落实这一要求。我们党委领导是有传统的，政府负责也是有传统的，但是社会协同、公众参与还要补课。正如刚才讲的，现在的管理已不是过去的管理，这方面我们还要补课。经过这几年的努力，北京覆盖整个社会的社会建设的工作网络和平台日趋完善，社会管理“空白点”和薄弱环节问题得到一定程度的解决。现在主要是在网络上要搭载更多的综合服务功能，如现在社会建设部门和统战、维稳部门联手合作，工、青、妇群团组织共享资源。这些都是非常好的。

二是要综合运用多种手段，充分发挥各方面的作用。我们制订的《北京市社会服务管理创新行动方案》明确了社会建设90项措施，涉及40多个市级主要责任单位的职责。各区县也是一样。统筹协调，就是要在这种架构下把各个部门分好工、组织好，共同完成任务。

三是在整合部门资源和力量的同时，还要重视整合社会资源。把各种资源和力量有机结合起来，动员全社会参与社会服务管理。这点今年有突破，用社会建设资金购买了多项社会服务，现在正在落实之中。向社会组织购买服务是动员社会力量的一个很有效的方式，明年还要扩大。所以统筹不是一个部门的事，而是要组织大家干，是要整合推动社会力量，调动社会各方面的积极性。这是社会建设最显著的特点。

第二，要勇于改革创新。

社会建设的生命力在于创新。这些年，如果说社会建设取得了一些进展，都是不断探索、不断创新的结果。下一步，我们要进一步深化改革，推动工作深入发展。

一是要抓好社区这个基础环节。社区工作要继续在规范化基础上进行创新，把基础打好，社会管理才能取得好的效果。下一步要向社区注入更多的资源，搭载更多的服务，让广大居民生活得更方便、更舒心、更幸福。我看了“一刻钟社区服务圈”，效果很好，是一种创新，既调动了商家的积极性，也调动了单位的积极性，共同为社区居民服务。

二是要培育发展各类社会组织。社会组织是现代社会的一种组织形态，也是现代社会人们参与社会的一种载体，但我们社会组织发展的规模还不够大，作用也不够明显，我们要引导培育好社会组织。按照“人均社会组织”的说法，我们比起国外还差很多。国外的很多事情都是社会组织办的，称为非政府组织，奥组委就是非政府组织之一。非政府组织可以在多个领域、跨地区、跨国界发挥作用，我们要高度重视社会组织的作用。“枢纽型”社会组织管理模式，要进一步加强培育。它是社会组织发展的龙头和平台，把同类型的社会组织组织起来形成合力，提高社会的组织化程度，为社会公共治理创造条件，也可以有效地扩大社会建设载体，进一步扩大公共服务。

三是要建立职业化、专业化的社工队伍。“十二五”规划中，我们要提出建立专兼职的社工队伍、宏大的社工队伍。不是说考了证的才是社工，没考证的就不是。我们有一些兼职的社工或从事这个工作的人员也要培训提高，形成社会工作的队伍。这不是说社会工作的专家，是两个概念。社会工作、社会建设、群众工作一定要走专业化、职业化的道路，要用现代理念来武装。

四是要健全社会志愿服务长效机制。要高度重视志愿服务工作，把志愿服务常态化。我们在举办北京奥运会和国庆60周年庆祝活动中，先后动员了170万和90万志愿者，是我们社会动员非常有效的行动。现在全市社会志愿者联合会基本可以涵盖200多万志愿者，志愿服务已经成为我们组织社会的一个有效载体。希望大家高度重视。所以搞网格化，不仅要有管理对象，如组织、流动人口、重点人群、低保等，还要有可以动用的社会力量，除了警察和民兵，要有可以动用的志愿者。这直接反映着社会动员水平、文明程度以及志愿者工作的普及程度。

五是创新社会领域党建。社会领域党建要用党建的全覆盖推动社会管理和服务的全覆盖。我们党的传统是把支部建在连上，这是我们共产党战胜其他敌人最有效的手段，也是我们推进各方面工作的最重要的经验。现在，商务楼宇里要有党建，社会组织要以“枢纽型”为龙头建立党建体系。党组织要全覆盖，形成管理服务全覆盖。这是相辅相成的，也是打头的。创新，要有新的思维来突破难点，要用创新应对瓶颈问题。社会建设，是鲜活的实践，有人概括成社会服务、社会动员、社会管理几个角度，不管怎么概括，我们都要用创新的办法来推动，否则就会一事无成。

第三，要注重运用信息化手段。

需要特别强调的是，要重视网格化管理。网格也是一种技术手段，即按照全覆盖的目标，把整个北京版图用网格“瓜分”了，无缝隙地“瓜分”。首先将辖区无缝隙全覆盖地纳入网格，通过信息化把里面的要素搞清楚，汇总起来，然后有了问题之后及时反馈，用社会建设的各项机制和措施将其迅速解决。这就实现了社会建设的全覆盖，同时也实现了社会服务管理水平的不断提高，这是一个很好的工具。但是，网格化的社会管理和社会服务绝不仅是一个技术问题，它是一个管理模式的深刻变革。首先要资源共享，打破部门分割，打破重复工作。把信息整合起来就需要革命，信息整合反馈能够灵敏地运转也是一场革命。但是这场革命做好了，整个社会管理的全覆盖和高水平就可以比较快地实现。所以我非常重视网格化管理的推动，它是一个抓手。希望各区要积极推进，各部门也要积极配合。各单位、各部门要主动利用网格化手段，它是数据信息的集成，可以获取你需要的东西，还可以获取别人的东西一起参考。将来采用云计算等新技术，数据还能升级和增值。这次市委全会，强调社会服务管理创新，就特别提到了要推进网格化服务管理，建立这个系统。

第四，要强化基层基础工作。

加强社会建设，一定要重视基层基础工作。基层基础工作做不好，我们的工作就没有根基。要重视基层社区、基层党组织、基层的各类团体。不能越往上越成熟，越往下越薄弱。一是要提升社区层面的公共服务水平。现在我们有社区基本公共服务指导目录，有“一刻钟社区服务圈”建设，要把社区建设做好。二是要重视基层社会组织的培育与发展。要注重区里和街道社区里的社会组织的培育。区里现在也在做“枢纽型”社会组织，也要加强培育，包括如何运转和发挥作用等。三是要稳定基层社会工作队伍。基层社会工作者任务非常重，要加大培训，规范待遇。四是要充分激发基层党组织的活力。要注重提高基层党组织的凝聚力，探索基层党组织和党员发挥作用的途径。

以上就是我对社会建设工作的几点认识，供大家参考。北京社会建设所取得的成绩，离不开在座各位的努力。希望大家回去以后结合本职工作，进一步加强学习，不断加深对社会建设的认识和理解，同时积极探索应对社会建设主要问题和矛盾的新举措、新方法，在“十二五”期间进一步推动首都社会建设工作再上新台阶。

（此文为市委常委梁伟2010年12月2日在北京市社会建设专题研讨班上的讲话）

围绕中心　服务大局　统筹做好全市社会建设工作

王　翔

今天的务虚会开得很好，听了社会工委各位领导的发言，我很受启发。一会儿梁伟同志还要作指示，我先谈几点想法和思考，供大家参考。

一、在社会建设的工作指导思想上，应更加关注并紧紧围绕市委、市政府的中心工作和重大决策部署，在更好地服从服务于全市工作大局中发挥作用

今年全市的一项重大举措是加强城乡结合部地区特别是50个难点村的改造、整治工作。这项工作对提升首都形象、改善民生、加强社会治安综合治理，具有十分重要的意义。而这一工程，也同样需要社会建设方面的工作及时跟进，积极推进这些地区特别是50个难点村社会管理和公共服务的全面覆盖，按照社区规范化建设要求，着力提高这些地区的社会管理和公共服务水平。

再例如，市委、市政府很关注北京市流动人口的管理和服务，王安顺同志在今年全市政法工作会议上明确要求，把流动人口服务管理工作作为社会管理、城市管理的重点任务，坚持统分结合、属地管理、分类分级负责的原则，坚持服务先行、管理到位、调控跟上，切实把服务措施和管理手段同步落实到位。显而易见，流动人口的管理和服务应纳入各区县、街道和社区的重要工作内容。总之，市委社会工委在研究、安排全年工作时，应有大局观，应围绕市委、市政府的中心工作和重大决策部署，有所思考、有所声音、有所作为，务求取得实效。

二、在社会建设的领导体制和工作运行机制上，应适应社会建设任务的需要，在统筹协调、形成合力上下更大的工夫

在社会建设的领导体制上，应坚持党委政府统一领导，社会工委统筹协调，相关部门各负其责，社会组织和广大群众积极参与的领导体制。市委决定成立市委社会工委，一个重要目的就是要这个机关作为北京市社会建设的领导机关，来统筹协调全市社会建设工作。统筹协调全市社会建设工作，这既是市委社会工委的权力，更是市委社会工委的责任。这一定位，不仅涉及市委社会工委、市社会办的定位和工作，更影响到18个区县社会建设工作机构的职责定位和实际工作，应该很好地推敲。

在社会建设工作运行机制上，应坚持统筹规划，政策聚焦，措施集成，资金组合，力量整合，工作协调，整体推进，成果共享。为什么要谈领导体制和工作运行机制的问题？因为社会建设是一个庞大的系统工程，涉及方方面面，涉及各个部委办局的工作，需要举全市之力共同推进。

去年年底今年年初以来，不断传来一些好消息。例如，蔡赴朝同志在1月13日市委常委会议上谈到今年全市宣传思想工作时明确提出，加强公共文化设施建设，实现街道、社区文化活动中心全覆盖目标。宣传口的同志也表示愿意加强与市委社会工委的协调，共同推进社区文化建设。再例如，在市委常委会议上，市委统战部也提出，进一步加强

社会领域统战工作，推进社会领域党的工作深入开展。同时也可以预见，市委在贯彻中发〔2010〕1号文件精神时，也会落实中央关于“开展农村社区建设创建活动，加强服务设施建设，培育发展社区服务性、公益性、互助性社会组织，强化乡镇政府的社会管理和公共服务职能，建立综合服务平台，有条件的乡镇设立便民服务中心，村设立代办点，为农民提供一站式服务”等要求。市委农工委的同志也开始与市委社会工委联系，在这方面进行合作。

现在的问题，不在于讨论统筹协调的必要性，而在于研究如何解决统筹协调的体制机制，在于如何打造一个比较适合社会建设形势发展需要、在实践中能够有效发挥作用的统筹协调平台，使统筹协调机制能够制度化、科学化、规范化，真正做到任务明确、责任到位，协调有效、运转顺畅。

现在也有一个很好的契机，郭金龙同志在市委七次全会上强调，要提升基层综合服务管理水平。依托社区服务站整合各部门的管理力量，健全社区党组织统一领导下的统筹协调机制，提高基层综合服务管理能力。我们要贯彻落实郭金龙同志讲话精神，在市、区县、街道和社区四个层面建立统筹协调机制，搭建统筹协调平台。目前，我们在社会建设中遇到的一个主要问题和缺陷是条块切割力度过大，缺乏工作协调和力量整合，把社会建设这个本来是有机联系的统一整体，人为地切割成若干碎片，人为地破坏了社会建设的系统性、整体性和协调性，人为地增加了管理服务成本，降低了政府资金的使用效率。例如，在社区存在着各类且数量很大的协管员队伍，分属于各个部门，但待遇各不一样、工作苦乐不均，忙闲不一、画地为牢、各自为政，不能服从社区的统一管理使用。这就需要整合。一个社区按人口比例和工作任务到底需要多少协管员，应该有科学的研判和测定，社区的协管员到底应享受什么样的待遇，有哪些岗位，到底需要多少人，可能一人多岗，也可能一岗多人，由街道、社区统一管理、综合使用。协管员是社区建设和社区管理的重要力量，不应该是部门的，应该是地区的。我们在贯彻落实郭金龙同志讲话精神过程中，就应当注重健全统筹协调机制，把各部门的力量整合起来。

三、在社会建设的工作布局上，应坚持“两手抓”的方针

前两年，我们的工作重点是组建社会工作机构，建立健全社会建设工作体系和政策体系，这项工作已经大见成效。今年我们在社会建设中，应实行“两手抓”，即一手抓继续完善我们的工作体系和政策体系，一手抓如何运用好这些体系，加强社会管理和公共服务。不论我们的工作体系、组织体系，还是政策体系，归根结底都是工具，是支撑我们整个社会建设工作的工具。制造工具不是目的，使用工具才是目的。我们没有工具不行，有了工具不用同样不行。鉴于我市社会建设的实际情况，我们今年要着重提高社会管理和公共服务的有效覆盖，进而提高社会管理和社会动员能力，提高市民的幸福指数。我们要把各项服务搭载到初步形成的体系中来，使老百姓真正看得见、摸得着、感觉得到我市社会建设工作给他们带来的成果，使我们的社会建设真正惠及广大市民，把党政机关的内部工作转化为老百姓能够得到的实惠。

四、在社会建设的工作推进上，应坚持突出重点

我感觉，市委社会工委作为全市社会建设的领导机关，对全市社会建设工作的宏观规划与部署，应当注意统筹兼顾、整体推进；在实际工作运行中，应当注意心中有数、抓住重点。理想的工作格局应当是统筹兼顾、重点突出。换句话说，全市社会建设工作机构的工作不应当上下一般粗，市委社会工委、区县社会工委、街道都应当有自己的不同特点、不同重点，有些事情由市委社会工委来

抓，有些事情由区县社会工委来抓。市委社会工委能确定几项关乎全局、看得见、摸得着、能见效的重点工作，形成几个拳头产品，一抓到底，使今年的工作大见成效，积点成面，积小胜为大胜，经过数年努力，使全市社会建设工作有大的改观。

五、在社会建设的工作节奏把握上，应坚持积极稳妥、扎实有序

社会建设工作确实带有探索性，有些工作促进上确实存在这样那样的困难。北京市率先在全国成立社会建设工作机构，而在中央层面上还没有一个统一的社会建设领导机构。“下改上不改”，在实际工作中会遇到这样那样的“不顺”和困难。我们只能依靠市委、市政府，只能从北京的实际出发来谋划、部署和推动我们的工作。它的好处是便于创新，更加贴近实际；它的不利因素是可能会增加实际工作中的困难，特别是与原有的条块体制的碰撞。因此，我们在推进全市社会建设工作过程中，应当像梁伟同志所强调的那样，需要智慧和工作艺术。

再如，在社会组织管理与建设上，行业协会的管办分离是一项艰巨复杂的任务，一步到位确实十分困难。那么能否换个思路，思想更加解放一点，找出一条既积极又稳妥的改革路径。可否分两步走，第一步，先选择一些既带有龙头性又具有活力的行业协会，依托政府主管部门的优势地位，利用政府“购买服务”的方式，加大对这些行业协会的支持力度，让其团结凝聚一些小的、生存状态不好的社会组织，逐步优胜劣汰，逐步形成一些二级的“枢纽型”组织。先不去谈行业协会归谁管的问题，不求所有，但求所用，先团结和吸引他们积极参与全市的社会建设，让他们在“三个北京”建设中发挥更大的作用。通过第一步的实践探索规律，找出解决问题的办法，为彻底实现第二步行业协会的脱钩和管办分离创造条件，使这些行业协会成为真正意义上的社会组织，而不是准行政组织。

总之，今后工作探索性、创新性会更强一些，困难会更大一些。既要坚定工作目标，加大工作力度，积极推进我们的工作向目标方向前进；同时，也要注意在具体工作的实施中稳妥有序，使我们的工作更能为社会所理解，团结更多的人参与到全市社会建设中来。

（此文为市委副秘书长王翔 2010 年 1 月 15 日在市委社会工委、市社会办 2010 年工作务虚会上的讲话，标题为编者所加）

按照新要求　站在新起点　实现新跨越　全面推进首都社会建设

宋贵伦

为期一周的全市社会建设专题研讨班很快就结束了。大家一致认为，此次研讨班，主题鲜明、重点突出，内容丰富、知行兼顾。昨天梁伟同志作了全面深刻、高屋建瓴的讲话，研讨班期间，几位专家学者从理论前沿作了辅导，张坚同志对北京市“十二五”期间的社会建设规划思路作了具体解读。下面，借这个机会，谈谈自己的一些体会，和大家进行交流，请大家批评指正。

我讲话的题目是《按照新要求　站在新

起点 实现新跨越 全面推进首都社会建设》。“按照新要求”即按照党的十七届五中全会和市委十届八次全会的新要求；“站在新起点”即站在多年来，特别是近三年北京市社会建设所取得成效的新起点；“实现新跨越”即在过去几年工作基础上，奋战五年，在“十二五”期间实现北京市社会建设新跨越。下面，我就围绕这三句话展开讲讲。

一、按照党的十七届五中全会和市委十届八次全会的新要求，全面推进首都社会建设

（一）党的十七届五中全会把社会建设放在了更加突出的地位

关于社会建设的问题，党中央是在十六大以后提出并逐步深化的。先是在十六届三中全会提出，要统筹经济与社会的发展。然后，十六届四中全会首次明确提出要构建社会和谐，构建“党委领导、政府负责、社会协同、公众参与”的社会管理格局。然后，在十六届六中全会上，党中央作出了“关于构建社会主义和谐社会的决定”，全面系统地对构建和谐社会提出了要求、作出了部署。党的十七大又明确提出社会建设要以改善民生为重点，重新强调了要构建“党委领导、政府负责、社会协同、公众参与”的社会管理格局，要加强基层的社会管理，特别是把社会建设同政治建设、经济建设和文化建设放到了一起，提出政治、经济、文化和社会建设“四位一体”的总格局，并对社会建设进行了全面系统的论述。

最近召开的十七届五中全会，把社会建设放在了更加突出的地位，具体表现在以下几个方面。

1. 明确提出了一个“适应”、一个“顺应”、一个“主题”和一条“主线”的要求。一个“适应”，即适应国内外形势的新变化；一个“顺应”即顺应各族人民过上更好生活的新期待；一个“主题”即以科学发展为主题；一条“主线”即以加快经济发展方式为主线。这是这次全会的灵魂。除了一个“适应”、一个“顺应”、一个“主题”和一条“主线”之外，五中全会的文件通篇还暗含一个“目标”，即构建社会和谐。所以，如果全面解读十七届五中全会的文件，应当强调一个“主题”、一条“主线”和一个“目标”。

2. 提出坚持科学发展的四个“更加”。全会强调在当代中国坚持发展是硬道理的本质要求就是坚持科学发展，更加注重以人为本，更加注重全面协调可持续发展，更加注重统筹兼顾，更加注重保障和改善民生，促进社会公平正义。从某种意义上说，这四个“更加”都是从加强社会建设角度而言，暗含着更加注重社会建设的理念。

3. 把“社会建设明显加强”作为今后五年经济和社会发展的“五大目标”之一。五中全会提出了今后五年经济社会的五个主要目标：一是经济平稳较快发展；二是经济结构战略性调整取得重大进展；三是城乡居民收入普遍较快增加；四是社会建设明显加强；五是改革开放不断深化。把社会建设作为今后五年经济社会发展的主要目标，突出了党和中央对社会建设的重视。

4. 历史上首次在中央“规划建议”中将社会建设独立成章。这次中央“规划建议”中的第八部分“加强社会建设，建立健全基本公共服务体系”作为独立的部分列出，突出了对社会建设工作的重视。十一届三中全会后，把经济规划加上了“社会发展”四个字，但是那时的社会建设是社会事业发展的概念，一直到今年才把社会建设作为独立的部分放在了中央的规划中。这具有里程碑的意义。今年上半年，中央文件起草组和“十二五”规划起草组都分别到北京市作过专题调研，当时我们一致呼吁要把社会建设独立成章，因为社会建设不能等同于社会事业的发展，更不能等同于社会学，要强调以改善民生为重点，但改善民生不是社会建设的全部，社会建设也不完全等同于社会稳定。在这一系列的座谈中，我们都反复强调这个观

点。周永康同志、马凯同志等中央领导在最近相关讲话中强调了社会建设的重要性。梁伟同志在参加征求意见的座谈中也明确表达了此观点，我作为全国人大代表在今年全国人民代表大会上也呼吁过。

5. 明确了社会建设的两大主要任务，即社会管理和社会服务。“规划建议”中的第八项“加强社会建设，建立健全基本公共服务体系”提出要着力保障和改善民生，必须逐步完善符合国情、比较完整、覆盖城乡、可持续的基本公共服务，提高政府保障能力，推进基本公共服务均等化。加强社会管理能力建设，创新社会管理机制，切实维护社会和谐稳定。具体围绕社会管理和社会服务提出了六方面的任务：一是促进就业和构建和谐劳动关系；二是合理调整收入分配关系；三是健全覆盖城乡居民的社会保障体系；四是加快医疗卫生事业改革发展；五是全面做好人口工作；六是加强和创新社会管理。六项任务的表述与党的十七大报告中六大任务对社会建设的表述，角度有所不同，本次的提法更加接近社会现状本身。比如说，第一项不是简单强调就业，而是把和谐的劳动关系也放到了一起；第二项不是仅仅强调收入分配的公平性，而是同时把分配关系放到其中，从而涉及社会建设的内容；而第六项中对于社会建设的论述与此前的提法相比内容更加全面、丰富，其中的许多提法更是与《北京市加强社会建设实施纲要》、《北京市社会服务管理创新行动方案》等文件中的提法相一致。

（二）市委十届八次全会对加强社会建设提出了更高要求

1. 刘淇书记在常委会的工作报告中，全面总结了社会建设工作，对过去几年特别是最近五年来的社会建设工作给予了很高评价，浓墨重彩地讲述了社会建设。刘淇书记在第六部分“进一步加强社会建设和社会管理”中指出，要着力推动社会服务工作创新，加强社会建设的基层基础工作。

2. 在市委“十二五”规划建议中，除了对着力保障和改善民生的工作作了专门部署，在第五部分专门就“推进社会建设与管理创新”提出了明确要求：一是合力加强社会建设；二是积极创新社会管理与服务；三是确保首都安全稳定。内容全面，论述精辟深刻。

3. 刘淇书记在市委十届八次全会闭幕式的讲话中提出今后“十二五”期间的五年里，要在六个方面“大有作为”：一是在提高自主创新能力上要大有作为；二是在保障和改善民生上要大有作为；三是在发展国家文化职能、加强文化建设上要大有作为；四是在推进社会建设管理和服务上要大有作为；五是在推进城乡一体化发展上要大有作为；六是在提高城乡的精细化管理水平上要大有作为。

这六个“大有作为”，两个是与社会建设直接相关的，即“保障和改善民生”与“创新社会管理服务”部分。关于社会建设的具体论述内容丰富、任务明确，其中在“保障和改善民生”方面讲了三方面任务：一是进一步完善公共服务体系，二是加快推进收入分配制度，三是着力解决困难群众的生产和生活问题。关于“推进社会建设管理和服务”讲了四方面任务：一是要将社会建设摆在更加重要的位置，建立与中国特色世界城市目标相适应的社会管理体系；二要积极创新社会管理与服务的体制机制，以党的建设全覆盖带动社会服务管理工作的全覆盖，把社会管理的任务落实到所有的社会组织和社会人；三是创新社会服务管理的方式方法，提高社会管理服务的效能；四是围绕确保首都安全稳定，创新社会管理与服务，努力从政策上、体制上、机制上化解矛盾，维护首都稳定。而除了第一项外，其他几个方面的“大有作为”也都与社会建设密切相关。这证明社会建设越来越重要的地位，社会建设与多项工作密切相关，也说明在城市化进程中，各项工作的推进越来越具有综合性，你中有我，我中有你。各项措施的提出也不是简单地按政治、经济、文化等领域单一地说，而是从具体操作和作用层面上进行统筹安排的。

因此，我们一定要认真学习、深刻领会、全面贯彻落实党的十七届五中全会和市委十届八次全会精神，按照新要求，研究新情况，解决新问题，创造性地开展工作，全面推进首都社会建设工作。

二、站在近几年社会建设工作取得成效的新起点上，全面推进首都社会建设

近几年，特别是近三年来，在市委、市政府的正确领导下，在全市各有关部门的共同努力下，全市社会建设取得了明显成效，站在新的历史起点上，具体表现在以下几个方面。

（一）创新管理体制，初步形成了社会建设工作的新格局

一是在市区层面都成立了社会建设的工作机构，成立了社会建设领导小组及办公室，形成了全市社会建设统筹协调工作新格局和组织机构框架；二是2008年9月召开的全市社会建设工作大会上明确了构建社会建设五大体系的基本思路，今年7月召开的社会服务管理创新推进大会明确了六大创新任务，经过三年的努力，社会建设工作的新格局初步形成。

（二）创新工作机制，初步形成社会建设的工作网络

从运行机制来说，领导小组及其办公室的机制、区县工作机制、“枢纽型”社会组织的协调机制、信息工作机制、社会建设研究基地协调机制已经初步建立，初步形成“市—区县—街道—社区”纵向到底、涵盖“两新”组织横向到边的社会建设工作网络。

（三）出台“1+4+X”系列文件，初步形成新的政策体系框架

各个区县密切结合实际，创新思维，也出台了一些配套文件。特别是行动方案出台后，各区县都创造性地开展工作，出台了一些政策性、机制性的文件。全市上下的社会建设政策体制框架初步建立。

（四）推动实践创新，初步实现一系列工作的新突破

社会建设工作一直着眼于抓基础、抓基层、抓基本，特别是近两年来，结合开展学习实践科学发展观活动，开展了一些试点，实现了一些新突破。一是完善公共服务，着力保障和改善民生。包括《社区基本公共服务指导目录（试行）》的出台等。二是建立指标体系，开展社区规范化建设试点工作。去年600个试点，今年1000个，大力度地解决社区办公用房和服务用房。三是实施“大学生社工计划”，加快推进社会工作者专业化、职业化步伐，大专以上学历社区工作者所占比例由26%提到70%左右。四是探索中国特色的社会组织管理办法，着力构建“枢纽型”社会组织管理体系。去年首批确认10家，近期确认第二批12家。五是转化奥运志愿服务成果，初步建立志愿者服务的长效机制。六是加快推进社会建设党的工作全覆盖。全市各街道全部成立了街道工作党委，初步形成街道区域化党建工作的新格局；在全市1249座商务楼宇中建立了党建工作服务站。目前，正在酝酿尽快启动在“枢纽型”社会组织中建立社会组织工作党组织工作。

（五）探索新经验，初步形成一些基本工作模式

被媒体称为“北京模式”的包括：社区建设中的社会工作服务站、社区党组织和居委会各有明确分工又相互配合的工作模式，社会组织管理服务的“枢纽型”社会组织工作模式，社会队伍的专业化、职业化模式，志愿服务的长效机制模式，社会领域党建的社区党建区域化模式，社会组织党建“枢纽型”社会组织党建业务一起抓的工作模式，新经济组织党建商务楼宇党建模式等。

此外，各区县、各单位也创造了很多好的经验。不久前中央媒体进行了全面宣传，如民政局与市残联的“九养”政策，东城区、朝阳区的全程式网格化管理服务体系，工会、劳动、信访、司法、法院五方联动调

解劳动争议制度，中关村民营科技实业家协会商事纠纷、知识产权纠纷的调解机制，崇文区的信访代理制，西城区的民事调解进派出所，宣武区的牛街共建民族团结和谐，石景山区的新居民互助服务站，朝阳区的阳光中途之家和民办社会组织的爱心传递热线、服务盲人的心路影院，团市委组建的社区青年汇、乡村青年社以及“100365”首善行动，市妇联的“姐妹驿站”，市社科联的周末社区大讲堂，东城区和朝阳区的“一刻钟社区服务圈”，大兴区的村庄社区化管理，密云县的社区电子保姆，平谷区的社区党员任楼门长，通州区的楼门文化，延庆县的提早研究“十二五”规划，人民医院的绿马甲志愿服务，等等。这几年，在市委、市政府的领导下，北京市的社会建设注重打基础、抓创新，注重建亮点、出成效，注重出标准、建网络，从体制机制到实践探索都取得明显成效，奠定了北京市社会建设的良好基础，使北京市的社会建设站在了新的历史起点上。

三、“十二五”时期，力争实现首都社会建设的新跨越

我市社会建设工作已经有了很好的基础，如何按照十七届五中全会、市委十届八次全会精神和“十二五”规划，在“十二五”期间实现首都社会建设的新跨越，是摆在我们面前的一个繁重而艰巨的任务。根据中央和市委的要求，我认为以下几个方面应成为今后工作的着力点。

（一）系统设计，整体提升

这是周永康同志在最近调研中明确提出的要求，刘淇书记也反复强调。所谓“系统设计，整体提升”，就是在纲要和行动方案的基础上，紧紧抓住制定“十二五”规划的契机，对全市的社会建设进行系统设计和整体提升，使社会建设工作上台阶，实现新跨越。纲要提出了构建“五大体系”，行动方案提出了“六大社会服务管理创新任务”、90项具体措施，这是步步前进、不断扩大和延伸的结果。“五大体系”，即公共服务体系、社区管理体系、社会组织体系、社会运行体系和社会工作党建工作体系，“六大社会服务管理创新的任务”，包括率先建立城乡一体化的社会保障体系、不断探索各类社会群体服务管理新途径、努力建设规范化的社区管理新模式、着力构建“枢纽型”社会组织管理体系、积极引导互联网等新媒体健康发展、努力扩大社会领域党组织和党的工作全覆盖，这些工作在实践基础上已经有所扩展和前进。今后，需要在此基础上，进一步系统设计、整体提升，这是市委、市政府提出的新要求。

此前，张坚同志已经把“十二五”时期社会建设规划的大致思路作了通报，初步考虑在五个方面25项重点任务进行总体推进和落实：一是健全保障和改善民生的“五大体系”，即公共服务网络体系建设、社会服务保障体系建设、社区服务体系建设、社会心理服务体系建设和政府购买社会服务体系建设；二是进一步创新“五种管理模式”，即社会服务管理的网络化模式、社区规范化模式、“枢纽型”社会组织管理模式、各类群体服务管理模式和互联网新媒体管理模式；三是进一步完善“五方面扶持政策”，即扶持“枢纽型”社会组织发展的政策、扶持公益社会组织发展的政策、完善企业社会责任的政策、完善基层文化建设的政策和社会工作者队伍建设的政策；四是进一步提高“五种动员能力”，即志愿者的动员能力、基层民主自治能力、动员群众的能力、民主决策的能力和应对突发事件的能力；五是要创建“五个和谐机制”，即人口管理机制、利益协调机制、诉求表达机制、多元调解机制和社会和谐的创建机制。这个规划不是单一的部门规划，而是全市社会建设的整体规划，力求在已有经验的基础上，由点到面全面推进，力求在纲要和行动方案的基础上有所拓展，系统设计，整体提升。下一步，将按市委、市政府和总体规划的要求，加以调整，争取在今后五年中，更好地推动各项工作思路和目标的落实，使北京市的社会建设进一步提水

平、上台阶。

（二）由点到面，全面推进

一是将亮点变成网络，由点到面实现全覆盖。在这几年的工作中创造了许多亮点，如何把这些亮点串成线、变成面、形成整体，是今后工作的重要着力点。具体来讲，要把社区规范化建设、“枢纽型”社会组织的管理、社会工作的专业化与职业化、志愿服务的长效机制、购买公共服务、社会领域党建工作的好做法、新亮点经过总结提炼、宣传推广，进而实现全覆盖。

二是将试点变成示范点，形成波浪式前进的态势，不断搭载服务管理新内容。这两年，在六个方面开展了试点，要积极努力把这些试点巩固、提升并发展成示范点，不断搭载新内容，不断扩大覆盖面，形成波浪式前进的态势。例如，社区建设，“十二五”时期一要使全市2633个城市社区全部实现规范化建设目标；二要搭载新内容，在已建成的试点社区分期分批推进“社区公共服务指导目录”，落实、开展“一刻钟社区服务圈”建设。可不可以这样说，社区规范化建设是初期目标，落实指导目录是中期目标，再用3~5年时间实现“一刻钟社区服务圈”的全覆盖，这是一个波浪式前进的发展方式。又如：“枢纽型”社会组织的建设，首批确认了10个，最近又将确认12个，要通过“先挂钩、后脱钩”的方式，以购买服务支持其发展，在其中建立社会工作党委，同时让“枢纽型”社会组织把“草根”组织、在京的国际组织和行业组织联系起来，步步深入，层层推进。再如，在商务楼宇中先建立了党建工作站和社会工作服务站，下一步要实现“五站合一”等。今后，要争取将这些已有试点变成示范点，加大推广，进而实现各项工作的全覆盖，并逐步搭载新内容。

三是将经验变成方式方法，形成一系列的工作机制。最近几年取得了很好的经验，如何把这些经验变成方式方法固化下来，是下一步实现由点到面工作的重点。我们提出以保障和改善民生为重点，以体制机制创新为动力，以构建社会和谐为目标，把规范化建设作为基础工程，以网格化为重要载体，以党建全覆盖引领社会管理服务的全覆盖，把动员社会广泛参与作为基本着力点，把统筹协调作为基本工作方法。我们还提出，要抓住一个龙头，即党的建设；夯实两个基础，即社区建设和社会组织建设；建设两支队伍，即专业社会工作者队伍和志愿者队伍；实现两个全覆盖，即党的组织、党的工作全覆盖和社会服务与社会管理全覆盖，等等。这些都是工作经验和基本思路。把这些经验和思路变成工作机制，是整体提升的又一着力点。

四是将感性变成理性，形成一整套政策体系。市级层面出台了“1+4+X”文件，区县也出台了不少文件，如何把感悟作为政策法规固化下来，形成政策体系，实际上是实践和理论的结合，应当继续成为今后工作的着力点。

五是将模式变成体制，形成基本制度。刚才讲的社区规范化模式、“枢纽型”社会组织管理模式、社会工作队伍专业化职业化模式、专项资金管理模式、社会领域党建机制、志愿服务模式等，都是需要重点考虑的内容。近几年来已陆续出台一些文件，目的就是要形成一些基本制度，目前来看，大的指导性文件体系已经基本形成，今后还要继续细化。这需要市与区县及“枢纽型”社会组织等社会领域各方面的共同努力。

六是将政策变成法规，形成法律体系。十七届五中全会提出，在社会建设中，要着力加强管理体制建设、法律法规建设和能力建设。在已有工作制度基础上，如何加强法规建设，是“十二五”工作的着力点。

（三）抓住机遇，乘势而上

总结最近几年的经验，其中很重要的一点就是市委、市政府的机遇意识很强，指导思路明确，抓住十七大的机遇成立了机构，抓住举办北京奥运会的机遇完善了社会动员机制，抓住学习实践科学发展观活动的机遇创建了一批试点，实现了一系列新突破，取得初步成效。目前又面临着良好机遇，中央和各级党委政府都很重视社会建设，十七届五中全会更是指明了方向，又面临着贯彻“十二五”规划的重大机遇，北京市的社会建设进入了快车道。作为社会建设者，要增强紧迫感、使命感和责任感，抓住机遇，奋战五年，大有可为，大有作为，努力形成北京市社会建设的新跨越。

（四）创新实践，务求实效

几年来的创新都来自于实践，得益于实践，我们要继续将实践创新、加强调查研究作为今后工作的重要着力点。今后的工作是否有成效，关键不在于再出多少文件，关键在于实践上有无实效，老百姓是否得到实惠，能否看得见、摸得着。因此，今后五年，力争在实践中出新成果、新经验、新成效对于我们来说至关重要。

临到年底，各项工作都进入“结账”阶段，各区县社会工委、社会办的领导回去后要对照区委、区政府和县委、县政府确定的折子工程，以及我们自己定的任务目标，看看哪些还没有完成，要抓紧时间，填平补齐。特别是要看诸如社区规范化建设、商务楼宇党建工作站（社会工作服务站）建设和社区工作者待遇等这些有硬性指标的任务是否落实。整体来看，各区县的社会建设工作都抓得很紧，区县主管领导都高度重视，但也不完全平衡，各区县社会工委、社会办的领导要进一步加强学习交流，进一步增强政策设计和实践操作能力，进一步提升执行力，切实把工作办好、落实。

最后，再次感谢各区县领导、“枢纽型”社会组织的各位领导对于我们工作的支持，也希望大家按照市委、市政府的要求，团结一致、奋力拼搏，共同把社会建设工作做得更好！

（此文为市委社会工委书记、市社会办主任宋贵伦2010年12月3日在2010年北京市社会建设专题研讨班结业式上的讲话）

抢抓机遇　狠抓落实
更好更快推进全市社会服务管理创新

宋贵伦

这次会议是全面贯彻全市半年经济形势分析会、北京市社会服务管理创新大会精神，落实《北京市社会服务管理创新行动方案》的重要会议，是总结上半年工作、部署下半年工作的重要会议。刚才，各区县作了很好的发言，交流了经验、体会和思路，班子成员也简要地总结了分管工作、提出了相关工作要求。大家的发言言简意赅、重点突出，听了很受启发。

对于社会建设工作，市委、市政府高度重视，刘淇书记、郭金龙市长在全市上半年经济形势分析会上都对社会建设工作上半年的工作给予了充分肯定，对做好下半年工作提出了明确要求，要求全市要把社会服务管理创新大会和行动方案贯彻好、落实好。刘淇书记在讲话中明确提出四个要求：一是全力抓好基层基础工作，以社会领域党建工作全覆盖带动社会服务管理工作全覆盖；二是着力提高化解社会矛盾的能力，更好地联系群众、服务群众，了解群众需求，帮助群众解决实际问题；三是大力推广村庄社区化管理；四是大力推进《北京市社会服务管理创新行动方案》中重点工作的落实。

上周召开的全市社会服务管理创新推进大会是一次非常重要的会议，会议规格高、规模大；市委、市政府印发的《北京市社会服务管理创新行动方案》是一个非常重要的文件，内容重要，措施有力，会议的召开在全市上下产生了良好反响。《人民日报》、新华社等媒体及时作了报道，在全国也产生了良好反响。市委社会工委、市社会办机关通过筹备这次工作会议，反映出了机关工作人员良好的办会能力和办会水平，得到了市委办公厅领导的充分肯定。应当说，这次大会和这个文件是继2008年社会建设大会和“1+4”文件之后又一个具有里程碑意义的大会和重要文件。我们从事社会建设的同志，应当认真学习领会、深入贯彻落实，务必取得明显成效。

刚才，听了各区县的交流发言，可以看出，大家对于我市的社会建设工作，思想上很重视，精神状态也很好。上半年工作组织到位，措施有力，各有特点，亮点纷呈。概括起来讲，早成立社会工委、社会办的八个城区，走在前列不停步，后成立的远郊区县奋勇争先，局面非常好，听了以后很受鼓舞、很振奋。特别是远郊区县的社会工委和社会办，思路很清楚，精神状态很好，提出了许多有力的措施，有力推动了各方面的工作，取得良好成效。在上半年以及去年的工作当中，各个区县都有一些好的做法，亮点很多，现随即列举一些：如原东城区的“一刻钟社区服务圈”和“双基地”建设，原西城区的五大联合会组织、社会组织孵化器和购买公共服务，宣武区的社区规范化建设、商务楼宇党建和社会工作者队伍的建设，崇文区和顺义、房山等区的办公用房和服务用房的大力推进，朝阳区社会领域党建工作和社会协调机制的建设，海淀区的街道社会工作党组织建设，丰台区的街道书记、街道主任例会制度，石景山区的“新居民互助服务站”和社会管理推进大会的召开，昌平和门头沟等区乡镇社会工作党委的成立，通州区的楼门文化，大兴区的“三个一”宗旨、村庄社区化管理，平谷区的社区党员任楼门长，怀柔区的农村社区建设经验、媒体宣传经验，密云县的智能化社区建设，延庆县的“十二五”社会建设规划制定，等等。这些做法，既有理论上的引导性，又有实践中的可操作性，做得非常好。希望大家在整体推进的基础上，把培育特色、培育新的增长点作为重点，以点带面来推进工作。

以全市社会服务管理创新大会的召开和《北京市社会服务管理创新行动方案》的印发为主要标志，全市社会建设工作站在了新的历史起点上。我们既面临着新的发展机遇，又迎来了新的挑战。在这个时候，我们及时召开这次工作会议，是很有必要、很有意义的。在这种情况下，我们进一步分析形势、总结经验、部署任务，抓住机遇，迎接挑战，以更好的精神状态和工作状态，为更好地推进全市的社会建设和社会服务管理创新作出贡献。

刚才班子成员对于上半年工作作了总结，对下半年工作也提了要求，讲得都很好，我不再重复。下面我在大家发言的基础上，从两个方面谈谈看法。

一、形势分析

（一）关于上半年工作

今年上半年，社会建设工作在扎实推进中实现重大转折，工作既有量的增长，又有质的飞跃。全市上下扎实推进重点工作的落实，时间过半，任务超额完成。随同上半年工作总结报告和下半年工作思路所印发的上半年重点工作数据，充分表明我们上半年的工作完成得非常好：

——商务楼宇上半年新建了400个党建工作站。到目前为止，已有978个党建工作站覆盖了1018座商务楼宇，覆盖率达81.5%。

——社区规范化建设方面，今年上报了1100个试点，已建和正创建共1700个社区，占64.5%。

——社区办公用房和服务用房今年已立项近700个，今年要完成1000个，加上已建成的954个，到年底将完成70%。

——“一刻钟社区服务圈”建设试点，计划50个，已上报120多个。

——“大学生社工计划”稳步推进。上半年录取了2958人，加上去年招录的2100多人，已提前一年完成了5000多人招录任务。

——职业水平考试水平进一步落实，今年有2778人报考社会工作师考试。

——今年拟建10个社工事务所，目前已建立了9个，近日朝阳区将新建3个。

——启动10支专业志愿者队伍建设。

另外，还成功举办了社工日的主题活动，成功举办了北京社会公益活动周的活动，开展了“和谐杯”乒乓球比赛活动，对全市街道工委书记、办事处主任进行了培训，各区县也对大学生社工和社区工作者开展一系列培训。

这些数据表明，我们上半年的重点工作开展得非常好。同时，按照中央领导和市委、市政府主要领导的要求，我们研究制订了《北京市社会服务管理创新行动方案》，筹备和召开了全市社会服务管理创新推进大会。以行动方案的印发和大会的筹备与召开为主要标志，全市社会建设工作站在了新历史起点上，初步实现了一年打基础、两年有突破、三年向全面推进的历史性转变。如果说2008年的工作是打基础，2009年是求突破，那么今年以社会服务管理创新文件的印发和推进大会的召开为主要标志，全市的社会建设工作转向了全面推进的新阶段。

（二）关于两年多来的工作

两年多来，全市社会建设工作者在市委、市政府的领导下，不断实现新突破、取得新经验，有的媒体称做创造“北京经验”、探索“北京模式”。具体表现在以下四个方面。

一是创新工作体制，初步形成了北京社会建设新格局的基本框架。社会建设工作有了新的体制，北京市的社会建设管理体系、工作格局已基本建立，其标志是市、区县社会建设工作机构、社会建设领导小组及其办公室的成立。

二是完善工作制度，初步形成了社会建设新的政策体系。其标志是“1+4+X”系列文件的制定，包括各区县的一系列配套文件的制定。

三是健全运行机制，初步形成北京市社会建设新的工作网络，这包括领导小组工作网络、区县工作网络、“枢纽型”社会组织工作网络、社会领域党建工作网络、社会建设信息工作网络及研究基地工作网络等。

四是在实践中努力探索“北京模式”，创造“北京经验”，取得了初步成效，主要包括：一是社区建设“一分、三定、两目标”的规范化模式；二是社会组织的“枢纽型”工作模式；三是社会工作者队伍的专业化、职业化模式；四是志愿者工作的转化，奥运志愿者成果形成常态化的志愿服务模式；五是社会领域党建的网格化模式，包括社区区域化管理模式、社会组织分类管理模式、新经济组织楼宇党建模式等。

（三）当前面临的新机遇、新挑战

当前，我市社会建设面临许多新机遇、新挑战。我体会有以下几点。

一是党中央提出了一系列新要求。去年年底今年年初以来，党中央反复强调社会管理创新。今年3月13日，周永康同志对北京市社会建设工作作出了重要批示，在充分肯定北京社会建设成绩的同时，要求北京走在前面、创造经验。在最近召开的全国社会治安综合治理会议上，周永康同志又作了重要讲话，对社会管理创新作出了深刻论述和全面部署。

二是市委、市政府提出了更高要求。特别是在推进大会和行动方案中，市委、市政府对社会建设工作、对社会服务管理创新工作的要求明确、期望很高，明确要求区县社会工委、社会办要主动承担起统筹协调的职责。这对我们来说，是高要求，是新机遇，也是新挑战。

三是广大人民群众对幸福生活有许多新期待。随着社会建设工作的开展和深入，我们的工作将成为社会关注的热点和焦点，在经常受到表扬的同时，也时常会受到各个方面的批评。这是在聚光灯下前进所不可避免的。我们应当有这个心理准备。

四是我们面临着许多新问题。特别是《北京市社会服务管理创新行动方案》出台以后，有许多工作需要我们协调。我们也应当有充分认识，作好充分准备。

二、任务落实

总体说来，全市社会服务管理创新推进大会召开后，我们面临着很好的机遇，但同时任务也很重。下面，我就任务落实方面，谈以下几点想法。

第一，要进一步明确基本工作思路。具体可概括为五项：紧紧抓住一个龙头，即社会领域党建；夯实两个基础，即社区建设和社会组织建设；建设两支队伍，即社会工作者队伍和志愿者队伍；搞好各类社会群体的服务和管理；努力实现社会服务城乡一体化、社会管理全覆盖、社会和谐建首善、工作水平创一流的目标，力争经过2~3年的努力，初步形成具有时代特征、中国特色、首都特点的社会建设新格局的基本框架。

第二，要认真把握基本工作原则。一是夯实基础，从抓基层、打基础、保基本入手，推动社会服务管理上水平、上台阶。这两年多的时间里，我们都在抓基层、打基础、保基本。社区规范化建设、社区工作者的招录、社区工作者的待遇、商务楼宇党建等，无一例外。我们今后还要坚定不移地坚持这个原则。二是全面覆盖，以社会领域党建工作全覆盖引领社会服务管理全覆盖。社区党建、街道建立社会工作党委、“枢纽型”社会组织建立社会组织党委、商务楼宇建立党委等，都是按着这样一个思路推进的。三是不断创新，以体制机制创新促进社会服务管理创新。两年多来，我们很大程度上都是在体制机制创新上做工作。四是找准定位，充分发挥统筹协调作用，努力形成工作合力。6月30日的市委常委会和最近召开的全市社会服务管理创新推进大会都明确提出，要进一步发挥社会工委的统筹协调功能。五是求真务实，在创新实践中进一步探索“北京模式”，创造“北京经验”。北京是全国的首都，我们应当有这个责任感，要积极研究与探索如何把我们的经验固化成体制机制，把工作思路转化成工作措施，创造新经验，创建新模式。

第三，有力推动重点任务的落实。

一是把握契机，做好大会精神和文件的有效落实：（1）抓住契机，全面推进社会服务管理创新。各区县要认真把大会精神落实好，把行动方案落实好，要结合实际，召开相关会议，制定相关文件，研究制定折子工程，认真抓好工作落实。（2）抓好试点，明确确定东城区、朝阳区和顺义区为三个综合试点区。同时，也正在积极研究开展一些专项试点，力争把每个区县好的工作亮点作为专项试点，培育品牌，充分调动起大家工作的积极性与创造力。（3）完善网络化的管理模式。

二是抓住龙头，以社会领域党建工作全覆盖引领社会服务管理全覆盖。（1）完善街道社会工作党委工作机制，确保人员到位、机制到位、工作到位，进一步发挥街道工委党组织的作用。（2）年内实现10个“枢纽型”社会组织联合党委的建设。（3）做好5个示范点的巩固和发展。（4）年底努力实现商务楼宇党建工作站（社会工作服务站）的全覆盖。

三是夯实基础，推动社区建设规范化。（1）搞好今年1000个试点的建设。（2）确保1000个社区办公用房、服务用房的建设任务按期完成。（3）在600个社区开展社区基本公共服务的试点工作。（4）创建50个“一刻钟社区服务圈”的试点。（5）大力推进城乡结合部50个城中村的社区建设。（6）积极推动农村社区建设，推动村庄社区化管理。

四是激发活力，逐步构建“枢纽型”社会组织的管理机制。(1) 新建新增10~15个“枢纽型”社会组织，力争在明年年底前基本形成“枢纽型”社会组织的管理框架。(2) 实施北京市社会组织服务管理的办法。(3) 加大政府购买社会公共服务的力度，支持“枢纽型”社会组织发挥作用，主要方式包括购买服务项目、管理服务和服务岗位。(4) 在深入调研的基础上，建立健全与在京国际社会组织、全国性行业协会的联系与合作机制。

五是完善制度，加快推进社会工作者队伍的专业化和职业化。(1) 切实把社区工作者的待遇落实到位。各区县要抓紧、抓快、抓实此项工作，新东城和新西城按照就高不就低的标准执行。(2) 切实加大队伍培训力度，搞好管理。(3) 积极筹备成立市志愿者联合会。(4) 出台社会工作师培养和管理办法。(5) 开展社工事务所的建设试点。

六是转化成果，建立健全志愿者常态机制。(1) 成立北京市志愿者联合会，构建统筹协调的工作机制。(2) 出台北京市志愿者管理办法，推进志愿者管理的制度化。(3) 培育实施专业化的志愿者组织。(4) 创建100个城市志愿者站点。(5) 研究制定北京市志愿服务的常态机制。

七是加强协调，不断加强和改进各类社会群体的服务和管理。(1) 积极推动社会矛盾动员调解工作体系的构建。(2) 积极推动劳动争议协调联动机制建设，特别是“五方联动”。(3) 创新流动人口服务管理模式，特别是要总结推广石景山区“新居民互助服务站”的经验。(4) 总结推广牛街民族团结的经验，推动民族团结的进度。(5) 开展国际化社会服务试点工作。(6) 积极推动社区矫正和帮教安置工作。(7) 积极推动社会心理研究和咨询服务，力争搭建平台，建立北京社会心理工作者联合会。(8) 积极推动互联网建设工作。

对于这些工作项目的管理要分清哪些属于“运动”项目，哪些属于“裁判”项目，哪些属于“教练”项目，大家心里要站好位，要到位，既不缺位，又不越位。

八是统筹兼顾，全面推进基础建设。(1) 认真搞好“十二五”规划的制定和实施，要把高标准的工作目标转化成为指标体系和具体工作，要注重和行动方案的落实相衔接。在这方面，延庆走在了前面，希望我们把制定区里落实行动方案的文件和制定“十二五”规划作好系统梳理。(2) 加强调查研究，形成市、区县工作机构、基层工作党委和研究基地互联互动的良好局面。要用好资源，做好研究基地和试行基地，理论研究和现实问题研究，工作部门、基层单位和研究部门的有机互动。(3) 加快搭建社会建设信息平台。(4) 进一步把各级、各类社会建设队伍的培训工作当成一项系统工程来做。(5) 高度重视机关工作队伍的建设，各级领导要善于抓班子、带队伍，要时刻保持良好的精神状态和工作状态。

我们的社会建设工作已经开展两年多了。我们要把培育典型、发现典型、总结经验、宣传经验当做下一步工作的重要着力点，一边干一边宣传。既注重舆论引导，又注重引导舆论。对此，我提出以下几点基本要求。

一是要增强荣誉感，进一步保持良好的精神状态和工作状态。目前来看，总体情况是好的，但也不完全平衡。我们带更大的队伍，包括100多个街道、2600多个社区、近3万个社会组织、几万社会工作者、上百万志愿者，一定要把精神状态和工作状态搞好。

二是要增强使命感，为创造社会建设的“北京经验”和“北京模式”作出新的更大的贡献。

三是要增强责任感，抓重点、抓协调、抓落实。切实按照市委、市政府的要求，按照大会和文件的要求，把下半年和今后的工作认真做好。就社会工委、社会办来讲，大家在工作中已经克服了很多困难，但仍然还有不少困难，如机构的问题、人员的问题、结构的问题，都需要我们进一步面对与解决，需要进一步把工作做好。在这次区划调整中，也希望原来四区调整为两区后，思想不散、工作不乱，快速融合、快速发展。我们将尽可能为大家服务好。

市委、市政府对我们的工作、对我们这支队伍充满期望，也提出了更高的要求，我们不进则退，只能做好不能做差。我们只有团结奋进，只有攻坚克难，只有创新求实，才能把各项工作做好，才能将社会服务管理创新大会的精神落到实处，才能取得实效。

（此文为市委社会工委书记、市社会办主任宋贵伦2010年7月28日在全市社会建设半年工作会议上的讲话）

关于社会建设若干问题的思考

赵小卫

党的十七大明确指出，要加快推进以改善民生为重点的社会建设。认真研究探讨社会建设的概念、特点以及实现路径，明确当前的工作重点，对于进一步加强社会建设工作具有重要意义。

一、科学把握社会建设的规律和特点

当前，在社会建设的概念上还没有一个统一的说法。根据十七大的表述，社会建设的外延，就是相对于经济、政治、文化领域之外的社会领域的各项建设；社会建设的内涵就是动员社会力量，整合社会资源，发展社会事业，完善社会功能，构建全体人民各尽所能、各得其所而又和谐相处的社会环境。我认为，社会建设就是从所处的社会发展阶段出发，遵循社会发展规律，根据社会需求，有目的、有组织、有计划进行的社会实践活动。

社会建设同经济建设、政治建设、文化建设一样，也有自身的规律和特点：

一是主导性。推进经济、政治、文化各方面的发展，离不开良好的社会环境和条件。经济建设的成果，最终要体现到改善民生上来。在现代化建设总体格局中，社会建设是重要组成部分，与经济、政治、文化建设是并列关系，不是序列关系，更不是从属关系。因此，在推进中国特色社会主义事业过程中，必须把社会建设放在突出位置，切实抓紧抓好。当前要着力克服和纠正“经济发展是硬指标，社会建设是软任务”、“经济发展了，社会建设自然搞好了”等认识，把思想统一到十七大精神上来，坚持不懈地推进改革，不断加大工作力度，努力开创社会建设工作的新局面。

二是融合性。社会建设同经济建设、政治建设、文化建设紧密相连。经济建设是基础，只有加快经济发展，社会建设才能有更好的物质条件；政治建设是保障，没有民主政治的进步，社会建设就失去了制度保证；文化建设是精神支持，没有共同理想和道德规范，社会建设就失去智力支持和精神支柱。反过来说，如果社会建设搞不好，就形不成良好的社会环境和条件，其他方面的建设也难以顺利进行。从实际工作看，很多方面也是交织在一起的。比如“三鹿奶粉事件”，既是产品质量问题，属于企业管理范畴，但严重威胁了婴幼儿的健康，涉及千家万户，就又成了重大的社会问题。比如网络管理，既属于文化建设范畴，同时也是社会建设的重要方面。所以，社会建设不能孤立进行，必须同经济建设、政治建设、文化建设有机统一，共同推进。

三是多面性。加强社会建设，必须实现政府、市场、社会组织作用的有机融合，这是社会建设主体多元化属性所决定的。政府要在公共服务和社会管理方面发挥主导作用，不断增强公共服务的供给能力，切实保证社会有序运行。同时，积极引导和支持市场主体和社会组织参与社会建设。通过健全社会参与机制，发动社会组织、中介组织、经济组织、社区组织承担服务和管理事项。只有这样，社会建设才能深入发展。这就要求我们在推进社会建设中，必须按照科学发展观的要求，加强统筹协调，把方方面面的力量和手段充分调动起来，形成“共建共享”新局面。

四是创新性。与经济、政治、文化建设相比，社会建设还是一个新事物，理论支撑还相对薄弱，体制机制还不健全，可借鉴的经验还不多。这就要求我们必须坚持解放思想，大胆探索，勇于实践，不断冲破传统体制的束缚，逐步建立起与社会主义市场经济体制相适应的体制机制，推动这项建设深入发展。

五是渐进性。融合性、多面性、创新性的特点决定了社会建设的复杂性、长期性。因此，加强社会建设既要坚定不移，又不能急于求成，在改革上要先立后破，在工作上要先易后难，抓住突出问题和主要矛盾，不断取得阶段性成果，循序渐进地推动社会建设工作。

社会建设是一个实践的过程，也是一个不断探索的过程。在工作中，我们要加强学习，及时总结概括，不断深化对社会建设的理解，进一步增强工作的自觉性。

二、充分认识加强社会建设的重要性和紧迫性

党的十七大报告从“四位一体”建设格局的高度，第一次把社会建设单列一章，进行系统阐述。提出要全面加强社会建设，实现全面建设小康社会的奋斗目标。这体现了我们党对中国特色社会主义事业的新认识、新概括，我们要认真学习领会，坚持从北京的实际出发，充分认识加强社会建设的重要性和紧迫性。

——加强社会建设，是首都经济社会发展的必然要求。2009 年，全市 GDP 总产值达到 11865.9 亿元，人均 GDP 实现 10070 美元，地方财政收入达到 2026.8 亿元，全市固定资产投资完成 4858.4 亿，社会消费品零售总额超过 5309.9 亿，第三产业比重达 75.8%，城镇居民人均可支配收入 26738 元，农民人均收入 11986 元。这些数据表明，北京已经进入了全面建设现代化国际大都市的阶段。一些国家和地区发展的实践证明，当经济发展到这一阶段时，就必须把社会建设放在突出位置。否则，就会出现“拉美现象”，由于社会保障、公共服务、社会管理跟不上，导致社会动荡，经济停滞不前，甚至衰退。这是社会发展的一般规律，北京也不例外，所以必须要加强社会建设。

——加强社会建设，是社会深刻变化的客观需要。随着经济的快速发展和改革的不断深化，首都的社会也发生重大变化，突出特征是大量“单位人”变成“社会人”。一是新的社会群体不断出现。目前北京流动人口有 600 万，每年增加 50 多万人。人户分离的 340 万，网民 1000 多万，常住北京的外籍人口 10 多万人。人口管理难度加大。二是社会组织快速发展。现在全市新经济组织和新社会组织已有 110 万个，70% 以上就业人口在其中工作。传统体制外新的组织和群体越来越多，过去“红头文件”覆盖全社会的时代已经过去了。三是利益需求多样化、差异化。新社会群体不断增加，形成利益多元化。比如私人企业主希望把自己的企业做强做大，工人的要求是不下岗，有个好工作。下岗人员需要的是能够“体面就业”，等等。在这种情况下，如何协调各方利益，实现共同发展，是党和政府面临的重大课题。四是社会矛盾化解的难度加大。土地、旧城改造、企业改制、物业纠纷、经济合同引发的矛盾和

问题越来越多。同时，随着生活水平的提高，人们对提高生活质量的新期待越来越多。这些在发展中出现的新情况和新问题，迫切要求我们加强社会建设。

——加强社会建设，是履行首都城市功能的必然选择。作为首都，北京市要履行好“四个服务”的城市功能。做好“四个服务”，主要是完善公共服务，搞好城市管理。具体说就是城市的环境要整洁、交通要畅通、治安情况良好、服务便捷，使中央和广大市民更好地工作和生活。要实现这样的要求，也需要加大社会建设的力度。另外，北京作为“首善之区”，不仅要在经济、政治、文化方面成为最好，在社会建设方面也成为全国的典范，从更高层次上解决社会方面的各种问题。所以，从首都城市功能的定位上讲，也要加强社会建设。

——加强社会建设，是建设世界城市的必然要求。去年年底召开的市委十届七次全会提出，要从建设世界城市的高度，加快实施“人文北京、科技北京、绿色北京”发展战略，以更高标准推动首都经济社会又好又快发展。这标志着首都工作进入了全面建设现代化国际大都市的新阶段。建设世界城市，必须要完善基层社会管理体制，建立起既有民族特色又能包容多样的社会治理结构，不断创新公共服务供给方式，加快专业社工队伍建设，这些都是社会建设的重要工作。因此，必须把社会建设放在突出位置。

总之，我们要从战略和全局的高度，充分认识社会建设工作的重要性和紧迫性，进一步增强责任意识、大局意识、忧患意识，切实抓好社会建设各项工作。

三、加强社会建设需要总体设计规划

近年来，市委市政府高度重视社会建设，不断加强这方面的工作力度，社会建设取得很大成绩。2008 年奥运会和国庆 60 周年庆祝活动的成功举办就充分说明了这一点。但与首都的经济、政治、文化建设相比，社会建设还相对薄弱。

一是领导体制有待于进一步完善。长期以来，社会建设工作始终没有一个部门负责。市委、市政府在这个领域缺少抓手。为了加强这项工作的组织领导，成立了市委社会工委、市社会办，区县也成立了相应机构并配备了工作人员。但由于机构成立时间不长，部门之间需要磨合，政策之间需要衔接，社会建设的总体设计需要加紧研究制定，新体制的运行还需要做大量工作。

二是工作机制有待于进一步健全。人民生活水平不断提高，对公共服务的需求也就越来越多。城市的快速发展，对社会管理的要求也越来越高。在这种情况下推进社会建设，单靠政府的力量是远远不够的，必须把政府、市场、社会的力量有机整合起来，形成整体合力。在社会建设工作机制方面，我们还要付出极大努力。

三是运作模式有待于进一步调整。现代社会呈多元化发展态势，社会生活十分活跃。但在社会建设的一些工作上还是以行政手段为主，采取“运动式”。比如，人的管理习惯“人盯人”，不善于提高“社会人”的组织化程度；比如在一些公共服务上，习惯“自己干”，不善于发挥社会力量的作用；比如在开展工作上，习惯“单打赛”，不习惯“团体赛”；比如，在资源使用上，习惯部门所有，不习惯整合，形成整体合力，等等。这些运作模式已经不能适应新形势的要求，亟待调整。

四是工作手段有待进一步改进。当前，社会生活丰富多彩，但社会建设的工作手段还比较单调，不善于发挥党的群众工作优势，不善于运用道德约束、舆论引导、心理疏导等手段，不善于运用现代信息技术手段。适应新形势，丰富工作手段，也是我们面临的重大课题。

由于上述问题的存在，尽管这几年市里先后制定了《关于建设和谐社区和谐村镇的若干意见》，《构建和谐社会首善之区的意见》，不断加强这方面的工作，但社会建设相对滞后的状况没有得到根本的改观。这个现实告诉我们，推进社会建设，必须按照“四位一体”的布局，遵循社会发展的基本规律，在顶层设计、整体规划上下工夫。

为此，市委、市政府制定了《北京市加强社会建设实施纲要》等“1+4”系列文件，对当前和今后一个时期的社会建设作出了系统规划和工作部署。文件明确提出，要在为人民群众提供更多更好的公共产品和公共服务的同时，力争用3~5年的时间，初步建立起具有时代特征、中国特色、首都特点的社会建设新格局的基本框架。

按照这样的目标，北京市社会建设工作要从五个方面全面展开。一是加强社会公共服务体系建设，健全社会公共服务网络，创新公共服务提供方式，加大改善民生力度，为广大群众提供更多更好的服务，让居民生活得更方便、更舒心、更幸福。二是加强社区管理体系建设，把社区这个社会基本单元和社会建设主阵地建设好。三是加强社会组织管理体系建设，支持鼓励社会组织发展，加强社会组织管理，进一步激发社会活力。四是加强社会工作运行体系建设，形成社会建设统筹协调机制和社工队伍、志愿者队伍，加强对社会建设工作的组织领导。五是加强社会领域党建工作体系建设，进一步扩大党组织覆盖面，加强党在社会领域的各项工作，为社会建设提供可靠保证。通过努力，把首都社会建设提高到一个新水平。

四、当前的重点工作

《北京市加强社会建设实施纲要》的出台和全市社会建设大会的召开，标志着北京社会建设工作新体制开始运行。当前的主要任务，是让这个新体制在全市工作格局中充分发挥作用，加快社会建设步伐。2010年要着力抓好以下工作：

第一，要抓网络完善，在加强社会管理上充分发挥作用。坚持从提高社会组织化程度入手，进一步完善具有时代特征、中国特色、首都特点的社会管理网络。继续推进社区规范化建设试点工作，理顺职责，完善制度，切实加强社区管理和服务。进一步完善“枢纽型”社会组织运作模式，加强对各类社会组织的管理和服务。加快推进商务楼宇社会工作站（党建工作站）建设，实现管理服务全覆盖。加大城乡结合部地区的社会建设与管理，加强对流动人口及各类群体的管理服务，做好网络虚拟社会管理工作。

第二，要抓政策集成，在扩大公共服务上充分发挥作用。加大政府购买公共服务力度，实现政府、市场、社会资源有机整合，不断创新公共服务提供方式。制定社区服务设施指导目录，按照“缺什么补什么”原则逐步完善。推广社区“一刻钟社区服务圈”和“新居民服务站”试点，在社区服务站搭载更多服务。坚持以社会需求为导向，打造社会组织公益服务品牌项目。组建“市志愿者联合会”，研究建立北京志愿服务基金，积极吸引社会资金，做好志愿服务经费保障工作。

第三，要抓制度创新，在增强社会活力上充分发挥作用。按照建立机制、整合资源的原则，充分发挥社会建设专项资金的引导作用，通过项目运作方式，扶持和发展公益性社会组织。建立“社会组织孵化器”，为社会组织提供公共服务产品推介、信息发布、政策咨询、培训交流等服务。坚持从服务入手，加强与国际性、国家级社会组织的联系沟通，支持或合作举办大型会议、会展、商贸交流活动。加快推进社工队伍专业化、职业化建设，继续选聘大学毕业生到社区工作，开展购买社工岗位试点工作。

第四，要抓工作覆盖，在加强基层党组织建设上充分发挥作用。认真做好第三批学习实践科学发展观活动，以扩大覆盖面为重点，加快在符合条件的新经济组织、社会组织建立党组织的步伐。从总结推广经验入手，加强分类指导，巩固和发展街道社会工作党组织建设的成果，建立健全工作机制；贯彻落实街道社区党的建设工作经验交流会精神，以“三有一化”为重点推进街道社区党建工作。积极推进在“枢纽型”社会组织建立社会工作党组织试点，实现社会组织业务主管与党建指导相统一。加强对社会领域党组织工作人员的培训，不断创新工作方式和活动方式。

第五，要抓统筹协调，在社会建设整体合力上充分发挥作用。进一步完善市社会建设工作领导小组及其办公室制度，建立健全社会建设工作协调机制。加强对社会建设指标体系研究，认真落实社会建设工作责任制。加大业务培训力度，提高社会建设工作队伍的整体素质和能力。发挥首都人才智力优势，加强理论研究。强化信息交流，加强沟通协调，建立多部门联手开展工作的机制，在形成全市整体合力上发挥职能作用。

（此文为市委社会工委副书记、市社会办副主任赵小卫2010年2月撰写的调研报告）

激发社会活力的改革创新之举：构建“枢纽型”社会组织工作体系

张　坚

社会组织的兴衰直接关系到社会的生机与活力。社会组织不仅是国民经济和社会发展的重要组成部分，还对资源配置、平衡利益等具有积极调节作用，对市场行为、社会秩序具有重要规范和约束作用。社会组织作为非营利性、非政府性、公益性和自治性的民间社团组织，是社会公共服务的主要提供者和社会公共利益的重要维护者，它与政府、企业共同构成现代社会的三大组织支柱和稳定的社会“铁三角”。深化社会组织管理改革，培育和发展社会组织，发挥社会组织功能作用，对加快和推进社会建设，加强和改进社会管理，推动社会发展和社区自治，扩大公众参与，反映利益诉求，调解矛盾纠纷，强化民主监督，保障和改善民生，提供公共服务，促进社会和谐稳定，都具有十分重要的现实意义。

一、目前我国社会组织发展缓慢及能力不强的主要原因

研究表明，导致目前我国社会组织发展缓慢及能力不强的主要原因是，1989年确立的民间组织实行登记管理机关和业务主管单位分别负责的双重管理体制。这种管理体制下，社会组织成立，必须先取得业务主管单位的许可。创立这一体制的本意是为了加强对社会组织发展的规范引导和健康发展，但实际操作中却易导致社会组织发育不足而又疏于管理。特别是由于登记门槛过高，导致登记成立难，大量“草根”社会组织因无法找到业务主管部门只能游离于管理体制之外，或选择不登记注册形式存在，这都给监管留下很多隐患。同时，由于这种管理体制对业务主管单位的职能很难确定和问责，而民政部门的社会组织管理机构也无法对分布广泛、数量众多的社会组织进行有效监管，导致业务监管难。再者，这种管理体制下社会组织很多是由业务主管部门直接或间接发起的，难以摆脱行政干预，行政化色彩浓厚，很难发挥其应有的作用和功能。最后，业务主管部门和民政部门的社会组织管理机构，更重视对已登记注册社会组织政治方向的把握，

而对其业务指导、内部建设与管理则很少过问，对如何培育其发展更是很难顾及，导致社会组织培育发展难。因此，加快社会组织管理体制改革势在必行。

二、充分认识推进社会组织管理改革的重要性和必要性

（一）只有深化管理改革、加快培育发展社会组织，才能更好地健全社会肌体

社会组织是构成社会的基本要素。从广义上讲，社会是由形形色色、各式各样的组织构成的，既有政府组织，又有市场组织，当然也不可能缺少社会组织。从狭义上来说，社会主要是由各种社会组织构成的。反映现代社会是否成熟的一个重要标志，就是社会组织的发育程度和作用发挥程度。只有把社会组织作为社会的重要组成部分，让更多更好的社会组织脱颖而出，发挥出更大更好的作用，这个社会才能更加成熟、和谐与稳定。因此，只有不断深化社会组织管理体制改革，大力培育和发展社会组织，才能更好地健全社会肌体，使社会发育更加成熟、更加和谐与更加有序。

（二）只有深化管理改革、加快培育发展社会组织，才能更好地完善社会功能

一个社会要想实现和谐、有序、文明，需要不同的社会组织充分发挥各自的功能和作用。尽管这种功能和作用，有的是直接服务于全社会，有的是服务于特殊群体，还有的是服务于某一行业，等等。但无论如何，如果在一个社会里，只有少量社会组织或者缺乏社会组织发挥其应有的功能和作用，社会需求就不可能或者根本没有得到很好的满足，那么这个社会可以说是功能残缺不全的，是负面效应较多的，同时也必然影响着人们的正常工作和生活需要。人类社会的发展实践告诉我们，一个健全的社会，才能保证人们的正常生活需要。而一个健全的社会，首先是功能完善的社会。社会功能的完善，必须依靠培育和发展多元的社会组织来实现。

（三）只有深化管理改革、加快培育发展社会组织，才能更好地激发社会活力

每个社会成员都有为社会作出应有贡献、实现自身人生价值的主观冲动和意愿。这是推动社会发展、推进社会进步的原动力。可以这样说，一个社会有无活力或者活力大小，关键在于其社会成员能否充分发挥自己的聪明才智和创造力，能否通过自己的诚实劳动为社会创造和积累财富。在现代社会里，一个社会成员要参与到社会事务和社会生活中来，实现自身价值、为社会作出贡献，必须通过社会组织。社会组织已经成为社会成员发挥才智和创造力的重要载体。因此，社会组织的发育程度也就直接反映出公众参与的多寡和社会活力的大小。近年来，我国各地社会改革的实践表明，只有深化社会组织管理体制改革，才能培育和发展更多的社会组织，让更多的社会成员更加广泛地参与，使社会拥有更加充分的生机和活力。

三、北京市推进社会组织管理改革的创新探索

要推动社会组织的发展和建设，关键是要处理好政府和社会的关系，处理好社会组织业务监管与培育发展的关系。实践表明，社会组织管理改革的方向是还社会组织作为除市场和政府之外的“第三部门”本色。但在当前日益复杂的全球化、信息化大背景下，我国社会组织自身发育不完善，各种配套法规不健全，对各类社会组织采取不加审查、自由发展的登记备案式管理方式显然不行。从政社分开、管办分离的原则出发，既然政府机关不适合直接担任社会组织的业务主管，就应该选择其他机构或组织来承担这一职能。在社会发育程度较高的国家和地区，遵循优胜劣汰的市场经济法则，由社会组织中自行产生的龙头性社会组织担当这一角色。但这并不适合我国的现实国情，因为这种自然发育需要较长时间，需要科学的社会组织自身治理结构、良好的配套制度等环境条件支持

等，加之社会转型期的社会管理任务又十分紧迫，决定了我们必须选择政府扶持、行业督导、社会组织自身发展三者相结合的方式。为此，按照政社分开、管办分离的原则，北京积极探索社会组织管理体制机制改革，提出并实施以构建“枢纽型”社会组织工作体系为核心的一系列创新之举，使社会组织服务管理取得了新进展。

所谓的“枢纽型”社会组织，就是在同类别、同领域社会组织的发展中，在政治上发挥桥梁纽带作用、在业务上处于龙头地位的市级联合性社会组织。它在政治上主要是负责所联系和管理的社会组织中的党建工作，业务上主要负责对各类社会组织成立以及年检前的初审工作、日常的业务指导和管理工作，服务方面则主要体现在为社会组织的发展搭建服务平台、推动工作交流等。

按照政社分开、管办分离的原则，北京于2009年认定市总工会、团市委、市妇联、市科协、市社科联等10家市级人民团体为“枢纽型”社会组织，2010年又认定市工商联、市志愿者联合会、市体育总会等12家市级“枢纽型”社会组织，对市级社会组织工作覆盖面达到80%以上。按照有领导责任制、有职能部门、有工作制度、有管理和服务体系的广覆盖、有党组织和党的工作广覆盖、有业务和服务品牌项目的“六有”要求，进一步明确“枢纽型”社会组织的工作职责和工作机制；各区县结合自身实际，先后认定了76家区县层面的“枢纽型”社会组织，初步形成市、区（县）两级“枢纽型”社会组织工作体系基本框架。

近两年来，市、区（县）两级“枢纽型”社会组织作用发挥日益明显。首批10家“枢纽型”社会组织积极探索开展本领域社会组织工作的新途径和新方法，形成了一批起点高、效果好且有亮点、有特色的工作项目和品牌。如团市委建立了80多个“社区青年汇”和“乡村青年社”，举办了“首届青少年社团文化节”；市妇联在全市城乡建立了6590个“妇女之家”，并通过“巧娘工作室”累计开展培训2.1万多人次，直接就业达4万人；市总工会协调有关部门建立劳动争议调处“五方联动”机制，并与市妇联、团市委共同推出“鹊之恋”婚介服务项目，先后举办多种联谊活动200余场次，近3万人参加；市社科联的“周末社区大讲堂”、市科协的“百强科技社团计划”、市侨联的“爱国侨胞看北京”、市残联的“温馨家园”助残行动、市红十字会的“蓝天救援”行动、市法学会的“法律服务基层”等都取得了良好的社会效果。此外，还通过举办“首届社会公益活动周”等活动，集中展示了以市级“枢纽型”社会组织为主体的社会组织发展和服务新成果，推介了一批社会组织公益服务品牌，扩大了社会组织的影响力和知名度。

与此同时，为加大对社会组织，特别是“枢纽型”社会组织的支持力度，有效搭建政府、企业和社会组织交流合作、共享发展平台，建立政府购买社会组织服务机制，通过社会建设专项资金为10家市级“枢纽型”社会组织落实了“购买管理服务”项目经费，并以10家市级“枢纽型”社会组织为主体购买了300余项社会组织公共服务项目。对全市近1500家市级社会组织进行分类梳理，拟定了由“枢纽型”社会组织联系（挂钩）名录。加快设立审批改革，改进社会组织设立程序，实行“一站式”审批。加大培育力度，建立社会组织孵化器，进一步加快培育和发展社会组织。加大扶持力度，完善社会组织年检工作方式，扩大公益性捐赠税前扣除范围，帮助社会组织申请免税资格。加大创新试点力度，着手中关村自主创新示范区社会组织无主管业务单位试点，实行社区社会组织备案登记，开展高校社团组织管理创新试点，对驻京国际社会组织、社区社会组织和“草根”组织等进行调查摸底，加强联系合作和服务管理工作。

四、加快社会组织的管理改革和培育发展的对策

“十二五”时期，既是北京建设中国特色世界城市、推进首都经济社会新一轮快速发展的重要战略机遇期，又是深化重点领域改革的攻坚期，也是各种利益冲突和社会矛盾的凸显期。社会建设特别是社会组织管理改革和培育发展既面临重要机遇，又面临严峻挑战。我们必须抢抓机遇，应对挑战，紧紧围绕让社会组织功能更健全、活力更充分、作用更明显，进一步积极探索和完善“枢纽型”社会组织工作体系，充分发挥“枢纽型”社会组织作用，积极培育和发展社会组织，下大力推进“枢纽型”社会组织党建工作，进一步激发社会生机和活力。

（一）着力完善“枢纽型”社会组织工作体系

深化社会组织“政社分开、管办分离”，除少部分特殊职能的行政部门继续作为相关社会组织业务主管单位外，其他行政部门不再作为社会组织业务主管单位，改由相应“枢纽型”社会组织承担。继续认定一批市级“枢纽型”社会组织，使“枢纽型”社会组织总数达到30家左右，基本实现对市级社会组织的全覆盖，形成比较完善的“枢纽型”社会组织工作体系。进一步按照“六有”要求，根据市级“枢纽型”社会组织的性质和特点，逐步形成扎实有效的工作规范和运行机制。进一步推动区县、街道层面的“枢纽型”社会组织体系建设，不断探索区街“枢纽型”社会组织实现形式，加快形成市、区县、街道三级“枢纽型”社会组织工作网络。

（二）着力发挥“枢纽型”社会组织作用

加快推进“枢纽型”社会组织承接相应的各级各类社会组织的联系、服务和管理职能，统筹各级各类社会组织参与社会管理、公共服务、社会动员，支持本领域社会组织展示、推介公益服务成果，促进社会组织健康有序发展。充分发挥各领域行业协会联合会的“枢纽型”社会组织作用，进一步规范行业协会运行机制，完善工作网络，扩大工作覆盖面，加强对行业协会的服务管理。发挥市律师协会、市注册会计师协会等“枢纽型”社会组织在行业执业方面的积极作用。积极推进行业协会承接政府部分行业管理职能转移试点工作。

通过向“枢纽型”社会组织购买“管理服务”、向各类社会组织购买“服务项目”，积极支持民间组织参与公共服务、参与公益事业、参与民主决策、参与基层自治。注重发挥基层社会组织的作用，健全“枢纽型”社会组织与基层社会组织、民间“草根”组织的联系，通过业务指导、组织规范、项目牵引、资金支持等措施，扶持和支持基层社会组织加快发展，引导和规范民间“草根”组织健康发展，充分发挥这些社会组织的应有作用。

（三）着力培育和扶持社会组织加快发展

市、区县、街道三级分别建立起比较稳固的财政支持渠道，形成持续长效的政府向社会组织购买公共服务工作机制，建立健全公共财政对社会组织的资助和奖励机制。按照结构合理、布局科学的要求，积极发展有利于改善民生、提高社会公共服务水平、促进社会和谐的社会组织。积极创造条件，支持一批社会组织服务优秀项目，打造出一批社会组织服务品牌。通过为社会组织招募“专业社工”等方式，引进各类专业人才，培养社会组织职业经理人和专业工作者，开展多层次、多类别的业务培训，提高社会组织工作人员的专业化、职业化水平。

通过多种形式建立市、区县、街道（乡镇）三级社会组织孵化器，为不同层面的社会组织提供公共产品推介、信息发布、政策咨询、培育孵化等“集约式”服务，逐步改变社会组织管理分散、服务薄弱等状况，促进社会组织提高生存能力、加快发展步伐。按照结构合理、布局科学的要求，积极发展有利于改善民生、服务社会、促进和谐的社

会组织，加快促进以志愿服务、慈善公益、老龄事业等为主的联合性、专业性社团组织发展，大力发展符合首都产业发展方向、适应市场化进程的行业性社会组织，鼓励发展教育、科技、文化、卫生、体育等公益性社会组织，培育发展社区社会组织和农村专业性经济组织。

（四）着力健全社会组织登记备案机制

按照“一口审批”的要求，健全由社会建设部门统筹协调、由“枢纽型”社会组织等业务主管单位进行业务审查、由民政部门依法登记的社会组织设立工作机制，研究制定社会组织设立标准，促进社会组织依法登记。推进在中关村地区开展社会组织无业务主管单位登记试点工作。对社区公益活动性社会组织实行备案制，并以社区居民委员会为“枢纽”纳入管理服务范畴。根据不同类别社会组织的特点，在国家有关规定的基础上，对符合条件的社区社会组织依法进行登记。建立健全社会组织考核评估和退出机制，促进社会组织健康、有序发展。发挥“枢纽型”社会组织对本领域社会组织的日常管理职能，促进社会组织加强自身建设，进一步建立和完善以章程为核心的内部管理制度，力争使社会组织基本建立起法人地位明确、治理结构完善、筹资渠道稳定、制约机制健全、管理运行规范的现代社会组织制度。

（五）着力推进“枢纽型”社会组织党建工作

大力推进“枢纽型”社会组织党建工作，以党的组织和工作全覆盖引领同性质、同类别、同领域社会组织自身建设和业务工作全覆盖，实现党建与业务一起抓。加快推动市级“枢纽型”社会组织建立党建工作委员会、社会组织联合党组织和工作部门，逐步建立分类分层管理的党建工作体系，探索创新工作方式和活动形式，扩大社会组织党组织和党的工作覆盖面。“十二五”期间，市级“枢纽型”社会组织全部建立社会组织工作党委，构建起“枢纽型”社会组织党建工作分类管理体系。完善社会组织党组织工作机制，推动“枢纽型”社会组织联合党组织和同性质、同类别、同领域的社会组织党建工作规范化运行，确保社会组织正确发展方向。

（此文为市委社会工委委员、市社会办副主任张坚2010年12月撰写的调研报告）

着力加强社会建设　积极维护稳定和谐

——在社会建设中开展维稳工作的做法与思考

周开让

市委社会工委、市社会办高度重视在做好社会建设工作中加强维稳工作。一年来，市委社会工委书记、市社会办主任宋贵伦带领相关处室，多次深入区县、街道、社区进行维稳工作调研和指导，并由主管领导周开让牵头具体负责，深入分析当前基层维稳工作的基本情况、面临的形势和存在的主要问题，研究提出下一步加强维稳工作的对策建议。

一、开展维稳工作基本情况

近年来，特别是2007年年底市委社会工委成立以来，市委社会工委按照中央、北京市委和市维护稳定工作领导小组的工作部署，以促进社会和谐稳定为重要目标，以解决当前社会服务管理的薄弱环节和突出问题为突破口，在管理体制创新、工作机制创新、政策体系创新、实践载体创新等方面，积极探索，扎实推进相关维稳工作。

（一）创新社会服务管理体制，初步形成市、区（县）、街道（乡镇）社会工作新格局

2007年年底，市委社会工委、市社会办正式成立。2008年年初，市社会建设工作领导小组及其办公室成立。随后，各区县社会工作机构和领导小组及其办公室也陆续成立，部分街道乡镇逐步建立社会工作党委，初步形成了社会工作统筹协调新格局。2008年9月，北京市社会建设大会召开，明确了构建社会公共服务体系、社区管理体系、社会组织管理体系、社会工作运行体系、社会领域党建工作体系“五大体系”的工作目标和基本思路。今年7月，全市社会服务管理创新推进大会召开，进一步明确社会保障体系创新、各类社会群体服务管理创新等六大创新任务，初步形成了北京社会建设工作的基本框架，为进一步做好各项维稳工作奠定了组织基础。

（二）创新社会建设工作机制，进一步扩大了首都维稳工作覆盖面

近年来，不断加强社会建设工作机制和网络体系建设，初步形成了市—区县—街道（乡镇）—社区（村）纵向到底和“两新”组织横向到边的社会建设工作网络，进一步扩大了维稳工作覆盖面。一是建立健全维稳工作机制。建立统筹协调机制，充分发挥市、区县社会建设工作领导小组在统筹推进维稳工作中的积极作用。建立信息直报机制，市委社会工委在全市共建立90个信息直报点，共122名信息直报联络员，在重要节假日、重要活动和重大事件期间，在收集社情民意、掌握相关动态情况方面发挥了积极作用。建立动态监管机制，市、区县社会建设部门实行24小时值班制度和应急处置机制。二是探索构建维稳网格化社会管理网络。东城、朝阳等区充分利用信息化技术，将传统的静态网格管理转变为覆盖人、地、物、事和单位组织的新型动态管理，尤其是将辖区特殊人群管理具体到街道、社区、住宅小区甚至楼门院楼、单位房，将管理责任细化到个人，形成一个立体的维稳工作网络。

（三）创新社会建设政策体系，进一步丰富了首都维稳工作的政策体系内容

出台了加强北京社会建设“1+4+X”系列文件和《北京市社会服务管理创新行动方案》及折子工程，明确提出“要不断探索各类社会群体服务管理新途径，构建社会矛盾多元调解工作体系，创新流动人口服务管理方式，积极引导互联网、手机等新媒体健康发展”，并在部分区县开展综合试点和专项试点工作。这一系列文件的相继出台，进一步丰富了首都维稳工作的政策体系内容。

（四）创新维稳实践载体，探索各类社会群体服务管理新途径有了新突破

一是全面掌握了全市社会组织、商务楼宇和非公经济组织的基本情况。除在民政部门登记注册的社会组织外，我市大约还有2万家左右的市场中介组织、1.8万~2万家左右的社区社会组织、3000多家的高校社团组织，以及因为各种原因尚未在民政部门依法登记注册、为数不少的“草根”组织。全市共有商务楼宇1249座，主要分布在城六区(共有1212座，占全市商务楼宇的97%。见图1)。

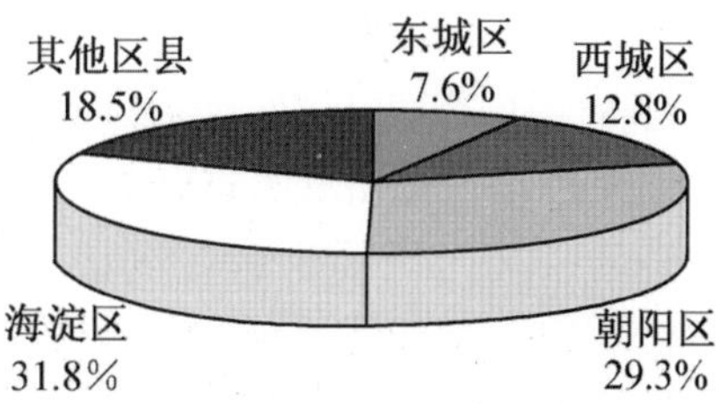

图1　北京市商务楼宇分布图

通过调查摸底，对各类社会群体的人员、组织、经济状况等情况做到了底数清、情况明，为加强维稳工作打下了良好基础（见图2）。

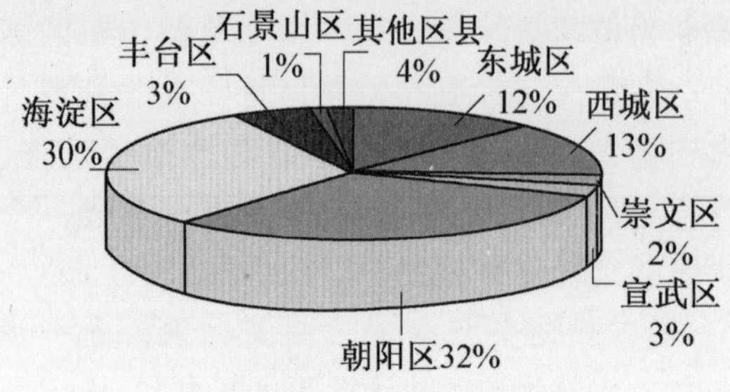

图2 北京市商务楼宇就业人员分布图

二是在推进公共服务体系建设、提高市民满意度方面实现新突破。去年，建立并试行了购买社会公共服务制度，针对市民特别是社会弱势群体，大力开发公共服务、公益服务和便民服务项目。今年又制定并试行了《北京市社区基本公共服务指导目录（试行）》，从10个方面60项内容规范和完善政府部门为居民提供的社区就业、社会救助、流动人口管理和安全、特殊群体安置帮教等基本公共服务，并启动了"一刻钟便民服务圈"试点工作，有效提升了市民的满意度。

三是在推进社区建设、夯实基层基础方面实现新突破。两年来，在全市2717个城市社区中，已有1967个社区达到了规范化建设要求，1900余个社区的办公和服务用房面积达到350平方米以上，使居民群众办事更加方便快捷，也有地方就近议事和参加文体活动。积极推进安全社区建设，目前我市共创建国际安全社区16个、国家安全社区25个，分别占全国（大陆地区）的42%和12%。朝阳区在外籍人口较多的望京、麦子店等5个街道开展国际化社区建设试点工作，组建外籍人员协管员队伍，依托社区服务站，为外籍居民提供入住登记、就学、就医、就业、法律宣传等服务，开展文化交流，促进了中外居民的融合。石景山区投入100余万元专项经费，建立新居民互助服务站81个，共有互助队伍892人，涉及出租大院123处、出租楼房6705户，流动人口近10万人。密云县果园街道按照每个楼门单元配备1名信息员的标准，组建一支1472人的楼门信息员队伍，负责安全隐患检查和协助排查、邻里纠纷化解、重点人监控、突发事件处置等工作。

四是在加强社会工作者队伍建设、提升维稳工作专业能力方面取得新突破。第一，加强社区维稳工作队伍建设。通过面向高校毕业生、大学生"村官"、社会选聘和社区"两委"换届等措施，全市2.8万名社区工作者中具有大专以上学历的，由原来的26%提高到70%以上，平均年龄下降到40岁。共有5600多人获得全国社会工作者资格水平证书，为做好社区层面的维稳工作提供了坚强的人才保证。第二，加强社会维稳工作专业队伍建设。探索建立社工事务所，目前全市共建立了17家社工事务所（见表1），今年购买200个专业社会工作岗位，初步实现一街（街道办事处）一社工、一所（社工事务所）一督导。各社工事务所结合本地区实际，引入专业的社会工作理念和方法，围绕流动人口服务、司法矫正、重点人群管理和服务等方面开展专业社会工作服务。第三，加强维稳工作志愿者队伍。充分发挥广大志愿者作用，建立了扶老助残、治安巡逻、综合应急等16支专业志愿者队伍。今年5月，还成立了首都综合应急服务队。目前，全市注册志愿者总数已超过215万。

表1 社会工作事务所建设情况一览表

区县	序号	社工事务所名称	主要服务领域
东城	1	助人社会工作事务所	青少年事务、为老服务、残疾人服务
	2	阳光社会工作事务所	青少年事务、为老服务

续表

区县	序号	社工事务所名称	主要服务领域
西城	3	悦群社会工作事务所	残疾人康复、驻校社工
	4	仁助社会工作事务所	青少年事务、驻校社工
	5	睦友社会工作事务所	为老服务、医务社工派驻
	6	厚朴社会工作事务所	少数民族文化促进、社区工作者发展
	7	北京泓德中育文化发展中心	外来人口融合
朝阳	8	惠心社会工作事务所	青少年事务、为老服务、残疾人服务
	9	在行动社会工作事务所	流动人口服务、社区工作者发展和提升
	10	近邻社会服务中心	城乡结合部外来务工人员服务、拆迁转居人员服务
海淀	11	惠泽社会工作事务所	青少年事务、帮扶困难家庭
	12	睿搏社会工作事务所	司法矫正、青少年事务、家庭社会工作
丰台	13	挚爱婚姻家庭社会工作事务所	老年人家庭关系支持
	14	蓟翔社会工作事务所	青少年事务
石景山	15	金顶阳光社会工作事务所	司法矫正、重点人群管理和服务
顺义	16	绿港社会工作事务所	“农转居”人员的角色转换、心理咨询
昌平	17	温心社会工作事务所	为老服务、青少年事务
合计	共有8个区建立了17家社会工作事务所		

五是在加强社会组织服务管理、推进社会组织自律方面实现新突破。一方面，着力构建和完善“枢纽型”社会组织工作体系，将同性质、同类别、同领域的社会组织联合和聚集起来，并将社会上大量存在的“草根”组织纳入工作视野，促进其依法登记，填补管理上的“空白”，使同类的社会组织逐步实现规范管理，促进社会组织自律，推动社会自治。去年，认定了10家人民团体为首批市级“枢纽型”社会组织，今年再认定12家，全市80%以上的社会组织将纳入“枢纽型”社会组织管理服务范围。例如，团市委针对社会上不断出现的球迷协会、车友会、旅友沙龙、户外运动俱乐部等各类新型“青年自组织”，通过举办“青年社团文化节”等形式，为他们搭建展示与交流平台，目前已与5000多家各级各类青年类组织建立了工作联系。另一方面，积极培育发展社区社会组织。在完善大调解工作格局下，加大资金扶持力度，鼓励和引导社会组织参与化解社区矛盾。又如，东城区景山街道培育了“家和万事兴”群众调解之家、和谐庭院自管会、文明养犬自管会、交通安全自管会、出租房主自管会等组织，让民间组织走进百姓生活，充当邻里和谐的使者。首都经济贸易大学徐坤教授2006年创办了“爱心传递热线”，去年6月又开通了800－810－0277全国老年人心理危机免费救助电话，主要帮助老年人排遣孤独、寂寞，提供及时有效的心理救助，提高了老人的生活质量。该热线自开办以来，已成功救助老年人近万名。

六是在加强和改进社会领域党建工作、进一步延伸维稳工作触角方面实现新突破。在全市141个街道建立街道社会工作党委，启动在“枢纽型”社会组织建立社会组织党建工作委员会和社会组织联合党组织试点工作。大力推进社会工作站、党建工作站、工会工作站、团委工作站、妇联工作站“五站合一”建设，把党组织建在商务楼宇，把政府公共服务延伸到商务楼宇，把群团组织引进商务楼宇，推动维稳工作逐步向维稳工作的传统难点和盲点——“两新”组织和商务楼宇延伸。在全市所有1249座商务楼宇建立了工作站，实现了党建工作站、社会工作站全覆盖，逐步实现社会服务、党建、工会、共青团、妇联工作“五站合一”全覆盖。据统计，到2010年年底，全市1249座商务楼宇中，有商户6.9万多家就业人员82.2万多人党员4.3万多人。近两年来，在商务楼宇新建党建组织958个，接纳1.25万名流动党员组织关系，发展党员379名，有800多人递交了入党申请书，培养入党积极分子1250多人。商务楼宇工作站服务管理作用得到有效发挥。

二、当前进一步做好维稳工作面临的形势和存在的主要问题

当前和今后一段时期，既是建设中国特色世界城市、推进首都经济社会新一轮快速发展的重要战略机遇期，又是深化重点领域改革的攻坚期，也是各种利益冲突和社会矛盾的凸显期。社会建设部门进一步做好维稳工作既面临重要机遇，又面临严峻挑战。

（一）面临的新形势

一是党的十七届五中全会进一步为维稳工作指明了方向，提出了新的更高要求；二是实施建设中国特色世界城市和“人文北京、科技北京、绿色北京”发展战略，要求我们以更大力度和更高标准加强维稳工作；三是城乡一体化进程进一步加快，使大量城乡结合部和农村纳入社会服务管理范围，使维稳工作范围不断扩大；四是人民群众多样化需求日益增加，已从生存需求向精神需求、发展需求转变，对社区服务、城市环境、社会秩序提出了新的挑战；五是社会建设多元化趋势更加明显，社会参与诉求将更加强烈，维稳工作任务将更加繁重。

（二）存在的主要问题

一是和谐社会建设还存在许多不稳定因素，人口、资源、环境矛盾突出，基层民主自治水平、社会动员和矛盾化解能力还有待提高。二是社会活力还有待进一步激发，社会组织作用发挥还不能满足社会需要，公众参与途径和利益诉求反映渠道还不够畅通。三是传统维稳模式难以适应多元化社会生活的需要，社会发生很大变化，社会的开放性、流动性大大增强，多元利益、文化冲突引发的矛盾和问题越来越多。以政府为单一主体、主要靠行政手段、单位制目标把人管住的传统管理模式，已经不能适应当前多元化的社会生活。四是进一步做好维稳工作还受到其他多种因素的制约，随着互联网的普及应用，网上虚拟社会给稳定带来的社会影响日益彰显。

三、进一步做好维稳工作的对策建议

北京作为首都，维护政治稳定始终是我们工作中的头等大事和第一责任。要顺应首都经济社会发展的新要求和人民群众的新期待，坚持社会化导向，立足常态化管理，着眼专业化要求，强化网格化标准，积极推动维稳工作的理念、思路、体制、机制、方法、手段创新，构建政府行政管理与社会自我调节、居民自治管理良性互动，社区管理与单位管理有机结合，多种手段综合运用，服务与管理融合，有序与活力统一的多元治理、共建共享的维稳工作新模式，从源头上维护和促进社会的和谐稳定，不断巩固党领导和执政的工作基础和社会基础。

（一）坚持社会化导向，进一步创新维稳工作的思路理念

维稳工作涉及的单位、部门很多，要进一步创新工作理念，在党和政府的领导下，引导和动员各类社会力量有序推进维稳工作。要把化解社会矛盾、促进社会和谐作为当前推动社会建设与管理的重要任务，像经常分析经济形势那样，经常分析研判社会形势。要坚持以人为本、服务优先，始终把实现好、维护好、发展好最广大人民的根本利益作为出发点和落脚点，寓管理于服务之中，使人民群众在社会生活中切实感受到权益受到保障、秩序安全有序、心情更加舒畅。要充分发挥政府的主导作用，同时充分发挥多元主体在维稳工作中的协同、自治、自律、互律作用，使各种社会力量形成推动社会和谐发

展、保障社会安定有序的合力。

（二）立足常态化管理，进一步健全维稳工作的体制机制

基础不牢，地动山摇。加强维稳工作，迫切需要建立健全各类维稳组织，创新体制机制，使维稳工作成为社会建设中不可缺少的一项重要内容，做到有组织承接，有专人负责，确保维稳工作落到实处。

一是切实加强社区维稳机制建设。社区是社会的基本单元，社区和谐是社会和谐的基础。要通过加强社区建设，切实把社会问题和社会矛盾解决在基层。全面推进社区规范化建设，创新社区管理体制机制，逐步实现农村社区和城乡结合部地区社区与城市社区建设的工作对接。按照中央办公厅、国务院办公厅《关于加强和改进城市社区居民委员会建设工作的意见》的要求，加强社区居委会建设，强化社区区域性社会管理职能，发挥好辖区单位、物业服务企业在地区维稳工作中的积极作用。搭建社区社会服务管理的平台，加强对互助性、公益性、娱乐性社区社会组织的指导和服务，有效发挥它们在满足群众需求、活跃社区文化生活、疏导群众情绪等方面的重要作用。贯彻落实《北京市社区基本公共服务指导目录（试行）》，推广“一刻钟社区服务圈”建设，让居民群众在家门口享受到社区建设带来的便利。在总结经验的基础上，稳步推进老旧小区规范化管理、村庄社区化管理等，使不同地区的居民享受到更多更优质的服务。各地区、各部门要把更多的人力、财力、物力投向基层，增强基层组织社会管理、维护社会稳定的能力。

二是切实加强社会组织维稳机制建设。社会组织是社会建设的重要力量，在现代社会中发挥着反映利益诉求、扩大公众参与、提供公共服务等重要作用，是社会活力的重要体现。要进一步完善社会组织管理体制，完成第二批、第三批市级“枢纽型”社会组织的认定工作，通过多种方式支持“枢纽型”社会组织发挥更大作用。充分发挥市级社会组织孵化器作用，完善孵化机制，培育符合社会需要的各类社会组织，提高他们在社会管理中的协同能力，让公民有更多的机会利用这种载体实现自我管理和参与社会管理。加强与在京国际社会组织、全国性行业协会和高校学生社团等的合作交流，充分发挥它们在维护社会稳定中的作用。推进无业务主管单位试点工作，按照“一手抓监督管理、一手抓扶持发展”的原则，在对各类有可能影响社会稳定的组织加强监管的同时，加大对有利于促进经济社会发展和促进社会稳定的社会组织的培育扶持力度。

三是切实加强商务楼宇维稳机制建设。党建是社会建设的重要抓手，党建工作全覆盖是社会维稳工作全覆盖的重要引领。不断规范街道社会工作党委工作，充分发挥地区社会建设协调委员会整合资源、协调各方的作用，维护区域和谐稳定。探索工、青、妇等群团组织工作进入商务楼宇的工作模式，逐步实现群团工作在商务楼宇的全覆盖。以党建工作为抓手，通过支持“新居民互助服务站”建设等途径，把流动人口特别是流动党员纳入社会工作体系，加强流动人口的服务管理。

（三）着眼于专业化要求，进一步强化维稳工作的队伍建设

专业化、职业化的社会工作人才队伍，能够理顺情绪、化解矛盾、促进人的全面发展和成长进步，特别是在特殊人群的关怀、帮助和服务工作中，能够发挥重要作用，是实现社会和谐的重要支撑和重要力量。加大培训力度，将维稳工作纳入社会工作人才队伍特别是社区工作者培训的重要内容，结合社会热点和难点问题，开展法律、心理学、教育学、行政管理、社会学等相关领域专业知识培训，不断提高他们化解基层矛盾、应对突发事件的能力。针对服务管理对象的特殊性和复杂性，以社会工作事务所等专业机构为依托，适时引入专业督导人才，开展困难救助、矛盾调处、权益维护、心理辅导、行为矫治、社区矫正等专业服务。推动维稳志愿服务的规范化、常态化发展，发挥社区志愿者在扶老助残、治安巡逻等

工作中的积极作用，积极为专业志愿者队伍参与维稳工作搭建平台。

（四）强化网格化标准，进一步提升维稳工作的整体效能

网格化是新形势下加强社会服务管理的有效途径和重要载体。把人、地、物、事、组织纳入网格，开展各种服务和管理活动，能够使各项政策措施落到实处，能够实现社会服务管理的精细化，能够及时了解掌握各种情况，有利于做好促进社会和谐、维护社会稳定等各项工作，提高维稳工作的效能。依托现代信息技术手段推进数字化管理，及时总结推广基层创造的先进经验，有针对性地做好流动人口服务管理、社区服务管理、“两新”组织服务管理、民族宗教工作服务管理、外籍来京人员服务管理以及刑释解教人员帮教服务管理等，不断满足各类社会群体的服务需求，努力扩大社会服务管理的覆盖面。根据维稳工作内容实现精细化管理，将特殊人群、重点单位、重点事物、重点地段等纳入网格，细化每个网格维稳工作人员的工作职责，做到底数清、情况明、服务到位、管理规范，单元网格内一旦某一城市部件出现问题，能在第一时间被发现、第一时间被反馈、第一时间被检验，实现信息的实时更新和动态管理。

（此文为市委社会工委委员、市社会办副主任周开让2010年11月撰写的调研报告）

北京市商务楼宇党建实证研究

陈建领

市委社会工委作为具体负责非公有制经济组织和新社会组织党建工作的部门，近三年来，在市委领导和市委组织部的指导下，本着创新精神，积极探索商务楼宇党建工作新模式，实现党组织和党的工作在“两新”组织的全覆盖。年初，根据课题研究和工作需要，课题组对商务楼宇党建发生、发展、成长机制和运行模式以及存在的问题进行了实地考察和研究，形成如下研究报告。

一、问题的提出

商务楼宇党建是在一个特定时代的特定环境（楼宇社会）中开展的，这种特定的环境构成了调研组分析与理解商务楼宇党建从发生到发展过程中所遇到的各种困难，所采取的各种创新性行为进行考虑和推进的基础和背景。

商务楼宇大量涌现是近年来北京市经济结构调整后出现的新现象。随着新经济发展战略的推行，一种新的经济形态——楼宇经济，在北京悄然崛起。楼宇经济是嫁接在商务楼宇中的经济形态，是以商务楼宇为载体，通过开发、出租楼宇引进各种企业和组织，招商引资，从而引进会员，带动区域经济发展的一种经济形态。楼宇经济在推动地区经济发展的同时，也衍生和构筑了一种新型的社会形态——楼宇社会，一种在城市中竖立起来的社区。

北京市现有1249栋商务楼宇。商务楼宇成为北京市城区新的经济增长点和职业人员的集聚处。商务楼宇是社会管理和服务体系需要覆盖的重要领域，是“两新”组织集中分布的办公经营场所。在这样一种社会空间中建立党的组织，开展党的工作，把党的方针政策传播到楼宇，把政府的公共服务引进

楼宇，把群团组织延伸进楼宇，实为时代之所需。2009年，北京市委、市政府下发了推进社会建设的“1+4”文件，要求街道党工委、街道办事处承担商务楼宇的社会管理责任。街道党工委、街道办事处通过在商务楼宇中建立工作站，成立党的组织，更好地为商务楼宇内的新经济组织和新社会组织（即“两新”组织）及其党员提供服务。商务楼宇党建应运而生。加强商务楼宇党建，成为新形势下扩大党的覆盖面、夯实党的执政基础的重要举措，成为完善基层社会服务管理格局、创新社会工作机制的重要环节，成为做好面向企业的精细化服务、不断优化区域发展环境的重要载体。

二、商务楼宇党建创新路径和运行模式

（一）扩大商务楼宇党组织和党的工作覆盖面

一是因企制宜单独组建党组织。对于党员人数多、行业影响力大的企业，以及企业业主是人大代表、政协委员、共产党员的，优先组织力量推进党建工作，通过促进职工队伍建设和企业发展，发挥党建的示范引领作用。在重点组建工作取得成效的基础上，进一步扩大宣传，努力使符合条件的企业都建立起党组织。针对部分企业业主对党建工作比较支持，但是企业员工中没有正式党员或正式党员不足3人的情况，通过积极发展企业优秀员工入党、向社会招聘党员职工等多种手段，使企业符合条件并建立起党的组织。

二是因楼制宜联合组建党组织。针对部分商务楼宇入驻企业数量多、规模普遍偏小、不具备单独组建党组织条件的情况，在楼宇内设立流动党员联络站、流动党员之家，实行直管、代管和协管，始终保持对这部分党员教育管理的连续性，使之学习不断档、思想不掉队、组织不断线；针对商务楼宇物业管理较为稳定而入驻企业进出较为频繁的情况，依托原有物业党组织，赋予新的职能，衍生成物业型商务楼宇党组织。楼宇物业不具备建立党组织条件，而某一设有党组织的入驻企业规模大、影响力大而且相对稳定，则重新明确该公司党组织的工作职责，吸纳楼宇内其他企业的党员和积极分子参与活动、开展党的工作，形成龙头企业辐射型楼宇党组织。此外，根据中关村科技园区的特点，积极借助各类孵化器的综合服务职能和与企业的紧密联系，建立孵化器型商务楼宇党组织。

三是依托工作站开展党的工作。在楼宇党组织成立之前，楼宇工作站负责该楼宇的党建工作。楼宇工作站和党组织相互配合，共同为增强党组织的凝聚力和吸引力开展工作。目前全市已成立1162个商务楼宇工作站，在商务楼宇中巩固和拓展深入学习实践科学发展观活动成果，结合“创先争优”活动，按照“五个好”的要求，深入开展“五个好”示范点创建活动，推动非公有制经济组织党建工作向纵深发展。

（二）创新商务楼宇党建工作方式

一是建立基础台账。按照“想企业之所想、急企业之所急”的要求，掌握企业的需求，开展楼宇党组织、党员情况摸底调查和时时跟踪，及时掌握楼宇党员的基本情况，认真做好楼宇党员思想工作，全面地掌握了各商务楼宇内现有企业的经营性质、经营状况、党组织设置、群团组织设立、职工人数、业主身份等情况，建立了党员、企业主联系台账，为组建楼宇党组织提供了第一手材料，为下一步开展服务工作打下坚实基础。

二是丰富活动内容。在不妨碍企业业务发展的前提下，各商务楼宇工作站组织了科普活动、书会笔会、体育比赛、体检义诊等多种形式的党员活动，在活动中增进交流学习，团结凝聚企业党员群众，促进企业健康发展，为楼内企业营造一个良好和谐的工作氛围。此外，为激发党员的光荣感和荣誉感，从思想、工作、生活上关心党员，做好党员的服务工作，在组织活动的同时，采取定期与不定期相结合方式，对各入驻企业的党员进行走访、慰问。同时，强化激励、关怀、

帮扶机制，将党员表彰制度与服务站的招商引资、工会、计生、社保等工作相结合，调动党员的积极性，发挥党员的能动性，增强党组织的凝聚力。

三是强化信息网络。通过建立商务楼宇工作站加强对楼宇企业服务，消除了城市管理空白点，构建了商务楼宇工作网络体系，建立了信息反馈机制。在“六四”敏感期、“七五”事件后，积极发动商务楼宇工作站，开展社情民意调查摸底，及时收集和掌握楼宇企业和员工的思想动态，确保楼宇安全稳定。此外，积极推进党建信息化，运用互联网建立商务楼宇间的网上马克思主义宣传阵地。如丰台区国润大厦搭建了联系党员群众、党组织与企业沟通服务的平台，开展适合楼宇中小型民营企业党组织、党员特点的党建活动。石景山区高科技园区搭建非公有制企业网络平台，设立商务楼宇党建板块，通过加强信息网络建设，拉近了工作站与楼内企业的距离。

（三）创新商务楼宇服务工作机制

一是整合资源，理顺机制。各级党工委明确以建立学习型、创新型、服务型工作站为目标，着力理顺区域党建、社区党建、商务楼宇党建和“两新”组织党建工作的体制机制，进一步明确了商务楼宇党建和社区党建的不同侧重点，并将区域党建职责纳入商务楼宇党建之中，使商务楼宇党组织能更好地协调各类企业党组织的资源，在推动区域共建、楼宇共建方面发挥强有力的作用。

二是立足实际，创新模式。各级党工委立足于不同区域的功能特色，准确把握商务楼宇入驻企业的具体特点，紧密结合社会管理服务需求，理清工作思路，有效整合资源，有针对性地开展工作。围绕以建设可持续性发展的工作站为重点，根据商务楼宇服务工作涉及领域广、政策性强的特点，石景山区率先实行“五站合一”（即党建工作站、社会工作站、工会工作站、团建工作站、妇联工作站）综合服务工作模式，细化工作内容、量化工作标准。2011 年实现全市商务楼宇“五站合一”工作全覆盖，大力推动政府管理服务进楼宇、到企业。

三是科学建设，形成合力。坚持以为企业提供科学化服务为宗旨，增强社会协调能力，充分借助党员、团员、工会会员、青年志愿者服务队的力量，满足各类企业的多层次、多样化需求；重视发挥先进典型的示范引领作用，将党建工作与群团组织工作有机结合起来，扩大联系群体、拓宽工作领域、推动商务楼宇党建工作水平不断提高，实现共促共进。

（四）创新商务楼宇服务管理机制

一是加大基础保障。建立以财政投入为主、街道支持为辅、党员关爱基金为补充的多元化工作经费投入机制，确保商务楼宇党建工作的顺利开展和不断完善。通过租赁、整合、借用、置换、合用等方式，全市共解决办公和活动场所面积 52785 平方米（其中办公面积 21509 平方米）。将商务楼宇中配套用房、楼宇物业、企业办公室、会议室等有效整合为楼宇党建工作和活动场地，实行活动场所区域化共享，将社区党建服务站、街道党员服务中心面向楼宇员工和党员全面开放。

二是规范工作制度。据全市商务楼宇工作站检查验收结果，所有工作站都建立了规范的工作制度，规定了工作流程，提供了政府的基本公共服务和以企业需求为导向的特色服务，建立服务指南或宣传手册。例如，朝阳区制定了商务楼宇工作站“8515”建设标准；石景山区统一了商务楼宇工作站的工作职责、站名站标及宣传牌匾，制定了《石景山区关于加强商务楼宇工作站建设的实施意见》；宣武区制定了创新楼宇工作站项目管理、达标创优评比和星级楼宇考评机制。

三是壮大工作队伍。截至目前，全市已通过社会招聘、街道社区和楼宇物业部门选派，采取专兼职相结合的方式，配备了楼宇工作站工作人员。如朝阳区建立商务楼宇党建专兼职混合党务工作者队伍，由大学生社区工作者，曾从事党务工作的企业下岗、内退及退休人员，社区退休人员及社区党务工作者等组成。石景山区以大学生进社区计划为契机，选拔部分大学生社工党员和通过大学生社工置换出有丰富党务工作经验的社区书记组成商务楼宇工作站工作队伍，优秀党委书记丰富的工作经历与年轻大学生的活力和工作激情优势互补，提供令企业更加满意的优质服务。

三、进一步推进北京市商务楼宇党建工作的对策建议

（一）存在的问题

当前，经过全市各级党组织的多方共同努力，党建工作在商务楼宇中站稳脚跟、打开局面、形成规模、扩大影响，取得明显成效。但是，与当前社会服务管理全覆盖的要求相比，当前商务楼宇还存在以下一些亟待解决的问题。

1. 对商务楼宇党建工作的认识有了逐步提高，但认知的层次水平有待进一步深化。在商务楼宇开展党建工作的重要性、必要性已经越来越得到楼宇业主、产权单位、企业党员员工的认可，而且全市商务楼宇党建工作创造出丰富的经验，呈现出点多面广的良好局面。但是商务楼宇党建工作作为一个新的载体党建，在党的组织设置、社会服务管理工作、领导方式等方面进行了改革创新，其深化必须进一步总结经验，探索工作规律，形成新的工作理念去指导工作，推动商务楼宇党建工作深入发展。

2. 商务楼宇党建工作的保障机制初步建立，但人、财、物建设有待进一步规范。为了完成商务楼宇党建工作任务，各区县积极出主意、想办法，采取多种方式加大了对商务楼宇党建工作的队伍建设、资金投入和阵地建设等各项保障工作，确保了楼宇党建工作的正常开展。但是商务楼宇投入成本高、党建工作资金缺口大，而且全市商务楼宇数量不断增长，楼宇党建工作要想取得持续性、长效发展，急需从全市层面出台一个对商务楼宇的认定程序以及规范统一的商务楼宇党建工作站保障办法，对商务楼宇党建工作者、经费投入和阵地建设进行规范，强化对楼宇党建工作的支持。

3. 商务楼宇党建工作的支撑体系已经确立，但整合力度有待进一步加强。按照北京市社会管理服务工作创新行动方案的安排，我市商务楼宇已经开始探索建立党建工作站、社会工作站、工会工作站、团建工作站、妇联工作站等“五站合一”的工作模式。但是，面对楼宇内企业员工纷繁多样、个性化、特异性的需求，街道社区党组织整合资源力量有限，亟须建立一个从上到下、纵向贯通，部门配合、横向联动的工作机制，最大力度地整合资源，形成工作合力。

4. 商务楼宇党建工作的作用已经得到显现，但服务功能仍需进一步拓宽。与商务楼宇内企业员工的多样性、个性化的需求相比，商务楼宇工作站所提供的政府公共服务、社会化服务的资源和项目有限，还需要进一步提升楼宇内的自我服务，进一步完善服务载体、服务机制，不断提升服务质量，赢得企业的支持。

（二）对策建议

商务楼宇党建是新时期城市党的建设工作的一个新领域，是巩固我们党执政基础的重要环节，是支持和促进楼宇企业健康发展的政治保证。从总体上看，近年来全市各区县在探讨加强商务楼宇党建工作方面已取得了不小的成绩，产生了一系列具有全国影响的典型。但鉴于商务楼宇党建工作的特殊性和复杂性，做好该项工作还需要作出进一步的努力。

1. 更新工作理念，不断提高对商务楼宇党建的认识。要通过不断总结商务楼宇党建工作规律，更新工作理念，逐步适应商务楼宇党组织领导方式从依靠行政权力转变为主动服务、工作方式从注重党的自身建设拓展为党群工作同步运作、活动方式从行政化倾向转变为社会化取向、社会效果从党员个体辐射到社会的转变。

一是牢固树立“支部建在楼上”的理

念。采取适应楼宇特点的单独建、联合建、挂靠建等多种方式建立党组织，使党组织以新的方式融入社会、整合社会、主导社会，进而加强党对商务楼宇的影响力、控制力和渗透力。

二是牢固树立社会服务管理创新的理念，在商务楼宇中建立工作站，推动党务、政务、社务工作进商务楼宇，以楼宇党建的全覆盖区推动楼宇社会服务管理的全覆盖，形成“铁打的营盘、流水的兵”的工作成效。

三是牢固树立“立体社区”、“垂直街区”的工作理念，把楼宇各种非公有制经济组织和新社会组织视为楼宇内的生活共同体、利益共同体，推动楼宇内党建和楼宇经济社会的包容式发展。

2. 加强工作保障，为商务楼宇党建工作奠定坚实基础。

一是加强队伍建设。采取公开招聘、竞争上岗等办法，把有党务工作经验，懂经营、会管理、善于做思想工作的高素质党建工作人才招聘到商务楼宇工作站工作，将商务楼宇工作者纳入社会工作者统一管理，与社区工作者同等待遇，推进商务楼宇工作者职业化、专业化进程。完善以补充、培养、使用、考评为主要内容的政策措施，加强商务楼宇工作站专职人员的日常管理，建设一支奉献意识强、服务水平高的商务楼宇工作者队伍。

二是加强工作站阵地建设。坚持统筹规划、科学布点，运用租赁、整合、借用、置换、合用等方式，确保商务楼宇服务站有相应的办公场所。在依托现有场所设施的基础上，实行党建工作资源区域化共享，将社区党建服务站、街道党员服务中心，面向商务楼宇员工和党员全面开放。做好商务楼宇工作站建设的统筹协调，纳入区域经济发展和社会建设的整体规划，与社区服务站建设同步规划、同步设计、同步检查验收。在适当时机启动商务楼宇的规划保障，对新建商务楼宇，建议参照社区配套用房的办法，在规划设计阶段就介入其中，明确商务楼宇工作站的面积，并由建设部门把关，符合要求方可施工。

三是加强经费投入。要把商务楼宇工作站建设作为政府为民办实事工程，纳入全市社会建设专项资金统筹考虑。建立以市、区财政拨款为主，党费返还为辅，楼宇非公有制经济组织和社会组织支持为补充的商务楼宇工作站建设经费保障体系，切实保障工作站办公活动经费及工作人员待遇等必要的项目支出。各区县可综合考虑本地区经济社会发展和财力状况，确定商务楼宇工作站工作经费具体标准，制定经费拨付、使用、管理和监督办法，并逐步建立经费投入稳定增长机制。

3. 加大组织协调，不断完善商务楼宇党建运行工作机制。通过理顺领导关系，整合各种资源，调动各方力量，构筑上下相通、左右联动的商务楼宇党建工作网络，使不同部门、单位和党组织以及其他各种社会资源在推进商务楼宇党建工作全覆盖、社会服务管理全覆盖的工作平台上找到各自的着力点，形成整体合力。

一是建立组织领导机制，强化纵向贯通。在市、区级层面，由市、区委领导牵头，由社会工委具体负责，按照条块结合、以块为主的原则，采取领导包抓、专人负责的方法，通过将楼宇党建工作落实情况列入党建目标管理考核内容，加强整体领导和统筹协调。在街道社区、乡镇农村、科技园区层面，把开展楼宇党建工作列入“一把手”工程，明确在楼宇党建工作中承担的加强工作指导、帮助协调解决具体问题和困难、经常督查工作进展情况、及时总结和宣传好经验好做法等职责。在楼宇层面，主要是依托物业部门和有条件的楼宇企业，狠抓硬件建设，做好楼宇工作站的建设工作。

二是建立多方联动机制，强化横向联动。按照有效领导、全面覆盖的原则，建议成立由社会工委（社会办）牵头、各相关职能部门参与的联席会，明确各级各部门的工作职责和阶段性工作目标，定期开展工作协调和沟通，形成以各级社会工委（社会工作党委）为主，职能部门密切配合，群团组织积极参与、企业业主大力支持、辖区党组织共建的工作格局。在评先评优考核上，坚持部门联动，从而使楼宇党建工作自觉融入各部门各单位的日常工作中，形成上下结合、多方联动的商务楼宇党建工作的组织架构和运行机制。

三是建立制度约束机制，强化规范化建设。制度更具有长期性、稳定性。楼宇党建是一项新生事物，既需要不断地深入探索，又急需在探索中总结经验，形成制度。要建立完善商务楼宇社情民意调查反馈机制、群众利益协调机制、工作考核评价机制等基本机制，逐步把商务楼宇的党建工作纳入正常化、规范化、制度化的轨道。

4. 拓宽服务功能，不断增强商务楼宇党建工作的影响力。商务楼宇党组织要切实转变工作思路和工作方式，把强化服务功能作为党组织一切工作的根本出发点和立足点，紧贴楼宇企业发展的需要和楼宇从业者的需求，将促进楼宇党员个人成才发展、推动企业生产经营、加强企业文化建设和楼宇党建工作有机融为一体。

一是搭建政府公共服务平台。发挥党委和政府的职能作用，整合区域资源，设立规范统一的公共服务项目、服务标准和服务流程，扎实推进政策咨询、社会保障、计生服务、文体教育、公共安全等公共服务体系建设，使政府公共服务覆盖到商务楼宇所有组织，进一步优化区域发展环境，促进楼宇经济发展。

二是搭建社会特色服务平台。根据楼宇的特色和企业个性化、特质性需求，引进楼宇外的非营利组织进入商务楼宇开展服务工作，特别是引进那些有社会公信力、有社会影响力的非营利机构进入商务楼宇，针对不同类型企业提供个性化服务，推动企业发展。

三是搭建楼宇内组织的自我服务平台。要整合楼宇内各方资源，通过成立楼宇企业联谊会、楼宇职工之家、青年服务中心等社会组织，组织宣传、学习、文体等方面的联谊活动，积极融洽楼宇业主之间的关系，为他们搭建信息互通的平台、互帮互助的桥梁，营造企业之间的和谐发展氛围。建立商务楼宇志愿服务机制，组织楼宇内企业党员、积极分子、员工和企业主开展服务社会的活动，提升楼宇党组织良好的工作形象。挖掘党员自身资源，建立党内关爱和服务机制，使党员感受组织的温暖，自觉自愿地凝聚在党组织周围，成为基层党组织取之不尽、用之不竭的资源。

四、启示与思考

经梳理总结北京市商务楼宇党建工作的做法，并综合参考上海、天津等地区商务楼宇党建的相关工作实践与经验，我们在开展商务楼宇党建工作时，有如下三点启示与思考。

（一）开展商务楼宇党建工作，必须优化党组织的设置、改进党员的管理方式、强化党组织的功能、提高党建工作科学化水平

楼宇产权、管理关系复杂，驻楼单位众多、产业不一，企业员工层次多样、流动性大，给商务楼宇党组织的设立和党的活动带来了很大困难。为此，要提高商务楼宇党建工作水平，必须从以下三方面着手：一是优化党组织的设置。按照便于党员参加活动、发挥作用原则，采取单独建、联合建、依托建等方式，设立商务楼宇党组织并由街道（地区）社会工作党委管理。暂时不具备条件的，可以依托工会等群团组织或选派党建指导员开展工作。二是改进党员的管理方式。党组织成立后，要及时接转党员组织关系，并按照便于流动党员及时找到党组织，便于企业党员参加组织活动的原则，注重楼宇党组织的功能扩展和内涵延伸，加强宣传引导，使党组织的活动扩大到每一位党员，党的关怀惠及于楼宇内每个企业、每位党员和群众。依托商务楼宇服务站和物业公司，及时了解商务楼宇内企业变更情况，及时了解企业党

员变动情况，不论组织关系是否转来，不论党员在楼宇工作时间长短，不论是否携带流动党员活动证，都要及时接纳楼宇企业中的党员参加党的活动。三是强化党组织的服务功能。商务楼宇党组织和服务站要把强化服务功能作为党建工作和楼宇管理的出发点和立足点，一切组织活动和管理工作围绕公共服务来进行，运用多样、灵活的方式方法和活动载体，吸引楼宇中企业、党员及员工参与服务站开展的各类活动，用党建工作的公信力和公共服务感召他们，进而实现党对楼宇的有效管理。党务服务必须从楼宇和企业实际着手，将党组织活动与解决楼宇企业或党员实际问题相结合，才能将党建工作做实，才能真正凝聚企业、员工和党员。如将党员的理论教育、思想教育与业务培训、实践锻炼结合起来，将驻楼企业中的党员培养成业务骨干和创业能手，吸引广大党员和群众向基层党组织靠拢。政务服务必须从楼宇企业的现实需求出发，及时将政府职能部门的各项服务功能送进楼宇。推动楼宇服务站创新工作形式，拓宽工作领域，提高工作水平。在促进楼宇服务站健全职责、完善功能的同时，促进商务楼宇和驻楼企业的健康、科学、和谐发展。社会服务必须从激发商务楼宇活力、增强楼宇服务站的吸引力和凝聚力入手。针对商务楼宇员工知识层次高、思想活跃的实际，结合他们的兴趣、爱好、职业特点建立各种社会组织，并加强对社会组织的培养和引领，通过社会组织把各方面的人才和精英凝聚在党组织周围。同时，通过社会组织的公益活动、文体活动，将健全楼宇服务站的服务职能与建设楼宇文化、企业文化结合起来，将扩大楼宇服务站的影响力与履行企业、党员、员工的社会责任结合起来。

（二）开展商务楼宇党建工作，必须创新工作方法，创设工作载体，提高党建工作的感召力和凝聚力

一是运用信息技术。建立专门的网站，利用互联网开展学习交流和网上论坛、网上例会，加强党组织与党员之间、党员与党员之间的联系沟通，及时传递生活资讯、政务要闻和党建信息。二是创新活动载体。推行设岗定责、依岗承诺，鼓励党员参加志愿服务活动。结合“创先争优”、文明城区创建工作，广泛开展各具特色的主题实践活动，组织开展喜闻乐见的活动。三是加强民主管理。健全商务楼宇党组织民主管理机制，激发党员的责任感和积极性，楼宇党组织的各项重要工作都在全体党员中进行民主讨论、民主决策、民主监督。

（三）开展商务楼宇党建工作，必须坚决落实“三有一化”要求，提高商务楼宇党建工作保障水平

一是建设党务工作队伍。通过诸如选派机关党务干部、选聘离退休机关、企事业单位党务工作者到街道社会工作党委就职，发挥其党务工作经验丰富的优势；通过公开招聘、竞争上岗等方式选用专业化的社区工作者；通过楼宇、物业公司、驻楼企业管理人员兼职的方式建立兼职党务工作者队伍，发挥其就近联系企业、员工和党员的优势，开展信息收集、联系沟通等工作。通过多种方式建立一支专兼结合的党务工作者队伍，并加强培训、完善激励机制，调动工作积极性，保障队伍稳定性。二是加大经费投入。探索建立市区有关部门下拨党建专项经费为主，街道社区相关经费、党费返还和党员活动经费为辅，商务楼宇内企业资源整合为补充的商务楼宇党建工作经费保障机制。三是加强场所建设。加强与楼宇产权单位、物业公司和驻楼单位法人代表的沟通协商，运用租赁、整合、借用、置换、合用等方式，确保商务楼宇服务站有相应的办公场所和活动场所。谋划商务楼宇服务站布局。对于商务楼宇集中、资源紧张的地区，应按照楼宇分布位置和党员分布情况做好布局，建立商务楼宇联合党组织和商务楼宇服务中心站，联合党组织依托中心站辐射周边楼宇，开展各类党组织活动和党的工作。总之，要依据地域特点和楼宇分布情况组建商务楼宇党组织和服务站，优化党组织功能结构，打牢城市“立体

社区”中党的工作基础。四是统筹区域资源。建立商务楼宇党组织与社区党组织、驻区单位党组织联席会议制度，不断实现党建工作资源的区域化共建共享，实现党建工作的区域化建设工作格局。

（此文为市委社会工委委员、市社会办副主任陈建领2010年12月撰写的调研报告）

关于2010年全市社会建设领域信息化工作的几点思考

王丽竹

2009年信息中心的工作在市委社会工委、市社会办领导的坚强领导下，在各处室的大力支持与配合下，取得了明显成效。5月，2位工作人员到位后，一手抓信息中心筹建，一手抓北京社会建设网建设。在广泛调研、充分论证的基础上，研究提出了网站建设方案，提交工委班子会议顺利通过后，9月8日建成并试运行，2010年1月1日正式开通。从试运行几个月的情况看，整体运行情况良好，月访问量5万次以上，日访问1800多人次，访问人员来自国内外，而且在社会上的影响日益扩大，到12月访问的国家已经达到10多个，访问的省市也日益扩大。

存在的主要问题有三个：一是网站目前的服务功能还处在初级阶段。二是信息中心还处在筹备阶段，人员特别是信息中心的班子尚未配备。三是现有工作人员业务能力还处在刚刚入门阶段。

按照分工调整，我就分管的信息中心工作和今年全市社会建设领域信息化工作谈点初步的思考。因为信息中心尚未正式成立，目前还处在筹备阶段。今年信息中心的工作主要是围绕五条主线，做到五个全面启动：一是全面启动信息中心建设工作。二是全面启动提升为全委办业务工作和中心工作的服务能力。三是全面启动与社会建设工作密切相关部门相关信息的互联互通服务功能。四是全面启动为区县社会建设机构信息化建设指导服务功能。五是全面启动全市社会系统信息化建设工作。实现这一目标，初步思考如下：

一、关于全面启动信息中心建设工作

主要是做好“搭班子、组队伍、设机构、明定位、配设备、建机制”六项工作。

1.“搭班子”。就是要按照编制把信息中心的主任、副主任和1名副处级调研员配备好。这两个主任和1名副处级调研员的配备条件首先要适应信息中心功能定位的需要，既要熟悉社会建设工作，也要熟悉信息化工作和网络技术工作，同时，还要具有较强的统筹协调、文字水平和综合研究分析能力。

2.“组队伍”。就是按照编制将信息中心的7名工作人员配备好。目前信息中心已有3名在编工作人员，其中2名到位，1名未到位，1名属于借调工作人员。这4名同志都到位后，信息中心还有3个编制需要配备，初步考虑这3名工作人员的配备条件是：1名懂网络技术，2名具有一定工作经验，统筹协调、文字水平和综合分析能力较强，年龄在35岁左右，拉开年龄档次。

3.“设机构”。主要是按照编制配置和信息中心功能定位拟在信息中心成立初期先设置信息部和技术部两个内设部门，将来视工作开展情况再进行调整。信息部主要负责工作信息收集、整理、分析、发布、更新、维护和日常工作等。技术部主要负责网站建设、网络技术维护、电脑设备等硬件维修工作。

4. “明定位”。就是要统一思想，找准并明确信息中心的功能定位。社会建设信息中心不仅仅是市委社会工委、市社会办的信息中心，也是市、区两级社会建设工作机构的信息中心，还应该是全市社会建设领域的信息中心。也就是说，对内信息中心与其他处室一样，只是市委社会工委、市社会办的一个内设机构，但是信息中心所承载的职责和任务可以作为全市社会建设信息发布、汇集、统计、分析和新闻中心来建设，站位要高。主要职责：一是为领导科学决策提供信息服务。二是为各密切相关部门数据交换共享提供服务。三是为社会公众提供公共信息服务。四是为进行业务指导和指标评价提供服务。

5. “配设备”。就是把信息中心正常开展工作需要和开展信息化建设、网络建设最急需的基本装备先配备齐了。

6. “建机制”。加强自身管理，规范网站运行制度，提高信息中心干部队伍业务素质，是加强信息中心建设的重要保证。要研究制定并建立一套行之有效的规章制度，从信息采集、审批报送、网站维护、网站安全、软件开发等加强管理，形成综合配套、环环相扣、严谨规范的制度保障体系，使网站建设、维护和管理做到有章可循、有规可依，确保网站高效安全运行。

二、关于全面提升为市委社会工委、市社会办业务工作和中心工作服务的能力

目前，我们社会建设网只是初级的功能服务，全面提升服务能力是信息中心全部工作的主战场和主攻方向，初步考虑，服务形式拟分为跟踪服务、同步服务、主动服务和功能服务四种。

1. “跟踪服务”主要是拟将现在市委社会工委、市社会办职责范围已经开展业务工作的服务迅速跟上，迅速与各业务处共同研究，开发数据库软件，率先把社区工作者、社会工作者队伍、社区志愿者队伍、社区社会组织、社会领域党建、社区办公和服务用房6个数据库建立起来，提高现有业务工作的信息化程度。同时，要迅速跟上“数字北京”建设的步伐。

2. “同步服务”主要是拟将梁书记、丁市长对我们工作提出的新要求和各处正在开展的新工作，凡是需要从信息中心或网络角度配合开展的工作，拟早介入，加强与业务工作协调配合并同步推进。比如，梁书记提出要充分发挥社区服务站的平台作用，搭载更多服务，并将它写入了刘淇书记在市委七次全会上的讲话，还列入市政府今年为民办的实事，提出的“推广建设社区‘一刻钟便民生活圈’试点工作”。丁市长提出的加强为社会组织发展管理和服务力度，社区志愿者注册登记不建新系统，特别是对社会组织审批实行一口进一口出的要求，具体实施办法，按照两位领导的要求，宋贵伦、刘轩同志正在带领社会组织处研究具体办法。同时，可否研究探索通过北京社会建设网络同步实现社会组织审批一口进一口出问题，实现两位领导提出的缩短社会组织审批时间、提高审批效率的要求。再比如，陈主任提出的将全国基层党建工作手机信息系统作为我委办信息化建设的一方面内容的要求，我们要按照陈主任要求和党建处的需要，积极做好服务配合工作。

3. “主动服务”主要是及时了解掌握国内外在相关领域的信息化建设工作发展动态、趋势和先进做法，结合推进社会建设工作实际，从信息化和网络化角度主动开发一些服务。例如，社区信息化建设和利用信息化创新社区服务模式方面，目前，全市有些区县社区和全国各地有好多好的做法和成功经验，比如，杭州市上城区早在2005年就推出了“5A”社区服务新模式。“5A”即任何人、任何时间、任何地点、通过任何设备、得到任何服务。宁波市81890服务网建设，这些

经验都已经很成熟，我们拟采取“走出去”和“网上收集资料”相结合的方式，对这些成功的经验进行综合研究分析，提出推进专项工作建议。

4.“功能服务”主要是拟针对目前市委社会工委、市社会办加快推进社会建设工作的需要，着力研究迅速拓展和开发北京社会建设网的功能，同时，着手研究移动电子政务建设软件的开发。例如，开发动员、通知、分析、统计、注册登记、在线服务等功能，实现宋书记提出的开发网上动员功能的要求，通过不断完善网络功能，探索建立社会系统快速动员能直接到志愿者、社会组织、街道社会工作党委、楼宇社会工作站和社区服务站的移动电子政务系统，增强社会系统快速反应和应急的能力。

三、关于全面启动与社会建设工作密切相关部门相关信息的互联互通服务功能工作

今年拟分别与团市委、市应急办、市民政局、市人力资源和劳动保障局、市政市容委、市社团办等部门，与10个“枢纽型”社会组织，各区县社会工委、社会办，90个信息直报点和“96156”社区服务热线等单位共同研究协商，力争今年能与上述部门实现部分相关信息或数据互联互通。例如，与人保局社会工作者职业资格考试相关数据的共享，与市民政局社会工作者注册登记信息的共享，与志愿者联合会志愿者相关信息的共享、相关成果的共用，并逐步与相关部门建立网上信息互通和资源共享的长效工作机制。

四、关于全面启动为区县社会建设工作机构信息化建设的指导服务功能

对全市各区县社会工委、社会办信息化建设情况进行全面调研，在此基础上，分别与各区县社会工委、社会办研究，提出全市各区县社会建设部门加强信息化建设的指导意见，并同步着手研究将系统延伸到街道和社区层面的指导意见。

五、关于全面启动社会系统信息化建设工作

主要有五个方面的初步思考。

1. 要准确把握推进社会系统信息化建设的发展趋势，明确发展方向。要实现这一目标，首先要全面了解、认真研究、准确把握市委、市政府对推进全市信息化建设工作总体要求。其次要全面了解、认真研究、准确把握全市信息化建设的发展趋势。最后要全面了解、认真研究、准确把握国内外信息化建设的发展趋势和先进经验。在此基础上，对推进全市社会系统信息化建设的发展趋势作出准确判断，找准并明确全市社会系统信息化建设的发展方向。

2. 要以先进的理念科学谋划全市社会系统信息化建设工作，明确发展思路。推进社会系统信息化建设，要有先进的理念作支撑，要在善于学习借鉴上下工夫。目前，国际上、国内许多省市和我市各部门在信息化建设工作方面已进入比较成熟的发展阶段，我国各地、各领域也创造了许多好的推进模式。我们要认真总结国内外以及我市的经验和做法，深入总结推进。

3. 要科学统筹全市社会系统信息化建设工作，明确发展规划。紧紧围绕今后五年首都经济社会发展整体目标、建设世界城市和建设“人文北京、科技北京、绿色北京”的总体要求，特别是根据我市未来社会建设工作发展需要，总结分析首都社会系统信息化建设现状和问题，研究编制《北京市社会系统信息化建设“十二五”规划》，提出全市社会系统信息化建设未来5年的发展总体框架、发展目标、指导方针、基本任务和对策建议。同时积极推动将社会系统信息化建设规划纳入“十二五”时期首都经济社会发展规划或全市信息化建设“十二五”规划。

4. 要研究制定推进全市社会系统信息化

建设的保障措施，明确发展政策。拟在对全市18个区县社会工委、社会办、街道、社区信息化建设现状进行全面调研的基础上，着手研究制定《关于推进全市社会系统信息化建设三年行动计划》，明确2010—2012年全市社会系统信息化建设三年建设目标、任务和保障措施。

5. 要找准全市社会系统信息化建设的突破口，明确发展路径。一是加强网站建设，夯实社会系统信息化建设基础。二是统筹规划，完善社会系统信息化整体网络架构。三是积极整合优化，加快社会建设信息资源的开发和利用。四是立足当前，建立社区建设数据库、社会工作人才队伍建设数据库、志愿者和志愿服务项目数据库、社会组织建设数据库、社会领域党建数据库。五是着眼于长远，逐步建成覆盖全市各部门、单位、全体居民的社会建设数字化网络平台。在实现以上五项重点突破的基础上，强化动员调度职能，建设动员型信息中心；强化综合协调职能，建设服务型信息中心；强化参谋助手职能，建设研究型信息中心；强化技术保障职能，建设科技型信息中心。

（此文为市委社会工委委员、市社会办副主任王丽竹2010年1月撰写的调研报告）

求实创新　乘势而上
努力开创北京市社会组织工作新局面

刘　轩

前不久，市委、市政府召开了“社会服务管理创新推进大会”，这是新形势下全市在社会建设方面召开的一次非常重要的会议，提出了按照“建首善、创一流”的工作标准，加快推进社会服务管理创新的工作要求和目标任务。借着这股“东风”，我们紧接着又召开了“全市社会建设半年工作会”，对上半年全市社会建设工作进行了全面总结，对下半年工作进行了动员部署。在此基础上，今天我们邀请10家市级“枢纽型”社会组织工作部门负责人和区县社会工委、社会办的主管领导和业务科室负责同志召开这次会议，同时又邀请了一个街道和一个区级社会组织联合会的同志参加，这种会议开法是第一次，本身也是一种创新。这次会议目的很明确，就是要结合贯彻社会服务管理创新推进大会精神，专门就社会组织工作，进一步通报情况、交流经验，统一思想、明确任务，更好地推进下一步工作开展。

刚才，几个单位同志的发言讲得都非常好，大家分别从不同角度谈了工作中的一些好的做法、经验和体会，听了很受启发，相信其他同志也都能从中得到很多启示。卢建同志结合社会服务管理创新行动方案的有关内容，对下半年社会组织重点工作进行了部署，希望大家认真抓好落实。下面，我再谈几点意见，与大家交流。

一、经过大家的共同努力，全市社会组织改革与发展工作扎实推进，成效显著

从全市来看，除了刚才发言的几个单位外，还有许多好的经验和做法值得认真总结，但由于时间关系，不能一一发言。总体上看，近一个时期以来，在大家的共同努力下，我

市社会组织工作在不同层面、不同方面都取得了明显成效，应当充分肯定成绩。认识到这一点，对于我们坚定信心，更好地做好今后工作非常重要。

一是经过不断探索和实践，“枢纽型”社会组织管理体制的优势正逐步显现。

第一，一些“枢纽型”社会组织通过发挥自身优势，在扩大社会联系面上开展了卓有成效的工作，这是“枢纽型”社会组织发挥作用最为显著的标志。梁伟同志经常强调，在社会结构、利益格局发生重大变化的新形势下，作为党和政府认定的“联合型”组织，“枢纽型”社会组织开展工作不能仅局限于“体制内”，一定要把工作触角延伸到“体制外”，通过一定形式把本领域的社会组织包括各类“草根”组织联系和管理起来，这既是适应社会建设形势变化的需要，也是“枢纽型”社会组织自身建设发展的需要。刚才，团市委的同志作了一个非常好的发言，应该说，团市委近年来特别是今年上半年，在主动联系本领域不断出现的各类新型“青年组织”等方面做了大量工作，已辐射带动各类青年社团组织5000多家，工作开展得很有成效，也很有代表性。同时，我们还看到，其他一些“枢纽型”社会组织也积极通过不同形式，进一步扩大了工作覆盖面。比如，市总工会着力推动“服务型工会”建设，建立了19个区县职工服务（帮扶）中心，532家工会服务站，覆盖近400万工会会员；市妇联将现有61个女性社会组织、2194个城乡各类妇女组织纳入工作视野，在全市建立了348个“姐妹驿站”；市残联对本领域社会组织进行了调查摸底，与60余家民办残疾人服务机构建立了较为固定的工作联系，并在资金、政策等方面给予支持；市红十字会主动将原民间登山救援组织——蓝天救援队——纳入工作视野，将其改造提升为北京红十字会应急救援队，并积极提供工作支持。

第二，通过“枢纽型”社会组织的引导和带动，进一步激发了广大社会组织参与社会建设的热情和活力。在上半年举办的“首都社会公益活动周”期间，10家市级“枢纽型”社会组织联合所属的百余家各类社会组织，集中开展了系列公益主题活动，取得了良好的社会效果。团市委举办的“青少年类社会组织文化节”，为数百家本领域社会组织搭建了展示、交流、服务平台。市科协去年累计举办重点学术活动97场，百余家科技类社团参加了相关活动。市社科联持续开展“周末社区大讲堂”和各类学术活动，积极引导本领域社会组织和专家学者参与社会建设、提供公共服务。市残联依托有关残障类社会组织，开展了“一路有爱、‘点亮’蓝丝带”爱心车队公益助残活动，广泛传播关爱残疾人理念。市侨联、市红十字会、市法学会等通过举办知识竞赛、论文征集、科普讲座等活动，积极发挥本领域社会组织优势，共同参与社会建设。

第三，“枢纽型”社会组织按照新的职责要求，进一步完善内部规章制度建设，不断提高工作水平。比如，市科协刚才介绍了许多做法，这对于加强内部社团管理非常重要。此外，按照社会建设“1＋4”文件精神，适应新形势下工作需要，市残联研究制定了《北京市残障服务类社会组织登记审查与管理暂行办法》；团市委研究制定了《关于服务青少年社会组织发展的指导性意见》，市社科联研究制定了《关于社科类社会组织建设与发展的意见》，等等。

二是区县社会组织工作蓬勃开展，基层创造出了许多鲜活的工作经验。

第一，区县“枢纽型”社会组织工作体系建设步伐加快。截至目前，石景山区、大兴区、通州区、怀柔区、平谷区、顺义区、门头沟区、房山区已先后认定了“枢纽型”社会组织，西城区、海淀区、朝阳区、昌平区等积极通过成立“社会组织联合会”、“志愿者联合会”、“企业联合会”等形式，探索了新的“枢纽型”社会组织构建模式和工作机制。顺义区在认定“枢纽型”社会组织之前，前期做了大量调查研究，着重考虑认定以后的工作覆盖面和实际作用发挥问题，创造性地开展工作，这一做法值得总结和借鉴。

第二，我市许多街道和乡镇在加强辖区内“六小门店”和各类“两新”组织管理过程中，积极培育发展“联合型”组织，并从精神文明建设、党团建设、社会综合治理、完善社区公共服务等角度，发挥其“以大带小”、“以一带多”的优势，取得了明显成效。比如，除刚才重点发言中介绍过的密云县鼓楼街道“商管协会”以外，还有朝阳区朝外街道的“‘六小门店’自律协会”、西城区月坛街道的“社区建设协会”、宣武区椿树街道的“社区公共服务协会”、广外街道的“阳光志愿者协会”、崇文区东花市南里社区“公共服务协会”、房山区私个协长阳镇分会等，这些经验都很好，都值得我们研究、学习和借鉴。

第三，许多区县和街道积极采取措施对社会组织进行培育和扶持。比如，东城区成立了“社会组织指导中心”，设立了100万元的社会组织发展专项资金；西城区建立了“社会组织孵化器”，设立了1000万元的社会建设专项资金；顺义区设立了600万元的社会组织专项资金；朝阳区设立了3000万元的社会建设专项资金；丰台区通过购买服务的形式委托区肉类食品行业商会开展“放心肉类社区行”公益活动，西城区月坛街道建立了“社会组织服务楼”，为10余家社区社会组织提供办公场地和工作支持。

三是经过大家的不懈努力，全市社会组织工作的整体外部环境正逐步得到改善。

大家应该深有体会，与前两年相比，这两年各级党委和政府对社会组织工作的关注程度和支持力度可以说是“前所未有”的。比如，在构建“枢纽型”社会组织工作体系这一问题上，市委、市政府主要领导同志非常重视，在许多场合多次提及，对这项工作寄予了厚望。再比如，今年市委常委会工作要点、市政府折子工程和为民办实事中，集中性地列出了多项培育扶持社会组织发展的具体举措，包括设立市社会建设专项资金、建立全市社会组织孵化器、购买300个社会组织公益服务项目、培育10个社会组织公益品牌等。随着这些政策措施的逐步落实到位，社会组织工作整体上会有一个较大的提升和改善。同时，上面已经提到，许多区县和街道这两年在社会组织建设、发展方面也明显加大了支持力度。各级党委政府之所以这么重视，一方面是社会组织工作自身的重要性决定的，同时，也是我们两年多来坚持不懈地抓改革促发展、抓创新求突破的结果，与大家的辛勤工作和努力探索是分不开的。在此，我也代表市委社会工委、市社会办向大家表示感谢！

二、进一步认清形势、明确任务，认真做好下半年的几项重点工作

在前两年出文件、搭框架的基础上，今年全市社会组织工作的主要任务是抓突破、见成效。梁伟、丁向阳同志对社会组织工作特别是“枢纽型”社会组织建设和社会组织管理体制改革工作非常重视，年初以来，多次听汇报，亲自带领我们研究问题，有许多重要指示，宋贵伦同志也对这块工作提出了许多具体要求。根据这些指示和要求，结合当前各方面推进工作的实际情况，我认为，总的来讲，我们社会组织工作的重点和核心是“枢纽型”社会组织工作体系的构建问题，对这一问题，大家要进一步统一思想、认清形势，要深刻认识到：第一，构建“枢纽型”社会组织工作体系，是我市社会组织管理体制改革的核心内容，是社会组织改革创新的一项标志性任务，市、区两级都要把构建和完善“枢纽型”社会组织工作体系作为第一要务抓好、抓实。第二，在构建“枢纽型”社会组织工作体系的过程中，重中之重是“枢纽型”社会组织的作用发挥问题，要一手抓体制机制的建立，一手抓工作内容的搭载和实际作用的发挥。第三，随着工作的不断开展，需要各方面进一步拓宽工作视野，树立社会组织“一盘棋”的思想，处理好“体制内”与“体制外”、“注册登记”与

"未注册登记"的关系，积极将大量"草根"组织、国际社会组织、全国性行业组织等纳入工作视野。第四，在加强对社会组织监督管理的同时，要进一步做好培育发展和服务工作，采取更多行之有效的办法，投入更多资源，促进社会组织健康发展。

关于下半年的工作，刚才卢建同志已经作了详细部署和说明。这里，我重点强调以下几个方面。

一是进一步完善"枢纽型"社会组织工作体系，基本做到全覆盖。从市级层面来讲，年底之前要完成第二批"枢纽型"社会组织的认定工作，使整个工作体系的覆盖面达到80%以上。区县层面特别是还没有正式认定"枢纽型"社会组织的，要进一步加快工作步伐，尽快实现市、区两级在这项工作上的上下联动、有效对接。随着工作的不断开展，目前各方面对"枢纽型"社会组织的认识也在不断深化，认为"枢纽型"社会组织可以是分层次、分领域的一个"节点"，不必拘泥于具体形式，可以侧重不同的功能，关键是要发挥作用。因此，各区县在认定"枢纽型"社会组织过程中，不要墨守成规，不必照搬市里的模式，一定要结合本地区实际，从有利于工作开展、有利于把事情办成、有利于切实发挥作用的角度来开展工作。

二是支持和促进"枢纽型"社会组织进一步发挥作用，完善工作运行机制，在此基础上，尽快实现新旧体制"切换"。按照有领导责任制、有职能部门、有工作制度、有党组织和党的工作广泛覆盖、有管理和服务体系广泛覆盖、有业务和活动品牌项目"六有"要求，进一步加强"枢纽型"社会组织建设。同时，作为下半年的一项重要工作，要按照"先挂钩、后脱钩"的工作思路，促进"枢纽型"社会组织与本领域由行政部门管理的社会组织建立工作联系，并逐步实现政社分开，尽快实现体制"切换"。社会组织处已经列出了一份初步的社会组织"脱钩"名单，各单位可参照这一名单，前期先做一些基本的研究和准备工作，先"挂上"、联系上，条件成熟了再正式脱开。至于具体的"挂钩"方式，之前有关"枢纽型"社会组织曾提出过一些问题和困惑，认为联系的渠道办法不多。但总体上，这项工作肯定要做，在没有现成办法的情况下，需要各单位在实践中不断摸索，创造性地解决好有关问题。特别是区县，完全可以按照市里的总体精神积极探索，先行先试，积累经验。当然，从市委社会工委、市社会办的角度，也会积极为各单位提供必要的工作支持，比如针对市级"枢纽型"社会组织工作量增加和经费、人员不足等问题，目前已研究制定了购买"管理服务"、购买"专业社工岗位"、协调解决编制问题等工作方案，提出了有关工作标准和实施办法。下一步，要积极协调相关部门尽快落实到位，切实为各单位开展工作提供支持。

三是进一步深化社会组织登记管理体制改革，完善社会组织设立的"一站式"服务机制。按照市领导提出的"一口审批、分类规范、政府监管、扶持发展"的要求，市委社会工委、市社会办会同市民政局研究制定了《北京市社会组织管理和服务实施办法》。丁向阳副市长对这个文件很重视，相关内容也已经明确写进《全市社会服务管理创新行动方案》，因此，要抓紧修改完善，争取年底之前印发实施。该《实施方案》对"1+4"文件中的许多内容进行了细化和明确，比如增量"社会组织"要统一纳入"枢纽型"社会组织管理，存量社会组织要先"挂钩"、"后脱钩"，如何加强监管，如何扶持发展等。争议比较大的主要是"一口审批"中的"一口"到底是民政局一方还是多方联合设立办事"窗口"，具体形式怎么落实？这一问题，可能最后要由市领导来定，但无论结果如何，文件印发后都会对社会组织的改革和发展工作起到重要推动作用。

四是重视国际社会组织的引进，建立健全与在京国际社会组织的联系、服务机制。建设世界城市，仅仅引进企业总部是不够的，还要引进有一定影响力的国际行业组织总部。

梁伟同志在许多场合提出过这一要求，去年专门责成我们进行过一次在京国际行业组织摸底调查，并多次与市贸促会、市民交协、有关区县的领导同志探讨过这一问题。因此，一方面要把它作为一项重要工作来抓；另一方面，由于目前还没有比较成熟的工作方法，许多问题还要边研究、边摸索、边完善。所以，从下半年开始，要积极发挥市贸促会、市民交协等单位的优势，争取年底前举办1~2项有国际组织参加的重大国际性论坛或相关的沟通联谊活动。在此基础上，逐步探索吸引国际组织落户、联合开展活动、进行工作交流的有效形式和联系机制，引导在京国际社会组织参与首都现代化建设。

五是进一步加大对社会组织的培育扶持力度，完善政策体系。对于今年市政府明确提出的几项重点工作，如建立社会组织“孵化器”、购买300个社会组织公益服务项目、打造10个社会组织公益品牌等，要在年底前按时完成。目前，这几项工作都正在加紧推进落实当中。其中，关于社会组织“孵化器”的组建模式，目前主要倾向于通过租赁方式，设置一个一定空间范围的实体办公场所，聘请专门提供“孵化”服务的支持性组织或专家团队，集中为社会组织提供政策咨询、能力建设、项目策划等服务，同时，今后政府购买社会组织服务项目的发布、招标以及有关公益展示、宣传、社会组织的咨询服务、培训交流等活动也主要在这里集中开展。另外，关于购买300个社会组织公益服务项目问题，上半年通过“枢纽型”社会组织和区县社会工委、社会办征集了一些项目，根据今年市社会建设专项资金的使用计划，初步考虑主要通过“以大带小”的方式来统筹安排，即目前已经基本确定向市级“枢纽型”社会组织购买20多个大类项目，总共涉及资金2000余万元。“枢纽型”社会组织在承接这些大类项目时，应联合一定数量的小组织来共同实施，真正发挥“枢纽型”社会组织的龙头带动作用。在此基础上，确定300个公益项目，并从中评选出10个效果较好、有影响力的公益品牌。

需要说明的是，用社会建设专项资金购买社会组织服务项目，今年是第一年，是第一次尝试，包括跟市财政等部门有一个磨合过程，机制、模式还不尽完善，资金数量也有限。随着专项资金运作机制的进一步完善以及资金数量逐年增加，购买项目的量和面会逐步扩大。

此外，还有很多工作，比如，市、区两级都应开始着手考虑制定社会组织“十二五”发展规划、配合做好中关村社会组织登记管理体制改革等，这里不一一列举。

三、正确把握社会组织工作的阶段性特点，坚定信心、积极探索，创造性地开展工作

今天参加会议的都是来自直接从事社会组织工作的一线的同志，大家在工作中都普遍感到面临很多困难，与社会建设其他几块工作相比，缺乏抓手、办法不多，很多时候进展缓慢、收效甚微。我想，社会组织工作之所以“难”，原因是多方面的：第一，在我国现阶段，总体上社会组织地位处于弱势、社会认可度不高、自身素质较差、作用发挥不足、各方面重视不够等现象还很普遍，短期内很难有根本改善，这种客观现实情况在一定程度上影响了我们的工作积极性，增加了工作难度；第二，“枢纽型”社会组织是改革过程中出现的新事物，是被媒体称为“北京经验”或“北京模式”的主要内容支撑，没有现成经验，完全是摸着石头过河，在新体制逐步替代旧体制的过程中，难免会遇到各种压力和阻力；第三，社会工委、社会办作为新部门、新单位，面对新事物有一个找准定位和切入点的问题，现实工作中确实存在措施少、手段不多、协调工作难度大等情况，加上市级层面一些体制问题没有完全理顺，客观上也给各单位、各区县造成了许多困难；第四，社会组织分级设立的特点，造成很多时候市、区两级联系不多、指导不

及时、信息不对称，一些区县的工作重点可能也没有放在社会组织方面；第五，从主观上看，可能个别同志在思想上还没有作好充分准备，对社会组织工作认识不足，表现为理论知识学习储备不够，对社会组织工作重要性和规律性认识不到位，存在“怕出问题”、“怕担责任”，甚至“多一事不如少一事”等情况。

尽管工作很辛苦，但还是希望大家要着眼长远，看到积极和有利的方面，坚定信心，有所作为，不辜负市委、市政府和社会各界对我们的期望。在此，我再提几点希望和建议，同大家共勉。

第一，要积极探索，创造性地开展工作。新的体制从理论上提出到实践中成功，有一个艰苦的探索过程。改革不能回避矛盾，越是矛盾突出的地方，就越是需要重点突破。希望大家迎难而上、大胆探索，创造性地开展工作，尤其是要克服“等、靠、要”思想，多提建设性意见，多出实招、办实事，认真处理好一个一个具体问题。比如，对于“枢纽型”社会组织而言，最根本的要求，是需要各单位把本领域社会组织全部纳入工作范围，包括把体制外的“草根”组织联系和团结起来。但具体怎么联系、如何开展工作，这都需要大家认真研究和摸索，没有现成经验。但我想，“枢纽型”社会组织作为党和政府的得力助手，有着健全的组织网络、工作机制和工作队伍，只要充分发挥优势，找对工作路径，完全有条件做好这项工作。同样，区县在推进社会组织工作过程中，创新的空间更大，特别是已列入综合改革的试点区，一定要在认真学习领会市里有关文件精神的基础上，紧密结合本地区实际，积极探索，扎实推进各项工作的开展。

第二，要转变观念，学会做社会工作。我们现在所从事的社会建设工作，包括“枢纽型”社会组织所开展的有关工作，需要我们进一步转变思想观念和工作方法，从传统的以直接管人、管财、管物为主的思维模式中转变过来，从“行政化”的工作方法转到“社会化”的工作方法上来。市委、市政府认定“枢纽型”社会组织以后，对新形势下的群团工作提出了更高要求，客观上需要各单位在继续保持“政治属性”的同时，进一步强化自身的“社会属性”，而这种“社会属性”就需要大家学会用联系、协调、服务、引导等“非行政化”的方式来开展社会建设工作。因此，希望同志们在今后的社会组织工作中，要进一步转变观念和方法，不断掌握联系、协调、服务不同社会组织和社会群体的方式方法，学会做社会工作。

第三，要加强学习，更好地适应新的工作要求。社会组织工作的理论性、政策性、实践性和创新性都很强，工作牵扯面广，难度大，任务重。希望大家进一步深入学习与社会组织相关的法律法规和政策规定，更加细致地了解和掌握社会组织的相关知识，熟悉有关工作流程，提升业务水平，扎实有效地推进工作开展。同时，要特别注意调查研究，在实践中不断学习，提高政策制定和处理实际问题的能力。要采取“解剖麻雀”的办法，抠细节，突破一点，带动一片，往往面上的重大改革举措的出台，来源于个别点上的重点突破。

第四，要加强交流，共同提高工作水平。希望大家以召开这次会议为契机，相互学习、借鉴其他单位和区县在社会组织工作中的一些好的经验和做法，结合本单位、本地区的工作实际，合理地加以运用。希望通过这次会议，大家既要看到差距和不足，同时，更要举一反三、激发斗志、努力赶超，创造出更多、更好的工作经验。市委社会工委、市社会办也将积极采取多种形式，为大家搭建沟通交流平台，共同提高全市社会组织的整体工作水平。

（此文为市委社会工委委员、市社会办副巡视员刘轩2010年4月17日在社会组织经验交流会上的讲话）

上海市依托专业社会工作机构创新社会服务管理模式研究及对社会建设的启示

王智玲

为构建预防和减少犯罪体系，上海市改变传统的以行政手段为主体的司法工作方式，大力培育扶持专业社会工作机构，积极引入专业社会工作技术和方法，通过政府购买服务的方式，支持专业司法社会工作机构发展，进而推动全市社会服务管理模式创新。市级层面，上海市委政法委、综治办在2003年年底到2004年年初，培育组建了自强社会服务总社、新航社区服务总站和阳光社区青少年事务中心三家社会组织，分别承担禁毒、矫正和青少年事务三类司法社工的招募和日常管理；随后，在区、街、社区层面分别设立了区县社工站、街道社工点，并向社区派驻社工，开展禁毒、矫正和青少年帮教服务。

浦东新区作为目前上海的副省级市辖区，在上海经济和社会发展中居于重要的战略地位。2005年6月21日，国务院批准上海浦东新区为国家综合配套改革试验区，旨在着力转变政府职能、转变经济运行方式、转变城乡二元结构。由于浦东新区司法社会工作有着良好的基础，因此，浦东新区将司法社会工作创新作为社会服务管理综合配套改革的重要突破口。2007年，浦东新区成立中致社区服务社，充分整合辖区司法社会工作资源，推动司法社会工作模式创新。

一、基本情况

为进一步整合司法社会工作资源，浦东新区以国家综合配套改革试验区为契机，在区内原有禁毒、矫正和青少年事务三个社工站基础上，成立了全市首家区级大型综治社会组织——上海中致社区服务社（以下简称“中致社”），在创新社会服务管理体制方面迈出了新步伐。

（一）内部运行情况

1. 性质定位。

中致社由上海市浦东新区社工协会、社会帮教志愿者协会、青年联合会共同出资兴办，经上海市浦东新区民政局批准，于2007年7月3日注册成立为民办非企业单位，其主管部门是浦东新区政法委员会办公室，同时接受浦东新区禁毒办、司法局和团委的业务指导。在机构冠名上，以“中致”命名，正好与司法社工致力于社会治安综合治理的“综治”谐音。

2. 组织架构。

中致社设有董事会、监事会、干事层（总干事、副总干事、干事）和专家顾问团，分别承担决策、监督、执行和咨询建议的任务；在新区23个街道、镇设立社工点，内含禁毒、矫正和青少年事务三个社工组（见图1）。其组织架构的特色在于：一是项目部管理制，以原有禁毒、矫正和青少年事务三个社工站为单位，相对应地改建为项目一部、二部、三部，在业务上分别接受新区禁毒办、司法局和团委指导，并布置各自条线社工的工作；二是功能区域负责人制，鉴于新区区域面积较大，为提高管理效率、方便上下沟通，按新区陆家嘴、三林、张江、金桥、外高桥和川沙等功能区，设立区域负责人，统辖区域内各街镇社工点。

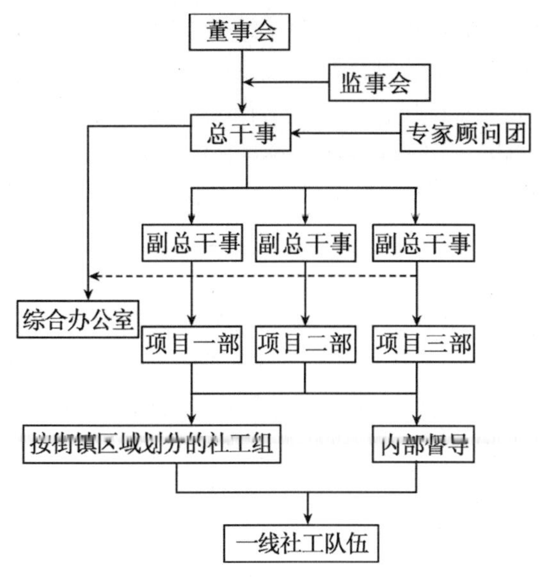

图1　上海中致社区服务社组织架构图

3. 人员结构。

中致社的人员结构大致可以分为五个层次：一是决策层，即董事会，人员主要由司法、统战等部门及相关街道离、退休干部组成。二是监督层，即监事会，人员由浦东新区政法委、司法局、团委在职干部组成。三是咨询层，即专家顾问团，主要由上海市及全国相关高校、专业社会工作机构的专家学者组成。四是执行层，即干事、一线社工等，实行严格的资格准入制度，面向社会公开招考，具备社会工作、心理学、法学等专业教育背景，或者具有相关专业资质的人员方可报考，通过笔试、面试等环节后才能被最终录取。五是见习社工，中致社与浦东社工协会合作开拓职业见习岗位，2009 年共招募 6 批 38 名见习社工，工作范围涉及禁毒、矫正、青少年帮教的 23 个社工点，在缓解人手不足压力的同时，也选拔了一批优秀学员作为储备人才。

目前，中致社共有社工 167 人，其中，男性社工 53 人、女性社工 114 人；本科学历 113 人，占总人数的 67.7%，大专学历 54 人；拥有社工师和心理咨询师 77 人，拥有助理社工师和助理心理咨询师 62 人，专业资质持有率达 83.2%。

（二）项目运行情况

1. 项目获得。

2007 年，中致社成立后，浦东新区综治办代表相关业务部门与其签订了《社会工作服务合同》，中致社得以承接禁毒、矫正、青少年帮教三个项目。合同中明确提出了三个项目的年度指标要求，并对服务标准、权利义务、经费给付、考核评估等内容作出详细规定。合同签订后，中致社按照项目要求制订具体的实施方案，包括使用社工人数、经费支出和具体步骤等，并启动实施项目。

2. 项目评估。

评估分为两个部分：一是服务效果评估。年底，新区政法委会按照合同规定，向政府相关业务部门、街道社区及服务对象发放满意度调查表，对中致社的服务效果进行评估。二是专业水平评估。新区综治办邀请相关专家学者，对中致社运用专业社会工作技术和方法及专业社会工作项目研发等情况进行专业评估，以确定其专业水平。

若中致社在评估中获得“优秀”，次年将直接继续承接项目；若被评定为“一般”，新区政法委将会围绕三个项目面向社会公开招标，但中致社享有优先竞标权；若被评定为“不合格”，中致社的竞标资格将被取消。

3. 经费来源。

中致社最重要的资金来源于浦东新区购买三个基本服务项目的财政投入，2007—2009 年三年，中致社获得政府购买服务资金共计 2700 余万元。政府购买服务的投入方式主要经历两个阶段：一是按社工与服务对象的比例拨付。即根据项目的不同，按照 1 个社工服务 100～150 个对象的比例，根据服务对象的数量，测算所需社工数量，然后按照每名社工每年不低于 5 万元的标准，拨付相应经费。二是按照项目整体打包拨付。从 2010 年开始，新区政法委开始转变资金拨付方式。在前期调研、询价的基础上，考虑服务对象数量、标准高低及难易程度等因素，将项目整体打包，确定总体费用后分期拨付给中致社，由中致社自主决定社工使用数量及具体的资金使用办法。

同时，中致社也得到了新区政府及各街镇在其他方面的大力支持。如总社的办公场地由新区政府无偿提供；中致社在各街镇的社工站办公场地由各街镇无偿提供，同时各街镇还向社工提供交通、用餐补贴等等。

另外，中致社也通过积极筹集社会资金，争取社会各界及相关基金会的支持。2009年，中致社通过与社会各方合作，共募集帮困助学资金、实物价值10.8万元，合作项目资金13.1万元，研发项目资金14.8万元，总计38.7万元。

中致社通过开展专业社会工作服务，对维护浦东新区的社会稳定作出了积极贡献。截至2009年10月底，经认定已戒毒瘾三年以上巩固戒断率高于全市平均水平；浦东新区社区服刑人员、五年内刑释解教人员当年重犯率低于全市平均水平；社区青少年违法情况相比去年有所下降。截至2009年11月，对148名外省市社区服刑人员、刑释解教人员开展了矫正帮教工作；对14名来沪青少年开展了诉前考察、社会调查、合适青少年教育服务，开展危机干预个案服务7例；另外向来沪社区青少年开展学历培训教育服务16人次，心理咨询、法律咨询服务83人次。

二、对北京市的启示

全市社会服务管理创新推进大会对加强社会建设、创新社会管理提出了新要求，在落实大会精神过程中，应当充分吸收借鉴上海等地区的先进经验，结合首都社会发展实际，解放思想、转变观念，开阔视野、创新方法，大力推动社会工作发展及其专业机构建设，不断创新社会服务管理的体制机制。

（一）在三个试点区选择相关领域推进专业社会工作机构建设

按照“试点先行、分步推进”的原则，鼓励东城、朝阳、顺义三个社会服务管理创新试点区先试先行，选择司法、教育等具有一定专业社会工作基础的系统先行开展试点，有计划、有重点地建设专业社会工作机构，不断总结经验，为在全市推动专业社会工作发展积累经验。

（二）加快推进政府购买专业社会工作机构服务

进一步加大财政投入力度，以项目招标、委托等多种方式，购买专业社会工作机构的专业服务。同时严格控制合同签订、考核评估、资金拨付等环节，加强对社会工作资金使用的内部审核和外部监督，提高使用效率。

（三）积极促进传统工作方法与社会工作专业方法的有机结合

要充分吸收社会领域的传统工作经验和方法，不断总结提升。同时，对于一些社会领域的重点、难点以及新出现的问题，要依托专业社会工作机构积极运用现代社会工作专业技术和方法加以解决，不断提高社会工作服务的专业化水平。

（此文为市委社会工委委员、市社会办副巡视员王智玲2010年9月撰写的调研报告）

关于北京市部分社会心理服务机构的调研报告

张青之

为贯彻落实北京市委、市政府关于《北京市社会服务管理创新行动方案》，筹备建立北京市社会心理工作者联合会，2010年7月16日至8月3日，我们对北京市从事社会心理服务机构、民办非营利组织、企业等10余家单位进行了实地调研，访谈专家50余人，对北京市社会心理服务行业发展现状有了近距离认识，听取了呼声和建议。

一、基本情况

目前，北京市从事心理服务的市级社会公益类团体5家、市级民间非营利组织3家；全市从事心理服务工作的文化科技类企业1592家，具有心理咨询资格证书的个人12759名。另外，在医疗卫生系统所属部分综合医院（含驻京军队医院）中有心理咨询与治疗科室，部分大、中、小学设有心理咨询室（中心）和心理（咨询）教师。此次调研以社会团体和民间非营利组织为主要对象，并选择北京市人保局职业培训中心、北京市心理危机研究与干预中心、北京市成均教育科技发展中心，分别作为政府、事业和企业单位代表进行了调研。总体感到：北京市心理专业知识密集优势明显，各种心理服务组织交互并存，心理工作从业人数较多（每千名市民约有一名心理咨询师），专业组织服务积极性高，在社会心理服务方面做了大量工作。

（一）主管机构及从业人员

北京市设立心理咨询机构较早。西单商业街在1985年即出现第一家心理咨询门诊。北京社会生活心理卫生咨询服务中心成立于1987年，是全国第一家由政府创办的心理健康咨询服务机构。20多年来，该行业呈现出多头并举、分散建设，民间先行、无序发展的状态。先后有民政、卫生、教育、科技、人事等部门，以及共青团、妇联等组织开办了心理咨询服务机构或担任主管部门。如本次调研的北京心理卫生协会、北京市青少年法律与心理咨询服务中心、北京市社会生活心理卫生咨询服务中心等机构，均为1992年至2006年注册的公益类社团组织，分别挂靠在市社科联、团市委和民政局等部门（见附表），并由机关派遣领导，给1～3名员工编制，其余大部分由社会雇用，并外聘少数专家，使用临时性志愿者20～100人不等，人员流动性相对较大。

（二）工作领域及特色项目

市级社会公益类团体和民间非营利组织具有相对明确的专业分工。服务对象涵盖了老年人、青年人、少年儿童、残疾人及不同职业的人群。如寸草春晖老年心理服务中心负责老年人心理健康服务热线、社区老年心理健康讲座、“重阳老龄乐”大型广场活动等项目。北京市东城区惠泽心理健康服务中心运作的社区志愿者孵化项目。北京社会生活心理卫生咨询服务中心负责“96156”市民心理服务热线和家庭婚姻，以及社区心理服务站。北京青年压力管理中心负责青少年的心理减压、职业心理培训。北京市青少年法律与心理咨询中心负责青少年自我保护系列项目，国际慈善类项目则主要包括孤残特殊人群的心理关怀。

从项目性质上分，公益社团以政府资助的服务项目为主，而“民非”所从事的心理服务领域较为广泛，既包括政府部门类项目、国际慈善类项目，也包括社会企业员工心理培训类项目和社会心理咨询服务类项目。较有特色的心理服务项目包括：大学生就业压力论坛、职场心理压力管理、太阳花成长计划、社区志愿者孵化项目等（见附表）。社会上以科技文化企业为名义注册的民营机构和社会心理咨询师，多在婚姻家庭、亲子关系、职场人际等热点敏感领域开展心理咨询与治疗，有的经营活动超过其允许范围。

具有事业单位性质的社会心理服务组织发展较好。所调查的医院和企业多由高学历人员担任领导，雇用较多相对固定的心理咨询师，聘请专家指导，经济来源较广，持续性较好。例如，北京市心理危机研究与干预中心隶属于回龙观三级甲等精神卫生专科医院，也是世界卫生组织心理危机预防研究与培训合作中心。从2002年设立的心理危机干预热线至今，中心已接听约11万人次咨询电话，挽救过无数人的生命。同时，中心还做了大量心理危机干预的专业培训工作。北京成均教育科技发展中心是北京市海淀工商分局注册的拥有20名员工的集体所有制企业，主要经营研发心理学在应用领域中的评估工具、软件及相关的硬件设施，如团体、个体心理辅导的器械、仪器，室内心理辅导所用的拓展器材等，在北京具有一定的经营规模。

（三）经费来源与经营状况

政府主导的社会团体和民间非营利组织的资金来源渠道主要有三种：一是政府支持项目或申请课题类资金。二是国内外基金捐助和企业公益赞助。三是少部分机构通过自创项目获得资金。

市级社会团体、民间非营利组织接受政府项目资助。如北京心理卫生协会每年依靠社科联课题经费5万元~10万元，支撑部分研究和年会。北京市社会生活心理卫生咨询服务中心承担“96156”心理服务热线，民政局支持20万元为固定来源，17名员工已经走了5名，处在无法维持运转状态。寸草春晖老年心理服务中心依靠“96156”老年心理服务热线25万资金，办公经费、员工工资和活动场地租金都要向国内外基金组织等申报项目支撑。惠泽心理健康服务中心承担北新桥街道社区心理服务站有关工作，每年只有5万元固定经费，他们用“草根”组织的方法争取国外项目基金。

公益组织主要依靠申请基金资助项目。国际项目基金多来自联合国基金、福特基金、全球基金、世界银行基金等，其资助项目多数是针对弱势群体、穷困地区、灾区和少数民族地区，北京市公益组织要想获得项目必须到外省市服务，做国际组织感兴趣的项目。国内青少年基金、扶贫基金，联想、万通等企业赞助也多是如此。例如，北京市东城区惠泽心理康复中心的社区志愿者孵化项目，要到四川服务才能申请到世界银行基金。当然，一些好的项目也能得到有关基金支持。青少年法律与心理咨询服务中心每年开展的少年儿童自我保护等项目，也能申请到部分国内基金。

部分社团和民间非营利组织主要靠开展特色服务项目获得少量收益。例如，部分组织开展高考心理减压咨询、婚姻家庭咨询，每小时收费30元~50元不等。有的应企业要求，开展员工培训和调研项目等，缓解经费方面的匮乏，也以自身良好形象和优质服务，满足社会的迫切需求。

北京市心理危机研究与干预中心主要依靠卫生局资金，北京成均教育科技发展中心的运作资金则依靠纯市场化运作取得。

二、困难与问题

北京市心理服务行业存在两种基本情况。公益类社会团体和“民非”机构，因发展无序、专家缺失、经费不足等困难，基本上徘徊在生存边缘。部分民营机构和个别心理咨询师因虚假资质宣传、服务质量不高、追逐高额收费，对整个行业的信誉构成很大威胁。

（一）准入不当与管理无序

心理咨询行业是综合性与交叉性显著的专业领域，从业人员具有多样性。2002年，心理咨询师被列入国家职业大典，心理咨询师的资质考评由国家人力资源和社会保障部负责，属于劳动技能类证书。当年全国就有30余万人报考。这些专业背景不同、文化基础不一、理论素养参差不齐的人员进入社会高需求的心理服务行业，在准入制度设计上存在根本性缺陷。有的二级、三级心理咨询师仅凭参加过全国或国际组织会议，就宣称自己为国家级甚至世界级专家，而其实际服务能力与名号相差甚远。在国家人力资源和社会保障部的规定之外，上海市实行另一套自定的从业资格认定办法。在心理咨询师的从业资格上存在两个不同的标准。

2008年1月，北京市卫生局、教委、民政局、人事局、劳动和社会保障局、工商局联合下发了《北京市心理咨询行业管理办法》，规定了各部门的监督管理职责。但是，出了问题之后又没有相关职能部门接受投诉。人力资源和社会保障局只受理对职业资格证书和培训学校的投诉，不受理对社会上的心理咨询机构的投诉。市卫生局只负责管理医疗机构的心理咨询业务，社会上的心理咨询机构不在其管理范围内。市工商局认为，对社会上心理咨询机构的投诉应该由卫生局办理，原因是，社会心理咨询机构需取得卫生部门医疗机构执业许可证后，工商部门才能予以登记注册。

与此同时，分别隶属于民政部门、卫生部门、工商部门和街道办事处等部门的心理服务机构，在业务管理方面也没有一个整体规划，有些机构涉及心理服务领域太过宽泛，定位不清楚，工作的随意性大。其最根本的原因是没有一个统一的管理机构。

（二）资金匮乏导致生存困难

大部分机构偶尔接受政府部门少量项目资金的资助，但因并不稳定，有些品牌项目无法保持持续性的质量与规模。如北京心理卫生协会，面对大量的公益心理服务需求，每年5万~8万元的项目开支犹如杯水车薪，导致社区心理卫生普及、残障人群心理关怀、专业心理咨询从业人员培训等项目无法开展。迫于资金压力，部分机构不得不用公益的名义去开发一些营利性项目，对部分项目执行的质量有所影响，普遍反映徘徊在“生存边缘”。

绝大部分机构反映，即使有了好项目，由于缺乏资金，也无法在项目的规模和质量上满足巨大的社会需求。例如，惠泽心理健康服务中心的社区志愿者孵化项目，在一些社区的试点效果较好，但每年不足2万元的项目资金使其很难推广。

有不少民间非营利机构提出了税负过重的问题。按现行规定要求，在5%的管理税以外，还要缴纳27%左右的营业税。他们认为既然是属于民间非营利机构的公益性专项资金，就不应该再收取这么高的营业税。

与此相反，部分心理咨询师挂靠在各种机构中，个别人散落于社会开办个体咨询室，他们在工商部门领取执照，从事心理教育、培训、咨询、治疗等活动，如某一民营机构心理咨询天价收费一小时5000元，被认为是暴利行业。心理咨询因收费高昂多有不良影响，已经威胁到行业信誉及可持续发展，群众不敢或不愿意到这些机构中咨询。

（三）人才流失与专家稀缺

各个机构人员不足、人才流失的情况比较普遍。例如，北京市寸草春晖老年心理服务中心在社区从事的老年人心理服务项目，面对社区大量的老人心理服务需求，常驻办公人员只有9人。除此以外，还要应对“96156”的老年心理服务热线，人员的匮乏就可想而知了。另外，绝大部分心理服务机构的从业人员缺乏专业的督导机制，导致这些机构人员的从业素质参差不齐。大部分人并不具有心理学专业的背景，在一定程度上影响了心理服务的从业质量。少数有专业背景的志愿者由于是临时性地参与工作，更不能保证工作持续有效。

全市5个市级社会团体和“民非”组织，绝大部分都从北师大、北大和中科院等学术机构外聘了专家。但在调查中我们发现，有部分心理专家在不同机构都挂了名，其实就是名人资源共享。这些专家具体能够给这些机构带来什么程度的业务指导，也是需要看各个项目资金支持的大小，对工作的指导并没有一个确切的标准。

三、思考与建议

北京市政府专家顾问团顾问、心理卫生协会创办人刘福源，北京政协委员、北京社会生活心理卫生咨询服务中心主任李晓童等专家和机构负责人多次提交议案，并在此次调查中向社会工委呼吁和建议，要尽快明确全市统一的心理行业管理部门，实行资质审核与准入制度，加强行业自律，加强全市社会心理健康服务体系的建设。

（一）成立专业协会，加强行业自律

政协委员李晓童在政协提案和给有关领导报送信息中提出：北京市约有6万余人有心理障碍（政协提案数据，有待商榷），其中约有3%的人患有情感障碍；约有5%的人患有忧郁症，自杀倾向突出；约20%的人群心理处于亚健康状态。近年来，北京市逐年上升的犯罪率、逐年下降的犯罪年龄，其中很多人是因为心理压力得不到疏导而采取极端行为导致的。与此同时，心理培训市场混乱，政府不能不管。随着社会需求的逐渐加大，一些看到心理健康行业需求前景的人，趁机举办高价心理咨询师培训班，使某些不具备心理咨询师资格的人进入心理行业，进一步扰乱了心理健康行业的秩序。而政府目前既无年审考核，又无行业标准，更没有心理咨询师的资质认定，长此下去，也会对社会稳定和群众利益带来严重影响。因此，她提出，要建立健全北京市心理健康服务体系，设立政府管理机构，让各种心理服务组织走向专业化。市级社团和“民非”组织也强烈呼吁，成立“北京市社会心理工作联合会”，统筹全市心理服务行业发展，推动心理咨询师职业道德自律。

（二）加强行业监管，严格准入制度

北京市政府专家顾问团顾问刘福源提出，要成立“北京市心理专家委员会”，需按照“政府主导、社会参与、整合资源、注重实效”的原则，制定“心理咨询机构制度与规范指导”，规范各种形式的心理咨询服务，编写《心理咨询师自律手册》向社会公示，引入公众监督。制定《北京市心理咨询督导师认定办法》，建立完善、规范的“心理咨询师督导制度”，为取得职业资格的心理咨询师提供自我体检、案例观摩、实际咨询、技能培训等专业督导。落实“心理咨询机构的资质审核”，对本市心理咨询机构进行年审工作，避免和杜绝一次审核终身认证。制定“心理咨询实习见习制度”，为心理咨询师提供提高职业技能和教育的机会，心理咨询行业是一门实践性很强的应用型科学，拿到心理咨询师的资格证仅仅是起步和入门，职业技能和积累大量的实际经验才是职业发展的基础，只有这样才能弥补心理咨询师培训教育不足的现状。

（三）借鉴外部经验，推动创新发展

当前，各省市以深圳青工自杀案件为警示，同时也为应对恶性社会案件、群体性事件发生，在维护社会稳定、促进社会和谐上增强建设力量。杭州市、常州市建立了市政府心理健康办公室，每年人均拨款3元（年约180万元）；新疆克拉玛依市拨款20万元培训心理咨询师；广东省筹备将心理健康事业列入社会福利事业的范畴，在政策上给予扶持，在财力上加大投入；上海市在社区中建立了心理咨询服务站，把心理健康服务送到了百姓身边。国外发达国家如美国，心理健康工作机构设置在政府的社会部，政府每年根据人口数量向各州拨发资金；政府对支持心理健康事业的大财团给予减免税收政策优惠，等等。北京市应借鉴国内外的成功经验，明确指派专门机构进行行业管理，充分发挥各个机构在其所擅长领域的优势，通过专项资金购买品牌服务项目，解决好部分市级心理服务机构经费不足等困境，创造心理健康行业发展的成功经验。

（此文为市社会办副巡视员张青之2010年9月撰写的调研报告）

·综　　　述·

2010年北京市社会建设

2010年，在市委、市政府正确领导下，在各部门大力支持下，在各区县共同努力下，社会服务管理工作创新发展，全市社会建设工作实现了新突破、取得了新成效、迈上了新台阶。

一、社会服务管理创新加快推进

市委、市政府认真落实中央关于加快推进社会服务管理创新的要求，召开全市社会服务管理创新推进大会，印发《北京市社会服务管理创新行动方案》及其折子工程，确立了综合试点单位，对40个部门和16个区县的工作进展情况进行了检查验收。截止到年底，折子工程涉及2010年年底需完成的48项任务全面推进落实。此外，时限为2011年年底完成的折子工程，有3项已提前完成。社会服务管理创新工作取得了实实在在的进展。

各区县、各部门高度重视社会服务管理创新工作。东城、朝阳、顺义3个综合试点区及西城、石景山、房山、大兴4个区先后组织召开了社会服务管理创新推进大会，其他9个区县也都及时制定印发了实施意见和相关文件，确定了专项试点项目。房山区还率先把社会服务管理创新工作纳入年度绩效考核。市公安局积极总结推广“民事调解进派出所”工作经验，在全市346个户籍派出所全部建立了民调室，共受理11844件，调解矛盾纠纷10423件，成功率达88%。市信访办在全市推广了“信访代理制”、“一单式”工作法、“连民心恳谈室”经验，信访形势呈现信访总量、重复信访和到市集体上访“三个下降”态势。市总工会在全市建立了五方联动劳动争议协调联动机制，市、区县和产业两级调解中心成功调解9200多件劳动争议案件，涉及争议金额9170万元。市流管办、市社会办、市人口计生委在全市流动人口相对集中的社区试点推广了“新居民互助服务站”工作模式，投入6200万元，加强流动人口和出租房屋综合管理信息平台建设。首都综治办、市公安局积极推广大兴区村庄社区化管理经验，全市13个区县668个村庄实现了社区化管理。市委统战部、市民委认真总结宣传牛街民族工作典型经验，不断推动民族团结进步创建活动深入开展。市司法局在8个区县全面推广朝阳区“阳光中途之家”经验，确保了全市6400余名在册社区服刑人员和2.8万余名在册安置帮教对象未发生任何影响社会安全稳定的事件。市委宣传部、市网管办在全国首创“妈妈评审团”社会监督机制，成立了北京市互联网违法和不良信息举报中心，完善了文明上网工程工作体系。

二、公共服务体系进一步健全

市发展改革委、财政、教育、民政、交通、卫生、人力社保局、农委、住建委等部门紧紧围绕广大群众就业、就医、就学、住房、社保、出行等问题，不断健全和完善城乡一体的社会保障体系，着力推进城乡基本公共服务全覆盖和均等化。统筹安排财政资金237亿元，全面落实58项为民办实事工程。统筹安排资金95亿元，全面实现了住房保障“两个50%”的目标。健全与经济发展和物价水平相适应的救助标准动态调整机制，筹集资金2230万元，为全市城乡低保对象每人发放100元的一次性临时生活补贴。全面推动“九养”政策的落实，为33.5万老年人、残疾人发放了总金额 4.3 亿元的养老（助残）券，建立了 4584 个城乡社区（村）养老（助残）餐桌。整合“一老一小”、“新农合”、无业居民大病医疗保险，提高了职工和居民医保待遇，调整增补了 109 项医保诊疗项目，推进区县公费医疗与职工基本医疗保险制度并轨，实现了医疗保险制度的城乡一体化。完善基本养老参保政策，实现了基本养老保险制度的城乡一体化，并加快养老保障从“制度全覆盖”向“人群全覆盖”转变。帮助 16 万名城乡就业困难人员实现就业，实现了城乡“无零就业家庭”的目标。社保卡工程加快推进，全市发卡 825 万张，实现了 1779 家定点医疗机构持卡就医即时结算，减轻个人垫付款负担 92 亿元。基础教育投入 42.5 亿元，全面落实教育减免政策。集中财力支持扩建 30 所幼儿园，实现新增 1 万名幼儿入园能力。投入 8.77 亿元，支持建设 1020 个农家书屋和博物馆纪念馆免费开放。投入 67 亿元，实现了农村村庄“五项基础设施”建设的全覆盖。推进 41 个街道（地区）社区服务中心建设，完成 1294 个农村社区服务站建设，促进公共服务逐步向农村地区延伸。投入资金 135.3 亿元，用于地面交通和轨道交通补贴，改善百姓出行条件。

不断创新公共服务提供方式，探索建立政府购买公共服务机制。购买扶贫、济困、助残、养老、慈善、便民利民、社区服务等 20 类 300 多个公益性服务项目，作为项目承接主体的各“枢纽型”社会组织联合各级、各类社会组织共举办各种服务活动 4378 场次，72 万余人次参与，为社会提供服务累计 120 万小时，更多群众享受到了更专业、更便利的服务。

三、社区规范化建设进一步推进

继续推进社区规范化建设工作，2010 年完成 1322 个社区规范化建设任务，从 7 方面 26 项重点推进规范化建设。通过新建、改造、租用等方式又使全市 1000 个社区办公和服务用房达到了 350 平方米以上标准。制定实施《北京市社区基本公共服务指导目录（试行）》，梳理出社区居民最关心、最急需的 10 大类 60 项社区基本公共服务项目，并组织市、区县有关部门在首批完成社区规范化建设试点任务的 600 个社区重点推进。建成 166 个“一刻钟便民服务圈”建设试点。启动并推进城乡结合部社会建设，建立市、区两级社会建设部门推进城乡结合部社会建设专项工作机制，完善 50 个重点村“一村一策”机制和工作台账。会同相关单位举办全市第四届“和谐杯”乒乓球比赛、周末社区大讲堂等多项社区活动，推动公众参与，丰富居民生活。

四、社会组织服务管理水平进一步提升

进一步完善“枢纽型”社会组织管理体制，在 2009 年认定第一批 10 家市级“枢纽型”社会组织的基础上，第二批又认定 12 家市级“枢纽型”社会组织，将使 80% 以上市级社会组织纳入“枢纽型”社会组织日常管理和服务范围。印发《关于进一步发挥“枢纽型”社会组织作用有关问题的通知》，健全“枢纽型”社会组织工作机制。

“枢纽型”社会组织作用发挥明显。团市委发挥青联、学联等社会组织作用，举办“爱北京·青年汇”青少年社团文化节、重阳节登高、领导力训练营等活动，联系、服务青少年社会组织 5000 余家；依托社区和乡村活动阵地，在全市范围内建立社区青年汇、乡村青年社 110 家，直接联系服务本市及外来青少年 14 万人，影响带动青少年 31 万人，培育凝聚志愿、公益、创业、人才、兴趣等各类青少年社会组织 693 个；市妇联在全市 16 个区县的 2600 多个社区和 3944 个村全部建立“妇女之家”，在全国率先实现全覆盖；市贸促会、市友协举办了首届“在京国际组织新年联谊会”活动，与 50 多家在京国际组织及国家行业组织建立了沟通协调机制；市

文联开展“送欢乐、下基层”活动，深入社区、军营、学校、厂矿等为基层市民和一线职工演出30多场次；市科协组织联系41家涉农团体，开展了“科技套餐配送工程”，培训乡土专家1600余名；市社科联以项目为依托，积极打造面向社科类社会组织的“服务链”，全年举办各种与世界城市相关的主题论坛39个。

制定《关于使用北京市社会建设专项资金购买社会组织服务的暂行规定》，建立市级社会组织孵化基地，加大社会组织扶持力度。举办“首届北京市社会公益活动周”、评选“十大社会组织公益品牌”，充分展示全市社会组织风采和建设成果。各类社会组织充分发挥自身优势，积极主动在养老助残、社会心理服务、社会矛盾化解、科技知识传播等领域开展活动，服务社会能力进一步提高。

五、社会工作者专业化、职业化步伐进一步加快

继续选聘3000名大学生到社区工作，全市社区工作者具有大专以上学历的达到70%以上，平均年龄为40岁。加大社会工作者组织机构培育力度，建立17个社工事务所。购买200个专业社会工作岗位，实现“一街道一专业社工、一事务所一专业督导”目标。与相关部门共同组织2010年度北京地区全国社会工作者职业水平考试，396人取得社会工作师资格，981人取得助理社会工作师资格，目前全市已有5612人取得全国社会工作者职业资格证书。会同市财政局、市人力社保局共同出台《关于进一步规范社区工作者待遇的通知》，在2010年12月底前全部完成了社区工作者待遇规范调整工作，全市2.8万名社区工作者月平均工资待遇达到了各区县全额拨款事业单位（不含教师）水平，新入职的大学生社工月平均收入达到2000元左右。

六、志愿服务工作进一步规范

创新志愿者工作管理模式，健全联席会议制度，加快推进北京市志愿者联合会的改造提升。印发《北京市志愿者管理办法（试行）》，进一步规范志愿者招募、注册、表彰等工作。指导各类志愿者组织不断拓展志愿服务的领域，形成重大活动志愿服务、应急志愿服务和经常性志愿服务三大服务项目体系。建立民防志愿服务队、保护知识产权志愿服务队、治安巡逻志愿服务队、综合应急服务队等16支专业化志愿者队伍。启动《北京市志愿服务项目指导目录》编制工作，以奥运志愿服务站点“蓝立方”为依托，建设城市文明引导志愿者服务示范点，搭建志愿服务平台载体，打造首都志愿服务品牌。

志愿服务活动取得新成果。市志愿者联合会团体会员总数已增至401家，市级公益实践项目增至1300余个，组织开展了96万余人次的志愿服务活动，累计为社会群众提供服务2000万小时。动员组织5500名志愿者参与上海世博会、世界武搏运动会、广州亚运会等大型赛会志愿服务活动。命名10个“2010年度北京市社区志愿服务组织之星”和100名“2010年度北京市社区志愿者之星”，社区志愿者注册人数突破50万。

七、社会领域党建工作进一步发展

社会领域党建工作基本实现全覆盖。坚持以党的建设的全覆盖带动社会服务管理的全覆盖，不断加强非公有制经济组织、社会组织党建工作，加强商务楼宇、开发区等重点区域党建工作。建立1162个商务楼宇工作站，覆盖全市1249座楼宇6.9万家商户83.3万余名就业人员4.3万余名党员。近两年来，商务楼宇新建党组织958个，接转流动党员组织关系1.25万名，发展党员379名，有800多人递交了入党申请书，培养入党积极分子1250余人。积极探索街道社区区域化党建工作体制机制，

以“有人管事、有钱办事、有场所议事”为保障，在全市街道全部建立社会工作党委的基础上，扎实开展乡镇建立社会工作党委试点工作，全市13个区县183个乡镇中，建立社会工作党委试点102个。“枢纽型”社会组织党建试点工作全面启动，对街道党工委书记、社区党组织负责人、“两新”组织党组织负责人进行了系统培训。市委统战部、市委社会工委密切合作，印发了《关于加强和改进社会领域统一战线工作的意见（试行）》，探索了社会领域党建工作和统战工作互联互动、共建共享新途径。

广泛开展社会领域创先争优活动。建立了领导干部联系点、信息直报点、区县工作联络机制，选派党建指导员加强分类指导，500家非公有制企业参与了党建工作“五个好”示范点创建活动。参加全市100名“群众心目中的好党员”评选，21名社区、非公有制企业和新社会组织基层党员当选。组织社会领域近2万名党员观看了电影《第一书记》，增强了党组织的影响力。

八、社会领域信息化建设进一步加强

加快推进网格化社会服务管理体系创新工作，指导东城、朝阳、顺义三个综合试点区开展工作。建立了由市社会建设工作领导小组各成员单位、“枢纽型”社会组织、各区县社会建设工作机构、各街道办事处和信息直报点等7个方面300多人组成的全市社会建设领域信息化工作联络员队伍，初步建立社会建设领域网络信息系统。建立了与有关部门和区县社会工作机构的信息联系沟通机制。积极推进全市社会领域“四网六库”项目建设工作。

九、社会建设决策研究咨询工作进一步加强

按照市委、市政府要求，在深入调查研究、广泛征求意见的基础上，研究编制《北京市“十二五”时期社会建设规划》，系统设计、整体规划今后五年全市社会建设工作。与上海等省市有关部门共同举办了全国“社会建设与社会领域党建”论坛，与市委宣传部、市社科院、石景山区委区政府共同举办了“世界城市社会建设论坛”，加强了重大理论和现实问题研究。继前两年与高校、研究机构共建6个社会建设研究基地之后，又先后与北京工业大学、北京城市学院、国家行政学院共建了3个研究基地，初步形成了北京市社会建设决策研究咨询工作机制，取得了一系列阶段性研究成果。

北京市社会建设工作得到中央领导和有关部门的充分肯定及社会各界的广泛好评。2010年10月，党的十七届五中全会召开前夕，按照中宣部的统一部署，中央各大媒体对北京市社会建设经验进行了全面宣传和报道。

（李筱婧）

综合工作

【市领导到东城区、朝阳区、石景山区调研社会建设工作】 1月19日，市委常委梁伟到东城区、朝阳区、石景山区调研社会建设工作。梁伟先后到石景山区苹果园街道琅山社区新居民互助服务站调研社区流动人口管理服务工作，到朝阳区亚运村地区活动中心调研社会工作师协会和社区社会组织孵化器，到东城区和平里街道兴化社区调研社区1510

便利生活服务圈。市委社会工委书记、市社会办主任宋贵伦，市委社会工委委员、市社会办副主任赵小卫、周开让，市委社会工委委员、市社会办副巡视员刘轩、王智玲参加调研，东城区委书记杨柳荫，石景山区委书记荣华和朝阳区委常委、宣传部部长谢莹等陪同调研。

（王　彤）

【云南省考察团来京调研社会建设工作】 1月21日，市委研究室、市委社会工委与云南省委政研室考察团就社区建设和管理问题进行了座谈，并实地参观了宣武区广外街道红莲中里社区和牛街街道牛街西里二区社区。

（汤道刚）

【媒体广泛关注社区规范化建设试点工作】 全市首批600个社区规范化建设试点工作任务圆满完成，取得明显成效，引起媒体广泛关注。2月25日，《北京日报》头版头条刊登《600个社区居委会减负七成》的综合报道，宣传市委、市政府关于社区规范化建设的工作部署，总结社区规范化建设试点工作取得的进展和成果。北京电视台《北京新闻》播出了4分钟的《本市600个社区规范化建设形成新模式》的新闻报道。北京电台、《北京晚报》、《北京青年报》、《京华时报》等10多家媒体、网站也都于25日刊发了报道，其中，京报网、首都之窗在网站头条位置进行了重点报道。中央新闻媒体对北京市社区规范化建设试点工作也给予了高度关注，新华社24日播发了电讯稿，新华网、中国政府网予以及时转发；《人民日报》25日刊发了报道。在新华社刊发电讯稿后，全国一些重要门户网站和新闻网站进行了转载，人民网、中国政府网、中国共产党新闻网、中国网、搜狐、新浪、凤凰、百度、网易、和讯等重点网站均作了报道。

（康岳魏）

【启动“星聚社区”系列文化活动】 2月27日，市委社会工委与北京卫视联合主办的“星聚社区”系列文化活动启动仪式在东城区举行。北京卫视热播电视剧《同龄人》的剧组人员与社区居民现场互动，交流创作心得，受到居民的热烈欢迎。“星聚社区”系列活动旨在充分发挥北京电视台综艺节目的优势，通过邀请热播电视剧主创人员、演艺名家走进社区，直接与社区居民互动交流，收集、汇总观众意见和建议，将荧屏文化与社区文化有机结合起来，以此丰富居民文化生活，增强社区文化活力。

（康岳魏）

【召开推进社会管理创新工作协调会】 3月24日，市委副秘书长王翔主持召开推进社会管理创新工作协调会。市社会建设工作领导小组办公室主任宋贵伦汇报了《推进社会管理创新的工作方案（讨论稿）》的主要内容，市委组织部、市委宣传部、市委统战部、市总工会、市民政局、市公安局等单位对行动方案进行了认真研究和探讨，提出了建设性的意见和建议。

（康岳魏）

【召开市级“枢纽型”社会组织负责人专题会议】 4月14日，市社会建设工作领导小组办公室召开市级“枢纽型”社会组织负责人专题会议。会议传达了近期中央领导和市领导有关本市社会建设工作的重要批示精神，就市社会建设工作领导小组全体会议工作报告和2010年政府购买社会公共服务重点项目征求意见。10家市级“枢纽型”社会组织负责同志就全市社会建设工作要点、社会组织发展、“枢纽型”社会组织党建等工作发表了意见。

（康岳魏）

【市领导到朝阳区调研垃圾分类工作】 5月13日，市委书记刘淇、市长郭金龙到朝阳区麦子店街道枣北社区视察垃圾分类工作，市领导李士祥、梁伟、黄卫，市政府秘书长孙康林一同调研，朝阳区委书记陈刚、区长程连元陪同。

（李　莹）

【市领导到怀柔喇叭沟门满族乡驻村工作站调研】　6月1日，市委书记刘淇到喇叭沟门满族乡四道穴村调研，实地察看党员电教室、益民书屋及驻村工作站。刘淇强调，要充分认识农村社区化建设的重要发展意义，切实加强对农村社区建设工作的组织领导，进一步整合资源，为农村社区化建设提供必要保障，不断提高农村社区化建设水平。

（孟吉民）

【举办第四届“和谐杯”乒乓球比赛】　6月20日，北京市第四届“和谐杯”乒乓球比赛总决赛及总结颁奖大会举行。市委常委梁伟、副市长刘敬民出席颁奖大会。大会由市委社会工委书记、市社会办主任宋贵伦主持，市体育局局长李颖川对活动进行总结。此项活动共有来自全市18个区县，314个街道、乡镇，2633个社区和3219个行政村的62万余参赛者参与比赛，参与活动人数突破135万人。

（汤道刚）

【举办2010年北京市街道办事处主任轮训班】　6月28日，全市2010年街道办事处主任轮训班在顺义区开班。本次轮训班由市委组织部、市委社会工委共同举办，全市120个街道办事处的主任参加了培训。市委副秘书长王翔、市政府副秘书长侯玉兰分别出席轮训班开班及结业仪式并讲话。市委社会工委书记、市社会办主任宋贵伦，北京大学、中国人民大学、北京师范大学、上海大学等高校多位知名专家学者应邀围绕当前社会建设、社会矛盾化解、社会管理制度创新、社区建设与公民社会培育、公共管理与公共服务、世界城市建设等方面的热点、难点问题，进行专题授课。

（汤道刚）

【北京工业大学北京社会建设研究院成立】　7月17日，北京工业大学北京社会建设研究院成立暨《2010年北京社会建设分析报告》出版发布会举行。市委社会工委书记、市社会办主任宋贵伦，北京工业大学党委书记王守法、校长郭广生，市委社会工委委员、市社会办副主任张坚，中国社会学会副秘书长汪小熙，清华大学社会学系主任沈原，社会科学文献出版社社长谢寿光等出席成立大会。宋贵伦与郭广生共同为北京工业大学北京社会建设研究院揭牌。揭牌仪式后，举行了《2010年北京社会建设分析报告》蓝皮书发布研讨会。北京工业大学北京社会建设研究院是市委社会工委、市社会办与在京高校科研院所合作共建的第7家社会建设研究基地。研究院成立后将围绕北京市公共服务建设、社区建设、社会组织建设、社会事业建设等社会建设领域的重大课题积极开展理论研究和实践探索，为北京的经济社会发展服务。

（李筱婧）

【召开北京市社会服务管理创新推进大会】　7月21日，市委、市政府召开社会服务管理创新推进大会。市委书记刘淇出席会议并讲话。他强调，要认真学习贯彻中央关于加强社会建设的重要指示精神，进一步增强推进社会服务管理创新的责任感和紧迫感，按照“建首善、创一流”的工作标准，加快推进社会服务管理创新，努力使首都的社会建设与服务管理走在全国前列。中央综治委副主任、中央政法委副秘书长、中央综治办主任陈冀平出席会议并讲话。市委副书记、市长郭金龙主持会议。市人大常委会主任杜德印、市委副书记王安顺出席会议。会上，王安顺作了关于贯彻全国社会治安综合治理工作会议精神的报告，市委常委梁伟就市委、市政府近日印发的《北京市社会服务管理创新行动方案》作了说明。朝阳区、市总工会、首都综治办负责人先后作大会发言。市领导蔡赴朝、吉林、李士祥、牛有成、赵凤桐、李昭玲、丁向阳、黎晓宏，市人大常委会秘书长唐龙、市政府秘书长孙康林出席会议。市社会建设工作领导小组成员单位，各区县、街道的主要负责同志和主管负责同志，市级“枢纽型”社会组织负责人，各区县社会建设和政法综治部门负责人，北京市社会建设研究基地负责人以及社区、社会组织、新经济组织、社会工作者、志愿者代表等800余人参加了会议。

（康岳魏）

【2010年选聘高校毕业生到社区工作基本结束】　7月底，2010年选聘高校毕业生到社区工作基本结束。据市人力社保局统计，共选聘2958人，其中应届高校毕业生2534人、合同期满大学生“村官”424人。在2534名被选聘的应届高校毕业生中，北京生源880名，非北京生源1654名，分别占被选聘应届毕业生总数的34.7%和65.3%；本科以上学历2090人，专科学历444人，分别占82.5%和17.5%，其中研究生900人，占35.5%；男生655人，女生1879人，分别占25.8%和74.2%；党员1098人，占43.3%。在424名被选聘的合同期满大学生“村官”中，本科以上学历243人，专科学历181人，分别占被选聘合同期满“村官”总数的57.3%和42.7%，其中研究生15人，占3.5%；男生158人，女生266人，分别占37.3%和62.7%；党员284人，占67.0%。

（康岳魏）

【中央领导到朝阳区调研】　8月18日，中共中央政治局委员、中央政法委副书记王乐泉到八里庄、亚运村街道调研，中共中央政治局委员、市委书记刘淇，中央政法委有关领导陈冀平、鲍绍坤，市领导郭金龙、王安顺、李士祥、傅政华、刘敬民一同调研，朝阳区领导陈刚、程连元、佟克克陪同。

（李　莹）

【北京市社会建设工作领导小组办公室主任会议召开】　9月1日，北京市社会建设工作领导小组办公室主任会议召开。市社会建设工作领导小组办公室主任、市委社会工委书记、市社会办主任宋贵伦同志主持会议。会议宣布了北京市社会建设工作领导小组办公室组成人员调整名单，通报了《北京市志愿者管理办法（试行）》制定情况，审议了《关于实施〈北京市社区基本公共服务指导目录（试行）〉的意见》和《政府购买社会组织服务管理办法（试行）》，审定了2010年使用社会建设资金购买社会组织服务的重点项目。会议原则通过了三个文件，建议修改完善后按程序尽快印发。会议同意2010年使用社会建设专项资金购买社会组织服务的重点项目，要求按照正式印发的《办法》加强管理、抓紧实施。市社会建设工作领导小组办公室副主任、市委社会工委副书记、市社会办副主任赵小卫，市民政局党委副书记、副局长孟钧，市财政局副巡视员杨慕彦，团市委副书记刘震和市委组织部、市发改委、市人力社保局有关负责人出席会议。

（康岳魏）

【召开北京社会建设研究基地工作会议】　9月8日，北京社会建设研究基地工作会议召开。会议听取了各研究基地2009年立项课题进展情况及2011年课题立项方向的建议，对基地专报和研究成果的选编采稿情况进行了通报，对“世界城市·社会建设”论坛有关基地协办事宜进行了部署。各基地专家就“十二五”北京社会建设规划提纲进行了研讨。市委社会工委书记、市社会办主任宋贵伦，市委社会工委委员、市社会办副主任张坚出席会议并讲话。中国人民大学、北京师范大学、中国青年政治学院、首都师范大学、北京工业大学、北京社会科学院等研究基地负责人，以及国家行政学院、北京大学、北京城市学院研究基地筹建负责人参加会议。

（李筱婧）

【举办“百姓爱心故事”宣讲团社会领域系统报告会】　9月14日，“百姓爱心故事”

宣讲团社会领域系统报告会举办。市委社会工委副书记、市社会办副主任赵小卫主持会议。7名来自不同行业的宣讲员进行了宣讲。市委讲师团副团长魏新国，市委社会工委、市社会办领导刘轩、王智玲出席报告会；市委社工委机关党员干部、16个区县社会工委的有关同志以及社区、非公有制经济组织、新社会组织代表300余人参加大会。“百姓爱心故事”评选及宣讲活动是由北京市委宣传部、首都文明办、北京市委讲师团、北京人民广播电台、大学生杂志社共同主办的大型社会公益活动。通过征集普通市民爱心故事进行评选宣讲，展示首都精神风貌和市民文明素养。

（康岳魏）

【举办“世界城市·社会建设”论坛】 9月27日，市委宣传部、市委社会工委、市社会科学院和石景山区委区政府共同举办“世界城市·社会建设”论坛。论坛以“迈向世界城市的首都社会建设”为主题。市委常委梁伟、民政部政策研究中心主任王齐彦出席论坛并讲话，市委宣传部副部长傅华，中国社会科学院荣誉学部委员、社会学所研究员陆学艺作论坛致辞，市委社会工委委员、市社会办副主任张坚，石景山区委书记荣华作开幕式主题发言。中国社会科学院社会学所副所长陈光金、北京大学社会学系主任王思斌、市委研究室巡视员康庆强、北京国际城市发展研究院院长连玉明四位专家作专题演讲。来自主办单位和市社会建设领导小组成员单位、“枢纽型”社会组织领导，北京社会建设专家顾问、研究基地学者，各区县社会建设主管领导和宣传部门、社会工委（办）负责同志等计300余人参加论坛。

（李筱婧）

【北京城市学院“北京社会建设研究院”成立】 10月23日，由市委社会工委和北京城市学院合作共建的北京城市学院“北京社会建设研究院”举行揭牌仪式。市人大常委会原副主任段柄仁，市委社会工委书记、市社会办主任宋贵伦，北京城市学院党委书记、院长刘林，市委社会工委委员、市社会办副主任张坚，市委教育工委、市教委、中国社会工作协会有关领导出席揭牌仪式。海淀、丰台区委社会工委有关领导及清华大学、中国人民大学、北京师范大学、中国青年政治学院、北京工业大学、首都师范大学社会建设研究基地负责人，北京建筑工程学院、民政部管理干部学院有关专家参加揭牌仪式。北京城市学院“北京社会建设研究院”是市委社会工委、市社会办与在京高校科研院所合作共建的第8家社会建设研究基地，致力于在社会舆情和社会工作队伍建设方面进行研究。

（李筱婧）

【市委社会工委与国家行政学院社会和文化教研部签署合作协议】 12月11日，市委社会工委与国家行政学院社会和文化教研部签署合作协议并举办“加强社会建设、创新社会管理”论坛。市委常委梁伟、国家行政学院副院长周文彰出席协议签字仪式并致辞。市委社会工委书记、市社会办主任宋贵伦同国家行政学院社会和文化教研部主任龚维斌代表合作双方签署了合作协议。根据合作协议，市委社会工委与国家行政学院社会和文化教研部将在社会建设和文化建设方面进一步加强研究与合作，共同承担有关社会建设和文化建设的课题，总结北京市社会与文化建设的典型经验，加强公务员培训方面的合作，合作举办相关论坛和学术活动。签字仪式结束后，举办了“加强社会建设、创新社会管理”论坛。

（李筱婧）

【举办全市社区党组织负责人示范培训班】 12月15—17日，市委组织部、市委社会工委、市委党校联合举办了全市社区党组织负责人示范培训班，来自全市16个区县138名社区党组织书记参加了为期3天的集中培训。

此次培训紧紧围绕深入学习贯彻党的十七届四中、五中全会精神和市委十届八次全会精神，着眼于提高社区党组织负责人队伍的整体素质和能力，以适应“十二五”规划关于加强社区党组织建设和社区规范化建设的新要求，科学设置教学内容，采用集中授课、讲座与现场参观、分组讨论、座谈交流相结合等方式精心组织教学。期间，市委社会工委书记、市社会办主任宋贵伦，市委社会工委委员、市社会办副主任周开让等领导专程看望、慰问了全体参训学员；市委组织部副部长吕和顺，市委社会工委委员、市社会办副主任陈建领与学员代表进行了座谈；在培训总结会上，市委组织部副部长吕和顺围绕学习贯彻党的十七届四中、五中全会精神和市委十届八次全会精神，构建首都城市基层区域化党建格局，作了重要辅导讲话。

（甘承伟）

【举办全市“两新”组织党组织负责人示范培训班】　12月20—22日，市委组织部、市委社会工委、市委党校联合举办了全市“两新”组织党组织负责人示范培训班，来自全市社会领域的80名非公有制经济组织、新社会组织党组织负责人参加了为期3天的集中培训。市委社会工委委员、市社会办副主任陈建领主持开班式，市委组织部副部长吕和顺围绕“学习贯彻党的十七届五中全会精神和市委十届八次全会精神，开创‘两新’组织党建工作新局面”，作了动员和辅导。市委党校校务委员周春明同志主持结业式，市委社会工委副书记、市社会办副主任赵小卫出席结业式并围绕“如何充分认识北京市社会建设面临的新形势新任务，进一步加强全市‘两新’组织党建工作”，作总结讲话。

（甘承伟）

社区建设

【概况】　年内，全市社区建设工作按照中央关于推进和谐社区建设的重要部署和市委、市政府推进社区服务管理创新的工作要求，着眼于首都经济社会发展的新要求和社区居民过上美好生活的新期待，以服务居民、造福群众为出发点和落脚点，深入推进社区规范化建设工作，加强社区组织体系建设，全面提升社区科学管理、公共服务和民主自治水平，取得了明显成效。社区建设政策体系进一步完善，协调联动工作新机制基本形成，社区规范化建设模式初步建立，社区基本公共服务全覆盖工作全面启动，“一刻钟社区服务圈”建设初见成效，城乡结合部社会建设加快推进，社区办公和服务用房条件明显改善，社区工作者队伍专业化、职业化进程明显提速。

（一）抓深化提高，社区规范化建设试点工作取得新成效

出台了《关于进一步推进社区规范化建设试点工作的实施方案》，在全市新确定1000个社区作为规范化建设试点，在社区服务站建设、社区工作职能、社区运行机制等7个方面扎实推进规范化建设，从中涌现出一批先进典型。分别对全市2009年、2010年试点工作进行了检查验收，实地抽查了东城区东华门街道韶九社区等近60个试点社区。经检查，两年来全市共有1967个社区实现规范化建设达标（其中2010年全市1322个社区完成规范化建设任务），占社区总数的70%以上。

（二）抓渠道拓宽，社区办公和服务用房达标建设取得新进展

继续加强社区用房达标建设立项工作，组织开展了三次全市性专项摸底调查工作，

全面了解了各区县2010年项目立项情况和问题。在市发改委的大力支持下，2010年全市16个区县共有692个社区的用房申请了市政府固定资产投资补助支持建设项目。鼓励和引导区县采取租用、资源整合等方式，自行解决了300多个社区用房建设问题。海淀区设立3.4亿元专项资金，大幅度改善社区办公和服务用房条件，社区用房达标率由18%提高到72%，达到424个，共增加6.56万平方米。总结推广了海淀区北下关街道工作经验，探索利用人防设施服务社区。加大对2009年社区用房规范化试点的督促落实力度，建立了周报告制度，实时掌握每个项目的进度和遇到的问题。朝阳区专门召开区长办公会，针对购置项目房屋溢价情况，增拨专项经费1941万元弥补建设项目资金缺口。

（三）抓服务搭载，社区基本公共服务工作取得新突破

一是制定并落实《关于实施〈北京市社区基本公共服务指导目录（试行）〉的意见》，共梳理出10大类60项社区基本公共服务项目，涉及34个部门。目前，该项工作已在首批完成社区规范化建设试点任务的645个社区重点推进，并取得初步成效。市商务委、市社会办组织召开北京市推进社区商业便民服务现场会。市市政市容委向居民免费发放了约50万套垃圾分类桶，在试点小区建设了7000多个垃圾分类投放站。市人口计生委向全市已婚待孕和怀孕3个月内的准妈妈发放叶酸28万瓶，5万家庭受益。市民政局将12万户、22.4万名城乡困难群众纳入低保范围；支出医疗救助资金3259.35万元，救助11.63万人次；临时救助27377人次，支出资金1768万元。市文化局在35个街道投入695万元，为街道社区文化中心购买乐器、音响等文化活动设备，共组织开展了497项社区文化活动。市环保局举办了“镜头中的绿色北京”摄影作品展，传播“绿色北京”理念，直接受众近500万人。市妇联对2500名家政人员进行了技能培训，为3.2万户家庭提供了服务。二是加快推进“一刻钟社区服务圈”建设。各区县积极探索，扎实推进，努力将“一刻钟社区服务圈”打造成为居民群众欢迎的“幸福圈”、“同心圈”、“和谐圈”。年内，共建成166个“一刻钟社区服务圈”，已覆盖66个街道259个社区，315万名社区居民能在步行15分钟的范围内，就近享受到社区就业等社区基本公共服务，以及购物等方面的便利服务和特色服务共180项，基本实现了“大需求不远离社区、小需求不出社区”。涌现出朝阳区朝外街道“幸福圈”、东城区和平里街道“1510便利生活服务圈”、西城区牛街街道五位一体的“民生一条街”、广内街道“槐柏商圈”等一批先进典型，被媒体誉为“一刻钟圈出百姓的幸福”，产生了良好的社会反响。三是进一步规范社区服务站建设，出台了《北京市社区服务站人力资源和社会保障工作职责（试行）》，进一步明确和细化了社区服务站相关岗位的职责任务。市社会办、市邮政局、市金融局等部门依托社区服务站，探索推进邮政服务进社区、开展便民缴费“三通”（一卡通、一费通、一网通）工程。西城区在84个社区服务站安装了便民缴费服务POS终端机，使居民足不出社区就能缴纳水费、电费、燃气费、电话费等各项费用。

（四）抓政策完善，社区工作者队伍建设有了新提高

制定并落实进一步规范社区工作者待遇文件，使社区工作者总体待遇水平与所在区县执行事业单位工资制度的全额拨款事业单位（不含教师）相衔接。全市16个区县已在年底前按照新标准全部补发到位，社区工作者月均应发工资涨幅达900元左右，最高涨幅近1200元。继续实施“大学生社工计划”，组织开展了2958名高校应届毕业生和服务期满的“村官”到社区工作的选聘工作。朝阳、丰台等区还公开招录了409名社区工作者，并成立了青年社区工作者协会、俱乐部等组织，社区工作者队伍的凝聚力不断提高。各区县普遍以社会工作人才“双基地”为平台，通过举办专题培训班、座谈会、社区工

作者自编、自导、自演文艺汇演和职业知识竞赛等多种形式，提高了社区工作者的专业知识水平，展现了其良好的精神风貌。

（五）抓调研规划，城乡结合部社会建设工作迈出了新步伐

推动城乡结合部社会建设工作与拆迁安置同规划、同研究、同部署。石景山区推进“新居民互助服务站”建设、大兴区建立“四有”长效机制和村庄社区化管理等经验，得到中央领导和市领导的充分肯定。按照市领导指示要求，成立了由主管领导任组长的专项调研组，先后召开专题会、研讨会24次，调研13次，多次对50个重点村社会建设情况进行了调查摸底，全面了解了重点村拆建和社会建设等最新进展情况，在此基础上撰写了《关于我市城乡结合部重点村社会建设的调研与思考》。市社会办被市政府评为2010年度城乡结合部重点村建设先进单位。

（六）抓社会参与，社区系列活动载体有了新拓展

以社区系列活动为载体，会同市委宣传部、市委农工委、首都文明办、市市政市容委、市文化局、市体育局、市旅游局、市社科联、新京报社等多个单位，举办了全市第四届“和谐杯”乒乓球比赛、周末社区大讲堂、文明示范楼门庭院活动、“绿色社区月”、社区防灾减灾宣传教育、北京节拍“我秀我舞台”、“2010年度十大感动社区人物评选”等多项活动，动员和引导社区居民积极参与社区建设，充分展示了我市近年来推进社区建设成果，建立了市民参与长效机制，持续提高了市民文明素质。其中，全市第四届“和谐杯”乒乓球比赛得到了市民的热情响应和积极参与，2633个社区和3219个行政村参与，62万人报名参赛，参与活动总人数突破135万人。周末社区大讲堂活动共举办各类科普讲座583场，直接受众达13万余人次。

（七）抓氛围营造，社区建设理论研究和宣传工作开创了新局面

加大了对外宣传力度，《人民日报》、新华社、中央电视台、人民网、中国政府网、《北京日报》等多家主流媒体对我市社区规范化建设和推进社区基本公共服务工作非常关注，进行了专题采访报道，共刊发各类报道200多篇次。编辑出版《2009年北京市社区发展报告》，共收集16个区县50多个典型案例，共25万字。编印了《2009年北京市社区规范化建设试点工作资料汇编》。市纪委、市委社会工委、市新闻出版局编写了《社区反腐倡廉建设知识读本》，分为6个部分，共110个问答、14个典型案例，近6万字，进一步加强广大社区工作者和基层党员的党纪政纪教育。研究提出了北京市“十二五”时期社区发展规划要点，明确了工作思路、工作重点、主要任务和实现目标，以及重大建设项目和相关数据指标。圆满完成44件“两会”提案建议办理和信访工作任务，办理率和满意率都达到100%。圆满完成了2010年全市街道办事处主任轮训班组织工作。社区建设信息工作取得新成效，全年共编辑《北京社会建设社区建设专报》27期，110多条，在国务院办公厅《昨日要情》刊发信息1条，《北京信息》刊发信息5条，《昨日市情》刊发信息16条，《北京社会建设信息》刊发信息43条，被评为“2010年度北京市社会建设信息工作先进单位”。

（汤道刚）

【2009年社区规范化建设试点检查验收工作完成】 1月26日，北京市社会建设工作领导小组办公室召开扩大会议，全面部署了社区规范化建设试点检查验收工作。验收工作从1月27日开始到2月5日结束，共成立9个检查组，历时8天，对海淀、石景山、门头沟、房山、大兴、通州、顺义、平谷、昌平、延庆等18个区县社区规范化建设试点工作进行了全面检查验收。从检查验收结果看，各区县前期自查合格并上报的645个社区全部达到了试点工作要求，2009年试点工作圆满完成。检查验收工作由市社会建设工作领导小组办公室领导带队，市委组织部、市委社会工委、市发改委、市民政局、市财政局、

市人力社保局、市社会办、团市委8个领导小组办公室成员单位全程参与。

（汤道刚）

【市领导到朝阳区调研社会建设工作】 2月5日，市委常委梁伟到朝阳区调研社会建设工作，并现场察看了先期试安装的社区服务站标志系统。

（汤道刚）

【首批规范化达标社区搭载公共服务专题会召开】 2月21日，市委社会工委委员、市社会办副主任周开让主持召开会议，专题研究首批645个规范化建设达标社区搭载公共服务项目的相关工作。

（汤道刚）

【社区规范化建设推进工作座谈会召开】 2月26日，市委社会工委、市社会办举行社区规范化建设推进工作座谈会。市委社会工委委员、市社会办副主任周开让出席会议并讲话。会议通报了2010年全市社区规范化建设推进工作的初步思路，并就各区县推进社区规范化建设的具体措施、工作建议，特别是对如何在首批645个规范化建设达标社区搭载服务、集成政策、集中资金、集合力量等问题进行了深入探讨，参会的城八区和部分远郊区县的社区建设主管领导分别提出了建设性的意见和建议。

（汤道刚）

【市领导主持召开社区搭载公共服务专题座谈会】 3月1日，市委常委梁伟主持召开社区搭载公共服务专题座谈会。市委副秘书长王翔，市委社会工委、市社会办领导宋贵伦、张坚、赵小卫、周开让、陈建领、刘轩、王智玲参加座谈会。

（汤道刚）

【市委社会工委、市财政局调研组到大兴区调研社区建设工作】 3月4日，市委社会工委、市财政局调研组到大兴区调研社区建设工作。调研组一行首先实地考察了清源街道金惠园二里社区和滨河北里社区，详细了解了社区工作者的人员配置、构成状况、工资待遇、职责任务以及社区服务站建设中存在的问题等情况，随后专门就社区工作者工资待遇问题与大兴区有关部门和社区工作者代表进行了座谈交流。市委社会工委副书记、市社会办副主任赵小卫，市委社会工委委员、市社会办副巡视员王智玲，大兴区委常委郭宝东参加调研。

（汤道刚）

【开展社区公共服务体系建设集中走访】 3月9—24日，市委社会工委、市社会办领导周开让、王智玲分别带队，先后到市文化局、市体育局、市科委、市卫生局、市商务委、市市政市容委、市园林绿化局、市教委、首都文明办、首都综治办、市流管办、市人力社保局、市民政局、市人口计生委、市残联、市环保局、市体育局等20个部门进行了重点走访调研，进一步了解社区公共服务体系建设情况和需求。

（汤道刚）

【市领导考察社区服务站标志系统设计安装工作】 3月15日，副市长丁向阳实地考察社区服务站标志系统设计安装工作。市委社会工委书记、市社会办主任宋贵伦，市民政局局长吴世民陪同考察。

（汤道刚）

【市领导主持召开社区基本公共服务指导目录制定情况专题会】 3月18日，市委常委梁伟主持召开专题会，听取了关于社区基本公共服务指导目录制定情况的汇报，并提出下一步工作意见。市委社会工委书记、市社会办主任宋贵伦，市委社会工委委员、市社会办副巡视员王智玲参加会议。

（汤道刚）

【《北京市社区基本公共服务指导目录（征求意见稿）》专家座谈会召开】 4月2日，市委社会工委、市社会办组织召开专家座谈会，征求关于《北京市社区基本公共服务指导目录（征求意见稿）》的意见和建议，市委社会工委委员、社会办副巡视员王智玲主持会议。来自国家发改委、市发改委、首都经济贸易大学、市经济与社会发展研究所等单位的5位公共服务领域专家参加座谈，并提出修改建议。

（汤道刚）

【市发改委、市社会办调研指导社区用房建设立项工作】 为加快推进社区用房达标建设，4月7日，市发改委、市社会办相关处室工作人员先后到丰台、海淀等区进行调研座谈，听取了区县发改委、社会办关于2009年社区用房项目建设进展和2010年立项情况的汇报，以及存在的主要问题，并就有关问题进行现场解答和指导。

（汤道刚）

【上海市社会工作党委来京考察】 4月9日，上海市社会工作党委考察团来京座谈城乡结合部建设工作。市委研究室巡视员康庆强，市委社会工委副书记、市社会办副主任赵小卫参加考察。

（汤道刚）

【市领导主持召开社区建设专题会】 5月4日，副市长丁向阳主持召开会议。会议听取了关于社区服务站标志系统、社区工作者工资待遇以及社区公共服务指导目录制定等工作的情况汇报。市委社会工委、市社会办领导宋贵伦、赵小卫、周开让、王智玲参加会议。

（汤道刚）

【市纪委、市委社会工委调研廉政文化进社区工作】 5月12日，市纪委与市委社会工委座谈廉政文化进社区工作，并一同到崇文区东花市街道花市枣苑社区实地调研。双方就推进廉政文化进社区工作进行了深入座谈，并详细了解了社区规范化建设、社区党组织建设、社区文化建设等情况。调研组一行还听取了东花市街道工委、花市枣苑社区党总支廉政文化建设情况的汇报，现场观看了社区廉政文化作品展。市纪委副书记王海平，市委社会工委委员、市社会办副主任周开让，市委社会工委委员、市社会办副巡视员王智玲，崇文区委常委、区纪委书记张岚参加调研。

（汤道刚）

【举行社区防灾减灾观摩培训会】 5月12日，全市社区防灾减灾观摩培训会在朝阳区望京街道办事处社区安全健康促进中心举行。市委社会工委书记、市社会办主任宋贵伦出席活动并讲话。同日，全市18个区县分别举办了多种形式的社区防灾减灾宣传教育活动。

（汤道刚）

【社区信息化调研会召开】 5月19日，市委社会工委、市社会办召开社区信息化调研会。会议由市委社会工委委员、市社会办副主任王丽竹同志主持，部分社区党支部书记、社区居委会主任和社区服务站站长参加。会议围绕全市社区信息化现状、取得的成效和存在的问题，特别是围绕如何按照世界城市标准进一步加强全市社区信息化建设、编制全市社会领域信息化“十二五”规划的建议和需求等问题进行了认真研究和深入探讨。

（汤道刚）

【邮政服务进社区工作研讨会召开】 5月20日，市社会办、市民政局与市邮政管理局共同召开邮政服务进社区工作研讨会。会议指出，将邮政服务延伸到社会最基层，延伸到广大群众的身边，有利于全面推进城市社区建设的总体工作部署，适应我市城市化、信息化加快发展的需要，不断完善邮政服务基础设施，改进邮政基础服务条件，提高邮政服务水平，满足人民群众的用邮需求。市委社会工委委员、市社会办副主任周开让，市邮政管理局副巡视员权忠敏出席会议。

（汤道刚）

【国家发改委、中央政策研究室、中国社科院等中央调研组一行来京调研】 6月7日，国家发改委、中央政策研究室、中国社科院等中央调研组一行来京调研社区管理和服务体系、社会自治和社会自律机制问题。

（汤道刚）

【市领导主持召开社区建设文件起草情况专题会】 6月17日，副市长丁向阳主持召开社会建设重点文件起草工作汇报会。会议听取了市社会办关于研究制定《北京市社区基本公共服务指导目录（试行）》等文件的情况汇报，并对进一步修改完善文件提出明确要求。

（汤道刚）

【召开社区社会公共服务及“一刻钟社区服务圈”工作部署会】 6月25日，市委社会工委、市发展改革委、市社会办召开工作部署会，正式启动了社区社会公共服务及“一刻钟社区服务圈”调查工作。市委社会工委委员、市社会办副巡视员王智玲同志出席会议。

（汤道刚）

【市政府检查组考察“一刻钟社区服务圈”建设等情况】 7月12日，市政府绩效管理半年专项检查第一组到东城区检查“一刻钟社区服务圈”建设、社工事务所运营、商务楼宇服务站建设等情况。检查组由市政府办公厅副主任吴大仓带队，市委社会工委书记、市社会办主任宋贵伦，市委社会工委副书记、市社会办副主任赵小卫，东城区委常委章冬梅、副区长宋甘澍等陪同考察。

（汤道刚）

【召开社区反腐倡廉街道系统座谈会】 7月13日，市委社会工委召开社区反腐倡廉街道系统座谈会，市委社会工委委员、市社会办副巡视员王智玲主持会议，来自有关区县的街道纪工委书记参加座谈会。座谈会上，各街道纪工委书记畅谈了社区反腐倡廉工作的经验体会，介绍了本街道的主要做法，并就当前社区反腐倡廉工作的热点难点问题、加强反腐倡廉风险点防范、开展社区反腐倡廉制度建设、加强社区廉政文化建设等内容进行了深入探讨。

（汤道刚）

【江西考察团到朝阳区亚运村街道参观考察】 7月15日上午，江西省委老干部局副局长陈卫华、肖志文等一行24人到朝阳区亚运村街道参观考察老干部社区“四就近”工作，了解了亚运村街道社区老干部基本情况及“四就近”工作开展情况。考察团成员和街道工作人员就老干部社区“四就近”工作进行了交流。考察团还参观了社区活动中心“四就近”工作图片展，并到安慧里社区和社区服务中心考察为老服务情况。

（汤道刚）

【北京节拍文化广场活动取得成功】 8月8日，北京节拍文化广场活动在中华世纪坛正式启动。市委社会工委委员、市社会办副巡视员王智玲，北京广播电视台副台长苏仁先出席启动仪式。活动为期22天，以“时尚从城市开始”为主题，内容包括“我秀我舞台”现场演出、家庭健身房体验、露天电影放映等活动，413名演员参加了265个节目的演出，5万多人次的观众到场参与活动，取得了较好的社会效益。

（汤道刚）

【召开全市社区建设半年工作会议】 8月10日，市委社会工委、市社会办召开全市社区建设半年工作会议。会议学习传达了全市社会服务管理创新推进大会和全市社会建设半年工作会的会议精神，重点听取了各区县社区建设上半年重点工作进展情况和下半年工作计划，特别是社区规范化建设七个方面工作的推进情况、主要做法、典型经验以及“一刻钟社区服务圈”建设情况等，通报了近期重点工作进展情况，研究部署了下半年工作。

（汤道刚）

【市领导调研社区青年汇工作】 8月20日，市委常委梁伟到东城、西城两区调研社区青年汇工作。市委社会工委委员、市社会办副主任周开让参加调研。

（汤道刚）

【与中央有关单位座谈社会管理创新工作】 8月21日，市委社会工委书记、市社会办主任宋贵伦与中宣部、中央政法委等有关单位座谈社会管理创新工作。

（汤道刚）

【周四垃圾减量日暨“绿色社区月”活动圆满结束】 8月以来，首都文明办、市市政市容委、市社会办组织开展的“绿色社区月”活动，先后在海淀区、丰台区、密云县、石景山区相关社区举办了主题宣传实践活动，通过发动广大社区居民积极参与、深入宣传发动、建立工作体制机制等，总结了经验，宣传了成绩，调动了社区居民参与活动的积极性，提高了社区居民的节约环保意识，全市社区垃圾分类、垃圾减量工作得到进一步推进。

（汤道刚）

【召开社区配套公共服务设施调研会议】 10月9日，市委社会工委、市社会办与市规划委召开社区配套公共服务设施调研座谈会。市委社会工委委员、市社会办副巡视员王智玲，市规划委委员曹跃进等参加会议。

（汤道刚）

【召开城乡结合部社会建设调研会议】 10月12—15日，市社会工委委员、市社会办副巡视员王智玲带队城乡结合部社会建设专题调研组，分别前往朝阳、丰台、石景山区分三个片区召开全市城乡结合部重点村社会建设工作调研座谈会。专题调研组一行认真听取了九个区重点村社会建设工作进展情况的汇报，深入探讨了回迁过程中可能出现的新问题，初步总结了各区做好“拆、建、转、管”城乡结合部建设四阶段中社会建设工作的典型经验。专题调研组对九个区深入开展城乡结合部社会建设工作取得的成绩给予了充分肯定，并就如何做好下一步工作提出了明确要求。

（汤道刚）

【与加拿大和谐基金会负责人座谈社区建设】 10月29日，市委社会工委委员、市社会办副主任周开让会见加拿大和谐基金会创始人兼执行主席迈克尔·布鲁姆菲尔德一行。双方就进一步推进提高社区领导力培训项目建设等议题进行了座谈。

（汤道刚）

【市社会办、市民防局到海淀区、朝阳区调研人防工程服务社区工作】 11月4日，市社会办、市民防局到海淀区北下关街道长河湾社区、朝阳区小关街道小关社区和惠新北里社区实地调研人防工程服务社区工作。调研组在分别听取了海淀区、朝阳区社会办、民防局和有关街道的工作汇报后，就下一步创新工作方法，深入推进人防工程服务社区工作提出了明确要求。

（汤道刚）

【召开安全社区建设动员部署会】 11月10日，安全社区建设动员部署会召开，全国职业安全健康协会理事长张宝明、副市长苟仲文出席会议并讲话，市委社会工委委员、市社会办副巡视员王智玲主持会议。市安监局副局长蔡淑敏作动员部署，大兴区政府、朝阳区望京街道、西城区金融街街道的相关领导分别发言。会议下发了《关于开展安全社区建设工作的实施意见》、《北京市市级安全社区评定管理办法（试行）》和《北京市市级安全社区基本条件（试行）》，并决定明年将在全市全面启动安全社区建设工作。

（汤道刚）

【参加全国安全社区建设工作会议】 11月18—19日，全国安全社区建设工作会议在重庆市召开。会上，朝阳区团结湖街道、朝阳区和平街道、海淀区马连洼街道3个街道被命名为"全国安全社区"，朝阳区社会办、东城区东直门街道办事处、西城区展览路街道办事处、朝阳区麦子店街道办事处4个单位被评为先进单位，朝阳区建外街道副调研员赵林祥、香河园街道党工委书记葛强、潘家园街道党工委书记董跃美，西城区展览路街道办事处主任马业珠、西长安街街道党工委书记李会增，海淀区社会办副科长史湛江6名同志被评为先进工作者，市委社会工委委员、市社会办副巡视员王智玲当选为安全社区工作委员会委员、宣传推动分委会副主任委员。

（汤道刚）

【召开海淀区利用人防工程为公益服务经验交流会】 12月6日，市民防局、市社会办联合召开海淀区利用人防工程为公益服务经验交流会。市民防局局长王永新、市委社会工委委员、市社会办副主任周开让出席会议并讲话。

（汤道刚）

【2010北京周末社区大讲堂活动圆满结束】 2010北京周末社区大讲堂活动由市委宣传部、市委社会工委、市社科联共同主办。作为全市首批"首都市民学习品牌"项目和推进实施《"人文北京"行动计划》的重要品牌活动，周末社区大讲堂自4月22日正式启动以来，共组织百余位专家学者，深入到全市各区县，举办科普讲座583场，直接受众达到13余万人次。

（汤道刚）

【举办推进社区商业便民服务现场会】 12月17日，市商务委、市社会办在大兴区联合召开社区商业便民服务现场会。市商务委主任卢彦，市委社会工委委员、市社会办副主任周开让出席会议并讲话，市商务委副主任李薇薇主持会议。会议总结推广了大兴、房山、西城等区县社区商业便民服务建设经验，并对下一步工作进行了动员部署。会后，与会领导实地考察了"任我在线"三合南里社区便民超市和公司配送中心。全市各区县商务委、社会办主管领导和有关商业服务企业代表参加了会议。

（汤道刚）

【完成全市社区规范化建设试点和"一刻钟社区服务圈"检查验收工作】 12月15—29日，市社会建设工作领导小组办公室牵头组织市委组织部、市委社会工委、市发改委、市民政局、市人力社保局、市社会办、团市委7个成员单位组成8个综合检查组，对16个区县社区规范化和服务圈建设工作进行检查验收。在各区县自查基础上，检查组分别听取16个区县汇报，实地抽查了东城区天坛街道金鱼池西区社区等32个社区规范化试点和东城区朝阳门街道大方家社区等16个服务圈。从检查验收结果看，全市共有1322个试点社区的规范化建设和166个"一刻钟社区服务圈"的试点建设全部达到了相关工作标准或要求，超额完成市政府年初预定的1000个社区规范化达标、50个服务圈示范点的建设任务。

（汤道刚）

社会组织建设

【概况】　2010年，按照市委社会工委、市社会办总体工作部署，以构建“枢纽型”社会组织工作体系为核心，以发挥“枢纽型”社会组织作用为重点，以促进社会组织有序发展为目标，全市社会组织服务管理工作稳步进展。主要工作有：

（一）认定了第二批市级“枢纽型”社会组织

在已认定第一批10家市级“枢纽型”社会组织的基础上，广泛走访调研并经社会建设工作领导小组批准后，认定市工商联、市贸促会、市志愿者联合会、市私营个体经济协会、市体育总会、首都慈善公益组织联合会、市注册会计师协会、市律师协会、市工业经济联合会、市商业联合会、市建筑业联合会、市民办教育协会12家单位为第二批市级“枢纽型”社会组织，分别负责本领域社会组织的联系、服务和管理。第二批市级“枢纽型”社会组织的认定，进一步丰富了“枢纽型”社会组织内涵，完善了“枢纽型”社会组织工作体系，提高了社会组织工作覆盖面，极大地促进了北京市“枢纽型”社会组织管理体制改革与发展。

（二）建立了北京市社会组织孵化中心

按照“专业机构运营、政府监督管理、社会组织自主发展”的原则，建立了北京市社会组织孵化中心，承担培育孵化、综合服务、政策咨询、展览展示等功能，已有10多家公益类社会组织接受孵化，对培育和扶持北京市社会组织发展起到了积极的推动作用。

（三）出台了《关于进一步发挥“枢纽型”社会组织作用有关问题的通知》

按照“有领导责任制、有职能部门、有工作制度、有党组织和党的工作广泛覆盖、有管理和服务体系广泛覆盖、有业务和活动品牌项目”的要求，研究制定了《关于进一步发挥“枢纽型”社会组织作用有关问题的通知》，对“枢纽型”社会组织的工作体制、工作机制、工作方式、组织领导等提出了进一步要求，进一步完善了“枢纽型”社会组织工作体制机制，促进了“枢纽型”社会组织作用的发挥。

（四）成功举办了首届北京市社会公益活动周

活动周期间，以第一批10家市级“枢纽型”社会组织为主体的各级各类社会组织开展了丰富多彩的社会公益活动，涉及文化教育、心理咨询、医疗服务、养生保健、创业指导、法律保障、节能环保、紧急救助、志愿服务等多个领域。活动周共举办论坛36场，听众4251人；举办公益展示32场，观众10012人；“公益北京　温暖之都”大型图片展和“温暖人生　我心灿烂”摄影展共吸引参观群众25万余人次；提供免费咨询服务近500场次，发放各种宣传材料5.2万余份，为青海玉树地震灾区现场募集善款300余万元。公益周整体宣传、展示了北京市以“枢纽型”社会组织为主体的各级各类社会组织的良好风貌，集中推出了一批有影响力的社会公益服务项目和品牌，取得了良好效果。

（五）引导市级“枢纽型”社会组织加强自身建设并切实发挥作用

团市委成立“社会工作部”、市总工会成立“协会工作办公室”、市残联成立“社会工作办公室”，加强和完善了“枢纽型”社会组织内部工作机构；团市委出台《关于加强新形势下全市青少年社会组织工作的意见》、市残联制定《北京市残障服务类社会组织登记审查与管理暂行办法》和《关于促进我市残障类社会组织发展的实施意见》、市社科联制定《关于社科类社会组织建设与发展的意见》、市科协在原有基础上对内部工作制度进行统一和规范，不断完善了“枢纽型”社会组织内部制度建设；引导“枢纽型”社会组织在联系、服务本领域社会组织方面积极开展工作。市总工会着力推动“服务型工会”建设，建立了19个区县职工服务（帮扶）中心、532家工会服务站，覆盖近400万工会会员；团市委举办青少年社团文化节，开展“社区青年汇”和“乡村青年社”试点（已建成80家），举办2期“北京青年社团领导力训练营”，打造联系服务青年社团组织和青少年群体的新阵地和新载体；市妇联积极开展妇女社会组织工作调研，将现有61个女性社会组织、2194个城乡各类妇女组织纳入工作视野，在全市建立了348个“姐妹驿站”；市残联对本领域社会组织进行了调查摸底，与60余家民办残疾人服务机构建立了较为固定的工作联系，并在资金、政策等方面给予支持；市红十字会主动将原民间登山救援组织——“蓝天救援队”纳入工作视野，将其改造提升为“北京红十字会应急救援队”，并积极提供工作支持；市科协举行“北京青年学术演讲比赛”，为所属社团青年科技人才的成长交流搭建服务平台。此外，市社科联举办社科类基金会建设研讨培训班，市残联举办民办孤独症儿童康复机构从业人员业务培训班，北京市红十字会举办所属社团应急处置专项培训班，不断提高所属社团的工作能力和队伍水平，促进所属社团发展。

（六）积极推动区县社会组织工作开展

石景山区、大兴区、通州区、怀柔区、平谷区、顺义区、门头沟区、房山区根据本区域社会组织实际情况，认定了区级“枢纽型”社会组织。西城区、海淀区、朝阳区、昌平区等通过成立“社会组织联合会”、“志愿者联合会”、“企业联合会”等形式，积极探索新的“枢纽型”社会组织构建模式和工作机制。东城区、西城区、顺义区、朝阳区、通州区通过设立社会建设专项资金、成立社会组织指导中心和孵化机构支持社会组织工作。门头沟区结合创先争优活动，促进“两新”组织团组织建设。密云县推广鼓楼街道“商管协会”模式，强化对街道所属“两新组织”的管理。丰台区通过购买服务，委托肉类食品行业商会开展“放心肉类社区行”公益活动。此外，西城区、朝阳区、丰台区、通州区、房山区、密云县、平谷区等区县还针对“枢纽型”社会组织认定和社会组织建设等内容举办了论坛和业务培训。

（七）全市不同层级、不同类型的社会组织发挥自身优势，积极参与社会建设

北京汽车用品行业协会、北京市桶装水销售行业协会等召开成立大会；市总工会、团市委、市妇联联合推出北京市交友联谊项目，市残联依托有关残障类社会组织开展“一路有爱、‘点亮’蓝丝带”爱心车队公益助残活动，宣传了公益理念，促进了社会和谐；市民间组织国际交流协会、市体育总会联合举办首届北京国际山地徒步大会，市社科联举办“2010城市国际化论坛”，市红十字会举办“红十字与世界城市”知识竞赛，市贸促会举办北京国际商会大会，共同促进“世界城市”建设；市科协、市社科联、市侨联、市红十字会、市法学会等通过举办知识竞赛、论文征集、科普讲座、评选奖励等活动，积极发挥本领域社会组织自身优势，共同参与社会建设。

（八）加大了对社会组织的支持力度

通过购买社会组织管理服务，支持“枢纽型”社会组织，提高“枢纽型”社会组织切实发挥联系、服务和管理本领域社会组织的作用；征集社会组织服务项目300余项，完成购买200个公益性服务项目工作，加大了对各级各类社会组织的支持力度，提高了社会组织参与社会建设、提供公共服务的积极性和能力。

（王晓娟）

【市级“枢纽型”社会组织发挥作用】 年内，首批10家“枢纽型”社会组织在各自领

域开展了大量工作，形成了许多好的经验和工作亮点，发挥了重要作用。一是工作的联系面和覆盖面不断扩大。市总工会着力推动“服务型”工会建设，建立了19个职工服务（帮扶）中心、532个工会服务站，覆盖近400万工会会员；团市委举办了“青年社团文化节”，建立了80余家“社区青年汇”和“乡村青年社”，与全市5000多家青少年社会组织建立了工作联系；市妇联在全市建立了6590个“妇女之家”，实现了对16个区县的2646个社区和3944个村的全覆盖，并通过“姐妹驿站”、“巧娘工作室”等社会组织广泛联系、服务各类妇女群体。二是工作制度和工作机制进一步健全。团市委、市妇联、市残联等单位成立了专门的社会工作机构，开展了专项调研，制定并发布了加强本领域社会组织工作的意见或办法；市社科联、市科协、市法学会提出了许多具有针对性、创新性的办法和措施，为更好地开展社会组织工作提供了保障。三是“枢纽型”社会组织的服务品牌项目不断涌现。市总工会积极参与“劳动争议调解五方联动机制”，团市委实施“100365首善行动”、“善薪计划”，市科协、市社科联的“科普进社区”、“周末社区大讲堂”，市侨联的“爱国侨胞看北京”，市妇联、市总工会、团市委联合打造的“婚之恋”交友婚恋公益项目等，有效搭建了社会组织提供公共服务、参与社会建设的平台，形成了良好的工作品牌，取得了较大的社会反响。

（王晓娟）

【区县社会组织工作积极开展】 年内，按照全市的统一部署和要求，各区县以构建“枢纽型”社会组织工作体系为重点，积极推进社会组织改革与发展工作。石景山区、大兴区、通州区、怀柔区、平谷区、顺义区、门头沟区、房山区先后认定了区级“枢纽型”社会组织，西城区、海淀区、朝阳区、昌平区积极通过成立“社会组织联合会”、“志愿者联合会”、“企业联合会”等形式，探索了区级“枢纽型”社会组织工作新模式。一些区县和街道积极采取措施对社会组织进行培育扶持。东城区成立了“社会组织指导中心”，设立了100万元的社会组织发展专项资金；西城区建立了“社会组织孵化器”，设立了1000万元的社会建设专项资金；顺义区设立了600万元的社会组织专项资金；朝阳区设立了3000万元的社会建设专项资金；丰台区通过购买服务的形式委托区肉类食品行业商会开展“放心肉类社区行”公益活动，西城区月坛街道建立了“社会组织服务楼”，为10余家社区社会组织提供办公场地和工作支持。

（王晓娟）

【向社会组织购买公共服务】 根据市委、市政府关于加快推进政府购买社会公共服务的要求，为加快培育和进一步发挥社会组织作用、支持社会组织开展工作，1月13日，向首批10家市级“枢纽型”社会组织和北京市各级各类社会组织发送了《关于征集政府购买社会公共服务备选项目的通知》，公开征集2010年政府购买社会公共服务备选项目。经统计，共收到市级“枢纽型”社会组织、市级重点社会组织、区县、街道和社区社会组织申报的400余项社会服务项目。经评审，下半年，向首批10家市级“枢纽型”社会组织落实了“购买管理服务”项目经费，根据10家“枢纽型”组织联系和管理的社会组织数量，提供了经费支持，主要用于支持各单位在所管理和联系的社会组织中开展党建工作，并按照“六有”要求，积极做好对本领域社会组织的联系、服务和管理工作。同时，以10家市级“枢纽型”社会组织为主体，通过社会建设专项资金向社会组织购买了20大类300多项公益服务项目，参与的社会组织400余家，涉及文化教育、心理咨询、医疗服务、科技创新、创业指导、法律保障、节能环保、紧急救助、志愿服务等多个领域，初步形成了培育扶持社会组织发展的有效渠道和方式。

（王晓娟）

【开展高校社团组织统计工作】 2009年年底—2010年1月，与市委教育工委、团市委等有关单位对高校社团组织进行了摸底调查。据统计，截至2009年年底，北京地区64所高校（含教育部和有关部委所属学校）共有学生社团组织3198个，每年活动涉及人次约为266010人次。其中，学术及理论型社团所占比例为23.7%，文艺体育类社团所占比例为47.3%，公益及社会实践类社团所占比例为23.8%，其他类型占5.2%。从参加社团活动的人次数来看，每年参加人次少于500的社团占到总体的60%，每年参加人次超过3000的社团占到总体的5.3%。

（王晓娟）

【市残联表彰民办残疾人服务机构】 2月9日，市残联召开会议，对北京市61家民办残疾人服务机构进行了表彰和奖励，并给予一次性资助。会议肯定了民办残疾人服务机构在首都残疾人事业发展中的重要地位和积极作用，分析了民办残疾人服务机构发展面临的困难和问题，提出了下一步继续将民办机构纳入残联工作范畴并给予引导、扶持的计划和安排。据了解，北京市有近120家从事残疾人服务的民办机构，设置床位约2658个，从业人员1500多人，活动场所占地面积近13万平方米，年均为残疾人提供服务超过10万人次，服务领域涉及职业培训、康复服务、教育就业、托养服务、文化体育等。

（王晓娟）

【团市委开展“两节送温暖”活动】 元旦、春节期间，团市委、北京市志愿者联合会在全市开展了“两节送温暖”志愿服务活动。全市80个“蓝立方”城市志愿服务站点重新开启，11万余名志愿者在火车站、机场、长途客运站、公交站台等交通枢纽和重要商业区、旅游景点、社区、医院、公益机构及重点区域，开展敬老助残、医疗卫生、秩序维护、交通疏导、解答咨询、安全宣传等志愿服务活动。据统计，截至目前，送温暖志愿者累计服务时间约73万小时，服务市民和旅客近180万余人次，志愿者们用真诚的微笑、优质的服务践行“奉献　友爱　互助　进步”的志愿服务精神，为节日的首都增添了暖意。

（王晓娟）

【市侨联开展“送温暖、聚侨心”活动】 春节期间，为充分体现党和政府对广大归侨侨眷的关爱，市侨联组织所属涉侨类社团开展了“送温暖、聚侨心”系列活动。共计举办迎春团拜会、茶话会、祝寿会等活动20余场，并积极筹集资金10万余元，对全市420余户困难归侨家庭进行救助，对部分侨界专家学者、知名人士、特困归侨家庭等70多人进行了看望和慰问。

（王晓娟）

【举办行业协会迎新年联谊会】 2月23日，召开北京市部分行业协会迎新年座谈联谊会。会议通报了北京市构建“枢纽型”社会组织工作体系、购买社会组织服务项目、建立市级社会组织孵化器等工作，交流了各行业协会工作中的经验和做法，并就2011年相关工作进行部署。市委社会工委委员、市社会办副巡视员刘轩出席座谈会并讲话，由市社会办作为业务主管单位的16家行业协会会长和秘书长参加了会议。

（王晓娟）

【召开“三大联合会”座谈会】 3月5日，市委社会工委、市社会办邀请北京工业经济联合会、北京商业联合会、北京建筑业联合会进行工作座谈，探讨在不同层次建立“枢纽型”社会组织体系工作。会议通报了2010年社会组织重点任务及工作思路，三大联合会的负责人分别介绍了协会的运作情况，畅谈了对“枢纽型”社会组织的认识，并重点就提升、改造为“枢纽型”社会组织的可行性、必要性、操作性等问题进行了深入探讨和沟通。大家一致认为，应进一步完善“枢纽型”社会组织工作体系，促进北京社会组织管理体制的改革与创新。

（王晓娟）

【市红十字会组织志愿团队赴黔找水】　为应对贵州旱情，北京市红十字会于3月19日发起“红十字水源行动”，组织所属社会组织蓝天应急救援队的志愿者赴贵州寻找水源。共有22人次志愿者组成四批“水源行动小组”，利用野外救援专业技术帮助受灾群众找到三处有价值水源地，建立了应急供水站，并采取严格保护措施使其成为永久性防灾应急工程。同时，市红十字会开通了“999捐赠热线”和网上募捐通道，动员社会各界支援灾区，已接受社会捐赠28.7万元。

（王晓娟）

【举办“首届首都青少年公益节暨北京社会公益活动周”】　4月17—25日，“首届首都青少年公益节暨北京社会公益活动周”在地坛公园成功举办。此次活动由市委社会工委、市社会办、团市委、首都文明办、市民政局、市新闻出版局、市广播电影电视局等单位共同主办。4月17日，市委常委梁伟、市人大副主任李昭玲、市政协副主席黎晓宏、市委副秘书长王翔出席了开幕式，活动主办、协办单位31名领导和各区县及社区、社会组织的代表共500余人参加了开幕式。活动周期间，以10家市级“枢纽型”社会组织为主体的各级各类社会组织开展了丰富多彩的社会公益活动，内容涉及文化教育、心理咨询、医疗服务、养生保健、创业指导、法律保障、节能环保、紧急救助、志愿服务等多个领域。共举办论坛36场，听众4251人；举办公益展示32场，观众10012人；“公益北京　温暖之都”大型图片展和“温暖人生　我心灿烂”摄影展共吸引参观群众250000余人次；提供免费咨询服务近500场次，发放各种宣传材料52000余份；为青海玉树地震灾区现场募集善款300余万元，并送往灾区。

（王晓娟）

【与市侨联召开工作联席会】　5月7日，市委社会工委、市侨联召开工作联席会，市人大常委会副主任、市侨联主席李昭玲出席会议并讲话。会议围绕落实市委、市政府关于加强社会建设的有关精神和要求，就充分发挥市侨联“枢纽型”社会组织作用、利用社会工作网络开展涉侨工作以及向社会组织购买公共服务等工作进行了认真研讨与交流。市委社会工委、市侨联领导宋贵伦、赵小卫、陈建领、刘轩，市侨联领导苏建敏、马坚参加了会议。

（王晓娟）

【召开加强社会组织管理服务工作协调会】　5月17日，市委社会工委、市社会办组织召开“加强社会组织管理服务”专项工作协调会，市维稳办、市民政局、市公安局、市外办、市安全局等相关单位参加会议。会议传达了市委办公厅、市政府办公厅转发的《中共北京市委政法委员会关于深入推进社会矛盾化解、社会管理创新、公正廉洁执法的分工方案》，其中第11项“加强社会组织管理服务”工作由市委社会工委牵头，其他5个部门为责任单位。会议围绕努力构建“枢纽型”社会组织管理体系、健全社会组织设立“一站式”服务机制、完善监管机制、加强境外非政府组织准入管理、加强对居京外国人的服务管理等方面进行了交流研讨。会议对该项工作涉及的5个方面的具体事项进一步明确了牵头单位和责任单位，提出了具体工作要求，细化了工作方案，并提出要建立工作例会制度。

（王晓娟）

【与团市委进行工作交流】　5月17日，市委社会工委、共青团北京市委就“枢纽型”社会组织建设问题进行工作交流，市委社会工委领导宋贵伦、赵小卫，团市委领导王少峰、刘震参加交流。团市委有关负责同志结合全年工作，重点介绍了加强“枢纽型”社会组织建设的具体措施：一是不断深化对

"枢纽型"社会组织重要性的认识，将"枢纽型"社会组织建设作为新时期共青团工作的一个重要抓手和平台；二是进一步完善工作机制，成立了团市委社会建设工作领导小组，建立了专门的内设机构社会工作部；三是进一步整合资源，做到团的基层组织建设同青少类社会组织建设同步规划、同步推进，不断创新方式，加快推进基层联络终端的建设，在城市社区建立"社区青年汇"、在农村社区建立"乡村青年社"，作为联络基层青少类社会组织的平台；四是在新型青少类社团的成立、管理、服务上进一步采取措施，完善相关制度，予以扶持发展。宋贵伦同志在总结讲话中充分肯定了团市委在"枢纽型"社会组织建设上所采取的措施和做法，并结合全市社会建设工作提出了工作建议和要求。

（王晓娟）

【团市委举办青少年社团文化节】 5月22日，"爱北京·青年汇"2010年北京青少年社团文化节举行。此次活动旨在充分发挥共青团"枢纽型"社会组织的职能，广泛联系和支持青少年社会组织，引导首都青少年积极参与"人文北京、科技北京、绿色北京"和世界城市建设。文化节当天，来自高校、企业、机关、社区、乡镇的200余家青少年社团带来了富有各自特色的活动项目，并以志愿公益汇、科技环保汇、学习成长汇、时尚文体汇、交流联谊汇为主题进行了现场集中展示，吸引参与人数超过2万人。此次活动由团市委、市委社会工委等单位指导支持，由北京市青年联合会、北京市学生联合会、北京市志愿者联合会等社会组织承办，市委常委梁伟，市委副秘书长王翔，市委社会工委书记、市社会办主任宋贵伦，团市委书记王少峰等领导出席了开幕式。

（王晓娟）

【市领导主持召开社会组织工作对接会】 8月12日，市委常委梁伟、副市长程红召集市委社会工委、市商务委、市工商联、市贸促会、市私个协共同举行工作对接座谈会。会议重点围绕社会管理创新特别是"枢纽型"社会组织建设、加强部门合作与沟通、进一步整合优势资源共同推进社会建设工作等问题进行了广泛讨论，深入交换了意见。市委常委梁伟指出，社会建设的突出特点是要统筹协调，社会工作部门要加强与各单位、各部门的沟通合作，形成工作合力。

（王晓娟）

【召开社会组织经验交流暨工作推进会】 8月27日，市委社会工委、市社会办召开全市社会组织经验交流暨工作推进会，10个市级"枢纽型"社会组织工作部门负责人和16个区县社会工委、社会办主管领导等共计60余人参加会议。会议进一步传达贯彻了北京市社会服务管理创新推进大会精神，通报了全市社会组织工作开展情况并部署有关工作，交流了"枢纽型"社会组织和区县工作经验及做法。会上，团市委、市科协、海淀区、西城区、顺义区、密云县有关单位分别作了经验介绍。

（王晓娟）

【团市委举办"北京青年社团领导力训练营"】 团市委于9月初、9月中旬成功举办了两期"北京青年社团领导力训练营"。在为期5天的培训中，来自北京师范大学、中国农业大学、中国青年政治学院等单位的专家学者为学员提供了13场专题报告，并由专业培训师为学员进行了10余场"团队训练"，还组织学员实地参观了"公众环境研究中心"和"北京志愿者联合会"。来自北京市市级青年社团、高校青年社团、"草根"社团的92名青年社团负责人参加了培训。

（王晓娟）

【市贸促会举办世界城市研讨会】 9月6日，市贸促会举办世界城市建设与国际商会发展研讨会。会上，来自中国国际商会、北京市商务委和北京大学的领导专家分别介绍了中国国际商会工作情况、北京市对外贸易状况以及国际商会发展的几种模式。市委社会工委副书记、市社会办副主任赵小卫介绍了北京市社会组织发展的基本情况、各级各类社会组织在首都经济社会发展中的重要作用以及北京市在加强社会组织建设与发展中的几项重要工作，并与与会专家共同研讨了发挥北京国际商会作用，促进世界城市建设的有关问题。

（王晓娟）

【市妇联调研妇女社会组织情况】 9月10日，市妇联召开妇女社会组织调研工作会。会上，市妇联负责人介绍了妇女社会组织调研工作的背景和基本情况，并就近期调研工作进行了部署。市妇联副主席李彦梅对进一步做好妇女社会组织调研和相关维权工作提出了要求，希望各区县突出工作重点，探索新的工作方法，抓好调研各项工作的具体落实。全市16个区县妇联的权益部负责人参加了会议。

（王晓娟）

【市社科联举办“2010城市国际化论坛”】 论坛于9月11—12日举行，来自中国大陆、中国台湾地区、美国、韩国、墨西哥等国家和地区的110余名国际关系和城市问题专家学者出席了论坛。论坛分别就“世界城市建设的理论与实践”、“经济发展方式的转变”、“北京建设世界城市的指标评价体系”等议题进行了深入讨论，推进了对世界城市内涵、动向及规律的认识，探讨了北京建设世界城市的原则与方向等问题。

（王晓娟）

【北京市交友联谊项目推出】 9月18日，市总工会、团市委、市妇联在劳动人民文化宫联合推出北京市交友联谊项目。市委副秘书长王翔、市总工会副主席王玉英、团市委副书记刘震、市妇联副主席沈洁、北京职工婚姻家庭建设协会会长郑建华等出席了启动仪式。本次活动精心设置了会员沟通联系区、个人才艺展示区、传统文化学习区、体育项目参与区、家长交流区及咨询宣传区、约见区等7个活动区域，来自全市各行各业近3000名单身人士参加了交友联谊活动，收到了很好的效果。

（王晓娟）

【自然之友发起“骑步走上班”行动】 9月19—21日，民间环保组织自然之友发起“骑步走上班”行动，号召市民低碳出行。本次活动共有9个参与网点，分别分布在地铁沿线的南礼士路、复兴门、阜成门、西直门等地，报名参与此项活动的60名志愿者和500多名北京市民，都荣获了“自然之友骑行大使”称号，并获得限量版“宜居北京骑步走”自行车水壶及自行车宣传品套装一份。

（王晓娟）

【北京国际商会大会召开】 9月29日，北京国际商会大会召开。会议特邀副市长程红为北京国际商会名誉会长，市贸促会会长熊九玲当选为北京国际商会会长。来自全市200多家涉外企业和机构的北京国际商会会员代表参加了会议，共商在建设国际商贸中心进程中北京国际商会面临的机遇和挑战。北京国际商会成立于1988年，是目前北京地区具有权威性和影响力的综合性、国际性商会组织。

（王晓娟）

【市妇联举办和谐家庭建设论坛】 论坛于10月22日举行，由北京市妇联主办，北京妇女研究中心、北京妇女理论研究会、北京法学会妇女法学分会、北京市婚姻家庭研究会、北京市家教研究会、北京市家政研究会等单位协办。此次论坛的主题是“建和谐家庭，享幸福生活”，分别设主论坛和“家庭理论研究的回顾与展望”、“家庭教育的思考与实践”、“和谐家庭创建的探索与创新”3

个分论坛，来自首都各高校和科研院所妇女研究机构的负责人、热心婚姻家庭问题和妇女理论研究的专家学者、各级妇女干部以及向论坛提交论文的各界人士近400人参加了交流和研讨。

（王晓娟）

【首慈联开展“慈善宣传月”活动】 首都慈善公益组织联合会于11月2日起实施“慈善宣传月”活动，活动月期间，陆续开展了“春雨应急救助送真情”、“爱心粥”、“十元慈善，一片爱心”、“扶残助学，送教上门”、敬老院锅炉更新改造、贫困白内障老人免费手术等13项慈善公益活动，并评选出2009年度“慈善明星”获奖个人、集体和慈善公益项目。

（王晓娟）

【市残联开展社会组织研讨活动】 11月10日，市残联在北京市海淀区培智中心学校举办了北京市民办智障、孤独症儿童康复机构教师课堂教学观摩与研讨活动，共有14家民办机构和2家公办特殊教育学校的28名教师参加了此次活动。活动分为现场观摩和教学研讨，教师们观摩了手部精细动作训练课、认知训练课和音乐治疗课三节各具特色的早期残疾儿童课堂教学活动，并进行了深入研讨。

（王晓娟）

【市志愿者联合会团体会员达400家】 12月3日，市直属机关志愿者联合会正式成立。至此，北京市志愿者联合会团体会员总数达到400家。目前，市志愿者联合会团体会员遍布全市16个区县，涵盖党政机关、人民团体、事业单位、企业单位、大中专院校、中央在京单位、基层组织等，服务范围涵盖关爱服务、医疗卫生服务、助残服务、扶贫助困服务、应急服务、便民服务等15个领域。其中，近六成团体会员属于综合服务类志愿者组织，在多个领域长期开展志愿服务；近150家团体会员专注于单一领域的志愿服务，在专业性、示范性方面作用突出。

（王晓娟）

【发布市级“枢纽型”社会组织工作规范】 12月2日，正式印发《关于落实〈北京市社会服务管理创新行动方案〉进一步发挥“枢纽型”社会组织作用的通知》。《通知》以进一步完善“枢纽型”社会组织工作机制为目标，分五个方面对今后一个时期“枢纽型”社会组织的主要工作和支持措施作了明确：一是加强对本领域社会组织的广泛联系、服务和管理，二是进一步建立健全相关管理体制，三是进一步建立健全相关工作机制，四是努力实现党组织和党的工作全覆盖，五是对“枢纽型”社会组织工作的支持措施。

（王晓娟）

【对朝阳区在京国际组织开展调研】 12月5日，对朝阳区近年来吸引在京国际组织聚集情况进行专题调研。经统计，截至2010年底，朝阳区共入驻国际组织120家，除国际竹藤组织以外，其他绝大多数是以“驻华或北京代表处”的形式入驻。这120家国际组织主要分布在朝阳区几个涉外资源相对集中的区域，其中，燕莎商圈51家，建国门附近31家，国贸商圈18家，望京商圈7家，以上共107家，占总数的89.1%。从组织形态、成员构成等方面分析，朝阳区120家国际组织当中，比较突出的有以下三种情况：一是联合国驻华机构以及由多个主权国家组成的政府间组织，共有16家，占总数的13.3%；二是国际性、区域性以及外国（地区）商会组织，这类组织数量最多，共有92家，占总数的76.6%；三是由在华外国企业按照国家有关规定发起成立的商会或协会组织，共有12家，占10.1%。从行业分布来看，这些国际组织大多分布在经济、文化领域，涉及贸易促进、科技合作、能源开发、工业制造、体育休闲、文化传媒、知识产权保护等众多方面。

（王晓娟）

【召开“枢纽型”社会组织工作会议】 12月8日，组织召开市级“枢纽型”社会组织工作会议，印发并传达《关于落实〈北京市社会服务管理创新行动方案〉进一步发挥“枢纽型”社会组织作用的通知》，同时就购买“枢纽型”社会组织管理服务项目经费的拨付工作进行部署。10家第一批市级“枢纽型”社会组织主管领导和部门负责人参会。

（王晓娟）

【认定第二批市级“枢纽型”社会组织】 12月28日，市社会建设工作领导小组正式认定第二批12家市级“枢纽型”社会组织，分别是：北京市工商业联合会、中国国际贸易促进委员会北京市分会、北京市志愿者联合会、北京市私营个体经济协会、北京市体育总会、首都慈善公益组织联合会、北京注册会计师协会、北京市律师协会、北京市工业经济联合会、北京市商业联合会、北京市建筑业联合会、北京市民办教育协会。加上2009年3月份已认定的市总工会、团市委、市妇联等10家第一批市级“枢纽型”社会组织，前后两批22家“枢纽型”社会组织对市级社会组织的覆盖率达到80%以上，市级“枢纽型”社会组织工作体系的基本框架初步建立。

（王晓娟）

【北京市社会组织孵化中心成立】 12月30日，北京市社会组织孵化中心成立并举行揭牌仪式。该中心由市社会建设工作办公室建立，委托专业机构进行日常服务和管理，内设社会组织孵化区、社会组织公益成果展示区、社会组织咨询服务区等。孵化中心使用面积600平方米，主要功能是对初创期的公益组织提供前期孵化、能力建设、发展指导等关键性支持和服务，“孵化”的主要方向和领域为社会需求度高、影响力大、品牌效果突出的公益性组织。该中心的成立，有效搭建了政府、企业、社会组织交流合作、共享发展的平台。目前，已有北京市社会心理工作者联合会、“爱心传递热线”等8家社会组织入壳“孵化”。

（王晓娟）

社会工作队伍建设

【概况】 2010年，社会工作队伍建设工作紧紧围绕全市社会服务管理创新推进大会和全市人才工作会议精神，大力推进“首善之区社会工作人才发展工程”，以拓展社会工作人才发展平台为切入点，在城六区和顺义、昌平区培育扶持17家社会工作事务所，在全市购买200个专业社会工作岗位；以完善基层社会工作人才激励保障机制为重点，大幅提高社区工作者待遇水平；以提升社会工作人才队伍专业化水平为突破口，组织实施社会工作者职业水平考试，首都社会工作人才队伍专业化、职业化建设取得了新进展。

（一）培育组织和机构，购买社工岗位，积极拓展社会工作人才发挥作用的空间

加快推动社会工作事务所建设。按照《2010年市政府折子工程》中关于“加强社会工作人才队伍建设，培育扶持专业社工机构”和《北京市2010年在直接关系群众生活方面拟办的重要实事》中关于“在城八区及顺义、昌平区共培育扶持10个社工师事务所”的要求，先后召开部署会、推进会，推动东城、西城、朝阳、海淀、丰台、石景山、顺义、昌平承担任务的8个区加快建设社工事务所。10月底，承担此项任务的8个区全部建立了社会工作事务所，总数达到17个，超额完成了任务。截至12月底，大部分社会

工作事务所已经开始承接专业社会工作服务项目，为社会工作人才开展专业服务提供了新载体。开展购买专业社工岗位试点工作。制订了《购买专业社会工作岗位实施方案》，对购买的范围和数量、经费拨付、职责分工等工作提出了明确意见，并召开专题工作会，对岗位购买工作进行了部署和安排。按照“一街一社工”、“一所一督导”的标准，在16区县的有关街道、17家社会工作事务所及相关社会工作领域购买200个专业社会工作岗位，为全市社会工作人才提供了更加广阔的发展平台。同时，各区县在社区、医院、学校、专业社会工作机构等领域，积极开展购买专业社会工作岗位试点工作。如西城区新街口街道向睦友社会工作事务所购买了为老服务专业社会工作岗位，积极探索利用专业社会工作方法进行日间照料的服务模式。东城、朝阳、海淀等区也开展了购买专业社会工作岗位试点，为全市相关工作提供了实践经验。

（二）加强培训和培养，提升社会工作者职业化、专业化水平

顺利组织实施全国社会工作者职业水平考试。2010年，首都地区共有9722人报考全国社会工作者职业水平考试，有1377人通过考试。其中社会工作师396人通过考试，助理社会工作师981人通过考试，全市获得社会工作者职业水平证书的总人数增至5612人。分层次开展社会工作者培训。成功举办高级社会工作人才境外培训班，组织12个市有关部门和5个区县党政机关的14名副局级、6名处级领导干部赴美国明尼苏达大学进行专业培训，并赴相关社会组织、福利机构进行了现场教学，形成了《北京市高级社会工作人才境外专题培训班学习成果汇编》。通过境外培训，增强了党政机关高级社会工作人才对社会工作的认识和理解，提高了其管理水平和综合能力。加大基层社会工作者培训力度。各区县充分依托社会工作人才培养“双基地”积极开展基层社会工作者培训工作，举办了社会工作者职业水平考前培训、新进大学生社工岗前培训及社区工作者骨干培训等。据统计，全市各区县对基层社会工作者共培训4万余人次，有效提高了基层社会工作者的专业水平和职业技能。同时，各区县还积极创新培训方式和载体，如朝阳区组织了近200名大学生社工参与拓展训练；石景山区在全市首创成立社区工作人才成长工作室，着力培养一批社区领军人物，并使之成为后备人才，输送到区内各级政府部门；房山区委社会工委与区法院共建社会实践基地，加大对大学生社工人才教育培养力度，提高他们化解社会矛盾、服务社区居民的能力；顺义区开设了社会工作专业本科学历培训班，学制2年，采取网上学习与面授辅导相结合的方式，开设社会学、社会保障、社会调查研究与方法、社会政策等课程，按规定修满学分即颁发中央广播电视大学高等教育本科学历毕业证书；密云县鼓楼街道与首都经济贸易大学继续教育学院合作成立了“社会建设与管理培训基地”，以社区党组织、社区居委会和社区服务站中的社区工作者为主要培训对象，计划用2～3年时间，对鼓楼街道社区工作者轮训一遍，实现100%持证上岗，全面提升社区工作者专业水平和职业技能。

（三）完善社区工作者薪酬保障机制，提高社区工作者待遇水平

7月9日，市社会办、市人力社保局、市财政局联合会下发了《关于进一步规范社区工作者待遇的通知》。按照《通知》要求，截至2010年12月底，全市16区县已全部根据本地区实际确定了调整方案实施细则，并从2010年7月起按照新方案补发工资，按照新的待遇标准，全市社区工作者月应发工资平均涨幅900元左右，最高涨幅达1200余元。社区工作者正职月平均实际收入（不包括社会保险、住房公积金等项目）为2100～2500元左右，副职为1900～300元左右，一般工作人员为1800～2000元左右。根据测算，此次待遇调整，全市将增加财政投入近3.2亿元。

（四）加强激励引导，不断提高社会工作人才服务管理水平

探索社会工作人才服务管理新方式。东城区成立全市首家社区工作者联合团支部，以为青年团员服务为主线，及时了解青年团员的思想状态，引导青年团员认真对待生活和学习中遇到的问题，通过开展理论学习、文体娱乐等活动，使青年社工以更饱满的热情投入到为社区居民服务工作中。朝阳区成立了青年社工协会，以2009年统一招录的大学生社区工作者为主体，同时吸纳了其他青年社区工作者、大学生村官和专业社会工作机构中的青年工作者，主要围绕课题研究、对外交流、专业培训等方面开展工作，力求发挥青年社工特长，带动和提升全区社会工作队伍的专业化、职业化水平。大兴区成立了大学生社工俱乐部，在大学生社工中公开招募理事和会员，定期组织开展活动，进一步增强了大学生社工群体的凝聚力，形成了核心价值观，激发了扎根社区、服务社会的热情。

（五）强化各项基础工作，进一步夯实社会工作人才队伍建设工作基础

认真做好社会工作人才队伍建设中长期发展规划及相关政策制定工作。按照市人才工作领导小组《关于做好下半年全市重点人才工作的通知》（京人才办发〔2010〕1号）要求，认真做好《关于深入推进首善之区社会工作人才发展工程的实施意见》（以下简称《意见》）和《首都中长期社会工作人才发展规划纲要（2010—2020年）》（以下简称《规划纲要》）的起草工作。先后征求了市民政局、市人力社保局、市司法局、市卫生局、市教委、市总工会、团市委、市妇联、市残联等10余家市有关部门及16个区县社会工委、社会办的意见和建议，同时，多次召集有关专家对《意见》和《规划纲要》进行论证。在充分吸纳各有关方面意见的基础上，对《意见》和《规划纲要》进行了修改和完善。截至12月底，已完成《意见》的起草工作并按要求报市人才工作领导小组办公室审定，《规划纲要》已形成初稿。稳步推进社会工作人才信息库建设，开展全市社会工作人才基础信息调研工作，对全市社区工作者、大学生社工和专业社会工作人才队伍相关情况进行摸底，分别建立了台账，为进一步做好全市社会工作人才队伍的服务管理以及政策制定提供了翔实的数据参考，也为下一步建立全市统一的分层次、分类型的社会工作人才信息库提供了数据基础。

（六）广泛开展学习、宣传和交流，持续扩大社会工作的社会影响力

成功举办国际社工日大型主题活动。4月15日，举行了“北京2010‘国际社工日’大型主题活动暨社工影片《十二情感》首映式”。全市16个区县、10家市级“枢纽型”社会组织、9所高校、相关社会工作事务所以及英、美、俄等国家的共1800余名社工和志愿者参加。多家媒体共刊发相关报道90余篇次，为首都社会工作人才队伍建设和社会建设营造了良好的社会氛围。加强与相关省市及机构的学习交流。赴广州、深圳、上海对社工事务所建设工作进行考察，并进行了广泛交流。积极参加全国社会工作协会发展与建设座谈会、全国民族地区社会工作与社会建设论坛、北京人才发展高端论坛（2010）等活动，与各有关方面围绕社会工作人才队伍建设进行深入研讨和交流，进一步扩大了首都社会工作人才队伍建设工作的影响力。2010年，市社会办获得了中国社工协会颁发的全国“民族社会工作创新奖”。

（张　婷）

【市人才工作检查调研组检查调研社会工作队伍建设工作】　1月12日，市人才工作检查调研组到市委社会工委检查调研社会工作队伍建设工作。市人力社保局副局长、市人才工作领导小组办公室副主任宋丰景出席检查调研会。市委社会工委委员、市社会办副主任周开让主持会议，市委社会工委委员、市社会办副主任王丽竹参加会议并就社会工作队伍建设工作情况进行汇报。按照市人才工

作检查调研组的要求，王丽竹就市委社会工委承担市人才工作领导小组2009年重点工作任务及重点课题完成情况、2009年全市社会工作人才队伍建设整体情况、2010年工作计划及拟列入市人才工作领导小组重点工作的建议等方面进行了汇报。双方就推动社会工作人才建设工作中存在的体制障碍、需要突破和解决的问题、影响社会工作人才培养和引进的因素及希望市人才工作领导小组帮助协调的问题等进行了深入研讨。

（张 婷）

【市委社会工委与团中央就社会工作队伍建设进行工作对接】 1月28日，市委社会工委委员、市社会办副主任周开让，市委社会工委委员、市社会办副巡视员王智玲带领社会工作队伍建设处到团中央进行了专程拜访和工作对接，就志愿者工作、大学生社工和青年社区工作者队伍的团建工作进行了座谈。团中央书记处书记周长奎、团中央志愿者工作部副部长侯宝森出席座谈会。周开让向团中央有关领导介绍了市委社会工委、市社会办的主要职能及成立以来开展的主要工作，重点介绍了我市志愿者工作的基本情况、创新做法和工作思路。周长奎表示，团中央将积极支持北京市委社会工委开展相关工作，支持北京市委社会工委与共青团北京市委建立工作协调机制，并希望进一步加强与北京市委社会工委的工作联系，共同推进北京志愿者工作和青年社区工作者队伍的团组织建设工作。

（张 婷）

【举办北京市高级社会工作人才境外专题培训班】 按照市人才工作领导小组、市委组织部统一安排，2009年北京市首次将党政机关领导干部高级社会工作人才培训纳入全市人才年度培训工作重点。年内，市委社会工委积极组织筹备首届党政机关领导干部高级社会工作人才培训班，组织市人力资源和社会保障局、市信访办、首都综治办、市总工会、市残联等12个市有关部门和5个区县党政机关的14名副局级、6名处级领导干部赴美国明尼苏达大学进行专业培训，并赴相关社会组织、福利机构进行了现场教学。1月14日，北京市高级社会工作人才境外专题培训班预培训会举办。1月20日组织培训班人员起程赴美，并在美国明尼苏达大学开班。8月18日，召开北京市高级社会工作人才赴美培训专题培训班总结会，对培训工作进行全面总结及交流并制作总结汇编及光盘材料，形成了《北京市高级社会工作人才境外专题培训班学习成果汇编》。通过境外培训，增强了党政机关高级社会工作人才对社会工作的认识和理解，提高了其管理水平和综合能力。

（张 婷）

【召开北京市社会工作事务所建设工作部署会】 3月2日，市委社会工委、市社会办召开北京市社会工作事务所建设工作部署会，对2010年社会工作事务所建设工作进行部署。中国社会工作协会副会长、秘书长赵蓬奇，市委社会工委委员、市社会办副主任周开让，西城区副区长陈蓓出席会议。市委社会工委委员、市社会办副巡视员王智玲主持会议，各区县社会工委、社会办负责同志及中国社会工作协会新闻中心有关同志参加会议。会议集中观摩了西城区社会工作者联合会和悦群、仁助等社会工作事务所，听取了东城区、西城区关于社会工作事务所建设工作情况的介绍，就今年社会工作事务所建设工作进行了研讨交流，并对今年全市社会工作事务所建设工作作出了部署和安排。会议指出，推进社会工作事务所建设工作，要着力抓好四个重点环节：一是加快机构组建，二是做好人员配备，三是搞好项目开发，四是创新投入方式。会议强调，做好社会工作事务所建设工作，要讲求实效、突出特色、统筹推进、及时总结，为进一步推动社会工作事务所建设工作提供经验指导，为下一步在全市范围内开展社会工作事务所建设奠定实践基础。

（张 婷）

【举办北京2010“国际社工日”大型主题活动】 4月15日，在国际社工日到来之际，由市委社会工委、市社会办、市民政局、市人力资源和社会保障局、中国社工协会等单位共同主办的“北京2010‘国际社工日’大型主题活动暨社工影片《十二情感》首映式”在奥林匹克中心区景观大道举行。活动以“互帮互助 共建共享”为主题。中国社工协会副会长兼秘书长赵蓬奇，中国社工协会副会长陈倚，中国电影家协会分党组书记、常务副主席康健民，市委副秘书长王翔，市政府副秘书长侯玉兰，市民政局、市人力社保局、10家市级“枢纽型”社会组织、首都部分高校社会工作院系领导及社工影片《十二情感》制片方相关领导出席会议。市委社会工委书记、市社会办主任宋贵伦主持会议。国际社工联主席大卫·琼斯专门为本次活动发来视频贺信。本次活动为10家社会工作事务所举行了揭牌仪式。活动现场还同时举行了为青海玉树地震灾区捐款仪式，与会人员纷纷踊跃捐款，现场捐款11810元。

（张 婷）

【组织实施2010年全国社会工作者职业水平考试】 市委社会工委、市社会办与市民政局、市人力社保局共同组织了2010年度北京地区社会工作者职业水平考试。6月19日至20日，全国社会工作者职业水平考试举行。全市在东城、丰台两个区共设置了15个考点350个考场。市政府副秘书长侯玉兰，市委社会工委书记、市社会办主任宋贵伦，市民政局局长吴世民等领导，陪同民政部、人力社保部相关领导对北京考点进行了巡视。两部委相关领导对北京地区的考试组织和社会工作人才队伍建设工作给予了充分肯定和高度赞誉。2010年，首都地区共有9722人报考，有1377人通过考试。其中社会工作师报考2778人，实际参考率71.6%，396人通过考试，合格率19.9%；助理社会工作师报考6944人，实际参考率87%，981人通过考试，合格率16.23%。目前，全市已有5612人取得了全国社会工作者职业水平资格证书。

（张 婷）

【市社会办获民族社会工作创新奖】 6月25日，由中国社工协会主办的“民族地区社会工作与社会建设论坛暨民族社区社工机构试点和社工培训班启动仪式”在人民大会堂举行。大会对全国在社会工作领域作出突出贡献的有关单位进行了表彰，北京市社会建设工作办公室获得“民族社会工作创新奖”。市委社会工委委员、市社会办副巡视员王智玲代表市社会办上台领奖。

（张 婷）

【提高社区工作者待遇】 7月9日，市社会办、市财政局、市人力社保局出台了《关于进一步规范社区工作者待遇的通知》，提出“对社区工作者待遇水平进行规范、调整，使其原则上不低于所在区县执行事业单位工资制度的全额拨款事业单位（不含教师）、按照国家和本市有关规定执行的待遇水平。”按照《通知》要求，市委社会工委扎实做好区县社区工作者待遇执行方案的审批和督促落实工作，对各区县上报的实施方案细则进行严格审查，对符合要求的方案及时按照相关程序给予批复。截至12月底，全市16区县已全部根据本地区实际确定了调整方案实施细则，并从2010年7月起按照新方案补发工资。全市社区工作者月应发工资平均涨幅900元左右，最高涨幅达1200余元。社区工作者正职月平均实际收入（不包括社会保险、住房公积金等项目）为2100元~2500元左右，副职为1900元~2300元左右，一般工作人员为1800元~2000元左右。

（张 婷）

【继续实施“大学生社工计划”】 按照市委办公厅、市政府办公厅《关于选聘高校毕业生到社区工作的实施办法（试行）》，继续选聘首都高校应届毕业生到社区工作。2010年共选聘2958人，其中高校应届毕业生2534

人、合同期满大学生“村官”424人。在应届高校毕业生中，非北京生源1654名，占被选聘应届毕业生总数的65.3%；本科以上学历2090人，专科学历444人，分别占82.5%和17.5%，其中研究生900人，占35.5%；党员1098人，占43.3%，有效推动了社会工作人才队伍的知识化、年轻化，提高了社会工作者队伍的整体素质。

（张 婷）

【全市成立17家社会工作师事务所】 按照《2010年市政府折子工程》中关于“加强社会工作人才队伍建设，培育扶持专业社工机构”和《北京市2010年在直接关系群众生活方面拟办的重要实事》中关于“在城八区及顺义、昌平区共培育扶持10个社工师事务所”的要求，鼓励支持符合条件的组织、企业和个人，兴办社会工作事务所等公益性社会工作机构。截至10月底，城六区和顺义、昌平区培育扶持了在行动社会工作事务所、惠泽社会工作事务所等17家社会工作事务所，承接驻校社工服务、心理服务、社区工作者培训等专业社工服务项目，为社工人才开展专业服务提供新载体。

（张 婷）

【北京首家“社会工作实务创新基地”落户西城】 11月26日，由中国社会工作协会举办的“社会工作实务创新基地”座谈会及签字授牌仪式在京召开。中国社工协会实务工作部部长杨建昌主持会议，中国社工协会副会长兼秘书长赵蓬奇作了重要讲话。西城区社会办、西城区社会组织联合会、牛街街道办事处和厚朴社工事务所有关人员应邀参加了会议。会上，来自全国五所社会工作机构的代表分别对本地区社会工作的发展情况进行了介绍。其中，北京市西城区所采取的“党委领导、政府主导、社会组织协同、以会带所”模式和江西省所采取的“社区干部社工化、社工人才本土化”模式得到了中国社工协会相关领导及与会人员的充分肯定。厚朴社工事务所被确定为全国五家“社会工作实务创新基地”之一，也成了北京第一家由中国社工协会认可的“实务创新基地”，着重在城市社会工作的实务方法进行探索和创新。

（张 婷）

【市人才工作领导小组办公室检查社会工作人才队伍建设工作】 12月29日，市人才工作领导小组办公室到市委社会工委检查指导社会工作人才队伍建设工作。市委社会工委委员、市社会办副巡视员王智玲就市委社会工委承担市人才工作领导小组2010年重点任务完成情况、2010年全市社会工作人才队伍建设重点工作、2010年工作计划进行了汇报。

（张 婷）

【开展购买专业社工岗位试点工作】 按照《2010年市政府折子工程》中关于“开展购买社会工作岗位试点”的要求，年内，市委社会工委、市社会办召开专业社会工作岗位设置及购买工作座谈会，征求各区县及社会工作专家意见，开展专业社会工作岗位设置工作调研，征求了各方对专业社会工作岗位设置及购买的意见，对购买社会工作岗位方案进行研究，制订了《购买专业社会工作岗位实施方案》，对购买的范围和数量、经费拨付、职责分工等工作提出了明确意见。按照“一街一社工”、“一所一督导”的标准，在全市141个街道17家社会工作事务所及相关社会工作领域购买200个专业社会工作岗位。各区县在社区、医院、学校、专业社会工作机构等领域，积极开展购买专业社会工作岗位试点工作，为全市社会工作人才提供了更加广阔的发展平台。

（张 婷）

【召开社会工作人才发展规划专家论证会】 12月28日，市委社会工委召开社会工作人才发展规划指标专家论证会，就《首都中长期社会工作人才发展规划纲要（2010—2020年）》征求相关社会工作专家意见和建议。市委社会工委委员、市社会办副巡视员王智玲主持会议。北京大学社会学系教授马凤芝、中国青年政治学院社会工作学院教授陈涛、北京建工学院社会工作系主任孟莉及市民政局相关处室负责人参加会议并提出意见建议。会后，在充分吸纳各有关方面意见的基础上，对《首都中长期社会工作人才发展规划纲要（2010—2020年）》进行修改和完善，形成了《规划纲要》讨论稿。

（张　婷）

志愿者工作

【概况】 2010年，首都志愿者工作积极贯彻落实《关于进一步加强和改进志愿者工作的意见》，大力推进志愿者工作常态化、规范化发展，进一步健全首都志愿服务长效机制。围绕建立统筹协调机制，建立志愿者工作联席会议制度，加强“枢纽型”志愿者组织建设；围绕志愿者工作规范化、制度化建设，出台了《北京市志愿者管理办法（试行）》；围绕扩展志愿服务领域，积极开展经常性、大型赛会、应急服务等各项志愿服务活动；围绕提升志愿服务专业化水平，建设并首批认定10支专业化志愿者队伍。首都志愿者工作迈上了新的台阶，形成了良好氛围。

（一）围绕创新工作管理模式，建立健全志愿者工作统筹协调机制

建立志愿者工作联席会议制度，与首都文明办、首都综治办、市民政局、团市委、市红十字会等单位建立联席会议制度，定期研究志愿者重点工作，交流信息，整合资源，推动形成齐抓共管的志愿者工作格局。推进“枢纽型”志愿者组织建设。加快推进北京市志愿者联合会的改造提升步伐，设计了较为完备的组织架构与管理体制，加强了联合会的内部建设，联合会秘书处已正常开展工作，“枢纽型”社会组织的作用已初步显现。积极探索建立区县志愿服务协调机制，探索创新基层志愿服务工作模式。朝阳区在全市首创社会志愿者公益储蓄中心，建立了志愿服务回报机制，实现了志愿服务供需对接，产生了良好的示范效应，有力地推动了志愿服务的规范化、常态化发展。昌平区积极构建“枢纽型”志愿者组织，成立了昌平区志愿者联合会，着力整合志愿服务资源，开发志愿服务项目。目前，全市各区县已建立了志愿者联合会或志愿者工作联席会议制度，积极探索建立区县志愿服务协调机制，创新志愿服务管理模式，在志愿服务工作模式建设方面积累了经验，形成了亮点。

（二）围绕志愿者工作规范化、制度化建设，制定出台了《北京市志愿者管理办法（试行）》

为进一步规范志愿者招募、注册、表彰等工作，解决参与志愿服务的便利化程度等问题，根据市委、市政府的部署，制定出台了《北京市志愿者管理办法（试行）》。在起草过程中，与团市委、市志愿者联合会（筹）、市民政局等相关部门多次座谈交流，对相关问题进行研讨，将达成的共识融进文稿中。文件成稿后，先后多次征求首都文明办、首都综治办、市民政局、市法制办、市红十字会、团市委、市志愿者联合会（筹）及各区县的意见，并通过北京社会建设网、志愿北京网站网上公开征求意见，听取志愿者代表的意见建议。市委常委梁伟、副市长丁向阳、侯玉兰副秘书长多次召开协调会，听取各部门意见。10月11日，市委、市政府办公厅正式印发了《北京市志愿者管理办法（试行）》。《办法》对志愿者招募与注册、

权利与义务、管理与服务、表彰与激励等工作进行规范，围绕建立全市统一的志愿者注册制度、建立志愿服务储蓄制度、志愿服务供需对接机制等问题，形成了一系列较为完善的、可操作性强的政策规定。

（三）围绕提升志愿服务专业化水平，加强专业志愿者队伍建设

发挥体制优势和社会优势，按照“统一规划、分类指导、自主发展”的原则，整合党政机关、人民团体、事业单位、“两新”组织等各类资源，重点围绕城市管理、民防救助、知识产权保护等领域建设专业志愿者队伍，不断健全志愿者队伍网络体系。目前全市已建设并首批认定了北京市红十字志愿服务总队、北京医疗卫生志愿服务总队、北京博物馆志愿服务总队、北京科普志愿服务总队、首都知识产权志愿服务总队、北京禁毒志愿者总队、北京市志愿者联合会综合应急志愿服务总队、北京市志愿者联合会文明观众拉拉队志愿服务总队、北京市志愿者联合会心理援助志愿服务总队、北京市志愿者联合会期颐助老志愿服务总队10支专业化志愿者队伍。各支专业志愿者队伍结合自身特点，开展了一系列专业志愿服务活动。首都知识产权志愿者开展了“首都保护知识产权志愿者社区行”活动，组织全市知识产权保护专业志愿者深入企业普及知识产权保护专业知识，并在部分批发市场、小商品市场等知识产权保护重点地区，开展知识产权保护宣传活动，在全社会营造知识产权保护的良好氛围。其他专业志愿者队伍也积极开展了法律援助、医疗服务、市容维护、环境保护、应急救援等内容丰富、形式多样的志愿服务活动，提升了全市专业化志愿服务水平。

（四）围绕拓展志愿服务领域，深入开展形式多样的志愿服务活动

指导各类志愿者组织不断拓展志愿服务的领域，深入开展志愿服务活动。围绕首都中心工作、重要活动、重大事件和人民群众需求，着力创新志愿服务活动载体和实践项目，形成了重大活动志愿服务、应急志愿服务和经常性志愿服务三大服务项目体系，志愿服务平台不断拓展，领域不断深化。一是重大活动志愿服务水平不断提升。协调市志愿者联合会（筹），积极参与2010年上海世博会、首届武术搏击运动会、中国网球公开赛、广州亚运会、新加坡首届青年奥林匹克运动会等重大活动志愿者工作。二是应急志愿服务成效显著。市志愿者联合会（筹）积极派遣应急志愿服务队赶赴玉树参与救灾工作，开展了关爱灾区孩子、“玉树希望之星”小摄影师志愿者在行动等项目。三是经常性志愿服务蓬勃发展。各系统、各单位、各区县的志愿者队伍结合自身特点，开展各类志愿服务活动。如高考期间，市志愿者联合会（筹）积极整合资源，动员、组织社会力量积极开展关爱高考考生志愿服务活动；重阳节期间协调相关单位在全市组织开展敬老爱老志愿服务活动；联合市城管执法局、首都文明办开展“假日文明行动——城市文明加油站志愿服务活动”；联合市知识产权保护局开展“首都保护知识产权志愿者社区行”活动等。四是志愿服务平台载体不断拓展。以奥运志愿服务站点“蓝立方”为依托，建设城市文明引导志愿者服务示范点，创新城市志愿服务项目，丰富服务内容和形式，搭建了方便志愿者参与服务的实践平台。

（五）围绕营造志愿服务发展良好氛围，加大志愿服务宣传力度

以《北京市志愿者管理办法（试行）》的征求意见及出台为宣传契机，在网络、报纸等新闻媒体广泛开展宣传。《办法》的制定出台，受到首都社会各界的高度关注，广大市民、志愿者、志愿者组织积极发表意见。《北京日报》、北京电视台、《新京报》、《京华时报》、中国日报网、中国网等媒体进行了全面报道，大力宣传全市优秀志愿者典型。组织全市各区县参加“创业青年首都贡献奖”评选，推荐热心社会公益、积极参加志愿服务的来京人员参加评选。积极参加中国志愿服务基金会主办的全国百名优秀志愿者网上推荐活动，推荐全市志愿服务典型。向

中国文明网、中央电视台“《讲述》志愿者的故事”栏目推荐北京市优秀志愿者及优秀志愿服务团队，宣传志愿服务典型。扩大社会传播力度，大力营造志愿服务事业发展的良好社会氛围。

（张　婷）

【“首都保护知识产权志愿者社区行”活动动员会召开】 1月14日，“首都保护知识产权志愿者社区行”活动动员会在市知识产权举报投诉服务中心召开。此次活动由市委社会工委、市社会办与市知识产权局共同举办。市委社会工委委员、市社会办副主任周开让，市知识产权局副局长王淑贤出席会议并讲话。北京12330（市知识产权举报投诉服务中心）、相关区县社会工委、社会办、知识产权局负责同志参加会议。根据《“首都保护知识产权志愿者社区行”试点活动方案》，在西城、崇文、朝阳、海淀、丰台五个试点区建立专业志愿者队伍，开展保护知识产权志愿服务活动。

（张　婷）

【与团市委、北京市志愿者联合会（筹）就志愿者工作进行座谈】 2月5日，市委社会工委委员、市社会办副主任周开让就加强志愿者工作与团市委主要领导进行座谈，并就下一步志愿者工作思路及重点工作进行了研讨。团市委书记王少峰、北京市志愿者联合会（筹）秘书长郭新保等出席了座谈会。周开让介绍了市委社会工委2010年工作务虚会上市领导关于加强与有关部门协调、联手合作开展社会建设工作的重要指示精神。王少峰介绍了全市志愿者工作大会召开及市委、市政府《关于进一步加强和改进志愿者工作的意见》印发实施后志愿者工作的重要进展情况，并重点介绍了市委常委梁伟关于市志愿者联合会职能定位及与团市委关系定位的有关指示精神。双方就《北京市志愿者管理办法》的起草与印发、市政府拟办实事项目中涉及志愿者的工作、规范志愿服务项目等工作进行了研讨。双方一致认为，市委社会工委、市社会办与团市委要密切合作，在市委、市政府和市社会建设工作领导小组的领导下，深入贯彻落实全市志愿者工作大会和《关于进一步加强和改进志愿者工作的意见》的精神，加强联系，加强协调，共同积极推进首都志愿者工作。

（张　婷）

【春节期间全市77个“蓝立方”城市站点全面启动】 春节期间，近万名志愿者在交通枢纽、旅游景点等人流密集地区为市民提供信息咨询、应急服务、语言服务等服务项目。志愿者们除统一配发了志愿服务活动的温暖三件套、蓝马甲外，“蓝立方”还根据自身特色，挂上红灯笼、剪纸、中国结等带有春节传统特色的装饰。本次“蓝立方”志愿者主要由各区县自主招募，来自社会各个层面，服务时间从年三十延续到大年初六。

（张　婷）

【开展“关注知识产权保护　争做首都文明市民”志愿服务活动】 3月5日，市委社会工委、市社会办与市知识产权局联合开展“关注知识产权保护　争做首都文明市民”系列专业志愿服务活动。首都知识产权保护志愿者们在金开利德国际服装市场等多个场所为商户和消费者提供知识讲解和现场咨询等志愿服务，共发放各类宣传品2000多份，累计服务300余人。3月10日，开展了送知识进企业活动，到北京普天德胜科技孵化器有限公司为通信领域的6家企业提供知识产权咨询服务，解答各类专业问题20余个，发放宣传资料近100份，受到企业的欢迎。

（张　婷）

【开展应急救援志愿服务】 青海玉树地震发生后，市志愿者联合会（筹）迅速派遣应急志愿服务队赶赴玉树参与救灾工作，成功救援6名被困群众，搜救11名被掩埋遇难者，救治运送 30 余名重伤员，先后为 400 余名灾民提供巡诊、送药、送食等志愿服务，随后又与青海省相关部门接洽，开展了关爱灾区孩子、“玉树希望之星”小摄影师志愿者在行动等灾区需要的服务项目。

（张　婷）

【市委社会工委与市红十字会召开志愿者工作座谈会】　8 月 6 日，市委社会工委与市红十字会召开志愿者工作座谈会，就《北京市红十字会实施〈北京市志愿服务促进条例〉办法》（征求意见稿）与《北京市志愿者管理办法（试行）》内容衔接及专业志愿者队伍建设进行交流探讨。市委社会工委委员、市社会办副主任周开让，市红十字会副会长吕仕杰及相关处室同志参加会议。市红十字会介绍了红十字会专业志愿者队伍建设情况及《北京市红十字会实施〈北京市志愿服务促进条例〉办法》起草情况与主要内容。双方就市红十字会专业志愿者注册系统与全市志愿者注册系统对接、志愿者表彰激励与服务时间认证、志愿者人身保险等问题进行了研究讨论。

（张　婷）

【开展“假日文明行动——城市文明加油站志愿服务活动”】　“假日文明行动——城市文明加油站志愿服务活动”是市城管执法局联合首都文明办、市委社会工委开展的城管志愿服务活动，是“做文明有礼的北京人”的重要内容，每周末和节假日全市重点地区和点位开展。中秋、国庆两节前夕，副市长黄卫带领市相关部门到西直门交通枢纽进行节前安全检查，听取了关于节日期间环境保障工作的汇报，亲切慰问了“城市文明加油站”站点参加志愿服务活动的志愿者。志愿者向黄卫展示了“百日整治行动”的宣传册、印有城管法规的折页、医疗救护小药箱及城管地图等宣传品并就志愿服务工作进行了汇报。

（张　婷）

【出台《北京市志愿者管理办法（试行）》】　为进一步规范志愿者招募、注册、表彰等工作，解决参与志愿服务的便利化程度等问题，根据市委市政府的部署，制定出台《北京市志愿者管理办法（试行）》。5 月 18 日，市政府副秘书长侯玉兰主持召开《北京市志愿者管理办法（试行）》座谈会，听取市法制办、首都文明办、首都综治办、市民政局、团市委的意见建议，对文件进行进一步细化、深化研究。6 月 17 日，副市长丁向阳主持召开《北京市志愿者管理办法（试行）》座谈会，听取首都文明办、首都综治办、市民政局、团市委等部门的意见建议，对文件修改提出明确指示。6 月 28 日，副市长丁向阳主持召开《北京市志愿者管理办法（试行）》座谈会，听取文件修改情况汇报，并就网上征求意见提出指示。10 月 11 日，市委、市政府办公厅正式印发了《北京市志愿者管理办法（试行）》。《办法》分为总则、招募与注册、权利与义务、管理与服务、表彰与激励和附则等，共 6 章 23 条。《办法》对志愿者招募与注册、权利与义务、管理与服务、表彰与激励等工作进行规范，围绕建立全市统一的志愿者注册制度、建立志愿服务储蓄制度、志愿服务供需对接机制等问题，形成了一系列较为完善的、可操作性强的政策规定。

（张　婷）

【召开贯彻落实《北京市志愿者管理办法（试行）》工作会议】　12 月 10 日，市委社会工委、市社会办召开志愿者工作会议，研究部署《北京市志愿者管理办法（试行）》的贯彻落实工作。市委社会工委委员、市社会办副主任周开让出席会议并讲话，全市 16 个区县社会工委、社会办主管领导及相关负责同志参加会议，就当前志愿者工作的重点难点问题及下一步工作设想进行了交流讨论。会议指出，当前志愿者工作迈上了新的台阶，各区县志愿者工作要围绕“四化”，做到“六好”，即围绕志愿者工作的常态化、规范化、专业化、社会化，做好以下工作：一是策划好。结合各区县实际情况，策划好“十二五”时期志愿者工作。二是落实好。贯彻落实《北京市志愿者管理办法（试行）》，研究出台落实方案和实施细则。三是建设好。积极建设志愿者“枢纽型”组织，充分发挥统筹协调作用。四是组织好。督促组织开展经常性志愿活动，特别是在“两节”期间，依托城市志愿服务站点开展志愿服务活动。五是开发好。不断创新志愿服务项目，积极开发一批志愿服务品牌。六是推进好。积极推进“社工＋义工”联动工作，结合购买社会工作岗位试点工作，发挥社工对志愿者的带动作用。

（张　婷）

【举行北京专业志愿者队伍授旗仪式】　12月4日，市委社会工委、市社会办、团市委、市志愿者联合会（筹）在地坛公园举办北京市专业志愿者队伍授旗仪式暨主题展示活动。市委社会工委委员、市社会办副巡视员王智玲出席活动并发言。团市委机关党委书记、市志愿服务指导中心主任郭新保，市卫生局、市知识产权局、市文物局、市红十字会、市科协、市老龄委、市禁毒委等单位主管领导出席。与会领导为新成立的10支专业志愿者队伍授旗，专业志愿者队伍代表宣读了“绿色出行　志愿先行”的倡议，300多名骨干志愿者现场为群众展示了不同特色的志愿服务。《北京日报》、《北京青年报》等多家媒体进行了报道。

（张　婷）

【开展重大活动志愿服务】　协调市志愿者联合会（筹），积极参与2010年上海世博会运行团队志愿者工作，组织了近300名志愿者，分十几批次赴上海开展志愿服务，为北京活动周、北京馆提供了高水平的志愿服务；承担了第29届世界音乐教育大会志愿者工作，配合中国音乐学院等组织单位，招募组织了近700名志愿者开展志愿服务；承担了第二届奥林匹克体育文化节志愿者工作，招募了400余名志愿者参与志愿服务，并开展文化节闭幕式志愿者相关节目的组织，推进奥运志愿者文化传承和工作成果转化；承担了首届武术搏击运动会志愿者工作，招募了800名志愿者参与志愿服务；承担了中国网球公开赛志愿者协调组织工作，招募了2000余名志愿者参与志愿服务；承担了北京市参与广州亚运会志愿者工作，启动了粤外志愿者筹备组织工作，并重点帮助广州亚组委志愿者部，大力推进亚运会志愿者相关筹备组织工作，举办了志愿者工作国际论坛和骨干交流营；承担了新加坡首届青年奥林匹克运动会志愿者工作，组织了十几名志愿者赴新加坡参与赛会志愿服务，开展国际交流。

（张　婷）

【参加全国百名优秀志愿者网上推荐活动】　10—12月，中国志愿服务基金会联合《光明日报》、中国文明网、人民网、新华网、光明网、央视网，组织开展了全国百名优秀志愿者网上推荐活动。市委社会工委积极组织志愿者参加推荐活动，按照首都文明办转发中国志愿服务基金会《关于组织开展全国百名优秀志愿者网上推荐活动的通知》要求，组织各区县及市志愿者联合会参加优秀志愿者参选工作，在与市志愿者联合会（筹）沟通并多方面推选的基础上，推荐10名优秀志愿者作为首都优秀志愿者候选人参加评选活动。12月，评选结果公布，市委社会工委推荐的10名优秀志愿者中共4名入选，分别为西城区公共文明引导员沈崇艳、东城区文明乘车引导员胡雅丽、医疗卫生志愿者韩崧、北京松堂关怀医院助老志愿者张大诺。

（张　婷）

【参加“创业青年首都贡献奖”评选活动】　8—10月，第五届“创业青年首都贡献奖”评选活动举办。市委社会工委委员、市社会办副巡视员王智玲担任评选活动评委。市委社会工委作为主办单位之一，积极参与活动评选组织工作，贯彻落实团市委、市委宣传部等10家单位联合下发的《关于开展第五届北京市“创业青年首都贡献奖”评选活动的通知》精神，组织各区县做好社会建设系统参选人员推荐工作、评选、公示等相关工作，积极推荐新经济组织、新社会组织等社会建设领域优秀人才参加评选。市委社会工委推荐的朝阳区尚巴（北京）文化有限公司董事、总经理薛运达荣获第五届“创业青年首都贡献奖”银奖。

（张　婷）

社会领域党建工作

【概况】　2010年，市委社会工委在市委正确领导和市委组织部具体指导下，认真贯彻落实党的十七大和十七届四中、五中全会精神，以深入学习实践科学发展观活动和深入开展创先争优活动为契机，创新体制，优化设置，丰富载体，夯实基础，全市社会领域党建工作取得了新进展和新成效，有力地支持和促进了社会建设事业和社会管理创新，呈现出良好的发展态势。

（一）完善管理体系，推进区域党建，街道（乡镇）社会工作党委建设取得新进展

2010年，先后3次召开全市社会领域党建工作推进会，总结街道社会工作党委建设的成功做法和典型经验，逐步规范街道社会工作党委工作职责。各街道社会工作党委按照“围绕中心、服务大局、拓宽领域、强化功能”的原则，创新活动载体，开展共建共享，在联络辖区单位、管理辖区非公有制经济组织和社会组织、指导社区党建工作方面发挥了重要作用。在全市街道全部建立社会工作党委基础上，探索在乡镇开展社会工作党委试点工作。截至11月底，已经在全市13个区县183个乡镇中，建立社会工作党委试点102个，门头沟区、通州区等区县已经全部建立了乡镇社会工作党委。

（二）新建工作站点，整合服务功能，商务楼宇工作站建设迈出新步伐

各区县按照市委社会工委部署和要求，坚持“一手抓组织覆盖、一手抓规范提升”的思路，积极探索、大胆实践，商务楼宇工作站建设迈出新步伐。截至11月底，全市1249座商务楼宇，已建立党建工作站（社会工作站）1162个，覆盖1249座楼宇6.1万家商户82万余名就业人员、3.3万余名党员，基本实现了全市商务楼宇党建工作、社会服务管理全覆盖。在集中检查验收的基础上，评选出10个示范站、50个优秀站。8月21日，习近平同志在视察叶青大厦党建工作时，对全市商务楼宇党建工作给予了充分肯定。

（三）优化组织设置，注重条块结合，党组织和党的工作覆盖实现新突破

坚持属地管理和行业管理相结合，实现非公有制经济组织和社会组织党建工作责任体系全覆盖。召开了出租车行业党建工作推进会，对全市127家尚未建立党组织的出租车企业党建工作进行了具体部署，明确了区县折子工程。深入市投资促进局、市私营个体经济协会、市注册会计师协会、中关村科技园区等单位，调研和指导非公有制经济组织和社会组织党建工作。探索建立区县委统一领导、区县司法局直接领导、律师党委（总支）建在协会、党支部建在律师事务所的工作格局和管理体制，探索推进行业指导与属地管理的有效衔接。据不完全统计，全年共成立社会领域基层党组织850余个，发展党员1800余名，培养入党积极分子7600余名。

（四）创新活动载体，激发内在活力，创先争优活动产生新成效

按照市委创先争优活动领导小组部署和

要求，成立了由市委社会工委牵头、相关部门参加的全市社会领域创先争优活动领导小组及其办公室。转发了《关于在非公有制经济组织党组织和党员中深入开展创先争优活动的实施意见》的通知，印发了《中共北京市委社会工委贯彻落实〈市委关于在全市基层党组织和党员中深入开展创先争优活动的实施意见〉的工作方案》，明确了创先争优活动的总体要求和阶段任务。召开了领导小组工作会议，建立了领导干部联系点、信息直报点、区县工作联络机制，选派党建指导员，加强分类指导。社会领域广大党组织围绕中心，开展主题实践活动，创新活动载体。进一步深化非公有制经济组织党建“五个好”示范点创建活动，全市已有500家非公有制企业参与创建活动。在全市评选出的100名“群众心目中的好党员”中，有21名社会领域基层党组织负责人当选，有4家非公有制企业党组织被评为全市思想政治工作先进单位、5名“两新”组织党组织负责人被评为全市优秀思想政治工作者。组织社会领域近2万名党员观看了电影《第一书记》、并召开了观影座谈会。举办了“百姓爱心故事”社会工委系统宣讲报告会，组织参加了“群众心目中的优秀党员”事迹报告会。开展了“做党性最强的组工干部”主题演讲活动，市委社会工委被评为优秀组织奖。编写社会领域创先争优活动相关信息110余条，先后有近10篇被《全国非公有制经济组织创先争优活动简报》、《北京市深入开展创先争优活动简报》刊发。

（五）加大培训力度，完善保障机制，党建工作基础建设跃上新台阶

2010年，全市选聘2958名应届高校毕业生和合同期满大学生“村官”进社区工作，并将其中的优秀党员充实到社区党务工作者队伍，东城、朝阳、海淀、丰台、石景山等区面向社会公开招聘商务楼宇专职党务工作者350余名，社会领域党务工作者队伍逐步壮大。全市先后举办街道工委书记轮训班、社会领域基层党组织负责人、社区党组织负责人、“两新”党组织负责人等示范培训班，培训各类党务干部520余名。各区县也加大了培训力度。东城、丰台、通州等区组织社会工作党委负责人、社区书记骨干和商务楼宇党组织负责人外出学习考察。据统计，2010年各区县共举办社会领域基层党务工作者培训班60余次，培训基层党务工作者2.2万余名。出台了《关于进一步规范社区工作者待遇的通知》，社区党组织负责人基本待遇得到了大幅提升。市级财政先后投入5400万元社会建设专项资金用于商务楼宇工作站建设。以全市社区规范化建设为契机，社区党组织办公用房和党员活动场所得到了明显改善，实现了60%以上的社区办公和服务用房达到200平方米，35.7%的社区达到了350平方米，有力夯实了城市基层党建的工作基础。

（六）摸清工作底数，拓展研究领域，调查研究工作创造新成果

以党员作风建设年和“三进两促”活动为契机，围绕制定规范性文件、推进重点工作、完成重要课题等方面，多次深入街道社区、非公有制经济组织和新社会组织中进行调研和工作指导。安排中央有关部门、市领导和兄弟省市到区县调研10余次。与市委组织部等部门，围绕城乡结合部基层党建工作、党员队伍结构、发展党员工作、街道社会工作党委建设、“枢纽型”社会组织党建试点工作等方面，开展专题调研50余次，与市委社会工委有关处室联合开展调研活动10余次。参与完成市委组织部调研课题《城乡结合部基层党建工作研究》、《北京市党员队伍状况及工人、农民和高知识群体党员队伍整体情况调研报告》、《北京市街道社区党建工作调研报告》、《北京市非公有制企业党建工作调研报告》等起草任务，汇总了街道（乡镇）社会工作党委、商务楼宇工作站、社区党组织和部分“枢纽型”社会组织党建工作基础数据。起草了上海市“社会建设与社会领域党的建设创新”论坛、市委组织部“党的建设科学化”座谈会、全市党群共建工作

会等书面材料 20 余份。为推进重点工作，先后起草和修改了《北京市街道社会工作党委工作办法（试行）》、《北京市商务楼宇工作站建设管理办法（试行）》、《“枢纽型”社会组织党建试点工作办法》。全年编印《北京社会建设信息——社会领域党建工作专报》28 期，《组工动态》编发信息 76 条。2010 年初，市委社会工委承担完成的《构建北京市社会领域党建工作体系问题研究》课题被评为全国党建研究会二等奖、市党建研究会一等奖。

（王　峰）

【全国非公有制经济组织学习实践科学发展观活动巡回指导组到顺义区调研】 1 月 5 日，全国非公有制经济组织深入学习实践科学发展观活动巡回指导一组组长甘国屏到北京市顺义区调研非公有制经济组织学习实践科学发展观活动情况，市委副秘书长王翔，市委社会工委书记、市社会办主任宋贵伦，市委社会工委委员、市社会办副主任陈建领，市工商联党组成员、副主席王克林等陪同调研。指导组一行实地考察了北京江河幕墙股份有限公司、北京世纪百强家具有限责任公司，听取了市委社会工委、顺义区关于非公有制经济组织学习实践活动的情况汇报。

（甘承伟）

【全国非公有制经济组织学习实践科学发展观活动巡回指导组举办加强非公有制经济组织党建工作研讨会】 1 月 21 日，中央非公有制经济组织学习实践活动指导小组在北京召开全国非公有制经济组织党建工作研讨会，认真学习贯彻中央有关精神，总结非公有制经济组织党建工作的基本情况，交流经验做法，研讨如何在新的形势下加强和改进非公有制经济组织党建工作等重要问题。市委社会工委书记、市社会办主任、市委社区和“两新”组织学习实践活动指导小组组长宋贵伦代表北京市在会上作了题为《着力建立健全长效工作机制，不断加强改进非公有制经济组织党建工作》的经验介绍。在第三批深入学习实践科学发展观活动中，全市新建非公有制经济组织党组织 821 个，新发展党员 1832 人，找到“口袋党员”900 多名，不断扩大党组织和党的工作覆盖面。

（甘承伟）

【《构建北京市社会领域党建工作体系问题研究》课题受到全国党建研究会表彰】 1 月 22 日，由市委社会工委书记、市社会办主任宋贵伦，市委社会工委委员、市社会办副主任陈建领牵头负责的《构建北京市社会领域党建工作体系问题研究》课题报告，被评为全国党建研究会 2009 年度调研课题优秀成果二等奖。此课题报告是经过北京市党建研究会专家无记名投票，作为北京市党建研究会推荐的五篇课题报告之一，参加全国党建研究会评审。本次评审共评选出一等奖 21 篇、二等奖 35 篇、三等奖 55 篇。

（甘承伟）

【中央领导来京调研全市新社会组织学习实践科学发展观活动情况】 1 月 25—29 日，中央领导来京调研全市新社会组织开展深入学习实践科学发展观活动的情况。市委社会工委书记、市社会办主任宋贵伦，市委社会工委委员、市社会办副主任陈建领等同志多次参与筹备、接待工作，并参加中共中央政治局常委、中央书记处书记、国家副主席、中央深入学习实践科学发展观活动领导小组组长习近平同志主持召开的座谈会。习近平同志在 29 日的调研过程中，先后视察了国富浩华会计师事务所、德恒律师事务所和北京出租汽车暨汽车租赁协会，随后在北京出租汽车暨汽车租赁协会主持召开了部分新社会组织学习实践活动座谈会。习近平在讲话中强调，加强新社会组织党的建设，是第三批学习实践活动的重要目标，各地各部门党委（党组）要坚持抓好新社会组织学习实践活动整改落实阶段的工作，着力加强长效机制建设，再接再厉、乘势而进，在新的起点上全面推进新社会组织党的建设，进一步扩大党的组织覆盖和工作覆盖。

（甘承伟）

【全国非公有制经济组织学习实践科学发展观活动巡回指导组到石景山区调研】 2月3日，全国非公有制经济组织深入学习实践科学发展观活动巡回指导一组到石景山区调研学习实践科学发展观活动情况，市委社会工委委员、市社会办副主任陈建领陪同调研。

（甘承伟）

【全国非公有制经济组织学习实践科学发展观活动总结电视电话会议召开】 2月25日，全国非公有制经济组织深入学习实践科学发展观活动巡回指导组举办非公有制经济组织学习实践科学发展观活动总结电视电话会议。市委社会工委委员、市社会办副主任陈建领出席会议。

（甘承伟）

【全市社区和“两新”组织深入学习实践科学发展观活动圆满结束】 按照市委的统一部署，2009年10月至2010年2月，社区和“两新”组织学习实践活动指导小组在各区县党委和基层党组织支持下，坚持解放思想，突出实践特色，贯彻群众路线，开展正面教育，顺利完成了市委交给的指导工作任务。5个月来，全市共有26627个社区和“两新”组织、8684个党组织、358211名党员参加了学习实践活动。查找出需要改进的突出问题5万多个，推动解决2.2万个，为群众办实事好事2.3万件。指导小组在中央非公有制经济组织党建工作会、新社会组织学习实践长效机制建设会，顺义区在全国新社会组织学习实践活动阶段总结会上介绍了典型经验；北京市被中央新社会组织指导组评为先进单位；北京市商务楼宇党建、亚奥科技公司党支部发挥模范作用等51份经验被中央和市委转发，学习实践活动取得了实实在在的效果。

（甘承伟）

【《构建北京市社会领域党建工作体系问题研究》课题受到市党建研究会表彰】 3月15日，北京市党建研究会五届五次理事大会召开，市委社会工委委员、市社会办副主任陈建领出席会议。会上，由市委社会工委书记、市社会办主任宋贵伦，市委社会工委委员、市社会办副主任陈建领等同志负责完成的《构建北京市社会领域党建工作体系问题研究》课题报告，被评为北京市党建研究会2009年度调研课题优秀成果一等奖。

（甘承伟）

【总结分析全市商务楼宇党建工作站（社会工作站）检查验收情况】 3月17—23日，市委社会工委对全市商务楼宇党建工作站（社会工作站）检查验收情况进行总结分析。在调查统计全市各区县商务楼宇党建工作站（社会工作站）建设基本情况的基础上，形成了《北京市商务楼宇党建工作站（社会工作站）建设情况统计报告》和《北京市商务楼宇党建工作站（社会工作站）建设进展情况报告》。市委副书记王安顺、市委常委吕锡文、梁伟同志分别对两份报告作出批示。

（甘承伟）

【市领导调研社会组织党建工作】 3月18日，市委常委梁伟同志到东城区大成律师事务所调研社会组织党建工作。市委社会工委委员、市社会办副主任陈建领陪同调研。大成律师事务所主任彭雪峰律师详细汇报了当前律师行业的发展现状和大成律师事务所近年来在党建工作方面的发展情况。梁伟同志高度评价了律师在社会主义民主法治建设、经济建设及和谐社会建设中的重要作用，充分肯定了大成在科学发展观指引下走中国特色律所发展之路的探索精神和取得的成果。他深入了解了当前律师队伍党建、律所行业发展面临的问题并提出了解决对策，对推进律师队伍党建工作、律师事务所及律师行业更好发展提出了新的希望。

（甘承伟）

【召开社会领域党建工作调研座谈会】 4月2日和7日，市委社会工委先后到朝阳区、石景山区调研2009年开展的社会领域党建试点工作情况，并分片组织召开了调研座谈会。市委社会工委委员、市社会办副主任陈建领出席座谈会并讲话，全市各区县委社会工委主管党建工作的副书记、党建科长及部分社会领域基层党组织负责人参加了会议。会上，市委社会工委总结和部署了全市街道社会工作党委和商务楼宇党建工作站（社会工作站）建设工作。朝阳区望京街道社会工作党委、石景山区委社会工委等八家单位分别介绍了开展社会领域党建试点工作的经验。与会同志深入交流了2009年社会领域党建试点工作的进展情况及2010年工作的主要思路和措施。

（甘承伟）

【市注册会计师协会召开学习实践活动总结表彰大会】 4月2日，北京市注册会计师协会召开深入学习实践科学发展观活动总结表彰会。市委社会工委委员、市社会办副主任陈建领，北京市注册会计师协会党委学习实践活动指导小组组长、北京市财政局党组书记、局长杨晓超出席大会。会议表彰了17个优秀基层党组织、77名优秀共产党员、33名优秀党务工作者。

（甘承伟）

【市委副秘书长、市委党建工作领导小组办公室主任张建民调研社会领域党建工作】 4月19日、22日，市委副秘书长、市委党建工作领导小组办公室主任张建民分别到市委党建工作领导小组办公室基层党建工作联系点安利（中国）日用品公司北京分公司、石景山区八角街道调研非公有制经济组织党建和街道社区党建工作，听取这两个单位近年来开展党建工作的做法和经验。调研过程中，张建明对上述两个单位近年来开展党建工作所取得的成绩给予了充分肯定，并就这两个联系点如何创造性开展工作、发挥典型示范作用等方面提出了意见和要求。市委社会工委副书记、市社会办副主任赵小卫陪同调研。

（甘承伟）

【持续推进社会领域党建试点工作取得成效】 年内，市委社会工委持续推进社会领域党建试点工作，扩大试点范围，增强社会领域党建工作成效。截至4月底，全市1249座商务楼宇已经建立了826个商务楼宇工作站，覆盖918座商务楼宇，覆盖率达73.5%。各区县在努力完成组织覆盖的同时，也着重抓好组织规范和作用发挥。东城区重点开展了非公有制经济组织和新社会组织党建工作全覆盖摸底调查工作；西城区、平谷区和怀柔区重点开展了非公有制经济组织党建“五个好”示范点创建活动；朝阳区以望京街道佳境天城社会工作站为试点，开展商务楼宇服务项目的规范化管理，把商务楼宇工作站的服务职能梳理总结为20类60项的具体服务项目；海淀区组织召开了社会领域党建工作推进会；丰台区、大兴区举行了商务楼宇工作站专职人员培训和考察活动；石景山区在全区推广了八角街道党组织关爱工程项目化管理经验；门头沟区开展了乡镇街道社会工作党委建设试点工作；通州区、顺义区、昌平区重点开展了商务楼宇内企业调查摸底及建立商务楼宇工作站的准备工作；房山区、密云县和延庆县正在对所联系和管理的基层党组织进行专题调研工作。

（甘承伟）

【中央非公有制经济组织开展创先争优活动指导小组来京调研】 5月13日，中央非公有制经济组织开展创先争优活动指导小组副组长、国家工商总局党组成员、副局长钟攸平来京就如何在非公有制经济组织开展好创先争优活动进行专题调研。市委副秘书长王翔，市委社会工委委员、市社会办副主任陈建领，市工商局巡视员罗文阁，市工商联党组副书记、常务副主席郑默杰等陪同调研。调研组一行先后实地考察了北京市和合谷餐饮有限公司、安利（中国）日用品有限公司北京分公司、安邦财产保险集团公司，组织召开了调研工作座谈会。会上，陈建领代表市委社会工委就非公有制经济组织开展创先争优活动的情况作专题汇报，部分区县、业务主管部门、非公有制经济组织党组织负责人进行了座谈发言，钟攸平就如何做好非公有制经济组织党建工作及开展创先争优活动提出了具体要求。

（甘承伟）

【丰台区太平桥街道5座商务楼宇举行党建工作站、社会工作站授牌仪式】 5月25日，丰台区太平桥街道举行辖区内融信大厦、财富西环、鹏润家园、糖人街和尚西泊图5座商务楼宇党建工作站、社会工作站授牌仪式。市委社会工委委员、市社会办副主任陈建领出席仪式并讲话，丰台区委组织部、区委社会工委等部门有关负责同志参加了活动。

（甘承伟）

【全国非公有制经济组织深入开展创先争优活动指导工作动员电视电话会议召开】 5月31日，全国非公有制经济组织深入开展创先争优活动指导工作动员电视电话会议召开，市委社会工委副书记、市社会办副主任赵小卫出席会议。

（甘承伟）

【市委常委、市委统战部部长牛有成调研非公有制企业统战工作】 6月28日，市委常委、市委统战部部长牛有成到朝阳区山水文园调研非公有制企业统战工作情况，市委统战部常务副部长闵克，市委社会工委委员、市社会办副主任陈建领陪同调研。

（甘承伟）

【加强“枢纽型”社会组织党组织建设】

为进一步加强全市“枢纽型”社会组织党组织建设，市委社会工委研究制定了《北京市“枢纽型”社会组织联合党委工作办法（试行）》，并于6月29日下发了《关于在市级“枢纽型”社会组织开展建立社会组织联合党委试点工作的通知》。市委社会工委委员、市社会办副主任陈建领多次带领党建工作处的同志就建立联合党委事宜与市科协、市社科联等多个市级“枢纽型”社会组织进行沟通协调。

（甘承伟）

【全市纪念建党89周年暨深入开展创先争优活动交流大会召开】 7月1日，北京市纪念中国共产党成立89周年暨深入开展创先争优活动交流大会隆重举行。市委书记刘淇讲话强调，要认真学习贯彻胡锦涛总书记的重要讲话精神，认清形势任务，增强创造先进、争当优秀的自觉性和责任感。每一名共产党员都要努力成为先锋和表率，以自己创先争优的实际行动，带动身边群众创先争优，以此来带动全社会创先争优，不断提高推动首都科学发展的水平。市委副书记、市长郭金龙主持会议。市委社会工委委员、市社会办副主任陈建领参加会议。

（甘承伟）

【以纪念建党89周年为契机，扎实开展创先争优活动】 七一期间，市委社会工委结合纪念建党89周年，积极号召和带领全市社会领域各级党组织和广大党员采取多种形式，开展系列活动，喜迎党的生日，推动社会领域创先争优活动深入开展。一是牵头成立市委社会领域创先争优活动领导小组，并举行系列座谈会，明确创先争优目标。二是开展主题党日活动，强化创先争优意识。三是积极创新活动载体，营造创先争优氛围。据统计，七一期间，全市社会领域共有700余个先进基层党组织2600余名先进个人受到各级表彰。

（甘承伟）

【社会领域统战工作会议召开】 8月24日，市委统战部与市委社会工委联合召开社会领域统战工作会议。市委常委梁伟，市委常委、统战部部长牛有成出席会议并讲话，市委副秘书长王翔、肖培出席会议，市委社会工委书记、市社会办主任宋贵伦主持会议。叶青大厦党委、东城区东花市街道南里社区、朝阳区望京街道、北京律师协会党委四个单位的负责人在大会上交流了工作经验和体会。市委统战部、市委社会工委主要领导，各区县委统战部部长、分管副部长，各区县委分管社会建设工作的领导，社会工委书记、分管副书记，市统战口各单位主要领导，市级“枢纽型”社会组织负责人，各街道工委书记及部分社区、商务楼宇、非公有制经济组织、社会组织等社会领域基层党组织负责人，约300余人参加了会议。

（甘承伟）

【北京市社会领域开展创先争优活动领导小组会议召开】 9月9日，北京市社会领域开展创先争优活动领导小组第一次会议召开，北京市社会领域开展创先争优活动领导小组组长、市委社会工委书记、市社会办主任宋贵伦出席会议并讲话。市委社会工委委员、市社会办副主任陈建领主持会议，并传达了中央和市委关于深入开展创先争优活动的有关精神。市委统战部、市民政局、市财政局、市工商局、市工商联、市律协、市注协等成员单位领导及联络员与会进行了工作交流。

（甘承伟）

【非公有制经济组织创先争优活动调研座谈会（保定片会）召开】 9月16日，非公有制经济组织创先争优活动调研座谈会（保定片会）召开。市委社会工委委员、市社会办副主任陈建领参加会议，并代表北京市社会领域创先争优活动领导小组汇报全市非公有制经济组织创先争优活动情况。

（甘承伟）

【全市非公有制企业负责人创先争优活动座谈会召开】 9月19日，组织召开全市非公有制企业负责人创先争优活动座谈会。市委社会工委委员、市社会办副主任陈建领出席会议并讲话。全市30家非公有制企业负责人座谈交流了本单位深入开展创先争优活动的情况，并对如何进一步做好工作、加强指导进行了研讨。

（甘承伟）

【举办北京市社会领域“做党性最强的组工干部”主题演讲活动】 10月13日，市委社会工委、市社会办在北京会议中心举办了北京市社会领域“做党性最强的组工干部”主题演讲活动，这是北京市成立社会工作机构以来，首次在社会领域举办由社区、非公有制经济组织和社会组织参加的演讲活动。市委社会工委委员、市社会办副主任陈建领、王丽竹，市委组织部机关党委副书记、办公室副主任许伟出席活动。市委社会工委机关干部、各区县社会工委主管副书记、党建科长以及社会领域各行各业的代表，共计300余人现场观看了比赛。经过激烈角逐，通过评委综合比较分析，最终来自朝阳区的李新宇、石景山区的刘旭，确定代表社会领域参加在全市组织系统举行“做党性最强的组工干部”巡回演讲比赛。

（甘承伟）

【全市新的阶层人士统战工作联席会议召开】 10月21日，北京市新的阶层人士统战工作联席会议召开。市委社会工委委员、市社会办副主任陈建领出席会议。

（甘承伟）

【全市社会领域党建工作推进会召开】 10月28日，市委社会工委召开社会领域党建工作推进会，市委社会工委委员、市社会办副主任陈建领出席会议并讲话。区县社会工委主管领导参加了会议。会上，市委社会工委总结部署了工作；各区县围绕2010年社会领域党建重点工作进展情况、经验做法及2011年工作设想，进行了交流探讨；与会同志还参观了海淀区民营企业北京金秋集团开展党建工作的情况。

（甘承伟）

【调研社会组织党建工作情况】 11月18日，市委社会工委委员、市社会办副主任陈建领到市民政局社团办调研社会组织创先争优活动及社会组织党建工作情况。

（甘承伟）

【全国直辖市八区街道工作联席会议第十九届年会召开】 11月24—26日，全国直辖市八区街道工作联席会议第十九届年会召开。市委社会工委委员、市社会办副主任陈建领出席会议。

（甘承伟）

社会建设领域信息化建设

【概况】 2010年是全市社会建设领域信息化工作的开局之年。全市社会建设领域信息化工作紧紧围绕年初确定的工作目标，扎实推进各项工作，较好地完成了各项任务，呈现出工作指导有规划、工作覆盖有网络、工作推进有项目、工作规范有制度、工作落实有队伍的良好局面，实现了“开好局、起好步”的目标。

（一）大力开展调查研究，基本摸清了全市社会建设领域信息化工作的现状

对全市区县、街道、社区、“枢纽型”社会组织和首批“枢纽型”社会组织所联系的社会组织及部分其他社会组织信息化建设现状、存在问题等情况进行了广泛的调查研究，形成了多份调研报告，做到了现状清、情况明。

（二）完成了社会建设领域信息化“十二五”规划研究编制工作

紧紧围绕今后五年首都经济社会发展整体目标、建设世界城市和建设“人文北京、科技北京、绿色北京”的总体要求，研究编制了《北京市社会建设领域信息化“十二五”发展规划》，以务实态度，立足现实，着眼长远，适度确立了今后五年全市社会建设领域信息化建设的目标任务。各区县社会工委（社会办）结合实际，积极将本区县“十二五”社会建设领域信息化工作纳入本区县信息化“十二五”发展规划和社会建设“十二五”发展规划之中。

（三）有序推进机关自身信息化建设，力争早日实现核心业务工作的信息化

一是围绕目前社会工委、社会办核心业务职能确定的列入今年计划的四个应用系统和六个数据库建设项目进展顺利，已完成四个应用系统和六个数据库建设项目的经费审批，同时启动了“四网六库”项目招投标前期准备工作和六个数据库数据采集管理使用办法的研究制定工作。各区县在调研的基础上基本摸清了本区县社会建设核心业务工作相关数据信息，门头沟、房山等区基本完成了社会工作者及社区、社会组织、社会建设领域党建、志愿服务等业务工作的基础信息资源的采集，其他区县正在抓紧完善各类基础数据库。二是按照社会建设领域信息化“十二五”规划的目标任务，研究提出了“十二五”时期社会建设领域信息化项目计划，并积极将其纳入“智慧北京”纲要、“十二五”信息化规划和电子政务重大项目计划。

（四）积极推进全市社会建设领域信息化建设，着力提高全市社会建设领域信息化水平

一是积极推进市区社会工委、社会办门

户网站建设，截至年底，朝阳、丰台、石景山、门头沟、通州、大兴、怀柔7个区县已开通门户网站，西城、昌平、顺义、密云、延庆等区县社会建设网已进入网站调试阶段。其他区县正在抓紧筹建。二是积极推进全市社会建设领域网站群建设。截至11月底，全市141个街道办事处全部建立了门户网站，同时，还建立了10个专业服务网站，全市2633个社区中有1931个社区建立了门户网站，78个商务楼宇建立了网站或博客、部分社会组织建立了网站，初步形成了以北京社会建设网站为主站，以各区县社会建设部门、“枢纽型”社会组织、街道、社区和社会组织、社会建设研究基地等方面门户网站为子站，近600个网站组成的社会建设领域网站群。横到边、纵到底、全方位、立体化的社会建设领域信息枢纽和信息化工作网络开始形成，网站作用的发挥日益显著，各项服务的效果逐步初显。1—12月，共受理主任信箱来信31件，全部办结，受理网上咨询留言39条，全部解答。三是围绕提高服务大局能力对网站主站进行了3次改版。围绕服务全市社会建设工作大局和机关业务工作需要，开设了《世界城市·社会建设论坛》、《2010·新闻媒体北京社会建设经验宣传报道》、《社会建设领域“做党性最强的组工干部”演讲比赛》和《网格化社会服务管理新模式》等特色专栏。四是积极推进全市社会服务管理信息资源整合与共享。对全市现有30类资源约13832个社区公共服务设施资源数据项和全市9728个社会组织的68096个数据项进行了整合。

（五）大力推进组织体系和支撑体系建设，建立了两层组织架构和三翼支撑的工作推进体系

一是积极推进市、区两级信息中心建设。市委社会工委、市社会办领导高度重视市社会建设信息中心人员配备。区县方面，怀柔区、密云县分别成立了信息化工作专门机构，西城、朝阳、通州、顺义、大兴、昌平、平谷7个区提出了成立方案并报区编办。二是组建了全市社会建设领域信息化工作联络员队伍。首批建立了由市社会建设工作领导小组各成员单位信息部门，“枢纽型”社会组织信息部门，市社会建设信息中心，市委社会工委、市社会办各处室，各区县社会工委、社会办，街道办事处，社会建设信息直报点7个方面300余人的联络员队伍。三是建立了区县社会建设机构分管领导体系。全市16个区县社会工委、社会办都明确了分管领导、工作部门和工作人员。四是建立了与“枢纽型”社会组织信息中心的联系沟通机制。五是与有关方面信息资源共享机制开始建立。

（六）全面推进制度建设，初步构建了全市社会建设领域信息化工作制度体系

一是建立了社会建设领域例会制度。研究制定并印发了《北京市社会建设领域信息化建设例会制度》，实行了每季度一调度、一通报制度。二是建立了联系沟通机制。与市经信委各有关处室、市公共信息服务中心、市信息资源管理中心、市市政市容委城市管理网格系统和信息中心、市委市政府信息中心、团市委信息中心、市级“枢纽型”社会组织定期联系沟通，在一定程度上加强了信息交流共享。三是建立了信息化工作的各项制度。制定并印发了《北京社会建设网信息发布管理办法》、《北京社会建设网主任信箱管理办法》、《北京社会建设网网上咨询管理办法（试行）》等一系列制度，逐步形成了综合配套、环环相扣、严谨规范的制度保障体系。四是规范了网站运维管理。设立了网络监督岗位，负责对网络实时监督，建立了月度运行情况专报制度，还委托建设方具体承担信息化系统运行维护，保证了网站的正常运行。五是确保信息安全。制定了《北京市社会建设领域多媒体资料采集、建库和使用规范》、《北京市社会建设领域信息化联络员工作手册》、《北京社会建设网站和信息系统突发事件应急工作手册》和定时检查与日常防范相结合的安全管理等一系列制度，确保了信息的安全。

（七）启动了网格化社会服务管理新模式的前期调研工作，为研究制定网格化社会服务管理指标体系储备依据

先后到东城、朝阳、顺义三个综合试点区调研网格化社会服务管理新模式试点工作情况，每月编辑2期信息专报交流试点工作。通过对三个综合试点区开展网格化社会服务管理新模式试点情况的跟踪调研、综合研究和对其他省市创新社会管理先进经验主要做法的收集和分析比较，启动了网格化社会服务管理新模式指标体系的研究制定工作。

（八）注重加强信息化工作经验的总结和提升，推动了全市社会建设领域信息化工作的深入发展

认真学习了国外、外省市、有关部门信息化工作的先进经验和做法，对全市区、街道、社区三个层面的社会建设领域信息化工作成果进行了全面的挖掘、总结和提升，各区县社会建设领域信息化工作亮点纷呈。在《北京社会建设》（专刊）上宣传报道了西城区广内街道“智慧社区”、广外街道社区网格化管理工作法，朝阳区麦子店街道社区服务站管理信息系统、酒仙桥街道建设“数字民生”构建全模式社会服务管理体系，丰台区依托网络阵地打造五大平台，石景山区八角街道网络视频对讲系统等一批基层推进信息化建设的先进经验。编辑制作了《2010年北京市社会建设领域信息化工作电子年度发展报告》，以点带面推动全市社会建设领域信息化工作的深入发展。

（张　旭）

【北京社会建设网正式开通】 1月1日，北京社会建设网正式开通，并纳入首都之窗网站群。网站主体分为政务区、服务区、互动区三大部分，共设有21个一级栏目44个二级栏目5个专题专栏。初步具备形象展示、信息发布管理、社会动员、政民互动等各项功能，基本实现了信息发布的及时性、信息内容的全面性、信息管理的互动性。

（张　旭）

【开展区县社会工委信息化建设情况调研】 2月，启动调研工作。以问卷形式了解各区县社会工作机构在信息中心建设、网站建设、电子政务专网、相关信息系统和信息采集渠道等方面的情况。3月17日、18日，与各区县主管信息化建设工作人员座谈，就全市社会建设领域信息化工作目标定位、面临的形势、任务、挑战、对策，各区县信息化工作现状，各区县对建立全市社会建设领域信息系统需求，加快推进全市社会建设领域信息化建设工作以及建立市区社会建设部门信息化工作交流沟通机制等问题进行了研讨。

（张　旭）

【加快推进社区信息化工作】 2月，市委社会工委、市社会办与市经信委开展社区信息化建设调研工作，并开始着手“数字社区”三年行动计划的起草工作。6月3日，与市经信委、市民政局共同召开了关于加快推进社区信息化工作专题会，就《北京市社区信息化行动计划（2010—2012年）》进行了深入研究。会后，形成了《北京市社区信息化行动计划（2010—2012年）》（征求意见稿）。

（张　旭）

【建立信息化联系沟通工作机制】 年内，与团市委信息中心建立联系沟通机制，与市政市容委城市管理网格系统和信息中心建立定期沟通协调机制，与市经信委社会信息化处、规划处、市公共信息服务中心建立联系沟通机制，与市委、市政府信息中心建立联系沟通机制。

（张　旭）

【参加数字北京信息亭进社区工作专题会】 3月5日，市经济信息化委员会副主任俞慈声主持召开数字北京信息亭进社区工作专题会，市委社会工委委员、市社会办副主任王丽竹，市经济信息化委副巡视员姜毅群参加，并到东花市街道社区服务中心就信息屏试点情况

进行了调研。

（张 旭）

【积极推进区县社会建设网站建设工作】 截至3月29日，崇文区、朝阳区、石景山区、门头沟区的社会建设网站建成并正式对外开通。大兴区、怀柔区、丰台区、通州区社会建设网分别于4月17日、4月19日、4月26日、12月23日开通。西城、昌平、顺义、密云、延庆等区县的社会建设网已进入网站调试阶段。全市141个街道办事处全部建立了门户网站，同时建立了10个专业服务网站，全市2633个社区中有193个社区建立了门户网站，78个商务楼宇建立了网站或博客、部分社会组织建立了网站。

（张 旭）

【编制完成北京市社会建设领域信息化“十二五”规划】 该规划紧紧围绕今后五年首都经济社会发展的整体目标、建设中国特色世界城市和建设“人文北京、科技北京、绿色北京”的总体要求，确定了今后五年全市社会建设领域信息化工作的目标任务。即：围绕社会服务集约化、社会管理精细化、社会动员快速化、社会生活智能化、社会建设现代化的要求，加快推进社会建设领域信息化体系建设，到“十二五”期末实现“十个一”的发展目标：打造“一个枢纽”、创新“一个模式”、实施“一个计划”、建立“一个网站群”、制定“一套标准”、开设“一个专区”、建设“一批示范社区”、建设“一个地图网”、开发“一批应用系统”、建设“一批数据库”，基本实现社会建设领域信息化。

（张 旭）

【北京市社会建设领域核心业务信息化建设工作全面启动】 年初，将全市社会建设领域核心业务工作急需的四个应用系统和六个核心业务数据库（简称“四网六库”）建设作为2010年全市社会建设领域信息化建设的重点项目。“四网六库”即社会建设OA网、社会建设领域移动信息发布网、社会组织网上服务网、社会公共服务信息网4个应用系统和社区、社会工作人才、志愿服务工作、社会组织、社会建设领域党建、社会建设多媒体资料6个信息管理数据库。3月，启动了“四网六库”项目立项论证工作，聘请专业公司协助进行立项论证工作。

（张 旭）

【北京社会建设网网站建设工作概述】 3月，根据工作需要网站增加了《新闻导航》、《信息化工作》栏目。对相关栏目进行了改造和提升。在首页上增加社会建设要闻、工作进展、工作交流、工作简讯4个二级栏目的鼠标滑动服务功能。4月，在北京社会建设网上添加“北京公招网”链接，添加“做文明有礼的北京人——垃圾减量、垃圾分类”、“首届首都青少年公益节”、“‘春风春语暖人间’公益短信征集活动”等专题链接。制作了《北京社会建设2009年鉴（网络版）》。6月，完成北京社会建设网与市社会建设工作领导小组各成员单位网站及“枢纽型”社会组织网站互做首页链接工作。7月，做好“我秀我舞台”飘窗及信息发布工作以及创优争先活动栏目编制改动工作。9月，完成了社会建设网与全市134个街道办事处、社区、社会组织、研究基地网站链接方案的设计工作，北京社会建设网网站群达282个。10月，开设了《世界城市·社会建设论坛》专栏、《2010·新闻媒体北京社会建设经验宣传报道》专栏、《社会建设领域做党性最强的组工干部演讲比赛》专栏和《网格化社会服务管理新模式》专栏。12月，基本完成对全市社区、商务楼宇网站、论坛、博客及市级“枢纽型”社会组织管理的社会组织网站及信息化建设情况的摸底调查工作。

（张 旭）

【开展社会建设领域信息化发展规划调研工作】 5月19日至24日，分别召开“枢纽型”社会组织、社区居委会、社会组织、社区居民代表参加的座谈会，通过调研摸清各有关方面信息化工作现状、存在问题以及对编制全市社会建设领域信息化“十二五”规划的建议和需求。在调研的基础上，形成了三个方面的调研报告。

（张　旭）

【建立与市信息资源管理中心沟通联系机制】 5月28日，市委社会工委委员、市社会办副主任王丽竹与北京市政务信息资源管理中心研究社会建设领域信息资源共享事宜。一是就基层信息采集问题达成共识，建立调研互邀机制；二是就“十二五”规划制定问题形成初步意向，把社会建设领域信息化规划纳入全市电子政务规划或全市信息化规划；三是就信息化项目申报流程和项目建设等问题建立联系机制。

（张　旭）

【建立社会建设领域信息化联络员队伍】 年内，建立首批全市社会领域信息化工作联络员队伍，由市社会建设工作领导小组各成员单位信息部门，“枢纽型”社会组织信息部门，市社会建设信息中心，市委社会工委、市社会办各处室，各区县委社会工委、社会办，各街道办事处和信息直报点7个方面共303人组成。

（张　旭）

【建立各区县信息化工作联系沟通机制】 年内，制定并印发《北京市社会建设领域信息化建设例会制度》，实行了每季度一调度、一通报制度。制度规定了例会参会范围、会议任务、例会组织实施及例会要求。例会的主要任务为：及时传达贯彻市委、市政府及市委社会工委有关全市社会建设领域信息化建设工作的方针政策和指示精神；通报市领导对全市社会建设领域信息化建设工作的要求，关心的热点、难点问题，研究工作，部署任务；总结上季度各区县社会建设领域信息化工作，通报下一季度各区县社会建设领域信息化工作计划；听取各区县在推进社会建设领域信息化建设工作中遇到的困难，共同研究提出解决方案及措施；分析全市社会建设领域信息化建设工作面临形势，探索推进全市社会建设领域信息化工作的规律，交流工作经验，总结工作典型；研究探讨全市社会建设领域信息化建设推进中的重点和难点问题；就全市社会建设领域信息化建设中的专题问题进行专题研究，并提出解决问题的建议。

（张　旭）

【对全市市级“枢纽型”社会组织管理的社会组织网站建设及信息化建设情况进行摸底调查】 7月16日，市委社会工委委员、市社会办副主任王丽竹到北京市组织机构代码管理中心调研组织机构代码数据库和法人数据库建设工作。10月19日印发《关于对全市市级社会组织网站建设情况进行摸底调查的通知》，基本完成对全市社区、商务楼宇网站、论坛、博客及市级“枢纽型”社会组织管理的社会组织网站及信息化建设情况的摸底调查工作。截至目前，全市有193个社区建立了社区网站，有47个社会组织建立了网站。

（张　旭）

【北京市党委系统信息化建设调研组到市委社会工委、市社会办调研】 7月27日，北京市党委系统信息化建设调研组到市委社会工委、市社会办调研信息化建设工作情况，了解信息化建设工作整体情况。市委社会工委委员、市社会办副主任王丽竹按照调研组提出的问题介绍相关情况、对信息化建设中遇到的主要问题和对制定市党委系统信息化建设规划的意见及建议作了详细汇报。

（张　旭）

【制定《北京社会建设网站和信息系统突发事件应急工作手册》】 8月，制定印发了《北京社会建设网站和信息系统突发事件应急工作手册》。手册内容主要包括北京社会建设网站和信息系统信息安全应急处置预案、应急处置领导小组、应急处置领导小组成员及办公室联系方式、突发事件应急队伍名单及联系方式和北京社会建设网网站承建单位联系方式六部分。

（张　旭）

【推动在数字电视上开设“社会建设”专区】 8月，启动了设立数字电视“社会建设”专区工作。与北京歌华有线电视网络股份有限公司就设立数字电视“社会建设”专区有关事宜达成了初步合作意向，将社区公共服务资源相关信息以服务目录的形式发布在数字电视“社会建设”专区中。12月，完成了全市社区公共服务资源信息的收集、整理工作，共30类资源信息13832项数据，并将收集的社区资源信息整理并制作了《各区县社区信息一览表》。

（张　旭）

【完成北京社会建设网建设项目竣工验收】 9月9日，召开了北京社会建设网建设项目竣工验收会议，市经信委项目审查专家、市社会建设信息中心和千龙网相关同志参加了会议。北京社会建设网建设项目顺利通过竣工验收。

（张　旭）

【各区县网格化社会服务管理模式取得新进展】 年内，东城、朝阳、顺义3个综合试点区试点工作全面展开，西城、平谷、怀柔、密云等区县也在不断完善工作思路和推进措施。截至12月底，东城区网格化社会服务管理一阶段信息平台的总体技术方案设计通过专家评审，网格划分编码规范和数据标准编制工作已初步完成，网格化信息平台初步建成，区级社会服务管理综合指挥中心已建立，17个街道的社会服务管理综合指挥分中心已全部挂牌成立，社区社会服务管理综合工作站正在组建，试点街道和社区的试点工作已全面展开。朝阳区的“全模式”社会服务管理系统顶层设计基本完成，建立了“1+10”的运行体系，已完成数据采集建设总量的79%，数据库建设正在积极推进，区、街（乡）、社区（行政村）层面建立了各类数据交换平台，运行标准体系已经初步制定完成，10街3乡作为试点已对各自承担的模块制定了立结案、复查核查、流程、考核评价四个标准，人口、地下空间、交通、安全生产、维稳、商务楼宇党建等社会服务管理内容的重点模块正在加快建设。顺义区提出整合现有的网络资源、平台资源、地理信息系统资源、视频监控资源、各类协管员队伍资源五种资源，搭建区域城乡网格化管理平台，将市政市容、社会治安、安全生产、流动人口、社会保障、经济动态和党的建设等十大类重点工作作为系统平台的主要内容，研究制订了《顺义区网格化管理工作推进方案》。西城区提出建立“全响应”社会服务管理新模式。平谷区制定了《平谷区网格化社会服务管理实施办法》。怀柔区提出通过信息化手段将构建网格化农村社会服务管理体系等10个创新项目单位网格互联、互通，建立无缝隙的社会服务管理网络。密云县研究制订了推进智能化社会服务管理试点工作方案，提出在整合、新建应急指挥系统、城镇管理系统、便民服务系统的基础上，搭建县、街道（地区）、社区三级社会服务管理综合指挥平台，实现应急指挥、网格化管理、公共服务、公益服务、便民服务和志愿服务等功能。

（张　旭）

【社会建设领域信息化工作组织网络开始建立】 年内，市、区县两级社会建设领域信息化工作组织机构建设取得实质性进展。市社会建设信息中心人员配备逐步到位，工作队伍逐步充实，工作定位逐步明确，工作机制逐步健全。区县社会建设领域信息化工作机构建设稳步推进，全市16个区县社会工委、社会办都明确了分管领导、工作部门和工作人员。截至年底，2个区县成立了信息化工作专门机构，8个区提出了成立方案并报区编办，其他区县正在抓紧研究成立方案并积极与区县编办沟通协调。密云县批复成立县社会建设信息中心，性质为全额拨款科级事业单位，核定事业编制5名；怀柔区成立了区社会建设工作办公室机关后勤服务中心，性质为全额拨款科级事业单位，核定事业编制6名，其中有2人负责社会建设领域信息化建设；西城、朝阳、顺义、通州、大兴、昌平、平谷、延庆8个区县已报送了成立社会建设信息中心机构的请示，正在与编办积极协调有关事宜。市、区县社会建设领域信息化工作组织机构的大力推动，为加快推进全市社会建设领域信息化工作提供了组织保障。

（张　旭）

【北京社会建设网被网民评为最为满意的政务网站】　12月，“首都之窗”在网上开展了为期一个月的“公众评议政务网站”活动，在这次评议活动中，北京社会建设网与市公安局、石景山区、东城区、中关村委员会、市监狱管理局等单位网站被评为网民最为满意的政务网站。

（张　旭）

社会心理研究

【概况】　北京社会心理研究所成立于1988年8月，是全额拨款的市属事业单位、独立一级财务核算部门。由北京市委宣传部创办，当时以调查了解市民社会心理状态和发生发展规律为主要工作职能，为市委领导和思想政治工作、宣传工作服务。1990年，北京社会心理研究所整建制划归北京市委研究室，开展调查研究，为市委领导服务，为社会服务，为主要职能。

2010年2月，北京社会心理研究所整建制划转到市委社会工委、市社会办，职能也进行了相应的扩充和调整。目前的职能主要为：组织专家开展社会心理理论研究；组织开展心理咨询等实践应用；开展社情民意调研；开展专题社会舆情调查；开展社会建设相关政策落实情况的调查；承担市委社会工委交办的工作。

北京社会心理研究所自成立以来，一直坚持理论联系实际的学术风气，以应用社会心理学为主要研究方向，在不断提高研究水平的基础上贯彻社会科学为政府决策服务的方针，取得了显著成果。从事的民意调查研究及社会心理工作有如下三方面。

第一，是为立法论证及政府科学决策提供民意依据。多年来受市委、市政府以及市、区各职能部门的委托，对于一些涉及群众利益的政府决策、地方性法规的出台，如环境保护、烟花爆竹解禁、市政公交“一卡通”的推行、采暖补贴发放方式、教育规划纲要的制定等，进行多方面的民意调查，为政府形成最终有关决策提供了有力的依据，产生了很好的社会影响力。

第二，是为政府改善服务职能提供民意检验。为政府改善服务职能，广泛反映群众评价，是北京社会心理研究所民意调查的重要内容。例如，受西城区委研究室的委托，2007年对西城区开展政风建设年的活动效果以及社区居民对西城区公共服务的满意度进行了调查；2008年进行了关于在保护区和老旧平房区实施综合改造改善居民居住条件的民意调查。后者的调查结果作为西城区调整后期综合改造政策与进度，化解居民与房改办之间的矛盾，进行工程监管的重要依据。

第三，是反映市民所关注的社会热点问

题。北京社会心理研究所自成立以来，一方面开展市民心态追踪调查，从中发现和反映不同时期群众诉求的变化特征，为政府把握社会脉搏提供依据。例如，2000—2009 年对北京市城区居民和郊区农民进行一年一度的社情民意追踪调查，真实记录了 10 年来北京人对政治、经济、社会诸多方面的“关注度”、“满意度”及“信心指数”的变迁。在每年的调查问卷中还设立了开放题，征求北京公众对调查主题自由开放的意见和建议。每次都会有许多被访者针对该题郑重地写下他们的看法和见解。这说明民众相信社情民意调查，相信通过这个渠道将他们的心声传递给政府，能够使自己的生活状况得到改善。另一方面，北京社会心理研究所在不同时期着力展开市民关注热点的即时调查，比如 20 世纪 80 年代后期至 90 年代前期的物价、社会治安、房改等问题；90 年代的城市规划、环境保护、国企改革等问题；近年的“非典”、抗震救灾、食品安全、看病就医、房价等问题。

北京社会心理研究所 22 年来共完成 305 项研究成果（其中委托课题 65 项），取得了良好的社会反响。北京社会心理研究所曾承担两项国家教育部教育考试科研项目和一项国家社科基金项目，接受国家人事部、全国妇联、北京市委、计生委等单位委托课题多项。北京社会心理研究所还积极开展国际学术交流，与美国加州大学圣地亚哥分校及日本亚洲问题研究所有过很好的课题合作。《2004 年度北京市民社会公德表现的抽样调查》获得第七届北京市优秀调研成果二等奖。在“十一五”期间，北京社会心理研究所的研究成果有 7 篇被《北京信息》专刊采用，19 篇被《北京调研》采用，32 篇在《北京观察》、《数据》、《中国青年报》等报刊上公开发表，36 篇被市委组织部、市市政管委、市专利局等 21 家单位转化利用。另有 2 项研究成果分别被收录在专著《城市幸福感——来自六个省会城市的幸福指数报告》（社会科学文献出版社，2008 年 6 月出版）和《北京城乡结合部问题研究》（北京出版社，2010 年 12 月出版）中。

北京社会心理研究所存有数 10 种国内外有关社会心理学和社会学的学术刊物以及民意研究、市场调研方面的刊物，拥有北京市民标准样本入户调查网络和计算机辅助电话调查系统（CATI）。

北京社会心理研究所整建制划归市社会工委、市社会办后，将秉承优良传统，在继承中发展、在创新中提高。今后将围绕全市社会建设大局，紧贴民生热点，以两个平台（北京社会心理研究所和北京社会心理工作者联合会）为基础，以做好四个服务为目标、发挥四个作用，实现四个转变，积极发挥体制和专业优势、有所为有所不为，努力成为社会心理工作理论研究的龙头、服务管理的平台、咨询决策的智库和心理组织联系的纽带，最大限度地联系、动员和组织社会各界社会心理工作机构和工作者，为提高北京市居民心理健康服务、为机关科学决策服务、为社会心理机构规范有序发展服务。

（张　刃）

【完成关于目前北京市心理咨询行业状况的调研】　4 月 15 日，北京社会心理研究所针对北京市心理从业人员和机构完成了一项调查报告。统计显示北京市的心理咨询相关机构约有 1592 家，其中正式注册的 181 家，从业人员大约 4776 人。从全市范围来看，分布状态也很不均匀。主要机构都位于长安街到北四环和东西三环包围的区域内，其中西直门、中关村到海淀镇和东直门一直向北到北四环附近的一线相对比较集中。以长安街为界，长安街以南的心理咨询机构相对较为稀少，其中以西南部城区最少。从区县的分布来看，丰台区和十个远郊的区县心理咨询机构较少。

（张　刃）

【完成北京市民法律意识的调查】　3 月 1 日至 6 月 20 日，社会心理研究所就法律意识方面的 22 个问题，对 676 个市民进行了电话访问，并将调查结果与10年前调研数据进行了对比分析，调查显示市民对已有法律知识的自我评价为“一般”的人数比例为60.1%，比2001年上升了29.7个百分点。调查还显示，市民对我国法治原则的坚持趋于肯定。市民对“法律面前人人平等”的认同感与10年前相比提高了11.5个百分点。此外，市民对法院、检察院、公安局等执法司法机关的信任度评价与10年前相比基本持平。

（张　刃）

【完成关于北京市民体育健身状况的调查】 5月27日至6月11日，北京社会心理研究所通过计算机辅助电话调查系统（CATI），就市民体育健身状况方面的20个问题，对672个市民进行了随机调查，并对数据进行分析发现北京市民具有良好地体育健身热情和习惯。调查显示：市民有体育健身行为的占80%以上，有70%的人已经形成了体育健身习惯。市民的体育健身活动的种类丰富。其中，散步比例最高（57.1%），其次是跑步（18.6%）、羽毛球（15.8%）、游泳（15.8%）、爬山（14.0%）、社区公共免费健身器械（11.0%）、篮球（11.0%）。

（张　刃）

【完成《北京工作》赠阅使用情况调查报告】 5月24日至7月16日，北京社会心理研究所受北京市委办公厅党刊室委托，对《北京工作》赠阅使用情况进行调查。该调查针对《北京工作》手册的实际使用情况作了细致的定量分析，客观反映了《北京工作》的使用情况。

（张　刃）

【完成关于推进西城区基层党组织建设科学化的调查报告】 5月13日至7月30日，北京社会心理研究所受西城区委党建研究会委托，进行关于推进西城区基层党组织建设科学化的调查。

（张　刃）

【完成关于成立北京市社会心理工作者（服务机构）联合会的可行性研究报告】 7月26日至9月15日，北京社会心理研究所在对全市从事心理服务的社会团体、民办非营利组织、企业等10余家单位进行调研的基础上，对成立北京市社会心理工作者（服务机构）联合会的可行性进行了分析，此可行性分析主要包括五方面：北京心理服务业的概况、社会工委在北京心理服务业发展中的SWOT分析（优势、弱势、机遇和挑战）、社会工委成立社会心理专业协会的必要性分析、社会工委成立社会心理工作者（服务机构）联合会的可行性分析、社会心理服务机构联合会的性质与职能分析。

（张　刃）

【完成关于北京市民心理压力现状与应对特点的调查报告】 10月8日，北京社会心理研究所针对现代社会民众过大的心理压力和北京市民心理压力及应对作调查。本调查利用北京社会心理研究所CATI电话调查系统于7月进行了随机抽样，共收集有效样本702个。调查显示，社会环境性根源是市民最主要的心理压力来源。市民感受最深的社会环境性压力源中的三个问题为贫富差距大（48.6%）、社会保障体制不完善（46%）和缺乏社会公正（32.3%）；另有41.5%的市民认为其心理压力来源于躯体性根源和心理性根源。

（张　刃）

【完成关于北京市民对物价上涨感受和经济预期的调研报告】 10月18日，北京社会心理研究所完成了对北京市民进行了有关物价上涨相关问题的电话调查，获得有效样本1075份。数据调查分析结果显示：88.4%的市民认为物价上涨对自己生活有消极影响，78.6%的市民反映因物价上涨导致花销增加，63.3%的市民称其情绪受到了物价上涨的影响。

（张　刃）

【完成朝阳区农村城市化过程中农民意愿调查问卷】 10月9日，北京社会心理研究所受朝阳区人民政府委托，进行朝阳区农村城市化过程中农民意愿调查。

（张 刃）

【完成关于加强组工干部队伍建设的抽样调查】 9月10日至12月8日，受北京市委组织部研究室委托，完成了关于加强组工干部队伍建设的抽样调查。

（张 刃）

【完成北京城区市民心态调查报告】 10月14日至12月10日，北京社会心理研究在北京市城六区完成了对城区市民心态的入户问卷调查。调查对象为北京市民，主要指有北京市城市户口、在北京市城区生活居住的成年市民。调查样本的选取，采取分阶段随机抽样方式。样本来自6个城区的24个街道，共计26个社区居委会，有效样本1046人。调查内容包括市民对收入及收入分配状况、生活满意度和生活变化的评价、市民关注的民生问题、市民对我国经济及政治体制改革的评价、对经济及政治状况的变化和满意度评价等内容。

（张 刃）

【完成关于北京市民居住环境的调查】 调查旨在考察北京市民居住环境及市民对北京市宜居程度的评判。北京社会心理研究所于11月13日至12月15日，对北京市民进行了问卷调查，有效样本1046个。调查显示：居民对其居住环境总体满意度评分为60.7分，其中得分最高的方面是方便快捷度（63.4），最低为生活舒适度（51.3）。

（张 刃）

【完成关于北京市民公共文化生活状况的抽样调查】 10月14日至12月21日，完成对北京市民公共文化生活状况的入户问卷调查。调查样本的选取采取分阶段随机抽样方式。样本来自6个城区24个街道的26个社区，有效样本1046人。

（张 刃）

【关于北京人的人格类型与人格健康调查报告】 北京社会心理研究所于9月4日至11月26日分别运用《十六种人格因素问卷》和《气质测验量表》，经由受过培训的专业调查员采用入户面访之方式，对北京人进行了有关人格方面的心理测量。调查显示：九成多北京人人格健康状况良好，存在的问题主要是低“兴奋性”的人和高“紧张性”的人较多。

（张 刃）

北京市区县工作

东城区

【概况】 原中共东城区委社会工作委员会（简称区委社会工委）和东城区社会建设工作办公室（简称区社会办），于2008年7月10日，举行正式揭牌仪式。区委社会工委为区委派出机构，列在区委机构序列；区社会办为区政府工作部门，与区委社会工委合署办公。

中共崇文区委社会工作委员会（简称区

委社会工委）和崇文区社会建设工作办公室（简称区社会办），于2008年7月25日，举行正式揭牌仪式。区委社会工委为区委派出机构，列在区委机构序列；区社会办为区政府工作部门，与区委社会工委合署办公。

2010年7月初，两区合并。8月，原东城、崇文区委社会工委、区社会办，将人员、办公室、职能等各项工作调整到位。

区委社会工委主要职责：

1. 贯彻执行党的路线、方针和政策，保证市委、区委社会建设和管理各项决定的落实。

2. 研究制定本区社会建设和管理的总体规划、重大改革方案和政策措施。

3. 对全区社会建设和管理工作进行综合协调，督促检查，保证各项工作的落实。统筹推进社会建设和管理各项任务的分解落实和督促检查。

4. 负责社区党建和“两新”组织党建工作，分析研究社区和“两新”组织的发展动态和趋势，研究制定加强社区党建和“两新”组织党建工作的相关规划和措施，并组织实施。

5. 指导各街道工委落实社区党建工作，协调“两新”组织的有关管理部门，做好“两新”组织的党建工作。

6. 负责社会工作者队伍建设的统筹协调和指导监督，研究制定本区社会工作者培养规划，落实市委社会工委和市社会办制定的以培养、评价、使用、激励为主要内容的政策措施和制度保障。

7. 负责社会志愿者队伍建设的统筹协调和指导监督，研究制定有关规划和方案，落实市委社会工委制定的有关政策措施和制度保障。

8. 负责对各街道、相关部门社会建设工作进行指导、协调和督促检查。

9. 完成市委社会工委、区委交办的其他工作。

区社会办主要职责：

1. 贯彻中央和北京市关于加强社会建设和管理方面的方针政策，加强本区社会建设和管理工作的总体研究，有针对性地提出意见和建议，保证区委、区政府社会建设和管理各项决定的落实。

2. 研究提出本区社区建设、社会组织建设、社会工作者队伍建设等方面的相关意见，研究相关政策，制定改进工作的制度措施。

3. 统筹推进本区社区建设，综合协调有关部门在社区建设中的重点难点问题，按照区委、区政府的要求，指导监督社区建设各项方针政策的贯彻落实。

4. 负责本区社会组织建设、管理和服务工作的宏观指导，组织协调有关部门研究制定本区社会组织培育发展的总体规划和相关政策措施。

5. 负责指导协调街道在社会建设与公共服务方面的有关工作。对街道办事处在社会建设与公共服务方面遇到的问题进行调查研究，提出意见、建议。

6. 协调区政府各职能部门与街道工作的关系等相关事宜。

7. 完成市社会办、区政府交办的其他工作。

机构设置：

根据上述职责，区委社会工委和区社会办暂设6个组1个办公室，即办公室、综合组、党建1组、党建2组、社区建设组、社会组织组、人才队伍组。

人员编制：

区委社会工委、区社会办行政编制30名，其中区委社会工委、区社会办书记1名、主任1名、副书记（副主任）1名、副书记1名、副主任3名。科级领导职数9名。

办公室：编制4名，其中科长1名、副科长1名；

综合组：编制4名，其中科长1名；

党建1组：编制3名，其中科长1名；

党建2组：编制2名，其中科长1名；

社区建设组：编制4名，其中科长1名、副科长1名；

社会组织组：编制3名，其中科长1名；

人才队伍组：编制3名，其中科长1名。

2010年是全区“十二五”规划统筹布局之年，也是全区社会建设突出重点见成效、全面发展上水平之年。区委社会工委、区社会办在区委、区政府领导下，以建设“国际化、现代化的新东城”为主线，以社会服务管理创新为总抓手，全力推进社会服务管理创新工作，积极打造网格化社会服务管理体系；继续抓好社区公共服务体系建设，提高公共服务水平；完善社区治理模式，建立新型社区服务管理协调机制；优化社工人才队伍和志愿者队伍结构，提高两支队伍综合素质；构建社会组织服务管理体系，深化社会组织管理工作；推进党组织和党建工作全覆盖，完善社会领域党建体系，较好地完成了全年工作任务，不断开创工作新局面，全面推动社会建设上层次、上水平。

（彭喜乐）

【社工人才队伍专题研讨】 3月5日，原东城区召开社会工作人才队伍调研专题研讨会，传达区人才发展战略规划编制工作领导小组工作会议精神，并在委（办）领导班子前期多次讨论的基础上，对社会工作人才调研工作进行再部署。

（彭喜乐）

【召开非公有制经济组织和新社会组织党建全覆盖工作部署会】 3月10日，召开推进原东城区非公有制经济组织和新社会组织党建全覆盖工作部署会，区委常委、组织部部长吴松元出席会议。

（彭喜乐）

【开展非公有制经济组织和新社会组织调查】 按照区委的总体部署，从3月12日到4月18日，原东城区开展非公有制经济组织和新社会组织党建全覆盖调查摸底工作。截至5月31日，共摸查出非公有制经济组织9914家、规模以上企业309家、党员共计7364人。建立党组织240个，覆盖非公有制经济组织334个，其中党委13个、党总支25个、党支部180个、联合党支部22个，未建立党组织的企业9580家，其中有3名以上党员的335家，仅有个别党员的1307家，没有党员的8008家。新社会组织437家，党员共1467名。建立党组织49个，覆盖新社会组织130个，其中党委1个、党支部45个、联合党支部3个，未建立党组织的新社会组织307家，其中3名以上党员的12家，仅有个别党员的89家，没有党员的206家。

（彭喜乐）

【开展国际社会组织和全国性社会组织调查】 3月12—30日，原东城区对辖区内国际组织驻京机构和全国性社会组织的负责人、联系电话、入驻北京的时间、登记注册情况等基本情况逐一登记。据统计，全区共有国际社会组织机构8个（其中南片3个、北片5个），全国性社会组织60个（涉及的工作领域比较广，上级主管部门主要有国家林业局、商务部、国资委、文化部、团中央等）。

（彭喜乐）

【市委社会工委专题调研社区公共服务工作】 3月24日，市委社会工委到崇文区就社区公共服务设施配置及运行机制进行专题调研。在传统街坊型社区、单位型社区、新建住宅型社区、混合型社区、老旧（平房）区社区5类社区抽样问卷调查的基础上，与街道办事处负责人和社区代表深入探讨社区公共服务设施配置情况、运行机制等问题。

（彭喜乐）

【推进2010年社区用房立项申报工作】 3月，崇文区继续推进2010年社区用房立项申报工作。重新核实各街道社区用房的达标建设情况及使用现状。结合危改还建、国有资产整合、老旧小区改造等情况提出社区用房建设方案。

（彭喜乐）

【举办基层党组织书记集中培训班】 4月6—9日，原东城区举办基层党组织书记集中培训班。街道社区、非公有制经济组织、新社会组织等社会领域党组织负责人500余人参加。市委社会工委委员、市社会办副主任陈建领应邀授课。

（彭喜乐）

【志愿者工作联席会议召开】 4月21日，召开崇文区志愿者工作联席会议。会议向联席会议成员单位下发《关于增设崇文区志愿者工作联席会议成员单位的通知》、《崇文区志愿服务三年行动计划（2010—2012年）》和《2010年崇文区志愿服务重点项目》，部署下一步工作计划和工作重点。

（彭喜乐）

【社会实践基地正式启动】 4月21日，崇文区社会实践基地首批大学生嵌入式社区实习正式启动。实习期间学生们就社区贫困家庭救助、社区发展策划、社区项目评估、社区参与等问题展开专题学术调研，并协助社区开展相关工作。

（彭喜乐）

【市委社会工委领导调研社区信息化工作】 4月29日，市委社会工委委员、市社会办副主任兼市社会建设信息中心主任王丽竹带队到原东城区调研社区信息化工作。区委常委、宣传部部长章冬梅，副区长王佩立陪同。听取了区信息办和景山街道对信息化建设情况的汇报，参观了新的电子政务中心机房，就基础设施建设与提升进行了沟通。

（彭喜乐）

【确定2010—2012年12个主要志愿服务项目】 5月，崇文区志愿服务三年行动计划确定。2010—2012年全区12个主要志愿服务项目，包括“平安在身边”安全防范志愿服务项目、“绿色满家园”环境保护志愿服务项目、“微笑风景线”城市志愿服务项目等，项目根据全区经济社会发展实际和人民群众需求变化动态调整。

（彭喜乐）

【组织商务楼宇“三站”骨干人员外出培训】 5月16—22日，原东城区组织商务楼宇“三站”骨干人员外出培训，以参观、座谈等形式学习考察了苏、浙、沪等地党建工作以及商务楼宇党建工作方面的做法和经验。

（彭喜乐）

【举办社会领域党务工作者培训班】 5月17—20日，崇文区举办2010年社会领域党务工作者培训班。培训班就党务工作常识、党建工作创新及建立学习型党组织等内容进行培训。全区各街道社会工作党委、社区、规模以上非公有制经济组织、商务楼宇社会工作党组织负责人135人参加培训。

（彭喜乐）

【承德市委领导考察和平里街道社区建设工作】 5月22日，河北省承德市委副书记、组织部部长丁锦霞一行17人到和平里街道参观考察社区建设工作，实地考察了办事处政务大厅、兴化社区、七区社区，重点参观了社区服务站、健康之家“1510便民生活服务圈”，市民政局副巡视员宋文星、副区长王佩立陪同。

（彭喜乐）

【和平里街道社区建设顾问团成立】 5月23日，“奉献社区、服务居民、创新发展——和平里街道社区建设顾问团成立暨首届社区工作者沙龙”活动举行。社区建设顾问团由来自北京大学、中国人民大学、市委党校、市文史研究馆、市文联、区文联、社区参与行动中心的专家、学者和热心人士组成。街道领导为顾问团成员颁发了聘书，部分参会人员就和平里街道社区建设经验进行点评，并提出建议。成立仪式结束后，与会的社区工作者运用开放空间和社会工作小组工作方法，开展了社区工作者沙龙活动。

（彭喜乐）

【市委社会工委领导调研社区建设】 5月29日，市委社会工委委员、市社会办副巡视员王智玲到原东城区调研。听取了区社会办的工作汇报，详细了解了社区规范化建设、社区办公用房改造以及社会工作人才队伍建设等方面情况，并实地参观了交道口街道府学社区邻里中心建设。副区长王佩立陪同调研。

（彭喜乐）

【社区工作者联席会挂牌】 5月29日，全市首家街道级社区工作者联席会在建国门街道正式挂牌成立。联席会实行理事会管理制度，11名理事通过选举的方式产生，并代表全体社区工作者制定《联席会章程》，组织开展活动，实现自我管理。联席会通过组织参观学习、业务培训、技能交流，搭建起社区工作者工作、学习交流的平台；通过开展丰富多彩的文体活动联络感情，缓解工作压力，凝聚人心，营造良好的工作氛围；通过联席会及时将社区工作者的利益诉求反映到相关部门，充分发挥联席会桥梁纽带作用。建国门街道162名社区工作者参加成立大会。

（彭喜乐）

【社区工作者羽毛球、保龄球赛举办】 6月27日，原东城区首届“地坛杯”社区工作者羽毛球、保龄球友谊赛在地坛体育馆举办。副区长王佩立致开幕词，并为比赛开球。此次活动由社会工委、社会办、体育局、民政局等部门联合举办，结合北京市全民健身“快乐周末”活动，为社区工作者搭建一个相互交流、展现风采的长效平台。共有来自全区115个社区的近400名社区工作者参加了羽毛球和保龄球比赛。

（彭喜乐）

【实施社区服务“双百”项目工程】 上半年，原东城区确定200个社区服务建设项目，即：打造10个精品社区服务站建设、打造10个一刻钟生活便利圈、培育10个品牌公益性社区社会组织、培育10个社区居家养老服务典型、培育10个社区参与行动项目、建设10个社区志愿者服务品牌社区、建设10个精品体育生活化社区、建设10个信息化智能社区、举办20场社区公益文化演出、培育20支社区特色文化精品团队、建设20家“社区健康之家”、建立10个精品楼宇社会工作站、建立10个政府购买社区公共服务项目、打造10个绿色（低碳）生活社区、建设平房区社区文体活动广场、建设智能化生活社区等项目。

（彭喜乐）

【重新修订社区准入制】 上半年，原东城区将自2007年实行至今的《2007年职能部门在社区开展工作一览表》进行修订。比照社区居委会、社区服务站职责分工，进一步理顺社区与外部工作关系，切实减轻了社区行政性工作负担，有效促进了社区各项工作的开展。

（彭喜乐）

【开展社区工作者专题培训】 年内，先后举办了社区工作者主体培训班和新招录大学生社区工作者入职培训班，参训人数达到190人。

（彭喜乐）

【景山街道成立工商联分会联合党委】 8月6日，东城区景山街道工商联分会联合党委成立。市委社会工委委员、市社会办副主任陈建领出席成立大会并讲话。

（彭喜乐）

【政府购买社会组织服务项目申报工作部署会召开】 10月14日，由区委社会工委（区社会办）牵头，区民政局、区妇联、区司法局等9家业务主管单位及社区参与行动服务中心、助人社会工作事务所等10家社会组织参加了会议。会上共筛选出“新晋大学生社区工作者入职能力建设培训”、“白领幸福大讲堂”等12项公益服务项目，服务对象包括大学生社工、楼宇白领、触法青少年、社区老年人，以及下岗失业、贫困残疾、离退休妇女等各类群体。

（彭喜乐）

【部署进一步规范社区工作者待遇工作】 10月29日，区社会办、区财政局、区人力社保局、区民政局近日联合召开进一步规范社区工作者待遇专题会，各街道办事处主管领导参加了会议。会议下发了《关于进一步规范社区工作者待遇的实施细则》，并对社区工作者待遇调整工作进行了正式部署。

（彭喜乐）

【开展“2009—2010年度社区党建考评工作”】 11—12月，开展“2009—2010年度社区党建考评工作”，共评选出“五星级”社区党组织30个。

（彭喜乐）

【北新桥街道社会服务管理综合指挥分中心成立】 12月9日，北新桥街道召开社会服务管理综合指挥分中心成立暨工作推进大会。区领导刘云斋、宋甘澍，区综治办、区委社会工委、区城管委相关负责人参加。会议听取了《北新桥街道关于全面推进社会服务管理创新工作的实施方案》情况介绍和街道前一阶段社会服务管理创新工作情况汇报，并对下一阶段工作进行了部署。

（彭喜乐）

【市委组织部、市总工会领导调研商务楼宇党建】 12月10日，市委组织部、市总工会领导到东城区调研商务楼宇党工共建工作。调研组一行听取了建国门街道工委和商务楼宇工作站“党建带工建、工建促党建”的工作汇报，并参观了金宝街商务楼宇服务站。

（彭喜乐）

【市司法局领导调研“阳光中途之家”】 12月23日，市司法局副巡视员马捷调研东城区“阳光中途之家”建设进展情况。

（彭喜乐）

【召开网格化社会服务管理创新综合试点专家研讨会】 12月23日，召开网格化社会服务管理创新综合试点工作第二次专家研讨会。区领导刘云斋、章冬梅、宋甘澍，中央政法委研究室副主任段农根、中央综治办协调室副主任田大忠、中央政法委《长安》杂志编辑部主任要建春、首都综治研究所所长殷星辰、首都知名社会学家马仲良等有关同志参加。会议由章冬梅同志主持。宋甘澍同志介绍了网格化社会服务管理创新进展及下一步打算，区信息办负责人汇报了网格化社会服务管理信息化工作的总体思路。

（彭喜乐）

【召开网格力量整合研讨会】 12月23日，东城区第二次网格力量整合研讨会召开。区领导刘云斋主持会议。会议就做好协管员力量整合工作进行研讨。

（彭喜乐）

【召开网格化社会服务管理创新综合试点工作会议】 12月29日，召开网格化社会服务管理创新综合试点工作领导小组第三次工作会议。区领导刘云斋、章冬梅、宋甘澍及区相关职能部门和部分街道的主要负责同志参加。刘云斋同志主持会议并就下一步工作提出具体要求。

（彭喜乐）

【确定第二批55个试点社区】 年内，在2009年已达标110个社区的基础上，确定第二批55个试点社区，于12月中旬组织了街道自查、互查。55个试点社区全部达到规范化社区标准，圆满完成了规范化建设任务。目前，东城区规范化建设达标社区数达到165个，占205个社区总数的80%。

（彭喜乐）

【社区用房建设工作稳步推进】 截至年底，全区共有150个社区用房面积达350平方米，占社区总数的75%（不含拆迁社区）。年内，有10个社区申报立项，申请投资约1.16亿元，预计新增社区用房面积3413.3平方米。

（彭喜乐）

【建立多元参与社区治理工作机制初见成效】 年内，制定了《关于建立多元参与社区治理工作机制的指导意见》，提出构建党委领导、街道办事处支持保障、社会组织协同指导、社区居民广泛参与的社区治理格局。召开了全区现场推进会，并编纂《多元参与社区治理成果案例集》，推广了交道口街道“开放空间”方法的成功经验。

（彭喜乐）

【推进“一刻钟社区服务圈”建设】 年内，全区设立17个市级试点社区，采取试点带动的做法，与规范化建设工作相结合，推动规范化建设达标社区全部达到“一刻钟社区服务圈”建设标准。

（彭喜乐）

【实施“1+5品牌项目工程”成果显著】 年内，继续实施“1+5品牌项目工程”，涌现出一批社区品牌项目。例如，和平里街道安德路社区成立“机动车自管会”，东花市街道东花市南里社区的“公共服务协会”，景山街道与红枫心理咨询服务中心和北青院合作，以社区服务站为依托开展的“心灵港湾”活动，崇外街道将12个社区划分为“田字格”结构，形成了功能型、学习型、服务型、数字化型四个千米区域中心的建设模式，东华门街道南池子社区推行“6S”工作法，东四街道创新提出“乐和城市社区行动”项目，建立合作互助志愿服务小组，开展了二条社区的“绿色艺术小组”、六条社区的“星光团”、八条社区的“老年乐和吧”等多种针对社区居民需求的志愿服务。

（彭喜乐）

【实现“两新”组织党的工作全覆盖】 年内，全区共有各类非公有制经济组织和新社会组织13865家，建立“两新”组织党组织473个，覆盖“两新”组织1352个，对没有党员的“两新”组织，采用选派党建工作指导员或联络员开展工作，实现了非公有制经济组织和新社会组织党的工作全覆盖。

（彭喜乐）

【深入开展创先争优工作】 年内，召开了创先争优活动动员会，成立了社会领域创先争优活动指导小组，与区委组织部联合制订了《东城区关于在非公有制经济组织党组织和党员中深入开展创先争优活动的实施方案》。截至2010年底，共向市委社会工委、东城区深入开展创先争优活动领导小组、区委组织部报送四类报表20余份、各类创先争优信息10余篇，编发创先争优工作简报10余期。年内，在创先争优活动中全区非公有制经济组织新建党组织38个，其中单独建34个、联合建1个、楼宇党组织3个；覆盖非公有制经济组织109家。

（彭喜乐）

【筹建阳光社会工作事务所】 年内，与北京工业大学人文社会科学学院合作，依托东花市街道社区服务中心建立了专业化的社会工作事务所——阳光社会工作事务所，为全区社会工作人才培养使用搭建了新的平台。

（彭喜乐）

【研究完善“枢纽型”社会组织认定办法】 年内，研究“枢纽型”社会组织认定、联席会议、信息沟通和工作联系等制度，修改完善《关于认定第一批区级“枢纽型”社会组织的通知》、《关于构建区级“枢纽型”社会组织工作体系的暂行办法》、《东城区“枢纽型”社会组织联席会议工作规则》等系列文件。

（彭喜乐）

西城区

【概况】　原中共西城区委社会工作委员会（简称区委社会工委）为区委派出机构，原西城区社会建设工作办公室（简称区社会办）为区政府的工作部门，实行合署办公，统筹全区社会建设工作。

中共宣武区委社会工作委员会（简称区委社会工委）为区委派出机构，宣武区社会建设工作办公室（简称区社会办）为区政府的工作部门，实行合署办公，统筹全区社会建设工作。

2010年7月，根据行政区划调整的工作部署，原西城区委社会工委、区社会办和宣武区委社会工委、区社会办合并。合并后下设办公室、党建工作科、社区建设科、社会组织科、社会工作队伍建设科，在职人员41人。

年内，区委、区政府召开社会服务管理创新推进大会，明确了加强社会管理、社会服务、社区建设、社会组织、社会动员、社会领域党建六大创新体系建设的目标和任务。巩固深化社会领域党建工作，全区202座商务楼宇全部建立楼宇社会工作党组织（社会工作站），开展“社会领域党员红色之旅”、“百家讲坛”等活动，丰富党建工作载体。完成了90个试点社区的社区规范化建设试点工作，开展建设15个便民服务圈试点，全面提升社区便民服务水平。用好社会建设专项资金，成立区社会组织联合会各街道分会，社会组织孵化中心成功孵化3家公益性社会组织，培育扶持社会组织健康发展。探索建立了“以会带所”专业社会工作队伍建设体系，组建了专业志愿者队伍，切实加强了社工人才队伍建设。

（栾德廷）

【社区服务大楼启用】　1月8日，原西城区社区服务大楼暨“96156”西城社区服务平台揭牌仪式举行，区领导高祥阳、解建军、陈蓓、程刚同志出席。区社区服务大楼的建设被区政府纳入为民办实事重点工程，同时是“数字西城”、“社区信息化”的重要内容。“96156”西城社区服务平台在充分整合全区各类服务信息资源，提高对社会资源的利用效能，强化社区服务支撑体系的建设，提高社区服务的能力和服务的质量，从根本上解决社区网络服务滞后于居民服务需求等方面，发挥了举足轻重的作用。

（栾德廷）

【宣武区志愿者联合会成立】　1月9日，宣武区召开志愿者联合会成立大会暨第一次会员代表大会。会议听取了志愿者联合会筹备工作报告，通过了《宣武区志愿者联合会章程》，表决产生了区志愿者联合会领导机构，制定下发了《宣武区委、区政府关于进一步加强和改进志愿者工作意见》。市委社会工委委员、市社会办副主任王丽竹，团市委副书记邓亚萍，区委副书记马兰霞，副区长范宝为区志愿者联合会揭牌并作重要讲话。来自全区55家会员单位的130余名会员代表参加会议。

（孙学慧）

【举办第一届社会组织发展论坛】　1月28—29日，原西城区举办了主题为“发展　服务　合作”的第一届社会组织发展论坛，全区各街道社会组织的主管领导、各社会组织和“枢纽型”社会组织的负责人百余人参加。恩派非营利组织发展中心理事长吕朝、中国民间组织合作促进会副理事长兼秘书长黄浩明就新形势下政社合作与社社合作的方式方法进行主题发言，并对与会的百余名社会组织工作人员进行了项目设计能力和筹款能力的培训。此外，与会者就“枢纽型”社会组织的体系构建、政府购买公共服务的政社合作途径、社会组织项目设计和筹款能力的提升、街道社会组织体制改革与创新等议题进行了深入讨论，形成了富有创造性的建议。

（师　帅）

【推广使用便民服务卡】　1月，宣武区在总结牛街街道试点经验的基础上，在全区范围推广使用社区便民服务卡。截至6月底，宣武区107个社区中，有84个社区服务站已经安装了便民服务卡终端POS机，有45个社区安装了易付通服务标志，有39名便民服务卡工作人员经过培训后，统一着装，持证上岗，并在社区服务站显著位置公示工作人员信息，为居民提供专业化的便民服务。

（孙学慧）

【举办社区工作者新春团拜会】　2月2日，宣武区社区工作者新春团拜会在老舍茶馆举行。区委副书记马兰霞、副区长范宝出席团拜会。来自区社会建设工作领导小组办公室、各成员单位、各街道工委办事处的主管领导、负责人以及社区工作者代表300余人参加活动。

（宗君　王辉）

【召开社会组织工作联席会议】　2月2日，宣武区召开社会组织工作联席会议，加强对社区社会组织工作的协调服务。街道社会组织代表、社区社会组织代表、社会团体代表和民非企业代表分别进行了发言。副区长范宝出席会议并讲话。制定下发了《宣武区关于进一步健全完善社区社会组织管理体系和工作机制的意见》，为社区社会组织发展提供政策性指导。

（孙学慧）

【启动社会领域“百家讲坛”】　3月，原西城区社会领域“百家讲坛”正式启动。“百家讲坛”是西城区社会领域党务干部素质培训工程的重要组成部分，内容紧紧围绕当前社会热点问题，围绕广大党务干部和党员普遍关心的问题，围绕社会领域党务干部基本的业务技能和素质要求，并结合西城区社会领域的实际设置党务知识、业务能力、综合素质、交流技巧等课程，分讲座和集中授课、异地教学等环节。年内，共举办讲座9期，参与党员3000多人次。

（李福堂）

【社会建设工作会议】　3月9日，宣武区召开2010年社会建设工作会议。会议总结了2010年社会建设工作情况，部署了2010年社会建设工作，提出了六个方面的工作重点。一是以强化统筹协调为着力点，进一步健全和完善社会建设工作运行机制；二是以全面推进社区规范化建设为突破口，着力打造一流的文明和谐社区；三是以推动政府购买公共服务为切入点，着力加强社会公共服务体系建设；四是以完善社区工作者和志愿者队伍管理机制为保障，着力提高社会动员管理能力；五是以认真贯彻落实党的十七届四中全会精神为重点，着力扩大社会领域党的基层组织覆盖面和影响力；六是以营造良好的社会氛围为先导，着力提升社会建设工作的影响力。

（宗　君）

【“志愿西城”网站正式开通】　3月16日，原西城区志愿者联合会第一届理事会第二次会议召开。区委副书记、区志愿者联合会主席刘跃平出席会议，副区长、区志愿者联合会第一副主席陈蓓主持会议，区志愿者联合会100余名理事参加会议。“志愿西城”网站在大会上正式开通。“志愿西城”网站旨在加强全区志愿服务信息化建设，拓展志愿者信息沟通渠道，加强驻区、区属团体会员及社会志愿者的信息交流，为志愿者的注册、管理、培训、交流、考核及志愿服务项目的申报、管理提供更为完善的支撑平台。

（栾德廷）

【开办“社会建设大课堂”】　3月24日，宣武区社会建设大课堂正式启动，全国人大代表、北京市委社会工委书记、市社会办主任宋贵伦结合全国“两会”及社会建设的重点问题作了首场专题报告。来自区社会建设领导小组各成员单位、街道和社区的300余人参加了培训。

（王　辉）

【召开2010年度社会工作者联合会理事会】 3月26日，原西城区社会工作者联合会召开2010年度第一次理事会。会议审议批准了联合会会长关于聘请名誉会长的议案，聘请陈蓓、陆士桢、王力军、许瑞新等5名政府、社会知名人士为名誉会长。与会理事以举手表决方式审议批准了《西城区社会工作者联合会工作规则》、《西城区社会工作者联合会社会工作项目管理办法（试行）》和《西城区社会工作者联合会财务管理制度》等三项制度。至此，社会工作者联合会包括12项内部工作规范的制度体系，形成了一处、三部、一所分工合作和经费独立核算的工作机制。

（冯晓辉）

【社区居民基本公共服务需求调查】 4月，为进一步加强和完善社区公共服务体系建设，更好地满足社区居民对公共服务的需求，由宣武区社会办牵头，区民政局、区司法局、区人力社保局、区文化委、区卫生局、区计生委、区残联等联合成立调研组，开展了社区居民基本公共服务需求调查，共发放问卷1800份（其中，普通居民1200份，老年居民300份，残疾居民300份），收回有效问卷共1783份（其中，普通居民1187份，老年居民296份，残疾居民300份）。此次调查以了解居民需求为原则，通过对问卷的数据分析，了解普通居民、老年居民、残疾居民在社区医疗、文体娱乐、就业、计生及法律服务等6个方面的需求现状，并针对居民的需求重点在社区医疗服务、社区便民服务及居家养老服务三个方面进行需求趋势分析。

（孙学慧）

【接待上海市社会建设学习考察团】 4月9日，上海市社会建设学习考察团一行38人考察原西城区社会建设工作。考察团参观了什刹海街道社区服务中心，听取了西城区社会建设工作主题报告。副区长陈蓓围绕“统筹谋划、培育枢纽、凝聚共识”介绍了当前西城区社会建设的工作思路，并就当前社会建设工作如何管理、如何动员、如何服务以及社会建设专项资金的使用等问题与上海市社会建设学习考察团进行了交流。

（栾德廷）

【原西城区开展“八个一”社会工作宣传周活动】 4月9—15日，原西城区组织、策划了“八个一”社会工作系列宣传活动。即“一考”，举行“双百”专业培训进行结业考试；“一讲”，邀请专家举办社会工作专题讲座；“一展”，参加北京2010年“国际社工日”大型主题活动展示社会工作者风采；“一谈”，社工事务所深入街道与基层社会工作从业人员进行座谈交流；“一访”，走访社会工作领域的有关专家；“一刊”，西城区社会工作者联合会会刊《西城社工》在国际社工日到来之际正式发刊；“一版”，《北京西城报》创刊第1000期整版对西城区社会工作进行专题报道；“一联”，专业社工联合义工开展为老服务。

（冯晓辉）

【宣武区开展“四个一”社会工作宣传周活动】 一是开展“扬社工精神，展社工风采”主题宣传活动，在《宣武报》设专版，展现社工风采，提高社工的社会认知程度和影响力；二是召开社区工作者座谈会，邀请社区工作者畅谈工作体会，广泛征求队伍建设意见建议；三是组织社区工作者观看首部社工题材影片《十二情感》；四是启动“走百家门，便民服务项目征集开发活动”，动员社区工作者入户走访，全面了解社区居民需求，开发服务项目，提升为民服务的能力和水平。并组织100名社会工作者参加了4月

15日在奥林匹克公园举行的“北京2010年国际社工日大型主题活动”，陶然亭街道的大学生代表何铮代表全市所有大学生发言宣誓。

（贾冬梅　王辉）

【召开基层党建工作推进会】　4月13日，原西城区召开基层党建工作推进会，区委常委、区委组织部部长王力军出席会议。

（栾德廷）

【《西城社工》正式创刊】　4月15日，《西城社工》正式创刊。《西城社工》本着“以人为本、助人自助、携手共进、奉献社会”的理念，包括决策者的思考、研究者的探索和开拓者的体会等内容，实现了理论与实务、专业性和普及性的结合，是一本充分展现西城社工面貌，表达社会工作者心声的刊物。

（冯晓辉）

【召开“枢纽型”社会组织联谊座谈会】　4月16日，原西城区召开“枢纽型”社会组织联谊座谈会，区总工会、团区委、区妇联、区科协、区残联、区文联、区社科联、区红十字会、区企业联合会和区社会组织联合会等“枢纽型”社会组织的负责人出席会议，共同讨论“枢纽型”社会组织建设中的经验、体会、问题和困惑，以及在新的社会形势下，“枢纽型”社会组织如何充分发挥作用，凝聚本领域社会组织参与社会建设。会议还就当前新形势下，各“枢纽型”社会组织应该在宗旨理念、提供服务、凝聚培育和规范管理等方面充分发挥枢纽作用达成共识。

（师　帅）

【原西城区社会建设工作考察团考察浙江、福建等地社会领域党建工作】　4月22—28日，区委常委、组织部部长王力军带队的社会建设考察团赴浙江、福建等地就社区党建、区域化党建、新社会组织创新、非公有制企业党建等工作进行考察。考察团先后实地考察了杭州市西湖区灵隐街道黄龙商务中心党建工作、金华市酥饼行业协会党支部、金华市律师协会党委及厦门市公益公交公司党组织、厦门市思明区莲前街道浦北社区党委等，并与有关市、区委组织部等座谈交流。

（栾德廷）

【召开社会领域党组织创先争优活动现场会】　5月7日，原西城区在北京七彩云南商贸有限公司组织召开了全区社会领域党组织创先争优活动现场会。会议传达了市委社会工委2010年社会领域党建工作要点，总结了全区2009年非公有制企业五好示范点创建工作，表彰了25家非公有制企业五好示范点单位、22家非公有制企业五好创建单位。区工商联非公有制企业党委、北京七彩云南商贸有限公司党支部、北京金华骨专科医院联合党支部在会上作了经验交流。

（栾德廷）

【举办第二期社区骨干人才培训班】　5月24日，宣武区第二期社区骨干人才培训班开班仪式在中国青年政治学院举行。45名社区工作者骨干人才参加了为期2周的脱产培训，获得中国青年政治学院培训证书。

（王　辉）

【召开西城区社会领域庆七一表彰暨创先争优推进会】　6月18日，原西城区召开社会领域庆七一表彰大会，市委社会工委书记、市社会办主任宋贵伦，市委社会工委委员、市社会办副主任陈建领，区委书记林铎，区委常委、区委办主任程军，副区长陈蓓参加。会议由王力军主持。会议全面总结了2009—2010年度西城区社会领域党建工作所取得的成绩，表彰了40家先进基层党组织、10家先进商务楼宇社会工作党组织（站）、7家区域党建先进单位、40名优秀党务工作者、50名优秀共产党员、19名党建之友。

（李福堂）

【组织开展社区建设主题国际交流活动】 6月22—24日，原西城区举办国际友好城市社区建设经验交流活动，美国帕萨迪纳市、澳大利亚彭里斯市、日本东京都涩谷区三个友好城市参加了交流活动。各友好城市代表团在西城区文化中心分别举办了“西城区国际友好城市社区建设经验交流专场报告会”。西城区处级领导干部、各街道干部、社区工作者、楼门院长、社区社会组织等1700余人参加了专场报告会，倾听了三个国家社区建设方面的经验做法。各友好城市还分别参观考察了区社区服务中心、金融街丰汇园社区等单位。此次活动是西城区首次以社区建设为主题开展的国际交流活动。

（焦　扬）

【开展社区便民服务项目征集开发活动】 上半年，宣武区启动开展了“走百家门，社区便民服务项目征集开发活动”。活动自5月中旬启动，分为项目启动和征集、开发和实施、总结和展示三个阶段。活动期间，各社区通过“走百家门”、召开群众“恳谈会”、建立便民服务征集箱、网络平台等多种方式，深入征集与百姓生活最密切的社区便民服务项目，集中解决了100余项群众反映集中的问题。

（贾冬梅　王　辉）

【指导推进宣武区社会领域创先争优活动】 上半年，组织了专题报告会暨动员培训会，邀请了市委党校靳连芳教授作了“抓创先争优活动，促社区党建深入”的专题报告；启动了“走百家门，社区便民服务项目征集开发”和建立“一室一站一单”畅通群众利益诉求渠道两项主题活动；广泛动员参与了“群众心目中的好党员”推荐评比工作。

（李长川）

【两新组织服务需求调研】　上半年，宣武区启动了“两新”组织服务需求专项调研：牵头成立了由区有关职能部门、群团组织和街道工委等19个部门组成的课题组，在反复讨论修改的基础上，设计下发了三份调查问卷，分别调查“两新”组织负责人对政策适用、公共服务的意见和需求，员工对便利服务和个人发展支持方面的需求以及“两新”组织党组织负责人、党员、业主等对党建基础工作、党建工作经费、党组织作用发挥、党员作用发挥、外部支持五个方面的评价；共发放问卷2600份。在开展调研过程中，区委社会工委还发挥统筹协调作用，联合区发改委、区人力社保局、区商务委、工商宣武分局、区地税局和区国税局七个部门汇编了《宣武区“两新”组织服务手册（政策篇）》，收集了适用“两新”组织发展的相关政策文件共计48个，手册已发至全区“两新”组织。

（李长川）

【编制《宣武区社会领域党建优秀征文选编》】　上半年，开展了以“深入学习实践科学发展观，全面推进社会领域党建工作”为主题的征文活动，全区各相关党工委、街道社会工作党委、社区党组织、“两新”组织党组织和广大社会领域党务工作者积极组织、踊跃参与，共收到征文74篇，遴选出有代表性的22篇汇编成《宣武区社会领域党建优秀征文选编》。

（李长川）

【推进社会服务管理创新动员大会】　9月21日，西城区组织召开了推进全区社会服务管理创新动员大会。会议对近年来全区社会建设工作进行总结，传达了北京市社会服务管理创新推进大会精神，部署了全区社会服务管理创新各项工作。市委副秘书长王翔，市委社会工委书记、市社会办主任宋贵伦，区委书记王宁出席会议并作重要讲话。区长张建东主持会议。王宁在讲话中要求各单位要大胆实践，按照“狠抓重点、突破难点、展示亮点”的工作思路，牢固树立精品意识，全面提升社会服务管理水平，要把社会服务管理创新工作纳入“十二五”规划，强化责任目标，抓好工作落实。

（栾德廷）

【直属党组织管理工作】 9月29日，区委组织部、区委社会工委、区直机关工委联合召开党组织管理范围调整工作协调会，明确宣武区人才交流服务中心党支部、宣武区职业介绍服务中心党委的党组织关系由区直机关工委调整到区委社会工委管理，原西城区人才交流服务中心工委、西城区职业介绍服务中心工委和工商联非公有制企业党委党组织关系由区委直属调整到区委社会工委管理。根据2010年党内统计数据，区委社会工委管理区人才交流服务中心、区职业介绍服务中心、区工商联非公有制企业3个直属党组织，内设136个党支部，其中非公有制企业独立支部58个，其他联合支部78个；全年新转入党员441名，新发展党员4名，转出党员674名，年底在册党员4207名。

（李长川）

【西城区社会组织孵化器举办出壳仪式】 10月29日，西城区社会组织孵化器举办出壳仪式，北京市委社会工委、社会组织领域专家出席，西城区社会组织孵化器第一期三家机构代表及NPI北京全体人员参加了本次会议。首批孵化的仁助社会工作事务所、悦群社会工作事务所和绿色生活馆3家公益性社会组织已顺利完成为期1年的孵化，正式出壳，并成功登记注册。其中，悦群社会工作事务所在三里河三小开展的驻校社工工作，为在校学生和老师提供社工服务，是北京市首个进驻中小学校园的社工服务常态化组织，其负责人获得了团市委发起的“青年创业大赛”西城区一等奖。仁助社会工作事务所成功入驻新街口街道社区服务中心，是全市首个开展职业高中驻校社工的机构。绿色生活馆在什刹海街道25个社区开展了累计百余次环保知识宣讲活动，向万余人普及和宣传了绿色生活知识，并与区发改委达成合作意向，承办了主题为“低碳生活　绿色经济”的西城区节能宣传周活动，在各自的业务领域成为骨干力量。

（孙学慧）

【建立社区心理支持服务工作站】 10月，悦群社会工作事务所以月坛街道社区为试点，建立社区心理支持服务工作站。社区心理支持服务工作站作为社区常设机构，联合高校心理专家、专业社工、社区志愿者等优势资源，通过咨询、个案跟踪服务、专业普及性培训等形式，提供专业化、常态化心理支持与服务。自工作站成立以来，每周固定向社区居民提供心理支持热线、一对一心理辅导等服务，已完成了个案30人次，直接受益人群500人，间接受益人群3000人。

（冯晓辉）

【西城区优秀社区社会组织表彰大会召开】 11月16日，西城区社区社会组织表彰暨工作推进大会隆重召开。会上表彰了20家优秀社区社会组织，重点部署了在新形势下培育社区社会组织的任务和目标，并为区社会组织联合会各街道分会进行了颁牌。市委社会工委、市社会办副巡视员刘轩和副区长范宝出席会议并讲话。

（孙学慧）

【成立志愿者专业培训师团】 11月24日，西城区志愿者联合会志愿者培训师团成立大会召开。志愿者培训师团将承担全区志愿服务工作的研究、志愿服务活动的组织、志愿者和志愿者组织的培训以及志愿服务理念的传播四项主要职责。区委副书记马兰霞及市社会办、团市委志愿服务指导中心相关领导出席了成立大会。

（冯晓辉）

【社会领域创先争优工作】 按照《中共北京市西城区委关于进一步推进创先争优活动的意见》要求，11月，区委社会工委成立区社会领域创先争优活动指导推进组，进一步加强统筹指导推进社会领域创先争优工作。确立了社会领域创先争优活动以“三树五争当”为主题，即：“树形象、树标准、树典型”，争当“政策宣传员、技能示范员、人才培养员、权益维护员、和谐调解员”，把社会领域创先争优活动引向深入。全区共有255个社区党组织、410个非公有制企业党组织、81个社会组织党组织（律师事务所、民办学校、民办医院），共计55076名党员参加了社会领域创先争优活动。

（李长川）

【举办社会组织公益项目策划培训会】 12月23日，西城区举办社会组织公益项目策划培训会，辖区内80家社会组织的负责人参加了培训。

（孙学慧）

【城区社会工作实务创新试点工作启动】 年内，中国社会工作协会与西城区社会工作者联合会联合开展城区社会工作实务首批创新工作试点目前试点工作已全面启动，围绕着城区社会工作主要领域的10多个项目陆续展开。

（冯晓辉）

【积极参与中国社会工作协会的专业交流活动】 年内，西城区社会工作者联合会积极参加中国社会工作者协会举办的各项交流活动。利用浦东专家督导会、首届全国医务社工论坛、中国老年社会工作交流研讨会等全国性交流平台，分别就“‘以会带所’社工机构建设模式”，“社工职业队伍建设思路与实践”，“第二医院医务社会工作开展的经验”，“睦友社会工作事务所养老机构、医疗机构、社区三位一体的老年社会工作服务网络”等内容作了典型发言，与会的专家学者和社工实务工作者对西城区依托专业院校和服务机构，以政府购买服务和购买岗位相结合的专业推进模式均给予了高度评价。

（冯晓辉）

【2010年社会工作优秀案例集完成编撰】 年内，区委社会工委和区社会工作者联合会委托厚朴社会工作事务所开展西城区社会工作优秀案例评选、编撰工作。向全区社会工作事务所、街道和社区征集案例稿件百余篇，经过专家点评和筛选最终确定十佳案例、优秀案例、入围案例各10个。

（冯晓辉）

【完成社区规范化建设试点任务】 年内，在充分总结2009年82个试点社区工作经验的基础上，围绕市《关于推进社区规范化建设试点工作的实施方案》中七个方面的规范要求，着力社区体制机制规范，着力基础设施达标建设，着力社区工作者队伍建设，着力服务模式创新，着力社区服务圈打造，全面建设运转顺畅、功能完善的新型社区。通过街道自查、组织区社区建设领导小组成员单位为期8天的检查验收，90个试点社区全部达到市验收标准，通过了市社会建设领导小组的检查验收，圆满完成了2010年社区规范化建设试点任务。

（焦　扬）

【深入推进社区办公及服务用房达标改造】 年内，采取多措并举的方式，继续推进社区办公用房达标改造工作。全区255个社区中，社区办公和服务用房达标的社区共167个，占总数的66%，未达标社区88个。社区服务站一门式办公用房面积达到50平方米的有171个，占总数的67%。建立了社会办、发改委、财政局等部门定期会商协调机制，对达标过程中的困难、问题及时会商研究。

（焦　扬　王　辉）

【“一刻钟社区服务圈”建设】 年内，在15个街道开展一刻钟社区服务圈建设试点，构建面向社区群众、内容覆盖政务服务、公用事业服务、便民服务、邻里服务、个性服务、志愿服务等，提供主体多元、覆盖广泛、便捷高效、服务人性化的社区服务圈。牛街街道春风社区五位一体的“民生一条街”，什刹海街道集医、食、助、教、娱为一体的社区便民服务圈，广内街道槐柏树商圈等特色服务圈初步形成。

（焦　扬）

【选聘高校应届毕业生和村官到社区工作】 年内，组织各街道与195名高校应届毕业生及3名村官签订了服务协议。截至12月底，全区3036名社区工作人员平均年龄40.9岁，大专及以上文化程度占总人数的70.7%，持有（助理）社会工作师职业资格证书的占总人数的19.7%，一支数量充足、梯次配备合理、素质优良的社区社会工作人才队伍初步形成。

（贾冬梅）

【社区社会工作人才培训】 年内，组织开展社区党组织书记、居委会主任、服务站站长培训班和全体社区工作者轮训班等培训1700余人次；调训30余名大学生社工参与区、街重点中心工作；开展社区工作者调研课题征集活动，进一步培养社区工作者的学习思考和调查研究能力。

（贾冬梅）

【调整社区工作者待遇】 年内，会同区有关部门制订了《西城区关于进一步规范社区工作者待遇的实施方案》，在全市率先落实社区工作者待遇，社区工作者人均提高900元/月。

（贾冬梅）

【和谐社区建设】 年内，将各街道、相关部门、社会各方力量凝聚到和谐社区建设中来，全面开展和谐社区建设六项示范争创活动。召开西城区和谐社区建设工作推进会，总结和谐社区建设成果，部署下一步推进工作思路，表彰并奖励和谐社会建设示范争创活动先进单位和个人。全区共评选出25个优秀社区、25个和谐社区带头人、18个资源共享先进单位、1932个优秀楼门（院）长、52个优秀社区公益活动、百名优秀社区志愿者。

（焦　扬）

【进一步激励和撬动社区资源共享】 年内，进一步落实了《西城区资源共享奖励办法（试行）》，开展了单位与社区资源共享特色项目，依托社会建设专项资金60万元，对参与共建、资源共享成效明显的国家广电总局、北京市北灯汽车灯具有限公司、北京建筑工程学院、裕中中学、月坛中学、进步小学等18家驻区单位给予了奖励。资源共享奖励项目实施后，撬动了社区资源开放和共享的空间，激发了各驻区单位的社会责任意识，缓解了空巢老年人就餐、群众停车难、文体活动场所不足等一些实际困难。

（焦　扬）

【全面推进安全社区建设】 年内，继金融街街道、月坛街道、展览路街道成为“国际安全社区”网络成员之后，年内新街口街道、德胜街道、西长安街街道也相继启动了国际安全社区的创建工作。行政区划调整后，宣武区八个街道及时启动了全国安全社区争创工作，并在中国职业健康协会做了备案申请。11月17—19日参加了在重庆召开的“全国安全社区建设工作会议”。展览路街道获得“全国安全社区建设先进单位”称号；展览路街道马业珠、西长安街街道李会增获得“全国安全社区建设先进工作者”的称号。

（贾冬梅）

【西城区社会组织联合会成立街道分会】 年内，按照西城区社会建设“1+4”系列文件中构建区、街、居三级社会组织管理模式的要求，西城区社会组织联合会完成了全区15个街道共分两批的登记注册程序，成立了西城区社会组织联合会各街道分会。分会今后的主要工作任务为：一是加强与驻区中央级、市、区级社会组织的联系，做好资源共享、共建工作，实现区域社会组织大联合；二是重点培育、发展社区建设协会、公共服务协会、社区志愿者协会、楼门院长协会、扎根社区的社工机构等有利于社会矛盾化解和提供社区服务的社会组织；三是搭建区域各级、各类社会组织参与社区建设的平台，实现社会组织服务与社区需求的无缝对接。

（孙学慧）

【西城区社会建设专项资金】 年内，区社会办在2009年项目实施的基础上，经过多次研究，本着“民生为本、重视试点、探索创新”的原则，明确了社会建设专项资金重点支持方向：一是有利于社会建设实践创新，具有创新性、试点价值、可示范、可推广的项目；二是力图解决区域重点、难点问题的项目；三是对解决百姓民生问题拾遗补缺的项目；四是有利于打破部门壁垒、统筹社会资源、实现地区资源整合共享的项目；五是有利于培育发展社会组织、促进政府向社会组织购买服务、激发社会活力的项目。区社会办累计收到项目申报205个，涉及资金4320万元。对所有申报的项目，区社会办分阶段进行了筛选和优化整合，多次召开专题会议征求相关单位意见，并将资金使用计划依次递交专家评审会、区社会建设领导小组会议、区政府常务会议审议，对专项资金使用计划进行了多次修改完善。两区合并后，区社会办对部分在不改变项目内容的情况下可以将活动辐射到全区的项目进行了梳理，与项目承接方进行了沟通，并因此对部分项目增加了一定的预算。2010年度专项资金总计支持56个项目的项目，主要涉及社会组织培育发展、公益便民服务、为老服务、“枢纽型”社会组织建设、社工人才建设、社区建设和社会领域党建7个方面，涉及资金共计999.644万元。对2009年社会建设专项资金支持的48个项目，区社会办委托区社会组织联合会作为第三方，依托恩派非营利组织发展中心的专业资源，组织相关专家对所有项目进行了结题评估。2009年社会建设专项资金支持的各个项目在激发社会组织活力、增强社会领域党组织凝聚力、推进区域资源共建共享、解决老人生活实际困难、提升区域和谐安全程度等方面都发挥了积极作用，楼门院长、志愿者、社会工作者等直接服务居民的队伍得到培训和激励，地区老年人、中小学师生、普通居民等群体近10万人直接或间接受益。

（孙学慧）

【商务楼宇党的工作全覆盖】 年内，全区202座商务楼宇全部建立楼宇社会工作站（党组织），并创新探索出依托物业型、龙头企业辐射型、联合型、派驻型四种可行的组建模式。

（李福堂）

【开展社会领域党员红色之旅活动】 年内，继续开展社会领域党员红色之旅活动，组织全区社会领域党员利用业余时间到京郊革命教育基地参观学习。年内，共组织开展活动30余次，覆盖党组织100多个，党员2400余人次。

（李福堂）

【商务楼宇党建创新项目顺利结项】 年初，正式实施楼宇党建创新项目制管理。12月，涵盖政务服务、共驻共建、特色活动、载体创新、教育培训5大方面的15个区级商务楼宇党建创新项目顺利结项。

（李福堂）

【“以会带所”的社会工作专业机构建设模式初步形成】 年内，西城区社会工作者联合会利用联席会议、督导、培训等方式，协调社会资源，通过对社会工作事务所所承担的社会工作项目进行管理，把服务融于管理之中，组建、改造了一批包括区社工联合会和睦友、悦群、仁助、厚朴和泓德中育五家社会工作事务所在内的规范化运作的专业社会工作机构，聚集了一批具有社会工作专业学历和取得国家社会工作职业水平资格证书的社会工作人才；开展了一批贴近民生、符合区情、切实解决社会问题并促进区域社会工作职业化、专业化发展的服务项目，初步形成了以西城区社会工作者联合会为枢纽、以专业社工事务所为发展平台的“以会带所”的社会工作专业机构建设体系。

（冯晓辉）

【以专业化为导向的社会工作专业培训体系初步形成】 年内，过与中青院等高校签订“双基地”协议组建了专业师资队伍，并对西城经济科学大学的教学设施改造建立了社会工作培训基地，开展了“三个计划、一个工程”的专业培训，即“双百专业培训计划”，以党政机关社会工作岗位在职人员为培训对象，列入公务员法定培训系列，突出了专业理论的补充；“国家社会工作者职业水平考试促进计划”，对参加考试人员进行系统性考前辅导；“社区工作者（含商务楼宇党建工作者）专业素质提升计划”，针对社区工作者进行的专业基础知识轮训；“职业社会工作者和社区工作者互助工程”，重点提高受训人员的实务能力。建立了区委社会工委、区民政局、区人保局、街道及各群团组织等部门在专业培训工作中责任体系。全年完成了各种类型的专业培训班 20 多个，培训人员超过 10000 人次。

（冯晓辉）

【进一步规范街道公共服务大厅建设】 年内，按照规范基本事项，保证机制顺畅，提倡因地制宜，鼓励特色服务的整体思路，继续落实例会、学习交流、问题会商、工作信息通报、考核评议、社情民意收集上报六项制度，保障了大厅规范顺畅运行。区划调整后，与区信息办一起，进行街道公共服务大厅系统升级改造，结合《北京市社区基本公共服务指导目录》，向委办局和街道全面征集服务事项需求，梳理确认街道公共服务大厅的服务事项。

（焦 扬）

【社会建设信息】 1—6 月，原西城区委社会工委、区社会办共编发《西城社会建设》5 期。宣武区委社会工委、区社会办共编发《宣武社会建设信息》52 期。9 月，将《西城社会建设》与《宣武社会建设信息》合并，新刊名为《西城社会建设信息》，共编发 16 期。区委社会工委、区社会办被评为“2010 年度北京市社会建设信息工作先进集体”，赵培文被评为“2010 年度北京市社会建设信息工作先进个人”。

（栾德廷 宗 君）

朝阳区

【概述】 2010 年是“十一五”规划的收官之年，是全市社会服务管理创新试点工作的启动之年。朝阳区社会领域根据区委“解放思想、传承奥运、再创优势”的总体要求，围绕“新四区”战略目标，以争创全国文明城区为契机，紧抓全市社会服务管理综合试点区机遇，圆满完成了社会建设各项任务。

（一）整合社会服务资源，切实改善民生

“一刻钟社区服务圈”有效开展。出台了实施意见，按照“缺什么补什么”的原则，建成 121 个“一刻钟社区服务圈”，制定《朝阳区社区公共服务指导目录》，将全市 1060 公共服务项目拓展为 10 类 174 项。实行商业服务站点、社区社会组织（项目）资格认证制度，目前，已认证 2563 家。按照“基本 + 特色”原则，坚持“一社区一品牌、一街道一名牌”，针对居民的个性化需求，以品牌建设为抓手，每个街道至少提供 10 项特色服务项目。老旧小区服务管理水平稳步提升。改造老旧小区 31 个，增加居民停车车位 176 个，便民菜点 286 个，绿化补建 17.8 万平方米，甬路修复 21.1 万平方米，楼体粉刷 17.9 万平方米。推进居民小区与楼宇错时互换停车工作，目前整合车位 7530 个。按照“有治安防范、有绿化保洁、有维护维修、有停车管理”的“四有”标准，在 9 个街道的 13

个小区试点推行老旧小区准物业管理工作，探索出互助式、“自管＋外聘”、“互助＋外包”、非营利性机构提供物业服务四种模式。垃圾分类工作积极推进。23个街道分三批全部启动垃圾分类工作，以蓝色港湾、陕西大厦等100余家单位为试点，启动“百座大厦、千家单位、万名员工‘2010’工程”，提升居民和社会单位的环保意识，提高垃圾减量化、资源化、无害化水平。

（二）创新社会管理体制，完善工作格局

创新组织体制。充分借鉴奥运会和国庆服务保障经验，建立“1＋10＋43”的社会服务管理创新工作架构。制定出台朝阳区社会服务管理创新“1＋4”文件，充分发挥专家顾问的作用，由郑杭生、王思斌、王名等13位知名专家结合创新意见，对接基层街道，选择17个课题进行系统研究，同时在理论提升、实践指导、对外宣传等方面提供服务。完善协调机制。在街道层面成立社会建设协调委员会，在社区层面成立居民事务协调委员会，吸纳地区所有单位和名人参与，街道、社区搭台，社会单位和居民唱戏，为社会各界参与社会建设、整合区域资源、有序表达诉求、维护社会稳定提供平台，推动社会管理民主化进程。建立街道分片协作机制，将街道分为CBD、亚奥、电子城、燕莎商圈、东南部居民区5个片区，定期组织开展活动，促进城市管理协同作战、为民服务资源共享、互相学习交流、联片组团发展。组织相邻街道对辖区边界按单双月轮流执法，解决街道边界“执法难”的问题。优化管理载体。以全模式社会服务管理系统为平台，推进全区基础信息的共享、服务管理资源的整合、社会服务管理业务的集成和社会服务管理的全程监督，努力探索以一网（朝阳区社会服务管理网）集成10个模块（应急管理、城市管理、综治维稳、安全生产、社会事业、社会保障、社会服务、经济动态、法律司法、党建工作）的“1＋10”社会服务管理“朝阳模式”。目前，系统顶层设计基本完成，设计方案基本成型，20个二级重点模块已全部完成，并以10街3乡为试点积极推进系统标准化建设。

（三）加强社区规范化建设，夯实基层基础

社区规范化建设工作推进。按照“示范社区重提升、达标社区重管理、一般社区重基础”的原则，在硬件建设上，积极协调发改、规划、国土、环保等部门加强对社区规范化建设工程的政策支持，全力推进2009年立项52个项目的实施，完成了160个社区2010年社区用房立项申报工作，目前已有189个社区用房达到350平方米标准。在软件建设上，全面落实“一分、三定、两目标”的要求，提升社区党组织的核心力、居委会的自治力、服务站的服务力和社区的凝聚力。国际化社区建设工作进展顺利。在外籍人比较集中的5个街道，开展国际化社区试点工作，建立外籍人服务站，设置双语标志，招聘专业服务人员，开展中外文化交流活动，探索社区建设的高端形态。推进社区工作者人才队伍建设。面向社会公开招聘188名社区工作者和社会领域党建工作者，选聘应届大学毕业生210人村官10人。提高社区工作者待遇，平均每人每月增长约900元。成立朝阳区青年社工协会，组织开展“我来了”系列活动，激发青年社工队伍活力。采取政府购买服务的办法，引入专业机构开展培训教学，探索建立社区工作者学分制管理体系。建立大学生社工QQ群，畅通交流沟通渠道。

（四）提高社会动员能力，增强社会建设合力

积极培育社会组织。坚持城乡统筹，联合专业机构、大专院校，成立惠心、在行动、近邻3个社会工作事务所，并通过购买服务、项目运作的方式，为事务所提供资金和项目等支持。制定了“枢纽型”社会组织认定、联席会议、信息沟通和工作联系等制度，加强枢纽型社会组织建设。依托跨界组织，强化安全社区创建。年内，5个街道成为国际

安全社区，2 个街道成为全国安全社区。在街道成立和谐促进员协会，提高2.6万名和谐促进员的组织化程度，发挥信息员、宣传员、调解员、联络员和监督员“五员”作用，参与社会建设工作。积极完善志愿服务。成立全市首家志愿者“公益储蓄中心”，在街道设立分中心，在社区、商务楼宇设立服务站，并委托专业机构进行运营，建立涵盖区—街道—社区三级的“公益储蓄”网站，制定了完善的志愿者制度，建立以志愿者实名制为基础的档案管理体系，通过时间储蓄、精神激励等方式，倡导“有时间做志愿者、有困难找志愿者”。积极推进全国文明城区创建。确定“四个阶段十项行动”和评选“文明形象大使”等10项规定性动作。以“知晓率、参与率、满意率”为重点，坚持“项目化运作”、“品牌化引领”、“一体化推进”，深入开展创建工作，提高了百姓的认同感、责任感和光荣感。

（五）深化“聚合力”工程，初步形成社会领域党建区域化格局

社会领域党建规范化建设取得突破。制定《社会工作党委的若干规定》、《社会工作党委1358工作规范》等，实现人员、场地、经费、活动、制度等方面的规范化。农村地区11个乡成立社会工作党委。全区15个商务楼宇党建服务站被验收评定为市级一类示范点。探索建立融党务、政务、社务为一体的“三位一体”工作新模式，并通过“服务进楼宇”活动形式集中开展工作，《人民日报》报道了朝阳区这方面的经验，李源潮同志给予高度评价。以“六小门店”为切入点，探索规模以下非公有制企业党建覆盖新模式，2010年新建非公有制企业党组织41个。创先争优活动扎实推进。制定了创先争优活动领导包片联系制度、信息月报制度、信息采用情况通报制度，确定了社区和“两新”组织创先争优活动信息直报点各20个，加强与基层党组织和党员的联系互动，及时掌握创先争优活动总体情况。依托街道报刊、社区和楼宇宣传橱窗加强静态宣传，占领网络宣传阵地，加强党建网站、QQ群、博客论坛、短信平台等现代化的宣传载体建设。社会领域党建工作保障机制基本建立。加强党务工作者队伍建设。通过社会招考选聘了59名社会领域专职党务工作者，实现了平均每2.6栋楼宇配备1名党务专职的计划。开展专题培训示范班和座谈会5次，培训1500人次。以创建党员教育示范基地为契机，拓展体制内党建阵地的服务功能，扩大体制外党建阵地覆盖面，初步建立起覆盖街道、社区、商务楼宇、“两新”组织的党建阵地网络。初步形成了以区委—街道党工委、社会工作党委—社区党组织—居民党支部为基本架构，以非公有制经济组织和新社会组织为重要组成的区域化党建工作格局，逐步实现了社会领域党组织和党的工作全覆盖。

（李　莹）

【成立北京市首个社会工作师协会】 1月14日，北京市首家街道社会工作师协会在亚运村街道成立。年内，与中国社会科学院、北京青年政治学院等高校社工专业建立专业合作关系。承担了街道复杂矛盾调解9起，60岁老人心理咨询25人次，居民法律答疑46人次，青少年不良行为矫正3人，地区智障人群音乐理疗9次。已逐渐形成了“两帮带”的工作模式，即“高校专业社工带社工师、社工师带义工”的为民服务方式。

（李　莹）

【朝阳区召开商务楼宇企业思想文化高层研讨会】 2月1日，朝阳区在麦子店街道举办了商务楼宇企业思想文化高层研讨会，市委社会工委委员、市社会办副主任陈建领出席会议并讲话。

（李　莹）

【召开2010年社会建设大会】 2月23日，朝阳区召开社会建设大会，区四套班子领导陈刚、程连元、王力军、辛燕琴等出席，会议由区委副书记、区长程连元主持，各部委

办局、各街道地区、公安干警、城管队员、“两新”组织、志愿者代表等共计1100余人参加了会议。

（李 莹）

【上海市社会建设学习考察团到朝阳区调研】 4月9日，上海市社会建设学习考察团等一行39人在上海市社会工作党委副书记王宏伟、上海市社会工作党委副巡视员刘庆的带领下到麦子店街道调研社会建设工作。市委社会工委副巡视员王智玲、市委社会工委办公室副主任赵海英、区社会办主任张永新、区委社会工委副书记宝月凤陪同。

（李 莹）

【区领导调研八里庄街道社会领域党建工作】 6月11日，区领导陈刚、宋连娣、陈宏志、谢莹、赵全保到八里庄街道调研社会领域党建工作，区委社会工委书记汪洋、区社会主任张永新陪同。

（李 莹）

【第五届社区艺术节开幕】 6月20日，朝阳区第五届社区艺术节正式开幕。此次艺术节主题为“我的朝阳我的家”，活动内容分为全区规范性项目和街道自主项目两部分。共举办了百姓家庭才艺大赛、“文明朝阳精彩有我”主题征文比赛、“创文明促和谐”社区书画比赛和“印象朝阳”摄影比赛。突出居民自主参与、自娱自乐，按照“一街一节、一居一品”的原则，打造一批群众文化原创精品节目和品牌活动。

（李 莹）

【区领导调研街道系统信访维稳工作】 6月21日，区领导陈刚、宋连娣、佟克克、谢莹调研街道系统信访维稳工作。区委社会工委书记汪洋及呼家楼、建外、双井三个街道汇报了开展矛盾纠纷集中化解专项行动工作情况，区委办、宣传部、信访办、监察局、市政市容管委、住建委、房管局、法制办、民宗办、国土分局、规划分局等部门陪同调研。

（李 莹）

【成立首批3家社会工作事务所】 7月30日，朝阳区成立惠心社会工作事务所、在行动社会工作事务所、近邻社会服务中心三家社会工作事务所。市有关部门领导宋贵伦、温庆云、王智玲，区领导谢莹、赵全保、刘英男出席，区委社会工委、区社会办、区农委及专业部门事务所共计300余人参加会议。

（李 莹）

【成立朝阳区社会志愿者公益储蓄中心】 8月11日，朝阳区社会志愿者公益储蓄中心启动仪式举行，北京市委社会工委副巡视员王智玲，朝阳区副区长赵全保，区委副巡视员、区创建办执行主任刘英男，区文明办、民政局等单位及各街道领导、志愿者代表、武警官兵800余人参加。朝阳社会志愿者公益储蓄中心采取政府购买服务、三级管理的模式。中心设在区社会办，负责制定总体规划、活动规则等；分中心设在各街道办事处；社区服务站设在社会工作站，承办终端服务和管理。建设朝阳公益银行官方网站，建立志愿者数据库，实现供求实时对接。设置“公益时间卡”，记录志愿服务时间、服务项目等。

（李 莹）

【召开社会服务管理创新推进大会】 9月3日，朝阳区召开社会服务管理创新推进大会，市有关部门领导王翔、宋贵伦、闫满成、吴世民、赵小卫、王智玲，区四套班子领导出席，朝阳区社会服务管理创新专家顾问，各委办局、街乡相关领导、社区代表，全区各派出所500余人参加了会议。

（李 莹）

【市领导到朝阳区调研社会服务管理创新工作】 9月15日，市领导梁伟，市有关部门领导王翔、宋贵伦、张坚、周开让、陈建领、刘轩、王智玲调研朝阳区社会服务管理创新工作。区领导陈刚、佟克克、谢莹、赵全保陪同。

（李　莹）

【出台社会服务管理创新“1+4”文件】 9月28日，正式下发朝阳区社会服务管理创新“1+4”文件，包括《朝阳区推进社会服务管理创新实施意见》，以及《朝阳区关于成立社会服务管理创新工作领导机构的方案》、《朝阳区社会服务管理创新阶段性工作目标》、《朝阳区社会服务管理创新工作折子工程》、《朝阳区社会服务管理创新监督考核实施方案》四个配套文件。建立“1+10+43”的社会服务管理创新工作架构，成立区委书记和区长挂帅的区级领导小组，并围绕“五大体系、五大突破”重点任务成立10个专项工作组，分别明确牵头部门。43个街乡分别成立相应的领导机构，党政一把手担负起第一责任，亲自抓、带头管。聘请社会建设及相关领域的知名专家郑杭生、王思斌、王名等13人，组成朝阳区社会服务管理创新专家顾问组。

（李　莹）

【成立朝阳区青年社工协会】 10月15日，朝阳区青年社工协会在民政部门正式登记注册为社团法人。协会以2009年统一招录的大学生社区工作者为主体，并吸纳了其他青年社区工作者、大学生村官和社会工作机构中的青年工作者，目前拥有会员1100余人。协会宗旨是以青年社工各自特长为基础，从事人才培养、志愿服务以及青年社工凝聚力的提升，以满足社会不同需求，全心全意为居民服务。协会业务范围主要包括组织会员针对社会建设工作进行课题调研及项目开发；组织会员学习前沿理论研究成果及先进工作方法，加强青年社会工作者之间的经验交流；筹划与会员工作生活相关的文化体育活动，增强本协会凝聚力；积极开展同其他民间组织和社会团体的交流与合作，扩大本协会的社会影响力，增强本协会会员社会责任感；组织开展社会工作师资格考试辅导以及相关业务培训，推动社会工作职业化、专业化。

（李　莹）

【参加全国安全社区工作会议】 11月18—19日，全国安全社区工作会议在重庆召开。朝阳区社会办主任张永新率18个街道主管领导出席。张永新主任当选为“全国安全社区工作委员会委员”。团结湖街道、和平街街道荣获“全国安全社区”称号。朝阳区社会建设工作办公室、麦子店街道办事处分别荣获“全国安全社区建设先进单位”称号，潘家园街道董跃美书记、香河园街道葛强书记分别获得“全国安全社区建设先进个人”称号。

（李　莹）

【朝阳区新增5个国际安全社区】 11月22—26日，世界卫生组织安全社区香港认证中心对香河园、潘家园、大屯、三里屯、左家庄5个街道进行“国际安全社区”现场考察，5个街道均顺利通过认证。至此，朝阳区共有国际安全社区12个，占北京市的75%、全国的33.3%。

（李　莹）

【全国文明城区创建情况】 年内，按照陈刚书记“创模式、树典型、出经验”的要求，建立以两位区主管领导挂帅的街道系统创建指挥部，街道党政正职为主要责任人、工委副书记为直接责任人。出台工作方案，确定“四个阶段十项行动”和评选“文明形象大使”等10项规定性动作。以“知晓率、参与率、满意率”为重点，坚持“项目化运作”、“品牌化引领”、“一体化推进”，深入开展创建工作，提高了百姓的认同感、责任感和光荣感。各街道共选拔326名社区文明形象大使和1007名文明小天使，开展了2500余项活动。收集51.4832万户居民的建议和意见23.5516万条。机关干部走访居民68.3260万户，占总户数的98.51%。处级领导走访社会单位64887家，走访率达98.36%。已有893家物业公司参加由居民对物业公司服务质量的评选活动，物业公司服务的居民达到127.5185万人。各街道累计注册志愿者19.8672万人，占常住人口比例为11.37%。有243227户居民被评为文明家庭，4048个楼院达到文明楼院标准。

（李　莹）

【干部队伍建设情况】　年内，坚持街道党政正职例会制度，注重考促并用，评选出9个优秀街道班子。完成38名处级领导转正和5名副调研员提拔的考核工作、7名街道工委书记离任履行干部选任工作离任检查。进一步规范科级干部选拔任用工作，对23个街道2006年5月以来693人次科级干部的选拔任用情况进行深入检查。利用信访挂职、上挂下派、中青班及青年干部读书班等机会，将各街道的优秀科级干部选送出来接受锻炼，大力培养后备干部。

（李　莹）

【安全稳定基本情况】　年内，加快完善“一网、两库、三关”的数据库建设，加快区维稳指挥中心建设进程，确保部门间数字化业务系统的有机整合，实现资源共享。总结推广建外、亚运村、东风、平房4个综治维稳中心建设试点单位的工作经验。拟投入经费1.023亿元，将10个乡中的16个行政村、5个新农村小区纳入村庄社区化管理工作范围。加强排查整治工作，开展4次大规模拉网式排查，共查出重点矛盾纠纷101个、重点人14名、缠访8名。有效化解了一批重点矛盾纠纷，化解86个，占101个重点矛盾纠纷的85.15%。其中，区级挂账的15个重点矛盾纠纷结案13个。共接待人民来访867人（批）次，下访1398批次，共解决问题1573件。办理“政民互动”、“市长信箱”、“96105”、电话访等4682次，上访人满意度达到97%以上。建立了联动、会商、联合检查三项工作机制。在全区范围内开展了为期三个月的楼房群租房及地下空间清理整治专项工作，在23个街道开展相邻街道单双月交叉执法和分片联合执法工作，成效显著。加强安全生产工作，制定《关于加强街道系统安全生产和防火安全工作意见》，建立地区信息情报网以及区社会办、街道和社区三级组织管理体系建设，开展社区消防安全“六个一”建设。

（李　莹）

【城市建设管理情况】　年内，改造老旧小区31个，增加居民停车车位176个、便民菜点286个，绿化补建17.8万平方米，甬路修复21.1万平方米，楼体粉刷17.9万平方米。推进居民小区与楼宇错时互换停车工作，整合车位7530个。在城区209个社区建成247个信息岛，缓解了乱贴小广告现象。完善城市管理长效机制，出台《街道系统城市环境管理长效机制》，完善会商、联动、动员等8项机制。协调城管、公安、工商等部门定期会商，研究解决突出问题；组织相邻街道对辖区边界按单双月轮流执法，解决街道边界“执法难”的问题；实行街道环境自我评价机制，组建了12人的环境秩序检查队，促使街道能够有序“自转”；从21个街道城管分队抽调21名城管队员，增强机动执法力量，开展市容环境集中治理行动；完善和规范街道环卫、绿化管理站建设工作，建立逐级负责的环境综合管理机制。

（李　莹）

【构建全模式社会服务管理系统】　年内，将全模式社会服务管理系统作为全区社会服务管理创新的重要抓手，加强资源整合和统筹，达到信息共享、业务集成、流程优化和效能提升。该系统是运用现代信息技术，通过流程再造、业务集成与合作治理方式建立的数字化、精细化、高效化和系统化的社会服务管理体系，具有三个特点：第一，注重基础信息的全面整合，运用云计算、物联网、移动3G等现代信息技术手段，以标准化为基础，建立全区统一的人口、土地、房屋、单位9类基础数据库和维稳、应急等16个专业数据库，以社区、村为管理单元，通过管理员、监督员、协管员和部门专管员，对基础数据进行静态采集和动态更新，将分散在各部门、各街乡的基础数据和业务系统进行整合，实现基础信息的全领域覆盖、全方位采集、全过程应用和全社会共享；第二，注重业务领域的全面整合，对社会服务管理各领域的工作内容进行全面集成，通过一个平台集成十大模块，即应急管理、城市管理、综治维稳、安全生产、社会事业、社会保障、社会服务、经济动态、法律司法、党建工作，具体内容细分为79个二级目录、439个三级目录和3452个四级目录。同时，系统以指挥、监督双轴制衡为原则，建立“一级监督、两级指挥”的组织机构，实现区级高位监督，部门、街乡两级指挥，确保各业务领域的顺畅运行；第三，注重各类资源的全面整合，通过整合行政资源、市场资源和社会资源，建立全区统一的社会服务管理网络，形成区、街乡、社区三级互联互通的服务管理体系，并组织动员多元社会主体参与社会服务管理。

（李 莹）

【垃圾分类工作开展情况】 年内，23个街道分三批全部启动垃圾分类工作，以蓝色港湾、陕西大厦等100余家单位为试点，启动“百座大厦、千家单位、万名员工‘2010’工程”，提升居民和社会单位的环保意识，提高垃圾减量化、资源化、无害化水平。

（李 莹）

【启动老旧小区准物业管理试点工作】 年内，按照“有治安防范、有绿化保洁、有维护维修、有停车管理”的“四有”标准，在潘家园磨二小区、三里屯东三里等9个街道13个小区进行试点，成立老旧小区管理委员会，引导居民开展自治管理。探索出互助式、“自管+外聘”、“互助+外包”、非营利性机构提供物业服务四种模式。

（李 莹）

【成立社会建设协调委员会】 年内，为进一步提高社会建设水平，推进朝阳区社会服务管理创新，建立健全社会建设协调机制、动员社会参与、整合社会资源、创建文明城区，构建“党委领导、政府负责、社会协同、公众参与”的新型社会管理格局，区委社会工委提出，在街道层面成立社会建设协调委员会。社会建设协调委员会主要负责为各方主体反映诉求、规范行为、提供服务，对地区社会建设事业具有建议权和监督权，同时承接公共服务项目，与社区服务中心形成互补。社会建设协调委员会的成立是社会建设协调体制机制的创新，是社区党建协调委员会的深化，是社会单位履行社会责任的平台。自6月2日，朝外街道率先建立朝外地区社会建设协调委员会以来，各街乡先后建立起地区社会建设协调委员会，共有22个街道、1个地区建立了社会建设协调委员会，未建立的街乡将于近期陆续建立。

（李 莹）

【社会公共服务体系建设概述】 年内，朝阳区统筹资源，全力解决关系群众利益的实际问题，社会公共服务事业取得新的成绩。就业保障工作扎实推进。整合扶持政策，提高就业组织化程度，开发就业岗位11.8万个，2.9万名城镇登记失业人员、1.4万名困难人员实现再就业。制定并实施土地储备过渡期人员安置政策，1.2万人实现转移就业和安置就业。加强劳动市场监管，帮助劳动者追回工资3300万元。20.6万名“一老一小”人员6948名无业居民参加大病医疗保险。提高“新农合”人均筹资标准，参合率达到99.2%。321家定点医疗机构实现就医即时结算，减轻个人垫付款负担12.7亿元。公费医疗制度改革稳步推进。完善社会救助体系，投入2.1亿元，帮扶救助困难群体。推进居家养老助残服务，落实“九养”政策，养老服务体系更加完善，为5.8万人发放了居家养老（助残）券。加快政策性住房建设，超额完成市下达目标，5547户家庭得到配租配售。坚持城乡统筹，不断完善公共文化服务网络，推动文体事业繁荣发展，丰富群众精神文化生活。建成区全民健身综合活动中心、5个街乡文化中心、83家益民书屋、32套全民健身工程，83所学校体育设施向社会开放。举办流行音乐周、全民健身日等各种活动1260场，受益群众429万人次。实施名校合作战略，加快优质教育资源聚集，累计14所名校落户朝阳。大力发展学前教育，增加入园名额4700个。完成117个校址的安全工程建设，加强学校人防、物防、技防力量配备，努力建设平安和谐校园。加强公共卫生安全风险管理，甲乙类传染病发病率下降24.5%。拓展社区卫生服务功能，推行家庭医生服务模式，延长接诊服务时间，社区卫生服务水平不断提高，就诊人数同比提高14.9%。

（李　莹）

【社区服务站建设概述】　年内，朝阳区建成社区服务89个，其中街道系统3个、农村系统86个。街道系统214个社区全部建成社区服务站。

（李　莹）

【社区建设与管理概述】　年内，按照“示范社区重提升、达标社区重管理、一般社区重基础”的原则，加强对209个社区的分类指导，有序推进社区规范化建设。在硬件建设上，积极协调发改、规划、国土、环保等部门加强对社区规范化建设工程的政策支持，全力推进2009年立项52个项目的实施，完成了160个社区2010年社区用房立项申报工作。在软件建设上，全面落实“一分、三定、两目标”的要求，提升社区党组织的核心力、居委会的自治力、服务站的服务力和社区的凝聚力，街道系统共有50个社区被命名为市社区规范化建设示范社区、85个社区被命名为达标社区，居全市之首。

（李　莹）

【“一刻钟社区服务圈”建设概述】　年内，出台了实施意见，按照“缺什么补什么”的原则，以香河园、团结湖、亚运村等6个街道为试点，积极开展需求与资源调查、完善工作制度、规范服务站点等方面工作。建成121个“一刻钟社区服务圈”，制定《朝阳区社区公共服务指导目录》，将全市1060公共服务项目拓展为10类174项。统筹社区社会单位的资源，不断丰富社区服务内容。加大学校、部队等社会单位的公共服务设施对居民开放的力度。开展服务平台和载体的建设。完成服务站点认证1100多家，完成挂牌790家。按照“基本＋特色”原则，坚持“一社区一品牌、一街道一名牌”的标准，针对居民的个性化需求，以品牌建设为抓手，做到每个街道至少提供10项特色服务项目。

（李　莹）

【社会组织管理工作概述】　年内，坚持城乡统筹，联合专业机构、大专院校，成立惠心、在行动、近邻3个社会工作事务所，并通过购买服务、项目运作的方式，为事务所提供资金和项目等支持。制定了“枢纽型”社会组织认定、联席会议、信息沟通和工作联系等制度，加强枢纽型社会组织建设。23个街道全部成立了和谐促进员协会，提高3.3万名和谐促进员的组织化程度，发挥信息员、宣传员、调解员、联络员和监督员“五员”作用，参与社会建设工作。

（李　莹）

【加强社区工作者队伍建设】　年内，面向社会公开招聘188名社区工作者和社会领域党建工作者，选聘应届大学毕业生210人村官10人。提高社区工作者待遇，平均每人每月增长约900元。成立朝阳区青年社工协会，组织开展“我来了”系列活动，激发青年社工队伍活力。采取政府购买服务的办法，引入专业机构开展培训教学，探索建立社区工作者学分制管理体系。建立大学生社工QQ群，畅通交流沟通渠道。

（李　莹）

【开展社区工作者集中培训】 年内，以丰富的培训内容和形式为载体，以分层培训和按需培训为基础，采取政府购买服务的办法引入朝阳社区学院和其他社会培训机构或专家开展培训教学，增强培训实效，并开展了社区工作者培训的学分制管理体系的建设工作。

（李　莹）

【社会领域党的建设概述】 年内，制定下发了《中共北京市朝阳区委关于社会工作党委的若干规定（试行）》，制定和试行《社会工作党委1358工作规范》，实现人员、场地、经费、活动、制度等方面的规范化。制定下发了《朝阳区社区党组织工作职责和任务规范》，进一步完善社区治理模式，加强社区党建规范化建设，通过开展社区“特色党支部”创建活动，实现模范作用和服务效果的最大化。全区15个商务楼宇党建服务站被验收评定为市级一类示范点。以商务楼宇集中的CBD地区为突破口，在建外SOHO西区和八里庄华贸中心商务楼宇服务站探索建立融党务、政务、社务为一体的“三位一体”工作新模式，并通过“服务进楼宇”活动形式集中开展工作。以“六小门店”为切入点，探索规模以下非公有制企业党建覆盖新模式，在尽力扩大覆盖的基础上，抓规模以下非公有制党组织示范点建设，年内，非公有制企业新建党组织41个。通过社会招考选聘了59名社会领域专职党务工作者，实现了平均每2.6栋商务楼宇配备1人的计划。拓展体制内党建阵地的服务功能，扩大体制外党建阵地覆盖面，初步建立起覆盖街道、社区、商务楼宇、“两新”组织的党建阵地网络。初步形成了以区委—街道党工委、社会工作党委—社区党组织—居民党支部为基本架构，以非公有制经济组织和新社会组织为重要组成的区域化党建工作格局，逐步实现了社会领域党组织和党的工作全覆盖。

（李　莹）

【创先争优工作概述】 年内，通过定期召开工作专题会、座谈会、片组会，以及分层召开工委副书记和组织科长例会等形式，加强对各街道开展活动的指导和工作培训，并结合街道基层实际特点，制订系统开展创先争优活动的实施方案，结合不同类型党组织和党员特点提出不同的活动要求，吸引基层党员积极参与。制定了创先争优活动领导包片联系制度、信息月报制度、信息采用情况通报制度，确定了社区和“两新”组织创先争优活动信息直报点各20个，加强与基层党组织和党员的联系互动，及时掌握创先争优活动总体情况。一是扩大创先争优活动参与面。依托街道报刊、社区和楼宇宣传橱窗加强静态宣传，加强党建网站、QQ群、博客论坛、短信平台等现代化的宣传载体建设。先后分50余批次，组织机关、社区、“两新”组织约1.1万名党员观看了电影《第一书记》。落实“党员承诺制”和“党员责任岗”，在“两新”组织中，搭建“服务进楼宇，文明促和谐”、才艺大比拼等服务和活动的平台。二是营造创先争优活动良好氛围。加强对典型培育工作的整体部署，按照基层党组织、党建工作运行机制、党建阵地、服务体系、先进典型个人五个方面39个类别进行分类培育。街道系统共有14名党员被评为区级“群众心目中的好党员”，评出94名和谐社区带头人和115个社会领域“五个好”党建示范点。截至2010年12月底，街道系统所属2109个基层党组织及其76218名党员进行了公开承诺，党组织和党员承诺事项达146040项；共成立了842支党员志愿服务队，其中的45977党员志愿者共开展了6483次志愿活动，为基层群众提供了83148人次志愿服务。机关党员干部下基层为群众服务10542人次，党组织和普通党员共结帮扶对子7118个，为群众办实事好事3929件。其中，有316个非公有制企业参与活动，占建立党组织的非公有制企业组织的56%，3462名党员积极参加非公有制企业“亮身份、比业绩、促发展”活动，在岗位上为企业发展作贡献，发挥了党员的先锋模范作用。

（李　莹）

海淀区

【概况】 中共海淀区委社会工作委员会和海淀区人民政府社会建设工作办公室其前身是1980年组建的中共海淀区委街道工作委员会和海淀区人民政府街道工作办公室，是本区社会建设工作主管部门，2008年4月9日正式挂牌成立。同时成立海淀区社会建设工作领导小组，领导小组办公室设在区委社会工委。

2011年海淀区委、区政府对海淀区委社会工委、区社会办的职能进行了调整并进一步明确了主要职责，区委社会工委、区社会办转变的职责为：强化培育扶持社会组织的职责，加强对“枢纽型”社会组织工作的指导协调。

区委社会工委主要职责：1. 贯彻执行党的路线、方针和政策，保证区委社会建设和管理各项决定的落实。2. 协助区委组织部抓好街道系统处级领导班子和干部队伍建设。3. 协助区纪委抓好街道系统党风廉政建设。4. 指导街道系统精神文明建设工作。5. 研究提出本区社会建设和管理的总体规划和重大方案，为区委社会建设宏观决策服务。6. 组织落实北京市社会管理体制改革和社会领域社会动员体制机制建设的规划和政策措施。7. 按照区委、区政府要求和区社会建设工作领导小组安排，统筹推进各项任务的分解落实和督促检查。8. 在区委组织部指导下，负责社区党建和“两新”组织党建工作，研究拟定加强社区党建和“两新”组织党建工作的总体规划和政策措施，并组织实施。9. 负责本区社会工作者队伍和社会志愿者队伍建设的统筹协调和指导监督，研究拟定有关总体规划和重大方案，建立健全以培养、评价、使用、激励为主要内容的政策措施和制度保障。10. 完成区委、区政府交办的其他工作。

区社会办主要职责：1. 贯彻中央和北京市关于加强社会建设和管理方面的方针政策，加强本区社会建设和管理工作的总体研究，保证区委、区政府社会建设和管理各项决定的落实。2. 负责本区街道系统的综合管理及街道系统目标管理责任制考核，统筹协调城市建设和管理的相关工作。3. 调查研究本区街道办事处工作开展情况及遇到的问题，并提出对策建议，为区政府决策服务，综合协调区政府各职能部门和街道的关系。4. 负责本区街道集体企业改制工作。5. 组织落实北京市社会公共服务体制机制建设规划和政策措施，协调推进本区社会公共服务体系建设。6. 研究拟定本区社区建设、社会组织建设、社会工作者队伍建设等方面的总体规划、改革方案和制度措施。7. 统筹推进社区建设，综合协调本区社区建设中的重点难点问题，按照区委、区政府和区社会建设工作领导小组要求，指导监督社区建设各项方针政策的贯彻落实。8. 负责本区社会组织建设、管理和服务工作的宏观指导，保证相关政策措施的落实。9. 核定本区社区工作者工资待遇，统筹协调落实社区居民委员会办公用房、活动用房和有关社区服务用房。10. 安全监管（管理）职责：（1）结合本区街道工作的特点，负责组织开展安全宣传教育工作，督促各街道履行属地安全监督管理职责，督促各街道配合相关单位贯彻落实有关安全的法律法规，并承担相应的管理责任。（2）负责本机关的安全工作，并承担相应的领导责任。11. 完成区委、区政府交办的其他工作。

区委社会工委、区社会办设5个内设机构，综合科（研究室、监察科），党建工作科，社区建设科，社会工作科，城市管理科。区委社会工委、区社会办机关行政编制25名。其中区委社会工委书记1名、副书记2名（其中1名兼纪工委书记）；区社会办主任1名、副主任2名；科级领导职数5正4副。

2010年是海淀区社会建设“十二五”规划编制之年，是加快核心区发展的关键之年，海淀区进一步加大统筹力度，充分调动各方积极性，全面提升社会建设整体水平。在区委、区政府的正确领导下，在各部门的共同努力下，海淀区社会建设取得了显著成绩。

（一）海淀区社会建设工作会议

4月7日，海淀区召开了2010年社会建设工作会议，会议总结了全区2009年社会建设工作，部署了2010年社会建设工作，提出了五点工作要求：一是认清形势，服务中心。进一步加大统筹协调力度，全面发动各方力量，引导社会组织为促进和谐发展献计出力，增强社区服务在改善民生中的基础作用，为中关村国家自主创新示范区核心区建设提供强有力的支持。二是完善机制，打牢基础。进一步加强调查研究，努力在社会建设的体制机制上求突破、求发展，继续搭建和完善党委领导、政府负责、相关部门协同配合、社会力量广泛参与的工作平台。三是加大覆盖，增强活力。把握重点，示范带动，拓展基层各项工作覆盖面。四是突破难点，打造亮点。要在如何创新上动脑子、下工夫、做文章，保护创新热情，鼓励创新实践，宽容创新挫折，增强创新能力，打造社会建设精品工程，全面提升海淀区社会建设的影响力。五是高度重视，狠抓落实。要把社会建设作为基础工程，加强调查研究，加强宣传，牢固确立求实态度，树立务实作风，把提高海淀区社会建设工作水平落到实处。

（二）公共服务体系建设

完成32所学校校舍抗震加固工程；新建、改扩建10所公办幼儿园，规范幼儿园招生管理，努力缓解“入园难”问题；委托清华附中、首师大附中等4所名校承办区属中小学；妥善做好来京务工人员随迁子女的就学工作。制订医改实施方案。在全市率先出台超转人员医疗费先行支付政策；提高了住院费用最高支付额、职工门诊和社区就医的报销比例；农民健康体检工作全部完成。实施文化惠民工程，举办第七届文化节。加强体育设施建设，全民健身行动广泛开展，在市第十三届运动会上创造了历史最好成绩。

2010年以来，25878名城镇登记失业人员实现再就业，4377名农村劳动力实现转移就业；426个社区成为“充分就业社区”，华清园社区被评为首批“国家级充分就业示范社区”。发放社保卡111.8万张，258家定点医疗机构实现“持卡就医，实时结算”；新型农村合作医疗人均筹资标准和保障水平继续保持全市领先。落实居家养老（助残）“九养”办法，为5万多名老人和残疾人发放养老券、助残券。提高城乡低保标准，低保救助5282户10139人，动态实现“应保尽保”。

（三）社区管理体系建设

区发改、财政、规划、社会建设等部门密切配合，完成了461个规范化社区建设任务，达标社区占社区总数的85%，超额完成了北京市提出的目标要求。制订了《海淀区社区规范化建设试点工作实施方案》，对社区六个方面17项工作进行了明确的要求。建立完善社区党组织、社区居委会、社区服务站三者之间协调统一的工作机制和运行机制。确立“一居一站”、“多居一站”两种居站分设模式，推行“前站后居”的管理方式，社区自治和服务功能显著提升。

改善了307个社区的办公和服务用房条件，累计已有424个社区的办公和服务用房基本达标，超额完成了北京市提出的进度要求。制定下发了《海淀区关于进一步加强社区办公和服务用房建设管理工作的指导意见》和《海淀区社区办公和服务用房专项资金管理办法》，从基本原则、解决方式、审批程序、经费保障、补助标准以及后续管理等方面作出了详细规定。落实区政府关于清理行政事业单位出租房屋用于解决社区办公服务用房的要求，梳理出了一批出租房屋；整合利用民防设施解决社区办公和服务用房；通过“以奖代补”的形式，动员社会单位将内部的资源与社区共享。

选聘了536名应届高校毕业生和10名“村官”到海淀区各镇（乡）、街道社区服务站工作，使海淀区社区工作者的招考比例提升到56%。加强培训力度，对选聘的546名应届高校毕业生和“村官”进行了初任培训；对全区850名社区的居委会主任、党组织书记、服务站站长进行了综合培训，调整规范了社区工作者待遇。

（四）社会组织管理体系建设

与海淀区八家人民团体和相关社会组织进行了充分沟通协商，明确了认定的重点和对象。建立起了区、街、居三级管理服务体系，明确了各自工作职责。印发了《海淀区城乡社区社会组织备案工作细则（试行）》，加强对“草根”社会组织的管理和引导。指导街乡镇全部成立了地区志愿者联合会分会，志愿服务体系基本形成。

成立了海淀区首家社会工作事务所——海淀惠泽社会工作事务所，成立以来，共服务社区居民3000余人，并通过承接政府购买服务项目方式，完成对海淀区初任社区工作者、民政局社区服务人员培训工作。

充分发挥海淀社会组织联合会作用，举办了“中关村核心区创新发展论坛”、“共建核心区首届会长论坛”；利用协会资源，打造“名人进社区、健康大讲堂”品牌；发挥桥梁纽带作用，搭建诉求平台，组织政府职能部门与行业协会等社会组织不定期进行座谈，帮助社会组织解决问题。

海淀区在民政局依法登记注册社会组织692家，其中社团类组织168家，民办实体机构524个。各类社区“草根”社会组织2288家，其中慈善公益类组织196家、文体团队1432个、生活服务类组织141家、社区事务类组织429家，还有其他类别团队90个。国际组织驻京机构和全国性社会组织在京总部共181家，其中国际组织驻京机构共有123家，全国性社会组织在京总部共有58家，为今后开展工作奠定基础。

（五）社会动员能力和城市综合管理工作

积极动员社会力量为核心区建设作贡献。区文明办、团区委、区民政局、区社会办、区市政市容委等单位广泛动员各类社会组织和广大群众参与海淀区建设各项工作。

圆满完成了北京首届世界武搏运动会24个场次23200人的观众组织工作。加强了街道系统扫雪铲冰及社会动员机制建设，广泛动员社会各方面力量进行扫雪铲冰工作。

马连洼街道被命名为“全国安全社区”。开展节约型社区试点工作，开展了节能宣传周活动。

对街道无审批手续的公益性设施、公益性用房和商业网点如何处置进行了专题调研，累计摸排出1204处12.8万平方米，提出了具体的处置意见和建议。

（六）社会领域党建工作体系建设

在街道社区层面开展“四讲四创建”主题活动。在“两新”组织层面开展了“两为三争当”主题活动。在高科技企业党建方面，出台《海淀区委关于进一步加强高科技企业党建工作的意见》，确立加强和改进高科技企业党建工作的指导思想、基本原则和工作目标，为海淀区新形势下加强高技术企业党建工作指明了方向。

健全社会领域党建工作制度，积极构建“区、街、社区、‘两新’组织”四级工作体系。分别制定了《中共海淀区委关于进一步加强和改进社会领域党建工作的意见》、《海淀区街道社会工委工作职责》、《海淀区社区党组织工作职责》、《关于进一步推进商务楼宇党建工作的实施意见》等文件，推动社会领域党的建设全面覆盖。

工作中开创性的提出“社区带动，打牢党建工作基础；强化服务，融合政府服务职能；党建搭台，畅通企业交流渠道；统分结合，辐射辖区商务楼宇”四种工作覆盖方式，加快推进党建工作站建站工作。目前全区398座商务楼宇中建立党建工作站362个，其中一类站59个、二类站153个、三类站150个，配备专兼职楼宇党建工作者420人，已经顺利完成全覆盖的目标任务。

建立大学生党员实践基地，积极促成北京理工大学、海淀城市学院与中关村、海淀、学院路等7个街道结成共建对子，使大学生党员参与到社会工作中，达到“互惠双赢”的目的；创建“海淀区社会领域党建”博客，充分利用新媒体搭建方便快捷的宣传服务平台。创办《社会领域党建工作情况简报》，为进一步培育典型、交流工作提供了平台。

2010年，海淀区社会建设工作在创新思路、打牢基础、健全制度等方面取得了明显效果，已经进入了快速发展的新阶段，但也存在着一些不足和问题。主要体现在：①在加强工作统筹协调，推动各单位、各部门工作平衡发展上需进一步努力；②在提高创新能力，解决难点、热点问题上需多下工夫；③在加强政府、市场、社会资源整合，创新公共服务方式上需要进一步完善；④在总结典型经验、加强分类指导上需进一步加强。

（杨　菲）

【区领导检查第二批学习实践活动开展情况】1月22日，区委常委、组织部部长杨智慧带队检查海淀区第二批学习实践科学发展观活动开展情况。在甘家口社区卫生服务中心，杨智慧听取了公共委系统的情况汇报。据了解，公共委系统共25家单位1355名党员参加第二批学习实践活动。截至1月15日，各单位累计组织集中学习培训201次，举办讲座51场，征求意见2637人次，召开民主生活会和组织生活会97个，查找突出问题252个，为群众办好事1999件。

（杨　菲）

【北京市首家社区健康管理试验基地揭牌成立】　1月26日，北京市首家社区健康管理试验基地在海淀区双榆树社区卫生服务中心揭牌成立。基地成立后能为社区居民提供全面、连续、主动的健康管理、咨询和指导，同时还能对健康危险因素进行提前干预。新的医疗模式的建立，把原来的等患者上门转变为主动上门为居民提供健康服务；把由治疗疾病为主转变为以维护社区居民健康为中心。健康之家，每周一至周五都有医生坐诊免费对社区居民的健康咨询进行解答，对慢性病患者的治疗和康复进行专业性的指导。

（杨　菲）

【市领导调研城乡结合部重点村改造情况】3月3日，市委常委、市城乡结合部领导小组组长牛有成等市领导来到海淀区，调研城乡结合部重点村改造情况。在全市50个挂账重点村中，海淀区共有8个片区涉及20个自然村，分别为西北旺镇唐家岭片区、东升乡八家村片区、四季青镇振兴社区片区、中坞村片区、海淀乡六郎庄村片区、肖家河社区片区、后营村片区。总占地面积约998.36公顷，常住人口2.9万人，流动人口约21.18万人。8个片区地处中关村国家自主创新示范区核心区产业基地的周边，外来人口聚集，违法建设大量出现，由此带来治安、交通、环境、消防等一系列问题，安全隐患突出。赵凤桐指出，海淀区8个重点片区涉及的20个自然村的改造整治工作已全面启动，力争用2~3年时间全部完成，改造的目的就是要使村民生产生活条件得以彻底改善。

（杨　菲）

【召开科学发展观学习实践活动总结表彰大会】　3月3日，海淀区社区及“两新”组织召开深入学习实践科学发展观活动总结表彰会。来自全区14个街道党工委和相关业务主管单位党委负责人共同参加了此次会议。至此，海淀区社区及“两新”组织近5000个基层党组织、5.6万余名党员为期四个半月的学习实践活动落下了帷幕。

（杨　菲）

【启动“关爱生命、文明出行”志愿活动】3月3日，海淀区“关爱生命、文明出行”志愿服务系列活动正式拉开序幕。启动仪式上，参会领导为巡逻志愿者授旗、佩戴袖标。“关爱生命、文明出行”志愿服务系列活动由海淀志愿者联合会、海淀团区委联合区交通安全委员会办公室、区文明办、区教工委共同开展。活动将从3月持续到6月，每月围绕一个分主题开展实践活动。

（杨　菲）

【北京日报社领导调研唐家岭城乡一体化工作】　3月10日，北京日报社总编赵靖云到海淀区唐家岭调研城乡一体化工作进展情况。唐家岭村位于海淀区高新技术园区腹地，外来人口集中，人口密度高，大量群体在该地区租房居住，违法建设多，环境卫生、社会治安、消防安全等方面都存在着隐患。唐家岭村启动整体改造工作后，西北旺镇党委、政府成立了西北旺镇唐家岭村整体改造工作指挥部开展工作。

（杨　菲）

【召开2010年社会建设工作会】　4月6日，区委社工委召开全区2010年社会建设工作会，就海淀区社会建设2009年主要工作和2010年工作要点进行了汇报。2009年，海淀区实施了社区停车环境优化、社区居家养老服务、社区就业服务等十大和谐创建工程。为加快推进社区规范化建设试点工作，海淀区在4个试点街道和40个试点社区中，先后推出了“一居一站”、“多居一站”两种居站分设模式，为服务站配备专职工作人员155人，细分了社区党组织、社区居委会、社区服务站工作职责，完善了社区服务站20多项工作制度，社区居委会的自治功能和社区服务站的服务功能得到了很好的发挥。2010年，海淀区以提高公共服务水平为切入点，以规范化社区建设为突破口，以加大指导社会组织和志愿者队伍建设为纽带，以加强社会领域党建为保障，全面推动海淀区社会建设协调发展。

（杨　菲）

【市领导调研海淀区城乡结合部建设服务保障工作】　4月6日，市委副书记、市政法委书记王安顺，市委常委、统战部部长牛有成率领市有关单位领导组成考察团，对海淀区城乡结合部建设的服务保障工作情况进行调研。考察团一行来到位于海淀区东升乡的八家村地区，入村察看了重点地区整治、违章建筑拆除工作的筹备情况。随后，市委常委、区委书记赵凤桐向考察团汇报了海淀区8个全市重点挂账片区的建设情况。

（杨　菲）

【政府召开专题会研究城乡结合部整治规划】　6月1日，区长林抚生主持召开专题会议，听取海淀区城乡结合部地区整治工作有关规划、京昌楔形绿地有关规划及实施情况等的工作汇报。海淀区将对区域内27个城乡结合部行政村开展整治工作，经初步统计，涉及总人口约8.9万人，总村落面积约848公顷，建筑面积约679万平方米。林抚生指出下一步要进一步细化相关规划，与“城中村”改造等工作统筹起来实施，制定具体工作措施，提出解决问题的建议。

（杨　菲）

【召开志愿者联合会一届二次理事会】　6月2日，海淀志愿者联合会召开一届二次理事会。海淀区志愿者联合会聘请市委常委、区委书记赵凤桐为海淀志愿者联合会名誉会长，并讨论通过了《海淀区志愿者联合会章程》修正案、常务理事建议名单、总干事卸职递补名单。

（杨　菲）

【召开社会领域纪念建党89周年暨党建工作先进集体、优秀个人表彰会】　6月29日，海淀区召开社会领域纪念建党89周年暨党建工作先进集体、优秀个人表彰会。表彰了万寿路街道社工委等12个先进集体以及15名优秀个人。

（杨　菲）

【启动居家养老医疗服务】　7月1日，以“善待生命，情暖夕阳”为主题的居家养老医疗服务正式启动。目前，海淀区60岁以上的老人有35.4万，占全区户籍人口的16.4%。居家养老医疗服务的工作目标主要是通过建立老年人社区健康管理服务供给制，确保80岁以上老年人健康管理率达到100%，60岁以上老人健康管理率达到60%，降低老年人慢性病发病率、致残率和死亡率。

（杨　菲）

【举行深入开展创先争优活动经验交流会】 7月16日，海淀区举行深入开展创先争优活动经验交流会。会上，海淀园工委等5家单位的负责人，分别介绍了各自围绕中心工作，扎实开展创先争优和优质服务年活动的经验和做法。区委副书记关成启出席会议。

（杨　菲）

【召开第八届村委会换届选举工作总结大会】 9月9日，海淀区召开第八届村委会换届选举工作总结大会。第八届村委会换届选举工作已于7月底圆满完成。8月初北京市村“两委”换届选举工作领导小组办公室对海淀区选举工作进行了验收。海淀区7个乡镇84个村委会中有6个乡镇的71个村参加了此次选举。本届登记选民81171人，参加选举的选民75438人。参选率为93%。选出村委会成员315人，其中，主任71人、副主任18人、委员226人。

（杨　菲）

【区领导调研海淀社会组织联合会】 9月25日，区委副书记关成启到海淀区社会组织联合会进行调研，听取了区社会组织联合会的工作汇报。目前，海淀区社会组织联合会共有57家会员单位。

（杨　菲）

【召开全区街道系统创先争优活动现场推进会】 10月22日，海淀区街道系统创先争优活动现场推进会在万寿路街道复兴路83号院社区召开。会议的主要内容是听取街道系统前一阶段创先争优活动的情况汇报，部署下阶段创先争优活动的具体工作。

（杨　菲）

【召开市级挂账社会治安重点地区督办工作会】 11月4日，海淀区召开市级挂账社会治安重点地区督办工作会，传达首都综治办“全市街面治安重点地区排查整治工作情况汇报会”会议精神，通报5处市级挂账重点地区整治情况，区交通支队等单位汇报了整治工作。按照市政府的工作部署，结合海淀区社会面治安秩序的实际情况，公主坟城乡贸易中心门前、四通桥当代商城门前、中关村西区、颐和园地区、四道口水果批发市场和金五星市场及周边地区被列为2010年社会面治安整治重点地区。为做好重点地区整治工作，海淀区积极创新工作手段，保障工作有序推进。

（杨　菲）

【启动2010年度商务楼宇党建工作站分类检查验收工作】 11月15日，区委社会工委正式启动商务楼宇党建工作站（社会工作站）检查验收工作。此次检查验收工作为期两周，全区17个街道2个乡镇及海淀园等相关单位采取分片区交叉互查的形式，依据《北京市商务楼宇党建工作站建设评分验收标准》和《海淀区商务楼宇党建工作站分类评分标准》，对2010年建立的商务楼宇党建工作站进行交叉检查评分。年内，海淀区建立商务楼宇党建工作站（社会工作站）近300个，实现商务楼宇党建工作全覆盖。

（杨　菲）

【全国四市八区街道代表团到海淀街道左岸工社大厦党建工作站考察学习】 11月26日，上海、天津、重庆、北京四直辖市八城区街道代表团一行80人参观考察了海淀街道左岸工社大厦党建工作站。在参观活动中，代表们仔细查看了左岸工社党建工作站的各项工作制度、活动展板、信息网络平台，认真听取了对党建工作站工作情况的介绍，详细询问了工作站的运转情况。副区长臧桂武陪同调研。

（杨　菲）

【召开志愿者工作总结表彰大会】　12 月 3 日，海淀区召开志愿者工作总结表彰大会，现场揭晓了十大“明星志愿者”、十大“明星志愿团队”和十大“明星志愿项目”。区人大常委会主任、海淀区志愿者联合会名誉会长周来升，区政协主席、海淀志愿者联合会名誉会长彭兴业，海淀志愿者联合会会长陈其耀，团市委副书记姜泽廷，区委常委、区委办公室主任、海淀志愿者联合会顾问刘鸿，区委常委、区委宣传部部长、海淀志愿者联合会顾问李彦来及北京市志愿服务指导中心领导出席会议。海淀志愿者联合会副会长、常务理事、理事、团体会员、获奖志愿团队、项目和志愿者代表总计 500 人参加了会议。

（杨　菲）

【召开商务楼宇党建工作现场推进会】　12 月 16 日，海淀区商务楼宇党建工作现场推进会召开。会上，各商务楼宇巡查验收工作组组长单位首先介绍前一阶段小组互查情况，随后学院路、北太平庄、万寿路街道就楼宇党建工作站建设情况进行经验介绍，在交流发言中各街道详细介绍了近期工作进展，在突出特色和提出建议的同时，也就工作中的难点进行交流。

（杨　菲）

【召开 2010 年度海淀区社会领域党建工作总结会】　12 月 27—28 日，区委社会工委召开 2010 年度海淀区社会领域党建工作总结会。会议总结了全区社会领域党建工作开展情况，参会单位代表结合创先争优活动的开展，分别汇报了辖区内领域党建工作推进情况。

（杨　菲）

丰台区

【概况】　根据市编委《关于区县组建社会建设工作机构的通知》（京编委〔2008〕5 号）和市编办《关于同意成立中共北京市丰台区委社会工作委员会北京市丰台区社会建设工作办公室的函》（京编办行〔2008〕48 号）精神，设置中共北京市丰台区委社会工作委员会（简称区委社会工委）和北京市丰台区社会建设工作办公室（简称区社会办）。区委社会工委为区委派出机构，列入区委机构序列；区社会办为区政府工作部门，与区委社会工委合署办公。

区委社会工委的主要职责。①贯彻执行党的路线、方针和政策，保证市委、区委社会建设和管理各项决定的落实；②研究提出本区社会建设和管理的总体规划和重大方案，为区委社会建设宏观决策服务；③按照区委、区政府要求和区社会建设工作领导小组安排，统筹推进各项任务的分解落实，并对相关工作的开展情况进行督促检查；④负责街道社区党建和“两新”组织党建工作，及时分析街道社区和“两新”组织的发展动态和趋势，研究拟定加强街道社区和“两新”组织党建工作的总体规划和政策措施，并组织实施；⑤负责社会志愿者队伍和社会工作者队伍建设的统筹协调和指导监督，研究拟定有关总体规划和重大方案，建立健全以培养、评价、使用、激励为主要内容的政策措施和制度保障；⑥协助区委组织部做好街道系统处级领导干部、后备干部的教育、培养、选拔、考核、奖惩、监督和日常管理工作；⑦协助区纪委做好街道系统党风廉政建设工作；⑧指导街道系统精神文明建设工作；⑨完成区委和区社会建设工作领导小组交办的其他工作。

区社会办的主要职责。①贯彻中央和北京市关于加强社会建设和管理方面的政策措施，保证区委、区政府各项决议、决定的落实；②负责本区社会建设和管理工作的总体研究，研究拟定本区社会建设方面的总体规划、改革方案和制度措施，并组织实施；③统筹推进社区建设，综合协调社区建设中的重点难点问题，指导监督社区建设各项方针政策的贯彻落实；④负责社会组织建设、管理和服务工作的宏观指导，保证相关政策措施的落实；⑤贯彻落实市有关城市管理方面的方针、政策，负责研究制定本区城市管理工作的总体规划和改革方案，并组织实施；⑥负责协调街道办事处工作，对街道办事处工作进行调查研究，综合协调区政府各职能部门和街道办事处的关系；⑦负责社区建设经费的预算和监督使用，核定社区专职工作者工资待遇，统筹协调落实社区居委会办公用房、活动用房和有关社区服务用房；⑧完成区政府和区社会建设工作领导小组交办的其他工作。

根据委办主要职责，核定行政编制15名。其中，书记（主任）1名、副书记1名、副主任2名；科级领导职数5名。

2010年以来，紧紧抓住“城南行动计划”对全区社会建设带来的难得机遇，积极履职，扎实工作，较好地完成了年度各项工作任务。

社区规范化建设试点工作全面推进。在对2009年完成试点任务的65个社区巩固、完善、深化、提高的基础上，年内对新增的100个规范化建设试点社区。11月底，与相关部门联合对100个试点社区开展了规范化建设检查验收工作。社区基础设施取得实质性进展。成立了丰台区社区办公用房和服务用房建设协调小组，通过召开协调小组会议和街道主任例会，集中解决立项中存在的问题。采用代建制方式，认真落实2009年批复的社区办公服务用房项目。截至年底，6个项目已经完成，8个项目在建。积极向市发改委申报2010年社区办公服务用房达标项目，82个项目已进入市发改委评估阶段。全年，市、区、街道共投入5832.04万元，用于社区基础设施建设。“社区一刻钟便民服务圈”基本形成。

确定了4个市级“一刻钟便民服务圈”试点社区，针对居民需求，制定个性化的服务项目，社区服务水平明显提升。

社区工作者的管理更加规范。全年共面向社会招录社区工作者264人，面向在校大学生招录社区工作者263人。先后举办了各类培训班2645人次。与区总工会联合，在全区社区工作者中开展首都职工素质教育工程通用能力培训；与北师大、首都经济贸易大学、北京城市学院三所高校共建“丰台区社区工作者实践基地和高校学生实习基地”。为全区3476名社区工作者提高了待遇，社区工作者平均每人每月增资800元，退休返聘人员每月增资200元。为退休返聘的669名社区工作者办理意外伤害保险。做好了退离居委会老积极分子医疗费报销等工作。研究制定了《丰台区社区管理制度汇编（试行）》、《关于加强社区工作者人员及经费管理的实施意见》等文件。

社会领域党建工作机制得到进一步完善。楼宇党建工作实现全覆盖。截至2010年6月底，区内75栋商务楼宇全部完成了建站工作。公开招聘了42名专职楼宇党建工作者，充实基层楼宇党建专职工作者队伍。共协调市、区资金468万经费，加大保障力度，促进了楼宇党建“有人管事、有钱办事、有地议事，推进城市基层党建区域化建设”。“创先争优”活动取得预期效果。召开了社区“双争创”年度工作会议，表彰了2009年度社区“双争创”活动先进社区。指导全区非公有制经济组织和新社会组织广泛开展“五个好”党组织和“五个先锋”党员争创活动，共表彰20个“两新”组织基层党组织“五个好”示范点。举办全区社会领域“我身边的共产党员”主题演讲比赛，掀起了学先进、比先进、超先进的热潮。“城南行动我争先、丰台发展我贡献”主题实践活动实现新的延伸。1月8日，在全区率先启动“城南行动我争先、丰台发展我贡献”主题实践活动，举办城南行动计划“进机关、进农村、进社区、进‘两新’组织、进楼宇”宣讲、培训、志愿服务等系列活动。

社会组织建设工作全面展开。“枢纽型”社会组织工作体系初具规模。对全区68家社团、311家民办非企业单位建立了统计台账。组织区人民团体负责人开展“枢纽型”社会组织建设专题培训，起草出台了《丰台区关于构建“枢纽型”社会组织工作体系的暂行办法》。做好了区总工会、团区委、区妇联、区科协、区残联、区侨联、区红十字会七家“枢纽型”社会组织的认定工作。完成了以青少年教育为主要服务方向的丰台区蓟翔社会工作事务所和以老年人婚姻家庭为主要服务方向的丰台区挚爱婚姻家庭社会工作事务所等两家社会工作事务所的组建工作。完成丰台区社会工作者联合会及丰台区社区工作者协会筹建工作。

政府购买公共服务试点工作取得阶段性成果。开展了“放心肉类食品社区行”——政府购买社会组织服务项目试点工作。举办了“爱心传递热线”走进丰台271个社区的启动仪式。积极向市委社会工委申报政府购买社会组织服务项目，11个项目通过审核并获得市里90万元的资金支持。拓宽了政府项目购买、项目扶持、项目奖励的渠道。建成居住区规范化交接工作进一步突破。采取“三步走”的方式，积极推进建成居住区规范化交接工作。完成了56个国有土地上开发建设的居住区规范化交接工作；开展集体土地开发建设的居住区的规范化交接试点工作，并取得突质性进展。机关自身建设进一步加强。制定了《机关制度汇编》，形成了按制度办事、用制度管人的氛围；加强对年度重点工作督导，制定了《年度重点工作任务责任分解表》和每季度一次工作进展汇报研讨会；建立了每两周一次的学习制度。

机关党建取得新进展，机关党支部被评为“区直机关先进基层党组织”。开通了丰台社会建设网站，在《丰台报》及丰台有线电视开设专版和专栏。截至11月底，共在《北京日报》、《北京晚报》等市、区级媒体刊登新闻40余条，被《北京社会建设信息》、《丰台信息》、《丰台政务》、《丰台组工动态》等刊物采纳信息70余条。全面落实区委、区政府交办的其他工作。认真办理区政府折子工程。年内，共完成区政府折子工程5项。区人大、政协建议案7件。及时办结了市长信箱、区长信箱来信6件，按时办理政风热线转来的群众来信5件。

（陆君喜）

【区领导到长辛店街道调研社会建设工作】 1月7日，区委副书记、区长游广斌到长辛店街道调研。听取汇报后，游广斌区长对长辛店街道工作给予了充分肯定，并对街道年内的重点工作作了指示。区委社会工委书记、区社会办主任王珮琦同志陪同调研。

（赵　明）

【卢沟桥街道成立青年社区工作者协会】 截至2010年底，该协会已吸纳159名青年社区工作者参加，占街道全体青年社工的92%，其中本科以上文化程度87人。协会内部设置社工互助、社区建设、文体活动三个专项小组，通过会员自我组织，自我教育、自我管理，自我监督的模式，定期举办交流学习、业务培训等活动，组织会员对社区建设开展调研并提出意见、建议，促进社区工作发展。

（赵　明）

【召开街道系统学习贯彻区委十届十四次全会精神研讨会】 1月8日，区委社会工委、区社会办组织召开街道系统学习贯彻区委十届十四次全会精神研讨会。会上，16个街道分别汇报了学习贯彻区委十届十四次全会精神情况以及下一步的工作思路。会议由区政府办常务副主任储建军主持，主管副区长孔令斌出席了研讨会并讲话，全区16个街道办事处的主要领导参加了研讨会。

（赵　明）

【印发《关于启动燃气供暖应急预案告居民

的一封信》】 年内，根据北京市政府有关启动燃气供暖应急预案的电视电话会议精神和区政府的要求，区委社会工委、区社会办起草了《关于启动燃气供暖应急预案告居民的一封信》并下发各街道。全区共印制了15万封信入户发放，进行了广泛宣传。

（赵 明）

【启动“城南行动我争先、丰台发展我贡献”主题实践活动】 1月11日，丰台区社会领域党组织“城南行动我争先、丰台发展我贡献”主题实践活动启动，全区社会领域党组织负责人，包括各街道、区直属企业、“两新”组织党组织示范点负责人及相关委办局主管党务工作的同志共200余人参加了启动仪式。

（赵 明）

【区领导走访慰问困难残疾人家庭】 春节前，区委书记李超钢走访慰问贫困残疾人家庭，送去了新春问候以及党和政府的关爱。李超钢书记带队来到韩庄子三里看望一户多残肢体残疾人家庭，送去了慰问品和慰问款。

（赵 明）

【市、区社会工委机关干部慰问困难大学生社区工作者】 2月4日，市委社会工委机关党委专职副书记赵济贵和区委社会工委领导、长辛店街道领导到长辛店街道芦井社区，代表市委社会工委书记、市社会办主任宋贵伦及机关全体干部，将机关干部捐款4700余元、区委社会工委机关干部捐款1480元及长辛店街道机关干部捐款4500元，送到了2009年11月份刚刚上岗的大学生社区工作者罗吉军手中。

（赵 明）

【举办社区工作者迎新春团拜会】 2月9日，丰台区社区工作者代表及200余名2009年新招录大学生社区工作者欢聚一堂，举办“城南行动我争先、丰台发展我贡献”社区工作者迎新春团拜会。团拜会上，大学生社区工作者们通过自编自导自演的小品、歌曲、舞蹈、快板等形式节目，充分展现了广大社区工作者对丰台未来发展的憧憬和期盼，体现了丰台区广大社区工作者扎根基层、甘于奉献的信心和决心。

（赵 明）

【召开2010年社区规范化建设工作会】 3月5日，丰台区召开2010年社区规范化建设工作会议。会议对2009年社区规范化建设工作进行总结，对2010年社区规范化建设进行了部署。丰台区社会建设领导小组部分成员单位领导，各街道行政正职、主管党建工作副书记、主管社区规范化建设工作副主任、组织部部长、居民科科长（社区办主任），全区各社区党委书记、居委会主任、服务站长共400余人参加了会议。市委社会工委委员、市社会办副主任周开让和副区长孔令斌出席会议并讲话。

（赵 明）

【召开2010年社区“双争创”活动工作会议】 3月16日，丰台区召开了2010年社区“双争创”工作会议，会议对2009年度社区“双争创”活动进行总结表彰，并就2010年争创活动进行了部署。全区268个社区参加了2009年度争创活动，共有81个社区被评选为2009年度社区“双争创”活动先进社区。市委社会工委委员、市社会办副主任陈建领出席了会议。各街道工委、办事处主管领导及社区代表共220余人参加了会议。

（赵 明）

【举办社区党组织书记培训班】 3月22—23日，丰台区委组织部、区社会工委联合举办了为期两天的2010年社区党组织书记培训班，各街道组织部部长、各社区党组织书记约300人参加了培训。此次培训班注重提高社区党组织领导人的三方面能力，采用脱产封闭的培训方式，以专题讲座、经验交流的形式进行，注重理论与实际相结合。

（赵　明）

【召开街道系统工委书记工作例会】　4月2日，丰台区召开街道工委书记工作例会，16个街道工委书记或办事处主任出席了会议。会上，区委社会工委副书记房书勇首先通报了全市商务楼宇党建工作要求及丰台区商务楼宇党建工作推进情况。随后，区委社会工委书记、区社会办主任王珮琦对下一步加快推进全区商务楼宇党建工作提出了有关意见。

（赵　明）

【举办新任职社区党组织书记培训班】　4月2日，为期3天的丰台区新任职社区党组织书记培训班圆满结业。参加培训的社区党组织书记共64人。此次培训是丰台区举办的第一期社区党组织书记任职培训，是继社区党组织书记培训班后，加强基层党组织负责人队伍建设，提高社区党组织素质能力的又一项重要举措。

（赵　明）

【市政府研究室领导到丰台区调研城乡环境建设工作】　3月30日，市政府研究室副主任于鹜隆带队到丰台区调研城乡环境建设工作，区委办、区政策研究室、街乡及相关单位主管领导参加调研座谈。重点就丰台区当前环境建设结合本单位本部门的一些好的经验做法以及存在的难点问题进行了深入座谈。

（赵　明）

【采取三项措施积极培育发展社会组织】年内，丰台区采取三项措施积极培育发展社会组织：一是启动“枢纽型”社会组织认定工作。在认真学习、领会北京市相关文件和工作要求的基础上，与全区8家人民团体进行了沟通，并就开展“枢纽型”社会组织认定工作达成了共识。二是启动制定文体资源统筹利用指导意见、引导社会单位开放文体设施工作。三是启动成立社会志愿者联合会工作。协同团区委制定了社会志愿者联合会成立的方式、成立的时间实施方案，并以成立社会志愿者联合会为契机，进一步规范社会志愿者的组织、管理和服务，提升志愿服务水平。

（赵　明）

【社区工作者庆祝“国际社工日”】　4月15日，丰台区委社会工委、区社会办组织50余名社会工作者代表到北京奥林匹克公园，参加全市在这里举办的“互帮互助、共建共享”主题庆祝活动。活动当天，区委社会工委领导及社区代表现场向青海地震灾区捐款。

（赵　明）

【召开街道（地区）办事处主任工作例会】4月21日，丰台区召开街道（地区）办事处主任工作例会，对2010年社区规范化建设工作进行总体部署。会议重点研讨推进社区规范化建设试点工作的热点、难点问题，通报了社区办公服务用房2009年建设和2010年立项情况。

（赵　明）

【召开商务楼宇党建工作现场会】　年内，丰台区在卢沟桥街道办事处召开全区商务楼宇党建工作现场会。会议听取了相关街道、乡镇、园区商务楼宇党建工作推进情况，交流工作经验，并对全区商务楼宇党建工作进行了详细的任务分解，提出了明确的阶段性要求。参会人员到国润商务大厦党建工作站，进行了实地参观学习。

（赵　明）

【丰台社会建设网正式开通上线】　4月26日，丰台社会建设网正式开通上线，该网站是北京市丰台区社会建设工作办公室门户网站。网站采用http：//shb. bjft. gov. cn作为域名。该网站已加入北京社会建设网站群和丰台人民政府网站群。

（赵　明）

【启动“党员经营示范单位”活动】 4月18日，丰台区新村街道辖区的新社会组织——北京市工商联水产业商会举行仪式，启动了商会“党员经营示范单位”活动，启动仪式上，由水产业商会党委为500家会员单位中的38个党员水产品经营单位挂牌，将党员经营单位明示顾客，以此号召党员在经营中做到规范经营、诚信经营、守法经营、文明经营。

（赵　明）

【启动“放心肉类食品社区行”活动】 4月29日，在新发地农产品批发市场，由区社会办、区民政局联手区肉类食品行业商会举办了“放心肉类食品社区行”暨服务民生公共服务项目启动仪式。此项活动的开展旨在为广大人民群众更好的吃上放心肉提供平台，并通过这个平台进一步探索丰台区在政府购买公共服务、培育社会组织等方面的有效途径。北京市社会办副巡视员刘轩、丰台区副区长孔令斌参加了启动仪式。

（赵　明）

【市委研究室课题组到丰台区调研城乡结合部建设工作】 5月11日，市委研究室社情民意课题组来到丰台区，与工作在城乡结合部典型社区的8位社区党委书记进行座谈。座谈会上，社区书记结合自身工作体会和社区的实际情况，向课题组反映了社区居民工作生活中存在的就医难、吃水难、环境整治难、农居混杂管理难等方面的问题，畅谈了对当前突出社会问题的看法和评价，并对北京市和本地区在“十二五”发展新阶段中经济社会发展提出了意见、建议。

（赵　明）

【举办“枢纽型”社会组织建设专题研讨班】 5月13日，丰台区委社会工委、区社会办举办了“枢纽型”社会组织建设专题研讨班，区总工会、区妇联、团区委、区残联、区文联、区科协、区侨联、区红十字会等群团组织及区工商联负责人参加了研讨。研讨会邀请北京市委社会工委、市社会办社会组织工作处处长卢建作了《关于我市社会组织改革与发展一些基本问题的汇报》的报告，重点讲解了北京市社会组织建设的基本情况、“枢纽型”社会组织的内涵、作用和认定等，对“枢纽型”社会组织的工作职责、工作机制和运行方式进行了探讨。

（赵　明）

【举办2010年社区居委会主任、社区服务站站长培训班】 5月11日，丰台区委社会工委、区社会办举办了2010年社区居委会主任、社区服务站站长培训班，全区共350人参加了培训。

（赵　明）

【区委领导到云岗街道调研】 5月20日，丰台区委书记李超钢到云岗街道镇岗南里社区调研，李超钢书记在详细了解了社区的党建、学习型社区建设和社区规范化建设等情况后，对云岗街道近年来在基层党建、社区建设等方面的工作给予了高度评价和充分肯定，并提出希望。

（赵　明）

【组织人民团体到西城、顺义学习交流】 5月19日，丰台区委社会工委组织区总工会、区妇联、区残联、区红十字会、区文联、区侨联、区科协7家人民团体的主管领导到西城区、顺义区进行“枢纽型”社会组织建设工作的学习交流。通过学习交流活动，使丰台区在开展“枢纽型”社会组织建设工作及人民团体转变工作职责、工作方式等方面借鉴宝贵的经验，为丰台区开展“枢纽型”社会组织建设提供了参照。

（赵　明）

【丰台街道永善社区荣获北京市模范集体】 年内，丰台区丰台街道永善社区被北京市人民政府评为2010年北京市模范集体。

（赵　明）

【举办城南行动计划“五进”宣讲活动】 年内，为助推城南行动计划在丰台区实施，加大城南行动计划宣讲力度，丰台区委宣传部、区委社会工委、区委农工委、区发改委联合举办了城南行动计划“进机关、进农村、进社区、进‘两新’组织、进商务楼宇”宣讲活动。此次宣讲活动是丰台区社会领域“城南行动我争先、丰台发展我贡献”主题实践活动的一项重要内容，为主题实践活动进入推进阶段营造了浓厚的宣传氛围。全区机关、农村、社区、“两新”组织和商务楼宇代表近百人参加了宣讲活动。

（赵　明）

【举办群团组织联合就业行动】 5月22日，丰台区总工会、团区委、区妇联、区科协、区残联、区红十字会等“枢纽型”社会组织联合举办就业行动暨民营企业招聘周专场洽谈会，共有近90家用人单位摆摊设点，提供3000多个就业岗位。这次专场洽谈会是丰台区群团组织首次联合举办的就业行动，在北京市也尚属首次。

（赵　明）

【成立丰台区律师协会】 6月10日，第一届北京市丰台区律师代表大会开幕，大会表决通过了《北京市丰台区律师协会章程》，选举产生了第一届协会会长、副会长、监事长及秘书长，成立了丰台区律师协会，律师协会的成立将为推动律师行业区域经济社会发展提供全面的服务，对于进一步深化律师管理与服务具有重要意义。

（赵　明）

【签订双基地共建协议】 6月24日，丰台区与北京师范大学哲学与社会学学院签订双基地共建协议，双基地共建协议的签订旨在整合双方资源，充分发挥各自优势，促进双方在社会工作领域实现互利双赢，协议签订后，“丰台区社区建设现状、问题及对策研究”专项课题项目同时启动。

（赵　明）

【开展“我身边的共产党员”主题演讲比赛】 6月25日，丰台区在社会领域内举办了“我身边的共产党员”主题演讲比赛，全区各街道、社区、非公有制经济组织和新社会组织中的350余名党员群众参与了主题演讲活动。此次演讲比赛是丰台区社会领域“城南行动我争先、丰台发展我贡献”主题实践活动的重要组成部分。

（赵　明）

【召开2010年社区规范化建设中期指导会】 6月30日，丰台区召开2010年丰台区社区规范化建设中期指导会，会议明确丰台区社区规范化建设下半年工作要点：围绕一个大局，实现一个目标，贯穿一条主线，打造三个体系，做好三个协调，坚持五大原则，落实七项举措。即：围绕落实“城南行动计划”，实现丰台区强势崛起的大局；实现建设一批管理有序、服务完善、文明祥和的首都特色精品社区的目标；贯穿继续推进社区规范化建设试点工作这条主线；打造社区服务标准、社区制度管理、社区工作者人才培养三个体系；做好与区各相关委办局、各街道、社会资源整合三个协调；坚持追求好、力争快、坚持特、突出新、立足干的五大原则；落实推进社区服务和办公用房建设、继续落实社区工作者公开招录工作、建立社区工作者协会、推进社区建设人才“十百千”工程、建设一批社区建设研究基地、开展首都特色精品社区评选、打造“1060”社区基本公共服务项目七项举措。

（赵　明）

【在“两新”组织中开展创先争优活动】 6月30日，丰台区委社会工委组织召开丰台区非公有制经济组织、新社会组织创先争优工作会，会议明确了“五个围绕”的工作要求，部署在“两新”组织中开展创先争优工作。

（赵 明）

【召开社区党员服务站建设现场推进会】 7月6日，丰台区召开了社区党员服务站建设现场推进会。丰台区委社会工委书记王珮琦强调三点意见：一是深刻认识深入推进社区党员服务站建设的重要意义，明确深入推进社区党员服务站建设，是健全完善党内激励、关怀、帮扶工作机制，加强党员经常性教育管理的重要举措；是整合资源服务群众、提升基层党建工作水平的有效途径；是与社区服务站规范化建设、深化公共服务相辅相成，共建和谐社区的创新之举；是开展创先争优活动和社区“双争创”活动的重要内容。二是不断挖掘社区党员服务站的服务内涵，进一步开发服务功能，拓展服务领域，提高服务能力。三是通过深入推进社区党员服务站建设，全面提升基层党建工作水平，坚持以强烈的政治责任感、改革创新的机制和求真务实的作风抓好社区党员服务站建设工作。会后，全体参会人员到东铁匠营街道蒲黄榆第二社区党员服务站进行了参观学习。北京市委社会工委党建工作处处长陈志楣出席会议。

（赵 明）

【举办2010年新招录社区工作者入职培训】 7月26—30日，丰台区委社会工委、区社会办在区委党校举办了丰台区2010年新招录社区工作者入职培训班，全区16个街道537名（含42名楼宇党建工作者）即将入职的社区工作者参加了培训。

（赵 明）

【举办2010年商务楼宇党建工作者培训班】 7月28日至30日，丰台区委社会工委举办了2010年商务楼宇党建工作者培训班，45名楼宇党建工作者参加了培训。本次培训是丰台区深入推进商务楼宇党建工作的重要环节和举措，突出体现了三方面成效，一是采用灵活多样的培训方式，注重提高培训的实效性。二是完善三重网络的培训内容，注重提高工作的全面性。三是细化对建站流程和制度的指导，注重提高建站的规范性。

（赵 明）

【举办2010年“两新”组织党组织负责人培训班】 8月13—14日，丰台区委社会工委、区社会办举办了2010年“两新”组织党组织负责人培训班，对全区近200名“两新”组织党组织负责人、楼宇党组织和工作站负责人进行了培训。本次培训是丰台区社会领域党建工作培训计划的重要组成部分。

（赵 明）

【第18个“周四垃圾减量日”活动走进风荷曲苑小区】 8月12日，第18个“周四垃圾减量日”活动在丰台区风荷曲苑小区举行，此次活动是全市8月份“绿色社区月”里举办的第二个以“垃圾减量、垃圾分类”为主题的宣传实践活动。此次活动以“垃圾减量、垃圾分类”为主题的文艺表演，穿插进行垃圾减量、垃圾分类知识竞答等互动节目，广大居民热情踊跃参与，活动现场气氛热烈。活动结束后与会领导参观了风荷曲苑社区开展垃圾减量、垃圾分类处理工作现场。市委宣传部副部长、首都精神文明办公室主任陈冬，市市政市容委党组副书记、副主任孟令华，市社会办副巡视员王智玲，丰台区委常委、宣传部长李明圣参加活动。

（赵 明）

【区领导调研垃圾减量、垃圾分类工作】 8月20日，区委书记李超钢到风荷曲苑社区调研垃圾减量、垃圾分类工作。区委副书记、代区长崔鹏，区委副书记王苏维，区委宣传部部长李明圣，区委办主任刘宇，副区长高朋等区领导参加调研。李超钢书记在听取汇报和实地调研后，指出在各单位共同努力下丰台区垃圾分类工作已取得阶段性成果，下一步还需要进一步探索工作新模式。

（赵 明）

【天津市西青区社区干部培训班学员到丰台区考察】　8月26日，天津市西青区委组织部副部长郭金花带领该区社区干部培训班学员，到丰台区考察社区建设和社区党建工作。培训班由西青区各街道党委组织委员、社区科负责人、社区党组织书记、居委会主任60多人组成。培训班一行首先来到卢沟桥街道长安新城社区，听取了社区关于以文体组织为媒凝聚党员群众、加强社会组织建设等方面的汇报，参观了社区服务站、文化室和新城乐园。随后来到右安门街道玉林东里第二社区，参观了社区服务和办公用房、社区治安监控室、残疾人温馨家园，听取了社区事务自管会、奥运八大员、牵手社区服务工作站等党建创新工作以及社区建设等情况汇报。丰台区委组织部副部长肖敬、区委社会工委副书记房书勇陪同考察。

（赵　明）

【举办社区工作者中秋登山联谊活动】　9月21日，丰台区社区工作者登山活动在北宫国家森林公园举行，共60余名社区工作者代表参加，其中大学生社区工作者为活动主体。

（赵　明）

【举办2010年社区党组织书记示范班】　12月30日，丰台区举办了2010年社区党组织书记示范班。在2009年社区“双争创”活动中，获得“先进社区”称号的34名社区党组织书记参加了培训。此次示范培训班是由丰台区委组织部、区委社会工委联合举办。目的是为进一步巩固和加强社区党的基层组织，进一步提升社区党组织书记创新、服务、管理能力，建设一支高素质的社区党组织带头人队伍。丰台区委常委、区委组织部部长于长辉出席开班仪式并讲话。此次示范培训班为期11天，培训采取了脱产学习和外出考察相结合、集中培训与讨论交流相结合的方式。整个培训分为三个阶段：①集中学习培训阶段，②学习考察阶段，③成果转化阶段。

（赵　明）

【出台《社区管理制度汇编》】　年内，丰台区正式出台了《社区管理制度汇编》。《社区管理制度汇编》的编撰参照了《中华人民共和国劳动法》、《北京市社区管理办法（试行）》和《北京市社区工作者管理办法（试行）》等法律法规相关文件，结合丰台区社区建设的实际需求，汇集了社区工作者行为准则、社区工作者考勤管理和休假制度、教育培训制度、年度考核办法等人员管理制度和社区事项公开、项目管理、分办落实、组织协调等业务管理规定，共计收录了12项制度。

（赵　明）

【“爱心传递热线”走进丰台区271个社区】　12月5日，全国首条免费老年人心理危机咨询热线——“爱心传递热线”启动了“走进丰台271个社区”的活动。“爱心传递热线”在丰台区的开展，主要是采取政府搭台，以主动服务的形式免费帮助更多的老年朋友乐享晚年生活，除了持续地为社区内的老人提供免费心理救助热线外，还将举办社区讲座、心理面谈会以及“欢乐大巴”孤独、空巢老人交友活动等多项服务。社区工作者代表400余人参加了活动。“爱心传递热线”创办人徐坤，市委副秘书长王翔，市委社会工委、市社会办领导宋贵伦、赵小卫、周开让，以及丰台区委书记李超钢，区长崔鹏等领导出席了启动仪式。

（赵　明）

【编印出版《社区工作一招鲜》】　年内，由丰台区委社会工委、区社会办组织编印的《社区工作一招鲜》正式出版。书中共收录了丰台区45个社区党组织书记、1位社区党务专职工作者提供的46个真实案例，这些案例将作为丰台区社区党务工作者培训的辅助教材，力争通过案例教学的形式，帮助社区党务工作者尽快适应社区工作，进一步提升处理和解决问题的能力。

（赵　明）

【召开社会工作者联合会成立大会】 12月20日，丰台区社会工作者联合会、丰台区社区工作者协会、丰台区蓟翔社会工作事务所、丰台区挚爱婚姻家庭社会工作事务所成立大会暨揭牌仪式在丰台区圣地苑宾馆隆重举行，副区长孔令斌出席了成立大会。

（赵 明）

【举办2010年社会领域入党积极分子示范培训班】 12月10日，丰台区委社会工委联合区委党校，举办了为期三天的2010年社会领域入党积极分子示范培训班，对全区社会领域140余名入党积极分子进行了培训。本次示范培训班是丰台区社会领域党建工作培训计划的重要组成部分。

（赵 明）

【接受北京市社会服务管理创新检查验收组检查】 12月23日，由北京市委社会工委委员、市社会办副主任陈建领带队的市社会服务管理创新检查验收组对丰台区进行了检查验收。检查组首先在方庄芳古园一区第一社区、右安门玉东二社区、马家堡时代风帆大厦、方庄日月天地写字楼、瑞普华老年护理中心、丰台街道办事处，分别就社区规范化建设、“一刻钟社区服务圈”建设试点、商务楼宇建设试点、政府购买社会组织服务项目进展、信息化建设情况进行检查验收。随后，检查组听取了工作汇报。

（赵 明）

【举行“两节”送温暖活动启动仪式】 12月28日，丰台区群团组织2011年“两节”送温暖活动启动仪式在京丰宾馆举行。活动号召全区各级群团组织积极参与到主题为“博爱在丰台，群团在行动”的活动中，以助困、助残和助学为主要内容，以发放救助金和物品、开展志愿服务为主要形式，向辖区内因病因灾致困家庭、残疾人特困家庭、贫困单亲母亲、家庭苦难的中小学生、特困职工及社区特困服刑矫正人员进行积极的救助，真正把“两节”送温暖工作做好做实。丰台区委书记李超钢，丰台区委常委、纪委书记杨逸铮，丰台区副区长李丽萍出席活动，丰台区总工会主席王建斌等丰台区各群团组织主要领导、各街道办事处和乡镇政府主管领导、各社会爱心企业代表和受助困难群众代表200余人参加了这次活动。

（赵 明）

【实施社区建设“十百千”人才工程】 年内，丰台区分期分批建设一支由社区建设带头人、社区建设骨干和社区建设人才组成的社区工作人才梯队。一是在全区范围内选拔10名社区建设带头人，采用委托高校进行社区工作专业教育、专家个别指导等方式，定向委托培养一批具有较高社区建设理论水平的社区建设带头人。二是重点培养100名社区建设骨干，在基层起到引领示范作用。三是培养1000名社区建设人才，建立社区建设人才储备库。在全区造就一支结构合理、素质优良、层次分明、可持续发展的社区建设人才队伍。

（赵 明）

【加强大学生社区工作者队伍建设】 一是实施素质教育，帮助大学生社工提升素质。对新跨入社区工作者行列的大学生社工，都要进行岗前培训。同时要求各街道，每年针对大学生社工开展不低于40小时的业务培训。二是成立协会组织，引导大学生社工发挥才能。全区各街道因地制宜成立各类大学生社工组织，为大学生社工们工作之余，奉献智慧、展示才能搭建平台。如卢沟桥街道成立北京市首个“青年社区工作者协会”，年内，协会已吸纳会员159人。东高地街道充分发挥青年社区工作者特长，成立“青年发展促进会”，结合街道重点工作开展活动。三是与高校合作调研，促进大学生社工知识转化。先后与北京师范大学、首都经济贸易大学、北京城市学院三所高校共建“丰台区社区工作者实践基地和高校学生实习基地”，并与北京师范大学合作开展“丰台区社区建设现状、问题及对策研究”及“丰台区大学生社区工作者现状调查”等研究。四是实施关怀计划，营造大学生社工成长的良好环境。

（赵　明）

石景山区

【概况】 年内，全面贯彻落实党的十七大和十七届四中全会精神，以科学发展观为指导，根据区委、区政府总体工作部署，按照市、区社会建设大会精神和加强社会建设系列文件要求，全面推进石景山区社会建设和管理体制改革。召开一个大会，即召开石景山区社会建设推进大会，总结经验，巩固成果，部署工作，举全区之力推动社会建设工作再上新水平；举办一个论坛，即举办石景山区社会建设与发展论坛，邀请有关领导和专家、学者就社会建设发展方向及有关问题展开探讨；加强两支队伍建设，即加强社区工作者队伍和社会志愿者队伍建设，抓好管理，提高素质，做好服务，激发社会建设和发展的内动力；推开三个试点，即推开商务楼宇党建工作站试点、社区规范化建设试点和流动人口服务管理新模式试点，以点带面，逐步推进，不断夯实社会建设的基础；完善五个体系，即完善社会公共服务体系、社区管理体系、社会组织管理体系、社会工作运行体系和社会领域党建工作体系。

6月28日，石景山区召开社会建设推进大会。出台区委、区政府《关于进一步加快推进社会建设若干意见》等10个文件，明确了稳定和扩大就业、提高社会保障水平、维护社会和谐稳定、完善社会领域党建等7个方面22项重点任务，确定了社会管理、教育、医疗、文化等8个方面42项实事。会上，对30个荣获“特色社区风采奖”社区、30个荣获“热心公益事业奖”驻区单位、100名“志愿服务之星”进行了表彰奖励。市委常委梁伟同志出席大会并作了重要讲话，对此给予了高度评价。

9月27日，成功举办了“世界城市·社会建设论坛”。论坛分为一个主论坛和两个分论坛，邀请社会建设领域知名专家学者、中央部委和市委、市政府部门领导，北京各区县的有关负责人分别围绕“世界城市与社会建设创新”、“社会公共服务与管理体制创新”和“经济发展方式转变与社会建设”三个主题进行了深入研讨和交流。20位发言者的主题演讲，内容丰富，研讨深入，突出了社会建设领域的前瞻性、战略性和实效性，为北京市建设世界城市，在更高标准上加快推进社会建设积极建言献策。市委常委梁伟出席论坛并致辞。

社会领域党的建设争先创优。实现四个率先，在全市率先以“三推一选”方式建立街道社会工作党委，在基层社会建设中积极发挥作用，充分彰显出以党建资源整合带动多种社会资源整合为特点的“大党建”优势。在全市率先创新“社区联建门店”党建工作模式并实现对社区周边底商、小门店的全覆盖。在全市率先开展协会党建，积极引领协会立足社区、整合资源、广泛开展社会化服务。在全市率先创新商务楼宇“五站合一”综合服务站模式并在全市推广，充分整合党建、工会、妇联、共青团、计生、社保以及招商引资等各方面资源，发动驻地科、队、站、所共同参与，切实把政府的社会管理职能、公共服务职能延伸到商务楼宇。坚持典型引路，进一步夯实党的基层基础工作。做到“一月一典型、一街一亮点”。充分开发并大力推广基层党建先进工作经验，连续召开九次基层党建现场推进会，先后推出党建工作项目管理、金色亲情服务、星级党建示范社区、党建助力拆迁整治等多个经验成果，充分发挥典型引路的示范辐射作用，有效推动社会领域党建工作品牌化建设步步深入。开展创先争优活动。以开展“星级党建示范社区”、“星级党员”、“星级党务工作者”争创活动为抓手，深入开展创先争优活动，不断激发社会领域党建活力。强化创建机制，制定下发《关于在社会领域开展“星级争创”活动的通知》，形成“上下一起抓、三级同步动”的联动机制。细化创建内容。将“星级党建示范社区”创建内容细化为5大项20小项，“星级党员”创建标准细化为“五带头、五争当”。量化创建标准，实行“星级争创”百分制考核，将每一项创建内容量化为具体分值，有效增强了“星级争创”活动星级评定的可操作性。

全面推进社区规范化建设。在组织建设上进一步理清职能，创新机制，实现社区党组织、社区居委会、社区服务站“三位一体”工作格局。提高了试点社区办公经费。下发了《社区公益事业专项补助资金绩效考核办法》，规范社区公益事业专项补助资金的使用和管理，提高其使用效率。以规范化建设为契机，充分利用便民工程、市专项资金，切实改善社区硬件设施。

加强社区工作者队伍建设。优化队伍结构。新招录125名大学生输送到社区工作。出台了《石景山区大学生社工计划实施意见》，建立起对大学生社区工作者的管理、培养和激励机制。有针对性地开展全方位、多层次的岗位培训，圆满完成对新招录大学生的岗前培训、社区骨干区级培训和街道层面全员培训，社区工作者的整体素质和业务能力得到明显提升。制定下发了《关于进一步规范社区工作者待遇的通知》，增设工作津贴，增加年终奖金，建立激励机制，提高职业水平补贴。经常举办社工座谈会，开展走访慰问等。首次开展了“十佳大学生社工”评选活动。

推进和谐社区建设。进一步健全完善社区居民会议、居务公开等社区民主选举、民主决策、民主管理和民主监督的各项制度，搭建居民有序参与的社区自治平台。以社区温馨家园、健康俱乐部、文体双百活动、和谐邻里节等为服务载体，吸引社区居民的广泛参与。积极开展“一刻钟社区服务圈”试点工作，以便民利民为原则，合理规划配置资源，完善社区服务设施，不断满足社区居民多层次、多样化、个性化需求。广泛开展特色社区、精品社区评选活动，不断激发和谐社区建设的内在潜力和无穷活力，推动和谐社区建设实现新飞跃。

社会组织建设深入发展。依托9家“枢纽型”社会组织及各街道，进一步延伸工作手臂，搭建起了以条为主、条块结合的社会组织工作网络，实现了社会组织分级分类管理和区域管理的有机结合。选调优秀社区工作者分派到部分“枢纽型”社会组织协助开展工作，不断强化“枢纽型”社会组织的“龙头”和“平台”作用。成立“石景山区金顶阳光社会工作事务所”，采取“政府主导、专家督导、所长负责、社工服务、义工参与”的运作模式，通过政府购买服务项目的形式，为重点人群和弱势群体提供专业服务，化解矛盾，促进和谐稳定。争取到市专项资金，购买10个社会组织的13个服务项目。区志愿者联合会充分发挥统筹协调指导作用，推动志愿服务逐步规范，不断完善。志愿者队伍日益壮大，成立了新居民志愿者协会。积极推进《北京市城乡社区社会组织备案工作规则（试行）》的实施，召开专题会就社区社会组织备案管理工作进行了安排部署，并组织相关培训。

指导街道做好专项工作。协调街道配合相关部门开展好校园周边安全保障工作。加强街道与公安、教委等部门联动，指导街道系统建立起与辖区学校、幼儿园的无缝对接机制。切实加强流动人口服务和管理。与有关部门共同指导各街道推广“新居民”互助服务站试点经验，鼓励各街道、社区自我创新，把新居民互助服务站逐步纳入社区管理。在巩固平房区出租大院、楼房区、市区挂账社区、“五员”四种模式的基础上，继续深化经验，突出特色，进一步提升服务管理水平。继续大力开展“便民工程”，2010年，投入资金7250万元，实施5万元以上常规便民工程129项，切实解决了一批活动难、出行难的热点问题。

完成首钢社区工作对接。首钢退休党员组织关系顺利接转，加强对党员的教育管理工作。通过积极协调沟通，与首钢公司有关单位达成一致，对首钢本部家属区社区用房签订了无偿使用协议。注重加强对首钢小区居民的服务，及时掌握首钢搬迁后居民的思想动态及服务需求，确保了搬迁调整过程中社区的和谐稳定。

（李世民）

【开展春节走访慰问活动】 2月3日，举办全区社区工作者新春团拜会、大学生社工座谈会，让广大社区工作者真切感受到区委、区政府的关心爱护。同时，对在职社区工作者及退离社区居委会老积极分子进行走访慰问，为他们送上新春祝福、真挚问候及慰问品。

（董妍君）

【推进社区党建工作】 3月，针对个体门店、商户中党员人数少、流动性大、居住分散、不具备成立党组织条件的状况，召开现场推进会，推广八宝山街道远洋山水三个社区“社区联建门店”的工作经验，按照“有利于党员管理、有利于组织活动、有利于服务、地域相邻、行业相近”的原则，灵活组建党小组，实现对社区周边小门店的全覆盖，使原来较为分散的党员管理网络变得更加集中和紧密。

（王　耿）

【建立党员关怀制度】 针对社区高龄党员多的实际，制定社区党员关怀制度，4月，推广八角街道“党组织关爱工程”。对社区老党员，特别是困难党员及家庭，在思想上关心，在生活中帮扶，充分体现党组织的人文关怀；12月推广的五里坨街道“双为”工程亮点做法，助推了“党员为党旗增辉、党组织为党员和群众服务”活动的开展，在加强党的先进性建设，促进党建工作科学化，推动地方经济社会科学发展方面，进行了积极探索。

（王　耿）

【开展“星级争创”活动】 5月，在广宁街道召开“星级党建示范社区创建活动”研讨会，出台了《石景山区“星级党建示范社区”创建标准》、《石景山区“星级党员”评选标准》和《石景山区“星级党务工作者”评选标准》。实行“星级争创”百分制考核，将每一项创建内容量化为具体分值，增强“星级争创”活动评定的可操作性。

（王　耿）

【深化社会组织党建工作】 7月，推广金顶街街道协会党建亮点工作，扩大党组织在协会组织中的覆盖面。金顶街街道社区服务者协会党总支于2003年5月4日成立，是北京市第一家建立在社区层面的社会组织的党组织，目前协会党总支已成为拥有5个党支部和62名党员的党组织，协会队员增长到3000余人，协会党总支以群众需要为出发点，以特殊困难群体为主要服务对象，立足社区，整合资源，多方联动，全方位地开展社会化服务，起到了组织党员、凝聚群众、推动社区建设的作用。

（王　耿）

【召开商务楼宇党建推进会】 8月，组织召开商务楼宇党建工作现场推进会，在全区推广古城街道“五站合一”综合服务站的做法，会上在全市率先成立了由21家单位组成的商务楼宇综合服务联席会，并统一规范各工作站的站名、站标及建站标准。全年新成立商务楼宇工作站10个，在“两新”组织中建立了党的基层组织26个，至此共成立了35个商务楼宇综合服务站，在“两新”组织中共建立了党的基层组织41个，实现了党的组织对全区35座楼宇的全覆盖。

（王　耿）

【建立流动党员教育管理机制】 针对拆迁

地区党员流动性大，教育管理不规范、不统一的现状，9 月，推广苹果园街道涉迁党员教育管理的成功做法。坚持“集中管理”与“跟踪管理”相结合，建立涉迁党员信息库，做到“流向合理、联系不断、表现清楚”。针对外来务工流动人口中的党员服务教育管理工作“零、散、杂、繁”等特点，11 月，召开老山街道加强流动党员管理工作现场推进会，老山街道依托街道流管办，专门成立流动人口党支部，探索建立外来流动党员服务管理工作机制，使流动人口党支部的各项工作更加规范、有序。

（王　耿）

【扩广区域化“大党建”工作格局】　在区、街、居三级大党建格局的基础上，探索社会工作党委更好地统筹辖区党建资源、服务区域发展的方式方法，12 月，推广了鲁谷社区社会工作党委的做法，建立了在党工委领导下，社会工作党委为平台，各类党组织有效联动的纵向管理机制；实现各类人力资源向街道（社区）事务主体的转化，形成了以代表团活动为平台横向联动工作机制；实现了社区政治资源、物质资源、文化资源和人力资源的优化组合，形成了以创新载体为依托的活动机制。

（王　耿）

【开展学习实践科学发展观活动】　在全区开展的第二批学习实践活动中，社会工委负责全区社区和“两新”组织学习实践活动的指导、协调、综合和沟通工作。共指导社区党组织 244 个、党委 68 个、党支部 184 个，指导社区党员 28567 人（65 岁以上老党员 13000 余人、流动党员 487 人），共计委派指导员 160 人，建立联系点 150 个，组织培训班 282 次，发放学习材料 54548 本，区级简报发表 53 期，特别是在中央简报 1002 期习近平副主席对石景山区苹果园街道设立新居民互助服务站加强流动人口服务管理的做法进行了批示。通过学习实践科学发展观活动的开展，广大社区和“两新”组织党员加深了对科学发展观的理解，许多党员同志不顾年老体弱多病，积极参加学习实践活动，主动联系思想实际，增强党员意识，同时在学习和查找问题的过程中，共发放问卷 11985 份，查找并解决群众集中反映的问题 306 个。

（王　耿）

【开展基层党组织负责人培训】　组织开办社区党组织书记、商务楼宇工作站站长、大学生社工党员三期培训班。组织党务工作者进行有针对性的研讨交流和外出参观学习等，围绕党建工作重点、难点问题，开展社会领域党建研讨活动，提高基层党组织带头人队伍素质，打造一支守信念、重品行、讲奉献、有本领的社会领域党建工作队伍，为社会领域党建工作提供了强有力的组织基础。

（王　耿）

【开展创先争优活动】　年内，成立创先争优活动领导小组，统筹协调，督促指导 139 个社区 8620 家非公有制企业和 35 幢商务楼宇中的党组织扎实推进创先争优活动。持续推进“我是党员我承诺”等主题实践活动。以开展“星级党建示范社区”、“星级党员”、“星级党务工作者”争创活动为抓手，深入开展创先争优活动，不断激发社会领域党建活力。强化创建机制，制定下发《关于在社会领域开展“星级争创”活动的通知》，形成“上下一起抓、三级同步动”的联动机制。细化创建内容。将“星级党建示范社区”创建内容细化为 5 大项 20 小项，“星级党员”创建标准细化为“五带头、五争当”。量化创建标准。实行“星级争创”百分制考核，将每一项创建内容量化为具体分值，有效增强了“星级争创”活动星级评定的可操作性。

（王　耿）

【试点推进社区基本公共服务】　年内，推进“一刻钟社区服务圈”试点工作，对试点社区开展的服务项目和建成的服务设施进行了认真梳理，并重点听取了街道、社区的意见。同时，根据《北京市社区基本公共服务指导目录（试行）的意见》，对社区基本公共服务工作进行了部署，为下一步社区基本公共服务项目的全面梳理、突出重点打下了基础。

（董妍君）

【检查社区公益经费使用和管理情况】　年内，会同区财政局对各街道社区2009年社区公益事业专项补助资金使用情况进行专项检查，制定出台《社区公益经费使用绩效考核办法》，进一步规范和完善社区公益事业专项补助资金的使用管理。将绩效理念融入资金使用、活动实施、监督管理的全过程，确保公益经费专款专用，切实提高公益资金使用的社会效益。

（董妍君）

【加强基层政权建设】　年内，进一步完善社区居民自治制度，继续推行居务公开、分片包户工作制度，搭建居民有序参与社会建设的平台，使社区居民民主参与社区事务的积极性、主动性更强，在多次大型活动中积极献策，踊跃参与。充分发挥社区居民委员会、社区服务站的作用，加强对首钢小区居民的服务工作，及时掌握首钢搬迁后居民的思想动态及服务需求，为社区的和谐稳定创造了条件。对第七届社区居委会换届选举后居委会成员基本情况进行梳理，留存居委会成员的照片资料，对居委会成员进行8位数字的编码并颁发任职证书。

（董妍君）

【加强和谐社区建设】　年内，以服务居民、造福群众作为工作的出发点和落脚点，以建设管理有序、服务完善、文明祥和的社会生活共同体作为基本目标，以“和谐之中见特色、特色之中育精品”作为工作理念，开展了特色社区、精品社区的评选活动，共评选出各类特色社区30个、精品社区9个，有力地推动了和谐社区建设的新飞跃，为构建社会主义和谐社会奠定了更加坚实的基础。

（董妍君）

【强化流动人口服务管理】　年内，将3个北京市挂账“重点村”的社区建设摆在突出位置，不断创新服务方式，拓展服务渠道，加强与区流管办的联动，共同研究重点村流动人员管理和服务工作中存在的突出问题，对“重点村”改造后社区组织体系、公共服务设施、办公和服务用房建设等方面工作提前谋划、提前部署、提前到位。从满足辖区内临时居住人员的需求出发，在苹果园街道琅山等社区成立“新居民互助服务站”，为“新居民”提供就业、计生、子女上学等相关服务，逐步探索流动人口管理服务新模式。

（董妍君）

【推进便民工程工作】　年内，按照《石景山区便民工程管理办法（试行）》要求，配合区发改委完成定点供应商建库招投标、工程立项、资金预算、项目实施等工作，并做好工程建设中的检查工作。全年实施便民工程160余项，区财政投入资金5488万元。

（董妍君）

【推进社区规范化建设】　年内，有98个社区顺利通过市级社区规范化建设检查验收，实现社区公共服务全覆盖的社区服务管理新格局已基本形成，社区规范化建设工作稳步推进。在组织建设上进一步理清职能、创新机制，实现社区党组织、社区居委会、社区服务站“三位一体”工作格局。提高了试点社区办公经费，由2万元/年增加到3万元/年。以社区规范化建设为契机，充分利用便民工程、市专项资金，切实改善社区硬件设施。协调区发改委、财政局、规划局、住建委等相关部门，将社区用房建设专项资金足额及时拨付到位，用于全区31个社区用房建设。目前，全区社区用房面积平均达到 346 平方米，60% 的社区用房达到并超过 350 平方米的标准。

（董妍君）

【加强社区工作者队伍建设】 年内，新招录 125 名大学生输送到社区工作。出台了《石景山区大学生社工计划实施意见》，建立起对大学生社区工作者的管理、培养和激励机制。有针对性地开展全方位、多层次的岗位培训，圆满完成对新招录大学生的岗前培训、社区骨干区级培训和街道层面全员培训，社区工作者的整体素质和业务能力得到明显提升。目前，全区社区专职工作者大专及以上学历人员的比例达到 80% 。制定下发了《关于进一步规范社区工作者待遇的通知》，增设工作津贴，增加年终奖金，建立激励机制，提高职业水平补贴，自 2010 年 7 月起，每人每月工资平均增长 820 元，全年区财政新增支出 1600 万元。为 199 名退离居委会老积极分子每人每月增加 200 元生活补助。

（董妍君）

【加强社会组织建设】 年内，依托 9 家“枢纽型”社会组织及各街道，进一步延伸工作手臂，搭建起了以条为主、条块结合的社会组织工作网络，实现了社会组织分级分类管理和区域管理的有机结合。选调优秀社区工作者分派到区工会、团区委、区妇联、区科协、区残联、区文联六家“枢纽型”社会组织协助开展工作，不断强化“枢纽型”社会组织的“龙头”和“平台”作用。

（王建强）

【加强志愿者队伍建设】 年内，区志愿者联合会充分发挥统筹协调指导作用，推动我区志愿服务逐步规范，不断完善。志愿者队伍日益壮大，新成立环保志愿者协会和体育志愿者协会，自此，区志愿者联合会下属协会增至 18 个，志愿者人数达到 35000 余人。开展“志愿服务之星”评选活动。在全区广大志愿者中，通过层层推选，共评选出 100 名“志愿服务之星”，并给予表彰奖励，对弘扬“奉献、友爱、进步、互助”的志愿精神，激励广大志愿者进一步投身社会公共服务事业，起到积极的推动作用。

（王建强）

【成立金顶阳光社工事务所】 年内，成立区首家社工事务所——金顶阳光社会工作事务所。社会工作事务所坚持公益性、服务性，采取“政府主导、专家督导、所长负责、社工服务、义工参与”的运作模式，聘请首都师范大学社会工作系专家进行全程工作督导，通过政府购买服务项目的形式，让专业社会工作服务介入到该社区的日常管理和服务中。金顶阳光社会工作事务所的成立为政府购买服务及专业社工介入社会管理作出了有益探索。

（王建强）

【成立新居民志愿者协会】 年内，成立新居民志愿者协会。通过在流动人口集聚地成立“新居民互助服务站”，实现对流动人口的自我管理和自我服务。年内，区委、区政府联合发文，在全区推广“新居民互助服务站”管理模式。截至目前，全区共成立服务站 64 个。在日常工作中，以广大流动人口志愿者组成的互助队作为核心工作力量，在各个服务站承担了大量工作，发挥着重要的作用。成立石景山区新居民志愿者协会，对于规范“新居民互助服务站”的建设，加强互助队员的管理，以及提高为流动人口服务的水平，起到了积极的促进作用。

（王建强）

【购买社会组织服务】 年内，争取到市专项资金 100 万元，购买了金色亲情服务、文化艺术讲堂、“三心”服务工程、和谐博爱家园、青年创业公益支持、流动人口性病艾滋病行为干预、特殊家庭子女跟踪教育、和谐“心”生公益心理援助等 10 个社会组织的 13 个服务项目，在政府购买公共服务和扶持社会组织发展方面作出了积极探索。

（王建强）

【加强校园周边安全保障】 年内，协调街道配合相关部门开展校园周边安全保障工作。成立了检查小组，深入街道、学校周边，认真查看街道安保落实情况，发现疏漏和隐患，督促街道及时整改。加大统筹指导力度。加强街道与公安、教委等部门联动，指导街道系统建立起与辖区学校、幼儿园的无缝对接机制。

（李世民）

【推进首钢社区对接工作】 年内，共接收1万余名首钢党员组织关系，按照“组织不掉队、学习不掉档、思想不掉线”的要求加强对党员的教育管理工作。通过积极协调沟通，与首钢公司有关单位达成一致，对首钢本部家属区社区用房签订了无偿使用协议。注重加强对首钢小区居民的服务，及时掌握首钢搬迁后居民的思想动态及服务需求，确保搬迁调整过程中社区的和谐稳定。

（李世民）

门头沟区

【概况】 区委社会工委主要职责：第一，贯彻执行党的路线、方针、政策，保证区委各项决议、决定的落实。第二，研究提出本区社会建设和管理的总体规划和重大方案，为区委社会建设宏观决策服务。第三，按照区委、区政府要求和区社会建设领导小组的安排，统筹推进各项任务的分解落实，并对各相关工作开展情况进行指导和督促检查。第四，负责社区和“两新”组织党建工作，及时分析社区和“两新”组织的发展动态和趋势，研究拟定加强社区和“两新”组织党建工作的总体规划和政策措施，并组织实施。第五，负责对社会工作者队伍建设的统筹协调和指导监督，研究拟定有关总体规划和重大方案，建立健全以培养、评价、使用、激励为主要内容的政策措施和制度保障。第六，规划指导社区党组织、社区自治组织和社区服务组织的建设。第七，协助区委组织部做好街道系统干部教育、培养等工作；协助区纪委做好街道系统党风廉政建设工作。第八，完成区委和区社会建设工作领导小组交办的其他工作。

区社会办主要职责：第一，贯彻中央和北京市关于加强社会建设和管理的政策措施，保证区委、区政府各项决议、决定的落实。第二，负责本区社会建设和管理工作的总体研究，研究拟定本区社会建设、社会组织建设、社会工作队伍建设等方面的总体规划、改革方案和制度措施，并组织实施。第三，统筹推进社区建设，综合协调社区建设中的重点难点问题，指导监督社区建设各项方针政策的贯彻落实。第四，负责社会组织建设、管理和服务工作的宏观指导，保证相关政策措施的落实。第五，负责对社区工作进行调查研究，综合协调区政府各职能部门和街道的关系，督促、检查街道办事处工作落实情况。第六，完成区政府和区社会建设工作领导小组交办的其他工作。

区委社会工委、区社会办设三个职能科室：综合科、党建工作科、社区工作科。区委社会工委、区社会办行政编制12名。其中，书记（主任）1名、副书记1名、副主任2名、科级领导3名。

在区委、区政府的正确领导下，区委社会工委、区社会办始终坚持以建设中国特色社会主义理论、“三个代表”重要思想和科学发展观为指导，全面贯彻落实党的十七大、十七届四中全会和市社会建设大会精神，以区第十次党代会确定的推进现代化生态新区建设、提升区域核心竞争力为总体要求，认真落实社会建设领域各项工作和《区政府2010年目标管理任务书》中的任务，圆满完成了全年各项工作任务。

（一）社会领域党建工作

创新社会领域党建工作机制，在街道、

镇成立社会工作党委。(此项工作被列入全市试点项目)根据市委关于社会建设“1+4”系列文件规定及工作要求,研究制定了门头沟区《关于在街道、镇建立社会工作党委的实施意见》,并于4月7日召开了“门头沟区街道、镇建立社会工作党委推进会”。明确了机构设置、职能定位、组织设置、主要职责、工作经费、组织保证等方面内容。截至4月底,全区4个街道9个镇全部成立了街、镇层面的社会工作党委,实现了市、区、街镇三级联动的社会领域党建工作管理体系,成为全市首个实现街、镇社会工作党委全覆盖的区县。

开展社会工委系统创先争优活动。根据市委、区委总体部署,成立了门头沟区创先争优活动领导小组,研究制订了《关于在全区社会领域基层党组织和党员中深入开展创先争优活动的实施方案》和《门头沟区新经济党组织创先争优活动工作意见》。12月8日召开了“门头沟区新经济党组织‘创先争优’活动推进会”。全系统共有97个基层组织10874名党员参加了创先争优活动。

开展创建学习型城市活动。根据市委、市政府《关于大力推进首都学习型城市建设的决定》精神,以“全民终身学习,建设生态新区”为主题,成立了区委社会工委建设学习型城市工作领导小组,制订了《区委社会工委建设学习型城市工作计划》。通过宣传发动、开展活动、典型引导、整合资源等各种有效措施,到年底,50%以上的街道和社区达到区级学习型先进单位。

(二)社会组织建设工作

完成首批“枢纽型”社会组织认定工作。根据北京市关于社会建设有关文件及会议精神和《区政府2010年目标管理任务书》内容规定,制定了《门头沟区关于构建区级“枢纽型”社会组织工作体系的实施办法》。截至7月底,完成了对区工会、区妇联、区团委、区科协、区红十字会、区文联、区残联七家人民团体的“枢纽型”社会组织认定工作,并按照职权范围积极开展工作。

完成《门头沟区社会组织发展现状调研报告》。根据《区政府2010年目标管理任务书》规定,从5月份起,历时两个月,通过细致调查、发放调查问卷、部分走访等方式,对全区社会组织发展情况进行了专项调研。门头沟区共有99个社区居委会178个行政村,注册社会组织共计139家,其中,社会团体90家,民办非企业单位49家。社区“草根”社会组织共有618家,其中,城市社区社会组织431家,农村社区社会组织187家。

培育发展服务型社区社会组织。根据市委、市政府《关于加快推进社会组织改革与发展的意见》的文件精神,结合实际情况,在广泛调研的基础上,选定峪园、南路二两个社区为试点单位,11月25日召开了现场会,探索了社区社会组织培育、发展、管理的方法和途径,为开展服务性社区社会组织建设奠定基础。

开展社会组织评定工作。3月5日,区社会办与区民政局召开了全区140余家登记注册的各社团、民非组织负责人社会组织工作会,对通过资质评估的6家3A级、4家2A级社团组织进行表彰,颁发了证书和标牌。

推进政府购买社会组织服务工作。根据市社会建设领导小组办公室关于加快推进政府购买社会公共服务的要求,通过摸底调查、组织动员、落实任务、项目论证等环节,对全区基本符合条件的21家以从事公益服务类和参与社会管理类为主的社会组织项目进行了论证,并上报市委社会工委。经市社会建设领导小组办公室审核,批复全区社会建设专项资金购买社会组织服务项目12项,支持金额50万元。

(三)规范化社区建设工作

推进社区用房规范化建设。社区用房规范化建设是《区政府2010年目标管理任务书》中的重点工程。2009年确定的六个社区用房规范化试点建设项目年底顺利完工。年内确定社区用房建设项目28个。年初,成立了区社区用房建设项目协调领导小组，制定了《关于2010年门头沟区社区用房规范化建设实施意见的通知》（门政办发〔2010〕38号）。根据各街道、镇前期选址情况，在1月下旬到2月上旬，由区社会办牵头组织区发改委、区规划分局、区国土分局、区公共工程服务中心等单位对拟定的社区用房选址进行了考察确定，并聘请专业公司完成《门头沟区社区用房规范化项目实施方案》。经市发改委实地评估，确定28个社区用房建设项目报市发改委立项。与街道、镇签订了《门头沟区政府投资重点工程项目目标管理责任书》，明确完成目标和期限。社区用房建设项目总工程量10728.97平方米，总投资4280.73万元（市、区两级财政投资各占一半）。

进一步规范社区服务站建设。按照《区政府2010年目标管理任务书》中的体制改革主要工作任务要求，年初制定了《关于印发〈关于推进社区规范化建设的实施方案〉的通知》（门社领办发〔2010〕2号）文件。在全区选择了15个满足50平方米标准的社区服务站作为规范化服务站试点，为服务站配备了办公设施。根据全市统一安排，6月份面向应届大学毕业生和村官公开招录社区工作者41名，充实到社区服务站工作。

开展“一刻钟社区服务圈”试点工作。制定下发了《关于开展“一刻钟社区服务圈”建设的指导意见（试行）》（门社领办发〔2010〕13号）文件。明确“一刻钟社区服务圈”概念，确定11类试点服务项目，选择大峪街道峪园社区和向阳社区作为北京市“一刻钟社区服务圈”试点社区，并编印了《便民服务手册》，市委社会工委下发奖励资金10万元。同时，其他相关街道、镇也确定了自己的试点单位，并积极开展试点工作。年底，共有三个社区建成“一刻钟社区服务圈”。

推进社区协管员队伍的统筹协调管理。按照《区政府2010年目标管理任务书》中的其他重点工作任务要求，经与区人力社保局、区流管办、区残联沟通协调，制定了《关于整合劳动保障协管员、流动人口和出租房屋管理员、残疾人专职委员到社区服务站工作的通知》（门社办发〔2010〕31号）发至各相关镇街，各单位根据实际情况组织实施。11月将劳动保障协管员、流动人口和出租房屋管理员、残疾人专职委员三类协管员统一到社区服务站工作，纳入社区工作者规范化管理。

规范化社区固定资产和办公经费管理。与财政局联合制定了《门头沟区规范化社区固定资产配置管理暂行办法（试行）》（门政办发〔2010〕80号）和《门头沟区规范化社区办公经费使用管理办法》（门政办发〔2010〕81号）文件。对规范化社区固定资产管理和办公经费标准进行了规范和管理。

（四）和谐（达标）社区创建工作

按照《区政府2010年目标管理任务书》中的为民办实事项目任务要求，2010年确定20个创建社区，其中17个申报创建和谐社区、2个申报创建达标社区、斋堂社区放弃创建。年初召开会议进行了部署，各街道、镇及社区都制订了工作计划和实施方案。在创建中，对全区19个创建社区进行了实地调研，听取创建方案并进行指导。11月组织区民政局、区人力社保局、区卫生局、区公安分局、区市政市容委、区综治办等八家单位，组成联合评估验收工作检查组，通过集中汇报、召开座谈会、发放调查问卷等形式，对全区4街道4镇的19个社区创建工作进行了评估验收。经考评，全区19个创建社区全部通过评估验收。全年共拨付创建补贴资金93万元。截至年底，全区99个社区中，有53个社区获得“和谐社区”称号，达到53%，超过“十一五”时期提出的50%目标。

（五）加强基层政权与队伍建设工作

推进“两委”任期承诺工作。以深化“两委”任期承诺为突破口，以推进和谐社区建设为目标，切实促进全区各项工作的顺利开展。在社区党组织、社区居委会换届选举工作的基础上，1月18日召开了“门头沟区社区‘两委’任期承诺工作推进会”，并对99个社区“两委”任期承诺书进行了公示。通过“两委”任期承诺制度的实施，提高社区“两委”干部的执政能力、履职能力和为民服务的意识。

加强社区工作者教育培训工作。制定了《门头沟区关于做好全区社区工作者岗位培训工作的意见》和《门头沟区社区工作者岗位培训手册》，分别在8月、9月、10月完成全区797名社区工作者岗位培训工作，采取了集中、分层、参观、交流等培训形式，使每名社区工作者学完4～5门课程，并达到40个学时以上，通过培训促进了他们的业务水平和工作能力的提高。组织社区工作者参加全市2010年“国际社工日”纪念活动，开展了全区“国际社工日”百人签字活动，观看了首部社工题材影片《十二情感》首映式，参观了抗日战争纪念馆、西柏坡革命根据地。

规范、调整社区工作者待遇工作。制订了《门头沟区规范调整社区工作者待遇实施方案》，对797名社区工作者待遇水平进行了规范和调整，调整后符合国家规定劳动年龄范围的人员，人均增长600元/月，最高增长900元/月，最低增长520元/月，每年财政增加资金支付576万元，9月底已全部补发到位。组织全区756名社区工作者进行了健康检查。建立退离老积极分子专项慰问资金，并制定了《专项慰问资金管理办法》，春节、重阳节及特殊情况慰问退离老积极分子825人次，共发放慰问金及慰问品19万余元。

完成2010年市招大学生社工招录工作。按照全市统一安排，经过笔试、面试、体检、签订服务协议、上岗培训、落实待遇等环节，41名大学生社工充实到社区岗位上，其中大学生村官9名、应届大学毕业生32名。

健全完善社区工作制度，建立社区工作者考核奖励等管理制度。按照《区政府2010年目标管理任务书》中的其他重点工作任务要求，结合社区工作者考核奖励管理制度和新的文件精神，制定了社区工作者《年度考核奖通知》、《绩效考核办法》、《带薪休年假制度》等一系列社区工作者考核奖励管理制度。建立了全区社区工作者人事档案。同时，编制了《社区管理文件与制度汇编》，并编制成册下发各街道、镇组织实施。为外地大学生特设了年度“关心假”。进一步完善了社区工作制度。

（六）工作创新

完成《门头沟区社区概览》编纂工作。由区委社会工委班子成员及原退休领导组成编委会，邀请社会各界知名人士组成编辑部，历时半年完成了《门头沟区社区概览》编纂工作。全书20余万字，较为全面地反映了全区社区历史沿革和工作现状，具有独特的服务功能、信息功能和档案查阅功能。

（七）采空棚户区拆迁摸底调查和黑山地块拆迁工作

采空棚户区拆迁摸底调查涉及3街1镇（大峪街道、城子街道、东辛房街道、龙泉镇）35个社区13个村。组成摸底调查小组336个，参加人员1152人，历时9天完成了采空棚户区拆迁摸底调查工作。填写各类汇总表共计3300多张。共登记房屋33227户107641间，建筑面积2443816.4平方米。有低保证的1749户，有残疾证的4489户，有工商营业执照的共627户。

根据区委、区政府的统一部署，与区拆迁办组建了黑山地块棚户区改造指挥部。黑山安置房建设地块拆迁总数为2423户6542人，房屋8381间，建筑面积125717.97平方米。工作启动后对《黑山安置房建设地块拆迁工作方案》进行了细化，构建了“一办五组六片17个小组”的工作格局。建立了例会制度，召开工作例会20次，编印工作动态43期。圆满完成了所承担的各项工作任务。

（兰德敏）

【召开“迎新春”座谈会】 1月14日，区委社会工委召开首次部分社区工作者“迎新春”座谈会。会上，社区工作者代表汇报了半年来的工作情况，畅谈了生活感受，交流了他们在工作和生活中遇到的困惑和问题，对今后做好社区工作进行了探讨。

（兰德敏）

【科室设立】　1月15日，区委社会工委、区社会办内设科室正式设立，内设3个科室：综合科（办公室）、党建工作科、社区工作科。

（兰德敏）

【召开社区“两委”任期承诺工作推进会】　1月18日，社区“两委”任期承诺工作推进会召开。市委社会工委委员、市社会办副主任陈建领，区委副书记郭光磊，区委常委、区委组织部部长张冰，副区长贾文勤出席推进会。各街道工委书记、主任、副书记、主管居民工作的副主任、组织部长、居民科长，相关镇党委副书记、主管居民工作的副镇长、组宣办主任、民政居民科长，各社区党支部书记、居委会主任参加会议。会上，张冰总结了社区“两委”任期承诺工作进展情况，东辛房街道介绍了开展此项工作的具体做法和经验，社区“两委”班子代表汇报了本社区开展承诺制工作的情况，区委社会工委宣读了“两委”班子和“两委”委员的任期承诺书。

（兰德敏）

【社区用房选址工作正式启动】　1月19—20日，由区社会办牵头会同区发改委、区规划局、区国土分局、区公共工程服务中心对永定镇和城子街道拟定的社区用房选址进行了考察确定。

（兰德敏）

【市检查组检查社区规范化建设工作】　2月2日，市社区规范化建设工作检查验收组到门头沟区检查2009年社区规范化建设工作。副区长贾文勤出席会议。区社会办、区人力社保局、区民政局、区公共工程服务中心主管领导参加了会议。检查验收组听取了工作汇报，察看了区社会办和两个社区的社会建设档案资料，实地察看了东辛房街道北涧沟社区、城子街道蓝龙社区、大峪街道新桥西区社区的办公用房建设情况，了解了社区工作者的办公、工作、文化娱乐活动及新招大学生的生活和住宿情况。市委社会工委委员、市社会办副主任周开让同志对门头沟区在2009年规范化建设工作起步晚、条件差的情况下取得的成绩给予充分肯定。

（兰德敏）

【召开社区用房规范化建设工作专题会议】　2月26日，副区长贾文勤主持召开社区用房规范化建设工作专题会议。区发改委、区规划局、区公共工程服务中心、区住房城乡建社委等13个单位，4个街道办事处的主任、主管副主任及相关6个镇的主管副镇长参加会议。大会印发了《关于成立门头沟区社区用房建设协调领导小组的通知》和《2010年门头沟区社区用房规范化建设工作实施意见》。区社会办汇报了前一阶段社区用房规范化建设的进展情况，就存在的问题进行了分析，对下一步工作进行了部署。

（兰德敏）

【设立慰问资金】　从2009年开始，每年区政府为退离居委会老积极分子发放专项慰问资金（500元/人·年），经统计，共有无固定收入的退离居委会老积极分子391名，发放资金19.55万元。

（兰德敏）

【建立合作关系】　年内，区委社会工委、区社会办与中国青年政治学院社会工作学院建立了合作关系，双方同意开展社会工作人才队伍培养“双基地”建设，为社会工作人才队伍职业化、专业化发展提供保障。

（兰德敏）

【召开社区建设工作会议】　3月12日，社区建设工作会议召开，区民政局、街（镇）

主管领导及居民科科长参加会议。会议传达了市社会办《关于进一步推进社区规范化建设试点工作的实施方案》、《2010 年社区基层政权建设工作要点》、《2010 年门头沟区创建和谐社区实施方案》。

（兰德敏）

【召开社区用房规范化建设项目专题会】 3 月 18 日，区社会办召开社区用房规范化建设项目专题会，区社会办总结了社区用房选址的进展情况，通报了社区用房规范化建设选址阶段性结果，就选址过程中出现的问题进行了解说，并部署了下一步的工作重点。副区长贾文勤出席会议。

（兰德敏）

【召开推进社区规范化管理研讨会】 3 月 19 日，区社会办召开了各街道办事处及有关镇主管居民工作领导研讨会，就如何制定科学有效、切实可行的《社区工作者考核奖励管理办法》进行了研讨。

（兰德敏）

【召开街道、镇建立社会工作党委推进会】 4 月 7 日，门头沟区街道、镇建立社会工作党委推进会召开。会上，传达了市社会建设“1+4”文件精神及市委组织部、市委社会工委《关于开展社会领域党建试点工作的意见》，下发了《门头沟区关于在街道、镇建立社会工作党委的实施意见》，对下一步工作进行了部署。

（兰德敏）

【社区规范化建设工作】 4 月 12 日，区委社会工委、区社会办举办了社区规范化建设工作培训会。市委社会工委、市社会办社区建设处处长孙志祥结合全市社区规范化建设试点工作经验和国内外社区建设的成功案例，从社区规范化建设工作的理论基础、实施背景、努力方向、核心问题和推进措施等方面进行了系统的阐述和讲解。各街道（镇）的副处级主管领导、科长和 99 个社区书记、主任、副主任共 240 多人参加了此次培训。

（兰德敏）

【开展“国际社工日”系列活动】 3 月 15—4 月 15 日，区委社会工委、区社会办组织开展了庆祝国际社工日系列活动。一是为全区各街镇近 750 名社区工作者进行了一次免费健康体检。二是在大峪街道办事处南路二社区开展了以“互帮互助，共建共享”为主题的百人签名活动。三是参加“北京 2010 年国际社工日大型主题活动暨国内首部社工影片《十二情感》首映式”启动仪式。四是各街道办事处及有关镇的 99 个社区按照《门头沟区 2010 年关于“国际社工日”系列活动安排方案》，开展了不同形式的庆祝活动。

（兰德敏）

【首家镇社会工作党委在妙峰山镇成立】 4 月 22 日，妙峰山镇举行社会工作党委揭牌仪式，辖区内驻地派出所、妙峰山民族学校、镇卫生院、绿纯蜂业、东方机电公司、北京军区卫生干部培训中心等社会单位主要领导作为妙峰山镇社会工作党委第一届委员参加了会议。会上，宣布了门头沟区委社会工委《关于成立妙峰山镇社会工作党委的批复》及《关于妙峰山镇建立社会工作党委的实施意见》。妙峰山镇党委书记彭利锋、区委社会工委副书记高增龙为镇社会工作党委的成立进行揭牌。

（兰德敏）

【召开社区用房规范化建设工作协调会】 4 月 26 日，区委常委、政法委书记韩生辉主持协调会，区社区用房建设协调领导小组成员单位的主管领导参加了会议。会上听取了区社会办关于社区用房规范化建设工作进展情况的汇报，着重研究了社区用房规范化建设立项工作中出现的问题。

（兰德敏）

【成立社会工作党委】　截至4月底，全区4街9镇全部成立了社会工作党委，实现了市、区、街镇三级联动的社会领域党建工作管理体系，成为全市首家实现街、镇社会工作党委全覆盖的区县。

（兰德敏）

【召开社区建设工作会】　5月27日，区社会办召开社区建设工作会。四个街道办事处和相关镇的主管领导汇报了本单位社区规范化建设和开展和谐社区创建工作的进展情况。区社会办向参会单位通报了2010年社区规范化建设和和谐社区创建工作进展情况，印发了《社区工作者绩效考核办法》及相关工作制度，布置2011年社区用房建设项目立项前期准备工作。

（兰德敏）

【开展庆“七一”主题党日活动】　6月25—26日，区委社会工委、区社会办组织大学生社区工作者赴西柏坡革命教育基地开展庆“七一”主题党日活动。

（兰德敏）

【完成大学生社区工作者招考工作】　年内，完成41名大学生社区工作者招考工作，分配到全区4街9镇，为街镇社会工作党委配备党务工作者2名，其余15人按社区总量的14%比例分配到各街镇社区服务站。

（兰德敏）

【召开全区街道、镇社会工作党委书记会议】7月19日，全区4街9镇的社会工作党委书记参加会议。会议传达了区委十届十次全会精神，总结了上半年社会领域党建和社会建设工作，区委社会工委坚持以科学发展观为统揽，紧紧围绕“一个中心，构建五大体系，推进六项工作”的总体要求，全力推进社会建设工作。社会领域党建深入开展，完成了街道、镇社会工作党委组建工作，开展了“五个好”社区党组织创建工作，社区“两委”任期承诺工作稳步推进；社区自治建设得到加强，社区服务用房项目扎实开展；社会组织健康发展，确定了首批区级“枢纽型”社会组织。区委常委、政法委书记韩生辉参加会议并提出要求。

（兰德敏）

【举办社区工作者上岗培训班】　7月20—21日，举办了2010年市招录社区工作者上岗培训班。区委社会工委书记、区社会办主任韩兴无进行了开班动员，并作了《几年来我市社会建设工作开展情况介绍与思考》的专题报告。邀请中国青年政治学院教授和区委政策研究室副主任分别对《社区存在的问题及社区工作者工作策略》、《门头沟区情、未来发展思路和目标》进行了授课。

（兰德敏）

【推进社会建设工作】　7月23日，区委社会工委、区社会办召开工委扩大会，组织机关全体干部学习了北京市社会服务管理创新推进大会及区委十届十次全体（扩大）会重要指示精神。学习了《北京市社会服务管理创新行动方案》和全会报告，结合全会精神分析了前阶段工作中存在的问题，部署了下阶段工作重点。

（兰德敏）

【认定“枢纽型”社会组织】　年内，在全区认定首批七家区级“枢纽型”社会组织，分别为：区总工会、团区委、区妇联、区科协、区残联、区文联、区红十字会，分别负责职工类、青少年类、妇女儿童类、科学技术类、残障服务类、文学艺术类、医疗救助类社会组织的联系、服务和管理。

（兰德敏）

【召开社区“两委”主要负责人培训班】　8月4—6日，区委组织部、区委社会工委在龙世源举办社区“两委”主要负责人培训班。全区99个社区的党支部书记、居委会主任，各街道、镇组织科长、居民民政科科长共143人参加了培训。区委常委、组织部部长张冰作了开班动员。邀请市委社会工委党建处的领导介绍了“新时期区域化社区党建工作”，石景山区八角街道特钢社区党委书记介绍了构建“金色亲情”社区的经验做法，区发改委领导对区委十届十次会议的有关精神进行了详细解读；区委政法委的领导对社区干部如何开展反邪教工作进行了广泛宣传。

（兰德敏）

【召开社会服务管理创新推进会】 8月17日，召开了贯彻落实全市社会服务管理创新推进大会精神协调会。区委社会工委传达了《北京市社会服务管理创新行动方案》的主要目标和任务。区委常委、政法委书记韩生辉强调，就当前和今后一个时期，全区要按照《行动方案》的总体安排，鼓励创新社会服务和管理的方式方法，以社会需求为出发点，重点围绕社会保障体系创新、各类社会群体服务管理创新、社区服务管理创新、社会组织服务管理创新、互联网等新媒体管理创新、社会领域党建工作创新等方面，加大工作力度，努力实现社会服务管理全覆盖，初步形成具有时代特征、区域特色的全区社会建设新格局的基本框架，努力开创社会建设新局面。

（兰德敏）

【社区工作者待遇落实到位】 年内，经过对全区全额事业单位人员待遇情况的调研，依照不低于所在区县执行事业单位工资制度的全额拨款事业单位（不含教师），按照国家和本市有关规定对社区工作者工资待遇进行了调整规范。全区共有786名社区工作者进行了调整，每年区财政需增加资金约577万元，从7月1日执行，9月底已全部补发落实到位。

（兰德敏）

【召开岗位培训班】 区委社会工委举办副职以下社区工作者（不含2010年新招录的）岗位培训班。对全区610名社区工作者进行了培训。

（兰德敏）

【召开社区规范化建设现场推进会】 11月11日，在门头沟区社区服务中心召开了“门头沟区社区规范化建设现场推进会”。会上，总结了全区社区规范化建设工作，东辛房街道办事处作了“开拓创新探新路　规范化建设结硕果”的专题汇报，介绍了本单位社区规范化建设的经验做法和取得的成果。副区长李昕出席会议。4街6镇以及相关社区居委会主任60余人参加了会议。

（兰德敏）

【召开社区建设工作经验交流会】 11月30日，区社会办在区直机关工委四层会议室组织召开了门头沟区2010年社区建设工作经验交流会。全区4街6镇的居民科科长、21个先进集体及个人参加了会议。会上，总结了全区2010年社区建设工作，部署了2011年社区规范化建设工作，6个先进集体及个人作了典型发言。

（兰德敏）

【召开创先争优推进会】 12月8日，区委组织部、区委社会工委召开新经济组织党组织创先争优活动推进会。区委社会工委书记、区社会办主任韩兴无对全区新经济组织党组织创先争优活动开展情况进行了简要总结，并对下一步工作进行了部署。天马轴承有限公司党委、精雕有限公司党支部、南丁格尔服装服饰有限公司党支部、国信嘉业党委进行了大会典型发言。区委常委、组织部部长张冰对新经济组织党组织创先争优活动提出要求。

（兰德敏）

【任免区委社会工委主要领导】 12月22日，根据中共门头沟区委组织部任免通知（门组干〔2010〕186号），韩兴无同志任区委王平地区工委书记、王平镇党委书记，免去其区委社会工作委员会书记职务。

（兰德敏）

房山区

【概况】 区委社会工委的主要职责：第一，贯彻执行党的路线、方针、政策和区委关于加强本区社会建设的决议、决定，研究提出工作意见并组织实施。第二，研究提出本区社会建设的总体规划、工作方案和相关政策，为区委宏观决策服务。第三，负责宏观指导、统筹协调和督促检查本区社会建设重点任务的落实，制定社会建设考核评价体系并组织实施。第四，拟定并组织实施本区社会管理体制改革和社会领域社会动员体制机制建设的规划和政策措施。第五，负责综合研究和统筹协调本区街道管理体制改革相关工作。第六，负责本区社会领域党建工作，拟定并组织实施全区社会领域党建工作规划，协调指导各乡镇（街道）、各有关单位开展社会领域党建工作。第七，协调指导本区社会工作人才队伍建设工作，拟定并组织实施社会工作者队伍建设规划、工作方案和配套政策；综合协调本区志愿者工作，拟定并组织实施志愿者工作的规划和配套政策。第八，完成市委社会工委、区委和区社会建设工作领导小组交办的其他工作。

区社会办的主要职责：第一，贯彻执行有关社会建设的法律、法规、规章和政策，提出加强本区社会建设的意见建议；组织实施本区社会建设的总体规划和工作方案。第二，协调推进本区社会公共服务体系建设，落实相关政策。第三，统筹推进本区社区建设，拟定并组织实施社区建设的规划和政策措施，综合协调社区建设中的重点、难点问题。第四，宏观指导本区社会组织建设与发展，拟定并组织实施社会组织建设规划，协调推进社会组织改革和发展工作。第五，对各乡镇（街道）、各部门的社会建设工作落实情况进行指导和督促检查。第六，完成市社会办、区政府和区社会建设工作领导小组交办的其他工作。

2010年，房山区委社会工委、区社会办本着“规范基础、创新思路、梯次推进、重点突破”的原则，坚持以十七届五中全会精神为指导，以贯彻落实北京市社会服务管理创新推进大会精神为主线，以社会领域党建、社区规范化建设、社会组织和社区工作者队伍建设为重点，扎实推进各项工作，全区社会建设取得明显成效。

（一）扎实推进社会领域党建工作，党组织和党的工作覆盖面不断扩大，夯实了工作基础

一是认真开展社会领域学习实践科学发展观活动。参加学习实践活动的社会领域党组织232个、党员13158人。二是完成了28个街道（乡镇）社会工委建立工作，组建了全区第1家商务楼宇党组织，组织实施“一五十”党建工程，新提升1个党委，新建5个党总支和10个党支部，扩大了党组织和党的工作覆盖面。三是完成了燕山正邦设备检修有限公司等3家非公有制企业党组织“五个好”示范点创建活动试点，强化了企业党组织建设。四是认真开展了创先争优活动，共有564个党组织15197名党员参加。仅在非公有制企业中就建立联系点182个，提出合理化建议1314条，开展技术革新项目411个，带来经济效益2亿多元，为群众办理好事实事1439件。

（二）加快推进社区规范化建设，努力搭建社区基本公共服务平台，完善了治理模式

一是试点建设。通过新建、改扩建、资源整合、落实配建指标等方式，使全区35%以上的社区办公和服务用房面积达标。二是包装立项。完成了2010年社区和服务用房建设项目的申报，将83个老旧社区纳入规范化建设范围，明确了社区用房“外观形象品牌化、功能设置科学化、建设土地集约化”的“三化”目标。三是打破选址难的瓶颈。请示区政府批准将全区废弃锅炉房及社区其他

闲置用地作为公益事业建设用地，重点保障社区办公和服务用房建设，解决社区用房选址难的问题。四是落实配建指标。申请将区社会办列入了区住宅小区验收领导小组，加强了对新建住宅小区配建社区用房的验收。五是理顺体制。认真梳理社区“三驾马车”各自职责，完善社区服务站工作制度，进一步加强了社区体制机制建设。六是加大经费投入。不断规范社区经费投入，提高了社区经费标准。对规范化试点社区，一律按新标准核拨了办公经费，统一配备了电脑、一体机等办公设备。七是“一刻钟社区服务圈”试点建设。完成“一刻钟社区服务圈”2个试点社区建设，逐步满足社区居民多层次、个性化需求。八是完善农村社区服务体系。积极探索农村社区服务管理的新模式，努力推进社区公共服务城乡一体化进程。

（三）不断完善社会工作运行机制，努力加强社会组织、社区工作者队伍建设，搭建了工作平台

一是按市里统一部署，选聘212名高校应届毕业生及合同期满“村官”到社区工作，加快了社区工作者专业化、职业化进程。二是研究制定了政策性文件，社区工作者工资待遇提高50%以上，规范了社区工作者管理，稳定了队伍。三是与区委政法委联合启动青年人才培养工程，共同开展青年人才培养社会实践“双基地”建设，努力造就复合型人才。四是制定了社会组织相关配套文件，认定区妇联、区残联和区私个协三家区级“枢纽型”社会组织，努力构建“枢纽型”社会组织工作体系。五是完成政府购买社会组织公共服务项目12项，努力推进政府购买公共服务步伐。六是初步建立起社会志愿者队伍管理体系，现有各类志愿者1.1万人，其中登记注册志愿者6500人，新成立志愿者服务队2支。

（四）贯彻落实党的十七届五中全会精神，探索社会服务管理的新途径、新方法，提高了服务管理水平

一是学习研究。组织社会领域系统学习十七届五中全会精神，深刻领会全会精神实质，把社会服务管理创新与贯彻落实十七届五中全会精神紧密结合。二是制定实施意见。制定了《房山区社会服务管理创新实施意见》，进一步明确了社会建设的近期和中远期任务目标，提出要努力实现服务型管理新模式，并结合房山快速城市化的发展实际，将城乡结合部社区建设作为下一阶段工作重点。三是召开推进大会。召开了房山区社会服务管理创新推进大会。市委常委梁伟等领导到会并作出重要指示。四是确定试点。根据城市社区和农村社区所占比重不同，确定（东风、西潞、长阳）三个不同类型的街道（乡镇）为首批社会服务管理创新综合试点单位，确定一个乡镇（窦店）为专项试点单位，制订了试点工作方案。五是考核评价。将社会服务管理创新纳入全年的区直部门和街道（乡镇）领导班子考核评价体系，完善了推进社会服务管理创新工作的监督机制。六是确定责任目标。制定了符合房山实际的社会服务管理创新67项任务的折子工程，涉及牵头单位19个、主责单位63个、协办单位100个。2010年12月31日已由区委、区政府名义印发，要求各牵头单位要针对每项折子工程制订详细工作方案，报社会建设工作领导小组办公室，从而使社会服务管理创新工作更具操作性。其中区委社会工委、区社会办牵头任务26项（占39%）、主责任务34项（占51%）、协办任务10项（占15%），仅有20项（占30%）任务没有涉及，充分体现了区委社会工委、区社会办在社会服务管理创新工作中的重要地位。

（五）积极推进“六个家园”建设，顺利开展《社会家园》电视栏目宣传活动，打造了房山模式

一是以体制机制创新为动力，以社区规范化建设为载体，以实现好、维护好、发展好人民群众的根本利益为出发点和落脚点，积极推进“六个家园”建设（即阳光家园、爱心家园、康乐家园、学习家园、和谐家园和红色家

园）。二是以“六个家园”为框架，以百姓关心的热点、难点、亮点为支撑，创办《社会家园》电视栏目，收效显著。

（张家榕）

【成立区社会建设工作领导小组】 4月20日，经第六届区委常委会第117次会议决定，成立了房山区社会建设工作领导小组。区委书记刘伟任组长。区社会建设领导小组主要工作职责是贯彻落实市委、市政府及区委、区政府关于加强社会建设和管理的方针、政策，总体规划、统筹协调本区社会建设和管理工作；加强调查研究，综合分析本区社会建设和管理方面的工作情况，研究审议本区社会建设和管理方面的重大事项和重要政策；负责本区社会建设和管理工作的宏观指导；承办区委、区政府交办的其他工作。社会建设领导小组下设办公室。办公室设在区委社会工委、区社会办，区委社会工委书记、区社会办主任王占勇兼任办公室主任。

（张家榕）

【与区地税局联手举办税法宣传系列活动】 4月20日，区委社会工委、区社会办和区地税局联手举办了“地税社区手牵手，三化两区齐贡献”税法宣传系列活动启动仪式，区委副书记张祝华出席活动。该活动以“地税社区手牵手，三化两区齐贡献”为主题，由区委社会工委、区社会办和区地税局共同主办。启动仪式上为6个社区代表颁发了“房山区社区税法宣传站”牌，97名社区工作者成为了社区税法宣传员。

（张家榕）

【选聘高校应届毕业生和届满村官到社区工作】 6月，房山区共选聘240名大学生届满村官到社区工作。

（张家榕）

【成立社会领域首家党委】 5月26日，房山区社会领域成立首家党委——中共北京市房山城建集团党委。

（张家榕）

【创办《社会家园——周六特别版》栏目】 7月24日，由区委宣传部牵头，区委社会工委、区社会办与区广电中心联手创办《社会家园——周六特别版》栏目正式开播。栏目以社会领域党建、社区规范化建设、非公经济组织和新社会组织改革与发展、社工和志愿者队伍建设为重点，以百姓关心的热点、难点、亮点问题为支撑，积极宣传社会建设所取得的成果。

（张家榕）

【召开第二期社区工作者岗前培训】 8月9—13日，区委社会工委（区社会办）举办第二期社区工作者岗前培训班。8月9日举办开班动员会，市委社会工委副书记、市社会办副主任赵小卫，区委常委、副区长李江，区委社会工委、区社会办及相关部门的领导参加会议。培训班先后就北京市“1＋4”文件、《社区规范化建设》、《房山区社会领域党建》、《社区人才队伍建设》、《社区工作实务》、《社区工作者待遇》、《社区工作技巧》等内容进行学习，并通过才艺展示和命题演讲等形式充分挖掘新社工的内在潜质，展示风采。8月13日举办了第二期社区工作者岗前培训班结业式，区委常委、组织部部长孙强出席并讲话。

（张家榕）

【东风街道举行“红馨苑”党员服务中心揭牌仪式】 8月11日，房山区东风街道举行社会工委成立暨“红馨苑”党员服务中心揭牌仪式。市委社会工委委员、市社会办副主任陈建领出席仪式并讲话。

（张家榕）

【召开“双基地建设”（法官与社工社会实践双基地建设）工作大会】 8月26日，房山区法院与区委社会工委共建青年人才培养社会实践双基地建设工作大会召开，33名青年干警分配到拱辰、西潞、城关、长阳、窦店五个乡镇、街道有拆迁任务的村、社区。青年干警在社区（村）共服务三个月。通过青年干警们到社区进行法律知识宣传，了解社区居民的法律需求，第一时间为社区服务。力争"早发现、早介入、早处理"，为社区提供法律服务，及时处理、化解基层矛盾。

（张家榕）

【区领导调研社区规范化建设工作】 9月17日，区委书记刘伟与区人大代表深入西潞街道就社区规范化建设工作进行调研，深入到夏庄社区实地查看工程进展情况，了解社区办公和服务用房建设存在的问题。

（张家榕）

【召开社会服务管理创新推进大会】 9月27日，召开房山区社会服务管理创新推进大会，市委常委梁伟，市委副秘书长王翔，市委社会工委书记、市社会办主任宋贵伦，市委社会工委副书记、市社会办副主任赵小卫，区委书记刘伟，区长祁红等领导，以及区直各部委办局、各乡镇（街道）、非公有制企业、社会组织等500余人参加大会。会上，刘伟书记要求：一是要围绕推进城市化进程，着力抓好新型社区建设。二是要围绕营造和谐稳定的发展环境，积极化解社会矛盾。三是要围绕提升社会服务管理水平，不断创新工作机制和方式方法。最后，市委常委梁伟同志作了重要讲话，提出了四点希望：一是要坚持服务为先。把"服务"贯穿于各项工作的全过程，通过服务来解决社会矛盾和问题，实现社会的有效管理。二是加强统筹协调。在推进社会服务管理创新中，一定要坚持统筹协调工作方式，最大限度地整合社会资源，形成社会建设的整体合力。三是坚持改革创新，进一步创新工作体制，构建"党委领导、政府负责、社会协同、公众参与"的新格局。四是加强队伍建设。推动具有专业知识的社工队伍建设就是为社会建设和社会管理提供人才保证。

（张家榕）

【印发《房山区社会服务管理创新实施意见》】 10月20日，经第六届区委常委会第134次会议讨论通过，以区委办、区政府办名义印发了《房山区社会服务管理创新实施意见》。

（张家榕）

【成立全市首家大学生社工党支部】 11月12日，房山区委社会工委召开大学生社区工作者党支部成立大会，成立了全市首家大学生社工党支部。党支部下设8个党小组。制定了"三会一课"制度、"双重组织生活"制度、民主评议党员制度等七项党组织生活制度。

（张家榕）

【举办社会领域2010年入党积极分子培训班】 11月21日，区委社会工委、区社会办对下属的19家"两新"组织157名入党积极分子进行了培训。培训班以科学发展观为指导，以《中国共产党章程》为基本内容，紧密联系党建基本要求对学员进行了详细的讲解，提高了入党积极分子的思想政治水平和实际工作能力，进一步推进了"两新"组织党建工作。

（张家榕）

【成立首家商务楼宇党支部】 11月22日，房山区成立首家商务楼宇党支部——北京市房山良乡盛通家居广场市场有限公司党支部。党支部下设4个党小组，共有党员22名，并设立了专门的党员活动室和会议室。

（张家榕）

【召开规范社区工作者工资待遇工作会】 12月22日，房山区召开规范社区工作者工资待遇、促进社区和谐发展工作会，区委常委、副区长李江出席会议。会上，区社会办就《进一步规范社区工作者待遇实施细则》作了说明，对下一步工作进行了安排部署。此次规范社区工作者待遇是在基本工资、职务年限补贴相关待遇不变的基础上，对社区工作者待遇进行规范、调整。调整后，每人月平均增幅800元，规范后的社区工作者待遇标准从2010年7月1日起开始实施。

（张家榕）

通州区

【概况】 区委社会工委（区社会办）内设5个科室，在编人员18人，其中公务员16人、工勤2人，本科以上学历16人，大专学历2人。

年内，区委社会工委（区社会办）在区委区政府的正确领导下，以党的十七大和十七届四中、五中全会精神为指导，以改善民生和构建社会建设“五大体系”为重点，紧紧围绕现代化国际新城建设这一中心，勇于探索，开拓创新，取得了一定的成效。

年内，共制定社会建设工作文件49个。年初，召开了通州区2010年推进社区规范化建设工作会议，安排50个社区进行规范化建设，其中24个社区有用房建设任务，建筑面积8442.4平方米，总投资6923万元。开展“一刻钟社区服务圈”试点工作，确定玉桥北里等8个社区为“一刻钟社区服务圈”试点。进一步加强了楼门文化建设，安排建设拓展型楼门600个、更新型楼门2000个、自建型楼门500个、创新型楼门200个。不断探索社会组织改革与发展，探索“枢纽型”社会组织工作体系建设，认定区文联和区科协为首批区级“枢纽型”社会组织，完成了29项政府购买社会组织公共服务备选项目，投资50万元落实政府购买公共服务项目10个，完成了283家社区社会组织备案工作，成立1家社区社会组织联合会。不断巩固社会工作队伍基础，落实“大学生社工计划”，规范社区工作者待遇，先后举办了处级领导干部社会建设专题培训班，社会工作者职业水平考前培训班，大学生社区工作者岗前培训班。稳步推进社会领域党建工作，在13个街道、乡镇成立了社会工作党委，在7个商务楼宇建立了商务楼宇党建工作站（社会工作站），实现了商务楼宇党建工作站（社会工作站）全覆盖，在41个规模以上非公有制企业开展了“五个好”创建活动，举办了有50%规模以上非公有制企业党组织负责人参加的培训班。全面推动社会服务管理创新，召开了学习贯彻《北京市社会服务管理创新行动方案》会议，以区委、区政府名义制发了《通州区贯彻落实〈北京市社会服务管理创新行动方案〉的实施方案》和《通州区社会服务管理创新折子工程》，确定马驹桥镇、梨园镇为综合试点单位。

（樊瑞娟）

【区领导慰问楼门文化建设先进个人】 2月3日，区长邓乃平、区人大常委会主任张文山分别带队走访慰问了为全区楼门文化建设工作作出突出贡献的楼门长代表杜九卿、潘淑清。

（樊瑞娟）

【召开全区社会领域党建工作会议】 3月10日，组织召开全区社会领域党建工作会议。区委社会工委书记、区社会办主任宁秋君作了工作报告。区委常委、组织部部长郭旭升出席会议并作重要讲话。

（樊瑞娟）

【与北京工业大学实验学院签署合作协议】 4月2日，区委社会工委、区社会办与北京工业大学实验学院共同签署教学试验基地合作协议。区委社会工委书记、区社会办主任宁秋君，北京工业大学实验学院党委书记王雅岚出席签署仪式。

（樊瑞娟）

【召开社区规范化建设工作会议】 4月9日，通州区推进社区规范化建设工作会议在东方宾馆召开。会议由区委社会工委书记、区社会办主任宁秋君主持，区委常委、政法委书记赵玉影出席会议并讲话。区社会办、区发改委、区规划分局、区国土分局、区财政局、区环保局、区住建委及各街道办事处，永顺、梨园、潞城、漷县镇主要领导和开展社区规范化建设的社区负责人共计120余人参加了会议。

（樊瑞娟）

【召开关于志愿者工作协商会】 4月14日，区委社会工委（区社会办）与团区委举行了区志愿者工作协商会。会议就关于加强和改进志愿者工作意见、2010年志愿者工作要点、筹备成立区志愿者联合会等有关事宜交换了意见。

（樊瑞娟）

【举办首届处级领导干部社会建设专题培训班】 5月17—21日，区委社会工委、区社会办与区委组织部、区委党校联系举办首次处级领导干部社会建设专题培训班，来自6个乡镇4个街道和相关单位主管社会建设工作的30名处级领导干部参加了培训。

（樊瑞娟）

【召开社会建设领导小组（扩大）会议】 5月20日，召开通州区社会建设工作领导小组（扩大）会议，会议讨论通过了《关于通州区社会建设工作2009年进展情况和2010年工作安排的汇报》、《关于构建“枢纽型”社会组织工作体系的暂行办法》和《关于认定第一批区级“枢纽型”社会组织的通知》。区领导李玉君、赵玉影、肖志刚和全区社会建设领导小组成员单位的主要领导、乡镇、街道党委（工委）书记参加了会议。

（樊瑞娟）

【举办社会工作者职业水平考试考前培训班】 6月2—6日，区委社会工委、区社会办举办了2010年通州区全国社会工作者职业水平考试考前培训班，来自全区4个街道和有关乡镇的243名社区工作者分别参加了助理社工师、社工师的考前培训。

（樊瑞娟）

【完成2010年选聘大学生社区工作者工作】 截至6月18日，2010年选聘大学生社区工作者面试工作结束。7月16日，2010年新招录社区工作者分配会议召开。会议对新招录大学生社区工作者的分配原则进行了说明，并印发了《2010年新招录大学生社区工作者分配方案》。区委社会工委书记、区社会办主任宁秋君，区委社会工委副书记曾祥正和有关单位主管领导参加会议。7月23日，区委社会工委、区社会办完成2010年选聘大学生社区工作者工作。

（樊瑞娟）

【召开社会领域党建座谈会】 6月29日，区委社会工委（区社会办）召开“庆七一、做表率、促发展”社会领域党建座谈会。会议由副书记曾祥正主持，区委社会工委书记、区社会办主任宁秋君出席会议并讲话。10月29日，区委组织部召开通州区社会领域党建工作座谈会。区委社会工委书记、区社会办主任宁秋君对社会领域党建工作情况作了全面汇报，区委常委、组织部部长郭旭升出席会议并讲话。

（樊瑞娟）

【召开首批“枢纽型”社会组织成立大会】 7月8日，区委社会工委、区社会办召开首批“枢纽型”社会组织成立大会。副区长肖志刚参加会议并讲话。会议认定通州区科学技术协会和通州区文学艺术界联合会为“枢纽型”社会组织。7月16日，通州区人民政府对区委社会工委、区社会办《关于授权北京市通州区科学技术协会、北京市通州区文学艺术界联合会两“枢纽型”社会组织为本区有关社会组织的业务主管单位的请示》作出批复，授权两家“枢纽型”社会组织承担本区有关社会组织的业务主管单位职责。

（樊瑞娟）

【召开加强社会工作人才队伍建设座谈会】 7月19日，区委社会工委（区社会办）召开关于加强社会工作人才队伍建设座谈会，对全区社会工作人才队伍的现状、人才发展规划进行讨论，起草了《关于加强社会工作人才队伍建设意见》。

（樊瑞娟）

【实现社会领域工作党委全覆盖】 8月2日，潞城镇社会工作党委成立。至此，通州区实现了社会领域工作党委全覆盖。

（樊瑞娟）

【召开进一步规范社区工作者待遇专题会】 8月11日，区社会建设工作领导小组办公室召开进一步规范社区工作者待遇专题会，讨论并通过了《关于进一步规范社区工作者待遇的实施方案》。副区长肖志刚，区委社会工委书记、区社会办主任宁秋君，区财政局副局长武燕伶，区人力资源和社会保障局副局长吴绍伟等领导参加会议。8月25日，第67次区长办公会审议并通过了《关于进一步规范社区工作者待遇的实施方案》，并提交区委常委会审议。9月6日，第四届区委常委会第115次会议审议并通过了《关于进一步规范社区工作者待遇的实施方案》。

（樊瑞娟）

【开展社会组织工作座谈会】 8月19日，区委社会工委书记、区社会办主任宁秋君，区委社会工委委员、区社会办副主任张长利，与区体育局主要领导一起就社会组织改革与发展相关工作进行座谈。8月24日，区委社会工委书记、区社会办与区水务局一起协商认定第二批“枢纽型”社会组织相关工作。8月30日，区委社会工委、区社会办拨付区科协、区文联“枢纽型”社会组织支持资金8万元，用以开展社会组织各项工作。10月19日，区委社会工委书记、区社会办与区经管站领导就构建“枢纽型”社会组织体系进行座谈。

（樊瑞娟）

【完成2010年新选聘大学生社区工作者岗前培训工作】 9月3日，完成2010年新选聘大学生社区工作者的岗前培训工作，培训期间相关街道、乡镇与73名新选聘大学生社区工作者签订了《北京市社区专职工作服务协议》。

（樊瑞娟）

【召开贯彻落实市社会服务管理创新推进大会精神会议】 9月6日，区社会建设领导小组召开贯彻市社会服务管理创新推进大会精神会议，区政府副区长肖志刚主持会议，区委副书记李玉君讲话，相关部门负责同志参加会议。

（樊瑞娟）

【召开“一刻钟社区服务圈”建设试点工作部署会】 9月8日，区委社会工委、区社会办组织召开了通州区“一刻钟社区服务圈”建设试点工作部署会。会议由区委社会工委书记、区社会办主任宁秋君同志主持，区社会办、各街道办事处分管领导和社区中心主任以及“一刻钟社区服务圈”试点社区负责人参加了会议。

（樊瑞娟）

【举办首届街道、乡镇社会工作党委书记培训班】 11月16—22日，区委社会工委举办首届全区街道、乡镇社会工作党委书记培训班。区委组织部常务副部长、正处级组织员王杰群作开班动员。

（樊瑞娟）

【举办“两新”组织党支部书记培训班】 12月13—15日，区委社会工委举办了“两新”组织党支部书记培训班。87名“两新”组织党组织负责人参加了培训。

（樊瑞娟）

【召开社会领域党建务虚会】 12月16日，召开社会领域党建务虚会，各街道、乡镇社会工作党委书记进行交流发言。

（樊瑞娟）

【举办大学生社工服务社区论坛】 12月20日，区委社会工委完成大学生社工服务社区论坛征文评选工作，共评选出一等奖2名、二等奖5名、三等奖8名、优秀奖10名。

（樊瑞娟）

【召开2011年社区建设座谈会】 12月22日，区委社会工委组织全区4个街道办事处和梨园、永顺、潞城、漷县、马驹桥5个乡镇在东方宾馆召开2011年社区建设座谈会。

（樊瑞娟）

顺义区

【概况】 2010年顺义区社会建设工作以深入学习实践科学发展观活动为契机，全面贯彻落实北京市社会服务管理创新推进大会精神，在市委社会工委、市社会办的正确领导下，紧紧围绕区委、区政府提出的“经济发展多元化、城乡发展一体化、城市管理精细化、党建工作科学化”目标任务，构建体系、健全机制、突破重点，取得了阶段性成果。

顺义区作为北京市社会服务管理创新工作三个综合试点区之一，各项工作得到区委、区政府的高度重视，区委书记张延昆主持召开不同层面会议，及时传达大会精神，并就如何贯彻落实《北京市社会服务管理创新行动方案》进行了深入研究。组织部长雷显武、副区长车克欣等同志分别带队深入基层调研，广泛听取基层意见，进行了认真谋划。在广泛了解民情、汇集民意的基础上，区委、区政府确定了“以实现人的全面发展、构建和谐社会为根本，以‘见物见人’为取向，以创造良好的发展环境、政务环境、社会环境为核心，以构建‘五大秩序’、创建‘六无区’为抓手，全面推进社会管理精细化”的工作思路，明确了“构建一体化的社会服务体系、构建精细化的社会管理体系和构建长效化的社会秩序体系”的工作目标。经过多次讨论研究、修改完善，区委、区政府出台了《关于推进社会服务管理创新的意见》和劳动就业、社会保障等11个配套实施方案。还有17个实施方案正在修订，将本着“成熟一个，实施一个”的原则，逐步建立健全社会服务管理创新工作体系。在市级《行动方案》6方面内容的基础上，顺义区将交通、市场、市容、治安、旅游“五大秩序”纳入社会服务管理创新范畴，将深化“六无区”创建活动作为基本抓手，并以《折子工程》形式明确了90多项主要任务的牵头单位、责任单位和完成时限。确定北小营等4个单位作为区级试点，发挥示范带动作用。2010年8月27日，顺义区召开社会服务管理创新推进大会，区委书记张延昆作了动员讲话。随后，全区各单位相继召开动员会，认真学习贯彻市、区大会精神，广泛宣传发动，使社会服务管理创新工作在全区迅速开展起来。目前，顺义区已形成一批有特色、具实效的实践成果和制度成果，如在流动人口服务管理、劳动争议调解五方联动机制建设等方面的做法，在全市产生了积极影响。周永康、刘淇等中央和市领导调研时，对顺义区的流动人口管理工作给予了充分肯定和好评。对全区各单位的工作进展情况，特别是突出做法和典型经验，以《顺义区社会服务管理创新工作简报》等形式积极进行宣传，起到了营造氛围、相互交流的作用。2010年，顺义区着重加强了以下四个方面工作。

（一）是推进社会服务创新

全面发展各项社会事业。成功创建“全国教育综合改革实验区”和“全国社区教育示范区”。23所学校校舍安全改造顺利完成，

“十百千”农村教师带动工程和“名师、名校、名校长”工程深入实施。顺利通过国家卫生区复审，25个社区卫生服务中心、212个社区卫生服务站建成使用，基本实现持卡就医、实时结算，公共卫生服务能力显著增强。

努力提高社会保障水平。积极稳妥地做好征地转非安置工作，2010年农转非17931人，户籍人口城市化率达到51%。全面启动充分就业区创建工作，城乡劳动力二、三产业就业率达到92%，农村劳动力二、三产业就业率达到90%。推进医疗保险、养老保险制度建设，“新农合”参保率达到99.7%，居民基础性养老金由每月280元提高到340元，福利养老金从200元提高到260元。

积极开展社会救助工作。提高居民最低生活保障标准，城市低保提高到每人每月430元，农村低保提高到每人每年3360元。完善医疗救助政策，大病医疗救助标准由5万元提高到8万元。加大危旧房屋翻修改造力度，为335户贫困和优抚对象翻建维修了房屋。建立低保及低保边缘家庭教育救助保障机制，在市级标准基础上，扩大了救助范围，提高了救助额度。

加快推进城乡重点工程。55项重点工程开工建设，M15号线顺义段一期投入运行，区医院、信息中心建设等进展顺利。村庄拆迁稳步推进，洼子村、西马坡村、燕王庄村和市级挂账整治村——天竺村拆迁顺利完成。累计7.8万农民进入社区，融入城市。新城建设进程加快，城市综合功能进一步提升。新农村建设不断深入，市里下达的236个村“五项基础设施”和“三起来”工程全部完成。

大力完善社区基础设施。完成了13个试点社区的硬件建设，2010年又申报57个社区为全市规范化建设试点，使全区规范化建设社区达到90%。提高社区办公用房面积，在全市350平方米标准基础上，提高到450～600平方米。积极探索社区服务站建设模式，建成“一窗式”加“一网式”的服务窗口，为居民提供30多项代办代理服务。积极推进“一刻钟社区服务圈”建设，新建东兴社区市场等便民利民服务设施。制定了社区建设参与制度，街道和社区全程参与新建小区及小区重点工程的建设，确保社区公共服务设施应有尽有、全面落实。

不断优化社工队伍结构。社区“两委”班子换届选举和任职培训圆满完成，大专以上学历人员占到71%，兼职率达到79%。书记、主任一肩挑比率达到100%。2010年新选聘89名高校毕业生到社区工作，并对全区160名社区高校毕业生进行了统一培训。建立健全了社工队伍激励措施，稳妥有序地提高了社工待遇，每人年均工资由22000元提高到32800元，增幅达到49.1%。积极探索将社工纳入编制化管理，确保了队伍稳定。目前有76人获得了社会工作师或助理社会工作师职业资格证书。社工事务所成立运行，社工队伍专业化、职业化进程加快。

全面拓展社区志愿服务。成立了顺义区志愿者联合会，以及消费维权等10支专业志愿服务队伍，志愿者管理和志愿服务得到进一步规范。区义工联合会拓展深化了“春蕾、绿色、蓝盾、霞光、春雨”志愿服务活动，13类180余支义工服务队伍活跃在社区；“96156”社区呼叫中心发展加盟服务商28家，为居民提供服务8000多件；社区党员、义工与空巢老人、低保家庭结成帮扶对子，驻区9个部队与社区开展共建活动，为社区服务注入了活力；胜利街道创新“居家养老”服务机制，筹措40余万元，建设300平方米“温馨家园”老年活动室，并向社会招募800余名志愿者，为空巢老人提供周到服务。

深入探索物业服务模式。以《北京市物业管理办法》出台为契机，组织开展物业服务管理专题调研。针对社区业主委员会组建率较低、物业服务管理不规范等问题，加快制定与《北京市物业管理办法》相配套的实施细则，从规范物业的管理职能、服务事项、收费标准等方面入手，提高物业服务管理水平。依法推进业主大会和业主委员会建设，规范设立程序，完善自治章程，确保依法照章运行。积极推行社区物业公司化管理模式，不断将物业服务与管理推向市场。

（二）是推进社会管理创新

积极推行网格化管理。在充分学习借鉴朝阳、东城等区网格化管理经验的基础上，拟定了顺义区推行网格化管理的实施方案，目前正就平台建设、资源整合等问题深入进行研究。按照该方案，将把人、地、物、事、组织全部纳入网格进行管理，努力实现社会综合服务管理的精细化。

深入构建“大调解”格局。把信访评估作为各级党委政府实施重大决策和重大项目的前置和必经程序，深入推进“信访代理制”，狠抓基层排查和就地化解，全区信访形势持续稳定。建立劳动争议调解五方联动机制，加强了区、镇、企业三级劳动争议调解组织建设。发挥律师服务团队的专业优势，特邀律师志愿者提供“一月三日”法律服务，提高了调解水平。

有效加强流动人口管理。坚持“以产引人、以业控人、以房管人”，人口调控机制不断健全，流动人口规模得到有效控制。积极推行“四集中”、“村企联管”服务模式，健全区、镇、村三级考核机制，以及信息登记、周查月报等工作机制，加强对流动人口的日常服务和管理。区域流动人口增速由“十五”期间的23%降至“十一五”期间的5%，调控成效十分明显。

深入进行社会秩序整治。不断深化对交通、市容、市场、治安和旅游“五大秩序”的综合整治，严防各类秩序问题反弹。特别是在治理市容环境秩序方面，成立了由区长王刚任组长的违法建设查处工作领导小组，建立了联合执法联动机制，严厉打击“违法建设、违法经营、违法广告”，累计拆除违法建设71.7万平方米，环境综合整治取得成效。

严格实施安全生产监管。出台了《顺义区生产经营单位安全生产分类分级管理办法》，构建起安全生产“按类分级、依级监管”的综合监管新体系。实施了《顺义区事故隐患排查治理自查指标工作管理办法》，强化了企业主体责任的落实。在全区全面推广自查自报工作，针对23个重点行业进行督查，增强了基层单位安全防范和排查意识。顺义区的安全生产分类分级管理和企业事故隐患自查自报模式在全市推广。

推进村庄“社区化”管理。制订了《村庄社区化管理平安建设实施方案》，在全市创造性地提出了“三降两无四提高”工作目标、“六有”标准、十项工作制度以及以奖代补等工作措施。成立了区、镇、村三级专职领导机构，推出了南法信镇大江洼、南卷村铁艺围栏和南彩镇河北村围墙两种社区化管理模式，并在全区推广。2010年完成了54个村庄的社区化管理，有效提高了“平安顺义”建设水平。

创新社会组织管理模式。出台了《顺义区加强社会组织管理实施意见》，推进了社会组织管理的制度化、规范化。本着“成熟一批，确认一批”的原则，认定了9家“枢纽型”社会组织，认定划转后共联系管理社会组织183家，约占全区社会组织总数的82.5%，完善了社会组织管理联席会议制度，形成了相关部门联合执法、协同监管的协调联动机制。设立了社会组织培育发展专项资金，制定了《顺义区社会组织培育发展资金使用暂行办法》，大力扶持发展有利于改善民生、有利于结构调整的社会组织、行业协会等。

（三）是推进社会领域党建创新

不断扩大党组织覆盖面。召开党建工作推进会，积极推动“两新”组织党组织建设。先后在顺建大厦、京顺医院等“两新”组织成立党组织，发挥示范带动作用。下发了《关于建立“枢纽型”社会组织党组织的通知》，积极推动“枢纽型”社会组织建立党组织。到目前为止，在规模以上非公有制企业单独建立党组织103个，联合建立党组织78个，覆盖规模以上非公有制企业400

家，覆盖率达100%；新社会组织单独建立党组织12个，联合建立党组织1个，覆盖社会组织97个，覆盖面达91.5%；在具备条件的商务楼宇联合建立党组织7个，覆盖面达100%。

积极建立社会工作党委。6个街道全部成立了社会工作党委，19个镇的社会工作党委正在筹备中，将于2011年年初成立。社会工作党委的全覆盖将有效推进社会领域党建工作的深入开展。

加快推进"五站合一"建设。积极协调团区委、区妇联等有关部门，加快推进商务楼宇"五站合一"建设，增强商务楼宇的服务功能。目前，已对条件相对成熟的商务楼宇完成摸底调研，"五站合一"相关工作正在加紧进行。

深入开展创先争优活动。按照区委统一部署，在社会领域各相关单位全面开展创先争优活动。以这一活动为主要载体，进一步组织举办了形式多样的教育活动，推动了各单位党建工作与业务工作的统筹开展，增强了党建工作的实效。

（四）是推进试点单位工作创新

顺义区确定北小营镇等4个单位为全区综合试点单位。这几家单位从各自实际情况出发，努力做到规定动作有创新、自选动作有特色，收到了较好的阶段性成效。

例如，北小营镇建立了综治维稳工作中心，实行村级"1+1+15"入户管理，确保了镇域和谐稳定。成立了韩资企业联合党支部和二、三产业基地企业联合党支部，覆盖全镇32家规模以上非公有制企业；建立了"党建带三建"工作机制，把工、青、妇纳入党建工作，扩大了党组织和党的工作覆盖面。

牛栏山镇以农村集体经济产权制度改革为契机，积极推进张家庄等"拆迁村"党组织、村民委员会与社区党组织、社区居委会有效衔接，努力探索"拆迁村"社区服务管理模式。以官志卷村为试点，积极开展"文明出租户"评比活动，有效提高了流动人口服务管理的工作水平。

空港街道创新物业服务管理，健全了物业服务评估监理体系，建立了街道日常监管与区住建委年度资质审核相结合的工作机制，成立了街道物业服务管理办公室和社区物业服务管理工作站，全面加强物业服务管理。同时，整合各方力量，成立物业管理纠纷调解委员会，积极调处纠纷。

胜利街道按照地域相邻、文化相融等原则，将街道划分成6个网格，实行分级建格、分区包片、分类管理和领导定点、全员定责、监管定位、排查定时、奖惩定量的"三分五定"工作方法，实现网格化管理全覆盖。根据老人个性化需求，深化为老服务项目，如胜利、怡馨一、建北三等社区积极开展老年餐桌试点，养老服务更趋精细。

（尹相南）

【召开街道建设工作协调会】 2月23日，副区长车克欣召开街道办公用房、居委会配套设施建设协调会，区社会办、区住建委、区财政局、区规划局主管副职参加会议。会议要求：各部门细化2010年政府折子工程，明确完成时间，定期汇报推进程度；各街道对目前工作中亟须解决的问题进行分类、汇总；社会办认真研究街道办事处的职责任务、考核办法，建立街道例会制度，并对街道办公经费来源和使用进行专题调研。

（李　刚）

【组织参加国际社工日宣传】 4月15日，组织50名社区工作者参加了北京市"4.15"国际社工宣传日活动，在活动现场利用展板和才艺展示等形式展示了顺义区社工队伍的建设成果。

（李　刚）

【认定第一批区级"枢纽型"社会组织】 4月28日，在区委第13次常委（扩大）会上，认定了第一批9家区级"枢纽型"社会组织，分别是：团区委、区科协、区文联、区民办教育联合会、区职业培训学校联合会、区福利慈善协会、区体育总会、区商业联合会、区农村专业合作组织服务中心。第一批9家区级“枢纽型”社会组织共联系社会组织151家，再按照分类管理原则，初步明确由这9家“枢纽型”社会组织再进行业务联系的社会组织有32家，划转后所联系的社会组织总数达183家，占顺义区社会组织总数的82.5%。

（李恩雄）

【出台《关于加强社会组织管理的实施意见》】 为进一步规范社会组织的管理，区委社委工委、区社会办起草了《关于加强社会组织管理的实施意见》，在区委第21次常委（扩大）会议上获得通过，并在全区社会服务管理创新推进大会上作为《关于推进社会服务管理创新的意见》的配套文件之一下发。该意见的出台，使顺义区社会组织监督管理和培育发展机制得到进一步完善，标志着全区社会组织培育发展和监督管理新的体系框架基本形成。

（李恩雄）

【建立社会组织建设管理联席会议制度】 年内，建立了社会组织建设管理联席会议制度，联席会议明确了人员组成、工作职责和工作规程，进一步确立了社会组织监管机制，规范了“枢纽型”社会组织的运行，为加强社会组织之间的工作联系和信息沟通，研究、商讨社会组织的服务、管理、发展等有关事项建立了有效的机制。

（李恩雄）

【组织开展社区干部培训】 7月13—16日，顺义区组织开展社区干部培训。培训对象为各社区居委会主任、副主任，2009年、2010年到社区工作的高校毕业生合计260人。培训内容包括党的基层组织建设、世界城市与社会管理、社区心理调试等7项内容。

（王　伟）

【成立绿港社工事务所】 7月27日，顺义区首个社会工作事务所——绿港社工事务所正式注册成立，业务范围包括社工课题研究、政策宣传、学术交流、咨询服务等。

（李恩雄）

【召开社会服务管理创新推进大会】 8月27日下午，顺义区委、区政府召开顺义区社会服务管理创新推进大会，市委副秘书长王翔，市委社会工委书记、市社会办主任宋贵伦，市委社会工委副书记、市社会办副主任赵小卫出席了会议。全区各部、委、办、局、公司、中心、人民团体，各镇街道党政主要领导参加。会上印发了《中共北京市顺义区委、北京市顺义区人民政府关于推进社会服务管理创新的意见》和11个配套实施方案。市委副秘书长王翔、顺义区委书记张延昆作了重要讲话。

（王　伟）

【启动“北京顺义2010年周末社区大讲堂”活动】 该活动由区委宣传部、区委社会工委举办。启动仪式上，中国中医研究院西苑医院老年医学研究所研究员张国玺教授，为光明街道70余名社区居民作了首场讲座——《做自己的健康管家》。此次活动旨在推动“人文北京、科技北京、绿色北京”建设，进一步对居民进行社科知识普及，不断提升全体居民的人文素质。

（李　刚）

【开展社区物业服务情况调研】 年内，由副区长车克欣主持，区社会办、区住建委、区法制办等有关部门成立调研组，深入街道和社区开展物业服务情况调研。通过调查研究，对社区物业管理存在的问题形成了清晰认识，并以调研报告的形式向区委、区政府提出了对策建议，重点包括筹备成立顺义区物业服务行业协会、引入第三方评估监理机制、规范业主委员会运行机制、逐步推进老旧社区物业服务市场化等。

（李　刚）

【社会工作专业本科学历培训班开班】 9月12日，顺义区首届社会工作专业本科学历培训班正式开班。该班由北京广播电视大学顺义分校开办，目的是全面提升社区工作者的知识水平，培养专业化、职业化的社区工作者人才队伍。经社区、街道推荐，共择优录取40名社区工作者成为首批本科学历培训班学员。

（李 刚）

【召开社会服务管理创新信息交流推进会议】 9月15日，召开社会服务管理创新信息交流推进会议。副区长车克欣主持会议，区政府办、区宣传部、区社会办、区广电中心4家单位领导参加。

（王 伟）

【召开第一批“枢纽型”社会组织工作会】 9月19日，召开第一批“枢纽型”社会组织工作会。会议下发了顺义区《关于认定第一批“枢纽型”社会组织的决定》。区委常委、组织部部长雷显武作了重要讲话，从“枢纽型”社会组织的性质、职责和下一步工作等方面提出了具体要求。副区长车克欣主持会议。

（李恩雄）

【区理论学习中心组专项研究社会服务管理创新试点工作】 9月20日，理论学习中心组专项研究社会服务管理创新试点工作。四套班子领导及区委办、区政府办等40余家相关单位主要领导参会，会议对社会服务管理创新试点区工作进展情况研讨，并对如何理解社会服务管理创新进行讨论。

（王 伟）

【召开社会服务管理创新专题汇报会】 9月30日，召开社会服务管理创新专题汇报会。区委常委、组织部部长雷显武，副区长车克欣出席会议，并在听取民族宗教侨务、网格化管理等15个方面的工作汇报后强调：一是各单位要将人、地、事、物、组织全部纳入网格化管理之中，抓好全方位的服务，从细节提升服务水平。二是将管理寓于服务之中，既要着眼服务强化管理，体现出管理的效用，又要通过管理改进服务，提高群众的满意度。三是深刻领会创新在服务管理中的重要作用，正确处理继承与创新的关系，结合实际抓好创新点，以点带面推进社会服务管理工作。

（王 伟）

【创办《顺义区社会服务管理创新工作简报》】 10月13日，顺义区正式出刊《顺义区社会服务管理创新工作简报》。截至12月31日，共出版简报20期，其中普刊10期、专刊9期、调研专刊1期，刊发信息60余条。

（王 伟）

【街道、社区干部到朝阳区参观学习】 10月19日，区社会办组织街道干部和社区居委会主任共32人，分别参观了朝阳区八里庄街道华贸中心社区和建外街道南郎家园社区，详细察看了社区办公服务用房和各项制度建设情况，听取了朝阳区委社会工委及街道领导关于工作进展情况的介绍，并就如何服务社区群众、组织居民开展活动、搞好社区规范化建设及推进社区服务管理创新等问题进行了座谈交流。

（李 刚）

【商务楼宇党建实现全覆盖】 年内，区社会工委根据《顺义区关于进一步扩大社会领域党组织和党的工作覆盖面实施方案》的要求，按照属地管理的原则，依托街道、镇社会工作党委和开发区管委会，建立商务楼宇社会工作党组织5个（其中楼宇联合党支部1个）、商务楼宇社会工作站2个，服务于9栋商务楼宇中的114个非公有制企业及2000余名员工。至此，全区商务楼宇党组织（站）达到全覆盖。

（朱广娜）

【完成2010年大学生社区工作者招录工作】 年内，通过笔试、面试、体检层层考核，新招录到社区工作的高校毕业生71人，其学历全部为大专以上，涉及理、工、商、农、医等20余个专业。经过培训后，这批高校毕业生将充实到顺义区的社区，实现每个社区有2名大学生的目标。

（王 伟）

【召开社会组织服务管理创新工作交流会】 11月25日，社会组织服务管理创新工作交流会召开。团区委、区三农研究会、大方职业学校、京顺医院、区律师协会、区商业联合会6家社会组织代表就社会组织在社会服务管理以及社会经济政治生活中的作用进行了交流发言。市委社会工委委员、市社会办副主任刘轩对顺义区的社会组织工作给予肯定，并对顺义区社会组织服务管理创新工作提出了要求。副区长车克欣出席了会议，区委社会工委、区民政局、区"枢纽型"社会组织所在单位主要领导等部门领导，区"枢纽型"社会组织以及区内社会组织的负责人160余人参加了会议。

（李恩雄）

【市领导到顺义调研社会服务管理创新工作】 11月18日，市委常委梁伟实地察看了北京市天竺综合保税区、石园街道石园北区第三社区、南彩镇河北村，听取了顺义区社会服务管理创新工作开展情况的汇报。梁伟同志对顺义区社会服务管理创新工作给予肯定和好评。市委副秘书长王翔，市委社会工委领导宋贵伦、赵小卫、周开让，顺义区领导张延昆、王刚、闫立刚、雷显武、车克欣陪同。

（王 伟）

【组织召开商业领域社会服务管理创新座谈会】 12月20日，组织召开商业领域社会服务管理创新座谈会。区商业联合会、北京市新世界千姿百货有限公司、北京索爱普天移动通信有限公司等三家单位重点围绕自身工作、经营情况，对顺义区完善商务服务环境的建议，对顺义区"十二五"规划、商业服务业"十二五"规划的建议，对社会服务管理创新的思考和举措（区商业联合会重点围绕"枢纽型"社会组织在社会服务管理创新中如何发挥作用）等方面进行交流。

（王 伟）

【进一步规范社区工作者待遇】 年内，按照市委社会工委有关文件精神，制订了《顺义区关于进一步规范社区工作者待遇实施方案》，明确了工作原则、使用范围、实施对象等。参照北京市其他区县规范标准，将全区社区工作者的待遇提高到与本区全额拨款事业单位（不含教师）基本相同的水平，规范后社区工作者人均每月可增加900元。

（王 伟）

【区领导分别率队赴朝阳区调研网格化服务管理】 年内，顺义区委常委、组织部部长雷显武，副区长车克欣、赵贵恒及区社会办、区政法委、区市政市容委、社会服务管理创新试点镇（街道）等24家相关单位主要领导，分两批赴朝阳区城市管理运行监督中心，听取了该中心皮定均主任关于朝阳区实施网格化服务管理的情况介绍，就网格化服务管理平台建设、运行机制建设等相关问题进行了探讨交流。

（王 伟）

昌平区

【概况】 年内，在区委、区政府的正确领导和市委社会工委、市社会办的精心指导下，区委社会工委、区社会办认真贯彻落实党的十七届四中、五中全会精神，区委三届九次、十次全会精神和北京市社会服务管理创新推进大会精神，以科学发展观为指导，以深入开展创先争优活动为动力和保证，按照"以人为本、关注民生、构建和谐、服务社会"的宗旨，紧紧围绕全区确定的各项重点任务，扎实有效地推进社会建设工作，取得了一定成效。

2010年，区委社会工委、区社会办以深入学习实践科学发展观活动和创先争优活动为契机，推进社会领域党建工作全面开展。

昌平区共有506个社会领域党组织15502名党员参加了第三批学习实践活动，占全区参加第三批学习实践活动人数的40.1%。区委社会工委把学习实践活动形成的科学发展共识、富民惠企政策、体制机制成果等通过创先争优活动转化为推动基层科学发展的实际行动，把各基层单位开展创先争优活动中遇到的普遍性问题纳入学习实践活动整改落实的内容，进一步巩固和扩大学习实践活动成果，夯实了开展创先争优活动的基础。

充分借鉴、运用学习实践活动的成功经验和有效做法，制订下发了《关于在全区社会领域党组织和党员中深入开展创先争优活动的工作方案》，分类指导社会领域党组织和党员深刻把握创先争优活动的总体要求和主要内容。召开了社会领域党组织庆祝建党89周年暨创先争优活动推进会，确保了创先争优活动扎实有序开展。

明确社区党组织和党员以“践行科学发展观，共创和谐新社区”为活动主题；“两新”党组织以“科学发展促进企业经营，以人为本凝聚职工群众”为活动主题。引导社会领域党组织和党员围绕昌平区的中心工作和本社区（单位）的中心工作创先争优，营造学习先进、争当先进、赶超先进的浓厚氛围。坚持因地制宜，针对社区，以构建“五型”家园（红色党建家园、快乐健康家园、关爱温馨家园、融洽和谐家园、共驻共建家园）为载体，提升党建工作水平，打造特色品牌；针对“两新”组织，以“五在前”（政治业务学在前、生产经营干在前、技术创新走在前、遵纪守法严在前、好事实事办在前）为载体，进一步增强“两新”党组织的凝聚力、影响力，融洽劳资关系，促进科学发展。

全面贯彻落实《中共北京市昌平区委关于进一步加强和改进社会领域党建工作的实施意见》，进一步完善社区党建工作以区域管理为主、非公有制经济组织以分层管理为主、新社会组织以分类管理为主的工作思路，重点围绕推动科学发展、促进社会和谐、服务广大群众、加强自身建设以及提高党员素质五个方面开展工作。

进一步完善沟通协调机制，初步形成了广泛覆盖全区的社会领域党建工作网络。一是完善镇（街道）、科技园区、司法局等党（工）委副书记例会制度，初步形成了区级层面的工作协调机制；二是和各镇（街道）、有关委办局共24家单位建立了社会领域党建工作联席会议制度，有效整合了社会资源；三是完善直属非公有制经济组织党组织定期交流制度，及时掌握企业的变化情况和所遇到的困难，做好指导、协调、督促和检查。

研究制定了《中共北京市昌平区委关于在各镇（街道）组建社会工作党委的实施意见》，选择城北街道、东小口镇等6个条件较为成熟的镇（街道）作为组建社会工作党委试点单位，7月28日召开了揭牌成立大会。6个镇（街道）社会工作党委把区域化党建作为推动社区文明和谐发展的重要举措，以强化服务为重点，以提升党组织的领导、协调、服务功能为目标，初步形成了以镇（街道）社会工作党委为核心、社区党组织为基础、驻区单位党组织和社区内全体党员共同参与的“四位一体”区域化党建新格局。

截至年底，全区共有商务楼宇8座，已建独立支部2个、联合支部4个，实现了党组织的全覆盖。选取绿创环保园和兴业医药园两个商务楼宇成立了“五站合一”工作站，工作站以党建工作为龙头，协调指导工会、共青团和妇联等群团组织，统筹、承担服务楼宇内各种组织和员工的任务，促进了楼宇经济发展、楼宇区域和谐稳定。

结合“三有一化”、创先争优等活动，建立了社区党建工作、社区“两委”班子、社区优秀党员、“两新”组织党建工作等数据库。实施“双培”工程，把社会领域的生产经营骨干、技术能手、高级管理人才和高学历职工培养成为党员，把党员培养成为生产一线和管理技术骨干，进一步夯实了社会领域党建工作基础。

制定了《关于构建“枢纽型”社会组织工作体系的暂行办法》、《昌平区“枢纽型”社会组织联席会议工作规则》等文件，认定区工会、团区委等9家单位为第一批“枢纽型”社会组织，初步建立了“枢纽型”社会组织工作运行机制。

大力发展以志愿服务、慈善公益、老龄工作等为主要内容的联合性、专业性社团组织。按照市社会建设工作领导小组办公室的统一部署，启动昌平区使用“北京市社会建设专项资金”购买社会组织服务工作，共获得审批项目10个，为社会组织顺利开展服务提供了良好的支持。

深入贯彻落实中央政法委部署的推进社会矛盾化解、社会管理创新、公正廉洁执法三项重点工作，制订了《“加强社会组织管理服务”专项工作分工方案》，明确工作内容和任务分工，充分发挥部门联动的优势，形成了加强社会组织管理服务的工作合力。

2010年，区委社会工委、区社会办成立了社区规范化建设试点工作领导小组，制定了《关于推进社区规范化建设试点工作的实施意见》，会同各镇（街道）针对每个社区制订了落实方案，围绕社区服务站建设、社区工作职能、社区基础设施配置、社区经费投入等7个方面，深化社区规范化建设工作。2010年对昌平区11个镇（街道）78个试点社区进行了考核验收，所有试点社区在软件方面都达到了社区规范化建设标准，顺利通过了市委社会工委、市社会办的检查验收。

区委社会工委、区社会办高度重视“一刻钟社区服务圈”建设，确定北七家镇望都家园社区和东小口镇天通西苑第一社区为首批“一刻钟社区服务圈”试点社区，对两个社区的“一刻钟社区服务圈”建设情况进行了专题调研，并制订了切实可行的工作方案。试点社区努力做到居民需求与社区服务的无缝对接，对居民亟须解决的问题进行了协调解决，不断加强社区资源整合，改进和完善社区服务，使广大居民能更好地享受到社区建设带来的舒适和便利。

2010年，区委社会工委、区社会办会同区人力社保局办理了昌平区2009届大学生社区工作者中76名非北京生源应届毕业生的进京审批和落户手续，以及昌平区全部116名大学生社区工作者的档案审核和存档工作。圆满完成了2010届昌平区149名大学生社工的选聘、分配、培训等工作，充实并壮大了社区工作者队伍，有效地缓解了昌平区社区居委会人员匮乏的状况。

根据北京市《关于进一步规范社区工作者待遇的通知》要求，区委社会工委、区社会办牵头会同区人力社保局、区财政局、区委组织部等部门对社区工作者待遇调整方案进行了研究和资金测算，并结合昌平区实际，制定了《昌平区关于进一步规范社区工作者待遇实施细则》。2010年年底前已完成社区工作者工资调整及发放工作。

依托北京农学院，成立了北京昌平温心社工师事务所，区委社会工委、区社会办作为其业务主管部门。以此为平台，积极推进政府购买公共服务试点工作。

区委社会工委、区社会办作为昌平区志愿者工作的统筹协调机构，于2010年3月将昌平区志愿者协会改造提升为昌平区志愿者联合会。并以此为抓手，在全区范围内不断加强通用志愿者、专业志愿者和应急志愿者队伍建设，建立健全志愿者招募、培训、运行和保障工作体系。进一步完善“1+4”志愿服务项目体系，推出了一系列具有影响力的志愿服务长效项目。

2010年年底，区委社会工委、区社会办完成了昌平区社会建设“十二五”规划编制工作。对昌平区“十一五”时期的社会建设工作进行了全面总结，根据昌平区当前社会建设的环境，提出了“十二五”时期社会建设的指导思想和工作任务。

（高　奇）

【召开机关务虚会】　1月7日，区委社会工委、区社会办在小汤山农业园召开机关务虚会，共商2010年的工作思路与重点。会议总结了2009年工作，并对2010年工作进行部署。副区长洪波出席会议并讲话，希望区委社会工委、区社会办在今后的工作中要努力做到以下六个方面：①强化认识、坚定信心；②选准方向、有为有位；③夯实基础、立足基层；④以点带面，力求创新；⑤整合资源、完善制度；⑥加强学习、建好队伍。

（高　奇）

【成立志愿者联合会】　3月16日，北京市昌平区志愿者联合会成立大会暨第一次会员代表大会召开。市委社会工委委员、市社会办副主任周开让，区委副书记王书合，副区长洪波，北京市志愿者联合会副秘书长陈膺出席，120余名会员代表参加了会议。区委社会工委书记、区社会办主任黄先锋当选为志愿者联合会第一任会长。洪波、陈膺共同为区志愿者联合会揭牌。会上同时开通了志愿者联合会的官方网站——昌平志愿服务网，宣布建立“北京市志愿服务基金——昌平基金”。大会对昌平区百名优秀志愿者代表、十佳志愿服务集体代表、十佳志愿服务项目代表进行了表彰。

（高　奇）

【召开深入学习实践科学发展观活动总结暨2010年党建工作会】　3月25日，区委社会工委召开深入学习实践科学发展观活动总结暨2010年党建工作会。工委系统内54家非公有制经济组织和新社会组织党组织负责人参加了会议。区委第五巡回检查组组长、区政协调研员韩玉海出席会议并讲话。会议对工委系统学习实践科学发展观活动进行了全面总结，同时对巩固和扩大学习实践活动成果和2010年度党建工作作了具体部署。会议提出“两新”组织要进一步贯彻落实科学发展观，以创建“五个好”党建工作示范点为抓手，结合“两新”组织特点，大胆创新，进一步加强领导班子、党员队伍和基层党组织建设，建立健全促进科学发展的长效机制，推动“两新”组织党建工作取得新突破。

（高　奇）

【召开社区规范化建设工作会】　3月25日区委社会工委、区社会办召开社区规范化建设工作会。区内所属11个镇（街道）主管副镇长、社区办主任参加。按照三年内全市各区县所有社区都要完成社区规范化建设的工作任务，针对昌平区时间紧、任务重的特点，2010年对各镇（街道）规范化社区建设的指标进行了量化。按照两年完成60%的任务指标的目标，在2009年基础上，昌平区2010年计划完成72个规范化社区的建设。

（高　奇）

【赴朝阳区麦子店街道学习考察】　4月13日，区委社会工委带领城北、回龙观等5个镇（街道）副书记赴朝阳区麦子店街道学习考察街道社会工作党委建设工作。双方围绕加强和改进街道社会工作党委建设工作进行了座谈交流，并就如何充分发挥社会工作党委作用、加强街道社会领域党建工作等问题进行了讨论。

（高　奇）

【制订下发深入开展创先争优活动的实施方案】　4月30日，区委社会工委、区社会办制订下发了《关于在全区社会领域党组织和党员中深入开展创先争优活动的实施方案》。明确社区党组织和党员要以“践行科学发展观，共创和谐新社区”为活动主题，“两新”党组织要以“科学发展促进企业经营，以人为本凝聚职工群众”为活动主题。

（高　奇）

【市委社会工委领导到昌平区调研社区规范化建设试点工作】　5月20日，市委社会工委委员、市社会办副主任周开让带队到昌平区调研2010年社区规范化建设试点工作，听取了社区规范化建设试点工作、志愿者工作、社工事务所筹建以及大学生社区工作者招聘等五个方面的工作汇报，实地考察了城南街道砂石厂社区和城北街道东关社区的社区服务办公用房、社区服务站建设情况。

（高　奇）

【召开社会领域党组织庆祝建党89周年暨创先争优活动推进会】 6月29日，区委社会工委召开社会领域党组织庆祝建党89周年暨创先争优活动推进会，各镇（街道）、教育工委、科技园区工委、司法局等单位党（工）委副书记，社会领域基层党组织负责人代表，新党员代表共180余人参加会议。会上举行了社会领域新党员宣誓和老党员重温入党誓词仪式，"群众心目中的好党员"代表作了交流发言。会议还通报了昌平区社会领域党组织和党员开展创先争优活动的进展情况，并对下一步工作进行了部署。

（高　奇）

【上海市闵行区到昌平区调研社会建设工作】 7月13日，上海市闵行区政府研究室主任丁萍带队到昌平区调研社会建设工作。调研组听取了昌平区社会建设的情况汇报，实地考察了城南街道砂石厂社区和秋实家园社区社区建设情况。

（高　奇）

【组建六个镇（街道）社会工作党委】 7月19日，按照《中共北京市昌平区委关于在各镇（街道）组建社会工作党委的实施意见》（京昌发〔2010〕14号）要求，组建东小口镇、城北街道、城南街道、回龙观镇、北七家镇、南口镇六个镇（街道）社会工作党委。

（高　奇）

【召开2010年社区工作者分配上岗工作会】 7月21日，昌平区2010年大学生社区专职工作者分配上岗工作会在区委党校召开，区社会办、区人力社保局、区民政局领导及各镇（街道）社区办主任参加了此次会议。2010年昌平区选聘的149名大学生社区工作者学历全部在大专以上，其中博士及硕士占24.8%，本科占43%。

（高　奇）

【召开志愿者联合会第一次会长办公会】 9月16日，昌平区志愿者联合会第一次会长办公会召开。志愿者联合会秘书处汇报了2010年上半年工作情况和2010年下半年工作计划，并介绍了北京志愿服务基金——昌平基金的建设和基金筹集情况。会上审议通过了《北京市昌平区志愿者联合会团体会员管理办法》和《北京市昌平区志愿者联合会会议制度》。

（高　奇）

【区政协视察区社会建设工作】 10月14日，区政协组织部分政协委员集中视察昌平区社会建设工作。区政协副主席张荣禄陪同视察。政协委员先后来到城北街道灰厂路社区、回龙观地区北店家园社区进行了实地视察。其中重点检查了社区办公用房和服务用房情况、社区服务站建设情况以及社区开展活动情况。在随后召开的座谈会上，政协委员分别听取了区委社会工委、区社会办以及区民政局关于昌平区社区建设工作的情况汇报。

（高　奇）

【召开镇（街道）社会工作党委工作汇报交流会】 10月19日，区委社会工委、区社会办召开镇（街道）社会工作党委工作汇报交流会。市委社会工委、区委组织部、区委社会工委有关领导出席会议。城北街道、城南街道等六个镇（街道）的社会工作党委书记参加会议，并就成立以来的工作情况、存在问题及下一步工作措施进行了汇报和交流。会议对今后社会领域党建工作提出了三项要求：一是要加强自身建设，社会工作党委组成人员要做到"强"、"新"、"广"、"实"，配齐、配强工作人员；二是要整合社会资源，发挥社会工作党委统领区域党建作用；三是要摸清底数、加强调研，探索社会领域党建工作新思路、新方法。

（高　奇）

【举办2010年社区工作者培训班】 10月25—29日，举办2010年大学生社区专职工作者培训班，对昌平区149名2010届大学生社区专职工作者进行了封闭式培训。针对大学生社区专职工作者的特点，结合社区工作要求，安排了昌平区历史文化浅谈、社区工作基本方法——个案与小组、社区工作者的岗位适应和工作策略、心理学、立足社区工作实现自我价值、浅谈社区治理模式以及社区规范化建设等方面的课程。

（高　奇）

【赴石景山区古城街道领秀楼宇工作站参观学习】 11月2日，组织昌平科技园、回龙观镇党务工作者和部分企业家代表，赴石景山区古城街道领秀楼宇工作站参观学习。石景山区委社会工委及古城街道工委领导详细介绍了工作站成立的背景、主要做法及取得的经验。双方还就如何健全工作机制、创建活动载体、完善服务模式、提高服务力度、合理选配人员等问题进行了研讨。

（高　奇）

【召开2010年度社区规范化建设自查工作部署会】 11月23日，昌平区委社会工委、区社会办召开2010年度社区规范化建设自查工作部署会。昌平区11个镇（街道）社区办主任及具体工作人员参加会议。区委社会工委、区社会办就2010年度社区规范化建设自查工作作了统一安排。检查工作分为各镇（街道）自查、区委社会工委抽查、市社会建设领导小组办公室验收三个阶段。会议要求各镇（街道）要严格按照《北京市社区规范化建设工作检查验收标准》的要求，逐条对试点社区进行检查，合理评分，做好自查报告。并通过自查工作，及时发现问题，分析原因，提出改进措施，确保各项工作全面达标。

（高　奇）

【召开进一步规范社区工作者待遇专题工作会】 12月8日，区社会办、区财政局、区人力社保局联合召开了进一步规范社区工作者待遇专题工作会，各镇（街道）主管领导、社区办主任参加了会议。会议下发了《昌平区关于进一步规范社区工作者待遇实施细则》，并对2010年社区工作者待遇调整工作进行了安排部署。本次待遇调整充分考虑到学历、职称等问题，人均每月增加850元左右。

（高　奇）

【完成商务楼宇"五站合一"建设】 12月10日，在绿创环保园和兴业医药园2个商务楼宇中完成商务楼宇"五站合一"建设，实现了昌平区内党组织的全覆盖。

（高　奇）

大兴区

【概况】 中共北京市大兴区委社会工作委员会（简称"区委社会工委"）、北京市大兴区社会建设工作办公室（简称"区社会办"）于2009年4月17日正式成立。区委社会工委为区委派出机构，区社会办为区政府的工作部门，实行合署办公，统筹全区社会建设工作。

区委社会工委、区社会办工作职能主要包括以下四个方面：第一，负责研究拟定社会组织建设、管理、服务的总体规划、宏观政策并组织实施；第二，负责相关社会组织的日常管理工作；第三，负责指导区县社会组织建设工作；第四，负责督促检查相关工作的贯彻落实。

其中区委社会工委的主要职责：第一，贯彻执行党的路线、方针和政策，保证市委、区委社会建设和管理各项决定的落实。第二，研究制定本区社会建设和管理的总体规划、重大改革方案和政策措施。第三，对全区社会建设和管理工作进行综合协调，督促检查，保证各项工作的落实。统筹推进社会建设和管理各项任务的分解落实和督促检查。第四，负责社区党建和“两新”组织党建工作，分析研究社区和“两新”组织的发展动态和趋势，研究制定加强社区党建和“两新”组织党建工作的相关规划和措施，并组织实施。第五，指导各街道工委落实市区党建工作，协调“两新”组织的有关管理部门，做好“两新”组织的党建工作。第六，负责社会工作者队伍建设的统筹策划和指导监督，研究制定本区社会工作者培养规划，落实市委社会工委和市社会办制定的以培养、评价、使用、激励为主要内容的政策措施和制度保障。第七，负责社会志愿者队伍建设的统筹协调和指导监督，研究制定有关规划和方案，落实市委社会工委制定的有关策划和方案，落实市委社会工委制定的有关政策措施和制度保障。第八，负责对各街道、相关部门社会建设工作进行指导、协调和督促检查。第九，完成市委社会工委、区委交办的其他工作。

区社会办主要职责：第一，贯彻中央和北京市关于加强社会建设和管理方面的方针和政策，加强本区社会建设和管理工作的总体研究，有针对性地提出意见和建议，保证区委、区政府社会建设和管理各项决定的落实。第二，研究提出本区社区建设、社会组织建设、社会工作者队伍建设等方面的相关意见，研究相关政策，制定改进工作的制度措施。第三，统筹推进本区社区建设，综合协调有关部门在社区建设中的重点、难点问题，按照区委、区政府的要求，指导监督社区建设各项方针政策的贯彻落实。第四，负责本区社会组织建设、管理和服务工作的宏观指导，组织协调有关部门研究制定本区社会组织培育发展的总体规划和相关政策措施。第五，负责指导协调街道在社会建设与公共服务方面的有关工作。对街道办事处在社会建设与公共服务方面遇到的问题进行调查研究，提出意见和建议。第六，协调区政府各职能部门与街道工作的关系等相关事宜。第七，完成市社会办、区政府交办的其他工作。

区委社会工委、区社会办共设置五个职能科室：办公室、党建工作科、监察科、社区建设科和综合科。机构内行政编制为15名。其中，区委社会工委书记（主任）1名、副书记1名、副主任2名、科级5名、科员3名。

区委社会工委、区社会办成立至今，始终坚持围绕市委的总体部署，根据全区的实际情况，开展社会建设工作。并按照区委、区政府的要求，着力搭建宏观管理平台，研究制定区内社会建设的总体规划，统筹推动社会建设各项任务的分解落实和督促检查。主要发挥五个方面的作用：一是着力统筹全区社会建设和管理工作。二是着力强化基层基础工作。三是着力加强社会领域党的工作体系建设。四是着力加强对各类社会组织的服务与管理。五是着力加强社会工作者队伍建设。

（赵雪良）

【中央非公有制经济组织开展创先争优活动指导小组到大兴调研】 年内，中央非公有制经济组织开展创先争优活动指导小组办公室主任黄文夫率队，到北京人民电器厂有限公司党支部调研，了解非公有制经济组织开展创先争优活动情况。调研组听取了北京人民电器厂有限公司党支部开展创先争优活动的情况汇报，与企业主、党支部书记、部分党员进行了座谈，参观了科研实验室和生产线车间。市委社会工委委员、市社会办副主任陈建领和大兴区委常委郭宝东等陪同调研。

（田红萱）

【召开2010年社会建设工作大会】 2010年3月5日，大兴区召开了2010年社会建设工作大会，区市容市政管委、兴丰街道工委、黄村地区办事处作了典型发言，会议总结了2009年社会建设工作取得的初步成效，部署2010年工作重点，区委常委郭宝东、副区长常红岩出席会议，并部署了2010年全区社会建设工作的任务。

（解国栋）

【深入开展创先争优活动】 自4月开始，区委社会工委在全区社会领域基层党组织和党员中广泛开展创先争优活动。结合工作实际，研究制订了《中共大兴区委社会工作委员会关于开展创先争优活动的实施方案》和《中共大兴区委社会工委关于进一步深化创先争优活动的实施方案》，确定了“强化示范带动，创新社会管理，服务居民群众，共创温馨家园”的活动主题。在社会领域基层党组织和党员中组织开展“四帮、五带、六提高”活动。“四帮”指党组织帮，即：帮社区、企业抓好精神文明建设促和谐，帮社区、企业抓好教育管理促提高，帮社区、企业做好居民和职工的思想政治工作促稳定，帮居民、职工解决实际困难促融合。“五带”指党员带头，即：带头遵规守纪，维护良好秩序；带头加强学习，提高素质能力；带头服务群众，增进团结友谊；带头履职尽责，创建一流业绩；带头维护公德，弘扬社会正气。“六提高”即：提高党组织凝聚力、向心力；提高党组织的服务水平；提高社区、企业的文明程度；提高职工、居民的认同感；提高党员队伍的整体素质；提高党员群众的满意度。

（卢　鑫）

【与属地院校开展合作共建】 4月29日，区委社会工委、区社会办与北京石油化工学院人文社科学院合作共建签约揭牌仪式在北京石油化工学院举行。这是暨区政府与石化学院签署合作共建框架协议之后，双方积极落实协议的具体工作举措。

（解国栋）

【召开两区社会服务工作座谈会】 5月11日，区委社会工委组织民政、残联、宗治、红十字会等部门会同北京经济技术开发区社会发展局在开发区就两区行政资源整合后社会服务工作的进一步完善进行座谈。

（解国栋）

【完成大学生社工招录工作】 按照北京市统一部署，成立了由区人力社保局、区社会建设办和民政局组成的区选聘应届大学毕业生、合同期满“村官”到社区工作领导小组，明确任务、明确职责，对选聘工作进行了精心部署，合理安排，成功招录的应届大学生社区工作者95名、届满“村官”60名已全部充实至社区服务站。

（解国栋）

【落实社区工作者最新工资待遇】 根据《北京市加强社会建设实施纲要》、《北京市社区工作者管理办法（试行）》（京办发〔2008〕20号）、《关于进一步规范社区工作者待遇的通知》（京社领办发〔2010〕4号），区委社会工委、区社会办制定了《进一步规范社区工作者待遇的实施细则》，并规定各街道、地区办事处，青云店镇自7月1日根据新细则予以执行。

（解国栋）

【召开“十二五”规划研讨会】 区委社会工委、区社会办于9月2日召开修订大兴区社会事业发展“十二五”规划研讨会。市委社会工委、市社会办和区委社会工委、区社会办有关领导，石化学院专家组以及五个街道办事处主要领导参会，会上对规划的修改方向达成一致并进一步完善了规划内容。

（解国栋）

【组织部分街道干部到城区挂职锻炼】 2010年9月，区委组织部、区委社会工委召开街道、地区干部赴城区挂职工作会议，选派的10名副职领导分别到朝阳区和丰台区相应街道进行为期一个月的挂职锻炼。区委常委、组织部部长王有国参加会议并讲话。

（解国栋）

【全面加强街道（地区）社会工作党组织建设】 年内，在成立街道社会工作党委的基础上，进一步规范街道社会工作党委的工作模式，积极发挥街道社会工作党委的作用，实现了街道层面的社会领域党建工作全覆盖。制定下发了《关于成立地区社会工作党组织的意见》，并于9月底前完成5个地区社会工作党委组建工作。进一步修改完善对街道、地区办事处的社会领域党建考核办法，对社会领域党建工作进行考核，对考核内容主要作了四个方面的调整：①增加考核项目；②精简二级指标；③制定下发细则；④规范考核方式。

（田红萱）

【市委社会工委领导调研大兴区社会服务管理创新工作】 11月11日，市委社会工委委员、市社会办副主任周开让带队到大兴区调研社会建设工作。调研组听取了区委社会工委、区社会办关于社会服务管理创新实施意见制定、锅炉房整合利用、"一刻钟社区服务圈"建设、村庄社区化管理等情况的汇报，并随后实地察看该区清源街道康隆园社区绿岛生活馆建设、西红门镇大生庄村社区化管理等情况。区委常委郭宝东、副区长常红岩同志陪同调研。

（刘　伟）

【召开大兴区社会服务管理创新大会】 11月17日，大兴区召开了社会服务管理创新工作会议，贯彻落实《北京市社会服务管理创新行动方案》的工作部署和要求，下发了大兴区《关于推进社会服务管理创新的实施意见》及折子工程，对全区社会服务管理创新7大类32小项的工作进行了部署。区委常委郭宝东、副区长常红岩出席了会议。

（贾如刚）

【成立大学生社工俱乐部】 11月26日，大兴区大学生"阳光之家"社工俱乐部成立，探索优化大学生社工管理和培养模式，加强社工自我管理、自我发展，夯实社会建设人才队伍建设基础。

（解国栋）

【落实政府购买社会组织服务】 年内，区社会建设工作领导小组办公室积极争取了市级专项资金50万元，完成了8家共10个项目的购买社会组织服务工作，涉及心理健康、才艺培训、书画下乡和参与式社区服务，在项目进行期间多次召开阶段部署会了解进展情况，所有项目已于12月完成并接受了市级财政审计。

（解国栋）

【完成全区社区工作者轮训工作】 年内，将全区123个社区的所有社工分为5组，分别通过集中培训、街道分散讨论、成果展示三个阶段对其进行了为期5个月的培训，将社区中亟待解决的问题集中讨论、深入研究，既为区政府及相关部门出台政策文件集思广益，又提高了社区工作者的专业知识和服务管理素质，强化了社区工作者队伍管理。

（解国栋）

【研究完善"四有"保障机制】 年内，针对搬迁村农民长远利益保障工作，建立"安置就业有岗位，经营增收有资产，稳定生活有保障，服务管理有组织"的"四有"工作机制，出台大兴区《关于建立搬迁村农民长远利益保障机制的意见》，并下发到相关单位，从而保障搬村转居过程中"组织不散、队伍不乱、阵地不丢、服务不断"，着力解决"农转居"群众社会角色转变等重点问题。

（解国栋）

【推动商务楼宇党建工作向纵深发展】 年内，建立多方联动机制，实现党群工作一体化。健全制度运行机制，实现制度建设规范化。进一步完善建立派驻党建指导员制度，健全楼宇党员动态管理制度，规范楼宇党建工作制度，将政府职能引入楼宇，发挥楼宇社会工作站的服务功能。组织各商务楼宇属地党工委主管领导及楼宇社会工作站工作人员，开展了以“巡游”为载体、“研学”为目标的春季巡游活动。

（卢　鑫）

【扎实推进社区、非公有制企业“五个好”党组织创建工作】　年内，区委社会工委会同有关单位，按照非公有制企业“五个好”党组织的要求，通过听汇报、实地检查、民主测评、座谈会、查看档案资料等多种形式，对全区推荐的22个非公有制企业党组织逐一进行了检查验收。通过综合考评，评选出20家非公有制企业“五个好”党组织示范点。

（田红萱）

【开展纪念建党89周年系列活动】　年内，组织召开非公有制企业党建工作交流会。会议表彰了大兴区2009年度非公有制企业“五个好”党组织示范点，总结了近年来非公有制企业党建工作情况，制定并下发了《关于进一步加强非公有制企业党建工作的意见》，对全区非公有制企业进一步深化创先争优活动提出明确要求，部分非公有制企业党组织代表交流了党建工作经验。召开社会领域党建工作研讨会。全区5个街道社会工作党委，分别从社区党建、党员教育和管理、商务楼宇党建等方面进行了研讨，表彰了10个荣获“2009年度‘五个好’党组织示范点”的社区党组织。召开庆“七一”社区党建工作座谈会。各街道重点围绕当前开展的创先争优活动，结合各自实际，从不同角度、不同层面就如何更好地发挥社区党组织核心作用作了深入的交流和探讨。

（田红萱）

【成立大兴区社会领域党建工作研究会】　年内，制定并下发了《关于成立大兴区社会领域党建工作研究会的意见》，成立了大兴区社会领域党建工作研究会领导小组，组长由区委社会工委书记、区社会办主任张德广同志担任，副组长由区委组织部副部长苏平同志和区委社会工委副书记孟令勇同志担任，领导小组下设办公室，办公室设在区委社会工委党建科。研究会设立五个小组，成员单位包含全区14个镇5个街道、7家“枢纽型”社会组织、生物医药基地和新媒体基地。各小组每半年完成1篇调研报告，领导小组每半年组织召开1次社会领域党建工作研讨会，总结交流社会领域党建工作。

（卢　鑫）

【培训社会领域党务工作者】　年内，组织社区党组织、商务楼宇社会工作站、部分“两新”组织党组织负责人共计408人进行培训。采取集中培训与分散自学相结合，培训时间共32学时。集中培训采取集中授课、座谈讨论、经验交流等方式进行，主要内容包括创先争优活动专题讲座、关于区域化党建工作的思考等。建立了全区社会领域党务工作者培训档案，培训出勤情况和培训成绩将作为年终考核的重要依据。

（田红萱）

【创新党员教育管理模式】　年内，为进一步深入开展创先争优活动，研究制定并下发了《关于开展大兴区“在职党员进社区”试点工作的实施意见》，清源街道的六个社区作为试点单位，探索在职党员单位党组织和社区党组织双重管理模式，确定了“身份亮出来，作用显出来，献力为百姓，献言促发展”的活动主题。目前，在职党员865人已到社区报到参与社区建设，报到率达95%。

（卢　鑫）

【“三个一”工程】　年内，为更好地改善老旧小区的居住环境，大兴区实施“三个一”工程，即建设一条样板化街道、一个规范化社区和一个标准化街心公园。2010年共投入资金5000余万元，拆除违法建设8117.84平方米，铺设道路29682平方米，绿化面积54316平方米，树木补植600株，维修管线3097延米，新建车位1169个、照明设施331盏、公共座椅138个、垃圾箱/桶280个、安防技防设施45处，有效改善了老旧小区的居住环境，提升了居民的幸福指数。

（邵　爽）

【“一刻钟便民服务圈”】　年内，整合社区服务资源，围绕“温馨家园”主题活动，结合“九养”政策和“三通工程”，着力发展理发、餐饮、超市、菜店、购买水电等10项主要内容的服务工作。已在兴华园、兴政东里两个北京市第一批试点社区中建设了“一刻钟便民服务圈”。

（刘　伟）

【社区规范化建设】　年内，大兴区共确定60个社区规范化试点社区。区委社会工委以“抓好政策对接、夯实基础设施、做好社区调研、满足居民需求、提高服务水平、体现社区特色”6项内容为重点，全面推进规范化建设，保证了全区60个试点社区年底前全部达到规范化建设要求，顺利完成2010年度社区规范化建设任务。

（邵　爽）

【起草《大兴区业主与物业关系调处机制管理办法》】　年内，对当前社区物业管理矛盾纠纷问题进行了专题调研，先后召开了由物业公司、业主、街道和居委会、主管部门以及人大代表、政协委员等参加的分类恳谈会，起草了《大兴区业主与物业关系调处机制管理办法》，同时向区人大主任专题会进行了关于物业管理工作的专题汇报。

（邵　爽）

【推进“重点村”的社区建设工作】　年内，大兴区根据市委、市政府的统一部署，按照市委社会工委《关于推进50个“重点村”城乡社区建设工作的通知》的要求，针对涉及大兴区的8个“重点村”，进行了基础台账的登记整理，按照“村庄社区化、社区规范化”的工作理念进行推进。

（刘　伟）

【加强社会建设工作考核机制建设】　年内，大兴区委社会工委结合大兴区委科学发展观绩效考评工作机制，出台社会建设方面的工作考核标准，首次在考核中强调了地区办事处的社区建设任务，同时增加了各街道在社区建设中的任务比重，合理划分了相关部门对街道考核的职权关系，理顺了街道考核与待遇同步的问题。

（贾如刚）

【开展“和谐社区、温馨家园”主题活动】　年内，要求各街道以“和谐社区、温馨家园”为主题，针对居民的突出需求开展活动。各街道开展了心理健康、理财和养生讲座、建立社区恳谈室、开发便民利民服务项目等工作。清源街道“参与式社区管理”的经验在全区推广。年底，结合“十百千”评选工作对全区开展“和谐社区、温馨家园”活动的优秀社区进行表彰。

（邵　爽）

【老旧小区安防技防设施改造】　年内，在社区规范化建设的基础上，重点针对全区54个安全防范薄弱小区加强封闭式管理，申请专项资金进行改造，内容包括小区封闭管理、主要出入口设立门卫室、小区大门改造，安装楼宇对讲系统、监控系统等，提升社区安全指数。

（刘　伟）

【社区再生资源网络建设】　年内，大兴区社会办协同区商务委以建立社区再生资源回收站（点）为主导、以建立再生资源分拣中心为平台，构建和完善全区再生资源回收网络体系。在大兴新城地区五个街道112个小区，建设133个规范化的再生资源回收站（点），达到“五统一”、“四规范”要求。

（刘　伟）

平谷区

【概况】　中共平谷区委社会工委、区社会办设3个职能科室：办公室（综合科）、党建工作科、社区建设科。在编人员15人，其中行政编制13人、工勤编制2人、领导职数1正3副。

2010年，区委社会工委、区社会办在区委、区政府的正确领导下，在市委社会工委、市社会办的指导下，坚持“以人为本、关注民生、构建和谐、服务社会”的工作宗旨，紧紧围绕构建公共服务、社区管理、社会组织管理、社会运行和社会领域党建工作五大体系建设，本着“强化管理抓提高、规范工作上水平”的总体工作思路，振奋精神，扎实工作，推动了全区社会建设取得新进展。

一是全面推动社会服务管理创新。召开了学习贯彻《北京市社会服务管理创新行动方案》会议，研究制定了《平谷区社会服务管理创新实施意见》和《平谷区社会服务管理创新任务分解》，推动全区社会服务管理创新全面开展。

二是稳步推进社区规范化建设。召开了平谷区2010年推进社区规范化建设工作会议，在13个社区开展规范化建设试点工作。投入资金40多万元，为试点社区配备了26套电脑、打印机、传真机等办公设备。投资1673万元完成了建南、金乡东、兴谷园等9个老旧小区的改造，硬化道路11万平方米，绿化4.6万平方米，铺设排水管道2300多米。开展“一刻钟社区服务圈”试点建设，完成了林荫家园和光明社区“一刻钟社区服务圈”试点工作。

三是着力加强社会组织和志愿者队伍建设。完成了政府购买社会组织备选项目22个，投资50万元落实政府购买社会组织服务项目12个。研究制定了《平谷区志愿者工作联席会议制度（试行）》，召开了全区第一次志愿者工作联席会议，举办了平谷区志愿者征文演讲活动

四是进一步加强社会领域党建工作。新成立非公有制企业党支部2个，划入党组织关系24个，完成选举、改选党支部3个。培训入党积极分子90名，发展党员76名，转正52名。全区16个镇乡2个街道全部建立了社会建设领导小组。在94个非公有制企业党组织和27个社区党组织中开展了“五个好”创建活动，举办了全部非公有制企业党组织负责人和社区党建工作者参加的培训班。投入资金30万元。建成13个非公有制企业党支部党员活动服务站。

五是巩固社会工作者队伍基础。落实“大学生社工计划”，选聘了45人到社区工作。研究制定了平谷区《关于进一步规范社区工作者待遇的实施意见》，规范了社区工作者工资待遇。先后举办了社区工作者全员培训班、非公有制企业党组织负责人培训班、志愿者组织负责人培训班和社会组织基础知识培训班等多个培训班。鼓励社区工作者积极参加国家社会工作者职业水平证书考试，全区已有64名社区工作者持有职业水平证书，占社区工作者总数23.2%。

六是积极推进社会领域信息化建设。提交了组建平谷区社会领域信息化服务中心的请示，组建了社会领域信息化联络员队伍，完成了平谷社会建设网建设。

（刘　斌）

【开展政府购买社会组织项目征集】　1月18—28日，按照市委、市政府，市委社会工委、市社会办（社会组织处）关于加快推进社会组织发展的要求，区委社会工委开展了征集政府购买社会公共服务项目工作。通过走访调研，集中座谈等形式，共征集22个社会组织的29个公共服务备选项目上报市委社会工委。

（刘　斌）

【开展志愿服务工作情况调研】 3月10—4月10日，区社会办通过召开座谈会、问卷调查等形式对全区各单位开展志愿服务工作的基本情况进行调研。调研工作共涉及政法委、教工委、妇联等25个部门、2个街道和1个地区办事处。

（刘 斌）

【成立镇乡、街道社会建设领导小组】 3月11日，区委组织部和区委社会工委联合下发了《关于在镇乡、街道成立社会建设领导小组的通知》。3月底前，各镇乡、街道全部完成社会建设领导小组组建工作。

（刘 斌）

【召开社会建设领导小组联席会议】 4月9日，区社会建设领导小组联席会议召开。会议专题研究了《2010年社会建设工作报告》，讨论通过了《平谷区关于进一步推进社区规范化建设试点工作的实施方案》和《平谷区志愿者工作联席会议制度（试行）》。会议明确了2010年社会建设工作重点：①规范社区服务站建设，完善社区组织体系和管理体制。②创新社会领域党建活动方式，增强基层党建工作活力。③加强“枢纽型”社会组织的协调和指导，健全和完善社会组织管理和服务体系。④强化管理和培训，抓好社会领域人才队伍建设。区领导刘军、王晓光、刘占山、白长河和全区社会建设领导小组成员单位主要领导参加了会议。

（刘 斌）

【参与国际社工日活动】 4月15日，组织50名社区工作者参加了市委社会工委、市社会办和市民政局等单位共同主办的“北京2010年国际社工日大型主题活动暨国内首部社工影片《十二情感》首映式”活动，现场展示了平谷区社工的优秀工作成果和良好形象。

（刘 斌）

【召开平谷区社会建设工作大会】 4月21日，召开全区社会建设工作大会，市委社会工委副书记、市社会办副主任赵小卫，区领导刘军、王晓光、刘占山、魏玉瑞出席会议，区社会建设工作领导小组成员单位主要领导、区“枢纽型”社会组织主要负责人、各镇乡、街道的社会建设工作领导小组组长、社区党支部书记、居委会主任、党支部副书记、副主任、全区规模以上非公有制企业党组织负责人参加会议。会议总结了2009年社会建设工作，并对2010年社会建设工作任务进行了部署，并为光明、北小区、林荫、滨河、金海、迎宾六个2009年社区规范化建设达标社区颁发了奖牌。

（刘 斌）

【召开社区规范化建设试点工作部署会】 4月27日，平谷区社区规范化建设试点工作部署会召开。会议由区社会办副主任李军主持，区社会办、区民政局、滨河、兴谷、渔阳三个街道办事处、业务科室负责人、13个试点社区居委会主任参加会议。

（刘 斌）

【举办入党积极分子培训班】 5月11日，区委社会工委在区委党校举办的非公有制企业党组织入党积极分子培训班，共有来自全区各非公有制企业党组织的90多名入党积极分子参加培训。

（刘 斌）

【开展“五个好”社区党组织创建活动】 5月27日，区委社会工委召开“五个好”社区党组织创建活动工作部署会，在全区27个社区全面开展“五个好”社区党组织创建活动。各街道（地区）工委书记、副书记、社区党组织班子成员80余人参加会议，区委副书记刘军出席会议并讲话。

（刘 斌）

【召开志愿者工作联席会议】 6月10日，召开平谷区志愿者工作联席会议第一次会议，

19 个志愿者联席会议制度成员单位参加会议。

（刘　斌）

【完成 2010 年选聘大学生社区工作者工作】 截至 6 月 19 日，2010 年选聘大学生社区工作者面试工作结束，区社会办副主任李军和部分工作人员参加了面试。7 月 1 日，区委社会工委、区社会办召开 2010 年选聘高校毕业生社区工作总结及分配会，会议对新招录的大学生社区工作者的分配原则进行了说明。区委社会工委、区社会办和相关单位领导参加了会议。

（刘　斌）

【召开社会领域党建座谈会】 6 月 29 日，区委社会工委召开社会领域创先争优活动暨纪念建党 89 周年座谈会，会议由区委社会工委书记、区社会办主任兰中玉主持，区委副书记刘军出席会议并讲话。会后，编写了《平谷区社会领域创先争优活动暨庆“七一”座谈会材料汇编》，并印发至所有基层党组织。

（刘　斌）

【开展志愿者征文活动】 年内，区委社会工委、区社会办与区委宣传部、区委政法委、团区委、区文明办、区红十字会等单位共同开展了以“团结、友爱、互助、进步”为主题的志愿者征文活动。共收到 19 家单位及个人共 120 余篇稿件。评选出一等奖 5 名，二等奖 7 名，三等奖 10 名，优秀奖 15 名。并将 37 篇获奖作品收集在《首届北京市平谷区“团结、友爱、互助、进步”志愿者征文比赛获奖作品汇编》中。

（刘　斌）

【举办非公有制企业党组织负责人培训班】 8 月 10 日，平谷区委社会工委举办了平谷区非公有制企业党组织负责人培训班。培训班采取理论教学与实地考察相结合的方式，对全区 90 多家规模以上非公有制企业党组织负责人进行了有针对性的培训。

（刘　斌）

【召开社会领域创先争优活动阶段讲评会】 8 月 26 日，区委社会工委召开平谷区社会领域创先争优活动阶段讲评会议，就社区和企业创先争优活动开展情况、存在问题及下一步工作措施进行了汇报和交流。区委社会工委、区社会办、各街道（地区）工委副书记及部分非公有制企业党组织负责人参加会议，

（刘　斌）

【开展社区工作者培训】 9 月 13 日，区委社会工委、区社会办举办社区“两委”全员培训班。培训班为期三天，来自全区 27 个社区的 234 名社区工作者参加了培训。

（刘　斌）

【建成首批党组织党员活动服务站】 年内，建成了凯超机动车检测场等首批 3 个非公有制企业党组织党员活动服务站，对全区非公有制企业党员活动阵地建设起到了示范作用。

（刘　斌）

【召开非公有制企业创先争优活动第四季度讲评部署会】 10 月 21 日，召开非公有制企业创先争优活动第四季度讲评部署会，传达了区委创先争优活动领导小组系列文件精神，并要求各非公有制企业党组织通过开展公开承诺、选树典型和双学双比双提高等工作扎实推进活动开展。

（刘　斌）

【召开平谷区社会建设领导小组会议】 10 月 27 日，区委副书记、区社会建设领导小组组长刘军主持召开平谷区社会建设领导小组会议，区社会建设领导小组成员单位和社会服务管理创新项目责任单位负责人参加了会议。会议研究讨论了平谷区社会办起草的《关于进一步规范社区工作者待遇的实施意见》和《平谷区社会服务管理创新项目分

解》。

（刘　斌）

【出台规范社区工作者工资待遇的实施意见】　11月19日，区政府办公会研究讨论并原则通过了平谷区社会办起草的《关于进一步规范社区工作者工资的实施意见》。根据区长办公会的讨论意见，《关于进一步规范社区工作者工资的实施意见》以区政府办名义转发。

（刘　斌）

【举办社会组织负责人培训班】　11月24日，区委社会工委、区社会办举办为期3天的社会组织负责人培训班。此次培训采取理论教学与实地考察相结合的方式，邀请市委社会工委领导和有关专家进行授课，并组织考察了西城区的优秀社会组织。全区社会建设领导小组成员单位负责人、“枢纽型”社会组织、街道的主管领导和联络员、社区社会组织负责人等共计100人参加培训。

（刘　斌）

【区领导调研社区办公用房情况】　11月25日，区委副书记刘军带领相关单位主要领导到滨河街道就社区办公服务用房建设情况进行调研。

（刘　斌）

【开展志愿者演讲比赛】　12月3日，区委社会工委、区社会办与区委宣传部、团区委、区委政法委、区文明办、区红十字会等单位携手，在区广电中心演播大厅成功举办“奉献、友爱、互助、进步”志愿者主题演讲比赛。本次比赛评出一等奖1名、二等奖2名、三等奖3名、优秀奖5名。

（刘　斌）

【开展志愿者培训】　12月27日，区委社会工委、区社会办举办志愿者组织管理人员及骨干分子培训班，全区志愿者工作联席会议成员单位主管领导和联络员、社区志愿者队伍负责人和骨干分子共计90余人参加。

（刘　斌）

怀柔区

【概况】　根据《中共北京市委办公厅北京市人民政府办公厅关于印发〈北京市怀柔区人民政府机构改革方案〉的通知》（京办字〔2009〕35号）和《北京市怀柔区人民政府关于机构设置的通知》（怀政发〔2009〕24号），设立北京市怀柔区社会建设工作办公室（简称区社会办），与中共北京市怀柔区委社会工作委员会（简称区委社会工委）一个机构、两块牌子。区委社会工委是负责本区社会建设工作的区委派出机构。区社会办是负责本区社会建设工作的区政府工作部门。

区委社会工委主要职责：①贯彻执行党的路线、方针和政策，保证区委社会建设的各项决议、决定和落实，研究提出社会建设工作意见并组织实施。②研究提出本区社会建设和管理的总体规划和重大方案，为区委社会建设宏观决策服务。③按照区委、区政府要求和区社会建设工作领导小组安排，宏观指导、统筹协调和督促检查本区社会建设重点任务落实。④拟定并组织实施本区社会管理体制改革和社会领域社会动员体制机制建设的规划和政策措施。⑤负责综合研究和统筹协调本区街道管理体制改革相关工作。⑥负责本区社会领域党建工作，拟定并组织实施社会领域的党建工作的规划和政策措施，协调指导个镇乡街道、各有关单位开展社区党建、社会组织党建和新经济组织党建工作。⑦协调本区社会工作人才队伍建设工作，拟定并组织实施社会工作人才队伍建设的规划和政策措施，建立健全以培训、评价、使用、激励为主要内容制度和机制。⑧综合协调本区志愿者工作，拟定并组织实施志愿者工作的规划和政策措施。⑨负责对镇乡街道和相关部门社会建设与管理工作进行指导和督促检查；负责本系统干部管理、队伍建设、思想政治工作和精神文明建设。⑩完成区委交办的其他事项。

区社会办主要职责：①贯彻执行国家有关社会建设的法律、法规、规章和政策，提出加强本区社会建设的意见和建议。②拟定并组织实施本区社会建设的总体规划和改革方案，组织相关部门起草社区社会组织、社会工作人才队伍、志愿者方面的总体规划、改革方案和制度措施，并组织实施。③组织拟定社会公共服务体制机制建设的规划和制度措施，协调推进社会公共服务体系建设。④统筹推进本区社区建设，拟定并组织实施社会组织建设的规划和制度措施，协调推进社会组织改革和发展工作。⑤宏观指导本区社会组织建设与发展，拟定并组织实施社会组织建设规划和制度措施，协调推进社会组织改革和发展工作。⑥对个镇乡街道、各部门的社会建设工作落实情况进行指导和督促检查。⑦综合协调有关部门做好社会建设和管理工作。⑧完成区政府交办的其他事项。

根据上述职责，区委社会工委和区社会办内设行政机构4个、事业机构1个。机关行政编制12名，其中，区委社会工委（区社会办）书记（主任）1名、区委社会工委副书记1名、区社会办副主任2名、科级领导4名。事业编制6名、科级领导职数1名。机关工勤事业编制2名。机关编外人员2名。

年内，中共北京市怀柔区委社会工作委员会、北京市怀柔区社会建设工作办公室以服务大局、服务社会、服务群众为宗旨，不断提高社会建设工作的研究力和创新力，促进了怀柔区社会建设工作取得了阶段性新突破。

（一）社会管理创新取得新进展

年内，组建了社会服务管理创新工作领导小组，健全了区领导小组牵头抓总、区委社会工委（区社会办）统筹协调、各部委办局分工负责、社会各界全员参与的社会服务管理创新工作新格局。会同相关部门，研究制定了《构建怀柔特色社会服务管理新模式创新试点实施意见》、《怀柔区“十二五”期间城市社区发展规划》和《怀柔区推进社区基本公共服务工作的实施方案》，制定下发了《怀柔区“在职党员进社区”实施意见》、《怀柔区社区规范化建设实施方案》、《怀柔区大学生社区工作者管理办法》、《怀柔区进一步规范社区工作者工资待遇的实施方案》等配套文件。起草完成了《怀柔区“十二五”期间社会领域信息化建设发展规划》和《怀柔区“十二五”期间社会人才队伍建设发展规划》。区、街道（镇乡）、居（村）三级社会管理服务中心和75个基层单位覆盖点共办理各类服务事项4.6万件次，接待群众23万人次，办结率及群众满意率均达到96%以上。

（二）社会公共服务取得新实效

年内，新建76个农村社区服务站，初步形成了“公共服务、公益服务、便民服务”互为补充的农村社区化公共服务体系；投资1158万元完成了43个老旧小区184栋楼房改造工程；投资4.6亿元，实施医药卫生体制改革，936095人次享受医药费用补偿；安置城乡劳动力就业7650人，城镇登记失业率控制在2.15%。失业、养老、医疗、工伤、生育五项保险收缴率保持在98%以上；全面落实“九养政策”和老年人优待办法，为11280名老年人、残疾人发放1256万元养老助残服务券；投资300万元建成了北京市首家规模在1000平方米以上的社会心理咨询服务基地，面向24个社区开展了心理健康系列活动，受益居民达到3.8万人次。

（三）社区规范化建设取得新突破

按照北京市社区规范化建设试点的标准，先后组织召开推进会3次、举办培训班2期、学习考察3次、交流活动2次，编制下发了《规范化社区建设指导手册》。全区31个社区规范化建设试点全部达到市级验收标准。此外，组织开展了社区服务特色品牌项目评选活动，打造出了“楼门文化”、“楼院先锋大课堂”等8大类42项特色品牌项目。

（四）社会组织管理取得新成绩

组织开展了街道（镇乡）层面的“枢纽

型”社会组织试点工作，初步形成了区、街道（镇乡）两级“枢纽型”社会组织管理体系。从全区376家社会组织中，选择出11个政府向社会组织购买公共服务项目，并获得市社会建设专项资金的扶持。年内，共举办各类公益性活动570场，服务社区31个，受益城乡居民6.8万人次。

（五）社会工作队伍建设实现新跨越

按照北京市“大学生社工计划”，从报名应聘的2347名应届大学毕业生和88名任职届满“村官”中，新选聘大学生社工92名，全部充实到街道、镇乡、社区工作，并在工、青、妇、残联、红十字等领域开发设置了专业社工岗位37个。组织开展了“十佳社会公德人物”和“十佳社区工作者”评选活动，实施了大学生社工“成才计划”，进一步规范社区工作者待遇，举办了岗前、技能、专题、考前辅导等培训班4期，评比表彰了“十佳大学生社工”。初步建立了志愿者长效管理机制，社区志愿者注册人数达到了社区常住人口10.49%以上。

（六）社会领域党建取得新成绩

结合“创先争优”活动，在全区31个社区组织开展了“在职党员进社区”活动，研究探索出了在职党员“双重管理、任务量化、制度监管”的党员教育管理新模式，营造了在职党员“8小时之内单位创佳绩、8小时之外社区争优秀”的良好氛围，基本实现了在职党员教育管理监督全覆盖。在雁栖经济开发区设置了党员服务站，在渤海镇苇店村创建了全市首家村级“五站合一”工作室，初步形成了党群共建的工作格局。在流动党员相对集中的地区或行业，建立了“流动党员之家”试点，积极开展了党组织找流动党员与流动党员找党组织“双找”活动，使流动党员离家不离党，进一步增强了流动党员对党组织的归属感和荣誉感。

（七）社会建设领域信息化取得新突破

按照北京市社会建设领域信息化的要求，积极推进社会领域信息化“四网六库”建设。在北京市郊区县中率先开通了怀柔社会建设门户网站，开通了大学生社区工作者QQ群、在职党员进社区QQ群和怀柔QQ便民在线，有效地推进了网格化社会服务管理创新。此外，启动了远程教育进非公有制企业党组织试点工作，在怀柔镇建材市场党支部开通了党员远程教育视频，成立了建材市场党员电化教育中心。全区144个社会组织和非公有制经济组织党支部全部建立了党员电化教育播放点，覆盖率达到100%。

（八）社会建设宣传覆盖面进一步扩大

年内，在北京市主流宣传媒体和北京市社会建设网站上共刊发社会建设方面信息260多篇，其中《城乡统筹的“怀柔模式”》、《怀柔党员“8小时以外”服务社区》在《北京日报》、《京郊日报》及千龙网给予了重点宣传报道。依托怀柔区《社会建设报》和社会建设网两大宣传平台，出版发行了《社会建设报》12期，网站上传文字信息900多条。此外，编印了《和谐之花》一书。

（孟吉民）

【召开社会建设工作大会】 3月11日，怀柔区2010年社会建设工作大会召开。市委社会工委副书记、市社会办副主任赵小卫出席会议并讲话。区领导李树江、徐占明、周东金、董林出席会议。会上，区委常委、政法委书记李树江讲话，副区长周东金作题为《总结经验、科学谋划，全面开创社会建设工作新局面》的社会建设工作报告。区社会建设工作领导小组成员单位及区直各单位、镇乡街道主管社会建设工作等领导参加大会。渤海镇、开发区、泉河街道、区文委、怀北镇分别作典型发言。

（孟吉民）

【召开社区办公和服务用房推进会】 3月12日，副区长周东金主持召开社区办公和服务用房推进会。区发改委、区社会办、区财政局、街道办事处及相关镇乡领导参加会议。会上，明确了怀柔区社区办公和服务用房协调小组，通报了全区社区办公和服务用房基本情况，对推进社区规范化建设工作提出五点要求：一要编制好城市社区“十二五”发展规划；二要积极稳妥地推进已批复的社区办公和服务用房建设项目；三要做好项目包装，区社会办负责牵头抓总，区发改委负责项目上报和评审，区财政局落实好资金，相关单位负责提供基础性材料；四要以简报的形式全面反映社区办公和服务用房进展情况；五要根据工作进展情况，定期召开协调小组工作会议。

（孟吉民）

【区领导到经济开发区调研党建工作】 4月1日，区委常委、组织部部长刘春锋带领区委社会工委到雁栖开发区调研非公有制经济组织党建工作。雁栖开发区管理委员会主任史宗祥、党委书记刘进武分别作经济和党建工作汇报。

（孟吉民）

【区领导到社会工委调研】 4月12日，区委常委、宣传部部长彭丽霞到区委社会工委调研社会建设工作。区委宣传部、区文明办、区文委、区广电中心、区文联等部门主要领导参加调研。

（孟吉民）

【开通怀柔社会建设网】 4月19日，怀柔社会建设网开正式开通。副区长周东金出席开通仪式。域名为 hrshjs. bjhr. gov. cn。首页设置了“政务公开、政策法规、通知通告、聚焦新闻、社会研究、社区建设、社工队伍、社会事业、管理服务、党建园地、基层动态、他山之石、社会文艺、生活驿站”14个主要栏目。此外，网站还提供了滚动文字信息、滚动图片信息，链接了首都之窗、北京市社会建设工作办公室、中央气象台网站、怀柔信息网等网站。

（孟吉民）

【召开在职党员进社区试点工作会】 4月20日，怀柔区召开在职党员进社区试点工作会。区委常委、组织部部长刘春锋出席会议并讲话。区委常委、政法委书记李树江主持会议。区委各工委、直属党委副书记、主管领导及政工（人事）科长、街道社区党总支部书记、部分区直单位党组织负责人及部分在职党员代表参加了会议。会议对试点工作提出四点要求：一要做好思想发动工作；二要搭建好发挥作用平台；三要积极探索工作机制；四要努力形成工作经验。会上，还下发了《怀柔区在职党员进社区试点实施方案》、《在职党员社区报到卡》、《在职党员基本情况登记卡》、《在职党员社区表现反馈卡》和《在职党员社区服务手册》。

（孟吉民）

【召开社会领域党建工作会】 4月21日，怀柔区召开社会领域党建工作会，明确提出年内六项重点工作任务：一是创新管理体制，搭建社会领域党建工作平台；二是推进社会领域党的组织和党的活动双覆盖面；三是夯实党建基础工作，推进社会领域党建工作规范化；四是开展社会领域党建示范点建设，发挥典型引领作用；五是构建区域化党建工作格局，夯实社区党组织建设基础；六是建立党建工作考评机制，提升社会领域党建科学化水平。

（孟吉民）

【召开社区规范化建设工作会】 5月5日，怀柔区召开社区规范化建设工作会，全面安排部署23个社区的规范化建设工作。副区长周东金出席会议并讲话。

（孟吉民）

【召开社区用房项目专题工作会】 5月10日，副区长周东金主持召开怀柔区社区办公和服务用房项目可研编制工作专题会。区发改委、区住建委、区社会办、区财政局、区人力社保局、区规划分局、区土地分局、区环保局、街道、镇乡主管领导参加会议。会议提出两点要求：一要密切配合，项目可研编制工作要在区政府统一领导下，由区社会办牵头，各单位密切协调配合；二要完善方案，使各社区用房的规模、手续、经费等重点内容合理可行，确保可研及时上报。

（孟吉民）

【赴外埠实地参观学习】 5月11—15日，怀柔区组织部分街道、社区领导赴广东省深圳市实地参观学习物业管理和居家养老工程。

（孟吉民）

【召开首届“双十佳”评选活动工作部署会】 5月19日，怀柔区社会建设工作领导小组办公室组织全区各工委（口）、系统、镇乡副书记召开了怀柔区“双十佳”评选活动工作部署会。“双十佳”评选活动，共设“十佳社会公德人物”奖和“十佳社会工作者”奖各10名、提名奖各10名。

（孟吉民）

【首家党建工作站揭牌】 6月28日，怀柔区首家党建工作站在雁栖经济开发区揭牌。主要负责指导开发区管委会所属新经济组织的党建工作，进一步加强党团共建，为驻区企业、职工和广大党员解决实际困难。

（孟吉民）

【召开社会建设半年工作会】 7月9日，怀柔区召开社会建设半年工作会。区委常委、政法委书记李树江出席会议并提出四点要求：一是增强工作的创造性、创新性和主动性；二是加强社会工作的提炼和宣传；三是加强现有工作推进的力度；四是讲求工作方式和方法。

（孟吉民）

【举办大学生社工岗前培训班】 7月22—26日，区委社会工委、区社会办组织新选聘的92名大学生社工在区委党校举办岗前培训班。

（孟吉民）

【社会建设专题研修班开班】 7月28日，怀柔区社会建设专题研修班开班。市委社会工委书记、市社会办主任宋贵伦作首场讲座。区委常委、政法委书记李树江出席开班仪式并讲话，副区长周东金主持开班仪式。

（孟吉民）

【在职党员“5+2”行动亮社区】 8月12日，怀柔区召开在职党员进社区“5+2”行动推进会。区委常委、政法委书记李树江出席会议并讲话。“5”是在职党员在周一至周五期间，根据自身情况，开展菜单式选择服务；“2”是在周六、周日集中开展志愿活动。

（孟吉民）

【召开“在职党员进社区”工作推进会】 9月6日，怀柔区召开“在职党员进社区”工作推进会。市委社会工委委员、市社会办副主任陈建领，区委常委、组织部部长刘春锋出席会议并讲话，区委常委、政法委书记李树江主持会议。区委组织部副部长王保军部署工作。会上下发了《关于开展“在职党员进社区”工作的实施意见》，试点单位、社区和在职党员代表分别作典型发言。

（孟吉民）

【首届“双十佳”获得者揭晓】 9月8日，20名基层党员和群众通过基层推荐、群众投票、评选领导小组审核、社会公示等程序，分别荣获“怀柔十佳社会公德人物”奖和“怀柔十佳社会工作者”奖。

（孟吉民）

【第五届邻里节开幕】 9月15日，怀柔区第五届邻里节在滨湖万米公园隆重开幕。区政协主席武占刚宣布邻里节开幕，区委副书记萧有茂致辞，区委常委、宣传部部长彭丽霞，区人大副主任吕延发以及国家民政部和北京市兄弟街道相关领导出席。来自滨湖、湖光等12个社区的2000余名居民参加了开幕式。邻里节将围绕“共唱和谐歌、共话邻里情、共谱文明曲、共缔同心结、共建美家园”五大板块，开展68项丰富多彩的活动。

（孟吉民）

【北京市首家村级“五站合一”社会工作室在渤海镇落成】 9月17日，北京市首家村级“五站合一”社会工作室在渤海镇苇店村落成。市总工会副主席曾繁新，市妇联副主席李彦梅，区委副书记萧有茂，区委常委、政法委书记李树江出席。“五站合一”是党务工作站、社会工作站、工会工作站、共青团工作站、妇联工作站合署办公，突出特点是一体推进、一室多用、一人多职、一步到位。

（孟吉民）

【召开党群共建创先争优工作会】 10月14日，怀柔区召开党群共建创先争优工作会议。区委副书记萧有茂出席会议并讲话，区委常委、组织部部长刘春锋主持会议。区委各工委（口）、直管党委、镇乡及相关单位党组织副书记或主管领导及工青妇群团组织负责人参加了会议。区总工会、团区委、区妇联安排部署下一阶段创先争优工作，渤海镇党委作“党群共建、五站联建”工作模式典型发言。参会人员观看了雁栖开发区党群共建创先争优专题片，参观了雁栖开发区党建工作站。

（孟吉民）

【市委社会工委领导指导信息化工作】 10月20日，市委社会工委委员、市社会办副主任王丽竹到怀柔指导社会领域信息化建设工作。区委常委、政法委书记李树江出席会议并重点介绍贯彻落实《北京市社会服务管理创新行动方案》及社会领域信息化建设等情况。

（孟吉民）

【第二届青联常务委员产生】 10月29日，怀柔区召开青年联合会第二届委员会第一次全体会议，大会投票选举产生了怀柔区青年联合会第二届常务委员会委员21名，确立委员119人，组建了文艺体育、科技文化、公共管理、教育卫生、经济、政法等8个界别组。

（孟吉民）

【召开创新试点研讨会】 11月1日，区社会服务管理创新工作领导小组组织创新试点项目牵头单位、责任单位主管领导召开《构建怀柔特色社会服务管理新模式创新试点实施意见》研讨会。

（孟吉民）

【党员远程教育入驻非公有制经济组织】 11月9日，区委组织部、区委社会工委在怀柔镇建材市场党员电化教育中心，举行了党员干部远程教育示范点开通仪式。

（孟吉民）

【落实项目推进会】 11月12日，区委社会工委、区社会办组织11家社会组织单位法人和业务主管单位领导，召开落实使用北京市社会建设专项资金购买社会组织服务项目工作推进会。

（孟吉民）

【健全区委社会工委组织机构】 11月15日，经区委组织部批复，增补杜连旺、钱卫东任区委社会工委委员（京怀组干〔2010〕147号）。

（孟吉民）

【评比表彰“十佳大学生社工”】 12月30日，区委社会工委、区社会办召开2010年度大学生社区工作者总结表彰大会。会上表彰了“十佳大学生社工”和10名政策法规知识竞赛优胜者。来自全区的123名大学生社区工作者参加了总结表彰会。

（孟吉民）

【确立“在职党员进社区”怀柔模式】年内，在试点、总结、提高的基础上，确立了“双重管理、任务量化、制度监管”的“在职党员进社区”怀柔模式。双重管理是“8小时之内”单位管和“8小时之外”社区管。职责量化是要求每名在职党员年内至少为社区做2件事，或参加社区安排的活动时间累计不少于10小时。制度监管是建立专题服务组制度、建立需求库制度、建立季度例会制度、建立台账季报制度、建立督查考核制度。

（孟吉民）

【11个购买项目全部落实】 年内，11个政府向社会组织购买公共服务项目共举办各类活动570场，服务社区31个，受益居民6.8万人次，参与社会组织248家，志愿者4800人。

（孟吉民）

【加快老旧小区改造】 年内，投资1158万元完成了43个老旧小区184栋楼房改造工程。改造共涉及楼顶防水77515平方米、道路硬化7882.6平方米、污水管道831.5米、污水井102个、单元门662个、落雨管240米，安装路灯46盏。

（孟吉民）

【社会保障体系明显加强】 年内，安置城乡劳动力就业7650人，城镇登记失业率控制在2.15%。失业、养老、医疗、工伤、生育五项保险收缴率保持在98%以上。全面落实“九养政策”和老年人优待办法，为11280名老年人、残疾人发放1256万元养老助残服务券。

（孟吉民）

【社会心理咨询服务效果凸显】 年内，累计投资300万元建成了北京市首家规模在1000平方米以上的社会心理咨询服务基地。面向24个社区开展了心理健康咨询服务系列活动，受益居民达到3.8万人次。

（孟吉民）

【建立村村设消费维权联络点】 年内，全区284个行政村村村建立了消费维权联络点，并且聘请了713名维权联络员。共接待答复消费者各类问题咨询1200余人次，受理、调处消费者投诉228件，办结率100%，为消费者挽回各项经济损失10.2万元。

（孟吉民）

密云县

【概况】 中共密云县委社会工作委员会（简称“县委社会工委”）是负责本县社会建设工作的县委派出机构。密云县社会建设工作办公室（简称“县社会办”）是负责本县社会建设工作的县政府工作部门，与县委社会工委合署办公。

县委社会工委主要职责是：①贯彻执行党的路线、方针、政策和市、县关于加强社会建设的决议、决定；②研究提出本县社会建设的总体规划、方案，为县委社会建设宏观决策服务；③按照县委、县政府要求和县社会建设工作领导小组安排，统筹推进各项任务的分解落实和督促检查；④拟定并组织实施本县社会管理体制改革和社会动员体制机制建设的规划和政策措施；⑤负责综合研究和统筹协调本县街道管理体制改革相关工作；⑥负责本县社会领域党建工作，拟定并组织实施社会领域党建工作的规划和政策措施；协调指导各镇街（地区）和各有关单位开展社区党建、新社会组织党建和新经济组织党建工作；⑦协调指导本县社会工作人才队伍建设工作，拟定并组织实施社会工作人才队伍建设的规划和政策措施，建立健全以培养、评价、使用、激励为主要内容的制度和机制；⑧综合协调本县志愿者工作，拟定并组织实施志愿者工作的规划和政策措施；⑨承办县委交办的其他事项。

县社会办主要职责是：①贯彻执行国家、市有关社会建设的法律、法规、规章和政策，提出加强本县社会建设的意见建议；②拟定并组织实施本县社会建设的总体规划和改革方案，组织协调相关部门起草社区、社会组织、社会工作人才队伍、志愿者等方面的管理机制和制度；③组织拟定本县社会公共服务体制机制建设的规划，协调推进社会公共服务体系建设；④统筹推进本县社区建设，拟定并组织实施社区建设的规划，综合协调解决社区建设中的重点、难点问题；⑤宏观指导本县社会组织建设与发展，拟定并组织实施社会组织建设规划，协调推进社会组织管理改革和发展工作；⑥综合协调街道与政府各职能部门的工作关系，负责街道（地区）工作目标管理责任制考核工作；⑦落实市、县关于城市管理体制改革的相关工作，协调街道城市管理和城市建设工作；⑧对各镇街（地区）、各部门的社会建设工作落实情况进行指导和督促检查；⑨完成县政府交办的其他事项。

县委社会工委、县社会办设 3 个职能科室和 1 个中心：办公室、社区建设科、党建工作科和密云县社会建设信息中心。行政编制 10 名，其中书记（主任）1 名，副书记、副主任 2 名；科级领导职数 3 名；事业编制 5 名；工勤编制 3 名。

县委社会工委、县社会办于 2009 年 12 月 31 日正式挂牌成立。一年来，在县委、县政府正确领导下，在市委社会工委的指导、支持下，深入贯彻落实市、县工作要求，立足密云实际，紧紧围绕“三个走在前列”奋斗目标和建设“绿色国际休闲之都”发展定位，理清工作思路，建立工作机制，明确工作职责，狠抓工作落实，为推进全县社会建设工作奠定了扎实基础。

（一）搭建平台，制定政策，完善社会建设运行机制

成立密云县社会建设工作领导小组，加强对社会建设工作的统一领导。领导小组下设办公室，通过建立县社会建设联席会议制度，加强与成员单位的沟通和对社会建设重点工作的组织协调。各街道（乡镇）也相继建立社会建设领导机构，负责本辖区社会建设工作。明确职责任务，理顺工作关系，初步形成了协调一致、高效运转的社会建设领导体制和工作机制，密云社会建设站在了新的历史起点上。制定出台了《关于加强社会建设的实施意见》、《密云县社区管理办法（试行）》、《密云县社区工作者管理办法（试行）》和《关于进一步加强“两新”组织管理和党建工作的意见》等密云社会建设系列文件，初步形成社会建设政策体系。会同县发展改革委等部门确定了密云县“十二五”时期社会建设总体思路、目标和主要任务。

（二）统一标准，强化服务，推进社区规范化建设

研究制定《密云县社区规范化建设标准》，合理划分社区党组织、居委会、服务站的职责任务，理顺了工作关系；从三个方面对社区服务站进行了规范，设置了 6 类岗位，制定了 10 项社区服务站规章制度。在 2009 年工作基础上，完成了全部 32 个试点社区用房规范化建设，为 18 个试点社区服务站协调配置了办公设备。试行了《北京市社区基本公共服务指导目录》，积极开展“一刻钟社区服务圈”试点工作，按照“缺什么补什么”的原则，协调建立便民网点，优化商业网点布局，实现已完成规范化建设试点任务 26 个社区基本公共服务全覆盖。

（三）积极探索，着力创新，实现社会服务管理新突破

开展提升社区服务管理水平调研，明确智能化社会服务管理体系建设思路，即在县应急指挥中心现有功能基础上，整合、新建城镇网格化管理系统、“电子保姆”呼叫系统、全县统一社区服务热线等系统，搭建智能化社会服务管理软件平台；在街道、乡镇以及职能部门中开展立体分类式网格化管理试点工作，逐步向全县推行，实现与软件平

台的对接，打造“县级领导、镇街统筹、职能部门履责、社区实施、社会组织参与、多渠道监督”的智能化社会服务管理体系。

召开商务街区商管协会推进大会，在县城和六个重点镇推广商务街区商管协会服务管理模式，县城地区鼓楼、果园街道、檀营地区和密云镇已全部建立商管协会总会，成立了34家社区商管协会，实现了对辖区“六小门店”等规模以下“两新”组织服务管理和党建全覆盖。

完善网格化社会服务管理机制。划小单元、织密网格，细化任务、明确责任，整合资源、综合治理。县城地区划分三级网格，结合视频监控设施，对人、地、物、事、组织实行精细化管理。城乡结合部地区积极推广综合服务管理中心经验，整合公安、城管、工商等力量，加大联合执法和综合整治力度。农村地区以自然村为管理单元，采取灵活多样的方式，开展网格化管理，基本形成重点部位有人看、敏感部位有人守、复杂场合有人控、重点路段有人巡、突发事件有人报的治安防控格局。

（四）摸清底数，加强管理，引导社会组织健康发展

对鼓楼、果园街道、檀营地区、密云镇范围内的社区社会组织、新经济组织进行了调查摸底。截至年底，县城地区两个街道、檀营地区、密云镇共有“两新”组织8840家，其中新经济组织（含个体工商户）8523家，新社会组织317家。研究起草了《关于构建“枢纽型”社会组织工作体系的实施办法》，明确了“枢纽型”社会组织认定条件、认定程序、主要职责、工作机制以及支持政策与措施。制定了《关于2010年度社会建设专项资金购买社会组织服务的规定》，规范资金管理和使用；积极组织申报并认真完成政府购买社会组织服务项目。

（五）健全体制，创先争优，扩大社会领域党建工作覆盖面

健全街道（乡镇）社会建设工作机制，积极推进街道（乡镇）成立社会工作党委，完善工作机制，明确工作职责，加强区域党建协调和“两新”组织党建等工作。联合县委组织部、县委党校对全县152家非公有制企业党组织负责人，进行了为期2天的集中培训，提高了非公有制企业党组织负责人的党务工作能力，增强了做好非公有制企业党建工作的积极性和主动性。下发了《关于做好全县社会领域深入开展创先争优活动有关工作的通知》，成立了社会领域深入开展创先争优活动领导小组，建立了县级信息直报点和信息上报制度，深入开展社会领域创先争优活动。开展了区域化非公有制企业党建试点工作，以骨干企业北京东方神韵工贸有限公司为龙头，坚持“以大带小”，探索建立区域化非公有制企业党建工作机制，推动了非公有制企业党组织的先进性建设和企业的科学发展。

（六）开展培训，规范待遇，加强社会工作人才队伍建设

会同县人力社保局等单位圆满完成了70名大学生社工的招录和培训工作；以街道为单位对居委会成员、社区服务站专职工作者进行了20个学时的培训，鼓励和引导社区工作者参加国家社会工作者职业水平考试，有32名社工取得助理社会工作师、社会工作师等职业水平证书，推进了社区工作者专业化、职业化进程。会同县财政局、县人力社保局制订出台了《关于进一步规范社区工作者待遇的实施方案》，规范和提高社区工作者待遇水平。积极推进志愿服务工作，开展志愿者队伍建设调查摸底，全面了解志愿服务开展情况；研究建立“全社会、多领域、多层次、长效化”的志愿服务模式；建立社区志愿者工作站，完善社区志愿服务网络建设。

（七）总结经验，加大宣传，推进社会领域信息化建设

积极协调成立了密云县社会建设信息中心，为县委社会工委、县社会办所属全额拨款科级事业单位，负责全县社会建设相关信息数据的收集整理、综合研究、分析预测，搭建信息资源共享平台，进一步提升社会领

域信息化建设水平。认真筹备《密云社会建设》创刊工作和密云社会建设网建设工作。

（陈小忠）

【县委社会工委、县社会办“三定”方案获批】 经县机构编制委员会审核，县委、县政府批准，《中共密云县委社会工作委员会、密云县社会建设工作办公室主要职责、内设机构和人员编制规定》于3月25日正式印发，明确了县委社会工委、县社会办的主要职责，设立办公室、社区建设科、党建工作科3个内设机构，规定机关行政编制10名、工勤编制3名。

（陈小忠）

【开展社会建设工作调研】 1—3月，县委社会工委、县社会办调研组赴县民政局、县人力社保局、县卫生局、县体育局、县文委、县教委和鼓楼、果园街道等县社会建设相关单位开展调研，就社会事业、社会保障、社会组织、社区建设等工作进行座谈，了解社会建设各领域发展现状及下一步工作思路，为加强社会建设统筹协调、确定当前工作重点提供依据。

（陈小忠）

【开展鼓楼南大街环境秩序综合整治】 年内，为解决县城鼓楼南大街及周边地区环境秩序等方面存在的突出问题，进一步提升城市管理水平，由县领导牵头成立了鼓楼南大街及周边地区环境秩序综合整治工作领导小组，制订了《鼓楼南大街及周边地区环境秩序综合整治方案》，整合城管、公安、交通、工商、文委、市政市容委等执法力量，组建联合执法队，从5月4日起对鼓楼南大街及周边地区交通秩序、市场秩序、治安秩序、环境秩序进行了综合整治，取得显著成效。110报警率、刑事发案率、城市管理举报率大幅度下降，得到了国家创卫复检专家组的充分肯定，成为落实政协提案的政府示范工程。

（陈小忠）

【出台社会建设“1+3”文件】 5—6月，结合市、县关于加强社会建设的政策文件和指示精神，在深入调研的基础上，制定出台了《关于加强社会建设的实施意见》、《密云县社区管理办法（试行）》、《密云县社区工作者管理办法（试行）》和《关于进一步加强“两新”组织管理和党建工作的意见》等密云社会建设“1+3”文件，初步形成了密云社会建设政策体系，明确了当前和今后一段时期社会建设的总体思路、工作目标和主要任务，为社会服务管理体制机制改革提供了政策保障。

（陈小忠）

【召开街道（地区）社会建设工作座谈会】 6月3日，召开街道（地区）社会建设工作座谈会，县委副书记王玉江、副县长徐芳出席会议。会上，县委社会工委负责人解读了《关于加强社会建设的实施意见》等密云社会建设“1+3”文件精神，鼓楼、果园街道、檀营地区负责同志，围绕贯彻落实“1+3”文件进行了深入座谈。会议要求，要从建设“三个北京”和世界城市的战略高度，紧紧围绕“三个走在前列”的奋斗目标，高起点谋划社会建设，高标准抓好社会领域党建工作、社区规范化建设、城市网格化管理、社区服务与管理、“两新”组织服务管理、社区工作者和志愿者队伍建设、社会安全稳定等社会建设各项工作。

（陈小忠）

【市委社会工委领导到密云县调研社会组织服务管理工作】 7月20日，市委社会工委委员、市社会办副巡视员刘轩带队到密云县，就社会建设及社会组织服务管理工作进行调研，副县长徐芳陪同调研。刘轩等先后到鼓楼街道综治维稳中心、商户管理协会和果园街道社会组织联合会、“电子保姆”呼叫中心进行了实地考察，与密云县委社会工委、县社会办等单位负责人就社会建设如何走在全市郊区前列及起草社会建设“十二五”规划相关事宜进行了座谈，听取了密云县委社会工委及街道负责同志的工作汇报。刘轩在座谈中对密云县社会建设工作给予肯定，并就加快研究和建立符合县域特点的社会组织服务管理体制机制提出具体要求。

（张　宁）

【召开商管协会服务管理模式推广现场会】 8月3日，召开商管协会服务管理模式推进现场会，在县城地区、城乡结合部和重点镇商业街区推广这一模式，进一步深化“四级平台、六项机制”建设成果，加强对“六小门店”等规模以下“两新”组织的服务管理和党建工作。县委副书记王玉江，县委常委、政法委书记张玉鲲，副县长徐芳出席会议。会上，宣读了《密云县推广鼓楼街道商管协会管理模式的通知》，鼓楼街道负责同志介绍了商管协会服务管理模式整体情况，檀城社区、花园社区商管协会商户代表发言。

（徐京涛）

【北京市第19个“周四垃圾减量日暨绿色社区月”活动在密云县举行】 8月19日，由首都文明办、市市政市容委、市社会办和密云县委、县政府共同主办的“做文明有礼的北京人——第19个‘周四垃圾减量日暨绿色社区月’走进沿湖社区”活动在密云县鼓楼街道举行。市委社会工委书记、市社会办主任宋贵伦，市委宣传部副部长、首都文明办主任陈冬，密云县委书记汪先永，县长王海臣，首都文明办副主任陈建文，市市政市容委副书记孟令华，市市政市容委副主任陈玲，市委社会工委委员、市社会办副巡视员王智玲，市妇联副主席沈洁，密云县副县长徐芳出席活动。活动中，市有关部门发布了“垃圾减量、垃圾分类妙招征集活动”方案和有关安排，街道负责同志介绍了垃圾减量、垃圾分类的经验做法，并进行了知识竞答、文艺演出和现场观摩等。

（陈小忠）

【成立密云县社会建设工作领导小组】 经县委、县政府研究同意，8月正式成立了密云县社会建设工作领导小组，为县委、县政府议事协调机构。县社会建设工作领导小组的主要职责是在县委、县政府的领导下，综合研究、宏观规划、统筹协调全县社会建设和管理工作，推动密云社会建设。密云县社会建设工作领导小组由60家成员单位、80名成员组成，县委书记汪先永任组长，县委副书记、县长王海臣任第一副组长，县委副书记王玉江，县委常委、县委政法委书记张玉鲲，县委常委、常务副县长王稳东，副县长徐芳任副组长。领导小组下设办公室，办公室设在县委社会工委、县社会办，主要职责是在领导小组领导下，研究提出加强社会建设的政策措施，协调全县社会建设的相关工作，督促检查领导小组决定事项的贯彻落实，总结推广社会建设工作典型经验，承办领导小组日常工作。办公室主任由县委社会工委书记、县社会办主任张志华兼任。

（陈小忠）

【举办非公有制企业党组织负责人培训班】 9月28—29日，为期两天的密云县非公有制企业党组织负责人培训班在县委党校举行，来自全县各乡镇（街道）的100名非公有制企业党组织负责人和组工干部参加培训。培训班采用集中授课、典型发言、讨论交流等方式，围绕积极拓展非公有制企业党建工作新领域、提高党建科学化规范化水平、扎实开展创先争优活动、努力建设“绿色国际休闲之都”和企业的组织管理与发展战略等内容开展。

（张　宁）

【成立密云县社会建设信息中心】 10月9日，经县编委第三次会议研究同意，成立密云县社会建设信息中心，为密云县社会建设工作办公室所属的全额拨款科级事业单位。信息中心的主要职责是负责全县社会建设相关信息数据的收集整理、综合研究、分析预测；负责与有关部门信息中心的沟通联系，整合信息资源，实现不同数据库之间的互联互通；负责密云社会建设网的建设、维护和管理；负责信息公开工作；负责机关内部信息化系统建设、管理和运行维护。

（陈小忠）

【河南省新郑市考察团到密云县考察社区管理创新】 10月29日上午，河南省新郑市市委书记吴忠华带领考察团来密云县考察社区管理创新。考察团先后到密云县公安局指挥中心、鼓楼街道网格化管理中心监控室、果园街道“电子保姆”呼叫中心进行参观，听取了县社会办和街道负责人有关推进社区管理创新的情况介绍。

（陈小忠）

【编制密云县社会建设“十二五”规划】 年内，在深入开展调查研究的基础上，县社会办起草了《密云县“十二五”时期社会建设规划》，通过广泛征求有关单位意见，进一步对其进行了修改完善。《规划》明确了“十二五”时期，密云县加强社会建设的工作思路、总体目标和工作任务，为创新社会服务管理体制机制，努力建设社会更加稳定、社会保障日益完善、社会事业快速发展、社会服务管理显著增强、社会文明程度不断提高的生态富裕和谐新密云绘制了蓝图。

（陈小忠）

【做好社区办公和服务用房达标工作】 2009—2010年，通过采取购置和改造等方式，密云县对鼓楼、果园街道32个社区的办公和服务用房进行了规范化建设。实际投资11655.2万元，购置用房总面积13688.66平方米，使每个社区均达到350平方米以上的规范化建设标准，三年任务两年完成。社区用房规范化建设使密云县社区办公服务用房的紧张状况大为改观，试点社区办公用房总面积达6757.52平方米，服务用房6931.14平方米，较好地满足了社区办公服务工作的需要。

（马海涛）

【完成社区工作者招录和培训工作】 年内，为做好社区工作者招录工作，制订了《密云县2010年选聘高校毕业生到社区工作实施方案》。经过笔试、面试、考察、公示等选聘环节，共招录了70名大学生社区工作者到社区工作，均为大专以上学历。并组织他们开展了为期3天，以专题讲座、参观考察、研讨交流为主要形式的集中培训，内容涵盖了密云县情和社区工作实务、社区党建等专业知识。通过选聘高校毕业生到社区工作、加强社区工作者培训、鼓励参加社会工作者职业水平考试等方式，有力推进了社区工作者的职业化、专业化进程。

（陈小忠）

【规范社区工作者待遇】 年内，根据《北京市社会建设工作领导小组办公室转发〈关于进一步规范社区工作者待遇的通知〉的通知》（京社领办发〔2010〕4号）的要求，县社会办会同县财政局、县人力社保局对社区工作者待遇调整进行了细致研究，制订出台了《密云县关于进一步规范社区工作者待遇的实施方案》，大幅调高了社区工作者的工资待遇，调整后年人均待遇（指个人应发部分）为3.2万元，比调整前提高了0.85万元，使社区工作者与全额拨款事业单位工作人员工资水平基本持平，对稳定社工队伍、提高社工工作积极性起到了促进作用。

（马海涛）

【开展“一刻钟社区服务圈”建设试点】 年内，在2009年完成社区规范化建设的社区中，选择果园西里、花园两个社区开展试点，进行“一刻钟社区服务圈”建设。一是广泛开展社区调查，摸清居民需求和服务资源状况。发放“‘一刻钟社区服务圈’需求调查表”1000余份，较为全面地摸清了社区居民的基本需求；对资源分布基本情况进行摸底调查，建立了服务资源信息台账。二是发挥社区服务站作用，推进社区基本公共服务全覆盖。对照《北京市社区基本公共服务指导目录》10 大类 60 项内容，完善已有服务，补充缺失服务；规范服务站的工作流程，确保业务办理的快捷、顺畅；协调建立便民网点，优化商业网点布局，使试点社区基本实现了10 类60 项基本公共服务全覆盖。三是依托社会组织，开展特色服务。先后为 685 户社区老年人、残疾人免费安装“电子保姆”呼叫系统，使他们足不出户，在一刻钟时间内就能得到紧急救助、日常服务、咨询服务三大类免费服务和 200 多项有偿服务；充分发挥商管协会服务管理作用，动员、引导商户参与各类社区服务。

（刘　杰）

【推进社区规范化建设】　根据市统一部署，密云县从 2009 年开始，分别在鼓楼街道和果园街道启动了社区规范化建设试点工作。按照“一分、三定、两目标”的总体思路，依据“七个规范”的标准，扎实推进社区规范化建设各项工作任务，努力完善基础设施建设，提升基本公共服务水平，推进社区工作者专业化、职业化进程，构建现代新型社区治理模式。截至目前，有 26 个社区达到了市社区规范化建设标准要求。

（马海涛）

【完成政府专项资金购买社会组织服务工作】
年内，县社会办筹措社会建设专项资金 50 万元，向鼓楼街道商管协会、青少年心理咨询中心、果园街道社会组织联合会等 10 家社会组织购买了文化、青少年心理咨询、流动人口管理、助老、技能培训等服务项目。专门召开了政府专项资金购买社会组织服务工作会，下发了《密云县关于 2010 年度社会建设专项资金购买社会组织服务的规定》，对资金使用范围、使用原则、服务项目检查验收等作出了明确要求。截至 12 月底，10 家社会组织均按照申报的实施方案和服务内容开展了多项服务，并顺利通过了市社会建设工作领导小组办公室检查组的验收。

（刘　杰）

【开展社会领域创先争优活动】　年内，下发了《关于做好全县社会领域深入开展创先争优活动有关工作的通知》，成立了社会领域深入开展创先争优活动领导小组，主要负责指导和推进全县社会领域基层党组织和党员开展创先争优活动。各乡镇、街道（地区）和有关部门也都成立了相应组织机构，建立了县级信息直报点和信息上报制度，积极组织开展优秀党建工作创新项目评比和主题实践活动。创先争优活动成效明显，涌现出了北京百年栗园生态农业有限公司党支部、北京汇源九龙沟绿色生态农业有限责任公司党支部等先进典型。

（徐京涛）

【推进“帮村扶户”工作】　年内，县委社会工委、县社会办与新城子镇二道沟子村结成帮扶对子，先后三次到该村开展调研，与镇、村干部进行座谈，了解该村基本情况，看望慰问贫困户，为制订对口帮扶工作计划提供依据。此外，还通过开展“党员一帮一”、组织机关干部捐款等活动帮助该村贫困户脱贫致富。

（陈小忠）

【开展社会服务管理创新系列调研】　年内，结合社会建设和社会服务管理创新重点工作推进，县领导组织县社会工委（县社会办）、研究室、文明办和鼓楼、果园街道等单位，就提升社会服务管理水平、制定社会建设“十二五”规划、加强志愿服务工作等课题开展专题调研，形成了《关于创新社会服务管理模式的研究》、《构建层级分明的社会建设体系》等多篇调研报告。

（陈小忠）

延庆县

【概况】 中共延庆县委社会工作委员会（简称“县委社会工委”）与延庆县社会建设工作办公室（简称“县社会办”）合署办公。任务是按照县委、县政府的要求，着力搭建宏观管理平台，研究制定县域内社会建设的总体规划，统筹推动社会建设各项任务的分解落实和督促检查，着力加强基层基础工作。协调指导各乡镇、街道、各有关单位开展社区建设、培育各类社会组织和新经济组织，加强本县社会志愿者队伍和社会工作者队伍建设以及社会领域党的建设等工作。机关行政编制10名，内设3个行政科室，即综合科、党建工作科、社区建设科。

县委社会工委主要职责：①贯彻执行党的路线、方针和政策与县委关于社会建设的各项决议、决定，研究提出社会建设工作意见并组织实施。②研究提出本县社会建设和管理的总体规划、重大方案和宏观政策。具体负责研究提出我县“和谐村镇”、“和谐社区”建设的规划、方案和宏观政策。③负责本县社会领域党建工作，拟定并组织实施社会领域党建工作的规划和政策措施，协调指导各乡镇、街道、各有关单位开展社区党建、社会组织党建和新经济组织党建工作。④拟定并组织实施本县社会管理体制改革和社会领域社会动员体制机制建设的规划和政策措施。⑤负责本县社会志愿者队伍和社会工作者队伍建设工作，拟定并组织实施社会工作人才队伍建设的规划和政策措施，建立健全以培训、评价、使用、激励为主要内容的制度和机制。⑥协助县委组织部做好街道办事处领导班子和干部队伍建设、考核及管理工作。⑦协调县农委抓好农村地区社会建设和管理的有关工作。⑧负责街道办事处的宣传教育，指导街道办事处开展思想政治工作和精神文明建设；协助有关部门做好街道办事处社会治安综合治理和维护社会稳定等工作；协助县纪委抓好街道办事处系统党风廉政和纪律检查工作；指导街道办事处统战工作和工会、共青团、妇联、老干部等工作。⑨完成县委交办的其他事项。

县社会办主要职责：①贯彻执行国家有关社会建设的法律、法规、规章和政策，拟定并组织实施本县社会建设的总体规划和改革方案，组织协调相关部门起草社区、社会组织、社会工作人才队伍、志愿者等方面的总体规划、改革方案和制度措施，并组织实施。②宏观指导本县社会组织建设与发展，组织协调有关部门研究拟定社会组织建设管理服务工作的政策措施。组织落实我县“和谐村镇”、“和谐社区”建设的具体工作。③负责统筹推进全县社区建设，综合协调社区建设中的重点、难点问题，指导监督社区建设各项方针政策的贯彻落实。④组织拟定本县社会公共服务体制机制建设的规划和制度措施，协调推进社会公共服务体系建设。⑤负责街道办事处在城市管理、县域社会发展中相关协调工作和有关问题的调查研究，向县政府提出意见和建议；督促、检查、考核街道办事处工作落实情况。⑥对各镇乡街道、各部门的社会建设工作落实情况进行指导和督促检查。⑦完成县政府交办的其他事项。

2010年，在县委、县政府的正确领导下，延庆县社会工委、县社会办认真贯彻落实党的十七大和十七届五中全会精神，全面落实科学发展观，根据北京市社会建设文件精神，以建设“富裕、文明、宜居、和谐”新延庆为目标，加快推进社会建设，努力构建社会主义和谐社会。

（一）深入开展“创先争优”活动，全面提升工作水平

1. 突出主题，结合学习型党组织的创建开展党员教育

加强学习是开展“创先争优”活动的基础，而主题就是旗帜，突出主题开展学习教育，就会增强活动的吸引力和感召力。由于“创先争优”活动没有鲜明的阶段和环节，本质上就是一项长项工作，延庆县把健全完善学习制度作为一项基础性工作

来抓，以制度的健全保障学习的长效性，强化党组织的学习功能。同时，在执行学习制度时，结合街道中心工作，突出主题，在街道和社区开展各类培训活动，举办“唱响红歌献给党”红色歌曲演唱等活动，引领党员歌颂党，教育党员热爱党，凝聚党员力量，振奋党员精神。

2. 细化标准，结合中心工作拓展服务职能

李源潮同志指出“加强基层党的建设，发挥党组织和党员的先进模范作用，具体到一个单位，就要体现在保证中心任务的完成上”。“五个好”、“五带头”具体到不同的岗位，就有不同的衡量标准。社区和“两新”组织党组织开展“创先争优”活动，结合中心工作，拓展服务职能，细化了“五个好”、“五带头”标准，让先进、优秀的标准大家干得见、够得着。各街道结合优秀标准，明确各科室的工作职责、工作标准，制定公开承诺制、岗位责任制、首问首办负责制、限时办结制、工作补位制，切实保证了社区中心工作的完成。

3. 典型引路，结合社会主义核心价值观的宣传营造氛围

宣传典型，弘扬正气，有效调动广大党员“创先争优”活动的内生动力。一是积极组织参加县“群众心目中的好党员”评选投票活动，康安社区第三支部书记李振东、中材叶片公司的王欣等10多名社会领域的党员被评为县级“群众心目中的好党员”。同时，社区、“两新”组织党组织普遍开展优秀共产党员评选推优工作，通过组织参与评选投票活动，使先进党员的形象更深入民心。二是在三个街道开展向卢淑娟等延庆县“十大道德模范”学习活动。通过引导广大党员学习身边先进典型活动，牢固树立社会主义核心价值观，提高为民服务的意识。三是在儒林街道开展“百星耀儒林”活动。通过评选包括“优秀党员之星”、“文明功德之星”，树立了优秀党员的典型，激励了广大党员创先争优的决心。

4. 创新载体，结合社区、“两新”组织特点搭建党员发挥作用平台

一是结合法治社区建设，以社区法律服务室为依托，成立社区义务普法志愿者服务站，发挥社区老党员、司法助理员、退休法官、退休检察官以及其他老干部的作用，开展普法宣传活动，第一时间调解居民矛盾纠纷，维护社区和谐稳定。二是在“两新”组织广泛开展“党员先锋示范岗”、“我为企业献一策”活动，发挥党员模范带头作用。三是结合生态文明创建，开展“绿化楼道美化家园”绿色环保活动。社区党员带头布置楼道环境，带头认建、认养、认护社区绿地。聘请社区党员为“低碳大使”，带头践行低碳生活；四是成立22支党员志愿服务队，组织党员定期开展志愿服务活动，维护社区环境，参与社区建设；五是建立包居工作联动机制，推行街道领导和科室负责人“双重包居”制度。同时，落实体察民情制度，包居干部下社区、察民情、办实事、促和谐，定期查看社区“民情台账”，了解居民需求，实行民情台账记录制度，通过挂账、销账方式详细记录各种问题及解决情况，促进各项常规工作的开展。

5. 群众参与，结合党员承诺制确保活动取得实效

广泛吸引群众参与创先争优活动，才能在全社会形成良好的氛围，取得活动实效。一是承诺一定要公开。二是服务“亮身份”。在街道、社区服务窗口制作窗口标志、监督牌、政策宣传栏。为干部职工、各类协管员制作工作监督卡，要求领导干部带头佩戴。加大了监督检查力度，重点检查工作中存在的“不在岗、不在状态、不在行”等问题。向居民发放“连心服务卡”，公开包居干部和社区干部联系方式。开展“五访五进门”服务活动，即：访贫问苦，进困难家庭门；访残问疾，进残疾家庭门；访孤问老，进老年家庭门；访谏问策，进代表家庭门；访寒问暖，进工作人员门。三是评选表彰群众参与。让群众全程参与到活动中来。

（二）扎实推进规范化建设，进一步夯实社区工作基础

1. 突出试点建设重点，加强基础设施建设

县领导高度重视社会建设，多次到各街道调研，并亲自主持召开社区规范化建设试点工作推进会议。县社会工委牵头，协调县土地局、县环保局、县发改委、县规划局等相关部门现场办公，为项目审批开通绿色通道。各街道、乡镇积极主动做好各项相关工作，使社区规范化建设稳步推进。延庆县街道发展较晚，各居委会的办公场所非常紧张，严重制约社区居委会开展工作、拓展服务。2009年，市委社会工委实施规范化社区建设，原城镇办事处确定第一批规范化试点社区5个，项目总投资1105万元，采取新建、购买等方式，积极推进社区用房达标。目前，儒林街道温泉东社区、康庄社区、香水园川北东社区已投入使用。湖南、振兴南两个社区由于项目资金到位较晚，正在进行后期装修。与此同时，投资1900多万元，对8个老旧小区实施改造工程，全面加强社区基础设施建设。目前市匹配资金到位275万元，还有278万元未到位。今年，两次共申报了19个社区用房规范化建设，各街道和相关乡镇逐社区提出达标方案，所有申报项目报批工作已经完成，各街道和相关乡镇也对规范化建设用房进行了初步规划。目前，市专家组对申报的规范化社区项目达标验收工作已经完成。

2. 健全社区工作机制，促进社区规范发展

按照北京市“1+4”文件和10部委文件精神，对社区党支部、居委会、服务站职能进行了梳理，进一步明确社区党支部、社区居委会、社区服务站职能。本着领导有力、服务到位的原则，根据《北京市社区管理办法》的文件精神，结合社区的实际，采取社区居委会、社区服务站交叉任职、分工负责的工作模式，明确社区党组织负责社区党建工作和对社区各类组织实行领导；社区居委会负责履行社区自治组织功能；社区服务站承担社区公共服务和社会管理职能。先后建立和完善了《社区党组织议事规则》、《民主生活会制度》、《社区干部考核评价体系》、《社区公益事业补助资金管理使用办法》、《首问负责制》、《限时办结制》等30余项涉及社区建设和发展的工作制度，通过这些制度的实施，社区工作行为不断规范。

3. 完善服务体系建设，构建优质服务格局

顺利完成三个街道社保所的拆分工作。各街道不断拓宽社会保障服务，依托一站式服务大厅、社保所和居委会等服务窗口，面向社区老年人、残疾人、特困户、失业人员、育龄妇女、毕业学生等，圆满完成了药费报销、社保卡发放、失业人员和退休人员的管理工作，提供政策咨询、岗前培训、社会保障等服务。三个街道共开展职业指导、职业介绍及组织失业人员参加县创业、岗前等职业培训5600多人次，开发就业岗位5000多个，促进就业1358人；街道“爱心超市”、“温馨家园”、康复训练指导室和职康站已经投入使用。为落实“九养政策”，完成了对辖区重残人和高龄老人的摸底调查，发放养老助残券5.5万元；为22名残疾儿童申请“光彩明天”医疗救助；为25名残疾人配发了各种辅助器具。此外，各街道积极开展“六送”服务，计生工作越来越扎实。

4. 开展“一刻钟社区服务圈”试点，方便社区居民生活

结合延庆县城规模小、居民居住相对集中的实际情况，确定儒林街道温泉东社区、香水园街道新兴西社区作为“一刻钟社区服务圈”建设试点。为让“一刻钟社区服务圈”真正抓实，认真开展了两项调查。一是通过上门走访、问卷调查、召开座谈会、设置意见箱等形式充分了解社区居民的需求。二是对每个社区“一刻钟社区服务圈”圈内的政府服务、公益服务、便民服务以及特色服务资源进行摸底，绘制圈内“商业网点分布图”，做到情况清、底数明。在两项调研的

基础上，按照“社区所能、居民所需”的原则，研究制定了《延庆县“一刻钟社区服务圈”建设的指导意见》，对居民需求做到“有项提高，无项补项”。

（三）做好社会建设规划，高起点谋划社会建设

社会建设是一项崭新的课题，不仅需要理论的研究，更需要实践的探索。延庆县抓住制定“十二五”规划的契机，借外脑高起点谋划社会建设，诚请北京工业大学人文社会科学学院院长、中国社会科学院荣誉学部委员陆学艺教授，带领课题组开展“延庆县社会建设‘十二五’规划研究”，课题组从3月中旬进驻延庆县，就社会建设进行全面深入的调查研究，6月结束，共109天。此次调研共有县委组织部、县委宣传部、县发改委、县财政局、县教工委、县卫生局、县人力社保局等近50家党政部门和千家店镇、四海镇，川区延庆镇、康庄镇、张山营镇和八达岭镇，以及三个街道办事处、部分企业、社团参与，入户问卷调查1200份。完成《延庆县“十二五”社会建设规划建议报告》、《延庆县委社会工委、县社会建设办公室“十二五”规划》、《延庆县“十二五”时期社会工作人才队伍建设规划》三个规划。

（四）推进物业管理改革试点，提高社区服务水平

规范物业服务管理是个久议不决的难题。为提高物业管理水平，在县领导的大力支持下，县委社会工委、县社会办协调县建委、街道、物业公司，对物业管理问题进行了深入细致的调研，经过多方研究，最后，由县建委牵头，按照新的物业管理办法要求，结合延庆实际，认真制定了《延庆县推进物业服务管理改革试点工作意见》，同时制定物业服务菜单，坚持“政府主导、行业监管、部门联动、业主监督、市场运作”的管理模式，政府投入部分启动资金，三个街道确定试点社区。目前，试点方案已经完成，各社区正在积极筹建业主委员会，扎实推进物业管理改革试点工作。

（五）以组织覆盖为重点，扎实开展社会领域党建工作

按照市委组织部、市委社会工委《关于开展社会领域党建试点工作的意见》的要求，年初，专题召开社会领域党建工作会暨创先争优活动部署会，全面部署社会领域党建工作。

1. 大力推进社会工作党委的组建工作，构建区域化党建格局。按照市社会工委要求，在充分调研论证的基础上，与县委组织部联合制定下发《关于加强社会领域基层党组织建设的意见》，在街道、具备条件的乡镇、部分“枢纽型”组织同步推进社会工作党组织建设。各街道在组建社会工作党委过程中，积极做好成立党组织这项基础工作，大力推进金螺湾商城、夏都建材城、石河营建材城、日上市场、恒生市场等商务聚集区成立党组织工作。还采取召开汇报会、个别沟通等形式，加强督促和指导，目前，前期组建工作已经完成，正在筹备召开成立大会。在第一批确定的县总工会、县妇联、团县委、县工商联、县科协、县私营个体经济协会、农经站等9家“枢纽型”组织中，对延庆经济开发区、八达岭经济开发区两个“枢纽型”组织，增补非公有制经济党组织负责人进入党委。在具备条件的乡镇成立社会工作党委工作也正在推进中。

2. 以创先争优活动为载体，推进非公有制企业党建“五个好”示范点建设。围绕促进非公有制企业健康发展，在全县规模以上非公有制企业中选择一批基础较好的党组织进行试点，引领、示范、带动全县非公有制企业党建工作。把非公有制企业党建“五个好”示范点建设与重点推进非公有制经济组织“创先争优”活动结合起来，推进这项工作。重点部署，让示范点非公有制经济党组织负责人参加县社会领域党建工作会和创先争优部署会，直接领会会议精神；安排上级党委部门副书记或组织委员等作为示范点联络员，负责联系和指导创建工作；社会工委会同组织部适时听取汇报，加强对工作的指导和检查；加强对典型的宣传。推荐代表在

全县会上作交流发言；协调组织部和县创先争优办公室，利用简报进行宣传；利用自身的简报进行宣传，等等。九龙制药有限公司和环宇集团党支部，针对自身工作的特点，党支部以学习型党组织创建为载体，把业务和党建工作有机结合起来，通过开展“党员示范岗”等活动，有效调动了党员的责任感和使命感。

3. 全面实施“大学生社工计划”，加强社会工作人才队伍建设。为进一步做好社区服务工作，补充社区工作人员不足，积极争取市委社会工委和相关部门支持，分配了150名（包括合同到期大学生“村官”40名，应届大学毕业生110名）社区专职工作者的招录指标。在县委、县政府的领导以及县人力资源和社会保障局、县民政局的密切配合下，顺利完成150名社工的招录任务。根据各街道上报需求及实际情况，充分考虑学历、生源、性别、政治面貌等因素，将新招录社工及时分配到街道；7月上旬，社工正式上岗，中旬，对社工进行了为期一周的岗位培训。本着“依据政策、执行标准、提高待遇、保持稳定”四项原则，严格按照市有关文件精神，参照同类、同学历、同工作年限的全额拨款（不含教师）事业单位工作人员工资标准进行测算，充分考虑到街道办事处事业单位工作人员的工资标准和社工学历、职称、年终考核以及其他区县工资等因素，科学把握调整幅度，既要保证工资在原有待遇基础上有大幅度提高，提高社区岗位的吸引力，稳定社工队伍，又要保证全县事业干部队伍的稳定。

4. 加强宣传阵地建设，创新社会领域党建工作推进机制。社会建设是一项系统工程，需要全社会动员、全民参与、社会各界广泛支持。社会建设起步晚，全社会对社会建设的认知程度不够，因此，坚持正确导向，唱响主旋律，为改革发展稳定和谐营造良好社会舆论氛围和环境，是促进社会建设的重要因素。为大力弘扬社会主义核心价值观，增强社会责任感，宣传党的主张，弘扬社会正气，通达社情民意，引导社会热点，疏导公众情绪，努力营造社会建设人人有责、社会和谐人人共享的和谐环境，全面促进社会建设，县委宣传部、县委社会工委在全县广泛招录志愿人员，成立志愿宣讲团，开办“连心桥”社区讲堂，在全县乡镇（村）、街道（社区）广泛开展以“扬正气、促和谐”为主题的志愿宣讲活动。目前和谐社会志愿宣讲团已有56名宣讲人员，这项工作已经全面启动。

（六）全面加强社会工委系统自身建设

一是结合创先争优活动和作风建设年活动，全面加强系统干部思想建设。坚持每周五下午的党员学习日，要求党员干部每月读一本好书，并开展读书交流活动。对学习建立考勤制度，学习情况列入年终考核指标。此外，还开通三大培训渠道，构建党员学习培训新格局。通过开通社会工委党组织、街道党组织和基层党组织的系统培训渠道，采取座谈、定向辅导、研讨、参观等方式，不断提高党员干部增强认识问题、分析问题、解决问题的能力，提高工作执行力，引领党员学习新风尚。开展了“强素质、抓作风”系列培训，对全体机关和社区干部进行了业务知识、信息写作及摄影等方面的讲座。在社区开展“打开书柜门、争做读书人”活动。党员、居民拿出家里的藏书与他人交换阅读，让书籍流动起来，达到“以书会友”、传播知识、增进友谊的目的，营造良好的学习氛围。二是加强组织建设。选好配强街道各科室、各居委会负责人。严格按照干部选拔任用程序，对街道各科室科级任免；在居委会干部补选工作中，加强党的领导，落实相应待遇，优化居委会干部结构，保证干部素质的同时，调动其他干部的积极性。三是加强制度建设。县委社会工委和三个街道制定完善了学习、会议、工作、议事等各项制度40多项。同时，以学习型党组织创建为载体，更新学习理念，创新学习形式，开展丰富有效的团队学习活动，保证学习制度化、经常化、工作化。四是教育监管并重，全面开展党员干部队伍能力建设。全面加强党员教育管理。推进现代远程教育进社区、进“两新”组织试点工作，第一批选取40多家试点单位，计划明年全面推开，为社会领域党员学习创造条件。与县委组织部联合实施生态文明战略人才培养计划，送优秀人才参加新农村建设驻村指导队和挂职锻炼，组织街道干部外出参观考察。

（高　远）

【各街道设立社区服务管理站】 1月12日，根据县编委会议精神，在百泉街道、儒林街道和香水园街道设立社区服务管理站，将89名社区干部纳入事业编制，原城镇办事处居委会干部使用的事业编制相应核销。

（赵　琳）

【街道工委、办事处举行揭牌仪式】 1月20日上午，举行香水园、儒林和百泉三个街道工委、街道办事处揭牌仪式。县委书记侯君舒，县委副书记、县长孙文锴为三个街道工委、办事处揭牌。县人大主任赵淑君、县委常委于少东、副县长赵志萍、县政协副主席谷艳兰出席仪式。于少东致辞，副县长赵志萍主持仪式。

（高　远）

【“迎新春、促和谐”群众广场舞蹈大赛】 2月11日，社会工委组织百泉、儒林、香水园三个街道举办了“迎新春、促和谐”群众广场舞蹈比赛，来自三个街道社区的12支文艺表演团队参加比赛。县委常委于少东，县委常委、宣传部部长盛桂荣，副县长赵志萍出席。香水园街道川北东社区代表队夺冠。

（赵　琳）

【举办社区干部交谊舞培训班】 3月23日，为了鼓励和支持社区干部展示个性风采，增添人格魅力，丰富文化生活，提高亲和力，指导居民开展文体活动，特聘请县内舞蹈名家李薇给社区干部讲解交谊舞的基本动作和舞蹈技巧，提高大家的沟通意识和交际能力。各社区书记、主任、副书记、副主任、文体专干及所有机关干部参加了培训。

（高　远）

【北京工业大学校长范伯元到延庆调研】 4月30日，北京工业大学校长范伯元、副校长张爱林以及市委农工委领导一行到延庆进行调研，参观了北京德青源农业科技有限公司等企业。县委书记孙文锴，县委副书记、代县长李先忠，县委常委于少东，副县长徐凤翔、刘兵以及新农办、社会工委等有关部门同志陪同调研。

（赵　琳）

【《社会建设信息》刊物创办】 5月4日，县委社会工委创办《社会建设信息》。刊物依托社区、社会组织和新经济组织以及广大社区工作者，旨在及时、准确、客观、全面地反映社会建设工作的新情况、新问题、新经验，宣传党的相关政策，弘扬良好的社会道德风尚。

（赵　琳）

【召开社会建设工作大会】 6月30日，延庆县召开社会建设工作大会，县直各单位党政正职，街道、乡镇党政正职，部分社会组织、新经济组织负责人以及22个社区党支部书记和居委会主任参加了会议。市委社会工委副书记、市社会办副主任赵小卫出席会议并讲话。县委书记孙文锴，县委副书记、代理县长李先忠，县人大主任赵淑君，县政协主席赵双利以及县领导郭振清、于少东、徐维功、盛桂荣、陈合安、甘靖中、赵志萍出席了会议。会议由代理县长李先忠同志主持。会上，县委常委于少东同志就《延庆县加强社会建设实施意见》进行了说明，副县长赵志萍同志作延庆县社会建设工作报告，县委书记孙文锴作重要讲话。

（赵　琳）

【规范社区专职工作者工资待遇】 7月起，本着“依据政策、执行标准、提高待遇、保持稳定”四项原则，严格按照市有关文件精神，参照同类、同学历、同工作年限的全额拨款（不含教师）事业单位工作人员工资标准，合理规范社区专职工作者工资待遇，人均涨幅690元，于10月份补发到位。

（赵　琳）

【召开社会领域党建工作会暨创先争优活动部署会】 7月9日，县委社会工委组织召开社会领域党建工作会暨创先争优活动部署会，10个工委、15个乡镇、3个街道办事处主管党务工作副职领导、政工科长，以及部分新社会组织、新经济组织的党务工作者参加了会议。县委常委于少东同志出席会议并作重要讲话，会议由县委组织部副部长高英同志主持。

（赵　琳）

【组织大学生社区专职工作者招聘】 年内，延庆县成立了由县委常委任组长，县委社会工委、县社会办、县人力资源和社会保障局、县民政局为成员单位的招录工作领导小组，下设招录工作办公室，加强对招录工作的组织领导。由县社工委、社会办牵头，顺利完成了制订方案、笔试、面试、资格复审、体检考察和公示等环节的工作。150名社区专职工作者招录工作已经完成，包括合同到期大学生“村官”40人、应届大学毕业生110人。

（赵　琳）

【举办社区专职工作者岗位培训班】 7月19—25日，县委社会工委联合县委组织部、三个街道办事处共同组织了2010年延庆县社区专职工作者岗位培训班，延庆县2009年及2010年聘用的社区专职工作者和工委系统拔尖骨干人才共180人参加了此次培训。副县长赵志萍出席了7月19日的开班仪式并为社区专职工作者讲了第一堂课。

（赵　琳）

【县委常委、宣传部部长盛桂荣到社会工委调研生态文明创建工作】 7月30日，县委常委、宣传部部长盛桂荣到社会工委调研生态文明创建工作，听取了社会工委系统群众性生态文明创建工作进展情况、存在的问题以及下一步的重点工作的汇报。

（赵　琳）

【县委领导到社会工委调研】 县委书记孙文锴实地调研了康安社区、温泉东社区和颖泽洲社区等6个社区的情况，听取了关于社会建设工作整体情况和小区物业管理服务情况的汇报。县委常委、副县长胡耀刚，县委常委于少东，县委常委、副县长甘靖中陪同调研。

（赵　琳）

【召开社会领域党建工作推进会】 8月23日，县委社会工委联合县委组织部共同组织召开社会领域党建工作推进会，部署在社会领域组建社会工作党组织工作。各街道党工委书记、副书记，部分乡镇、“枢纽型”组织主管领导参加会议，县委常委于少东出席会议并讲话，会议由县委组织部副部长高英主持。

（赵　琳）

【“北京区域社会建设规划研究”暨延庆县“十二五”时期社会建设规划调研组进驻延庆开展调研】 北京工业大学人文社会科学学院院长、中国社会科学院荣誉学部委员陆学艺教授带领“北京区域社会建设规划研究”暨延庆县“十二五”时期社会建设规划调研组，就延庆县社会建设事业进行全面深入调查研究。此次调研从4月份正式入驻，8月底完成，最终形成了《延庆县“十二五”时期社会建设规划》和《延庆调研集》。

（赵　琳）

【代县长李先忠到县社会办调研】 9月1日，代县长李先忠到县社会办调研，县委常委、副县长胡耀刚，县委常委于少东，县委常委、副县长甘靖中、副县长赵志萍和县发改委、县财政局、县住建委、县市政市容委、三个街道办事处等相关单位领导陪同调研。李先忠一行实地调研了百泉街道办事处和县武装部办公新址，听取了关于我县小区垃圾分类试点工作进展情况、小区物业管理工作情况以及社会建设工作情况的汇报。

（赵　琳）

【规范社区事业干部待遇】　9月3日，县委社会工委结合延庆社区干部的特殊情况和街道、居委会的工作实际，对新选任的社区居委会干部享受相应级别待遇进行了规范，加强了对事业身份的社区干部的规范化管理，调动了社区干部的工作积极性。

（赵　琳）

【推进党员干部现代远程教育进社区、进“两新”组织工作】　9月2日，延庆县召开远程教育进社区、进“两新”组织试点工作启动仪式。

（高　远）

【成立96支生态文明志愿服务队】　年内，延庆县成立了96支生态文明志愿服务队，志愿服务队由2300余名志愿者组成的。生态文明志愿服务队的主要任务是：在全县倡导低碳生活、健康生活、绿色生活理念，普及低碳生活常识，推进低碳生活方式转变，营造“低碳减排、绿色生活”的浓厚氛围，推动全县生态文明战略的进一步开展，促进社会和谐。

（高　远）

【举办“社会建设唱响美好生活”主题晚会】9月26日，县委社会工委借“夏日文化广场”平台，举办了“社会建设唱响美好生活”主题晚会。千余名社区居民观看了晚会。

（赵　琳）

【“和谐社会”志愿宣讲团成立暨“连心桥”社区讲堂启动仪式】　11月3日，县委社会工委联合县委宣传部共同组织举行“和谐社会”志愿宣讲团成立暨“连心桥”社区讲堂启动仪式，县委常委、宣传部部长盛桂荣出席启动仪式，县委社会工委、县委宣传部、县委组织部有关领导和各社会工委、各乡镇、各街道领导，志愿宣讲团成员，部分居民代表260余人参加了启动仪式。来自全县各单位的56名宣讲团成员将在全县广泛开展“扬正气、促和谐”主题志愿宣讲活动。

（赵　琳）

【办公与服务用房规范化建设项目工作】年内，完成了2009年申报的5个办公与服务用房规范化建设项目，5个社区的办公与服务用房面积均达到了350平方米以上。11月19日，市检查验收组对2010年申报的19个办公与服务用房规范化建设项目进行了评估。

（赵　琳）

【社会组织发展状况调研工作】　年内，县委社会工委组织调研组在全县15个乡镇以及三个街道范围内开展了社区社会组织调查统计工作，形成了《延庆县社会组织调查报告》。

（赵　琳）

【“一刻钟便民生活圈”试点工作】　年内，在儒林街道温泉东社区、香水园街道新兴西社区开展了“一刻钟便民生活圈”建设试点工作，对试点社区“一刻钟便民生活圈”圈内的政府服务、公益服务、便民服务以及特色服务资源进行摸底，绘制商业网点分布图，并根据居民需求做到“有项提高、无项补项”，使生活圈内服务资源布局更加合理，居民生活更加方便。

（赵　琳）

【社会工作人才队伍调查工作】　年内，县委社会工委联合县委组织部对延庆县社会工作人才情况进行了全面调研，形成了《延庆县社会工作人才队伍状况调研报告》。据调查，延庆县共有社会工作者278人，其中社区事业干部102人，占总人数的36.7%，社区工作者176人，占总人数的63.3%。

（赵　琳）

【扎实推进老旧小区改造工作】 年内，延庆县共投入资金2200万元，对燕水佳园（北）、新兴西小区等8个老旧小区的道路、绿化、公共照明、地下管道、屋面防水、信报箱等进行改造，提升了居民小区的居住环境质量。

（高　远）

【延庆县社会建设网站开通】 年内，延庆县投入资金10多万元建成延庆县社会建设网站。网站设一级栏目14个、二级栏目8个。

（高　远）

加快推进社会服务管理创新　不断推动首都更好更快发展

北京市各区县
社会建设工作巡礼

BEI JING SHI GE QU XIAN
SHE HUI JIAN SHE GONG ZUO XUN LI

加快推进社会服务管理创新 不断推动首都更好更快发展

★ 2010年10月27日，东城区召开社会服务管理创新综合试点工作推进大会

★ 和平里街道为社区建设顾问团专家颁发聘书

★ 东城区举办2010年新招录大学生社区工作者培训班

★ 社区加强服务平台建设

东城区

DONG CHENG QU

加快推进社会服务管理创新
不断推动首都更好更快发展

★ 2010年东城区首届“地坛杯”社区工作者羽毛球、保龄球比赛举行

★ 东城区举办2010年社区工作者培训班

★ 东城区召开社会服务管理创新综合试点任务分解部署会

★ 东城区召开推进社区多元参与工作机制建设工作会议

★ 东城区召开网格化社会服务管理创新综合试点工作专家研讨会

★ 崇外街道打造“千米服务中心”，推进“一刻钟社区服务圈”建设

西城区
XI CHENG QU

加快推进社会服务管理创新 不断推动首都更好更快发展

★ 2010年9月21日，西城区召开推进社会服务管理创新动员大会

★ 展览路街道打造全科社区服务站

★ 西城区召开社会建设项目专家评审会

★ 国家广电总局向居民开放内部食堂

西城区

XI CHENG QU

加快推进社会服务管理创新 不断推动首都更好更快发展

★ 西城区召开社会领域党建庆"七一"表彰大会

★ 牛街五位一体民生服务圈

★ 西城区召开优秀社区社会组织表彰大会

★ 西城区召开社会工作相关问题研讨会

★ 西城区召开社区规范化建设工作推进会

朝阳区
CHAO YANG QU

加快推进社会服务管理创新
不断推动首都更好更快发展

★ 2010年6月10日，朝阳区召开社会建设工作会议

★ 朝阳区召开社会服务管理创新研讨会

★ 朝阳区开展商务楼宇服务企业党日活动

★ 朝阳区成立三家社会工作事务所

★ 朝阳区启动垃圾分类进大厦“2010”工程

朝阳区
CHAO YANG QU

加快推进社会服务管理创新
不断推动首都更好更快发展

★ 朝阳区街道系统合唱比赛暨第五届社区艺术节开幕

★ 朝阳区成立社会志愿者公益储蓄中心

★ 中央创先争优活动小组成员到朝阳区非公企业安邦保险调研

★ 朝外地区社会建设协调委员会成立

★ 朝阳区举行大学生社工拓展训练

★ 朝阳区召开社会领域纪念建党89周年大会

海淀区 HAI DIAN QU

加快推进社会服务管理创新 不断推动首都更好更快发展

★ 海淀区召开社会领域党建工作例会

★ 羊坊店街道举行辖区商务楼宇党建工作站挂牌仪式

★ 海淀区召开社会领域创先争优总结会

★ 学院路街道清华同方科技广场成立党建工作站

★ 海淀区举办大学生党员培训会

海淀区
HAI DIAN QU

加快推进社会服务管理创新 不断推动首都更好更快发展

★ 海淀区举办社区工作者培训大会

★ 海淀区街道系统举办“群众心目中的好党员”先进事迹报告会

★ 北下关社区居民举办书画展

★ 海淀街道银科大厦党建工作站庆祝建党89周年

丰台区

FENG TAI QU

加快推进社会服务管理创新 不断推动首都更好更快发展

★ 2010年3月5日，丰台区召开社区规范化建设工作会

★ 丰台区社区党组织书记示范培训班结业

★ 民政部领导到丰台区调研北京市社工人才队伍建设情况

★ 丰台区召开“两新”组织创先争优工作会

★ 丰台区举办“两新”组织党组织负责人培训班

丰台区
FENG TAI QU

加快推进社会服务管理创新 不断推动首都更好更快发展

★ 2010年4月26日，丰台社会建设网正式运行

★ 丰台区开展知识产权宣传暨“保护知识产权志愿者社区行”活动

★ 卢沟桥街道成立首个青年社区工作者协会

★ 丰台区社会建设考察团赴上海、杭州等地学习考察

加快推进社会服务管理创新 不断推动首都更好更快发展

★ 2010年6月28日，石景山区召开社会建设推进大会

★ 2010年9月27日，“世界城市·社会建设”论坛在石景山区召开

★ 石景山区对2010年度大学生社工进行岗前培训

加快推进社会服务管理创新
不断推动首都更好更快发展

★ 石景山区召开社区工作者新春团拜会

★ 石景山区组织环保志愿者参加义务植树活动

★ 石景山区组织社区干部进行专业知识培训

★ 石景山区举行新居民志愿者协会成立仪式

门头沟区

MEN TOU GOU QU

加快推进社会服务管理创新 不断推动首都更好更快发展

★ 门头沟区召开社区“两委”任期承诺工作推进会

★ 门头沟区对新招录社区工作者进行上岗培训

★ 门头沟区四街九镇全部成立社会工作党委

★ 门头沟区社区居民签订拆迁协议

门头沟区
MEN TOU GOU QU

加快推进社会服务管理创新 不断推动首都更好更快发展

★ 门头沟区对和谐社区建设工作进行评估验收

★ 门头沟区召开棚户区拆迁摸底调查培训动员会

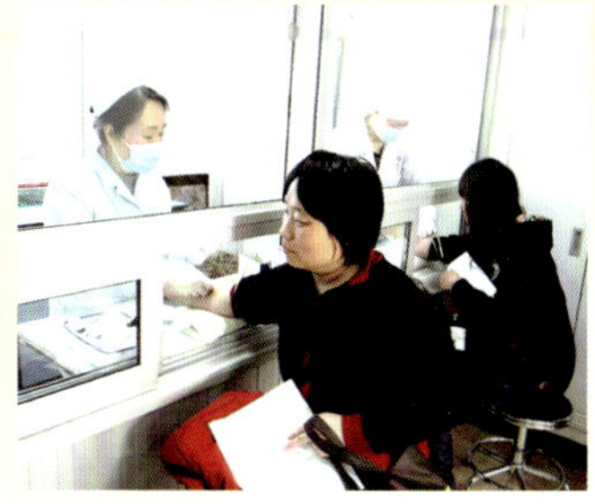

★ 门头沟区组织社区工作者进行健康检查

★ 门头沟区军庄威风锣鼓团丰富居民文艺生活

房山区
FANG SHAN QU

加快推进社会服务管理创新 不断推动首都更好更快发展

★ 2010年9月27日，房山区召开社会服务管理创新推进大会

★ 房山区社会领域首家党委——中共北京市房山城建集团党委成立

★ 房山区社区工作者作为社区税法宣传员参加“地税社区手牵手、三化两区齐贡献”活动

★ 长阳镇长龙苑社区举办庆“七一”消夏晚会

★ 房山区北亚骨科医院共产党员义务医疗队为社区居民服务

房山区
FANG SHAN QU

加快推进社会服务管理创新 不断推动首都更好更快发展

★ 2010年7月15日，房山区召开2010年社会领域党建工作大会

★ 房山区开展倡导低碳生活、共建绿色社区活动

★ 房山区积极推进社区办公和服务用房规范化建设

★ 长阳镇长阳社区参加北京市万人健身气功展示活动

★ 通州区召开首批“枢纽型”社会组织成立大会

★ 通州区举办2010年社会工作者职业水平考试考前培训班

★ 通州区社区文体活动蓬勃开展

★ 通州区召开社会建设工作领导小组（扩大）会议

通州区
TONG ZHOU QU

加快推进社会服务管理创新 不断推动首都更好更快发展

★ 通州区举办首届处级领导干部社会建设专题培训班

★ 通州区召开社会领域党建工作会议

★ 通州区召开推进社区规范化建设工作会议

★ 通州区楼门文化建设笔会

★ 新北苑社区举办卡拉OK大赛

加快推进社会服务管理创新 不断推动首都更好更快发展

★ 2010年8月27日，顺义区召开社会服务管理创新推进大会

★ 到朝阳区学习调研网格化管理工作

★ 顺义区积极推进商务楼宇党建工作

★ 顺义区举办2010年社区工作者培训班

顺义区

SHUN YI QU

加快推进社会服务管理创新 不断推动首都更好更快发展

★ 中央非公有制经济组织学习实践科学发展观检查组到顺义区检查工作

★ 顺义区召开2010年度街道工作汇报会

★ 北小营镇企业联合党支部成立大会

★ 顺义区召开社会服务管理创新折子工程研讨会

昌平区
CHANG PING QU

加快推进社会服务管理创新 不断推动首都更好更快发展

★ 昌平区召开社会领域党组织庆祝建党89周年暨创先争优活动推进会

★ 昌平区镇（街道）社会工作党委成立大会

★ 昌平区召开2010年大学生专职社区工作者分配上岗工作会

★ 昌平区委社会工委、区社会办组织慰问困难母亲

★ 上海市闵行区研究室、闵行区社区办和上海市发展改革研究院到昌平区调研社会建设工作

昌平区

CHANG PING QU

加快推进社会服务管理创新
不断推动首都更好更快发展

★ 昌平区召开志愿者联合会成立大会暨第一次会员代表大会

★ 昌平区政协组织部分委员集中视察全区社会建设工作

★ 昌平区召开深入学习实践科学发展观活动总结大会

★ 昌平区召开“枢纽型”社会组织认定工作征求意见会

★ 昌平区研究部署2010年度社区规范化建设自查工作

大兴区
DA XING QU

加快推进社会服务管理创新 不断推动首都更好更快发展

★ 2010年6月29日，大兴区召开建党89周年非公企业党建工作交流会

★ 大兴区举办"宜居宜业新大兴"心理健康大讲堂

★ 大兴区委社会工委、区社会办总结上半年工作

★ 大兴区积极落实"三个一"工程

大兴区 DA XING QU

加快推进社会服务管理创新 不断推动首都更好更快发展

★ 大兴区举办建党89周年党建工作研究会暨工作研讨会

★ 大兴区举办社会领域党务工作者培训班

★ 大兴区积极开展双基地建设

★ 2010年11月17日，大兴区召开社会服务管理创新工作会议

平谷区

PING GU QU

加快推进社会服务管理创新
不断推动首都更好更快发展

★ 平谷区召开社会建设工作会议

★ 平谷区举办2010年社区工作者培训班

★ 平谷区第十六届科技周开幕

★ 滨河街道开展周末社区大讲堂活动

★ 平谷区工商联服务商会组织会员、党员向玉树灾区捐款

平谷区 PING GU QU

加快推进社会服务管理创新 不断推动首都更好更快发展

★ 平谷区委社会工委举行纪念建党89周年座谈会

★ 平谷区社区居民参加安全教育进社区活动

★ 平谷区首家妇女之家揭牌

★ 平谷区2010年志愿者演讲比赛

★ 平谷区社区党员重温入党誓词

★ 平谷区社区居民猜谜闹元宵

怀柔区
HUAI ROU QU

加快推进社会服务管理创新 不断推动首都更好更快发展

★ 2010年4月19日，怀柔社会建设网开正式开通

★ 怀柔区举办社会建设专题研修班

★ 怀柔区社会心理咨询站揭牌

★ 怀柔区举办大学生社工才艺展示活动

★ 怀柔区表彰十佳大学生社工

怀柔区 HUAI ROU QU

加快推进社会服务管理创新 不断推动首都更好更快发展

★ 怀柔区在职党员被社区选聘为文明监督员

★ 怀柔区社区规范化建设试点工作顺利推进

★ 怀柔区召开“在职党员进社区”工作推进会

★ 怀柔区邻里节手工作品展示

★ 怀柔区青年志愿者清理街头小广告

密云县 MI YUN XIAN

加快推进社会服务管理创新 不断推动首都更好更快发展

★ 密云县召开商管协会服务管理模式推进现场会

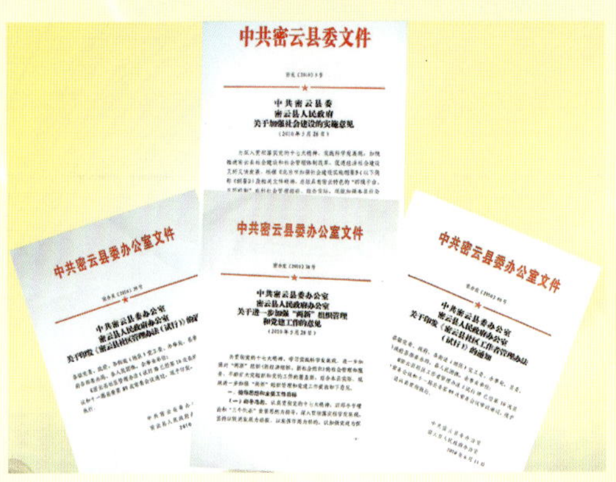

★ 密云县出台社会建设"1+3"文件

★ 鼓楼街道社区服务网络平台服务居民

★ 密云县妇女手工编织协会带动贫困妇女致富

★ 密云县举办第二十届艺术节暨乡村歌舞节舞蹈大赛

密云县
MI YUN XIAN

加快推进社会服务管理创新 不断推动首都更好更快发展

★ 密云县在城乡结合部成立综合服务管理中心

★ 密云县举办非公有制企业党组织负责人培训班

★ 果园街道举办社会组织联合会成立一周年总结表彰暨2010年工作大会

★ 密云县“健身工程村村有”工作成效显著

延庆县
YAN QING XIAN

加快推进社会服务管理创新 不断推动首都更好更快发展

★ 延庆县部署社会领域创先争优工作

★ 延庆县举办“社会建设唱响美好生活”专题晚会

★ 2010年6月30日，延庆县召开社会建设工作会

★ 延庆县举办社区专职工作者培训班

★ 延庆县开展“争做健康北京人”知识竞赛

延庆县

YAN QING XIAN

加快推进社会服务管理创新 不断推动首都更好更快发展

★ 延庆县举行“和谐社会”志愿宣讲团成立暨“连心桥”社区讲堂启动仪式

★ 延庆县对社区办公和服务用房规范化建设项目进行评估

★ 延庆县领导到社会工委调研

★ 延庆县委社会工委进行2010年度领导班子、干部考核民主测评

·大事记·

2010年大事记

1月

1月1日 北京社会建设网正式开通运行。

1月4日 召开机关全体干部会，推荐市委社会工委副书记人选。

同日 市委社会工委书记、市社会办主任宋贵伦主持召开2010年第1次工委会议。会议研究讨论了2010年拟请市委常委会研究讨论或请示汇报的建议议题有关工作，研究了关于2010年市领导调研计划安排有关工作，通报干部人事有关工作。

同日 市委社会工委书记、市社会办主任宋贵伦主持召开主任办公会（扩大）。会议听取了各处室2009年11、12月份工作完成情况及2010年1月份工作计划的汇报，研究部署了有关工作。

同日 社区建设处荣获2009年首都文明委“首都迎国庆、讲文明、树新风”活动先进单位，王丽竹同志荣获先进个人。

同日 市委社会工委、市社会办召开机关全体党员干部大会，学习市委十届七次全会精神。市委社会工委书记、市社会办主任宋贵伦主持会议。

1月5日 中央非公有制经济组织深入学习实践活动巡回指导一组组长甘国屏到顺义区调研非公有制经济组织学习实践活动情况。市委副秘书长王翔，市委社会工委书记、市社会办主任宋贵伦，市委社会工委委员、市社会办副主任陈建领陪同。

1月6日 市委社会工委委员、市社会办副主任陈建领与朝阳区律师党委就社会组织党建工作进行座谈交流。

同日 市委社会工委委员、市社会办副巡视员刘轩与市残联理事长齐静就发挥“枢纽型”社会组织作用进行座谈。

1月7日 市委社会工委、市社会办领导参加宣武区社区规范化建设试点工作总结会。市委社会工委委员、市社会办副主任王丽竹，市委社会工委委员、市社会办副巡视员王智玲，宣武区委副书记马兰霞出席会议。会议由副区长范宝主持。

1月8日 市长郭金龙主持召开市政府常务会议。市委社会工委书记、市社会办主任宋贵伦参加会议。

同日 市委社会工委书记、市社会办主任宋贵伦主持召开专题会议，研究进一步规范社区工作者工资待遇的相关工作。市委社会工委委员、市社会办副主任赵小卫，办公室和社区建设处相关人员参加会议。

同日 市委社会工委书记、市社会办主任宋贵伦召集协调会，研究筹建换届社会组织问题。市民政局、市总工会、团市委、市妇联、北京市青少年活动中心等部门负责人参加会议。

1月9日 市委社会工委书记、市社会办主任宋贵伦出席北京市法学会成立30周年纪念大会。

同日 市委社会工委委员、市社会办副主任王丽竹参加宣武区志愿者联合会成立大会。

1月10日 市委社会工委委员、市社会办副巡视员刘轩出席市慈善协会募捐先进表彰大会及慰问演出活动。

1月11日 市委社会工委书记、市社会办主任宋贵伦参加团市委干部大会并作加强北京社会建设专题辅导报告。

1月11—12日 市委社会工委、市社会办对拟招聘的8名工作人员进行面试。

1月12日 市委社会工委书记、市社会办主任宋贵伦与社区建设处研究提高社区工作者工资待遇方案。

同日 市委社会工委委员、市社会办副主任张坚赴上海市就北京奥运安保情况向上海世博会组委会作专题介绍。

同日 市人才工作检查调研组到市委社会工委检查调研社会工作队伍建设工作。市人力社保局副局长、市人才工作领导小组办公室副主任宋丰景出席检查调研会。市委社会工委委员、市社会办副主任周开让主持会议，市委社会工委委员、市社会办副主任王丽竹汇报社会工作队伍建设工作情况。

同日 市委社会工委委员、市社会办副主任陈建领与市委组织部部务委员兼组织处处长韩昱就"枢纽型"社会组织党建等工作进行座谈研讨。

1月13日 市委社会工委书记、市社会办主任宋贵伦主持召开第2次工委会议。会议研究了社区规范化建设试点工作检查验收有关事宜，通报了我委办公开招考公务员面试及总成绩排名情况。

同日 市委社会工委书记、市社会办主任宋贵伦主持召开专题会议，研究进一步规范社区工作者工资待遇的相关工作。

同日 市委社会工委书记、市社会办主任宋贵伦与社区建设处、社会工作队伍建设处集体谈话。市委社会工委委员、市社会办副主任周开让，市委社会工委委员、市社会办副巡视员王智玲参加。

1月14日 举办北京市高级社会工作人才境外专题培训班预培训会。市委社会工委书记、市社会办主任宋贵伦出席会议并讲话。市委社会工委委员、市社会办副主任王丽竹参加会议。

同日 市委社会工委委员、市社会办副主任周开让出席"首都保护知识产权志愿者社区行"活动动员会。

1月15日 市委社会工委、市社会办2010年工作务虚会召开。市委常委梁伟出席并作重要讲话，市委副秘书长王翔出席会议并讲话。市委社会工委书记、市社会办主任宋贵伦主持会议，工委领导班子成员分别发言，机关全体干部参加会议。

1月18日 市委社会工委书记、市社会办主任宋贵伦与团市委英才学校师生座谈。

同日 市委社会工委书记、市社会办主任宋贵伦参加2010年市领导调研工作安排专题会。

同日 市委社会工委委员、市社会办副主任陈建领出席门头沟区社区"两委"任期承诺工作推进会并讲话。

1月19日 市委常委梁伟到东城区、朝阳区、石景山区调研社会建设工作。梁伟先后到石景山区苹果园街道琅山社区新居民互助服务站调研社区流动人口管理服务工作，到朝阳区亚运村地区活动中心调研社会工作师协会和社区社会组织孵化器，到东城区和平里街道兴化社区调研社区1510便利生活服务圈。市委社会工委书记、市社会办主任宋贵伦，市委社会工委委员、市社会办副主任赵小卫、周开让，市委社会工委委员、市社会办副巡视员刘轩、王智玲参加调研，东城区委书记杨柳荫，石景山区委书记荣华，朝阳区委常委、宣传部长谢莹等陪同调研。

同日 与市财政局专题研究进一步规范社区工作者工资待遇的相关工作。市委社会工委书记、市社会办主任宋贵伦，市委社会工委委员、市社会办副主任赵小卫，市财政局副局长王文杰，市财政局行政政法处、市委社会工委相关处室一起座谈研究。

同日 与市人力资源和社会保障局专题研究进一步规范社区工作者工资待遇的相关工作。市委社会工委书记、市社会办主任宋贵伦，市委社会工委委员、市社会办副主任赵小卫，市人力资源和社会保障局局长张欣庆，市人力社保局大学生处、市委社会工委相关处室一起研究。

1月20日 市委社会工委书记、市社会办主任宋贵伦与市编办座谈。市委社会工委委员、市社会办副主任赵小卫、陈建领参加座谈。

同日 市委社会工委书记、市社会办主任宋贵伦主持召开第3次工委会议（扩大）。会议研究讨论了贯彻落实2010年工作务虚会精神事宜，讨论了社区规范化建设和商务楼宇社会工作站（党建工作站）建设检查工作，通报了1月24日市人大代表、政协委员网上咨询有关工作，研究同意推荐邢桂丽为全市“三八红旗手”推荐人选。

同日 市委社会工委委员、市社会办副主任陈建领参加市注册会计师协会组织联谊活动。

同日 市委社会工委委员、市社会办副巡视员王智玲参加2010年全市民政工作会。

1月20—2月10日 市委社会工委委员、市社会办副主任王丽竹赴美国参加北京市高级社会工作人才境外专题培训班。

1月21日 市委社会工委书记、市社会办主任宋贵伦参加非公有制经济组织深入学习实践活动指导小组举办的加强非公有制经济组织党建工作研讨会并汇报发言。

同日 委办领导与市社团办座谈。市委社会工委委员、市社会办副主任赵小卫，市委社会工委委员、市社会办副巡视员刘轩，市民政局副局长谢延智、市社团办党委书记温庆云参加座谈。

同日 市委社会工委委员、市社会办副主任陈建领参加市委党的建设领导小组办公室座谈会。

同日 市委社会工委委员、市社会办副主任陈建领参加部分“两新”组织负责人联谊活动。

同日 市委社会工委委员、市社会办副巡视员刘轩到市科协就发挥“枢纽型”社会组织作用等问题进行专题工作研究。

同日 云南省委政研室社区建设和管理考察团来市委社会工委考察。考察团就社区建设和管理问题进行了深入研讨，并实地参观了宣武区广外街道红莲中里社区和牛街街道牛街西里二区社区。市委研究室副主任王文水、市委研究室副巡视员梁润福、云南省委政研室副主任杨凯民参加调研。

同日 市委社会工委委员、市社会办副巡视员王智玲参加2010年北京市市政市容管理暨城管执法工作会议。

1月21—22日 市委社会工委委员、市社会办副主任周开让参加市纪委第六次全会暨全市党风廉政建设工作会议。

1月22日 市委社会工委书记、市社会办主任宋贵伦参加市纪委第六次全会暨全市党风廉政建设工作会议。

同日 市委社会工委委员、市社会办副主任张坚与市统计局副局长王红座谈。

1月23—27日 市委社会工委委员、市社会办副主任赵小卫参加市政协十一届三次会议，并当选为市政协常委。

1月24日 市委社会工委书记、市社会办主任宋贵伦主持召开专题会议，研究部署社区规范化建设和商务楼宇社会服务站（党建工作站）检查工作。

同日 完成市“两会”代表委员网络视频咨询工作。

1月24—30日 市委社会工委书记、市社会办主任宋贵伦参加市人大十三届三次会议。

1月26日 北京市社会建设工作领导小组办公室主任（扩大）会议召开。会议听取了社区规范化建设试点工作和商务楼宇党建工作进展情况的汇报，并对检查验收工作进行了部署。市社会建设工作领导小组办公室主任，市委社会工委书记、市社会办主任宋贵伦出席会议并讲话。团市委副书记刘震出席会议。委办领导张坚、赵小卫、周开让、陈建领、刘轩、王智玲出席会议，市社会建设工作领导小组办公室成员单位有关同志及各区县社会工委、社会办主管领导，机关全体干部参加会议。

同日 市委社会工委委员、市社会办副主任周开让，市委社会工委委员、市社会办副巡视员王智玲到西城区调研社会工作队伍建设工作。

同日 召开《首都中长期人才发展规划

纲要（2010—2020年）》征求意见座谈会。市委社会工委委员、市社会办副主任周开让参加座谈会。中国青年政治学院陈涛教授等专家参加座谈会。

1月27日 市委社会工委委员、市社会办副主任周开让出席首都邮政进社区工作研讨会。

同日 市委社会工委委员、市社会办副巡视员刘轩参加房山区个体私营协会首届会员大会并讲话。

同日 市委社会工委委员、市社会办副巡视员刘轩到房山区开展慰问工作。他们分别走访慰问了残疾人家庭、残疾人康复机构和温馨家园，并代表市委社会工委发放慰问金和慰问品。社会组织工作处人员一同参加慰问。

1月27—2月5日 市社会建设工作领导小组办公室组织对全市社区规范化建设及商务楼宇社会工作站（党建工作站）建设情况进行检查验收。

1月28日 市委任命赵小卫为市委社会工委副书记。

同日 与崇文区领导座谈。市委副秘书长王翔，委办领导班子全体成员，崇文区委书记夏强，区委常委丁茂战参加座谈。

同日 与团中央就志愿者工作对接进行座谈。团中央书记处书记周长奎，团中央青年志愿者工作部副部长侯宝森，市委社会工委委员、市社会办副主任周开让，市委社会工委委员、市社会办副巡视员王智玲参加座谈。

同日 与市发改委研究2010年社区用房达标建设立项安排的相关工作。市委社会工委委员、市社会办副主任周开让，市委社会工委委员、市社会办副巡视员王智玲出席座谈会。

同日 市委社会工委委员、市社会办副巡视员刘轩参加西城区社会组织发展论坛暨社会组织联合会年会并讲话。

同日 市委社会工委书记、市社会办主任宋贵伦到朝阳区香河园街道西坝河东里社区、宣武区白纸坊街道清芷园社区调研服务站标志系统的安装工作。市委社会工委委员、市社会办副主任周开让，市委社会工委委员、市社会办副巡视员王智玲陪同调研。

1月29日 中共中央政治局常委、国家副主席习近平来京调研第三批科学发展观学习实践活动。市委社会工委书记、市社会办主任宋贵伦参加座谈会。

同日 市委社会工委委员、市社会办副主任张坚与北京大学政府管理学院专家就“十二五”社会建设规划前期研究工作进行座谈。

同日 市委社会工委委员、市社会办副主任张坚与社会建设共建基地专家座谈。

1月30日 机关党员干部和社区工作者到国家大剧院观看大型音乐舞蹈史诗《复兴之路》。市委社会工委书记、市社会办主任宋贵伦，市委社会工委委员、市社会办副主任张坚参加。

同日 市委社会工委委员、市社会办副巡视员刘轩出席市红十字会2010年度公益年会。

1月31日 国务院总理温家宝到朝阳区麦子店街道枣营北里社区听取社区代表对政府工作报告的意见。市委社会工委书记、市社会办主任宋贵伦参加座谈。

同日 委办领导与市工商局系统有关协会座谈。市委社会工委书记、市社会办主任宋贵伦，市委社会工委委员、市社会办副主任赵小卫，市委社会工委委员、市社会办副巡视员刘轩参加座谈。

2月

2月1日 市委社会工委书记、市社会办主任宋贵伦参加市政府专题会议。

同日 市委社会工委书记、市社会办主任宋贵伦出席宣武区社会建设工作座谈会。市委社会工委、市社会办领导张坚、赵小卫、周开让、陈建领、王智玲一同参加。

同日 市委社会工委委员、市社会办副

主任陈建领出席朝阳区麦子店街道商务楼宇企业思想文化高层研讨会并讲话。

2月2日 市长郭金龙主持召开北京市人民政府第三次全体会议。市委社会工委书记、市社会办主任宋贵伦参加会议。

同日 市委社会工委书记、市社会办主任宋贵伦出席丰台区社会建设工作座谈会。市委社会工委、市社会办领导张坚、赵小卫、周开让、陈建领、王智玲一同参加座谈会。

同日 市委社会工委委员、市社会办副主任周开让出席首届中国社工年会。

同日 市委社会工委委员、市社会办副巡视员刘轩出席北京市工业经济联合会召开的全市工业系统工作总结会暨新春团拜会并讲话。

同日 市委社会工委委员、市社会办副巡视员王智玲参加第二届“和谐社区艺术大赛”颁奖专场音乐会。

2月3日 市委社会工委书记、市社会办主任宋贵伦到安利集团公司调研，并出席社会领域党建负责人新春座谈会。市委社会工委、市社会办领导张坚、赵小卫、周开让、陈建领、刘轩、王智玲一同参加。

同日 市直机关工委常务副书记夏尚武到市委社会工委、市社会办慰问困难党员。市委社会工委副书记、市社会办副主任赵小卫参加慰问活动。

同日 市委社会工委委员、市社会办副主任周开让参加北京市城乡结合部建设领导小组第一次会议。

同日 中央学习实践活动指导组到石景山区调研学习实践科学发展观活动情况。市委社会工委委员、市社会办副主任陈建领陪同。

同日 市委社会工委委员、市社会办副巡视员王智玲参加2010年北京市市政市容管理暨城管执法工作会。

2月4日 市委社会工委委员、市社会办副巡视员刘轩出席市科协、市农委等单位举办的2010年度“三下乡”活动启动仪式并看望、慰问顺义区贫困农民户。

2月5日 市委常委梁伟出席朝阳区社会建设工作座谈会。市委副秘书长王翔，市委社会工委、市社会办领导宋贵伦、张坚、赵小卫、周开让、陈建领、刘轩、王智玲一同参加。

同日 市委常委梁伟到朝阳区调研社会建设工作，并现场察看了社区服务站标志系统安装相关工作。市委社会工委、市社会办领导宋贵伦、周开让、王智玲陪同调研。

同日 市委常委梁伟听取关于市志愿者联合会筹建工作的汇报。市委社会工委书记、市社会办主任宋贵伦，市委社会工委委员、市社会办副主任周开让，团市委书记王少峰参加会议。

同日 市委社会工委、市社会办与团市委、市志愿者联合会就志愿者重点工作进行座谈。市委社会工委委员、市社会办副主任周开让，团市委书记王少峰，市志愿者联合会秘书长郭新保出席座谈会。

2月7日 市委社会工委书记、市社会办主任宋贵伦参加市青联老委员新春联谊活动。

2月8日 市委社会工委书记、市社会办主任宋贵伦看望北京市老领导王大明、徐惟诚、李志坚、陶西平。

同日 市委社会工委书记、市社会办主任宋贵伦与市社科理论单位负责人座谈。

同日 市委社会工委、市社会办召开全市社会建设信息工作会议。市委社会工委副书记、市社会办副主任赵小卫出席并讲话。会议对2009年全市社会建设信息工作进行了总结，对2010年工作进行了部署。

同日 市委社会工委委员、市社会办副巡视员刘轩出席市残联召开的民办残疾人服务机构新春座谈会并讲话。

2月9日 市委社会工委书记、市社会办主任宋贵伦主持召开主任办公会（扩大）。会议听取了各处室1月份工作完成情况及2月份工作计划的汇报，研究部署了有关工作。

同日 市委社会工委、市社会办举办机关春节联欢晚会。市委副秘书长王翔，市委社会工委、市社会办领导班子全体成员出席，机关全体同志参加。

2月10日 市委社会工委书记、市社会办主任宋贵伦参加区县委书记扩大会。

同日 市委社会工委副书记、市社会办副主任赵小卫出席媒体记者座谈会。

同日 市委社会工委委员、市社会办副主任周开让出席首届首都“民政之春”文艺演出活动。

2月11日 市委社会工委书记、市社会办主任宋贵伦出席市政府第60次常务会议。

同日 市委社会工委书记、市社会办主任宋贵伦主持召开市社会建设工作领导小组办公室主任座谈会。

2月12日 市委社会工委书记、市社会办主任宋贵伦与市社科联博士学会代表座谈。

2月20日 市委社会工委书记、市社会办主任宋贵伦陪同市委常委梁伟、市委副秘书长王翔到市委社会工委、市社会办、市总工会、团市委、市妇联、市残联、市科协、市对外友协慰问。

2月20—21日 刘淇、郭金龙、王安顺、吉林等市领导先后到海淀、朝阳和丰台、石景山区调研加快城乡结合部建设，推进城乡一体化发展工作。市委社会工委书记、市社会办主任宋贵伦陪同调研。

2月22日 市委社会工委书记、市社会办主任宋贵伦主持召开社会建设工作专题会议。会议研究讨论了社区建设工作、社会组织工作和社会工作队伍建设工作等内容。市委社会工委、市社会办领导张坚、赵小卫、周开让、陈建领、王丽竹、刘轩、王智玲一同参加会议。

同日 市委社会工委委员、市社会办副主任王丽竹到北京歌华有线电视网络股份有限公司考察。听取歌华有线关于社区信息化工作建议的汇报，并参观了歌华有线机房。

2月23日 市委社会工委书记、市社会办主任宋贵伦参加党员领导干部廉洁从政若干准则电视电话会议。

同日 市委社会工委书记、市社会办主任宋贵伦主持召开工委领导班子和领导干部年度考核述职测评会。市委社会工委、市社会办领导班子全体成员出席，机关全体干部参加。

同日 市委社会工委委员、市社会办副主任王丽竹参加市委、市政府办理人大代表建议、政协委员提案工作会。

2月24日 市委社会工委、市社会办召开社区规范化建设工作新闻通气会。市委社会工委委员、市社会办副主任周开让，市委社会工委委员、市社会办副巡视员王智玲，12家中央及市属新闻媒体出席会议。

2月24—25日 市委社会工委书记、市社会办主任宋贵伦参加市委、市政府理论学习中心组学习扩大会。

2月25日 市委社会工委书记、市社会办主任宋贵伦参加中央非公有制经济学习实践活动总结表彰大会。市委社会工委委员、市社会办副主任陈建领一同参加大会。

同日 市委社会工委副书记、市社会办副主任赵小卫与中关村街道座谈政府购买公共服务有关问题。

同日 市委社会工委委员、市社会办副主任王丽竹参加《城市管理与科技》编委会议。

2月26日 市委社会工委书记、市社会办主任宋贵伦，市委社会工委委员、市社会办副主任周开让参加全市城乡结合部建设动员大会。

同日 北京卫视《聚星坊》栏目“星聚社区”系列活动在东城区交道口街道南锣鼓巷社区启动。市委社会工委书记、市社会办主任宋贵伦，市委社会工委副书记、市社会办副主任赵小卫，东城区委常委、宣传部部长章冬梅，东城区副区长王珮立出席。

同日 市委社会工委、市社会办召开社区规范化建设推进工作座谈会。会议通报了2010年全市社区规范化建设推进工作的初步思路，重点就各区县推进社区规范化建设的具体措施、工作建议，特别是如何在首批600个达标试点社区搭载服务、集成政策、集中资金、集合力量等问题进行了深入探讨。市委社会工委委员、市社会办副主任周开让，市委社会工委委员、市社会办副巡视员王智玲，城八区和部分远郊区县的社区建设主管领导参加座谈会。

2月27日 市委社会工委书记、市社会办主任宋贵伦参加北京市农村工作会议。

同日 市委社会工委委员、市社会办副主任陈建领出席崇文区第十届元宵节灯会相关活动。

2月28日 市委社会工委书记、市社会办主任宋贵伦出席“百年如歌，芳耀京华”北京市正局级女领导干部庆“三八”联谊活动。

3月

3月1日 市委书记刘淇主持召开市委常委第133次会议暨市委学习实践科学发展观活动领导小组第八次会议。市委社会工委书记、市社会办主任宋贵伦，市委社会工委委员、市社会办副主任陈建领参加会议。

同日 市委常委梁伟主持召开社会建设工作专题座谈会。会议听取了市委社会工委、市社会办关于社区建设、社会建设工作领导小组会议和社会建设工作会议筹备等近期重点工作的汇报，并进行了专题研究。市委副秘书长王翔，市委社会工委、市社会办领导班子全体成员参加会议。

同日 市委社会工委委员、市社会办副主任周开让参加全国“两会”安全保障视频会议。

同日 市委社会工委委员、市社会办副巡视员王智玲出席“三八”妇女维权周主题活动。

3月2日 市委书记刘淇主持召开市委学习实践科学发展观活动总结大会。市委社会工委书记、市社会办主任宋贵伦，市委社会工委委员、市社会办副主任陈建领参加会议。

同日 市委社会工委副书记、市社会办副主任赵小卫与北京青年宫商谈购买公共服务有关事宜。

同日 市委社会工委、市社会办召开北京市社会工作事务所建设工作部署会。中国社会工作协会副会长、秘书长赵蓬奇，市委社会工委委员、市社会办副主任周开让，西城区副区长陈蓓出席会议并讲话。市委社会工委委员、市社会办副巡视员王智玲主持会议，各区县社会工委、社会办负责同志及中国社会工作协会新闻中心有关同志参加会议。

同日 市委社会工委委员、市社会办副巡视员刘轩与市社团办进行工作座谈。讨论了《北京市加强和改进社会组织管理工作实施办法（试行）》文件制定情况，重点就社会组织管理体制、设立服务、“枢纽型”社会组织建设、扶持发展等问题进行了协调和沟通。市社团办党委书记温庆云参加。

3月3日 市委常委梁伟主持召开社会建设工作专题座谈会。会议听取了市委社会工委、市社会办关于社会组织工作等有关情况的汇报，并进行了专题研究。市委副秘书长王翔，市委社会工委、市社会办领导班子全体成员参加会议。

同日 市委社会工委委员、市社会办副主任王丽竹与团市委信息中心就信息共享和软件开发等工作进行交流。

3月4日 市委社会工委书记、市社会办主任宋贵伦主持召开2010年第3次主任办公会议（扩大）。会议听取了各处室2月份工作完成情况及3月份工作计划的汇报，研究部署了有关工作。

同日 市委社会工委、市社会办、市财政局等部门到大兴区调研社区建设工作。详细了解了社区工作者人员配置、构成状况、工资待遇、职责任务以及社区服务站建设中存在的问题等情况，并就社区工作者工资待遇问题与大兴区有关部门和社区工作者代表进行座谈交流。市委社会工委副书记、市社会办副主任赵小卫，市委社会工委委员、市社会办副巡视员王智玲参加调研，大兴区委常委郭宝东等陪同调研。

同日 市委社会工委委员、市社会办副主任周开让主持召开《北京市志愿者管理办法》专家座谈会。会议听取了北京大学王思斌教授、国家行政学院丁元竹教授、中国青年政治学院陈涛教授等专家对文件修改工作的意见，就文件相关内容进行了交流讨论。

3月4—15日 市委社会工委书记、市社会办主任宋贵伦参加全国人代会。

3月5日 市委社会工委书记、市社会办主任宋贵伦主持召开工委会议，研究干部人事工作。

同日 市委社会工委委员、市社会办副主任陈建领与市编办就市科协、市社科联建立社会组织工作党委和增加相关人员编制进行座谈，并提交了请示报告。

同日 市委社会工委委员、市社会办副主任王丽竹参加市经济信息化委数字北京信息亭进社区工作专题会。

同日 市委社会工委委员、市社会办副巡视员刘轩出席北京市工业经济联合会、北京市商业联合会、北京市建筑业联合会三家联合会座谈会，探讨在不同层次建立“枢纽型”社会组织工作体系问题。

3月8日 市委社会工委书记、市社会办主任宋贵伦主持召开工委班子会，研究干部人事工作。

同日 市委社会工委委员、市社会办副主任王丽竹主持召开市委社会工委、市社会办建议提案交办会。

同日 市委社会工委、市社会办组织“三八”妇女节慰问活动。市委社会工委委员、市社会办副巡视员王智玲出席活动。

3月9日 市委社会工委、市社会办举行北京社会心理研究所交接仪式。市委副秘书长、市委研究室主任王力丁，市委社会工委书记、市社会办主任宋贵伦，市委社会工委副书记、市社会办副主任赵小卫参加交接仪式。

同日 市委社会工委委员、市社会办副主任周开让与市文化局副局长王珠座谈研究推进社区文化服务相关工作。

同日 市委社会工委委员、市社会办副主任陈建领与市委组织部部务委员韩昱就市科协、市社科联建立“枢纽型”社会组织工作党委事宜进行座谈沟通。

同日 市委社会工委委员、市社会办副主任王丽竹主持召开专题会听取北京歌华有线电视网络股份有限公司关于电子社区服务通终端有关情况的汇报。

同日 市社会建设信息中心与市经济信息化委所属市公共信息服务中心建立联系沟通机制。

同日 市委社会工委委员、市社会办副巡视员王智玲与市体育局副局长李丽莉座谈研究推进社区体育服务相关工作。

3月10日 市委社会工委委员、市社会办副主任张坚与首都师范大学共建基地专家就社会建设数据库建设相关事宜进行座谈交流。

同日 市委社会工委委员、市社会办副主任周开让与市科委副主任朱世龙座谈研究推进社区科普教育服务相关工作。

同日 市委社会工委委员、市社会办副主任周开让与市卫生局副局长郭积勇座谈研究推进社区公共卫生服务相关工作。

同日 市委社会工委委员、市社会办副主任陈建领出席社区和“两新”组织学习实践科学发展观活动办公室工作人员总结联谊活动。

同日 市委社会工委委员、市社会办副巡视员王智玲与市商务委副主任刘行苍座谈研究推进社区便民服务相关工作。

同日 市委社会工委委员、市社会办副巡视员王智玲与市园林绿化局副巡视员廉国钊座谈研究推进社区公共服务相关工作。

3月11日 市委社会工委副书记、市社会办副主任赵小卫出席怀柔区社会建设工作会议。

同日 市委社会工委委员、市社会办副巡视员刘轩现场查看北京市社会组织孵化器候选地址。

同日 市委社会工委委员、市社会办副

巡视员王智玲与北京市市政市容委副主任陈玲座谈研究推进社区公共服务相关工作。

3月12日 市委社会工委委员、市社会办副主任张坚在中国人民大学召开社会建设研究基地工作例会，就2009年课题完成情况和2010年课题设置与共建基地专家座谈。

同日 市委社会工委委员、市社会办副主任周开让与首都综治办副主任苗林座谈研究推进社区安全服务相关工作。

同日 市委社会工委委员、市社会办副主任周开让出席北京市2010年人口和计划生育工作大会。

同日 市委社会工委委员、市社会办副主任王丽竹主持召开市委社会工委、市社会办各处室信息化需求调研会。

同日 市委社会工委委员、市社会办副巡视员刘轩出席市民交协常务理事会。

同日 市委社会工委委员、市社会办副巡视员刘轩出席北京市汽车用品行业协会成立庆典大会。

同日 市委社会工委委员、市社会办副巡视员王智玲与市劳动服务中心书记张健座谈研究推进社区社会保障服务相关工作。

同日 市委社会工委委员、市社会办副巡视员王智玲与市教委座谈研究推进社区文化教育服务相关工作。

3月15日 市委社会工委书记、市社会办主任宋贵伦实地考察社区服务站标志系统设计安装工作。市民政局局长吴世民，市委社会工委委员、市社会办副主任周开让，市委社会工委委员、市社会办副巡视员王智玲一同参加考察。

同日 市委社会工委委员、市社会办副主任陈建领出席北京市党建研究会五届五次理事大会。市委社会工委完成的《构建北京市社会领域党建工作体系问题研究》课题报告被评为北京市党的建设研究会2009年度调研课题优秀成果一等奖、全国党的建设研究会2009年度调研课题优秀成果二等奖。

同日 市委社会工委委员、市社会办副巡视员刘轩出席市社科联所属社会组织秘书长工作会并讲话。

3月15—24日 市委社会工委、市社会办分别完成对西城、宣武、丰台、石景山等区的五个社区书记、主任、站长的深入访谈。

3月16日 市委社会工委副书记、市社会办副主任赵小卫与市直机关工委座谈研究“三进两促”中“进社区”工作的设想和建议。

同日 市委社会工委委员、市社会办副主任周开让出席昌平区志愿者联合会成立大会并讲话。

同日 市委社会工委委员、市社会办副主任陈建领出席丰台区社区“双争创”活动总结部署大会并讲话。

同日 市委社会工委委员、市社会办副巡视员刘轩到市贸促会就国际组织驻京机构情况及“枢纽型”社会组织工作体系构建问题进行调研。

3月17日 市委社会工委委员、市社会办副主任王丽竹到首都信息发展股份有限公司调研。

3月17—18日 市委社会工委委员、市社会办副主任王丽竹主持召开18个区县社会工委、社会办主管领导参加的社会领域信息化工作调研会。

3月18日 市委书记刘淇、市长郭金龙就加快推进城乡一体化发展进行主题调研。市委社会工委书记、市社会办主任宋贵伦陪同调研。

同日 市委常委梁伟听取关于社区基本公共服务指导目录制定情况的汇报。市委社会工委书记、市社会办主任宋贵伦，市委社会工委委员、市社会办副巡视员王智玲参加会议。

同日 市委常委梁伟到东城区大成律师事务所调研社会组织党建工作。市委社会工委委员、市社会办副主任陈建领陪同调研。

同日 市委社会工委书记、市社会办主任宋贵伦接受新华社记者专访。

同日 市委社会工委委员、市社会办副主任张坚参加市信访办信访矛盾研究中心成立仪式。

同日 市委社会工委委员、市社会办副主任王丽竹参加北京市公安信息化经验交流会、2009年信息北京十大应用成果颁奖仪式暨2010年北京市电子政务与信息安全工作会。

同日 市委社会工委委员、市社会办副巡视员王智玲与首都文明办座谈研究推进社区公共服务相关工作。

同日 市委社会工委委员、市社会办副巡视员王智玲就志愿者工作与首都文明办进行座谈。

同日 北京社会心理研究所完成对目前北京市心理咨询行业状况的调研。

3月19日 市委书记刘淇、市长郭金龙就加快推进城乡一体化发展进行主题调研，市委社会工委书记、市社会办主任宋贵伦陪同调研。

同日 市委常委梁伟主持召开社会管理创新专题研究会。市委副秘书长王翔，市委社会工委书记、市社会办主任宋贵伦出席会议。

同日 市委社会工委委员、市社会办副主任周开让参加市政府常务会议。

同日 市委社会工委、市社会办到顺义区调研社会建设工作。调研组听取了顺义区关于社区规范化建设和社会工作队伍建设的工作汇报，并详细了解了关于加强城乡结合部社会管理工作的工作思路、推进情况以及存在的问题。市委社会工委、市社会办领导周开让、王智玲参加调研，顺义区委副书记胡尚云，区委常委、组织部部长雷显武陪同调研。

同日 市委社会工委委员、市社会办副主任王丽竹到怀柔区委社会工委、区社会办调研信息化工作。

同日 市委社会工委委员、市社会办副巡视员刘轩到市节能环保促进会就社会组织工作情况进行调研，与会长王维城等领导进行了座谈。

同日 市委社会工委委员、市社会办副巡视员王智玲出席新疆少数民族群众在京务工经商服务管理工作会议。

3月20日 市委社会工委委员、市社会办副巡视员刘轩召开“北京社会公益活动周”筹备工作座谈会，与北京青少年服务中心研究活动方案。

3月22日 市长郭金龙主持召开第63次市政府常务会议。市委社会工委书记、市社会办主任宋贵伦参加会议。

同日 市委社会工委委员、市社会办副巡视员刘轩参加市民交协向市委常委梁伟同志工作汇报会。

同日 北京社会心理研究所受市委研究室委托，完成对朝阳区社会群众对教育满意度情况调查的问卷录入、统计、分析及数据分析报告。

3月23日 市委常委梁伟听取市委社会工委书记、市社会办主任宋贵伦关于推进社会管理创新工作方案情况的汇报。市委社会工委副书记、市社会办副主任赵小卫一同参加汇报。

同日 市委社会工委书记、市社会办主任宋贵伦参加国务院第三次廉政工作电视电话会议。

同日 市委社会工委委员、市社会办副主任王丽竹与北京歌华有线电视网络股份有限公司共同研究双方在信息化工作方面的合作事宜。

同日 市委社会工委委员、市社会办副主任王丽竹到北京市市政市容委就建立信息化沟通联系机制与北京市市政市容委委员张春贵同志和相关处室进行研究协商，并达成共识。

同日 市委社会工委委员、市社会办副巡视员王智玲与市环保局副局长杜少中座谈研究推进社区公共服务相关工作。

同日 北京社会心理研究所2009—2010年研究成果汇集的印刷和装订工作完成。

3月24日 市委副秘书长王翔主持召开推进社会管理创新工作协调会。市社会建设工作领导小组办公室主任宋贵伦汇报了《推进社会管理创新的工作方案（讨论稿）》的主要内容。10余家相关委办局领导出席会议。

同日 市委社会工委书记、市社会办主任宋贵伦到宣武区作社会建设辅导报告。

同日 市委社会工委委员、市社会办副主任王丽竹主持召开专题会与各区县社会工委、社会办共同研究市委常委梁伟对信息化工作的批示要求贯彻落实工作。

同日 市委社会工委委员、市社会办副巡视员刘轩出席市商联会理事会并讲话。

同日 市委社会工委委员、市社会办副巡视员王智玲与市残联党组成员、副局级理事李树华座谈研究推进社区残疾人服务相关工作。

3月25日 市长郭金龙主持召开市应急委第四次全体会议。市委社会工委书记、市社会办主任宋贵伦参加会议。

同日 市委社会工委书记、市社会办主任宋贵伦参加市推进三项重点工作领导小组会议并发言。市委社会工委副书记、市社会办副主任赵小卫一同参加会议。

同日 市委社会工委委员、市社会办副主任周开让参加2010年北京市人才工作领导小组会议。

同日 市委社会工委委员、市社会办副主任王丽竹主持召开街道信息化工作调研会。18个街道办事处参加了会议。

同日 市委社会工委委员、市社会办副巡视员刘轩出席"北京社会公益活动周"工作部署会并讲话。10家市级"枢纽型"社会组织及30家市级社会组织相关负责人参加会议。

同日 市委社会工委委员、市社会办副巡视员王智玲出席2010年北京市节约用水大会。

同日 由北京市委社区和"两新"组织学习实践活动指导小组办公室编辑出版的《社区和"两新"组织学习实践科学发展观活动资料汇编》发送到相关单位和区县。

3月26日 市委书记刘淇、市长郭金龙就加快推进城乡一体化发展进行主题调研。市委社会工委书记、市社会办主任宋贵伦陪同调研。

同日 市委社会工委书记、市社会办主任宋贵伦参加市委、市政府理论学习中心组学习扩大会。

同日 市委社会工委副书记、市社会办副主任赵小卫陪同浙江省政协调研我市社会管理工作。

同日 市委社会工委委员、市社会办副主任周开让参加西城区社会工作者联合理事会2010年度第一次理事会议。

同日 市委社会工委、市社会办到海淀区调研社区建设工作。调研组听取了海淀区关于社区规范化建设和社会工作队伍建设的工作汇报，并详细了解了关于加强城乡结合部社会管理工作的工作思路、推进情况以及存在的问题。市委社会工委、市社会办领导周开让、王智玲，海淀区委常委、组织部部长杨智慧，副区长臧桂武参加调研。

同日 市委社会工委、市社会办领导与海淀区委社会工委、区社会办就社区与社会工作队伍建设工作进行座谈。市委社会工委委员、市社会办副主任周开让，市委社会工委委员、市社会办副巡视员王智玲参加座谈会。

同日 市委社会工委委员、市社会办副主任王丽竹参加全市互联网舆论引导培训班。

同日 市委社会工委委员、市社会办副巡视员刘轩带队到顺义区调研。听取了顺义区委社会工委关于社会组织建设情况汇报，实地查看了京顺医院等民办非企业社会组织，并就进一步推进社会组织改革和发展问题提出了具体要求。

3月27日 市委书记刘淇率团赴天津市学习考察，市委社会工委书记、市社会办主任宋贵伦陪同。

同日 市委社会工委委员、市社会办副巡视员王智玲出席第八个"再生资源回收日"暨远郊区县"再生资源回收日"启动仪式、"再生资源回收积分卡"推广发行仪式。

3月29日 市委社会工委委员、市社会办副主任王丽竹到东城区调研社区信息化工作。

同日 市委社会工委委员、市社会办副巡视员刘轩出席市红十字会九届二次理事会。

同日 市委社会工委委员、市社会办副巡视员王智玲到奥林匹克公园进行实地考察与奥林匹克公园管委会、北京金亿广苑文化发展有限公司就2010年国际社工日活动事宜进行工作对接。

同日 市委社会工委委员、市社会办副巡视员王智玲出席2010年国际社工日主题活动工作部署会。各区县社会工委、社会办主管领导、首都部分高校社会工作学院（系）主管领导参加会议。

3月30日 市委社会工委、市社会办召开新进机关工作人员座谈会。市委社会工委书记、市社会办主任宋贵伦，市委社会工委副书记、市社会办副主任赵小卫出席会议。

同日 市委社会工委委员、市社会办副巡视员王智玲出席与中国社会工作协会工作对接座谈会。

同日 市委社会工委委员、市社会办副巡视员刘轩出席市侨联社团工作会并讲话。

3月31日 市委社会工委委员、市社会办副巡视员刘轩到市个体私营协会调研。

4月

4月1日 市委社会工委副书记、市社会办副主任赵小卫与市妇联副主席李彦梅座谈政府购买社会组织服务有关事宜。

同日 市委社会工委、市社会办领导与市人口计生委领导座谈。双方就社区计划生育服务、社区独生子女家庭服务、社区早教服务、社区教育培训服务等问题进行了深入研究。市委社会工委委员、市社会办副主任周开让，市委社会工委委员、市社会办副巡视员王智玲，市人口计生委正局级委员李芸莉，副主任彭彧华、耿玉田参加座谈。

同日 市委社会工委委员、市社会办副巡视员刘轩到市律师协会调研“枢纽型”社会组织工作体系构建工作。

同日 市委社会工委委员、市社会办副巡视员刘轩主持召开“北京社会公益活动周”筹备工作会，与北京青少年服务中心研究活动方案。

4月2日 副市长丁向阳主持召开研究社会建设工作专题会，听取了社区服务站标志系统、社区工作者工资待遇情况和《社会管理创新行动方案》起草情况的汇报。市政府副秘书长侯玉兰，市委社会工委书记、市社会办主任宋贵伦，市委社会工委副书记、市社会办副主任赵小卫，市委社会工委委员、市社会办副主任周开让，市人力社保局副局长张祖德，市民政局副书记、副局长孟钧，副巡视员冯昌领参加会议。

同日 市委社会工委、市社会办领导与市委组织部领导座谈。双方就2009年社会领域党建工作开展情况和2010年工作思路进行了交流。市委社会工委书记、市社会办主任宋贵伦，市委社会工委委员、市社会办副主任陈建领，市委组织部副部长吕和顺、部务委员兼组织处处长韩昱参加了座谈。

同日 市委社会工委书记、市社会办主任宋贵伦参加党员领导干部廉洁从政若干准则辅导报告会。

同日 市委社会工委、市社会办领导与北京城市学院领导座谈。双方就共建研究基地达成初步意向。市委社会工委书记、市社会办主任宋贵伦，市委社会工委委员、市社会办副主任张坚参加座谈。

同日 市委社会工委委员、市社会办副主任陈建领出席北京注册会计师协会召开的学习实践科学发展观活动总结表彰大会。

同日 市委社会工委、市社会办组织召开部分区县社会领域党建工作调研座谈会。市委社会工委委员、市社会办副主任陈建领出席座谈会并讲话。

同日 “北京社会公益活动周”组委会召开第二次工作会议，研究各项筹备工作。市委社会工委委员、市社会办副巡视员刘轩出席会议。

同日 市委社会工委、市社会办组织召开专家论证会征求对《北京市社区基本公共服务指导目录（试行）》的意见建议。市委社会工委委员、市社会办副巡视员王智玲主持会议。国家发改委宏观经济研究院社会发展所副所长李震、首都经济贸易大学城市学院副院长张国山、北京市经济与社会发展研究所社会与可持续发展研究部部长李军等参加座谈。

4月3日 市委社会工委书记、市社会办主任宋贵伦参加国家行政学院创新教学体制座谈会，并正式被聘为国家行政学院社会建设领域兼职教授。

4月4日 市委社会工委、市社会办召开“北京2010年‘国际社工日’大型主题活动”工作会议。市委社会工委委员、市社会办副主任周开让，市委社会工委委员、市社会办副巡视员王智玲出席会议。会议研究了活动方案、议程安排和活动主题等事项。

4月6日 市长郭金龙主持召开第64次市政府常务会议。市委社会工委书记、市社会办主任宋贵伦参加会议。

同日 市委社会工委书记、市社会办主任宋贵伦，市委社会工委委员、市社会办副主任陈建领参加全党深入学习实践科学发展观活动总结大会北京市分会场电视电话会议。

同日 市委社会工委书记、市社会办主任宋贵伦，市委社会工委委员、市社会办副巡视员刘轩到北京青少年活动中心调研、指导“首届首都青少年公益节暨北京社会公益活动周”筹备情况。

同日 市委社会工委委员、市社会办副主任张坚参加市领导关注重大实践课题评审会。

同日 市委社会工委、市社会办与市城乡结合部建设领导小组办公室举行座谈。会议就城乡结合部社区建设问题进行了沟通和研讨。市委社会工委委员、市社会办副巡视员王智玲出席座谈会。

同日 市委社会工委委员、市社会办副巡视员王智玲出席“北京2010年‘国际社工日’大型主题活动”工作对接会。会议就有关“国际社工日”活动的相关工作与北京金亿广苑文化发展有限公司进行了工作对接。

4月7日 市政府副秘书长侯玉兰到朝阳区香河园街道西坝河东里社区实地察看社区服务站标识系统的设计安装工作。市委社会工委书记、市社会办主任宋贵伦，市委社会工委委员、市社会办副巡视员王智玲，市民政局副书记、副局长孟钧，副巡视员冯昌领陪同调研。

同日 市委社会工委书记、市社会办主任宋贵伦主持召开2010年第7次工委会议。会议研究了“2010年‘国际社工日’大型主题活动”和“首届首都青少年公益节暨北京社会公益活动周”主题活动有关筹备工作；传达了市委办公厅、市政府办公厅召开的本市缓解早晚高峰交通压力、完善错时上下班措施电视电话会议精神；会议还研究了干部人事工作。

同日 市委社会工委副书记、市社会办副主任赵小卫出席海淀区2010年社会建设工作会议。

同日 市委社会工委、市社会办领导与市司法局座谈。双方就社区法律服务、社区帮教安置服务、社区矫正服务等问题进行了深入研究。市委社会工委委员、市社会办副主任周开让，市司法局副局长王友江、副巡视员马捷参加座谈。

同日 市委社会工委、市社会办组织召开部分区县社会领域党建工作调研座谈会。市委社会工委委员、市社会办副主任陈建领出席座谈会并讲话。

同日 “首届首都青少年公益节暨北京社会公益活动周”组委会召开第三次工作会议，进一步细化各项筹备工作。市委社会工委委员、市社会办副巡视员刘轩出席会议。

4月8日 市委社会工委委员、市社会办副主任周开让到石景山区调研。听取了石景山区委社会工委关于2009年主要工作及2010年工作思路的汇报，并重点了解石景山区“城中村”整治、流动人口服务管理等方面的措施和经验。

同日 市委社会工委委员、市社会办副巡视员刘轩主持召开“北京社会公益活动周”指挥部第一次工作会议。

同日 市委社会工委、市社会办领导到市住房和城乡建设委调研。双方就社区物业管理服务、社区停车管理等问题进行了深入研究。市委社会工委委员、市社会办副巡视员王智玲，市住建委党组成员、副主任张农科及物业管理处负责人等参加座谈。

同日 “北京2010年‘国际社工日’大型主题活动”工作协调会召开。市委社会工委委员、市社会办副巡视员王智玲，朝阳区公安、交通、消防、卫生、市政市容、文化等相关部门参加会议。

4月9日 市委社会工委书记、市社会办主任宋贵伦主持召开区县社会工委书记、社会办主任例会。市委社会工委、市社会办领导班子成员赵小卫、张坚、周开让、陈建领、刘轩，各区县社会工委书记、社会办主任一同参加。

同日 上海市社会工作党委考察团来京座谈城乡结合部工作。市委研究室巡视员康庆强，市委社会工委副书记、市社会办副主任赵小卫参加座谈。

同日 市委社会工委委员、市社会办副主任陈建领为东城区900余名基层党支部书记作题为《加强能力建设，有效履行职责——争当一线优秀“领航人”》的辅导报告。

同日 市委社会工委委员、市社会办副巡视员刘轩出席市民交协一届六次理事会。

4月9—10日 上海市区县社会建设工作领导小组考察团到北京市考察学习。市委社会工委书记、市社会办主任宋贵伦为考察团全体学员作报告，市委社会工委、市社会办领导赵小卫、刘轩、王智玲分别陪同考察团到朝阳区、西城区实地调研。

4月10日 市委社会工委副书记、市社会办副主任赵小卫带领各支部到房山区西璐街道研究今年对口共建工作项目安排。

4月12日 市委常委梁伟专题研究《2010年全市社会建设折子工程》和市社会建设工作领导小组会议文件。市委社会工委书记、市社会办主任宋贵伦，市委社会工委副书记、市社会办副主任赵小卫参加。

同日 市委社会工委书记、市社会办主任宋贵伦主持召开2010年第8次工委会议（扩大）。会议研究部署了“2010年‘国际社工日’大型主题活动”和“首届首都青少年公益节暨北京社会公益活动周”主题活动有关筹备工作。

同日 市委社会工委、市社会办召开“北京2010年‘国际社工日’大型主题活动”分工部署会。市委社会工委委员、市社会办副主任周开让出席会议并讲话，市委社会工委委员、市社会办副巡视员王智玲主持会议。

同日 市委社会工委委员、市社会办副巡视员王智玲赴朝阳区审核“北京2010年‘国际社工日’大型主题活动”文艺演出节目。

4月13日 市委社会工委委员、市社会办副主任陈建领与市科协主席田小平就“枢纽型”社会组织党组织建设事宜进行座谈。

4月14日 市委社会工委书记、市社会办主任宋贵伦参加全市深入开展创先争优活动动员部署大会。

同日 市委社会工委书记、市社会办主任宋贵伦主持召开“枢纽型”社会组织负责人专题会。市委社会工委委员、市社会办副主任张坚、陈建领出席会议。

同日 “北京2010年‘国际社工日’大型主题活动”和“首届首都青少年公益节暨北京社会公益活动周”联合新闻发布会召开。市委社会工委委员、市社会办副主任周开让，市委社会工委委员、市社会办副巡视员刘轩、王智玲出席会议。新华社、北京日报社、北京电视台、京华时报社等10余家媒体参加。

同日 市委社会工委委员、市社会办副

主任周开让，市委社会工委委员、市社会办副巡视员王智玲赴奥林匹克公园中心区庆典广场现场查勘“北京2010年‘国际社工日’大型主题活动”准备情况。

同日 市委社会工委委员、市社会办副巡视员刘轩与团市委、北京青少年服务中心就“北京社会公益活动周”开幕式具体安排进行协调与部署。

4月15日 “北京2010年‘国际社工日’大型主题活动”在奥林匹克公园景观大道举行。市委副秘书长王翔出席活动并讲话，中国社工协会副会长兼秘书长赵蓬奇致辞，市政府副秘书长侯玉兰等领导为全市10家社会工作事务所揭牌。市委社会工委书记、市社会办主任宋贵伦主持活动。市民政局、市人力社保局相关领导，市委社会工委、市社会办领导班子成员，10家市级“枢纽型”社会组织，各区县委社会工委、区县社会办相关负责人出席活动。

同日 市委社会工委书记、市社会主任宋贵伦参加市委在党的基层党组织和党员中深入开展创先争优活动动员部署会议。

4月16日 市委社会工委书记、市社会办主任宋贵伦参加市委、市政府理论学习中心组学习扩大会。

同日 市委社会工委、市社会办领导与市统计局领导座谈。双方就加强统计工作与社会建设协同推进等问题进行了深入交流。市委社会工委书记、市社会办主任宋贵伦，市委社会工委委员、市社会办副主任张坚、周开让，市统计局局长苏辉、副局长王红、市经济社会调查总队总队长刘亚平，国家统计局北京调查总队总队长潘璠、副总队长邵建民等参加座谈。

同日 市委社会工委委员、市社会办副主任陈建领到朝阳区望京街道佳境天城工作站调研政府公共服务进楼宇活动的开展情况。

同日 市委社会工委委员、市社会办副巡视员刘轩出席市残联“北京社会公益活动周维权日暨第十二次无障碍推动日”活动并讲话。

4月17日 “首届首都青少年公益节暨北京社会公益活动周”开幕。市委常委梁伟出席并讲话，市人大常委会副主任李昭玲、市政协副主席黎晓宏、市委副秘书长王翔出席开幕式。市委社会工委书记、市社会办主任宋贵伦代表活动主办单位致辞。团市委书记王少峰主持开幕仪式。

同日 市委社会工委委员、市社会办副巡视员刘轩在“北京社会公益活动周”活动现场主持召开“枢纽型”社会组织及参与活动社会组织工作交流会，并提出工作要求。

4月19日 市委书记刘淇与国家民委领导座谈。市委社会工委书记、市社会办主任宋贵伦参加座谈。

同日 市委社会工委书记、市社会办主任宋贵伦主持召开2010年第9次工委会议（扩大）。会议总结了“2010年‘国际社工日’大型主题活动”和“北京社会公益活动周”工作；研究了市社会建设工作领导小组会议筹备工作，部署了近期重点工作；通报了市政府研究解决房山区17个村失地、污染等历史遗留问题现场会有关情况。

同日 市委社会工委、市社会办召开“4·15国际社工日”活动总结会。市委社会工委书记、市社会办主任宋贵伦，市委社会工委副书记、市社会办副主任赵小卫，市委社会工委委员、市社会办副主任周开让，市委社会工委委员、市社会办副巡视员王智玲出席会议，对活动的筹办工作进行了点评，给予了充分肯定和高度评价，并对下一步社会工作队伍建设工作提出了要求和希望。

同日 市委召开维稳工作会议。会议总结了一季度维稳工作情况，分析了当前维稳工作形势，部署了上海世博会期间维稳工作。市委副书记、政法委书记王安顺出席并作重要讲话。副市长刘敬民主持会议。市委社会工委委员、市社会办副主任周开让参加会议。

同日 市委社会工委委员、市社会办副巡视员刘轩到“北京社会公益活动周”活动现场检查、指导工作。

同日 市委社会工委、市社会办完成

“首善之区社会工作人才发展工程”实施方案的修改完善和报送工作。

同日 市委副秘书长、市委党的建设工作领导小组办公室主任张建民到安利日用品公司北京分公司调研非公有制经济组织党建工作。市委社会工委副书记、市社会办副主任赵小卫陪同调研。

4月20日 市长郭金龙主持召开第一季度经济形势分析会议和市政府专题会议。市委社会工委书记、市社会办主任宋贵伦参加。

同日 市委社会工委书记、市社会办主任宋贵伦参加2010年北京市劳动模范和先进工作者表彰大会。市委社会工委副书记、市社会办副主任赵小卫一同参加表彰大会。

同日 市委社会工委书记、市社会办主任宋贵伦主持召开专题会议，研究进一步规范社区工作者工资待遇相关政策问题。市委社会工委副书记、市社会办副主任赵小卫参加会议。

同日 市委社会工委副书记、市社会办副主任赵小卫召开社会工委、社会办干部参加公开选拔工作动员部署会。

同日 市委社会工委副书记、市社会办副主任赵小卫出席市人力社保局召开的“市发展家庭服务业促进就业联席会”。

4月21日 市委社会工委、市社会办举行青海玉树地震遇难同胞哀悼活动。委办领导班子全体成员和机关全体干部参加哀悼活动。

同日 市委社会工委书记、市社会办主任宋贵伦主持召开机关全体干部会议。会议研究部署了近期重点工作，对社会工委、社会办干部参加公开选拔进行了动员。

同日 市委社会工委书记、市社会办主任宋贵伦参加市“十二五”规划编制工作领导小组第一次工作会。

同日 市委社会工委副书记、市社会办副主任赵小卫出席平谷区2010年社会建设工作会议。

4月22日 市委副秘书长、市委党的建设工作领导小组办公室主任张建民到石景山区八角街道调研街道社区党建工作。市委社会工委副书记、市社会办副主任赵小卫陪同调研。

同日 市委社会工委书记、市社会办主任宋贵伦与朝阳区卧龙小区业委会负责人座谈。会议就小区物业管理服务以及社区党组织、居委会、服务站与业委会、物业服务企业之间的关系等问题进行了深入研讨。市委社会工委委员、市社会办副主任周开让参加座谈。

同日 市委社会工委委员、市社会办副主任张坚参加2008—2009年度全市调研工作总结表彰会。

同日 市委社会工委委员、市社会办副主任陈建领出席海淀区社会领域党建工作推进会并讲话。

同日 在“玉树抗震救灾行动”中，市委社会工委、市社会办机关党员干部向青海玉树地震灾区捐赠人民币7307元。市委社会工委委员、市社会办副巡视员刘轩出席捐赠仪式。

同日 “2010北京周末社区大讲堂”启动仪式暨通州区益民书屋百姓读书月读书论坛在通州区举行。市委宣传部副部长傅华，市社科联党组书记、常务副主席史秋秋，市社科联党组副书记、副主席陈之昌，市委社会工委委员、市社会办副巡视员王智玲等参加活动。

同日 市委社会工委委员、市社会办副巡视员王智玲出席2010年度保护知识产权志愿者进社区活动总结大会。

4月23日 市委副书记王安顺召开会议，专题听取关于《北京市社会管理创新行动方案》有关情况的汇报。市委常委梁伟，市委副秘书长王翔，市委副秘书长、政法委常务副书记李伟，市委副秘书长张建民出席会议。市委社会工委、市社会办领导宋贵伦、赵小卫、张坚、周开让参加会议。

同日 市委政法委召开服务保障城乡结合部建设工作会议。市委副书记王安顺出席会议并讲话，副市长刘敬民主持会议。市委社会工委委员、市社会办副主任周开让参加。

同日 市委社会工委委员、市社会办副巡视员王智玲与中国人民大学社会与人口学院教授、博士生导师郑杭生就合作开展社区调研工作进行座谈。

同日 市委社会工委委员、市社会办副巡视员王智玲出席“首都保护知识产权志愿者社区行”活动总结大会暨社区保护知识产权志愿者服务队成立仪式并致辞。

4月24日 市委社会工委书记、市社会办主任宋贵伦出席清华大学参加国庆60周年群众游行纪念图书《同方阵》首发会暨在重大活动中加强爱国主义教育研讨会。

同日 市委社会工委书记、市社会办主任宋贵伦参加市投资促进局、北京外企服务集团联合举办的“北京外企员工卡拉OK大赛”活动。

同日 市委社会工委书记、市社会办主任宋贵伦，市委社会工委委员、市社会办副巡视员刘轩到“北京社会公益活动周”活动现场检查、指导工作。

4月25日 “首届首都青少年公益节暨北京社会公益活动周”圆满结束。一周多以来，10个市级“枢纽型”社会组织及其他社会组织开展了丰富多彩的社会公益活动。共举办论坛36场，受众4251人；主舞台举办公益表演活动32场，观众累计10012人；为市民提供了近500场免费咨询服务；“公益北京 温暖之都”大型图片展和“温暖人生 我心灿烂”摄影展参观人数总计约250000余人次；为青海玉树地震灾区募集善款300余万元。

4月26日 市委社会工委、市社会办召开“北京社会公益活动周”工作总结会。市委社会工委书记、市社会办主任宋贵伦，市委社会工委副书记、市社会办副主任赵小卫，市委社会工委委员、市社会办副巡视员刘轩出席会议，对活动的筹备和举办工作进行了点评，给予了充分肯定和高度评价，并对下一步社会组织工作提出了要求和希望。

同日 市委社会工委委员、市社会办副巡视员王智玲到朝阳区调研，分别听取了区委社会工委、区社会办关于社区规范化建设、社区用房达标建设的情况汇报和建外街道关于永安里东社区管理体制创新的工作思路，并深入研讨商务楼宇功能区域内社区管理体制创新问题。

4月26—30日 市委社会工委委员、市社会办副主任张坚参加市委组织部组织的世界城市建设专题研修班学习。

4月27日 市委社会工委委员、市社会办副主任周开让到大兴区和北京经济技术开发区调研城乡结合部社区建设工作。实地考察旧宫镇庑殿南场指挥部以及拆迁建设一线，随后召开座谈会，分别听取了大兴区、北京经济技术开发区和旧宫镇关于推进城乡结合部社区建设工作以及大兴区和开发区社会管理工作对接等情况，并就推进城乡结合部社区建设工作进行了研讨。大兴区委常委郭宝东、北京经济技术开发区管委会副主任王合生陪同调研。

同日 市委社会工委委员、市社会办副主任陈建领出席东城区基层党建创新专题研究班研讨交流会。

4月28日 市委常委、秘书长李士祥主持召开研究“十二五”规划建议起草工作会议。市委社会工委书记、市社会办主任宋贵伦参加会议。

同日 市委常委、海淀区委书记赵凤桐主持召开工作联谊会。市委社会工委书记、市社会办主任宋贵伦，市委社会工委、市社会办领导赵小卫、周开让、陈建领、刘轩、王智玲及海淀区四套班子成员一同参加联谊会。

4月29日 市长郭金龙主持召开保障性住房建设专题会。市委社会工委书记、市社会办主任宋贵伦参加专题会。

同日 市委社会工委委员、市社会办副主任周开让参加市司法局召开的“创新律师行业管理与服务”工作方案研究会议。

同日 市委社会工委委员、市社会办副巡视员刘轩出席丰台区肉类食品行业商会举办的“放心肉类食品社区行”活动启动仪式。

4月30日 市委社会工委委员、市社会办副主任陈建领参加北京市五四青年节大会。

同日 市城乡结合部建设领导小组第二次会议举行。会议总结了第一阶段50个重点村的整治拆迁进展情况，研究部署了下一阶段工作。市委常委、统战部部长牛有成，副市长陈刚出席会议。市委社会工委委员、市社会办副主任周开让参加会议。

5月

5月4日 副市长丁向阳主持召开2010年全市社会建设重点工作专题会议。会议听取了关于社区服务站标志系统、社区工作者工资待遇、社区公共服务指导目录制定、大学生社工选聘等工作的情况汇报。市政府副秘书长侯玉兰，市委社会工委书记、市社会办主任宋贵伦，市委社会工委副书记、市社会办副主任赵小卫，市委社会工委委员、市社会办副主任周开让，市委社会工委委员、市社会办副巡视员刘轩、王智玲及市发改委、市人力社保局、市民政局、市财政局相关领导参加会议。

同日 市委社会工委委员、市社会办副巡视员王智玲参加推进老龄事业发展，完善养老服务和保障体系会议。

5月5日 市委社会工委书记、市社会办主任宋贵伦参加国务院节能减排工作电视电话会议。

同日 市委社会工委书记、市社会办主任宋贵伦主持召开2010年第10次工委会议。会议传达了5月4日副市长丁向阳主持召开听取关于2010年市社会建设重点工作汇报专题会议精神；研究讨论了市委社会工委、市社会办向市委常委会汇报有关工作，并研究部署了近期有关工作。

5月6日 市委社会工委书记、市社会办主任宋贵伦主持召开2010年第5次主任办公会议（扩大），会议听取了各处室4月份工作完成情况及5月份工作计划的汇报，研究部署了有关工作。

同日 市委社会工委副书记、市社会办副主任赵小卫参加贯彻实施四项监督制度进一步提高选人用人公信度视频会议。

同日 市委社会工委委员、市社会办副主任周开让参加市委召开的防灾减灾教育工作专题会，汇报了社区防灾减灾工作情况。

同日 市委社会工委委员、市社会办副巡视员刘轩与市民政局副局长谢延智进行工作沟通。

5月7日 市委社会工委、市社会办领导与市侨联领导座谈。市人大常委会副主任、市侨联主席李昭玲出席会议并讲话，市委社会工委书记、市社会办主任宋贵伦，市委社会工委副书记、市社会办副主任赵小卫，市委社会工委委员、市社会办副主任陈建领，市委社会工委委员、市社会办副巡视员刘轩及市侨联有关领导参加座谈。

同日 市委社会工委、市社会办领导与市对外友协领导座谈。市委社会工委书记、市社会办主任宋贵伦，市对外友协、市民间组织国际交流协会党组书记、常务副会长李晓强，市委社会工委副书记、市社会办副主任赵小卫，市委社会工委委员、市社会办副巡视员刘轩及市对外友协有关领导参加座谈。

同日 市委社会工委、市社会办领导与市社科联领导座谈。市委社会工委委员、市社会办副主任张坚与市社科联党组副书记丁力，以及北京大学、城乡创新发展博士研究会等有关专家，就如何推进市领导重点关注的“城乡结合部公共服务与社会管理”课题研究进行座谈。

同日 市委社会工委委员、市社会办副主任周开让参加北京市城乡结合部建设工作会议。

同日 市委社会工委委员、市社会办副主任周开让参加组织工作宣传会。

5月7—8日 组织市委社会工委、市社会办青年团员开展纪念“五四”青年节活动。市委社会工委书记、市社会办主任宋贵伦，市委社会工委副书记、市社会办副主任赵小卫，市委社会工委委员、市社会办副主任陈建领参加活动。

5月9日 市委社会工委委员、市社会办副巡视员刘轩参加市红十字会在月坛体育馆举办的应急救助演练活动。

5月10日 市委社会工委、市社会办领导与市民防局领导座谈。市委社会工委、市社会办领导宋贵伦、赵小卫、周开让、陈建领、王丽竹、刘轩、王智玲参加。

5月10—6月25日 市委社会工委委员、市社会办副巡视员刘轩参加市委党校区县局级领导干部进修一班。

5月11日 市委社会工委书记、市社会办主任宋贵伦参加公开选拔局级干部评审会。

同日 市长郭金龙主持召开市政府专题会议。市委社会工委副书记、市社会办副主任赵小卫参加。

同日 市委社会工委副书记、市社会办副主任赵小卫带队对房山区社会治安重点地区排查整治工作进行督查。

同日 市委社会工委、市社会办组织召开区县层面“社区基本公共服务工作座谈会”。会议听取西城、海淀等七个区县的社会工委相关负责人对《关于印发〈北京市社区基本公共服务指导目录（试行）〉的意见》及《北京市社区基本公共服务指导目录（试行）》的意见建议。市委社会工委委员、市社会办副主任周开让，市委社会工委委员、市社会办副巡视员王智玲出席会议。

同日 市委社会工委委员、市社会办副主任陈建领与市社科联党组书记史秋秋、副书记陈之昌就“枢纽型”社会组织党组织建立事宜进行座谈。

同日 市委社会工委委员、市社会办副巡视员王智玲参加办理住宅商用提案集中答复座谈会。

5月12日 市委书记刘淇主持召开市委常委会第141次会议。市委社会工委书记、市社会办主任宋贵伦向会议汇报《北京市社会管理创新行动方案》有关情况。市委社会工委副书记、市社会办副主任赵小卫列席会议。

同日 组织“5·12北京市社区防灾减灾大型宣传活动。市委社会工委书记、市社会办主任宋贵伦出席活动并讲话。市委社会工委委员、市社会办副主任周开让，市委社会工委委员、市社会办副巡视员王智玲，市地震局副局长刘松清，市科协副主席田文，市红十字会副会长孙硕鹏，以及朝阳区有关领导和18个区县街道、社区的代表参加了活动。

同日 市委社会工委书记、市社会主任宋贵伦参加市法制宣传领导小组全体成员会议。

同日 市委社会工委副书记、市社会办副主任赵小卫与市妇联副主席沈洁座谈政府购买公共服务有关事宜。

同日 市人力社保局、市社会办、市民政局共同召开2010年选聘高校毕业生到社区工作部署会。市委社会工委副书记、市社会办副主任赵小卫、市人力社保局副局长张祖德、市民政局副巡视员冯昌领参加会议。

同日 市纪委调研廉政文化进社区工作。市纪委副书记王海平听取了市委社会工委的汇报，并到崇文区东花市街道花市枣苑社区进行了现场参观调研。市委社会工委委员、市社会办副主任周开让，市委社会工委委员、市社会办副巡视员王智玲及崇文区有关领导参加调研和座谈。

同日 市委社会工委委员、市社会办副主任王丽竹参加市妇联主办的纪念《婚姻法》颁布实施60周年论坛。

同日 市委社会工委委员、市社会办副主任王丽竹参加北京市2010年第二次消防工作联席会议。

5月13日 市委书记刘淇围绕垃圾处理和再生利用进行调研。市委社会工委书记、市社会办主任宋贵伦参加调研。

同日 市委社会工委书记、市社会办主任宋贵伦主持召开2010年第11次工委会议。会议传达了市委常委会第141次会议研究

《北京市社会管理创新行动方案》的有关情况；研究讨论了有关文件起草工作等。

同日 市委社会工委书记、市社会办主任宋贵伦参加首都城市环境建设委员会成立大会暨第一次全体会议。

同日 市委社会工委副书记、市社会办副主任赵小卫与市财政局研究社会建设专项资金与政府购买社会公共服务有关问题。

同日 市委社会工委、市社会办分别组织召开了街道和社区层面的“社区基本公共服务工作座谈会”。会议听取西城、海淀等七区县的部分街道代表、社区代表对《关于印发〈北京市社区基本公共服务指导目录（试行）〉的意见》及《北京市社区基本公共服务指导目录（试行）》的意见建议。市委社会工委委员、市社会办副主任周开让，市委社会工委委员、市社会办副巡视员王智玲出席会议。

同日 市委社会工委委员、市社会办副主任周开让参加北京市城乡结合部重点村建设目标责任书签订大会。

同日 中央非公有制经济组织开展创先争优活动指导小组副组长、国家工商总局党组成员、副局长钟攸平来京调研非公有制经济组织党建工作情况。市委副秘书长王翔、市委社会工委委员、市社会办副主任陈建领、市工商局巡视员罗文阁、市工商联党组副书记、常务副主席郑默杰及有关区县领导陪同调研。

5月14日 市委书记刘淇调研加快城乡结合部建设，推进城乡一体化发展工作。市委社会工委副书记、市社会办副主任赵小卫参加调研。

同日 市委社会工委书记、市社会办主任宋贵伦出席宣武区推广牛街经验现场会。市委社会工委委员、市社会办副主任周开让一同参加。

同日 市委社会工委书记、市社会办主任宋贵伦参加市委市政府理论中心组学习。

同日 市委社会工委、市社会办领导与市民政局领导座谈研究《北京市社会组织管理和服务实施办法》有关工作。市委社会工委副书记、市社会办副主任赵小卫，市委社会工委委员、市社会办副巡视员刘轩，市民政局副局长谢延智参加座谈。

同日 市委社会工委委员、市社会办副主任张坚与清华大学、北京工业大学共建基地相关专家学者研究“十二五”期间延庆县社会建设规划有关工作。

同日 市委社会工委委员、市社会办副巡视员刘轩参加北京市第十二次全国助残日主题活动启动仪式。

5月16日 市委社会工委委员、市社会办副巡视员刘轩参加市残联举办的第20次全国助残日系列活动启动仪式。

5月17日 市委社会工委、市社会办领导与团市委领导就“枢纽型”社会组织建设问题进行工作交流。市委社会工委书记、市社会办主任宋贵伦，市委社会工委副书记、市社会办副主任赵小卫，团市委书记王少峰、副书记刘震参加座谈。

5月18日 市委常委梁伟、副市长丁向阳召开会议，专题研究《北京市社会管理创新行动方案》修改工作。市委副秘书长王翔、市政府副秘书长侯玉兰出席会议。市委社会工委、市社会办领导宋贵伦、赵小卫，市发改委委员韩晓芳、市民政局副局长谢延智、市人力社保局副巡视员张大发、市卫生局副局长毛羽参加会议。

同日 市政府副秘书长侯玉兰主持召开《北京市志愿者管理办法》座谈会。会议听取了相关部门对文件修改工作的意见建议。市委社会工委委员、市社会办副主任周开让，市委社会工委委员、市社会办副巡视员王智玲及市法制办、首都文明办、首都综治办、市民政局、团市委、市志愿者联合会相关负责同志参加会议。

5月18—7月14日 市社会办副巡视员张青之参加市委组织部组织的领导干部英语培训班。

5月19日 市委社会工委、市社会办领导与中国社工协会领导就“社会工作服务党的民族工作表彰大会”相关工作进行座谈。市委社会工委委员、市社会办副主任周开让，市委社会工委委员、市社会办副巡视员王智玲，中国社工协会副秘书长南燕参加座谈。

同日 市委社会工委委员、市社会办副主任王丽竹主持召开社区社会领域信息化工作调研会。

同日 市委社会工委委员、市社会办副巡视员刘轩出席北京市健康保障协会常委扩大会议并与相关行业协会进行座谈交流。

5月20日 市委社会工委副书记、市社会办副主任赵小卫与市委统战部常务副部长闵克研究召开社会领域统战工作会议相关事宜。

同日 市委社会工委委员、市社会办副主任周开让参加全市信访维稳工作会议。

同日 市社会办、市民政局与市邮政管理局共同召开邮政服务进社区工作研讨会。市委社会工委委员、市社会办副主任周开让，市邮政管理局副巡视员权忠敏出席会议。

同日 市委社会工委委员、市社会办副主任周开让到昌平调研社区及社会工作队伍建设工作。

同日 市委社会工委委员、市社会办副主任王丽竹与首都信息发展股份有限公司代表共同研究项目建议书有关事宜。

同日 市委社会工委委员、市社会办副主任王丽竹与“枢纽型”社会组织座谈社会领域信息化建设以及“枢纽型”社会组织对编制全市社会领域信息化“十二五”规划的建议和需求。

5月21日 市委社会工委书记、市社会办主任宋贵伦参加市委市政府理论学习中心组学习扩大会。

同日 市委社会工委委员、市社会办副主任周开让出席夏季市容环境集中整治工作部署会。

同日 市委社会工委委员、市社会办副主任王丽竹与各区县居民代表座谈社区信息化建设工作。

同日 市委社会工委委员、市社会办副巡视员王智玲到朝阳区团结湖、麦子店街道调研社区及社会工作队伍建设工作。

5月22日 2010年选聘高校应届毕业生到社区工作进行笔试。全市共开设了15个考场，7083人参加。市委社会工委书记、市社会办主任宋贵伦，市民政局局长吴世民，市人力资源和社会保障局副局长张祖德，市委社会工委副书记、市社会办副主任赵小卫，市委社会工委委员、市社会办副主任周开让，市委社会工委委员、市社会办副巡视员王智玲等有关领导到北京化工大学考点巡视。

同日 市委常委梁伟出席“爱北京·青年汇”2010北京青少年社团文化节开幕式。市委副秘书长王翔，市委社会工委书记、市社会办主任宋贵伦，市委社会工委委员、市社会办副主任周开让，市委社会工委委员、市社会办副巡视员刘轩，团市委书记王少峰等出席开幕式。

5月24日 市委社会工委书记、市社会办主任宋贵伦到中央文献研究室出席“中国道路：回顾与展望”国际论坛。

同日 市委社会工委委员、市社会办副主任王丽竹与部分社会组织代表座谈社会组织信息化建设工作。

5月25日 市委社会工委书记、市社会办主任宋贵伦参加第67次市政府常务会议。

同日 市委社会工委书记、市社会办主任宋贵伦参加全国人才工作会议第一次全体电视电话会议。

同日 市委社会工委、市社会办领导到民政部基层政权与社区建设司进行工作交流座谈。民政部基层政权与社区建设司副司长王金华，市委社会工委委员、市社会办副主任周开让，市委社会工委委员、市社会办副巡视员王智玲参加座谈。

同日 市委社会工委委员、市社会办副主任陈建领出席丰台区太平桥街道楼宇党建工作站、社会工作站揭牌仪式并讲话。

5月26日 市委社会工委委员、市社会办副主任周开让为市纪委组织的街道纪工委书记培训班作了题为《反腐倡廉与社会建设》的报告。

5月26—6月4日 市委社会工委委员、市社会办副主任陈建领率团到日本、新加坡考察社会建设工作。

5月27日 市委社会工委委员、市社会办副主任周开让到宣武区参加“宣武区畅通社区民意诉求渠道、加强社区社会矛盾化解”工作会议。

同日 市委社会工委委员、市社会办副主任王丽竹参观第十三届中国北京国际科技产业博览会。

5月28日 市委社会工委书记、市社会办主任宋贵伦出席“北京人才发展高端论坛(2010)”。市委社会工委委员、市社会办副主任张坚一同参加。

同日 市委社会工委委员、市社会办副主任王丽竹与北京市政务信息资源管理中心研究社会领域信息资源共享事宜。

同日 市委社会工委委员、市社会办副主任王丽竹参加北京文联成立60周年纪念大会。

同日 市委社会工委委员、市社会办副巡视员王智玲出席朝阳区麦子店街道公益信用社成立暨公益存折首发仪式。

同日 市委社会工委委员、市社会办副巡视员王智玲参加市委创先争优活动领导小组第一次会议。

5月31日 市委社会工委书记、市社会办主任宋贵伦出席北京市未成年人思想道德建设经验交流会暨北京市关心下一代工作委员会成立大会。

同日 市委社会工委副书记、市社会办副主任赵小卫参加干部教育培训工作调研座谈会。

同日 市委社会工委副书记、市社会办副主任赵小卫参加非公有制经济组织深入开展创先争优活动指导工作动员电视电话会。

同日 市委社会工委委员、市社会办副主任王丽竹出席北京广播电视台成立大会暨揭牌仪式。

5月31—7月30日 市委社会工委委员、市社会办副主任周开让参加中组部组织的第五期全球公共政策高级培训班。

6月

6月1日 市委社会工委书记、市社会办主任宋贵伦主持召开2010年第6次主任办公会议（扩大）。会议听取了各处室5月份工作完成情况及6月份工作计划的汇报，研究部署了有关工作。

同日 市委社会工委书记、市社会办主任宋贵伦主持召开2010年第12次工委会议。会议研究了支付2010年度选聘高校毕业生到社区工作考试经费及有关干部人事工作。

6月2日 市委社会工委书记、市社会办主任宋贵伦参加第68次市政府常务会议。

同日 市委社会工委书记、市社会办主任宋贵伦出席朝外地区社会建设协调委员会成立大会。

同日 市委社会工委副书记、市社会办副主任赵小卫与市财政局座谈社区工作者待遇及社会建设专项资金等问题。

同日 市委社会工委副书记、市社会办副主任赵小卫参加市政协常委会。

同日 市委社会工委委员、市社会办副主任王丽竹参加“做文明北京人，垃圾分类从我做起”主题宣传实践活动领导小组全体会议。

同日 市委社会工委委员、市社会办副巡视员王智玲参加全市防震减灾工作会议。

6月3日 市委社会工委委员、市社会办副主任王丽竹参加由市经济信息化委组织召开的社区信息化推进工作座谈会。

6月4日 市委社会工委书记、市社会办主任宋贵伦参加市委、市政府理论学习中心组学习扩大会。

6月6日 市委社会工委委员、市社会办副主任周开让参加第19届燕京啤酒节开幕式。

6月7日 由中央政研室、国家发改委、中国社科院等单位组成的中央调研组一行来京调研社区管理和服务体系、社会自治和社会自律机制问题。市委副秘书长王翔，市委社会工委书记、市社会办主任宋贵伦，市委社会工委、市社会办领导赵小卫、张坚、王智玲及市总工会、东城区、西城区、朝阳区有关领导陪同调研。

同日 市委社会工委委员、市社会办副巡视员王智玲参加居住区配套体育设施现状调研课题协调会。

6月8日 市委社会工委书记、市社会办主任宋贵伦主持召开2010年第13次工委会议（扩大）。会议通报了中央调研组到我市调研社会建设与管理工作有关情况和近期大学生社工情况，传达了近期市委书记刘淇在市委研究室关于社会建设相关材料上的重要批示精神、研究了《北京市社会服务管理创新行动方案》、全市街道工委书记、办事处主任轮训班、建立“枢纽型”社会组织党组织、大学生社工面试、社会建设专项资金和社会建设“十二五”规划等有关工作。

同日 市委社会工委书记、市社会办主任宋贵伦参加北京市对口支援新疆工作会议。

6月9日 市委社会工委书记、市社会办主任宋贵伦参加全国人大代表团专题调研。

同日 市委社会工委委员、市社会办副巡视员王智玲参加全国人大北京团“社区卫生服务体系建设情况”专题调研座谈会。

同日 市委社会工委委员、市社会办副巡视员王智玲参加市委政法委召开的“加快司法社会工作改革，促进首都和谐社会建设”提案办理小组第一次会议并发言。

6月11—12日 市委社会工委书记、市社会办主任宋贵伦到上海市学习考察社会建设工作。市委社会工委副书记、市社会办副主任赵小卫一同参加学习考察活动。

6月12日 市委社会工委委员、市社会办副主任陈建领就在“枢纽型”社会组织中建立联合党委事宜与市科协和市社科联有关部门领导进行沟通协调。

同日 市委社会工委委员、市社会办副巡视员王智玲参加北京市城乡结合部建设工作会议。

6月13日 市委社会工委委员、市社会办副主任周开让参加市纪委《反腐倡廉知识读本》编写工作部署会。

同日 市委社会工委委员、市社会办副巡视员王智玲参加北京市社会力量参与新农村建设工作会议暨北京市2010年共同致富行动计划工作会议。

6月17日 丁向阳副市长主持召开社会建设重点文件起草工作专题会，听取了市社会办关于研究制定《北京市社区基本公共服务指导目录（试行）》等文件的情况汇报，并对进一步修改完善文件提出明确要求。市政府副秘书长侯玉兰出席。市委社会工委书记、市社会办主任宋贵伦，市委社会工委、市社会办领导赵小卫、周开让、刘轩、王智玲，市发展改革委、市民政局、市人力社保局、团市委等部门领导，以及西城、宣武、朝阳、石景山等四个区的基层代表参加会议。

6月18日 市委社会工委书记、市社会办主任宋贵伦出席西城区社会领域党建创先争优表彰大会。市委社会工委委员、市社会办副主任陈建领一同出席大会。

同日 市委社会工委书记、市社会办主任宋贵伦参加市直机关运动会开幕式。市委社会工委、市社会办领导赵小卫、陈建领、王丽竹、王智玲一同参加开幕式。

6月19日 市委社会工委委员、市社会办副巡视员刘轩参加市科协系统“爱首都、讲文明、强体魄——科技工作者乒乓球比赛”开幕式并讲话。

同日 市委社会工委委员、市社会办副巡视员王智玲到东城区财贸学校检查2010年社会工作师、助理社会工作师职业水平考试组织工作情况。

6月20日 2010年社会工作师、助理社会工作师职业水平考试举行。民政部党组成员、纪检组长曲淑辉，民政部人事司司长孙建春，人保部专业技术人员管理司副司长吴剑英，人保部考试中心主任范勇等有关领导到丰台一中考场巡视。市政府副秘书长侯玉兰，市委社会工委书记、市社会办主任宋贵伦，市委社会工委委员、市社会办副巡视员王智玲及市民政局、市人力社保局相关领导陪同巡视。

同日 北京市第四届“和谐杯”乒乓球比赛总决赛及总结颁奖大会举行。市委常委梁伟、副市长刘敬民出席大会。颁奖大会由市委社会工委书记、市社会办主任宋贵伦主持。市委社会工委、市社会办领导周开让、王丽竹、王智玲及市体育局、首都精神文明办等部门有关领导，前世界乒乓球冠军施之浩、郁志桐、童玲和来自全市18个区县的60支代表队参加活动。

6月21日 市委社会工委书记、市社会办主任宋贵伦参加全市公开选拔局级干部考察工作会议。

6月21—24日 市委社会工委书记、市社会办主任宋贵伦带组考察公开选拔局级干部入选人员。

6月21—25日 全市街道工委书记轮训班举办。市委常委梁伟出席结业式并作总结讲话，市委副秘书长王翔出席开班式并作动员。市委社会工委书记、市社会办主任宋贵伦作专题报告，市委社会工委、市社会办领导张坚、陈建领、王丽竹、王智玲、张青之参加分组讨论。全市127名街道工委书记参加培训。

6月21—25日 市委社会工委副书记、市社会办副主任赵小卫参加全市组织部长培训班。

6月24日 市委社会工委书记、市社会办主任宋贵伦主持召开区县社会工委书记例会。研究部署社会建设专项资金拨付使用、大学生社工管理、社区工作者待遇调整等工作。市委社会工委、市社会办领导赵小卫、张坚、陈建领、王丽竹、王智玲、张青之及各区县社会工委书记参加会议。

同日 市委社会工委副书记、市社会办副主任赵小卫参加“首都统一战线2010北京发展论坛”。

6月25日 市委社会工委书记、市社会办主任宋贵伦参加市委、市政府理论学习中心组学习扩大会。

同日 市委社会工委委员、市社会办副主任张坚与首都经贸大学和谐社会建设专题调研组进行座谈。

同日 市委社会工委委员、市社会办副巡视员王智玲参加中国社会工作协会“民族地区社会工作与社会工作建设论坛暨民族社工机构试点和社工培训班启动仪式”。

同日 市委社会工委、市社会办、市发展改革委召开工作部署会，正式启动社区社会公共服务及“一刻钟社区服务圈”调查工作。市委社会工委委员、市社会办副巡视员王智玲出席会议。

6月27日 市委社会工委书记、市社会办主任宋贵伦参加北京青年商会成立仪式暨新京商论坛。

6月28日 市委常委、市委统战部部长牛有成到朝阳区山水文园调研非公有制企业统战工作。市委统战部常务副部长闵克，市委社会工委委员、市社会办副主任陈建领陪同调研。

同日 市委社会工委委员、市社会办副巡视员王智玲参加北京市“推进老龄事业发展，完善养老服务和保障体系”议案办理情况通报会。

6月29日 市委社会工委书记、市社会办主任宋贵伦参加市离退休干部党支部和党员创先争优活动交流会。

同日 市委社会工委副书记、市社会办副主任赵小卫参加市直机关召开的建党89周年暨创优争先现场经验交流会。

同日 市委社会工委委员、市社会办副巡视员王智玲出席望京街道成立十周年庆典。

6月30日 市委社会工委委员、市社会办副巡视员王智玲出席海淀区社会工作事务所成立挂牌仪式。

同日 市委社会工委委员、市社会办副巡视员王智玲出席朝阳区社会领域纪念建党89周年大会。

7月

7月1日 市委社会工委书记、市社会办主任宋贵伦参加北京市纪念中国共产党成立89周年暨深入开展创先争优活动交流大会。市委社会工委委员、市社会办副主任陈建领一同参加大会。

同日 市委常委梁伟听取社会管理创新工作汇报。市委社会工委、市社会办领导宋贵伦、赵小卫、张坚参加。

同日 市委社会工委、市社会办召开纪念建党89周年暨创优争先活动座谈会。市委社会工委、市社会办领导宋贵伦、赵小卫出席座谈会。

同日 市委社会工委委员、市社会办副巡视员刘轩到市残联进行工作交流座谈。

7月2日 全市街道办事处主任培训班结业。市委副秘书长王翔，市委社会工委书记、市社会办主任宋贵伦出席结业式。

7月3日 中央政治局委员、中共北京市委书记刘淇，国务委员、公安部部长孟建柱到北京市大兴区调研村庄社区化管理工作。市委社会工委副书记、市社会办副主任赵小卫一同参加调研。

同日 市委社会工委书记、市社会办主任宋贵伦向市委组织部汇报市发改委副主任职位考察情况。

7月5日 市委社会工委书记、市社会办主任宋贵伦出席西部大开发工作会议第一次全体电视电话会议。

同日 市委社会工委、市社会办领导宋贵伦与赵小卫、陈建领、刘轩研究“枢纽型”社会组织工作。

同日 市委社会工委、市社会办领导宋贵伦与王丽竹研究信息中心工作。

同日 市委社会工委委员、市社会办副主任陈建领与团市委副书记刘震座谈交流党建带团建事宜。

同日 市委社会工委副书记、市社会办副主任赵小卫参加市委、市政府各部门推进行政区划调整会。

同日 市委社会工委委员、市社会办副主任张坚与石景山区委宣传部、区委社会工委领导研究“世界城市·北京社会建设论坛”筹备事宜。

7月6日 市委社会工委书记、市社会办主任宋贵伦与首都文明办主任陈冬研究志愿者工作。

同日 市委社会工委委员、市社会办副巡视员刘轩考察西城区德胜街道社会组织孵化器建设情况。

7月7日 市委社会工委书记、市社会办主任宋贵伦参加全市领导干部会。

同日 市委社会工委、市社会办领导宋贵伦、赵小卫与市委巡视组仲兆军等座谈。

同日 市委社会工委委员、市社会办副巡视员刘轩参加国家发展改革委“收入分配和社会领域改革”专题座谈会。

7月8日 副市长丁向阳主持召开专题会研究《北京市社区基本公共服务指导目录》、《北京市志愿者管理办法（试行）》等相关文件。市委社会工委、市社会办领导宋贵伦、刘轩、王智玲参加专题会。

同日 市委社会工委、市社会办组织召开进一步规范社区工作者待遇工作动员会。市委社会工委副书记、市社会办副主任赵小卫主持会议并讲话，市财政局副巡视员杨慕彦讲话。东城、西城、海淀、石景山、门头沟、大兴、怀柔、延庆等区县有关领导参加动员会。

同日 市委社会工委、市社会办副主任王丽竹赴市志愿者联合会调研“志愿北京”信息平台建设工作。

同日 市委社会工委、市社会办副巡视员王智玲参加市直机关创先争优现场经验交流会。

7月9日 市委常委梁伟主持召开专题会，研究社会领域党建、“枢纽型”社会组织及社会领域信息化等有关工作。市委社会工委、市社会办领导宋贵伦、赵小卫、张坚、陈建领、王丽竹、刘轩参加专题会。

同日 市委社会工委书记、市社会办主任宋贵伦参加市委、市政府理论学习中心组学习扩大会。

7月10日 市委社会工委委员、市社会办副巡视员刘轩出席北京中华国际美食文化节启动推广活动。

7月12日 市政府办公厅副主任吴大仓带队对市委社会工委、市社会办半年工作进行绩效管理专项检查。检查组听取了市委社会工委、市社会办关于上半年工作的整体汇报，实地检查了东城区“一刻钟便利生活服务圈”建设、社工事务所运营、楼宇服务站建设等情况。市委社会工委、市社会办领导宋贵伦、赵小卫，东城区有关领导参加。

同日 市委社会工委委员、市社会办副巡视员刘轩参加北京市政府购买社会组织公益服务项目推介展示暨资源配置大会。

7月13日 市委社会工委书记、市社会办主任宋贵伦出席全国教育工作会议第一次全体电视电话会议。

同日 市委社会工委委员、市社会办副巡视员王智玲主持召开社区反腐倡廉街道系统座谈会。

7月14日 市委社会工委书记、市社会办主任宋贵伦就社会服务管理创新问题接受新华社记者专访。

同日 市委社会工委副书记、市社会办副主任赵小卫参加2010年第三季度公共安全形势分析会。

同日 市委社会工委委员、市社会办副巡视员王智玲出席香河园街道和谐促进员协会揭牌仪式。

同日 市委社会工委委员、市社会办副巡视员王智玲陪同江西省老干部局考察团到朝阳区亚运村街道考察老干部“四就近”工作情况。

7月15日 市委社会工委书记、市社会办主任宋贵伦到市老干部局培训中心为北京市老干部系统领导干部作社会建设报告。

同日 市委社会工委书记、市社会办副主任陈建领参加房山区社会领域党建工作大会。

同日 市委社会工委委员、市社会办副巡视员刘轩与市工商联党组副书记、副主席郑默杰座谈。

7月16日 市委社会工委副书记、市社会办副主任赵小卫参加第六次全国人口普查工作电视电话会议。

同日 市委社会工委委员、市社会办副主任王丽竹到北京市组织机构代码管理中心调研组织机构代码数据库和法人数据库建设工作。

同日 市委社会工委委员、市社会办副巡视员王智玲参加北京市第四次妇女儿童工作会议。

7月17日 市委社会工委书记、市社会办主任宋贵伦出席北京工业大学北京社会建设研究院签约挂牌仪式暨《北京社会建设年度报告2009》出版发布会并讲话。市委社会工委委员、市社会办副主任张坚出席。

同日 市委社会工委委员、市社会办副巡视员刘轩出席市法学会年中工作会议暨上半年形势报告会。

同日 市委社会工委委员、市社会办副巡视员王智玲参加中央五部委关于开展“慢性病防治知识进社区”系列宣传活动工作推进会。

7月19日 市委社会工委书记、市社会办主任宋贵伦参加市有关部门负责人会议，研究区划调整中有关任务的落实，市委常委、秘书长李士祥出席会议并讲话。

7月20日 市委社会工委书记、市社会办主任宋贵伦出席市关心下一代工作委员会第一次主任会议。

同日 市委社会工委书记、市社会办主任宋贵伦参加市政府专题会议。

同日 市委社会工委委员、市社会办副巡视员刘轩到密云县就社会组织工作进行调研。

7月21日 北京市社会服务管理创新推进大会举行。市委书记刘淇出席会议并讲话。市委副书记、市长郭金龙主持会议。中央综治委副主任、中央政法委副秘书长、中央综治办主任陈冀平，市委副书记王安顺、市委常委梁伟出席会议并讲话，市人大常委会主任杜德印等市领导出席会议。市社会建设工作领导小组成员单位，各区县委、政府主要负责同志和主管负责同志，各区县政法委、社会工委、社会办、综治办主要负责同志，各街道工委书记、办事处主任，社会组织、志愿者、社区工作者代表和市委社会工委、市社会办班子成员以及全体机关干部共800余人参加会议。

同日 市委社会工委书记、市社会办主任宋贵伦主持召开全体干部工作会议。会议总结了全市社会服务管理创新推进大会有关工作，对当前和下一步工作进行了研究部署。

同日 市委社会工委书记、市社会办主任宋贵伦主持召开第15次工委会议。会议研究了干部人事工作。

同日 市委社会工委、市社会办领导赵小卫、陈建领参加全国组织系统深入开展创先争优活动视频会议。

7月22日 市委社会工委书记、市社会办主任宋贵伦出席市委政法委员会全体成员（扩大）会议并发言。

同日 市委社会工委书记、市社会办主任宋贵伦出席2010年北京市第二次人才工作领导小组会议。

同日 市委社会工委委员、市社会办副主任王丽竹参加市城乡结合部建设领导小组第三次会议。

7月23日 市委社会工委书记、市社会办主任宋贵伦出席市委党的建设工作领导小组年中工作会。市委社会工委委员、市社会办副主任陈建领一同参加。

同日 市委社会工委书记、市社会办主任宋贵伦主持召开第16次工委会议。会议研究了干部人事工作；部署了关于做好社会服务管理创新成就报道事宜；通报了市委社会工委、市社会办2010年上半年工作经费情况。

同日 市委社会工委副书记、市社会办副主任赵小卫出席市政府、市高级人民法院“关于化解行政争议，维护社会稳定”工作联席会议。

同日 市委社会工委副书记、市社会办副主任赵小卫出席电影《第一书记》表彰座谈会。

7月25日 市委社会工委书记、市社会办主任宋贵伦接受北京电视台采访。

7月26—27日 市委社会工委书记、市社会办主任宋贵伦参加北京市2010年上半年经济形势分析会。

7月27日 北京市党委系统信息化建设调研组到市委社会工委、市社会办调研。市委社会工委、市社会办领导赵小卫、王丽竹参加座谈。

同日 市委社会工委委员、市社会办副巡视员王智玲到东城区朝阳门街道史家社区调研社区反腐倡廉工作，研究编撰《社区反腐倡廉建设知识读本》相关工作。

同日 市委社会工委、市社会办与首都文明办、市市政市容委共同研究开展“周四垃圾减量日暨绿色社区月”活动事宜。市委社会工委委员、市社会办副巡视员王智玲，首都文明办副主任陈建文参加。

同日 市委社会工委委员、市社会办副巡视员王智玲与部分业主委员会委员进行座谈。

7月28日 市委社会工委书记、市社会办主任宋贵伦出席怀柔区处级干部培训班，并作社会建设专题报告。

同日 市委社会工委、市社会办召开全市各区县委社会工委书记、区县社会办主任半年工作会议。会议传达了学习全市上半年经济形势分析会和全市社会服务管理创新推进大会精神，总结了上半年工作，部署了下半年工作。市委社会工委书记、市社会办主任宋贵伦出席会议并讲话。市委社会工委副书记、市社会办副主任赵小卫主持会议。市委社会工委、市社会办领导班子成员就分管工作作了总结部署，各区县社会工委、社会办就上半年工作情况及下半年工作思路分别作了发言。市、区县社会工委、社会办领导班子全体成员及副处级以上干部参加会议。

同日 市委社会工委委员、市社会办副主任王丽竹出席随军家属就业服务月启动仪式暨随军家属专场招聘会。

7月29日 市委社会工委书记、市社会办主任宋贵伦出席全市人才工作会议。

同日 市委社会工委委员、市社会办副巡视员刘轩出席全市基层残疾人组织建设工作会议。

同日 市委社会工委委员、市社会办副巡视员王智玲参加第16个“周四垃圾减量日”活动。

同日 市委社会工委委员、市社会办副巡视员王智玲出席密云县新招录大学生社工岗前培训开班仪式。

同日 市委社会工委委员、市社会办副巡视员王智玲到密云县鼓楼街道云秀社区、果园街道康居社区、光明残疾人康复中心调研社区规范化与社会工作队伍建设工作。

7月30日 市委社会工委书记、市社会办主任宋贵伦出席朝阳区社工事务所挂牌仪式并讲话。市委社会工委委员、市社会办副巡视员王智玲一同出席。

同日 市委社会工委书记、市社会办主任宋贵伦参加创新社会管理、维护社会稳定综合试点工作部署会。

同日 郑州市委考察团到北京市考察学习社会建设工作。市委社会工委、市社会办领导宋贵伦、赵小卫、陈建领、刘轩参加座谈。

同日 市委社会工委书记、市社会办主任宋贵伦出席市委统战部慰问城乡结合部建设者活动。

同日 市委社会工委、市社会办举行“八一建军节”慰问退伍转业军人活动。

7月31日 市委社会工委委员、市社会办副巡视员王智玲参加全市第十二个“再生资源回收日”活动。

8月

8月3日 市委社会工委书记、市社会办主任宋贵伦主持召开2010年第8次主任办公会议。会议听取了各处室7月份工作完成情况及8月份工作计划的汇报，研究部署了有关工作。

同日 市委社会工委副书记、市社会办副主任赵小卫出席“十二五”时期精神文明建设规划编制工作局级领导座谈会。

同日 市委社会工委副书记、市社会办副主任赵小卫出席办理市政协团体提案关于建议将家庭教育指导服务纳入政府公共服务体系的提案沟通座谈会。

同日 市委社会工委副书记、市社会办副主任赵小卫与市委统战部常务副部长闵克研究北京市社会领域统战工作会议相关工作。

同日 市委社会工委委员、市社会办副主任王丽竹出席国家发改委调研组座谈会。

8月4日 市委社会工委委员、市社会办副巡视员刘轩与市民政局副局长谢延智、市社团办党委书记温庆云就购买社会组织服务等工作进行座谈。

同日 市委社会工委委员、市社会办副巡视员刘轩与市残联理事长齐静、副理事长李树华等就进一步推进残疾人基层组织建设等工作进行座谈。

8月5日 市委社会工委副书记、市社会办副主任赵小卫参加市政府办公厅召集的政协北京市第十一届委员会第三次会议团体提案办理协调会。

同日 市委社会工委、市社会办领导赵小卫、刘轩同社会组织工作处同志一起研究购买社会公共服务工作。

同日 市委社会工委委员、市社会办副主任周开让到石景山区调研社区建设工作。

同日 市委社会工委委员、市社会办副巡视员王智玲出席“周四垃圾减量日暨绿色社区月”活动启动仪式。

8月6日 市委社会工委、市社会办与市红十字会召开志愿者工作座谈会。市委社会工委委员、市社会办副主任周开让，市红十字会副会长吕仕杰参加会议。

同日 市委社会工委委员、市社会办副主任陈建领出席东城区景山街道工商联分会联合党委成立大会并讲话。

同日 市委社会工委委员、市社会办副主任王丽竹参加推广市公安局“核查即录入”经验现场会。

同日 市委社会工委委员、市社会办副巡视员刘轩接待北京市惠民医药卫生事业发展基金会来访。

同日 市委社会工委委员、市社会办副巡视员刘轩同市编办副主任左铭飞研究市级“枢纽型”社会组织新增编制、机构等问题。

8月8日 市委社会工委委员、市社会办副主任张坚出席“从奥运城市到世界城市——北京奥运城市发展论坛”。

同日 北京节拍文化广场活动在中华世纪坛正式启动。市委社会工委委员、市社会办副巡视员王智玲、北京广播电视台副台长苏仁先出席并观看了文艺演出。

8月9日 市委社会工委副书记、市社会办副主任赵小卫出席北京市2010年小金库专项治理动员部署大会。

同日 市委社会工委委员、市社会办副巡视员王智玲与市人力社保局座谈研究社区公共就业服务平台建设工作。

同日 市委社会工委召开志愿者工作半年工作会。市委社会工委委员、市社会办副巡视员王智玲出席会议并讲话。首都文明办、市民政局、团市委、市红十字会、市志愿者联合会（筹）等相关处室负责人参会。

8月10日 市委社会工委书记、市社会办主任宋贵伦参加市政府专题会议。

同日 市委社会工委副书记、市社会办副主任赵小卫与海淀区委社会工委及中关村街道研究社会建设相关工作。

同日 市委社会工委委员、市社会办副主任周开让出席原西城区和宣武区人大代表通报会。

同日 市委社会工委、市社会办召开全市社区建设半年工作会议。会议重点听取了各区县社区建设上半年重点工作进展情况和下半年工作计划，研究部署了下半年工作。市委社会工委委员、市社会办副巡视员王智玲出席会议并讲话。

同日 市委社会工委委员、市社会办副主任王丽竹到石景山区八角街道杨中社区调研在高清交互数字电视开设社区资讯专栏试点情况。

8月11日 市委社会工委书记、市社会办主任宋贵伦出席全市开展村庄社区化管理工作推进会。

同日 市委社会工委书记、市社会办主任宋贵伦主持召开2010年第17次工委会议。会议研究了《2010年北京社会建设专项资金政府购买社会公共服务重点项目说明》和市思想政治工作优秀单位、优秀思想政治工作者推荐工作等事项。

同日 市委社会工委委员、市社会办副主任陈建领出席房山区东风街道社会工委成立暨“红馨苑”党员服务中心揭牌仪式并讲话。

同日 市委社会工委委员、市社会办副巡视员刘轩同中国统一教育网负责人进行座谈。

同日 市委社会工委委员、市社会办副巡视员王智玲出席朝阳区城市志愿者公益银行启动仪式。

8月12日 市委常委梁伟、副市长程红召集市委社会工委、市商务委、市工商联、市贸促会、市私个协共同举行工作对接座谈会。市商务委主任卢彦、市工商联党组书记吴杰、市贸促会党组书记熊九玲、市工商局巡视员罗文阁，市委社会工委、市社会办领导宋贵伦、赵小卫、陈建领、刘轩等参加座谈。

同日 市委社会工委委员、市社会办副主任张坚出席“十二五”专项规划汇报会议，向吉林常务副市长汇报《北京市“十二五”时期社会建设规划》编制工作进展情况。

同日 市委社会工委委员、市社会办副主任王丽竹赴北京歌华有线电视网络股份有限公司研讨在高清交互数字电视开设社会建设服务专区事宜。

同日 市委社会工委委员、市社会办副巡视员刘轩到北京市体育总会就“枢纽型”社会组织认定工作进行座谈。

同日 市委社会工委委员、市社会办副巡视员刘轩到市妇联妇女社会服务中心调研。

同日 市委社会工委委员、市社会办副巡视员王智玲参加第18个“周四垃圾减量日”走进丰台风荷曲苑社区活动。

8月13日 市委社会工委委员、市社会办副主任张坚参加国家发改委在哈尔滨市组织召开的部分省区市“十二五”改革规划座谈会。

同日 市委社会工委委员、市社会办副主任陈建领为丰台区非公有制经济组织和新社会组织党组织负责人培训班授课。

同日 市委社会工委委员、市社会办副主任王丽竹赴通州区北苑街道调研信息化建设情况。

8月17日 市委常委梁伟召开网格化管理工作专题会。市委社会工委书记、市社会办主任宋贵伦，市委社会工委副书记、市社会办副主任赵小卫，市委社会工委委员、市社会办副主任王丽竹一同参加。

同日 市委社会工委、市社会办与房山区西潞街道就对口支援工作中涉及社区建设与社会工作者队伍建设的有关项目落实情况进行座谈。市委社会工委委员、市社会办副主任周开让，市委社会工委委员、市社会办副巡视员王智玲参加座谈。

8月18日 中共中央政治局委员、中央政法委副书记、中央综治委副主任王乐泉来京调研社会管理创新工作。市委社会工委书记、市社会办主任宋贵伦参加调研。

同日 市委社会工委、市社会办召开北京市高级社会工作人才赴美培训专题培训班总结会。市委社会工委书记、市社会办主任宋贵伦，市委社会工委委员、市社会办副主任王丽竹，市人力社保局副局长孙彦等相关领导参加会议。

同日 市委社会工委副书记、市社会办副主任赵小卫与市编办座谈。

同日 市委社会工委委员、市社会办副巡视员刘轩参加市发改委、市政府研究室召开的关于行政管理体制改革研究课题评审会。

同日 市委社会工委委员、市社会办副巡视员王智玲参加市政府专题会议。

同日 市委社会工委、市社会办副巡视员王智玲参加市防空防灾公共安全宣传教育培训工作联席会议第一次会议。

同日 市委社会工委、市社会办与搜房网就社区干部上网工程进行座谈。市委社会工委委员、市社会办副主任王丽竹，市委社会工委委员、市社会办副巡视员王智玲参加座谈。

8月19日 市委书记刘淇主持召开第十届市委常委会第156次会议。市委社会工委书记、市社会办主任宋贵伦列席会议。

同日 市委社会工委书记、市社会办主任宋贵伦与市贸促会座谈。市委社会工委、市社会办领导赵小卫、陈建领、刘轩一同参加座谈。

同日 市委社会工委书记、市社会办主任宋贵伦出席第19个“周四垃圾减量日”走进密云沿湖社区活动。

同日 市政府办公厅后勤党总支到东城考察学习型社区建设。市委社会工委副书记、市社会办副主任赵小卫参加考察。

8月20日 市委常委梁伟调研社区青年汇工作。市委社会工委委员、市社会办副主任周开让一同参加调价。

同日 市委社会工委、市社会办与市妇儿工委办座谈研究北京市“十二五”时期妇女、儿童发展规划。市委社会工委委员、市社会办副巡视员王智玲，市妇联副主席、市妇儿工委办主任李彦梅，市妇联副巡视员、市妇儿工委办常务副主任马静等参加座谈。

8月21日 市委社会工委书记、市社会办主任宋贵伦与中宣部、中央政法委等有关单位座谈社会管理创新工作。市委社会工委、市社会办领导赵小卫、周开让一同参加。

同日 市委社会工委委员、市社会办副巡视员刘轩参加市委党校局级领导干部进修班座谈会。

8月23日 中共中央政治局常委、中央书记处书记、国家副主席习近平围绕贯彻落实科学发展观、加强和改进党的建设来京调研。市委社会工委书记、市社会办主任宋贵伦参加座谈会。

同日 市委社会工委副书记、市社会办副主任赵小卫与市委统战部常务副部长闵克研究北京市社会领域统战工作会议会务工作。

同日 2010年城区居民社情民意调查项目正式启动。

8月23—27日 市委社会工委委员、市社会办副主任张坚在清华大学参加城市规划专题培训。

8月24日 市委统战部与市委社会工委联合召开社会领域统战工作会议。市委常委梁伟、市委常委、统战部部长牛有成出席会议并讲话，市委副秘书长王翔、肖培出席会议，市委社会工委书记、市社会办主任宋贵伦主持会议。市委统战部常务副部长闵克就《关于加强和改进社会领域统一战线工作的意见（试行）》作说明，叶青大厦党委等4家单位作经验交流，市委统战部、市委社会工委主管领导，各区县委统战部部长、分管副部长，各区县委分管社会建设工作的领导及社会工委书记、分管副书记，市统战口各单位主要领导，市级“枢纽型”社会组织负责人，各街道工委书记及部分社区、商务楼宇、非公有制经济组织、社会组织等社会领域基层党组织负责人，约300余人参加会议。

同日 市委社会工委书记、市社会办主任宋贵伦出席“如何办好《北京日报》”座谈会。

同日 市委社会工委、市社会办领导参加市老干部局离退休干部工作“四就近”座谈研讨会。会议由市老干部局副局长朱树杞主持，市委社会工委委员、市社会办副巡视员王智玲在会议上作题为《加快推进社会服务管理创新利用社区资源做好离退休干部服务工作》的专题报告。

8月25日 市委社会工委委员、市社会办副主任周开让到海淀区专题调研社区规范化试点建设工作。实地考察了万寿路街道太平路46号社区和永定路西里社区办公和服务用房情况。市委社会工委委员、市社会办副巡视员王智玲一同参加调研。

同日 市委社会工委委员、市社会办副主任陈建领出席市委创先争优活动领导小组第二次会议。

8月26日 市委社会工委书记、市社会办主任宋贵伦出席首都综治论坛。

同日 市委社会工委书记、市社会办主任宋贵伦到大兴区调研村庄社区化管理工作。

同日 市委社会工委委员、市社会办副巡视员王智玲参加第20个“周四垃圾减量日”走进石景山特钢小区活动。

同日 市委社会工委委员、市社会办副巡视员刘轩主持召开市民交协出国考察团组行前预备会。

8月26—9月3日 市委社会工委委员、市社会办副主任周开让带队到长三角、珠三角地区考察社工事务所建设工作。

8月27日 市委常委梁伟出席东城区社会服务管理创新综合试点工作推进大会并讲话。市委副秘书长王翔，市委政法委副书记、首都综治办主任李万钧，市委社会工委副书记、市社会办副主任赵小卫出席会议。

同日 市委副秘书长王翔出席顺义区社会服务管理创新推进大会并讲话。市委社会工委书记、市社会办主任宋贵伦，市委社会工委副书记、市社会办副主任赵小卫出席会议。

同日 市委社会工委书记、市社会办主任宋贵伦，市委社会工委委员、市社会办副主任王丽竹参加全国依法行政工作电视电话会议。

同日 市委社会工委委员、市社会办副

主任陈建领出席石景山区古城街道领秀大厦综合服务站建设推进会并讲话。

同日 市委社会工委委员、市社会办副主任王丽竹参加北京市移动电子政务管理平台开通仪式和规范宣传大会。

同日 市委社会工委委员、市社会办副巡视员刘轩出席北京市社会组织经验交流暨工作推进会并讲话。

8月30日 市委社会工委、市社会办领导同北京工业经济联合会有关领导进行座谈。北京工业经济联合会会长金生官，市委社会工委、市社会办领导宋贵伦、赵小卫、陈建领、刘轩参加会议。

同日 市委社会工委委员、市社会办副巡视员、调研组组长王智玲出席加强城市化进程中社会建设工作专题调研组成立暨第一次会议。

同日 市委社会工委委员、市社会办副巡视员王智玲参加《北京市住宅小区业主大会和业主委员会指导规则（征求意见稿）》专题座谈会。

8月31日 市委社会工委、市社会办进行接收军转干部面试。

同日 市委社会工委、市社会办召开社会工委、社会办机关党建工作座谈会。市委社会工委副书记、市社会办副主任赵小卫出席。

同日 市委社会工委委员、市社会办副主任张坚参加“十二五”期间人口调控问题专题会议。

同日 市委社会工委委员、市社会办副主任陈建领，市委社会工委委员、市社会办副巡视员王智玲参加朝阳区呼家楼地区社会建设协调委员会成立大会。

9月

9月1日 市社会建设工作领导小组办公室主任、市委社会工委书记、市社会办主任宋贵伦主持召开市社会建设工作领导小组办公室主任会议。会议宣布了北京市社会建设工作领导小组办公室组成人员调整名单，通报了《北京市志愿者管理办法（试行）》制定情况，审议了《关于实施〈北京市社区基本公共服务指导目录（试行）〉的意见》和《政府购买社会组织服务管理办法（试行）》，审定了2010年政府购买社会组织服务重点项目。市社会建设工作领导小组办公室副主任、市委社会工委副书记、市社会办副主任赵小卫，市民政局党委副书记、副局长孟钧，市财政局副巡视员杨慕彦，团市委副书记刘震，市人力社保局副巡视员张健及市委组织部、市发改委有关同志参加。

同日 市委常委梁伟听取“枢纽型”社会组织工作专题汇报，并对下一阶段工作提出明确要求。市委社会工委书记、市社会办主任宋贵伦，市委社会工委副书记、市社会办副主任赵小卫，市委社会工委委员、市社会办副巡视员刘轩一同参加。

同日 市委社会工委委员、市社会办副主任张坚到石景山区听取“世界城市·社会建设”论坛筹备情况汇报，并就相关事宜与石景山区有关部门进行了磋商。

同日 市委社会工委委员、市社会办副主任陈建领与市妇联座谈交流商务楼宇“五站合一”建设及“枢纽型”社会组织联合党委组建等情况。市妇联主席赵津芳、副主席尹玲珍和李彦梅参加座谈。

同日 市委社会工委委员、市社会办副主任王丽竹与市政务信息资源管理中心共同召开专题会。双方就如何解决基层信息重复采集问题进行深入的研究。

9月2日 市委社会工委书记、市社会办主任宋贵伦，市委社会工委副书记、市社会办副主任赵小卫出席北京市第三次政协工作会议。

同日 市委社会工委委员、市社会办副巡视员王智玲与市城乡结合部领导小组办公室主任助理李文忠座谈研究城市化进程中社会建设工作。

同日 市委社会工委委员、市社会办副巡视员刘轩在市民交协接待国际社会保障协会秘书长汉斯一行。

9月3日 市委副秘书长王翔出席朝阳区社会服务管理创新推进大会并讲话。市委社会工委书记、市社会办主任宋贵伦，市委社会工委副书记、市社会办副主任赵小卫参加会议。

同日 市委社会工委书记、市社会办主任宋贵伦参加第73次市政府常务会议。

同日 市委社会工委书记、市社会办主任宋贵伦主持召开2010年第18次工委会议。会议研究了接收军转干部工作和第五届北京市“创业青年首都贡献奖”推荐工作等事项。

同日 市委社会工委委员、市社会办副主任王丽竹出席社会领域“四网六库”建设相关工作部署会并讲话。

9月4—13日 市委社会工委委员、市社会办副巡视员刘轩率市民间组织交流考察团出访瑞士、芬兰。

9月6日 市委社会工委书记、市社会办主任宋贵伦主持召开2010年第9次主任办公会。会议听取了各处室8月份工作完成情况及9月份工作计划的汇报，研究部署了有关工作。

同日 市委社会工委委员、市社会办副主任陈建领出席怀柔区“在职党员进社区”推进会并讲话。

9月7日 市委社会工委书记、市社会办主任宋贵伦与市委社会工委副书记、市社会办副主任赵小卫等研究向社会组织购买服务落实工作。

同日 市委社会工委、市社会办领导与市发改委领导座谈研究社区服务用房工作。市委社会工委副书记、市社会办副主任赵小卫，市委社会工委委员、市社会办副主任周开让，市发改委副主任卢映川参加座谈。

同日 市委社会工委委员、市社会办副主任张坚出席市人口调控工作会议。

同日 市委社会工委委员、市社会办副巡视员王智玲与国家行政学院社会管理体制改革与社会工作专题研讨班29省市学员座谈。

9月8日 市委社会工委书记、市社会办主任宋贵伦出席市社会建设研究基地工作会议。市委社会工委委员、市社会办副主任张坚一同出席。

同日 市委社会工委书记、市社会办主任宋贵伦出席市委政法委局以上干部培训班并作社会建设报告。

同日 市社会建设工作领导小组办公室正式印发《关于实施〈北京市社区基本公共服务指导目录（试行）〉的意见》。

同日 市委社会工委委员、市社会办副主任陈建领到西城区什刹海街道调研社会领域党建工作情况。

9月9日 北京市社会领域开展创先争优活动领导小组召开第一次会议。市委社会工委书记、市社会办主任宋贵伦出席会议并讲话。市委社会工委委员、市社会办副主任陈建领主持会议并传达了中央和市委关于深入开展创先争优活动的有关精神，市委统战部、市民政局、市财政局、市工商局、市工商联、市律协、市注协等成员单位领导及联络员与会进行了工作交流。

同日 市委社会工委副书记、市社会办副主任赵小卫出席组织部门带头创先争优座谈会。

9月10日 全国人大代表、市人大代表、市委社会工委书记、市社会办主任宋贵伦到海淀区羊坊店街道进行市人大代表届中述职。

同日 市委社会工委委员、市社会办副主任周开让与市发改委就2009年社区用房达标建设批复项目完成情况和2010年项目立项工作进行座谈。

同日 市委社会工委委员、市社会办副主任周开让到海淀区中关村街道华清园社区调研社工队伍与社工机构建设工作。

9月12日 市委社会工委委员、市社会办副主任周开让参加市维护稳定工作领导小组（扩大）会议。

9月12—9月19日 市委社会工委委

员、市社会办副主任王丽竹参加北京市女性学高级研讨班暨执委培训班。

9月13日 市委社会工委委员、市社会办副主任周开让主持召开相关处室负责人参加的维护稳定工作专题座谈会，对下一步工作进行研究部署。

同日 2010年城八区居民社情民意调查实施启动，2010年郊区社情民意调查启动。

9月14日 市委常委梁伟到门头沟和房山区调研乡村青年社建设工作。市委社会工委委员、市社会办副主任周开让陪同调研。

同日 市委社会工委书记、市社会办主任宋贵伦出席市政府常务会议。

同日 “百姓爱心故事”宣讲团社会领域系统报告会举行。市委社会工委副书记、市社会办副主任赵小卫出席报告会并讲话，市委社会工委、市社会办领导刘轩、王智玲出席。

同日 《第一书记》社会工委系统观影座谈会召开。市委社会工委副书记、市社会办副主任赵小卫主持会议并讲话。

同日 市委社会工委委员、市社会办副主任陈建领到房山区就贯彻落实全市社会服务管理创新推进大会精神和《北京市社会服务管理创新行动方案》进行督促检查。

9月15日 市委常委梁伟到朝阳区调研社会服务管理创新推进情况。市委副秘书长王翔，市委社会工委、市社会办领导宋贵伦、张坚、周开让、陈建领、刘轩、王智玲陪同调研。

同日 市委社会工委副书记、市社会办副主任赵小卫出席首都精神文明办召开的建设世界城市与精神文明建设理论研讨会。

同日 市委社会工委委员、市社会办副主任周开让到平谷区就贯彻落实全市社会服务管理创新推进大会精神和《北京市社会服务管理创新行动方案》进行督促检查。

同日 市委社会工委委员、市社会办副巡视员刘轩出席民进北京市委成立60周年纪念大会。

同日 北京社会心理研究所召开组工队伍状况调研调查问卷设计座谈研讨会。

同日 市委社会工委、市社会办与市社会工作协会召开座谈会，研究市社工协会改造提升为市社工联合会相关工作。市委社会工委委员、市社会办副巡视员王智玲，市民政局原副局长、市社工协会负责人张桂兴参加会议。

9月16日 市委社会工委副书记、市社会办副主任赵小卫到大兴区就贯彻落实全市社会服务管理创新推进大会精神和《北京市社会服务管理创新行动方案》进行督促检查。

同日 市委社会工委委员、市社会办副主任张坚出席第13届北京科技交流学术月开幕式暨2010北京四国低碳节能学术研讨会。

同日 市委社会工委委员、市社会办副主任周开让参加市委政法委组织召开的涉日维稳情报会商会。

同日 市委社会工委委员、市社会办副主任陈建领参加非公有制经济组织创先争优活动调研座谈会（保定片会），代表北京市社会领域创先争优活动领导小组汇报全市非公有制经济组织创先争优活动情况。

同日 市委社会工委委员、市社会办副巡视员刘轩参加市民交协第一届理事会第五次会议。

同日 市委社会工委委员、市社会办副巡视员王智玲到密云县就贯彻落实全市社会服务管理创新推进大会精神和《北京市社会服务管理创新行动方案》进行督促检查。

9月17日 市委社会工委副书记、市社会办副主任赵小卫出席第九届北京图书节活动。

同日 市委社会工委委员、市社会办副主任张坚，市委社会办副巡视员张青之到西城区就贯彻落实全市社会服务管理创新推进大会精神和《北京市社会服务管理创新行动方案》进行督促检查。

同日 市委社会工委委员、市社会办副主任陈建领到大兴区为社会领域基层党组织负责人培训班授课。

同日 市委社会工委委员、市社会办副

巡视员王智玲到昌平区就贯彻落实全市社会服务管理创新推进大会精神和《北京市社会服务管理创新行动方案》进行督促检查。

9月17—18日 市委社会工委书记、市社会办主任宋贵伦，市委社会工委副书记、市社会办副主任赵小卫到浙江省、上海市调研。

9月18日 市委社会工委委员、市社会办副主任周开让参加北京海外人才创新创业发展论坛。

同日 市委社会工委委员、市社会办副巡视员刘轩出席"相知中秋，梦圆九月"大型交友联谊活动暨北京市交友联谊项目启动活动。

同日 市委社会工委委员、市社会办副巡视员王智玲出席"2010北京社会科学普及周"活动。

9月19日 "社会建设与社会领域党建"论坛成功举办。论坛由上海市社会工作党委、北京市社会建设工作领导小组和北京市委社会工委、市社会办发起主办，天津、重庆、深圳、南京、大庆等城市有关部门共同举办。中央政治局委员、上海市委书记俞正声向论坛发来贺信，上海市委副书记殷一璀，北京市委常委梁伟，黑龙江省委常委、大庆市委书记韩学键出席论坛并致辞。北京市委社会工委书记、市社会办主任宋贵伦，上海市社会工作党委书记、市社会建设工作领导小组办公室主任施南昌、南京市委常委许慧玲及国务院研究室社会司领导作主旨发言，北京、上海、天津、重庆、深圳、南京、大庆七城市有关单位作论坛专题发言。中央党校科社部主任严书翰教授、上海大学副校长李友梅教授作专家点评。市委社会工委、市社会办领导赵小卫、张坚及各主办单位有关领导、区县领导、专家学者，共150余人参加论坛。

同日 市委社会工委委员、市社会办副主任陈建领出席全市非公有制企业负责人创先争优活动座谈会暨中秋联谊会并讲话。

同日 市委社会工委委员、市社会办副巡视员刘轩到丰台区、延庆县就贯彻落实全市社会服务管理创新推进大会精神和《北京市社会服务管理创新行动方案》进行督促检查。

同日 市委社会工委委员、市社会办副巡视员刘轩出席北京市红十字会空中急救转运业务启动仪式。

9月20日 市委社会工委委员、市社会办副主任周开让参加首都治安志愿者协会换届选举会议。

同日 市委社会工委委员、市社会办副主任周开让参加国庆期间维护稳定工作会议。

同日 市委社会工委委员、市社会办副主任周开让与中国藏学研究中心有关领导和研究人员就"十二五"时期社区建设和社会工作人才队伍建设发展思路和规划编制工作进行座谈。

同日 市委社会工委委员、市社会办副主任陈建领参加北京市爱国卫生运动委员会等主办的"第二届北京市社区健康风采大赛"。

同日 市委社会工委委员、市社会办副主任陈建领出席市投资促进局党委举办的北京市外资企业工会联合会成立10周年研讨会。

同日 市委社会工委委员、市社会办副巡视员刘轩到中国统一教育网调研。

同日 市委社会工委委员、市社会办副巡视员王智玲参加2010年第四季度全市公共安全形势分析会。

9月21日 市委副秘书长王翔出席西城区社会服务管理创新推进大会。市委社会工委书记、市社会办主任宋贵伦一同出席。

同日 第九届北京图书节"多读书读好书、建设文明社区"暨首批社区书屋授牌仪式举行。市委社会工委副书记、市社会办副主任赵小卫，市新闻出版局副局长杨静慧出席仪式并讲话，市新闻出版局副局长梁成林出席。

同日 市委社会工委委员、市社会办副主任陈建领参加全市党群共建创先争优工作会。

同日 市委社会工委委员、市社会办副主任陈建领到通州区就贯彻落实全市社会服务管理创新推进大会精神和《北京市社会服务管理创新行动方案》进行督促检查。

同日 河南省政法委考察团来京考察，市委社会工委委员、市社会办副巡视员王智玲参加座谈。

9月25日 市委社会工委书记、市社会办主任宋贵伦出席共青团“100365首善行动”启动仪式。

同日 市委社会工委书记、市社会办主任宋贵伦，市委社会工委委员、市社会办副主任周开让参加加强本市群众工作的有关问题座谈会。

同日 市委社会工委书记、市社会办主任宋贵伦，市委社会工委委员、市社会办副主任王丽竹参加首都国庆60周年群众游行活动成功举办一周年联谊活动。

同日 市委社会工委委员、市社会办副巡视员刘轩参加市民间组织交流考察团赴瑞士、芬兰考察总结会。

9月26日 市委社会工委副书记、市社会办副主任赵小卫出席第六次全国人口普查工作宣传月启动仪式暨北京市人口普查动员誓师大会。

同日 市委社会工委委员、市社会办副主任周开让，市委社会工委委员、市社会办副巡视员王智玲到西城区调研社区建设和社会工作队伍建设情况。

同日 市委社会工委委员、市社会办副主任周开让到北京大学人民医院调研社工岗位设置及社工、义工联动工作。

同日 市委社会工委书记、市社会办主任宋贵伦，市委社会工委委员、市社会办副主任王丽竹参加庆祝国庆60周年群众游行成功举办一周年第四分指所属方阵联谊活动。

同日 市委社会工委委员、市社会办副主任王丽竹参加北京市推进供热计量改革工作动员会。

9月27日 市委常委梁伟出席“世界城市·社会建设”论坛并讲话。论坛由市委宣传部、市委社会工委、市社科院和石景山区委、区政府共同主办。市委副秘书长王翔出席论坛，石景山区委书记荣华和市委社会工委委员、市社会办副主任张坚作主题发言，民政部、中国社科院、市委宣传部有关领导和专家致辞。市委社会工委委员、市社会办副主任陈建领及市社会建设工作领导小组成员单位、各区县主管领导和有关部门负责同志、专家学者近300人参加论坛。

同日 市委社会工委书记、市社会办主任宋贵伦出席中宣部新闻通气会，汇报了党的十七大以来北京市社会建设取得的新成效。市委社会工委副书记、市社会办副主任赵小卫参加。

同日 市委常委梁伟出席房山区社会服务管理创新推进大会。市委副秘书长王翔，市委社会工委书记、市社会办主任宋贵伦，市委社会工委副书记、市社会办副主任赵小卫一同出席。

同日 市委社会工委书记、市社会办主任宋贵伦与东城区领导进行座谈。市委社会工委、市社会办领导赵小卫、陈建领、王丽竹、刘轩、王智玲一同参加。

9月28日 全国人大代表、市人大代表、市委社会工委书记、市社会办主任宋贵伦参加市法院审判管理工作座谈会。

同日 市委社会工委副书记、市社会办副主任赵小卫到朝阳区调研社会建设工作。

同日 市委社会工委委员、市社会办副主任周开让，市委社会工委委员、市社会办副巡视员王智玲到朝阳区调研“一刻钟社区服务圈”建设工作。

同日 市委社会工委委员、市社会办副主任陈建领出席中国思想政治工作研究会专家研讨会。

同日 浙江省《共产党员》杂志副总编、《非公有制企业党建》杂志总编辑杜大强一行来我委访谈。市委社会工委委员、市社会办副主任陈建领参加座谈。

同日 市委社会工委委员、市社会办副

主任王丽竹参加北京市最具影响力提案工作总结会。

9月29日 市委社会工委书记、市社会办主任宋贵伦参加全市领导干部会议。

同日 市委社会工委书记、市社会办主任宋贵伦出席北京市业主决定共同事项公共决策平台启动仪式。

同日 市委社会工委书记、市社会办主任宋贵伦参加北京国际商会大会。

同日 市委社会工委委员、市社会办副巡视员刘轩参加市发改委"十二五"期间深化体制改革研究评审会。

9月30日 市委社会工委书记、市社会办主任宋贵伦主持召开2010年第10次主任办公会。会议听取了各处室9月份工作完成情况及10月份工作计划的汇报，研究部署了有关工作。

10月

10月5日 市委社会工委书记、市社会办主任宋贵伦就北京社会建设成就接受《新京报》记者采访。

10月5—15日 市委社会工委委员、市社会办副主任周开让赴外学习考察。

10月8日 市委社会工委书记、市社会办主任宋贵伦接受中央电视台《焦点访谈》栏目采访。

同日 市委社会工委委员、市社会办副巡视员王智玲主持召开社会工作队伍建设近期重点工作座谈会，研究下一步社会队伍建设工作推进计划及工作重点。

同日 《关于北京市民心理压力现状与应对特点的调查报告》撰写完成并结项。

10月9日 市委社会工委副书记、市社会办副主任赵小卫出席基督教专项工作联席会议。

同日 市委社会工委委员、市社会办副巡视员王智玲出席国庆节后第二阶段整治行动部署会。

同日 市委社会工委、市社会办与市规划委召开社区配套公共服务设施调研座谈会。市委社会工委委员、市社会办副巡视员王智玲，市规划委委员曹跃进参加。

同日 北京社会心理研究所参加市财政局组织召开的"小金库自查会审"工作会议。

10月11日 市委社会工委书记、市社会办主任宋贵伦与前线杂志社座谈编辑出版社会建设专刊工作。前线杂志社社长舒小峰、原社长董颖、副总编李燕林、陈秋淮、王梅、祁金利出席，市委社会工委、市社会办领导赵小卫、张坚、陈建领、王丽竹、刘轩、王智玲一同参加。

同日 市委办公厅、市政府办公厅正式印发《北京市志愿者管理办法（试行）》。

同日 市委社会工委委员、市社会办副主任王丽竹主持召开第三季度全市社会领域信息化工作例会。

同日 市委社会工委委员、市社会办副巡视员王智玲参加推进村庄社区化管理征求意见会。

10月12日 市委社会工委书记、市社会办主任宋贵伦主持召开市委社会工委理论中心组学习扩大会。组织机关全体干部观看中央电视台《焦点访谈》栏目关于北京市社会建设有关报道。

同日 市委社会工委书记、市社会办主任宋贵伦与前线杂志社座谈社会建设专刊工作。市委社会工委副书记、市社会办副主任赵小卫，前线杂志社副总编辑李燕林参加。

同日 市委社会工委副书记、市社会办副主任赵小卫主持召开社会建设专项资金购买社会组织服务专题部署会。市总工会副主席余俊生、团市委副书记刘震、市妇联副主席李彦梅、市科协副主席田文、市侨联副主席马坚、市社科联党组副书记陈之昌、市红十字会副会长孙硕鹏、市法学会副秘书长董志玲、市残联社会工作办主任王长红参加会议。

同日 市委社会工委副书记、市社会办副主任赵小卫出席北京市组织工作科学化研讨会。

同日 市委社会工委副书记、市社会办副主任赵小卫出席朝阳区社会服务管理创新推进大会。市委社会工委委员、市社会办副巡视员王智玲一同出席。

同日 市城乡结合部社会建设专项调研组召开丰台、房山、大兴区城乡结合部社会建设调研座谈会。市委社会工委委员、市社会办副巡视员王智玲，市城乡结合部建设领导小组办公室副主任刘春成等参加调研。

10月13日 市委社会工委书记、市社会办主任宋贵伦出席首都老干部“乐晚年、展风采”健身操表演大会。

同日 市委社会工委副书记、市社会办副主任赵小卫出席研究鼓励发展家庭服务业意见的座谈会。

同日 市委社会工委副书记、市社会办副主任赵小卫主持召开区县社会办负责人会议，部署社会建设专项资金购买社会组织服务有关工作。

同日 市委社会工委委员、市社会办副主任张坚同国家行政学院社会和文化教研部主任龚维斌就共建基地事宜进行了座谈。双方就《共建协议》和《签字仪式暨社会管理体制创新论坛方案》交换了意见。

同日 市委社会工委、市社会办在北京会议中心举办北京市社会领域“做党性最强的组工干部”主题演讲活动。市委社会工委委员、市社会办副主任陈建领、王丽竹出席。

同日 市委社会工委委员、市社会办副巡视员王智玲出席推进村庄社区化管理工作现场会。

同日 市委社会工委委员、市社会办副巡视员王智玲出席大兴区重点村转制、转居、产业发展、社会管理工作进展情况汇报会。

同日 市委社会工委委员、市社会办副巡视员王智玲出席昌平区村庄社区化管理暨公安辅警上岗执勤启动仪式。

同日 市城乡结合部建设领导小组办公室主任、市政府副秘书长安钢带队到大兴区调研“城中村”建设工作。市委社会工委委员、市社会办副巡视员王智玲参加调研。

10月14日 市委社会工委书记、市社会办主任宋贵伦出席《前线》社会建设专刊专题会。市委社会工委副书记、市社会办副主任赵小卫一同参加。

同日 市委社会工委委员、市社会办副主任王丽竹与市信息资源管理中心共同召开专题会，研究关于解决基层信息重复采集问题的工作方案。

同日 市委社会工委委员、市社会办副巡视员王智玲出席北京市“万名孝星暨千家为老服务先进单位”表彰大会。

同日 市城乡结合部社会建设专项调研组召开海淀、石景山、昌平区城乡结合部社会建设调研座谈会。市委社会工委委员、市社会办副巡视员王智玲，市城乡结合部建设领导小组办公室副主任刘春成，石景山区委常委、石景山区副区长付生柱参加调研。

10月15日 市委社会工委书记、市社会办主任宋贵伦出席“十二五”规划对接工作座谈会。市委社会工委委员、市社会办副主任张坚一同出席。

同日 市委社会工委委员、市社会办副主任陈建领出席石景山区“党组织关爱工程”优秀项目推广会。

同日 市委社会工委委员、市社会办副主任陈建领出席石景山区社会领域党建工作现场会。市妇联副主席李彦梅、石景山区委副书记岳德顺等领导出席会议。

同日 市委社会工委委员、市社会办副巡视员王智玲出席安全社区建设促进委员会第一次会议。

同日 市委社会工委、市社会办城乡结合部社会建设专项调研组召开朝阳、通州、顺义区城乡结合部社会建设调研座谈会。市委社会工委委员、市社会办副巡视员王智玲，市城乡结合部建设领导小组办公室副主任刘春成，朝阳区委常委、副区长刘希泉等参加调研。

同日 市安监局召开安全社区建设促进委员会第一次会议，对全市安全社区创建工作进行部署。市委社会工委委员、市社会办副巡视员王智玲参加会议并发言。

同日 “2010年度社情民意北京郊区农村部分”数据分析报告完成，并交北京市委研究室。

10月16日夜 市委社会工委书记、市社会办主任宋贵伦出席维稳工作紧急会议。

10月18日 市委社会工委副书记、市社会办副主任赵小卫出席丰台区2010年社区党组织书记示范培训班并授课。

同日 市委社会工委委员、市社会办副主任陈建领出席石景山商务楼宇综合服务站负责人培训班并授课。

同日 市委社会工委委员、市社会办副主任王丽竹赴石景山区检查北京市社会服务管理创新推进大会精神和《北京市社会服务管理创新行动方案》的贯彻落实情况，并就市委社会工委、市社会办班子成员联系区县机制与石景山区进行对接。

同日 《关于北京市民对物价上涨感受和经济预期的调查报告》撰写完成。

10月19日 市委社会工委书记、市社会办主任宋贵伦列席市委常委扩大会议。

同日 市委社会工委书记、市社会办主任宋贵伦参加第75次市政府常务会议。

同日 市委社会工委副书记、市社会办副主任赵小卫出席全市政法系统深入推进三项重点工作图片展工作协调会。

同日 市委社会工委委员、市社会办副主任张坚与北京城市学院院长刘林就共建研究基地、举行揭牌仪式等事项进行了磋商。

同日 市委社会工委委员、市社会办副巡视员刘轩参加市民交协加入国际社会保障协会工作协调会。

同日 市委社会工委委员、市社会办副巡视员王智玲主持召开城乡结合部社会建设专题调研会。

同日 市委社会工委委员、市社会办副巡视员王智玲就《北京市社区基本公共服务指导目录（试行）》等工作接受《人民日报》（海外版）记者专访。

同日 市委社会工委委员、市社会办副巡视员王智玲主持召开工作座谈会，研究推进社区工作者待遇调整工作。

10月20日 市委社会工委书记、市社会办主任宋贵伦列席第十届市委常委会第161次会议。

同日 市委社会工委副书记、市社会办副主任赵小卫出席春节前全市性重大会议活动安排协调会。

同日 市委社会工委副书记、市社会办副主任赵小卫到西城区调研政府购买社会组织服务和社会组织孵化器建设工作。

同日 市委社会工委委员、市社会办副主任周开让出席市维稳工作会商会。

同日 市委社会工委委员、市社会办副主任周开让就“一刻钟社区服务圈”建设（2010年市政府拟办实事内容）接受北京城市服务管理广播《城市零距离》节目专访。

同日 市委社会工委委员、市社会办副主任周开让与深圳市社会工作者协会副会长、深圳慈善公益网总干事颜政就社会工作队伍建设进行座谈。

同日 市委社会工委委员、市社会办副主任王丽竹赴怀柔区调研社会建设工作，并就市委社会工委、市社会办班子成员联系区县机制与怀柔区进行对接。

10月20—22日 市委社会工委委员、市社会办副巡视员刘轩参加市委组织部举办的出国学习前集训班。

10月21日 市委社会工委委员、市社会办副主任陈建领出席北京市纪念中国共产党成立90周年展览征求意见座谈会。

同日 市委社会工委委员、市社会办副主任陈建领出席全市新的社会阶层人士统战工作联席会。

同日 市委社会工委委员、市社会办副主任陈建领参加北京市纪念中国共产党成立90周年展览座谈会。

同日 市委社会工委委员、市社会办副巡视员王智玲出席安贞地区社会建设协调委员会成立大会。

10月22日 市委常委梁伟听取社会建设专题汇报。市委副秘书长王翔，市委社会工委书记、市社会办主任宋贵伦及领导班子成员赵小卫、张坚、周开让、陈建领、王丽竹、刘轩一同出席。

同日 市委社会工委委员、市社会办副主任周开让出席“小帮手社区便民服务工程”启动仪式暨新闻发布会。

同日 市委社会工委委员、市社会办副主任周开让出席涉日维稳工作专题会。

同日 市委社会工委委员、市社会办副主任陈建领出席学习型党组织建设论坛。

同日 市委社会工委、市社会办与市应急办、团市委及相关单位召开本市应急志愿者队伍建设工作座谈会，交流应急志愿者队伍建设工作。

同日 市组工干部队伍状况调研问卷调查阶段工作开始实施。

10月23日 市委社会工委书记、市社会办主任宋贵伦出席北京城市学院基地挂牌仪式。市委社会工委委员、市社会办副主任张坚一同出席。

10月24日 市委社会工委副书记、市社会办副主任赵小卫出席平谷区以“您用微笑支持普查，我用数据服务发展”为主题的人口普查宣传日活动。

10月24—31日 市委社会工委委员、市社会办副巡视员刘轩赴新加坡南洋理工大学参加市委组织部举办的“城市管理与社区建设”专题培训班。

10月25日 市委社会工委副书记、市社会办副主任赵小卫出席北京市宣传系统学习宣传贯彻十七届五中全会精神工作会议。

同日 市委社会工委委员、市社会办副主任张坚出席市委“十二五”规划建议起草情况及主要内容汇报会。

同日 “北京市民人格特征”调研开始实施。

同日 北京社会心理研究所周期性税控检验及更换完成。

10月25—29日 市委社会工委委员、市社会办副主任周开让参加北京市局级领导干部维护稳定工作专题培训班。

10月25—29日 市委社会工委委员、市社会办副主任王丽竹参加市委组织部在北京大学举办的“领导心理学和科学决策力”专题培训班。

10月26日—11月2日 市委社会工委书记、市社会办主任宋贵伦赴延安参加第11期正局级干部党性教育专题培训班。

10月26日 市委社会工委副书记、市社会办副主任赵小卫参加第76次政府常务会议。

10月27日 市委社会工委副书记、市社会办副主任赵小卫出席市残联培训班并作社会建设专题报告。

同日 市委社会工委委员、市社会办副巡视员王智玲，市社会办副巡视员张青之出席朝阳区青年社工协会成立仪式。

同日 “2010年度社情民意城区市民部分”数据分析报告完成并交北京市委研究室。

10月28日 市委社会工委副书记、市社会办副主任赵小卫与重庆“两新”组织工委考察团座谈。

同日 市委社会工委委员、市社会办副主任陈建领出席全市社会领域党建工作推进会并讲话。

同日 市委社会工委委员、市社会办副巡视员王智玲参加北京市2010年冬季供热和扫雪铲冰保障工作会。

10月29日 市委社会工委副书记、市社会办副主任赵小卫及领导班子成员张坚、周开让、陈建领、王丽竹、王智玲参加福建省委考察王金福座谈会。

同日 市委社会工委委员、市社会办副主任陈建领出席市党建研究会换届会议。

10月31日 市委社会工委委员、市社会办副巡视员王智玲出席庆祝新中国人民防空创立日座谈会。

11月

11月1—13日 市委社会工委委员、市社会办副巡视员刘轩赴新加坡南洋理工大学参加市委组织部举办的"城市管理与社区建设"专题培训班。

11月2日 市委社会工委副书记、市社会办副主任赵小卫参加市政府常务会议。

同日 市委社会工委委员、市社会办副主任张坚出席国家行政学院"加强和创新社会管理研究"重大课题启动会。

同日 市委社会工委委员、市社会办副主任周开让出席石景山区第二届"和谐的家园"故事大赛颁奖晚会。

同日 市委社会工委委员、市社会办副主任周开让调研石景山区社区建设和社会工作队伍建设工作。

11月3日 市委社会工委副书记、市社会办副主任赵小卫主持召开各区县使用社会建设专项资金购买社会组织服务项目批复会。

同日 市委社会工委委员、市社会办副主任周开让与市志愿者联合会相关领导座谈，研究《北京市志愿者管理办法（试行）》贯彻落实工作。

同日 市委社会工委委员、市社会办副巡视员王智玲出席市预防煤气中毒协调小组成员单位第一次工作例会。

11月4日 市委社会工委书记、市社会办主任宋贵伦主持召开2010年第19次工委会议。会议研究讨论了市委社会工委、市社会办今年拟接收的军转干部岗位分配及任职、2011年预算项目、购买社会组织服务等工作。

同日 市委社会工委书记、市社会办主任宋贵伦主持召开2010年第11次主任办公会议。会议听取了各处室10月份工作完成情况及11月份工作计划的汇报，研究部署了有关工作。

同日 市委社会工委、市社会办与市民防局到朝阳区、海淀区调研人防工程服务社区工作。市委社会工委书记、市社会办主任宋贵伦，市委社会工委副书记、市社会办副主任赵小卫，市委社会工委委员、市社会办副主任周开让，市委社会工委委员、市社会办副巡视员王智玲，市民防局局长王永新，市民防局副巡视员许金宝、庄长涛等参加。

同日 市委社会工委委员、市社会办副主任张坚与北京师范大学心理学院就筹备成立北京社会心理工作联合会的有关事项进行座谈。

同日 市委社会工委委员、市社会办副巡视员王智玲参加市社区消防安全四个基础及能力建设西山枫林第一社区现场会。

11月5日 市委社会工委书记、市社会办主任宋贵伦出席2010年"爱心成就未来"助学款发放仪式。

同日 市委社会工委委员、市社会办副主任周开让出席涉日维稳研判会商会。

同日 市委社会工委、市社会办召开社会工作事务所建设专题工作会。听取城六区及顺义区、昌平区社会工作事务所建设工作进展情况汇报。市委社会工委委员、市社会办副主任周开让出席会议并讲话，市委社会工委委员、市社会办副巡视员王智玲主持会议。

同日 市委社会工委委员、市社会办副主任陈建领出席叶青大厦党委统战工作培训班。

同日 市委社会工委、市社会办召开老旧小区社区化管理调研座谈会。市委社会工委委员、市社会办副主任周开让出席并讲话，市委社会工委委员、市社会办副巡视员王智玲主持会议，朝阳、海淀、丰台、石景山区委社会工委、区社会办主管领导，首都综治办、市公安局、市住建委、市交通委、市市政市容委、市园林绿化局等单位相关负责人参加。

11月8日 市委社会工委书记、市社会办主任宋贵伦出席市"十二五"规划编制工作领导小组扩大会议。

同日 市委副书记、政法委书记王安顺召开会议研究中共中央政治局常委、中央政法委书记周永康来京调研相关工作。市委社会工委副书记、市社会办副主任赵小卫参加。

11月9日 中共中央政治局常委、中央政法委书记周永康来京视察。市委社会工委书记、市社会办主任宋贵伦陪同并参加全市推进三项重点工作座谈会。

同日 市委社会工委副书记、市社会办副主任赵小卫出席部分部委办主管组织（干部）工作负责同志座谈会。

11月10日 市委常委梁伟召开专题会研究社会建设"十二五"规划。市委副秘书长王翔，市委社会工委书记、市社会办主任宋贵伦及领导班子成员赵小卫、张坚、周开让、陈建领、王丽竹参加会议。

同日 市委社会工委书记、市社会办主任宋贵伦主持召开2010年第20次工委会议（扩大)。会议传达了周永康同志11月9日在北京市调研时的重要讲话精神，研究讨论了2011年市政府为民办实事项目等工作。

同日 市委社会工委、市社会办召开专业社会工作岗位设置及购买工作座谈会，征求各区县及社会工作专家意见。市委社会工委委员、市社会办副主任周开让，市委社会工委委员、市社会办副巡视员王智玲出席会议。

同日 市委社会工委委员、市社会办副巡视员王智玲主持召开全市安全社区建设动员部署会。

11月11日 市委社会工委委员、市社会办副主任张坚出席社会建设研究基地工作会议。

同日 市委社会工委委员、市社会办副主任周开让到大兴区调研社区建设有关工作。

同日 市委社会工委委员、市社会办副巡视员王智玲参加第五届北京市"创业青年首都贡献奖"评审会。

11月12日 市委社会工委、市社会办召开理论中心组学习（扩大）会，观看市委理论中心组学习光盘，学习党的十七届五中全会精神。机关全体干部参加学习。

同日 市委社会工委书记、市社会办主任宋贵伦主持召开2010年第21次工委会议，研究讨论了机关干部人事工作。

同日 市委社会工委书记、市社会办主任宋贵伦出席北京市廉政风险防范管理工作汇报会。

同日 市委社会工委书记、市社会办主任宋贵伦出席"十二五"规划编制工作领导小组第二次扩大会议。

同日 市委社会工委副书记、市社会办副主任赵小卫出席市委党员干部教育领导小组会议。

同日 市委社会工委委员、市社会办副主任张坚出席"迈向中国特色世界城市——北京的昨天今天明天"研讨会。

同日 市委社会工委委员、市社会办副主任张坚主持召开北京社会心理服务机构联合会筹备工作座谈会。

同日 市委社会工委委员、市社会办副主任周开让与市志愿者联合会领导座谈研究志愿者重点工作。

同日 市委社会工委委员、市社会办副主任王丽竹参加北京市2010—2011年冬、春季火灾防控工作电视电话会议。

11月14日 市委社会工委副书记、市社会办副主任赵小卫出席清华大学"社会学与社会建设"论坛。

11月15日 市委社会工委书记、市社会办主任宋贵伦主持召开2010年第22次工委会议，研究了市委社会工委、市社会办机关处级职位选任工作。

同日 市委社会工委书记、市社会办主任宋贵伦出席市十三届人大四次会议前代表集中视察活动座谈会。

同日 市委社会工委副书记、市社会办副主任赵小卫出席全国加强和改进工商联工作电视电话会议。

11月16日 市委社会工委书记、市社会办主任宋贵伦参加市政府专题会议。

同日 市委社会工委书记、市社会办主任宋贵伦参加市政府常务会议。

同日 市委社会工委委员、市社会办副巡视员刘轩出席西城区社区社会组织工作总结表彰暨经验交流会并讲话。

同日 市社会办副巡视员张青之参加“2010北京市家庭论坛”。

11月17日 市委常委梁伟召开专题会议研究社会建设“十二五”规划。市委社会工委书记、市社会办主任宋贵伦及班子全体成员参加会议。

同日 全市社会领域党组织负责人统战教育培训启动仪式暨第一期培训示范班开班仪式举办。市委统战部常务副部长闵克，市委社会工委副书记、市社会办副主任赵小卫，北京社会主义学院副院长卢晓华和市委组织部有关同志出席。

同日 市委社会工委委员、市社会办副主任周开让参加市人才工作领导小组工作协调会并汇报社会工作人才队伍建设年度重点工作进展情况。

11月18日 市委常委梁伟到顺义区调研社会服务管理创新工作。市委社会工委书记、市社会办主任宋贵伦，市委社会工委副书记、市社会办副主任赵小卫，市委社会工委委员、市社会办副主任周开让陪同。

同日 市委社会工委委员、市社会办副主任陈建领到市民政局社团办调研社会组织创先争优活动及社会组织党建工作情况。

11月18—19日 市委社会工委委员、市社会办副巡视员王智玲参加国家安全生产监督管理总局在重庆召开的2010年全国安全社区建设工作会议。

11月19日 市委常委梁伟到东城区调研社会服务管理创新工作。市委社会工委书记、市社会办主任宋贵伦，市委社会工委副书记、市社会办副主任赵小卫，市委社会工委委员、市社会办副主任王丽竹陪同。

同日 第一期社会领域党组织负责人统战教育培训示范班结业。市委统战部常务副部长闵克，市委社会工委副书记、市社会办副主任赵小卫出席结业式。

同日 市委社会工委委员、市社会办副主任周开让出席朝阳区垡头街道垡头三区南院小区管理委员会成立揭牌仪式。

同日 市委社会工委委员、市社会办副主任周开让出席朝阳区老旧小区准物业管理工作专家研讨会。

11月20日 市委常委、秘书长李士祥主持召开中央领导同志来京视察工作协调会。市委社会工委书记、市社会办主任宋贵伦，市委社会工委委员、市社会办副巡视员王智玲参加会议。

同日 市委社会工委书记、市社会办主任宋贵伦主持召开专题会研究部署中央领导同志来京视察有关工作。市委社会工委、市社会办领导赵小卫、陈建领、王智玲参加会议。

11月21—30日 市委社会工委书记、市社会办主任宋贵伦率团赴以色列、南非考察社会建设工作。

11月22日 市委社会工委委员、市社会办副主任张坚参加“十二五”规划指标座谈会。

11月23日 市委社会工委副书记、市社会办副主任赵小卫参加第七届北京青年学习节暨北京冬季书市开幕式。

11月24日 市委社会工委副书记、市社会办副主任赵小卫主持召开城六区社会工委片会。城六区社会工委书记参加。

同日 市委社会工委委员、市社会办副主任陈建领参加市委党建工作领导小组办公室扩大会议。

同日 市委社会工委委员、市社会办副巡视员刘轩参加关于加强和改进新形势下工商联工作的意见研究会。

同日 市委常委、秘书长李士祥主持召开中央领导同志来京视察工作协调会。市委社会工委委员、市社会办副巡视员王智玲，市卫生局局长方来英及市建委有关领导参加会议。

同日 市委社会工委委员、市社会办副巡视员王智玲到市商务委就落实《北京市社区基本公共服务指导目录（试行）》有关工作进行座谈。市商务委副主任李薇薇参加座谈。

同日 市委社会工委委员、市社会办副

巡视员王智玲会同市委办公厅同志到朝阳区就中央领导同志来京视察相关工作进行调研。

11月24—26日 市委社会工委、市社会办副主任陈建领出席全国直辖市八区街道工作联席会议第十九届年会。

11月25日 市委常委梁伟到朝阳区调研社会服务管理创新工作。市委社会工委委员、市社会办领导赵小卫、周开让、王丽竹、王智玲陪同。

同日 市委社会工委副书记、市社会办副主任赵小卫出席石景山区社会领域统战工作大会。

同日 市委社会工委委员、市社会办副主任王丽竹参加北京市信访矛盾分析研究中心成立一周年暨第三次信访工作理论座谈会。

同日 市委社会工委委员、市社会办副巡视员刘轩出席顺义区社会组织服务管理创新工作交流会并讲话。

11月26日 市委社会工委委员、市社会办副巡视员刘轩参加市委、市政府贯彻“中央16号文件”工作会。

同日 市委社会工委委员、市社会办副巡视员王智玲到朝阳区就社区建设工作进行调研。

11月28日 市委社会工委委员、市社会办副巡视员王智玲参加市体育局举办的“北京市纪念《全民健身计划纲要》颁布15周年庆典”活动并为获奖同志颁奖。

11月29日 市委社会工委委员、市社会办副巡视员刘轩参加北京大学公民社会研究中心与法国驻华大使馆联合举办的“社会组织与政府服务”论坛并作主旨发言。

同日 市委社会工委委员、市社会办副巡视员王智玲参加北京大学公民社会研究中心主办的“政府与社会组织在地方公共事务中的合作治理经验与挑战——中法交流研讨会”，并作演讲。

11月29—30日 市委社会工委副书记、市社会办副主任赵小卫，市委社会工委委员、市社会办副主任周开让参加市委十届八次全会。

11月29日—12月3日 全市社会建设专题研讨班举办。市委常委梁伟出席并作专题报告，市委社会工委书记、市社会办主任宋贵伦出席结业式并作总结讲话。市委社会工委委员、市社会办副主任陈建领作开班动员讲话。来自中共中央党校、国家行政学院、北京大学、北京师范大学的专家学者和市委社会工委委员、市社会办副主任张坚作专题辅导。全市各区县社会建设工作主管领导、社会工委书记、社会办主任，市级“枢纽型”社会组织主管领导和市有关部门领导共40人参加培训。市委社会工委、市社会办领导张坚、周开让、陈建领、王丽竹、刘轩、王智玲等分别参加分组讨论。

11月30日 吉林省委组织部来我委就机构设置、运行及社会领域党建工作有关情况进行考察座谈。市委社会工委委员、市社会办副主任陈建领参加座谈。

12月

12月1日 市委社会工委委员、市社会办副巡视员刘轩参加北京大学公民社会研究中心主办的“政府与社会组织在地方事务中的合作治理”中法交流会，并作主题发言。

同日 市委社会工委委员、市社会办副巡视员刘轩与市民交协有关负责人共同研究驻京国际组织新年联谊会筹备工作。

12月2日 市委社会工委委员、市社会办副主任周开让参加检察二分院“全面履行检察职责，深入推进三项重点工作”主题论坛。

同日 市委社会工委委员、市社会办副主任周开让参加首都政治稳定工作专题座谈会。

12月3日 市委社会工委副书记、市社会办副主任赵小卫参加全市干部教育培训改革工作会议。

同日 市委社会工委副书记、市社会办副主任赵小卫参加“首都慈善公益日”晚会。

同日 市委社会工委委员、市社会办副主任周开让，市委社会工委委员、市社会办副巡视员刘轩参加公安部社会服务创新调研课题组来京调研座谈会。

同日 市委社会工委委员、市社会办副主任王丽竹参加市委老干部工作领导小组会。

同日 市委社会工委委员、市社会办副巡视员王智玲参加市直机关工委志愿者协会成立仪式并为专业志愿者授旗。

同日 市委社会工委委员、市社会办副巡视员王智玲陪同公安部社会服务创新调研课题组到朝阳区朝外街道芳草地社区调研。

12月4日 市委社会工委书记、市社会办主任宋贵伦参加市委政法委员会专题会议。

同日 市委社会工委委员、市社会办副巡视员王智玲出席全市“做文明有礼的北京人，垃圾减量垃圾分类从我做起”知识竞赛决赛。

同日 市委社会工委、市社会办、团市委、市志愿者联合会在地坛公园联合举办北京市专业志愿者队伍主题展示活动。市委社会工委委员、市社会办副巡视员王智玲出席活动并发言。

12月5日 市委社会工委书记、市社会办主任宋贵伦出席“爱心传递热线”走进丰台271家社区启动仪式。市委社会工委、市社会办领导赵小卫、周开让、刘轩一同参加。

同日 市委副书记、政法委书记、市禁毒委主任王安顺检查东城区和平里街道“向日葵社区”创建工作。市委社会工委委员、市社会办副巡视员王智玲陪同。

同日 市委社会工委委员、市社会办副巡视员王智玲参加“志愿北京　感动社区——第25个国际志愿者日庆祝大会”并为获奖志愿者颁奖。

12月6日 市委书记刘淇、市长郭金龙等市领导专题听取了“十二五”社会建设规划编制情况汇报。市委社会工委书记、市社会办主任宋贵伦作专题汇报，市委社会工委委员、市社会办副主任张坚参加会议。

同日 市委副秘书长王翔观看“和谐之声”交响音乐会——慰问社会领域工作者专场演出。市委社会工委委员、市社会办副主任陈建领陪同。

同日 市委社会工委委员、市社会办副主任周开让出席“海淀区利用人防工程为公益服务经验交流会”并讲话。

同日 市委社会工委委员、市社会办副主任陈建领与市委组织部部务委员、组织处处长韩昱研究在市科协建立社会组织党的工作机构事宜。

同日 市委社会工委委员、市社会办副巡视员刘轩参加市民交协会长会议。

12月7日 市委社会工委书记、市社会办主任宋贵伦主持召开2010年第23次工委会议。会议研究了社会组织孵化器建设等有关事宜。

同日 市委社会工委书记、市社会办主任宋贵伦主持召开2010年第12次主任办公会议（扩大）。会议传达了中央及市委有关会议精神，通报了有关情况，听取了各处室11月份工作完成情况及12月份工作计划的汇报，研究部署了有关工作。机关全体干部参加会议。

同日 市委社会工委委员、市社会办副主任陈建领与市科协党组书记夏强就市科协建立社会组织党的工作机构事宜进行座谈交流。

同日 市委社会工委委员、市社会办副主任王丽竹与市经信委、市信息资源管理中心研究关于解决基层信息重复采集问题的工作方案。

12月8日 市委社会工委书记、市社会办主任宋贵伦参加第79次市政府常务会议。

同日 市委社会工委书记、市社会办主任宋贵伦与市委组织部副部长吕和顺就市科协建立社会组织党的工作机构事宜进行座谈。市委社会工委委员、市社会办副主任陈建领一同参加。

同日 市委社会工委、市社会办召开“枢纽型”社会组织工作会议。第一批10家“枢纽型”社会组织主管领导及部门负责人参加，市委社会工委、市社会办领导赵小卫、刘轩出席会议并讲话。

12 月 9 日 市委社会工委副书记、市社会办副主任赵小卫参加市委、市政府理论学习中心组学习扩大会。

同日 市委社会工委委员、市社会办副主任王丽竹参加全市乡镇机构改革工作电视电话会议。

同日 市委社会工委委员、市社会办副巡视员刘轩听取 NPI 组织关于北京市社会组织孵化中心建设情况汇报。

同日 市委社会工委委员、市社会办副巡视员王智玲与市禁毒办举行专题座谈会，研究引入专业社工开展社区禁毒工作。

12 月 10 日 市委社会工委副书记、市社会办副主任赵小卫主持召开远郊区县社会工委片会。

同日 市委社会工委委员、市社会办副主任周开让主持召开志愿者工作会议研究部署《北京市志愿者管理办法（试行）》贯彻落实工作。各区县社会工委有关负责同志参加会议。

同日 市委社会工委委员、市社会办副主任陈建领与市民政局社团办就社会组织创先争优活动进行座谈交流。

同日 市委社会工委委员、市社会办副巡视员刘轩参加平谷区主办的机关干部及部分社会组织负责人心理辅导专题讲座。

同日 市委社会工委、市社会办与市民政局就“中国社区”主题标志征集工作情况进行座谈。市委社会工委委员、市社会办副巡视员王智玲，市民政局副巡视员冯昌领出席会议。

12 月 11 日 市委社会工委书记、市社会办主任宋贵伦出席与国家行政学院社会建设研究合作签字仪式并参加社会建设论坛。市委社会工委委员、市社会办副主任张坚一同参加。

12 月 12 日 市委社会工委委员、市社会办副巡视员刘轩出席“世界城市·和谐生活”英文版《家庭急救手册》发放仪式。

12 月 13 日 市委社会工委委员、市社会办副巡视员刘轩听取 NPI 组织关于北京市社会组织孵化中心建设情况汇报，研究孵化中心建设方案。

12 月 14 日 市委社会工委书记、市社会办主任宋贵伦参加 2010 年市政府绩效管理工作汇报会。

同日 市委社会工委委员、市社会办副主任陈建领参加 2011 年全市党建工作及迎接建党 90 周年活动研讨会。

12 月 15 日 市委社会工委书记、市社会办主任宋贵伦参加全市领导干部会议。

同日 市委社会工委委员、市社会办副主任周开让主持召开购买专业社工岗位工作部署会。各区县社会工委有关负责同志参加会议。

同日 市委社会工委书记、市社会办主任宋贵伦听取北京市社会组织孵化中心建设方案汇报。市委社会工委委员、市社会办副巡视员刘轩参加。

同日 市社会办副巡视员张青之带队检查验收延庆县、怀柔区社会服务管理创新工作。

12 月 15—17 日 2010 年全市社区党组织负责人示范培训班举办。市委社会工委委员、市社会办副主任陈建领主持开班式并作动员讲话，市委组织部副部长吕和顺出席结业式并作总结讲话。市委社会工委书记、市社会办主任宋贵伦，市委社会工委委员、市社会办副主任周开让，市委社会工委委员、市社会办副主任陈建领看望慰问社区党组织负责人示范培训班学员。

12 月 16 日 市委社会工委委员、市社会办副主任周开让参加全市推进建立社会稳定风险评估机制工作部署会议。

同日 市委社会工委委员、市社会办副主任王丽竹带队检查验收密云县、平谷区社会服务管理创新工作。

同日 市委社会工委委员、市社会办副巡视员刘轩与全国工商联考察组座谈。

12 月 17 日 市委社会工委委员、市社会办副主任周开让出席“北京市推进社区商业便民服务现场会”并讲话。市商务委主任卢彦、副主任李薇薇，大兴区区长李长友、副区长常红岩等参加。

同日 市委社会工委委员、市社会办副巡视员刘轩参加赴新加坡学习考察团情况汇报会。

同日 市委社会工委委员、市社会办副巡视员王智玲带队检查验收门头沟区、房山区社会服务管理创新工作。市民政局副巡视员冯昌领参加检查。

12月19日 市委社会工委书记、市社会办主任宋贵伦参加全国政法工作电视电话会议。

12月20日 市委社会工委书记、市社会办主任宋贵伦参加第80次市政府常务会议。

同日 市委社会工委书记、市社会办主任宋贵伦及领导班子全体成员参加市委领导班子和领导干部任期综合考核民主测评会。市委任期综合组组长刘俊、副组长叶大华、考核组成员和机关全体干部参加。

同日 市民交协召开驻京国际组织新年联谊会。市委常委梁伟、副市长程红出席，市委社会工委、市社会办领导宋贵伦、赵小卫、刘轩参加。

同日 市委社会工委委员、市社会办副主任周开让带队检查验收顺义区社会服务管理创新工作。

同日 市委社会工委委员、市社会办副主任王丽竹参加国家大剧院三周年院庆招待会。

12月20—22日 2010年全市“两新”组织党组织负责人示范培训班举办。市委组织部副部长吕和顺出席开班式并作动员讲话，市委社会工委副书记、市社会办副主任赵小卫出席结业式并作总结讲话。

12月20—31日 市委领导班子和领导干部任期综合考核组到市委社会工委、市社会办进行任期综合考核。

12月21日 市委常委梁伟参加2010年市委社会工委、市社会办领导班子民主生活会。市委社会工委、市社会办领导班子全体成员及市委任期综合考核组全体成员、市委组织部、市直机关工委有关领导参加会议。

同日 市委社会工委委员、市社会办副巡视员刘轩出席北京市工业经济联合会第五届会员大会暨第一次理事会议并讲话。

同日 市委社会工委委员、市社会办副巡视员王智玲参加北京市防火安全委员会第四次联席会议。

12月22日 市委社会工委书记、市社会办主任宋贵伦参加第81次市政府常务会议。

同日 内蒙古通辽市委组织部到市委社会工委、市社会办学习考察“两新”组织党建工作及我委机构运行情况。市委社会工委委员、市社会办副主任陈建领参加座谈。

12月23日 市委常委梁伟、牛有成就社会领域统战工作进行座谈。市委社会工委、市社会办、市委统战部领导班子全体成员参加座谈。

同日 市委常委梁伟到北京市志愿服务指导中心调研。市委副秘书长王翔，市委社会工委书记、市社会办主任宋贵伦和市委社会工委委员、市社会办副主任周开让一同参加。

同日 中央编办一司来市委社会工委、市社会办调研新形势下发挥群团作用的有关情况。市委社会工委书记、市社会办主任宋贵伦，市委社会工委委员、市社会办副巡视员刘轩参加座谈。

同日 市委社会工委副书记、市社会办副主任赵小卫参加北京市党史工作会议。

同日 市委社会工委委员、市社会办副主任周开让参加北京市社区卫生改革与管理工作会议。

同日 市委社会工委委员、市社会办副主任周开让参加《关于进一步加强巩固帮教工作的意见》征求意见会。

同日 市委社会工委委员、市社会办副主任陈建领带队检查验收西城区、丰台区社会服务管理创新工作。

同日 市委社会工委、市社会办召开北京市部分行业协会迎新年座谈联谊会。市委社会工委委员、市社会办副巡视员刘轩出席并讲话。

12月24日 市委社会工委委员、市社会办副主任王丽竹参加政府机关使用正版软件专项检查和整改工作动员大会。

同日 市委社会工委副书记、市社会办副主任赵小卫，市委社会工委委员、市社会办副巡视员刘轩带队检查验收海淀区、石景山区社会服务管理创新工作。

同日 市委社会工委委员、市社会办副巡视员王智玲主持召开志愿者工作专题会议。研究部署元旦、春节期间组织开展“红红火火过大年”主题志愿服务活动。首都文明办、首都综治办、市民政局、市志愿者联合会等相关部门负责同志参会。

12月24—25日 市委社会工委书记、市社会办主任宋贵伦参加北京市经济工作会议。

12月25日 市委社会工委委员、市社会办副主任张坚出席“中国社会建设与社会管理学术研讨会”并致辞。

12月27日 市委社会工委委员、市社会办副主任王丽竹参加市体育总会2010年第六届理事会第二次全体会议。

同日 市委社会工委委员、市社会办副巡视员王智玲带队检查验收通州区、大兴区社会服务管理创新工作。

12月28日 市委社会工委委员、市社会办副主任张坚带队检查验收东城区、朝阳区社会服务管理创新工作。

同日 市委社会工委委员、市社会办副主任陈建领到市社科联就“枢纽型”社会组织建立党的工作机构情况进行专题调研。

同日 市委社会工委委员、市社会办副巡视员刘轩出席北京市房地产业协会第六届会员代表大会。

同日 市委社会工委委员、市社会办副巡视员刘轩出席《青少年急救手册》发放仪式。

同日 市委社会工委委员、市社会办副巡视员王智玲主持召开社会工作人才发展规划指标专家论证会。北京大学社会学系教授马凤芝、中国青年政治学院社会工作学院教授陈涛、北京建工学院社会工作系主任孟莉及市民政局相关处室负责人参加会议并提出意见建议。

12月28—29日 市委社会工委委员、市社会办副主任周开让代表市委社会工委、市社会办赴福州市送王金福同志到福建省委政策研究室任职。

12月29日 成都市社工办筹备小组来我委办调研。市委社会工委副书记、市社会办副主任赵小卫参加座谈。

同日 市委社会工委副书记、市社会办副主任赵小卫带队检查验收昌平区社会服务管理创新工作。

同日 市人才工作检查组到市委社会工委、市社会办检查指导社会工作人才队伍建设工作。市委社会工委委员、市社会办副巡视员王智玲介绍有关情况。

12月30日 北京市社会组织孵化中心正式揭牌。市委社会工委领导班子全体成员、市社团办党委书记温庆云出席揭牌仪式。

同日 市委社会工委书记、市社会办主任宋贵伦参加全市政法工作会议。

同日 市委社会工委副书记、市社会办副主任赵小卫参加市政府专题会议。

同日 市委社会工委委员、市社会办副主任陈建领到市妇联、市总工会就“枢纽型”社会组织建立党的工作机构情况进行调研。

同日 市委社会工委委员、市社会办副主任王丽竹参加北京市第24次老干部座谈会。

同日 市委社会工委委员、市社会办副巡视员刘轩主持召开“十大公益服务品牌”评选工作会议，研究评选工作方案。

同日 市委社会工委委员、市社会办副巡视员王智玲出席北京市“早餐经营示范店”授牌仪式并为企业代表授牌。

·理论文章与调研考察报告·

外出考察报告

赴以色列、南非社会建设考察报告

为学习借鉴以色列、南非在社会建设方面的有益经验，进一步扩大友好交流，应以色列提比利亚市政府和南非开普敦市社会发展部邀请，市委社会工委书记、市社会办主任宋贵伦率北京市社会建设考察团一行6人，于2010年11月21日至30日对以色列、南非两国进行了考察访问。期间，考察团一行分别拜会了以色列提比利亚市议员和南非西开普省Breede Valley市社会发展部官员，与以色列最大的志愿者组织亚得萨拉（Yad Sarah）、南非西开普省Breede Valley市工会进行了工作交流，与两国民众和华人华侨开展了多种形式的沟通交流，沿途考察了两国社情民情。访问过程中，考察团成员珍惜难得的学习考察机会，按照宋贵伦同志行前提出的“带着问题去，带着成果回”的要求，坚持边考察边学习思考，边考察边探讨交流，边考察边分析梳理，边考察边归纳总结，普遍感到增长了见识，开阔了视野，拓展了思路，达到了预期目的，取得了丰硕成果。现将有关情况报告如下：

一、本次考察的基本情况

考察期间，考察团一行先后拜会了以色列提比利亚市议员埃坦·欧文德和南非西开普省Breede Valley市社会发展部官员Collin Wilskut先生。埃坦·欧文德和Collin Wilskut先生分别代表所在市政府，对北京考察团的来访表示热烈欢迎，并热情介绍了所在地区的经济社会发展、社会组织管理服务的有关情况，对北京自举办奥运会以来城市建设和发展取得的巨大变化表示钦佩，表达了中以、中南两国不断深化友好关系、城市之间继续加强交流合作的真诚愿望。宋贵伦同志介绍了北京市社会建设的情况，探讨了加强社会管理与社会服务的理论和实践问题，对提比利亚市、Breede Valley市在经济和社会建设方面取得的成果进行了高度评价，对南非成功举办第十九届世界杯足球赛表示祝贺，对两市近年来不断扩大与北京的友好交往表示赞赏，并希望不断增强城市间的友好往来与合作交流，进一步密切相互关系。考察团成员还就社会组织发展、志愿服务等方面的问题，与以、南各方进行了探讨交流。

在以色列期间，考察团一行参观考察了以色列最大的志愿者组织亚得萨拉（Yad Sarah）。成立30年的亚得萨拉是联合国认定的非政府组织，在以色列拥有103个分支机构，还在部分国家建有分支机构，现有6000多名志愿者。该组织主要面向病人、残疾人、老年人提供免费或象征性收费的短期医疗服务、康复设备配给、残疾人康复训练、康复设备开发、助残理念宣传等活动，同时为新生儿父母、居家病人、其他特殊人群提供设备，开展救助，并配合上述各项服务策划、组织、推广多种多样富有创造性、娱乐性、康复性的活动。另外，亚得萨拉还设有病人接送运输、残疾人日常护理中心、收容中心以及为老年人开设的最低消费的牙科门诊；全天24小时私人智能化紧急报警系统；设备展览中心指导、培训残疾人选用康复器材，开发康复理念，拓展生活空间，提高生活质量。亚得萨拉的信条是使病患者和老年人尽量居家康复、居家养老，在不改变日常生活环境的情况下，家庭护理在心理上、身体上更有助于患者康复，老人幸福。考察团成员听取了亚得萨拉负责人的情况介绍，参观了布局合理、设施齐全的指导展览中心，观看了智能化紧急报警系统的现场演示，并就双方感兴趣的问题进行了探讨和交流。大家对该志愿组织的工作理念、组织架构、运行模式、服务机制等方面留下了深刻的印象。

在南非期间，考察团一行与西开普省Breede Valley市工会——独立市政工人协会——负责人进行了工作座谈。南非工会分为会员、代表、区域代表、中央工会组织四个层级，中央工会组织即南非民主工人协会，全国有区域代表20个，Breede Valley市独立市政工人协会就是其中之一。这些区域工会与中央工会组织没有隶属关系，只向上缴纳会费，遇到难以解决的问题，求助于中央工会帮助处置。Breede Valley市独立市政工人协会在该市设有四个办公室，工会领导人每三年从代表中选举一次，代表从会员中选举产生。现有14.5万名工会会员，工人通过向政府申请成为会员。该工会负责人就工会的组织结构、与政府的关系、运行模式、服务内容等情况作了介绍，双方就相关问题进行了讨论和交流。

在以色列、南非考察期间，考察团一行还参观了以色列国家博物馆和南非先民纪念馆，了解了两国历史发展状况，有针对性地考察了两国在社会服务管理等方面的情况，采取多种形式与当地居民、华人华侨进行沟通交流，力求全面、深入地了解两国经济社会发展的历史和现状。

整个考察行程虽然短暂，但成效明显，考察活动取得了圆满成功。一是增进了国际友谊。考察过程中，考察团成员始终强烈感受到来自以、南两国民众的友好和热情，使大家亲身体会到中以、中南两国的友好关系和两国人民的深厚情谊。通过拜会以、南两国有关政府官员、拜访有关组织负责人，通过与两国有关人士、民众的真诚友好交流，通过一系列活动，使双方进一步加深了了解，增强了互信，巩固了友谊。二是扩大了国际影响。在整个考察活动中，考察团所到之处、在不同场合，不失时机地向以、南两国有关人士宣传和平友好、繁荣发展的中国，宣传日新月异、文明祥和的北京，宣传热情好客、文明有礼的北京人民，希望以此帮助以、南两国人民对北京乃至中国有新的认识、新的了解，进一步提升我国、我市在以、南两国人民心目中的友好形象。特别让考察团感受深刻的是，在与中国侨联海外委员、南非宋庆龄基金会会长、全非洲中国和平统一促进会副会长、开普敦名誉会长陈清等华人华侨的沟通交流中，大家由衷地表示，日新月异、繁荣昌盛的中国，不断发展、与日俱增的中以、中南友谊，让身处异国他乡的华人华侨倍感荣耀、备受尊重。据了解，目前在南非工作的华人华侨有50多万人，其中不少人已在南非工作十多年，成家立业，事业有成，但他们始终持有中国国籍，在为当地经济社会发展贡献才智的同时，心系祖国、以祖国为豪，成为中国和平稳定、繁荣发展的一支重要力量。他们表示，随着中华民族的复兴和强大，中国国际地位日益提高，在世界人民心目中的形象会越来越好，海外华人华侨越发感受到做一名中国人的骄傲和自豪。三是学到了国际经验。通过考察活动，对以、南两国的经济社会情况增加了感性认识，初步了解了以色列、南非社会生活中具有重要作用的社会组织发展、志愿服务开展等相关情况，顺利完成了学习考察任务，达到了预期的考察目的。

二、考察的主要内容与发现

考察团主要考察了以色列提比利亚市和南非西开普省Breede Valley市关于志愿服务组织、工会为主的社会组织建设的相关情况。考察活动的主要收获如下：

（一）两国的社会组织发展状况：完善活跃

以色列犹太民族具有团结聚合、归属组织的传统，国家成立后，各类犹太组织蓬勃发展，成长壮大。其中规模最大、影响最深远的组织为以色列总工会，是以色列工人、合作社员、自由职业者联合的最大的组织，除具有工会组织的职能以外，还负有经济开发、社会福利保障以及教育培训等方面的职能，是以色列最重要的经济团体，总工会执委几乎包括了以色列各政党的代表。总工会控制着劳动市场的官方就业局，通过农业定居点控制了大约70%的混合耕作，通过控股公司，控制了25%的工商企业以及某些产品的生产和销售。此外，犹太人协会、行业协会都在组织犹太人生产和生活方面发挥着重要作用，是以色列国社会组织的特色之一。

南非的民间组织发展历史较长，1994年以前，白人创办的社会福利机构发展较为成熟，黑人成立的维权类非政府组织受到法律限制。新的《南非共和国宪法》废除了种族歧视内容，充分保障全体公民的结社自由，奠定了南非民间组织发展的基础。经过十多年的发展，南非各类民间组织总量接近15万个，其中，经过登记的非营利组织（NPO）约有4.7万个。南非总人口约为4910万，平均每万人拥有民间组织的数量约为30.5个。在各类民间组织中就业的人员总量超过70万人，约占人口总量的1.43%，占公共部门就业人口的1/3，超过在南非的支柱产业——采矿业——中就业的人数（约60万）。民间组织的年度支出规模约为30亿美元，约占南非国内生产总值（2009年南非GDP为3133亿美元）的近1%。民间组织的收入主要来源于政府支持和慈善捐赠，超过40%的收入来自政府支持，近1/4的收入来自捐赠，不足1/3来自服务收入和会费收入。

（二）两国的社会组织管理体制：依法有序

以色列政府秉承“小政府、大社会”理念，注重与社会组织、企业等社会力量的合作。提比利亚市政府将发挥非政府组织的作用作为政府工作的有益补充，将它们视为合作伙伴，并对处于成立初期的社会组织提供帮助和便利，积极鼓励、指导非政府组织肩负社会责任，参与志愿活动，参与社会服务。

为创造有利于非营利组织发展的环境，南非设有社会发展部，各省、市分别设立相关机构。该部门的主要职责是向全体社会成员提供社会保障和社会福利服务，与非政府组织、宗教组织、非营利组织、商业组织，劳工组织和其他组织开展合作，监督社会政策的执行，以形成良好的社会环境并推动扶贫工作。为鼓励非营利组织透明运作，改进问责机制，保障公众对非营利组织的知情权，促进政府部门、捐赠者和利害关系人在非营利组织事务方面开展合作，南非于1997年出台了《非营利组织法》（*Nonprofit Organization Act*71 *of* 1997），并于2000年进行了修订。该法案鼓励（并非强制）各类民间组织登记为非营利组织，以享受税收优惠并获得政府财政支持。2000年，南非议会通过了《社会福利发展管理法》，强调政府与民间组织在社会福利方面的合作，保障民间组织参与相关政策制定和具体项目实施，成立了社会福利发展理事会，推动政府与民间组织就社会福利事务开展对话和合作。近年来，南非政府在扶贫助困、妇女儿童保护、残疾人福利、艾滋人群关怀、社区发展等领域，都积极拓展与民间组织的合作，并颁布了《国家发展机构法》，成立了隶属于社会发展部的国家发展署。国家发展署的职能就是建立政府与民间组织合作伙伴关系框架体系，通过项目委托的方式向民间组织购买服务，直接向特定的社区民间组织和其他扶贫组织提供资金，达到减贫的工作目标。

（三）两国的工会组织作用：维权代言

以色列全国总工会（Histadrut）是以色列最大的工人组织，其宗旨是关注工人权利、工人生活条件和社会地位的提高以及工人未来的发展，收入完全来源于会费。它向所有工会会员提供服务，不论何种种族、性别或文化背景，并强调对弱势群体提供特殊帮助。会员享受的服务包括：工会代表雇员与企业之间达成的一揽子协议、劳资关系方面的法律咨询服务、工会提供的各种福利待遇、教育培训以及福利基金等。此外，工会还通过参与立法、司法听证、司法调解等方式保护工人权益。2009 年总工会通过努力，在政府、企业、雇员之间达成了首个一揽子协议，在增加工人收入和福利、维护工人权利以及提高工人地位方面取得了新进展。

南非西开普省 Breede Valley 市工会——独立市政工人协会——在保护工人利益方面发挥了重要作用，它是工人的代言人，保护工人免受雇主的过多剥削以及不合理的待遇。经选举产生的工会领导人为法人，活动经费主要为会费，政府没有资助，也不接受政府领导，工会独立运行。政府与工会之间有定期的沟通机制、对话机制、听证机制，任何涉及工人利益的决策都会征求工会组织的意见，相互开诚布公，充分交流信息，共同作出决定。

（四）两国的社会保障体系：基本均等

以色列重视社会保障工作，为国民提供公共住房和免费医疗，生活在以色列特有的一种集体农庄“基布兹”的所有成员更是享有“共同劳动、按需分配”的平等权利。以色列素有重视教育、崇尚知识的传统，他们把教育视为以色列社会的一种基本财富以及开创未来的关键，在崇智重教、教育面前人人平等的思想指导下，制定了科教优先的基本国策。建国之初制定的一部法律就是《义务教育法》，规定包括阿拉伯人在内，所有 5 ~16 岁的孩子必须接受义务教育，并且到 18 岁均为免费教育，凡未满 18 岁且未完成初等教育的青少年还必须参加专门的补习班。政府对教育的投入长期保持国民预算的 9% 以上，对贫困家庭采取慈善或非营利团体赞助的方式。这种教育制度的完善从根本上保证了以色列教育普及率及高水平，21 ~24 岁的青年中高等教育入学率高达 42%，目前已成为世界上教育水平最高的国家之一。

南非实行中央、省和市三级社会保障管理模式。中央负责统一制定社会保障政策和总体规划，并设立评估监督小组对各地社会保障工作的执行情况进行监督管理和考核。省、市两级负责落实中央有关社会保障的各项政策。中央设立社会福利部，主要目的：一是为正常人提供社会保障服务，二是为残疾、贫穷者提供服务。社会福利部在 9 个省都设有办公室，配合地方开展社会保障工作。近十年来，南非积极探索将穷人纳入社会福利制度中的途径。南非全国总财政收入 1 个兆，其中有 460 亿划归社会福利部，用于救助 800 万贫穷、残疾人员。因为用于救助的钱是有限的，所以在南非必须是最贫穷的人才能得到政府的帮助，月收入在 800 兰特以下的家庭为救助对象。这些人主要是无人供养的老年人、没有工作的残障者和无人供养的孤儿等。社会福利金发放的年龄范围是老年女性 60 岁以上、男性 65 岁以上；女性残疾人18 ~59 岁，男性 18 ~64 岁。政府也将部分社会福利用于资助学生上学、病人就医、低收入户建房等，同时要求学校、医院减免穷人相关费用。目前南非还未建立明确的医疗保险制度，但政府规定，所有公立医院都有义务无偿地为穷人、老人、孤儿、残弱人员提供免费诊治，由卫生部统一结算费用。因为收费低廉甚至免费，全国约有 90% 的人口在公立医院就诊。南非失业人口很多，针对这种情况，政府一是积极帮助就业，二是设立失业救济金，年收入不到1. 3 万兰特的就可以得到救济。

（五）志愿者组织的运作方式：自主发展

两国都十分重视志愿者组织的建设，积极支持志愿者组织开展志愿服务活动，在社会建设中发挥了重要作用。

一是志愿服务理念深入人心。两国都十分重视对志愿服务活动的宣传引导，动员、鼓励各界民众积极参与志愿活动，形成了良好的舆论氛围和社会环境，积极投身志愿活动已成为全民的自发行动。据统计，仅南非为民间组织提供志愿服务的人数就超过300万人，约占全国3000万成年人口的1/10。

二是注重培育志愿者队伍。在招募志愿者时，根据不同的需求以及志愿者的实际情况，如年龄、工作地点、志愿时间、个人技能及个人意愿，选择合适的志愿者并安排适配的项目。以色列志愿组织亚得萨拉（Yad Sarah）大量吸纳身体健康、具有专业技能、热爱公益活动的退休人员为志愿者，这一做法给考察团成员留下了深刻印象。他们通过定期召开教育培训研讨会，为志愿者工作带来新视角，注入新活力。注意保持与志愿者的密切联系，了解他们的工作状况，定期组织专门的委员会评选贡献突出的志愿者并进行表彰，给予志愿者必要的激励。

三是重视发挥专业社工的作用。两国十分重视发挥专业社工在开展社会服务中的引领指导作用。以以色列志愿组织亚得萨拉为例，其组织中除大量的志愿者外，还招聘了200多名接受过专业训练的社会工作者，采取社工引领义工的方式，在志愿者开展工作过程中给予具体指导，对遇到的问题及时提出建议并提供支持，对志愿者开展的工作进行监督，确保志愿服务活动的专业水平。

四是坚持自我发展的原则。两国的大量志愿者组织在开展志愿服务过程中，坚持公益性质，不依赖政府的资助，走自我发展、自我运作之路。如以色列志愿组织亚得萨拉，每年预算的92%来自各界捐助，5%靠服务所得，只有大约3%来自政府资助。通过他们的志愿服务活动，不仅为病、残人员提供了有效的帮助，而且减少了家庭和国家开支，每年可为以色列节约近3.2亿元住院医疗费用。

五是志愿服务的持续化与日常化。两国的志愿服务理念与内容完全实现了持续化、日常化，志愿者服务一年到头都开展，志愿者组织成为常设机构，年年日日有服务，天天时时有安排，24小时应急系统保证志愿服务常年不断。志愿组织、志愿人员、志愿服务成为社会生活的重要组成部分，不仅是消极、被动坐等有需求的人找上门来求助，而是主动、积极开发、创新服务内容、服务模式、服务项目，让服务精神深入社会成员的日常起居，起到了润滑社会关系、回应社会需求、缓解社会冲突、化解社会矛盾的引领作用。

六是志愿服务的增能赋权取向。亚得萨拉志愿组织的两个特点极其突出：其一，绝大多数志愿者是退休人士，他们的理念是：退休人士有丰富的社会经验、多样的社会阅历，更容易善解人意，换位思考，更懂得老年人、残疾人的需求与困苦。同时，退休人士在人生的晚年发挥余热，老有所用，更有利于他们实现人生意义和生命价值。这是一举两得的好事，既帮助了有需求的人，又体现了自己的人生价值，是促进社会良性循环的机制。其二，他们的服务理念处处体现增能思想，所有康复设备、服务器材都在传递“用不残疾的部分打开生活另一扇窗”、“生活让我残疾，我让生活换样”、“老年人不是社会的累赘而是社会的财富”等理念，使得受到他们服务的残疾人、老年人，不但不会依赖社会、拖累他人，反而启发他人、鼓舞社会，得到增能赋权的群体成为为社会增能赋权的积极因素。

三、启示与建议

通过这次考察，我们感到，在社会建设问题上，以色列、南非两国与我市有许多相近、相似甚至相同的思路和做法，如“小政府、大社会”的理念、拥有类似的社会建设组织机构、重视培育支持社会组织与志愿服务的发展、注重发挥工会在维护职工利益方面的作用等，同时也存在一些需要关注、思考的问题。辩证、客观地学习借鉴外国的经验和做法，以国际视野、世界眼光审视目前的工作，必将有利于促进我市的社会建设。

（一）进一步重视社会组织的培育和发展

构建社会主义和谐社会是中国社会新的发展阶段的客观要求。推进经济社会发展，建设和谐社会，必须注重发展民间组织。发达国家的民间组织普遍发展成熟、实力雄厚，与政府部门和营利部门鼎足而立，形成稳定的三元社会结构，成为维护国家经济发展、社会稳定、人民安居乐业的重要基础。改革开放以来，我市社会组织已有较大发展，据统计，全市有市级社会组织8000余家，在社会生活中发挥着积极作用。但是，现有的社会组织规模还比较小，与南非平均每万人拥有民间组织的数量约为30.5个相比，我市平均每万人拥有民间组织只有5个（按现有1750万人口计算），有的组织政社不分、半官半民、含混不清。我国当前正处于社会转型的关键时期，利益主体多元化、利益表达常态化已经成为一种不可否认的社会现实。面对公众表示利益诉求的公共需求，社会组织作用发挥还不能满足社会需要，诉求反映渠道还不够畅通，社会活力有待于进一步激发。因此必须加快对社会组织的培育和发展，认真落实培育扶持社会组织的相关政策和措施，显著增强社会组织参与社会服务的功能。积极推进管办分离、政社分开，充分发挥“枢纽型”社会组织的骨干和龙头作用，建立健全公共财政对社会组织的资助和奖励机制，研究落实政府向行业协会、“枢纽型”社会组织购买公共服务政策，不断完善社会组织承接政府职能的管理制度，重点扶持一批具有示范导向作用的公益性社会组织，显著提升社会组织承接政府转移职能的能力。重点培育具有公益性、志愿性、非营利性的社会组织，逐步让非营利组织成为政府处理社会问题的伙伴、公平分配资源的手段、公民民主参与的形式，充分起到帮助社会弱势群体、协调社会矛盾和冲突、提供更多就业机会，满足社会多元化需要等有利于社会和谐发展的作用，发挥其矛盾缓冲器、利益调节器、社会稳定器的功能。

（二）进一步发挥工会组织在维护职工合法权益中的作用

工会作为职工自愿组成的社会团体，维护职工合法权益是其重要职责。通过学习国外经验，结合国情市情，应进一步发挥各级工会联系职工群众的桥梁纽带作用，把维护广大职工的根本利益作为工会一切工作的出发点和落脚点，维护职工队伍稳定，促进社会和谐。

一是积极构建和谐劳动关系，及时解决突出矛盾。各级工会应建立完善劳动关系矛盾预警机制和应急处置机制，及时排查影响职工队伍稳定的因素，畅通信息渠道，加强劳动争议特别是集体劳动争议的调处，积极协助党政部门妥善处理劳动争议和职工群体性事件，防止劳动关系矛盾激化，以劳动关系和谐促进社会的谐，以职工队伍稳定促进社会稳定。加强和改进职工思想工作，推进企业文化和职工文化建设，加大对职工特别是新生代农民工的心理疏导和人文关怀力度，督促企业履行社会责任，努力营造宽松友爱、乐观向上的氛围。

二是积极推进工资集体协商，切实做好维权工作。各级工会要以《劳动合同法》、《北京市集体合同条例》等法律法规为依据，坚持主动依法科学维护职工正当权益，推动企业普遍开展工资集体协商、劳动合同平等协商，督促企业建立完善工资共决机制、职工工资正常增长机制和支付保障机制。要加大对困难职工特别是农民工、劳务派遣工的帮扶力度，开展互助活动，建立送温暖工作长效机制。

三是积极推进组织覆盖，努力健全工会网络。要积极推进在非公有制企业、商务楼宇普遍建立工会组织，鼓励、支持、吸引流动人口参与工会组织的各种活动，不断扩大工会工作的覆盖面。要不断适应形势发展，加强工会自身能力建设，努力把各级工会建设成值得依赖的“会员之家”。

（三）加快完善志愿服务体系

志愿服务是一个国家公民精神文明程度

的重要体现，也是公民社会发展的基础，发展志愿服务是我国目前的形势所需，也是社会进步的必然要求。经过北京奥运会和国庆60周年庆典活动的实战检验，我市的志愿服务水平显著提高。要把总结积累自身经验与学习吸收国外经验结合起来，进一步搞好志愿服务体系建设，不断提升社会组织动员水平。

一要积极培育志愿服务组织。针对我市社会建设实际，按照“群众所需、志愿者能为”的原则，研究制定志愿服务项目，完善志愿服务项目指导目录，逐步形成覆盖全市，符合社会需求的项目体系。要尽快建立各级志愿者联合会，积极构建各部门、各系统、各领域志愿者组织的“枢纽型”组织，形成分类管理、统筹协调的志愿服务长效工作机制。

二要不断改善志愿者队伍。要积极引导机关、企事业单位人员带头参与志愿服务，充分挖掘社会志愿服务资源，建立来源广泛、贴近实际，专业与通用技能相结合、年龄结构形成梯次、活动时间灵活多样的志愿服务队伍。要加强对志愿者的业务培训，提高队伍的整体素质。要建立健全注册志愿者档案管理、服务时间储蓄、互助服务、返还服务、分级表彰等制度，探索建立志愿者星级认证和奖章授予制度，调动市民参与志愿服务的积极性。近年来，我市人口老龄化速度加快，据统计，至2009年年底，我市户籍60岁以上老年人口已达226.6万人，占户籍人口的18.2%，比全国平均水平高出6个百分点，已进入中度老龄化社会。预计到2015年，本市老年人口将增长至340万人，到2020年，户籍人口的老龄化接近30%。借鉴以色列志愿者组织的经验，老龄人口既是志愿服务的重点对象，同时也是庞大的志愿者群体。退休人员大多身体健康，有热情、有经验、有精力，要善于把这部分人动员起来、组织起来，发挥他们的优势，使之成为志愿者的宝贵资源和志愿者队伍中的一支重要力量。

三要努力规范志愿服务运行机制。要倡导“政府主导、社会捐助”为主的志愿服务经费保障机制，确保志愿服务活动的公益性、长效化。要统筹、整合现有各类服务项目和服务资源，努力构成区域化、网格化志愿服务格局。要采取“社工带义工”的工作模式，充分发挥双方的优势，构建起专业社工和志愿者联动互促的良好局面。要开展个性化、精细化志愿服务，不断提高志愿服务的质量和水平。

（四）把以改善民生为重点的社会建设放在更加重要的位置

通过这次考察，特别是通过分析反思以色列、南非两国的社会现状，考察团成员对加强社会建设的重要性和紧迫性认识更加清楚，抓好社会建设的责任感和压力感普遍增强。考察中大家深切地感受到，以色列虽然经济发达、人民生活富裕，但由于众所周知的原因，政府官员和民众都表现出对实现中东和平的强烈愿望，他们渴望和期待能够像北京市民一样在和平安定的环境里幸福地生活。南非虽然社会保障体系比较健全，近年来在社会经济领域也取得了重大成就，尤其是世界杯的成功举办，使南非民众对社会满意程度提高，但多年来，由于贫富悬殊、失业率居高不下以及枪支泛滥，各种刑事犯罪成为该国最突出的社会问题，目前，南非的失业率高达35%，其中青年失业率超过40%，全国枪支数量高达300万～450万，有16%的人染有艾滋病病毒，平均每年有1100万人遭受武装抢劫、谋杀、强奸和绑架，社会治安不断恶化，使南非成为世界上犯罪率最高的国家之一，人们每天生活在对自身安全的担忧和恐惧中。这些国家反映出的社会问题启示我们，要满足广大人民群众对更好生活的新期待，社会建设任重而道远，社会建设大有作为。今后五年，既是建设中国特色世界城市、推进首都经济社会新一轮快速发展的重要战略机遇期，又是深化重点领域改革的攻坚期，也是各种利益冲突和社会矛盾的凸显期，社会建设既面临重要机遇，又面临严峻挑战。必须站在推动科学发展、促进社会和谐的政治高度，不断深化对社会建设与服务管理特点和规律的认识，借鉴国内外社会建设有益经验，按照党的十七届五中全会精神、市委十届八次全会精神和“十二五”规划要求，全力推进我市社会建设又好又快发展，为在新的起点上全面推动首都科学发展提供有力支撑。

（考察团成员：宋贵伦、王占勇、韩贵海、田国秀、王东强、甘承伟）

赴广州、深圳、上海社会工作考察报告

为进一步推进北京市社会工作及其人才队伍建设特别是社工事务所建设、志愿者工作，2010年8月26日—9月3日，市委社会工委委员、市社会办副主任周开让带领市人力社保局和市委社会工委、市社会办有关处室负责同志及西城、朝阳、海淀、石景山、顺义、昌平区委社会工委、区社会办主管领导一行13人，对广州、深圳、上海三地的社会工作及其人才队伍建设进行了考察。现将考察情况总结如下汇报。

一、广州、深圳、上海推进社会工作的主要做法

（一）关于社会工作管理体制

广州、深圳、上海适应社会工作的发展需求，从行政管理、行业自律和专业支持等方面加强社会工作的管理机构建设。

一是均成立了社会工作队伍建设工作领导小组，以加强对全市社会工作人才队伍建设工作的领导。广州、深圳将领导小组办公室设在民政局。广州还在市民政局加挂“市社工办”的牌子。上海在市社会工作党委增设了协调指导处，主要承担领导小组办公室日常工作。近年来，上海还在团市委的指导下成立了阳光社区青少年事务中心，开展青少年教育服务；在市司法局的指导下成立了新航社区服务总站，开展社区矫正服务；在市委政法委的指导下成立了自强社会服务总社，开展禁毒服务。

二是在市民政局增设了专门的社会工作处（上海称之为“职业社会工作处”），负责拟订全市社会工作政策规划、统筹培育社会工作服务机构、对政府购买社会服务项目进行绩效评估等。

三是积极培育社会工作者的行业管理机构，成立了市社会工作协会，主要开展社会工作行业自治与管理，促进行业自律和规范化、专业化发展。

（二）关于社会工作政策体系

广州、深圳、上海都从研究制定社会工作政策体系入手，建立涵盖职业规范、从业标准、岗位设置、项目运作、职业晋级、薪酬待遇等系列配套的社会工作制度框架，努力营造培养、评价、使用和激励社工人才的良好制度环境。

广州市委、市政府印发了《关于加快推进社会工作及其人才队伍发展的意见》及5个配套实施方案（即《社会工作专业岗位设置及社会工作专业人员薪酬待遇方案》、《财政支持社会工作发展的实施方案》、《政府购买社会服务考核评估实施方案》、《扶持发展社会工作类社会组织的实施方案》和《社会工作专业人员登记管理实施方案》），力争在5年内造就一支结构合理、素质优良、具有活力的社会工作人才队伍，形成“党委统一领导、政府主导推动、社会组织运作、公众广泛参与”的社会工作发展格局。

深圳市委、市政府出台了《关于加强社会工作人才队伍建设推进社会工作发展的意见》及7个配套文件（即《社会工作者职业水平评价实施方案》、《社会工作人才教育培

训方案》、《社会工作专业岗位设置方案》、《社会工作人才专业技术职位设置及薪酬待遇方案》、《发挥民间组织在社会工作中作用的实施方案》、《财政支持社会工作发展的实施方案》、《“社工、义工”联动工作实施方案》),确定了以“政府推动、民间运作”模式为主要特征的社会工作体系的基本架构和发展思路。

上海出台了《上海市社会工作者职业资格认证暂行办法》、《上海市社会工作师(助理)注册管理试行办法》、《关于在本市民政系统及相关机构配置注册社会工作者的意见》等政策措施,正在建立社会工作项目设计、薪酬指导、资金保障、督导评估、行业管理、社工联系义工等相关制度。

(三)关于社工队伍建设

广州、深圳、上海在加强社工队伍建设方面坚持专业化方向,提升社工专业水准。

一是依托高校专业资源,培育发展专业社工服务机构。例如,广州市大同社会工作服务中心、启创社会工作服务中心分别由广东工业大学社会工作系副教授刘静林、中山大学社会工作教育与研究中心主任罗观翠发起成立。深圳市鹏星社会工作服务社由深圳大学社会学系主任易松国创办。上海市公益社工事务所由华东理工大学社会工作系教授朱眉华创办。

二是大力开发社工岗位,培养专业社工人才。广州充分发挥社会工作人才在社会救助、矛盾调处、权益维护、心理疏导、行为矫治等社会管理服务领域的专业优势,并组织本地社工参与四川汶川抗震救灾。深圳要求各社工机构确保社工队伍的主体必须具备本科以上社工专业教育背景,社工必须考取助理以上社工师资格,并依托政府各级各部门,采取“嵌入”的方式,向专业社会工作机构购买社工岗位,为社区建设、社会福利与救助、医疗卫生、青少年教育、禁毒等领域和岗位配备专业社工。截至2010年7月底,深圳以购买岗位和购买项目方式配备的专业社工达到931个。上海在学历教育方面要求在校社会工作专业学生必须达到800小时的社会实践。

三是合理确定社工薪酬待遇。广州对公益性社会组织社会工作专业人员实行薪酬指导价。深圳一线社工入职试用期满薪酬(不含五险一金)约为每月3000~3300元,督导助理和见习督导分别约为3800元和4800元,并为社工解决户口、休假等问题。

四是引进专业社工督导,不断提升社会工作者的业务水平和职业道德素养。广州建立了“香港社工督导+广州社工督导+项目/中心主管”机制。深圳先后引进香港专业社工督导共81名,开展传授社工知识与技巧、提供实务建议、对社工给予情绪支持、协调和发掘社会资源等工作,积极构建本土社工督导体系。目前全市社工督导助理达到146名,见习督导36名。今年年初,第三方专业评估机构对社工机构的年度综合评估结果显示,受访服务对象80%对社工的工作表示满意或认为社工服务对其有帮助。

五是建立社工和志愿者联动机制。广州、深圳推行“社工+义工”模式,让每一名社工固定联系一定数量的义工,有针对性地开展社会工作。上海按照“三社互动”(以社区为平台、以专业社会工作机构为载体、以专业社会工作人才为核心)、“两工联动”(社工、义工联动发展)的工作思路,推进社会工作。

(四)关于社会工作经费投入

广州、深圳、上海确立财政资金对社会工作发展的主渠道地位和导向作用,建立以财政支持为主、民间筹措为辅的社会工作经费保障模式,2009年广州市、区两级共投入1500多万元,今年计划投入5000多万元,用于购买社会服务,并为社工服务机构无偿、低偿提供场地。目前,全市共培育专业社会工作服务机构34家,承担33项社会服务。如广州市启创社会工作服务中心60%的经费来自于政府购买服务,35%来自基金会、企业捐助,5%是自行募集。深圳安排福彩公益金用于社工服务试点,各区将社工试点资金纳入区财政，全市三年来累计投入资金约2亿元支持社工试点的开展。上海2009年安排福利彩票金1亿元支持社会工作，今年市、区又投入2亿元用于购买社会服务。如浦东新区设立了支持社会工作发展的专项经费，每年向每个专业社会工作机构提供10万元办公经费资助。

（五）关于社会工作宣传培训

广州、深圳、上海注重加强宣传培训工作，初步形成了全社会关心、支持、参与社会工作及其人才队伍发展的良好氛围。

一是加强宣传引导。三地都采取多种方式，大力宣传社会工作的专业理念、方法和作用，普及社会工作知识。

二是加强教育培训。广州分别组织开展了38名市管干部、160名处级干部、90多家养老机构负责人参加的社会工作专题培训班，全市已有1647人通过全国社会工作者职业水平考试。深圳聘请国内外知名专家、学者，先后培训党政领导干部、试点单位工作人员、新上岗社工约4000人次。上海在原上海市民政干部学校的基础上组建了市社会工作培训中心，开展社会工作理念和方法的普及培训、职业资格的考前培训和注册社工的继续教育等工作。协调社会工作各领域的有关部门，共同对实际在岗人员开展分期、分批、分层的岗位轮训。

三是加强交流合作。三地非常重视学习借鉴先进经验，加强与中国香港、澳门地区和新加坡等地的交流与合作，学习借鉴他们社会工作发展的成功经验。广州、深圳与香港建立经常性交流机制。广州自2007年以来市主要领导多次率团去中国香港和新加坡等地考察社会管理服务和社会工作，2009年专门印发了《关于学习借鉴香港先进经验推进社会管理改革先行先试的意见》。

二、对北京市社会工作的主要启示

（一）必须坚持社会工作的专业化方向

"社会工作行政化"是国内很多地区遇到的难题。从实践来看，一些地区直接配置在街道、社区或政府部门的社工，很多都存在严重的行政化问题，有的甚至基本脱离了专业社会工作实务，只做一些"打杂"的工作。为了充分发挥社工的专业优势，避免社会工作的行政化倾向，三地主要采取了以下措施：一是明确专业社会工作人才的概念，将专业社会工作人才与传统意义上社区工作者等其他队伍区别开来，避免因概念混淆而导致专业社会工作人才的"非专业化使用"和"行政化发展"。二是实行较为严格的资格准入制度，对专业社会工作机构人员的专业、学历、资质提出明确和严格的要求，确保人员的专业性。三是依托专业社会工作机构、项目或岗位作为社会工作人才使用和管理的载体，特别注重发挥专业社会工作机构管理、培训、研发及筹集社会资源等功能，确保专业社会工作人才能得到专业化的使用和提升。

对于北京而言，必须处理好专业社工队伍与社区工作者等队伍的关系，对专业社工严把入口关，拓宽出口关，坚持社会工作的专业化方向。

（二）必须加大政策和财政支持力度

对于内地而言，目前社会工作尚处于起步阶段，仅靠社会力量来发展难度较大，为此，三地对社会工作在政策和财政上给予了大力支持，确保了社会工作的持续快速发展。一是建立相对完备的政策体系，保证支持社会工作发展的配套政策能够及时到位，从社会工作发展之初就确保了规范性。二是不断加大财政投入力度，通过购买项目和岗位、提供启动资金、无偿或抵偿提供办公场地等方式，为专业社会工作机构提供资金支持，起到了极强的导向作用，影响和带动了社会资金的投入，为社会工作发展提供了坚实的经费保障。

从目前情况看，随着"1+4+X"系列文件的出台，北京市社会工作已经有了较好政策基础，但在系统化方面还有待进一步完善；在财政投入方面，目前我市已经建立社会建设专项资金，下一步应当明确支持社会工作的资金投入和使用办法，形成稳定的资金保障机制。

（三）必须建立引才和聚才的良性机制

良好的、专业化的政策环境和社会氛围，是吸引和留住专业人才的重要前提。建立“用得好、留得住”的机制，确定合理的待遇固然重要，但更为重要的是要为专业社会工作人才创造职业地位合理、专业氛围浓厚、发展预期良好的环境。三地在这方面的做法有：一是建立职称职级体系。明确社会工作人才的专业职位名称、等级标准，为广大社工提供了清晰的职业晋升路径。二是努力提高社工待遇。确保社工薪酬在本地区具有一定的竞争力和吸引力，并积极解决落户、休假等其他待遇。三是为社工自身专业能力提升创造条件。为专业社工提供专业岗位和空间，使其能够发挥自身专业特长。同时，为社工提供专业培训机会，提高社工专业水平，使其获得专业发展。

北京共有16所高校开设了社会工作专业，每年培养600余名毕业生，如何将这些专业人才留住，是摆在我们面前的重要课题，只有借鉴三地经验，做到“待遇有保障、发展有载体、提升有空间”，才能建立一支稳定的专业社会工作人才队伍。

（四）必须争取各方对社会工作的认可和支持

社会工作涉及多个系统和多个领域，是一项系统工程，需要各有关部门及全社会的大力支持。目前，社会各界对社会工作的认识较为模糊甚至错误，不理解、不支持等问题普遍存在，严重制约了专业社会工作的发展。为解决这一问题，三地的做法可归纳为三个方面：一是着力提高党政领导干部的思想认识。通过开展培训、组织实地考察等方式，增强领导干部对社会工作的理解和重视。二是以社会工作实效获得相关部门的认可。向相关部门派驻专业社工岗位，使各方通过直接接触社工实务，亲身感受到社会工作的实际效果，进一步加深对社会工作的认同。三是与相关部门合作开发项目。围绕相关部门关注的工作，共同设计、论证和开发社会工作服务项目，在解决各部门重点、难点问题过程中，获得理解和认可，为社会工作营造良好的氛围，形成发展合力。

北京市在民政、司法、卫生和教育等部门都开展了专业社会工作实践，积累了一定的经验。但与三地相比，我市专业社会工作的领域和范围还有进一步拓展的空间，今后应进一步加大统筹协调力度，在更多社会工作领域设置专业社工岗位、派驻专业社工或开展专业社会工作项目试点，为专业社工运用社会工作专业方法解决社会实际问题创造条件，提高社会各界对社会工作的认知度。

三、下一步工作建议

（一）加快筹备成立市社会工作者联合会，完善社会工作行业管理体制

加快推进市社会工作者联合会的筹备和组建工作，使其成为社会工作行业管理“枢纽型”社会组织，进一步理顺行政管理与行业自治的关系。依托市社工联制定《社会工作从业人员规范》、《注册社会工作师守则》、《首都社会工作指南》等从业标准和社会工作行业自律性规范，开展社工派驻、行业监管、项目发布、第三方评估、教育培训等服务。在基础较好的区县推动成立区级社会工作者联合会，作为市社会工作者联合会的团体会员，形成市、区两级社会工作行业管理体系。

（二）加紧制定社会工作系列文件，完善社会工作政策体系

以市委、市政府《关于进一步加强社会工作人才队伍建设的意见》为基础，按照全国和全市人才工作会议及全国和首都人才中长期发展规划纲要精神，结合全市社会服务管理创新推进大会和行动方案重点工作，加快制定出台我市《社会工作者职业水平评价办法》、《社会工作者教育培训管理办法》、《社会工作岗位设置指导办法》、《社会工作者职级体系与薪酬待遇管理办法》、《政府购买社会工作机构服务实施方案》、《社会工作

岗位设置实施方案》、《社会工作机构综合评估办法》等系列制度文件，形成系统的、可操作的配套性政策体系，确保社会工作发展有依据、有保障。

（三）进一步拓宽筹资渠道，为专业社会工作发展提供资金保障

一是加大财政投入力度，在全市社会建设专项资金中专门设立专业社会工作发展基金，用于培育扶持专业社会工作机构、购买专业社会工作服务项目或岗位，同时制订资金使用的具体方案，明确合同签订、考核评估、资金拨付等环节。积极推动将购买专业社会工作服务列入市、区两级财政预算。加强对社会工作资金使用的内部审核和外部监督，提高使用效率。二是引导社会资金投向社会工作，鼓励专业社会工作机构申请相关基金会、公益组织、企业等的资助。不断加强专业社会工作机构自身能力建设，增强其整合社会资源的能力，促进其实现“自循环”发展。

（四）推动社会工作职业体系建设，不断提高社会工作的职业地位

一是制定社会工作职称职级标准。与全国《社会工作者职业水平评价办法》相衔接，根据首都实际，明确社会工作的职位和分级，以及每一级的职业资格和聘用条件。二是建立与职称职级挂钩的薪酬标准。参照专业技术职位薪酬制定办法确定相关标准，研究制定全市专业社会工作人员薪酬指导价格，作为政府购买社会工作服务项目和岗位的参考依据。三是开展专业岗位设置试点。选择部分社会工作相关的行政和事业单位，开展专业社会工作岗位设置试点，对部分岗位实行职业资格准入。四是开展政府购买专业社工岗位试点。通过政府向专业社会工作机构购买岗位的方式，向部分社区、学校、医院派驻社工，由市社会工作行政主管部门、专业社会工作机构、用人单位三方共同实行监管。

（五）整合发展社会工作人才队伍，为首都社会工作发展提供充足的人才保障

通过“四个一批”来整合和优化专业社会工作人才：一是招聘一批。通过公开招聘等方式，面向社会招聘专业社会工作人才。二是培养一批。对于具有社会工作及相关专业背景的人员，先认定为“实习社工”，通过一定时间的社会工作实务训练，并经过考核后，认定为专业社工。三是转化一批。由于我市通过社会工作者职业水平考试的人员目前大部分在社区中工作，因此，在保证社区工作者队伍总体稳定的前提下，对于这部分人当中愿意到社区或相关机构的专业岗位从事社会工作的人员，应为其创造条件，帮助其尽快转化为专业社工。四是带动一批。充分发挥专业社工的作用，广泛调动志愿者的积极性，使其协助专业社工开展社会工作服务，形成社工、义工联动机制。

（六）加强培训、交流与合作，不断提升首都社会工作发展水平

一是推动将党政机关领导干部社会工作培训纳入全市人才年度培训工作重点，提高领导干部对社会工作的理解和认识水平。二是加大社会工作人才培养力度，加强社会工作人才培养“双基地”建设，有计划、分层次对现有社会工作从业人员进行大规模专业培训，着力培养社会工作骨干人才，发挥引领和带动作用。三是建立与广州、深圳、上海及港、澳、台等地的定期交流机制，通过“走出去”与“请进来”相结合的方式，开展与境内外高校、社会工作机构合作，有计划地选送一部分优秀中青年社会工作人才外出进行中短期专业培训、考察、研修和实践交流。四是加大高级社会工作人才引进力度，逐步建立一支首都社会工作领军人才队伍。根据目前首都社会工作发展实际，聘请香港社会工作专家和实践经验丰富的社工担任督导，促进首都地区社会工作专业水平的不断提升。

（考察团成员：周开让、王金福、刘悦敏、阴宏、董会生、李胜、张琳娜、李兴存、袁燕平、杨柏生、李占影、黄绍丽、张江）

赴日本、新加坡社会建设考察报告

2010年5月26日—6月4日，市委社会工委委员、市社会办副主任陈建领率考察团一行5人赴日本、新加坡进行了社会建设考察。考察团先后参观考察了日本大阪、京都、名古屋、箱根、横滨、东京以及新加坡的社区、社会组织和志愿者队伍建设情况，并与日本东京都葛饰区区役所、新华社驻日本高级记者、新加坡高文民众联络所、新加坡社区基层领袖、新加坡人民行动党议员等进行了深入交流。现将考察情况作如下报告。

一、基本情况

（一）日本社区组织的设置与运作情况

1. 日本的社区治理模式。日本的社区建设采取行政与自治相结合的混合治理模式。特点是政府对社区干预与社区自治相结合。行政上，日本采用地域中心体制。地域中心是由区政府根据人口密度和管理半径划分的一定区域的行政管理机构，隶属于区政府地域中心部。在社区内，设有町会·自治会，是由社区居民自发建立的社区自治组织。这种治理方式，政府提供政策、制度和经费支持，社区自治组织是政策、制度的主要建议者，社区以社区组织自治为主，政府对社区干预比较宽松和间接。通过这种混合治理方式，政府进行宽松有序引领，社区组织与居民积极响应参与，两者有机结合，相辅相成，共同为社区建设服务。

2. 组织状况。町会·自治会是设置在行政社区内的居民自治组织，在社区治理中发挥着举足轻重的作用。町会是传统社区的自治组织，自治会是新建小区的自治组织。在划分方式上，町会·自治会按住址、区域划分，也有跨区域的自治组织，如以高楼为单位。町会·自治会规模不一，以葛饰区为例，大的1642个家庭，小的19个家庭。在加入方式上，以家庭为单位，自由加入，缴纳会费。在加入比例上，60%加入，40%未加入，越是偏远地区加入比例越高，大都会加入比例相对较低。在参加范围上，以高龄者居多，自营职业者、时间不自由者较少。目前，葛饰区全区21万户46万居民，现有241个町会·自治会。

3. 运作情况。町会·自治会成立时登记备案，政府不干预，一切自发。会长2年一换届，无限制。公职者担任会长的较少，葛饰区全区也只有一个公职者担任会长的情况。在经费来源上，包括财政补助、会费与活动收入。町会·自治会一直得到政府的资金支持，这些经费主要用来建设町会·自治会办公和集会设施。政府补助由会长申请，通过会长支出。政府补助不仅覆盖60%加入者，40%未加入居民也在补助范围之内，没有多交会费情况。在活动主体上，退休老人和家庭主妇一直是日本社区活动的主力。町会·自治会没有专职工作者，包括会长在内都是义工，没有报酬。在活动内容上，涉及八个方面：一是维护安全、安心。安全巡逻，防止犯罪，构建安全安心的社区环境。二是美化环境。开展清扫活动，废物回收，为环境美化做各种努力。三是提高社会福利。举办捐款活动、敬老会，提高地区福利工作。四是保护青少年。协助青少年家长，组织家长联合会，防止违法行为，保护青少年健康成长。五是举办防灾演习。定期进行预防灾害、消防演习。六是提供信息。通过回栏、揭示板，进行信息发布与回馈。七是文化修养。开展社区演讲会、徒步旅行等活动，提高居民文化修养。八是加深交流。举办会员舞会等活动，加深居民间交往交流。

（二）新加坡社区组织的设置与运作情况

1. 新加坡的社区治理模式。新加坡的社区建设采取政府主导型治理方式。特点是政府主导与社区自治相结合。这种治理方式，政府主导社区建设，对社区组织提供物质支持和行为指导，引导社团、企业参与社区建设，建立社区服务网络，针对不同居民提供有效援助，构建具有归属感和责任感的社区生活。同时，社区自治组织被赋予充分的发育空间，社区基层组织（即“草根”组织）与基层领袖都由民间自发产生，在工作上，他们是完全独立的、自治的，带有明显的自我服务和自我管理性质，与政府之间不是从属关系，是对话关系。

2. 新加坡的社区组织体系。新加坡的社区组织体系独树一帜。这一组织体系的结构、职能与相关人事关系如下：一是社会发展、青年及体育部。是社区管理最高机构。二是人民协会。是全国社区组织的总机构，属社会组织，又是法定机构，下辖公民咨询委员会、民众联络所、居民委员会、邻里委员会等，旨在促进种族和谐与社区凝聚力，搭建政府与民众的桥梁。三是社区发展理事会。是地方行政机关，首长由人民协会派驻，分管若干选区，兼有党派职能。四是公民咨询委员会。每个选区设立1个公民咨询委员会，在选区层次上协调社区事务，负责居民和政府之间的信息沟通，并募集社区基金，改善贫困和残障人士福利、提供奖学金和援助社区建设项目。五是民众联络所（已改称民众俱乐部）。每个选区设1～2个居民联络所，由人民协会向联络所下派职员，每个所不超过10人。联络所设管理委员会，代表人民协会行使社区公益事业建设和管理社区民众联络所的职权，组织举办各种活动，负责社区发展与收集民意。六是居民委员会（邻里委员会）。每个居民委员会覆盖8～10座组屋，由选区议员委任主席，在居民中选任委员，负责家庭纠纷调解、社区建设，配置有居委会中心，由义工参与工作。

3. 民众联络所、居民委员会的运行情况。对于民众联络所，经费来源包括管理费、捐赠和政府对基础设施的投入。民众联络所是公共财产的所有者，管委会可将公共设施低价租出，但只作民用，所得即为管理费。管委会每月都开会，所长审计监督支出，账户由人民协会指定，只有主席、副主席、财务签字才能生效。联络所下设乐龄（55岁以上）、妇女、马来、青年、印度小组，乐龄小组是主体，举办的活动涉及文化、教育、娱乐、体育、社交等，社区服务包括托儿所、家庭服务中心、邻里活动中心、日间乐龄托管中心、学生托管中心等。每年评选联络所奖，评级从一星到四星不等，依据是活动多少、居民参与率、少数种族参与数、小型课程、管委会少数民族比例、少数民族活动数，由联络所职员上报、监评。对于居民委员会，5年换届一次，每个居民委员会有15个委员，70%委员属于本区，外来人或搬走的人可作为附属委员，但不超过30%。居民委员会组织的活动也是形式多样，比如邻里守望、民防演练、家政课程、教育旅游、民众对话会、文体娱乐、社区联欢会等，使居住在同一组屋区的居民彼此增进了解，促进邻里和睦、种族和谐和社会团结。

（三）日本、新加坡的义工、社会组织情况

1. 日本志愿者队伍的发展与管理。1995年的阪神大地震是日本志愿者队伍发展的重要契机。参加神户救灾的志愿者总人数超过100万人，这一年成为“志愿者活动元年”。这次志愿者大行动之后，许多院校、公司、国家机构通过采取一系列措施来支持志愿者活动，推动了志愿活动由临时性、个人性向日常性、组织化的转型。1998年，日本《特定非营利活动促进法》获得通过，使从事增进福利事业、振兴文化艺术体育事业、保护环境、提供灾害救助等12个领域活动的团体获得了法人资格，志愿活动纳入法律化、规范化轨道。到2000年，全国志愿者已急剧上升到700万人。值得一提的是，日本在组织和管理志愿者上积累了丰富的经验，善于对来自民间的志愿者力量进行整合，很多志愿者都是事前在有关部门登记并受过相关培训，这就大大提高了志愿者工作效率。

2. 日本社会组织（NPO、NGO）的活动领域、作用发挥。日本的社会组织勃兴于20世纪80年代以后，比欧美晚30～40年，但已渗透到社会生活的各个方面，活跃在世界舞台的广泛领域。大量以民间慈善为宗旨、以公益服务为主业、以志愿参与为特征的社会组织的存在及其作用的发挥，形成了日本独特的“NPO主内、NGO主外”格局。其中，NPO即非营利组织（Non-profit Organization），是以市民为主体、参加社区建设的正式组织，其成员是作为一种职业参与活动，并将得到地方政府和财团在资金和信息上的援助。NPO已经成为日本社区活动的主体力量，涉及美化环境、改善居住条件、保护地方文化、提供社会福利、建立居民交流网络等方面。NGO即非政府组织（Non-governmental Organization），活跃于开发援助、人道救援、扶贫环保、人权裁军、公众外交等国际舞台，以及发展中国家的资金和技术等非政府领域，发挥着政府和企业所发挥不了的独特作用。

3. 新加坡的义工培育与社区服务。新加坡的义工培育富有成效。他们的做法是立足社区服务培养社会自愿贡献者，即义工。他们的口号是：“志愿者，发挥你的作用，让我们一起共建伟大家园和关爱社区。”义工在民众联络所登记，参与管委会活动，义工无薪，即使为了便于开展义务活动而采取的鼓励性措施，如允许义工7—11点社区内免费停车，也会把优先权让与居民。在新加坡，由义工组成的“草根”组织超过1800个，它们共同构成了人民协会的“草根”网络，通过社会的、艺术、体育和危机预警等活动将民众聚集在一起，共同推进社区融合。“草根”志愿者则身体力行，在倡导奉献、培养社区意识、为需求者解释政策并收集反馈等方面发挥作用。通过这种自愿奉献精神的义工培育，以及丰富多彩的社区服务，促进了社区居民广泛参与，减轻了政府的压力，节约了社区建设管理的成本。

新加坡的“枢纽型”社会组织——市镇理事会。新加坡市镇理事会是1988年以后，依据市镇理事会法令在各个市镇分别成立的。它的职责类似于城市社区物业管理，主要负责对公共环境进行日常的清洁、园林保养、日常与周期性的维修工程、社区改进计划、中期翻新计划、建筑物日常管理与定期维修服务等，而与物业管理不同的是它属于法定机构。它搭载了街道办的一些职能，但又属于民间组织，这种民间组织的特性使它可以获得授权后，行使政府管理职能，比如环卫、物业、小区内的乱摆卖的管理与处罚等。市镇理事会隶属于国家发展部，由政府任命的官员、选区议员、民众咨询委员会、民众联络所管委会和专业人士所组成，是城市公共社区和物业管理机构。它成立的目的是为了让居民能够更多地参与城市管理，让国会议员更多地施展其领导才能。市镇理事会负责新加坡城市管理中最日常的工作，在城市管理中发挥了极其重要的作用。新加坡市镇理事会这一民间组织的运作模式，与北京市“枢纽型”社会组织的管理模式以及党建、业务一起抓的发展思路是不谋而合的。它的成功经验值得借鉴。

二、考察印象

考察团在学习考察中，对以下情况印象深刻。

（一）人文环境优美、人文素质整体水平较高，服务意识、基础设施折射服务水平、文明水平

日本、新加坡的人文素质、人文环境给人留下深刻印象。日本全国无文盲，订报、读报率全世界第一。在日本，服务意识深入人心，服务设施既简约又周全、舒适，处处体现出人本理念。不管是宾馆、公共设施，还是厕所、垃圾、无障碍设施，都折射出一

流的服务水平、文明水平。人们谦恭有礼，注重感谢、感恩。即便离开一个乡野宾馆，也是从管理层到一般员工列队欢送、挥手致意直至视线之外，其情其景总让人产生一种惜别亲人、即使历经沧桑也要复归的依恋，感受到一种深深的人文情怀，以及一种植根于东方传统文化之上的现代文明的深厚底蕴。在新加坡，各种服务以民众为中心，巴士进社区，不出社区，老、中、青三代都可以找到日常所需服务。不抽烟、不随地吐痰、不大声喧哗，文明过马路，都成了人们的自觉行动。城市规划开门纳谏，公开征求市民意见。政府官员、义工、导游的职业操守，展现着现代职业道德水准，反映着诚信文明程度、社会风尚。北京要建设世界城市，加快推进社会建设，需要在理念上、认识上找差距，需要在服务水平、文明素养上下工夫。这是日本、新加坡的成功经验。

（二）社区治理体现民主自治水平和意识，政府对社区的投入体系健全、投入机制长效化

在考察中发现，日本、新加坡的社区建设和治理，更多的是通过自治、扶持扶助的方式。新加坡的社区自治以构建伟大、关爱的社区为目标，“让民众走到一起来”，“我们保证提供高品质的服务和不断的改进。我们承诺要礼貌，高效和响应”。通过社区组织、“草根”社团、做义工，民众积极参与社区管理，提供社区服务，体现出自我服务、自我管理的民主自治水平和意识。日本政府对社区的投入体系健全，投入机制长效化。以东京都葛饰区为例，政府对町会·自治会的资助进入区政府预算，预算额度为1亿日元，占区总预算1500亿日元的1/1500。东京都对补助有政策性规定，但只由区进行补助，覆盖住区所有的家庭。区政府给出的补助非常明晰：一是按家庭数量给予补助。每项活动每个家庭补助300日元，共6500万日元/年。二是新建会馆、揭示板等补助。共600万~2000万日元/年。三是支援环境美化。每年提供一次清扫用具，共400万日元/年。四是补助地区集会活动。用物品补助费用的1/3，但不超过100万日元，共860万日元/年。五是补助街头学习活动。对生活知识讲座、学习会讲师费用给予补助，共100万日元/年。日本、新加坡的这种民主自治水平和意识以及政府对社区的投入模式，是有效和持久的。

（三）注重运用文化、管理的双重驱动，推进世界城市建设

日本、新加坡的城市建设注重保护古都、古迹的“历史风尚”，对一般城镇内的历史街区以及以村落景观为代表的历史环境进行切实保护和合理再利用。无论是日本的大阪古城、天龙寺、浅草寺、周总理诗碑、世博会封存纪念，还是新干线、21世纪未来港、富士山、皇居、丰田博物馆，抑或是新加坡的佛牙寺、国会大厦、高等法院、鱼尾狮像、圣淘沙岛，都让人感受到历史与现代的交相辉映、相得益彰，充分体现了对发展过程的保护和展现。与新加坡的组屋建设相配套，每个社区都有地铁车站，人们出行非常方便和快捷。新加坡高速公路的密度已经成为世界之最。在社区里，出了地铁就是高速公路，汽车接着火车。居民外出乘坐公交，省钱、省时。政府采取限制牌照、高征费的办法减少私家车拥有量，收进城拥堵费限制进入市区车辆。这表明，北京要建设世界城市，加快推进社会建设，既需要文化驱动，又需要管理精细化。要从培育社区文化做起，发挥社区在青少年成长中的作用，不断提升文化软实力；把以人为本、资源优化配置落实到社区，各种基础设施要非常人性化，公共设施充分照顾老人、孩子、残障者；社区活动充分发动老人，社区服务用好老人资源。

（四）坚持以民为本，实现公共资源共享，促进人与人、人与自然的和谐

新加坡的组屋制度是实践“居者有其屋”的成功案例。1960年，新加坡成立了建屋局，负责公共组屋建设和管理。有资格购买组屋者是新加坡公民或永久居民，前者可申请新建组屋，后者可以在二手市场购买组

屋。对于低收入群体，政府有两次补助机会，一次租房时补贴 4 万新元，买房时补贴 4 万新元。新加坡政府提供的组屋已经覆盖了80% 以上的居民。新加坡所有的社区里，生活服务都系统配套，一应俱全。教育从托儿所到中小学，购物从超市到购物中心，饮食从小吃店到美食中心，文化生活从电影院到教堂，体育活动从休闲地到足球场，看病从私人诊所到社区医院，还有养老院，等等。对各个小区，建屋局都按居民人数规定了各类设施的用地比例，社区商用房租金很低，没有各种乱收费，鼓励发展服务业。为了促进民族和睦，政府规定同一社区里申请组屋者，华人不超过 77%，马来人不超过 15%，印度人不超过 7%，其他种族不超过 1%。住宅的周边都是绿化地带，组屋的底层没有墙壁，只有立柱支撑着，供居民们聚会交流，增进各族民众交往、融合。新加坡社区建设的这些成功做法，为北京建设世界城市、加快推进社会建设，尤其是建设“一刻钟便民生活圈”提供了范例。

（五）政府开放式办公

议员定期进社区听取民意，居民无预约参观高级行政场所，可以直接约见政府官员，展现政府、政党的务实举措和亲民作风。在日本，实行役所（区政府）“开放式办公”。即役所无门卫、无围墙、无登记手续，自由出入。役所无休息日，一周 7 天，按照周一市政建设、周二建筑、周三交通事故、周四法律、周五老人、周六工人、周日人权安排，居民根据自己的需要选择哪一天去办理事情。役所办公室无屏障。办公集中在一起，在一个大厅中办公，有利于拉近与居民的距离。办公阳光化，杜绝贿赂行为。日本民众可以无须预约参观高级行政场所，直接约见政府官员。我们实地考察了东京都市政接待大厅，实地感受了一下位于第 45 层接待大厅的氛围。在新加坡，选区国会议员每星期都到民众咨询委员会听一次意见，到民众联络所接见民众，了解民情，排忧解难，现场解决民众的实际问题。这种务实举措和亲民作风，值得借鉴。

三、主要启示

日本、新加坡的以上做法和理念对我们的启示是：

（一）优化社区治理结构，健全基层社会管理新格局

日本、新加坡的社会建设都起步于 20 世纪中下叶，社区治理结构、基层社会管理格局都经历了一个逐步完善的过程。伴随着城市化的进程，在社区组织设置上，日本进行了由町会（传统社区）到自治会（新建小区）的扩展，新加坡进行了由民众联络所到居民委员会（邻里委员会）的延伸，在社区组织职能上，两国上述社区组织也大致经历了行政末端、半官半民和准市民团体三个发展阶段，成功实现了对新居民、新社区的公共管理和服务的覆盖。考察还发现，日本、新加坡的社区建设也面临着新的课题：随着价值观念多元化、生活方式多样化，日本出现了居民躲避社区的现象，事故灾害中的未成年人和老人保护问题也日益突出；因为费钱、费时、费力，新加坡青年一代参与社区组织的积极性在下降。后现代化进程中，如何驾驭时代潮流、实现社区的有效治理乃至善治，已成为世界各国面临的共同课题。

实践表明，社区建设和治理是动态的、发展的，目标状态是构建起社区内体现党、政府、社会三者有机统一的治理结构，形成涵盖党组织、政府部门、市场组织、社会组织、驻区单位、流动人口、各类群体共同参与、良性互动的基层社会管理格局。党的十七大提出要加快推进以改善民生为重点的社会建设，健全“党委领导、政府负责、社会协同、公众参与”的社会管理格局，按照这一要求，市委社会工委、社会办成立两年来，已经在社区治理结构、基层社会管理体制上实现了“打基础、有突破”的目标。2010 年3 月，中央政治局常委、中央政法委书记周永康又专门就北京社会建设作出重要批示，

要求着力在创新流动人口、重点人群、社区、社会组织、新经济组织、互联网新媒体管理上取得新的突破。这为北京进一步优化社区治理结构、健全基层社会管理体制提供了契机、指明了方向，也表明北京市社会建设顺应了社会发展的时代潮流。下一步，关键是借《北京社会服务管理创新行动方案》获得通过的东风，抓好各项目标的分解落实，进一步优化社区治理结构、健全体现“党委领导、政府负责、社会协同、公众参与”的基层社会管理新格局。

（二）引入契约合作模式，打造多元化、项目化公共服务提供体系

日本、新加坡作为福利国家的典型代表，经过半个世纪以来的发展，都形成了较为完善的公共服务体系。两个国家在公共产品和公共服务的提供方式上，顺应市场经济的发展规律，较早运用了市场手段，按照契约合作模式，进行项目化运作。两国通过运用契约合作模式，促进企业组织、社会组织、志愿组织以及社区居民的广泛参与，有效节约了政府公共服务的成本，减轻了政府公共服务的压力，扩大了公共服务的提供范围。现代社会以建设服务型政府为目标，有限的政府资源无法满足日益增长的公共产品和公共服务需求，单一的公共产品和服务提供机制必须创新，这是“小政府、大社会”的内在要求。在公共产品和公共服务的供给中，引入契约合作模式，是大势所趋。

契约合作模式是反映市场规律的基本手段。引入契约合作模式，让企业、社会组织参与公共服务，可以打破政府对公共服务的垄断，从而扩大公民的选择权。引入契约合作模式，可以减少政府寻租设租行为，把官民关系转化为生产者—消费者关系，公共管理转变为公共服务。当前，我们需要以制定并试行《北京市社区基本公共服务指导目录》为契机，集成政策、集中资金、集合力量，充分运用政府、市场和社会的资源，进一步创新公共服务提供方式，扩大公共服务的供给范围，加快实现公共服务社会化、专业化、市场化。进一步提高政府公共服务科学化水平，对可以由社会组织、企业组织、志愿组织承接的事项，政府通过项目购买、项目补贴、项目奖励等多种形式实行购买服务，打造涵盖来自政府、市场组织、社会组织、志愿组织的多元化、项目化公共服务提供体系。

（三）推广“三社互动”做法，构建以志愿服务为动力源的新型社会动员机制

我们考察发现，日本、新加坡的每个社区都是一个富有活力的有机体。日本社区中，在政府扶持下，町会·自治会致力“维持和形成良好地域社会”的社区活动，民间组织即NPO承担许多原属于政府所提供的管理和服务，居民以楼门为组、三月一轮楼门组长的方式参与社区管理和服务。除了一些公共服务企业外，社区服务都是义务性的。据统计，阪神大地震中，被救的1.8万人中，80%是邻居救出的。在新加坡，不仅有民众咨询委员会、民众联络所、居民委员会为主的社区组织，还有人民协会辖下的1800个“草根”组织网，以及无所不在的“草根”志愿者——义工。志愿服务从倡导老龄参与文体活动、奉献社区，到推进外来工与社区融合，不仅做得细、实，而且从事社区辅导、社区矫正的社会工作者都有专业资质。这样，日本、新加坡在政府职能转换、“第三部门”蓬勃兴起、社区自治力量不断强化以及志愿精神加速成长四股潮流共同推动的背景下，形成了一种政府引导下社区搭台、社团搭载、志愿服务驱动的新型社会动员机制。这对于我们总结推广“三社互动”做法，加快推进基层社会建设具有启示意义。

所谓“三社互动”，就是在街道、社区层面，将社区、社会组织、社会工作者“三社”紧密结合，建立以“社区为平台、社会组织为载体、社工为骨干”的“三社互动”发展模式。“三社互动”以满足社区居民各种需求为主线，以加强社区各类协会、民办非企业单位建设为中心，尝试将社区居委会下设机构协会化，将公办社区服务事业单位

民办化，同时以街道民间组织服务中心、社区协会为指导，整合、利用社区单位场地、人员、资金资源，整合、利用各级部门、驻区单位工作资源，按照居民和社区需求，新建或扩建各类民办非企业等。区、街道、部门调拨的各项事业资金实施项目运作，直接向协会、民办非企业等社会组织购买服务。同时，培育社工事务所，发挥专业社会工作者作用，成立以专业社工为核心的各种义工（志愿者）组织，由社工策划志愿服务方案，指导、监督义工开展多种志愿服务，形成以“社工引领义工、义工服务群众、群众参加义工”，覆盖基层社区的义工服务网络，建立起常态化、规范化“草根”志愿服务机制。

（四）探索政党政治规律，探索社会工作党组织和党员作用发挥方式

我们考察发现，日本、新加坡的政党对社区组织有着深入的渗透和影响，但一般社区居民却没有明显意识到这种政治因素的存在。在日本，政党渗透进整个社区（町）的社会生活之中，但并没有成为社区生活直接的一部分。各个社区尽管只是大选区的一部分，但却被各党派作为选举政治的基本单位。各党派议员基于社区认同和邻里关系，通过平时自身的宣传活动，来对町会·自治会产生影响，集中选票。在新加坡，政党政治对社区的渗透和影响程度更深。主要社区组织的领导成员都不是民选产生，而是由所在选区国会议员委任或推荐。但是他们在参与社区活动时则是以个人和社区组织名义而非政党和政府名义出现的。而且，每个选区都有一个党支部，支部主席由选区国会议员亲自担任，并主要开展两项活动：组织每星期会见民众集会，由议员解决民众困难；为开办的幼稚园提供教育服务。这些办实事活动，以及社区组织、社区领袖与执政党、政府的密切关系，让人民行动党与普通民众的心贴得很近很紧，也使社区的公益事业和服务活动极具号召力和推动力。

现代政治是政党政治。根据胡锦涛总书记提出的学习世界政党先进经验和成功做法的要求，我们发现，两国政党特别是新加坡人民行动党在基层组织的延伸及其作用发挥方式上有其科学的一面。这对于我们从政党政治的一般规律出发，创新基层组织设置，探索社会工作党组织和党员作用发挥方式，具有启示意义。下一步，我们这方面可以做的工作和努力方向为：一是在组织设置模式上，创新“支部建在连上”、“支部建在楼上”经验，将“支部建在片上”、“支部建在行业上”、“支部建在网上”，实现社会工作党组织网络的有效延伸与全面覆盖；二是在作用方式发挥上，转换革命党思维，以创先争优活动为契机，创建服务型党组织、服务型党员，将社区党组织和党员作用发挥延伸至楼门，将党务、政务、社会服务一并延伸至楼宇。

（考察团成员：陈建领、宁秋君、王曼谕、房书勇、游斐）

学习　借鉴　反思　提升

——赴新加坡学习培训的感想和体会

按照市委组织部的统一安排，2010 年 10 月 24 日至 11 月 13 日，我参加“城市管理与社区建设”专题培训班赴新加坡进行了为期 21 天的学习培训。在市委组织部和新加坡南洋的精心安排和考察团其他同志的支持帮助下，经过认真学习、深入思考和积极研讨，我圆满完成了学习培训任务，达到了预期目的。在新加坡期间，我和其他学员一起接受

了新加坡现代城市发展理念、城市绿化与园林建设、社区规划与建设、社区服务体制、社区组织的运作与管理、发展保障性住房政策、基层管理组织体系、政府公共危机管理、社区医疗服务体系等专题培训，对新加坡城市管理与社区建设的基本情况有了比较全面的了解；先后对新加坡陆路交通管理局、国家公园局、罪案防范理事会、邻里警署、贪污调查局、建屋发展局、市区重建局、民众俱乐部等进行了拜访交流，参观考察了双溪布洛湿地保护区、滨海湾建设和滨海堤坝、大巴窑组屋区、社区商业中心等，现场观摩了新加坡社区活动、议员接见民众等活动。此次学习培训活动，使我有机会亲身感受这座国际花园城市的魅力，深为其整洁、美丽和井然有序而赞叹，同时，其城市管理与社区建设方面的成功经验也为我们提供了许多有益的启示。

新加坡位于马来半岛南端，马六甲海峡东口，国土面积710.3平方公里，是世界上最小的20个国家之一，人口只有500万。这个被称为“小红点”的城市国家，建国后从一个“脏、乱、差”国家变成了国际公认的“花园城市”，连续十年被评为“最适合亚洲人居住的城市”，形成了一套比较成熟和完善的城市管理与社区建设模式和方法。在这短短二十天的时间里，我边听边看边思考，经常把北京的城市发展和社会建设工作拿来与新加坡的情况作比较，希望新加坡的成功经验能为北京的城市发展特别是建设世界城市提供启示。当然，新加坡的经验有很多，基于国情和市情的不同，我们不可能完全照搬，但一些好的理念包括一些具体做法值得我们认真思考、学习和借鉴。以下是我此次学习培训的一些主要感想和体会。

（一）以人为本、规划先行、依法保障、精细管理是新加坡建设现代城市的重要经验，值得我们认真学习和借鉴

“以人为本”，就是在城市发展中强调人的主体地位，以满足群众需求为出发点，注重城市建设的配套性、舒适度和人性化。新加坡在建国之初便树立了高度以人为本的理念，从民众实际生活需求的角度来考虑城市发展问题。从提出“在城市中建花园”到提出“在花园中建城市”，再到“建设花园滨水城市”，新加坡始终在努力营造舒适恬静的人居环境。生活在新加坡的人工作生活很便利，社区周边公交站、学校、银行、医院、商场、公园绿地、停车场、宗教活动场所等公共设施一应俱全，每个社区都有民众俱乐部，供居民休闲娱乐，可以说居民日常生活完全可以“足不出区”。“规划先行”就是在城市管理中发挥规划的龙头作用，实现超前规划。新加坡国土面积仅有710.3平方公里，东西长约42公里，南北宽约23公里，是一个国土面积狭小、资源匮乏的国家。因此，新加坡珍惜每一寸土地，从经济发展、社会事业、交通通信、机场、海港、商业设施、民众住房等不同方面对国土的利用进行统筹规划。比如，在规划建设工业园区时充分考虑对居民居住环境的影响，合理规划道路用地、住宅用地与其他用地的比例，使新加坡的城市建设几十年来一直保持了一个科学合理的布局。“法治保障”就是政府对城市管理进行了全面立法，使城市执法人员的每项工作都有法可依，实现“以法治城”。同时，新加坡执法严格，有些行为，如吃口香糖乱吐、乱扔废弃物、在公共场所吸烟、不冲公共厕所等，在别的国家看来非常轻微，而在新加坡就是犯罪，要受到重罚。“精细管理”，就是我们感到新加坡政府“像管家一样管理城市”，把营运城市、经营城市的理念融入和体现在城市管理的每一个细节。比如，对树木的保护，不仅发布了专门的法令，而且给树木建立了电子信息档案，对每棵树的地点、种类、树龄以及日常维护都一目了然，还专门组建了“育木队”，定期对树木进行“体检”。

新加坡与北京在城市建设方面有许多共同属性，比如，新加坡是城市国家，北京的城市化率也非常高；新加坡经济比较发达且保持了经济、社会和环境的协调发展，北京

在经济社会协调发展方面也取得了积极成效。更为重要的是，北京建设世界城市给我们的城市管理特别是提高城市“软实力”提出了更高要求，可以从新加坡建设现代城市的经验中获得许多启示：一是贯彻“以人为本”理念要更加注重细节。人是城市的主体，以人为本是现代城市发展的核心价值。城市建设和管理的一切工作都要从群众的实际需求出发，从大处着眼、从细处着手，更多地体现人文关怀。新加坡在城市建设和管理中融进了一种“社会心理工程”，即通过颁布好的法令和政策，让广大市民普遍享受到福利，从而“让群众对政府感恩不尽”，群众就会全力支持政府。我们党和政府坚持“以人为本”出台了一系列惠民政策，给群众带来了许多实惠，但近年来一些基层政府在城市化过程中因土地征用、房屋拆迁等问题处理不当而引起的矛盾纠纷时有发生，对此应引起足够重视和反思。二是进一步提高城市规划的综合性、前瞻性、严肃性和可持续性。北京是超大型城市，各种资源要素聚集，一定要把城市规划好，将其作为引领城市发展的龙头。“综合性”要求把产业规划、人口规划、交通规划、土地和建筑规划以及经济社会其他相关规划结合起来综合考虑，做到相互协调统一；“前瞻性”要求北京的城市规划要在符合实际的前提下具有一定的超前性，科学评估和预判未来一段时期北京的经济社会发展趋势，使规划真正起到引领发展的作用；“严肃性”要求规划颁布后要严格执行，并且有监督程序。比如，今后每开发一块土地必须先看是否经过规划、规划的用途是什么，没有经过规划的土地绝对不允许开发，变更土地用途必须经过严格的法律程序；“可持续性”要求立足北京实际，按照北京的人口、资源实际和城市功能定位，促进资源的有效利用和经济社会的可持续发展。三是完善城市管理法规体系，不断加大依法治城的力度。加强城市立法工作是做好城市管理的法制保障，要通过完善城市管理的各项配套立法，加大对违法行为的处罚力度，制止和威慑在城市管理中的各种违法行为，促进城市管理水平的提高。四是提高城市管理的长效化、精细化程度。近年来，北京在利用电子科技手段实施城市管理方面取得了长足的进步，启动了“数字北京”等一批信息化工程，一些地方在城市网格化管理方面也探索出了一些好的经验做法。我认为，今后要继续加大工作力度，尤其要在流动人口管理、交通运行指挥、城市环境卫生、社会保障事业等城市管理的薄弱环节更多运用信息化辅助手段，不断提高城市管理水平。

（二）新加坡在解决居民住房和医疗保障方面所体现出的“公共服务型政府”理念，值得我们认真学习和借鉴

新加坡在解决国民住房方面，为世界提供了典型范例。1964 年开始实施“居者有其屋”计划以来，新加坡政府制定了一系列政策，比如，政府拥有强制征用土地的权力、根据居民收入而不是建设成本确定房价、建立中央公积金制度，对于低收入家庭，政府还实施了额外公积金房屋津贴计划、租赁政策，保证只要有正式工作的居民，就能买得起“组屋”（政府主导建设的一种福利保障住房）等。此外，新加坡在住房政策上融进了许多人文理念，比如购买组屋要以家庭为单位，单身必须到 35 岁以后才可以购买；为了鼓励子女孝敬父母，已婚子女购买靠近父母住所的新组屋，被抽中的概率比其他人高一倍，并可获得一定的津贴，等等。另外，新加坡政府规定，商品房（公寓）完全由市场调节，允许炒房行为，但带有公益性的组屋绝对禁止炒房投机行为。目前，95% 的新加坡人拥有自己的住房，其中 84% 的新加坡人住在政府组屋，成为世界上人均拥有住房率最高的国家。

在医疗保障方面，新加坡没有实行完全的市场化，而是政府起主导作用，综合利用各种社会资源，努力让每个新加坡人都能享受优质和负担得起的医疗服务。目前，新加坡门诊医疗服务 80% 由私人诊所提供，而住院医疗则相反，80% 由政府提供；社区医疗

服务中心则主要是承担病后的康复医疗。此外，新加坡建立了三条医疗保障线：第一条是公积金中的个人保健储蓄。第二条是政府推出的健保双全计划，这是一项“选择退出”的保险，凡是保健储蓄账户拥有者，如果不事先申请，就会自动加入这一计划。目前90%以上的保健储蓄账户拥有者加入了该计划。由于参与者众多，一些重病及长期慢性病患者就无须缴纳很多保费，却可以享受到高额的赔偿金。第三条医疗保障线是保健基金，用于帮助那些没有保健储蓄或储蓄金额不足以支付医疗费用的贫困群体。另外，新加坡将住院病房分为A、B1、B2和C级，政府按病床等级给予不同比例的住院补贴，但对住在不同等级病房的病人，医院的治疗安排并没有差别。这样，既维护了基本的医疗公平，又体现了一定差别，满足了不同层次的需要。

住房、医疗以及教育、就业、收入分配等民生问题，关系到群众的切身利益，事关社会公平正义和社会和谐稳定，是当前党和政府十分关注的重大社会问题。新加坡在解决民生和社会保障问题上的种种做法给我留下了深刻印象，其中最重要也是最核心的就是这些做法所体现出来的“公共服务型政府”的思想和理念非常值得我们学习。新加坡与我国的社会制度不同，基本国情也存在很大差异，但在政府主导下发展市场经济的思路和模式却比较相似。从新加坡的许多做法可以看出，他们在处理政府与市场、公平与效率的关系上，想得很明白、算得很精准，该政府做的，政府毫不缺位，不该政府做的，政府主动让出空间，真正形成了一种“善治”的局面。很长一段时间以来，我国经济社会发展不协调，社会建设相对滞后，民生服务比较薄弱，社会建设越来越重要。近年来，北京的社会事业不断发展，社会建设总体走在了全国前列，但仍有许多不足。比如，北京的医疗资源非常丰富，但城乡之间、医院之间的资源配置并不平衡，老百姓不管大病小病都倾向去大医院就医，负担很重，相比之下，基层社区医院的作用没有充分发挥；另外，以药养医、医生开大处方等现象还一定程度存在。解决这些问题，需要政府从根本上改革现有的医疗卫生体制，加大财政支持力度，使医院真正回归“公益性”，同时，还要合理分配资源，尤其是大力加强城乡社区医院建设，建立起合理完善、覆盖广泛的公共医疗服务体系。再比如，高房价是现在群众十分关注的问题，政府在这方面要区别不同收入群体，实行差别化的住房保障政策，对于有支付能力的可通过市场化解决，对于中低收入者以及生活困难群体，政府要承担起责任，通过建设经济适用房、限价商品房、廉租房等来满足其基本住房需求。同时，建议在建设这些保障性住房时，要学习新加坡多一些人性化的规划和设计，比如在这些小区周边配建一些群众娱乐、文化、健身设施以及公交车站、银行、医院等生活设施等。

（三）新加坡大力发展公共交通并且科学调控交通运营的经验为北京治理交通拥堵提供了现实借鉴

新加坡在治理交通方面主要有以下三种做法：一是限制机动车发展。最早是对购车收缴高额附加注册费（新购车辆价格的175%），1990年又推出了车辆拥有权的车辆配额系统，网上竞拍得到“拥车证”后才可以买车，有时竞拍价格要高于实际购车价格。政府根据道路网络容量设定一定量的车辆总数，直接限额每年的车辆增长。二是有效管理道路使用。从1998年开始使用全自动的公路电子收费系统（ERP），取代了之前的限制区域执照系统和公路收费系统，并且收费标准、收费覆盖范围、收费时段根据车辆通行容量、道路拥挤程度和车辆通行速度不断进行调整。三是优先发展公共交通。新加坡公共交通非常发达，由地铁、轻轨、公共大巴、出租车组成的不同层次的公共交通网络覆盖新加坡各个角落。公交出行率达到67%，到2020年将达到70%以上，远高于欧洲国家，更高于北京。

目前，北京机动车保有量已突破450万辆，有专家预测，如果按此速度增长，再过两年将达到600万辆，届时北京的机动车保有量将是世界各大城市中最多的。相应地，交通拥堵已成为市民反映强烈和影响城市正常运转的热点问题。北京与新加坡在城市布局、人口分布、人口密度等方面有较大不同，但新加坡在治理交通方面的许多理念和具体做法值得我们学习和借鉴。一是要坚定不移地推行公共交通战略，大力发展地铁、快轨、快速公交、常规公交、出租车等公共交通，进一步提高公共交通出行分担率，促进节能减排，降低环境污染，打造环境优美、生态和谐、更加宜居的世界城市。同时，在现有条件下，要进一步优化路网结构，合理配置交通分布，提高交通运行质量和效率。二是从北京实际出发，研究制定限制机动车过快增长的办法，降低机动车进入核心商务区的概率。调控的目标不能硬性限制市民购车，而应采取灵活措施调控车主的驾车行为，鼓励大家少开车，比如，可以根据本市交通承载能力，有计划地投放机动车牌照数量，以此来对机动车总量进行调控。另外，建议在一些地铁站或公交站附近，配建一些规模较大、收费合理的停车场，鼓励市民换乘公共交通出行。三是进一步提高交通控制、指挥、调控的信息化程度，提高交通运行和管理效率。四是解决北京交通的根本出路在于合理规划城市布局、实行人口调控等措施。否则，无论采取什么高科技的交通管理措施、修再多的道路，也只能是治标不治本。

（四）新加坡政府、企业、社会三方共同参与社区治理，为我们的社区建设乃至社会建设提供了宝贵经验

我们在新加坡社区考察时，最深刻的感受是，这里不仅仅可以看到政府对社区公共服务的大力投入，比如各类精细的规划、设计和硬件建设，同时还发现，许多企业也积极通过捐资、捐物参与社区建设，而且这种企业捐赠的现象在新加坡十分普遍和平常，另外，新加坡的社区活跃着大量志愿者组织和专业化的、非营利的公共服务组织，许多社区居民不拿报酬在这些组织中担当“义工”，无偿为建设自己的家园作贡献。更让我们叹服的是，在新加坡上至国家领导人、下至普通民众，都把当“义工”作为一种责任、习惯和荣耀，志愿服务精神已经渗透到新加坡人的日常生活，成为个人成长、发展必不可少的一部分。总之，新加坡的社区已经成为各方面共建、共享、共同维护的精神家园和生活家园。

社区是社会生活的基本单元，建设和谐社区是构建和谐社会的基础。新加坡社区建设经验给我们的启示主要是以下几个方面：一是大力发展和完善社区基本公共服务，不光是硬件的建设，软性的服务也要跟得上。北京市推行的居家养老服务、“一刻钟便民服务圈”等工作要进一步扩大试点，努力实现基本公共服务全覆盖。二是积极鼓励和吸纳社会资源参与社会建设，特别是要创造条件鼓励企业承担更多的社会责任，使更多的优质资源汇集到社区建设中来。三是大力培育和发展社区社会组织。社区社会组织应该成为丰富居民文化生活、反映居民合理诉求、满足居民基本需要、引导居民参与社会建设的重要载体和组织形式。政府要积极创造条件，在资金、政策、项目上提供支持，形成政府与社会力量共同参与社区建设的局面。四是要在社会上广泛宣传志愿服务理念，建立健全志愿服务的长效机制。建议研究制定对志愿者的支持和奖励办法，比如，建立统一的志愿服务档案，将志愿服务的业绩记录在档案中，并将志愿服务作为升学、升迁等个人成长发展的考核条件之一等。同时，建议通过多种方式，强化公民的社会责任感和公益理念，提升志愿服务活动的影响力和吸引力。

（五）新加坡建设廉洁、高效政府的理念和经验也非常值得我们思考、学习和借鉴

2010年，新加坡被德国“透明国际”组织评为世界上最清廉的国家。其实，新加坡有过贪污腐败的历史，原来也是贪污腐败盛行的国家。实现如此大的转变，与新加坡这些年来为打造“廉洁政府”而付出的孜孜不倦、持之以恒的努力是分不开的。过去不少人将新加坡的廉政建设片面地理解为“高薪

养廉”，经过此次学习考察，进一步加深了我对其廉政体系建设的认识：第一，所谓“高薪养廉”只是新加坡廉政体系的一部分，除此之外，还有法治观念、执法从严、自律规则、高效机构，这些方面共同构成了新加坡廉政体系的框架。也就是说，“高薪养廉”不是万能的，如果没有一套完备的立法、司法、执法体系和制度保障，根本不可能实现“廉洁政府”的目标。第二，新加坡的公务员薪酬确实很高，但其主要目的不是为了养廉，而是为了吸引最优秀的人才参与国家管理。正如李光耀所说：“管理这个政府的人，必须是新加坡最优秀的人。”新加坡最高级公务员的薪酬，是比照全国六大行业48位最高薪管理人员年薪中位数的2/3确定，2009年这个中位数是329万新元。因为薪酬与市场、与绩效挂钩，所以很多杰出人才愿意到政府工作。第三，新加坡在建设廉洁、高效政府的过程中实行了正确的人才战略，他们的基本逻辑是，“没有一流的人才，便没有一流的政府，应将一流的人才吸引到政府中来”。第四，支持新加坡政府卧薪尝胆、不遗余力追求廉洁与高效的是其基于历史处境和现实条件而树立的忧患意识和危机意识。李光耀曾说过：“我们的国民不要视新加坡的成功为理所当然、一成不变和一劳永逸。稍有疏忽、失误和差错，三十多年的成果和心血便会毁于一旦，新加坡便会在一夜之间被打回原形。”

我们党和政府历来高度重视反腐倡廉工作，近些年来，不断采取措施，查处了一批大案要案，廉政建设取得了阶段性成果。通过学习新加坡的做法，我对当前反腐败工作有以下几点认识：一是反腐倡廉是一个系统工程，腐败的发生和发展有其自身的规律，预防和惩治腐败必须多管齐下、多措并举，不能简单地理解为“高薪就能养廉”。二是反腐倡廉要抓住问题的关键，要建立健全惩治和预防腐败体系，把教育、制度、监督、纠风、惩治统一起来，打“组合拳”，使“不想贪、不能贪、不敢贪”形成一个有机整体。三是理想信念教育绝不能放松，艰苦朴素、艰苦奋斗、密切联系群众的优良作风不能丢，每一位党员干部都要树立正确的人生观、世界观和权力观，树立危机意识，警钟长鸣、防微杜渐。四是从长远来看，我们要坚定不移地深化改革，发展和完善社会主义市场经济，不断推进民主法治建设，这才是治理贪污腐败的治本之策。

此次赴新加坡学习考察，使我进一步开阔了视野，增长了知识，体会很深，收获很大。作为一名党员领导干部，我将认真总结和梳理此次学习经历，努力把所学到的知识和经验运用到自己的实际工作中来，并在今后的工作中，开拓创新、勇于实践，务实高效地做好自己的本职工作。

（作者为市委社会工委委员、市社会办副巡视员刘轩）

北京市有关部门理论研究与调研

世界城市社会建设的经验及启示

市委社会工委、市社会办研究室（政策法规处）

本调研主要梳理了纽约、伦敦、东京等世界城市在社区、社会组织、社会工作队伍管理与建设，以及志愿服务、社会心理服务和人口调控等方面的经验及启示。

一、世界城市社区建设经验

（一）纽约社区

纽约全市59个社区分布在曼哈顿、布鲁克林、布朗克斯、皇后及斯泰顿岛5个行政区中。纽约社区建设是在政府、社区委员会、非营利组织三位一体的工作格局基础上来展开的。

第一，政府行政是纽约社区建设的重要助推力量。

在纽约，社区并不完全实行自治，市、区两级政府都承担着社区建设的行政职能。比如，市政府中的社区协助处、城市规划委员会，区政府中的行政委员会、服务委员会等都对社区建设发展起着重要的指导和促进作用。市长和区长也是纽约社区建设的关键推动力量。比如，区长与社区建设相关的行政职权是：任命两年一届的社区委员会成员；负责对社区委员会成员进行培训，为社区委员会工作提供技术帮助；担任区行政委员会和区服务委员会的主任等。

第二，社区委员会是纽约社区建设的主体组织。

在纽约，每一社区都成立一个社区委员会，委员最多不超过50人，每届任期两年，50名委员交错换届，每年换届25人。社区委员会委员由区长任命，其中1/2委员先由本社区的市议会议员按照人口比例提名。委员会主任在预算内雇用1位社区经理和2～4名专职人员，以协助履行社区委员会的各项职责。委员会建立若干专业委员会，一些专业委员可以是经由本人申请而被任命的居民委员。社区委员会除了每年7月、8月外，每月至少举行一次委员会会议、一次听证会。委员会实行多数人决定制度。《纽约城市宪章》规定了社区委员会的21项职责，其主要职责包括关注社区的需求、沟通与协调、社区规划、提交报告、编制预算、举行公众听证会、评估与监督6个方面。

第三，非营利组织和志愿者是纽约社区建设的重要参与力量。

纽约社区中活跃着各种区域性非营利组织，它们作为志愿者的组织载体，吸纳社区居民广泛参与社区的服务性、互助性、兴趣性的建设活动。庞大的志愿者队伍是纽约社区服务的主力军。从纽约社区建设和服务的人力资源来源来看，不仅各社区委员会委员是不拿报酬的义务工作者，而且，承担社区互助、公益性服务职能的非营利组织更是依靠志愿者的奉献。在纽约每个社区的网站上或分发给居民的社区印刷品中，都会定期公布临时需要招募志愿者的信息，社区居民也可以通过这种方式参加志愿者活动。

纽约社区建设的特色在于，形成了一种市、区两级政府行政参与，社区委员会自主治理，社区居民广泛参与的完整而规范的制度。两级政府之间、市区政府与社区委员会之间以及社区委员会与非营利组织之间，按照政府、社会、公民的应有权利和功能进行合理的职权分工，社区建设的各方参与者职责明确，并以《纽约城市宪章》形式予以法制化。

（二）东京社区

在东京庞大的城市体系中，社区基层组织町内会扮演着重要角色，它是设置在地方自治体（市町村）区域范围内，“将所在区域所有住户、企业组织起来，通过解决所在区域的公共问题，代表所在区域进行共同管理的居民自治组织”。目前东京都23区町内会数量为4405个，覆盖23区全域。其主要特点有：

1. 社区居民以户为单位加入，覆盖率达100%。未能全部覆盖的区域主要为公务员住宅、都营住宅、租赁公寓等未组织起来的综合住宅区。

2. 从“半强制”向“自由加入”转变。有的企业以法人资格加入当地町内会并缴纳会费，在有些商店密集区则以商店会组织代替町内会组织。

3. 呈现金字塔形组织结构。町内会呈现“区町联—地区联—单位町内会”金字塔形三重组织结构。

4. 经费来源以政府补贴为主。区政府通过向町内会、区町联、地区联发放辅助金来补贴工作经费。町内会还有会费及社会捐助等经费来源，补充政府补贴的不足。

东京都23区町内会是在地方政府辖区内开展活动的居民自治组织，它与地方政府行政部门之间合作互动，表现为以下特征：

第一，町内会与地方政府功能互补。地方政府履行各项行政职能，需要基层组织町内会的协助和配合。而且，地方政府下达的各项任务多与居民的生活需求相关，町内会履行的职责可以视为政府职能的延伸。

第二，共同处理社区日常事务。地方政府繁杂的行政事务与町内会职能交叉重叠，需要两者相互配合，共同处理社区公共事务。

第三，领导层互补，建立网络关系。在组织建设上，各级町内会与政府行政部门的领导层互补，形成密切的网络关系。町内会还作为人才供给源，向各种市民审议委员会、社会福利协议会、防范协会、市民事业（NPO）组织输送骨干人才。

第四，共同构筑政府与社会的新型关系。在东京都政府行政改革、地方分权的背景下，都政府与23区町内会的传统合作关系也面临挑战。23区中新白领阶层、移民增加，町内会难以代表多元利益主体，满足多元化需求。町内会不应仅满足于单纯的行政辅助功能，还应自主创新，促进社区整体事业的发展。

（三）伦敦社区

大伦敦下含33个行政区，面积1577平方公里，人口751万。在社区建设方面，伦敦起步较早，特别是近年来通过实施“邻里复兴战略”，各方面工作都取得了扎实的成效。主要经验有两点：

第一，着重发挥政府在推进社区建设方面的职能作用。

伦敦市政府将社区发展的目标定位为“扶持健康牢固与充满活力的社区，使不同种族、家庭、教育背景、阅历的民众都得到尊重，并在平等的基础上共同参与”。政府在规划指导、法律环境、项目组织和资金支持等方面发挥着越来越重要的作用。一是将社区建设工作纳入政策范畴，建立一整套政策制定、实施和监管体系，明确社区工作的基本原则、发布社区工作白皮书、制定社区工作管理办法和优惠政策等。二是配合中央财政支持，市政府、慈善组织和财团提供对社区建设发展予以资助，对专门的社区团体在资金、设施等方面提供支持，每年由社区申报项目，政府进行立项审批，并择优补贴。对于投入经费较大的社区设施，完全由政府经办。三是建立了完善的监测体系，对项目实施进行评价、指导和监管。定期检查各类社区服务团体的人员培训、设施配置、服务标准和服务价格等，通过检查确定下一年度的财政拨款，奖优罚劣，对服务好的机构保持拨款数额，增加服务项目，否则可以减停拨款。

第二，善于借助社会力量，强化社区共同体的培养。

2009年以来，在金融危机的冲击下，着眼于缓和社会矛盾，伦敦政府加大政策扶持力度，吸引更多的居民和组织参与到社区建设和发展中来，与政府共同承担责任、履行义务。社区委员会与政府之间建立了日益密切的联系。在伦敦，社会福利政策目前基本都通过委员会得以实现。同时，各类社区组织也积极参与社区建设，包括政府兴办或资助的服务机构和社会组织、各种非营利机构和私营服务机构。其中，非营利组织是社区服务主要提供者，它们遍布伦敦的各个社区，与政府、企业和基金会建立了密切的合作关系，主要致力于社会服务和管理。据统计，依托社区组织，伦敦市社区服务志愿者（CSV）每年的人数都达到约15万人，有超过100万的市民从中受益。政府通过资助或向非营利组织购买社区服务等方式来促进社会福利，并且运用税收和政策、法律手段，加强对非营利组织的管理监督，这样避免了仅依靠政府带来的成本增大、效率低下、服务单一的弊端。2009年度伦敦市社区志愿者组织获得的总收入中，来自政府和企业（协会）的资助比例分别达到36.89%和29.13%，这其中有56.78%的支出都用于培训和志愿服务。

二、世界城市社会组织发展经验

（一）纽约社会组织

在美国，民间组织主要可以分成两类，即非营利组织（Nonprofit Organization）和非政府组织（Nongovernmental Organization）。纽约是美国这两类组织的中心。位于纽约的民间组织提供各种服务，包括扶贫济困、法律援助、职业培训、特殊教育、残障人士以及保护移民权益。纽约民间组织不仅在医疗、艺术、音乐等领域，提供了远超过政府和市场的服务。而在扶贫救济等方面也扮演着极为重要的角色。

纽约有一些享誉世界的非营利组织，其中最著名的包括自然历史博物馆、哥伦比亚大学以及Sloan-Kettering纪念癌症中心等，这些机构都在各自领域内具有世界领先水平。然而，更重要的是，在这些世界级的非营利组织背后，纽约还活跃着大量扎根于社区的小型民间组织。这些“草根”型民间组织通常更加专业化，往往针对于特定社区的特定群体，提供某一个方面的专项服务。所有这些“草根”型民间组织叠加起来，其服务就覆盖了纽约这个高度多元化世界城市的社会生活的方方面面。可以说，作为首屈一指的世界城市，纽约市的生活品质很大程度上取决于这些小型的“草根”民间组织。

（二）东京社会组织

东京都作为世界城市，社会的组织化程度已达到较高的水平。据统计，东京具有法人资格的各类社会组织总量逾万个，“草根”型、地缘性民间社会组织更是数量繁多，形成多层次、广覆盖的社会组织体系。它们成为东京发挥世界城市功能的基础力量。东京的社会组织主要包括三类：

一是非营利组织（NPO）。亦称特定非营利活动法人，指根据《特定非营利活动法》设立，自主运营，在国内开展各种公益活动的非营利民间组织。NPO法人的特征是通过信息公开来接受市民的监督和选择，在社会福利、教育、文化、街区建设、环境等领域为社会发展作贡献。2008年东京都NPO团体数达6035个，居全国首位。从功能上看，NPO组织可以有效集聚志愿者团体和社会服务团体，对建立新型市民网络关系、整合小规模“草根”型市民组织和职业团体具有积极的促进作用。目前，NPO组织面临的最突出问题是资金来源问题。据内阁府调查表明，现有NPO组织中，年收入不足100万日元的占30%。在日本，作为一个组织要独立生存，需要1000万日元以上的资金，但达到条件的不到1/3。日本NPO大部分资金（70.1%）来源于非营利活动的报酬（如接受委托开展相关服务），80%的NPO所收到的捐赠少于50万日元，完全没有捐款收入的占40%。尽管向NPO组织捐款可获减税，但捐助者仍不普遍。此外，付薪岗位问题同样缘于资金不足，导致职员薪酬的支付难以为继。

二是非政府组织（NGO）。日本的NGO组织特指从事国际公益活动，“与国际协作相关，作为政府部门补充力量”的非政府组织。随着NGO组织活动领域的扩大，其活动范围也涵盖了部分日本国内的活动。据统计，全日本以国际协作为主要活动的市民组织约有450~500家，约占全国市民组织总数72714家的6%。东京是NGO组织总部的集聚地，已注册的NGO组织约217家。在规模较大的NGO组织中，一部分为联合国等国际组织的分支机构，一部分为总部设在东京、在国外设有分支机构的独立组织。中小型组织则侧重于某专业领域，或针对某些国家和地区开展活动。从组织成员的职业阶层看，以社会精英为骨干，包括神职人员、青年学生、大企业退职者、专业技术人员、政府公务员、医生、教师、市民团体职员等。目前，东京都NGO组织面临的问题主要有：缺乏年轻人参与的岗位；有些 NGO 组织因受政府资助，活动的自主性、灵活性受到限制；与其他市民组织缺乏相互支持的网络关系和合作关系等。

三是地缘性社会组织。是指“将所在区域居住或经营的住户、企事业单位组织起来，通过解决各种公共问题，对区域进行共同管理的居民自治组织”。除町内会（自治会）外，还包括儿童、妇女、青年及文化体育等“草根”型组织。根据其功能可分为改善地域生活条件型组织和丰富地域生活型组织，以地域为单位组成的 NPO 组织也是地缘性社会组织的组成部分。目前，东京都已注册或备案的地缘性社会组织约 4405 家，占到全日本总数的 20% 。

（三）伦敦社会组织

伦敦的社区民间组织非常发达，很多以慈善组织的形式存在，不仅承担了很多成人社会工作服务功能，在整个都市社会生活中发挥着重要作用，并发展和形成了一套完整的工作体系。其主要特点有以下五个方面。

第一，服务广泛，内容精细。伦敦社区民间组织非常发达，渗透在社会生活的各个方面。它们以民间慈善为宗旨、以公益服务为主业、以志愿参与为特征，与伦敦政府公共部门一道推进公共福利的发展。绝大多数的民间组织都是小型组织，这些组织资金规模小、专职人员少、服务内容明确，很多小型组织都只是专攻某一领域的某一部分工作，表现出业务精细化的特点。

第二，自主运作，适应性强。伦敦的社区民间组织，全部根据公开自愿的民主原则运作。它们自我筹集资金，自我制定服务宗旨，自我设计服务内容，自我寻找服务对象，或者以投标形式向政府承包服务项目。社区民间组织的志愿者可以自由加入、自由退出，自由选择志愿服务时间和服务内容。无论是社区组织的专职人员、托管人还是被委托管理的中介机构，都实行民主选举和监督。

第三，自我发展，管理完善。伦敦的社区民间组织非常重视自我发展机制，而且拥有比较完善的管理体制，与行政力量保持着良好的互动关系。一方面，伦敦政府每年会有一定的财政基金通过公开招标的形式拨向社区民间组织，以此来达到对其吸引、约束和监督的效果。另一方面，会有一些半政府机构（如伦敦地区的慈善委员会）通过托管人理事会或委托专门的中介机构，来对社区民间组织进行分类监督和管理，从而规范和引导民间组织健康成长、有序发展。

第四，合作双赢，共建共享。伦敦的民间组织十分注重合作理念，注重同政府以及其他各种组织建立合作关系。除了不断地向政府争取财政资源外，还积极争取与政府的合作，主动进入政府建立的比较完备的行政支持体系。通过签署《政府与志愿及社区组织合作框架协议》，来推动自身同英国政府各部门及伦敦当地政府部门的合作。此外，伦敦的民间组织也非常重视发展同其他志愿社区组织的合作关系，通过频繁的参观学习活动以及项目合作等方式取得共赢。

第五，职业体系完善。伦敦社区民间组织的专业化、职业化程度较高。一方面，以资格认证、登记注册、品质管理、员工激励等一整套制度为载体，社会工作者队伍充实壮大，为社区民间组织的服务和发展提供了可靠的人力保障。另一方面，遵循实践导向的社会工作人才培养模式，把专业教育和职业资格结为一体，使社区民间组织成为接续正规大学教育的锤炼舞台，在保证从业人员的基本职业能力和服务水平的基础上，为他们深入生活、服务伦敦提供了完善的职业体系保障。

三、纽约社会工作者和志愿服务工作经验

（一）纽约社会工作者

纽约社会工作者在社会福利、社会救助、矛盾调处、权益维护、心理疏导等领域，为市居民提供专业社会服务。为确保市民身心健康和社会稳定发挥了重要作用。根据工作

领域不同，纽约社会工作者可划分为四大类：一是儿童、家庭和学校社工。这类社工在纽约社会工作者中所占比例最大。二是精神健康和药物戒除社工。这类社工的服务对象是患有精神疾病和有药物滥用问题的人。三是医疗和公共卫生社工。这类社工主要在医院、护理所等医疗机构工作，为患者个人、家庭及弱势群体提供心理服务和支持，帮助他们应对各类疾病如癌症、艾滋病等。四是其他领域的社会工作者。这类社工主要包括政府雇员、高校教师和研究人员等。

当前，纽约社会工作者管理主要包括法律管理和行业管理两部分。纽约州于1965年对社会工作进行立法，现行与社会工作相关的法律制度是以《教育法》为主体、《州政府教育委员条例》和《社会工作理事会章程》为补充组成的，对社会工作专业教育规范、入行资格、准入方式、从业范围、服务标准、专业纪律和伦理、行政管理机构等作出明确规定。行业管理组织主要是美国社会工作者协会，在纽约设有纽约市分会，进行具体管理。

纽约社会工作者入行的首要条件是学历，最低入行学历是本科。其次是执照或证书要求。社工执业必须持有执照，由纽约州政府统一颁发。主要包括学士社会工作者执照、硕士社会工作者执照、临床执照、“持证社会工作者”、“合格临床社会工作者”和“临床社工证书”等。一些医疗保险公司等机构只认可持上述某种证书或执照的社工为其投保人提供服务，并付给相应报酬。纽约社会工作教育发展较早，1877年纽约州成立美国第一家慈善组织协会，1898年该协会举办为期六周的暑期学校培训专职工作人员，标志着美国社会工作教育雏形出现。1904年，纽约社会工作学院成立，推动了美国专业社会工作的发展。此后，纽约社会工作教育不断发展。社会工作教育注重与社会实务紧密结合，突出专业性，主张在实务中提高业务水平和专业素质、创新发展相关理论。

（二）纽约志愿服务

纽约是全美志愿服务的典范，运行机制比较成熟。主要有以下五个特点。

第一，公民对志愿服务的认同度高。

参与志愿服务活动是纽约市民在服务社会中寻求自我锻炼的重要途径。志愿服务在市民中具有广泛的号召力，社会认同度较高。2005年以来，城市年均志愿者总数达到290万人，志愿者占总人口的比率达到19.2%。如美国Healthcare副总裁Mark Lee Nay所言，“志愿是一件我们都可以参与的事情，不仅仅是为邻居和社区服务，也是为了提高我们自己的福祉”。一项来自美国非营利性机构United Healthcare and Volunteer Match的调查显示，在4500名受访市民中，约84%的受访者一致认为志愿活动可以提高身体健康，95%的人认为慈善也有益于心理健康。通过参加志愿活动，可以促使工作态度更积极，有效化解工作压力和生活焦虑，对于调节社会心理具有积极作用。

第二，政府在促进志愿服务方面发挥了很好的助推作用。

从美国总统到纽约市长都积极倡导志愿者计划，并加入志愿者行列亲力亲为。2009年，纽约市长迈克尔发起名为“纽约服务”的大规模动员志愿者计划，希望将纽约打造成美国“最容易做志愿者”的城市，旨在向各阶层人士提供志愿者服务渠道，同时帮助民众更好地应对金融危机。为此，纽约市政府专门推出“纽约服务”官方网站，清楚列出志愿服务需求项目和志愿者组织等信息。市民还可以拨打热线电话“311”咨询有关情况。“纽约服务”还积极为通过背景审查、符合志愿者要求的市民颁发“志愿通行证”。在纽约，志愿组织与政府开展合作的运作方式主要有三种：（1）政府出资购买社会志愿组织的服务；（2）政府委托志愿组织承担部分社会服务工作。政府负责决策、拨款和调控，制定目标、标准，进行监督等，由志愿组织具体运作；（3）以公私合营形式设立基金，如儿童发展基金、医学研究基金等。

第三，志愿服务是美国社区文化的重要特征。

在纽约，社区委员会是最基层的行政自治机构。该委员会的50名委员必须是所属社区的居民，能够充分代表该社区各个利益团体的、热心公益事业的人士。所有50名委员都是不领工资的“志愿人员”，社区日常工作由这50名委员聘任带薪的社区主任负责管理。除了不拿薪水的社区委员会之外，社区还设立服务顾问团，他们由纽约市各个专业职能部门的代表、市议会中本社区的议员和居民代表组成，服务都属于义务性质。社区的领导以及大量具体工作都由社区的志愿人员来完成。

第四，适度运用促进和奖励机制。

纽约和联邦志愿服务计划在细节上把利他与利己结合得比较巧妙。通过设立“马丁·路德·金服务日”、“总统志愿服务奖”等形式，持续激励公众的志愿精神。纽约大学社会工作学院还将社区服务列为必修课，规定学生一年至少要有600个小时（约75个工作日）的社会服务记录才允许学生毕业。又如，1993年，美国总统克林顿签署了《国家与社区服务法案》，鼓励青少年服务社区。法案中明确规定，凡做满400小时义工的青少年，美国政府每年奖励其4725美元的奖学金。通过将志愿服务与经济补偿、生活费补贴、医疗保险以及教育奖励等有机连接，市民参与的积极性进一步提高。

第五，提供差异化的志愿服务机会。

在纽约，各种志愿活动得到的市民参与度表现不一，聚集度相对较高的四项志愿活动形式分别是资金募集、食物募集分配、管理和教学，它们分别占到总比例的28.9%、19.4%、16.3%和15.1%。从服务领域看，教育类、宗教类、社会服务类所占比例较高，分别达到总数的28.2%、28%和13.1%。同时，志愿服务项目配置合理，体现差异化特点。比如，“老年志愿服务计划”每年在全国只吸收50万民老年志愿者；“公民社区团”计划只招收18~24岁之间的全日制青年志愿者，在专用营地接受培训后，以团队为单位被派往目的地从事志愿服务。“纽约服务”计划中，着重鼓励律师和财务顾问等专业人士为面临财务困难的家庭提供咨询。这种差异化服务方式确保了志愿工作的专业化和针对性，在实践中受到普遍欢迎。

四、世界城市社会心理服务工作经验

（一）伦敦社会心理服务

伦敦心理健康服务起步较早、体制完善，特别是在心理咨询职业化、专业化发展方面积累了丰富的经验，主要有以下四个特点。

第一，具有统一的心理咨询师认证机构。

伦敦主要有两种心理咨询师认证体系，即注册心理咨询师和特许咨询心理学家。前者由英国心理咨询和心理治疗协会负责认证，后者由英国心理学会负责认证。英国心理咨询和心理治疗协会（BACP），是当地心理咨询和治疗界最权威的专业团体；英国心理学会（BPS）是认证心理咨询师的专业学术机构。与BACP专注于心理咨询与治疗不同，BPS的工作范围涵盖心理学研究和实践的各个方面，堪称英国心理学专业领域的最高综合学术机构。其为心理学从业人员提供的专业资格认证为“特许心理学家”。

第二，心理咨询师认证标准严格。

以注册心理咨询师认证申请为例。在伦敦，按照协会规定，申请人必须完成8项程序：（1）成为BACP的会员。在申请认证的过程中始终保持BACP的会员身份。（2）购买专业人员保险。（3）在申请过程中从事心理咨询相关工作。（4）培训和实习。申请人通常要在3~6年间完成450小时左右的授课、不少于450小时有督导在场的实习。（5）接受督导。申请人需要与心理咨询督导师（专业认证）签订合同，保证在实习期间，每个月至少接受1.5小时的督导。此外，还包括“专业发展”、“个人成长”、“实践应用”三个环节。当申请人完成以上所有环节并通过所有考核后，将被授予“英国注册心理咨询师”称号。

第三，心理咨询服务日趋专业化。

20世纪70年代起，伦敦就开始了心理咨询专业化探索，在培训、督导、资格认定和伦理规范等方面均有特色。例如，在伦敦高校的心理咨询服务领域，高校心理咨询师的专业化程度高，从业人员一般都具备教育学或心理学的博士学位，获得了BACP或BPS的认证资格，是教育学或心理学研究领域的专家教授。同时，心理咨询的指向明确、划分很细、方式灵活、针对性强，伦敦高校按照心理咨询的内容不同组成不同的咨询团队。每个团队都由专业人士组成，在工作中能够根据学生的情况，独立作出专业水平的决策和解决办法。

第四，社区心理健康服务比较完善。

伦敦具有完善的社区卫生服务体系。社区心理健康服务中心、社区心理医生、卫生主管部门彼此之间是一种合同关系。在国家卫生服务体系（NHS）下，社区居民可以享受完全免费的心理健康服务。政府也通过资助、补贴等形式，鼓励民间组织共同参与，支持发展一定的收费服务。伦敦社区心理健康服务主要包括针对孕妇、新任妈妈的心理辅导班，针对老年人的心理咨询，针对青少年的心理辅导、性教育，针对吸毒人员等特殊群体的心理康复服务等。同时，伦敦拥有完善的社区心理健康服务设施和专业的工作队伍。在伦敦社区，心理健康服务保持常规运行，一般为周一至周五的日间时段向居民提供。

（二）纽约社会心理服务

纽约的社会心理服务体系从建立发展到成熟健全，仅用了短短半个世纪。主要特点有以下三方面。

第一，多元化、分层次的服务机构和职业群体。

纽约的社会心理服务机构主要分为五类：(1）公立精神病院：主要承担重性精神病人的长期治疗，由临床精神医师负责。(2）综合医院精神科：为一般门诊病人提供心理咨询和心理治疗服务，同时为有需要的住院病人提供长期心理服务。通常是由临床精神医师、临床心理学家或心理咨询师，以及临床的社会工作者组成的治疗团队负责。(3）私立精神医院与护理机构：适应各种人群的需要，服务质量最好，消费也最高。(4）心理学者开设的心理咨询和治疗机构：一般设在社区、学校等地，但心理学者没有处方权，需请精神科医生共同会诊后才能用药。(5）社区心理健康服务：主要由社区初级护理人员在精神医师和心理学家的指导下完成，在家庭、社区与正规医院之间起着纽带作用。纽约的专业心理服务人员，依照学科与受训程度，主要分为：临床精神科医师、执业临床心理学家、执业临床专业咨询师，以及执业临床社工四大类，且都具有较高的专业化特质，分别要求服务人员具有医学、心理学和社会学的硕士以上学历，同时需接受长期的临床督导与心理咨询实务训练后，才能获得相应资格。

第二，行政监管与行业自治相结合的职业管理体系。

在纽约，政府与非政府组织以合作的方式对社会心理服务行业进行综合管理。上述提及的临床精神科医师、执业临床心理学家、执业临床专业咨询师，以及执业临床社工四类从业人员，都有着严格的划分，它们分别属于美国精神病学会、美国心理学会、专业咨询师学会和全国社工学会所监督和管理。在从业人员的心理咨询资格认证方面，也坚持双轨运行。对培养机构和课程的资质鉴定，主要由行业协会负责，包括美国心理学会与美国咨询协会等机构。而对个人的开业资格进行认证则采取政府、行业二元体制。但不论培训机构还是个人，其获取执业认证都有明确严格的标准和评审程序，并且执照需要定期更新。已经获得执照的从业者，每年还必须获得规定的“继续教育”学分以得到继续从业的资格。

第三，内涵丰富、面向社区的社会心理

服务体系。

自20世纪80年代以来，纽约在社会心理服务的领域不断拓展和丰富。除了受聘于医院和大、中、小学的大部分心理咨询工作者以外，心理健康咨询者和社区心理咨询者成为了社会层面内最大的两个心理服务就业群体。随着全国的社区心理健康运动的发展，纽约的心理健康服务的重心也逐渐从住院服务转移到门诊服务，从看护式服务转为更为积极的预防和治疗模式。由此，纽约几乎每个社区都建立了专门的心理健康中心。1963年通过的《社区心理健康中心法案》旨在围绕着综合性医院的这个中心，在其周围组织起功能多样的社区心理健康中心，使得常规医疗与社区更紧密地合作。

五、世界城市人口调控工作经验

人口压力问题是世界上任何一个国际大都市在发展过程中都不得不面临的问题。这些城市的政府部门并没有放任城市人口自由发展，而是无一例外地采取了积极主动的态度，通过一系列的人口调控政策和措施来应对人口压力。纽约、巴黎、伦敦、东京等世界城市的人口调控政策措施丰富多样，主要可以归纳为以下四个方面。

第一，制定城市规划，主动对人口进行调控。

纵观巴黎、伦敦、东京等世界城市的发展历程，政府在城市人口发展过程中起着非常重要的作用。他们通过城市规划，有意识地对人口规模、分布进行调控。巴黎在1965年出台了《巴黎地区国土开发计划与城市规划指导纲要（1965—2000）》（以下简称《纲要》）。《纲要》规划的人口规模将从1965年的900万增长到2000年的1400万，城市建成面积将从1965年的1200平方公里增长到2000年的2300平方公里。《纲要》扬弃了历史上同心圆的城市发展模式，转而采取轴线式带状发展的模式。1944年颁布的著名的《大伦敦规划》直接对伦敦地区人口的规模、分布作出了规划。《大伦敦规划》提出了“控制市中心区、发展分散新城”的规划模式，规定规划区面积为6731平方公里，人口为1250万人。规划的主要内容是把距伦敦中心半径约为48公里的范围内，由内向外划分为四层地域圈：内圈、近郊圈、绿带圈、外圈，分别确定其发展目标。规划从伦敦人口密集的内圈地区迁出工业，同时也迁出100万左右的人口。其中，40万人疏散到外圈新建的新城中，另外60万人疏散到外圈地区原有的小城镇中。近郊圈和绿带圈不再设新居民点，并对原居民点采取控制发展的政策。

第二，建立城市新区，分流城市人口。

为了缓解原来城区的人口压力，各大世界城市都采取了利用建立、发展新城区的方法来疏散人口。纽约通过纳入邻近行政区域减缓了中心城区曼哈顿的人口压力，同时通过纽约市的合理规划和发展经验使新兴城区得到快速发展。伦敦在20世纪60年代时重新制定了伦敦的区域布局模式，改变了《大伦敦规划》中同心圆封闭布局模式，使城市沿着三条主要快速交通干线向外扩展，形成三条长廊地带，在长廊终端的南安普顿—朴次茅斯、纽勃雷和勃莱古雷分别建设三座具有“反磁力吸引中心”作用的城市。70年代时又提出把原有“城镇聚集体”的人口规模扩大到100万以上，把东南部人口分到各“城镇体”中，形成多中心结构的模式。日本根据《建成区改建法》对东京进行改建，把东京由原来的一点集中型城市结构发展为多心型城市结构，由原来的一极结构性城市发展为两极结构性城市——东京都为一极，新建多摩连环城市为另一极。我国香港在新界先后建设了沙田、大埔、粉岭、元朗、天水围、屯门、荃湾、将军澳8个新市镇，使人口从原来稠密的九龙、新九龙逐渐流入新界。

第三，改变产业布局，带动人口向外疏散。

世界城市人口的大量流入与城市中劳动密集型产业的迅速发展是密不可分的，要改变人口持续增长的状况，就必须改变城市的产业布局。纽约市通过税收等优惠条件将一些外来人口比较集中的劳动密集型产业迁出中心城区，打造各区核心产业，增强新兴城区对人口的吸引力。20世纪60年代，法国对巴黎地区采取严格的分散政策。它限制巴黎中心区工业的继续集中，要求对厂房占地超过500平方米的一切企业的建立和扩充加以控制。同时用经济手段鼓励巴黎地区的工业企业向边缘地区迁移。巴黎还限制各种办事机构在市中心的发展，对市中心新建办公楼征收高税，称“拥挤税”，各种办事机构新增面积1000平方米以上办公场所都要经过批准。这种分散人口的政策取得了很好的效果，从20世纪60年代到90年代这30年间，巴黎地区中心区域的人口得以减少，从300万下降到了212万。

第四，确立生活质量标准，鼓励人口主动迁移。

1867年，美国通过了《出租房屋法案》，规定了出租房屋的最低标准，如水的供应、卫生和维修等。1901年，纽约州出台了《1901年出租房屋法案》，该法案针对纽约市制定了比先前法案更严格的强制条款，包括对电灯、卫生、通风设备和使用期的要求，还有新住房维修标准以及对建造不合格房屋进行定罪。纽约的这项举措改善了外来人口的生活环境，提高了他们的生活质量，客观上也造成了中心城区曼哈顿生活成本的提高。此时，政府配套在新兴城区实行了一系列税收和住房优惠的措施，鼓励一些无法承担在中心城区昂贵生活成本的外来人口主动地向郊区迁移。这些人口的迁移适应了新兴城区服务业的发展需要，促进了新兴城区与经济的发展。

六、世界城市社会建设经验对北京工作的启示

（一）社区建设的启示

第一，探索建立政府、社会、社区分工协作，以社区为主导的社区建设体制。

树立政府、市场、社会相互依存的新型公共行政思维，打破传统的公共行政等同于政府行政、政府垄断公共事务的陈旧观念。一方面，要明确政府在社区建设和管理中承担的制定法律、宏观规划、财政支持、动态监督、培育引导等职责。另一方面，要支持居民自治，鼓励社区自治组织在党和政府的指导下、在法律的范围内自我组织和管理社区公共事务和公益事业。同时，以发展社区非政府组织为突破点，在政府行政力量和社区自治力量之间找到一个均衡点和转换机制，实现公共服务社会化。

第二，探索多元化的社区资金筹措渠道。

纽约社区建设的资金来源呈现多样化，除了政府财政拨款外，还包括社会捐助、服务收费、银行贷款等其他渠道，其中，基金会、慈善机构、企业等组织通过参与社区有关公益性项目和社区开发中形成伙伴关系的方式向社区进行捐献，已经成为社区资金来源的常规渠道，这也在一定程度上，较好地维系了政府行政与社区自治的分化与平衡关系。北京在推动社区建设和居民自治的过程中，也可以借鉴纽约的做法，探索拓展资金渠道。通过鼓励慈善机构、社区企事业单位以及居民家庭向社区救助事业、公益事业捐款；以政策引导基金会、地方金融机构对社区的发展项目进行贷款；对有些社区服务及管理项目收取适当的成本费；按照自愿原则向社区居民募集居委会自治基金等方式，为社区建设提供可靠保障。

第三，更加注重发挥各级人大代表在社区建设中的作用。

在纽约，议员与社区的联系至少体现在三方面：首先，市议员兼任居住地社区委员会不参加投票的成员，所以社区事务能够迅速反映到市里的立法部门，而市里的决策也会及时传达到本社区。其次，市议员是每个所在社区的社区顾问团成员，并兼任区政府委员会委员，这样保证了决策从倡议到落实环节的连贯性。最后，因为竞选市议员首先

要在候选人所在社区得到提名，这也有力加强了议员对本社区事务的关注度。在北京社区建设发展过程中，也应该进一步发挥各级人大代表的积极作用，创新机制方法、搭建联络平台、畅通表达渠道，促进政府行政与居民自治的对接和互动，从而加快社区改革发展的整体步伐。

第四，加强社区社会组织建设，提高基层公共服务能力。

培育社区中介组织，将社区的各项社会事业通过中介组织加以运营和推广，将有利于合理配置社区资源，建立公共服务的长效机制，促进社区各项社会事业的兴旺发展。以满足社区居民各种需求为主线，以加强社区各类协会、民办非企业单位建设为中心，尝试将社区居委会下设机构协会化，将公办社区服务事业单位民办化，同时以街道民间组织服务中心、社区协会为指导，整合、利用社区单位场地、人员、资金资源，整合、利用各级部门、驻区单位工作资源，按照居民和社区需求，新建或扩建各类民办非企业等。

（二）社会组织发展的启示

第一，积极培育民间组织，全面提供社会服务。

建设世界城市，提供符合世界城市标准的社会服务是关键。大力推进社会事业建设，通过社会化的方式，加强与民生密切相关的科教文卫等方面的服务能力和服务水平。由于社会群体的进一步多元化，不同群体的需求也各不相同，如果依然由政府统一提供，往往导致事倍功半。应当向世界城市学习，积极培育民间组织，针对不同社会群体，由政府向民间组织购买社会服务，充分发挥它们扎根基层社区、了解一手情况、服务低价优质的优势，全面地、有效地提供社会服务。

第二，大力发展民间“草根”组织。

世界城市的民间组织当中，极少由政府自上而下建立的，绝大部分都属于自下而上建立的“草根”型民间组织。也只有“草根”型民间组织，才可以真正有效地填补政府和市场未能提供的那些公共产品。而北京市的民间组织在获得较快发展的同时，却面临着大部分都属于自上而下建立的政府型非政府组织（Government Organized Nongovernmental Organizations，GONGO）的问题，这与建设世界城市的要求还有差距。在政府可能失效的社会服务领域，政府型的非政府组织也同样可能失效。可以考虑调整和完善目前的民间组织发展和管理的思路，在登记、筹资、运作等方面给予“草根”型民间组织和机构更多的空间，积极推动民间力量的成长。

第三，促进本土社会组织孵化升级。

国际组织数量是世界城市建设的重要指标，培育内生型国际组织是推进城市国际化进程的重要渠道。在伦敦，诸如国际妇女联盟、反贫困行动援助、无国界医师等国际组织起初都是由一些较小的地方性社会组织日益发展起来的。北京建设世界城市，首先要加大对本土社会组织的扶持和培育力度，通过投资建立社会组织孵化器，深化首都社会组织的对外交流与合作，促进国内组织与国际组织的对话沟通和平稳对接，增强首都社会组织在国际交往中引领议题的能力。

第四，提高对国际组织的吸引力和服务水平。

目前，北京共有国际组织驻中国代表处 20 多家、国际组织总部 3 个。伦敦、纽约、东京的国际组织总部数分别为 57 个、21 个和 16 个，北京的国际影响力有待加强。可以考虑建立国际行业组织大厦，创建国际组织服务中心，搭建载体平台，强化对外联系、沟通和服务职能，提供政策咨询、引导和便利，促进国际组织与国内行业协会、社会组织的对接与合作，争取再吸引一批条件成熟的国际组织代表处驻京工作，更多举办高水平、有影响的国际会议，争取一些国际组织总部和联合国机构进京落地。

（三）社会工作队伍建设和志愿服务的启示

第一，加强专业化、职业化管理。

建立完善专门的社会工作者管理组织机

构，以市、区（县）社会工作者联合会和各类专业社工机构为依托，全面管理使用好社会工作者；建立健全社会工作者管理制度和从业规范，严格用制度约束和规范社会工作者的服务；实行严格的从业资格准入制度，全面推进社会工作者资格水平考试；积极探索社会工作岗位和称职设置，明确标准、条件等要求，完善薪酬等相关待遇，加强社会工作者教育培训，不断提高其专业素质和业务技能，推进社会工作职业化和专业化。

第二，建立专群结合的社工队伍。

加快推进学校、医院、社区等各类专业社会工作者队伍建设，满足重点领域社会工作和社会服务需要。培育社工事务所，发挥专业社会工作者作用，成立以专业社工为核心的各种义工（志愿者）组织，由社工策划志愿服务方案，指导、监督义工开展多种志愿服务，形成以“社工引领义工，义工服务群众，群众参加义工”、全覆盖的义工服务网络，建立起常态化、规范化“草根”志愿服务机制。

第三，加强志愿活动品牌创建。

借鉴“纽约服务计划”等活动经验，发展和建立首都志愿服务的社会组织与活动品牌，加大政府推介、宣传和扶持力度，丰富和完善公益周、服务日等纪念活动项目内涵，吸引和凝聚首都志愿服务力量，建立志愿者管理、培训、激励长效机制，确保再形成一批市级志愿服务品牌，在社区形成一系列特色显明、效果明显的志愿服务品牌。

第四，搭建志愿服务基础平台。

借鉴伦敦经验，加快建立为志愿服务提供中介帮助、市场分析、公共营销、发展战略研究等基础职能的社会组织。扶持培育公益社会组织，借此创造更多的工作岗位。参考“纽约服务计划”，继续完善和推广“志愿北京网”等志愿服务信息发布网站，搭载或开通志愿服务咨询热线，及时提供志愿服务供需信息和相关志愿组织运行概况，依托社会建设信息化网络，将志愿信息平台延伸到全市社区，完善志愿服务选评、宣传和奖励机制，丰富非营利组织志愿者招募渠道，引入志愿服务监督、竞争机制，激发居民志愿参与热情，提高市民志愿服务参与率。

（四）社会心理服务工作的启示

第一，需要进一步规范和完善心理健康管理机构。

目前，国内的心理咨询业依然存在头绪不清的问题，尚没有一个专门机构进行统一的规划和管理。例如，心理咨询行业职业资格缺乏统一的标准，劳动与社会保障部有“心理咨询员”和“心理咨询师”的职业认定，卫生部有“心理治疗师”从业认定，人事部又推出“心理保健师”的人才评定。这样就难以对从业人员实行高标准的统一规范要求，难以对其服务进行审查、评估。因此有必要成立一个统一的类似伦敦 BACP 那样的组织部门，在全市探索建立心理健康行业协会，积极发展市、区两级心理咨询服务类“枢纽型”社会组织。通过建章立制，明确发展目标和服务内容及标准，制定服务行为规范，来协调并统一和管理各机构的活动，从而为心理咨询的规范化和专业化奠定基础。一方面，要借此严把入口关，推行统一的心理咨询队伍准入制度和资格认证制度。另一方面，要完善心理咨询队伍的业内发展机制，规范对他们的学历要求、职称晋升、考核奖励等程序。

第二，需要大力发展心理教育培训。

虽然目前劳动和社会保障部颁布的心理咨询师职业标准为心理咨询工作的专业化和职业化奠定了必要基础，也在一定程度上普及了心理咨询与治疗的知识。但较之于欧美国家，该标准要求学历不高、专业限制不严、培训时间较短，也缺乏临床实践训练。因此，即使是已获得资格认证的心理服务人员，其专业水平仍亟待提高，有必要建立督导和培训制度，对他们进行进一步的继续教育和临床督导。同时，应进一步加强对高等学校心理健康服务专业人员的培养，完善心理咨询师的资格认证工作，避免商业化、功利化过度导向。按照保基本、多层次的目标，既要抓好普及型心理健康服务人才的培训，以满足我国广大基层的需要，也需要更加注重培养高水平的专业心理健康服务人才。形成帮带联动、长效发展的人才梯队。

第三，需要强化发展社区心理健康服务。

首先是要做好心理健康关怀工作。在社区、街道开展形式多样心理健康知识宣传，丰富居民社区生活，营造和谐社区氛围。发挥人民调解优势，全力做好矛盾基层化解，加强对老人、儿童群体以及特殊家庭的关爱和帮扶，帮助排除居民心理疾病隐患。同时，探索社区心理健康服务的规范化建设，在人员、设施、办公场所、服务项目配备上加强保障。用好行政、社会两股力量，发挥好政府决策、监督和心理卫生协会协管、指导的工作合力。鼓励和支持社会组织承接社区心理健康服务。推进街道、社区心理咨询中心的建设试点。注重社区的心理健康服务工作与其他机构的交流。引导优质资源向社区倾斜，开展与精神康复医院的合作。社区心理健康服务系统应及时发现和转诊精神疾病患者给精神康复医院，有效承接精神疾病康复期病人，配合专业医院做好追踪服务工作。

（五）人口调控工作的启示

世界城市的发展大都经历了相似的发展过程：在发展的初期，城市吸引了大量的人口自发地向其集中，城市本身也因此不断发展壮大。期间政府通常采取放任的态度，对人口的增长不加干涉，任其自由发展。当城市的人口数量膨胀到一定程度时，对城市的交通、住房、环境等都产生了巨大的压力，政府部门逐渐认识到人口规模、分布等问题的重要性，开始制定、实施人口调控的政策，分散城市人口。根据城市不同的功能定位和发展特点，各个城市政府都采取了不同的人口调控措施。这些世界城市的人口调控政策、措施和经验对北京建设世界城市具有很好的借鉴作用，主要体现在以下五个方面。

第一，主动积极调控，引导人口向适应城市发展需求的方向发展。

各世界城市的发展历程都表明，城市的发展离不开政府对人口的合理调控。一直放任人口自由发展会造成城市人口规模的恶性膨胀，带来许多社会问题。墨西哥城就是一个典型的反面教材。墨西哥城政府对外来人口采取放任自由的态度，结果引发人口过度膨胀、贫民窟丛生、失业激增等一系列社会问题，政府不得不开始对人口进行调控。北京在建设世界城市的过程中，必须吸取墨西哥城的教训，主动积极地对人口进行调控。根据城市发展的规律，运用法律、行政和经济等多种手段，严格控制人口规模，合理引导人口分布，吸引符合城市发展需要的优秀人才在京居住、工作。

第二，遵循客观规律，合理分散人口。

世界城市的发展往往伴随着人口聚集的过程。人口聚集会促进城市的发展，也会带来城市人口膨胀，尤其是城中心人口压力过大的问题。所以必须在人口聚集到一定程度时采取有效的措施分散中心城区的人口，延缓人口进一步流入的速度。当人口分散之后，经过若干年的发展，城市的卫生、交通、住房等基础设施水平和医疗、教育、养老等公共服务水平会逐步提高，人口容量会逐渐扩大。由于城市发展的需要又会再次出现人口的聚集。如此往复，形成一种集中、疏散及平稳发展、再集中、再疏散及平稳发展的规律，而城市在这个过程的中呈现出一种非直线推进的发展态势。伦敦、巴黎城区的人口变迁就体现了这个过程，先集中后分散，在过去的20多年里，又出现了再城市化的集中现象。持续的、直线式的人口膨胀不利于城市化的发展。因此，政府需要适时采取措施在某些时期分散人口，延缓人口急剧膨胀的速度，使城市平稳地发展，这是世界城市人口发展的规律。北京要建设成为世界城市，处理好人口压力问题，就必须在遵循这一基本规律的基础上进行。北京在建设世界城市的过程中经历了人口快速和高度聚集的阶段，快速膨胀的人口对资源、环境、交通、居住等生产生活各个方面产生了巨大的甚至是过度的压力。目前北京已经到了采取适当政策延缓人口快速聚集和流入，为城市提供平稳发展环境的新阶段。

第三，制定人口规划，将人口调控纳入整个城市的发展规划之中。

就巴黎、伦敦和东京这些世界城市的经验来看，在人口调控过程中人口规划起到了十分积极的作用。北京也应根据自己城市功能和发展的定位，制定短期、中期和长期的人口规划。例如，采取大伦敦的规划办法，制定分不同区域的人口规划，积极发挥政府的宏观调控作用，通过调节产业结构升级以及提高中心城区生活成本等手段来实现对人口的调控。北京市政府发布的《北京城市总体规划》和《北京市“十一五”时期功能区域发展规划》明确了各个区的功能定位，并鼓励人口和工业迁移新区，人口调控的作用正在逐步显现。但是规划中缺乏专门的人口规划，对于人口的结构、分布和发展预期都缺乏详细的规划和明确的定位。而且新区各项配套政策和措施的吸引力度仍不够大，不能对中心城区的外来人口形成吸引。

第四，措施明确有力，重视法律保障。

为了缓解庞大的人口数量给城市的发展带来的巨大压力，达到对人口规模进行合理调控的目的，各个城市都采取了一系列明确有力的举措。主要包括兴建一批新城和二级中心，促进市区工业向郊区分散，限制各种办事机构在市中心的发展，调整产业布局，完善基础设施以及实行政策和税收优惠等。而且，伦敦、巴黎、东京等城市都以专门立法的方式确立人口调控的措施，其内容包括制定战略规划、城市改建、产业结构调整、人口管理、公共卫生等各个方面。这些法令都具强制性和“刚性”，为人口调控提供了有力的法律保障。北京应该根据自身实际情况，借鉴这些世界城市的人口调控政策和措施，制定包含一系列人口调控措施的政策体系，及时地调整完善有关人口聚集的法律法规，这样才能适应迅速变化的城市发展需要。

第五，确立合理的生活质量标准，改善外来人口的居住条件。

墨西哥城发展中的“贫民窟”问题，对于北京制定人口规划是一个很好的启示。来到北京的流动人口为了减少生活成本，大多选择租住居民的房屋，大部分居住在平房，还有不少乱搭建的窝棚中。北京可以学习纽约的做法，对出租房的最小面积、水电暖气供应水平、卫生设施和居住条件等方面的质量标准作出规定，不符合标准的房屋不允许出租。这样一方面改善了外来人口的居住条件，防止类似“贫民窟”和“胶囊公寓”等恶劣居住环境问题的出现，符合“以人为本”的精神；另一方面客观上增加了流动人口的迁移成本和生活成本，起到控制低端产业流入、防止首都人口规模继续膨胀的作用，一些已经落户在北京的低端产业和低收入的人口也无法在北京立足，将自发地迁移到生产和生活成本较低的城市和地区去。

关于2010年政府购买社会组织服务工作开展情况的调研报告

市委社会工委、市社会办综合处（宣传处）

2010年，按照市委、市政府要求，市社会建设领导小组办公室使用社会建设专项资金向全市各级各类社会组织购买服务。根据工作安排，2010年12月15日至27日，市社会建设工作领导小组办公室对服务项目工作进行了专项检查。总体来看，各单位全部按要求完成了购买的项目，呈现出了重视程度高、落实行动快、资金管理严、实际效果好的主要特点。

一、总体情况

政府购买社会组织服务项目工作受到了市政府高度重视、群众高度关注、社会组织高度期盼，在我市也是第一次正式实施。根据制定《使用北京市社会建设专项资金购买社会组织服务的暂行办法》和《北京市社会建设专项资金管理办法》，项目分综合管理、公益服务、基本建设三大类，以“保基本、育组织、惠民生”为基本思路。经调研、申报、评估、审核、批复等工作环节，截至2010年12月31日，安排政府购买项目262项，投入资金2110万元。举办各种活动4378场次，有72万余人次参加了活动；服务社区1322个，覆盖了全市一半以上的社区；撬动各区县、各社会组织投入配套资金近2600万元；参与项目的社会组织达到了656个，为社会提供服务累计120万小时，发放各种宣传资料578578份，收到了良好的社会反响。

二、工作成效

（一）建立了培育、扶持社会组织发展的工作机制

制定了《北京市社会建设专项资金管理办法》，规范了专项资金的使用办法和投入方向，形成了以社会需求为导向、以改善民生为重点的项目申报、评估、立项的制度体系。明确了相关单位的主要责任和具体要求，初步建立了以项目主责单位参与监督和指导、各项目承接单位具体落实的工作模式。发挥了专项资金的引领作用，各单位、各社会组织在承接项目过程中，积极争取各类配套资金的支持，形成了多元投入的良性机制。全市分别有5个区（县）出台了9项扶持鼓励政策。东城区拨款100万元，把18个项目面向社会组织公开招标；西城区专门拨款960万元用于购买社会组织服务；石景山区为金顶阳光社工事务所安排配套资金50万元，为新居民互助服务站安排配套资金80万元等。

（二）扩大了专业化社会服务的覆盖面

社会组织的最大优势就是在各自服务领域中能够发挥提供服务、反映诉求、规范行为的作用。通过购买社会组织服务，越来越多的群众在参与项目中享受到了职业化、专业化的服务。

在各项目承接单位中，有诸多专业队伍加入了社会公共服务，例如，东城区计划生育协会组织街道为符合条件的育龄妇女进行摸底调查和健康体检；西城区建立社会心理支持服务工作站；朝阳区的社工师协会联合音乐治疗资深专家为智障残疾人提供音乐理疗治疗服务；海淀区惠泽社会工作事务所为应届高校毕业生和“村官”提供专业的初任培训；丰台区的“爱心传递热线”以社区空巢老人心理危机干预为重点，组织开展“抗衰老从心开始”系列养生讲座、“爱心传递欢乐大巴”主题交友等活动；石景山区金顶阳光社会工作事务所的专业社工介入重点人群的日常管理和服务；门头沟区的为老综合便民服务队为居民提供物质和精神、文化娱乐的全方位服务；房山区举办志愿者服务班培训；通州区消防协会走进大学校园，举办灭火逃生演练；顺义区的社会心理支持及热线服务工作站依托自身社工专业优势，在社区开展心理咨询、疏导及热线服务工作；昌平区律师协会为广大居民和农民工提供专业法律服务；大兴区社会工作事务所的培育孵化服务；平谷区新青年培训学校的“社区便民小课堂”公益服务；怀柔区结合社区家庭护老需求，推进家政服务专项培训对接家庭护老服务；密云县社区空巢老人送餐服务队聘请专业人士进行营养配餐及礼仪服务等培训。

（三）进一步激发了社会组织的创新活力

各项目承接单位按照实施方案，积极开展各项活动，例如，东城区的市社会生活心理卫生咨询服务中心已在中山公园五色土西配殿进行了展览，并向参观的16个区县社区

居民点和游客发放了宣传手册；西城区的“银龄为老系列服务”；朝阳区团区委的“心手相牵、拥抱朝阳”志愿者项目，形成了流动青少年、农民工子女学校、爱心企业、社会志愿者（团体）和属地街乡五方受益的工作局面；海淀区的“商事纠纷调解服务试点”工作；丰台区肉类食品行业商会开展“放心肉类食品社区行”，全年共开设知识大讲堂20余场，组织近千名社区居民到生产厂家参观；石景山区的“新居民互助服务站”项目带动志愿者达3.6万人次；门头沟区军庄威风锣鼓表演；房山区的“和谐家庭”创建活动；通州区的楼门文化交流学习活动；顺义区京顺医院为全区13镇347个村的村民进行义诊和免费体检服务；昌平区志愿服务指导中心为9000余名打工子弟学校学生提供支教助学志愿服务；大兴区京南培训学校开展心理健康知识普及教育活动；平谷区金隅老年公寓为450位老人开展上门理发、配餐、洗衣等服务；怀柔区的社会心理咨询服务为近1000名居民开展“读一本书、上一次课、看一次展览”心理健康系列活动；延庆县的文明养犬活动；密云县文化志愿协会针对边远山区、残障群众、孤寡老人等特殊人群实施的“暖心工程”等，都很好地体现了社会组织开展项目的规范性与有效性，体现其参与社会服务的积极性与主动性。

（四）形成了社会组织服务管理有效覆盖的工作体系

一是强化了“枢纽型”社会组织的龙头作用。建立了“枢纽型”社会组织工作体系，推进了社会组织的专业化建设，推动了专业社会服务组织的健康发展，进一步加强了以“枢纽型”社会组织为龙头的社会组织管理模式。例如，西城区建立以社会工作者联合会为枢纽、以专业社工事务所为发展平台的“以会带所”的专业社会工作队伍建设体系；团市委发挥北京网友组织协会等“枢纽型”社会组织的作用，与40家在京高校学生论坛、18家覆盖区域的大型社区网络平台、5家在京外地同乡会网友组织、9家公益性网友组织及众多专业爱好者构成的网友组织建立紧密联系，支持引导其为北京社会建设发挥良性作用；市科协引导土壤、植物病理等农科学会，举办“低碳生态型设施栽培综合管理技术论坛”、“种子健康与农业发展国际研讨会”等25次研讨会，服务首都新农村建设；市妇联经全面了解和深入分析，将现有61个市级妇女社会组织纳入到市妇联联系、服务和引导之中，将1547家区县级妇女社会组织也纳入妇联工作视野，进行分类指导；在“首届北京社会公益活动周”期间，10家“枢纽型”社会组织带动百余家各级各类社会组织举办论坛36场、公益展示32场，提供免费咨询500场次、服务群众20余万人。

二是强化了行业协会服务社会建设的带动作用。购买行业协会申报项目，进一步推动社会服务建设，加强行业协会的桥梁和纽带作用，提升行业协会在促进行业发展方面的代表性和影响力，支持行业协会提升自身能力建设，开展行业信息交流、信息发布、对外宣传、业务咨询、专业培训、招商引资等服务。

三是形成了联系各专业社会组织、“草根”社会组织的有效途径。通过紧紧围绕保障和改善民生，切实着眼“小政府、大社会”，有力地推动了政府与社会组织建立新型合作关系。实行政府购买项目，既体现了政府对各社会组织的大力支持，密切了政府与各社会组织的新型合作关系，也使各社会组织在参与社会公共服务中，拓宽了服务空间，提高了参政议政能力，促进了社会服务专业化的发展。

构建体系　完善机制　创新载体
努力提高社会领域党建工作科学化水平

市委社会工委、市社会办党建工作处

党的十七届四中全会提出了在新形势下提高党的建设科学化水平的要求。社会领域党建工作作为党的建设新领域、基层党建工作的重要组成部分，紧紧围绕中央和市委的决策部署，认真研究自身特点，体现时代性，把握规律性，富于创新性，不断开拓进取，大胆实践探索，着力构建科学组织体系、完善科学工作机制、创新科学活动方式，扎实推进社会领域党的建设科学化进程。

一、构建科学组织体系，为推进社会领域党的建设科学化提供组织保证

着力创新管理体制，落实党建工作责任制，扩大党的组织覆盖面是推进社会领域党建工作科学化的基础工程和前提条件。

（一）构建管理体系全覆盖

党的十七大以来，北京市委、市政府高度重视社会建设，于2007年12月成立了市委社会工委、市社会办，统筹协调社区党建、社会组织党建和非公有制企业党建工作，初步形成了党委统一领导、组织部门牵头、社会工委具体负责、各有关部门密切配合的社会领域党建工作格局。继市委社会工委、市社会办成立之后，全市所有区县于2009年年底前全部建立了社会工委、社会办。为加强与驻区单位的联络、有效管理辖区内非公有制经济组织和新社会组织，2009年年底在全市141个街道全部建立了街道社会工作党委。目前已探索在36个乡镇进行社会工作党委试点工作，年底前全市所有乡镇社会工作党组织将全部组建，初步形成市、区、街道（乡镇）、社区等垂直式、系统化管理体系。

（二）落实责任体系全覆盖

按照“1+4”文件要求，社区党建以区域管理为主，由街道（乡镇）党工委及社区党组织具体负责；社会组织党建以分类管理为主，由“枢纽型”社会组织联合党委具体负责；非公有制企业党建以分级负责为主，按照规模大小，分别由区（县）委、街道（乡镇）党工委和社区党组织具体负责，在开发区的非公有制企业由开发区党委负责，商务楼宇内非公有制企业党建由商务楼宇党委负责，流动党员由用工单位和辖区具体负责等，初步形成了分类管理、分级负责的“横到边、纵到底”的社会领域党建工作责任体系。

（三）实现组织体系全覆盖

在城市社区、规模以上非公有制经济组织和社会组织单独组建党组织的基础上，扩大对规模以下非公有制经济组织和新社会组织的覆盖面。开展在市社科联、市科协等“枢纽型”社会组织中建立联合党委试点工作，力争年底前完成全市首批10家“枢纽型”社会组织联合党委组建任务，将行业内2000余家社会组织纳入“枢纽型”社会组织联合党委的联系、服务和管理范畴。在商务楼宇中建立党组织、社会工作站，实现党组织和党的工作在商务楼宇全覆盖。截至2010年8月底，全市1249座商务楼宇中已建立978个商务楼宇工作站，覆盖1018座商务楼宇，覆盖了5.6万余家商户68万就业人员和26800余名党员。今年年底将实现全市商务楼宇党建工作全覆盖。加大在专业市场（商圈）和商会（协会）中建立党组织力度。集美家居市场集团通过建立党委，党建工作覆

盖市场内2000多家商户13000多名职工。典当行业协会通过成立协会党支部，党建工作覆盖了全市117家典当企业及其分支机构。针对门店规模小、党员少、单独组建难等特点，石景山区探索“社区联建门店”新模式，将社区周边的小门店、小商铺纳入社区党组织统一服务管理，实现党组织和党的工作全覆盖。近两年来，在社会领域先后建立基层党组织1789个，发展党员2876名，找回流动党员13895名，培养入党积极分子3万余名。

二、健全科学运行机制，为推进社会领域党的建设科学化提供制度保障

制度建设是推进党的建设科学化进程的重要环节，也是贯穿社会领域党建工作全过程的基础性工程。通过建立健全科学工作制度，规范和保障社会领域党的建设，提高社会领域党建工作科学化水平。

（一）决策议事机制力求透明化

一是扩大参与范围。尊重党员主体地位，维护党员基本权利。在社区党组织换届选举中将推荐提名人选扩大到普通党员，在非公有制经济组织干部队伍建设上推行“双培养双进入”工程，扩大党组织负责人参与企业决策权。二是加大差额直选力度。继续推广2009年社区党组织换届选举中公推直选、党组织负责人差额直选等试点成功经验。对社会领域党务干部选拔、表彰奖励推荐对象实行差额表决，扩大竞争面，提高公信力。三是实行党务公开。按照中央部署和要求，结合单位实际，不断完善党务公开的时间、内容、形式和程序，用党务公开来带动政务、居务、企务公开。借鉴“四议两公开”的做法，研究社会领域党务工作议事规程，真正落实党员参与权、知情权、选择权和监督权，增强社会领域党建工作的内在动力。

（二）引导推动机制体现科学化

一是坚持调查研究。“没有调查就没有发言权”。在作决策、定计划前，深入基层，深入群众，了解基层党建工作的薄弱环节和难点问题，研究提出解决问题的办法措施，增强工作的前瞻性和预见性。实行领导干部联系点制度，建立各类信息直报点，及时跟踪调研指导联系点工作。二是加强分类指导。针对社区、非公有制经济组织、新社会组织党建工作中不同行业、不同对象、不同规模、不同特点，制定相应标准，采取针对性强的措施，实行分类指导。三是注重典型引路。结合创先争优活动，认真总结试点、示范点成功经验，树立一批先进典型，坚持以点带面，发挥示范引领作用。借助简报、网站等新闻媒介，宣传推广典型事迹经验，营造积极向上的工作氛围。

（三）考核评价机制突出指标化

一是制定科学考核评价指标。借鉴农村党建三级联创的成功经验，总结非公有制经济组织党建工作“五个好”示范点创建活动、部分区县社区党建工作考核评价和部门企业ISO 9000党建质量管理体系的主要做法，按照创先争优活动的总体要求，针对不同领域，确定相应评价内容和考核指标，科学设计考核评价体系，做到定性与定量相结合，确保考核评价工作操作性、针对性、实效性。二是严格执行考核评价运行程序。强化考核评价的执行纪律，增强考核评价的权威性。重点解决述职报告无突出实绩、组织测评较随意、查看资料依据不足、群众座谈实效不明显等突出问题，杜绝考核评价随意性，增强考核评价的公正性、准确性。三是落实考核结果与奖励挂钩。将考核评价工作实绩与年终组织考核、单位评比奖励相结合，禁止搞平衡、搞照顾，走过场、走形式，发挥社会领域党建工作考核评价体系的激励和促进作用。

（四）保障机制注重长效化

按照“三有”标准，整合社会资源，加大对人力、财力、物力的投入，切实做到有人管事、有钱办事、有处议事，夯实社会领域党建工作基础。一是加强队伍职业化建设。要拓展来源渠道，选强配齐党务专职工作者。面向高校、大学生“村官”和社会公开选聘大学生社工和党建指导员；通过举办业务培

训、组织参加全国社会工作者职业水平测试等形式，提升党务干部素质能力；通过解决工资福利待遇，创造拴心留人环境。通过“选、育、用，管”等环节，扎实推进北京市社会领域党务工作者队伍专业化、职业化建设。二是实行经费项目化管理。拓宽融资渠道，逐步形成以财政拨款为主、党费返还为辅、社会各类资金为补充的社会领域党建经费保障机制。按照党建工作项目化管理机制，申报、使用和管理社会领域党建活动经费。三是坚持场所集约化建设。坚持统筹规划、科学布点，把社会领域各类组织活动场所和服务设施建设，纳入城市新建、改建住宅小区和城市公益性服务设施建设规划。坚持集约利用、资源共享，加强党员服务机构规范化建设，做到活动场所设施“一站多能”、“一室多用”。

三、创新科学活动方式，为推进社会领域党的建设科学化提供实践载体

针对社会领域党建工作的特点规律，树立服务为先理念，创新灵活活动方式，搭建丰富活动载体，运用现代科学方法，不断研究探索社会领域党组织和党员发挥作用的有效途径，全面推进社会领域党的建设科学化。

（一）搭建全方位服务平台

社会领域党建工作始终坚持围绕中心、服务大局、拓宽领域、强化功能。从实际需求出发，从开展多样化服务入手，加强同驻区单位、社会领域各类组织的沟通联系，积极搭建服务平台，进一步延伸社会领域党建工作触角。一是服务中心。围绕北京奥运会、庆祝新中国成立60周年等重大政治活动，动员社会力量支援参与服务；围绕应对国际金融危机，帮助企业坚定信心、出谋划策，带头自主创新、节能降耗，共克时艰。二是服务群众。建立群众利益诉求和利益协调处置机制。通过党员联系群众、座谈走访、信息采集、听证会等形式，及时倾听群众意见建议，帮助群众解决实际困难，维护群众合法权益。三是服务社会。为非公有制经济组织和社会组织服务社会搭建共建平台，培育企业家的社会责任感，提供人力智能和经费物质支持，弘扬扶贫济困、互帮共建的传统美德。

（二）搭建开放式活动平台

社会领域党建工作的活动方式要体现开放式，活动方法注重党群共建，活动内容力求品牌化。一是打造品牌。围绕“推动发展、服务群众、凝聚人心、促进和谐、党组织自身建设和党员素质提高”六个方面，精心设计活动载体，创建活动品牌，丰富活动内容，增强活动成效。二是区域互动。依托社区服务中心、商务楼宇综合服务站等活动阵地，组织驻区单位与社区居民、楼宇企业之间开展公益、文体活动，加强沟通联系，共享发展改革成果。三是党群共建。按照中央关于党群共建工作的有关精神，整合群团组织资源，共同开展主题实践活动，共享改革发展成果。

（三）搭建网络化信息平台

充分利用互联网、远程教育网、手机短信平台等现代传媒和信息技术手段，开展舆论宣传、评价反馈和联系服务等工作。一是建立社会领域党组织和党员信息库。适时掌握党组织和党员的基础数据，加强党建工作的动态管理。二是建立思想教育阵地。开辟党建工作宣传栏，及时传播党的政策理论，宣传推广先进典型，弘扬创先争优主旋律。三是研究创建网上支部。实现组织关系网上接转、党费网上缴纳、网上组织生活等多项党务管理功能，着力推动社会领域党建工作学习资料电子化、活动通知短信化、组织生活在线化、信息发布网络化、意见征询论坛化、集中会议视频化建设，提高社会领域党建工作的时效性，扩大覆盖面，增强影响力。

为和谐社会首善之区建设提供强大的人才支撑

——首都社会工作人才队伍建设的成就与展望

市委社会工委、市社会办社会工作队伍建设处

社会工作是现代社会从事社会管理、社会服务、社会动员工作的职业活动，是工业化、城市化的产物，在发达国家已有上百年的历史，在我国还是新生事物。我国社会工作者在社区建设、社会组织建设、社会公共服务、志愿服务和社会领域党建工作中发挥着越来越重要的作用，在推动科学发展、促进社会和谐方面发挥着越来越重要的作用。

在北京市委、市政府的高度重视下，近年来，首都社会工作人才队伍建设取得显著成绩。主要表现在以下几个方面。

第一，社会工作人才队伍不断壮大。据统计，目前首都地区共有社会工作相关从业人员30余万人，占常住人口的2.0%左右。

第二，服务领域不断扩大。社会工作人才广泛分布在社会福利、社会救助、社区建设等领域，有各类社会工作机构和组织5万多个，这些机构和组织为社会工作人才施展才华创造了广阔空间和良好环境。

第三，管理体制不断完善。市委、市政府高度重视社会工作人才队伍建设，成立了市委社会工委、市社会办，负责全市社会工作人才队伍建设的统筹规划、综合协调和指导监督；各区县社会工作领导机构已组建完毕。初步形成了党委统一领导、组织部门牵头抓总、社会工作部门具体负责、相关部门各负其责、社会力量积极参与的工作格局。

第四，制度建设开始起步。2007年12月，以市委、市政府名义制定颁发了《关于加强社会工作人才队伍建设的意见》，为社会工作人才队伍建设提供了有力的政策保障。2008年出台了《北京市社区工作者管理办法（试行）》，积极推进社区工作者向社会工作者转变，规范了社区工作者管理。

第五，人才培养发展迅速。目前，首都地区有16所高校设立了社会工作专业或社会工作系，形成了大专、本科、研究生三个办学层次，为建设首都社会工作人才队伍提供了充足的人才储备。在职培训大力推进，各区县与社工专业院系密切合作开展“双基地”建设，提高了一线工作人员的专业水平和职业能力。组织了高级社工人才赴美培训班，进一步开阔了工作视野。

第六，职业化、专业化建设稳步推进。建立了职业水平评价制度，举行了助理社会工作师、社会工作师职业资格水平考试，已有4235人获得专业资格，并进行了职业水平证书登记。开展社工人才队伍建设试点工作，实施“大学生社工计划”，在城八区和顺义、昌平等区县，通过政府购买服务的方式，培育扶持10个社会工作事务所，购买200个专业社工岗位，初步形成了一支掌握社工理念和方法，正按照职业化、专业化方向发展的社会工作人才队伍。

第七，发展环境不断改善。围绕世界社会工作者日，召开了研讨会和主题宣传活动，创办《社会工作队伍建设参阅资讯》，深入开展调研摸底，完成了《首都社会工作人才队伍建设研究报告》，编制了《首都社会工作人才队伍建设中长期发展规划纲要（2009—2020年）》。与中国青年政治学院共同筹建“北京社会工作人才发展研究院”，开展了有关重大政策问题的前瞻研究。

首都社会工作人才队伍建设虽然近年来取得了不少进展，但从总体上看仍处于起步阶段，处于“非专业化”或“半专业化”状

态，还存在着专业人才总量不足、队伍结构不合理、专业水平不高、社会认识不高、专业岗位缺乏、政策法规体系不健全等问题。

当前，首都北京正在加快建设繁荣、文明、和谐、宜居的首善之区，建设世界城市，各项社会事业全面发展。这些因素既为首都发展社会工作提供了基础条件，也创造了良好机遇。展望未来，首都社会工作人才队伍建设已经站在一个新的更高的起点上。适应建设世界城市的需要，首都社会工作人才队伍发展思路应该是：按照“建设宏大的社会工作人才队伍”的要求，落实首都人才发展战略，以专业化教育培训为基础，以社会工作岗位开发和设置为重点，以实现社会工作的职业化和专业化为目标，应坚持“政府主导、社会运作，试点先行、分类实施，存量提升、增量规范，专业带动、职业发展”的原则，着力完善社会工作管理体制，健全社会工作政策措施和制度保障，到2020年，首都地区社会工作专业人才总量应达到8万人左右，基本形成一支规模适当、素质较高，以初级社会工作人才为主体、中级为骨干、高级比例适当的专业化、职业化人才队伍，为构建社会主义和谐社会首善之区提供坚强的人才保证。

按照上述发展思路，今后5~10年，首都社会工作人才队伍建设应着力抓好以下几个方面工作。

一、健全教育培训制度，大力培养社会工作人才

人才培养是社会工作人才队伍建设的基础。首都目前30多万社会工作从业人员中，绝大多数没有接受过社工专业教育。从这一实际情况出发，目前人才培养的关键是要加大职业培训力度，提高现有社会工作人员的专业化知识水平和职业化工作技能，使他们加快向专业社会工作者的转化。一是开展全员轮训。利用5~8年时间，以更新知识、强化技能、提高素质为重点，对在职人员普遍轮训一遍，达到社会工作岗位要求。二是加强继续教育。要求取得职业水平证书的社会工作者每年参加各种形式的继续教育。鼓励和支持在岗人员积极参加社会工作学历教育和职业水平考试，逐步实现持证上岗。三是支持发展专业教育。要在注重理论教育的同时，更加重视培养学生的实务操作能力。

二、完善社会工作人才评价制度，健全社会工作职业体系

建立社会工作者职业水平认证制度，针对大量的在社会工作一线或管理岗位时间较长、经验丰富、年龄较大，通过考试有困难的在岗人员，研究制定专业培训与资格评审相结合的办法，解决这部分人员的职业资格问题。建立社会工作者登记管理制度，借鉴国际通行做法，委托社会工作行业管理“枢纽型”组织对取得职业水平证书的社会工作者进行注册登记，加强规范化管理和服务。健全专业技术职级体系，将社会工作师纳入全市专业技术职务制度统一管理，建立由社会工作员、助理社会工作师、社会工作师、高级社会工作师组成的专业技术职级体系。

三、加快岗位开发与设置，拓展社会工作人才发展空间

社会工作岗位开发与设置是社会工作人才队伍建设的关键环节。要积极开展社会工作岗位设置试点，在社会福利、残疾康复、社区建设等条件相对成熟的部门、领域开展试点，以便积累经验、逐步推广。要多途径设置社工岗位，在民政、工会、共青团、妇联、残联等单位，在负责社会工作的主要业务部门明确部分社会工作岗位，逐步配备专业社会工作人才。在政府的支持下培育一定数量的专业社会工作机构，主要承担政府委托的社会服务，通过政府购买服务的方式选派专业社会工作人才，解决许多行政和事业单位由于受编制限制增设专业社会工作岗位

存在较大难度的实际问题。

四、完善激励保障制度，努力提高社会工作职业地位

要完善薪酬保障制度，确保社会工作者薪酬应不低于同等专业技术人员收入水平。强化社会工作人才的服务保障，落实国家和北京市有关社会保险制度，切实解决社会工作人才的后顾之忧。建立表彰奖励机制，将社会工作人才表彰奖励纳入全市人才奖励体系，激励广大社会工作者的工作热情和积极性。

五、大力培育社会服务组织，健全社会参与机制

社会组织是社会工作人才发挥作用、施展才华的重要载体。要完善公益类社会组织发展政策，优先发展直接提供社会工作服务的社会组织，大力培育社会工作者协会组织等直接为社会工作者和社会公益性民间组织提供管理服务的民间组织，不断拓展社会工作人才施展才能的空间。建立政府购买社工服务机制，通过招标或委托的形式向有资质的民间组织购买社工服务。

六、发展壮大志愿者队伍，建立社工、义工联动机制

全面贯彻《北京市志愿者服务促进条例》，力争经过 3 ~5 年努力，形成一支以志愿者骨干为核心、以专业化志愿者为主体、以青年志愿者为先锋、以社区志愿者为基础，规模宏大、素质优良、召之能来、来之能战的志愿者队伍，提高社会动员能力。借鉴上海、深圳的经验，建立“社工 + 义工”联动服务模式，按照一定比例，由社会工作者固定联系一定数量的志愿者，共同开展工作，不断壮大社会工作人才队伍。

关于北京市推进社区基本公共服务全覆盖的实践与思考

市委社会工委、市社会办社区建设处

社区是大多数居民生活的基本依托。社区公共服务是加强和改进社区服务工作的重点，直接关系到居民群众的安居乐业与幸福安康。党的十七届五中全会提出，要“着力保障和改善民生，逐步完善符合国情、比较完整、覆盖城乡、可持续的基本公共服务体系，提高政府保障能力，推进基本公共服务均等化”。在新形势下，北京如何按照建设世界城市的新要求，加快推进社区服务管理创新、全面提升社区服务水平，已成为社区建设中亟待研究和破解的难题。

一、社区基本公共服务范围的界定

基本公共服务在不同国家和不同时期具有不同的内涵和范畴，目前尚无统一定论。一般来说，基本公共服务是建立在一定社会共识基础上，为维持经济社会稳定、社会正义和凝聚力，保护公民个人最基本的生存权和发展权，为实现人的全面发展提供所需的基本社会条件①，是一定阶段公共服务应该

① 参见中国（海南）改革发展研究院编：《百姓 · 民生——共享基本公共服务 100 题》，中国经济出版社出版。

覆盖的最小范围和边界。从中国的现实看，基本公共服务可以运用基础性、广泛性、迫切性和可行性四个标准来界定。社区基本公共服务是以社区为主要载体提供的基本公共服务，或基本公共服务社区化，即在政府引导和支持下，以公共利益为导向，以社区为基本单元，为全体居民尤其是弱势群体提供基本公共产品和服务，主要是福利性、公益性的公共产品和公共服务。

国务院《关于加强和改进社区服务工作的意见》（国发〔2006〕14号）明确提出，要大力推进社区就业服务、社会保障服务、救助服务、卫生和计划生育服务、文化教育体育服务、流动人口管理和服务、安全服务等公共服务体系建设，使政府公共服务覆盖到社区。民政部《关于进一步推进和谐社区建设工作的意见》（民发〔2009〕165号）提出，要依托社区服务中心和社区服务站，积极推进以就业、社会保险、社会救助、社会治安、医疗卫生、计划生育、文化、教育、体育为主要内容的政府公共服务覆盖到社区，促进实现城乡基本公共服务均等化。《北京市“十一五”时期城市社区发展规划》中提出，要加快发展的社区公共服务主要有社区就业服务、社区社会保障服务、社区公共卫生服务、社区公共教育服务、社区文化体育服务、社区治安服务、社区环境美化服务七大类。总体上看，上述文件所提到的社区公共服务都具有基础性、广泛性、迫切性和可行性等鲜明特点，是广大社区居民最关心、最迫切的公共服务，是建立社会安全网、保障社区全体成员基本生存权和发展权必须提供的公共服务，理应成为现阶段我市社区基本公共服务的主要内容。

综合分析国务院和北京市有关文件的规定，可以将社区基本公共服务定位为满足社区成员基本需求的社区服务，主要包括社区就业服务、社会保障服务、救助服务、卫生和计划生育服务、文化教育体育服务、流动人口管理和服务、安全服务、环境美化服务八大类。由于不同社区的居民主体和需求不同、所处位置不同、公共设施建设状况不同等，基本公共服务的内容和重点也不尽相同。

二、北京市推进社区基本公共服务全覆盖的必要性和可行性

当前，我市社区建设正处于统筹推进、全面规范、稳步提升的关键时期。推进社区基本公共服务全覆盖，对于提高居民生活质量、改善社会管理、促进社会公平、维护社会和谐稳定，具有重要的现实意义。

（一）必要性分析

1. 推进社区基本公共服务全覆盖，是贯彻落实党的十七大和十七届五中全会精神，推进基本公共服务均等化的必然要求。社区服务是社区建设的基础和“龙头”，越来越受到党和政府以及社会公众的关注和重视。党的十七大强调“围绕推进基本公共服务均等化”，完善公共财政体系、加大公共服务领域投入、完善公共服务体系等问题。党的十七届五中全会又明确提出，要“着力保障和改善民生，逐步完善符合国情、比较完整、覆盖城乡、可持续的基本公共服务体系，提高政府保障能力，推进基本公共服务均等化”。胡锦涛总书记在今年2月19日省部级主要领导干部社会管理及其创新专题研讨班开班式上强调指出，要进一步加强和完善基层社会管理和服务体系，把人力、财力、物力更多投入到基层，努力夯实基层组织、壮大基层力量、整合基层资源、强化基础工作，强化城乡社区自治和服务功能，健全新型社区管理和服务体制。只有社区服务工作做好了，才能增强广大居民群众对社区的认同感和归属感，才能激发他们参与社区建设的积极性和创造性，社区工作也才能有更扎实的群众基础。

2. 推进社区基本公共服务全覆盖，是推动“人文北京、科技北京、绿色北京”和世界城市建设，促进首都科学发展的现实需要。

随着我们国家国情、国力和国际地位的变化，中央对首都工作的要求越来越高，建设“人文北京、科技北京、绿色北京”和世界城市，以更高的标准做好首都的各项工作，提高社区服务水平，促进社区科学发展，是摆在我们面前的重要任务。近年来，我市社区基本公共服务发展十分迅速，但随着首都经济社会转型的不断深化和居民需求的快速增长，其中的一些问题也日益凸显出来，主要表现在：社区公共服务发展不平均衡，供需矛盾尤为突出；政策制定和资源配置缺乏整体性、系统性和全局性，社区服务资源有待进一步整合优化；社区公共服务项目小而散、名称不统一、内容不规范、标准不明确，项目来源杂而乱等。这些问题都需要通过加快社区服务体系建设逐步加以解决。

3. 推进社区基本公共服务全覆盖，是加强社会管理、促进社会和谐稳定的客观要求。当前，我国正处在社会结构深刻变动、利益格局深刻调整、思想观念深刻变化的重要时期，社区日益成为各种利益关系的交会点、各种社会矛盾的集聚点、社会建设的着力点和党在基层执政的支撑点。只有持续推进社区基本公共服务，以服务促和谐，尽最大可能关心和帮助弱势群体，把大量矛盾解决在基层，解决在萌芽状态，才能从源头上防范和减少影响和谐稳定的因素，凝聚强大的社会动力。

4. 推进社区基本公共服务全覆盖，是保障和改善民生、提高居民群众满意度和幸福感的迫切需要。社区是体现民生、联系民生最突出、最直接、最具体的地方，政府关于改善民生的各项工作，最终都要体现在社区、反映在社区、落实在社区。随着城市居民生活水平的不断提高，居民对社区人居环境、生活保障、医疗卫生、休闲娱乐、社会治安等方面的管理和服务不断提出新的更高要求，并呈多样性发展增长。人们的消费也由过去简单的衣食住行消费向追求高质量、多层次、信息化的精神文化消费延伸。只有顺应居民群众过上幸福美好新生活的新期待，加快推进社区服务体系建设，才能更好更有效地服务居民、造福群众，不断提高居民群众的幸福指数。

（二）可行性分析

从2009 年开始，我市按照“一分、三定、两目标”（推动社区服务站与社区居委会职能分开，进一步明确社区党组织、社区居委会、社区服务站的工作任务、人员配备和经费保障，努力建设一支专业化、职业化的社区工作者队伍和一批具有中国特色的社会主义新型社区）的总体思路和《北京市加强社会建设实施纲要》、《北京市社区管理办法（试行）》等文件精神，大力推进社区规范化建设试点工作，重点在社区服务站建设、社区工作职能、社区运行机制、社区志愿服务、社区工作者管理、社区基础设施配置、社区经费投入 7 个方面进行规范，目前已取得了明显成效，全市 2633 个城市社区中有 1967 个社区达到规范化要求，1900 多个社区办公和服务用房达到了 350 平方米左右标准，平均每个社区有 11 名社区工作者，基本形成了社区党建、社区自治、社区服务“三位一体”的工作格局，在社区层面初步解决了“有人办事、有钱办事、有地方办事”的问题，为下一步加强社区公共服务体系建设打下了坚实的基础，创造了良好的条件。如果说，社区规范化建设主要解决的是服务设施、人员配备、经费投入等硬件问题，那么，推进社区基本公共服务更多的是要解决服务数量的增加、服务质量的提升等软件建设问题。从这个层面来说，在现阶段以社区规范化建设为基础，探索推进社区基本公共服务全覆盖工作，促进基本公共服务均等化，让社区居民在家门口就能享受到优质、高效的基本公共服务，既是对整体提升社区服务水平的有力推动和促进，也是对社区规范化建设的进一步延伸和深化。

2009 年 11 月，市委常委梁伟在崇文、丰台区调研社区规范化建设工作时，首次提出了在社区“搭载服务”的工作思路，即要在继续推进规范化建设的同时，在已完成规范化建设试点任务的社区中“搭载服务”。2010 年 1 月，梁伟同志在出席市委社会工委、市社会办 2010 年工作务虚会时再次提出，社区建设要一边抓规范化建设覆盖面的扩大，一边抓服务项目的搭载，为社区居民提供全方位服务。市领导的指示要求，既为我们推进社区基本公共服务全覆盖指明了目标方向，又使我们明确了推进工作的具体路径和方式方法。

三、北京市推进社区基本公共服务全覆盖的探索实践

（一）研究制定相关文件，全面规范社区基本公共服务的项目和内容

针对我市社区公共服务存在的供需矛盾等突出问题，市委社会工委、市社会办从调研梳理社区公共服务内容入手，会同 33 个部门，采取“自上而下”与“自下而上”双向互动的方式，经过半年多时间的调查研究，研究制定了相关政策文件，为推进社区基本公共服务全覆盖提供了有力的政策支持。这是我国第一部关于社区基本公共服务的省部级指导性文件，标志着我市社区建设进入了一个新的发展阶段。

1. 深入调查研究，基本摸清现状。早在 2009 年 8 月至 10 月，市委社会工委、市社会办就先后深入到朝阳、东城、西城等 8 个区县及其所属部分街道社区，进行社区公共服务专题调研，并组织朝阳、东城、西城等 15 个区县进行社区公共服务调查统计，较好地掌握了全市社区公共服务情况（详见附件 1）。据调研统计，目前我市社区公共服务主要包括老年服务、助残服务等 12 大类。经梳理整合，统一归类为 260 项，其中医疗卫生与计划生育服务 37 项、老年服务 31 项、生活便利服务 29 项、文化教育体育和助残服务各为 25 项、就业与社保服务 24 项。

2010 年 3 月，我们向 38 个市有关部门发放了《北京市社区公共服务体系建设基本情况调查统计表》，重点了解各部门相关工作计划，共收集了各部门今年拟在社区开展的公共服务项目 108 项。同时，采取全面梳理和深入调查相结合的方式，向 18 个区县和第一批已完成试点任务的 645 个社区下发了《北京市社区公共服务体系建设基本情况调查统计表》，全面了解社区公共服务现状，特别是社区目前急需的服务设施和项目情况。从反馈情况看，当前社区居民群众最急需建设的其他服务设施或设立的其他基本服务项目主要有：停车管理、社区卫生服务站建设、幼儿入托和早教、老旧小区物业管理、社区公交服务、社区维修、社区便民服务信息网络、居民活动中心、便民早点店、水电燃气费代缴点、天然气安全检测、小区路面改造等。通过调查摸底，为实现提供的公共服务与居民需求的有效对接打下了坚实基础。

2. 重点走访座谈，推动工作对接。由市委社会工委、市社会办领导亲自带队，从 3 月初，集中一个多月时间，先后对市文化局、市体育局、市科委、市商务委、市卫生局等与社区服务工作密切相关的 20 个部门进行重点走访座谈，主动沟通情况，深入探讨工作，逐项研究确定相关服务的内容或标准。各部门对这种主动联系、积极沟通的工作方式表示十分赞赏和热烈欢迎，对此次座谈交流工作高度重视，基本上都由主管领导牵头，组织相关处室负责同志参加了座谈会。市市政市容委组织了 6 个相关处室的处长参会交流，市园林绿化局还特意邀请了对基层情况非常

熟悉的两个区县的绿化局局长参加座谈。各部门普遍反映：我们早就想对社区公共服务体系建设进行沟通交流，这次“真是想到一块儿了”。通过座谈交流，工作中许多困惑已久的难题终于找到了对接部门和解决平台，实现了工作对接，达成了初步共识。

3. 认真研究学习，起草相关文件。我们在认真学习《国务院关于加强和改进社区服务工作的意见》、《“十一五”社区服务体系发展规划》、《民政部关于进一步推进和谐社区建设工作的意见》等60多个文件和有关部门规章的基础上，对我市社区服务项目进行全面梳理，研究起草了《北京市社区基本公共服务指导目录（试行）》（以下简称《指导目录》），力求使每一个服务内容都有市级以上的政策依据。市委、市政府领导非常重视文件的组织制定工作。市委常委梁伟、副市长丁向阳先后多次主持召开专题会，听取了工作汇报，并就《指导目录》的定位、主要内容、落实《指导目录》与部门和基层工作的关系等问题提出了明确要求。

文件初稿形成后，我们书面征求了30个市有关部门的意见建议，并逐条与相关部门反复沟通，明确服务内容的政策依据，确保文字表述准确、规范、简练。两次组织基层街道、社区代表对各个服务项目、服务内容及其具体工作流程进行梳理、细化、归纳，逐一明确了在社区的承接主体和职责任务，确保每项服务在基层都能得到落实。通过召开座谈会、研讨会等形式，广泛听取了专家学者和居民代表的建议，参会人员一致认为该文件结构严谨、体系科学、目标明确、内容丰富、重点突出，是“全国首创”，是加强社区基本公共服务统筹协调、沟通供需关系的良策，是解决社区基本公共服务设施、项目“缺胳膊少腿”问题的好办法，具有创新性、科学性、实用性等特点。在认真研究并充分吸纳各方意见建议的基础上，经过多次修改完善，反复论证，数易其稿，9月出台了《指导目录》（详见附件2）及其实施意见。

4. 规范服务项目，明确目标任务。《指导目录》主要包括社区就业服务、社区社会保障服务、社区社会救助服务、社区卫生和计划生育服务、社区文化教育体育服务、社区流动人口和出租房屋服务、社区安全服务、社区环境美化服务、社区便利服务，其他服务10大类60项社区基本公共服务，并明确了33个主责部门。为进一步增强《指导目录》的指导性和操作性，11月市委社会工委、市社会办再次在全市首批完成规范化建设试点任务的645个社区开展服务项目需求调查，在10大类60项公共服务项目框架内共细化出180项具体服务事项和标准，可简要概括为“1060180工程”。至此，我市社区基本公共服务框架体系基本形成。

相关实施意见将《指导目录》定位为：社区居民群众享受政府基本公共服务的“基本菜单”，衡量评价社区基本公共服务水平的“重要标杆”，社区基本公共服务的“准入尺度”，政府实现社区基本公共服务全覆盖的“行动计划”，并提出了当前和今后一段时期推进社区基本公共服务的总体思路和目标任务，即要按照“保基本、广覆盖、多层次、可持续”的工作要求，以民生需求为导向，创新体制机制，完善配套措施，整合社会资源，加大经费投入，加快建成设施完备、功能完善、服务高效、管理精细、水平适度的社区服务体系，不断提高居民群众的满意度和幸福感。力争用3～5年的时间，在全市基本实现社区基本公共服务的全覆盖，使社区基本公共服务更加全面、平等地惠及全市社区城乡居民，使广大居民群众更好地共享改革开放和社区建设的成果。

（二）积极探索实践，社区基本公共服务全覆盖工作取得了初步成效

33个主责部门认真贯彻落实《指导目录》，加快推进社区基本公共服务体系建设。市民政局、市人力社保局、市规划委、市商务委、市卫生局、市体育局、市金融局等多个部门通过出台文件、召开部署会、专项调研等形式，积极推进社区相关服务工作。2010年，全市新发放小额担保贷款3853万元，扶持1.29万人实现创业，带动4.11万人就业。为36万人发放3.2亿元养老（助残）券。挂牌养老（助残）餐桌4584个，发展托老（残）所5305个，基本实现了城乡社区全覆盖。聘用2400名养老（助残）员，为全市所有街乡配备了养老（助残）无障碍服务车。为1.7万户家庭实施无障碍设施改造。配备便携式“小帮手”电子服务器5万余台。向居民免费发放了约50万套垃圾分类桶，发放9000多万个垃圾分类袋。安排社区规范化菜市场建设补助资金1650万元，有效地带动社会投资超过1亿元。根据2010年年底调查统计，60项社区基本公共服务项目中已有32项在首批完成规范化建设的645个社区的覆盖率达到80%以上（见图1）。

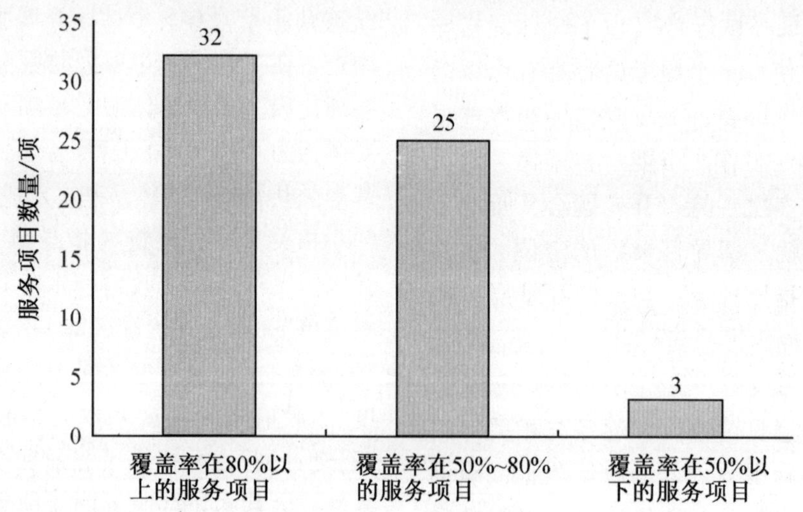

图1 各服务项目覆盖情况

覆盖率最高的前十项服务，主要有社区特殊群体帮扶、社区老年人（残疾人）优待、社区低保人员救助等，覆盖率均在90%以上，其中覆盖率最高的“社区特殊群体帮扶服务”达96.6%。具体情况如下（见表1）

表1 覆盖率最高的前十项服务

排序	服务项目	覆盖社区数量	覆盖率（%）
1	社区特殊群体帮扶服务	623	96.6
2	社区老年人（残疾人）优待服务	621	96.3
3	社区低保人员救助服务	621	96.3

续表

排序	服务项目	覆盖社区数量	覆盖率（%）
4	社区计划生育服务	613	95.1
5	社区独生子女家庭服务	612	94.9
6	社区安全稳定服务	605	93.8
7	社区临时救助服务	603	93.5
8	社区治安服务	601	93.2
9	社区警务设施和警力配备服务	587	91
10	社区环境保护服务（绿色社区创建）	586	90.8

各区县以《指导目录》为主要依据，大力推进“一刻钟社区服务圈”建设。去年全市共建成了166个“一刻钟社区服务圈”示范点，共覆盖66个街道259个社区，315万名社区居民能在步行15分钟的范围内，就近享受到“看单点菜”式的社区服务，基本实现“大需求不远离社区、小需求不出社区”，从中涌现出朝阳区朝外街道“幸福圈”、东城区和平里街道“1510便利生活服务圈”、西城区牛街街道五位一体的“民生一条街”、广内街道“槐柏树商圈”建设等一批先进典型，被媒体誉为“一刻钟圈出百姓的幸福”，产生了良好的反响，受到了广大居民群众的普遍欢迎。

四、下一步推进社区基本公共服务工作的对策建议

“在600个社区开展基本公共服务全覆盖试点工作”已列入北京市2011年为群众拟办重要实事内容。下一步，我们要紧紧抓住全市加快推进社会服务管理创新的重大契机，将社区服务作为公共服务的主要内容，将推进社区基本公共服务全覆盖作为推进社区服务管理创新的重要切入点和突破口，以抓业务的方式来推进工作，以抓折子工程的机制来落实服务项目，以抓政府拟办实事的要求来督促检查，加大推进力度，逐步实现社区基本公共服务的全覆盖，着力解决好居民群众最关心、最直接、最现实的利益问题，让居民生活更舒心、更安心、更顺心。

（一）健全统筹协调机制

推进社区基本公共服务工作是一项复杂的社会系统工程，也是一项宏大的民生工程，涉及多个层级和多个部门（单位），应系统设计、统筹协调、整体推进。要充分发挥市、区县社会建设工作领导小组办公室的综合统筹作用，协调相应层面的各主责部门按照“缺什么补什么”的原则，集成政策、集中资金、集聚资源、集合力量，实现有限的社区资源力量效益的最大化，形成全社会推进社区服务的强大合力。

（二）进一步加强工作对接

前一阶段，市社会建设工作领导小组办公室通过深度调查，基本摸清了社区基本公共服务“缺什么”的问题，并初步形成了以部门为单位的33套《推进社区基本公共服务项目全覆盖社区名册》，共有464张表格。其中以市民政局最多，有67张表格；市人力社保局有24张表格；市商务委有23张表格。下一阶段，要着力研究解决“补什么、怎么补”的问题。市社会建设工作领导小组办公室要尽快与各主责部门进行工作对接，提交服务尚未覆盖的社区名册，督促其将相关社区服务纳入本系统2011年重点工作，逐个服务项目确定具体推进计划、拟覆盖社区的数量及名称、出台的政策和提供的资金等。可按照“不求全、不求多，求实效、建机制”的原则，重点选择若干项主责部门积极性高、社区居民需求急迫、覆盖率较低的服务项目开展工作对接，推动建立长效工作机制。各区县、街道要主动为主责部门推进社区服务创造条件，搭建平台，并以此为契机，继续稳步推广本地区“一刻钟社区服务圈”示范点建设。

（三）不断创新服务方式

推进社区基本公共服务全覆盖，需要一定的人员和经费作保障。各主责部门要结合实际，发挥主导作用，对服务项目未覆盖社区给予优先支持、帮扶和指导，做到服务设施优先建设，服务项目优先开展，服务人员优先配备，建设资金和工作经费优先投入，尽早实现社区基本公共服务的全覆盖。此外，还应根据不同的服务项目，探索采取行之有效的服务方式。对于依法应由社区协助的事项，政府部门应当为社区提供必要的经费和工作条件；对社区组织能够实施且有优势的公共服务，政府部门应按照“权随责走、费随事转”的原则，委托社区组织承担，并落实相应的工作经费和人员保障。具备条件的项目可探索通过购买服务、补贴奖励、项目管理、资源共享等方式，鼓励和吸引有资质、

公信力高、影响力大的社会组织参与，努力推动服务项目早启动、早覆盖。对于已覆盖的社区服务项目，要重点在完善服务设施、健全服务网络、提升服务质量等方面下工夫、见成效。

（四）加大督察落实力度

加强社区公共服务体系建设，关键在落实。对《指导目录》中提出的目标任务和重点工作，市社会建设工作领导小组办公室要牵头协调各主责部门，逐一明确具体的“路线图”、“时间表”，实行“过程监督”，按步骤扎实予以推进。建议定期召开有关主责部门参加的工作联席会，通报上一阶段进展情况，明确下一阶段重点工作，协调解决推进中遇到的难点问题。通过编发专报、专项督办等形式，实时跟踪工作进度，加强对落实《指导目录》的督促检查，推动社区基本公共服务全覆盖各项任务落到实处。

附件1：全市15个区县社区公共服务项目调查统计汇总表

附件2：北京市社区基本公共服务指导目录（试行）

附件1：

全市15个区县社区公共服务项目调查统计汇总表

类型 区县	老年服务	助残	救助	就业与社保	少年儿童与妇女维权	医疗计生	文体	治安	法律援助	环卫	生活便利	其他
东城	4	4	0	1	0	13	2	0	4	0	0	0
西城	44	37	40	72	10	32	46	6	8	10	35	4
崇文	7	10	10	1	0	0	0	0	0	0	0	0
宣武	19	14	12	13	15	33	24	16	8	8	10	0
朝阳	21	18	27	69	9	25	25	8	11	16	16	0
海淀	7	5	7	5	1	6	7	3	5	3	6	3
丰台	11	8	1	1	4	6	6	9	3	6	17	1
石景山	1	3	6	37	3	8	24	3	1	4	5	0
门头沟	10	7	4	8	4	12	5	7	1	7	11	1
房山	16	10	7	11	9	9	7	9	4	6	9	4
通州	6	6	6	4	2	14	8	7	1	6	2	4
顺义	1	2	2	2	0	3	3	1	1	2	2	0
昌平	5	4	5	14	0	8	1	0	2	0	0	0
平谷	9	4	4	8	2	3	4	2	2	2	1	0
怀柔	5	2	1	4	3	2	3	3	2	3	12	0
整合归类后	31	25	16	24	18	37	25	20	9	20	29	6
备注	此表所列各区县公共服务项目数，以其2009年8月统计上报的数据为准。因各区县对社区公共服务内容项目的理解和把握不同，其统计内容、项目的范围也不尽相同，故其统计上报的服务项目及其数目也不相同。此表仅供了解社区公共服务情况参考。											

附件2：

北京市社区基本公共服务指导目录（试行）

序号	服务类型	服务项目	服务内容	市、区县主责部门
1	一、社区就业服务	社区劳动就业咨询服务	在社区开展有关劳动就业、社会保障、劳动维权和劳动监察方面的法律、法规和相关政策的宣传、咨询服务。	人力社保局
2		社区职业介绍服务	为社区失业人员建立动态管理服务台账，掌握就业需求，提供求职登记、职业介绍等服务，采集空岗信息，开发就业岗位；协助做好辖区内用工单位基本信息和劳动用工信息的采集、更新。	人力社保局
3		社区就业困难人员再就业服务	为社区就业困难人员建立再就业援助台账，提供就业服务信息和就业“托底”安置人员认定服务。	人力社保局
4		社区“零就业家庭”就业帮扶服务	及时了解社区“零就业家庭”就业服务需求，建立就业服务台账，对“零就业家庭”劳动力开展一对一帮扶服务。	人力社保局
5		社区自主创业就业服务	开展社区自谋职业（自主创业）、灵活就业人员就业服务，为信用社区小额担保贷款申请人提供信用调查和开展贷后跟踪服务。	人力社保局
6	二、社区社会保障服务	社区老年人（残疾人）居家养老服务	为社区80周岁以上老年人、16～59周岁无工作的重度残疾人和60～79周岁的重度残疾人每人每月发放100元养老（助残）券，用于购买生活照料、家政服务、康复护理等方面的基本生活服务。	民政局、残联
7		社区老年人（残疾人）就餐送餐服务	通过餐饮企业，为社区老年人（残疾人）提供安全的配餐、就餐和送餐服务。	民政局、残联、卫生局、商务委
8		社区老年人（残疾人）出行服务	为街道、乡镇配发养老（助残）无障碍服务车，方便社区老年人（残疾人）参加社会活动。	民政局、残联
9		社区老年人（残疾人）精神关怀服务	依托“96156”社区服务热线，通过多种方式，为社区老年人（残疾人）提供相关电话咨询、上门服务以及居家精神关怀服务。	民政局、残联

续表

序号	服务类型	服务项目	服务内容	市、区县主责部门
10		社区老年人（残疾人）电子辅助服务	逐步为有使用需求并具备使用能力的社区65周岁以上的老年人和16～64周岁的重度残疾人配备便携式“小帮手”电子服务器，提供相关电子信息服务。	民政局、残联
11		社区老年人（残疾人）优待服务	为社区60～64周岁老年人办理优待证，为65周岁以上老年人办理优待卡，为90周岁以上老年人发放高龄津贴，为100周岁以上老年人办理医疗补助；为社区残疾人办理残疾人证。	民政局、残联
12		社区残疾人温馨家园服务	推进残疾人温馨家园建设，为社区残疾人提供职业康复、日间照料等满足其特殊需求的专项服务。	残联
13	二、社区社会保障服务	社区残疾人无障碍设施建设服务	为社区有需求的残疾人家庭实施无障碍设施改造，给居家生活的残疾人提供洗澡、如厕、做饭、户内活动等方面的便利；协调产权人（部门）对社区居委会、服务站、卫生服务机构等居住区内公共服务设施和居民楼入口进行无障碍改造。	残联、民政局、规划委、住建委
14		社区老年人信息档案服务	为社区全部老年人建立信息档案，为80周岁以上的老年人和60～79周岁重度残疾人以及其他有服务需求的老年人建立居家养老服务信息档案。	民政局、残联
15		社区企业退休人员服务	为社区内企业退休人员提供社会化医疗费报销服务，在社区开展享受社会保险待遇居民的资格认证工作，开展城乡无保障老年居民福利性养老金、城乡居民养老保险、医疗保险的申请登记、公示核实、受理报销等工作。	人力社保局
16		社区托老（残）服务	利用养老院或社区托老（残）所，为老年人（残疾人）提供日间照料和康复护理服务。	民政局、残联

续表

序号	服务类型	服务项目	服务内容	市、区县主责部门
17	三、社区社会救助服务	社区低保人员救助服务	为社区低保对象提供登记公示和相关信息报送服务，核实家庭基本情况，切实做到“应保尽保”。	人力社保局、民政局
18		社区特殊群体帮扶服务	对社区困难家庭、优抚对象、未成年人、残疾人、流动人口等特殊群体提供帮扶救助服务。	民政局、残联、流管办、团委
19		社区临时救助服务	为社区居民提供登记和相关信息报送服务，缓解其因病因灾导致的临时性、突发性困难。	民政局
20	四、社区卫生和计划生育服务	社区公共卫生和基本医疗服务	依托社区卫生服务机构，开展以疾病预防、医疗、保健、康复、健康教育和计划生育技术服务和一般常见病、多发病的诊疗服务为主要内容的社区卫生服务。	卫生局
21		社区居民健康档案服务	为社区居民提供健康档案服务，依据健康档案，在居民自愿的基础上实行居民健康管理。	卫生局
22		社区居民转诊服务	社区卫生服务机构与有关医院按照卫生行政部门规定建立双向转诊关系，指导社区居民合理转诊，提供相应的便利服务。	卫生局
23		社区计划生育服务	开展社区生殖健康科普宣传教育服务，对育龄人群开展婚前健康教育和优生指导，对已婚育龄妇女开展计划生育随访服务；开展社区全员人口个案信息采集服务，为居民办理《生育服务证》和《独生子女父母光荣证》开具证明；免费发放避孕药具。	人口计生委
24		社区独生子女家庭服务	为社区独生子女家庭提供相关奖励扶助等服务。	人口计生委
25		社区急救保健服务	在社区开展急救、保健、健康教育、博爱超市等服务。	红十字会

续表

序号	服务类型	服务项目	服务内容	市、区县主责部门
26	五、社区文化教育体育服务	社区群众文化服务	加强社区文体场所设施建设，组织开展各具特色的群众性文化活动，开展露天演出，放映公益电影等，丰富居民群众精神文化生活；依托社区及辖区单位，面向社区青少年、青年组织，开展交友、娱乐、读书、课外学习等活动和服务。	文化局、体育局、民政局、团委
27		社区教育培训服务	利用市民学校、人口文化学校等和相关宣传栏，开展多种形式的教育培训活动，不断满足各类居民的学习需求。	宣传部、文明办、教委、人口计生委
28		社区早教服务	整合各类教育服务资源，逐步开展0~3岁婴幼儿的早期教育服务。	教委、人口计生委
29		社区中小学生社会实践服务	为社区中小学校开展爱国主义教育、素质教育和社会实践活动提供便利条件，方便在校学生按照要求参加研究性学习、社区服务与社会实践活动。	教委、宣传部、社会办
30		社区科普服务	依托社区科普画廊，开展科普宣传服务。在具备条件的社区建立科普活动室和户外科普设施，不断提高民生科技的社区应用和服务水平。	科委、科协、宣传部
31		社区居民阅览服务	加强社区图书馆、社区益民书屋等场所建设，配备图书、报纸杂志以及部分音像制品，方便居民读书阅报。	文化局、新闻出版局
32		社区体育设施建设服务	加强社区全民健身居家工程建设与管理，定期对健身器材进行维护与更新。在具备条件的社区，根据居民需求，建设集健身组织、健身场地、健身活动于一体的社区体育健身俱乐部。	体育局
33		社区群众性体育组织建设服务	建立社区全民健身体育协会和各类社区群众体育组织，按照要求设立社区晨、晚练辅导站，配备社会体育指导员，为社区居民提供健身指导服务。	体育局
34		社区群众体育健身服务	组织开展经常性、日常性、传统性、品牌性的社区体育比赛和各级各类健身活动，增强活动特色和吸引力，提高体育生活化水平。	体育局

续表

序号	服务类型	服务项目	服务内容	市、区县主责部门
35	五、社区文化教育体育服务	社区居民体质测试服务	开展社区成年人体质测定服务，为居民建立体质健康档案。	体育局
36		社区健身宣传培训服务	在社区举办全民健身大课堂讲座，订阅体育报纸杂志、宣传材料，经常举办体育骨干技能培训。	体育局
37	六、社区流动人口和出租房屋服务	社区流动人口服务	为居住、工作、生活在社区内的流动人口提供信息采集登记、有关法规政策宣传、开具在本社区居住的有关证明等服务，并结合实际为其提供就业和维权服务信息、计划生育和服务流程告知等服务。	综治办、流管办、人力社保局、人口计生委
38		社区出租房屋相关服务	对社区内出租房屋进行信息采集登记，宣传房屋租赁有关法规政策，告知房屋出租人依法履行纳税义务，并可受房屋出租人委托代办出租房屋税收缴纳。	综治办、流管办
39	七、社区安全服务	社区治安状况告知服务	建立治安警情通报制度，定期向社区群众公示社区治安情况，增强群众安全防范意识。	公安局、综治办
40		社区治安服务	加强专职巡防队伍建设，维护本地区治安和城市秩序，为社区居民提供巡逻和防控服务；发展壮大社区治安志愿者队伍，协助专门机关做好巡逻防范、矛盾调解、隐患排查等工作。	综治办、公安局
41		社区矫正服务	为社区矫正对象提供教育矫正，帮助其解决就业、生活、法律方面遇到的困难和问题等服务。	司法局
42		社区帮教安置服务	为社区刑释解教帮教安置对象提供帮扶、教育等服务。	司法局
43		社区禁毒宣传服务	推进社区禁毒组织网络建设，组织开展禁毒宣传教育服务。	公安局
44		社区青少年自护和不良青少年帮教服务	针对影响社区青少年健康成长的普遍性问题，开设青少年成长课堂，开展青少年安全自护教育服务。建立青少年法制教育组织体系，为不良行为青少年提供帮扶、教育和转化服务。	团委、教委、司法局

续表

序号	服务类型	服务项目	服务内容	市、区县主责部门
45	七、社区安全服务	社区法律服务	为社区居民提供法律宣传、法律咨询等服务。	司法局
46		社区消防安全服务	推进社区消防设施建设，组织开展消防宣传教育培训、家庭消防灭火和逃生演习。	公安局
47		社区安全稳定服务	加强社区安全稳定信息员和人民调解员队伍建设，及时掌握安全稳定信息，积极开展人民调解工作，为居民调解矛盾纠纷，妥善处置社区各类安全隐患。	综治办、司法局、信访办、公安局
48		社区应急服务	结合实际，为社区居民提供应急知识宣传教育、应急演练服务。	应急办
49		社区警务设施和警力配备服务	依托社区警务工作站，按照要求配备社区民警，开展社区安全服务。	公安局
50		社区物技防设施建设服务	指导建设单位和物业服务企业加强新建小区的物技防设施建设和管理；督促各地区落实属地责任，加强老旧小区的物技防设施建设。在具备条件的社区实行封闭式管理。	综治办、公安局、住建委
51	八、社区环境美化服务	社区环境综合治理服务	开展社区垃圾分类处理、噪声污染治理等服务；为社区开展排水和水资源循环利用工作提供政策咨询服务。	市政市容委、文明办、水务局、环保局
52		社区绿化美化服务	开展社区绿化美化和义务植树活动，提高居民植绿、护绿、爱绿意识；倡导低碳生活方式，推行绿色消费理念，推进身边建绿、身边护绿工作。	园林绿化局、城管执法局
53		社区环境保护服务（绿色社区创建）	开展形式多样的社区环境宣传教育活动，倡导绿色生活方式，引导居民参与环保活动，树立良好的保护环境、文明养犬等环境道德和行为规范，对违规养犬行为视情节依法进行查处。	宣传部、文明办、环保局、公安局、城管执法局
54		社区节能服务	大力宣传普及节能知识和生活节能常识，倡导居民使用节能型生活器具，开展节能活动。	发改委、宣传部
55		社区市政公共设施建设服务	为社区提供天然气、煤气、宽带、有线电视、电话等市政公共设施，对出现问题的市政设施及时修补或更换。	市政市容委、经信委

续表

序号	服务类型	服务项目	服务内容	市、区县主责部门
56	九、社区便利服务	社区便民商业服务	积极开发、设置社区菜市场（或便民菜店）、便利店、早餐、洗衣、美容理发、再生资源回收、邮政等服务网点，合理布局，提高居民生活便利度。	商务委、民政局、社会办
57		社区家政服务	依托“96156”社区公共服务平台和北京家政服务网，为社区居民开展小时工、家政服务员、月嫂等家政服务。	民政局、人力社保局、妇联
58		社区代收代缴服务	鼓励社区具有支付服务功能的商业网点、社区服务站增设“代收代缴服务点”内容，为居民提供代收水费、电费、煤气费、电话费等服务。	商务委、民政局、社会办
59	十、其他服务	社区心理咨询服务	开展社区心理健康咨询服务，加强对居民的人文关怀和心理疏导。	卫生局、社会办、民政局
60		社区网络信息服务	依托电脑、电话、网络、呼叫器等设施，建立社区现代信息化网络阵地，方便居民通过社区综合信息平台参与管理、反映诉求、获得服务。	民政局、社会办、经信委

关于朝阳区促进国际组织聚集情况的调研报告

市委社会工委、市社会办社会组织工作处

一、基本情况

据有关方面统计，目前朝阳区共入驻国际组织120家，除国际竹藤组织以外，其他绝大多数是以“驻华或北京代表处”的形式入驻（国际竹藤组织于1997年由我国发起成立，是第一个将总部设在中国的非营利性政府间国际组织）。这120家国际组织主要分布在朝阳区几个涉外资源相对集中的区域，其中，燕莎商圈51家、建国门附近31家、国贸商圈18家、望京商圈7家，以上共107家，占总数的89.2%。

从组织形态、成员构成等方面分析，朝阳区120家国际组织当中，比较突出的有以下三种情况：一是联合国驻华机构以及由多个主权国家组成的政府间组织，共有16家，占总数的13.3%。比如，联合国开发计划署驻华代表处、联合国粮食及农业组织驻华代表处、上海合作组织秘书处等。二是国际性、区域性以及外国（地区）商会组织，这类组织数量最多，共有92家，占总数的76.7%。比如，国际航空运输协会北京办事处、欧盟商会北京代表处、美国大豆协会北京代表处、中国香港商会北京办事处等。三是由在华外国企业按照我国有关规定发起成立的商会或协会组织，共有12家，占10%。比如，中国美国商会、中国法国工商会、中国新加坡商会等。

从行业分布来看，这些国际组织大多分布在经济、文化领域，涉及贸易促进、科技合作、能源开发、工业制造、体育休闲、文化传媒、知识产权保护等众多方面。同时，一些国际组织也根据我国缔结的有关国际条约或经我国政府批准，与一些地方政府合作从事应对贫困、防治艾滋病、保护生态环境、维护劳工权益等社会事务，也有少数从事国际政治、地区安全等有关事务。

二、主要做法、成效以及工作中遇到的有关问题

1. 朝阳区委、区政府明确把引入国际组织作为一项具体工作来布置，提出了目标任务。今年年初，朝阳区在制订《朝阳区世界城市建设2010年行动计划》时，明确把吸引国际组织聚集作为其中一项重要内容，提出"年内力争吸引6～8家有影响力的国际组织入驻"的工作目标，并责成由区商务委具体负责。今年以来，区商务委等部门开展了国际组织入驻情况专项调研，初步摸清了底数，在此基础上，有针对性地进行了协调和洽谈，目前已促成中国美国商会、中国法国工商会、法国巴黎工商会、国际生态发展联盟4家国际组织正式入驻；此外，与秘鲁华商会、中法地方政府论坛、中国香港商界环保协会3家国际组织已达成入驻意向。

2. 在实际工作中，注重通过各种涉外商务和文化交流活动，主动接触国际组织并了解其现状和需求，积极提供服务。针对国际组织的实际特点，区商务部门积极拓宽视野，广泛接触国际组织，坚持以服务赢得信任。比如，在引进中国法国工商会、法国巴黎工商会等国际组织的过程中，先是通过参加有关国际商务活动进行了初步接触，后又主动上门走访，宣传朝阳区情、区貌以及在促进国际要素聚集方面的有关优惠措施，并根据对方需求在办公选址、举办活动和政策咨询等方面积极提供帮助和服务，在这些工作的基础上，最终促成其落户朝阳。

3. 结合区域招商引资工作，与国际商协会建立了定期走访、定期会晤、定期联络沟通机制。近年来，朝阳区高度重视国际商协会对吸引各国企业投资的桥梁纽带作用，建立了多种形式的交流合作机制。比如，2009年12月，首次召开驻区外国商协会座谈会，区有关领导出席，20余家外国商会负责人参加了座谈。2010年，区投资促进局先后走访了区域内包括美国、法国、韩国、印度、新加坡、加拿大、中国香港地区在内的10多个国家和地区的商会，并与有关国际商会一起走访其成员企业，有针对性地宣传朝阳区的发展亮点和有关优惠政策，坚定了各方面在朝阳投资发展的信心。此外，在今年举办的京港洽谈会上，朝阳区与9家香港商会签订了合作协议，进一步加深了双方的交流与合作。

朝阳区在开展以上工作的过程中，由于受到现有体制机制以及政策环境等限制，也还面临一些实际困难和问题：一是由于目前国家在引进国际组织方面尚没有出台明确的优惠政策，因此朝阳区有关部门在工作中更多是采取"一事一议"的办法，所提供的服务还比较零散，具有较大的不确定性；二是统计渠道不畅，数据来源困难，目前所掌握的情况还不能反映驻区国际组织全貌；三是市、区相关部门之间没有建立联动机制，政策和信息无法及时共享，客观上存在一定工作难度；四是由于国家层面对国际组织入驻发展的相关政策较少，因此，在这项工作中，还存在许多不明确、不太好把握的地方。

三、思考和建议

目前，入驻北京的国际组织已经形成一

定规模，积极做好对这些组织的联系、服务与管理，并促进更多的国际组织聚集，对于北京转变经济发展方式和建设中国特色世界城市具有重要意义。但长期以来，由于体制机制等多方面原因，在京国际组织总体上还没有被现有的社会组织工作网络所有效覆盖，适用于这类组织的政策法规和工作体系也还很不完善。结合这次调研以及去年以来所做的有关工作，我们认为，当前关键是要从一些最基础的工作做起，并重点把握好以下几个方面：一是存量与增量并重，侧重于存量。在积极引进增量的同时，更重要的是要做好对存量的调查摸底和服务工作，这是各项工作的前提和基础。二是服务与管理并重，侧重于服务。根据现阶段在京国际组织的总体规模和实际特点，当前及今后一个时期，我们开展工作的一个主要着力点是集成政策搞好服务、形成合力抓好管理，并寓管理于服务之中，逐步形成比较明确、完善的服务和管理机制。三是经济与社会并重，侧重于经济。在京的国际组织种类较多、目的各异，其活动领域涉及经济、社会的很多方面。根据国情、市情和现实工作需要，当前应着重对风险相对较小、条件比较成熟的国际商协会等经济属性明显的社会组织做好联系和服务工作，同时，在做好了解和甄别工作的基础上，适度支持相关国际组织从事社会公益活动。四是共性与个性并重，侧重于共性。要针对在京国际组织的共性需求和特点，探索建立长效机制，不断提高工作的制度化和规范化水平，在此基础上，提高对不同类别国际组织的服务水平。

基于以上思考和认识，结合朝阳区的有关做法，提出以下几点具体工作建议。

第一，通过商务楼宇工作站及相关网格化管理渠道，进一步摸清在京国际组织底数。调研中发现，绝大多数国际组织的注册地址均为某商务写字楼，甚至同一写字楼内同时聚集了多个国际组织，也不排除有些国际组织在没有登记备案的情况下直接在某写字楼中办公。针对这一特点，可以充分发挥商务楼宇工作站的优势，将其作为了解和掌握国际组织入驻情况的一个重要渠道。因此，建议2011年初由各区县社会工委具体负责，通过商务楼宇工作站并结合目前正在开展的相关网格化管理工作渠道，对各区县国际组织入驻情况进行一次全面摸底调查。

第二，在联系、服务在京国际组织方面应力争形成几个全市性的活动品牌。在联系、协调国际组织方面，近年来市贸促会、市对外友协（市民交协）以及朝阳区等有关区县做了一些工作，也有一定的基础和条件。建议进一步整合资源，先联合举办一些层次较高、影响力较大的工作交流或相关联谊活动，并尽可能地固定下来，逐步形成活动品牌。比如，在适当的时候可以由市贸促会、市民交协、朝阳区政府等联合或单独举办不同领域的“在京国际组织工作座谈（联谊）会”，市、区有关领导参加，通过这一形式，向外界表达一种积极的信号，吸引更多国际组织的关注和参与，不断扩大影响力。在此基础上，深入研究、不断创新，积极探索行之有效的日常联系、服务方式。

第三，建立联系、服务在京国际组织的工作协调机制。国际组织涉及的领域非常广泛，背景也比较复杂，因此，在具体工作中应建立明确的统筹协调机制，加强部门间的资源整合，形成工作合力。针对这一问题，朝阳区商务委还专门向市商务委提出了关于建立引进国际组织工作协调机制的建议，希望得到市级层面的支持。鉴于朝阳区在前期工作中有一定的基础，就这一问题，建议可先在该区进行试点，建立由区公安、外事、商务、工商、税务、社会建设、民政等有关部门参加的工作协调机制，市相关部门给予指导和支持，必要时，市有关部门可以联合发文，对有关问题进行明确，做好工作指导。

第四，对在京国际组织提供服务上应该有更加明确的优惠政策和支持措施。建议参照目前北京在引进跨国企业和海外高端人才等方面的一些做法，研究出台鼓励国际组织入驻的政策措施，比如，可以在税收减免以及工作人员的签证办理、居住办公、子女入学等方面提供支持，也可以将其他相关优惠政策的适用范围扩大到国际组织。同时，可以探讨在朝阳CBD商务中心区等重点功能区建立“国际组织总部聚集区”，以统一的国际组织大厦（服务办公楼）等形式，重点吸引一批符合北京产业发展方向、辐射范围广、影响力大的国际行业组织集中办公，并提供有关配套服务和优惠。

关于全市区县、街道信息化工作情况的调研报告

北京市社会建设信息中心

为了摸清全市区县、街道信息化工作现状，做好全市社会建设领域信息化“十二五”规划编制工作，信息中心对全市区县及部分街道的信息化工作现状进行了调研，形成了调研报告。

一、工作现状

（一）区县信息化工作现状

1. 组织体系和制度建设逐步健全。随着北京市推进社会领域信息化进程的深入，各区县也高度重视社会领域信息化建设工作，分别建立了相关的组织体系，有的区县成立了社会建设信息化工作领导小组，有的区县由社会工委办公室牵头、各业务科室参与相关工作，都把信息化建设列入了整体工作计划，并明确了分管领导和分管科室及人员。各区县结合实际情况，建立了一系列的工作方案和规章制度，如东城区组织制订了《推进东城区社区信息化建设工作方案》、《东城区社区信息化建设实施方案》和《东城区社区信息化建设技术方案》；朝阳区编制了《朝阳区社会领域信息化工作规划》，修订完善了《朝阳区社会领域门户网站信息管理制度》、《朝阳区社会领域信息化工作人员培训制度》和《朝阳区社会领域信息化建设工作考核办法》等；其他区县也都建立了各自的信息报送统计制度、信息工作会议制度、信息报送奖励制度、网络安全管理办法等，为信息化工作的有序开展提供了制度保障。

2. 社会建设网站、相关业务数据库建设加快。在18个区县中，有6个区县已经建立了社会建设门户网站，其余区县有的正在筹建网站，有的依托区政务网设立子网站或网页，有的由于经费和人员等问题还没有自己的网站或网页。已有的区县网站或网页设置的板块主要由组织机构、工作职能、政策法规、图片新闻、工作动态、社区建设、政务公开、电子信箱、材料下载等组成，加强了社会建设的宣传力度，为建设和谐社会营造了良好的舆论氛围。目前，各区县的社会领域党建、社会组织、社会工作者队伍、志愿者队伍、社区建设、志愿服务项目及活动等基本情况一般都由区县社会工委各业务科室掌握，信息和数据采集主要通过社会建设成员单位、各街道、乡镇、社区相关部门和人员直接报送，均有信息管理数据库或电子文档来保存，能够实现动态更新。

3. 社会领域电子政务应用广泛。目前各区县建成的电子政务专网分为内网和外网。电子政务内网可以实现全区政务系统不同部门、不同层级之间互联互通、公文交换、协调办公等功能，通过资源共享和交换平台，实现向相关部门、各街道发布信息和采集数据，为开展社会建设提供服务。电子政务外网主要内容有政务公开类、咨询服务类、网上办事类、互动交流类等，是社会建设工作对外宣传的渠道、服务居民的窗口和政民互

动的平台。

4. 社会管理广泛运用信息化手段。目前各区县都加快了在社会管理方面的信息化建设，已经运用的信息系统有社区信息管理系统、流动人口和出租房屋综合管理信息平台、社区卫生服务系统和人口、档案、市政管理等采集系统，有些区县还初步建成了楼宇党建工作数据库、社区党组织数据库、“两新”组织党组织数据库和重点社会组织登记库等业务数据库，为社会综合管理提供了依据和支撑。另外，各区县还积极利用现代化信息技术手段加强对街道、社区及其工作人员的指导，如开发视频会议系统，实现了社区工作会议的信息化；建立社区工作者 QQ 群，搭建起社区工作虚拟交流平台；利用移动飞信系统，建立社区工作飞信群；建立内部培训教育信息化模块，工作人员可以在线下载学习资料、网上听课等，以信息化手段提高了工作效率、促进了内部培训和学习的开展。

5. 公共服务信息化基本实现。按照构建服务型政府的要求，各区县的政务网都在不断地提高网上公共服务和网上办事的权重，基本形成了从办事指南、表格下载、在线咨询和查询到在线办理的一体化服务链，有的区县能够提供上千项在线服务项目，少的区县也有几百项在线服务项目，涵盖了教育、卫生、文化、体育、养老、劳动保障、法律服务、社区服务、社会救助、社会保障等内容。各区县还以区、街两级服务中心为依托，把以“96156”便民服务平台、社区服务网络、24 小时服务热线等为主渠道的服务延伸到千家万户。有的区县还建成了若干个“数字信息亭”、开设市场化运作的“数字家园”，为居民生活提供了便利条件。

（二）街道信息化工作现状

1. 组织体系和规章制度不断完善。目前各街道都有专职或兼职人员负责信息化工作，有的街道还明确了信息化工作分管领导、建立了信息化工作的组织机构。各街道还建立了一系列与信息化相关的管理规定和规章制度，如网络信息报送制度、计算机设备管理制度、网络信息安全制度、信息发布审核制度等，为信息化工作的有序开展提供了制度保障。

2. 网站和数据库建设快速发展。在参与调研的街道中，多数都已经建立了门户网站、拥有内部办公网和信息平台，有的街道是在区县政务网里建有自己的网页，也有个别街道由于资金和技术条件的限制还没有自建网站、网页和自己的局域网。已有的街道网站主要功能包括信息发布、在线查询和调查、政策宣讲、交流反馈、表格和材料下载等，较好地发挥了更加便捷地服务群众、加强政府与群众交流、展示街道风采的积极作用。目前，街道和社区层面建立和使用的数据库主要有政务办公系统、街道协同办公系统、社区管理系统、流动人口数据库、社区志愿者管理系统、党建信息管理系统、残疾人信息化管理系统、失业人员信息系统等，覆盖面较广，涵盖了政务公开、社会管理和公共服务的主要方面。

3. 社区服务中心基本实现了信息化。各街道的社区服务中心已逐渐发展成为集“保障与服务于一体、利民与便民于一身”的综合服务实体，服务内容涵盖面广，主要包括社区文化服务、再就业服务、家政服务、“96156”社区热线、法律援助、健身体育服务、医疗保健服务、物业管理等项目，居民可通过拨打便民热线、电话预约或网上预订等方式享受各类服务，既方便了居民，又提高了社区服务中心的整体水平。

4. 北京市社区公共服务信息网得到普遍应用。通过近几年的宣传和推进，北京市社区公共服务信息网在街道和社区中得到了良好的普及运用，该网提供了公共、公益、便民利民等百余项服务，许多居民都会经常上信息网浏览信息、活动公告和办事指南等，方便了生活、提高了办事效率。同时，很多街道和社区也建议丰富网站内容，扩大网站服务范围，如增加社区二手房买卖信息、设立志愿者组织专栏、设置各个项目的在线服务等，以便更好地服务居民。

5. 基层管理服务和数据采集广泛运用信息化手段。市、区各有关部门在街道层面设立的各类科、站、队、所主要有16个：社保所、计生办、社区办、派出所、城管分队、司法所、统计所、工商所、税务所、卫生监督所、捐助站、残疾人康复站、卫生服务站、红十字服务站等，多数都有自己的信息管理软件和管理系统，每提供一项服务事项都需要录入到网上办公系统中，与市、区相关数据库相连接。目前，街道和社区层面需要填写的年报、季报、月报、半月报、周报和不定时报表等各类报表数量较多，基层工作人员每年需要上报报表上百张，虽然大部分需要填写报表的单位在街道或社区都建立了信息采集系统，但存在大量内容重复设置的现象，造成基层负担沉重。

二、存在问题

（一）区县信息化工作存在的问题

1. 对社会领域信息化建设的认识有待提高。社会领域信息化建设不仅仅是信息技术发展和实施的过程，更重要的是要实现思想观念和管理方式的变革。现有的信息化工作往往更关注在实践层面实现信息化，而没有真正从社会建设的前瞻性及深层次的管理体制改革上加以认识。各区县的社会建设相关部门对于社会领域信息化建设工作还缺乏研究论证，存在着认识水平不统一、推进力度不统一、工作基础不统一的问题。

2. 基础设施建设有待加强。随着社会领域信息化建设的加快，各区县原有的硬件设施和网络规模都在一定程度上不适应新的发展需求。硬件设备相对滞后，尤其是社区的计算机数量还达不到每人一台的程度，个别部门的硬件接口标准不一致，导致大量数据不能对接传输，另外网络安全防御系统也是薄弱环节，需要安全软件和相关技术的维护和支持。

3. 社会领域信息资源缺乏统一规划和管理，共享程度低。虽然各区县都在不同程度上形成了办公系统信息共享机制和政务信息资源交换平台，但社会领域信息资源仍缺乏统一规划和管理，信息互联互通和共享程度较低。计生、民政等各职能部门纷纷在街道和社区建设自己独立的信息系统，且各系统互不相通，数据等信息资源不能共享，造成了一定的资源浪费。

4. 社会领域信息化建设投入和保障的长效机制还未形成。目前各区县对社会领域信息化建设项目缺乏统一的规划和布置，资金投入的渠道单一，没有形成社会领域信息化建设的合力。同时，各区县普遍存在缺乏资金、技术、专业人才的情况，没有建立起各自的社会建设信息中心，大量信息化工作还由各区县社会工委办公室承担，随着工作量的加大，难以保证该项工作的有效开展。

（二）街道信息化工作存在的问题

1. 专业人员缺乏、技术支撑薄弱。在调研过程中，我们发现大部分街道和社区缺乏既懂业务又懂技术的人员专门负责信息化工作，现有的工作人员年龄普遍偏大，大多是现学现用，技术水平低，缺乏维护和运作能力。此外，现阶段街道、社区办公用电脑普遍存在着陈旧、老化的现象，信息系统也经常成为网络病毒攻击的目标，影响工作效率，亟须改善基础设施、加强网络安全建设。

2. 数据不能共享、信息资源缺乏整合。在调研过程中，许多街道都反映各级职能部门在街道和社区设立的信息采集系统还处于各自为政的状态，主要存在数据内容大量重复、部门内部重复采集、系统重复部署等问题，信息系统和资源缺乏统筹和整合，数据不能共享，因此重复录入、反复报送的现象比较严重，造成了人力、物力、财力的浪费。

3. 信息应用系统的设计有待完善。在调研过程中，有的街道反映某些信息系统的采集项目与实际情况存在较大出入，给信息采集和录入带来困难；有的街道反映某些信息系统不便于进行数据检索和数据导出，存在只能录入、很难利用的问题。由此可见，信息应用系统的设计还有待完善，需要制定统一的标准规范，开发出技术成熟、便于操作又能客观反映社会建设现实状况的软件和系统，提高基层对信息系统的利用率。

三、对策建议

（一）关于加强区县信息化建设的建议

1. 提高认识，加强社会领域信息化组织和队伍建设。各区县应高度重视社会领域信息化建设，把推进社会领域信息化建设作为构建和谐社会的重要任务。在统一规划下，结合各自街道和社区的实际情况，研究信息化时代社会管理和公共服务的工作模式、服务方式、运行机制，将社会领域信息化建设列入街道和社区工作的主要内容。另外，信息化建设是一项艰巨而复杂的系统工程，需要由专门的组织机构和一大批责任心强、业务熟练的技术人才负责，各区县应尽快建立区县级的社会建设信息中心，各相关部门也要适当引进专业技术人才，加强对现有工作人员的培训，注重学习交流，不断提高信息化工作的水平。

2. 加强社会领域信息化基础设施和网络建设。网络是信息化的基础设施，要建立统一的社会领域信息化网络，需要将市、区县、街道办事处、公共服务大厅、居委会（工作站）、小区及家庭联网，使得政务信息系统、管理信息系统、服务信息系统以及社区和家庭信息系统通过网络有机地连接起来，并使得各个系统能够正常地工作，实现网络资源共享。另外应按照北京市社会领域信息化建设的总体安排，分阶段加大市、区县财政投入，加强社会领域信息化基础设施建设、社区基础网络建设和信息安全保障体系建设，整合已有网络资源，实现纵贯市、区县、街道社区互联互通的网络系统。同时，区县社会领域的网站建设要明确功能定位、注重自身特色，既不能刻意重复和模仿市社会建设网站，又要有所衔接和延续，形成资源和功能的互补，还应当根据各自区域的特点，把网站建设得更有针对性，更贴近百姓生活，真正做到为群众服务，使其发挥出最大效能。

3. 促进社会领域信息资源共建共享。各区县应建立“社会领域信息化数据库”以及相关的数据采集和动态维护管理机制。充分利用、有效整合各职能部门和社会建设成员单位现有的数据资源，理顺数据源的采集渠道，建立部门协调联动、资源整合机制，真正做到基础数据一次录入后可以多次使用，实现信息资源的互联互通、共建共享，为政府管理和决策提供可靠的数据支持，同时实现社会领域信息管理规范化、标准化，依托信息技术实现精细化管理和服务，提高社会领域信息资源的利用率。

（二）关于加强街道信息化建设的建议

1. 提高认识，加强街道信息化队伍建设和宣传交流。各街道要充分认识到信息化在加强基层基础、服务民生中的重要意义，加强街道信息化工作队伍建设，培养一批有创新精神、能力强、业务精的专业人员；加大对现有街道工作人员的培训，使他们能够熟练掌握电子政务的操作技能，不断提高信息技术的运用能力；促进不同地区、不同单位之间的学习交流，互相借鉴成功经验，推广先进典型，进一步推进街道日常管理和服务等各类业务的电子化、网络化；针对社区居民，尤其是不善于上网的中老年人，要充分利用社区资源，加强信息技术基础知识的培训，把网络教育深入到社区，让更多的居民能参与到街道和社区的信息化建设中来。

2. 加大对街道信息化建设的投入。在调研中我们发现，很多街道还没有建立和形成信息化工作体制，已有的信息化服务平台未能发挥最大效能，信息管理工作存在多头管理、条块分割的现象，再加上经费缺乏、基础设施比较落后、技术人员匮乏，导致街道信息化建设面临的困难较多，因此建议把街道信息化建设经费纳入各级政府的年度预算，以保障街道信息化基础设施建设和技术软件、应用系统的开发与维护；建议应给街道增加适当的人员编制，以解决基层工作人员少、专业人员缺乏的问题；对于信息化基础条件较落后的街道，还应实行重点指导、对口帮扶的措施，以保障街道信息化建设的顺利进行。

3. 加大信息资源的整合，最大限度地实现资源共享。街道现有的信息系统多是与各部门垂直的系统，不能互联互通和数据共享，造成一定程度的资源浪费，建议各有关部门在推进信息化建设的进程中加强沟通协调和规划整合，制定统一的信息技术标准，规范信息化项目管理，避免重复建设。加快建立基层数据采集与共享机制，将现有的服务资源和管理系统在街道层面进行统筹和整合，涉及相近或相通业务时，部门之间可以互联互通，最大限度地实现资源共享。如“北京市社区管理信息系统”中有育龄妇女的各种信息，计生办统计相关信息时就可以共享，没必要再单独建库，既可以节约成本，又可大大提高工作效率。

4. 实现信息管理系统的优化升级。目前正在运行的信息管理系统还有待完善和提高，应当完善街道的协同办公系统，加强基础数据库的建设和更新，增强应用系统的扩展性。在对街道社区服务项目及办事流程、基层信息数据库系统进行全面梳理的基础上，建设以政务公开、社会管理、公共服务为一体的综合服务系统，方便居民了解相关政策和办事程序，减少基层烦琐的办事手续和重复的数据采集，向市民展现快捷、方便、惠民的现代化办公形象。在对信息系统的升级改造中，要制定统一的标准规范，运用更加成熟的技术条件，提高信息的利用率，消除信息的安全隐患，着力解决信息系统受攻击前的系统防御、数据备份及受攻击后的数据恢复问题，保证系统安全运行，进一步推动信息化建设。

5. 加强社会领域信息化的网络建设。社会领域信息化建设需要搭建网络沟通平台，应建立市、区县、街道、社区四级网站，下级网站信息可以汇集到上级网站，各级网站可以拥有各自特色的信息栏目，通过嵌入政府门户网站成为政府网站的一部分，加强网站后台资源整合，建立起跨部门的、综合的网络业务系统，使居民、企业与政府工作人员都能快速便捷地接入所有相关政府部门的业务应用系统，并获得相关的信息和服务。另外，随着居民需求的多样化，应加强社会公共领域和家庭的信息化网络建设，建立覆盖各类人群的救助网络体系和现代化应急指挥系统，实现救助和服务的“一号通”、“一键通”，居民可以通过网络、短信、电话热线、救助系统、触摸屏、服务大厅等多位一体的方式进行信息查询，享受公共服务，参与社会管理，让信息化平台发挥最大效能。

关于北京市民心理压力现状与应对特点的调查报告

北京社会心理研究所

本调查利用北京社会心理研究所 CATI 电话调查系统于 7 月进行了随机抽样，共收集有效样本 702 个，所得数据旨在分析北京市民的心理压力现状与应对特点，并力求为政府决策提供参考依据。

一、北京市民心理压力现状与预期

（一）北京市民心理压力现状

1. 有三成半的市民表示最近一两年心理压力大。

对于目前的心理压力状况，有 31.5% 的北京市民表示心理压力大，有35.6%的市民表示心理压力一般，有7.4%的市民表示心理压力比较小，还有21.5%的市民表示没压力。目前的心理压力代表即时的心理压力状况，可能仅代表有些市民几天内的心理压力状况，所以本调查认为利用近一两年这个时间段的心理压力状况能更贴切地反映北京市民的心理压力现状。调查数据显示，最近一两年，有35.2%的市民表示心理压力大，有39%的市民表示心理压力一般，有6.4%的市民表示心理压力比较小，还有22.9%的市民表示没压力。

2. 北京市不同特征群体的心理压力现状比较（见表1）。

从性别特征来看，男性比女性承受着更大的心理压力。共有36.8%的男性认为近一两年心理压力大，而女性这一比例为28%，明显少于男性；表示压力小和没压力的女性有31.7%，而男性这一比例为25.7%。

从学历特征来看，总的来说高学历的市民比低学历的市民心理压力大，在所有学历类型中，表示心理压力大的市民比例从高到低依次为研究生及以上学历（35.8%）、大学本科（34.6%）、大专高职（30.2%）、中专职高高中（34.4%）、初中（22.1%）、小学及以下（21.9%）。

从工作状态来看，工作不稳定的市民明显比工作稳定和处在非工作状态的市民心理压力大，在所有工作状态类型中，无业、失业或下岗的市民和临时工作的市民心理压力最大，表示心理压力大的比例高达47.5%和43.6%，拥有正式工作的市民表示心理压力大的市民比例为32.8%，处于非工作状态的离退休或内退市民和学生表示心理压力大的比例只有23.7%和23%。

从职业来看，普通工作者的心理压力要大于管理者，以体力劳动为主的工作者心理压力要大于以脑力劳动为主的工作者。不同职业市民表示心理压力大的排序为外地来京务工人员（50%）、工人或操作人员（41.7%）、单位一般工作人员（38%）、专业技术人员（医生、教师、工程师等）（35.4%）、国家公务员（34.6%）、自由职业者（32.3%）、单位管理人员（26.9%）。

从收入水平来看，收入水平处于两端的市民心理压力大于收入水平处于中间的市民，收入在10000元以上的表示心理压力大的市民比例最高，为37.2%，其次是收入在1000元以下的市民比例，为36%，收入水平在5000元~10000元处于中高等水平的表示心理压力大的市民比例最低，为26%。

从信仰来看，无信仰的市民心理压力要大于有信仰的市民。无信仰的表示心理压力大的市民比例最高，为34%，有宗教信仰的市民比例其次为31.3%，非宗教信仰的表示心理压力大的市民比例最低为25.9%。

从身体健康状况来看，身体健康状况处于非健康状态的市民心理压力大于健康状态的市民。健康、亚健康和不健康状态的市民中表示心理压力大的市民比例分别为22.3%、47.2%和44.3%，亚健康和不健康状态中心理压力大的市民比例均比健康状态市民中这一比例高一倍（具体数据见附表1）。

表1　不同特征群体心理压力状况的比较

	心理压力比较		
性别	男性	>	女性
学历	高学历	>	低学历
工作状态	工作不稳定（下岗、失业、临时工）	>	工作稳定、非工作状态（离退休和学生）
职业	普通工作者、体力劳动者	>	管理者、脑力劳动者
收入水平	收入水平处于两个极端	>	收入水平处于中间段
信仰	无信仰	>	有信仰
身体健康状况	非健康状态	>	健康状态

注：这里的心理压力大小是一个特征群体内相比较的结果。

3. 58.3%的北京市民心理满意度较高；

北京市民心理压力程度与心理满意度之间存在显著的负相关。

本调查中的心理满意度是利用情感平衡量10个项目的是非题测出，对正性情感回答“是”记1分，对负性情感回答“是”记1分，计算方法为正性情感分数减去负性情感分数，再加上一个系数，因为10分情况很少所以与9分合并，最后得分在1~9分，分数越高心理满意度越高，心理满意度越高心理健康状况越好。调查数据显示，58.3%的北京市民心理满意度较高（得分在6~9分）；17.2%的北京市民心理满意度一般（得分为5分）；24.5%的北京市民心理满意度较低（得分在1~4分）。北京市民心理压力程度和心理满意度之间存在显著的负相关（$p < 0.01$，相关系数绝对值均大于0.4小于0.7），也就是说，随着北京市民心理压力的增大，北京市民心理满意度会降低，心理健康状况也会呈下滑趋势。

（二）北京市民的心理压力预期：有45.7%的市民预期未来一两年心理压力会增大

本次调查显示，有45.7%的市民预期未来一两年心理压力会增大，只有11.7%的市民预期未来一两年的心理压力会减小。关注市民对未来心理压力的预期与关注市民目前的心理压力一样重要，预期未来心理压力会增大一方面因为对未来缓解当前压力的前景不乐观；另一方面有的市民会预期有新的压力源产生。

（三）近一两年心理压力越大的市民预期未来一两年心理压力增大的比例越高

随着近一两年市民感受的心理压力程度的增大，预期未来心理压力增大的市民比越来越高（见表2），二者存在显著的正相关。所以，目前的心理压力状况直接影响着市民对未来心理压力状况的预期，对目前的心理压力进行缓解必然会降低市民对未来心理压力增加的预期。

表2　近一两年心理压力不同的市民对未来一两年心理压力的预期（%）

未来一两年心理压力预期 / 近一两年心理压力	压力增大	压力不变	压力减小	不好说	总和
压力很大	62.7	18.7	12.0	6.6	100
压力比较大	54.1	20.9	14.0	11.0	100
压力一般	54.0	24.0	9.6	12.4	100
压力比较小	42.3	34.6	17.3	5.8	100
没压力	14.6	66.2	10.6	8.6	100

二、北京市民心理压力根源的调查分析

心理压力根源可以分为躯体性根源、心理性根源和社会环境性根源。本次调查结果显示，有86.6%的市民心理压力来源于社会环境性根源，按照被选比例的高低可以看出，市民感受最深的社会环境性压力源中的三个问题为贫富差距大（48.6%）、社会保障体制不完善（46.0%）和缺乏社会公正（32.3%）；另有41.5%的市民认为其心理压力来源于躯体性根源和心理性根源（包括自身身体状况、个人能力、社会适应性、性格等个人问题）；还有8.4%的市民表示心理压力根源来自于其他方面（见表3）。可见，目前社会环境方面的问题为造成北京市民心理压力的最大根源。

表3　北京市民心理压力产生的根源分析（%）

心理压力的根源		比例
躯体性根源和心理性根源（自身身体状况、个人能力、社会适应性、性格等个人问题）		41.5
社会环境性根源（86.6）	贫富差距大	48.6
	社会保障体制不完善	46.0
	缺乏社会公正	32.3
	腐败	26.4
	政府执政能力有待提高	22.9
	社会心理服务机制不健全	20.7
	人情冷漠，亲朋好友关心少	12.4
	信仰缺失	10.3
其他		8.4

在上述压力根源的基础上，本调查对北京市民心理压力的来源进行了更具体的调查分析，本调查将北京市民的具体心理压力来源分为五大类，即社会问题（69.2%）、工作与学习（39.6%）、家庭与个人（38.0%）、社交问题（3.8%）及其他（12.7%）（见表4）。在社会问题中，住房、就业和医疗是三个最主要的压力源；在工作与学习问题中，工作任务是最大的压力源；在家庭与个人问题中，家人身体不好是最大的压力源；社交问题总的来说不构成太大的压力源。在所有具体的心理压力来源中，住房（30.1%）、工作任务（25.5%）、就业（18.1%）、医疗（17.9%）和家人身体不好（16.8%）是比例最高的五大压力来源。

表4　北京市民心理压力的具体来源（%）

压力来源分类	具体压力来源	比例
社会问题（69.2）	**住房**	**30.1**
	就业	**18.1**
	医疗	**17.9**
	物价	16.2
	养老	12.3
	教育	11.3
	食品药物安全	7.1
	交通	6.8
	环保	6.0
	治安	4.3
	传染病防控	1.3
工作与学习（39.6）	**工作任务**	**25.5**
	工作人际关系	14.1
	学习	11.5

续表

压力来源分类	具体压力来源	比例
家庭与个人（38.0）	**家人身体不好**	**16.8**
	家庭人际关系	9.0
	自己身体不好	8.1
	婚恋问题	7.4
	家中突发意外	4.6
	家庭经济困难	4.4
社交问题（3.8）	朋友少	2.0
	朋友突发意外	2.0
其他		12.7

注：黑体数字所代表的是所有具体压力源中比例最大的五项。

三、北京市民的心理压力应对方式及特点

本调查利用简易应对方式问卷（SCSQ）来分析总结北京市民的心理压力应对方式与特点。简易应对方式问卷由20个条目组成（积极应对维度12个条目、消极应对维度8个条目），为自评量表，采用多级评分，在每一应对方式项目后，列有不采用、偶尔采用、有时采用和经常采用4种选择（相应的评分为0、1、2、3）。

（一）北京市民心理压力应对方式的总体特点。

1. 过半数市民能够在应对心理压力时采取积极的应对方式。

在本次调查中，按照压力应对方式量表中积极应对维度的计分方式，有52.9%（积极维度量表中计分大于平均分2.04）的市民在应对压力时比较积极，有47.1%（积极维度量表中计分小于平均分2.04）的市民应对压力时比较消极。另一方面按照消极应对维度的计分方式，有51.3%（消极维度量表中计分小于平均分1.43）的市民在应对压力时比较积极，有48.1%（消极维度量表中计分大于平均分1.43）的市民应对压力时比较消极。从积极应对维度和消极应对维度计分得出的比例差别较小，一致反映出过半数的市民能够在应对心理压力时采取积极的应对方式。

2. 65%的市民认为目前自己采取的心理压力应对方式有好的效果。

本次调查中，有65%的市民认为目前采取的心理压力应对方式有好的效果，其中有21.1%的市民认为效果非常好，43.9%的市民认为效果比较好，有29.6%的市民认为效果一般，只有2%和0.7%的市民认为效果不太好和没什么效果。

3. 九成以上市民在应对心理压力时会求助于以自己为中心的“熟人圈”，只有两成的市民会求助于“非熟人圈”。

一项关于人际信任的实证研究显示，可将人际交往对象分为三类人群，即“亲人”、“熟人”和“陌生人”。自然，“亲人”信任度最高，“陌生人”的信任度最低，而“熟人”的信任度则介于两者之间。参考上述研究，本调查为将市民应对心理压力的求助对象分为自己、“熟人圈”（包括亲朋好友和单位同事领导）和“非熟人圈”（熟人圈以外的对象）三类，其被选比例依次为65.4%、65.1%和20.4%（见表5）。选择求助于自己和“熟人圈”的市民比例高达96.7%，可见九成以上市民应对心理压力会求助于以自己为中心的“熟人圈”，值得注意的是，在应对压力时，除了自己以外人们更愿意求助朋友，其后才是亲人，在电话调查中有许多市

民表示，更愿求助于朋友是缘于怕家人担心或者与家人沟通有代沟等。另外，仅有20.4%的市民应对心理压力会求助于"非熟人圈"，按比例高低依次为网络、宗教、免费心理咨询师、居委会、媒体、收费心理咨询师、政府相关部门，值得注意的是，网络和宗教是市民在"熟人圈"以外缓解心理压力的最主要渠道，与此相比，最专业的缓解心理压力的心理咨询却很少受到市民关注。

表5　应对心理压力的求助对象（%）

分类	被求助者	比例
自己（65.4）	自己	65.4
熟人圈（65.1）	朋友	49.6
	家人或其他亲戚	40.9
	单位同事或领导	9.8
非熟人圈（20.4）	网络	9.1
	宗教	4.1
	免费心理咨询师	2.6
	居委会	2.4
	媒体	2.4
	收费心理咨询师	1.7
	政府相关部门	1.3
	其他	2.6

注：此题为多选，所以比例加和超过100%。

（二）积极应对心理压力与消极应对心理压力的市民特点的比较

因为从积极应对维度和消极应对维度计分得出的比例差别较小，所以为了方便分析，本调查采取积极应对维度的计分方式来划分北京市民心理压力应对方式，把积极维度量表中计分大于平均分的市民划分为积极应对心理压力的市民，把积极维度量表中计分小于平均分的市民划分为消极应对心理压力的市民。当然这里的积极和消极是相对来说的，是为了比较分析而界定的，并不是绝对意义上的积极和消极。

从本次调查的结果来看，我们可以从以下几点看出积极应对心理压力的市民与消极应对心理压力的市民之间的不同特点。

1. 积极应对的市民与消极应对市民的群体特征不同。

从性别上看，女性应对压力比男性更积极。有54.9%的女性面对压力能积极应对，而男性这一比例为49.8%。

从学历上看，总的来说，学历高的市民比学历低的市民应对压力更积极，学历低的市民比学历高的市民应对压力更消极。相比之下学历较高的市民，即大专和高职（63.6%）、大学本科（59.5%）、研究生及以上（67.3%）中积极应对的市民比例要高于学历较低的市民，如中专、职高和高中（42.1%）、初中（38.6%）、小学及以下（38.5%）。

从工作状态看，学生（68.3%）和拥有稳定工作（正式工作）（58.3%）的市民中积极应对心理压力的市民比例最高，拥有不稳定工作（临时工作）（36.5%）和离退休或内退（39.7%）的市民应对压力最消极，这里值得注意的是，过半数的无业、失业和下岗人员（54.1%）在应对心理压力时能采取积极的方式。

从职业看，以脑力劳动为主的市民应对

压力最积极，如公务员（66.7%）和专业技术人员（67.9%）中积极应对的市民比例最高，以体力劳动为主的市民应对压力最消极，如外地来京务工人员（25%）和工人（27.3%）应对压力最消极。

从人均可支配月收入来看，收入越高的市民应对压力越积极，收入越低的市民应对压力越消极。收入在平均水平以上的市民中有56.6%能够积极应对心理压力，而收入在平均水平以下的市民中该比例为43%。

从信仰来看，拥有非宗教信仰的市民（64.9%）比拥有宗教信仰（48.4%）和无信仰（49%）的市民应对压力更积极。

从身体健康状况看，身体健康状况越好的市民积极应对心理压力的市民比例越高。身体处于健康、亚健康和不健康状况的市民中能够积极应对心理压力的市民比例为55.1%、53.3%和33.3%（见表6）。

表6　不同特征群体心理压力状况的比较

	心理压力应对的积极程度		
性别	女性	>	男性
学历	高学历	>	低学历
工作状态	学生和拥有正式工作的上班族	>	离退休人员和拥有不稳定工作的上班族
职业	以脑力劳动为主的职业群体	>	以体力劳动为主的职业群体
收入水平	收入水平在平均水平以上	>	收入水平在平均水平以下
信仰	拥有非宗教信仰的群体	>	有宗教信仰和无信仰群体
身体健康状况	健康状态	>	非健康状态

注：这里的心理压力应对的积极程度是一个特征群体内相比较的结果。

2. 承受中等强度心理压力的市民更易于积极应对，承受最大和最小强度心理压力的市民更易于消极应对。

心理压力并不总是有害的，研究压力的专家发现，“人只有在死亡状态下才完全没有压力”。本次调查中，在表示最近一两年心理压力强度处于中间水平（压力较大、一般和压力较小）的市民中，能够积极应对心理压力的市民比例分别为54%、63.3%和56.9%，均显著高于消极应对心理压力的市民比例46%、36.7%和43.1%；在表示最近一两年的心理压力强度处于两端水平（压力很大和无压力）的市民中，能够积极应对心理压力的市民比例分别为43.1%和37%，均显著低于消极应对心理压力的市民比例56.9%和63%。可见，承受适度心理压力的市民更易于积极应对，承受最大心理压力和无心理压力的市民更易于消极应对。

3. 心理压力应对越积极的市民心理健康程度越高，心理压力应对越消极的市民心理健康程度越低。

已有的研究表明，积极应对评分较高时，心理问题或症状评分低；而消极应对评分高时，心理问题或症状评分也高。应对方式评分与心理健康水平显著相关。心理压力应对方式得分与市民的心理健康分数的关系为：心理压力积极应对方式得分与心理健康分数呈显著的正相关，即应对压力越积极，心理健康程度越高；心理压力消极应对方式得分与心理健康分数呈显著的负相关，即应对压力越消极，心理健康程度越低。本次对北京市民的调查同样表明了这一研究结果，北京市民简易应对方式量表中积极维度的平均分与心理满意度之间存在显著的正相关（$P<0.01$）；消极维度的平均分与心理满意度之间存在显著的负相关（$P<0.01$）。

4. 积极应对心理压力的市民比消极应对心理压力的市民更愿意借助自身以外的力量来应对心理压力。

应对心理压力可以借助内部和外部两方面的力量，内部力量我们界定为自己，外部力量我们界定为自己以外的力量，包括“熟人圈”和“非熟人圈”。本次调查结果显示，在借助内部力量方面，积极应对心理压力的市民比例（61.5%）明显低于消极应对心理压力的市民比例（70.6%）；在借助外部力量方面，积极应对心理压力的市民比例明显高于消极应对心理压力的市民比例，积极应对心理压力的市民求助“熟人圈”和“非熟人圈”的比例分别为74.6%和22.2%，明显高于消极应对心理压力的市民的两项比例56.5%和16.6%。可见，积极应对心理压力的市民比消极应对心理压力的市民更愿意敞开心扉，接受来自于外界的解压帮助（见表7）。

表7 应对心理压力的求助对象（%）

分类	被求助者	积极应对	消极应对
自己（积极61.5；消极70.6）	自己	61.5	70.6
熟人圈（积极74.6；消极56.5）	朋友	60.4	39
	家人或其他亲戚	48.1	34.2
	单位同事或领导	12.3	7.7
非熟人圈（积极22.2；消极16.6）	网络	12.3	6.4
	宗教	3.1	4.8
	免费心理咨询师	3.1	1.9
	居委会	3.1	1.6
	媒体	3.1	1.6
	收费心理咨询师	2	1.3
	政府相关部门	1.7	1.0
	其他	0.9	2.9

注：此题为多选，所以比例加和超过100%。

5. 积极应对心理压力的市民认为其应对方式效果好的市民比例高于消极应对心理压力的市民。

针对市民采取的压力应对方式缓解心理压力的效果这一问题，在积极应对心理压力的市民中，认为效果好、效果一般、不太好和没什么效果的市民比例分别为69.2%、26.8%、2.6%和0.6%，而消极应对心理压力的市民中认为效果好、效果一般、不太好和没什么效果的市民比例分别为62%、32.9%、1.6%和1%。

四、对北京市民应对心理压力的政策建议

（一）政府

1. 循序渐进地推进专业化心理服务，在市民心理认可的基础上提高市民应对心理压力的积极度。

从此次调查的数据中可以看出，在能够自主选择的情况下，北京市民对专业化心理服务的接受程度还比较低，目前只有4.3%的市民通过接受心理咨询服务来缓解心理的压力。在这种情况下，要想让市民有效地接受政府免费提供的心理咨询服务也是一个任重而道远的过程，心理咨询工作的有效开展一定要建立在咨询师与接受心理咨询人员的相互信任与积极配合，只有市民在心理上认可了这是一种有效的缓解心理压力的方式，即使免费接受服务也要端正态度，认真配合，这样才能事半功倍，最大限度地发挥心理服务资源的作用。

2. 双管齐下，在推广专业心理服务缓解居民心理压力的同时更要力图解决对居民造成心理压力的社会问题。

此次调查显示，41.5%的市民心理压力

来源于个人身心方面的问题，86.6% 的市民心理压力来源于社会环境性根源，无论是市民个人问题还是社会问题，都要逐步解决，双管齐下，一方面逐渐推广专业的心理服务来缓解个人问题引起的心理压力；另一方面也要重视社会问题给市民心理造成的巨大压力，这方面压力的缓解只能通过社会问题的缓解或解决来实现。

3. 提供更多不同层级的、合法的、能够有效运作的交流平台，促进市民之间人际关系的良性互动。

信息化、知识化社会的到来让许多人疲于奔命，每天过着“吃速食面”一样的生活，高效而没有营养，身为“社会人”之间本应有的真实的情感沟通与交流的时间在被不断地压榨着。所以如何建立更多有效运作的交流平台是一个值得深思的问题，无效或者效果不好的交流平台只会浪费资源，好的交流平台可以弥补不愿意求助专业心理服务和“熟人圈”的市民，诱导其积极地抒发不良情绪，缓解心理压力。比如社区内部、社区之间、社区和其他单位或部门等都可以以多种形式建立不同的交流平台，当然这些都需要政策性的支持与鼓励。

（二）个人

从本次调查的结果来看，市民在应对心理压力的时候首先还是求助自己或“熟人圈”，市民们应该逐步意识到自己或“熟人圈”以外的力量在缓解心理压力上同样可以发挥重要的作用，甚至有时候效果可以更好。所以当我们感受到较大的心理压力，自己或“熟人圈”力量缓解心理压力的效果不好的时候，主动求助外界力量也不错的选择。

附表1　具有不同特征的北京市民最近一两年的心理压力状况（%）

群体特征	特征项	压力大	压力一般	压力较小	没压力	总和
性别	男	36.8	37.2	5.8	20.2	100
	女	28.0	40.2	6.8	25.0	100
学历	小学及以下	21.9	29.3	4.9	43.9	100
	初中	22.1	33.7	7.0	37.2	100
	中专、职高、高中	34.4	36.1	3.0	26.5	100
	大专、高职	30.2	42.2	9.5	18.1	100
	大学本科	34.6	43.9	7.5	14.0	100
	研究生及以上	35.8	41.5	5.7	17.0	100
工作状态	正式工作	32.8	47.1	6.6	13.5	100
	临时工作	43.6	50.9	—	5.5	100
	无业、失业或下岗	47.5	30.0	2.5	20.0	100
	离退休或内退	23.7	18.3	5.9	52.1	100
	学生	23.0	45.9	16.4	14.7	100

续表

群体特征	特征项	压力大	压力一般	压力较小	没压力	总和
职业	国家公务员	34.6	26.9	19.2	19.3	100
	单位管理人员	26.9	56.4	3.8	12.9	100
	单位一般工作人员	38.0	44.3	6.3	11.4	100
	专业技术人员（医生、教师、工程师、律师等）	35.4	47.6	6.1	10.9	100
	工人/操作人员	41.7	33.3	–	25.0	100
	外地来京务工人员	50.0	50.0	–	–	100
	自由职业者	32.3	54.8	–	12.9	100
人均可支配月收入水平	1000元以下	36.0	22.0	6.0	36.0	100
	1000元~2228元	31.8	35.2	2.7	30.3	100
	2229元~5000元	32.8	41.5	7.0	18.7	100
	5000元~10000元	26.0	50.7	5.5	17.8	100
	10000元以上	37.2	45.7	11.4	5.7	100
身体健康	健康	22.3	43.4	7.8	26.5	100
	亚健康	47.2	34.4	4.4	14.0	100
	不健康	44.7	23.7	2.6	29.0	100
心理健康	非常好	19.5	28.9	9.4	42.2	100
	比较好	25.8	44.4	8.7	21.1	100
	一般	43.8	42.8	1.5	11.9	100
	比较差	87.0	13.0	–	–	100
情感分段	正性情感（心理满意度高）	17.4	42.8	9.6	30.2	100
	正负平衡（心理满意度一般）	41.0	35.2	3.8	20.0	100
	负性情感（心理满意度低）	54.4	35.6	2.0	8.0	100
信仰	有宗教信仰	31.3	40.4	7.1	21.2	100
	有非宗教信仰	25.9	39.7	8.6	25.8	100
	无信仰	34.0	38.5	5.7	21.8	100

附表2　不同特征群体中积极应对和消极应对心理压力的市民比较（%）

群体特征	特征项	积极应对	消极应对
性别	男	49.8	50.2
	女	54.9	45.1

续表

群体特征	特征项	积极应对	消极应对
学历	小学及以下	38.5	61.5
	初中	38.6	61.4
	中专、职高、高中	42.1	57.9
	大专、高职	63.6	36.4
	大学本科	59.5	40.5
	研究生及以上	67.3	32.7
工作状态	正式工作	58.3	41.7
	临时工作	36.5	63.5
	无业、失业或下岗	54.1	45.9
	离退休或内退	39.7	60.3
	学生	68.3	31.7
职业	国家公务员	66.7	33.3
	单位管理人员	57.3	42.7
	单位一般工作人员	53.9	46.1
	专业技术人员（医生、教师、工程师、律师等）	67.9	32.1
	工人/操作人员	27.3	72.7
	外地来京务工人员	25.0	75.0
	自由职业者	37.9	62.1
	其他	44.4	55.6
人均可支配月收入水平	1000元以下	37.0	63.0
	1000元~2228元	44.6	55.4
	2229元~5000元	54.1	45.9
	5000元~10000元	58.8	41.2
	10000元以上	67.6	32.4
	不好说	54.0	46.0
信仰	有宗教信仰	48.4	51.6
	有非宗教信仰	64.9	35.1
	无信仰	49.0	51.0
身体健康状况	健康	55.1	44.9
	亚健康	53.3	46.7
	不健康	33.3	66.7

续表

群体特征	特征项	积极应对	消极应对
心理满意度	正性情感（心理满意度高）	58.1	41.9
	正负平衡（心理满意度一般）	45.1	54.9
	负性情感（心理满意度低）	48.2	51.8

注：表中的积极应对和消极应对是指同一特征群体内相比较而言，并不是绝对的。

北京市区县理论研究与调研

东城区关于社区社会组织发展情况的调查报告

赵小平

社区社会组织是社会组织体系的重要组成部分，在拓展社区服务领域、丰富群众文体生活、反映居民合理诉求、健全社会动员机制、促进基层民主建设、维护社会和谐稳定等方面发挥着重要作用。上半年，区委社会工委、区社会办在南片7个街道开展了社区社会组织基本情况调查，取得了第一手资料，基本掌握了社区社会组织的现状及问题，为进一步培育发展社区社会组织，调动社区社会组织参与社区建设的积极性奠定了基础。

一、基本情况

近年来，我区把培育发展社区社会组织作为加强社区民主自治建设、增强社区综合服务功能、构建和谐社区的一项重要工作来抓，坚持以培育发展为主线，在培育发展中提升质量、在培育发展中规范管理、在培育发展中优化结构，社区社会组织数量快速增长，取得了比较明显的成效。截至2010年5月底，南片共有各类社区社会组织180个，其基本情况如下：

（一）主要分类情况

一是从社区社会组织的组织形式来看，共有社团类组织172个，占总数的95.56%；民办实体机构8个，占总数的4.44%。这表明社区社会组织以社团类组织为主。二是从社区社会组织的成立方式来看，在区民政局正式登记的组织7个，占总数的3.89%；在街道备案的组织85个，占总数的47.22%；在社区备案的组织84个，占总数的46.67%；未登记、备案的组织4个，占总数的2.22%。这表明社区社会组织以在街道和社区备案为主。三是从社区社会组织的工作内容和活动领域来看，共有慈善公益类组织7个，占总数的3.89%；文体活动类组织92个，占总数的51.11%；生活服务类组织5个，占总数的2.78%；社区服务类组织66个，占总数的36.67%；其他类别组织10个，占总数的5.56%。这表明社区社会组织以文体活动类组织为主。

（二）人员构成情况

一是从社区社会组织的专职工作人员情况来看，南片社区社会组织共有专职工作人员285名，其中党员26名，平均每个社区社会组织有专职工作人员不到2名，党员专职工作人员更少。二是从社区社会组织的会员情况来看，社团类组织共有会员6573名，其中党员会员315名，平均每个社团类组织有会员约38名，党员会员不到2名。三是从社区社会组织联系的志愿者情况来看，社区社会组织共联系志愿者5654名，其中党员志愿者1471名，平均每个社区社会组织联系志愿者约31名，党员志愿者约8名。四是从社区社会组织的负责人（牵头人）情况来看，社区社会组织中负责人（牵头人）为党员的共有88人，占总数的48.89%。

（三）机构运转情况

一是从社区社会组织活动开展和服务居民的情况来看，2009年以来，南片社团类组织共开展活动2992次，平均每个社团类组织开展活动17.4次；民办实体机构共服务居民2380人，平均每个民办实体机构服务居民约298人。二是从社区社会组织的活动场所情况来看，社区社会组织利用公共场所开展活动的51个，占总数的28.33%；街道或社区无偿提供场所的119个，占总数的66.11%；有偿租赁场所的1个，占总数的0.56%；使用自有房产的5个，占总数的2.78%；其他情况的4个，占总数的2.22%。三是从社区社会组织的收入情况来看，2008年度南片社区社会组织总收入18.1万元，其中政府资助16.67万元，服务收费为零，会费收入1.23万元，社会捐赠为零，其他形式自筹2000元，平均每个社区社会组织收入1005.56元。

二、存在的问题

虽然近年来我区社区社会组织有了很大发展，在社区建设中也发挥了较大作用，但由于观念、体制、环境等多方面因素的影响，我区社区社会组织在总体上还处于初始发展阶段和粗放型管理阶段，在培育发展上还存在诸多问题，制约了社区社会组织作用的进一步发挥。主要表现在以下几个方面。

（一）缺乏理性认识

一方面，由于多种主、客观因素，目前社会上对社区社会组织的认知度较低，对它们在构建和谐社会中的重要性及民主政治进程中的必要性认识不足、重视不够、宣传很少，没有在社会上形成积极培育社区社会组织的良好氛围。另一方面，一些社区社会组织自身在认识上也存有差距，缺乏对社区建设的参与感和自觉性，尚未找准自身在社区建设中的位置，有的负责人（牵头人）甚至对社区社会组织的概念、性质、宗旨都不甚了解，只是凭着爱好和兴趣组织相关活动，这些都制约了社区社会组织作用的进一步发挥。

（二）缺乏规范管理

目前，我国还没有专门的关于社区社会组织方面的法律法规，只能套用《社会团体登记管理条例》和《民办非企业单位登记管理暂行条例》。但上述条例对注册登记设置的限制多、门槛高，使得大量社区社会组织由于达不到要求而不具备正式登记的资格，也就是说从法律意义上讲是不合法的，这就严重约束了社区社会组织的发展，也不利于鼓励其在社区建设中发挥更大作用。目前，我区采取了变通的备案制，但由于缺少硬性规定，加之很多组织对于备案的观念淡薄，造成相当数量的社区社会组织没有备案，处在政府管理体制之外，增加了管理的难度。

（三）缺乏规划引导

现有社区社会组织缺乏统一规划，布局不合理，社区之间、社区不同组织之间发展不平衡。从社区社会组织涉及的领域来看，存在某些类型组织数量相对不足和某一类型组织数量相对过剩并存的现象，与社区建设全面发展的需要不相适应。同时，社区社会组织发展中条块分割问题突出，社区教育、社区文化等各领域的社区社会组织分属不同部门，自成系统、划地设界，导致社区资源难以有效整合。此外，由于缺少引导，多数社区社会组织没有规范的章程，没有健全的组织机构，运作不规范，实际上处于自发无序、松散无力、自生自灭的状况。

（四）缺乏发展后劲

我区社区社会组织普遍小、弱、散。一方面，活动经费明显不足，绝大多数组织没有收入来源，只有个别靠少量的会费收入或政府资助维持运转，这造成社区社会组织在经费上捉襟见肘，活动起来瞻前顾后；没有固定活动场所，绝大多数组织在街道、社区及公共场所开展活动，活动场所流动性大，条件比较艰苦，这两点是社区社会组织反映最普遍的问题。另一方面，社区社会组织人员素质参差不齐，主要依赖个别有能力、有热心的人的支持来维持组织运转；提供的各种服务同社区实际需要之间也有相当大的差距，这些都限制了社区社会组织的进一步发展。

（五）缺乏政策扶持

社区社会组织的发展从总体上看还处于起步阶段，迫切需要政府加大培育扶持力度，但目前在政府财政中还缺乏这样的专门预算，对社区社会组织的资金支持极少，通常只有在政府需要社区社会组织参与统一的公益活动时，才会给予一些临时性的资金支持，任意性大，缺乏制度保障和约束。此外，政府对于社区社会组织发展的很多优惠政策，如税收减免、员工福利、社会保障等方面的政策仍处于缺失状态。此外，还缺少鼓励社会公益捐赠方面的政策，社区社会组织筹资环境不佳，从调查结果来看，南片 180 个社区社会组织捐赠收入全部为零。

三、几点建议

根据本次调查收集上来的意见建议和综合汇总分析，建议下一步重点从以下几个方面着手开展工作。

（一）积极营造社区社会组织发展的良好氛围

加强理论研究，进一步理清社区社会组织概念、内涵、性质、业务范围、目的宗旨等问题；积极探讨社区社会组织与社会工作者之间的关系，社区社会组织与社区建设的关系，社区社会组织与构建和谐社会的关系等；认真研究解决社区社会组织工作人员的职业化、年轻化、专业化及培训、工资、保险等问题，培养社区社会组织工作骨干，解决工作人员的后顾之忧。同时，要加大宣传力度，充分利用各种新闻媒体，采用多种形式，广泛宣传社区社会组织在发展社区公益、提供社区服务、满足居民需求、创建文明城市、构建和谐社会等方面不可或缺的重要作用，提高社区社会组织的社会认知度。

（二）适当放宽社区社会组织的准入门槛

完善现行法规，将社区社会组织尚不十分明确的法律地位、管理、作用、职能、资金来源以及激励机制等加以明确。在国家法律法规尚未完善时，可尝试通过其他形式将相关问题加以明确。比如，在明确社区社会组织定义的基础上，以北京市地方立法形式降低社区社会组织的登记门槛，适当放宽社区社会组织在注册资金、会员数量、办公场所、业务主管单位等方面的限制，使社区社会组织纳入统一的登记管理中，取得合法身份。对在放宽门槛情况下仍未达到注册登记条件的社区社会组织，可采取备案管理制度，即经社区服务站初审后，在街道（乡镇）、区县民政部门逐级核准备案，在条件成熟时再行登记。

（三）试点推行社区社会组织“枢纽式”管理模式

以“枢纽型”社会组织工作体系为蓝本，学习借鉴上海市经验，在街道层面设立社区社会组织“枢纽式”的管理载体——社区社会组织服务中心，由该中心从党的建设、业务工作和保障工作三个方面对在街道备案的社区社会组织开展服务和实施管理，其职能大体包括：建立社区社会组织的党员情况档案库，开展党建工作，实现社区社会组织党建工作全覆盖；整合社区社会组织人才资源，建立数据库，加强动态管理；对新成立的社区社会组织进行前置评估调查并出具意见；开展与社区社会组织相关的业务培训和咨询服务，提供信息，举办理论研讨会、专题报告会等；对非法社区社会组织活动进行预警并协助查处等。

（四）研究制定社区社会组织的分类发展规划

要在和谐社会建设中更好地发挥好社区社会组织的积极作用，就要本着以人为本、适应需要、合理布局、优化结构、有序发展的原则，牢牢把握住满足社区居民的社会需求、构建和谐社区的宗旨，把服务社区居民作为社区社会组织发展的出发点。建议深入开展调研，切实以服务为中心来优化现有社区社会组织的结构，提高素质，推动形成良好的运行机制；同时结合社区建设的特点，合理制定社区社会组织的发展规划，在规划中突出重点，加快培育发展那些能为居民提供直接服务、群众需求迫切的公益性社会组织，如老人关怀、少儿教育、就业服务、残疾人事业等领域的服务机构，满足居民的需要。

（五）切实加大社区社会组织的培育扶持力度

对于慈善公益类组织，由于其服务是无偿或低偿的，要通过奖励、委托、补贴或购买服务等方式，重点扶持；对于运作成本较低的文体活动类组织，政府可在活动场地、经费方面给予适当支持；对通过服务收费或其他渠道即能大体满足运转需要的生活服务类组织，政府可适当在房屋租赁、场地使用、设施配备等方面给予优惠；对于应业务主管部门要求，自上而下、对口成立的社区事务类组织，可在硬件条件方面给予便利，所需经费则主要由其上级业务主管部门提供。可以由市、区财政统一拨款，在街道层面成立社区公益资金，专项用于支持社区社会组织开展活动，为社区社会组织发展提供长期、稳定、充足的资金来源。

（六）健全完善社区社会组织的监督管理机制

坚持依法登记备案、分类指导管理的原则，将社区社会组织纳入制度化、规范化管理轨道。以党建为抓手，不断扩大党组织在社区社会组织中的覆盖面，组织动员社区中的党员骨干积极参与社区社会组织的活动和事务，确保社区社会组织的正确发展方向。根据性质、规模、功能、业务领域、成员与服务对象的不同，加强对社区社会组织的分类指导与监督管理，规范其行为，特别要通过对组织领导人的培训教育、对财务管理的检查，保证社区社会组织活动的非营利性、服务性和合法性。建立有效的社区社会组织评估制度，做好由社区居民、服务对象、业内专家和政府部门共同参与的服务评估。

（此文作者为东城区委社会工委副书记、区社会办主任）

西城区“十二五”时期提高基本公共服务水平的目标、思路及对策研究

陈　艳

“十二五”时期，是原西城区和宣武区合并为新西城的新的起点，是北京市全面推进“人文北京、科技北京、绿色北京”和世界城市建设的新阶段，是通过改革公共服务机制、提高公共服务水平，全面推进以改善民生为重点的社会建设和政府善治的关键时期。这一时期，公共服务承载着两大历史重任：一是促进人的全面发展，培养和造就创新人才，为提升北京的软实力、促进首都科学发展提供强大的智力支撑；二是满足民众“学有所教”、“病有所医”、“老有所养”、“住有所居”、“难有所助”的基本需求，促

进社会公平正义，为社会和谐提供强有力的服务保障。研究制定“十二五”基本公共服务规划，是适应西城经济社会发展的客观需要，是西城社会建设的重要内容。

一、概念、内涵及课题研究方向

（一）基本公共服务的概念及内涵

在联合国的文件中，基本公共服务包括清洁水、卫生设施、教育、医疗卫生和住房。教育、医疗卫生、社会服务、基础设施是各国普遍或者比较公认的基本公共服务。

本文认同的观点是，基本公共服务是与公民的社会生活密切相关，是关系公民基本生存权和发展权的公共服务。基本公共服务包括三个基本点：一是保障人类的基本生存权（或生存的基本需要），为了实现这个目标，需要政府及社会为每个人提供基本就业保障、基本养老保障、基本生活保障等。二是满足基本尊严（或体面）和基本能力的需要，需要政府及社会为每个人提供基本的教育和文化服务。三是满足基本健康的需要，需要政府及社会为每个人提供基本的健康保障。基本公共服务内容包括社会保险、就业保障、最低生活保障、住房保障、医疗保障、公共教育、公共卫生、公共文化体育、公共交通等项。

基本公共服务的均等化是保障公民生存权利和发展权利的重要手段，其实质在于政府要为全体社会成员提供基本而有保障的公共产品和公共服务。均等化要求结果大体相等，也就是说全体居民享有服务的水平和质量大体相等，既排斥不合理的差距，也不是绝对的平均化。

（二）公共服务均等化的意义

党的十六届五中全会首次提出公共服务均等化概念，党的十七大报告进一步强调：“缩小区域发展差距，必须注重实现基本公共服务均等化。”基本公共服务均等化问题已成为当前我国经济社会发展中的一个重要热点问题，这也是党和政府关注民生、重视民生、保障民生、改善民生的重大战略举措。

推进基本公共服务均等化，有利于保障公民的基本权利，确保每一个公民平等享受基本公共服务，促进人的全面发展，促进社会公平公正、维护社会和谐稳定；有利于缩小区域之间的差距，推动协调发展；有利于加快政府职能转变，从“经济建设型政府”转向“公共服务型政府”，建设以公共利益为目标、以公共需求为尺度、为全社会提供高质量公共服务的服务型现代政府。

西城区作为首都功能核心区，必须加快从偏重经济发展向科学发展、和谐发展转变，从不平衡发展向统筹兼顾、协调发展转变，在新的历史时期，进一步提高公共服务水平、推进公共服务均等化程度就显得尤其重要。

（三）课题研究任务和方向

本课题为西城区“十二五”规划重点研究课题。在研究过程中，课题组对公共服务的概念、内涵、实现途径等，吸纳、借鉴了学术界的一些成熟观点。但我们也发现，学术界的视野大多旨在消除城乡、区域公共服务差异，而本课题的视野是居民公共服务均等化，而且，目的是为编制“十二五”规划奠定基础。因此，与一般的理论研究、调查报告或者应用研究有所不同，强调实践操作性是本课题的研究重点。

为此，确定本课题的研究的主旨原则是“着眼低端、着重民生、着力创新”。即着眼于基本公共服务中的最薄弱环节和最需要帮助的群体（如低收入家庭和农民工群体）；着重于居民生活最迫切解决的问题和社会最关注的难点（如就业服务、养老服务）；着力于创新公共服务模式、推进多元参与（如政府购买服务机制等），以适应新时期社会和公众对基本公共服务的多样化需求。主要任务是，分析西城区公共服务中存在的主要问题，提出“十二五”时期提高社会公共服务水平的目标、思路和对策，为编制“十二五”规划提供参考。

研究的方法是基于原西城区进行的《关于统筹资源改善民生的研究》、《关于加强社会建设的研究》，以及宣武区开展的《关于加强社会建设和公共服务均等化的研究》、《关于居民对公共服务需求的调研》四篇研究报告的资料。另外，参考了上海、广州、南京以及其他先进国家和地区的经验，对适应西城实际的研究成果进行了借鉴。由于教育、卫生、交通、基础设施等项，社会事业部门业已开展专项规划研究。因此，本课题对涉及此类公共服务的重点内容不作深入探讨。

二、"十一五"时期发展成就

西城区高度重视发展基本公共服务事业，突出民生重点，通过对全区各类资源进行调整、整合，统筹规划和推进就业、教育、医疗、文化、社会救助、养老助残、环境、安全、便民服务和信息化十个领域的公共服务体系建设。大力调整支出结构，大幅增加对基础教育、基本医疗、公共卫生、基本社会保障、公共就业服务和基本住房保障等方面的投入。义务教育经费保障机制、公共卫生和医疗保障体系不断完善，基本社会保障体系逐步健全，基本住房保障投入持续增加，公共文化、公共交通和公共就业服务体系建设取得重大进展。突出体现在以下六个方面。

（一）就业服务惠及各类劳动群体

"十一五"期间，全区5.3万名困难群体通过帮扶实现了就业。区域城镇登记失业率始终处于2%以内。146个社区成为充分就业社区。10.41万名劳动者通过培训，提升了职业技能水平，1.21万人自主创业后带动了3.62万人就业。

（二）社会保障制度初步实现全民覆盖

目前，基本养老和失业、基本医疗、工伤、生育五项社会保险初步实现全民覆盖。参加"一老一小"和城镇劳动年龄内无业居民大病医疗保险达15.6万人，0.99万人纳入城乡老年人养老保障范围，0.2万人纳入城乡居民养老保障体系。

在优先保障优抚群体、弱势群体的基础上，社会救助对象不断向低保边缘人群、临时困难人群、支出型困难人员和外来务工人员拓展。几年来，累计发放低保金3.47亿元，提供了冬季燃煤自采暖、医疗救助、低保及低保边缘家庭学生教育救助金、临时生活补贴等各类临时救助，金额达6838万元。13844户次困难家庭享受到了社会慈善救助，金额达560万元。

（三）社会福利资源统筹机制构建形成

全区共建立24所养老服务机构、1472张床位。针对老年人不同需求，为1.7万名65岁以上老年人办理了优待卡。利用驻区单位资源开设老年餐桌，有近4万名老人分别享受免费、半价或自费订餐服务。"洗浴、理发、代换煤气"三项为老服务，帮助老年群众解决了实际困难。"十一五"期间，完成白内障复明手术1.6万例、3197人实现就业，近2万人在各项惠民政策中受益。建成残疾人温馨家园73个，面积近万平方米，创建了区街两级残疾人"手拉手"职业康复站，康复服务覆盖率达100%。

（四）医疗卫生服务多层次体系基本建立

"十一五"时期建设公共卫生大厦，建立了公共卫生和疾病监督控制体系，建立了医疗服务共同体。进一步完善了社区卫生服务体系，目前已建成了15个社区卫生服务中心、78个社区卫生服务站、242个社区卫生工作团队、近3万个社区楼门院组成的社区卫生服务网络。

（五）住房保障服务扎实推进

以解决中低收入家庭住房困难为重点，全区通过"三级审核、两次公示"备案的申请保障性住房家庭累计13044户；累计解决6824户家庭的住房困难，完成1678户公共租赁保障性住房家庭意向登记。完成了12条街巷465个院落的综合修缮改造，改善了3142户居民居住条件。完成1112户1888间五类危房的修缮改造，切实解决了居住在五类危房中居民的住房问题。

（六）社区公共服务平台承载能力明显增强

投资近1.2亿元建成了西城社区服务大楼。规范并拓展社区服务内容。建立“96156”西城社区服务平台，为群众提供家政服务、家电维修、预订配送、交通旅游、房屋工程、为老服务、庆典礼仪等多项便民服务。街道建立公共服务大厅并向社区延伸。围绕服务于民进行流程再造，打破了部门壁垒，冲破了业务层级界限，清理了72项公共服务事项，简化了53项办事环节，过去需要多个部门办理的事项，变为一个窗口即可办理，并通过综合受理、联网受理、在线受理、前后台协作办理、个性化服务打造全新的全程代理服务模式，这一创新模式以“改进基层政府公共服务”为题，申报“中国地方政府创新奖”，获得“最具责任感地方政府”荣誉。

三、面临形势及挑战和机遇

（一）宏观视野下的形势认识

当前，我区经济社会发展从高速增长期进入到稳定发展期。这一新的历史时期，人们重视经济增长，更重视生活质量；重视社会秩序，更重视公共服务。这就要求政府要比以往任何时候更加重视经济社会的协调发展，更加重视社会保障机制和公共服务平台的建设。广大人民群众对于公共服务的需求不仅在数量上急剧增长，在构成上也日益呈现出多样化、个性化的趋势。这就需要我们要在以往高度关注改善民生的基础上，加快创新公共服务的提供方式，不断充实公共服务的提供主体，提高公共服务的提供水平，满足广大人民群众日益增长的对公共服务的需要。

（二）对存在问题的分析和判断

北京市在完善社会公共服务研究中指出，当前面临的主要问题是“五个矛盾”、“两个不高”和“一个亟须改革”。

“五个矛盾”：城市人口的过快增长与社会公共服务总体供给能力不足之间的矛盾、外来人口比例迅速上升与社会公共服务覆盖面不足之间的矛盾、主体功能区人口迅速变动与原有公共服务体系之间的矛盾、人们的公共服务需求水平迅速提升与优质公共服务资源相对不足、分布不均之间的矛盾等；从长期来看，最为显著的问题是基本公共服务需求与多元化公共服务需求之间的矛盾。“两个不高”：市民的公共服务满意度不高和均衡化程度不高；“一个亟须改革”：公共服务管理体制机制亟须改革与完善。政府对社会公共服务介入的领域还不够清晰，越位、缺位、错位现象还比较普遍。管办不分、条块分割，资源优势远未充分发挥。社会发展属地化管理难以落实，重复交叉，存量资源浪费与增量投入不足并存。

从西城区情况看，在公共服务中存在五个主要问题。

一是多种矛盾并存叠加，造成就业压力难以缓解。尽管在“十一五”时期，西城区区域就业局势保持稳定，但是今后一个时期内，仍然面临很大的就业压力。一方面，区域产业调整和升级对就业的拉动力减弱，扩大就业的空间受到局限。另一方面，就业结构性矛盾依然十分突出，失业人员中困难群体所占比例达到50%以上，低保人员、残疾人员和零就业家庭就业压力不断加大，高校毕业生就业难度逐年增加。

二是社会保障制度尚不健全，有待进一步完善。“十二五”期间面临由社会保险制度覆盖全体居民，向覆盖全体人员转变。社会保险基金安全仍面临较大风险，社会保险基金支付面临一定压力。社会救助标准仍有待提高，救助对象的诉求将由生活型向关注精神文化、价值体现、社会政治地位等多方面提升。社会救助部门间的快速联动机制和实体组织体系仍然有待加强。

三是人口老龄化发展较快，为老服务设施发展相对滞后。西城区老年人口不仅绝对数量大、高龄化趋势显著，而且“空巢”老人增加迅速、低收入群体养老问题严重。满足多元化的老年服务需求，推动居家养老、邻里互助养老、社区养老等多种服务方式，需要不断发展完善，为老服务设施建设相对滞后，远远不能满足需求。

四是群众多元化服务需求快速增长，为民服务平台建设及信息需要进一步对接与整合。随着人民生活水平的不断提高，社会需求由“生存型”向“发展型”转变，利益格局和诉求更趋复杂化和多样化，群众多元化和个性化需求发展势头突出。“96156”社区服务系统与社区医疗、就业援助、住房保障等系统还没有完全实现信息共享，不能让群众获得更加便利的服务。

五是高端和低端群体收入差距加剧，缩小收入分化面临较大难度。高端和低端收入分配差距加剧分化，低于社会平均工资40%的职业群体近30%。低收入家庭住房改善较慢，人均住房面积低于全区人均住房水平。目前，西城区既有现代化高端小区，也有基础设施较差的平房区。同时，由于旧城保护性修缮，需要向外疏解人口，疏解性保障性住房建设难度大。

（三）新视野下的挑战与机遇

对于西城区来说，“十二五”时期除了要重视解决好上述问题之外，还要特别重视两区合并后存在的南北差异，这些差异体现在经济社会发展的不均衡，从而导致的公共资源质和量、公共服务的标准和效率等存在一定差异，这些由于历史原因造成的差异要在今后很短时间内实现融合、均衡、统一，虽然具有相当难度，但这是必须面对和解决好的首要问题。

挑战与机遇总是并存的。首都功能核心区行政区划调整后，带给西城区新的机遇在于可以重新谋篇布局，对区域资源进行有效配置，推进南北区域均衡发展，给公共服务带来了更广阔的空间和更丰富的资源。而在北京市构建“和谐社会”首善之区和建设“世界城市”的大背景下，公共服务水平也要求以更高的水平为公众服务。因此，“十二五”时期，西城区公共服务领域大有可为。

四、“十二五”规划的目标、思路和对策建议

理论界公认的基本公共服务目标是以人为本、公平公正、均衡均等、广覆盖低水平。而西城区作为首都功能核心区，经济社会发展处在一个较高水平，那么公共服务目标应该也必须定位于更高的标准。既要满足民生基本需求，还要体现人性化关怀，既要突出政府责任，还要促进多元供给，既要达到首都基本标准，还要追求国际化水平。

据此提出西城区提高基本公共服务水平的总体思路是：坚持科学发展、和谐发展、率先发展理念，按照政府保障基本需求，市场提供多样选择的原则，着力扩展基本公共服务，积极发展社会服务，逐步形成供求总体平衡、服务主体多元、质量明显提升、结构比较优化、发展较为均衡，内容丰富多样、公众基本满意的公共服务格局。为人民群众营造一个安全、健康、充满爱心和温暖的和谐社会生活环境。

提出的规划框架建议有三个部分，涉及14个方面的内容。

（一）发展社会事业，提供优质均等服务

发挥政府主导作用，着力于均衡均等，努力办好各项社会事业，提高政府提供基本公共服务质量和效率。

1. 推动教育服务均衡化。

立足区情，把握教育发展的阶段性特征，坚持“优先发展、创新发展、促进公平、优质发展、协调发展”。到2015年，率先基本实现教育现代化，基本建成学习型城区。科学规划教育布局，形成适应经济社会发展的教育体系。打造更多的品牌学校，缓解“择校热”压力，促进教育服务均衡化发展。实施学校标准化建设，推动办学条件的均衡配置。着力加强教师队伍建设，推动区域内师资均衡配置。依法保障教育投入，加强教育经费管理，提高教育经费的使用效益。改革

招生考试制度，进一步规范办学行为。提升区域教育服务国际化水平。

2. 落实医药卫生体制改革。

建立医药卫生管理协调机制，优化医疗卫生资源配置，加强信息沟通和资源共享，提高突发公共卫生事件应急处理和重大突发事件紧急救援能力，协调推进医药卫生体制改革。健全公平可及的公共卫生服务体系。完善突发公共卫生事件应急机制、医疗救治体系、疾病预防控制体系、卫生执法监督体系、公共卫生信息体系，健全精神卫生、妇幼卫生、老年卫生、计划生育等服务网络。扩大区域医疗共同体覆盖面（细化），强化基层医疗卫生机构服务功能，推行家庭医生式服务，加强慢性病、常见病及家庭病床服务管理，开展社区“24 小时全天候服务”。实施健康促进战略。开展健康知识普及行动、合理膳食行动、控烟行动、知己健康行动等健康促进行动，帮助市民形成健康文明的生活方式。建立可持续的政府卫生投入机制。健全卫生、药品监督执法体系，加强对公共场所、生活饮用水安全、传染病和放射、职业危害防治、食品药品安全等公共卫生的监管，严厉打击各种危害人民群众身体健康和生命安全的违法行为。政府卫生投入增长幅度要高于经常性财政支出的增长幅度，占经常性财政支出的比重逐步提高。

3. 构建公共文化服务体系。

按照体现公益性、基本性、均等性、便利性的要求，加快构建公共文化服务体系，促进基本公共文化服务均等化。完善“区—街道—社区”三级公共文化服务网络体系建设，提高公共文化设施的标准化建设水平，实现区文化馆、区图书馆的一级馆达标，实现人均享有文化资源的全面达标。发挥区文化馆、区图书馆、区博物馆的龙头带动作用，加大对基层的辅导、培训力度，开展文化进社区、进学校、进军营、进机关、进企业，提升基层文化建设品质。建立数字化图书馆馆藏，加快信息平台、网络建设，实现区域文化信息共享。

4. 加强公共安全服务。

健全安全生产监管体制，在社会治安、交通、消防、生产、食（药、水）品等领域，建立安全信息畅通机制和快速反应及处理机制。及时消除施工工地、商品交易市场等场所存在的重大隐患，防止重特大事故发生。强化与人民生活密切相关的食品、药品、餐饮卫生等领域的监管，努力为广大群众生活和经济社会发展创造安全的城市环境。提高安全技术装备水平，加强人防技防，降低刑事案件发案率，提高破案率。

5. 完善公共体育服务。

健全群众体育服务体系，广泛开展全民健身活动，普及宣传体育健身知识，争取社区体育健身场所设施全覆盖，通过志愿者加强对社区体育锻炼的指导和培训，提高大型高等级公共体育场馆的利用率，开放利用机关事业单位体育场馆，积极培育高水平的体育后备人才，促进体育事业的发展。

6. 构建三级便民服务体系。

以居民群众和驻区单位为服务对象，打造区、街道、社区三级公共服务网络。打造集政务服务、社会事务、经济服务和市民服务为一体的市民综合服务中心，搭建政务事务办理平台、政府信息公开平台、市民参与社会建设平台和市民生活服务平台。以街道公共服务大厅和社区服务中心为载体，为居民提供高效、便捷的政务服务和生活服务。完善社区服务站建设，优化社区服务站功能，使之成为代理代办政务服务、组织开展公益服务、便民服务以及了解反映社情民意的工作平台。依托“96156”信息平台，为居民提供完善的日常生活服务。

（二）完善社会保障，提高民生保障能力

坚持“全覆盖、保基本、多层次、可持续”的原则，着力完善社会保障体系，努力实现“人人享有保障，待遇稳步提高”目标。

1. 提供优质就业服务。

就业是民生之本，要把就业放在更加突

出的位置，不断扩大就业，增强就业稳定性，努力实现充分就业、体面就业。优化促进就业政策。加大促进就业的资金投入力度，继续完善失业人员再就业补贴政策，增加困难人员参加职业技能培训期间各项补贴政策。加大对招用就业困难人员单位的岗位补贴力度。建立低保人员、残疾人家庭等的就业岗位补贴，提高复转军人和随军家属的就业岗位补贴标准。拓展就业岗位。扶持城市手工业、小商业、劳动密集型中小企业发展，拓展就业岗位。大力发展社区服务就业岗位，促进失业人员社区就业。鼓励支持劳动者自谋职业和自主创业，组建创业服务集团，有针对性提供项目开发、创业培训、市场拓展等服务。以创业带动就业，鼓励多种形式就业。加强城乡间就业协作，促进农民工资源有效配置。加大职业培训力度。开展持续性职业技能培训，促进失业人员稳定就业。建立培训机构与职业院校联合培训机制，提高综合培训效果。加大对就业培训机构的扶持与监管力度，进一步完善培训、技能、就业相挂钩的职业培训体系。引导困难人员转变就业观念，组织参加职业培训、公益劳动，鼓励失业人员积极就业。完善就业服务体系。建立统一规范的人力资源市场，健全就业公共服务平台，开展有针对性的就业服务。加快就业信息网络服务平台建设，实现失业人员信息与用工信息的有效对接服务。强化社区就业服务，引导劳动者走向社区就业岗位。规范劳动用工，健全劳动监察机制，切实维护劳动者合法权益。

2. 完善基本社会保障。

继续扩大社会保障覆盖面，努力构建“先保险、再救助、后慈善”的社会保障体系。扩大社会保险覆盖面。大力推进企业年金制度。健全困难群体参加社会保险的惠民政策，对于困难群体在参加大病医疗保险和城乡居民养老保险中有个人缴费困难者，给予个人缴费全额补助。建立常住居民中外埠籍人员的社会保障制度，实现医疗、养老保险全覆盖。完善社会救助体系。全面完善最低生活保障制度、低收入家庭认定程序，完善社会救助政策，细化医疗救助、临时救助、个性化救助实施办法，扩大救助覆盖面。加强综合救助信息平台建设，探索建立社会救助一体化管理模式，改善居民基本生活。进一步应用“西城区城市家庭贫困指数”指标体系，拓宽社会救助对象范围，提高救助额度、精准度，建立困难家庭的预警监测，实现主动救助、科学救助。培育和壮大社会慈善组织，充分发挥其社会救助的补充作用。

3. 加大住房保障力度。

推进住房保障体系建设，在住房贷款贴息、面积置换补偿等方面制定相应优惠政策，鼓励居民外迁。积极筹措廉租房、经济适用房、政策性租赁房、“两限”房等各类保障房源，加快保障性住房建设。在租房管理、地下空间利用、小区物业管理等方面加大研究与管理。大力发展公共租赁房，改进完善经济适用房和限价房制度，促进保障性住房供应模式从“以售为主”向“租售并举”的转变，切实解决中低收入家庭的住房困难。加大公共租赁住房的后期管理，成立公共租赁住房管理机构，专门负责廉租房、公共租赁房的管理。

4. 提升社会福利水平。

多种手段推动为老服务。围绕“9064”目标，多种途径加快老龄产业发展，完善居家养老服务体系，逐步形成“老人自立为主、社区服务为辅、机构养老兜底、社会服务支持”的多层次养老服务格局。多种方式开展残疾人服务。健全残疾人社会保障和服务体系，营造残疾人平等参与社会生活的社会环境，实现残疾人“康复有条件、在家有照料、出行无障碍、劳动有岗位”的目标。多种手段发展妇女儿童服务。推动公共政策向妇女儿童倾斜，完善孤残儿童福利保障机制，开展关爱贫困母亲和单身母亲行动。维护妇女儿童合法权益，促进妇女儿童健康发展。多种措施促进人口健康发展。实施社区健康生育全程服务工程，提高出生人口素质。创新流动人口服务方式。加强社会心理服务工作，依靠专业机构和专业社工，在社区、学校、医院、助老、助残机构等开展心理健康服务。

（三）推进社会创新，扩大公共服务多元参与

积极探索社会服务管理的新模式、新途径、新方法，扩大公共服务多元参与渠道。

1. 构建社会动员体系，促进公共服务多元参与。

包括 4 个工作机制。一是建立舆情收集和分析机制。公共服务均等化目标的实现，不仅需要强有力的法律保障，也需要社会的多元参与协调。基本公共服务涉及教育、医疗、社会保障、文化等政府多个部门。因此，也需要协调各个不同部门之间的职能，在公民与政府之间建立完善的需求表达机制，搭建公民与政府对话的平台，使得效率与公平的博弈达到最佳状态。而通过建立舆情收集和分析系统，随时掌握社会运行状况及其发展态势，运用社会风险指数，对社会可能出现社会不稳定因素作出预警，对涉及社会热点、难点问题，召开协商会议，充分听取各方面利益诉求，将社会矛盾消除在萌芽状态。二是建立社会激励机制。通过制度安排，形成社会激励机制，积极倡导和引领乐善好施、扶贫济困的社会风尚。三是建立公共资源共享机制。建立社会公共资源有偿使用制度、完善优惠政策激励机制和公共资源的补偿性供给机制，鼓励和引导辖区机关企事业单位公共设施向社会开放，增加公共服务资源供给，实现共驻共建、优势互补、资源共享。通过盘活公共资源，不断满足群众日益增长的文化、生活、健康等方面的需求。四是健全社会工作队伍和志愿者管理机制。这支队伍是社会参与公共服务生力军，是人才和智力保障。按照分类指导、分层培养的整体建设思路，加强全区社会工作人才队伍建设。健全社会志愿者长效管理机制，调整完善区域社会志愿者组织协调和动员机制。研究建立志愿者和社工联动机制，形成“社工引领义工服务、义工协助社工服务”的运行机制，到 2012 年底，社区工作者 70% 以上达到大专学历。取得社工资格证书者达到 30% 。到 2015 年实现公众志愿服务参与率达到 20% 以上。全区社区志愿者人数达到社区常住人口的 15% 。

2. 发展壮大社会组织，提高社会协同服务能力。

加大对社会组织培育扶持力度。以政府公共服务和公共福利项目购买为初始动力支持，建立政府与社会组织有效合作的渠道。建立多层次的税收和收费体系，使社会组织活动在保障其福利性、公益性的同时，形成良性的自我发展机制。研究建立公益资金募集使用机制，切实解决社会组织资金匮乏的问题。构建“枢纽型”社会组织工作体系，逐步实现政社分开、分级分类管理。授权工、青、妇、残联等人民团体以及社会组织联合会和企业联合会作为“枢纽型”组织，承担社会组织业务主管单位责任，对同类社会组织进行分类管理，按照“先全部挂钩，再逐步脱钩”的工作思路，适时推进条件成熟的社会组织与原业务主管单位脱钩。进一步提高社会组织协同政府为公众提供社会服务的能力。

3. 构建社区新模式，充分发挥社区在基本公共服务供给中的作用。

在社区自治方面，进一步明确社区居委会的地位与功能。保证居委会在资金、人员、决策以及绩效评价四个方面的独立自主权。尊重社区居民的居委会委员选举权；赋予城市社区居委会充足的自主决策权；赋予社区居民评价社区管理绩效的优先权。改革社区服务中心和社区服务站的运行模式。增强社区服务站、社区服务中心的财力和事权。完善社区服务设施。加大投入力度，采取多种方式，实现社区办公和服务用房全部达标。进一步规范社区用房区域划分，解决社区服务站、商务楼宇工作站用房问题。积极推进社区信息化建设，增强基层社会管理服务能力。

在社区服务方面，以主动了解居民需求为前提，建立面向社区群众，内容覆盖政务服务、公用事业服务、便民服务、邻里服务、

个性服务、志愿服务等服务，主体多元化、覆盖广泛化、便捷高效化、服务人性化的服务体系。一是政务服务，一口受理。主要包括目前已梳理出的社保、就业、计生等社区可代理代办的公共服务事项。依托正在试点的“社区服务站办公软件”的支持，通过服务站推行一窗式服务的方式实现，专业人员配合前台做好工作的同时，其他人员能腾出精力更多地做联系居民的工作。二是公用事业，一卡完成。主要指居民需要缴纳的燃气、水费等各类费用，通过与金融办、银联集团合作，将设备引进社区，方便居民就近缴纳。三是便民服务，一号接入。依托“96156”对服务商的引进和整合，通过一号接入，为居民各类生活服务需求提供支持。同时，进一步规划配置资源，完善社区基本服务设施，打造“一刻钟社区服务圈”，不断满足社区居民日常生活服务需求。四是邻里服务，一键联通。针对老年人、残疾人等特殊群体，主要通过结对服务、安装紧急呼叫器等方式实现。

此外还要特别做好以下工作。一是凝聚社区文化认同。发掘地区历史文化，培育社区文化精神，凝聚文化认同，提升社区生活品质。各街道全面实现“一个文化站、一个社区教育学校、两个街道图书馆和一个数字电影院”资源配置，为社区居民文化活动提供有效保障。二是开展“新居民”互助服务。积极推进流动人口自我服务、自主管理，逐步实现与社区规范化服务管理的有效对接。三是加强少数民族集中居住区服务网点和生活配套设施建设，不断提高少数民族群众文化生活水平，巩固和发展平等、团结、互动、和谐的民族关系。四是健全社区矫正和帮教安置工作体系。通过政府投入、社会支持等多种形式，建立集教育、培训、救助、组织公益劳动等功能为一体的过渡性安置基地，聚合社区、社会组织、志愿者力量，提高社区矫正效能。

4. 创新公共服务供给模式，建立公共产品和服务供给新机制。

在基本公共服务领域，灵活使用市场与民间社会组织的力量，防止“政府失灵”，提高基本公共服务的供给效率。S73 中华会计网—会计职称—注册会计师—注册税务师—会计培训对可由社会组织或机构承接的事项，政府通过项目购买、项目补贴、项目奖励等多种形式，实行购买服务，逐步实现公共服务社会化、专业化、市场化。完善以项目为导向的政府购买公共服务机制，建立政府购买公共服务项目的征集、论证、采购、评价等工作规范，通过政府采购或特定委托方式，逐步将政府直接“养机构、养人、办事”转变为向符合条件的社会组织购买服务，建立公共服务的社会参与机制。积极创造各种条件，让社会组织、企业和公民更广泛地参与公共事务管理，引导社会力量参与提供公共服务，实行政府主导与社会组织协同、公民参与相结合，建立公共产品和服务供给的社会参与机制，积极探索建立与政府服务、市场服务相衔接的社会志愿服务体系，不断增强公共产品和服务的供给能力。逐步建立政府行政承诺制度、听证制度、信息查询咨询制度，确保基本公共服务供给充分体现公众需求。

五、加快政府职能转变，构建服务型政府，确保规划实施到位

政府职能并不是一成不变的，政府需要不断调整自己的职能以适应社会发展的需要。政府职能转变的目标与方向并不是西方自由主义视野中的“有限政府”，而是一个积极有为的“有效政府”。而政府的这种有效性要体现在其满足广大人民群众对公共产品与服务的需求上，要体现在不断扩大公共服务，逐步形成惠及全民、公平公正、水平适度、可持续发展的公共服务体系上，要体现在推动科学发展、促进社会和谐，更好地实现“发展为了人民、发展依靠人民、发展成果由人民共享”这一理念上。这是我们社会主义制度优越性的本质体现。基于构建服务型政

府的基本认识，提出“十二五”时期规划实施的五个主要保障措施。

（一）建立健全多渠道投融资机制

增强政府投资的引导作用，充分运用市场机制，广开投融资渠道，逐步形成以政府投入为引导、企业投入为主体、民间资本和境外投资共同参与的多元化投融资格局，多渠道为公共服务业的快速发展提供资金支持。明确经营性、混合性和公益性公共财政各自的投资范围，建立公共财政投入持续稳定增长的机制，为社会事业发展提供资金保障。发挥公共投资导向性作用，促进城市空间结构的优化。加快公共服务业重点项目建设，加大重点项目调度力度，积极协调解决好重点项目建设中遇到的困难和问题，促进公共服务业重点项目顺利实施。实施财政支出的“四个重点”：新增的社会事业经费重点向落后地区倾斜；重点提升人口集聚区的设施功能水平；逐渐将街道、社区的社会事业运营经费纳入预算；切实保障城市低保人群的社会福利和基本生活需求。

（二）构建基本公共服务均等化指标体系

基本公共服务均等化指标体系建立要做到相同相等、缩小差距、扩大覆盖、均衡发展、优质资源共享。西城指标体系可参照北京市标准制定。

（三）合理布局公共服务重大项目

重大项目的建设有助于集中调配资源、扩大宣传、唤起政府和民众意识，与常规行动配合，效果较好。

（四）加强区域合作，促进优质资源共享

按照北京市公共服务政策指向，伴随着人口疏解工程的推进，部分公共服务设施建设向合作区县转移，鼓励公共服务技术业务骨干人员去新区、城乡结合部工作，鼓励业务骨干转移。向对口援助地区提供优质公共资源共享服务，有重点地选择若干项目，从资金、物资、技术、人员等方面给予支援。

（五）建立和完善公共服务问责机制和考评机制

通过建立以基本公共服务为重要导向的政府绩效考评体系，强化对公共部门的约束引导，提高政府提供基本公共服务的效率和水平。将基本公共服务均等化纳入政绩考核体系，建立激励约束兼顾、以基本公共服务为导向的政府绩效考评体系。引入外部考评机制，引导社会中介机构和公众对基本公共服务供给的绩效进行考评，保障公众参与的权利，形成多元化考评主体。

（此文作者为西城区委社会工委书记、区社会办主任）

构建城市基层党建“三有一化”工作格局的对策研究

汪　洋

前　言

随着我国城市化进程的加快，经济体制改革的加速进行，人口结构、经济结构和社会结构均发生着深刻的变革。非公有制经济组织和新社会组织迅速发展，带来的矛盾和问题不断增多，城市管理体制改革不断深化，管理重心势必逐步下移，街道、社区党组织作为党在城市基层全部工作和战斗力的基础，是街道、社区各类组织和各项工作的领导核心，其促进城市改革发展、维护社会和谐稳定的任务日益加重，服务群众、加强管理的任务日益加重，党的建设工作任务日益加重。新的社会发展形势和党员教育管理的新状况，拓宽了基层党建工作领域，同时也带来了一系列新课题。只有加强社会领域党的组织建设，充分发挥其优势和作用，才能更好地解决城市基层党建面临的新矛盾、新问题，巩固党在城市基层的执政基础。但是，进一步加强城市基层党建工作存在制约因素，突出表现在党建工作人才队伍不足，党建工作和活动专项经费未设立预算科目，基层党组织和党员开展活动场所紧张，造成这些问题的关键原因是由于传统的层级制的党建工作体系，不能适应当今大量“社会人”存在、大量流动党员教育管理的形势，迫切需要在构建条块结合、统筹管理、协调配合的党建区域化管理体系上破题，而这也是解决“有人管事、有钱办事、有场所议事”的基本前提和根本保障。

以朝阳区为例。朝阳区城市街道总面积99.38平方公里，截至2010年5月，街道系统共有常住人口188.3万，流动人口58.49万。23个街道（含1个街道筹备处）的209个社区，管理着城市社区69155名党员。街道系统拥有非公有制企业33160家，共建立党组织293个，党员23230名，其中工作在朝阳区的非自管党员14418名，外省市流动党员3556名。从中可以看出，朝阳区街道系统由于特殊的地理位置和区域优越的经济发展环境，大量的经济组织和社会组织聚集，各种经济组织和社会组织行业种类繁多、性质不一、结构复杂，成员流动性大，其中流动党员众多，党员结构素质差异大。这些特点都给城市基层党的建设带来很大难度。

经过近十年的社区党建，朝阳区城市社区党建工作体系基本成熟，城市社区党建工作格局构架完整，党建工作在地区社会建设、经济建设、文化建设等方面起到了统领作用，为朝阳区城市基层各项工作提供了坚强的组织保障。2009年11月，中组部在河南郑州召开了全国街道社区党的建设工作经验交流会，对社区“三有一化”建设工作进行了部署。为深入贯彻落实中央和市委、区委关于加强社区党建工作的要求，朝阳区委社会工委按照“推动科学发展、促进社会和谐”的总体目标，以社区“三有一化”建设工作为抓手，积极拓宽社区党建工作思路，创新社区党建工作机制，在城市基层构建“三有一化”党建工作格局作出了有益尝试，取得了初步成效。

但是同时在基层社区党建工作中也存在一些突出问题，如各街道、各社区在开展党建工作的力度上有差别，落实“三有一化”的程度不一，社区党组织在统筹协调各方、动员社会单位参与地区建设方面仍显薄弱，仍不能适应街道社区党组织在城市改革发展、服务管理基层群众等方面艰巨任务的挑战，不能适应非公有制经济组织、新社会组织迅速发展对基层党建工作提出的新要求。基于这些问题，亟须进行进一步的探索研究，开辟出一条适合城市基层社区落实“三有一化”、将社会领域党建工作向纵深推进的新途径，这也是我党在世情、国情、党情变化的情况下，把握和运用执政党建设规律，提高党建工作科学化水平的必然要求。

第一部分　朝阳区城市社区党建的基本情况

一、朝阳区城市社区基本情况

截至2009年12月底，朝阳区城市街道共有社区级党组织209个（包括党委189个，党总支10个、党支部10个），下设42个社区党总支、1246个社区党支部。党员73872名（其中社区党员69155名），占全区党员总数的51.8%。其中，35岁以下的2696名，占街道系统党员的3.6%；60岁以上的47752名，占街道系统党员的64.6%。朝阳区街道系统现有非公有制企业33160家，其中商务楼宇中的企业22198家，共建立党组织293个，其中党委3个、党总支6个、党支部222个、联合党支部62个，共有党员23230名，其中自管非公有制企业党员2946名，工作在朝阳区的非自管党员14418名，外省市流动党员3556名，组织关系在社区的离退休人员在非公有制企业返聘的党员2130名，党建工作覆盖23019家非公有制企业。

二、朝阳区城市社区党建“三有一化”落实情况

（一）“有人”方面

第一，多方选聘党务工作者。2009年，街道系统通过社会招考和在应届大学生中招录的形式共选聘专、兼职党务工作者428名，其中专职党务工作者375人。2010年，为加强社会领域党建工作，街道系统在完善社区专职党务工作者队伍的基础上，又通过社会招考选聘了59名社会领域专职党务工作者。目前，街道系统商务楼宇共配备专职工作者139人，实现了平均每2.6栋楼宇配备1人的计划，负责楼宇内企业、党员、员工的各类信息及服务需求的采集，并协调组织开展各类活动。街道社会工作党委共有党委委员188人，其中“两新”组织党组织成员104人，占党委委员总数的55.3%。同时，在部分街道尝试设立老党员志愿者和在校学生党员见习基地，为基层党建工作筹备后备力量。总之，通过整合协调区域内的各方力量，充实到基层党建工作队伍中，形成党务工作者队伍的统筹联动，充分体现区域化的人员配备模式。

第二，努力提高党务工作者综合素质。区委社会工委积极开展各级各类培训，提高社区党务工作者的素质能力和工作水平。先后举办了社区党委书记、居委会主任、大学生党务工作者、商务楼宇党建专职工作者等专题培训示范班，分别就“如何做好媒体基层接待与应对工作”，“突发事件应对一般流程与规范”，“社区居委会在业主大会、业主委员会指导工作中的职责和作用”等专题举办了5次培训，培训1500人次。依托社区学院和区委党校，采取专家授课、座谈研讨、参观考察、现场教学等形式，进行了党建、社会建设、应急处置、舆情研判等专题培训。各街道也分别组织社区党组织负责人、社区工作者、党务工作者、楼宇服务站人员等各类培训82场3210人次。

（二）“有钱”方面

第一，朝阳区从2006年开始，对社区党组织工作和社区党员活动经费按照110元（市规定100元）的标准执行。2009年始，朝阳区委“聚合力”工程文件明确提出，由区财政局直接拨付基层社区党组织工作和活动经费，按照社区党员每年人均不低于210元的标准核定。2009年，区委社会工委结合商务楼宇党建、“三建”工作和“两新”组织党建工作需要，经申请区财政追加投入2053万元，以服务项目经费的方式全部下发街道。2010年，将市委下拨的1248万元商务楼宇服务站建设经费全部拨付给各街乡，用于开展商务楼宇服务站建设。此外，为强化商务楼宇党建工作，区委组织部出台政策，对商务楼宇内非公有制经济组织和新社会组织党员党费实行全部返还的政策，今年返还了11.6429万元。

第二，社区专职党务工作者工资按照社区工作者统一标准核定。包括基本工资、职务年限补贴、奖金和其他待遇四部分。在年度考核的基础上，对考核合格及以上等次的工作人员每年增长一次年限补贴，增长幅度为每人每月50元。在社区工作未满一年的只享受起点职务年限补贴。岗位发生变化的，套用新岗位职务年限补贴标准，其年限以在社区实际工作时间累计计算。此外，按照市有关规定，社区工作者参加基本养老、医疗、失业、工伤、生育等社会保险，享受独生子女费和住房公积金。此外，按照每月不少于80元的标准落实基层兼职党支部书记补贴，对广大基层党组织负责人的无私付出作出一些补偿。

（三）“有场所”方面

第一，社区办公用房。按照市里提出的

"社区办公与服务用房基本达到350平方米的标准"的要求，截至2009年底，我区23个街道209个社区，社区用房总面积为84436平方米，平均每个社区约404平方米。有140个社区已达到350平方米的标准，占社区总数的67%，面积最大的为亚运村街道安慧里南社区，达到1439.5平方米。

第二，党建活动用房。全区23个街道全部建有一处500平方米以上的党员综合服务中心，集交流、培训、会议、文体、咨询等多功能为一体。并涌现出了以亚运村、酒仙桥、麦子店、八里庄等街道为代表的党员综合服务机构。

通过租赁、整合、借用、置换、合用等方式，配备商务楼宇工作站办公和活动面积共计11785平方米，平均每个工作站面积达到32平方米。将商务楼宇中配套用房，楼宇物业、企业办公室、会议室等26588平方米，同时将社区党建服务站、街道党员服务中心共计54029平方米，面向楼宇员工、党员全面开放，实现了党建场地的区域化共享。涌现出八里庄街道华贸中心商务楼宇服务站、望京街道佳境天城大厦商务楼宇服务站，东方慧博有限公司、维拓设计院等先进典型。其中，建外街道今年建设了总面积达400平方米的建外SOHO商务楼宇服务站，服务地区9座商务楼宇中的企业、党员和员工。

（四）"区域化"方面

为适应区域的发展和基层社会组织的变化要求，朝阳区社会领域党建工作采取灵活多样、务实管用的组织工作体系，理顺了隶属关系，不断增强了党组织的战斗力。

第一，以街道工委为核心，建立党建工作联席会。各街道充分发挥街道工委的核心作用，以成立社会工作党委为契机，以街道社区党组织为基础，以党建联席会为平台，与驻区机关企事业单位、非公有制经济组织、新社会组织等各类组织建立党建工作联席会议，紧密开展共驻共建活动。通过优化街道工委下设的社会工作党委的委员结构，把区域内有代表性和影响力的非公有制经济组织、新社会组织、人民团体和行政机关下设站所的重要成员纳入委员构成。社区党委在换届选举中，扩大非公有制经济组织和新社会组织党员代表的名额，委员设置中适当增加非公有制经济组织和新社会组织党组织负责人。在非公有制经济组织和新社会组织党建中，坚持"条块结合、层级管理、企业自愿"的原则，理顺组织隶属关系。

第二，社区党组织积极协调各方关系，统筹开展工作。发挥社区党组织承上启下的作用以及与各方联系广泛紧密的优势，积极协调社区居委会、服务站、物业公司、业主委员会等各方关系，统筹开展工作，取得了较好的效果，增强了党组织的凝聚力和向心力。各社区党组织始终注重发挥党员活动阵地的作用，以"党员之家"为载体，为党员的教育、管理、活动提供条件，进一步增强了党员的责任感、使命感和归属感。各基层党组织利用"党员之家"召开"两委"联席会议、党员代表会议、社会单位联席会议、居民代表会议等，体现"一室多用"，增进了与各方的联系，促进了基层党建工作向基层单位和普通党员的延伸。同时，还注重发挥"党员之家"的文化中心作用，组织党员群众积极开展形式多样的文体活动，丰富群众的文化生活。

第三，党员在居住地发挥作用情况。各街道工委着力健全社区党员志愿者服务体系，深化"党员责任岗"活动，通过建立社区在职党员党组织、设立社区"在职党员责任岗"等形式，搭建在职党员服务社区、建设社区的平台；建立社区党员志愿者资源库，充实"党员义工服务超市"。尤其今年的创先争优活动中，机关和社区党组织、党员中开展"亮承诺、比奉献、促和谐"活动，在"两新"党组织和党员中开展"亮身份、比业绩、促发展"活动，激励广大党员在本职岗位上、在社区建设中作出贡献，收到了良好成效，涌现了一大批先进党组织、优秀党员和党建服务品牌，如亚运村街道的"党员义工超市"、呼家楼街道SOHO尚都服务站举行的“党员承诺进楼宇”活动、建外街道在商务楼宇中开展的“七个寻找”等。通过品牌建设进一步拓展社区服务内容，丰富服务项目，提升服务质量，不断创新和完善社区党建服务功能，形成了工作有站点、活动有队伍、服务有内容、运行有机制的社区党建服务体系。

第二部分　朝阳区构建基层党建工作“三有一化”格局存在的问题

朝阳区在落实城市社区基层党建“三有一化”工作上经过积极探索，不断创新，初步形成了领导重视、各方协调、上下齐抓落实“三有一化”的工作局面，取得了一些成效。当前，随着经济社会体制改革的不断深入和城市化进程的进一步加快，作为北京市社会服务管理创新的试点区域，朝阳区面临着更艰巨的任务，亟须解决不断出现的新矛盾和新问题。城市基层党建作为统领各项社会事业进一步深入发展的基础和保障工作，亟须破解在基层街道社区“三有一化”建设工作中的突出问题，即：有人管事，但能人少；有钱办事，但不够用；有场所议事，但功能不完善，区域化党建工作格局还未完全形成。

一、高素质的党建工作者队伍有待健全

首先，专职党建工作者队伍尚有缺口。街道系统各工委及时成立了社会工作党委，统筹社会领域党建工作，但是由于种种原因，没有及时配备社会工作党委和商务楼宇党建专职工作者，大部分商务楼宇和“两新”组织党建工作还依靠街道组织科和社区党务工作者，目前，广大组织科成员和社区工作者普遍超负荷工作，对教育管理服务社区党员群众感到力不从心，没有足够的精力把社会领域党建工作进一步做细做实。其次，党务工作者队伍的能力素质与社会领域党建工作的新要求不相适应，社会领域党建是一个庞大的系统工程，工作覆盖面广、难度大，需要工作思路和方法的创新，部分社区工作者年龄偏大，文化水平、政策水平偏低，组织能力和领导水平有待进一步提升，一些社区工作者还习惯于传统的工作方式，组织活动方式老套，缺乏创新，对党员和群众缺乏吸引力和影响力，特别是表现在工作思路不够开阔、工作标准不高等方面，与社会领域党建新形势不相适应，亟须建立一支专职的高素质基层党建工作者队伍。

二、社会领域党建工作经费有待明确管理

当前，朝阳区没有建立单独的社会领域党建经费划拨渠道，这部分经费与全区统一的每个党员每年的210元活动经费统一划入了街道财政大盘子，不利于专款专用，需要单独明确，加强管理。随着社会领域党建工作的不断深入，要提高社会领域党员的参与热情，必须创新党组织的活动方式和内容，通过活动吸引更多的党员亮明身份参与活动，而目前党建经费的不足，严重影响和制约了党建阵地的正常运转和党组织活动的开展，使社会领域党建工作难以深入发展。

三、区域化的基层党建格局有待进一步完善

要建立朝阳区社会领域党建工作体系，从全区社会领域党建工作的整体性考虑，形成上下联动、横向互动的网络化党建工作格局是关键，也是难点。主要是区委社会工委统筹全区社会领域党建工作还有一定的难度，相关工委之间的配合还需进一步加强，属地街乡党工委统筹辖区党建工作的意识和能力不均衡，在区域化党建工作中的主导和协调作用发挥不够。区域内的基层党组织、党员和党建资源缺少横向的沟通、联系和共享，属地社会单位党组织和“两新”党组织配合

街乡党工委开展党建工作的意识淡薄。

四、社会领域党建工作方式有待创新

开展社会领域党建工作需要我们从观念、思路和方式方法上去创新，沿用传统的体制内党建的思路和方法，不结合社会领域党组织和党员队伍的现状去开展工作，是很难取得进展的。一方面，党的工作如果没有找准与非公有制经济组织和新社会组织发展的结合点，就容易造成党的工作与社会发展实际相脱离，党组织助推企业发展的作用就很难得到充分发挥，企业对党组织的认可度以及企业老总支持党建工作的积极性就很难提高。另一方面，党的工作如果不能贴近党员的实际需求，没有扶植企业骨干人才培养和发展的长效机制，党的组织活动和工作内容缺乏时代感，就容易造成党组织活动的影响力低、党员参与率低、入党积极性低的状况，从而严重影响党组织和党员队伍在非公有制经济组织和新社会组织的发展壮大。

第三部分　构建城市基层党建“三有一化”格局的对策

破解城市基层“三有一化”建设工作中存在的问题，关键要从建立健全党务工作者选配机制、党建经费投入保障机制、党组织活动场所建设机制、区域化协调机制等方面入手，逐步构建区域化的党建工作运行机制进一步提升城市基层“三有一化”建设工作水平。

一、努力构建区域化的党建工作运行机制

构建区域化的党建工作格局，关键是全区在区委的领导下和区委组织部的工作指导下，以区委社会工委为抓总单位，以街道社会工作党委为依托，加强社区党委的统筹协调能力建设，加强对驻区社会单位与商务楼宇、非公有制企业和新社会组织的协调沟通，加强资源共享，突出党建共创，探索建立区域化的党建工作新机制。

一是强化街道、社区党组织的领导核心作用。按照党建工作属地管理原则，全区街道党工委作为区委的派出机构，负责街道辖区内党的建设各项工作，在辖区各项事务中发挥基层党组织的领导、统筹、协调、管理职能。督促和指导辖区内社区、非公有制经济组织、新社会组织及其他各类组织及时建立或改建党组织，指导各级各类党组织开展党建活动和党员教育管理服务，努力实现党的工作在街道社区的全面覆盖。

二是健全区域化党建三级网络管理模式。目前，全区已经建立了区委党建工作领导小组、街道党建共建协调指导委员会、社区党建联席会议三级共建协调机构。下一步，需要将三级党建管理机构做实做细，真正发挥其统筹协调、调动各方的作用。区委党建工作领导小组负责对街道社区工作的统一规划、协调、督察和管理；街道党建共建协调指导委员会负责指导各社区党组织定期召集驻社区单位党组织共同研究辖区社区党建工作中的重点、难点问题，协商解决办法；社区坚持每季召开党建工作联席会议，不断完善社区共驻共建机制，夯实基层党建工作基础，进一步明确区、街道、社区三级党组织的功能地位，解决工作运行机制不畅的实际问题。逐步形成区委统一领导，区委组织部牵头抓总，区委社会工委具体负责，区各有关工委、部门密切配合的分类管理与分级负责相结合的社会领域党建网络化管理体系。

三是构建区域化党建工作责任机制。落实“三有一化”工作的关键是加强组织领导，强化工作措施，加大工作力度，夯实工作责任，确保各项工作任务落实到位。区委要每年与各街道党工委签订社区党建工作责任书，各党工委书记每年与驻社区单位党组织签订社区党建共驻共建工作目标责任书，层层把“软任务”变成“硬指标”。进一步

健全完善区域化党建考核评价体系，采取季度考核、年终总评的方式，分基础性、创新性、督察性三类工作进行考核，并将考核结果作为评先树优的重要依据。区委每年要对在社区党建共驻共建活动中表现突出的单位及个人在七一期间集中进行表彰奖励，进一步营造城市基层社区党建创先争优的浓厚氛围。

二、积极探索区域化党建工作保障机制

（一）着力培养社会领域党建工作人才

要将社会领域党建工作人才培养作为全区人才培养工程的重要组成部分，要站在全局的高度来看待党建人才培养的问题，强化领导责任意识和制度落实，切实培养一支靠得住、能力强、有创新意识和实干精神的社会领域党建工作人才队伍。

一是选优配强社区领导班子。进一步健全社区工作者选培机制。在立足现有社区工作者队伍的基础上，针对每个社区的不同情况，街道党工委对社区党组织班子的配备从年龄结构、文化程度、工作经历和能力特点等方面进行全盘考虑，力求不断优化组织结构。扩大公推直选社区党组织负责人的范围，将文化程度高、工作能力较强、在地区居民中有影响力的人员选拔到社区任职。提倡社区“两委会”成员交叉任职，对符合条件的社区党组织书记，通过法定程序担任社区居委会主任。加大从社区任职大学生中选拔社区党组织负责人的力度。

二是健全完善党建工作指导员队伍。针对商务楼宇和“两新”组织党组织党建基础薄弱、开展活动难度大等特点，结合街道社会领域党建专职工作者队伍建设，建立一支专兼结合、素质优良、经验丰富的社区党建工作指导员队伍，加大对社会领域党建工作的指导力度，努力实现党组织和党的工作在社会领域的全覆盖。要选派机关党务干部、选聘离退休机关、企事业党务工作者到街道社会工作党委就职，发挥党务工作经验丰富的优势，强化对党务工作整体规划、党组织活动策划、党组织沟通协调等方面的能力提升。

三是加强党务工作者后备人才的培养。要根据社会领域党建工作的岗位要求，拓宽党务人才的选人视野，着力培养一批业务能力强、综合素质高的青年党务工作人才；要加强全区统筹，做好对社区党务工作者队伍的培训培养。要针对街道社会领域党建工作的实际情况，明确党务工作者的基本要求和综合素质，拟订具有指导性、可操作性的全区基层党务工作者培训方案。要创新培训形式，加强培训管理，对各级党务工作者开展培训，确保培训有吸引力、有成效。

四是健全考评激励机制。尽可能解决社区党务工作者的编制、待遇等实际问题，保障党务工作者队伍稳定。建立街道乡镇领导、社区党员群众代表、驻地单位代表参加的测评机制，对社区“两委会”和社区党组织书记工作情况进行民主测评。将测评结果与社区干部福利待遇挂钩，对优秀的社区干部从物质上、精神上和政治上给予表彰奖励，如将综合素质强、年度考核优的年轻社区干部调整到重要位置，激发社区工作者履行职责、服务群众的热情。

（二）进一步健全社区党建工作投入保障制度

一是健全基层社区党建工作经费制度。建立社区工作经费和社区工作者补贴与地区经济发展水平相适应的长效保障机制。力争使社区工作者补贴待遇不低于全市城镇居民平均收入水平。要在全市提高社区工作者待遇的基础上，建立完善街（乡）各自的社区工作者激励机制和定期增资制度。研究建立社区工作者退养制度。研究建立社区党组织书记、居委会主任连续任职或累计任职若干年以上，离开社区工作岗位无固定工资收入、未纳入社保的，发放补贴制度，受过省部级以上表彰奖励的，增加补贴额度。

从区级财政明确基层社区党建工作经费

预算单独列支。朝阳区现有的社区党组织工作和社区党员活动经费为210元，远高于北京市110元的标准，但是由于没有从区级财政单独列支，不属预算科目，而是作为基层街道基本建设经费中的一项直接下拨，导致基层在使用时无法专门列支。因而，必须从区级层面建立单独的社会领域党建经费划拨渠道，必须将社区党建工作经费和活动经费单独列支，确保专款专用。

二是加大社区办公用房和活动场所建设投入。明确社区办公用房和活动场所标准。从政策上明确，按照一般规模社区办公用房和活动用房面积不低于300平方米，其中社区党员活动室面积不低于50平方米，室外健身活动场所面积不低于1000平方米的标准预先规划，并加强建设落实执行力度。加大社区办公用房和活动场所建设的财政投入。必须从区级层面出台相关制度，对社区办公用房和活动场所的建设投入进行规定，同时，对建设经费的使用作出明确规范，以免挪作他用，确保社区办公用房和活动场所建设及时、到位，符合规定面积和设备要求。加强新建住宅小区中社区办公用房与活动场所的规划设计。尤其要抓住拆迁改造、新建住宅小区的机遇，建设一批具有现代化管理服务功能的高标准社区。

三是整合楼宇或辖区单位资源。基层社区按照“优势互补、双向服务”的原则，在地区环境、社区治安等方面，为辖区单位提供服务，倡导楼宇物业、楼宇企业或驻区单位为社区党建在财力、物力及人力上进行支持和帮助，共驻共建筹集基层党建经费，采取自愿赞助或联合办公的形式，帮助社区和楼宇服务站解决和改善办公场所条件。

(3) 进一步完善社区党建区域化协调机制

一是探索区域化党建管理模式。按照条块结合、优势互补原则整合党建资源，着力构建城市基层区域化党建格局。通过街（乡）全部建立社会工作党委，完善以街（乡）党工委为领导核心，以社会工作党委为工作平台，按照上下联动、各负其责、齐抓共管的原则，进一步形成以区委—街（乡）党工委、社会工作党委—社区（村）党组织—居（村）民党支部为基本架构，以非公有制经济组织和新社会组织为重要组成的区域化党建工作格局，努力实现社会领域党组织和党的工作全覆盖。

二是加强流动党员服务、教育与管理。探索建立流出地与流入地齐抓共管的流动党员服务、教育管理协作机制，协商建立“资源共享、组织共建、活动共抓、作用共促”的流动党员双向管理制度。各街乡均建立流动党员党支部，作为服务、教育和管理地区流动党员的机构。真心关爱流动党员，为他们解决生活、就业等实际问题。创新载体，找准流动党员服务、教育、管理与基层组织建设和社区建设的结合点，教育引导流动党员在就业单位和社区建设中发挥作用。

三是进一步强化在职党员双重管理。倡导并组织机关、企事业单位在职党员到社区党组织报到，亮明党员身份，参与社区共建活动，发挥专业优势和党员作用，服务居民群众。在职党员接受所在单位和所住社区党组织的双重管理，填补8小时以外在职党员管理的空白。街道社区和在职党员单位党组织要根据各自党建工作安排，结合当前的创先争优活动，创新和丰富活动载体，积极为在职党员在社区发挥作用提供服务，搭建平台。

（此文作者为朝阳区委社会工委书记）

构建"一刻钟社区服务圈"，不断提升居民的幸福感、满意率

张永新

市委十届七次全会明确提出，要在全市建设"一刻钟社区服务圈"示范点。朝阳区是首都的城市功能拓展区，近年来抓住举办北京奥运会、CBD、绿化隔离地区建设的契机，已成为全市一个快速发展的新城区。作为全市社区服务管理综合试点区，我们必须适应居民构成多样化、利益主体多元化、群众需求个性化的趋势，以"一刻钟社区服务圈"建设为载体，加强社区服务，满足群众需求，动员社会参与，不断提升和谐社区建设水平。

一、转变观念，提高对"一刻钟社区服务圈"的认识

打造"一刻钟社区服务圈"，是区委、区政府落实科学发展观，推进朝阳"新四区"建设，完成全市社会服务管理创新综合试点任务，实现朝阳"又好又快"发展而作出的一项重要部署。推进"一刻钟社区服务圈"建设，基于对社区服务有以下新的认识和新理念。

（一）推进"一刻钟社区服务圈"建设，是保持社会稳定的需要

随着我区"三化四区"建设进程的加快，各项改革的推进，社会各阶层利益的调整，出现了一些新的社会阶层和失业人群、离退休人员、流动人口等各类社会群体，由于分配方式、生活方式的多样化，必然带来大量的复杂的人民内部矛盾。解决这些矛盾和问题，离不开抓好社区服务工作。而通过打造"一刻钟社区服务圈"，为居民提供规范化、人性化、便利化的服务，为群众提供看得见、摸得着、得实惠的服务，就可以把那些影响社会稳定的问题解决在基层，解决在萌芽状态，为我区"新四区"建设提供稳定的环境。

（二）推进"一刻钟社区服务圈"建设，是提高城市居民物质生活和精神文化生活的需要

建设现代化、国际化城市，一方面要求有优美的环境、优质的服务、优良的秩序、优雅的文化；另一方面要求提高城市现代化管理水平和城市建设品位，提高城市居民的素质。推进"一刻钟社区服务圈"建设，搞好社区服务，强化社区建设，把每一个社区都建设成为环境优美、服务优质、秩序井然、文化发达的社区，既是建设现代化城市的客观要求，也是提高城市居民物质文化生活水平的前提和条件。

（三）推进"一刻钟社区服务圈"建设，是加强社区建设、基层政权建设和党的基层组织建设的需要

发挥城市街道、社区居委会作用，搞好社区服务，涉及如何加强城市基层基础工作的问题，也是加强和改进城市党的基层组织建设的一个重要内容。通过政府、社区、社会组织、企事业单位、志愿者和居民群众，向广大居民和社会单位提供公共服务、公益服务、便利服务，归根结底是提高城市现代化管理水平，加强精神文明建设，落实改革、发展、稳定的方针，巩固基层政权，努力做好新形势下城市基层基础工作的需要。

二、开拓创新，扎实推进"一刻钟社区服务圈"建设

年初以来，我们在市委社会工委、市社会办的指导下，坚持以"统筹社会资源、深化社区服务、构筑服务载体、创造和谐幸福"

为理念，以让居民“省心、省力、省时、省钱”为目标，积极做好“五大服务”、采取“四项措施”、坚持“五个统一”、实施“三个加强”，构建社区服务的支撑体系、运行体系、标准体系和保障体系，努力使“一刻钟社区服务圈”成为“居民生活幸福圈”、“社会资源整合圈”、“党群干群连心圈”、“社区建设和谐圈”。

（一）做好“五大服务”，构建支撑体系

在“服务圈”建设过程中，我们积极发挥政府职能部门、社区服务站、志愿者组织、驻社区单位、企业及个人的作用，扎实做好社区公共服务、公益服务、便民服务、特色服务和虚拟服务，为“一刻钟社区服务圈”建设提供有力支撑。

一是落实全市社区公共服务指导目录，做好社区公共服务的支撑。指导目录是社区居民享受政府基本公共服务的“基本菜单”。为落实全市10大类60项社区公共服务项目，我们深入街道、社区调研，下发调查统计表，并召开人力社保、民政等30多个职能部门参加的座谈会，对目录在我区的落实情况进行了逐一梳理。结合我区实际，制定了《朝阳区社区公共服务指导目录》，将全市“1060”公共服务项目拓展为10类174项。目前，全市指导目录中，已有97项通过“零距离”对接、“菜单式”服务落实到了基层。比如，全区125万人实现了“持卡就医、实时结算”，占城镇职工和离退休人员的96%。落实“九养”政策，开办养老机构30所、养老床位11600张，开办养老（助残）餐桌534个，实现了有需求老人的服务全覆盖。健全公共卫生网络，建成社区卫生服务中心42个、社区卫生服务站206个，辖区居民全部建立家庭健康档案，占全市总量20.3%，实现了公共卫生服务功能全覆盖。目前，还有社区早教服务、社区居民体质测试、社区自主创业就业贷后跟踪服务3项服务在部分社区未完全落实，下一步，将协调区相关职能部门，逐一落实。同时，我们紧抓社区规范化建设契机，改善了一大批社区用房条件，全区社区办公与服务用房总面积达到13.8万平方米，平均每个社区402.3平方米，并建成文化活动室640个、图书室349个、社区公园364个、全民健身工程885处、“温馨家园”30个、警务工作站355个，为满足居民需求提供了阵地。

二是推进志愿服务工作，做好社区公益服务的支撑。志愿服务是社区服务的重要内容。成立全市首家志愿者“公益储蓄中心”，在街道设立分中心，在社区、商务楼宇设立服务站，依托“公益储蓄中心”网站，整合部门资源，建立志愿者实名数据库，并通过时间储蓄、精神激励等方式，倡导“有时间做志愿者、有困难找志愿者”，搭建了志愿服务供需信息对接平台、形象展示平台，潘家园肿瘤医院、望京华联超市等单位已成为志愿服务的集体会员。目前，我区累计注册志愿者29.3万人，其中个人志愿者注册27.5万人，团体会员注册341个17849人，成为提供社区服务的重要力量。各街道、各社区把志愿服务活动与服务圈建设紧密结合，开展以助老、助残、助学、助医、助困“五助”为主要内容的公益活动，年初以来，开展各种志愿活动2428次、参加人数9.8万人次，有针对性地帮助困难群体解决生活问题，增进了社区的和谐。

三是整合地区服务资源，做好社区便民服务的支撑。社会化是社区服务工作的重要原则。我们坚持以社会效益为目的、以经济效益为手段，积极统筹社区社会单位的资源，不断丰富社区服务内容。加大学校、部队等社会单位的公共服务设施对居民开放的力度。目前，已有望京80中学、白家庄小学、陈经纶中学等83所学校体育设施向社会开放，三里屯武警医院、左家庄某部队干休所等160余个单位的食堂、会议室、运动场和体育设施有组织地对居民开放，较好地解决了居民文体活动设施少、场所小的问题。各街道还积极整合辖区银行、邮局、医院、物业等社会单位资源，为居民提供服务。朝外地区上海浦发银行为本社区居民开通办理绿色通道，并在大堂设立个人理财义工服务居民，在客户中赢得了口碑，实现了经济效益与社会效益的双赢。东湖街道筹备处协调地区邮局向地区居民开展代收水电气费服务，协调华夏银行为地区老年人和残疾人提供上门缴费、理财服务。小关等街道针对楼宇白领白天、社区居民晚间停车难的问题，推出楼宇与小区“错时互换停车服务”，提高了车位利用率，缓解了停车难问题。安贞街道联合辖区四家社区医院，向本地区3000多名80岁以上老人、残疾人发放医疗便民服务卡，持卡人员享受优先挂号、引导就医服务，并对百岁以上老人每季度进行一次巡诊。潘家园街道松榆里社区开展由低龄老人照顾高龄老人的“时间储蓄”活动，丰富了为老服务的形式和载体。

四是挖掘地区服务品牌，做好社区特色服务的支撑。按照“基本+特色”原则，我们坚持“一社区一品牌、一街道一名牌”的标准，针对居民的个性化需求，以品牌建设为抓手，做到每个街道至少提供10项特色服务项目。双井街道针对社区老人多的实际，整合辖区为老服务资源，打造了“为老服务一条街”，方便社区老年人生活。朝外街道建立了“7+10+N”工作模式，即：以社区为单位打造7个社区服务圈，落实10项规定动作，拓展N项自选动作，形成服务圈集群。小关街道突破区域限制，积极打造“优惠服务”、“绿色出行”、“社区健康”3个功能社区服务圈，新的服务品牌不断涌现。继续加大对老品牌的提升、宣传力度，酒仙桥的“小红帽”、麦子店的“五扶”工程、劲松的“公益日”、左家庄的“五老”进社区、团结湖的司堃范爱心工作室、香河园的叶如陵工作室、望京的金九皋节水工作室等一批老典型内涵更加丰富、影响更加广泛，实现了“新品牌更多、老品牌更亮”，居民的认同感、社区的凝聚力进一步提升。

五是运用信息技术手段，做好社区虚拟服务的支撑。我们积极运用现代信息技术，提高社区服务的信息化水平。在区级层面，整合区政府所有热线电话资源，进一步完善热线电话、社区服务网、短信和彩信平台功能，提高咨询、服务、举报投诉、社区服务及民生监测等工作的系统化水平，下一步还将建立起以“一网”（朝阳区社会服务管理网）集成应急管理、社会服务等10个模块的全模式社会服务管理系统。各街道、社区也积极构建“虚拟社区”，满足居民个性化需求。联合专业公司，采用试点先行、逐步推开的原则，在社区、居民楼安装电子缴费终端、自动售水机，方便居民日常生活。小关街道作为北京市首批科技示范项目的6个街道之一，依托社区网站、动漫、电子便民卡、手机端优惠券、“999”一键通等手段，整合全市1000余家商户、辖区100余家单位，为居民提供紧急救助、便民服务、优惠信息、网络图书馆等服务，受到居民好评。酒仙桥街道投资28万元，采取“筑巢引凤”的方式，引入合作企业，建设酒仙桥数字民生服务平台，为“一刻钟社区服务圈”建设提供信息技术支撑。望京街道依托民营网站“望京网”资源，搭建服务居民、互动交流平台，平均每天点击率达到50万次。

（二）采取“四项措施”，构建运行体系

以人为本是“一刻钟社区服务圈”建设的首要原则。我们以居民需求为导向，大力提倡“零距离”、“个性化”服务，满足居民物质、文化、生活基本需求的服务圈，不断提高社区居民的归属感、满意度。

一是开展需求调查，增强服务针对性。我们结合文明城区创建和第六次人口普查工作，采用委托惠心社工事务所等专业组织和社区工作者入户调查等方式，对辖区进行了资源摸底和需求调查，共对12578个单位进行了摸底登记，建立了辖区资源台账；走访居民约20万人，回收调查问卷11.85万份，召开座谈会561个，对居民的基本需求有了比较明晰的了解。目前，居民需求排名前10项的服务是医疗卫生、文体活动场所、为老、家政、维修、购物、银行、餐饮、买菜和停车。

二是坚持缺什么补什么，增强服务有效性。在落实全市10大类60项公共服务项目的基础上，我们将其细化为174项，并增加了扶贫救助等27项基本公益服务、家电维修等22项基本便民服务和居家养老等12项特色服务，共向居民提供245项服务，形成具有朝阳特色的社区服务体系。各街道对接居民需求，积极增加服务站点，扩展服务项目，提高服务圈建设的有效性。如望京街道针对居民买菜难、买报难等问题，投资70万元，新增了34个便民商亭。朝外、亚运村街道针对居民磨刀、换纱窗、废品处理等需求，社区在每周固定时间统一组织"磨刀日"、"换纱窗日"和"废品回收日"，较好地解决了居民需求和游商扰民的问题。

三是提升社区服务站服务水平，增强服务快捷性。我们认真落实社区服务站首问负责制，由接待居民的第一位工作人员负责居民事项的办理或流程解释工作，直至整个事项办结。同时，实行岗位兼容、错时工作、节假日值班、限时办结、预约服务等制度，把方便送给居民、把麻烦留给自己。另外，由于社区服务站往往只能对本社区的居民提供服务，给人户分离的居民，特别是老年人、残疾人办事带来不便。团结湖街道开展社区服务站之间互联互通服务，办理老年证申报、老年低保、医疗费报销等20多种公共服务事项，为全区社区服务站互联互通积累了经验。

四是培育社会组织，增强服务专业性。社区社会组织是社区服务的重要组织者。我们在23个街道全部成立社会建设协调委员会，在社区积极成立居民事务协调委员会，搭建第三方社会建设协调机构，为社会各界有序表达诉求、参与社会建设提供平台。坚持城乡统筹，联合专业机构、大专院校，成立惠心、在行动、近邻3个社会工作事务所，并通过购买服务、项目运作等方式参与社区服务。亚运村街道社工师协会联合中央音乐学院音乐治疗资深专家对辖区内11名智障残疾人进行音乐理疗治疗项目，效果明显。垡头、团结湖、香河园、左家庄等街道引入"寸草春晖"和"青松"等社会组织提供服务，提高对空巢老人、重残老人的服务水平。加强和谐促进员协会组织建设，全区成立联合会、街道成立协会、社区成立小组，发挥好信息员、宣传员、调解员、服务员、监督员"五员"作用，目前，和谐促进员队伍已达2.6万人，社区服务诉求渠道更加畅通。

（三）坚持"五个统一"，构建标准体系

社区服务规范化是社区规范化建设的重要内容。我们按照试点先行、点面结合的思路，以朝外、团结湖、亚运村等9个街道为试点，积极推进，并不断总结、提升，形成了"五个统一"的规定动作，不断提升社区服务圈建设的规范化水平。

一是统一承诺。我们通过区内媒体、布告等形式向社区居民公开两个承诺：第一，社区居民步行15分钟范围内，能够享受到购物、餐饮、日常修理、金融服务、文体娱乐、医疗卫生等方面的基本生活服务；第二，社区服务站等政府服务平台在15分钟内就居民的当面或电话服务申请、咨询事项给予办理或答复。公开承诺，丰富了服务圈的内涵，塑造了党和政府服务群众的良好形象。

二是统一制度。我们从实际出发，在朝外等街道试点的基础上，结合街道和服务站点（商）实际情况，全区统一制定了《服务站点（商）认证办法》、《服务站点（商）管理办法》、《服务站点（商）考评、奖励办法》、《居民需求和意见征集制度》和《服务机构联席会制度》等6项制度，建立了进入、管理、退出一整套管理机制，保证了便民服务健康运行。朝外街道在街道设立监督委员会，在社区设立的监督小组，负责居民的举报查证、管理和考评工作，加强对站点、网点的管理。

三是统一标志。我们聘请专业公司，设计了具有朝阳特色的"一刻钟社区服务圈"标志，公布了监督电话，配备了"夜光"系统，提高了标志的可识别度。目前，全区已有1452个商家、服务网点悬挂了服务圈标志。左家庄街道在"为民服务一条街"的打造过程中，为每个会员单位悬挂根据全区统一样式而制作的服务圈标志。标志的影响力已在全区初步形成，很多商家主动要求成为服务圈成员单位，并悬挂服务标志。我们还推广朝外街道的做法，以街道为单位，对全区社区服务站各类水牌采用中英文双语进行规范，望京、东湖街道增加了韩语标志。

四是统一载体。我们将一册（《便民服务手册》）、一图（便民服务导示图）、一网站（便民服务网站）作为“一刻钟社区服务圈”建设的必备载体，坚持按照全区统一的尺寸、版式和内容，由各街道制作《便民服务手册》，免费向居民发放。坚持运用国际通用的图像标识系统，聘请专业公司，制作便民服务导示图，张贴于社区内的显著位置。统一街道便民网站的基本内容和功能，强化网络交互服务功能，为方便居民生活提供标准化的信息载体。

五是统一流程。我们与民政、体育、卫生等30多个委办局对接，明确各类服务的流程，制定《朝阳区公共服务指南》，其中全区统一的项目484项，明确办理各项公共事务应去的地点、所需的材料、办理程序、办结时限等内容，努力实现“居民办事一趟搞定”。各街道结合实际，提供特色服务流程，方便居民群众办事。

（四）实施“三个加强”，构建保障体系

搭建社区服务工作平台、加强队伍建设、确保经费投入，是“一刻钟社区服务圈”的基础和保障。我们主要做了以下三方面工作。

第一，加强平台建设。我们积极健全四级社区服务平台，一是在区级层面，建立由区社会办统筹协调、区民政局积极协作、区社区服务中心具体实施的区级服务平台。二是在街乡层面，通过为民服务大厅、社区服务中心、社区文体活动中心，为居民提供服务。三是在社区层面，完善社区服务站，并将133项服务内容向居民公开。同时，与劳动与社会保障部门联网，通过电子显示屏发布全区岗位需求信息，方便求职居民。四是在商务楼宇层面，在全区367座商务楼宇中共建立楼宇服务站258个，并为楼宇企业和白领提供党务、政务、社务“三位一体”服务，在全市商务楼宇中率先消灭了空白点。

第二，加强队伍建设。一方面，我们大力加强社区工作者队伍建设。以“留得住、干得好、流得动”为目标，成立青年社工协会，开展“我来了”系列活动；落实社区工作者待遇调整，增资幅度位居全市第一位；开展社区工作者分层、分类全员培训，组织赴上海、杭州学习考察，以多种形式激励社区工作者。同时，积极加强专业社工队伍建设，鼓励社区工作者参加职业资格考试，提高社区工作者专业化、职业化水平。积极与银行、学校、医院、养老机构合作，采用政府支持、合作培养的模式，建立和扩大专业领域社工队伍。目前，朝阳区持证社区工作者388人，其中，社工师70人、助理社工师318人，已成为社区服务的有生力量。

第三，加大资金投入。设立3000万元的社会建设专项资金，以项目化运作的方式，用于政府购买公共服务、培育社会组织等内容。按照30万元、25万元、20万元三类标准，采用以奖代投的方式，共投入520万元，支持23个街道开展“一刻钟社区服务圈”建设。

三、狠抓落实，“一刻钟社区服务圈”建设成效明显

经过一年的努力，朝阳区的“一刻钟社区服务圈”建设取得了明显的成效。截至目前，全区共建成121个“一刻钟社区服务圈”，共新增（调整）服务站点500个，印制《便民服务手册》24万册，设置服务站点分布示意图271块，完成认证的服务站点2563个，已挂牌1452家，527家社会单位的服务资源有组织或固定时间向居民开放，居民群众满意率达98.6%，实现了服务内容由提供物质生活服务向物质生活服务与精神生活服务相结合转变，服务方式由补缺福利服务向适度普惠服务转变，服务运作由政府主

导投入向政府倡导、社会支持与市场经营相结合转变。

市、区领导给予充分肯定，《北京社会建设信息》以专报的形式予以报道，市委常委梁伟同志批示：朝阳区“一刻钟社区服务圈”指导意见很规范，有很多创新，并且有可操作性。建议加以支持、关注，及时总结他们的做法和经验，与贯彻社区《指导目录》结合起来，适时加以推广。

下一步，我们将在市委社会工委、市社会办的指导下，以保障居民基本生活需求为基础，继续坚持“缺什么补什么”的原则，在充分发挥社区服务站作用的同时，综合运用行政、市场、志愿、互助四种机制，处理好存量与增量、共性与个性、政府与市场、实体与虚拟、利民与扰民的关系，进一步完善社区服务，让居民百姓从社会建设中得到更多实惠。

（此文作者为朝阳区社会办主任）

海淀区商务楼宇党建现状与思考

王曼谕

区委社会工委以贯彻党的十七届四中全会精神为契机，紧紧围绕中关村国家自主创新示范区核心区建设这一中心任务，把商务楼宇作为“竖起来的社区”，积极探索构建产权单位、物业公司、楼宇企业和党组织的“四方机制”管理模式，党务、政务、社务共同推进的“三位一体”服务模式，以及党建、社会工作、工会、妇联、共青团“五站合一”的工作模式，努力开创与一流园区相匹配的党建工作新局面。

一、海淀区商务楼宇及建站情况

海淀区目前共有商务楼宇398座，楼宇企业总数为20367家，党员总数为9142名，从业人员近22万人。已建立党组织277个，其中党委41个、总支23个、独立支部229个、联合支部25个。按照市委社会工委关于加快推进商务楼宇党建工作的有关精神，紧密结合我区商务楼宇特点，通过“独立建”、“联合建”、“依托建”等方式在商务楼宇中建立党建工作站。截至目前，全区共建立商务楼宇党建工作站362个，专、兼职人员总数达到303人。

我区商务楼宇党建工作呈现出以下特点：

楼宇党组织组建方式灵活。党组织组建主要呈现两种形式，一是“单独建”，即对商务楼宇中具备建立党组织条件的非公有制经济组织，由楼宇党建工作站人员指导、帮助其单独成立党支部。二是“联合建”，即将处于同一楼宇中、分散在不具备单独成立党组织条件的非公有制经济组织中零星党员联合起来，成立联合党支部，由党建工作站站长、物业党组织负责人或非公有制企业党员担任党组织书记，根据企业的不同特点和利益需求点，开展各种形式的党建工作。

党务工作者身份多元化。由于楼宇党建工作站专职工作人员缺乏，各街道社工委采取四种方式解决人员问题。一是街道组织部门干部兼任党建工作站站长或指导员；二是大学生党员社工担任楼宇专职工作人员；三是由物业公司党组织选派党员兼任工作站党务人员；四是返聘社区居委会干部进入楼宇，承担党建工作。

党员分布不均衡。楼宇内虽然企业众多，但规模企业相对较少，且多数有独立党组织和完善的党员管理系统，众多的中小企业中党员人数相对较少，其中不乏“潜在党员”

未被发现，但整体呈现出分布不均的现象。

二、工作做法

（一）建立党建阵地，构建“立体社区”党建格局

按照市委、区委部署，区委社会工委充分发挥牵头抓总作用，指导和带领街道社会工委从健全机制、构建管理网络入手，在全区形成了区、街道、商务楼宇党组织的三级工作网络。各基层社会工委积极争取商务楼宇物业公司的支持配合，形成了以服务企业、服务员工、服务党员为重点，上下结合、多方联动、强化党群工作一体化的楼宇党建运行机制。在实现楼宇党建工作全覆盖的基础上，初步实现“一楼一站”的既定工作目标。并通过加强党务、政务和社务服务，进一步构建起城市“立体社区”社会管理、公共服务和党建工作的区域化新格局。

（二）落实“三有一化”，搭建服务党员平台

在商务楼宇党建工作中，各街道社会工委认真落实“三有一化”工作要求，在街道党工委、办事处的直接领导和大力支持下，统筹区域资源，采取有效措施，解决商务楼宇工作人员、场地和经费不足等问题。各街道社会工委通过抽调大学生党员社工、招聘大学生党员志愿者和返聘退休人员等形式解决人员困难；通过购买、租赁和资源共享等形式落实办公场所，并积极协调社会单位共同解决办公设施。

（三）明确建站标准，推行分类规范化建站

商务楼宇党建是社会领域党建崭新的课题，区委社会工委在广泛学习、吸收先进经验的基础上，参照北京市商务楼宇党建工作站建设验收标准，出台了《关于推进海淀区商务楼宇党建工作的实施意见》，提出了海淀区商务楼宇党建工作规范化建站“一二三四五”标准，并结合区域实际，进一步明确《海淀区商务楼宇党建工作站分类评分标准》，为基层社会工委建站、分类建站、规范化建站提供规范化指导，使工作能够有的放矢地开展。2010 年，全区共申报新建一类工作站 53 个、二类工作站 124 个、三类工作站 90 个，全部通过区内联审互查。

（四）规范组织生活，引领党组织及党员发挥作用

商务楼宇党建工作站本着努力落实市委关于“有群众的地方，就有党的工作，有党员的地方，就有健全的党的组织，有党的组织的地方，就有高质量的党的活动”的要求，创造性地开展党的组织生活。如各工作站逐步建立党支部组织生活制度、党员管理教育暂行规定、党员缴纳党费规定、入党积极分子培训考察制度、党支部工作职责等制度；组织党员参加“党员爱心捐款”活动，增强党员的政治责任感和社会责任感；根据不同时期的阶段性重点工作，组织党员学习讨论、党史征文和知识竞赛、赴革命遗址参观学习、重温入党誓言、观看《第一书记》撰写心得体会等主题活动。使党员在组织生活中不断提高党性修养，更加紧密的团结在党组织周围，树立了党员和党组织的良好形象。

（五）强化服务意识，探索“五站合一”建站模式

在推进商务楼宇党建工作的进程中，将“服务”作为党建工作站“建得起、立得住”的关键所在，逐步探索“五站合一”工作模式，力争在 2011 年实现商务楼宇“五站合一”工作目标。各街道社会工委在推进建站过程中，积极统筹协调区域资源，把群团工作、法律援助、经济服务、科普知识、计生服务、国防教育等服务引入楼宇，推动党建工作平台前移。

三、商务楼宇党建工作存在的困难和问题

（一）社会领域党建工作人员不足

商务楼宇党建工作被列为社会领域党建重点工作后，任务多、时间紧、难度大。尤

其今年以来，各街道根据上级指示加大商务楼宇党建工作站组建力度，目前已成立354座楼宇党建工作站，但只配备18名专职工作人员，其余楼宇党建工作人员全部为兼职，党建工作的推进亟待有经验的专职党务工作者进行指导。

（二）社会领域党建工作经费不足

由于社会领域党建工作任务逐步加重、工作标准逐步提高、创新内容逐步增加，但基层党建专项经费一直保持不变。市委社会工委虽然下拨商务楼宇党建工作站建站经费，但今后商务楼宇工作站要向“五站合一”方向发展，工作任务将会大幅度增加，其经费远远不够维持工作站正常运转。而且区里目前也缺乏相应的配套资金，楼宇党建工作站日常运转经费明显缺乏。

（三）党组织关系和党员组织关系属地化管理难度大

商务楼宇中党员的组织关系随着党员工作单位的频繁变动而日趋多样化。如有的“两新”组织党组织关系是属地管理，有的是属条管理，有的是属资管理，等等。在尚未建立党组织的“两新”组织内党员，其组织关系有的在区外、市外的居住地，有的在户口所在区县人才交流中心，有的仍在原工作单位，甚至有的党员因各种原因组织关系无处挂靠而成为“口袋党员”。

四、下一步工作思路及设想

抓好商务楼宇党建工作，是贯彻落实党的十七大精神的重要举措，区委社会工委将积极推进商务楼宇党建并使其发挥更大的作用。

（一）抓机制，奠定商务楼宇党建工作基础

区委社会工委要理顺区域党建、社区党建、商务楼宇党建和规模以上“两新”组织党建工作的体制机制，建立健全商务楼宇党建评比表彰和示范点制度，发挥先进典型的示范引领作用，促进商务楼宇党建工作水平不断提高。各街道党工委要进一步明确商务楼宇党建和社区党建的不同侧重点，并将区域党建职责纳入商务楼宇党建之中，使商务楼宇党建工作站能够更好地协调各类企业党组织的资源，在推动区域共建、楼宇共建方面发挥更大作用。

（二）抓队伍，加强商务楼宇党建工作者队伍建设

商务楼宇党建工作者的知识结构、社会阅历与商务楼宇的品质定位、员工素质和企业需求相匹配，是商务楼宇党建工作顺利推进的重要保证。针对目前人员缺口大、专职工作人员队伍急需增加的现实情况，在人员的招聘和选配上，要注重选配政治信念坚定、熟悉企业管理、有较强社会协调能力的党员，担任商务楼宇党组织负责人，使党建工作能根据企业需求有的放矢开展。

（三）抓推进，准确把握楼宇特点科学谋划工作

海淀区辖域内商务楼宇分布不均，其入驻企业因区域功能和人文环境差异而呈现出不同的特点。因此商务楼宇党建工作要结合不同区域的功能特色，准确把握入驻企业的具体特点，根据不同企业的性质和需求，理顺工作思路，有效整合资源，有针对性地开展工作，通过活动凝聚企业，赢得企业的支持和配合。

（四）抓对接，以“五站合一”促进政府服务融入楼宇

工会、共青团、妇联等群团组织是开展党的工作、实践党的宗旨的重要助手，政府职能部门是商务楼宇党建服务企业、服务员工的重要依托。区委社会工委将通过推进“五站合一”建设的工作，牢固树立将党建与服务融于一体的服务理念，通过在区级层面与群团和相关职能部门的联系和对接，指导各街道社工委掌握各方面政策，主动协调各方面资源，通过商务楼宇党组织这个平台，帮助企业和员工解决实际困难，更好地实现党的工作和政府管理服务的全覆盖。

（五）抓凝聚，增强党组织活动的吸引力

企业文化对于增强企业凝聚力、增强产品和服务竞争力的作用非常突出。商务楼宇党组织要把倡导先进文化、建设和谐文化、传承民族文化与党建工作有机结合起来，通过文化活动促进企业和员工的对外交流，在相互交往中凝聚思想共识、挖掘共同利益，增强合作、共建和社会参与热情，达到以党建推动企业文化建设、营造商务楼宇党建良好氛围的目标。

（此文作者为海淀区委社会工委副书记）

农村集体土地开发建设的居住区纳入城乡社区管理的调研报告

王珮琦

为推进丰台区城乡一体化进程，加快城乡社会管理体制改革的步伐，根据8月16日全区社会管理服务创新大会的要求和建成居住区规范化交接工作总体部署，在国有土地开发建设的居住区社区规范化交接工作的基础上，从9月1日起，由政府办牵头，区委社会工委、区农委、区民政局、区绿指办、区住建委、区房管局、区规划分局、区国土分局组成的农村集体土地开发建设居住区调研小组，按照边调研、边协调、边推进的原则，到全区5个乡镇，采取发放调查表、召开座谈会等形式，对农村集体土地开发建设的居住区基本情况开展调研，并就农村集体土地开发建设的居住区如何开展规范化交接纳入城乡社区管理，征求了各乡镇的意见。在此基础上，调研小组多次召开研讨会，就农村集体土地开发建设的居住区规范化交接工作进行集中研究讨论，小组成员围绕调研情况，统一思想，结合工作职责，提出了相应的意见和建议。现就有关情况报告如下：

一、农村集体土地开发建设的居住区基本情况

全区现有农村集体土地上开发建设的居住区82个。从所属乡镇看，属于卢沟桥乡范围内的居住区有40个，属于花乡范围的居住区有11个，属于南苑乡范围内的居住区有20个，属于长辛店镇范围内的居住区有3个，属于王佐镇范围内的居住区有8个。从建设时间看，最早的建于1988年，最晚的目前还处于规划和开发建设中，其中1990年前建设的1个，1990年至1999年建设的11个，2000年至今建成的65个、在建和规划建设的5个。从居住区开发执行文件依据看，执行绿隔政策7号文建设的22个，执行绿隔政策12号文建设的30个，按旧村改造建设的7个，根据其他文件政策开发建设的23个。从入住人员构成看，以村民入住为主的居住区（村民回迁安置房）17个，以社会人员入住为主的居住区40个，村民和社会人员（包括本市居民和外来人员）混住的居住区25个。从管理现状看，由乡、村管理的居住区41个，已完全移交街道、社区管理的居住区28个，由社区、村共同管理的居住区5个，由开发建设单位和物业公司管理的居住区8个。

二、存在的问题

除已移交街道、社区管理及社区、村共同管理的33个居住区外，目前由乡镇、村和开发建设单位、物业公司管理的居住区还有

49个，从调查了解的情况看，如何纳入城乡社区管理主要存在以下几个方面的问题。

1. 乡镇管理社区居民的职能未能及时落实到位。为了加快丰台区城乡结合部社会建设，推进城乡一体化进程，年内完成了河东三乡加挂地区办事处牌子的工作，2001年河西两乡改为镇政府，赋予了乡镇管理辖区居民事务的职能。但截至目前，乡镇管理居民事务的职能仅仅停留在形式上，并未真正落到实处，从职责、人员、经费等方面也一直未予明确，既制约了乡镇（地区办事处）职能的发挥，又影响了社区建设和城市管理的全覆盖，也使居民利益在一定程度上受到损害。

2. 执行绿隔政策（1∶0.5）开发的新村，所涉及的项目问题较多。一些村借绿隔政策搞开发，由于绿隔政策操作不当，商品房和农民回迁房开发建设不同步，超比例开发、商品房挤占农民回迁房的现象较为普遍，造成农民回迁房指标不够、以商品房作为农民回迁用房等问题。同时在农民回迁房中也存在着向社会出售、出租等现象，致使农居混杂相当普遍。

3. 小区土地性质复杂。如南苑乡鑫福里小区，一个小区的楼房用地就存在两种不同土地性质，一半为国有土地，一半为农村集体土地。

4. 社区办公和服务用房建设滞后。由于绿隔地区开发建设的居住区立项较早，大多是分期开发建设，社区配套管理服务用房的建设往往滞后于住宅的建设，很多都处于尚未完成开发建设的状态，前期建成的居住区居民入住，客观上造成了这些小区居民有许多项应该由政府提供的服务无法正常、顺畅地享受，居民意见较大。

三、农村集体土地开发的居住区纳入城乡社区管理的建议

为使尚未纳入社区管理的49个农村集体土地开发建设的居住区及早完成规范化交接工作，纳入城区社会管理，建议如下：

1. 配合年底即将进行的乡镇机构改革工作，尽快落实河东三乡（地区办事处）、河西两镇管理居民事务的职责，明确三定方案，增设相应的机构，配备相关的工作人员，因管理居民事务而增加的人员、办公等经费，由区财政按标准予以拨付。

2. 明确居住区的管理归属。对由乡镇、村和开发建设单位及物业公司管理的居住区，区分不同性质，分别由街道、乡镇（地区办事处）负责管理。

一是河东三乡以村民回迁安置房、河西两镇以旧村改造为主及开发建设的商品房居住区，交由所在地乡镇（地区办事处）负责管理，居住区所有事务均由乡镇（地区办事处）负责办理。共涉及居住区20个，其中，涉及卢沟桥乡的9个，涉及花乡的1个，涉及王佐镇的8个，涉及长辛店镇的2个。

二是河东三乡居住区以商品房为主的，交由所在地街道办事处负责管理，并按规定程序和要求新建社区或就近纳入社区管理，居住区内涉及的农村及农民事务，由所在地乡镇（地区办事处）、村负责办理。其中小规模的商品房居住区，街道既无法新成立社区，就近纳入社区管理也存在困难的，仍由所在地乡镇（地区办事处）、村负责管理。共涉及居住区11个，其中，卢沟桥乡5个、花乡4个、南苑乡2个。

三是村民与社会人员（包括本市居民和外来人员）混住的居住区，以小区外道路为界，能划清区域的，分别由街道、乡镇（地区办事处管理），不能划清区域的，由所在地乡镇（地区办事处）、村管理。对于部分由村自管的居住区，虽然能划清区域，但村有意愿继续负责管理，也由所在地乡镇（地区办事处）、村负责管理。共涉及居住区18个，其中卢沟桥乡7个、花乡3个、南苑乡7个、长辛店镇1个。

3. 加强机制和体制创新。在落实乡镇（地区办事处）管理居民事务职能的基础上，对由乡镇、村管理的居住区，符合新建社区

条件的，应及时上报区政府审批，所需经费由区财政按标准予以拨付。对不符合新建社区条件的居住区，在达到新建社区条件以前的过渡期中，可采取双轨制的方法，即在村党组织和村委会的牌子上加挂社区党组织和社区居委会筹备组的牌子，社区党组织书记和社区居委会筹备组组长由村党组织书记和村委会主任兼任，并配备3~5名专职社区工作者，专门从事居民管理和服务工作，所需经费由区财政予以拨付。过渡期期间社区居委会可不参加选举。

4. 进一步加强社区办公和服务用房的协调落实工作。区各相关部门及街道、乡镇要及时督促开发建设单位落实社区办公和服务用房，对拒不移交、故意拖延或挤占、挪用社区办公和服务用房的，可采取相应的行政处罚措施。

5. 加强领导和协调力度。在农村集体土地开发建设的居住区规范化交接、纳入城乡社会管理的过程中，成立由主管区长牵头，区相关部门组成的协调领导小组，逐个乡镇开展协调指导工作，确定应纳入乡镇（地区办事处）管理的居住区的范围，具体解决街道、乡镇在交接过程中存在的困难和问题。

6. 探索农村社区建设的方法和途径。各乡镇要积极适应城市化进程的变化，借鉴街道城市社区建设的经验和做法，积极着手调整乡镇政府的职责和机构，着眼于未来，为自身开展社区建设奠定基础。

在乡镇落实管理居民事务职能前后的过渡期中，要大力推进街乡联手、结对共建。通过街道与乡镇结成一对一、二对一、多对一的帮扶对子，街道将多年来在社区建设方面总结的经验、教训，毫无保留地传授给乡镇，推进农村地区社会建设工作的全面发展。

（此文作者为丰台区委社会工委书记、区社会办主任）

关于“十二五”期间石景山区基本公共服务发展思路的研究

付生柱

改善基本公共服务是解决民生问题的主要渠道，也是推进石景山区社会建设的重要内容。近年来，石景山区以改善民生为立足点，着力加强社会管理和公共服务职能，推动各项社会事业全面发展，为经济建设的稳步发展和社会和谐作出了积极贡献。但随着首钢搬迁调整和打造北京CRD主体功能区进程提速，特别是北京市建设“世界城市”和建设“三个北京”的提出，对“十二五”时期我区基本公共服务提出了更高要求，现有的社会基本公共服务水平与辖区居民群众需求的差异愈加明显。

在我区战略转型的关键时期，如何尽快适应我区社会结构变迁的新形势，准确掌握石景山区公共服务资源的整体分布概况，深入探索转型期基本公共服务提供的内在规律，形成适合石景山区经济社会发展、行之有效的基本公共服务体系，已成为石景山区“十二五”时期社会建设领域亟待破解的重要课题。

一、石景山区基本公共服务取得的主要成绩

“十一五”期间，区委、区政府紧紧围绕着改善民生，不断加大对社会公共服务的投入，在教育、就业与社会保障、文化体育、医疗卫生、社区服务与管理等方面取得了可

喜成绩。

（一）教育事业稳步发展

石景山区坚持“绿色教育”的发展理念，不断促进区域教育特色发展，全面提升区域教育品质。2006—2009 年，全区教育经费累计投入 24.9 亿元，年平均增长率为 9.65%。注重加强教育资源重组，实现教育机构不断优化。通过规模调整、优质校兼并、名校联办等方式，调整教育资源的区域布局，共调整学校 15 所，改造学校 36 所，全区所有的初中、85% 的小学和幼儿园硬件环境普遍得到改善，优质校数量从 2006 年的 9 所增加到 2010 年的 20 所。实施素质教育，教学质量和教师整体素质稳步提高，具有区域特色的基础教育体系已经初步形成。

（二）就业和社会保障体系更趋完备

石景山区就业服务体系基本完善。城镇登记失业率控制在 2.84%；困难人员就业工作稳步推进，无“零就业家庭”目标基本实现；多渠道开发社区和中小企业就业岗位；就业特困人员实现 100% 托底安置；就业服务功能进一步加强。石景山区社会保险扩面征缴任务超额完成，各项待遇的按时足额支付，使享受五项社会保险待遇的参保人员的利益得到了保障，解决了老百姓的实际困难。

（三）文化体育事业扎实推进

重视加强基层文化设施建设，初步建立起区文化馆—街道文化站—社区文化室的三级公共文化服务体系。全区拥有公益性图书馆两个，藏书量分别为 45 万册和 26 万册，平均每百人拥有 130 册图书。博物馆、文物古迹、文化馆、图书馆、基层文化活动中心、群众文化休闲场所等文化设施建设日趋完备，不断满足群众的文化需求，极大丰富我区居民文化娱乐生活。

在体育项目开展方面，全区体育锻炼人数达常住人口的 85%，人均体育锻炼活动场地 2.04 平方米，全区拥有全民健身工程 173 处，年接待健身人次达 30 万。

（四）医疗卫生体系建设显著加强

石景山区医疗卫生事业发展良好，全区设置 9 个社区卫生服务中心和 24 个社区卫生服务站，覆盖全区 139 个居委会、52 万居民，实现全区人口的全面覆盖。充分发挥 69 个社区卫生服务团队的作用，对全区所有 139 个社区居民进行慢性病管理，通过主动服务、上门服务等方式对居民开展健康教育、预防、保健、康复、计划生育技术服务和一般常见病、多发病的诊疗服务。

（五）保障性住房工作推进有序，全力解决中低收入家庭住房困难

完善保障性住房供应模式，全力解决中低收入家庭住房困难，改善城市中低收入家庭居住条件，是关注民生、维护稳定、推动社会发展的有力举措。石景山区建委实行“联动工作机制”，创建“社区听证会制度”，积极与项目拆迁主体进行对接，在工作中收到了良好实效。截至 2009 年年底，全区三房审核备案家庭达到15898户，为8795户申请家庭解决了住房困难问题（在外区解决了1889户），三房轮候家庭7703户，公租房登记家庭 675 户。目前石景山区建设的公开摇号配售保障性住房项目共有 8 个，总建筑面积 69.8 万平方米；在施项目 3 个，建筑面积为 5.4 万平方米；计划开工建设项目 3 个，建筑面积为 7.3 万平方米。

（六）夯实基础，社区管理和服务体系逐步完善

“十一五”期间，石景山区着力整合社会公共服务资源，不断完善社会服务网络，尤其是加强社区服务网络建设，创新社区管理体制，社区党组织、社区居委会、社区服务站“三位一体”，社区组织功能不断健全完善。不断加强对社区建设统筹力度，以规范化建设为契机，全区先后选择 98 个社区开展社区规范化建设改革试点，2009 年区级财政安排专项资金2800余万元用于社区办公服务用房建设。77 个社区用房达到并超过 350 平方米的标准，在全市处于较好水平；积极开展“一刻钟社区服务圈”试点工作，合理规划配置资源，社区服务领域不断拓展，街道“一站式”和社区“一窗式”服务模式初

步形成，社区服务项目化管理模式初见成效。“十一五”期间，共计投入3亿多元资金实施便民工程1200多项，切实解决社区活动难、出行难、排水难的热点问题。社区建设全面推进，取得重大突破，2009年荣获首批“全国和谐社区建设示范城区”荣誉称号。

（七）开拓创新，区域性党建工作大格局初步建立

建立区域化大党建格局，在全市率先以“三推一选”方式建立街道社会工作党委，总结推广“社区联建门店”、“党组织关爱工程项目化管理”、“新居民党建”等试点经验，深入开展“星级争创”活动和“我是党员我承诺”主题实践活动，不断激发党员的责任意识。在全市率先建立协会党组织，引领协会立足社区广泛开展社会化服务。“十一五”期末，石景山区共建立商务楼宇综合服务站31个，“两新”组织中建立党的基层组织38个，实现对全区楼宇和规模企业党建工作全覆盖的阶段性目标。

坚持从全区党建工作实际需求出发，积极推广商务楼宇“五站合一”工作站建设、社区联建门店、非公有制企业“五好党支部”等试点经验，特别是在领秀大厦率先成立的“五站合一”综合运作模式成效显著，受到市委的充分肯定，“十二五”时期将在全市范围内全面推广。

二、现阶段石景山区公共服务体系存在的主要问题

石景山区正处在产业结构转型的重要时期，区域社会经济发展和城市化进程的深入发展对社会公共服务提出了更为迫切的要求，面对外部环境的巨大变化，石景山区社会公共服务体系建设仍面临以下问题。

（一）教育结构与布局有待进一步改善

石景山区教育资源在规模、数量、分布、办学水平等方面仍存在不均衡现象。由于区域社会经济和历史发展的原因，石景山区幼儿园、中小学等教育资源总体区域分布不够均衡，优质教育资源集中在东部和中部地区，而西部地区和边远地区学校在数量和质量与区域教育平均水平还有相当差距。区内学校规模普遍偏小，达标学校比例明显偏低。公办中小学目前总占地面积66.54万平方米，总建筑面积35.49万平方米，基本能够满足户籍人口教育需求。但伴随区域人口的增加，特别是流动人口子女接受义务教育问题的凸显，对照北京市新颁办学标准的要求，石景山区中小学校占地面积和建筑面积尚存在较大差距，新建小区配套学校还需加快推进落实。骨干教师分布不均衡，西部地区优质师资分配和教研培训等制度需进一步改善。

（二）就业需求与从业人员素质的结构性矛盾突出

石景山区今后一个时期区域经济发展所能提供的就业岗位主要是以年轻人为主的文化创意、动漫游戏、高新技术等岗位，同时与项目配套的周边商业圈基本以个体经营为主，来京务工人员在其中就业有绝对优势。而全区失业人员，尤其是近几年沉淀的就业困难人员普遍年龄偏大、技能单一，他们很难在全区经济发展所提供的就业岗位中竞争成功。全区城镇登记失业人员中被单位招用的人员比例连续四年走低，区域经济发展对我区失业人员就业的拉动作用亟待加强。

（三）文化体育事业推动力度相对不足

“十二五”时期，石景山区文化建设主要面临三大制约因素：一是文化建设定位尚需明确。石景山区文化资源丰富，古道文化、佛教文化、民俗文化、村落文化内涵深厚，但尚未形成自身独特的定位，文化发展目标不清晰，缺乏品牌文化活动和品牌文化消费街区。二是文化建设创新有待加强。石景山区文化建设力度不断加强，文化投入逐年增加，但文化活动开展、文化遗产保护等工作还需不断创新，以此来进一步提升文化资源的使用效率，凸显文化建设成果。三是文化资源整合还需深入。全区文化资源数量多，但分布散而不均，利用和开发情况也不均衡，其中文化遗产资源之间的发展差距较大，整

合和利用不足。

在群众体育方面，石景山区公共体育事业发展现状与群众期望仍存在较大差距。广大群众日益增长的体育需求与全区所能提供的体育资源相对不足的矛盾，仍是全区体育事业发展过程中的主要矛盾。在竞技体育方面，全区竞技体育的硬、软件基础相对薄弱，优秀体育人才流失较为严重，体育产业集聚效应不明显，对经济的拉动作用不够。从长远看，体育产业集聚区要得到较大发展，必须通过采取扶持措施，制定优惠税收政策等方式加以推进，达到“筑巢引凤”的目的。

（四）医疗卫生均衡化发展水平有待提高

随着石景山区城市化进程加快，空间布局急剧变化，人口集聚程度较高，现有医疗卫生资源在布局结构上不尽合理；由于疾病普遍化、健康保健需求分化、人口流动和老龄化等新问题，从而衍生出现有卫生资源在服务能力上不相协调的问题。

作为公共卫生服务体系网底的社区卫生服务机构的基本公共卫生服务水平偏低，社区卫生服务工作没有充分发挥效能。目前社区卫生服务存在着政府重视程度不够、投入不足、人才短缺、体制不顺、管理不规范、职能有交叉等困难和问题，制约了进一步普及与提高；医疗卫生人员综合素质能力参差不齐，服务意识比较淡薄，公众服务满意度不高，缺乏科学有效的管理机制，直接影响了公共卫生服务均等化进程。

（五）保障性住房供应量较小

石景山区属于老工业区，困难人口较多，土地资源匮乏，可用于建设的用地更少，但保障性住房申请家庭数量居高不下。今年前五个月全区通过备案的三房新增申请家庭为4891户，形势愈加严峻，供需矛盾十分突出。主要原因有两个，一是今年市政府通过媒体大力宣传，使更多的人了解保障性住房政策，二是80年代出生的人口相对较多，且已进入婚育期，住房需求增加。另外房价过快上涨也是促使居民集中申请的主要原因。

为进一步缓解保障性住房的供需矛盾，完善住房保障体系，促进保障性住房良性循环，提高土地利用率，石景山区应加大发展公共租赁房的建设力度。公共租赁房具备覆盖人群广泛，租期稳定，补贴标准灵活，补贴对象明确、操作透明，适于建立退出机制等优点。同时，政府需要加大宣传逐步改变住房消费观念，同时为了避免建成公租房后可能造成空置的问题，在建设规模和建设进度上要考虑与实际需求相匹配，逐步推进建设和收购进度。

（六）民政公共服务运行机制有待健全

目前，民政领域的基本公共服务比较欠缺，直接影响到公民的基本生活质量。社会福利服务方面，养老服务还显不足，跟不上人口老龄化的进程。社会救助服务也多停留在低保、医疗等基本生活层次，与应急救灾服务一样属于生存型救助服务模式，对于困难群体的社会发展型社会救助服务仍然较少。婚姻、殡葬等社会事务服务供不应求，但受机制、地域、政策影响较大。同时，公共财政对于民政公共服务建设的投入较少，服务设施效能不高，专业化的服务队伍严重不足，民政公共服务的供给受到明显制约。

公共服务的相对发散性不同于行政管理的相对集中性。在当前的行政管理体制中，民政公共服务涉及民政、劳动、卫生、教育等众多部门，服务领域甚广，管理职能交叉比较明显，虽有“济困工程”联席会等措施统筹，但服务资源分割状况还是比较严重，服务供给上较强的行政管制风格也容易使民政公共服务缺乏活力。同时，非营利组织与市场主体对民政公共服务参与较少，服务供给主体与供给渠道单一，社会层面的有效监督不足。民政公共服务的评估体系尚未建立，公共服务的效能较低。

（七）社区管理体制有待进一步规范

当前社区管理体制存在主要问题体现为：社区管理体制还不够顺畅，社区居委会对自身自治性质认识不充分，习惯依附于街道；行政管理体制改革尚待突破，应当向社会转移的一些与社区居民利益相关的社会职能缺乏承接主体，导致政府部门将大量相关社会事务向社区转嫁。此外，社区工作队伍还不能很好适应社区建设的现实需要。目前，全区社区工作队伍人员工作能力还不能完全适应新形势的需要，多数社区服务人员还无法提供更高层次、更为专业的智力型服务，还不能满足社区居民日益增长的多样化服务需求，一定程度上制约了社区服务作用的有效发挥。

社会参与和社会活力仍显不足。“十一五”时期，石景山区虽然先后出台一系列规章制度，引导和规范社区居民积极参与社会建设。但由于缺乏专业社会工作教育和基层社区工作的结合，导致当前社区建设中工作方法单一落后，在社区事务管理中多以被动执行参与的方式为主，社会单位和社区居民自主参与社区建设的程度较低，社区居民更倾向于将居委会视作一级政府组织而不是群众自治组织，导致社区成员参与率低，参与的人群层次单一。在对所居住社区公共事务管理中，社区居民表现出一定的参与热情。然而，在更高层次的社会建设管理决策制定过程中，真正的公众参与活动仍显不足。

三、“十二五”时期石景山区提升公共服务水平基本思路和对策举措

“十二五”时期，提高石景山区社会基本公共服务水平应当从两方面入手：一是把握好北京市建设和发展的总体趋势，明确政府职能，通过建设服务型政府，促进社会公共服务的发展；二是了解居民对社会公共服务的需求，着力解决老百姓最迫切的民生需求。以建设世界城市的公共服务水平为标准，在现有社会资源的情况下，不断提升社会公共服务的水平，合理规划财政投入方向，完善公共服务绩效评估体系，促进社会公共服务的均衡化。

（一）加强社会公共服务基础设施建设

统筹确定规划布局，集约利用公共服务资源。强化区政府统筹社会发展的职能，结合北京市的标准和石景山区区情，因地制宜确定建设目标和具体标准，以需求确定供给、以供给确定规划，对全区教科文卫体、公共安全、社会保障、社区服务等各类公共服务基础设施进行统一规划。打破条块分割，促进不同领域、不同区域、不同系统之间公共服务资源的整合与共享，建成功能结构合理、地区分布均衡、高效便捷可及的公共服务设施网络。

在教育方面，伴随着区域社会经济建设与发展，我区各级各类教育的分布仍需要进一步调整。比如，石景山区幼儿园规模、数量、分布、办学水平等方面存在明显不均衡现象，需进一步扩大幼儿园办园规模和数量，扩大招生范围，鼓励和监督社区私立幼儿园发展，以不断满足区域百姓日益增长的教育需求。

在文化体育方面，加强和完善公共文化服务体系硬件建设。进一步完善区、街道（社区）、户三级公共文化服务体系基础设施建设，重点抓好为民办实事、折子工程的落实，推进区级重点工程影剧院建设，抓好图书馆国家达标验收硬件设施建设，做好首钢搬迁改造区域、农改居地区综合文化场所建设的调研与实施；加快以街道、社区文化室、图书室为主要构件，以社区数字电影为重点的文化设施建设步伐，为全区群众开展高尚的文化活动建立起配套的公共服务设施。在全部社区建立体育活动指导站、点，形成三级晨、晚练健身辅导网络，提高城市经常参加体育锻炼的人数。

（二）统筹安排政府资源，优先解决居民迫切的公共需求

强化政府承担基本公共服务的职责，在政府投资计划和财政预算中加大对公共服务的投入，同时将各部门申请的建设资金纳入财政专户，由区政府统一管理，集中安排使用。遵循“先急后缓、量入为出”的原则，

集中财力在服务设施相对薄弱的领域和地区建设开展一批面向基层、面向百姓的公共服务设施和服务项目，向全区人民提供公平、充分、优质、高效的基本公共服务。

由于石景山区具有传统“4050”产业工人多的特点，劳动力供给与新兴产业需求之间的结构性矛盾突出，因此在就业保障方面的工作需要用发展眼光和引导的方式，加强职业培训体系和就业引导，全面推进就业合同制度，维护劳动关系和谐稳定。就业方面可以重点结合台湾小吃一条街、苹果园交通枢纽工程、西部开发与建设、永定河水岸经济的发展等 CRD 发展契机，开发适合我区失业人员特点的就业岗位。同时，通过采取就业相关数据会商和落实区域性政策来大力开发新的就业岗位。

医疗方面，建立完善的社区卫生服务体系。以社区卫生服务中心为主体，社区卫生服务站为补充，提供健康教育、预防、保健、康复、计划生育技术服务和常见病、多发病的诊疗服务，使石景山区居民医疗人口覆盖率达到100%。

社会保障中，除了继续推动合同制度，增加养老、医疗、失业、工伤、生育保险覆盖率之外，应高度重视住房保障，调整住房结构，加大住房保障力度，严厉打击囤房、炒房等哄抬房价的现象，保证第一次购房公众的合理需求。

（三）大力发展西部公共设施和服务建设

西部地区发展的好坏，决定了石景山区发展的快慢、好坏。目前西部的重点投入集中于环境生态上，将会建立石景山区的“后花园”。长期以来对支撑文化创意产业、高新技术产业的作用将是非常显著的。要坚持新增财力向落后地区倾斜、向困难群体倾斜、向基层倾斜。在西部地区基本公共服务体系建设中，区政府应主动承担责任，可通过设立补偿基金等建立起一种长效帮扶机制，集中财力、加大力量增强首钢搬迁改造区、西部农转居等地区的公共服务供给能力。另外，还要注重维护和增强基层政府提供公共服务的能力。

从石景山区东西部公共服务研究结果来看，西部生态资源，以近城山水与都市园林为最大特色，可用于打造具有集会议、商务、旅游、休闲度假、娱乐和餐饮等功能的文化娱乐休闲区域。不足之处在于西部山区多，交通便利性较差，并且金融、商业、医疗、卫生、教育、科研等公共基础配套设施相对缺乏，因此在未来的规划中，西部区域的公共服务水平应与东部相均衡，发展以快速交通为主的公共设施，并结合西部特色，吸引更多的旅游、商业项目，形成西部经济的良性循环。

（四）加快推进社区管理服务工作体系建设

“十二五”时期，要着力建设以社区党组织为领导核心、以社区自治组织为枢纽、以社区服务站为平台、社区社会组织和居民广泛参与的多元治理机制。一是强化社区“一分三定”组织架构。积极探索建立社区服务站与居委会“职能分开、协作治理”的社区工作运行模式。做好社区居委会和服务站的定岗、定责、定编工作，通过增加专业人员承接社区事务，使社区居委会从繁琐行政性事务中解脱出来，充分发挥联系居民的优势，集中精力开展社区居民自治工作。社区服务站要在街道办事处的领导和政府职能部门的业务指导下开展工作，要建设成为协助政府职能部门办理本社区内各种公共服务事项、为社区居民提供方便快捷优质服务的“一站式”社区公共服务平台。二是推进社区服务的专业化、社会化和网络化。全力推进社区公共服务体系建设。积极协调有关部门，按照《北京市社区基本公共服务指导目录（试行）》统筹做好政府公共服务，不断创新服务方式，拓展服务内容，力争实现10大类60项政府基本公共服务项目覆盖全部社区。以古城街道为试点，探索打造大区域“一刻钟便民生活服务圈”，让居民享受更为方便、快捷、优质、价廉的社区服务。三是深化提升“新居民”互助服务站经验成果。

以新居民服务站为依托，加强“新居民”党建，建立健全在流动人口聚居地依托社区党组织和在工作地依托单位党组织、商务楼宇党组织、行业协会党组织的流动党员服务管理工作体系；探索将服务站模式纳入社区规范化服务管理；尝试建立“新居民”志愿者协会，并推行实名制管理方式；不断提升新居民互助服务站的服务管理水平。四是强化“重点村”整治、拆迁地区社区建设工作。充分发挥社区居委会、社会组织的桥梁纽带作用，构筑好维稳第一道防线。在拆迁地做到早进入、早规划、早行动，积极探索多种管理和服务模式，实现拆迁改造和社区建设的同步推进和有机衔接。

（五）健全公共应急管理机制，强化政府危机管理职能

“十二五”时期，应建立渠道畅通、网络严密的监控系统，组织开展我区应急资源普查，建立石景山区应急资源基础数据库，收集处理潜在的危机信息。及时捕捉、收集相关信息并加以分析处理，建立信息网络及上报机制。建立专家预测机构，提出科学预防方案。各街道办事处、各专项应急指挥部办公室在实现有专门处级领导分管应急工作、有科室具体负责应急工作、有专兼职应急信息员队伍的基础上，明确突发事件的分级标准和职责分工，严格实施处置指挥的程序。应急指挥机关及指挥人员应熟悉应急管理工作的流程、各个阶段的特点及各种应急条件的运作时限，不断提高法律政策运用能力、对事件各种矛盾的准确分析判断水平，力争杜绝违法处置和错误处置现象的发生。

此外，要注重培养全区居民应急意识和技能，提高应对突发事件的信心和承受力，完善应对突发事件的全社会参与机制。继续开展应急知识“进机关、进社区、进学校、进企业、进军营”活动。利用各种载体开展形式多样的科普宣教活动，提高居民公共安全意识和自救互救能力。通过制作宣教应急知识的系列动漫公益宣传片等各种方式，向广大居民宣传应急避险、自救护救知识，提升应急处置社会参与度。

（六）引入社会资源，构建多元的公共服务供给机制

“十二五”时期，石景山区在公共服务领域要进一步破除政府垄断，引入竞争机制，将政府、市场主体和民间组织都纳入到公共服务体系中，建立政府主导、多方参与的服务体系，努力培育和支持第三部门成为公共服务的重要力量，在公共服务中引入竞争机制，创建公平竞争的环境，使政府、私人部门和第三部门供给公共服务的职能得到发挥，功能得到耦合，提高公共服务多元供给主体的合作效能。通过在公共服务领域引入竞争机制和社会组织的参与，在政府、企业与社会部门之间建立一种合作互动的良性关系，以缓解社会矛盾，适应日益多样化的社会需求。

（此文作者为石景山区委常委、副区长）

北京市门头沟区社会组织发展现状调研报告

韩兴无

随着社会主义市场经济的深入发展，社会组织正在成为参与社会管理的新的重要力量，影响和作用日益扩大。充分认识社会组织的特点和重要作用，加强社会组织管理，支持社会组织发展，发挥其应有的作用，对于维护社会和谐稳定、促进经济社会发展、促进政府转变职能、促进社会管理体制创新等，都具有十分重要的作用。

为促进门头沟区社会组织健康快速地发展，为上级组织和领导决策提供现实依据，区委社会工委对全区社会组织发展情况进行了专项调研，调研报告如下：

一、全区社会组织概况

全区社会组织存在已注册登记、未注册登记两个层次；分区、镇（办）、村（居委会）三级业务管理模式；社会团体和民办非企业单位两种类型。所有社会组织全部受到相关部门的登记管理或备案管理。

截至2010年3月底，门头沟区共有社会组织442个。其中：已注册登记的139个（包括：社会团体90个、民办非企业单位49个）；未注册登记的303个（见表1－表5）。

未进行注册登记的社会组织人员多少并不固定。按照平时参加活动人员计算，303个社会组织经常参加活动的人员达到9000～15000人。另有部分健美、体操、保健类自由性组织存在，流动性强，暂无法统计。

全区注册的社会组织和北京市总体形势相同，基本形成“四五一”格局，就是40%属于较好，50%属于一般，还有少数基础薄弱甚至个别组织停止了活动。目前全区未注册登记社会组织中党员5542人，建立党组织的12个。

表1　已进行注册登记的社会团体（单位：个）

分类	社团组织	会员数		注册分支机构	办事机构
		团体	个人		
经济	62	985	23326	1	68
科学研究	8	122	1139	—	8
社会事业	11	152	3230	2	12
慈善	4	68	5238	—	4
综合	5	40	36021	—	5
合计	90	1367	68954	3	97

表2　已进行注册登记的民办非企业单位（单位：个）

分类	教育	卫生	社会服务	文化	体育	法律	其他	合计
数量	33	1	7	2	4	1	1	49

表3　未进行注册登记但已经在社区（村）备案的社会组织（单位：个）

分类	秧歌队	太极拳	合唱团	民间花会	腰鼓队	舞蹈队	戏曲协会	文化艺术	球类团队	体操队	信鸽协会	合计
数量	78	34	28	23	15	12	9	6	6	4	1	216

表4　未注册登记的社会服务类　　（单位：个）

分类	老龄协会	安装修理服务队	计生协会	医疗保健队	合计
数量	37	19	15	2	73

表5　未注册登记的农业经济类　　（单位：个）

分类	特种养殖类	野生资源加工类	果树种植类	“农家乐”旅游	合计
数量	10	1	2	1	14

二、社会组织的作用日益显现

社会组织是自然人、法人或者其他组织，以非营利、独立性和志愿性为特征，为实现特定目标而建立的共同活动的社会群体。近些年来，全国特别是北京市社会组织呈现快速发展态势。一是数量猛增，二是总体实力逐步增强，三是覆盖范围进一步扩大。作为一种新型组织形式，社会组织为实现政府行政管理与群众自治有效衔接和互动，提供了组织平台，成为人民群众参与社会管理和公共服务、实现社会良好发展的重要载体。概括起来，社会组织主要在以下四个方面发挥着重要作用。

（一）服务人民群众

行业协会、农村专业经济协会、各种学会等社团组织通过反映利益诉求、开展政策咨询、组织各种培训、配合政府职能转变履行政府委托等，为广大会员服务；社会公益组织通过扶贫帮困、解难济危完善社会救助体系，为特殊群体服务；民办学校、民办医院、民办体育文化机构、民办养老机构，为社会提供公共服务，满足人民群众多层次、多元化服务。

例如，2008 年 1 月门头沟区永定镇成立了青年志愿者服务队，主要由团干部、大学生“村官”、青年团员组成。服务队秉承“哪里需要哪里去、何时需要何时来”的志愿理念，践行“招之即来，来之能战，战则必胜”的服务诺言，长期以来，开展了内容丰富、形式多样的志愿服务活动，为北京奥运会、国庆及全区各项建设以及志愿服务长效机制建设作出了积极贡献：2008 年 7 月至 9 月，永定镇青年志愿者服务队承担戒台寺站点城市志愿服务工作的组织保障工作，他们克服交通不便的困难，精心策划服务项目，7 月 28 日—9 月 28 日期间累计上岗 305 人次，为游客提供志愿服务6000余次；2009 年，服务队投身国庆 60 周年城市志愿服务，20 名志愿者在国庆期间担当起对“三失”人员的监管工作，喜庆祥和的节日氛围里有他们的辛勤努力；2010 年服务队推出应急救助项目，辅助医护人员抢救伤病者，突发事件医疗现场有他们的身影，自服务队成立以来，有 20 人经过培训并拿到专业培训资格证，共抢救伤病者 3 人；2010 年 8 月，参与京浪岛音乐节志愿服务，微笑引导观众乘车，耐心解答观众咨询，任劳任怨，忠于职守，30 余名志愿者连续三天进行了长达1000余小时的志愿服务。

（二）助推经济发展

行业协会平衡各方利益关系，调解贸易纠纷，加强市场交流，促进产业升级，成为加快转变经济发展方式、促进行业可持续发展的“催化剂”和“助推器”；促进经济发展和市场经济体制的完善，农村专业经济协会组织带领农民调整产业结构、规避经济风险，促进农民增产增收，推动农村经济发展；民办非企业单位通过开展各种经营活动创造税收，直接为经济发展作贡献；异地商会为外省企业与本地企业对接和招商引资搭建平台。

例如，门头沟区商业联合会成立于2002年，是门头沟区行政区域内的商业社团组织，由具有代表性的商业企业（集团）联合发起成立的，是经北京市门头沟区社会团体登记管理机关核准注册登记的非营利性社会团体法人。该协会结合行业的具体情况，承担以下具体职责：①组织行业培训、技术咨询、信息交流、会展招商以及产品推介活动。②参与有关行业发展、行业改革以及与行业利益相关的政府决策论证，提出经济政策和立法的建议，参加政府举办的有关听证会。③代表行业企业进行反倾销、反垄断、反补贴等调查，或者向政府提出调查申请。④依据协会章程或者行规行约，制定本行业质量规范、服务标准。按照“政府搭台、协会组织、企业参与”的工作思路，发挥协会的桥梁纽带作用，建立起了以居家养老为基础、会员企业服务为依托的新型养老体系。与此同时商联会还对我区商业企业的自律规范、公平市场秩序、员工培训等方面加强了监管力度，使广大群众真正得到满意放心的服务。

（三）维护社会稳定

第一，社会组织为促进就业和再就业发挥了积极作用。第二，社会组织在维护社会公平方面大有可为。许多社会组织积极从事减贫济困、安老扶幼、扶弱助孤、助学助医等公益活动，促进了社会和谐，维护了社会公平。第三，社会组织能促进先进文化建设。学术团体聚集了大量专家学者，通过学术研究交流，推进社会主义文化繁荣；民办文化体育服务机构，贴近生活、贴近群众、便于参与，在满足人民日益增长的精神文化需求方面发挥了不可替代的作用。此外，社会组织还在扩大人民民主、引导群众有序参与等方面也发挥了积极作用。

例如，2004年以来，门头沟团区委结合门头沟区实际需求，积极组织团员青年“尊老、敬老、爱老、助老”的社会实践，启动并不断深化了“青春映夕阳——志愿陪伴行动”。目前，已有30个团组织与社区内60岁以上、子女不在身边的“空巢老人”结成互助对子，针对老人特点和需求，开展一对一帮扶活动，服务内容包括：①定期到老人家中，帮助老人整理家务、清洗衣物、打扫卫生、搬动物品，进行生活上的帮扶；②对于没有经济来源的老人，为老人购买食品和生活用品；③定期到老人家中，为老人体检，建立健康档案；④对于经济状况较好、文化程度较高的老人，定期到老人家中陪老人聊天，为老人读报，提供精神慰藉。“青春映夕阳——志愿陪伴行动”顺应了当今社会逐步迈入老龄化的国情、区情实际，让老人们体会到了来自社会的关爱和温暖，弘扬了“尊老、敬老、爱老、助老”的社会公德，有利于促进社会稳定和文明和谐。

（四）维护自身利益

社会组织通过社会章程、行业公约等规范行业服务行为，开展行业自律，减少不正当竞争，维护会员的整体利益。同时，在会员遇到不法侵害时，社团组织积极为会员提供法律援助，依法参与诉讼活动，维护会员的合法权益。

例如，北京天河水肉鸡养殖专业合作社，其前身为养殖协会，是2003年由当地农民自发组成的社会团体，是一个全部由农民组成的专业合作组织，在各级政府的领导支持下，与北京华都肉鸡公司签订了长期合作合同，由肉鸡公司向成员户提供鸡雏、防疫、技术、饲料、成鸡收购一条龙服务，采用合作社运作，成员户饲养的运作模式，大力发展肉鸡养殖业，从而形成了规模化生产的格局，也有效地提高了产业竞争力，最大化地减少了不正当竞争，维护了农民的自身利益。2009年合作社拥有会员户160余户，安排500多名农民就业，出产肉鸡280万只，年总收入7000余万元，纯收入729余万元。

三、社会组织发展存在的主要问题

一是我区社会组织生长发育较为缓慢。主要是因为其准入门槛和监管制度不健全，特别是与市场体系发育和经济组织成长相比，社会组织相关制度改革的滞后更为明显，并已成为整个改革的短板。

二是资金来源不多、数量不足。这也是全区目前社会组织面临的最现实的困难。

三是我区社会组织管理经验不足、人才缺乏，迫切需要解决引进和保留人才。

四是当前社会组织发展政策滞后带来的管理服务滞后等问题。

五是社会组织党建工作机制不顺。从调研掌握的情况来看，全区社会组织党建工作存在思想认识有偏差，与社会组织的特点和党建工作要求不适应，党组织覆盖率比较低，与社会组织灵活、多样的工作方式不相适应等主要问题。

四、促进社会组织发展的对策建议

（一）把社会组织发展和管理工作纳入“十二五”总体规划

目前，北京市社会工作的主体是事业单位、官办社团和不具“官方”背景的社会组织。随着政治、经济体制改革的不断深化，事业单位将转制，官办社团也将逐步走向民间化，社会组织必将成为社会工作的主体，政府、企业、社会组织“三足鼎立”的社会格局必将形成。因此，发展和规范社会组织，既有很强的客观需求，又有现实的可能性。我们要从推进社会管理体制创新和构建社会主义和谐社会的高度，充分认识社会组织的地位、作用以及发展和规范社会组织的重要性，把社会文字组织发展和管理工作列入党和政府的议事日程，纳入经济社会发展总体规划，采取切实措施促进其发展，并依法加强对其管理和监督。

（二）加强管理体制与服务模式的改革

围绕管理服务创新，加快推进“枢纽型”社会组织工作体系和运行机制，从单纯业务主管向管理服务转变，重点履行服务、支持、引导、联系同行业、同系统、同性质社会组织的职能。同时，切实推进“枢纽型”社会组织党建管理体系。建立社会组织孵化器，由政府为初设社会组织提供场地、设施、资金、服务等支持，为社会组织发展提供必要条件和有效服务。加大对社会组织从业人员的专业培训和岗位培训，不断提高其整体素质能力。支持和依靠社会组织提供公共服务，搭建社会组织服务平台，向全社会推介社会组织及其产品和服务。建立社会组织资质评估和监管机制，由第三方组织实施，政府监督检查。建立违法、非法和“无用”社会组织取缔、淘汰退出机制，确保社会组织健康发展和充满生机活力。鼓励和支持社会组织积极参与社会管理，政府重大决策、重大事项向社会组织和公众征询意见，扩大社会组织参与公共事务的范围。

（三）加大对社会组织扶持力度

一是加大资金投入。政府应当每年拿出一定数量的专项资金或奖金用于社会组织的扶持工作。政府购买社会组织的服务是资助社会组织的重要方式。要划定政府向社会组织购买服务的重点领域，采用公开招标的方式，建立规范的程序和制度。二是制定发展规划。政府各相关部门要围绕本行业特点，制订本行业社会组织发展规划，积极鼓励和支持社会急需的公益服务类社会组织发展。三是降低准入门槛，简化程序，大力扶持社会组织健康发展。四是加强培训工作。要建立培训社会组织从业人员长效机制，通过组织开展各种培训不断提高社会组织专职工作人员的政治业务素质。五是加强志愿者队伍建设。要借鉴发达国家非营利组织的成功经验，把志愿者充实到社会组织工作人员队伍中，使之成为解决社会组织人力资源问题的出路之一。

（四）促进社会领域党建工作体制机制的改革创新

根据社会组织党建工作的实际情况，统一思想，提高认识，充分发挥基层党组织推动发展、服务群众、凝聚人心、促进和谐的作用，切实增强社会组织党建工作的紧迫感和使命感。一是扩大组织覆盖，创新活动方式，对于已登记的社会组织通过舆论宣传、专题学习讨论会、个别谈心或组织到社会组织党建工作开展较早、效果较好的地方参观学习，以推动其工作不断深入；对于未进行注册登记的社会组织可以派驻党建工作联络员开展工作，先保证党的工作覆盖，再积极研究探索建立党组织问题，条件成熟的尽快建立党组织。二是因地制宜，灵活开展党建活动，要按照“有利于党员管理、有利于增强组织活力、有利于组织业务发展”原则，充分发挥党员的先锋模范作用，积极探索推进社会组织党建工作的有效途径。通过在街道、镇层面组建社会工作党委的方式，积极整合社会资源，切实增强社会组织党建工作的生机和活力。三是完善社会组织管理机制，根据新社会组织业务领域广、业务主管单位和挂靠单位涉及面广的特点理顺隶属关系和管理体系。还应结合社会组织实际，建立健全党建工作相关制度，如党建工作联席会议制度、党建工作指导员制度、督促检查制度等，不断加强社会组织党的建设，确保社会组织发展的正确方向。

（此文作者时任门头沟区委社会工委书记、区社会办主任）

推进城市化进程　社区规范化建设势在必行

王占勇

社区是促进城市健康发展的坚实载体，加强社区建设是促进城市健康发展的坚强动力。当前房山区正在有序推进“三化两区”建设，随着全区城市化进程的不断加快，社区的地位与作用日益突出，能否在城市化进程中同步构筑和谐社区，对于构建社会主义和谐社会具有十分重要的意义。最近，区委社会工委、区社会办组成调查组，就全区社区建设情况进行了深入调查。通过调查，我们认为，推进社区规范化建设是提高城市综合服务功能的有效手段，是稳步推进城市化进程的重要保障。

一、房山区在城市化进程中加强社区建设的实践与探索

近年来，区委、区政府紧紧围绕“三化两区”建设，加快推进城市化进程。在这个过程中，坚持把社区建设作为城市化建设的基础性工作来抓，以加强社区党建为龙头，以强化社区服务功能为核心，以社区自治为基础，以体制改革为突破口，以提高社区公共服务水平、满足群众公共服务需求为出发点和落脚点，大力推进社区各项建设工作，在构建和谐社区上进行了积极探索，有力地推动了城市化进程。

（一）强化社区党建，积极发挥党组织在社区建设中的领导核心作用

一是成立了乡镇（街道）社会工作委员会，建立了以乡镇（街道）党（工）委为领导，乡镇（街道）社会工委具体负责，社区党组织为重点，社区党员为骨干的党建工作网络。二是全面落实《关于加强社区党建工作的意见》，深入推进社区党的建设，社区党建工作取得了长足进步。全区101个社区建立了党组织，共建党总支25个、党支部127个，党员总数为10909人。三是理顺社区党组织与社区其他组织关系，充分发挥了社区党组织在社区各种组织和各项工作中的领导核心作用。通过社区党组织和居委会的换届工作，部分社区实现了党组织书记、居委会主任一肩挑，进一步巩固了社区党组织的领导核心地位。

（二）推进体制机制改革，努力搭建城市化进程中社区建设的自治平台

一是积极推进社区体制改革。为适应城市化发展的需要，推进居（家）委会转制及新建住宅小区成立社区工作，到2009年年底，全区已批准成立120个社区，居民140686户，总人口390849人，为全面推进全区社区规范化建设，构建和谐社区奠定了坚实的基础。二是健全组织机构，完善自治职能。成立了房山区社会建设工作办公室，负责指导全区社区建设、服务和管理工作，出台了一系列规范性文件，进一步明确了社区党组织、社区居委会、社区服务站的职责。三是积极推进社区民主政治建设。建立了在社区党组织领导下，社区居委会和社区服务站紧密对接、协调联动的工作机制，充分发挥社区居民会议的作用，完善社区党组织牵头、社区居委会和社区服务站参加的联席会制度，研究讨论社区建设、管理、服务中的重要问题和重大事项。

（三）大力发展社区服务，不断满足城市化进程中社区居民生活的需要

近年来，区委、区政府高度重视社区建设，一是积极搭建服务平台，构建起基本的服务体系。部分乡镇（街道）建起了面积不少于1000平方米的社区服务中心并开通了社区服务热线呼叫系统“96156”。完成了全区社区基础信息录入工作。二是加大资金投入力度，基础设施建设不断完善。近年来，全区累计投入资金1.5亿元用于老旧小区环境建设、基础设施改造、社区办公和用房建设，33个社区办公和服务用房面积达到350平方米以上，极大改善了社区的环境面貌、生活条件、办公和服务条件。三是改善服务环境，社区服务功能显著增强。随着社区建设的推进，各项公共服务在社区不断延伸和发展。以社区卫生服务中心为主体，以二级以上医疗、预防保健等卫生机构为技术依托，以社区卫生服务站为基础的社区卫生服务体系初步形成；政府各部门纷纷在社区建室设站、配备人员，目前所有社区都建有文化活动室、警务工作站和社区卫生服务站；全部社区居委会都配备了电脑和打印机，并实现市—区—街—居四级联网；90%的社区拥有2处以上的固定宣传栏（橱窗），便民商业网点、银行、邮局等服务设施在社区的覆盖面也逐年增加。

（四）大力加强社区文化建设，不断满足城市化进程中社区居民的精神文化需求

随着社区建设的蓬勃发展，社区文化活动成为一道最为活跃和亮丽的风景线。社区努力发挥基层宣传阵地的作用，通过市民课堂、社区论坛、橱窗墙报、文艺演出等方式广泛开展思想道德、民主法制、科学文化宣传教育，开展了“迎奥运、讲文明、树新风”活动、“周末社区大讲堂”、“道德教育大讲堂”、“文明行为推动日”等活动。常年开展“孝亲敬老模范”、“五好家庭”、“文明楼院”、“文明社区”等各种类型的精神文明创建活动，弘扬爱国守法、明礼诚信、邻里互助的文明新风。大力发展楼院文化、节庆文化，支持居民群众参与到丰富多彩、有益身心的文化娱乐活动中来，形成了一系列有影响的社区文化品牌，包括“和谐杯”社区乒乓球比赛以及“构建和谐社区共筑美好家园”、“迎奥运社区文化活动”等系列文化活动，把群众带动和凝聚到共同建设美好家园的事业中来，极大地提升了社区的文化软实力和社区建设的社会影响力。

（五）开展“文明平安”社区建设，为加快推进城市化进程营造良好的社会环境

一是加大文明社区创建力度，不断夯实城市文明基础。从2006年开始，在全区开展了“和谐社区”创建工作。有35个社区先后被评为“十星社区”，受到区委、区政府表彰奖励。2009年，23个社区获得“区级文明社区”称号，34个社区被评为“首都文明社区”。二是加大平安社区创建工作。居民区物防、技防设施覆盖面进一步提升，职业和义务力量持续发展壮大，初步形成了以社区民警为骨干、以社区警务工作站为依托、以社区治保组织为辅助、以群防群治为主要工作

方式的创安模式。三是加强社区甲型 H1N1 流感防控、安全稳定、环境整治、预防煤气中毒等工作，社区层面没有发生重大安全事故，确保了人民群众生命财产安全。

二、社区建设现状与全区快速推进的城市化进程还不相适应

综上所述，随着全区城市化进程不断加快，社区规模不断扩张，社区在促进经济发展、满足群众物质文化需要、优化城市发展环境、维护社会稳定等方面发挥着越来越重要的作用。但是，与全区日益加快的城市化进程相比较，仍然存在很多不适应。

（一）行政区划不合理，不方便开展工作和服务居民

调查中，我们发现有很多社区在行政区划上不合理，有的社区分布过于分散，不利于管理和服务。例如，西潞街道西路东里社区，整个社区分为9个小区，主要沿西路南大街和西路北大街纵向分布，直线距离1.5公里左右，而社区居委会和服务站在最南侧的小区内，其他小区居民尤其是老年人要来服务站办事和活动极不方便。有的社区“飞地”过多：例如，良乡西路南侧月华新村小区地处西潞街道行政区域范围内，而小区楼房是渔儿沟村回迁房，属拱辰街道办事处管辖，对于组织居民活动和开展工作十分不利。

（二）社区体制机制尚不健全，与城市化进程的快速推进不适应

随着全区城市化进程不断加快，大量农民涌入城市，流动人口逐年增多，就业压力不断加大，失业人员逐年增加。据调查，部分社区特别是一些老旧小区，随着出租房屋的增加，流动人口与常住人口正向着倒挂的趋势转变，给社区管理带来很大难度。与此同时，社区社会保障体系建设仍需加强、居民医疗保障制度不够完善、社区基础设施条件有待改善等问题依然存在，社区建设管理体制特别是城乡结合部地区尚不健全，农村社区服务管理工作才刚刚起步，与城市化进程的快速推进不能同步。

（三）社区功能尚不完善，与居民群众多层次的需求不适应

虽然近年来房山区加大了对社区的投入力度，但由于全区多数社区为老旧小区，服务设施不全，服务功能不完善，与社区群众生产生活密切相关的教育、医疗、就业、住房、交通、环境等方面的问题依然存在，社区功能和城市化发展不平衡，还不能满足居民群众日益增长的多元化的服务需求。

（四）队伍整体水平有待提高，与新型社区服务要求不适应

近两年房山区按照大学生社工招聘计划，选聘了一些高校毕业生加入到社区工作者队伍中，使社区工作者队伍专业化、职业化水平有了进一步提升。但从全区的情况看，社会工作者队伍年龄偏高，文化水平偏低，专业化程度不高等问题依然是今后一段时期社会工作者队伍建设的首要问题。

（五）社区各种社会矛盾凸显，与和谐社区建设不相适应

在“三化两区”战略指引下，房山区城市化步伐明显加快，重点功能区建设全面启动，经济社会呈现良好的发展态势，但与此同时，社会矛盾趋于凸显，重大工程征占地造成的历史遗留问题与产业结构调整、城市拆迁引发的现实矛盾相互交织，统筹兼顾各方面利益难度增大，维护社会和谐稳定的压力越来越大。这些影响经济发展社会稳定的所有因素虽然都反映在社会，但绝大多数都发生在社区，社区成为社会矛盾和社会问题的交织点。因此，只有做好社区建设工作，才能最大限度地把各种矛盾化解在基层，消灭在萌芽状态，才能有效推进城市化进程。

三、必须加强社区规范化建设，全力构建社会主义新型社区，努力推进城市化进程

社区建设的落后，必将阻碍城市化进程的推进，因此，推进城市化进程必须大力加

强社区规范化建设，全力构建服务功能完善、居住环境舒适、治安秩序良好、文化生活丰富、管理手段科学、人际关系和谐、公众参与广泛的社会主义新型社区。

（一）坚持科学合理布局，高标准规划新型社区行政区划

一是对目前所有行政村进行普查，对居民人口倒挂村，坚持“试点先行”的原则，在条件允许的情况下，要探索成立社区居委会，加强对社区居民的服务和管理，逐步探索在村党组织、村民委员会、社区居委会模式下的工作机制，充分保证农村社区居民的民主权利。二是对已经批准成立的社区，要坚持科学规划、合理布局，在条件成熟的时候，按照“属地管理、服务半径”重新划分行政区划，使规划后的社区便于服务开展和居民办事。三是对新建小区进行督促检查，按要求落实配建指标，及时成立社区，尽快建立社区党组织、社区居委会、社区服务站“三驾马车”并存的工作模式，开展社区管理、服务工作。

（二）加强基础设施建设，努力搭建社区公共服务平台

一是争取市、区、乡镇（街道）三级财政资金投入，采取新建、改扩建、购买、落实配建指标以及资源整合利用等多种方式，加强城市社区基本公共服务设施硬件建设。同时强化对新建住宅小区配套设施指标落实情况的监督检查。努力使全区所有社区办公和服务用房面积达到350平方米以上。二是充分利用民防资源，探索推进民防工程服务社区居民工作。研究出台将全区废弃锅炉房及社区其他闲置用地留作公益事业建设用地的实施办法。三是大力推进城乡结合部新型社区服务设施建设。严格落实新建住宅小区公共服务设施配建指标，加大监管力度，避免形成新的欠账。同步建设“村转居”社区公共设施和居民文体活动设施，适当给予政策和资金倾斜。

（三）拓展社区服务功能，进一步完善社区服务保障机制

一是按照城市社区发展布局，对处于良乡及燕房组团、城市人口密集、有较大规模建设用地的社区，坚持超前规划，适度扩大建设规模，力争在“十二五”时期建成5～7个集社区办公、卫生、就业、托老、文化、体育等多项公共服务和居民活动功能为一体的区域性社区服务活动中心。二是拓展城市社区便民服务功能，着力打造“一刻钟社区服务圈”，逐步实现社区居民步行15分钟之内就能享受到便捷安全的政府公共服务、公共事业缴费服务和日常生活消费服务。三是坚持超前规划，为城乡结合部新型社区提前预留公共服务设施和商业设施用地。探索公共服务设施社会化、市场化、多元化的实现途径和运行机制，坚持政府投资与社会投资相结合、公益性与经营性相结合的原则，按人口分布，在长阳、阎村、窦店等城市化进程较快地区分片建设较大规模的区域性社区服务活动中心。四是建立“农转居”人员长效服务机制。围绕关系群众切身利益的住房、低保、养老、医疗等方面问题，做好社会保障和社会救助工作，做到政策全覆盖、服务全方位、生活有保障，形成稳定群众生产生活的长效机制。针对“农转居”人员迫切的就业需求，结合政府购买公共服务，大力挖掘社区公益性就业岗位，加强就业培训，引导其就业、创业。

（四）拓展社区发展范围，探索农村社区化服务管理途径

一是按照城乡一体化的要求，总结推广长阳镇农村社区服务经验，积极探索农村社区公共服务体系建设新模式，不断提升农村基层社会服务水平。整合相关站所，逐步建立覆盖全区的乡镇社区服务中心和村级服务站，统筹承担劳动就业、社会保障、社会救助、计划生育、文化体育、网络信息、心理咨询、代收代缴、家政服务等相关公共服务、公益服务和便民服务职能，实行综合管理、一站多能，使农村群众享受到与城市居民同等的社会服务。二是借鉴大兴区村庄社区化

管理经验，从治安防范、环境卫生等方面入手，开展村庄综合整治，加强人防、物防和技防建设，优化农村居住环境，促进农村和谐稳定。

（五）改革组织管理体制，构建新型社区建设组织体系

一是进一步明确和理顺社区党组织、社区居委会、社区服务站的职责关系，确立社区党组织在社区各类组织和各项工作中的领导核心地位。逐步探索建立社区服务与社区管理“一核心、两结合、七联动”模式，即以社区党组织为核心，社区服务站无偿服务与物业公司、社区社会组织、社区经济组织有偿服务相结合，居民委员会全面自治与业主委员会有限自治相结合，建立以上七类组织紧密对接、协调联动的工作机制。完善联席会议制度和重大事项决策制度等各项规章制度，实现社区服务与管理的规范化、制度化、科学化。二是研究制定包括社会保障服务、社会救助服务等10大项、若干小项的《房山区社区基本公共服务指导目录》，出台《房山区社区工作实行准入制实施办法》。三是研究城乡结合部新型社区建设的运行机制。以城乡结合部重点村改造为契机，加快推进社区党组织、社区居委会、社区服务站建设，实现城乡结合部改造与社区建设的同步推进与有机衔接。探索过渡期内社区居民委员会、村民委员会、业主委员会合作共存模式，实行人员交叉任职、分工不分家。确立社区党组织在社区各类组织和各项工作中的领导核心地位，着力将社区服务站打造成为政府基层公共服务综合平台。

（六）完善考核管理办法，继续加强社区工作者队伍建设

一是继续实施“大学生社工计划”，选聘高校应届毕业生、服务期满“村官”、大专学历以上社会人员到社区工作，利用三年时间使每个社区都有一名取得国家社会工作者职业水平资格证书或具有本科以上社会工作专业（或相关专业）学历的大学生。二是研究出台社区工作者管理、考核、使用办法，进一步完善各项政策措施，规范和提高社区工作者待遇。加强社区工作者教育培训，努力使全区90%以上的社区工作者达到大专以上学历。三是探索建立社区建设工作指导员制度，选聘一批退休和退居二线的领导干部担任社区指导员，出台相应管理办法。

（七）积极开发社区资源，探索建立社区经费保障体系

目前，各社区经费主要依靠区财政每年1万元的拨款，很难保证社区经费支出。为此，急需加快探索一种既有利于社区经济发展，又有利于形成稳定的社区经费来源的新途径。一是加大财政支出力度。按照社区规范化建设试点工作实施方案的要求，将试点社区公益事业补助资金和办公经费等按照新标准及时足额拨付到位，确保社区各项日常经费支出有可靠的资金保障。二是实行事权与财权相统一。在加强社区综合功能的过程中，凡是应由政府职能部门承担，因工作需要转移到社区的，如绿化、环卫、治安等方面的相关工作经费，实行费随事转。三是以社区规范化建设为契机积极整合社区资源，探索社区经费保障新途径。以便民利民服务为原则，开办社区餐厅、社区便民店等“公益+经营”的实体，将社区打造成具有自我造血能力的实体，确保社区各项支出有可靠的资金保障。

（八）加强各类组织建设，努力提高社区建设的公众参与度

一是研究制定政府购买公共服务实施办法，设立社会建设专项资金，建立社会组织孵化器，培育扶持社会组织发展，加快推进政府购买公共服务步伐。二是成立房山区社会志愿者联合会，整合各类志愿者组织和志愿者工作资源，建设专业志愿者队伍，建立健全社会志愿者长效管理机制、动员协调机制。三是依托社区各类组织，推进空巢老人心理关怀和生活陪伴服务，切实加强残疾人心理服务，建立过硬的管理人员队伍和助残志愿者队伍，帮助残疾人解决工作和生活中的实际困难。四是以《社会家园》电视栏目为依托，以体制机制创新为动力，以社区规范化建设为载体，以实现好、维护好、发展

好人民群众的根本利益为出发点和落脚点，积极推进全方位服务居民日常生活的“阳光家园”、竭诚服务困难群众的“爱心家园”、真诚服务居民健康的“康乐家园”、热忱服务居民提高素质的“学习家园”、大力维护社区稳定的“和谐家园”、热心服务社区党员的“红色家园”“六个家园”建设，探索建立奖励机制，引导社区结合自身实际打造某方面的家园品牌，使每个社区都有自己的特色，努力创造“社会家园”建设的房山模式。

（此文作者为房山区委社会工委书记、区社会办主任）

“十二五”期间通州社会管理体制改革与社会建设目标、思路及对策研究

宁秋君

党的十七大报告中提出，要加快推进以改善民生为重点的社会建设，并对此作了明确部署。“十一五”规划期间，通州区认真贯彻中央、市委的工作要求，在社会建设方面取得了很大成绩，奠定了良好的工作基础。但是，面对人民群众对日益增长的物质文化新需求和对公共服务、社会管理的新要求，社会建设面临着难得的历史机遇，也遇到了严峻的挑战。“十二五”规划期间，正值通州进入跨越式发展，建设现代化国际新城的关键时期，必须坚持贯彻落实科学发展观，进一步加大社会建设力度，深化社会管理体制改革。

一、通州区社会管理体制改革与社会建设现状

（一）通州区社会管理体制改革与社会建设进展情况

1. 社会管理体制实现新突破。成立了以区委、区政府主要领导挂帅，全区39个成员单位负责人组成的通州区社会建设工作领导小组，建立了区社会建设工作领导小组办公室例会制度，加强了对社会工作的领导和管理。成立了区委社会工作委员会、社会建设工作办公室，作为区委和区政府管理社会建设工作的业务管理机构，履行社会建设工作调研、规划、组织协调、日常业务指导等职责。在各乡镇、街道也建立了相应的社会建设工作机构。网络化的社会管理新格局逐步完善。

2. 公共服务水平稳步提高。着眼于社会秩序与社会发展并举，社会管理与社会服务逐渐成为政府的重要职能，社会发展支出在财政支出中所占比例逐步增大。义务教育发展迅速，名校办分校取得新进展。基本卫生医疗服务得到发展，新型农村合作医疗参合人数达32.9万人，全区一级以上医院在全市率先实现医疗费“出院即报”。社会保障进一步得到重视，2009年底，城镇登记失业率控制在1.92%，各项社会保险参保人数58万，占户籍人口的89%。“五项基础设施”建设和“三起来”工程进展顺利，“12项全覆盖工程”全面推进，区级社会福利中心建设启动，养老助残“九养政策”得到落实。一个覆盖城乡、水平不断提高的公共服务体系正在逐步形成。

3. 社区建设不断加强。社区管理体制改革取得新突破，根据社区工作“369”项目分工、社区规范化建设“五统一”设置标准，进一步深化社区党组织、社区居委会、社区服务站建设。2009年在复兴南里、玉带

路等 21 个社区开展了 7 个方面 26 项指标的社区规范化建设试点工作，涉及总建筑面积 5394平方米，总投资3349万元。2010 年在总结 2009 年社区规范化建设试点工作经验的基础上又继续在 50 个社区开展规范化建设工作。在北京市“魅力社区”的评选中，葛布店北里、玉桥东里社区分别荣获“魅力社区”和“魅力社区风采奖”。“楼门文化建设”的品牌作用进一步发挥，成功举办了通州区楼门文化建设论坛。

4. 社会组织健康发展。积极培育和发展社会组织，目前全区有社会团体 100 家，民办非企业单位 170 家。社会组织在提供公共服务、反映利益诉求、扩大公众参与、增强社会活力、促进社会发展等方面发挥了积极作用。加强社会组织改革与发展，创新社会组织管理体制，在区科协、区文联两个人民团体试点探索“枢纽型”社会组织管理模式。

5. 社会工作队伍逐步壮大。重视社会工作队伍建设，社会工作者分布于社区建设、社会慈善、福利救助、优抚安置、残障服务、医疗卫生、教育辅导、青少年服务、司法矫正、婚姻家庭、职工权益维护、就业服务等社会管理和社会服务领域。加强了对社会工作者的教育培训，提高了专业化水平。完成首批 66 名大学生社区工作者招录选聘、培训工作。广泛动员社会力量，目前通州区共有各类志愿者队伍1149支，志愿者人数达11400人，分别在敬老助残、节能环保、助学支教、治安巡逻、知识宣讲、医疗义诊、便民服务等领域和在奥运会和国庆 60 周年之际出色完成了各项志愿服务任务，相继开发了区级志愿者项目35 个，建立了区级志愿服务阵地 27 个，形成了“城市志愿服务”、“志愿星期六”、“爱心大行动”、“志愿者就在您身边”等多个品牌工作项目。

（二）通州区社会管理体制改革与社会建设存在的问题和不足

1. 社会管理领导体制和工作机制与新形势的要求还存在不适应的方面。社会管理的各个职能部门的配合还不够紧密，跨部门协作机制尚待进一步加强。在问题比较突出的社会管理领域，如流动人口管理与服务、城乡结合部管理体制等方面的工作机制有待进一步创新、完善。社会建设专项资金尚未建立，社会建设资金保障不足。

2. 公共服务还未能满足人民群众不断增长的多层次、多方面的需求。公共服务存在明显城乡差异，外来流动人口因身份、户籍等原因很难平等享受基本公共服务。公共服务的供给主体主要依靠政府和部分事业单位，相对单一，公共服务的提供方式也不够多样化，缺乏竞争机制，欠缺运用市场化、社会化的手段提高社会服务的效率。

3. 社区管理体制还不完善。居民自治组织带有浓厚的行政色彩，履行了大量乡镇和街道政府在社区的社会管理和公共服务职能。同时居民自治组织缺乏独立的资金来源和充足的自治资源，驻区单位也不与当地社区共享自身掌握的丰富资源，造成社区资源整合度不高。普通社区居民参与社区活动的积极性不高，参与度不够。

4. 社会组织管理体制还不健全。社会组织实行登记管理机关和业务主管单位双重负责的管理体制，这就要求登记注册的社会组织必须有相应的业务主管单位，这样一来找到业务主管单位的社会组织依照法律法规可以进行登记，而找不到业务主管单位的社会组织无法进行法人登记。双重管理体制下，业务主管单位对社会组织的干预过多，大部分社会组织与业务主管单位相关科室合署办公，或作为内设部门管理，社会组织行政化倾向严重。公益服务类社会组织发展不够，在参与社会管理和提供公共服务方面难以发挥协同作用。

5. 社会工作队伍建设有待加强。在专业化方面，实际从事社会工作的专业人才不足。以社区工作者队伍为例，全区现有社区工作者 552 人，很多人在社区居委会和社区服务站交叉任职，与北京市相关要求相比，社区居委会和社区服务站的工作人员在数量配备上还显不足。在社区工作者中，只有 13% 的人取得助理社会工作师职称，3% 的人取得社会工作师职称。在职业化方面，缺乏统一完善的准入、认证、权利保障、评价等基本制度，专业社会工作岗位设置有限。在社会化方面，人们对社会工作的概念还很陌生，对社会工作的认知度不够。

6. 志愿服务还没有形成常态化的动员机制。志愿组织和人员的力量没有有效整合，对志愿者不能统一调配和使用，许多志愿者的特长爱好不能完全向社会公布，缺乏对志愿者的等级评定和必要的激励保障机制。志愿活动缺乏长效工作机制，有的志愿活动仅依靠个人的临时性发起和召集。志愿者缺乏系统社会工作专业知识和技能培训，志愿组织章程制度不够健全、运作程序不够规范。

二、通州区社会管理体制改革与社会建设面临的形势

（一）社会建设的理论和实践日益深入人心

党的十七大把社会建设与经济建设、政治建设、文化建设一起放在“四位一体”的总体布局中，强调在经济发展的基础上，必须更加注重社会建设。党的十七大以后，我国的社会建设工作进入了快速发展的新阶段，取得了显著成效。社会建设理论和实践的发展，更加强调要着力保障和改善民生，进一步促使社会管理理念由社会控制转向社会服务，社会管理目标由社会秩序转向促进社会和谐。

（二）社会管理不再是“政府办社会”

在社会管理中，政府仍处于主导地位，但是，随着社会结构深刻变动，利益格局深刻调整，思想观念深刻变化，各领域的社会事务积聚增多，新的社会阶层、职业不断出现，新的社会问题呈现复杂的特点，单独依靠政府无法解决、管理全部的社会事务，各种社会组织、经济组织、公民个人逐步从管理的对象转变为参与社会管理的主体，并发挥着越来越重要的作用。

（三）奥运志愿成果为社会工作带来新经验

在第 29 届奥运会、残奥会筹备过程中，广大社会组织、新经济组织、社区居民和志愿者踊跃参与、群策群力，有力地保证了奥运会的圆满完成。奥运志愿成果带来新的社会动员机制，志愿服务的兴起进一步激发了社会活力。

（四）人口密集度不断增大带来管理难度

随着产业结构调整、城市功能日益发展，通州正在吸纳大量的外来人口，有市中心疏解出来的人群，有外地来京生活、工作的常住、暂住人群。特别是在通州现代化国际新城建设的新形势下，势必带来人流、物流、信息流的高度集中，人口的流动性和密集度进一步加大，一方面带来了充足的劳动力，特别是高端精英和技术人才；另一方面也增加了社会管理难度，尤其是对流动人口的管理提出了更高的要求。

（五）产业结构深刻调整不仅是经济问题

通州正在大力发展产业经济，现代化国际新城建设的目标是建立现代产业体系。正在建设的产业体系以生产性服务业为主体、以高新技术产业集群为支撑、以文化创意产业为特色、以战略新兴产业为先导，既为通州社会建设奠定一定的物质基础，也进一步要求在社会管理和建设中要全面落实“以人为本”，依靠人民群众发展产业经济，将产业经济带来的经济效益和社会效益转化为人民群众的经济、政治、文化、社会权益。

（六）人居环境建设不断优化是宜居城市的要求

现代化国际新城要建宜居城市，要以构建“低碳、生态、安全、高效、节约”的现代化基础设施体系为目标，大力发展轨道交通、污水处理、生态环境建设等，明显改善人居环境。要不断创新公共服务供给方式，充分发挥市场和社会的作用，逐步缓解广大

市民在就业、医疗、住房、交通等方面的突出困难，逐步满足广大人民群众的公共服务需求和对幸福生活的新期待。

三、通州区社会管理体制改革与社会建设的思路与目标

（一）总体思路

以马列主义、毛泽东思想、邓小平理论和“三个代表”重要思想为指导，深入贯彻落实科学发展观，按照全面建设小康社会奋斗目标的总体要求，始终坚持“以人为本、关注民生、构建和谐、服务社会”的原则，初步建立具有“时代特征、首都特色、通州特点”的社会建设的基本框架，实现人民群众参与式的发展、共享式的发展、可持续的发展。

（二）目标

紧紧围绕通州现代化国际新城建设，不断深化社会管理体制改革，充分发挥各类社会主体的作用，凝聚社会管理和社会建设的各方力量，建立“全覆盖”的社会管理网络，形成党和政府主导、社会协同、公民参与、责任明确、运转协调的社会管理格局。

——发挥社会建设领导机构和业务管理机构的重要作用，建立健全统一领导、组织协调、凝聚共识的社会管理领导体制。进一步发挥区社会建设工作领导小组的作用，研究制定相关政策，加强对工作的协调、督导。进一步发挥区委社会工作委员会、社会建设工作办公室的作用，加强调研，制定具体可行的指导措施，推动社会建设工作深入开展。

——构建以政府为主导、向多元化发展的社会公共服务体系，最大限度满足人民群众不断增长的公共服务需求。进一步有效整合公共服务资源，激励企业、社会组织和个人作为公共服务的提供主体共同参与到社会服务过程中来。进一步加强社区综合服务平台建设，满足社区居民日益多元化的服务需求。进一步加大政府购买社会组织服务力度，促进社会公共服务提供方式多样化。

——构建居民广泛参与、向规范化发展的社区管理体系，建设管理有序、服务完善、文明祥和、充满活力的新型社区。进一步规范和完善社区治理模式，按照“一分、三定、两目标”的要求加强社区管理，从 7 个方面 27 项标准推进社区规范化建设，基本实现社区建设规范化，不断夯实社会建设基础。

——构建“枢纽型”社会组织带动、向社会化发展的社会组织管理体系，培育与扶持能够满足人民群众迫切需求和社会发展客观需要的社会组织。进一步创新社会组织管理体制，扩大党的工作在社会组织的覆盖面，按照社会化、专业化的要求，加快推进“政社分开、管办分离”的办法，基本实现“枢纽型”社会组织作为业务主管部门对其他社会组织的全覆盖，实现社会组织自我管理、自主发展，使社会组织成为社会建设的重要力量。

——构建党和政府统筹协调，向科学化发展的社会工作运行体系，促进社会工作在解决社会问题、化解社会矛盾、提供公益服务等方面发挥积极作用。按照市委、市政府的有关规定基本配齐社区工作者，具有大专以上学历的社区工作者所占比例达到 90%，具有社会工作师或助理社会工作师职称的社区工作者所占比例达到 60%。全区公众志愿服务参与率达到 20% 以上。在全区所有商务楼宇构建“五站合一”（党组织、社会工作站、工、青、妇）社会工作模式。进一步建立健全城乡结合部社会管理机制，形成村民、居民、流动人口一体化管理的新型管理体制。

四、推进通州区社会管理体制改革与社会建设的对策

（一）按照现代化国际新城的要求，不断深化社会管理体制改革

1. 创新“以人为本”的社会管理理念。在加强和改进社会管理中要坚持以人为本，必须着力解决好群众反映的热点、难点问题，解决好人民群众最关心、最直接、最突出的

利益问题，真正从根本上减少和化解各种社会矛盾，维护社会公平正义；必须最大限度整合各种社会资源，发动各种社会力量，使广大人民群众积极参与社会发展，共享经济社会发展的成果。

2. 推进政府职能转变。在社会管理体制改革中，政府要切实担负起社会管理的职能，按照建设服务型政府的要求，深化行政管理体制改革，在抓好宏观调控的同时，更加注重履行社会管理和公共服务职能，要以发展社会事业和解决民生问题为重点，优化公共资源配置，改进公共服务方式，依法支持、保障各类组织和公民个人参与社会管理和公共服务。

3. 发挥各类组织和公民个人在社会建设和管理中的作用。各类公司企业可以通过进入就业服务、教育、养老、医疗卫生等社会服务领域，通过履行社会责任服务社区、慈善捐赠、设立基金会等方式在提供社会服务和培育社会组织方面发挥重要作用。各类社会组织在维护和表达所代表群体的利益和要求、提供会员互益性和公益性社会服务、实行自我管理等方面具有不可替代的独特作用。公民通过表达自身利益和要求、依法行使基本权利、履行基本义务、奉献爱心、自愿捐赠、参加志愿活动等多种途径参与到社会管理和社会服务过程中来。

4. 形成社会管理工作的新机制。完善区社会建设工作领导小组办公室例会制度，加大调查研究和统筹协调的力度，在社会保障、教育、财政、发展改革、公安、司法、扶贫、工会、共青团、妇联等部门和组织建立更加紧密的联动工作机制和信息共享机制。在全区建立稳定的财政支持制度、自然增长机制和社会建设发展基金，为社会建设工作提供资金保障。在推进流动人口管理、重点人群管理、社区管理、社会组织管理、新经济组织管理等方面探索新做法，实现新突破。

（二）完善社会服务网络，提高社会服务水平

1. 加大对公共服务的投入，完善基本公共服务体系。在基础教育、基本医疗、基本社会保障方面，政府作为提供社会服务的责任主体发挥主导作用。加大对农村地区、贫困人群、流动人口的支出比例，促进基本公共服务均衡化发展。

2. 发挥各类社会主体的作用，鼓励民间资本参与公共服务的提供。研究制定财政补贴、特许经营、贷款贴息、税收优惠等政策，大力支持和鼓励社会力量参与就业服务、教育、医疗卫生、养老、托幼等领域的社会服务。加大对公益社会组织的扶持力度，在社区培育专门的服务组织，开展各类为民服务活动，以弥补政府在公共服务方面的不足。

3. 推进政府购买公共服务步伐。购买公共服务是政府一种新型的公共服务提供方式。政府可将自身承担的部分公共服务事项，通过项目购买、项目补贴、项目奖励等多种形式，交给有资质的社会组织和机构来完成，逐步实现公共服务社会化、专业化、市场化。要健全政府购买公共服务的相关制度，进一步明确购买服务的范围和项目、购买方式及监督评价方式，规范购买公共服务操作程序，不断提高管理水平。

4. 推进社区基本公共服务工作。社区是社会成员获取公共服务的重要场所，也是政府组织提供公共服务的基础平台。贯彻落实《北京市社区基本公共服务指导目录》，推进社区基本公共服务全覆盖。要在社区就业、社会保障、救助、卫生、文化教育体育、流动人口管理和服务、安全、环境美化、社区便利等方面开发更多的社区服务项目。要从地区实际和社区特点出发，因地制宜，鼓励开发本社区居民急需的特色服务项目。

5. 在商务楼宇建立服务组织。通州新城将建设更多的商务楼宇，在商务楼宇比较集中的区域将形成商务楼群。商务楼宇具有企业数量多、员工流动性大、需求多样、情况复杂的特点，因此需要在商务楼宇建立服务组织，制定一套完整的工作制度，配备专职的社会工作者，为企业、群众开展政策咨询、沟通协调、矛盾调解、组织文娱活动等服务，

为企业的发展创造更好的环境。

（三）规范社区建设，提高社区治理水平

1. 理顺社区管理各类不同主体之间的关系。将社区服务站与社区居委会职能分开，社区服务站主要承担政府公共服务职能，社区居委会主要引导社区居民开展自治活动；确定社区党组织、社区居委会、社区服务站的工作任务、工作人员和工作经费；将社区党组织建设成为坚强有力的领导核心，围绕社区居委会建设充满生机活力的自治性社区服务体系和围绕社区服务站建设精干高效的公共性社区服务体系。

2. 完善社区管理各类规章制度。建立健全社区党组织工作制度、社区居委会工作制度、社区服务站工作制度、社区社会组织培育和参与制度、社区事务听证会制度、楼门院管理制度、业主委员会工作制度等，建设现代化、规范化的新型社区。

3. 加强社区党组织建设。社区管理离不开党的领导。新的历史条件下，社区党建应更多采用非行政性手段来确立领导核心地位。社区党组织要依靠自身的服务树立威信，通过整合各方力量服务社区，为民服务。要建立社区党员服务中心，组织社区党员开展党员志愿服务。要畅通社区党员向社区建言、传递民情信息的通道，由社区党员带动热心居民共同组成了解社情民意的社区联络网，及时将所掌握的信息传递给社区，社区再根据居民需求进行相应的管理和服务。

4. 加强社区居民自治。要保障社区自治资源，扩大社区自治范围，在依法监管的前提下，允许社区自治组织从多种渠道筹集自治资源；在建立健全相关制度的基础上，逐步落实社区自治组织相对独立的资金支配权和资产管理权。要加强社区自治组织建设，在充分发挥社区居民会议、社区议事协商会议职能作用的同时，做实社区居民代表会议，充分发挥社区居民小组、楼门小组的组织支撑作用。要建立健全各项民主自治机制，在社区事务听证、社情民意表达、利益诉求、服务项目申请等领域大胆创新，探索科学合理的最能反映民意的决策机制，及时总结、推广相关经验。要广泛发动居民参与自治，采取入户宣传、召开座谈会、发放意见征求表、建立网上社区等举措引导居民依法行使民主权利、有序主动地参与社区事务管理和建设。

5. 整合社区各类服务资源。规范社区服务站运行机制，拓展社区服务站功能，将“96156”社区公共服务平台及街道其他相关信息化办公系统延伸到社区服务站，实现与街道各科室、职能站所、“一站式”办公大厅和社区服务中心有机衔接。鼓励和动员社区党员、身体健康的离退休人员、有一技之长的居民，积极参加社区志愿服务活动。根据在职党员、国家公务员的职业特点和个人专长，适宜、适时、适度地组织他们参加社区志愿活动。开展社区与驻区单位共建活动，协调社区内各种组织和志愿者有序开展活动。为社会上的各种组织和人士到社区从事志愿服务搭建平台。

6. 充实社区工作力量。按照规定的标准和社区的需求配备配齐社区居委会、社区服务站的组成人员；建设一支专业化、职业化的社区工作者队伍，公开招录社区工作者，选聘高校毕业生到社区工作，逐步将符合条件的各类社区协管员、社区事务助理纳入社区工作者规范化管理。加大对社区工作者的培训力度，鼓励和引导各类社区工作者参加国家社会工作者职业水平考试，取得社会工作师、助理社会工作师等职业水平证书。

7. 加强社区基础设施建设。加大对社区建设的经费投入，按照规范化建设标准配置环境整洁、形象良好、具有统一标志的社区办公和服务用房。完善社区公共服务设施，建设具有医疗保健、体育健身、教育培训、为老服务等功能的其他公共服务设施和室内外文化活动场所，打造商业、生活、文体娱乐等方面的“一刻钟社区服务圈”。

8. 新建社区要提前规划管理、服务组织。新城建设将吸纳更多的人口，形成更多的社区，新城的居民特别是从中心城区拆迁安置的居民不仅对居住环境有宜居的要求，而且对社区生活也有内容丰富、形式多样的需求。因此，在规划社区时，既要注重社区设施的建设，也要注重社区管理组织的建设。要提前筹备社区党组织、社区居委会、社区服务站的组建工作，在居民入住时即可通过社区组织有序地参与社区管理、接受便利的社区服务。

（四）加大培育扶持力度，提高社会组织自我管理、服务发展的水平

1. 加快推进政社分开的步伐。加快推进各类社会组织与主管行政部门逐步在机构、人员、资产、财务等方面分开，实现自我管理、自我发展。行政部门原则上不作为社会组织业务主管单位，对社会组织给予业务指导、行业管理、政策指导、提供良好服务。少数有特殊职能的部门可暂时保留业务主管单位职责。将社会组织按照功能、性质划分为动员资源型、公益服务型、政策倡导型、社会协调型等不同类别，对不同类别社会组织采取不同的管理机制。

2. 构建“枢纽型”社会组织工作体系。通过改造、提升、新建等方式，确认一批“枢纽型”社会组织，根据有关法律、法规，授权其承担业务主管单位职责，按照分类管理原则，对性质相同、业务相近的社会组织进行日常管理和提供集约服务。

3. 推进登记制度改革。按照“一口审批、分类规范、政府监督、扶持发展”的方针，进一步建立社会组织设立联合审查机制，为新申请设立的社会组织提供高效、规范、便捷的服务。要降低公益类、慈善类、服务类社会组织准入门槛，简化社区社会组织登记程序，实行备案制。

4. 加大对社会组织的资金支持和投入。加大政府向社会组织购买服务力度，主要是购买服务项目和管理服务岗位。加大政府资助、政府补贴力度，建立政府奖励制度，重点支持满足广大群众最迫切最急需的公共服务需求的社会组织。建立社会组织孵化器，为社会组织发展提供必要条件和有效服务。

5. 培育社区社会组织。将社区内不同的人群进行分类登记，如辖区内的孤寡老人、困难家庭、残疾人、少数民族、侨胞、下岗失业人员、空巢家庭、有共同兴趣爱好的居民等，根据他们的需求和特长进行有针对性的服务，同时成立相关社区组织，通过社区组织的发展来推动社区建设进程的步伐。

6. 不断拓展社会组织的管理、服务功能。在现代化国际新城建设中，要切实发挥社会组织在流动人口服务管理、社会矛盾调处、利益协调、弱势群体保障等工作中的作用。要积极鼓励发展教育、文化、卫生、社会福利、人民调解等有助于提高社会公共服务水平、缓解社会矛盾的公益服务组织。要优化发展社团类社会组织，保障公民结社自由，培养公民参与社会事务的主体意识，疏通合理表达利益需求和观点的渠道，进一步完善社会治理结构，促进社会和谐。要培育发展城乡一体化公益服务类社会组织，广泛吸纳流动人口、城乡贫困人口、低收入人口等成为会员，提高社会自助互助能力，有效弥补政府部门管理和服务工作中的不足。

（五）优化队伍结构，促进社会工作队伍建设的职业化、专业化、社会化、规范化

1. 全面开展在岗培训。有计划、分层次地对现有社会工作者进行大规模专业培训。鼓励尚未取得职业资格的实际在岗人员参加社会工作专业学历教育和社会工作职业水平考试，加快向专业社会工作者的转化。注重并加强对党政机关从事社会管理与服务的公务人员开展有针对性的岗位培训。

2. 科学设置岗位。开展社会工作岗位调查，遵循“科学合理、精简效能，分类指导、按需定岗”的原则，深入研究涉及社会工作的党政机关、人民团体、事业单位、城乡社区和公益类社会组织等不同类型社会工作机构的岗位设置标准，逐步扩展专业社会工作服务领域。鼓励和引导公益类社会组织，根据自身性质、服务领域和实际需要，自主设置社会工作岗位，广泛吸纳社会工作专业人

才。在城市社区党组织、社区居委会、社区服务站中认定一批社会工作岗位，配备专业社会工作人员。推进农村社会工作岗位的开发和设置。

3. 发展社会组织吸纳社会工作人才。按照承担社会服务工作的要求，选择一批现有的自主型社会服务组织进行规范整合、改造提升，使之成为吸纳社会工作人才、提供社会服务的重要载体；鼓励支持符合条件的组织、企业和个人，兴办社会工作事务所、社会工作咨询中心等一批公益性社会工作服务组织。建立社会工作者协会组织，全面整合人才资源。

4. 完善制度保障。完善社会工作队伍的培养、评价、使用、激励制度，规范职业资格准入，规范社会工作者的薪酬待遇、考核评价和权益保护。积极采取措施吸引和聚集社会工作人才，向一线服务岗位集中和集聚，向农村延伸和覆盖。适当打破城乡、区域、部门、行业、身份、所有制的限制，制定相对统一的社会工作人事管理规定以及工资福利、职业资质认定等标准，畅通社会工作人才的流动贯通渠道。

（六）强化志愿服务，形成社会动员长效机制

1. 加大宣传力度，广泛普及志愿服务理念。要立足于反映社会发展进步的时代要求，通过各种宣传手段，大力弘扬以“奉献、友爱、互助、进步”为主要内容的志愿精神，广泛普及志愿服务理念。在学校教育和社会教育中多增加志愿服务精神、理念、知识的内容，使之家喻户晓、深入人心。

2. 构建“枢纽型”志愿者组织工作体系。成立区级志愿者联合会，作为承担志愿者行业管理和服务的“枢纽型”组织，加强对全区志愿服务活动的统筹规划、指导协调、联系服务和管理监督，减少志愿者服务活动对行政主管部门、官方团体的依赖，实现向社会化的转型和社会资源的整合。

3. 建设专业志愿者队伍。整合各类志愿者组织和志愿者工作资源，在城市管理、治安防范、应急救援、法律援助、扶危助困、“三下乡”、矛盾调解等领域建设专业志愿者队伍，开展多种形式的志愿服务活动。实行招募、注册制度，加强登记备案管理，建立统一的志愿人员资料库，实现志愿服务人员在各组织间的共享。

4. 建立统一的志愿者服务认证和考评体系。建立以“小时制”为主导取向的志愿服务认证和考评体系，即以小时为计量单位，记录志愿者从事志愿服务的时间和经历。对于不适合用时间来计算的志愿服务（如献血），可以根据实际情况以其他方式来记录其服务经历。志愿者参加志愿服务时间和经历累计达到一定的量，可以评为星级志愿者，奉献越多，星级越高，给予认可和表彰，提高志愿者的积极性。

5. 开展经常性的志愿服务活动。按照“群众所需、志愿者能为”的原则，设立创新志愿服务项目，定期向社会公布，发动、招募志愿者参与志愿活动，形成志愿服务人人可为、时时可为、处处可为的格局。在重要节庆期间和重大事件期间组织志愿者开展信息咨询、维护秩序、支援救助等活动。

6. 建立社区志愿服务网络。依托社区党组织和社区服务站建立社区志愿者队伍，发挥党员志愿者的模范带头作用，大力开展便民、为民服务活动，创立社区志愿服务品牌，推动社区志愿服务广泛开展。

（七）建立“一体化”管理体制，推进城乡结合部城市化进程

1. 在已实现城市化的城乡结合部实行城市管理体制。通州区城乡结合部地区涵盖永顺镇、梨园镇全部，潞城镇、张家湾镇、宋庄镇、台湖镇部分地区。该地区还沿用镇村管理体制，镇政府城市管理职能不明确。为适应城市化发展的需要，要在城乡结合部建立城市管理体制。要加强镇政府城市管理职能，赋予其具有与街道办事处同样的统筹辖区发展、监督专业管理、组织公共服务、指导社区建设的社会管理职能。要在镇政府组成专门的城市管理机构，明确具体的管理职

责和工作范围，给予人力、物力、财力等多方保障，加大城市管理工作的力度。条件成熟时，在城市化水平发展较高的乡镇，可以撤村转居，建立街道办事处行政管理体制。

2. 实行居住地实有人口统一管理制度。城乡结合部地区城市与乡村交叉、混合，居民、村民、流动人口混合居住，社区居委会管理服务非农业户籍居民，村委会管理服务农业户籍村民，新建居住区（未成立社区居委会）则基本实行物业管理，多元化的社会管理模式带来了社会管理责任不明确、基本公共服务差别化等问题。因此，改变目前以农业和非农业人口划分城乡社区的做法，将行政村或自然村作为一个整体社区，按照城市社区的功能定位，重新组建社区党组织、社区居委会、社区服务站及其他各类社区社会组织。村委会把原来的社会管理和服务功能转让给新建的社区居委会，从而成为负有单一经济管理职能的经济组织。新建的社区党支部和居委会由户籍居民、户籍村民、流动人口代表构成，这样一来“人户分离、农居混居”人口就全部纳入常住社区的日常管理和服务中来。

3. 加强城乡结合部公共服务体系建设。根据政策规定，尽快研究落实城乡社会保障制度衔接、流动人口新农合、基本医疗保障关系跨制度、跨地区转移接续办法，以及农民工养老保险关系转移和权益累计等政策，逐步缩小不同社会身份居民之间享有公共服务的差距。增加财政投入，加强城乡结合部城市基础设施建设。通过政府重点投入、成熟社区结对帮扶、对口支援，弥补城乡结合部社区资源贫乏、资本短缺的不足。发挥社会组织作用，以“项目运作”为纽带，通过项目培训和全程指导，帮助城乡结合部社区党组织、社区居委会、社区服务站提升社区管理和服务的水平。

（此文作者为通州区委社会工委书记、区社会办主任）

搭建社会管理新格局
努力提高社会管理精细化水平

巩维国

认真贯彻落实区委三届十次全会精神，实现“社会管理精细化”目标，是摆在全区社会管理部门和广大干部面前的一项艰巨任务。区委社会工委、区社会办作为统筹协调全区社会建设和社会管理体制改革的主责单位，就如何推进全区社会管理精细化目标的实现，进行了调研和思考。

一、什么是社会管理精细化

社会管理精细化是社会分工越来越细与服务需要越来越高对现代社会管理的必然要求。具体而言，就是要应用现代管理理论和现代信息技术，对社会管理各个方面和各个环节实施信息化指挥、网格化管理、精量化定责、标准化操作，并采取合理调配资源、优化工作流程、细化管理标准、完善考核体系等措施，建立与之相配套的一系列规章制度，实现社会管理数字化、标准化、常态化、无缝隙和全覆盖。

二、目前顺义区社会管理存在的主要问题

一是社会管理中交叉错位与断层缺位现象比较突出。由于相关的法律法规不完备，

政府行使社会管理职能、提供公共服务的权力边界和职责范围模糊不清，政出多门、条块分割，难以形成管理合力。受传统管理理念根深蒂固、法律保障脆弱甚至缺失等多种因素的影响，全区各类社会组织的整体建设和发展水平还不高，社区居委会承担了大量行政工作，导致社会组织和社区居委会自治功能弱化，作用发挥不到位。

二是传统的社会管理成本居高不下。各部门虽加大了社会管理力度，但并未彻底摆脱原有的管理理念和方法，自成体系，各自为战，使社会公共管理信息资源难以整合，限制了现代信息化技术手段的合理利用。依据现行法规，各类社会组织登记成立必须经业务主管部门批准，个别业务主管部门借机对社会组织进行行政干预，部分社会组织由于人员、经费等方面的原因，难与业务主管部门脱钩独立，致使这些社会组织在实际运行过程中，增加了行政成本。

三是社会管理任务日趋繁重，管理难度不断加大。社区人口和外来人员越来越多，2009 年年底，全区社区人口为 13 万，占全区户籍人口的 22%；外来人口目前也超过 15 万。就业的多元化和城市发展的快速化，使城乡居民的社会结构发生了深刻改变，大量“单位人”变成了“社会人”，无领导主体管理。新经济组织、新社会组织发展迅速，2009 年底，全区私营企业和个体工商户分别为3701 家和近 5 万户，各类社会组织 222 个，不同利益群体之间的矛盾和冲突日益凸显。

三、推进社会管理精细化的总体设想

社会管理的范畴和内容十分广泛。根据目前的理论研究成果和北京市社会建设发展纲要所确定的内容，社会管理主要涵盖五大体系，即社会公共服务体系、社区管理体系、社会组织管理体系、社会工作运行体系和社会领域党建体系。

推进顺义区社会管理精细化的工作思路为：以贯彻落实科学发展观为统领，以探索创新社会管理体制机制为基础，以保障和改善民生为核心，以深入推进社区规范建设为重点，以大力提高社会领域信息化水平为支撑，在区社会建设领导小组的统一领导下，上下联动，部门配合，统筹部署，大力督察，确保社会管理精细化各项工作扎实推进。

推进社会管理精细化的基本标准为：

——社会管理体制机制不断创新，构建起“党委领导、政府负责、社会协同、公众参与”的社会管理工作新格局；

——民生得到全面保障改善，公共服务水平不断提升，实现基本公共服务均等化；

——社区管理有效规范加强，高度民主自治，便民利民设施完善，建设和谐、平安、宜居社区；

——社会组织健康持续发展，“枢纽型”社会组织不断壮大，社会组织的桥梁纽带作用得到充分发挥；

——社会领域党建深入推进，党组织和党员的先进性充分体现，实现党的组织和党的工作全覆盖；

——社会工作队伍结构优化，工作人才专业化、职业化的进程加快，志愿服务规范化、常态化的机制形成。

四、推进社会管理精细化的几点措施

推进社会管理精细化，要坚持以人为本的根本方针和“既要见物又要见人”的工作导向，突出重点、循序渐进，部门联动、形成合力，逐步使社会管理从定性变为定量，静态变为动态，单一变为综合，滞后变为实时，粗放变为精细，不断提升社会管理人性化、数字化、标准化、常态化的水平。

（一）以着力保障和改善民生为重点，推进社会公共服务均衡化

扎实推进各项民生工程。加大政府购买公共服务力度，选择助老、助残、困难群体帮扶等居民急需的项目进行试点，不断创新

提供公共服务的方式。发展社区经济组织，鼓励社会中介组织、企业承担公共服务，整合政府、市场、社会资源，打造“一刻钟便民生活圈”。全力推进素质教育，深入实施名师、名校、名校长工程，加强与市区名校的战略合作，不断扩充优质教育资源。严格落实基本医疗制度，不断规范医药费用管理，进一步降低群众就医和用药负担。落实积极就业政策，多渠道推进岗位资源开发，突出抓好就业困难群体和农村劳动力转移就业。加大社会救助力度。统筹城乡社会救助，提高城乡低保标准、农村“五保”供养标准和困难家庭子女助学标准。不断壮大文化体育事业。引导发展健康向上、丰富多彩的群众文化。加强城乡文化基础设施建设，深入推进文化资源和文化服务重心下移，促进文化事业和文化产业协调发展。积极推进体育生活化社区创建工作，继续做好社区健身器材更新改造，深入开展形式多样的全民健身活动。

着力强化城市服务管理。强化城市运行管理。加强街道、社区和镇村在城市服务管理中的基础作用，整合基层管理力量，提高综合管理水平。构建城市运行管理信息平台，运用信息化技术提升精细化管理水平。加快市政基础设施建设，不断提升城市基础设施运行保障水平。加快城区道路建设和交通枢纽建设，优化公交运行线路和运力配置，完善交通标志和安防设施，强化大型货车入境疏导，继续加大治超力度，努力营造平安顺畅的交通环境。继续加强市容环境整治，深入治理非法小广告、机动车非法营运等影响城市环境秩序的突出问题。深化农村环境整治，加强镇村环境卫生设施建设，强化镇村公路建设和路灯更新改造，不断提升农村整体环境水平，进一步巩固和提高已获得国家级、市级先进区（国家卫生区、绿化先进区、教育先进区等）创建成果。

切实保障社会安定和谐。深化平安创建工作。深入推进基层平安创建，整合社会面防控力量，不断完善社会面防控体系。加大科技创安力度，强化日常巡逻防控，提高快速反应和应急处置能力。健全信访工作机制，完善矛盾纠纷化解体系，定期开展问题和隐患排查，加强领导包案和督察督办，化解一批历史遗留问题，确保无重大重复上访户，避免发生大规模的群体性越级访事件。严格落实“以产引人、以证控人、以房管人”措施，加强基层基础建设，强化流动人口服务和管理，有效调控流动人口总量和结构，引导流动人口有序流动。

（二）以社区基础建设为抓手，推进社区建设管理规范化

加强社区用房达标建设。采取新建、改扩建、购买等方式，加大投入力度，努力使社区办公和服务用房面积全部达到450平方米以上。建立社会办、规划委、市政市容委、城建委、街道等有关部门参加的协调机制，由区社会建设领导小组办公室牵头，对新建小区的公共服务用房标准，进行建前共同会商设计方案，建中联合检查，建后联合验收，力求将公共服务成本无限扩大；按照社区办公空间最小化、居民活动空间最大化、使用效率最优化的要求，充分发挥社区用房作用，使之成为居民群众共同活动的场所。统一社区服务站标志，安装、更换新的标志系统，使社区服务站外部环境整洁、形象良好，成为一道亮丽的城市风景线。

积极推进街道综合服务中心建设。依据《北京市居住公共服务设施规划设计指标》要求，结合我区整体发展水平和街道未来5~10年规划需要，针对街道实际，采取新建、调整、置换、购买等多种方式，本着急用先建、有地新建、无地置换、最后购买的原则，利用2~3年时间逐步完成街道综合服务中心建设任务。

整合资源推进社区信息化建设。大力推进全区社会领域的信息化建设，会同有关部门积极提升社区的信息化建设和应用水平，着重做好社区的信息服务平台建设工作。一方面，要完善信息化的基础设施，及时建立起各种必要的数据库，以信息化手段推进社区的精细化管理；另一方面，要有效整合社

区现有的信息化资源，拓展并密切与各职能部门的网上对接，全面推行“一窗式”加“一网式”办公、服务模式，提高办事效率和服务水平。

健全社区工作运行机制。进一步理顺社区党组织、居委会、服务站三者关系，提升社区党组织的核心力、居委会的自治力、服务站的服务力和社区的凝聚力。完善机关干部、社区工作者、楼门长三级管理网络，建立多渠道、多形式的社情民意采集机制，及时掌握居民需求。坚持一门受理制、服务承诺制、首问负责制、限时办结制等制度，做到岗位相互兼容、人员相互补位、工作相互协调。积极探索业主自治与居民自治的有效衔接，认真研究物业管理机构参与社区管理与服务的方式和途径，继续推进老旧小区物业化服务试点工作，切实维护社区居民和业主的合法权益。

强化政府指导社区建设职责。进一步明确街道与职能部门职责分工，健全沟通、协调、联动机制，理顺条块关系，促进条块结合。推行社区公共服务事项准入制度，凡进入社区的行政事务工作，由同级社区工作机构协调审定，并按照“费随事转”的原则，拨付相应工作经费。整合各类社区协管员队伍，纳入社区服务站统一管理、使用。

（三）以推进社会管理工作精细化为目标，创新社会动员机制

完善社会建设统筹协调机制。健全区社会建设工作领导小组会议及办公室主任例会制度，形成社会建设与社会管理工作合力，统筹协调社会管理职能部门工作和关系，发挥好区社会建设领导小组办公室“统筹、协调、督导、服务”作用。进一步明确公安、规划、市政、城管、交通、建设、环保、工商、民政、教育、卫生、商业、计生、应急办、流管办等职能部门的社会管理职能权限，有效解决和避免职能交叉、推诿扯皮等问题；在明确职责分工的基础上，加强各职能部门与街道、社区的协调配合，建立健全共同巡查、联合执法、案件移交、资料共享、互为见证等社会管理协同工作机制，形成社会精细化管理的整体合力。建立“枢纽型”社会组织联席会议制度，在加强管理、提供服务、促进发展、推动合作方面发挥作用。加强与首都高校、科研单位的沟通、合作，通过共建基地、举办论坛、合作课题等形式，加强对社会建设重大理论和现实问题的研究。完善社会建设和社会管理工作责任制，明确责任主体，出台《顺义区关于社会建设工作考核意见》，加强督导检查和考评，确保各项工作全面落实。

完善社会组织工作机制。积极构建“枢纽型”社会组织工作体系，出台《加强社会组织管理体系建设，促进社会组织健康发展实施办法》。优化社会组织登记服务工作，试行协调联合审查工作制度。研究落实向“枢纽型”社会组织购买“管理服务”的措施和办法。通过奖励、补贴、购买服务、项目委托等形式，引导社区社会组织承接公益性、便民性服务项目。

完善社会工作者队伍管理机制。推进社区工作者职业化、专业化建设，继续做好大学生进社区工作，依托各类专业教育机构，加强社区工作者系统培训，鼓励其参与国家职业水平考试，合理调整社区工作者工资待遇。组建区级社会工作者联合会、社会工作事务所，提供社工维权、教育培训、政策研究等服务。与大专院校合作推进社会工作人才队伍“双基地”建设，推进社会工作人才的科学管理、合理使用、有效服务。

完善志愿者队伍管理机制。通过“四项依托”、“一项双管”方式，扩大志愿服务队伍，提高志愿服务效果。以志愿者联合会为依托，以社区、公园、路口、商业服务区、医院等为志愿服务重点窗口，推进志愿服务常态化、规范化；以区红十字会、区民防局等有关职能部门为依托，组织专业人员到社区进行政策宣传，增强居民的危机防范意识；以区义工联合会为依托，继续开展“春蕾、绿色、蓝盾、霞光”志愿服务活动，满足社区居民不同需要；以社区内各类社会组织为依托，动员他们参加社区建设和服务。以单

位在职党员干部为主体，发动在职党员干部根据工作性质和工作特长，主动在社区认领服务岗位，参加社区建设。

(四) 以扩大党组织和党的工作全覆盖为工作主线，推进社会领域党建科学化

以落实“三有一化”为重点，坚持“一手抓扩大覆盖，一手抓深化提高”的社会领域党建工作方针，构建社会领域党建工作新格局，着力提高党建工作科学化水平。

继续推进社会领域党组织建设。对所有符合建立党组织的新建社区、商务楼宇和“两新”组织，都要采取单建或联建的方式建立党组织。对新认定的“枢纽型”社会组织，做到同时建立党组织，全面加强对社会组织的领导，进一步规范社会组织的行为。研究制定“枢纽型”社会组织党组织的工作职能、议事程序，促进党组织的规范化运行。力争用1~2年的时间，实现“两新”组织党组织覆盖率达到100%的目标。

加强社会领域党员干部的教育培训。广泛开展学习型党组织创建活动，分别举办街道工委书记培训班、“两新”组织党组织负责人培训班、社区党组织书记培训班，深入学习贯彻党的十七届四中全会和区委三届十次全会精神，提高社会领域党组织负责人的理论素养和学习能力。

建立健全街道社会工作党委工作制度。在成立街道社会工作党委的基础上，努力推动街道社会工作党委的工作开展，通过建立健全联席会议制度等措施，搭建起社区党组织和驻区“两新”组织联动共建平台，统筹开展好辖区社会领域党建工作。

积极探索党员管理新机制。加强党员社区服务岗建设，探索建立党员在居住地发挥作用机制、向居住地社区报到制度和党员社区表现评价制度，为各类党员在社区发挥作用创造条件，逐步形成“工作在单位、活动在社区、奉献双岗位”的党员管理新机制。

广泛开展非公有制经济组织“五个好”示范点创建活动。按照市委组织部和市委社会工委的创建活动通知精神，深入进行调研，摸清本区非公有制经济组织生产经营状况及党建工作基本情况，对照领导班子好、党员队伍好、工作机制好、发挥作用好、各方反映好“五个好”要求，确定一批经营良好、组织健全、党建扎实的非公有制经济组织作为创建培育对象，做好深化提升工作，创建“五个好”示范点。

(此文作者为顺义区委社会工委书记、区社会办主任)

加强社区党建工作　服务和谐社区建设

——昌平区关于加强社区党建工作的调查与思考

黄先锋

随着昌平区各项事业的迅猛发展和城市化进程的加快，社会结构发生了深刻变化，社区作为城市构成的基本单位，在全区城市管理、经济和社会发展中的地位越显突出和重要，经营城市、管理社区的难度逐步加大。如何加强社区党的建设，服务和谐社区建设，已经成为当前基层组织建设的一项新课题。为此，全区组织力量就此课题进行了专题调研。

一、昌平区加强社区党建工作的主要做法和成效

(一) 领导重视，加大专项资金投入力度，为社区党建提供了根本保证

区主要领导经常深入社区进行调研，定

期听取汇报，召开有关部门会议，投入专项资金，解决社区中存在的诸如办公用房、硬件设备、活动经费、人员配备等突出问题。目前，全区95个社区的办公用房和“三室一场一校”等基础设施基本都得到解决，社区办公经费依据社区户数核定拨发，党员活动经费依据党员人数核定拨发，每年投入资金达到1000多万元，初步解决了社区无钱办事的问题。为了探索和谐社区建设的途径方法，区委确定了3个社区开展创建和谐社区试点工作，探索和谐社区的标准、实现途径和保障机制，有效地推动了和谐社区建设。

（二）建立健全了社区党组织，扩大了党的工作覆盖面

昌平区社区体制改革以后，社区的规模、功能和党员数量、结构、分布都发生了较大的变化，区委根据各镇（街道）社区的实际情况，按照有利于加强党对社区工作的领导，有利于加强党员教育管理，有利于推进社区建设的原则，在社区居委会建立了社区党总支，在居民区或工作站建立了社区党支部，在楼院建立了社区党小组。截至2005年底，全区9个镇和2个街道办事处有社区95个，共建有社区党组织82个，做到了凡是有党员的地方就有健全的党组织，凡是有党组织的地方就有党的工作和活动，扩大了党在社区工作的覆盖面。

（三）加强社区干部队伍建设，不断提高干部素质和工作能力

昌平区积极拓宽社区干部的选人渠道，采取从镇（街道）机关和企事业单位选派，从离退休职工和下岗职工党员、复员退伍军人党员、大中专毕业生党员中选配，招聘专职工作者，经民主选举，配齐、配强了党组织领导班子。截至2005年底，全区共有社区党务干部227名，在社区居委会兼职的干部有124名，大专以上学历的干部占总数的51%。区委通过集中培训、外出参观、专题学习等形式不断加强对社区干部的培训，提高社区干部的思想政治素质，增强法制观念和群众观点，使社区干部掌握做好社区工作的方法，提高工作水平和办事能力。

（四）创新党员教育管理的方式方法，充分发挥党员的先锋模范作用

目前，全区共有社区党员4843人，其中离退休党员3559人、下岗失业党员716人。区委在社区党员中广泛开展了党员责任区、党员联系户、无职党员设岗定责等活动，建立了党员志愿者服务队，为社区党员发挥先锋模范作用提供了有效载体。目前，全区共有社区党员志愿者服务队136个，参加志愿服务的党员人数在1400名左右。社区无职党员认岗尽责人数为1464名，占社区党员总数的30%。

（五）加强协调，整合资源，实现社区党建共驻共建

按照资源共享、优势互补、互惠互利的原则，采取各种有效方式加强与辖区单位党组织的横向联系，建立了社区党建共驻共建机制，实现了社区资源共享、事务共商、和谐共处。自2003年城北街道工委率先成立了社区党建工作协调委员会及其分会以来，目前全区共有社区党建工作协调委员会16个，建立了社区单位党组织联席会议制度的社区有26个。

二、存在的主要问题

（一）思想认识上还需进一步提高

全区重视社区党建和社区建设工作的良好社会氛围还未完全形成，社区工作理念和工作方式还没完全深入人心，社区居民对社区党组织的认同感有待于进一步加强。一些街道、社区的党员干部不同程度地存在畏难思想，工作缺乏创新，对辖区内的单位及其党组织协调难度大。

（二）社区党建工作经验不足

昌平区一些社区都是由村委会转制形成的，农民进社区，农村变城市，社区党组织在组织形式、工作机制和工作职能的落实上与真正的城市社区党组织的职能要求有一定差距，社区党组织缺乏开展活动、有针对性地开展党员教育管理等方面的工作经验。

（三）社区党建工作横向协调力度还需进一步增大

社区单位参与社区党建工作，较多的停留在参加理论研讨这一层，在发掘自身优势，为社区提供活动场所、带头宣传社区党建工作、督促在职党员参与社区党建等方面显得较为薄弱，尚未实现全面意义上的“优势互补、资源共享”。另外，由于社区地域的不均衡，驻区单位在社区的分布及各种资源状况差别较大，很多社区缺乏共建资源。

（四）在职党员参与社区党建活动的激励机制还比较缺乏

在职党员是社区党建工作的一支重要力量，如何引导他们从单位走向社区，并有组织地参与社区建设，仍然是当前社区党建工作中的一大难点。目前在职党员参与社区党建和社区建设主要靠党员的自觉性，对在职党员实行单位与社区双重管理、监督、考核的制度有待于进一步探索，单位督促在职党员到社区报到、参与社区建设的氛围尚未形成，激励机制的缺乏影响了在职党员参与社区活动的积极性。

（五）社区党组织领导班子素质仍需进一步提高

尽管各镇（街道）党（工）委采取了很多措施选好配强社区党组织领导班子，注重提高社区党务干部整体素质，但由于历史的原因和条件所限，一些社区党务干部仍然存在年龄偏大、文化水平偏低、理论功底薄弱、党务工作经验少以及组织能力、领导水平不高等问题。这不可避免地影响或削弱了社区党组织的战斗力和凝聚力，影响或制约着社区党建工作的深入开展。

三、加强社区党建工作的几点思考

（一）加强宣传，营造氛围，提高全区对社区党建工作的重视程度

从构建社会主义和谐社会的高度，认识社区党建工作的重要性。要充分利用电台、电视台、《昌平周刊》、昌平党建网等媒体，通过举办专题讲座、制作宣传栏、发倡议信、组织社区党建宣传周以及其他多种多样的宣传活动，加大工作力度，强化宣传，统一思想，营造一个重视社区党建的良好氛围，增强社会成员对社区党组织的认同感和参与社区党建工作的意识，形成全社会的共识。

（二）明确责任，理顺社区党组织与社区其他组织之间的关系

依据《党章》和《居民委员会组织法》，在强化社区党组织领导核心地位的基础上，要确保社区自治组织依法独立行使职权，克服党组织包揽一切和社区居委会脱离党的领导搞自治的错误倾向。社区党组织和社区居委会要监督物业公司的服务，协调物业公司、业主委员会和居民之间的关系，维护业主和社区居民的合法权益。

（三）积极推进镇（街道）体制综合改革工作，转变职能，更好地为群众服务

要围绕完善城市基础设施建设，提高城市管理水平和服务水平，加大推进城北街道、回龙观地区办事处2个试点的体制改革工作。根据社区党建和社区建设需要，合理设置科室，明确职责，做到责、权、利三者统一，使他们有更多精力投入到社区党建和社区建设上来。

（四）多方投入，为社区党组织开展工作提供必要的保障

一方面要进一步加大资金投入，保证党员活动场所和硬件设备到位；另一方面要探索有效途径和方式，使区属各有关职能部门在部署工作进社区的时候，能够做到事往社区派、人往社区配、钱往社区投，确保创建和谐社区的人力、财力、物力三配套。

四、进一步加强社区党建工作的措施

（一）在工作思路上，向“五个好”社区党组织、和谐社区的目标发展

按照中组部《关于进一步加强和改进街道社区党的建设工作的意见》中提出的街道、社区党的建设“五个好”的目标要求，继续深化“五个好”街道、社区党组织创建活动，并与农村党的建设“五个好”系列创建

活动同步部署、同步争创、同步检查、同步考核，努力使全区街道、社区党组织实现领导班子好、党员干部队伍好、工作机制好、工作业绩好和群众反映好“五个好”的目标要求。通过“五个好”街道、社区党组织创建活动，带动社区建设全面发展，为构建和谐社区奠定基础。

（二）在组织建设上，向新建小区和新经济组织延伸

抓住社区党组织和居委会换届选举的契机，加大在新建小区组建党组织的力度，确保新建小区党建工作全覆盖，不留空白点。同时，社区内凡具有员工50人以上或正式党员3人以上的非公有制经济组织、中介组织、社会团体，具备条件的都将建立党组织，暂不具备条件的将通过选派党建联络员，抓紧建立共青团组织，探索依托共青团组织开展工作的方法，积极为建立党组织创造条件。通过各方面的协调配合、积极工作，努力实现凡是有党员的地方就有健全的党组织，凡是有党组织的地方就有党的工作和活动。

（三）在制度建设上，向规范化、制度化、民主化迈进

借鉴和引用先进地区社区党建工作经验，结合地区实际，研究制定一套较全面、完整的社区党建工作制度。同时，及时总结全区社区党建工作实践中探索出来的好经验、好做法，求证社会，力图取得共识后形成制度推广，以此来指导、规范全区的社区党建工作，减少社区干部工作的随意性，保证社区工作有章可循，规范有序。

（四）在干部队伍建设上，向教育培训高素质、社区党建专业化人才发展

将社区党组织领导班子成员和干部纳入培训规划和年度计划，以定期培训、以会带训、研讨交流、参观考察、专家讲座等好的做法以制度形式固定下来，围绕社区干部管理、服务、协调和履职能力，在灵活方式、丰富内容、保障时间、改进手段上求突破，不断增强培训工作的针对性和实效性，促进社区党组织领导班子成员和干部整体素质的稳步提高。与此同时，考虑到全社会社区人才的匮乏，在区委党校设置社区工作专业，定向为社区培养专业人才。

（五）在党员队伍建设上，向促进党员发挥先锋模范作用方向努力

在认真做好辖区内党员的组织关系接转和管理工作的基础上，针对社区党员的结构特点，采取分类教育管理的办法，提高党员教育管理的针对性，促进党员发挥作用。一是对党员总数占百分之七八十的离退休党员，主要从政治上、思想上、生活上关心，鼓励他们参加党员责任区和有益于身心健康的文体、科普活动，积极发挥“余热”。二是对机关、企事业在职党员，坚持自愿参加和力所能及的原则，从实际出发，发挥他们的优势和特长。三是对于日趋增多的下岗失业党员和新生组织中的流动党员，积极帮助他们建立联合党支部、流动党员党支部，在社区设立流动党员管理站、联络站和社区“党员之家”，始终保持对这部分党员教育管理的连续性，并积极创造条件，支持和鼓励下岗失业党员再就业。

（六）从党组织领导方式上，向服务群众、凝聚人心为重点转变

建立社区干部包片、党小组长包楼院等制度，变“领导”为“服务”，定期走访社区内的新住户、困难户，定期听取社区内人大代表、政协委员、离退休干部、党员代表、居民代表和社区单位对社区服务工作的意见和建议，拓宽社区组织和居民联系沟通的渠道。加强以社区党员、共青团员为骨干的社区志愿者队伍建设。积极探索、创新社区党员，尤其是在职党员为民服务、发挥作用的载体，通过开展“党员责任区”、“无职务党员设岗定责”、“党员志愿者服务队”等活动，积极为辖区单位、社区群众服务，解决他们最关心、最急需解决、通过努力又能够解决的问题。通过开展各种类型的服务，增强辖区单位和社区群众对社区党组织的认同感，提高他们参与社区党建的积极性和主动性，从而使社区各方力量紧紧团结和凝聚在党组织的周围。

（此文作者为昌平区委社会工委书记、区社会办主任）

社区党建工作学习考察报告

张德广

为学习借鉴先进经验，进一步加强和改进大兴区社区党建工作，不断创新工作思路，全面提高社会领域党建的科学化水平，2010年10月28日至11月20日、12月9日至11日，区委社会工委分别组织街道、地区社会工作党委书记、副书记，生物医药产业基地、新媒体产业基地主管党建工作的领导，“在职党员进社区”试点社区党组织负责人组成社区党建考察团赴上海、长沙、沈阳三个市集中开展了学习考察。与上海市嘉定区新城路社区（街道）、沈阳市和平区南湖街道文安路社区进行了座谈。实地考察了上海市嘉定区新城路社区（街道），长沙市雨花区砂子塘街道梨子山社区、金地社区，沈阳市和平区太原街街道洪福社区和南湖街道文安路社区。

一、基本情况

上海市嘉定区新城路社区（街道）是上海市“楼组党建”示范社区（街道），先后8次被评为上海市文明社区，先后获得全国和谐社区建设示范街道、全国和谐社区自主创新奖、上海市社区模范街道等30多项国家级、市级荣誉称号。中组部、中央党校、上海市委领导多次在该社区进行调研。长沙市砂子塘街道梨子山社区是雨花区“党员服务中心”示范点，通过整合辖区资源，创新服务平台，为社区党员提供一个温馨的家园，寓党员教育管理于服务之中。长沙市金地社区是湖南省首家党务公开示范社区，也是湖南省首家“大物业”模式试点社区，先后获得了市级文明社区、绿色社区、退休人员社会化管理示范社区、安全社区、雨花区廉政文化示范点、先进基层党组织等荣誉称号。沈阳市和平区南湖街道、太原街街道以加强在职党员发挥作用为重点，扎实开展和谐示范社区创建活动，在创新中谋发展，在改革中求提高，先后荣获“全国文明单位”、“全国先进基层党组织”、“全国十六强街道”等荣誉称号。沈阳市南湖街道文安路社区是市、区级标杆和在职党员进社区试点社区。

二、主要做法

（一）打破传统党建格局，创新组织机制，发挥在职党员作用

在组织体制上率先突破障碍，创新社区党建载体，建立了社区党建大平台，探索建立在职党员在居住地发挥作用的机制，积极开展社区党建工作。一是将组织内组织拓展至组织外组织，实现了组织资源的重组和再造。上海市嘉定区新城路社区（街道）党工委在党员原隶属关系不变的基础上，把居住在楼组的党员（社区党员、在职党员、“两新”组织党员、流动党员）组织起来，建立楼组党小组，参加社区公益性、群众性、社会性活动。以持续、稳定而又制度化的方式将基层党组织的阵地转向了“楼组”这个党员日常生活的区域空间，拓展了党员活动的领域，搭建了党员服务群众的持久平台和立体网络，实现了在新形势下党组织设置方式的突破。沈阳市和平区太原街街道、南湖街道创新服务载体，遵循“党建促创建”的原则，形成了“党委建在社区、支部建在大院、小组建在楼洞”的组织建设新格局，推动在职党员在居住地发挥先锋模范作用。二是健全工作机制，增强激励考核，发挥党员领导

干部示范引领作用。上海市嘉定区新城路社区（街道）通过建立监督激励考核机制，充分发挥了党员领导干部在楼组党建工作中的示范引领作用。街道党工委将科级以上干部下派到社区指导开展楼组党建工作，动员辖区区级机关和企事业单位的副科级以上党员干部担任楼组党小组组长。每年以表扬信、反馈卡等形式向在职党员所在党组织反馈其在社区活动的表现。同时，区委组织部每年向社区党组织了解科级、处级干部在社区的活动情况，作为评先评优、提拔任用的依据，并将晋职公示公示到楼组，加大了考核监督力度，全面推进了楼组党建工作开展。沈阳市委、区委分别下发了在职党员进社区参与社区建设的实施意见，建立了“三联一扶”、“四进四建”的联动机制，激励党员领导干部带头进社区报到。通过倡导“在单位是党员、回社区像党员”的理念，使在职党员人人有活动舞台，人人都能在活动中有作为、有作用。

（二）整合辖区资源，创新服务平台，构建完善的党内关怀服务机制

长沙市雨花区砂子塘街道梨子山社区是一个老城区社区，辖区内离、退休人员、下岗失业人员、企业改制人员较多。自2006年以来，梨子山社区通过整合基层党建资源，创新工作平台，依托“社区党员服务中心”和“红色服务联盟”建设，进一步夯实了社区党建基础，扩大了党的工作覆盖面。一是加强社区软硬件建设，实现服务功能。通过制定详细的创建方案，在社区办公楼内建立了党员服务中心的“三室两栏一站一窗口”。对社区的党建资源进行了重新摸排，建立了详细的信息台账。通过开展党务政策咨询、组织关系接转、非公有制党组织建设、市民教育培训、文体活动组织、义工志愿服务、残疾人康复、计生服务、社区医疗、低保社保救助、困难帮扶、社区维权、物业管理等十多项社区党群服务项目，实现了党员服务中心的四大功能，即窗口服务功能、教育培训功能、组织活动功能、服务帮扶功能。二是整合辖区资源，完善党内关怀服务机制。通过搭建“红色服务联盟”平台，将辖区内单位吸纳成为联盟单位，根据联盟单位的实际情况确定具体服务内容，给需要帮助的困难党员及群众以低偿或无偿服务，并以此为载体将“设岗定责”延伸到企事业单位党组织、“两新”党组织，建立了基层爱心统战服务的长效机制。充分调动了社区各方力量，产生了品牌效应，真正把服务社区党员、群众的工作落到了实处。

（三）创新党建方法，建立健全工作机制，增强党组织凝聚力

金地社区是一个国有企业改制后的开放性社区，面对改制带来的种种矛盾和社区建设的层层困难，社区党委以建设学习型、创新型、服务型、满意型党组织为目标，建立健全工作机制，积极为居民群众排忧解难，推动了社区科学发展。一是创新党建方法，夯实基层组织建设。该社区在创新基层党建方法上，借鉴支部建在连上的理念，以27栋社区楼栋为单位全面设立党支部、党小组，以4个片区为基准，推选优秀党员担任楼栋长或楼栋党建联络员，积极发动社区党员参与到楼栋志愿活动中来。开展“支部进楼栋，党员亮身份，党员八必报”的系列活动。社区楼栋完成了“无人管变有人管、有人管变人人管”的转变，有效地维护了社区的和谐稳定。二是推行党务公开，健全民主制度。社区党委制作了80多米长的高规格、高质量、内容丰富、生动翔实的党务公开宣传墙，并建立了“四会四权一评议一公开”的党务公开模式，保证了党员群众的知情权、监督权、参与权、决策权，使得社区的每一项决策都更民主、更科学、更规范。被省纪委定为全省六个党务公开联系点中唯一的社区示范点。三是创新廉政体系，完善监督机制。社区党委将廉政建设与社区服务相结合，全面开展“互廉互倡”活动，建立了互廉倡廉结对制度。通过在社区居民中开展一系列群众喜闻乐见的倡廉活动，密切了党群干群联系、增进了理解、浓厚了感情，提高了基层

群众对社区党委的认同度，增强了党组织的凝聚力和战斗力。

三、几点体会与建议

（一）创新组织形式，构建激励评估体系，发挥在职党员在居住地的作用

在职党员参与社区建设，既是贯彻落实党的十七届四中、五中全会精神的必然要求，又是进一步巩固学习实践活动成果，建立健全社区党组织科学发展长效机制的客观需要。从在职党员自身出发，做好这项工作，有利于促进在职党员在居住地发挥先锋模范作用，密切党同人民群众的血肉联系，巩固党的执政基础；从社区党组织角度来说，有利于丰富社区建设资源，更好地发挥社区党组织在建设文明和谐社区中的领导核心作用，切实提升社区各项工作的水平；从在职党员所在单位的角度来讲，有利于密切单位党组织与社区党组织的联系，促进单位与社区的共驻共建，更有利于培养、选拔一批优秀党员干部。

目前，在大兴区社区建设中发挥作用的绝大多数是社区直管党员和离退休党员。社区内大部分在职党员尚未形成社区概念，对社区没有归属感，不愿意积极主动地参加社区党组织活动。认为社区建设对自己的工作、生活并没有太大的影响，不愿意暴露自己的身份，采取躲避的态度。建议突破以往党员组织管理以组织隶属关系为依据的模式，创新党组织设置形式，全面推进“在职党员进社区”活动，建立双向联动、双向管理、双向监督、双向服务试点机制，以“有要求、不强求”为原则，在认真分析每名在职党员的个人信息资源的基础上，以所居住的空间环境为依托，搭建互动平台，将社区居民需求与在职党员特长信息对接，不断挖掘楼门特色、岗位建功的亮点，打造出有生命力和凝聚力的服务事项，从而实现组织资源的重组和再造。把党的基层组织建设和党员的教育管理引进居住地，实现党的工作由社区所属党员向居住在社区内全体党员的延伸，将社区内各类党员凝聚在社区党组织的周围，充分调动社区全体党员参与社区建设的积极性。同时，坚持定性考核与定量考核相结合的原则，建立健全区、街道、社区三级考核、评估体系，并将此项工作机制延伸到区委对党员领导干部的考核任用机制中去。从而充分激励发挥党员领导干部的示范引领作用，使党员个人的自觉、自愿行为与组织推动相结合，实现党员个体、党组织和社区发展的共赢，全面提升基层党组织整合社会资源的能力，夯实党的执政基础。

（二）把握重点，创新服务载体，构建完善的社会服务体系

社区党建的重点就是要服务社区居民，突出社区关怀和利益协调功能，使社区居民困有所助、难有所帮、需有所应。社区党建工作的创新必然离不开“社会服务”这个载体。社区党建工作的创新重点，就是要从单一管理向全方位服务转变，通过服务来强化党组织的核心作用，实现对社会整体利益的协调。只有通过构建完善的社会服务体系，把那些“政府不好管、企业管不好、群众管不了”的公共事务作为社区党建工作的切入点，充分发挥社区党组织的领导核心和共产党员的先锋模范作用，努力拓宽服务内容、提高服务水平，才能不断满足社区居民日益增长的物质文化需求，才能构建和谐、安定的社区氛围。

近几年来，随着大兴区社区规范化建设的不断深入，社区服务尽管从一些社会成员的特殊求助服务逐步扩展到相对广泛的便民利民服务，但还缺乏与驻区单位共同联动的有效方式。特别在如何调动各方力量，有效整合和充分利用社区资源，向广大居民提供便捷、周到的服务方面，还有待进一步探索创新。建议结合大兴区社会服务管理创新工作意见的要求，创新服务体系，完善服务手段，通过创建党员服务中心平台，积极探索社区党组织与辖区各级党组织合作机制。进一步利用社区组织优势，整合、激活、深入

挖掘社区内人、财、物等各类资源，加大政府资金投入力度，全面推进困难党员扶助、政府购买服务等措施，采取无偿、低偿等多种方式，提供各类服务，形成上下联动工作机制，增强社会对社区党建工作的认同感。

（三）加强制度建设，推进党内民主，进一步完善党务公开机制

社区党组织实施党务公开是基层党组织党务公开的重要组成部分，是坚持和健全民主集中制原则的有效途径，有利于党员和群众更好地了解和参与社区事务，使党的民主集中制得到有效执行，党内监督和社会监督得到加强，党内事务的透明度不断提高，党组织与群众沟通渠道更加畅通，党员群众的知情权、参与权与监督权等民主权利得到保障，能够不断提高社区党组织的创造力、凝聚力、战斗力，为推动科学发展、促进社会和谐提供有力保证，形成以制度管权、以制度管人、以制度管事的良好局面。

当前大兴区的社区党务公开体制机制建设尚不健全，未形成相关长效机制，社区党组织自觉接受社区广大党员群众监督的程度还有待提高。建议以落实社区党员的知情权、参与权、选举权、表达权、监督权为重点，确定相应的公开内容和形式，提高党务公开的针对性和有效性，进一步提高社区党员对社区党组织事务的参与度，拓宽党员意见表达渠道，营造党内民主讨论、民主监督环境。把党务公开与居务公开有机结合，相互促进、协调运转，不断完善公开制度，丰富公开内容，创新公开形式，建立和完善党内情况通报、情况反映、重大决策征求意见和党内民主监督管理制度，建立居民联名建议、提案办理及反馈制度，使党员居民群众真正成为和谐社区建设的主人。

（此文作者为大兴区委社会工委书记、区社会办主任）

平谷区志愿服务工作向规范化方向发展的调查与研究

张海霞

党的十七大报告提出“完善社会志愿服务体系”的要求，作为和谐社会建设的内在需要和有效形式，志愿服务发挥着凝聚民心、扶助弱势、倡导公平、培育文明、化解矛盾的重要作用。2010 年，为贯彻落实北京市 2009 年《关于进一步加强和改进志愿者工作的意见》和《中共北京市平谷区委关于加强社会建设工作的意见》（京平发〔2009〕14 号）文件精神，加强全区志愿服务的宏观管理和统筹协调工作，逐步建立健全志愿者工作体系，有效推动全区志愿者工作深入开展，形成统一协调、齐抓共管的工作局面，2010 年 3 月至 5 月，平谷区委社会工委（社会办）对全区 15 个委办局、2 个街道、1 个办事处及 27 个社区志愿服务工作开展调查研究。通过召开专题座谈会、发放调查问卷等方式，针对全区志愿服务工作现状，遇到的困难及存在的问题与需求，加以汇总、分析、研究，提出可行性对策措施，形成此报告。希望对创新全区志愿服务发展途径，推动全区志愿服务工作向制度化、规范化、专业化方向发展提供理论依据和参考。

一、全区志愿者队伍建设及服务活动开展基本情况

近年来，在市、区有关领导和部门的高度重视与大力支持下，全区志愿者队伍逐步壮大，志愿服务活动蓬勃开展。截至 2010 年 3 月，全区共有志愿者 33908 人 84 支志愿者

队伍，志愿服务领域涉及环境保护、文化宣传、扶老助残、治安巡逻、医疗救助、禁毒普法、教育矫治、帮教安置、权益维护等16项内容。

从备案情况看，84支志愿者队伍中共有68支队伍有备案，占81%，其中15支在本单位备案，40支在社区备案，5支在街道备案，8支在街道、社区双备案；16支志愿者队伍无备案，占19%。备案的虽占绝大部分，但备案内容既不统一也不规范。

从系统分布来看，综治系统有志愿者11632人，占34.3%；共青团系统有志愿者10000人，占29.5%；其他“枢纽型”社会组织系统（妇联、残联、红十字会）有志愿者8308人，占24.5%；街道社区系统有志愿者2051人，占6%；其他系统（司法、国税、地税、环保、计生）有志愿者1099人，占3.2%；文教卫体系统有志愿者818人，占2.4%。

从性别组成来看，男性志愿者有19430人，占57.3%；女性志愿者有14478人，占42.7%。男女比例有一定差距。

从年龄结构来看，35岁以下（含35岁）志愿者16553人，占48.8%；36～45岁（含36、45岁）志愿者10294人，占30.4%；46岁以上志愿者7061人，占20.8%。中青年占绝大多数。

从职业状况来看，在职工作人员志愿者11613人，占34.2%（其中社区工作人员志愿者6383人，占18.8%；行政事业人员志愿者5230人，占15.4%）；在校生志愿者3513人，占10.4%；退休人员志愿者6092人，占18%；自由职业者和未就业人员志愿者12690人，占37.4%。

需要特别说明的是，由于目前全区志愿者尚未进行统一登记和管理，各系统、各街道的志愿者存在一定程度的交叉重复统计，志愿者的实际数量应该少于统计数字。但是，这一数字至少反映出我区志愿者队伍建设的巨大人力资源优势和志愿服务工作发展的良好基础，是开展研究和加强志愿者队伍建设的重要依据。

伴随着志愿者队伍的不断发展壮大，全区志愿服务工作也取得了一些成绩。2009年，全区各系统、各单位共开展志愿服务活动7565批次，特别是在2009年庆祝新中国成立60周年大庆安保活动、创建国家卫生区活动、平谷区第十一届桃花节举办期间，全区广大志愿者积极参与、自觉奉献，以真诚的微笑、优质的服务，为全区各项活动的成功举办作出了贡献，也使全区志愿服务发展到新的阶段。

二、全区志愿者队伍建设及服务活动开展现存主要问题

经过几年的发展，全区的志愿服务工作积累了一些好的工作经验和做法，志愿服务的社会影响力逐步扩大。但总的来说，全区志愿者队伍建设还处于初级阶段，与贯彻落实科学发展观、构建和谐社会的要求相比较，还存在很多问题与不足，志愿服务的基础性工作仍然有待加强，特色创新型志愿服务项目仍然有待开发，健全的志愿服务工作机制仍然有待建立。具体表现有以下五个方面。

（一）志愿服务管理体制不健全，影响志愿服务运行效能

目前，全区志愿者管理呈现出多头负责的现象，青年志愿者由共青团负责，巾帼志愿者由妇联负责，治安志愿者由综治部门负责，社区志愿者由各街道及各社区负责。这种多头管理、各自为政的现象，不仅造成了志愿服务工作管理上的无序，也使志愿者队伍的底数不清、情况不明，不利于政府对志愿服务工作的统筹协调和志愿服务事业的健康成长。

志愿服务缺乏统一规范的组织和管理体制，没有系统的管理方式，主要表现在：

1. 缺乏统一的备案或登记制度。全区没有负责志愿者统一注册的部门，志愿者队伍有84%为各单位自行备案，16%无备案。

2. 缺乏有效的沟通协调机制。各系统、

各街道之间没有互通情况的信息平台，使得志愿者资源享用仅限本单位内部，导致了全区志愿者具体数量不明、构成不清、志愿活动开展总体情况无从了解和把握。

3. 缺乏规范化的管理制度。志愿者的招聘、培训、流动、退出程序随意性较大，没有较规范严格的管理章程可循。

4. 缺乏系统的定期培训制度。全区没有对志愿者进行定期培训，导致志愿者素质、技能参差不齐，严重制约志愿服务水平的提升。志愿者多是单凭爱心和热情参加服务，但是并不具备帮助对象所需要的知识和技巧，这样又导致服务项目的“低水平徘徊”，缺乏社会效益，也无法有效地帮助有需求的人们。我们访问调查时，许多基层志愿组织都希望开展培训，提高志愿者的素质，但最突出的困难是没有经费。

5. 缺乏志愿者权利保障机制。缺乏必要的权益保障，突出表现在志愿者付出与回报、义务与权利失衡。许多志愿组织管理者反映，志愿者在开展服务活动时，常发生一些权益受到损害的事情，得不到社会的保护，只有自己解决困难或者由其他志愿者帮忙。一旦志愿者在服务中出现意外伤亡，怎样赔偿、谁来善后，这些问题比较模糊，使志愿者的积极性受到挫伤。

（二）志愿服务类别没有统筹规划，影响志愿服务全面均衡发展

据调查，全区没有设立对服务内容、范畴进行统一规划的部门，各单位无从对志愿服务类别进行规范化管理和规划，导致志愿服务领域的不均衡分布。同时，各系统、各街道的志愿服务领域较为传统，例如，开展文化宣传服务的18支队伍，占21.4%；扶老助残便民服务的队伍12支，占14.3%，服务项目较为单一化、僵硬化，项目创新活力有限。并且在党政倡导背景下的志愿服务习惯围绕“中心工作”寻求项目，例如，开展治安巡逻的队伍12支，占14.3%；环境保护的队伍22支，占26.2%等。各系统间志愿服务工作相对独立，各队伍间工作融合、适应性较差，例如，开展帮教安置的单位占6%，主要是司法系统；健康促进的占6%，主要是卫生系统等。

（三）志愿者考评激励体系没有建立，影响志愿者奉献服务的积极性

全区志愿者缺少步调一致、系统完善的考核、评价、激励机制保障，志愿服务活动要不要参与、是全身心投入还是出工不出力，没有较好的激励引导机制。目前，调研单位中有奖励表彰制度的是团区委、区教工委、区综治委、区红十字会、区卫生局、区司法局、滨河街道以及迎宾花园等16个社区，占51.1%，没有考评表彰制度的占48.9%。

重点是考评激励机制存在层次不高、内容不多、涉及不广、影响不大的问题。一是主要依靠志愿组织的内部激励，如区文委每年评出若干名优秀文化志愿者等；二是依靠共青团系统给予“区级志愿者”等称号。这些奖励制度，一方面是社会影响面不够广，示范作用不够明显；另一方面是激励的层次和力度不够大，没有引起全社会的广泛关注与参与。

（四）缺乏相应的资金保障，致使志愿服务受资金短缺限制

参与调查的单位中，有95%的单位表示开展志愿服务工作最大的困难在于资金缺乏。2009年全区志愿服务活动经费约为42.56万元，100%的单位没有志愿服务专项经费。活动经费主要来源为政府资助和单位自筹，其中79.6%为政府资助经费，20.4%为单位自筹，社会捐助资金为零。志愿服务工作所面临的资金短缺问题，导致了志愿者队伍的招募、培训、管理、志愿者基本权利保障等不得不流于形式，成为短期行为，同时也大大限制了服务的内容和范围。显然，缺乏资金保障已经成为制约我区志愿服务发展的“瓶颈”。

（五）社会群体对志愿服务的认识不深，致使志愿服务公众参与率不高

通过调查，全区干部群众对于志愿服务的知晓度在提高，但是由于缺乏志愿精神、

志愿文化的宣传氛围，广大民众对志愿服务内涵及功能的认识存在简单化、片面化的问题，认为“志愿服务是好事”，但同时认为志愿服务只是琐碎事情，只是年轻人形式化的东西，志愿服务的社会认知度还较低。这些误解直接影响了广大群众参与志愿服务的热情，导致全区志愿服务公众参与率较低，表现在：

1. 志愿者总数少。目前，全区常住人口约为42.7万人，共有志愿者33908人。在交叉重复统计的情况下，志愿者总数也仅占常住人口的7.9%，与《北京市加强社会建设实施纲要》提出的“力争通过3到5年的努力，实现公众志愿服务参与率达到20%以上”还存在很大差距。

2. 志愿者结构不均衡。全区志愿者中，按照数量由多至少排序，分别是：自由职业和无职业人员志愿者12690人，占37.4%；社区工作人员志愿者6383人，占18.8%；退休人员志愿者6092人，占18%；行政事业人员志愿者5230人，占15.4%；在校生志愿者3513人，占10.4%。人员构成比例不均衡。

3. 缺乏日常型和管理型志愿者。项目型志愿者（一次或偶尔参与志愿服务活动的志愿者）占到绝大多数；而日常型志愿者（经常参加志愿服务活动的志愿者）及管理型志愿者较少。

三、全区志愿服务工作向制度化、规范化、专业化方向发展的几点建议

（一）加强志愿者工作管理体系建设，初步形成社会合力

经过前期调研，总结出缺乏统筹协调和信息沟通不畅等原因是制约志愿者工作管理体系发挥综合协调作用的主要因素，为此，建议采取以下三方面措施。

1. 建立志愿服务综合协调机制。今年4月中旬全区社会建设大会正式召开，会上出台了《平谷区志愿者工作联席会议制度（试行）》，明确指出要构建区社会建设领导小组统一领导，社会建设工作领导小组办公室牵头并综合协调、26个相关委办局和街道密切配合的志愿者工作协调机制。由区社会建设工作领导小组负责全区志愿者工作的统一领导、统一规划和统一部署。领导小组下设志愿服务工作协调办公室，办公室设在区委社会工委、区社会办。由此，平谷区志愿服务工作综合协调机制正式确立，它标志着由区社会建设领导小组统一领导、区社会工委牵头的志愿服务机制和领导格局的初步形成，结束了平谷区志愿服务工作缺乏统筹协调的局面。

2. 做好志愿服务工作的发展规划。为全区志愿服务事业做好发展规划，即：力争经过3~5年的努力，使全区公众志愿服务参与率达到20%以上，注册志愿者总数不少于8.5万人，志愿者每人每年提供志愿服务时间超过50小时；努力实现志愿服务经常化储备、规范化管理、常态化服务、品牌化培育、项目化配置、信息化支撑、社会化运作，使志愿者工作体制不断完善、志愿者组织不断壮大、志愿者队伍结构不断优化、志愿服务项目不断丰富、志愿服务理念深入人心、志愿服务成果广泛共享。同时，力争做到志愿服务工作的“三纳入”。一是要将加强和改进志愿者工作纳入区社会建设工作领导小组的重要议事日程，纳入全区社会建设的总体部署；二是要把志愿者工作纳入精神文明建设的整体规划；三是要将志愿者维权纳入政府法律援助范围。

3. 打造全区志愿服务工作的“枢纽型”平台。筹建全区志愿者网站，力求在对区级、镇级志愿者注册、志愿服务项目等进行统一管理的基础上，与市级志愿服务信息库形成有效的网络化对接，从而建立一个平谷区的志愿服务“枢纽型”平台，解决志愿服务过程中信息沟通和传递不畅的问题，将志愿服务理念更广泛地传播给广大志愿者。

（二）规范志愿服务工作运行体系，逐步建立长效机制

针对志愿服务工作运行体系中存在的志愿者注册制度不统一、缺乏志愿者培训、管理不够规范、志愿者考评和激励制度不够健全的情况，建议采取以下相关措施。

1. 规范志愿者招募注册管理制度。积极探索开展各部门系统内部登记、网络注册登记、电话注册登记、服务站点注册登记等多种注册登记方式，力求逐步形成由政府部门动员和学校招募向网上和社会招募过渡的招募机制，为社会公众提供便捷的登记注册渠道，加大宣传力度，吸引更多志愿者加入志愿服务队伍。

2. 建立志愿者培训提升机制。建立志愿者培训机制，对培训对象、培训时间、培训内容有统一规划、合理安排，采取定期与临时相结合的办法，围绕服务理念、相关制度、服务纪律及经验技巧等内容，对志愿者开展培训工作，全面提高志愿者综合素质、提升服务水平及服务质量。

一是实行分类别、分梯队培训。加强通用志愿者和专业志愿者培训工作，在做好通用志愿者队伍和专业志愿者队伍的培训计划后，将通用志愿者归纳为第二梯队，将专业志愿者归纳为第一梯队。经过通用培训的志愿者方可开展专业培训，并根据不同志愿服务活动的需求派出不同梯队，同时在通用志愿者的培训时间和考核的资格达到一定标准时，可以转化为第一梯队的专业志愿者。

二是将志愿者培训纳入社会工作培训规划。积极探索与承担社会综治职能的公安、司法、交通、红十字会、疾控、环保、安检、消防、地震等部门进行职能和培训工作对接，由相关的职能部门发布培训的项目，以此培育专业化队伍。

3. 建立志愿者权益保障机制。采取多种措施，对志愿者服务过程中的权益予以保障。一是建议上级立法机构修改和完善志愿服务方面的法律法规；二是各级志愿者组织聘请法律顾问；三是提高志愿者的法律意识；四是建立志愿者服务保险制度。在志愿者参与大型社会志愿服务活动时，实行保险制度，在交通、餐饮、安保、备品等后勤保障方面为志愿者提供相应待遇，尤其是在志愿者参与可能存在危险的志愿服务活动时，与志愿者签订志愿服务协议。这些多样化的探索，将逐渐形成系统化的志愿者权益保障机制。

4. 建立志愿者考评激励机制。要以志愿服务的时间累计制度为基础，以服务质量考评为重点，建立志愿服务考评激励体系。将志愿服务纳入各部门总体工作成绩评价中，形成精神鼓励与物质奖励相结合、组织表彰和社会评价相呼应的良好激励机制。

一是进一步探索建立志愿服务“时间储蓄”制度。当志愿者服务时间累计到一定数量时，可获得志愿服务证书，如同义务献血群众可以得到义务献血证一样，使志愿者本人在需要帮助时，能优先得到其他志愿者的服务。

二是将各行业、各部门、各单位组织开展志愿者活动的情况纳入文明城区、文明社区、文明行业、文明村镇、文明单位和文明机关等各类精神文明创建活动的考核范畴，并纳入年终总体工作成绩中进行评价。

三是开展以精神激励为主、物质激励为辅的志愿者表彰活动。对优秀志愿服务组织和志愿者个人开展评选表彰、星级认定和志愿服务奖章颁授活动，增强志愿服务的社会认同感，从而促进形成人人争做志愿者的良好志愿服务社会氛围。首先针对普通志愿者，对于有条件的志愿者团队开展星级评优活动，给予分级待遇。其次针对项目负责人，将工作业绩和工作表现纳入个人年终工作成绩考核。再次针对项目开展情况，结合优秀公益实践项目创建活动，进行年度考核评比，对优秀项目在全区社会建设大会上集中命名和表彰，并给予一定的资金扶持或物质奖励。

（三）规范志愿服务类别，打造志愿特色品牌

要坚持“党政关注、社会急需、志愿者能为”的工作方针，以服务大局、服务百姓为重点，在深入调查社会需求和志愿服务意向的基础上，根据全区经济社会发展需要，搞好志愿服务类别规范与实施，将目前志愿服务领域所涉及的环境保护、文化宣传、扶老助残、治安巡逻、医疗救助、禁毒普法、教育矫治、权益维护等16项内容进行规范后，引导志愿服务向专业化、规模化方向发展，有助于提升志愿服务水平和能力。同时把选树服务品牌作为培育特色，打造亮点的有效载体。品牌是一个部门最有特色、最值得推广和深化的服务内容，它一定是与社会需求和时代特点紧紧挂钩的。一方面，要引导品牌突出自身特点、优势，在个性化、创特色上下工夫，例如，“为老助困”志愿者服务队为社区80岁以上老人提供个性化服务，如电话聊天、走访慰问、定期理发、打扫卫生等等，这些敬老爱老、服务空巢老人的服务，就是顺应社会需求和发展应运而生的服务。另一方面，帮助策划、设计活动载体。例如，成立达一年的滨河街道“创卫小先锋”志愿服务队，积极参与全区创建国家卫生区活动，每周坚持捡拾各类污染物，通过自身行动，积极推动人人关心环保、投身环保的社会氛围的形成。要通过报纸、电视、广播等媒体，向社会各界宣传志愿服务团队的典型事迹，使品牌知名度和美誉度不断提升。

（四）强化志愿者工作保障体系，促进志愿事业健康发展

要充分运用法律、政策等多种手段，逐步完善志愿服务保障体系，为志愿服务事业发展提供依据和支持，为志愿服务活动提供保障。

1. 加大政策法规宣传。贯彻实施北京市2009年《关于进一步加强和改进志愿者工作的意见》，推动政府将志愿服务纳入经济社会发展规划，推动教育部门、学校和有关社会团体将培养青少年志愿服务意识纳入思想品德教育范围，推动有关单位在招工、招生时落实志愿者优先权。

2. 建立资金支持机制。财政部门建立区级志愿者专项资金，宗旨是资助志愿服务项目、志愿文化宣传推广、志愿者事业研究、志愿者培训交流、志愿者激励、志愿者权益保障等项内容。按照“政府支持、社会捐助”的思路，逐步建立各级志愿服务基金，改善基层志愿服务组织经费短缺的状况。政府及社会各界提供丰富多样的资源，包括资金、物质、人力、信息等资源，为志愿者事业发展提供支持，构筑遍及各部门、各社区的志愿服务网络。

3. 加大宣传造势力度。

要打破全区志愿者组成结构不均衡、不合理的现状，就要加大宣传力度，积极营造良好的舆论氛围，鼓励全民参与志愿服务。

一是加强宣传阵地建设，丰富宣传动员手段。积极对外宣传志愿服务工作和相关志愿服务活动，争取区、市级媒体的关注和报道。充分发挥报刊、广播、电视、互联网、手机短信等大众传媒的作用，运用新闻报道、公益广告等形式，普及志愿服务知识。通过各部门、街道、社区的各种会议及板报、橱窗、社区出版物、公益广告牌等渠道宣传志愿服务精神。通过选树典型、媒体报道、定期召开经验交流座谈会、开展全区志愿者服务活动月等活动扩大志愿服务活动的影响力和号召力，宣传志愿服务活动的经验和志愿者的感人事迹，引导人们尊重志愿者及其劳动，营造有利于志愿服务的浓厚舆论氛围。

二是扩大志愿人员范围，实现志愿人员多样化。只有实现志愿者组成的多样化，才可能拥有丰富的智力资源、组织资源、经济资源、自然资源来促进志愿服务发展。因此要抓住典型、广泛宣传，不断扩大志愿人员范围。鼓励党政领导、公务员以个人身份参加志愿组织、参与志愿服务，起到示范带动作用；动员企业家及其家属参与志愿服务，从而带来资源支持；吸引专家学者、专业人

员参与志愿组织，在不同领域为服务活动策划、组织、实施作出贡献。

三是普及志愿服务理念，创优志愿服务文化环境。推广普及理念是发展志愿服务事业的根本和动力。以“奉献、友爱、互助、进步”为主要内容的志愿精神，反映了社会发展进步的时代要求，是志愿服务活动的核心。志愿服务理念的推广普及，决定着志愿服务事业的影响力和生命力。因此要把志愿服务理念的推广、普及、渗透到志愿服务工作的方方面面，要通过生动感人的文艺作品和丰富多彩的文体活动，使志愿服务理念更加具体化、形象化，形成有利于志愿服务的良好文化环境，使之成为推动志愿服务长期深入开展的内在动力和有力支撑。

今后，区委社会工委、区社会办将以此次调研成果为基础，结合全区志愿服务工作实际，不断采取有力措施，积极争取社会各界的广泛支持，有效采纳基层的工作建议，推进志愿服务工作扎实有效开展，促进平谷区志愿服务事业持续稳定地向规范化方向发展。

（此文作者为平谷区社会办副主任）

加强与改进社会工作者队伍建设的思考

鲁颖彤

社会建设首次写入党的十七大报告，标志着我们党对社会建设的认识达到了新高度，市委、市政府抓住这一难得的历史性机遇，于2007年12月在全国率先成立了市委社会工作委员会、市社会建设工作办公室，为构建北京社会服务与管理模式奠定了基础。新机构成立两年来，紧紧抓住学习贯彻党的十七大精神、成功举办北京奥运会、深入开展学习实践科学发展观活动三大机遇，北京社会建设工作初步形成新的体制框架、初步建立新的政策体系框架、初步实现一系列新突破。2009年，市委社会工委、市社会办结合首都社会工作者队伍建设的现状，提出并实施了“大学生社工计划”，全力打造一支政治素质好、业务能力强、服务水平高的专业化、职业化社区工作队伍。面对中央、市委、区委对社会建设工作提出的新要求、新任务，区委社会工委、区社会办通过问卷调查、座谈等方式对怀柔区社会工作者队伍建设问题进行具体分析、研究，形成如下调研报告。

一、怀柔区社会工作人才队伍建设现状

自怀柔区委社会工作委员会、怀柔区社会建设工作办公室成立以来，怀柔区社会建设步伐不断加快，社会管理与服务体系不断完善，社会工作人才队伍建设取得了明显成效。

（一）成立了社会建设组织管理机构

2008年10月16日怀柔区在北京郊区县中率先成立了区委社会工作委员会、区社会建设工作办公室，设置行政编制12名，其中区委社会工委（区社会办）书记（主任）1名，副书记、副主任3名；科级领导职数4名；事业编制5名。进一步明确了社会人才队伍建设的工作职责。

（二）规范了社会工作者的管理办法

自2007年起北京市相继制定出台了《关于加强社会工作人才队伍建设的意见》、《北京市社区工作者管理办法》等政策性文件，为社会工作人才队伍建设提供了有力的政策

保障。2009 年，区委社会工委、区社会办按照北京市提出的“一分、三定、两目标”的要求，重点强化了社区规范化建设，明确了社区党组织、社区居委会、社区服务站工作职能，规范了每位社区工作者的岗位职责。

（三）搭建了社会工作者服务的平台

2008 年在原有区级社会管理服务中心的基础上，怀柔区在全市乃至全国率先组建了区、镇（街道）、村三级社会管理服务中心，为社区工作者搭建了服务的平台。2009 年区委社会工委、区社会办创办了《怀柔社会建设报》，2010 年又开通了怀柔社会建设网，为社会工作者搭建了学习、交流、展示的平台。

（四）拓宽了社会工作者服务的领域

自区委社会工委、区社会办成立以来，怀柔区社会管理与服务工作已由城市社区管理与服务向农村延伸，广大社会工作者在社会福利、社会救助、社会慈善、权益维护、行为矫治、社区服务等领域发挥了重要作用，涵盖了社会生产、群众生活的方方面面，社会工作人才与百姓生活日益密切。

（五）壮大了社会工作者队伍的力量

近两年来，区委社会工委、区社会办面向社会公开招录大学生社区工作者 123 人，区民政局面向社会公开招录社区专职工作者 61 名，招募各类志愿者近15000人，基本形成了社工专业人才引领、社工从业人员协助、志愿者积极参与相结合的专、兼职服务队伍。

（六）提高了社会工作者专业化水平

目前，全区共有社区工作者 361 人，其中大学生社区工作者 121 人、行政事业单位人员 60 人、社区专职工作者 180 人。具有大专以上学历的 311 人，占总人数的 86.1%；获得社会工作师和助理社会工作师的 41 人，占总人数的 11.4%。

二、怀柔区社会工作者队伍存在的问题

近年来，怀柔区社会工作人才队伍建设虽然取得了一定的成效，但距建设一支政治素质好、业务能力强、服务水平高的专业化、职业化社会工作队伍的要求还有较大差距，总体上处于起步阶段。主要表现在：

（一）社会工作人才队伍总量不足，与城市化发展的实际需求量不相适应

据光明网报道，在西方发达国家，专业社会工作者占总人口的比例一般都能达到2‰以上，其中美国为2‰，加拿大为2.2‰，日本为5‰，我国香港地区为3.9‰（注册社工达12000多人，占总人口的1.8‰）。按照国际2‰的比例计算，怀柔区35.8万人，需要设置716名专业社工岗位，而目前专业社工岗位216名，仅占总人口比例的0.006‰，凸显全区专业社会工作者总量不足。

（二）社会人才专业化水平较低，与城乡居民多样化的社会需求不相适应

从结构上看，怀柔区社会工作从业人员无论是学历结构，还是年龄结构都趋于科学合理，但是从专业化水平来看，绝大多数没有接受过系统的社会工作专业教育，实务技能较差，工作方法和手段相对比较单一，难以提供系统化、个性化、差异化的社会服务，无法满足城乡居民多样化的社会需求。

（三）社会人才队伍建设的保障机制不够完善，与职业化的要求不相适应

社会工作人才培养、评价、使用、激励、保障的政策措施和制度法规还不够健全和完备，使得高学历社会工作专业人才引得进，却留不住。调查问卷数据显示，由于没有职务晋升、身份转变等相应政策的支持，大学生社会工作者最大的担忧是“没出路”，所以很难安心本职工作，只是为了留在市、区或急于就业“暂时”从事社会工作，把社会工作岗位作为“跳板”，一有机会就会马上脱离社工岗位。

（四）社会工作者身份差异较大，与推进社会公平正义制度建设不相适应

目前，怀柔区社会工作者来源渠道大体可分为五个部分：一是政府行政机关第一次机构改革时分流转岗人员；二是面向社会公

开招录人员；三是从应届大学生和届满村官助理中公开选聘的大学生社区工作者；四是安置部队转业家属；五是由社区党组织和社区居委会选举产生人员。由于来源渠道不同，形成了岗位相同、身份不同、待遇不同。按照《北京市社区工作者管理办法（试行）》（市办发〔2008〕20号）的规定：一名普通社区工作者每月扣除各项保险和住房公积金后，工资金额大约在1200元左右。而据2008年北京市统计局发布，北京市职工年平均工资为44715元，月平均收入为3726.25元。社区工作者工资明显低于全市职工平均工资水平。

（五）社会人才配备不均衡，与统筹城乡一体化发展的实际需要不相适应

按照《北京市社区管理办法（试行）》（市办发〔2008〕19号）规定：社区服务站原则上按每500户居民配备1名专职工作人员，社区服务站一般设站长、副站长各1名。目前，城区2个街道、24个社区，区民政局已于2009年依照标准配齐了社区服务站专职工作者，而乡镇7个社区服务站至今没有配备专职人员，难以代理代办政府在社区的各类公共服务事项，难以为社区居民提供最优质的服务。

三、加强怀柔区社会工作者队伍建设的几点思考

推进社会建设工作及其人才队伍建设是一项长期性、基础性、战略性的系统工程。从总体上讲，推进社会人才队伍建设必须以邓小平理论和“三个代表”重要思想为指导，深入学习实践科学发展观，全面贯彻落实中央关于建设宏大的社会工作人才队伍的重大战略部署，以建立专业化、职业化社会工作人才队伍为目标，以建立健全社会工作制度为重点，强化专业培训，努力开创社会工作人才队伍建设新局面。下面将从八个方面加强社会工作人才队伍建设。

（一）完善体制机制，加强组织领导

依托区社会建设工作领导小组的政治和组织优势，成立怀柔区社会工作人才队伍建设领导机构，按照党管人才原则，努力形成组织部门牵头抓总、社会办具体负责、有关部门密切配合、社会力量广泛参与的工作格局。将社会人才队伍建设纳入国民经济和社会发展总体规划，纳入区级财政预算，纳入有关部门领导班子考核指标体系。建立社会工作人才队伍和志愿者队伍互联互补机制，形成支持社会工作开展的良好氛围，逐步建立一支规模宏大的社会工作人才队伍。

（二）完善激励机制，稳定社工队伍

能否“选得进、留得住、用得上”，关键取决于岗位的吸引力。从稳定队伍和提高职业吸引力的角度考虑，必须完善相关的政策：一是给社会工作者明确身份。现在的专职社会工作者都属于聘用制，他们既没有行政身份，也没有事业身份，而他们实际上既担负着政府职能，又担负着社会职能，应该给他们一个合理的身份，其工资待遇应参照事业单位工资标准。二是面向社会公开选聘的大学生社区工作者，原学历是研究生、硕士学位、博士学位等级的按照标准应享受区政府津贴补助政策。三是无论何种身份，只要在社会工作岗位上获得社会工作师、助理社会工作师职业水平证书并登记注册，每人每月都应按照标准享受职业水平补贴。四是完善怀柔区副处级资格准入人员报考条件，对符合条件的社区干部允许其参加怀柔区副处级资格准入考试，符合条件的准许参加副处级公开选拔。

（三）完善选用机制，严把社工入口关

直至今日，公众对社会工作的基本理念、基础知识、主要方法还不熟悉，对社会工作认识不到位、把握不准确、重视程度不够，对社会工作认知度不高。因此，在社会工作者的选用上要建立起一套完整选用机制，重点考查“德、才、能”三方面：在“德”的方面主要考查社会公德、伦理道德和职业道德等；在“才”的方面主要考查社会、心

理、教育、管理、政治、经济、伦理和社会工作相关的法律法规等知识；在“能”的方面主要考查社交能力、组织能力、适应能力和应急反应能力。

（四）完善考评体系，规范社工管理

用工单位要成立考评工作委员会，并以社会工作者的年度工作任务完成情况和服务对象满意率为主要依据，建立一套完整的考核评价体系。考评体系包含自评、考评、民主测评、特殊贡献四个部分，比例为1:4:4:1，考评结果与奖金挂钩。并且，每两年开展一次“十佳社会公德人物”和“十佳社会工作者”评选活动，对在社会工作中做出显著成绩的优秀社会工作者给予表彰奖励。

（五）完善培训机制，提高专业化水平

专业人才缺乏是制约推进社会工作及人才队伍建设的瓶颈问题。要通过进修、实习、短训、函授、自学考试等多种形式，强化专业社工人才的培养。建立科学合理的社工人才培养体系，加大社会工作人员的教育培训力度，是建设和培育一支专业化、职业化社工人才队伍的首要任务。一是抓好岗前培训；二是有计划、分层次地对现有社会工作从业人员进行大规模专业培训，使他们尽快掌握社会工作知识和技能，提升专业化水平，提高服务能力；三是鼓励尚未取得职业资格的实际在岗人员参加社会工作专业学历教育和社会工作职业资格考试，加快向专业社会工作者的转化；四是加强对党政机关从事社会管理与服务的公务人员开展有针对性的岗位培训；五是依托首都高校和社会工作服务机构的优势，建立社会建设实践基地和社会建设研究基地，初步形成“社工引领义工服务、从工辅助社工服务、义工协助社工服务”的“社工+从工+义工”社会工作人才队伍培养模式。

（六）开发社工岗位，拓展服务覆盖面

根据社会工作岗位设置标准体系，按照整体规划、分步推进的思路，有计划、有步骤地在社会福利、社会救助、慈善事业、残障康复、优抚安置、社区建设、减灾救灾、老龄事业、婚姻家庭、教育辅导、医疗卫生、司法矫正、就业服务、计划生育、职工权益维护、青少年事务、妇女儿童权益维护等领域开发设置专业社工岗位，多渠道吸纳社会工作人才，推进专业社会工作。

（七）培育社会组织，搭建社工服务平台

服务平台是社会工作人才发挥专业特长、提供专业服务的舞台。在原已认定的7家“枢纽型”社会组织的基础上，结合全区社会管理与服务方面的“漏点”问题，通过改造、提升、新建等形式，构建一批新的社会组织：一是成立怀柔区志愿者联合会，将怀柔区志愿者协会改造、提升为北京市怀柔区志愿者联合会，使其成为联系、管理、服务社会各类志愿服务的“枢纽型”社会组织；二是成立怀柔区社会工作者协会，鼓励、支持各类专业社会工作者采取个案、小组、社区等社会工作服务方式，满足城乡居民多样化社会服务的需求；三是委托有资质的社会组织成立怀柔区义工协会，满足城乡居民日常生活中的医院陪护、家庭保姆等个性化社会服务的需求；四是依托怀柔区学生活动和管理中心，采取政府向社会组织购买公共服务的方式，吸引有一定特长的老师参与社会服务，强化中小学生校外管理与教育，实现政府和社会优势互补，逐步将政府“养机构、养人”转变为向符合条件的社会组织购买服务。

（八）强化社会宣传，营造良好氛围

当前，尽管中央和地方政府极为重视社会人才队伍建设工作，但由于其是一个新的工作领域，其性质、特点、作用仍不被大众所熟知，这就要求全区各级党委、政府要把宣传社会工作者队伍建设作为一种政治责任，人到哪里就要宣传到哪里。要充分利用报纸、电视、广播、网络等宣传媒体，开展多种形式的宣传教育活动，引导社会公众关注、支持社会工作事业发展，为社会工作发展和社会工作人才队伍建设营造声势，让社工的本质含义扎根人心，提高社会知名度。要办好《怀柔社会建设报》和怀柔社会建设网，及时宣传优秀社会工作者的典型事迹，充分展示社工丰富的职业内涵、社会价值及广大社工的职业风采，使社会工作成为一个广为人知、受人尊敬的专业性、技术性职业，形成有利于社会工作人才脱颖而出并发挥作用的良好社会环境。

（此文作者时任怀柔区委社会工委书记、区社会办主任）

构建层级分明的社会建设体系

——密云县社会建设走在郊区前列的课题研究

王玉江　徐　芳

社会建设的最终目标是构建和谐社会。当今我国在社会建设领域重点关注如何构建与社会主义市场经济相适应的社会体制，构建与人民群众对美好生活新期待相适应的公共服务和社会保障机制，以及与社会政治稳定、国家长治久安的要求相适应的社会管理体制。

中共北京市委十届八次全会提出北京在“十二五”期间，在推进社会管理和服务上要大有作为。一要把社会建设摆在更加重要的位置，建立与中国特色世界城市目标相适应的社会管理体系。二要积极创新社会管理与服务的体制机制，以党的建设全覆盖带动社会服务管理工作的全覆盖，把社会管理的任务落实到所有的社会组织和社会人。三要创新社会服务与管理的方式和方法，提高社会服务管理的效能。四要围绕着确保首都安全稳定创新社会管理与服务，努力从政策上、制度上、机制上化解矛盾，维护首都稳定。

密云县在县委十一届九次全会上确定了“到‘十二五’期末，社会建设努力走在全市郊区前列”的奋斗目标。为了摸清密云社会建设整体现状，查找分析现阶段密云社会建设存在的问题，研究制定“十二五”密云社会建设的总体规划，为实现“社会建设努力走在全市郊区前列”的奋斗目标打好基础，县委副书记王玉江和副县长徐芳牵头，组织县社会办、研究室、发改委、街道等单位成立课题组，对全县社会建设进行了深入调研，对如何努力使密云社会建设走在郊区前列提出了方案和建议。

一、对社会建设走在郊区前列的规划和设想

（一）指导思想

按照“社会建设努力走在全市郊区前列”的奋斗目标和“建设绿色国际休闲之都”的发展定位要求，以解决人民群众最关心、最直接、最现实的利益问题为切入点，以创新社会服务管理体制机制为手段，以服务促管理，努力建设社会更加稳定、社会保障日益完善、社会事业快速均衡发展、社会服务管理显著增强、社会文明程度不断提高的生态富裕和谐新密云。

（二）工作目标

按照党的十七届五中全会和北京市社会服务管理创新推进大会、市委十届八次全会以及县委十一届九次全会精神，密云县社会建设的总体目标是：努力构建“密云社会建设的5级层次体系”（图1），即社会稳定—社会保障—社会事业—社会服务管理创新—社会文明。第一层级是社会稳定，是加强社会治理，夯实社会建设的最基础性工作，是

群众安全感和满意度的来源；第二层级是社会保障，是调节社会关系，保障和改善民生的关键，是维系社会公平的基础；第三层级是社会事业（涉及教育、科学、文化、卫生、体育等各个方面），是促进公共服务均等化和城乡一体化的主要内容，是提升人口素质的重要手段；第四层级是社会服务管理创新，是社会活力和社会动员能力的体现，是提供满足社会多元化利益需求的产品和服务，是提供公共服务、公益服务和便民服务的有效途径；第五层级是社会文明，是社会建设的最高层级，是通过以文化育文明促进社会和谐发展的最高境界。

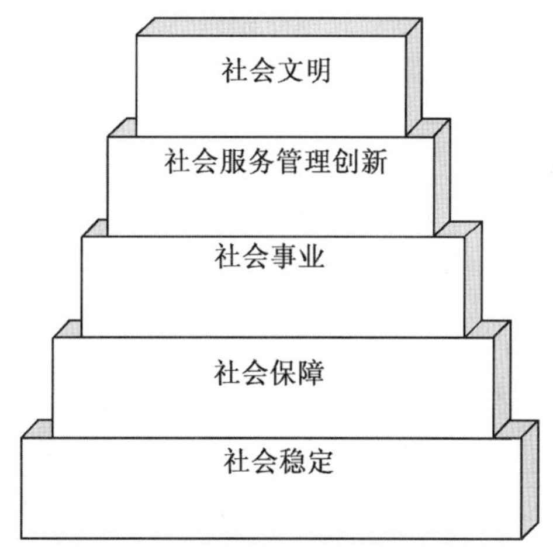

图1 密云社会建设的层级体系图

具体目标为：

1. 构建“四级平台、六项机制”的社会维稳体系。社会秩序良好，社会安全稳定，平安创建成效显著，人民群众幸福感和安全感位居全市前列，万人群体上访率、万人刑事发案率、流动人口犯罪率和社区矫正人员重新犯罪率不断下降，达到“全国平安区（县）”建设标准。

2. 健全促进城乡居民增收致富的社会保障体系。高端高效生态经济大力发展，覆盖城乡的社会保障体系基本建立，城乡居民收入水平明显提高，至2012年消除年均收入低于4500元的低收入户。“十二五”末，城镇居民人均可支配收入和农村居民人均纯收入年均分别递增8%和9%，城镇登记失业率控制在2.5%以内，登记失业人员就业率65%以上，社会保险参保率99%以上。

3. 构建优质均衡发展的社会事业格局。形成优质均衡、城乡一体化的教育发展格局，成为全国教育均衡先进地区。建立适应县情、覆盖全县、功能完善的公共医疗卫生服务体系，居民健康档案和村级医疗机构覆盖率达100%。平均每千人拥有床位数，拥有医师数和注册护士数显著提高。县、镇（街道）、村（社区）三级文化服务设施建设100%达到市级以上标准，打造一批领先于郊区县的文化活动品牌。形成完善的全民健身服务体系，打造一批具有密云特色的群众体育活动品牌。

4. 创新满足多元化利益需求的社会服务管理机制。构建具有密云特色的智能化社会服务管理三级平台，努力形成“党建全覆盖、管理无缝隙、服务高质量”的城乡一体化服务管理格局。

5. 加强以文化育文明的社会精神文明建设。通过激发“枢纽型”社会组织的活力，构建有密云特色的全方位志愿服务网络，通过倡导传统文化，培育道德风尚，使公民文明素质不断提升，社会风气更加纯正、民风更加淳朴，社会认同感和社会活力显著提高。全力打造与“三个走在前列”奋斗目标相适应的经济社会发展“软环境”。

（三）基本原则

1. 以人为本，关注民生。重视民生，保障民生，改善民生，关心弱势群体利益，切实解决人民群众就业、增收、上学、看病、养老、维权等问题，全面提升广大人民群众生活质量，提高人民群众的幸福指数。

2. 统筹发展，协调兼顾。统筹城乡发展，统筹社会事业协调发展，着力推进基本公共服务均等化，提高公共服务质量，使发展成果惠及全县人民群众。

3. 推进改革，促进和谐。全面推进各项改革，积极转变政府职能，建设服务、责任和法治型政府，激发社会活力，促进社会组织有序发展，形成和谐社会建设的强大动力。

4. 整合资源，共建共享。通过创新手段，创新载体，整合现有资源，协调各方利益，形成共同支持、共同参与社会建设的工作合力，实现信息互通、资源同享、文明共建、和谐共创。

5. 广泛动员，激发活力。努力提升社会组织动员能力，进一步扩大社会参与面。充分发挥志愿组织、“枢纽型”社会组织、“两新”组织、基层自治组织等参与社会建设的积极性，使社会建设工作更加充满活力。

二、社会建设走在郊区前列的主要任务

（一）构建“四级平台、六项机制”的社会维稳体系

1. 努力争创“全国平安区（县）”。以“全国平安区（县）”创建工作为目标，充分发挥县维稳矛盾调处联席会、镇（街）综治维稳中心、村（社区）和谐创安自治协会（商管协会）、平安家庭四级平台作用，完善网格化管理、社会管理科学决策、信访表达、社会治安立体防控、应急管理、责任追究六项机制，深化平安街道（乡镇）、平安社区（村）、平安学校、平安企业、平安家庭创建工作，建立和完善社会治安、生产安全、交通秩序等公共治理体系，构筑首都东北部安全稳定屏障。到“十二五”末，力争达到“全国平安区（县）”建设标准。

2. 构建社会矛盾调处“大调解”新格局。完善领导接访、信访部门约访、相关部门陪访、基层部门跟访“四访联动”和人民调解、行政调解、司法调解“三调对接”工作机制，积极推进信访代理制，把矛盾纠纷化解在萌芽状态，切实解决广大人民群众的实际困难和现实利益问题，努力实现“越级群体访、重信重访、重点地区访”逐年下降的工作目标。

3. 创新流动人口的服务管理。全面加强流动人口和出租房屋管理，探索“以产引人、以证管人、以房控人”的流动人口服务管理新模式，严格控制人口机械性增长，不断优化人口结构。要把控制流动人口数量作为政府的一项重要考核内容。健全和完善流动人口权益保障机制、社会保障体系和公共服务网络，创造和谐融洽的生活环境，增强流动人口的认同感和归属感。

4. 建立和完善以预防为主、高效处置的突发事件应急体系。按照“党委领导、政府主导、专业处置、部门联动、条块结合、军地协同、社会参与”的应急管理工作格局要求，进一步提高基层应急处理能力，完善县、街道（乡镇）、社区（村）三级应急体系。完善风险评估、隐患排查、信息报送、应急值守、应急演练等机制和各种应急预案，实现重点部位视频监控系统全覆盖。加大各层级专业应急队伍建设和设备投入及应急物资储备力度。加强公共安全知识教育和技能培训，提高各级应对各种突发事件的能力和广大居民自救互救的能力，维护人民群众生命和财产安全。

（二）健全促进城乡居民增收致富的社会保障体系

1. 大力促进城乡居民增收致富。加强下岗人员、待业人员和农村富余劳动力技能培训力度，提高其就业能力。推进县、街道（乡镇）、社区（村）三级就业平台建设，发展生态型经济，培育特色产业，加大政府扶持企业力度，促进企业良性发展，形成“以服务引企业，以企业带就业，以就业促增收”的良好工作局面，为城乡居民创造更多的就业、创业机会，提高收入水平。高度重视城市对农村的拉动作用和辐射作用，努力实现城乡资源共享、人力互助、产业互补、市场互动，推动城乡经济社会发展一体化。

2. 健全社会保障体系。建立健全与经济发展水平相适应、覆盖城乡的多层次社会保障体系。统筹社会保险、社会救助、社会福利与慈善事业的发展，促进社会保障体系内部良性互动、协调发展。不断加大公共财政对社会保障基金的投入力度，拓宽社会保障资金筹措渠道。加强社会保险、社会救助、

社会福利和慈善事业的衔接，健全社会保障网络，保障城乡困难群众的基本生活，逐步实现覆盖全民的普惠制社会保障体系。

3. 扩大社会保险覆盖面。整合“新农合”、“一老一小”、无业居民大病医疗保险制度，逐步扩大城镇企业职工的养老、医疗、失业、工伤、生育等社会保险覆盖面，尤其是扩大外来人口的社会保险参保工作。到“十二五”末，城镇基本养老保险覆盖率、城镇基本医疗保险覆盖率、城镇失业保险覆盖率全部达到99%。逐步实现城乡居民养老保险全覆盖，逐步提高老年福利金。

4. 完善社会救助体制。整合社会救助资源，扩大社会救助范围，努力实现“无社会救助盲点”的目标。完善城乡低保制度，形成城乡一体化的新型救助格局。推行分层分类救助，发展医疗、就业、教育、住房、司法救助等专项救助，扩大救助范围，提高救助效率。制定和完善对下岗失业工人、没有能力支付医药费和子女学费的家庭、失地而未能就业的农民，以及城市流浪乞讨人员等困难群体的救助和管理机制，化解社会不稳定因素。以老年人福利服务为重点，以残疾人福利、儿童福利为突破口，推进福利社会化进程，逐步实现从补缺型向适度普惠型转变。积极帮助残疾人实现就业，扶持残疾人个体从业。大力发展慈善组织和基金会，建立慈善事业激励机制和长效募捐机制，加强慈善事业的监督和管理，规范慈善资金的使用。

（三）构建优质均衡发展的社会事业格局

1. 成为全国推进义务教育均衡发展先进地区的典范。统筹城乡义务教育发展，缩小区域间义务教育差距，不断提升义务教育的整体办学水平。深化教育改革，推动新城、平原和山区义务教育共同发展，促进义务教育服务均等化。统筹协调基础教育、职业教育、成人教育、幼儿教育和特殊教育，充分发挥各类教育基础性服务功能。统筹配置城乡教育资源，推进优质教育资源向农村地区辐射。完善教育救助体系，确保一些贫困家庭的学生不因贫困辍学。到“十二五”末，确保小学入学率、小学毕业合格率和初中入学率100%，初中三年巩固率在99%以上。在城区进一步加大公办幼儿园的办学规模和新园建设，较好解决幼儿择园问题。

2. 建立功能完善的公共卫生服务体系，大力发展健康产业。深化医药卫生体制改革，建立以满足居民健康需求为导向，适应县情、覆盖全县、功能完善的公共卫生服务体系、医疗服务体系、医疗保障体系、药品供应保障体系，形成有利于群众及时就医、安全用药、减轻负担的制度格局。建立以县级医疗卫生机构为龙头、镇卫生院（社区卫生服务中心）为骨干、村（社区）卫生服务站为基础的三级医疗服务网络。深化和规范医疗服务进家庭工作，建立全民健康档案。基本实现“小病不出村，常见病不出镇，大病不出县”。到“十二五”末，力争居民平均期望寿命80岁以上，居民健康档案建档覆盖率达到100%，村级卫生机构覆盖率达到100%，免疫预防安全接种率达到100%，“新农合”参保率达到98%以上。依托密云良好的生态环境和医疗、旅游设施，大力发展健康产业。

3. 率先实现文化服务设施标准化。建设以县博物馆、图书馆、文化馆、影视中心“三馆一中心”为主的县文化核心区。完善镇（街道）村（社区）文化设施，构建农村“半小时文化服务圈”和社区“15分钟文化服务圈”。以丰富的文物古迹为依托，挖掘历史文化内涵，开展特色文化活动，促进非物质文化遗产的产业化。到“十二五”末，县、镇（街道）、村（社区）三级文化设施建设100%达到市级以上标准，在郊区县率先实现文化服务设施的标准化建设。

4. 巩固提升全国科技进步县创建成果。大力提升自主创新能力，促进高科技产业发展。加强农业科技工作，组建“密云县新型农村综合科技服务平台”，引进推广农业高新技术和适用技术，加强新品种选育及示范，为都市型现代农业提供更有力的科技支撑。

实施科技扶贫行动计划，促进低收入农户增收。深入开展科普工作，实施全民素质提升工程。促进企业知识产权商用化，挖掘、保护、利用区域特色知识产权资源。到“十二五”末，力争全县全社会研发经费占地区生产总值的比例提高到2%，组织参与科普活动人数20万人次，建立市、县两级科普基地30个，科技进步贡献率提高到55%。

5. 促进资源开放共享，打造全民健身品牌。加强体育设施建设，改善群众体育活动条件。建成包括体育场、体育馆、游泳馆在内的体育中心。建设布局合理、面向社会开放的室内健身场地。建设社区居民和职工健身场所，促进公共体育设施和各单位的体育场所向社会开放。完善全民健身服务体系，普及科学健身方法，积极开展全民健身活动，形成具有密云特色的群众体育活动品牌。到“十二五”末，全县公共体育设施数达600处以上，人均体育场所面积11.1平方米，中小学生体质监测达标率稳定在98%以上。

（四）创新社会服务管理体制机制

1. 在北京率先构建智能化社会服务管理体系。整合县应急指挥系统、街镇网格化管理系统、智能化便民服务系统，搭建县、街道（镇）、社区（村）三级社会服务管理平台；完善信息收集、处理分派、监督考核三大管理控制系统；构建“县协调领导，街道（镇）指挥负责，职能部门派出机构、社区（村）执行落实，社会组织参与，群众监督”的服务管理模式。加大政府购买服务力度，通过“合同外包”、“项目委托”、“以奖代补”等多种形式，引导专业化社会组织或社会机构承担部分公共服务，逐步实现公共服务专业化、市场化，推动政府、市场和各类组织共同服务社会。

2. 实现网格化社会服务管理城乡全覆盖。大力推进网格化管理从城市设施管理向社会管理的转变，从城市到农村的延伸。探索城乡结合部和农村网格化服务管理模式，划小单元、织密网格，细化任务、明确责任，整合资源、综合治理，将人、地、物、事、组织全部纳入网格之中，建立人防、技防、物防相结合的立体防控和管理体系。以服务为突破口，寓管理于服务之中，实现服务管理精细化和效能化。

3. 推进城乡社区规范化建设。理顺社区党组织、社区居委会、社区服务站、物业企业和业主委员会的关系，明确各自职责任务，构建社区治理新模式。按照《密云县基本公共服务指导目录》和《密云县社区规范化建设标准》要求，完善服务设施、健全运行机制、整合社会资源、加大经费投入，努力建设功能完善、环境舒适、治安良好、管理科学的社会主义新型社区。加快推进乡镇社区服务中心和农村社区服务站建设，统筹承担行政事务、劳动就业、社会保障、司法救助、文化体育、代收代缴等服务职能，不断提升农村社区服务水平，到“十二五”末，实现农村基本公共服务全覆盖。

4. 探索“四位一体”物业服务管理新模式。加快推进老旧住宅小区改造，实行“先改造后转型”，实现物业服务市场化。严格按照《北京市物业管理办法》的要求，充分发挥社区居委会组织协调、主管部门行业监督、业主委员会服务管理、物业企业服务作用，建立“社区居委会、主管部门、业主委员会、物业企业”“四位一体”的物业管理模式。从制定物业服务项目、完善物业服务等级、改革价格形成机制、公布物业成本信息、引入物业服务评估监理机制等方面入手，提高社区物业管理水平，规范社区物业管理工作，加快制度化建设步伐，建立健全社区物业管理长效机制。

5. 积极推进城乡结合部“综合服务管理中心”模式。加大城乡结合部地区综合治理力度，成立综合服务管理中心，通过整合派出所、城管、工商、流管办等部门的执法力量，对环境、治安、交通等社会秩序进行综合整治。加强流动人口管理和矛盾纠纷排查化解，完善基本公共服务设施，提升便民服务水平，为当地群众创造和谐安全的环境。

6. 建立健全社会组织服务管理机制。严

格社会组织登记审批和监督管理，实现社会组织管理规范化、制度化、法制化。加强社会各类组织建设，必须充分发挥党组织的引领作用和共产党员的模范带头作用。要明确任务，创新形式，建立机制，确保党建工作覆盖到社会组织当中。建立健全以工会、妇联、团委等为主的“枢纽型”社会组织认定、联席会议、信息沟通和工作联系等制度，构建“枢纽型”社会组织工作体系框架。总结提升商管协会服务管理模式，加强对“两新”组织服务管理。

7. 加强社会心理服务。依靠专业机构和专业社工，建立咨询服务站和咨询热线，有针对性地解决各类人群的心理障碍，消除心理不健康因素，维护社会和谐稳定。通过举办健康讲座、开展结对帮扶等活动，为“空巢老人”提供心理关怀、情感慰藉、上门慰问、生活照料等服务，帮助“空巢老人”保持乐观健康的生活状态。

（五）加强社会文明建设

1. 加强文化软实力建设。坚持以社会主义核心价值体系为指导，着力深化精神文明创建活动，巩固社会主义思想道德基础，培育文明道德风尚。进一步弘扬时代精神和密云精神，培育知荣辱、讲正气、促和谐的良好风尚。深入进行思想道德、文明礼仪和科学知识的宣传教育活动，全面提高全县人民的道德水平和文化科技素质。积极推动学校教育、家庭教育、社会教育、网络教育有效衔接，净化社会文化环境，努力为未成年人提供优秀文化产品和文化服务，着力提高未成年人的思想道德素质。

2. 构建具有密云特色的志愿服务新格局。动员民众积极投身“三个北京”和“三个走在前列”的伟大实践，按照建设“全社会、多领域、多层次”的志愿服务体系要求，努力构建“党政领导、各方参与、组织完善、制度健全、服务多元、实效显著”的志愿服务管理工作新格局。通过建立健全志愿者服务组织体系、规范志愿者队伍管理体系、制定志愿服务科学考评体系，形成密云志愿服务的长效管理机制。通过搭建志愿者培训、专家指导、活动交流服务基地平台和“志愿密云四季工程”推进平台，打造一支“体系完善、覆盖全县，管理科学、领域齐全，高效务实、勇于争先”具有密云特色的志愿队伍，使“志愿密云”覆盖党的建设、经济发展、生态保护、社会管理、慈善救助、文体生活、对外服务等八大领域，为实现“三个走在前列”，建设绿色国际休闲之都作出新贡献。

3. 继续深入开展“爱密云、讲文明、树新风——做文明有礼的密云人”主题教育实践活动。以加强社会公德、职业道德、家庭美德教育为主线，深入挖掘历史文化底蕴，广泛开展多种形式的群众主题教育活动，发挥文化设施功能，用文化陶冶情操、培养志趣、滋养文明，建设与中华民族传统美德相承接的社会主义思想道德体系。综合运用行政、教育、舆论、法制等手段，将社会主义核心价值体系融入国民教育和精神文明建设的全过程，渗透到经济、政治、文化、社会建设的各个领域，形成全县人民的共同信念，树立密云人民讲文明、重礼仪、爱家乡、团结友善、热情好客的良好形象。扎实推进文明街道（乡镇）、文明街区、文明行业、文明单位创建活动，继续推进“绿色出行”活动，为生态密云注入更加浓厚的精神文化因素。

三、社会建设走在郊区前列的保障措施

（一）加强组织领导

社会建设是一项系统工程，需要众多部门，整合各种力量去推进。为此，密云县专门成立了社会建设领导小组，负责统筹全县的社会建设工作，领导小组办公室设在县社会工委、县社会办。今后将建立健全密云县社会建设工作领导小组例会制度，加强成员单位之间的沟通协调，及时研究解决社会建设的重点、难点问题，充分发挥各职能部门

的工作合力，统筹协调好全县的社会建设工作。搭建县、街道（镇）、社区（村）三级社会服务管理平台，完善信息收集、处理分派、监督考核三大管理控制体系，形成“党委领导、政府负责、社会协同、公众参与”的社会建设新格局。

（二）加大经费投入

加大对县社区服务管理综合指挥中心平台系统、便民服务热线系统、城市网格化管理指挥（定位）系统三大社会服务管理系统的资金投入。设立密云县社会建设专项资金，加大对社区规范化建设、社会领域党建、社会组织发展、社会工作队伍、社会动员机制等社会建设重点领域的扶持和资助。拓宽筹资渠道，引导民间资本进入社会建设领域，积极鼓励社会力量参与慈善捐助、社会救助、敬老扶残、志愿服务等公共服务项目，努力形成多元投入机制。

（三）加强督促检查

充分发挥社会建设工作领导小组及办公室的作用，制订社会建设年度实施方案和“折子工程”，明确职责分工和工作进度。发挥人大代表、政协委员、新闻舆论和社会公众监督作用，加强督促检查，推动工作落实。加强社会建设指标体系研究，制定并不断完善《密云县社会建设考核评价体系》，逐步实现社会建设工作量化管理。

（四）加强信息化建设

充分运用最新信息化科技成果和手段，搭建信息资源共享综合平台，建立密云县社会建设网，尽快形成全面覆盖、动态跟踪、联通共享、功能齐全的社会服务管理综合信息系统。建立社区、社会组织、社会工作者、社会领域党建、志愿服务等工作信息数据库，利用信息化手段进一步提升社会管理和服务水平。

（五）加强宣传引导

充分利用网络、电视、广播等媒体，最大限度地动员和引导社会力量、广大公众积极参与社会建设，努力形成人人参与、共建共享的良好氛围，不断把社会建设工作引向深入、落到实处。进一步发挥工、青、妇等人民团体的积极作用，加强基层社会建设的宣传和动员工作。

（六）打造专业化、职业化人才队伍

加强优秀社会工作人才储备工作，建立全县统一的分层次、分类型的社会工作人才信息库。以购买服务等方式，探索向部分社区、非公有制经济组织、新社会组织和医院、学校等服务机构派出专业社工，开展社会服务和管理。健全社区工作者招录任用、教育培训、档案管理、考核激励、离岗退出等机制，规范社区工作者的日常管理和使用。鼓励社区工作者参加社会工作师职业水平考试，提高社区工作者队伍职业化和专业化水平。力争到“十二五”末，密云县拥有职业水平证书的社区工作者比例达到20%以上。

（此文作者王玉江为密云县委副书记、徐芳为密云县副县长）

关于培育发展社会组织的几点思考

韩贵海

党的十七大提出“发挥社会组织在扩大群众参与、反映群众诉求方面的积极作用，增强社会自治功能”。这是党在新时期、新阶段动员各种社会力量参与社会建设和管理的一项重要举措。社会组织作为与政府机关、企事业单位并列的第三部门，是各类组织中最基本、最广泛、最活跃的一支社会力量，是承接政府、市场、公民之间相互联系的纽带和桥梁，在弥补政府失灵、市场失灵方面具有独特的优势。培育和发展社会组织，加强对社会组织的管理，是社会建设的一项重要任务。

一、延庆县社会组织发展现状

改革开放以来，延庆县社会组织的发展经历了一个从无到有、从少到多、从小到大，不断成长壮大的过程。延庆县社会组织包括注册登记社会团体、民办非企业单位，以及未注册登记的草根组织。通过调查统计，从1992年11月7日，县私营个体经济协会和县农机安全互助协会正式在县民政局社团办注册登记，成为延庆县最早注册登记的2个社会组织，截至2010年8月底，延庆县在民政局社团办注册登记的社会组织共计196个，会员数总数54098人，注册资金共计1357.2万元。

（一）社会团体规模与结构状况

截至2010年8月底，全县注册登记的社会团体共计147个，占注册登记社会组织总数的75%。其中学术性6个、行业性11个、专业性123个、联合性7个。社会团体注册资金总数495.2万元，会员总数53297人。全县147个社团组织分别挂靠在44个业务主管单位。业务范围涉及法律、工商服务业、教育、科技研究、农业及农村发展等近12个行业，其中农业及农村发展社团组织89家，占社会团体总数的60.5%。

（二）民办非企业单位规模与结构状况

从2000年4月12日，延庆县帝泉老年人服务中心成为全县第一家民办非企业单位注册登记，到2010年8月底，全县注册登记的民办非企业单位共计49个，占注册登记社会组织总数的25%。民办非企业单位开办资金总数916万元，会员总数754人。业务主管单位涉及民政局、教委、科委、劳动局、体育局、司法局、卫生局、街道办等9个部门。分布在教育、社会服务、法律、农业及农村发展、体育、生态环境、科技研究、卫生、职业及从业者组织等9个行业领域。

（三）草根组织规模与结构状况

截至2010年8月底，全县“草根”组织共计150个，其中社会团体性质131个、民办非企业单位性质19个。在街道或乡镇等部门登记备案的80个，占“草根”组织总数的53.3%，未进行登记备案的70个，占“草根”组织总数的46.7%。“草根”组织会员总数达到4276人，其中党员1033人，占“草根”组织会员总数的24.2%。政府资助资金或接受捐助等形式获得的活动经费36.12万元，主要以开展文体活动、慈善公益和提供社区服务为主。按区域分类，全县“草根”组织分布在12个乡镇和城区三个街道。12个乡镇共有“草根”组织96个，千家店镇拥有“草根”组织最多，为35个，乡镇“草根”组织会员总数2786人，党员总数462人。城区三个街道共有“草根”组织54个（香水园街道21个、儒林街道19个、百泉街道14个），城区“草根”组织会员数1490人，党员总数571人。

二、社会组织在和谐社会建设中发挥的作用

随着社会组织规模不断扩大，数量不断增长，社会组织在提供社会服务，弥补政府失灵和市场失灵，调处不同阶层群体间利益关系、整合社会力量参与社会建设和管理等方面发挥着重要功能，不仅推动了地方经济社会的发展，同时也促进了社会和谐。

（一）社会组织的社会服务领域不断扩大

经过几年的发展，社会组织服务领域由初期的农业及农村发展拓展到工商服务业、教育科研、慈善公益、卫生保健、文化体育、生态环境、社会服务、法律援助等诸多领域。初步形成门类齐全、覆盖广泛的网络体系，在经济、政治、文化和社会建设方面发挥了积极作用。各种协会、养老机构等社会组织在妇女、儿童、老年人、残疾人、贫困人口等社会弱势群体方面提供了有效的社会援助，

增进社会福利，促进了社会公平；诸多民办教育培训机构，在增加劳动者技能、提高全民文化素质等方面提供了有效的社会支持，等等。如县计生协会累计发放小额贴息贷款7449.645万元，帮助4670家独生子女家庭脱贫致富。社会组织的存在有效地弥补了政府提供公共产品的不足、市场资源配置不到位的缺陷。此外，公民通过志愿参与以无偿服务他人、回报社会为特征的各种社会组织，有效地促使全社会形成热心公益、扶贫帮困、团结互助、平等友爱、共同发展的社会氛围和人际关系，和人民群众社会价值理性的回归，培养了公民社会意识，促进了社会的和谐发展。

（二）社会组织服务地方经济能力增强

社会组织能够动员社会力量和社会资源有效地帮助政府、市场解决经济社会发展中的一些薄弱环节。首先，促进就业。全县有20多家民办培训学校，在培训劳动技能、促进就业等方面发挥了重要作用，直接解决就业700多人。其次，促进农民增收。全县有农业及农村发展方面的社会组织89家，占社会团体总数的60.5%。这几年中，这些社会组织协助政府，为农民无偿提供农业种植、养殖培训技术，规范农产品价格，增强农产品市场竞争力，拓宽农产品销售渠道，增加农民收入，解决农民后顾之忧，发挥了重要作用。最后，促进市场公平竞争。社会组织作为政府与企业之间的组织形式，承担政府放权的一些具体事务，同时也能为企业组织发展提供支持服务。全县社会组织尤其是行业协会、商会等类型的社会组织，在促进政府与企业沟通协调方面起到桥梁作用，在维护市场公平秩序和良好市场竞争环境、为企业提供有价值的信息等方面起到了积极作用。

（三）社会组织服务公民利益诉求能力增强

随着改革不断深入，经济快速发展，人民生活水平日益提高，不同社会阶层的利益取向趋于多元化，对政府现有的利益协调机制提出了严峻挑战。首先，中上层群体追求个性化的社会服务，舒适和享受，已经“不差钱”，如看病就医，患者的高需求，对政府提供公共产品的能力提出挑战，于是医患纠纷逐年增多。其次，弱势群体阶层分享改革成果的诉求不断增强，对政府社会服务管理体系的单调性及理念的局限性不断提出挑战。事实说明，政府并非“万能”，需要借助社会力量参与调处公民利益诉求、矛盾化解。实际上，近年全县各类社会组织在服务公民利益诉求，化解社会矛盾和问题起到了积极作用。据延庆县医学会统计，2009年共发生14起医患纠纷，70%的医患纠纷调处达到了各方满意，有效地化解了医患矛盾，防止问题进一步升级。

三、延庆县社会组织发展存在问题与原因分析

延庆县社会组织发展起步较晚，这就要求我们学习和借鉴社会组织发达地区先进经验，努力建立符合具有延庆县特色的社会组织发展模式。

（一）总量相对不足，无法满足社会需求

随着人民群众物质文化水平的不断提高，对公共服务等需求日益增强，并不断提出新的更高的要求。这就需要更多的社会组织来承担社会服务管理功能，弥补政府在职能转型过程中提供公共产品不足、无法充分满足人民群众需求的问题。全县注册登记社会组织总数按28.8万的常住人口计算，每万人社会组织数量仅为6.8个，与其他区县或其他发达地区相比，社会组织数量排名处于下游水平，总量相对不足，尚不能满足人民群众日益增长的物质文化需求。

（二）形成模式单一，社会组织社会化程度低

全县社会组织中，“管办模式”依然是形成模式的主流，政府力量介入成为社会组织创建的一种惯性延续。在延庆县注册登记

的196个社会组织中，55%以上属于官办，其法人代表也大多由行政官员兼任，行政色彩较浓。“政社不分、官民不分”的困局使社会组织运行机制僵化，导致社会组织普遍存在提供公共服务、反映人民群众诉求等作用不能充分发挥。民办非企业单位数量在各区县中排名垫底，其民办非企业单位最能体现“民办”之意，但是其数量最少，与北京市民办非企业单位数量多于社会团体数量的总体趋势不相一致。

（三）管理侧重约束，培育、扶持机制较弱

所有社团在向登记管理机关（民政局）申请登记前，必须“经过有关业务主管部门审查同意”。“业务主管部门”及“登记管理机关”构成当前政府对社会组织的“双重管理”体制。由于社会组织注册登记前，必须在政府相关部门或国家事业单位挂靠，而被挂靠单位既不能从中获益，又必须为挂靠组织的任何问题负全责，无形之中增加了挂靠单位的政治风险。这也是当前社会组织面临的“注册困境”。所以“双重管理”的重心仍偏向于规范和监管社会组织登记行为与日常活动，限制约束机制较强，而对社会组织的政策扶持、税收优惠、购买公共服务等核心内容很少涉及，造成社会组织发展缓慢，社会组织作用难以充分发挥。

（四）制约因素繁杂，自身生存发展困难

资金、场地、人才等因素是当前所有社会组织共同面临的难题。主要体现在以下几个方面：第一，注册门槛高。根据《社会团体登记管理条例》和《民办非企业单位登记管理条例》等法规规定，社会组织（社会团体、民办非企业单位、基金会）创建初期必须具备注册资金、固定场所、会员数量等硬件条件，很多社会组织，苦于诸上限制条件而无力成为法定的社会组织，只好“法外生存”。第二，运转经费来源少、无保障。官办社会组织资金状况相对较好。但是，自发的社会组织，因没有政府背景，以及社会组织的非营利性质，只能依靠捐赠或寻求政府资助，到处“化缘”，很难维持。此外，社会组织的活动场所和公益活动等必须缴税，无赢利，还交税，无形中又增加了社会组织的负担。从1992年延庆县开始有注册登记的社会组织起，先后有20个社会组织被注销，占非官办注册登记组织的20.7%。第三，社会工作人才缺乏。由于社会组织的公益性、非营利性质，在人才引进方面不具吸引力，即使引进了人才，队伍稳定性也较差，导致社会组织不能向社会提供有效的专业性服务，社会组织的专业化也就很难实现。

四、培育和发展社会组织的几点建议

总的来看，延庆县社会组织发展中存在的问题，既具有我国社会组织发展中面临的共性问题，又具有自身的特点。当务之急，是要加强和重视发展社会组织的理念建设，构建社会组织参与社会建设和管理的形成机制，完善社会组织管理体制机制，建立起与人民群众日益增长的物质文化需求相适应的社会组织发展。

（一）树立“小政府、大社会”理念，逐步健全社会组织参与社会服务管理的有效机制

“小政府，大社会”是政府行政体制改革的主要方向，而社会组织是实现这一目标的主要因素。一方面要转变政府总揽一切事务的思维模式，调动社会组织这一社会力量参与社会建设和管理，分担政府事务，发展经济，服务公民利益诉求，调处社会关系，化解社会矛盾和问题，促进社会和谐的功能。另一方面要大力培育公民意识。大力弘扬、宣传组织规范、社会实效好、发挥作用大的社会组织和个人先进事迹，鼓励和号召公民自发地参与社会建设和管理，吸引更多社会精英参与社会组织发展，营造社会建设人人有责、社会和谐人人共享的局面。

（二）加大政府购买服务力度，构建培育社会组织新机制

建立专项资金，有序“释放”出一部分政府承担的社会公共事务，通过政府购买、补贴、奖励社会组织服务的具体方式，鼓励社会组织参与社会服务管理，探索用社会力量解决政府提供公共产品不足的问题。政府在购买社会组织服务项目时，要降低对社会组织的门槛，鼓励草根组织参与项目申报，以此来培育和孵化社会组织。在项目评估审定、资金使用监管、项目成效验收、引入奖惩机制等方面，逐步规范，逐步形成科学完善的培育新机制。

（三）搭建“枢纽型”组织体系，健全社会组织监管机制

通过构建“枢纽型”社会组织，推进“政社分开”，使社会组织与主管行政部门在机构、人员、资产、财务等方面彻底分开，逐步把业务主管职能从政府部门剥离出来，构建“枢纽型”社会组织管理体系，根据有关法律、法规，承担起业务主管单位职责，对相关社会组织进行日常监管，依法坚决取缔非法社会组织，严厉打击各种非法活动。加强社会组织党建工作，以服务为工作切入点，反映社会组织实际问题，解决社会组织在资金、场地、人员等方面的实际困难。建立社会组织管理工作联席会议制度，加强工作联系和信息沟通，提供服务，促进社会组织健康发展，推进社会组织的社会化、专业化。

（四）突破制度约束，建立健全社会组织发展的激励机制

激励机制是鼓励、动员社会力量参与社会建设和管理的有效手段。在现有的法律框架下，通过“税费减免”，扶持社会组织发展。因社会组织具有非营利性质，因此，可以考虑采取以下方式：社会组织年度审计费用由政府与社会组织共同承担。社会组织活动场所免征税。社会组织接受捐赠数额较大适当缴税。允许社会组织适当收取服务费，维持其正常运转。试行社会组织星级评估机制。从社会组织保障条件、活动能力、社会实效、群众满意等方面进行综合评估，评出等级分别给予不同奖励，形成推动社会组织发展的激励机制。

（五）服务管理草根组织，创新社会组织服务管理新机制

草根组织具有“民办”特性，更贴近群众，群众参与积极性更高，生存也更困难，是重点培育和发展的社会组织。建议在乡镇（街道）成立社会组织服务机构，负责草根组织的备案和指导工作。社区（村）居委会设置专职人员，负责草根组织服务和管理工作，反映草根组织实际需求，协调解决草根组织资金、场地、人才等实际困难。加快草根组织备案工作。将有条件的草根组织，通过培育引导规范，发展为合法的社会组织，纳入“枢纽型”社会组织管理。

（此文作者为延庆县委社会工委书记、县社会办主任）

·附　　录·

中共北京市委社会工作委员会
北京市社会建设工作办公室
领　导　介　绍

宋贵伦

职　　位：中共北京市委社会工作委员会书记、北京市社会建设工作办公室主任。

领导简介：1960年2月出生，男，汉族，河北省新河人，中共党员，全国人大代表，市纪检委委员，北京师范大学本科毕业，北京市委党校在职研究生毕业，研究员。

工作经历：曾任中共中央文献研究室秘书处秘书、理论研究组助理研究员，中共中央宣传部办公厅副处级秘书，中共北京西城区委宣传部副部长（挂职锻炼）、常务副部长（正处级）、部长，市委宣传部助理巡视员，市委宣传部副部长，市社会科学界联合会党组书记、常务副主席。

分管工作：负责全面工作。

赵小卫

职　　位：中共北京市委社会工作委员会副书记、北京市社会建设工作办公室副主任。

领导简介：1952年2月出生，男，汉族，北京市人，中共党员，中央党校在职研究生毕业。

工作经历：曾任中共北京市委研究室政治处副处长、处长，市委研究室副巡视员。

分管工作：分管办公室（人事处）、综合处（宣传处）、机关党委（工会）。

张　坚

职　　位：中共北京市委社会工作委员会委员、北京市社会建设工作办公室副主任。

领导简介：1957年2月出生，男，汉族，江苏省淮阴人，中共党员，中国人民大学农业经济专业本科毕业，副研究员。

工作经历：曾任北京市政府研究室社会处副处长、处长，北京经济技术投资开发总公司副经理，北京市政府研究室助理巡视员，北京奥组委总体策划部副部长、部长。

分管工作：分管研究室（政策法规处）、北京社会心理研究所。

周开让

职　　位：中共北京市委社会工作委员会委员、北京市社会建设工作办公室副主任。

领导简介：1965 年 9 月出生，男，汉族，山西省临猗人，中共党员，北京大学社会学系硕士研究生毕业。

工作经历：曾任北京大学校团委副书记，宣武区委宣传部副部长、《宣武报》总编辑，宣武区精神文明建设办公室主任，宣武区政府办主任，宣武区委常委、政法委书记，宣武区委常委、区纪委书记、区委政法委书记（兼）。

分管工作：分管社区建设处、社会工作队伍建设处。

陈建领

职　　位：中共北京市委社会工作委员会委员、北京市社会建设工作办公室副主任。

领导简介：1964 年 2 月出生，男，汉族，河南省夏邑人，中共党员，中央党校硕士研究生毕业，研究员。

工作经历：曾任北京市海淀区人事局副局长，中共北京市委组织部研究室副主任、主任，中共北京市委组织部副局级组织员兼区县干部处处长和北京市人力资源研究中心主任。

分管工作：分管党建工作处。

王丽竹

职　　位：中共北京市委社会工作委员会委员、北京市社会建设工作办公室副主任。

领导简介：1956 年 12 月出生，女，汉族，河北省南宫人，中共党员，东南大学本科毕业。

工作经历：曾任北京市政府文教办秘书处副处长，北京市政府办公厅卫生体育处副处长、区政处（军事处）副处长、综合处（军事处）处长，市政府办公厅副巡视员，市委社会工委委员、市社会办副巡视员。

分管工作：分管北京市社会建设信息中心。

刘　轩

职　　位：中共北京市委社会工作委员会委员、北京市社会建设工作办公室副巡视员。

领导简介：1963 年 2 月出生，男，汉族，河南省许昌人，中共党员，首都经济贸易大学在职研究生毕业，副研究员。

工作经历：曾任北京市经济体制改革委员会农村经济体制处副处长、处长，北京市经济体制改革办公室产业和市场体制处处长，北京市朝阳区大屯地区办事处副主任（挂职锻炼），北京市发展改革委产业发展处处长，北京市经济与社会发展研究所副所长（正处级），北京市发展改革委经济体制综合改革处处长兼市行业协会和市场中介发展办公室主任。

分管工作：分管社会组织工作处。

王智玲

职　　位：中共北京市委社会工作委员会委员、北京市社会建设工作办公室副巡视员。

领导简介：1957 年 3 月出生，女，汉族，河北省易县人，中共党员，中央党校在职研究生毕业，高级政工师。

工作经历：曾任朝阳区团结湖街道办事处副主任，朝阳区小关街道办事处主任，朝阳区亚运村街道办事处主任、工委书记，朝阳区街道办主任、街工委书记，朝阳区区长助理。

分管工作：协助周开让同志分管社区建设处和社会工作队伍建设处。

张青之

职　　位：北京市社会建设工作办公室副巡视员。

领导简介：1963 年 11 月出生，男，汉族，江苏省赣榆人，中共党员，中国人民解放军国防大学研究生院硕士毕业。

工作经历：曾任 54691 部队副政委，总后勤部政治部宣传部副团职干事、正团职干事、副师职干事，总后勤部干部轮训大队副大队长。

分管工作：协助张坚同志分管北京社会心理研究所。

北京市区县社会工作机构及负责人

单位名称：中共东城区委社会工作委员会 东城区社会建设工作办公室
书记主任：袁海鹏（2010.1—2010.7）
书　　记：朱占勋（2010.7—2010.12）
主　　任：赵小平（2010.7—2010.12）
单位地址：东城区什锦花园胡同23号
联系电话：010－64031118－8740
办公传真：010－64031118－8740
邮政编码：100007

单位名称：中共西城区委社会工作委员会 西城区社会建设工作办公室
书记主任：陈　艳（2010.1—2010.7）
书　　记：陈　艳（2010.7—2010.12）
主　　任：王　燕（2010.7—2010.12）
单位地址：北京市西城区冠英园西区5号
联系电话：010－66534011
办公传真：010－66534012
邮政编码：100035

单位名称：中共崇文区委社会工作委员会 崇文区社会建设工作办公室
书记主任：赵小平（2010.1—2010.7）
单位地址：北京市幸福大街32号
联系电话：010－87556806
办公传真：010－87586806
邮政编码：100061

单位名称：中共宣武区委社会工作委员会 宣武区社会建设工作办公室
书记主任：王　燕（2010.1—2010.7）
单位地址：北京市广安门南街68号
联系电话：010－83976244
办公传真：010－83976244
邮政编码：100054

单位名称：中共朝阳区委社会工作委员会 朝阳区社会建设工作办公室
书　　记：汪　洋
主　　任：张永新
单位地址：北京市朝阳区日坛北街33号
联系电话：010－65099333
办公传真：010－65099334
邮政编码：100020

单位名称：中共海淀区委社会工作委员会 海淀区社会建设工作办公室
书　　记：赤　飞
主　　任：陈　刚
单位地址：海淀区长春桥路17号322房间
联系电话：010－82510637
办公传真：010－82510638
邮政编码：100089

单位名称：中共丰台区委社会工作委员会 丰台区社会建设工作办公室
书记主任：王珮琦
单位地址：北京市丰台区文体路2号
联系电话：010－83656681
办公传真：010－63852710
邮政编码：100071

单位名称：中共石景山区委社会工作委员会　石景山区社会建设工作办公室
书记主任：沈代平
单位地址：石景山区石景山路18号社会工委
联系电话：010－88699851

办公传真：010－88699851
邮政编码：100043

单位名称：中共门头沟区委社会工作委员会　门头沟区社会建设工作办公室
书记主任：韩兴无
单位地址：北京市门头沟区新桥大街36号
联系电话：010－69826056
办公传真：010－69844023
邮政编码：102300

单位名称：中共房山区委社会工作委员会　房山区社会建设工作办公室
书记主任：王占勇
单位地址：房山区良乡工业开发区金光路1号
联系电话：010－69370379
办公传真：010－69370378
邮政编码：102488

单位名称：中共通州区委社会工作委员会　通州区社会建设工作办公室
书记主任：宁秋君
单位地址：北京市通州区新华东街192号
联系电话：010－80880715
办公传真：010－80880087
邮政编码：101100

单位名称：中共顺义区委社会工作委员会　顺义区社会建设工作办公室
书记主任：巩维国
单位地址：北京市顺义区府前东街2号顺建大厦七层
联系电话：010－89442437
办公传真：010－89442437
邮政编码：101300

单位名称：中共昌平区委社会工作委员会　昌平区社会建设工作办公室
书记主任：黄先锋
单位地址：北京市昌平区民政局办公楼10层
联系电话：010－69717193
办公传真：010－69717193
邮政编码：102200

单位名称：中共大兴区委社会工作委员会　大兴区社会建设工作办公室
书记主任：张德广
单位地址：大兴区黄村镇兴政大街15号
联系电话：010－61298595
010－61298597
办公传真：010－61258597
邮政编码：102600

单位名称：中共平谷区委社会工作委员会　平谷区社会建设工作办公室
书记主任：兰中玉
单位地址：北京市平谷区府前街9号
联系电话：010－69983239
办公传真：010－69983239
邮政编码：101200

单位名称：中共怀柔区委社会工作委员会　怀柔区社会建设工作办公室
书记主任：鲁颖彤（2010.1—2010.9）
胡文云（2010.9—2010.12）
单位地址：北京市怀柔区南大街26号
联系电话：010－69696319
办公传真：010－69685027
邮政编码：101400

单位名称：中共密云县委社会工作委员会　密云县社会建设工作办公室
书记主任：张志华
单位地址：密云县鼓楼西大街3号
联系电话：010－52854618
办公传真：010－69024304
邮政编码：101500

单位名称：中共延庆县委社会工作委员会 延庆县社会建设工作办公室
书记主任：韩贵海
单位地址：延庆县妫水北街70号
联系电话：010－69177830
13501128101
办公传真：010－69176928
邮政编码：102100

北京市社会建设专家顾问团成员名单

（以姓氏笔画为序）

丁元竹　国家行政学院公共管理教研部教授

王　名　清华大学公共管理学院副院长、NGO研究所所长

王思斌　北京大学社会学系教授、中国社会工作教育协会会长

文　魁　首都经济贸易大学校长、教授

冯同庆　中国劳动关系学院教授

李欣欣　中央政策研究室社会局局长、研究员

李　萌　国务院研究室社会发展司司长

李培林　中国社会科学院社会学所所长、研究员

李　强　清华大学人文社会科学院院长、教授

刘新成　首都师范大学校长、教授

刘牧雨　北京市社会科学院党组书记、院长

吴忠民　中共中央党校社会学教研室主任、教授

陆学艺　中国社会科学院社会学研究所研究员、北京工业大学人文社会科学学院院长

陆士祯　中国青年政治学院青年发展研究院院长、教授

郑功成　中国人民大学教授、全国人大常委会委员

郑杭生　中国人民大学社会学理论与方法研究中心主任、教授

俞可平　中共中央编译局副局长、北京大学中国政府创新研究中心主任

赵孟营　北京师范大学哲学与社会学学院副院长、教授

高永中　中共中央组织部党建研究所所长、全国党建研究会秘书长

景天魁　中国社会科学院学部委员、社会学研究所研究员

董克用　中国人民大学公共管理学院院长

翟振武　中国人民大学社会与人口学院院长、教授

北京市社会建设调研报告和理论文章目录

报告或文章题目	作者及单位职务
关于社会管理创新的思考	梁　伟（市委常委）
北京市统筹城乡养老保障体系建设	丁向阳（副市长）
关于考察以色列、南非社会建设情况的报告	宋贵伦（市委社会工委书记、市社会办主任）
关于社会建设若干问题的思考	赵小卫（市委社会工委副书记、市社会办副主任）
激发社会活力的改革创新之举：构建“枢纽型”社会组织工作体系	张　坚（市委社会工委委员、市社会办副主任）
着力加强社会建设　积极维护稳定和谐——在社会建设中开展维稳工作的做法与思考	周开让（市委社会工委委员、市社会办副主任）
北京市商务楼宇党建实证研究	陈建领（市委社会工委委员、市社会办副主任）
关于2010年全市社会建设领域信息化工作的几点思考	王丽竹（市委社会工委委员、市社会办副主任）
求实创新　乘势而上　努力开创我市社会组织工作新局面	刘　轩（市委社会工委委员、市社会办副巡视员）
上海市依托专业社会工作机构创新社会服务管理模式研究及对社会建设的启示	王智玲（市委社会工委委员、市社会办副巡视员）
关于北京市部分社会心理服务机构的调研报告	张青之（市社会办副巡视员）
加快推进首都城市管理与环境建设的几点思考	岳金柱［市委社会工委、市社会办研究室（政策法规处）］
基于麦肯锡7S系统思维模型的构建“枢纽型”社会组织工作体系的分析及对策	岳金柱［市委社会工委、市社会办研究室（政策法规处）］
构建体系，完善机制，创新载体，努力提高社会领域党建工作科学化水平	李明洪（市委社会工委、市社会办党建工作处）
非公企业党建创新与服务并举	李明洪（市委社会工委、市社会办党建工作处）

续表

报告或文章题目	作者及单位职务
全市社会领域党建带团建工作调研报告	甘承伟（市委社会工委、市社会办党建工作处）
以推进专业化、职业化为重点　不断开创社会工作人才队伍建设工作新局面	市委社会工委、市社会办社会工作队伍建设处
为和谐社会首善之区建设提供强大的人才支撑——首都社会工作人才队伍建设的成就与展望	市委社会工委、市社会办社会工作队伍建设处
关于全市社区防灾减灾工作的情况总结	市委社会工委、市社会办社区建设处
全市人防设施服务社区工作情况的调研报告	市委社会工委、市社会办社区建设处
关于全市区县、街道信息化工作情况的调研报告	北京市社会建设信息中心
社区居委会干部访谈录	康　悦　张丽华　聂　品　王　惠（北京社会心理研究所）
2000—2009 年北京城区社情民意调查十年回顾	聂　品　王　惠　张丽华　张　良　康　悦（北京社会心理研究所）
2010 年北京城区市民心态调查报告	陈　珊　康　悦（北京社会心理研究所）
北京市民的法律意识的调查报告	陈　珊（北京社会心理研究所）
2000—2009 年京郊村民生活信心和生活困难的评价变化	陈　珊（北京社会心理研究所）
关于社工委成立北京市社会心理工作者（服务机构）联合会的可行性研究报告	王　惠（北京社会心理研究所）
关于北京市民心理压力现状与应对特点的调查报告	王　惠（北京社会心理研究所）
2000—2009 年北京城镇居民消费行为变迁特点的分析研究	王　惠（北京社会心理研究所）
2000—2009 年北京城镇居民金融投资理财行为变迁特点的分析研究	王　惠（北京社会心理研究所）
关于北京市民公共文化生活状况的抽样调查	聂　品（北京社会心理研究所）
《北京工作》赠阅使用情况调查	聂　品（北京社会心理研究所）
关于推进西城区基层党组织建设科学化的调查报告	聂　品（北京社会心理研究所）
关于加强组工干部队伍建设的抽样调查	聂　品（北京社会心理研究所）
北京市民 2000—2009 年主观生活质量指数追踪	聂　品（北京社会心理研究所）

续表

报告或文章题目	作者及单位职务
关于北京人的人格类型与人格健康调查报告	张 良（北京社会心理研究所）
七成市民预期通胀——关于北京市民对物价上涨感受和经济预期的调研报告	张 良（北京社会心理研究所）
关于目前北京市心理咨询行业状况的调研	张 良（北京社会心理研究所）
北京市民体育健身状况的调查	康 悦（北京社会心理研究所）
关于北京市民居住环境的调查	张丽华（北京社会心理研究所）
充分发挥科协团体优势 扎实做好科技人才工作	夏 强（北京市科学技术协会党组书记）
社会组织参与社会管理和公共服务应尽快破题	张高陵（中国社会组织促进会）
社会建设的北京模式：起点与定位	马福云（国家行政学院社会和文化教研部副教授）
北京市中介组织发展的调研分析	赵卫华（北京工业大学人文学院副教授）
注重发挥民间组织在世界城市建设中的应有作用	戴建中（北京市社会科学院）
北京市轨道交通建设与城市发展的协调研究	段进宇、刘佳燕（清华大学）
北京市流动人口社会保障状况及其影响因素分析	姜向群、郝 帅（中国人民大学）
社会建设与志愿者的参与	中国人民大学“人文北京与社会建设”课题组
世界城市社会组织建设及对北京的启示——以东京为例	张静波（首都师范大学）
世界城市建设与人口老龄化问题应对	刘亚娜（首都师范大学）
东城区关于社区社会组织发展情况的调查报告	赵小平（东城区委社会工委副书记、区社会办主任）
建立社区参与机制 创新社区服务管理	东城区委社会工委、区社会办社区建设科
东城区培育社会工作事务所的探索	东城区委社会工委、区社会办社区建设科
建立社区参与机制 化解社区矛盾纠纷	东城区委社会工委、区社会办社区建设科
社会工作人才培养模式的探索与实践	东城区委社会工委、区社会办
西城区“十二五”时期提高基本公共服务水平的目标、思路及对策研究	陈 艳（西城区委社会工委书记、区社会办主任）
构建城市基层党建“三有一化”工作格局的对策研究	汪 洋（朝阳区委社会工委书记）
构建“一刻钟社区服务圈”不断提升居民的幸福感、满意率	张永新（朝阳区社会办主任）
社区居民自治与社会和谐研究调研报告	潘 竞（朝阳区社会办副主任）
海淀区商务楼宇党建现状与思考	王曼谕（海淀区委社会工委副书记）
农村集体土地开发建设的居住区调研报告	王珮琦（丰台区委社会工委书记、区社会办主任）

续表

报告或文章题目	作者及单位职务
关于“十二五”期间我区基本公共服务发展思路的研究	付生柱（石景山区委常委、副区长） 沈代平（石景山区委社会工委书记、区社会办主任） 张琳娜（石景山区社会办副主任） 王建强（石景山区委社会工委、区社会办社会工作科长）
世界城市社会治理模式研究及其对石景山区社会建设的启示	沈代平（石景山区委社会工委书记、区社会办主任） 解　涛（石景山区委社会工委、区社会办主任科员）
关于加强社会领域党建工作的调查与思考	沈代平（石景山区委社会工委书记、区社会办主任） 王　耿（石景山区委社会工委党建科长）
进一步加强社区工作者队伍建设为推进社区规范化试点工作奠定人才基础	高春玲（石景山区委社会工委副书记） 杨育忠（石景山区委社会工委社区科长）
关于构建具有地区特色社会治安防控体系的调研报告	韩生辉（门头沟区委政法委书记）
北京市门头沟区社会组织发展现状调研报告	门头沟区委社会工委、区社会办
门头沟区对社区社会组织的发展与培育的调查	门头沟区民政局
门头沟区养老服务机构运营管理现状调查	门头沟区民政局
关于大社会救助体系建设的调查与思考	门头沟区民政局
关于门头沟区养老服务机构运营管理现状的调查与思考	门头沟区民政局
推进城市化进程，社区规范化建设势在必行	王占勇（房山区委社会工委书记、区社会办主任）
浅谈加强新经济组织党建工作的问题与对策	张丽红（房山区委社会工委副书记）
房山区社会组织改革与发展的思考与探讨	王雪梅（房山区社会办副主任）
“十二五”期间通州社会管理体制改革与社会建设目标、思路及对策研究	宁秋君（通州区委社会工委书记、区社会办主任）
通州区加强社区工作者队伍建设的思考	曾祥正（通州区委社会工委副书记）
通州区街道系统社会建设领域信息化建设调研报告	纪万成（通州区社会办副主任）
社会团体调查问卷分析报告	张长利（通州区社会办副主任）
搭建社会管理新格局努力提高社会管理精细化水平	巩维国（顺义区委社会工委书记、区社会办主任）
顺义区社区物业服务现状、问题及对策	申志红（顺义区委社会工委副书记、区社会办副主任）
顺义区社会组织建设管理情况调查分析	李兴存（顺义区社会办副主任）
加强社区党建工作　服务和谐社区建设	黄先锋（昌平区委社会工委书记、区社会办主任）
社区党建工作学习考察报告	大兴区委社会工委、区社会办

续表

报告或文章题目	作者及单位职务
进一步加强大兴区社会建设工作的思考	大兴区委社会工委、区社会办
关于大兴区推进城乡一体化的调查与思考	大兴区委社会工委、区社会办
平谷区非公经济组织党组织负责人队伍状况的调查与思考	平谷区委社会工委、区社会办
平谷区社区服务站建设的现状和对策	平谷区委社会工委、区社会办
平谷区志愿服务工作向规范化方向发展的调查与研究	张海霞（平谷区社会办副主任） 岳淑媛（平谷区社会办综合科科长）
加强与改进社会工作者队伍建设的思考	鲁颖彤（怀柔区委社会工委书记、区社会办主任）
怀柔区在职党员参与社区建设与服务研究	杜连旺（怀柔区社会办副主任）
延庆环境友好型社会建设途径初探	侯君舒（延庆县委书记）
关于推进社会建设的几点思考	韩贵海（延庆县社会工委书记、县社会办主任）
关于培育发展社会组织的几点思考	韩贵海（延庆县社会工委书记、县社会办主任）
关于社区规范化建设问题的调查与研究	赵振华（延庆县百泉街道办事处主任）
关于加强我县宜居社区建设的几点建议	史建柱（延庆县香水园街道办事处主任）
关于儒林街道规范化社区建设的思考	刘世记（延庆县儒林街道工委书记）
延庆城区老旧小区物业服务情况的调查与思考	鲁振中（延庆县百泉街道工委书记）
关于密云县创新社会服务管理模式的研究	王玉江（密云县委副书记） 徐　芳（密云县副县长）
构建层级分明的社会建设体系	密云县社会建设课题组
“绿色国际休闲之都·志愿服务”密云模式的实践与探索	密云县志愿服务研究课题组
关于加强非公企业党建工作的研究	周广明（密云县委社会工委副书记）

北京市各区县出台的社会建设工作相关文件目录

东城区	中共东城区委、东城区人民政府关于社会服务创新工作的实施意见	东发〔2010〕1号
东城区	中共东城区委办公室、东城区人民政府办公室关于印发《东城区社会服务管理创新综合试点工作任务分解》的通知	东办发〔2010〕7号
西城区	中共北京市西城区委、北京市西城区人民政府印发《西城区推进社会服务管理创新实施意见》的通知	京西发〔2010〕6号
西城区	关于转发《北京市社会建设工作领导小组办公室关于实施〈北京市社区基本公共服务指导目录（试行）的意见〉的通知》	西社领办发〔2010〕1号
西城区	北京市西城区社会建设工作领导小组办公室关于转发《西城区关于培育发展社区社会组织的指导意见》的通知	西社领办发〔2010〕2号
西城区	中共北京市西城区委组织部、中共北京市西城区委社会工作委员会关于统一街道社会工作党组织设置的通知	西社委发〔2010〕1号
西城区	中共北京市西城区委社会工作委员会关于成立西城区社会领域创先争优活动指导推进组的通知	西社委发〔2010〕2号
西城区	中共北京市西城区委社会工作委员会关于印发《西城区非公有制经济组织和新社会组织党建创新项目管理办法》的通知	西社委发〔2010〕3号
西城区	关于在全区社会领域党组织和党员中进一步深入开展创先争优活动的实施意见	西社委发〔2010〕4号
西城区	西城区关于进一步规范社区工作者待遇的实施方案	西社办发〔2010〕1号
西城区	关于对广安门内街道办事处社会治安综合治理工作进行督查督办的工作方案	西社办发〔2010〕2号
朝阳区	朝阳区推进社会服务管理创新实施意见	京朝发〔2010〕18号
朝阳区	关于聘请社会服务管理创新工作专家顾问的决定	京朝发〔2010〕19号
朝阳区	朝阳区关于成立社会服务管理创新工作领导机构的方案	京朝办发〔2010〕74号
朝阳区	朝阳区社会服务管理创新阶段性工作目标	京朝办发〔2010〕75号
朝阳区	朝阳区社会服务管理创新工作折子工程	京朝办发〔2010〕76号
朝阳区	朝阳区社会服务管理创新监督考核实施方案	京朝办发〔2010〕77号
朝阳区	朝阳区社区党组织工作职责和任务规范	朝社委发〔2010〕7号
朝阳区	关于推进社区“一刻钟便民生活圈”建设的指导意见（试行）	朝社委发〔2010〕9号
朝阳区	关于建设“一刻钟社区服务圈”指导意见	朝社办发〔2010〕6号

续表

朝阳区	关于规范社区工作者待遇的实施细则	朝社办发〔2010〕7号
海淀区	关于对北京双环实业公司实行托管的批复	海社办发〔2010〕1号
海淀区	关于开展2010年选聘社区工作者岗前培训的通知	海社办发〔2010〕2号
海淀区	关于做好2010年选聘毕业生后续管理工作的通知	海社办发〔2010〕3号
海淀区	关于做好2010年社区工作者培训工作的意见	海社办发〔2010〕4号
海淀区	关于划拨花园北路46号综合楼的通知	海社办发〔2010〕5号
海淀区	关于规范社区工作者待遇的实施方案	海社办发〔2010〕6号
海淀区	关于做好2010年度海淀区先进社区居委会、先进居委会主任及优秀大学生社区工作者评选工作的通知	海社办发〔2010〕7号
海淀区	关于表彰海淀区社区及“两新”组织深入学习实践科学发展观活动优秀调研文章的决定	海社委发〔2010〕1号
海淀区	关于表彰海淀区社区及“两新”组织深入学习实践科学发展观活动宣传报道先进单位的决定	海社委发〔2010〕2号
海淀区	2010年海淀区社会建设信息工作要点	海社委发〔2010〕3号
海淀区	2010年海淀区社区建设工作要点	海社委发〔2010〕4号
海淀区	海淀区关于进一步推进社区规范化建设试点工作的实施方案	海社委发〔2010〕5号
海淀区	2010年社会领域党建工作思路	海社委发〔2010〕6号
海淀区	关于青龙桥街道原解放军总院附院社区党支部更名与批复	海社委发〔2010〕7号
海淀区	关于表彰海淀区和全领域党建先进集体和优秀个人的决定	海社委发〔2010〕8号
海淀区	关于进一步推进商务楼宇党建工作的实施意见	海社委发〔2010〕9号
海淀区	关于表彰海淀区社会建设优秀调研成果决定	海社委发〔2010〕10号
海淀区	关于下发2009年度海淀区商务楼宇党建工作站建站补给资金的通知	海社委发〔2010〕11号
海淀区	海淀区2010年商务楼宇党建工作站社会工作站检查验收方案	海社委发〔2010〕12号
丰台区	关于印发《丰台区社会领域“城南行动我争先，丰台发展我贡献”主题实践活动方案》的通知	丰社委发〔2010〕2号
丰台区	关于印发《丰台区2010年非公有制经济组织和新社会组织党建工作要点》的通知	丰社委发〔2010〕5号
丰台区	关于公开招录社区工作者的请示	丰社办文〔2010〕9号
丰台区	关于印发《丰台区2010年社区党建工作要点》的通知	丰社委发〔2010〕11号
丰台区	关于表彰2009年度社区“双争创”活动先进社区的决定	丰社委发〔2010〕12号
丰台区	关于开展2010年度社区“双争创”活动的通知	丰社委发〔2010〕13号
丰台区	关于印发《2010年丰台区社会建设信息工作要点》的通知	丰社委发〔2010〕20号
丰台区	关于开展政府购买公共服务项目试点工作的请示	丰社办文〔2010〕23号
丰台区	关于成立丰台区社区办公和服务用房建设协调小组的请示	丰社办文〔2010〕27号

续表

丰台区	关于丰台区2010年社区办公和服务用房规范化建设实施方案的请示	丰社办文〔2010〕32号
丰台区	丰台区关于加强社区工作者人员及经费管理的实施意见	丰社办发〔2010〕40号
丰台区	关于印发《关于丰台区开展“首都特色精品社区”创建活动的工作意见》的通知	丰社办发〔2010〕41号
丰台区	关于对2009年“五个好”非公有制经济组织和新社会组织党组织优秀示范点进行表彰的决定	丰社委发〔2010〕44号
丰台区	关于在全区非公有制经济组织、新社会组织中深入开展创先争优活动的实施意见	丰社委发〔2010〕45号
丰台区	关于推进社区党员服务站建设的意见	丰社委发〔2010〕48号
丰台区	关于拨付丰台区社区规范化建设试点工作经费的请示	丰社办文〔2010〕49号
丰台区	关于在街道社区深入开展创先争优活动的实施方案	丰社委发〔2010〕52号
丰台区	关于对商务楼宇社会工作站（党建工作站）工作经费进行补贴的请示	丰社办文〔2010〕56号
丰台区	关于提请审议《关于进一步规范社区工作者工资待遇实施方案》的请示	丰社办文〔2010〕63号
丰台区	关于提请审议《丰台区文化体育设施向社会开放工作指导意见》的请示	丰社办文〔2010〕71号
丰台区	关于丰台区2010年度社区“双争创”活动考核评估工作的通知	丰社委发〔2010〕75号
丰台区	关于提请审议提高社区办公经费标准的请示	丰社办发〔2010〕83号
丰台区	关于成立丰台区志愿者联合会的请示	丰社办文〔2010〕84号
石景山区	关于加强和改进新形势下社会领域党的建设的实施意见	石社领字〔2010〕1号
石景山区	关于深入推进社区规范化建设工作的实施意见	石社领字〔2010〕2号
石景山区	石景山区“大学生社工计划”实施意见	石社领字〔2010〕5号
石景山区	石景山区社会建设工作领导小组关于印发《关于加强商务楼宇工作站建设的实施意见》的通知	石社领字〔2010〕6号
石景山区	关于做好春节前夕走访慰问社区工作者工作的通知	石社字〔2010〕3号
石景山区	关于表彰2009年度先进社区居委会及先进社区居委会主任的决定	石社字〔2010〕5号
石景山区	石景山区委社会工委关于做好《干部任用条例》贯彻执行情况检查迎检工作方案	石社字〔2010〕13号
石景山区	石景山区委社会工委关于在社会领域开展“星级争创”活动的通知	石社字〔2010〕20号
石景山区	关于同意改建赵山社区等六个基层党组织的批复	石社字〔2010〕27号

续表

石景山区	石景山区关于增加退离居委会老积极分子生活补助的通知	石社发〔2010〕35号
石景山区	关于进一步规范社区工作者待遇的通知	石社字〔2010〕37号
石景山区	石景山区公开招聘社区工作者实施办法	石社字〔2010〕46号
石景山区	关于在“国际志愿者日”前后开展倡导志愿服务构建和谐社会主题活动的通知	石社字〔2010〕49号
石景山区	关于成立新居民互助志愿者协会、社区教育志愿者协会的通知	石社字〔2010〕50号
门头沟区	2010年门头沟区创建和谐社区实施方案	门社办发〔2010〕7号
门头沟区	关于调整退离居委会老积极分子生活补贴标准的通知	门社办发〔2010〕14号
门头沟区	关于退离老积极分子专项慰问资金使用管理办法	门社办发〔2010〕21号
门头沟区	关于社区工作者学历证书认定管理办法	门社办发〔2010〕22号
门头沟区	关于整合劳动保障协管员、流动人口和出租房屋管理员、残疾人专职委员到社区服务站工作的通知	门社办发〔2010〕31号
门头沟区	关于对2009年社区用房规范化建设试点项目进行自查验收工作的实施方案	门社办文〔2010〕40号
门头沟区	门头沟区购买专业社会工作岗位项目实施方案	门社办文〔2010〕46号
门头沟区	关于在街道、镇建立社会工作党委的实施意见	门社委发〔2010〕4号
门头沟区	2010年关于“国际社工日”系列活动安排方案	门社委发〔2010〕6号
门头沟区	关于印发《社区工作者绩效考核办法》及相关工作制度的通知	门社委发〔2010〕23号
门头沟区	关于做好全区社区工作者岗位培训工作的意见	门社委发〔2010〕25号
门头沟区	门头沟区2010年市招大学生社区工作者分配方案	门社委发〔2010〕29号
门头沟区	关于在全区社区党组织和党员中开展创先争优活动的实施意见	门社委发〔2010〕31号
门头沟区	关于在非公有制经济组织党组织和党员中深入开展创先争优活动的工作意见	门社委文〔2010〕41号
门头沟区	关于开展“一刻钟社区服务圈”建设的指导意见（试行）	门社领办发〔2010〕13号
门头沟区	门头沟区政府购买社会组织服务项目专项资金管理和使用办法	门社领办发〔2010〕14号
房山区	区社会建设工作领导小组办公室印发《关于进一步规范社区工作者待遇实施细则》的通知	房社领办发〔2010〕1号
房山区	区社会建设工作领导小组办公室印发《关于房山区规范社区工作者待遇工作安排意见》	房社领办发〔2010〕2号
房山区	关于在全区社会领域基层党组织和党员中深入开展创先争优活动的指导意见	房社委〔2010〕31号
房山区	关于在全区非公企业党组织中开展“五个好”示范点创建活动的实施意见	房组发〔2010〕29号
房山区	关于开展社会领域党建试点工作实施意见	房组发〔2010〕4号

续表

房山区	关于成立街道（乡镇）社会工作委员会的通知	房组通〔2010〕28号
房山区	关于印发《房山区贯彻落实〈北京市社区工作者管理办法（试行）〉实施细则》的通知	京房办发〔2010〕47号
房山区	关于印发《房山区社区基层组织工作规范（试行）》的通知	京房办发〔2010〕49号
房山区	关于印发《房山区社会服务管理创新折子工程》的通知	京房办发〔2010〕53号
房山区	关于成立房山区城乡结合部建设领导小组的通知	京房办文〔2010〕7号
房山区	关于成立房山区社会建设工作领导小组的通知	京房办文〔2010〕8号
房山区	关于印发《房山区社会服务管理创新实施意见》的通知	京房发〔2010〕19号
房山区	关于进一步加强和改进社会领域党建工作的实施意见	京房发〔2010〕3号
通州区	区委社会工委（区社会办）2010年工作意见	通社委文〔2010〕1号
通州区	关于召开“通州区社会领域党建工作会议”的请示	通社委文〔2010〕2号
通州区	楼门文化建设项目制管理办法（试行）	通社领办发〔2010〕3号
通州区	关于开展“一刻钟社区服务圈”试点工作的指导意见	通社领办发〔2010〕7号
通州区	进一步规范社区工作者待遇工作方案	通社领办发〔2010〕6号
通州区	关于印发《通州区社会服务管理创新试点工作指导意见》的通知	通社领办发〔2010〕11号
通州区	通州区2010年关于推进社区规范化建设工作的实施意见	通社领办发〔2010〕2号
通州区	关于印发《区级“枢纽型”社会组织联席会议工作规则》的通知	通社领办发〔2010〕4号
通州区	北京市通州区社会建设工作领导小组办公室印发《关于进一步规范社区工作者待遇的实施方案》的通知	通社领办发〔2010〕8号
通州区	关于深入贯彻落实《北京市社区基本公共服务指导目录（试行）》的通知	通社办发〔2010〕5号
通州区	2009年社会建设工作总结	通社领发〔2010〕1号
通州区	通州区社会建设工作领导小组关于印发《关于构建区级“枢纽型”社会组织工作体系的暂行办法》的通知	通社领发〔2010〕3号
通州区	通州区社会建设工作领导小组关于认定第一批区级“枢纽型”社会组织的通知	通社领发〔2010〕4号
通州区	关于通州区2010年社区规范化建设基础设施建设项目实施方案的请示	通社办文〔2010〕2号

续表

通州区	关于授权北京市通州区科学技术协会、北京市通州区文学艺术界联合会两“枢纽型”社会组织为本区有关社会组织的业务主管单位的请示	通社办文〔2010〕6号
通州区	关于通州区委社会工委、区社会办领导分工和内设机构职责的通知	通社委发〔2010〕3号
通州区	中共北京市通州区委社会工作委员会2010年社会领域党建工作要点	通社委发〔2010〕1号
通州区	中共北京市通州区委社会工作委员会关于做好调查研究工作的意见	通社委发〔2010〕5号
通州区	中共北京市通州区委社会工作委员会关于建立社会领域党建“三督导”工作机制的实施意见	通社委发〔2010〕6号
通州区	中共北京市通州区委社会工作委员会关于贯彻落实《中共北京市通州区委关于在全区基层党组织和党员中深入开展创先争优活动的实施意见》的工作方案	通社委发〔2010〕7号
通州区	关于进一步推进社会领域党组织和党员中开展创先争优活动的实施意见	通社委发〔2010〕8号
通州区	关于举办街道、乡镇社会工作党委书记培训班的通知	通社委发〔2010〕9号
通州区	2010年度通州区购买社会组织服务项目支持资金分配方案	通社领办发〔2010〕9号
通州区	中共北京市通州区委组织部、中共北京市通州区委社会工作委员会关于印发《关于加强社会工作人才队伍建设的意见》的通知	通组字〔2010〕28号
通州区	通州区社会建设工作领导小组办公室关于印发《通州区社会服务管理创新试点工作指导意见》的通知	通社领办发〔2010〕11号
顺义区	中共北京市顺义区委、北京市顺义区人民政府关于推进社会服务管理创新的意见	京顺发〔2010〕20号
顺义区	中共北京市顺义区委办公室、北京市顺义区人民政府办公室关于调整顺义区社会建设工作领导小组的通知	京顺办发〔2010〕26号

续表

昌平区	中共北京市昌平区委关于在各镇（街道）组建社会工作党委的实施意见	京昌发〔2010〕14号
昌平区	关于印发《关于在非公有制企业中开展“五个好”基层党组织创建活动的实施意见》的通知	昌社委发〔2010〕1号
昌平区	中共北京市昌平区委社会工委印发《关于在全区社会领域党组织和党员中深入开展创先争优活动的工作方案》的通知	昌社委发〔2010〕2号
昌平区	“加强社会组织管理服务”专项工作分工方案	昌社委发〔2010〕3号
昌平区	昌平区关于进一步规范社区工作者待遇实施细则	昌社办发〔2010〕1号
大兴区	大兴区关于开展“和谐社区　温馨家园”主题教育活动的实施意见	京兴社领发〔2010〕1号
大兴区	关于进一步加强非公企业党建工作的意见	京兴社委发〔2010〕6号
大兴区	关于在地区成立社会工作党委的意见	京兴社委发〔2010〕7号
大兴区	关于成立社会领域党建研究会的意见	京兴社委发〔2010〕8号
大兴区	关于推进学习型党组织的实施意见	京兴社委发〔2010〕9号
大兴区	在职党员进社区试点工作实施意见	京兴社委文〔2010〕10号
平谷区	关于在全区社会领域党组织和党员中深入开展创先争优活动的实施方案	京平社发〔2010〕6号
平谷区	关于深入开展“五个好”社区党组织创建活动的实施意见	京平社发〔2010〕7号
平谷区	关于进一步做好非公有制经济组织发展党员工作的通知	京平社发〔2010〕11号
平谷区	关于推进“一刻钟社区服务圈”建设的实施意见	京平社发〔2010〕52号
平谷区	关于转发《关于进一步推进社区规范化建设试点工作的实施方案》的通知	京平社领发〔2010〕3号
平谷区	关于印发《平谷区志愿者工作联席会议制度（试行）》的通知	京平社领发〔2010〕4号
平谷区	关于转发《社会办、财政局、人力社保局关于进一步规范社区工作者待遇实施意见》的通知	京平政办发〔2010〕54号

续表

怀柔区	关于印发进一步规范社区工作者待遇的实施方案的通知	怀社办发〔2010〕21号
密云县	中共密云县委、密云县人民政府关于加强社会建设的实施意见	密发〔2010〕5号
密云县	中共密云县委办公室、密云县人民政府办公室关于印发《中共密云县委社会工作委员会、密云县社会建设工作办公室主要职责、内设机构和人员编制规定》的通知	密办发〔2010〕13号
密云县	中共密云县委办公室、密云县人民政府办公室关于进一步加强"两新"组织管理和党建工作的意见	密办发〔2010〕38号
密云县	中共密云县委办公室、密云县人民政府办公室关于印发《密云县社区管理办法(试行)》的通知	密办发〔2010〕39号
密云县	中共密云县委办公室、密云县人民政府办公室关于印发《密云县社区工作者管理办法(试行)》的通知	密办发〔2010〕40号
密云县	中共密云县委办公室、密云县人民政府办公室关于成立密云县社会建设工作领导小组的通知	密办发〔2010〕51号
密云县	关于成立密云县社会建设信息中心的批复	密编办〔2010〕90号
密云县	关于转发《关于进一步推进社区规范化建设试点工作的实施方案》的通知	密社委字〔2010〕3号
密云县	关于在县城地区推广鼓楼街道"商管协会"管理模式的通知	密社委字〔2010〕19号
密云县	密云县关于实施《北京市社区基本公共服务指导目录(试行)》的意见	密社委字〔2010〕24号
密云县	密云县社区工作者考核办法(试行)	密社委字〔2010〕26号
密云县	关于转发朝阳区《关于推进社区"一刻钟便民生活圈"建设的指导意见(试行)》的通知	密社办发〔2010〕6号
密云县	关于加强2010—2011年度社区预防煤气中毒工作的通知	密社办字〔2010〕11号
密云县	关于做好全县社会领域深入开展创先争优活动有关工作的通知	密社领办发〔2010〕1号
密云县	关于做好非公有制企业党建工作问卷调查工作的通知	密社领办发〔2010〕2号
密云县	关于对2009年社区用房规范化建设试点项目进行检查验收工作的通知	密社领办字〔2010〕3号
密云县	密云县社会建设工作领导小组办公室转发《关于进一步规范社区工作者待遇的实施方案》的通知	密社领办发〔2010〕4号
延庆县	关于推进"一刻钟便民服务圈"建设的指导意见	延社办文〔2010〕23号
延庆县	关于进一步规范社区工作者待遇的实施细则	延社办文〔2010〕24号
延庆县	关于转发《关于开展社会福利设施专项建设重大项目规划储备工作的通知》并做好相关工作的通知	延社办文〔2010〕26号

续表

延庆县	关于转发《北京市社区基本公共服务指导目录（试行）》的通知	延社办文〔2010〕27 号
延庆县	延庆县社会建设专项资金购买社会组织服务项目资金管理办法	延社办文〔2010〕32 号
延庆县	关于做好 2010 年度社区规范化建设工作检查验收的通知	延社办文〔2010〕33 号
延庆县	关于开展社区基本公共服务项目需求调查的通知	延社办文〔2010〕34 号
延庆县	关于配合做好“北京区域社会建设规划研究”调研工作的通知	延社委文〔2010〕12 号
延庆县	关于开展“党员作风建设年”活动实施方案	延社委文〔2010〕13 号
延庆县	关于进一步加强社会建设信息工作的通知	延社委文〔2010〕16 号
延庆县	关于牵头创建学习型街道、社区的实施方案	延社委文〔2010〕18 号
延庆县	关于印发《延庆县社区专职工作者分配方案》的通知	延社委文〔2010〕21 号
延庆县	延庆县 2010 年社会领域党建工作要点	延社委文〔2010〕22 号
延庆县	关于在全县社会领域基层党组织和党员中深入开展创先争优活动的实施意见	延社委文〔2010〕23 号
延庆县	关于开展延庆县社区社会组织调查统计工作的通知	延社委文〔2010〕25 号
延庆县	关于制订《延庆县社会服务管理创新行动方案》的通知	延社委文〔2010〕26 号
延庆县	关于进一步推进创新争优活动的实施办法	延社委文〔2010〕32 号
延庆县	关于对大学生社区专职工作者进行考核的通知	延社委文〔2010〕36 号

北京市、区县社会建设工作统计表

北京市部分社会组织情况简介

（一）社会团体

1. 北京社会学学会

北京社会学学会成立于 1981 年 8 月 18 日，业务主管单位为北京市社会科学界联合会。本届理事会有 71 名理事，26 名常务理事会，会长 1 名，副会长 8 名，正、副秘书长 6 名。主要业务范围是开展社会学理论研究、学术交流、社会调查、专业培训、咨询服务和编辑专刊等。开展的主要活动有：组织国内外社会学学术交流与合作，举办学术讨论会和报告会；加强与有关学科和业务部门的联系，加强与中国社会学学会和各兄弟学会的交流，推动和支持社会学研究工作的开展；搜集、整理和编译中外社会学研究资料；搞好社会学普及和提高工作；开展首都发展战略的社会学研究等。

2. 北京市青年研究会

北京市青年研究会成立于 1982 年 1 月 20 日，是由首都各界热心从事青年问题和青年工作研究的中青年专家学者和有关人士组成的群众性学术团体，由共青团北京市委主办。1998 年 7 月，研究会被北京市社会科学界联合会评为北京市社会科学界先进学会(1993—1998 年)。研究会开展的主要工作有：①组织社会调查、学术研讨和学术交流活动；②组织编写理论文章和书籍；③开展培训、咨询服务工作；④出版会刊《北京青年工作研究》(月刊，面向全国，内部发行)；⑤通过研究会的活动，为党、政府和共青团组织发现、推荐各方面人才。研究会推出了一大批对北京青年工作有决策参考价值和重要推进作用的理论成果，并通过组织专家报告团等多种形式面向基层和社会积极提供培训、咨询服务，逐步成长为首都影响较大的青年理论研究组织。

3. 北京市党的建设研究会

北京市党的建设研究会成立于 1984 年 11 月，是由中共北京市委组织部发起成立，经北京市民政局核准注册登记的非营利性社会团体，主要从事党的建设方面理论和现实问题的研究。张大中为第一届至第三届会长，于均波为第四届、第五届会长，本届理事会为第五届理事会。业务范围包括：贯彻落实中共中央及北京市委有关党的建设精神，组织开展各种学习宣传活动；充分利用首都党建研究资源，组织广大会员围绕党的建设的热点、难点问题开展调查研究和理论研究；举办理论研讨会、座谈会，进行学术交流和实地考察，组织成果评奖和经验交流等活动；积极为党委及其他部门提供党建咨询服务，向有关领导机关反映会员、党员及广大干部群众对加强党的建设的意见和建议。北京市党建研究会现有团体会员 87 家，个人会员 170 多人。秘书处设在北京市党建研究所，现有工作人员 10 人。研究会主办会刊有《执政党建设研究》(季刊)、《党建动态》、《北京市党的建设研究会通讯》和《北京市党建研究会简报》等。不定期向市委、市委组织部和有关部门寄送刊物，反映情况，供领导决策参考。

4. 北京广告协会

北京广告协会成立于 1987 年 7 月，是市社团办批准注册的社团法人，受市工商局的管理，目前会员单位 600 多户。协会自成立以来，遵照行业协会的职能，积极开展“指导、协调、监督、服务”。充分发挥行业与政府的桥梁、纽带作用。通过培训、组织活动、评选评比等多种措施，为广告行业的发展搭建平台，促进北京广告行业健康有序地发展。同时努力配合政府监管部门，积极进行行业自查、互查，强化行业自律。

5. 北京市环境卫生协会

北京市环境卫生协会成立于 1995 年 9 月，是经北京市社团办注册的行业协会，现有团体理事、会员 172 个，下设公厕服务专业委员会、道路清扫保洁专业委员会、渣土管理专业委员会、清洗保洁专业委员会、垃圾综合利用专业委员会 5 个分支机构。本协会团结全体会员，围绕环卫事业发展，通过横向联系，为会员提供多方面的服务，反映会员的愿望，维护会员的合法权益，在政府与企业之间发挥桥梁和纽带作用。协会的业务范围是：促进环卫事业，开展政策研究、行业协调、专业培训、咨询服务、新技术推广、编辑专业刊物等。

6. 北京市燃气协会

北京市燃气协会成立于 1997 年 12 月，是以北京市燃气企业为主体、有关单位自愿参加组成的社会团体法人，现有团体会员 90 家。协会的宗旨是：为会员服务，反映会员单位的愿望，维护会员的合法权益，促进企业的横向联系，遵守国家的宪法、法律和法规；贯彻执行市政府的有关政策，协助政府主管部门，推进行业管理，发挥政府主管部门与企业间联系桥梁、纽带作用，加速燃气事业的发展。协会自成立以来一直致力于北京市燃气事业的发展，组织了许多专业性、技术性会议，为燃气企业的技术和管理水平的提高作出了很大贡献。

7. 北京市汽车维修行业协会

北京市汽车维修行业协会成立于 2005 年

1月，是北京地区汽车维修企业自愿联合发起成立的行业自律组织，接受北京市交通管理委员会和北京市社会团体办公室的业务指导和监督管理。现有会员单位171家，其中，理事会员企业69家，常务理事会员26家。协会成立以来，以"双向服务"为宗旨，认真履行"行业代表、行业自律、行业管理、行业协调、行业服务"五项基本职能，努力成为企业与政府之间的桥梁、纽带。近两年开展的主要工作有：开展系列专题讲座、研讨会，组织会员企业学习贯彻落实市运输管理局关于机动车维修质量管理四项制度；组织举办了"第二届环北京地区汽车维修企业人才管理高峰论坛"，共计120余人参加了论坛；积极参与制定、修订《载运、载客汽车运行燃料消耗量国家标准》、《营运客车类型划分及等级评定》等国家、行业及地方标准；组织召开了"北京市汽车维修行业诚信企业总结大会"，加强行业自律，提高行业整体素质。

8. 北京停车行业协会

北京停车行业协会成立于2007年4月，由北京地区停车管理单位自发组建，受北京市交通管理委员会业务指导，现有会员单位100余家。成立近一年以来，协会积极发挥服务、自律、协调和监督的作用，在推动建立和规范停车行业秩序，促进北京停车产业规范化管理等方面发挥了积极作用。根据首都城市发展需要，今后协会将不仅局限于目前的停车管理服务，而且要积极拓展业务范围，在从事与停车行业相关的投资、规划设计、建设、技术研发、产品制造、制定、修订本行业技术标准、质量标准、服务标准，推行行业标准的实施等方面发挥更大作用。

9. 北京市律师协会

北京市律师协会成立于1952年，恢复于1979年8月10日。北京市律师协会是依法成立的社会团体法人，是北京律师的自律性行业组织，依据《中华人民共和国律师法》、《律师协会章程》，对北京执业律师实行行业管理。协会现有团体会员836家，个人会员10223人。北京市律师协会的宗旨是：团结和教育会员维护宪法和法律的尊严，忠实于律师事业，恪守律师职业道德和执业纪律；维护会员的合法权益，提高会员的执业素质；加强行业自律，促进律师事业的健康发展，为依法治国，建设社会主义法治国家，促进社会的文明和进步而奋斗。

10. 北京市公证协会

北京市公证协会成立于1993年，受北京市司法局管理，是依法成立的社会团体法人，是北京市公证员的自律性行业组织。现共有会员公正机构25家。协会依据《中华人民共和国公证法》、《北京市公证协会章程》（试行），对北京市执业公证员进行管理。北京市公证协会的主要职责是：支持公证员依法执业，维护公证员的合法权益；制定并监督实施公证行业规范和公证行业管理制度；提高整体执业水平；研究行业发展战略；开展公证员培训，组织公证经验交流和公证学术研讨和合作；协调与有关司法、行政机关的关系，改善公证员执业环境，提供立法与司法的建议；开展其他有利于公证行业发展的工作。

11. 北京保险行业协会

北京保险行业协会成立于1994年6月，业务主管单位是中国保监会北京监管局。协会的最高管理机构是会员大会，理事会是会员大会的执行机构。2005年3月，北京保险行业协会第五次会员代表大会决定北京保险行业协会与北京保险学会秘书处实行合署办公；全体工作人员实行职业化、专业化，会上通过了新的《北京保险行业协会章程》和《北京保险学会章程》。两会现有会员40家，其中产险公司15家、寿险公司25家。现任会长是中国人寿保险股份有限公司北京市分公司总经理黄俊光。两会的办事机构为秘书处，秘书长由会长、副会长提名或公开招聘产生。两会每年度召开理事会共同商讨工作，不定期召开会长办公会决定重大问题。经过10多年的发展，两会为北京保险业持续、快速、协调、健康发展，维护行业利益和市场秩序，加强行业自律，开展行业间的交流与宣传等方面作出了积极的贡献。

12. 北京网络行业协会

北京网络行业协会成立于 2004 年 3 月，由北京各大门户网站、部分 IT 企业共同发起组建，在市公安局管理和指导下开展工作。协会成立以来，在主管部门的业务指导下，积极宣传党和政府有关计算机信息网络安全方面的方针政策和法律法规，发挥桥梁和纽带作用，积极联络、组织社会各界关心和支持计算机信息网络安全保护工作，配合政府行政管理部门改善和加强全市公共信息网络的安全管理，积极促进全市 IT 企事业单位与政府职能部门的联系与沟通，推动全市计算机信息网络安全保护工作的健康发展。

13. 北京因私出入境中介机构协会

北京因私出入境中介机构协会成立于 2005 年 12 月，是由北京各出入境中介机构自愿联合发起组建的非营利性社会团体组织，受市公安局的业务主管和指导。现有会员单位 60 余家，其中理事单位 15 家。协会积极发挥桥梁、纽带作用，当好政府部门的参谋助手，维护出入境行业的合法权益，团结北京因私出入境服务领域的相关合法机构，增强行业凝聚力，促进全行业经济效益和社会效益的提高。业务范围包括：协助政府部门执行国家的政策法规，开展行业管理工作；按照《北京市出入境管理办法》的要求，组织行业从业人员职业资格的培训、考试、授证，协助主管机关对行业从业人员年检注册等管理工作；向政府部门反映会员单位的愿望和要求，协调解决行业经营中出现的问题，保护会员单位合法权益不受损害等。

14. 北京市演出行业协会

北京市演出行业协会成立于 2002 年 12 月，业务主管单位是市文化局。现有会员单位 226 家，包括北京行政区域内有合法经营权的演出经营机构、演出场所、艺术表演团体及北京地区演出界的知名单位等。协会设有办公室、对外宣传部、人才培训部、演出经营部等工作部门。协会自成立以来，积极做好行业自律、依法维权、服务会员、促进国内外文化交流等工作，为政府与演出行业、行业与社会之间架起了一座沟通与联系的桥梁，对繁荣和发展北京演出市场发挥了重要的作用。

15. 北京市电影发行放映协会

北京市电影发行放映协会成立于 1997 年 9 月，是由北京市从事电影发行放映企事业单位自愿联合发起成立的，业务主管单位是市文化局。目前本会共有会员单位 70 余家，包括北京市范围内的 2 家电影院线公司，60 家电影院，14 家市、区县两级电影公司。作为政府与行业之间的桥梁与纽带，协会大力推进北京市电影事业的发展，以为会员单位营造良好的发展环境，维护会员的合法利益，实行行业自律管理，维护北京电影市场规范、健康、持续发展为工作宗旨。

16. 北京观光休闲农业协会

北京观光休闲农业协会成立于 2004 年 3 月，是全国第一家观光休闲农业领域的行业协会，业务主管单位为市农村经济研究中心。目前共有会员数量 129 家，其中单位会员 113 个、个人会员 16 人。业务范围包括：①向业务主管单位反映会员的愿望和要求，为政府制定相关政策和法规提供咨询和建议。②向会员宣传有关政策、法律、法规，并组织贯彻执行。③收集国内外本行业的有关情况，向业务主管单位提出本行业发展的建议。④组织会员开展技术交流、职工培训以及新经验、新标准和科研成果的推广应用。⑤协助业务主管单位建立观光休闲农业信息网络，宣传、推介观光休闲农业产品。⑥协助业务主管单位搞好质量管理工作，组织会员订立行规行约并监督遵守，规范市场行为。⑦组织北京观光休闲农业开展对外交流与合作，加强与行业内外的有关组织、社团的联系与合作。⑧编辑有关行业情况介绍的信息资料，出版发行协会刊物等。

17. 北京市农产品产销信息协会

北京市农产品产销信息协会成立于 2001 年 10 月，是由北京市城乡经济信息中心联合市农科院、《京郊日报》、市供销合作总社、市种子公司、北京新发地农产品批发市场等12家单位发起成立的非营利性社团组织，业务主管单位是市农村经济研究中心。协会成立以来，广泛吸收本市从事农产品产销的企事业单位、各类农民合作经济组织、农产品批发市场、种养专业大户和个人入会，会员单位已发展到800余家。协会积极依托北京现代农业信息平台，为会员提供信息服务，开拓国内外市场，推销农产品，普及推广新品种、新技术，使会员享受现代网络技术的方便与快捷。

18. 北京电子制造装备行业协会

北京电子制造装备行业协会成立于2007年11月，业务主管单位是北京市社会办。协会的会员单位包括北京七星华电科技集团有限责任公司、北京七星华创电子股份有限公司、北京硅元科电微电子有限责任公司、中国科学院微电子研究所、中国电子科技集团公司第45研究所、清华大学精密仪器与机械学系、北京大学微电子学研究院、中芯国际集成电路制造（北京）有限公司、中电华清微电子工程中心有限公司、京东方科技集团股份有限公司等48家单位。开展的主要工作有：收集行业信息，开展促进产业发展研究；为会员企业提供信息、技术、政策和法律咨询服务；促进行业内企业交流合作、资源共享与培训；发布会员单位技术转让与合作、成果推广等信息；组织研究本行业国内外技术、产品和市场发展动态，组织会员单位参与北京市和国家重大项目申报等工作；完成政府及会员单位委托的其他事宜。

19. 北京证券业协会

北京证券业协会成立于1994年1月，由北京证券有限公司等4家单位联合发起成立，业务上受中国证监会北京证券监督管理局的管理和指导。协会的会员单位有100余家，包括10家在北京注册的证券公司、3家基金公司、5家投资咨询公司及124家证券公司营业部。会员单位中有中国最大的综合类券商、经纪业务排名第一的中国银河证券有限责任公司以及业绩突出的中国国际金融有限公司等证券公司。协会按行业化、市场化的原则选举产生领导班子，主要组织机构有会员大会、理事会、监事会、常务理事会和秘书处，现任会长由中国银河证券有限责任公司总裁朱利担任。成立以来，协会积极发挥政府部门与证券机构之间的桥梁、纽带作用，组织会员加强行业自律，维护会员合法权益，为促进北京地区证券市场的健康、稳定、有序发展发挥了积极作用。

20. 北京市银行业协会

北京市银行业协会成立于1998年3月，由北京地区金融机构组成的非营利性社会团体，业务主管单位是中国银监会北京监管局。协会现有会员67家，行业覆盖率为100%。协会接受北京银监局的指导和监督，协会遵循的宗旨是在遵守法律、法规的前提下，协助政府有关部门对本行业进行监督、管理，加强会员之间的自律和协调，规范会员的经营活动，维护和保障会员的合法权益，为促进银行业的健康发展作出努力。

21. 北京勘察设计协会

北京勘察设计协会成立于1987年6月，是北京地区勘察设计单位自愿联合发起成立的行业自律组织，接受北京市规划委员会和北京市社会团体管理办公室的业务指导和监督管理。现有会员单位460余家，基本覆盖了北京地区勘察设计行业。内设机构为四部一室（培训部、会刊编辑部、设计责任保险部、权益咨询部、办公室），工作机构有：市场工作委员会、技术质量工作委员会、技术经济工作委员会、财务工作委员会、信息交流工作委员会、中小单位工作委员会和勘察与测量工作委员会。协会的业务范围和开展的工作主要有，坚持在为政府服务和为会员单位服务的前提下，开展勘察设计行业的调查研究、成果鉴定、新技术的开发推广、专业培训、咨询服务及编辑专业刊物等。受北京市规划委员会的委托，协助承办优秀工程勘察、优秀工程设计评审工作。

22. 北京科技咨询业协会

北京科技咨询业协会成立于1994年12月，由北京地区专业咨询机构和高等院校联合发起，业务主管单位为北京市科学技术委员会。现有会员单位300多家，咨询范围涉及技术、管理、信息、工程、市场调查、决策、财会核算以及法律等诸多方面。协会的组织机构包括理事会、监事会、理事长办公会、秘书处。协会下设决策咨询、管理咨询、信息咨询、工程咨询、市场调查和技术咨询六个专业委员会。协会的宗旨是充分发挥首都的科技智力和信息优势，积极探索咨询业的发展途径，培育和规范咨询业市场，实行行业自我管理，维护咨询业的合法权益，向政府反映会员的意愿和建议，为促进北京地区咨询产业发展作出贡献。2000年和2004年被北京市民政局、北京市人事局和北京市社会团体管理办公室评为先进社会团体和先进民间组织。

23. 北京市旅游行业协会

北京市旅游行业协会成立于1993年7月，业务主管单位是北京市旅游局。协会现有会员768家，下设饭店分会、旅行社分会、餐饮分会、景区景点分会、商业分会、书画研究会等专业协会。协会的宗旨是遵守国家及北京市法律法规，代表广大旅游企业的利益，维护会员的合法权益，倡导诚信经营，引导行业自律，规范市场秩序。多年来，协会在保护旅游企业利益，规范旅游市场，促进北京地区旅游发展上做了许多行之有效的工作。例如，为星级饭店与中国音乐著作权协会协调音乐作品使用费标准，为旅行社与景区景点协调因提高公园门票所产生的矛盾，与卫生局协调取消对饭店销售月饼的限制等；组织北京地区旅行社、景区景点、商店等单位签订诚信公约；宣传北京旅游新线路，积极创办并组织十届中国北方旅游交易会，连续几年举办北京旅游夜市活动；组织会员单位与俄罗斯旅游联盟、匈牙利旅游协会、意大利餐饮协会、日本宴会BMC协会、中国台湾品质保障协会进行考察交流活动等。2004年被国家民政部和北京市社团办分别授予“全国先进民间组织”和“先进社团组织”的光荣称号。

24. 北京体育休闲产业协会

北京体育休闲产业协会成立于2004年5月，是由北京市各类体育休闲企业、体育俱乐部及体育娱乐单位、体育服装器材生产销售单位、体育经纪赛事推广单位、体育咨询服务单位、体育媒体、体育院校及科研单位联合发起组建。协会目前有团体会员400多家，随着北京体育产业的快速持续发展，预计2009年，团体会员将突破800家。协会下设办公室、会员部、活动部、对外联络部、培训部等职能部门和一个“休闲运动研究专业委员会”。协会成立以来参与举办国际性赛事、展会、交流、培训等活动50余次，参与组织国内及北京范围活动百余次。协会发挥体育人才资源优势，为国内外企业和社会团体提供了咨询、顾问支持。参与制定了国家体育总局电子竞技运动项目各种规章办法，成为国家体育总局电子竞技运动项目运动员、教练员唯一指定培训机构。

25. 北京注册会计师协会

北京注册会计师协会成立于1993年5月，业务主管单位为北京市财政局。现有个人会员2.5万人，其中执业1.4万人、非执业1.1万人；单位会员754家，其中注册会计师事务所486家，注册资产评估机构268家，覆盖率达到100%。业务范围是：依法对注册会计师及会计师事务所、注册资产评估师及资产评估机构进行管理，反映其愿望和要求，在政府部门与注册会计师及会计师事务所、注册资产评估师及资产评估机构之间发挥桥梁和纽带作用。具体职责：①负责审批、管理本会会员，支持会员依法履行职责。②负责办理注册会计师和注册资产评估师注册、会计师事务所和资产评估机构设立的有关事宜，对注册会计师和注册资产评估师的任职资格及会计师事务所和资产评估机构的设立条件进行年度检查。③组织贯彻注册会计师、注册资产评估师执业准则、规则，并监督检查执行情况。④制定实施注册会计师、注册资产评估师行业各项管理制度，组织开展对注册会计师、注册资产评估师执业质量和职业道德情况的监督检查。对违法违规执业的注册会计师及会计师事务所、注册资产评估师及资产评估机构依法提出行业惩戒及行政处罚建议。⑤组织会员开展职业道德、业务技能和相关知识的培训。⑥组织注册会计师、注册资产评估师全国统一考试北京地区的考试工作。⑦协调行业内、外部关系，营造良好的执业环境。⑧组织开展业务交流活动，总结工作经验，提高服务质量，指导和推动注册会计师、注册资产评估师业务的开展。⑨大力宣传注册会计师和注册资产评估师行业，扩大社会影响，获得广泛支持。⑩开展与国内、国际同行业之间的交流活动，学习和借鉴先进的经验与方法。⑪办理国家法律、行政法规规定和政府主管部门授权或委托的事项。⑫办理中国注册会计师协会授权或委托的事项。

26. 北京注册税务师协会

北京注册税务师协会成立于 2001 年 9 月，是北京地区注册税务师组成的自律性行业组织，业务主管单位为北京市国税局，现有会员 207 家。协会在中国注册税务师协会和北京市国家税务局、北京市地方税务局的监督、管理和指导下，对北京地区的注册税务师（事务所）实行行业自律管理。主要业务范围是：①对全市各团体会员、个人会员实施业务指导、监督和管理，办理会员入会登记和注册管理。②拟定会员职业道德规范、执业准则、执业规则、工作制度等，并监督其执行。③对会员开展思想品质、职业道德、专业技能教育和业务培训。④传达贯彻国家有关注册税务师行业的各项方针政策及法律、法规，向政府及有关部门反映会员的意见和要求。⑤开展注册税务师行业的调查研究，组织理论研讨和经验交流，指导和推动注册税务师行业的健康发展。⑥加强注册税务师行业的宣传，编辑出版协会会刊及有关业务书刊，建立行业信息网络，提供专业信息服务。⑦开展国际交往活动，加强与外国同行业组织之间的协作和联系。⑧办理北京市国家税务局、北京市地方税务局授权和委托的有关事项。

27. 北京质量检验认证协会

北京质量检验认证协会成立于 1997 年 6 月，是由本市质检机构及广大质量检验人员组成的行业自律组织，业务主管单位是北京市质量技术监督局。协会成立以来，在团结、组织行业开展产品质量检验方面做了许多工作，包括组织 CNACL 实验室、组织相关培训，开展“质量检验咨询服务定点单位”活动，拓展相关国内国际交流及互认工作，向消费者发布应季产品质量信息，保护会员企业正当权利等，较好地发挥了政府与企业之间的桥梁、纽带作用，取得了很好的社会效益。

28. 北京人才服务行业协会

北京人才服务行业协会成立于 1996 年 10 月，是我国首家省级人才服务行业协会。协会的宗旨是：诚信服务和自觉自律，团结会员，组织、协调开展各项活动，推动彼此之间的合作和交流，维护行业的合法权益，同时起行业管理作用，规范行业行为，促进行业健康有序发展，为首都的经济建设和社会发展服务。人才服务行业协会目前由人才服务机构和人事经理两个专业工作委员会组成，另外设有特聘专家组，在此基础上成立了专家咨询工作委员会。协会坚持每年召开协会年会，组织会员代表到京外人才市场考察、学习；组织从业人员执业资格培训和其他培训；开展学术研究；举办“人才市场建设论坛”；开展了评比先进会员单位活动，创办了人才协会会刊，为首都经济建设和社会发展服务。

29. 北京市环境保护产业协会

北京市环境保护产业协会成立于 1994 年 8 月，是由北京地区从事环保产业科研、设计、生产、流通、服务单位发起组建的行业性社会团体法人，业务主管单位是市环保局。现有团体会员 236 个、个人会员 41 人。协会以服务会员企业、加强行业自律、保护公平竞争；促进首都环保产业发展为宗旨。主要业务范围是：研究环保产业政策、有关行业标准，协助组织推动北京环保产业发展；组织技术攻关，开发推广新产品，开展技术咨询、交流、培训，大力推进环保产业技术进步；向会员单位和用户提供技术、装备、工程技术与市场信息服务；协助会员单位引进资金、技术、设备，促进开拓地区和国内、外市场；开展多种形式宣传活动，提高环境意识和扩大环保产业影响；参与或受政府部门委托，承担市场准入等工作，在政府部门的支持下，制定、组织实施和推行行规行约。

30. 北京市通信行业协会

北京市通信行业协会成立于 2002 年 6 月，业务主管单位为北京市电信管理局。现有会员 700 多家，包括基础电信运营商、通信设备制造商、系统集成商、互联网内容提供商及接入商、增值电信业务经营单位。下设机构有：互联网分会、通信设备制造分会、无线增值服务业务分会、呼叫中心专业委员会、专家评审委员会、法律咨询委员会。近年来开展的主要工作有：组织全体会员学习、贯彻执行国家的有关通信法律、法规、方针、政策以及通信行业主管部门的有关规定；依据国家行政主管部门授权，对通信企业、事业单位进行管理，落实各项政策和规定，制定行业自律公约，维护通信行业发展的正常秩序；协调会员与会员、会员与行业、会员与政府有关部门之间的关系；依据国家有关法律、法规及有关规定，维护通信行业协会和会员的合法权益，保护消费者的利益；受理消费者对协会和协会会员单位的投诉工作，受理和处理情况向国家行政主管部门报告；及时向各会员提供国内、外有关通信最新科技的信息和技术，开展会员之间、会员与国内外同行之间的合作、交流、业务培训工作；接受委托组织行业技术成果的鉴定，提供技术咨询，推广应用新技术、新设备；依据有关规定为各会员提供中介服务和咨询服务，促进通信行业的技术进步，不断提高通信行业的技术水平和服务水平。

31. 北京市园林绿化企业协会

北京市园林绿化企业协会成立于 2003 年 5 月，由与城市绿化工程相关的设计、施工、养护、咨询服务等企业自愿联合发起成立，业务主管单位是市园林绿化局。协会的最高权力机构是会员大会，常务理事会是会员大会、理事会闭会期间的执行机构。现有常务理事单位 26 家、理事单位 58 家、会员 320 余家。协会的业务范围主要包括行业自律协调、政策调研、咨询服务、技术交流、专业培训、成果推广、承办委托、编发专刊等。协会成立以来，在主管部门的指导下先后组织了 5 次优质工程评比、3 次“首信企业”评审活动，发行协会刊物 13 期，举办专业技术报告会、讲座、交流、培训 50 余次，组织企业外出参观考察 20 余次，近万人参加了上述活动。满足了企业需求，促进了行业发展，在社会上有着广泛的影响。

32. 北京市书刊发行业协会

北京市书刊发行业协会于 1991 年 8 月成立，是由北京市从事出版物总发行、批发、零售、进出口和古旧书籍收售的企事业单位自愿组成的全市行业性组织，业务主管单位是北京市新闻出版局，是北京市社科联的团体会员单位。协会现有 52 名常务理事，理事会下设秘书处和三个专业委员会：“社店协调委员会”、“农村发行工作委员会”、“社会办书店工作委员会”。协会的宗旨是：宣传贯彻中国共产党和人民政府对书刊发行工作的方针政策，发挥政府和会员单位之间的桥梁作用；接受政府委托，对本行业进行规划、协调、咨询及其他服务；制定行规、行约，加强行业自律；举办各种形式的订货会、展销会和信息交流；协调行业内部关系；表彰评比北京市书刊发行系统先进集体和先进个人；培训发行人才；开展对会员单位的经营管理的调研和业务指导；进行图书展评；组织国内外交流等。协会先后被北京市社会科学界联合会评选为“1999—2003 年度先进协会”；被市委宣传部评为 2001—2003 年北京市文化、科技、卫生“三下乡”先进集体；2004年被北京市民政局、人事局、社会团体管理办公室评选为“北京市先进民间组织”，被民政部评选为“全国先进民间组织”。

33. 北京报关协会

北京报关协会于2003年12月26日正式成立。协会成立后，将担负起一部分过去由海关直接承担的工作，如专业知识培训、行业市场调研、行业利益维护、报关规范引导和企业的双向沟通等。协会坚决贯彻全心全意为企业服务；依法代表本行业的利益，保护行业和会员的合法权益；促进对外贸易和北京报关服务行业的健康发展。

（二）民办非企业单位

1. 北京华夏人口与社会发展研究所

北京华夏人口与社会发展研究所成立于2007年8月。研究所在人口、计划生育、生殖健康、社会性别以及相关的社会经济文化领域中，开展课题研究、咨询服务和有关社会活动，为促进人口与社会、经济、资源、环境协调发展和可持续发展提供理论和实践支持。北京华夏人口与社会发展研究所由原国家人口计生委宣教司司长、现任国家人口计生委全国“关爱女孩行动”专家组组长、中国计划生育协会生育关怀专家组组长、中国社会经济系统分析研究会人口专业委员会主任陈胜利先生担任所长，拥有一支30余位教授、副教授、研究员、副研究员、博士、硕士等高素质人才组成的研究队伍。他们已完成和正在承担国家人口计生委、中国计划生育协会、全国哲学社会科学规划办委托的研究课题有30多项，其研究成果得到有关部委领导的肯定，一些建议在政府决策中被采纳和实施，在业内影响广泛；特别是对生育文化和性别文化学科的建设起到了重要的推动作用，对出生人口性别比的现状、原因以及后果等方面的研究在国内外产生深远影响。主要研究方向：致力于中国人口与社会发展问题方面的研究和项目促进工作，包括人口预测、人口政策评估、人口发展的社会经济背景研究、人口与资源环境协调发展和可持续发展、出生人口性别比失衡问题成因、现状和对策研究、社会性别平等理念的倡导和推动工作等。

2. 北京城市科学技术研究院

北京城市科学技术研究院于1985年成立，当时其主要职能是研究改革开放后城市发展中的课题。为了充分调动社会资源和科技人员的自主创新能力，2000年改制为民办非事业单位。主要研究利用科技手段对城市综合管理的模式。涉及的领域：城市交通、环境卫生、治安防范、社会保障、商业流通、素质教育等。该院始终坚持对外开展学术交流，近年来与美国、俄罗斯、日本、瑞典、德国、韩国、澳大利亚、加拿大等国建立了长期学术交流和科学研究合作关系。向世界展示中国，让世界了解中国。引入先进的科学技术加快中国发展的步伐，拉近中国与国际科学先进技术的差距。本院拥有科技人员70余人，其中各学科教授、专家、学者20余人，下设课题项目专家评审委员会、院办公室、科技发展部、科技成果展示中心、数据信息采集中心等12个处室。

3. 北京信息管理科学研究所

北京信息管理科学研究所于2003年正式成立，是专注于信息管理系统开发、IT咨询、专业信息服务以及系统集成的单位。业务方向为电子政务信息系统、企业管理系统开发；政府、企业的IT咨询服务；政府、企业系统维护外包服务。研究所充分发挥专业优势，为客户提供完整的信息化服务方案，得到客户的充分认同，与众多单位开展系统服务外包工作，包括网络维护、专业信息系统维护、网站维护以及日常服务等服务形式。其中，代表性服务是与老字号东来顺集团签订了长期的第三方系统维护合同。

4. 北京青少年法律援助与研究中心

北京青少年法律援助与研究中心成立于1999年6月，受市司法局管理，是中国第一家专门从事未成年人法律援助与研究的公益性机构。中心以依法维护未成年人的权益，推动未成年法学研究与立法，促进中国民主法制化建设为宗旨。开展的工作包括：义务法律咨询；法律援助；未成年人法学研究；推动、参与立法；普法宣传；推动律师参与未成年人权利保护工作。

5. 北京城市学院

北京城市学院的前身是海淀走读大学，成立于1984年，当时是一所民办公助性质的专科学校。2003年4月，教育部决定（教发函〔2003〕122号文）撤销海淀走读大学的建制，在海淀走读大学的基础上成立北京城市学院。北京城市学院是本科层次的民办普通高等学校，以本科教育为主，同时举办专科层次的高等职业教育。学校占地面积284452平方米，学校现有专、兼职教职工2723人，在校生2万余人。

6. 北京吉利大学

北京吉利大学是经市政府批准，国家教育部备案，具有颁发国家承认学历文凭资格的民办普通高等职业学校。学历层次是普通高职专科，自考助学本、专科，培训。创办者是北京吉利国际教育有限公司。学校位于北京昌平科技园区内，学校占地面积1098920平方米，学校现有专、兼职教职工1678人，在校学生1.5万余人。

7. 北京汇佳职业学院

北京汇佳职业学院是北京市人民政府批准、教育部备案的具有颁发国家承认学历资格的民办普通高等职业院校，学历层次是普通高职专科。举办者是北京汇佳科教发展有限公司。学院下设教育系、娱乐经济系、英语系、经济管理系、计算机系、动画系、国际部等专业系部。学院位于北京中关村科技园区昌平园汇佳科教园，占地245000平方米，学校现有专、兼职教职工260人，在校生3900余人。

8. 新东方教育科技集团

新东方教育科技集团成立于1993年11月，是一所综合性外语培训学校。创办者是北京新东方教育科技集团有限公司。目前，新东方教育科技集团已经在全国31个城市共设立了32所学校、115个学习中心、15家书店。截至2006年年底，共培训学员近400万人次。

9. 北京科技职业学院

北京科技职业学院（简称“北科院”），是经北京市人民政府批准，国家教育部备案，具有独立颁发国家承认学历文凭资格的民办普通高等职业院校，学历层次是高职专科；自考助学本、专科。创办者是北京北科昊月科技有限责任公司。学校拥有沙河和八达岭两大校区，占地面积118802平方米，学校共有12个高职专业，同时举办高等教育自学考试助学考试教育。全校在校学生总人数为38000余人，专、兼职教职工人数为2661人。

10. 北京巨人学校

巨人学校成立于1994年7月，是一所主要从事1～18岁学生的课外辅导培训和素质培训的民办培训机构，创办者是北京巨人环球教育科技有限公司。学校占地面积约1000平方米。主要课程包括数学、语文、英语、艺术、体育、家教、中高考、国际国内冬夏令营等。目前，公司在北京、上海、南昌、武汉、西安、石家庄及郑州设有100多所分校，拥有教师员工4000名，在校学员10万人。

11. 戴尔国际英语

戴尔国际英语是成立于1999年的民办培训机构，学校以外语培训教育为主。创办人是王中伟。学校总部位于海淀区中关村南大街2号数码大厦5层，并在海淀、西城、丰台、石景山等区设立了教学分部。

12. 北京国际城市发展研究院

北京国际城市发展研究院成立于2001年，是从事城市发展研究的跨学科非营利组织，业务主管单位为北京市社会科学界联合会。该研究院的发展战略是：以城市价值链理论为指导，以发现城市价值为目标，围绕城市发展全过程，开展城市决策与预测研究，建立全球化学习网络，实施城市战略设计和行动计划，并以此为基础，构建对21世纪中国城市发展产生积极影响和推动作用的决策咨询体系。目前，该院汇聚着国内外一流的经济学家、研究学者以及政府官员，研究实力雄厚。该院所建立的“中国领导决策信息系统”、“中国政务景气监测系统”、“中国城市竞争力评价系统”和“中国城市生活质量分析系统”，发起成立的“中国城市论坛”和“MCA 国际城市管理实验室”在国内外享有较高的知名度。

13. 北京新闻文化研究咨询中心

北京新闻文化研究咨询中心成立于 2003 年，业务主管单位为北京市社会科学界联合会。研究方向和业务范围：①从事新闻文化理论的基础研究和应用研究，开展相关的开发、咨询与中介服务；②举办人才教育委托培训和新闻文化信息的编辑活动；③开展与新闻文化有关的学术交流和业务考察活动。该中心聘请、联系了一批资深媒体工作者、文化工作者和从事新闻文化交叉研究并事业有成的中青年人士，有较强的协调组织能力，科研攻关能力和实际操作能力。已连续两年完成的《北京西北郊地下水涵养与保护对策研究报告》和《北京地下水现状及对策研究报告》，受到专家和业务主管部门的好评，对有关部门的科学决策起到了促进作用。

14. 北京市首都发展研究所

北京市首都发展研究所成立于 2004 年，为综合性社会科学研究和决策咨询机构。业务主管单位为北京市社会科学界联合会。现有研究人员 21 人、高级职称 6 名、博士学位 9 人、博士后 1 名。建所以来，在政府机构的领导下，研究首都经济、政治、文化、社会协调发展的中长期战略规划；研究在改革、发展、实践中所遇到的重大理论问题和实际问题，为政府和社会的科学决策提供理论支持。注重发挥本所优势学科的作用，突出首都特色，以理论和实践的双重创新，认真实践“三个代表”重要思想。近年来，该所在首都经济发展战略研究、京津冀区域城市产业研究、人口和城市规划研究以及北京市经济形势分析与预测四大研究领域，分别被列入市级重大科研项目，受到有关部门和人大、政协的高度重视，具有一定的社会影响。

（三）基金会

1. 北京市残疾人福利基金会

北京市残疾人福利基金会成立于 2009 年 8 月 14 日，是一家在北京市民政局正式登记注册的基金会，其业务主管单位是北京市残疾人联合会。基金会的业务范围是：资助残疾人康复、教育、维权、就业、文化、保障以及有利于残疾人事业的研究、交流、奖励、宣传等公益活动。

2. 北京志愿服务基金会

北京志愿服务基金会成立于 2009 年 12 月 5 日，致力于大力募集志愿服务基金，进一步建立健全志愿者工作管理体系、志愿者工作运行体系、志愿者队伍建设体系、志愿服务项目体系和志愿者工作保障体系，大力推动志愿服务发展，在志愿服务项目开展和资助、优秀志愿者代表及为北京志愿服务事业作出杰出贡献的团体和个人表彰和奖励、对因从事志愿服务活动遇到特殊困难的志愿者进行救助等方面加大工作力度，促进北京市志愿服务事业的进一步发展。

3. 首都见义勇为基金会

首都见义勇为基金会成立于 2004 年 11 月，是根据《北京市见义勇为人员奖励和保护条例》和《〈北京市见义勇为人员奖励和保护条例〉实施办法》，旨在有效维护首都见义勇为人员的权益，发扬中华民族的传统美德，倡导见义勇为精神而成立的基金会组织，主管业务单位是市民政局。理事会由会长、副会长和理事组成。理事会的主要职责是制定和修改章程；审议基金会的工作报告和财务报告，领导本团体各机构开展工作等。基金会下设有办公室等部门，具体负责对外联络、资金募集、资金管理、法律服务等日常工作。基金会的基金来源于公民、法人和期货组织的捐赠；海外华侨、香港和澳门特别行政区居民、台湾同胞以及外国友好团体和个人捐赠；政府资助等。基金会依据《条例》和《实施办法》开展工作，激励广大市民勇于见义勇为，维护社会正义，促进首都的社会安定和社会主义精神文明建设。

4. 北京市教育基金会

北京市教育基金会成立于1985年，隶属于北京市教育委员会，宗旨为：广募资金，联络各方，服务教育，奖教奖学。业务范围：募集、管理和使用教育基金，根据捐赠者的意愿和工作需要设立各种专项基金；表彰奖励在尊师重教方面作出突出贡献的先进集体和个人；举办各种奖教奖学活动，宣传优秀教师的先进事迹，组织优秀教师休养；开展与港澳台同胞、海外侨胞、国内外友好团体和人士友好往来与合作，促进基金会事业的发展；推动全市各区县教育基金会组织网络建设，协调和联络各区县教育基金会开展活动。

5. 北京青少年发展基金会

北京青少年发展基金会成立于1994年，是为青少年群体提供帮助、服务青少年健康成长的青少年慈善机构和社会公益组织。工作范围包括：①通过募集资金改善办学条件，资助家庭经济困难的学生顺利完成学业；②为家庭经济困难的青少年提供医疗救助和生活等方面的扶助；③积极开展环保教育活动、广泛动员社会力量参与环保事业；④通过开展各类公益活动，促进青少年的交流和综合素质的提高，为青少年健康成长提供服务。北京青少年发展基金会在全国30个省、直辖市、自治区建设希望小学249所，为希望小学配赠三辰影库321套，结对资助家庭经济困难中、小学生60227人次，资助家庭经济困难大学生3494名，向北京市15474名家庭经济困难青少年发放“爱心基金”，为8971名外来务工人员子女提供教育资助，在北京郊区、河北省丰宁县、内蒙古自治区捐植“绿色屏障世纪林”2万余亩。

6. 北京环境保护基金会

北京环境保护基金会成立于1996年8月，是为了动员全社会关心、支持、参与环境保护工作，推动首都环境保护事业发展，经市社团办、中国人民银行北京市分行审核批准成立的基金会法人。该基金会自成立以来，得到了多方大力支持和国内外热心环境保护事业的组织和人士的无私捐赠，先后与有关组织合作，开展了形式多样、内容丰富的绿色环保行动；完成了多项旨在保护首都环境的科研、工作项目；支持资助了治理环境污染的示范工程；与国内外民间组织开展了广泛的合作与交流活动。

7. 北京绿化基金会

北京绿化基金会是由首都绿化委员会和关心支持首都绿化事业的单位和个人共同发起成立，业务主管单位是北京市园林绿化局。北京绿化基金会的宗旨是：面向社会，争取热心绿化事业的国内外团体和个人捐助资金，保护和发展首都林木绿地资源，改善生态环境，提高环境质量，防灾减灾，推动首都绿化事业的发展，促进人与自然的和谐。业务范围主要包括，接受绿化捐赠，接受政府资助，组织募捐和筹集资金活动；组织实施绿化基金的投入和相关活动；组织实施绿化基金保值、增值的经营和投资活动；开展社会宣传，交流合作，技术开发，表彰奖励等公益活动；承办政府和自然人、法人或其他组织委托相关绿化事业项目。10年来，北京绿化基金会创建各种纪念林和绿化治沙项目25项，绿化治沙12万余亩，取得了光辉业绩和丰硕成果。

8. 北京新阳光慈善基金会

北京新阳光慈善基金会成立于2009年4月，是在北京市民政局注册成立的专业公益组织，其前身为北京大学阳光志愿者协会。基金会在成立后本着“用自己的爱去爱别人”的宗旨，将服务范围锁定在：疾病防治、资助赈灾及灾后重建；孤儿孤老孤残救助；教育及公益培训；公益项目。现阶段，基金会的工作以抗击白血病及地震灾区孤老孤残救助为主。

9. 北京国珍爱心基金会

北京国珍爱心基金会成立于2009年8月，由新时代健康产业集团出资成立，业务主管单位是北京市民政局。该基金会以“开展社会救助，倡导全民健康，助力公益事业”为宗旨，在资助弱势群体、促进全民健康等业务范围内，开展公益活动。

10. 华夏人慈善基金会

2009年12月，由华夏基金员工发起的“华夏人慈善基金会”正式成立，基金会以“促进人的发展与环境和谐”为宗旨，是未来华夏基金开展公益事业、践行社会责任的平台。基金会向宁夏回族自治区同心县“生态移民项目”捐赠40万元，用于移民新村特色种植、养殖技术、节水灌溉等劳动技能培训；基金会还参与了北京市顺义区社会福利慈善协会主办的助学项目，帮助城乡低保家庭和其他特殊困难家庭的学生就学。

北京市各区县社区党组织情况统计表

东城区社区党组织情况统计表

（单位：个）

街道名称	社区数	党组织建制		
		党委	总支	支部
和平里街道	26	21	4	1
安定门街道	9	9	0	0
交道口街道	7	7	0	0
景山街道	8	8	0	0
东华门街道	12	12	0	0
东直门街道	10	10	0	0
北新桥街道	16	16	0	0
东四街道	8	8	0	0
朝阳门街道	9	9	0	0
建国门街道	10	10	0	0
前门街道	9	2	0	2
崇外街道	12	10	2	0
东花市街道	8	7	1	0
龙潭街道	15	11	4	0
体育馆路街道	10	10	0	0
天坛街道	16	14	2	0
永外街道	20	20	0	0
合计	205	184	13	3

西城区社区党组织情况统计表

（单位：个）

街道名称	社区数	党组织建制		
		党委	总支	支部
德胜街道	23	17	3	4
什刹海街道	25	23	2	0
西长安街街道	13	12	1	0

续表

街道名称	社区数	党组织建制		
		党委	总支	支部
大栅栏街道	9	9	0	0
天桥街道	8	8	0	0
新街口街道	21	19	2	0
金融街街道	19	11	4	3
椿树街道	7	7	0	0
陶然亭街道	8	8	0	0
展览路街道	21	21	0	0
月坛街道	26	22	3	1
广内街道	18	17	1	0
牛街街道	10	10	0	0
白纸坊街道	18	17	0	1
广外街道	29	23	6	0
合计	255	224	22	9

朝阳区社区党组织情况统计表

（单位：个）

街道名称	社区数	党组织建制		
		党委	总支	支部
安贞街道	6	6	0	0
八里庄街道	13	8	0	5
朝外街道	7	7	0	0
大屯街道	14	11	1	2
东湖街道	7	3	2	2
垡头街道	11	11	0	0
和平街街道	9	9	0	0
呼家楼街道	10	10	0	0
机场街道	4	4	0	0
建外街道	8	8	0	0
劲松街道	10	10	0	0
酒仙桥街道	9	8	1	0
六里屯街道	10	10	0	0
麦子店街道	5	5	0	0
潘家园街道	12	12	0	0
三里屯街道	7	6	0	1
双井街道	12	10	2	0

续表

街道名称	社区数	党组织建制		
		党委	总支	支部
团结湖街道	6	6	0	0
望京街道	22	17	5	0
香河园街道	8	8	0	0
小关街道	5	5	0	0
亚运村街道	10	10	0	0
左家庄街道	9	9	0	0
合计	214	192	11	10

海淀区社区党组织情况统计表

（单位：个）

街道名称	社区数	党组织建制		
		党委	总支	支部
万寿路街道	36	28	5	3
羊坊店街道	38	17	3	17
甘家口街道	21	0	16	5
八里庄街道	35	2	0	33
紫竹院街道	23	8	6	9
北下关街道	35	10	8	17
海淀街道	33	8	3	21
中关村街道	33	0	5	27
曙光街道	15	2	3	9
花园路街道	36	0	0	36
清华园街道	9	0	0	9
上地街道	13	0	0	13
北太平庄街道	39	19	20	0
燕园街道	7	0	0	7
马连洼街道	16	0	0	15
田村路街道	28	4	3	21
香山街道	6	2	0	4
西三旗街道	30	3	7	19
学院路街道	29	1	8	20
清河街道	28	8	10	10
永定路街道	16	1	0	15
青龙桥街道	24	0	3	21
苏家坨镇	4	0	0	4

续表

街道名称	社区数	党组织建制		
		党委	总支	支部
温泉镇	10	0	0	8
海淀乡	2	0	0	2
东升乡	3	0	0	3
四季青镇	11	0	3	8
西北旺镇	10	0	1	9
上庄镇	1	0	0	1
合计	591	113	104	366

丰台区社区党组织情况统计表

（单位：个）

街道名称	社区数	党组织建制		
		党委	总支	支部
大红门街道	27	27	0	0
长辛店街道	23	23	0	0
西罗园街道	16	15	1	0
云岗街道	9	7	1	1
太平桥街道	13	11	2	0
右安门街道	16	16	0	0
东高地街道	10	9	1	0
马家堡街道	15	15	0	0
宛平城地区	6	3	2	1
卢沟桥街道	30	28	2	0
丰台街道	23	23	0	0
新村街道	26	26	0	0
东铁匠营街道	21	21	0	0
方庄地区	15	14	1	0
和义街道	9	9	0	0
南苑街道	9	9	0	0
合计	268	256	10	2

石景山区社区党组织情况统计表

（单位：个）

街道名称	社区数	党组织建制		
		党委	总支	支部
八宝山街道	14	4	3	7
鲁谷社区	22	0	18	4

续表

街道名称	社区数	党组织建制		
		党委	总支	支部
老山街道	12	5	1	6
古城街道	20	13	5	0
八角街道	18	16	1	1
金顶街街道	16	16	0	0
苹果园街道	22	14	4	4
广宁街道	4	4	0	0
五里坨街道	11	5	4	2
合计	139	77	36	24

门头沟区社区党组织情况统计表

（单位：个）

街道名称	社区数	党组织建制		
		党委	总支	支部
大峪街道	34	1	0	41
城子街道	17	0	0	17
东房街道	15	0	0	15
大台街道	9	0	0	9
永定镇	7	0	0	6
龙泉镇	9	0	0	9
王平镇	4	0	0	4
军庄镇	2	0	0	2
雁翅镇	1	0	0	1
斋堂镇	1	0	0	1
合计	99	1	0	105

房山区社区党组织情况统计表

（单位：个）

街道名称	社区数	党组织建制		
		党委	总支	支部
拱辰街道	23	0	2	18
城关街道	21	0	0	18
西潞街道	12	2	0	9
新镇街道	2	0	0	2
迎风街道	11	0	8	3
星城街道	7	0	7	0
向阳街道	5	0	3	1

续表

街道名称	社区数	党组织建制		
		党委	总支	支部
东风街道	9	0	6	3
窦店镇	4	0	0	6
长阳镇	6	0	0	4
周口店镇	5	0	0	5
琉璃河镇	5	0	0	1
阎村镇	3	0	0	1
河北镇	2	0	0	1
韩村河镇	1	0	0	1
长沟镇	1	0	0	1
青龙湖镇	2	0	0	0
石楼镇	1	0	0	0
大安山乡	1	0	0	0
大石窝镇	0	0	0	0
张坊镇	0	0	0	0
十渡镇	0	0	0	0
佛子庄乡	0	0	0	0
南窖乡	0	0	0	0
良乡镇	0	0	0	0
史家营乡	0	0	0	0
霞云岭乡	0	0	0	0
蒲洼乡	0	0	0	0
合计	121	2	26	74

通州区社区党组织情况统计表

（单位：个）

街道名称	社区数	党组织建制		
		党委	总支	支部
新华街道	7	0	7	0
北苑街道	17	0	17	0
玉桥街道	16	0	12	1
中仓街道	16	0	16	0
合计	56	0	52	1

顺义区社区党组织情况统计表

（单位：个）

街道名称	社区数	党组织建制		
		党委	总支	支部
光明街道	12	0	1	11
胜利街道	16	0	1	15
石园街道	11	0	1	9
旺泉街道	6	0	0	5
双丰街道	2	0	0	2
空港街道	8	0	0	6
牛山镇	1	0	0	1
北小营镇	1	0	0	1
仁和镇	1	0	0	1
李桥镇	2	0	0	2
高丽营镇	1	0	0	1
天竺镇	2	0	0	1
南彩镇	1	0	0	1
杨镇	4	0	0	4
张镇	1	0	0	1
南法信镇	1	0	0	1
后沙峪镇	1	0	0	1
合计	71	0	3	63

昌平区社区党组织情况统计表

（单位：个）

街道名称	社区数	党组织建制		
		党委	总支	支部
城北街道	36	0	1	37
城南街道	15	0	0	15
东小口街道	40	0	0	37
回龙观街道	46	0	1	41
沙河镇	6	0	1	7
马池口镇	1	0	0	1

续表

街道名称	社区数	党组织建制		
		党委	总支	支部
小汤山镇	3	0	0	3
北七家街道	16	0	0	16
南口街道	11	0	0	11
阳坊街道	1	0	0	1
十三陵街道	2	0	0	2
合计	177	0	3	171

大兴区社区党组织情况统计表

（单位：个）

街道名称	社区数	党组织建制		
		党委	总支	支部
观音寺街道	12	0	0	12
林校路街道	15	0	0	15
清源街道	24	0	2	29
天宫院街道	7	0	0	9
兴丰街道	12	0	0	12
黄村地区	4	0	0	1
西红门地区	10	0	0	4
瀛海地区	1	0	0	1
旧宫地区	19	0	0	10
亦庄地区	17	0	0	7
青云店地区	2	0	0	2
合计	123	0	2	102

平谷区社区党组织情况统计表

（单位：个）

街道名称	社区数	党组织建制		
		党委	总支	支部
滨河街道	13	0	0	13
兴谷街道	9	0	0	8
渔阳地区	5	0	0	5
合计	27	0	0	26

怀柔区社区党组织情况统计表　（单位：个）

街道名称	社区数	党组织建制		
		党委	总支	支部
龙山街道	12	0	11	41
泉河街道	12	0	11	57
北房镇	1	0	0	1
杨宋镇	1	0	0	1
桥梓镇	1	0	0	1
雁栖镇	1	0	0	1
怀北镇	1	0	0	1
汤河口镇	1	0	0	1
庙城镇	1	0	0	1
合计	31	0	22	105

密云县社区党组织情况统计表　（单位：个）

街道名称	社区数	党组织建制		
		党委	总支	支部
鼓楼街道	24	0	16	81
果园街道	9	0	5	4
檀营街道	3	0	0	3
合计	36	0	21	88

延庆县社区党组织情况统计表　（单位：个）

街道名称	社区数	党组织建制		
		党委	总支	支部
百泉街道	8	0	2	6
儒林街道	7	0	1	6
香水园街道	11	0	8	31
合计	26	0	11	43

北京市大学生社工情况和社会工作事务所服务领域一览表

北京市 2010 年在岗大学生社工情况一览表

应届生		期满“村官”		外地生源		岗位分布							
						党组织		居委会		服务站		其他	
人数	比例	人数	比例	人数	比例	人数	比例	人数	比例	人数	比例	人数	比例
3594	83. 14%	729	16. 86%	3005	69. 51%	71	1. 65%	69	1. 59%	3896	90. 12%	287	6. 64%

2010 年社会工作事务所服务领域一览表

区县	序号	社会工作事务所名称	主要服务领域
东城	1	助人社会工作事务所	青少年事务、为老服务、残疾人服务
	2	阳光社会工作事务所	青少年事务、为老服务
西城	3	悦群社会工作事务所	残疾人康复、驻校社工
	4	仁助社会工作事务所	青少年事务、驻校社工
	5	睦友社会工作事务所	为老服务、医务社工派驻
	6	厚朴社会工作事务所	少数民族文化促进、社区工作者发展
	7	北京泓德中育社会发展中心	外来人口融合
朝阳	8	惠心社会工作事务所	青少年事务、为老服务、残疾人服务
	9	在行动社会工作事务所	流动人口服务、社区工作者发展和提升
	10	近邻社会服务中心	城乡结合部外来务工人员服务、拆迁转居人员服务
海淀	11	惠泽社会工作事务所	青少年事务、帮扶困难家庭
	12	睿搏社会工作事务所	司法矫正、青少年事务、家庭社会工作
丰台	13	挚爱婚姻家庭社会工作事务所	老年人家庭关系支持
	14	蓟翔社会工作事务所	青少年事务
石景山	15	金顶阳光社会工作事务所	司法矫正、重点人群管理和服务
顺义	16	绿港社会工作事务所	“农转居”人员的角色转换、社区心理咨询
昌平	17	温心社会工作事务所	为老服务、青少年事务
合计		共有 8 个区建立了 17 家社会工作事务所	主要服务项目有 16 个

北京市社会建设工作获奖情况

序号	单位或个人	所属单位	表彰奖励名称
1	市社会办		全国民族社会工作创新奖
2	市社会办		2010 年度城乡结合部重点村建设先进单位
3	市社会办		2010 年度全市敬老先进单位
4	市社会办		2010 年度全市生活垃圾分类单位贡献奖
5	市社会办		北京市住房保障先进集体
6	市社会办		首都绿化美化先进单位
7	市委社会工委、市社会办		《“枢纽型”社会组织管理体系创新研究》获北京市第九届优秀调查研究成果一等奖

续表

序号	单位或个人	所属单位	表彰奖励名称
8	市委社会工委、市社会办		《北京市社区基本公共服务体系建设初探》获北京市第九届优秀调查研究成果二等奖
9	市委社会工委、市社会办党建工作处		北京市“做党性最强的组工干部”主题演讲活动优秀组织奖
10	邢桂丽	市委社会工委、市社会办	2010年度全市生活垃圾分类个人贡献奖
11	杨柏生	市委社会工委、市社会办	2010年全市全民信息能力优秀个人
12	闫纪青	市委社会工委、市社会办	2010年度城乡结合部重点村建设先进个人
13	赵济贵	市委社会工委、市社会办	首都绿化美化积极分子
14	王　彤	市委社会工委、市社会办	首都绿化美化积极分子
15	马凤媛	市委社会工委、市社会办	北京市信访工作先进个人
16	薛运达	尚巴（北京）文化有限公司	第五届北京市“创业青年首都贡献奖”银奖
17	沈崇艳	西城区公共文明引导员	全国百名优秀志愿者
18	胡雅丽	东城区文明乘车引导员	全国百名优秀志愿者
19	韩　崧	医疗卫生志愿者	全国百名优秀志愿者
20	张大诺	助老志愿者	全国百名优秀志愿者
21	朝阳区社会建设工作办公室		全国安全社区建设先进单位
22	朝阳区麦子店街道办事处		全国安全社区建设先进单位
23	董跃美	朝阳区潘家园街道	全国安全社区建设先进个人
24	葛　强	朝阳区香河园街道	全国安全社区建设先进个人
25	海淀区委社会工委、区社会办		2010年北京首届世界武搏运动会贡献奖

续表

序号	单位或个人	所属单位	表彰奖励名称
26	李玉霞	海淀区委社会工委、区社会办	北京市生活垃圾分类先进个人
27	王甫亮	海淀区委社会工委、区社会办	北京市生活垃圾分类先进个人
28	史湛江	海淀区委社会工委、区社会办	全国安全社区建设先进工作者
29	史湛江	海淀区委社会工委、区社会办	北京市 2010 年度消防工作先进个人
30	大兴区委社会工委、区社会办		敬老爱老慰劳服务先进单位
31	延庆县委社会工委、县社会办		2010 年度首都国家安全工作先进集体

全国社会建设工作重要事件（摘录）

【深圳社会组织“无主管登记”改革获中国地方政府创新奖】 1月17日，由中央编译局比较政治与经济研究中心、中央党校世界政党比较研究中心和北京大学中国政府创新研究中心联合举办的第五届“中国地方政府创新奖”颁奖大会举行，深圳市社会组织改革获得“第五届中国地方政府创新奖”。深圳市把社会组织登记管理体制改革作为综合配套改革的有机组成部分，与行政管理体制和事业单位改革共同推进，努力构建多元共治的社会治理新格局，改革体现为“四个创新”，实现了“四大转变”：第一个是创新登记管理体制，实现由双重管理向直接登记的转变，2008 年对工商经济类、社会福利类、公益慈善类三大类社会组织由民政部门直接登记，为“草根”组织的发展打开了制度空间，增强了社会组织的自主性和独立性；第二个是创新“政社关系”，实现从行政依附关系向合作伙伴关系的转变，政府通过购买服务，与社会组织形成功能互补，构建了新型的公共服务体系；第三个是创新服务方式，实现从重登记轻扶持向登记扶持并重转变；第四个是创新监管模式，实现从控制型向引导型转变。民政部肯定了深圳市民间组织直接向民政部门登记的改革方向，并要求深圳继续先行先试，全面探索。

【2010 首届中国社工年会召开】 2月2日，“2010 首届中国社工年会”在北京隆重举行。全国政协副主席白立忱、第十届全国人大常委会副委员长司马义·艾买提、中国社会工

作协会会长徐瑞新、民政部副部长孙绍骋、北京市副市长丁向阳等领导出席年会。年会以“传播社工理念，弘扬社工精神”为宗旨，首次系统盘点年度社会工作，致力于让社会更加了解和关注中国社会工作的发展，提升社会工作整体形象和影响力。中国社工年会评选出“2009年度全国社会工作领域十大事件”，推选出蒋正华、郭长江、马伊里、刘京等“2009年度中国十大社工人物”。北京在全国率先实施“大学生社工计划”入选“2009年度全国社会工作领域十大事件”。

【全国机构社工人才试点经验交流会在穗召开】 3月2—3日，全国机构社工人才试点经验交流会在广东省广州市召开。会议总结了机构社会工作人才队伍建设试点的做法和成绩，交流了工作经验，分析了面临的形势，明确了当前和今后一个时期我国机构社会工作人才队伍建设的思路与对策。民政部副部长窦玉沛出席会议并讲话。据悉，从2008年民政部与人力资源和社会保障部联合发布《关于民政事业单位岗位设置管理的指导意见》和2009年民政部印发《关于促进民办社会工作服务机构发展的通知》以来，全国公办机构社会工作和民办社会工作服务机构均获得快速发展。目前，全国已在社会福利、社会事务、慈善救助、优抚安置等民政事业单位开发设置了8000多个社会工作岗位，在城乡社区服务机构中开发设置了3.7万多个社会工作岗位，已经培育了300多家民办社会工作服务机构。

【全国首家省级社会工作师联合会成立】 全国首家省级社会工作师联合会——广东省社会工作师联合会及第一届理事会于3月3日在广州市正式成立。广东省民政厅厅长刘洪任该会荣誉会长，副厅长叶秀仁担任行政总督导，中山大学资深社会工作专家罗观翠教授担任专业总督导。在广东省社会工作大发展背景下成立的广东省社会工作师联合会，以“联合社工、发展专业、服务广东”为使命，将致力于联合全省社会工作师的力量，发展社会工作专业，保证专业性与先进性，以服务更多民众。联合会6位发起人中，4位为社会工作师，2位为高校社会工作专家。截至2月底，共发展普通会员82名（均为社会工作师或高校社会工作专家），单位会员2个。联合会第一届理事会15名理事，分别来自珠江三角洲各城市及各省内高校，包括社会工作研究方面的专家教授、民政部门从事社会服务的人员、民间机构从事社会服务的社工师。

【2010年社会工作国际论坛召开】 3月19—20日，2010年社会工作国际论坛在深圳召开。本届论坛以“中国社会工作本土化探索”为主题，研讨中国社会工作本土化发展路径。民政部副部长李立国出席会议并讲话。据悉，全国163个地区和260家单位开展了社会工作人才队伍建设试点，35677人通过了社会工作者职业水平考试，共开发了4万多个社会工作岗位。社工在应对金融危机，全力“保增长、保民生、保稳定”中，在汶川地震抗震救灾和恢复重建中赢得了声誉。李立国指出，在中国发展社会工作，必须立足本土特点，着力形成符合中国国情、体现时代特色、适应社会需要的社会工作人才队伍建设的理论体系、实践模式和制度构架。李立国强调，目前，我国社会工作及其人才队伍建设事业已进入发展的关键期，下一步需要进一步丰富完善政策措施、建立健全管理体系、迅速扩充人才队伍、着力创新本土理论、规范提升专业服务、不断扩大社会影响；需要进一步集思广益、交流经验，坚定发展方向，改进工作方法。

【成都市锦江区社会组织改革初显成效】 2010年，成都市锦江区积极探索社会管理体制改革，创新城市新型管理模式，全面、系统、有序地推进社会管理体制创新。3月，锦江区启动了培育和发展社会组织改革工作，在春熙路等7个街道办事处成立社会组织指导服务中心，探索新形势下培育和发展社会组织、推进社会建设和基层民主政治建设的新路。社会组织指导服务中心由街道牵头成立，承担着“社会组织孵化器”职能，同时也是一家新备案的社会组织，街道通过“购买服务”方式将“孵化”事务交由社会组织指导服务中心承担。该服务中心既要负责辖区内社会组织的发展规划，又要负责指导、培育、孵化和监管，还要协调社会组织开展活动，并进行评估工作。被“孵化”的社会组织通过服务中心提供的场地、指导、经费等支持性措施发展、壮大，并向居民提供社区服务。目前，锦江区的试点工作取得阶段性成果：社会组织管理制度中的备案登记、孵化培育和监督管理等难题开始破题；各类社会组织在政府引导下不断成立，并从社区事务入手，积极参与社会管理和提供公共服务。

【江西省属社会组织连续两年不年检将被撤销】 4月8日，江西省民政厅发布《关于2009年度省属社会组织年检的通知》。通知规定，从即日起到6月30日，经该厅核准登记的全省性社会团体（含所属分支机构）、民办非企业单位及2009年12月31日前核准登记的基金会，须参加此年度检查。对连续两年不参加年检或两年年检“不合格”的社会组织，登记管理机关将依法撤销登记资格并公告。

【深圳市开放部分基金会申请】 4月13日，深圳市民间组织管理局局长马宏做客“民心桥”时透露，今年将放开公募、非公募两类公益基金会的申请。按照国家有关法律规定，国家及省一级民政部门是基金会的登记管理机关，在民政部与深圳市签署“部市”协议的授权下，深圳市可以审批基金会。深圳市以鼓励开放的态度，积极迎接社会力量申请成立基金会，目前，已批准“深圳市郑卫宁慈善基金会”和“松禾成长关爱基金”2家基金会成立，并有不少社会机构纷纷咨询了解有关登记事宜。

【山东省首家青年社团组织服务中心成立】 5月5日，山东省首家青年社团组织服务中心——青岛青年家园社团组织服务中心宣布成立。该组织成立后，将为青岛市1000余家青年社团和青年组织提供系列服务，包括资金支持、项目推介、骨干培养、人才举荐、社团落地和评选表彰等，并将成为青年社团组织的孵化基地和成长摇篮，引领青年社团组织参与社会管理。

【广东成立全国首家省级社会组织妇工委】 为了更好地组织、联系和凝聚社会组织领域的广大妇女，广东省在率先成立社会组织党工委和社会组织团工委的基础上，5月10日又成立了广东省社会组织妇女工作委员会。在广东省社会组织35万名从业人员中，女性有15万余人，占44.7%，为社会组织的健康发展贡献着自己的力量，撑起了广东省社会组织建设的“半边天”。社会组织妇工委的成立，是妇女组织建设的重要创新，是建立社会组织科学发展长效机制的重要举措，对创造性地推动广东省妇女基层建设具有十分重要的意义，有利于党和政府关于妇女工作的方针、政策在社会组织中贯彻落实，保持社会组织妇女工作的正确方向。

【上海市浦东新区启动第二届“社会组织公益活动月”活动】 5月13日，2010年上海浦东新区“与世博同行——社会组织公益活动月”活动举行启动仪式。本次活动由区民政局主办、浦东新区公益组织项目合作促进会承办，活动组委会成员单位有区政府办公室、区精神文明办、区总工会、团区委、区妇联等。此次以“与世博同行”为主题的“社会组织公益活动月”共吸引了40余家社会组织参与，开展了80余项公益活动。参与此项活动的社会组织以世博为契机，以社区为载体，通过展览、演讲、咨询、服务、倡导、现场服务、主题表演等一系列活动，增强了新区社会组织的影响力，提高了公众对社会组织的认知度和参与率，为城市发展和居民生活作出了有益的贡献。

【广东东莞完善社会组织人才政策】 广东省东莞市委、市政府6月7日出台了关于进一步发展和规范社会组织的相关政策：一是研究制定和落实社会组织从业人员人事档案、职称评定、就业培训、入籍立户、社会保障、工资福利等相关政策；二是筹建社会组织服务中心，打造社会组织孵化基地，建设专业培训、技术孵化、投资融资、管理咨询等公共服务体系；三是鼓励社会组织参政议政，适当增加社会组织代表人士在党代表、人大代表、政协委员中的比例，鼓励社会组织中优秀人才积极参政议政，探索建立社会组织参与驻区建设联席会议制度。

【宁波市北仑区每年安排百万元扶持社区社会组织】　6 月 10 日，浙江省宁波市北仑区委、区政府出台《加强城乡社区建设若干意见》，对城乡社区社会组织的培育发展提出了明确要求：一是加强社区协商议事组织体系建设，社区普遍建立议事会，广泛吸收社区各类自治组织、群团组织、社会团体等共同参与；二是加强城乡均等的公共服务组织体系建设，社区普遍建立以民办非企业形式登记的社区公共服务中心和社区卫生服务站；三是完善城乡社区社会组织备案管理机制，对全区1300多家社区社会组织实行备案管理，确定街道和乡镇的社区建设科作为业务主管科室；四是建立社区社会组织培育发展长效机制，设立福利彩票公益专项资金，每年安排 100 万元扶持城乡社区社会组织。

【广东社会组织全面启动“广东扶贫济困日”捐赠活动】　近日，广东省社会组织积极响应省委、省政府号召，纷纷行动起来，全面启动“广东扶贫济困日”捐赠活动。6 月 21 日，广东省民间组织总会、广东省公益事业促进会、广东省食品行业协会等 34 个全省性社会组织在《南方日报》上联合刊登社会组织开展“广东扶贫济困日”捐赠活动倡议书，向全省26000多个社会组织发出捐赠活动的倡议。倡议全省各社会团体、基金会、民办非企业单位认真组织，广泛动员单位会员、个人会员和本单位专职人员积极参与，奉献爱心。同时，广东省民间组织总会、广东省公益事业促进会、广东省食品行业协会等 60 多个全省性社会组织召开座谈会，共商开展捐赠活动事宜。

【上海市杨浦区出台新政培育扶持社会组织发展】　为贯彻落实上海市社会建设大会和杨浦区社会建设工作会议精神，上海市杨浦区 7 月 21 日出台了《杨浦区新办社会组织享受指导申请注册等两项培育扶持政策的实施细则》和《杨浦区新办公益性社会组织享受绿色通道等三项培育扶持政策的实施细则》。根据《实施细则》，今后凡在杨浦区申请成立社会组织的，可享受指导申请注册和提高审批效能两项培育扶持政策。同时，在本区登记成立以提供社区民生服务为目的的公益性民办非企业单位，以及登记、引进在本市具有较高专业水平和行业影响力或者区域需求较大、行业稀缺的其他社会团体和民办非企业单位的，可享受注册资金最低降至 3 万元、审批时限最多缩短至 10 个工作日等 3 项扶持措施。

【全国社区居委会建设工作推进会暨 2010 年社区工作委员会常委会在新疆克拉玛依市召开】　7 月 27 日—8 月 1 日，由中国社会工作协会社区工作委员会与新疆维吾尔自治区民政厅联合主办，由中共克拉玛依市克拉玛依区委、区人民政府承办的全国社区居委会建设工作推进会暨2010 年社区工作委员会常委会在新疆克拉玛依市召开。这次会议的指导思想是：以党的科学发展观为统领，以《中华人民共和国城市居民委员会组织法》为依据，以服务居民群众为宗旨，以促进社区文明和谐为目标，努力把社区居委会建设成为功能完善、充满活力、作用明显、群众满意的基层群众性自治组织，为社会主义和谐社会的基础建设作出新的更大的贡献。会议交流了部分省市社区居委会建设工作经验，分享并研讨了如何进一步推进社区居委会建设工作发展。中国社会工作协会顾问、社区工作委员会负责同志以及克拉玛依区、街道、社区、特邀代表共计 300 余人出席了大会。

【党中央、国务院下发《关于加强和改进城市社区居民委员会建设工作的意见》】 8月26日，经党中央、国务院同意，中共中央办公厅、国务院办公厅正式下发了《关于加强和改进城市社区居民委员会建设工作的意见》（以下简称《意见》）。《意见》是新中国成立以来党中央、国务院下发的第一份专门规范社区居民委员会建设的政策文件，具有划时代的意义。《意见》深入贯彻落实党的十七大和十七届三中、四中全会精神，适应新形势下加强城市基层管理和服务的迫切需要，科学总结和提炼了近年来社区居民委员会建设与和谐社区建设的实践经验和创新成果，研究了当前我国城市社区建设中面临的突出问题，还明确了今后5~10年我国社区居民委员会建设的指导思想、基本原则、目标任务、工作重点、组织领导，充分体现了我国城市社区居民委员会建设工作的规律性，是指导我国城市社区居民委员会建设的纲领性文献。

【全国行业协会改革发展经验交流会召开】 10月10日，全国行业协会改革发展经验交流会在广州召开。会议旨在总结近年来各地区、各部门贯彻《国务院办公厅关于加快推进行业协会商会改革和发展的若干意见》（国办发〔2007〕36号）所取得的成绩，交流经验，分析形势，研究部署推动行业协会改革发展的任务和措施。民政部部长李立国出席会议并作重要讲话。李立国指出，当前和今后一个时期，推进行业协会改革发展，要坚持市场化方向，要根据市场需要设立行业协会，要牢固树立为市场主体服务的宗旨，要遵循市场经济规律运作行业协会。李立国强调，按照市场化方向和原则推进行业协会改革发展要着力做好四个方面的工作：一是形成与市场经济相适应的行业协会发展格局，二是健全现代行业协会内部治理制度，三是完善行业协会法律政策体系，四是建立科学的行业协会管理体制。

会上，广东、河北、上海、浙江等省、区、市以及全国供销总社介绍了推动行业协会管理体制改革、加强培育扶持、推进政会分开以及提高行业协会规范化水平等方面的举措和成效。中国机械工业联合会、广东省食品行业协会等8个行业协会介绍了它们在服务政府、服务社会、服务行业、服务会员以及自身建设等方面的典型经验。中国工业经济联合会等115家行业协会联合向全国广大行业协会发出《全国行业协会社会责任倡议书》。

【全国农村社区建设实验工作推进会在宁夏银川召开】 10月15日，民政部在宁夏银川召开全国农村社区建设实验工作推进会。会议的主要任务是认真贯彻落实2010年“中央1号文件”关于“开展农村社区建设创建活动”的指示精神，系统总结交流开展农村社区建设创建活动的成绩和经验，分析研究当前存在的问题和面临的发展趋势，安排部署今后一段时间农村社区建设创建活动工作，进一步推动创建活动健康、有序发展，逐步扩大农村社区建设工作的受益面。民政部副部长姜力出席会议并作重要讲话。部分省（自治区、直辖市）民政厅（局）主管领导，各省（自治区、直辖市）民政厅（局）基层政权和社区建设处、各计划单列市民政局基层政权和社区建设处负责人、27个全国农村社区建设实验全覆盖示范单位代表、中央有关部委代表、专家学者代表、媒体代表共计140多人参加了会议。

【上海社会组织数量10年增近6000家】 截至2010年10月底，上海市共有社会组织9847家，其中市级1560家、区县级8287家，主要是社会团体、基金会和民办非企业单位三类。相比2001年的3878家，10年间上海各类社会组织数量增幅为154%。

【民政部在西安召开学习贯彻《关于加强和改进城市社区居民委员会建设工作的意见》会议】 11月10日，民政部在西安召开学习贯彻《关于加强和改进城市社区居民委员会建设工作的意见》（以下简称《意见》）会议。李立国部长出席会议并作重要讲话。李立国部长在讲话中深刻阐述了《意见》下发的重大意义。李立国部长对加强和改进城市社区居民委员会建设工作从八个方面的工作内容进行了详细解读，提出要将《意见》提出的各项目标任务进行分解，制订切实可行的实施方案，进一步明确部门任务，实行目标责任制，努力形成地方党委和政府统一领导、民政部门统筹协调、各有关部门密切配合、全社会大力支持的社区居民委员会建设工作机制，形成社区居民委员会建设的整体合力。

【全国安全社区建设工作会议在重庆召开】2010 年全国安全社区建设工作会议于 11 月 18 日在山城重庆召开。国家安全生产监督管理总局副局长杨元元出席会议并讲话。他指出要把安全社区建设作为安全生产“双基”建设的重要载体，力争通过加强安全社区建设来促进全国安全生产形势的持续稳定好转，并对进一步做好全国安全社区建设工作提出四点要求。中国职业安全健康协会理事长张宝明作全国安全社区建设工作报告，回顾总结了 2010 年以来开展和推动全国安全社区建设工作的总体情况，并对 2011 年主要工作作了部署。会上命名了深圳福田区等 68 个全国安全社区，表彰了 16 个创建先进单位和 40 名先进工作者。国家安全监督管理总局有关司局负责人，各省、自治区、直辖市、计划单列市及新疆生产建设兵团安全生产监督管理局分管负责人，被命名、已命名及在建安全社区代表参加了会议。

【四川省宜宾市非公有制经济组织党工委和社会组织党工委成立】　为进一步加强非公有制经济组织和社会组织党建工作，11 月 18 日，四川省宜宾市非公有制经济组织党工委和社会组织党工委正式成立。成立非公有制经济组织党工委和社会组织党工委，是宜宾市贯彻落实党的十七届四中全会提出的“全面推进各领域党的基层组织建设，实现党组织和党的工作全覆盖”要求采取的实际行动，也是学习实践科学发展观、建立长效机制的重要成果。今后，党工委将突出工作重点，解决好党组织组建、作用发挥、流动党员教育管理、业主思想认识等“两新”组织党建工作难题。

【成都首个社会组织孵化平台正式对外服务】
11 月 23 日，成都市锦江区市民服务中心正式对外服务，从 286 个备案社会组织中挑选出 11 个社会组织进行“孵化”。该市民服务中心占地1000多平方米，设置了市民创意家园及多功能会议活动区、社会组织培育孵化办公区等，并为入驻的社会组织提供免费办公地点和设施。社会组织被选送进市民中心后，将通过 6～12 个月的“孵化”，成熟的社会组织将正式在民政部门登记，成长性差的社会组织将被淘汰，同时，将补选其他社会组织进行“孵化”，保证日常孵化量在 15～25 家之间。

【全国学习型单位经验交流会暨 2010 年中国社会工作协会社区工作委员会年会在深圳召开】　11 月 29 日，全国学习型单位经验交流会暨 2010 年中国社会工作协会社区工作委员会年会在深圳市开幕。大会审议通过了该协会的 2010 年度工作报告，并为一批先进城区、街道以及社区颁发了奖牌，以鼓励他们在本年度为社区管理与服务方面作出的贡献。中国社会工作协会社区工作委员会负责同志以及来自全国各地 80 多个城区、130 个先进街道的代表参加了会议。

【上海市浦东公益服务园六新社会组织“出壳”】　12 月 7 日，浦东公益服务园孵化的新一批 6 家公益社会组织顺利“出壳”。截至目前，上海市浦东公益服务园已成功孵化 17 家公益社会组织，对社会组织的培育，浦东新区正从单一的行政培育发展到多种模式：加大政府哺育力度、支持社会自我发育、探索专业组织孵化培育。据了解，浦东公益组织孵化器模式已在上海市其他区县进行了全面推广。

【2010年全国数字化学习社区建设推进会在天津隆重召开】 12月29日，2010年全国数字化学习社区建设推进会在天津鑫茂天财宾馆隆重开幕。会议由中国成人教育协会社区教育专业委员会主办，由国家教育部职成教司、天津市教育委员会、天津市南开区人民政府、中央广播电视大学指导，天津市南开社区教育委员会、天津广播电视大学承办。会议总结了近几年来数字化学习社区建设的成绩与经验，认真分析新形势下我国社区教育所面临的机遇与挑战。教育部职成教司、全国社区教育专业委员会负责同志以及来自全国20个省市（自治区）116个单位的260余名代表参加了会议。

全国社会建设调研报告和理论文章目录（选编）

报告或文章题目	作者	作者单位、职务	成稿时间
关于农村老年保障体系的几点看法	王延中	中国社会科学院监察局局长	2010年12月
关于健全农村社会保障体系的思考	赵殿国	中国社会保险学会副会长	2010年12月
转型社会学视角下的社会建设	沈　原	清华大学社会学系主任	2010年12月
弱势群体的利益保障与和谐社会建设	王思斌	北京大学	2010年9月
略论我国社区志愿服务的制度建设	王思斌	北京大学	2010年9月
城市家庭福利需求压力和社区福利供给体系建设	张秀兰	北京师范大学	2010年9月
改革开放三十年：在应急中建立的中国社会保障制度	张秀兰	北京师范大学	2010年9月
中国城乡一体化实现模式分析	刘玲玲	北京城市学院	2010年9月
探索社会领域的发展机制——如何正确理解与定位社会管理	胡　薇	国家行政学院	2010年9月
创造不迷路的城市——用公共指引系统促进国家形象建设	李兴国	国家行政学院	2010年9月
社会转型与城市社区的重建——以一种单位与社区互动的研究视角	陈　鹏	清华大学	2010年9月
城市化：从空间到人口	程世勇	首都师范大学	2010年9月
国际志愿服务及其对中国社会建设的启示	江汛清	中国青年政治学院	2010年9月

续表

报告或文章题目	作者	作者单位、职务	成稿时间
社会工作者与志愿者关系：一种整合服务框架	童　敏	厦门大学社会学与社会工作系教授	《中国社会工作》2010年1月下期
“服务型”社会工作专业人才培养模式探索	宋国恺	北京工业大学社会工作系	《中国社会工作》2010年3月上期
社会工作介入抗震救灾和灾后恢复重建报告	柳　拯	民政部人事司（社会工作司）副司长	《中国社会工作》2010年5月上期
我国医务社会工作的基本原则和实务模式	李义军	河南科技大学政治与社会学院社会工作系主任	《中国社会工作》2010年7月上期
2010年首届社会工作硕士专业学位招生录取情况分析及其启示	史柏年	中国青年政治学院教授、中国社会工作教育协会秘书长	《中国社会工作》2010年10月上期
充分认识重要意义　深刻领会精神实质　把加强和改进城市社区居委会建设工作落到实处	李立国	民政部部长	《中国民政》2010年12期
完善制度建设　让社区成为居民的“代言人”	郑杭生	中国人民大学社会学系教授	《中国社会报》2010年12月23日
转型期中国社区建设的发展趋向	严振书 邵沁妍	中共中央党校研究生院	《创新》2010年第2期
从“最后一公里”看我国社区科普内容建设——以北京市科普社区为例	朱效民	北京大学哲学系副教授	《科普研究》2010年第2期
我国城市发展与社区建设的新态势——新一轮城市化过程社会资源配置的社区化探索	杨　敏	中央财经大学社会发展学院教授	《科学社会主义》2010年第4期
经由社区服务培育社区软实力	王国敏	中国人民大学社会学系教授	《社会工作》（下半月）2010年第12期
社会组织在社会创新中大有可为	吕　朝	上海浦东非营利组织发展中心主任	2010年6月
无所不至的以人为本	邓伟志	上海大学社会学教授	2010年6月
现代公益的互惠与分享、合作与共生	卢汉龙	上海市人民政府参事、上海社会科学院研究员	2010年6月
实现公益项目的集群化运作	刘春荣	复旦大学国际关系与公共事务学院	2010年6月
重视社会组织“生态系统”的建设	黄晓春	上海大学中国社会转型与社会组织研究中心博士	2010年6月

续表

报告或文章题目	作者	作者单位、职务	成稿时间
在合作与互动中推进社会建设	俞厚未	上海市社联科研处	2010年6月
培育“积极社会”公共性领域	徐中振	上海市社区发展研究会常务副会长、上海市社联科研处处长	2010年6月
搭建社会组织现代支持平台	范 斌	华东理工大学社会学系教授	2010年6月
人格变迁和变迁人格：社会变迁视角下的人格研究	杨宜音	中国社会科学院社会学研究所社会心理学研究中心主任	《西南大学学报（社会科学版）》2010年第4期
提高教师心理健康水平是一项“系统工程”	俞国良	中国人民大学社会心理学研究所所长	《中国德育》2010年第10期
“北京市民公共行为”的理论核心和研究思路	沙莲香	中国人民大学社会心理学研究所教授	《北京社会科学》2010年第4期
行为研究所关心的实证方法——问题与解答	李 纾	中国科学院心理研究所研究员	《心理学报》2010年第1期
组织心理学研究的情境化及多层次理论	张志学	北京大学光华管理学院副院长	《心理学报》2010年第1期
主流媒体话语表征中农民工阶层的形象意义	刘 力 程 千	北京师范大学心理学院	《求索》2010年第1期
工作场所中的反生产行为及其心理机制	林 玲 唐汉瑛 马红宇	华中师范大学心理学院	《心理科学进展》2010年第1期
心理契约、工作满意度与组织承诺关系	康勇军 屈正良	湖南农业大学科学技术师范学院	《社会心理科学》2010年第1期
网络群体的心理分析	王金凤	陕西师范大学心理科学学院	《社会心理科学》2010年第5期
社区心理健康服务实施现状及发展困境——基于北京164个社区的实证研究	张瑞凯 戴 军 李红武	北京青年政治学院社会工作系讲师	《社会工作》2010年第5期下
自杀危机的社区心理干预	刘 琦 孙 红	首都医科大学	《中国全科医学》2010年第2期
我国老年人社区心理健康服务的现状与思考	方必基 叶一舵	福建师范大学教育学院心理系	《福建医科大学学报（社会科学版）》2010年第3期

续表

报告或文章题目	作者	作者单位、职务	成稿时间
论心理咨询在我国社区心理服务中的优先发展	苏晓岑 叶一舵	福建师范大学教育学院心理系	《福建医科大学学报（社会科学版）》2010 年第 3 期
社区心理学研究综述	金庆英	吉林大学哲学社会学院心理学系	《中国社区医师（医学专业）》2010 年第 26 期
我国社区心理卫生服务模式比较	孙娜云 张雯露 吴均林 陈　晶	华中科技大学同济医学院医药卫生管理学院	《医学与社会》2010 年第 11 期
积极情绪增进与社区民众心理健康	任　俊 周　频	浙江师范大学心理系	《中国农业大学学报（社会科学版）》2010 年第 2 期